图书在版编目（CIP）数据

福建年鉴．2017/福建年鉴编纂委员会编纂．—福州：福建人民出版社，2017.12

ISBN 978-7-211-07910-0

Ⅰ.①福… Ⅱ.①福… Ⅲ.①福建—2017—年鉴
Ⅳ.①Z525.7

中国版本图书馆 CIP 数据核字（2018）第 013387 号

福建年鉴 2017

FUJIAN NIANJIAN 2017

作　　者：福建年鉴编纂委员会
责任编辑：何水儿
出版发行：海峡出版发行集团
福建人民出版社
电　　话：0591-87533169（发行部）
网　　址：http://www.fjpph.com
电子邮箱：fjpph7211@126.com
地　　址：福州市东水路 76 号
邮政编码：350001
经　　销：福建新华发行（集团）有限责任公司
印　　刷：福州德安彩色印刷有限公司
地　　址：福州市金山浦上工业区 B 区 42 幢
开　　本：889 毫米×1194 毫米　1/16
印　　张：46
字　　数：1218 千字
版　　次：2017 年 12 月第 1 版　　2017 年 12 月第 1 次印刷
书　　号：ISBN 978-7-211-07910-0
定　　价：380.00 元

福建年鉴

2017

福建省人民政府 主办
福建年鉴编纂委员会 编纂

海峡出版发行集团 THE STRAITS PUBLISHING & DISTRIBUTING GROUP | 福建人民出版社 FUJIAN PEOPLE'S PUBLISHING HOUSE

福建省地图 1:2 600 000

图例			
省级行政中心	村庄	高速公路	
设区市行政中心	省级行政区域界	国道	
平潭综合实验区	设区市行政区域界	省道	
县级行政中心	县级行政区域界	机场	
镇、乡、街道驻地	铁路	山峰	

审图号：闽S[2017]187号　　福建省制图院　编制　　资料截至2016年12月

《福建年鉴 2017》编纂委员会

吴南翔　省海洋与渔业厅厅长
黄新銮　省商务厅厅长（省政府口岸工作办公室主任）
石建平　省文化厅厅长
王天明　省政府外事办公室主任
刘捷明　省政府国有资产监督管理委员会党委书记、副主任
林京华　省国家税务局局长
赵　静　省地方税务局局长
陈立华　省新闻出版广电局（版权局）局长
孙希有　省统计局局长
林作明　省物价局局长
冯志农　省政府侨务办公室主任
李　强　省政府发展研究中心主任
陈祥健　省社会科学院党组书记、副院长
林蔚芬　省社会科学界联合会党组书记、副主席
单　强　中国人民银行福州中心支行行长
张丽娟　省通信管理局局长
赵　杰　中国银行业监督管理委员会福建监管局局长
鲁颂宾　中国证券监督管理委员会福建监管局局长
葛　翎　中国保险监督管理委员会福建监管局局长
尤猛军　福州市人民政府市长
庄稼汉　厦门市人民政府市长
刘　远　漳州市人民政府市长
康　涛　泉州市人民政府市长
余红胜　三明市人民政府市长
李建辉　莆田市人民政府市长
许维泽　南平市人民政府市长
林兴禄　龙岩市人民政府市长
郭锡文　宁德市人民政府市长
林文耀　平潭综合实验区管委会主任

福建年鉴编纂委员会办公室

主　　任：陈秋平（兼）　省方志委主任
副 主 任：俞　杰　省方志委副主任
林　浩　省方志委副主任

《福建年鉴 2017》编审人员

主　　　编：刘道崎
常务副主编：陈秋平
副　主　编：俞　杰　林　浩
副主编（社长）：欧长生
责 任 编 辑：卓亦明　林丹英　郑　菜　林忠玉
特 约 审 稿：唐国华
彩 版 策 划：张　强

《福建年鉴 2017》设区市、平潭综合实验区编辑室名单

福州市：黄建新　林　炽
厦门市：廖华生　廖兆平　李　行　陈坤城
漳州市：李亚树　卢炳全　谢王辉　郑美华
泉州市：廖国文　黄文捷　林清伏　龚建伟　黄景顺
三明市：罗金水　吴建勇　吴美佳　陈长武　朱元震
莆田市：刘笃凡　李　伟　朱武雄　郭　威　蔡文伟
黄清煌
南平市：谢腾辉　林　立
龙岩市：陈明生　黄行敬　章丹丹
宁德市：毛连平　龚君君
平潭综合实验区：黄良希　张著名　林扬国

编辑说明

一、《福建年鉴》是福建省人民政府主办、福建年鉴编纂委员会编纂、福建年鉴社具体承编、福建人民出版社出版、国内外公开发行的综合性年刊，是对外集中展示福建省年度发展概况的权威性资料文献，具有政府公报性质。

二、《福建年鉴》以马克思列宁主义、毛泽东思想、邓小平理论、"三个代表"重要思想、科学发展观、习近平新时代中国特色社会主义思想为指导。以宣传福建、记实存真、服务社会为办刊宗旨，汇集全省年度经济、政治、文化、社会、生态等领域发展状况，1985 年创办，每年出版一卷。2017 卷为第 33 卷。

三、《福建年鉴》的框架结构由篇目、栏目、条目组成。全书条目统一用黑体加【】表示，下一层次标题用楷体区别。

四、《福建年鉴》2017 卷着重反映 2016 年福建省的基本情况。全书设特载、八闽关注、大事记、省情概况、机关团体、法治、军事、外事侨务港澳事务、闽台交流合作、经济管理与监督、财政税务、金融、建设环保、农业、工业、交通邮政、信息业、商贸流通服务业、对外及港澳台经济贸易、福建自由贸易试验区、旅游业、教育、科学技术、社会科学、文化、卫生和计划生育体育、社会生活、市县概况、人物、地方文献法规选登、统计资料等 31 个篇目，约 130 万字。

五、《福建年鉴》2017 卷对编写大纲进行修订。修订后的大纲主要在体现福建特色上着力，也按照年鉴编纂体例理顺归类、统属方面的问题，同时，采取二维码等技术减少一次文献的记载量，缩减年鉴的整体篇幅。

六、《福建年鉴》2017 卷所用稿件，由省直各部门，各市、县（区）政府及有关单位提供。引用的统计数字，凡国家有统一规定范围、口径和计算方法的，均按国家统一规定统计，并经省统计局审核。地区生产总值和各产业增加值、工业总产值、农林牧副渔业总产值等指标的绝对值、比重按现价计算，增长速度按可比价格计算；其他价值量指标的绝对值及增长率，一般按当年价格计算。

七、为便于读者查阅，本卷在卷首设有目录，英文目录编至栏目；卷后配有索引，采用内容分析法，内容按汉语拼音字母顺序排列。

八、《福建年鉴》2017 卷在编辑出版过程中，得到全省各级党委政府、各有关部门和社会各界的大力支持，参与文稿编撰、审定的人员付出了辛勤劳动和艰苦努力，在此，我们致以诚挚的谢意！《福建年鉴》内容广泛，编辑时间短促，工作中的疏漏和错误之处在所难免，敬请广大读者批评指正。

福建年鉴社

2017 年 12 月

数知福建（2017）

- 福建省森林覆盖率65.95%
- 土地面积12.40万平方千米
- 年末户籍人口3769.98万人
- 常住人口3874万人
- 设区市9个、平潭综合实验区，县（市、区）85个
- 地区生产总值28519.15亿元
- 第一产业增加值2363.22亿元
- 第二产业增加值13844.96亿元
- 第三产业增加值12310.97亿元
- 三次产业比重8.3:48.5:43.2
- 人均地区生产总值73951元
- 固定资产投资总额23107.49亿元
- 社会消费品零售总额11674.54亿元
- 货物出口总额1036.73亿美元
- 货物进口总额531.47亿美元
- 实际利用外商直接投资81.95亿美元
- 地方一般公共预算收入2654.83亿元
- 一般公共预算支出4275.40亿元
- 居民消费价格指数101.7
- 全社会用电量1968.58亿千瓦小时
- 货物周转量6074.83亿吨千米
- 旅客周转量987.52亿人千米
- 港口货物吞吐量51139.79万吨

g Fujian throught Numbers
g Fujian throught Numbers
g Fujian throught Numbers
g Fujian throught Numbers
g Fujian throught Numbers

数知福建（2017）

数知福建（2017）
数知福建（2017）
数知福建（2017）
数知福建（2017）

- 航空货运量23万吨
- 铁路货运量2918万吨
- 公路货运量85770万吨
- 邮电业务总量889.21亿元
- 国内旅游收入3495.21亿元
- 国际旅游外汇收入662569万美元
- 城乡居民人民币储蓄存款余额14366.68亿元
- 城镇居民人均可支配收入36014元
- 农村居民人均可支配收入14999元
- 城镇居民人均住房建筑面积42.7平方米
- 农村居民人均住房建筑面积66.5平方米
- 城市人均公园绿地面积13.08平方米
- 普通高等学校在校学生数75.64万人
- 医院、卫生院床位数165177张
- 城市污水处理率91.3%
- 国家级自然保护区17个
- 粮食种植面积117.67万公顷
- 粮食产量650.87万吨

福建名片 “9·8厦门投洽会”

（福建日报社供稿）

厦门9·8投洽会是由国务院批准，由商务部、联合国贸发会议、联合国工发组织、世界贸易组织等联合主办。它也是中国目前唯一以促进双向投资和国际资本与项目融合为目的的全球性盛会，是引领国际资本流动的“风向标”，也是通过国际展览业协会(UFI)认证的全球规模最大的投资性展览会。

第十九届中国国际投资贸易洽谈会于2016年9月8日上午09:08在厦门国际会展中心隆重开幕，100多个国家和地区800多个境外客商团组汇聚厦门共襄盛举。投洽会展览面积达13.8万平方米，6000个展位，比去年增加45%的展览面积，规模为历史之最。 投资方面，该届投洽会带来有效投资项目30000个，签订合同与协议1571个，投资额超500亿元人民币，利用外资2000多亿元人民币。

福建名片 厦门航空

（福建日报社供稿）

厦门航空成立于1984年，总部位于厦门市，是中国首家按现代企业制度运行的航空公司。经过30多年的持续发展，现拥有180架飞机，年旅客运输量突破3000万人次，注册资本达到80亿元，年营业收入近300亿元。

厦航运营着中国规模最大的纯波音机队，截至2017年2月，机队规模达到148架飞机，是世界上最年轻的机队之一。目前运营国内外航线350条，航线网络覆盖全中国、辐射东南亚和东北亚，随着墨尔本、温哥华、西雅图等洲际航线的陆续开通，实现了航线网络对欧洲、美洲和大洋洲的全覆盖，并借助天合联盟将航线网络延伸至全球。

厦航是中国民航业保持盈利最长的航空公司，实现中国唯一的连续30年盈利。在全球航空公司金融评级中，名列中国航空公司之首。厦航目前已累计安全飞行超过350万小时，并于2012-2015年连续三年被中国旅客评为航空服务“最佳航空公司”。2016年3月，厦航荣获第二届中国质量奖，成为中国服务业首家获此殊荣的企业，同时也是中国民航唯一获奖的航空公司。

厦航正以更高站位引领厦航品牌发展，面向世界展示厦航“福建特色、中华气质、国际视野”的品牌形象，展现厦航履行社会责任、传播国家形象的企业使命，推动厦航品牌从“厦门名片”“福建名片”向“国家名片”的转型升级。

编辑说明

一、《福建年鉴》是福建省人民政府主办、福建年鉴编纂委员会编纂、福建年鉴社具体承编、福建人民出版社出版、国内外公开发行的综合性年刊，是对外集中展示福建省年度发展概况的权威性资料文献，具有政府公报性质。

二、《福建年鉴》以马克思列宁主义、毛泽东思想、邓小平理论、“三个代表”重要思想、科学发展观、习近平新时代中国特色社会主义思想为指导。以宣传福建、记实存真、服务社会为办刊宗旨，汇集全省年度经济、政治、文化、社会、生态等领域发展状况，1985 年创办，每年出版一卷。2017 卷为第 33 卷。

三、《福建年鉴》的框架结构由篇目、栏目、条目组成。全书条目统一用黑体加【】表示，下一层次标题用楷体区别。

四、《福建年鉴》2017 卷着重反映 2016 年福建省的基本情况。全书设特载、八闽关注、大事记、省情概况、机关团体、法治、军事、外事侨务港澳事务、闽台交流合作、经济管理与监督、财政税务、金融、建设环保、农业、工业、交通邮政、信息业、商贸流通服务业、对外及港澳台经济贸易、福建自由贸易试验区、旅游业、教育、科学技术、社会科学、文化、卫生和计划生育体育、社会生活、市县概况、人物、地方文献法规选登、统计资料等 31 个篇目，约 130 万字。

五、《福建年鉴》2017 卷对编写大纲进行修订。修订后的大纲主要在体现福建特色上着力，也按照年鉴编纂体例理顺归类、统属方面的问题，同时，采取二维码等技术减少一次文献的记载量，缩减年鉴的整体篇幅。

六、《福建年鉴》2017 卷所用稿件，由省直各部门，各市、县（区）政府及有关单位提供。引用的统计数字，凡国家有统一规定范围、口径和计算方法的，均按国家统一规定统计，并经省统计局审核。地区生产总值和各产业增加值、工业总产值、农林牧副渔业总产值等指标的绝对值、比重按现价计算，增长速度按可比价格计算；其他价值量指标的绝对值及增长率，一般按当年价格计算。

七、为便于读者查阅，本卷在卷首设有目录，英文目录编至栏目；卷后配有索引，采用内容分析法，内容按汉语拼音字母顺序排列。

八、《福建年鉴》2017 卷在编辑出版过程中，得到全省各级党委政府、各有关部门和社会各界的大力支持，参与文稿编撰、审定的人员付出了辛勤劳动和艰苦努力，在此，我们致以诚挚的谢意！《福建年鉴》内容广泛，编辑时间短促，工作中的疏漏和错误之处在所难免，敬请广大读者批评指正。

福建年鉴社

2017 年 12 月

数知福建（2017）

- 福建省森林覆盖率65.95%
- 土地面积12.40万平方千米
- 年末户籍人口3769.98万人
- 常住人口3874万人
- 设区市9个、平潭综合实验区，县（市、区）85个
- 地区生产总值28519.15亿元
- 第一产业增加值2363.22亿元
- 第二产业增加值13844.96亿元
- 第三产业增加值12310.97亿元
- 三次产业比重8.3:48.5:43.2
- 人均地区生产总值73951元
- 固定资产投资总额23107.49亿元
- 社会消费品零售总额11674.54亿元
- 货物出口总额1036.73亿美元
- 货物进口总额531.47亿美元
- 实际利用外商直接投资81.95亿美元
- 地方一般公共预算收入2654.83亿元
- 一般公共预算支出4275.40亿元
- 居民消费价格指数101.7
- 全社会用电量1968.58亿千瓦小时
- 货物周转量6074.83亿吨千米
- 旅客周转量987.52亿人千米
- 港口货物吞吐量51139.79万吨

福建名片

平潭国际旅游岛

（林忠玉摄）

平潭是福建省东部沿海一个岛县，全县陆地面积392平方千米，海域面积6064平方千米，其中主岛海坛面积为324平方千米，为全省第一大岛、中国第五大岛。平潭东临台湾海峡，与台湾新竹相距仅68海里，是祖国大陆与台湾本岛距离最近处。

全县共由126个岛屿和702个礁岩组成，又有“千礁百岛”之美称。平潭区位优势独特，旅游资源丰富；既有宽阔平坦的天然海滨浴场，又有奇异独特的海蚀地貌，湖、海、沙、石使平潭成为海岛旅游胜地。1994年，经国务院批准，境内的石牌洋、君山、王爷山、海坛天神、南寨石景、青观顶（将军山）、山岐澳、坛南湾等八大景区被确定为海坛国家重点风景名胜区，2005年被列入国家自然遗产名录。

2009年7月，福建省委决定设立平潭综合实验区；2011年3月，“加快平潭综合实验区开放开发”写入国家“十二五”规划纲要和国务院批准的《海峡西岸经济区发展规划》，平潭开放开发上升为国家战略；2011年11月，国务院正式批复《平潭综合实验区总体发展规划》，赋予平潭7方面28条比经济特区更加特殊、更加优惠的配套政策；2016年８月８日，国务院批复实施《平潭国际旅游岛建设方案》，平潭国际旅游岛建设正式启动。

依托丰富的海岛资源，平潭海洋旅游现已引进国际海岛论坛、博览会、“海洋杯”国际自行车赛三大盛会并形成长效品牌；成功举办国际帆船赛、公开水域挑战赛、沙滩排球赛、风筝冲浪、潜水等海上运动赛事；休闲海钓示范基地、离岛度假、邮轮码头和无居民海岛开发等项目都在积极推进。

福建名片

海交会

（福建日报社供稿）

海峡两岸经贸交易会，又称“5•18海交会”，是福建省举办的一年一度大型综合性对台对外经贸活动，是两岸经贸交流的盛会，会期固定安排在每年5月18日在福州开幕。

1994年，为进一步优化投资环境、推动福州对外开放再上新台阶，在时任福州市委书记习近平同志的主持倡导下，首届中国福州国际招商月在福州成功举办。1999年起，福州市委、市政府又将其拓展为“5•18”海交会，有力推动了福州外向型经济蓬勃发展。2005年商务部批准规范展会名称为“海峡两岸经贸交易会”（简称海交会）。

2016年5月18日，第十八届海峡两岸经贸交易会（海交会）在福州海峡国际会展中心开馆。本届海交会以“深化对台交流、搭建海丝平台、共享发展成果”为主题，除经贸活动外，同期还举办了亚洲合作对话（ACD）工商大会暨青年企业家创新峰会、首届联合国海陆丝绸之路城市联盟城市论坛等一系列活动，凸显海交会“国际范”，深化区域交流合作。

本届海交会展区面积达12万平方米，共5330个展位。从参展国家和地区数来看，本届的海交会属历届最多，实现了21世纪海上丝绸之路沿线主要国家和地区全覆盖，是历届“5•18”境外参展国家和地区数之最。

福建名片 花博会

（漳州市政府供稿）

2016年11月18日上午，第八届海峡两岸现代农业博览会•第十八届海峡两岸花卉博览会在美丽的漳州市东南花都开馆。

本届博览会由农业部、国台办、国家林业局、中国贸促会、中国食品工业协会和福建省政府共同主办，突出“水产品与质量安全”主题，延续花卉特色，展示食品名城，联接“一带一路”，两岸携手合作。博览会精心布置了花卉、水产、“漳州味”“台湾味”“一带一路”等八大展区，并举办农产品质量安全展、第六届福建花王赛、漳州名家书画展、“漳州市十大最美乡村游”等系列活动。特别是首设“一带一路”展区，以展会促交流，推动构建开放型经济新体制。同时，汇聚了20多个国家和地区的1200多家企业、2000多名客商、12000多种名特优新产品。

福建名片 世界妈祖论坛

（福建日报社供稿）

2016年10月31日至11月2日，来自19个国家和地区89个政府机构、学术单位和社会组织的300多名中外代表，在福建省莆田市湄洲岛，出席由中国社会科学院、国家海洋局、国家旅游局、国家文物局和福建省政府共同主办的世界妈祖文化论坛。

本次论坛围绕“妈祖文化 海丝精神 人文交流”这一主题进行了广泛深入交流。会议达成广泛共识，取得圆满成功。

据介绍，目前全球34个国家和地区有上万座妈祖分灵庙，每年有400多万信众前来湄洲妈祖祖庙朝拜。2009年9月30日，“妈祖信俗”被联合国教科文组织列入“人类非物质文化遗产代表作名录”。2016年3月，“发挥妈祖文化等民间文化的积极作用”写入“十三五”规划纲要。

福建名片 海峡论坛

（福建日报社供稿）

海峡论坛是在已举办三届的“海西论坛”基础上发展扩大并更名的。首届海峡论坛于2009年5月15日至22日在福建省厦门、福州、泉州、莆田等地隆重举行。目前，海峡论坛是两岸“规模最大、人数最多、范围最广的两岸大型民间交流活动”，这种规模还在不断扩大之中。

第八届海峡论坛，于2016年6月12日在厦门举行。本届海峡论坛以“扩大民间交流、促进融合发展”为主题，主会场设在厦门，有关设区市、平潭综合实验区分别举办相关活动。在为期一周的时间里，论坛大会、青年交流、基层交流、经贸交流四大板块19大项活动在福建各地开展。

本届论坛各项活动更加贴近两岸基层民众，特别突出两岸青年的交流，为他们搭建创新创业、实现自我价值的舞台。论坛新增“乐业两岸，创享未来”青创先锋汇、台湾专业人才对接等活动，帮助台湾青年在闽就业，助力台湾青年创业项目落地。论坛青年交流以两岸青年喜闻乐见的方式展开，用创业大赛、微电影展映、咖啡技能大赛、动漫文创等形式展开体验式交流。

由两岸专家学者倡议设立的两岸智库论坛，也是本届论坛的亮点之一。智库论坛邀请近百位专家学者参会，涵盖两岸多家官方及民间智库。专家学者围绕深化两岸交流合作、推动“一带一路”建设、推进区域合作闽台先行先试、探索建立开放的智库合作机制等议题进行了深度交流。

6·18中国·海峡项目成果交易会

（福建日报社供稿）

（原名中国•福建项目成果交易会，简称6•18）以“项目—技术—资本—人才”为主题，是福建省为广泛吸纳国内外科技成果与福建企业对接，加快科技成果向现实生产力转化而搭建的平台，每年6月在福建福州举行。“6•18”现已经成为科学发展、跨越发展的重要载体，科技创新的平台，国际交流的平台，两岸合作的平台。

第十四届中国•海峡项目成果交易会2016年6月18日在福州开幕，吸引了海内外2200多家企业、3100多位专家学者参会。其中，国家高新技术企业近百家，台湾企业30多家。

作为项目、科技、资本、人才对接的盛会，本届展会总面积达9万平方米，共设置了8个展馆，包括了以“创响中国”为主题的“双创”主题馆，以及院士专家馆、高校成果馆、专利成果馆等11个专业展区。展会集中体现福建落实“中国制造2025”的最新成果，展示了数控一代、工业机器人、智能家居、物联网等新技术。展会期间共对接合同项目2120项，总投资494亿元。

福建名片 武夷山

（林忠玉摄）

武夷山市位于福建省西北部、闽赣两省交界处，属中亚热带地区，前身为崇安县，建置于北宋淳化五年(公元994年)，1989年8月经国务院批准撤县建市，是福建省唯一以名山命名的新兴旅游城市。

全市总面积2813平方千米，总人口22.37万人，1999年12月被联合国教科文组织批准列入《世界遗产名录》，成为我国第4处、世界23处世界文化与自然“双遗产”地之一。境内拥有首批国家重点风景名胜区、国家重点自然保护区、国家旅游度假区、国家一类航空口岸、国家森林公园、国家重点文物保护单位、中国历史文化名村等，是首批中国优秀旅游城市、中国茶文化艺术之乡、原中央苏区县，先后获评全国十大文明风景旅游区、全国三绿工程茶叶示范县、全国首批AAAAA级风景旅游区、中华十大名山等。

武夷山景区属典型的丹霞地貌，九曲溪盘环区内，九曲溪两岸分布着36奇峰、99岩。 近年来，全市旅游接待总人数、旅游总收入保持两位数增长，2016年分别达1097万人次、171亿元。武夷山市委市政府围绕建设国际旅游度假城市，大力发展休闲、养生等现代服务业，不断提升旅游接待服务能力，着力将武夷山国家级度假区、杜坝旅游服务区打造成为提供精品旅游服务的创业福地、投资佳地。

福建名片 福建土楼

（福建日报社供稿）

福建土楼产生于宋代，明、清时期逐渐成熟，并一直延续至今。福建土楼是世界上独一无二的山区大型夯土民居建筑，依山就势，布局合理，吸收了中国传统建筑规划的“风水”理念，适应聚族而居的生活和防御要求，巧妙地利用了山间狭小的平地和当地的生土、木材、鹅卵石等建筑材料，是一种自成体系，具有节约、坚固、防御性强的特点，又极富美感的生土高层建筑模式。

福建土楼含福建省永定县的高北土楼群、洪坑土楼群、初溪土楼群和衍香楼、振福楼，南靖县的田螺坑土楼群、河坑土楼群和贵楼、怀远楼，华安县的大地土楼群。其中二宜楼位于华安县仙都镇大地村，它是我国圆土楼古民居的杰出代表，素有“土楼之王”“国之瑰宝”之美誉，它以规模宏大、设计科学、布局合理、保存完好闻名遐迩，为全国重点文物保护单位。

2008年7月6日，在加拿大魁北克城举行的第32届世界遗产大会上，被正式列入《世界遗产名录》。

福建名片 大金湖

（林忠玉摄）

大金湖位于福建省西北部，以丹霞地貌景观为主体，同时还有花岗岩地貌景观和人文景观等点缀其中，于2005年2月11日成为联合国教科文组织评定的“泰宁世界地质公园”的核心组成部分，成为继武夷山“双世遗”之后又一个世界级别的福建旅游景区。而且，大金湖是同时拥有五块国家级牌子的旅游景区，包括国家重点风景名胜区、国家AAAAA级旅游区、国家地质公园、国家重点文物保护单位、国家森林公园。

大金湖近年来成为国家重点风景名胜区。丹山和碧水是金湖风景构成的两大要素：山的雄奇俊逸，水的清丽幽雅；阳刚与阴柔相济，豪放与婉约互补；碧绿幽蓝的湖泊，同绵延数十千米的赤石群连成一体，丹崖突进湖心，碧水深入山腹；绝壁常常内陷为岩穴，溪涧时时直下成飞瀑。

白水漈瀑布分为两层，间距百余米，上为斜漈瀑布，下为水漈瀑布，上下瀑布断崖均宽约10米，深约20米，远眺似白练悬空，是金湖最大的瀑布。甘露岩寺位于大金湖西岸，是泰宁最负盛名的岩寺。斜线天是岩石中一条张性倾斜的小断层，经流水侵蚀而成了岩隙（又叫线谷），倾斜狭窄如缝。

福建名片 三坊七巷

（林忠玉摄）

福州三坊七巷历史文化街区占地约40公顷，由三个坊、七条巷和一条中轴街肆组成，分别是衣锦坊、文儒坊、光禄坊；杨桥巷、郎官巷、塔巷、黄巷、安民巷、宫巷、吉庇巷和南后街，因此自古就被称为“三坊七巷”。

三坊七巷起于晋，完善于唐五代，至明清鼎盛，古老的坊巷格局至今基本保留完整，是中国都市仅存的一块“里坊制度活化石”。坊巷内保存有200余座古建筑，其中全国重点文物保护单位有15处，省、市级文保单位和历史保护建筑数量众多，是一座不可多得的“明清建筑博物馆”。

三坊七巷因地灵而人杰，这里一直是“闽都名人的聚居地”，林则徐、沈葆桢、严复、陈宝琛、林觉民、林旭、冰心、林纾等大量对当时社会乃至中国近现代进程有着重要影响的人物皆出自此地，使得这块热土充满了特殊的人文价值和不散的灵性及才情，成为福州的骄傲。

如今，三坊七巷活态遗产的真实性与完整性得以延续，休闲、旅游、文化、商业等功能日臻完善，先后被授予“中国十大历史文化名街”“生态(社区)博物馆建设示范点”、闽台(福州)文化创意产业园、海峡两岸交流基地。2015年被授予国家AAAAA级旅游景区，还荣获联合国教科文组织亚太地区2015年度文化遗产保护奖，并成功入选世界文化遗产中国预备名录。

福建要闻

领导关怀

1. 2016年6月11日，中共中央政治局常委、全国政协主席俞正声（前排右二）在厦门海沧创业广场与在厦创业的台湾青年交流　张永定 摄

2. 2016年10月13日，中共中央政治局委员、中央书记处书记、中宣部部长刘奇葆（左二）参观红四军司令部、政治部旧址长汀县辛耕别墅　张永定 摄

3. 2016年6月16日，中共中央政治局委员、中央统战部部长孙春兰（右三）在宁德新能源科技有限公司考察　张永定 摄

红四军进入长汀
红四军首次入闽专题展览
序言

CATL
移动式锂电池储能电站

1. 2016年9月8日，中共中央政治局委员、国务院副总理汪洋为第19届中国国际投资贸易洽谈会开幕启动金钥匙　张永定 摄

2. 2016年12月19日，中共中央政治局委员、中央政法委书记孟建柱（左二）了解福建省公安厅信息化建设情况　张永定 摄

3. 2016年2月3日，省委书记尤权（左三）在泰宁县杉城镇际溪村与村民座谈　张永定 摄

4. 2016年6月21日，省长于伟国（中）在厦门调研，在一品威客网络科技公司与这里的海峡两岸创业者进行交流　关建东 摄

福建要闻

中国（福建）自由贸易试验区

1. 中国（福建）自由贸易试验区厦门片区总面积43.78平方千米，将重点建设东南国际航运中心、两岸区域性金融服务中心和两岸贸易中心等　林熙 摄

2. 自贸区正以全新的姿态迎接来自世界各地的投资者　施辰静 摄

3. 越来越多的跨境商品直购商场让市民在家门口享受“海淘”的乐趣　施辰静 摄

4. 厦门港务自贸园是自贸区厦门片区内首批工程建设领域先行先试项目，是集邮轮旅游、跨境商品展销、文创及绿色生态产业、金融服务等内容于一体的商务休闲平台　施辰静 摄

5. 厦门两岸金融中心　林辉 摄

福建要闻

福州新区

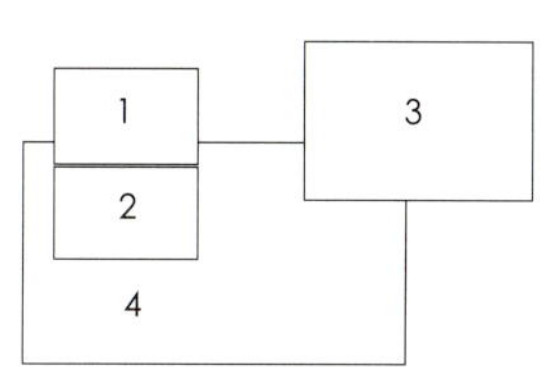

1. 9月1日，福州长乐国际机场第二轮扩能航站楼工程施工 张永定 摄

2. 福州新区范围内的福清江阴港区　俞松 摄

3. 福州新区海峡金融街CBD　林辉 摄

4. 福州新区马尾新城　林辉 摄

平潭国际旅游岛

1	2	3
	4	5

1. 9月21日，由平潭综合实验区管委会、国家体育总局社体中心、世界风筝冲浪协会IKA、中国风筝协会、福建省体育局主办的第五届国际风筝冲浪节在平潭盛大开幕。图为选手在激情冲浪　林双伟 摄

2. 渔平互通立交桥　戴念舒 摄

3. 网格化管理中心　戴念舒 摄

4. 幸福洋吹沙造地植树造林　戴念舒 摄

5. 海坛湾龙凤头海滨浴场　戴念舒 摄

平潭“智慧岛”服务管理中心
近平总书
社区作出
群众生活
方便
让群众表达
渠道更畅通
可让群众感觉
安、更幸福

发展与创新

1. 石墨烯产业技术研究院是晋江立足培育孵化战略性新兴产业、加快传统产业优化升级部署的重大创新研发平台项目 林熙 摄

2. 福建华佳彩高新面板项目总投资240亿元，是莆田市建市以来投资额最大的高新技术项目。截至2016年底，项目已完成投资近70亿元　王毅 摄

3. 福州京东方位于福清市融侨经济开发区，创下福州市电子信息产业单体投资最大纪录，也是福州新区获批后开工的首个重大项目　林熙 摄

4. 厦门积极推动软件园二期等一批创新社区建设，构建29个双创集聚片区　林熙 摄

5. 九牧厨卫股份有限公司推进产业转型升级。图为车间一角　王毅 摄

6. 正在建设中的平潭海峡公铁两用桥　念望舒 摄

7. 3月4日，三明沙县机场首航　周志鸿 摄

8. 3月29日，厦航荣获国家质量领域最高荣誉——中国质量奖。图为厦航机务正在工作中　施辰静 摄

海峡两岸

台湾县市主题馆
Taiwai Counties Theme Pavilions
台湾名品旗舰店
洗手间

公安出入境口岸

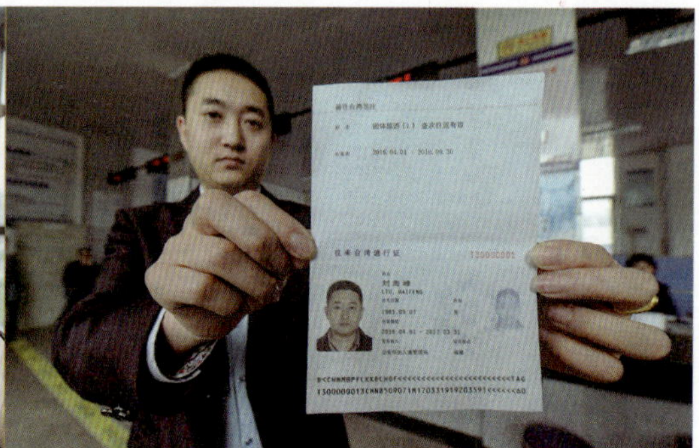

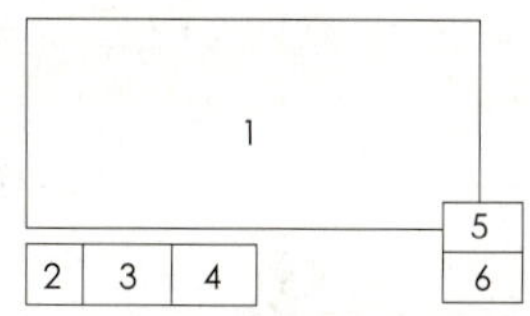

1. 12月24日，两岸青年齐聚平潭台创园，共同制作文化创意产品　念望舒 摄

2. 平潭澳前台湾小镇，成为游客购买台湾商品的新去处　念望舒 摄

3. 平潭创新卡式台胞证“零距离”办理模式，将公安出入境窗口虚拟延伸到台北和台中，卡式台胞证从受理到签发仅需两天　念望舒 摄

4. 4月1日，民众展示刚领到的一次有效往来台湾通行证　王凤山 摄

5. 10月31日至11月2日，世界妈祖文化论坛系列活动在莆田举行　蔡昊 摄

6. 6月13日，第二届海峡两岸村里长交流会在平潭举行　戴望舒 摄

海上丝绸之路

1. 11月15日，由欧美、中东、东南亚、南亚等25个国家和地区的旅游从业者及境内外90多家媒体人士组成的“海丝”旅游资源考察团到福州，展开为期两天的“海丝”之旅　张九强 摄

2. 中欧班列备货保税仓内，海关工作人员正在进行物流监控　施辰静 摄

3. 9月10日，第19届中国国际投资贸易洽谈会福建展区，一位外国客商正在查阅投资手册　王毅 摄

4. 9月1-5日，“21世纪海丝佛教·福建论坛”在福州举行，来自海丝沿线国家的高德大僧出席　林熙 摄

5. 2016海丝国际旅游嘉年华在福州海峡国际会展中心举办，吸引了澳大利亚、阿联酋等“一带一路”沿线国家和地区的众多旅行商参加　段金柱 摄

10
T排
S排
DHL

GUIDE TO INVESTMENT
投资指南

THAILAND

会展

1. 6月18日，在海峡两岸职工创新成果展内，一位国外嘉宾正在与塔米智能机器人互动　林辉 摄

2. 9月8日，第19届中国国际投资贸易洽谈会在厦门会展中心开幕　林辉 摄

3. 7-8月，福州举办了为期40天的国际漆艺双年展　段金柱 摄

4. 6月，为期3天的渔博会吸引了28.6万人次参观　游庆辉 摄

PHILLIPS

海上丝绸之路

城乡建设

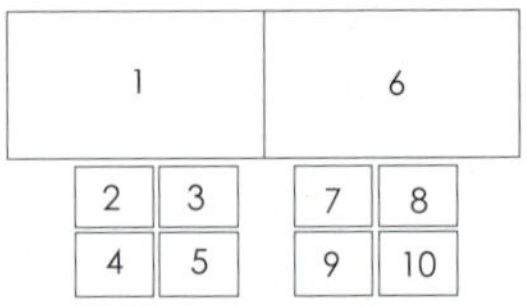

1. 福州发挥“五区叠加”优势，为加快建设“机制活、产业优、百姓富、生态美”的新福建作出新贡献　俞松 摄

2. 5月18日，福州地铁一号线（一期）南段开始每天13小时的正式试运营　王毅 摄

3. 1月14日，厦漳同城大道西溪主桥成功合龙，这是目前世界上最宽的单塔斜拉桥　隋业辉 摄

4. 同安新城交通　陈嘉新 摄

5. 2016年初，龙江大桥建成通车，龙海市区通往厦门更为便捷　王毅 摄

6. 霞浦县盐田畲族乡南塘畲村，结合美丽乡村建设，对村庄进行统一改造，打造具有浓郁畲族特色的海滨渔村　厦斌 摄

7. 作为全省首个“智慧农村”项目的受益者，南安市梅山镇灯光村正逐步享受到城市里的便捷。图为村民在使用共享单车　王毅 摄

8. 空中鸟瞰龙海市东园镇万亩现代蔬菜种植基地　王毅 摄

9. 古田县莲桥村农村淘宝服务站　李国镔 摄

10. 7月，80千瓦的光伏项目在上杭县太拔镇上村村刚落成的幸福院顶楼建成并网发电　王毅 摄

福建要闻

社会生活

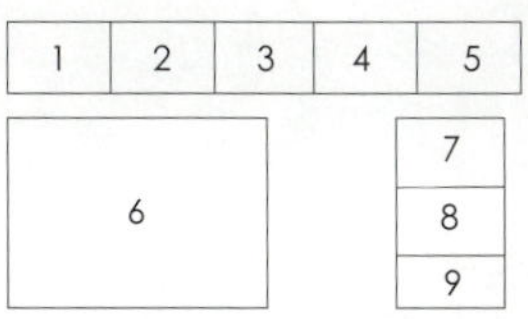

1. 1月10日下午，松溪县郑墩镇，新郎带领由50多名单车俱乐部骑友组成的迎亲队，骑着三轮摩托迎娶新娘　李典利 摄

2. 3月29日，泉州市丰泽区湖心实验小学开展“校园足球人人参与，健体启智快乐成长”观摩活动　林升 摄

3. 暑假期间，永春县南音社在县城、达埔等地免费开办南音培训班，吸引了100多名青少年参加　姚德纯 摄

4. 德化首个村级治安视频监控系统投入使用　李宏图 摄

5. 建阳打造当地首家网上超市上线　邓雪 摄

6. 1月2日，厦门国际马拉松赛举行，近5万人参加了全程马拉松和5千米健康跑两个项目。图为运动员们在演武大桥上奔跑　张永定 摄

7. 为迎接省第十次党代会召开，福州街头花团锦簇，一片喜庆祥和气氛。图为市民在西湖赏菊　杨婀娜 摄

8. 石狮是福建的纺织重镇，传统的积累与未来的设想让这座城市朝着“东方米兰”的梦想努力。图为一位设计师正在举办自己的作品秀　王毅 摄

9. 福建师范大学协和学院毕业生在水下拍摄创意毕业照　林辉 摄

清新福建

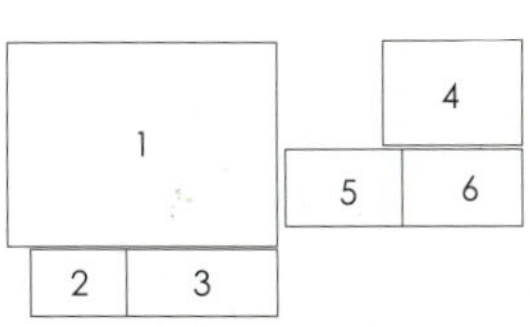

1. “水上古村落”龙海埭美村，获评福建省历史文化名村和中国历史文化名村。当地进行了保护性修缮和环境整治，大力发展乡村旅游　林熙 摄

2. 九龙江口的红树林越来越茂盛　王毅 摄

3. 莆田绶溪公园体现生态和休闲、人与自然的和谐　林熙 摄

4. 近年来，福州市区相继建成了金鸡山、金牛山、江心公园等多处绿道，成为市民健身休闲的好去处。图为金牛山“福道”　林熙 摄

5. 永春市牛姆林景区以其独特的生态魅力吸引游客　康庆平 摄

6. 厦门街道一角　施辰静 摄

精准扶贫

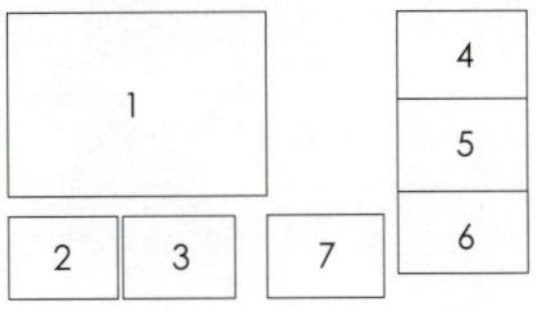

1. 在建宁县的滩溪镇、均口镇的一些村子里，通过利用计生部门提供的小额贴息贷款建起的“妈妈车间”，让很多年轻母亲不用再外出打工。图为修竹村的年轻妈妈小邓从“妈妈车间”领回材料，在家里编制外贸休闲鞋　王毅 摄

2. 南安市梅山镇蓉中村的李迎春站在20多亩的蔬菜地前。李迎春之前种果树，两年前改种蔬菜。村里为他信用担保贷款了5万元，用于扩大种植　王毅 摄

3. 宁化县石壁镇杨边村除了建设观光园，还引进了山羊养殖项目，优先安排贫困户就业　林辉 摄

4. 1月16日，福建省派三明驻点和蹲点村生态农特产品展销会暨“精准扶贫”项目对接会在福州市万象城举办　林辉 摄

5. 南安东田镇凤巢村100多户农户参与养殖鳗鱼，带头的农户提供技术分享，在村里建起统一的饲料车间和幼苗培育池，帮助散户进行科学化喂养和搭建销售平台　王毅 摄

6. 福安市采取“一村一策、一户一法”和“十个到村到户工程”的精准帮扶模式，立足少数民族乡村资源优势，扶持发展特色产业。目前，全市畲乡脱贫率达80.5%　林辉 摄

7. 5月30日，团省委、闽侯团县委在闽侯县竹岐中心小学举办了精准扶贫——关爱农民工子女“职业体验·快乐六一”主题公益活动　林熙 摄

FU ZHOU 福州

1. 闽江北岸中央商务中心
2. 上下杭新貌
3. 第十八届海峡两岸经贸交易会
4. 首届联合国海陆丝绸之路城市联盟城市论坛
5. 两岸金融创新合作示范区
6. 中国福州互联网+产业园

阳泰红旗
第十八届海峡两岸经贸交易会

UN MCSR CA
Cities Forum

两岸金融创新合作示范区

中国福州 互联网+产业园

FU ZHOU 福 州

1	3	4
	5	6
	7	8
2	9	

1. 金鸡山公园
2. 黎明湖公园
3. 福道
4. 白鹭栖息洋治河
5. 华林路林荫大道
6. 福州地铁1号线
7. 飞凤山奥体公园休闲步道
8. 白马河
9. 蓝天碧水美榕城

9.22
中国 福州
无车日
地铁出行 低碳环保

FU ZHOU 福 州

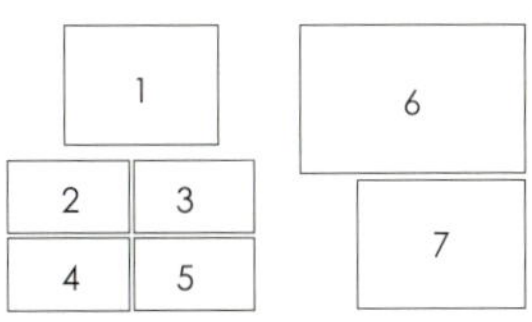

1. 海峡图书馆
2. 东湖VR小镇研发楼
3. 2016年海峡青年（福州）峰会
4. 海峡两岸青年创业孵化中心
5. 海峡青年交流营地
6. 江阴千亿新材料化工片区
7. 现代农业

XIA MEN 厦门

1. 全国政协主席俞正声出席第八届海峡论坛大会并致辞
2. 第19届投洽会在厦门开幕，汪洋副总理启动“9·8”金钥匙
3. 省委书记尤权在厦门市长裴金佳陪同下察看“莫兰蒂”超强台风灾情，指导灾后恢复重建
4. 中国共产党厦门市第十二次代表大会于10月13日隆重召开

5. 2016世界城市日论坛中国主场在厦门举办，签署《城市发展厦门倡议》

6. 厦门经济特区建设35周年座谈会

7. 厦门积极打造城市新地标。图为世贸大楼和演武大桥观景平台夜景

8. 《福建省海岸带保护与利用规划（2016-2020年）》明确厦门湾将打造厦门国际航运中心和海洋综合管理创新示范区。图为美丽的厦门湾

XIA MEN 厦门

1	2	5	6
3	4	7	8
9		10	

1. 厦门积极发展时尚产业。图为2016年厦门国际时尚周在爱乐乐团演奏声中开场
2. 厦门港全球排名升至第16位
3. 厦门地铁1号线首列车举行接车仪式
4. 厦门成为中欧班列枢纽节点，中欧（厦门）班列成为“安智贸”首条铁路航线

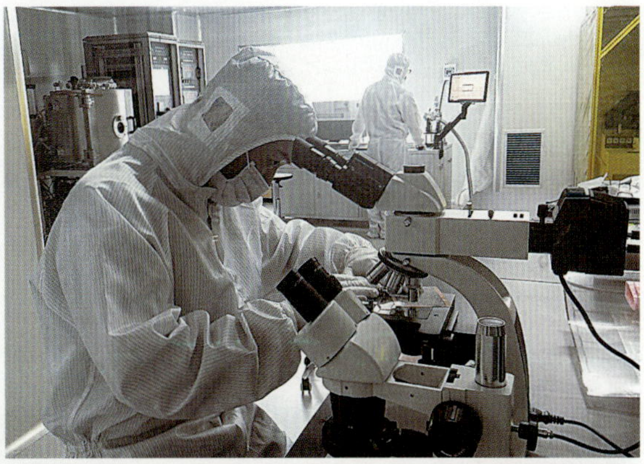

5. 厦门致力于发展帆船游艇产业，图为2016第十二届俱乐部杯帆船挑战赛现场

6. 厦门积极发展石墨烯产业。图为厦门烯成首创的G-CVD石墨烯生长系统，在国内市场占有率达80%以上

7. 智能制造成厦门工博会吸睛亮点。图为会写毛笔字的机器人

8. 厦门自贸片区大力发展航空维修业。图为厦门太古公司维修机库

9. 厦门加快实施跨岛发展战略。图为集美新城

10. 厦门加快打造国际邮轮母港

XIA MEN 厦门

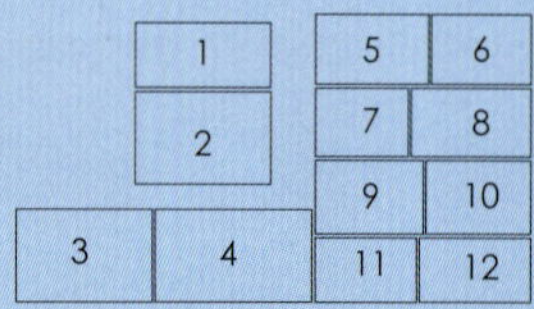

1. 2016建发厦门国际马拉松赛

2. 2016年海峡两岸龙舟赛精彩纷呈

3. 市长环保目标责任书考核厦门居全省第一。图为美丽的厦门港和鼓浪屿

4. 厦门扎实推进河长制。图为集美区后溪许溪上游河段溪流

5. 厦门好民警陈清洲荣获“时代楷模”“全国一级英雄模范”荣誉称号。图为陈清洲同志先进事迹报告会

6. 厦门自贸片区颁发首个外籍人员5年有效期工作类居留许可，“一年一签”变“五年一签”

7. 厦门社工开展“量身定制”专业服务

8. 分级诊疗、家庭医生签约服务的厦门模式向全国推广

9. “莫兰蒂”超强台风给厦门带来巨大灾害，全体市民积极开展灾后恢复重建

10. 厦门市运动员在里约奥运会获得2金1银1铜，打破2项世界纪录，在残奥会获得1银。图为厦门市运动员谌龙在羽毛球男子单打比赛中获得金牌

11. 厦门自贸片区22项举措全国首创。其中，打造跨境电商公共管理平台，企业可一站办理业务

12. 厦大马来西亚分校

陈清洲同志先进事迹报告会
以高风亮节赢得了
人民群众衷心爱戴
陈清洲同志先进事迹报告会

分级诊疗、家庭医生签约进社区

XIAMEN UNIVERSITY MALAYSIA
厦門大學马来西亚分校

ZHANG ZHOU 漳州

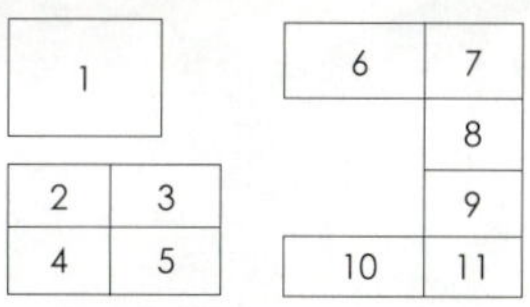

1. 漳州市立交桥拆建后的新貌
2. 闽南生态文化走廊之五里亭
3. 第八届海峡论坛，第二十五届东山关帝文化节
4. 改造后的漳州古城
5. 建设中的“五馆一歌”
6. 常山开发区天窗坪仙境山庄——“暗夜公园”
7. 漳州南江滨路水仙花大桥互通
8. 龙江颂歌航拍图
9. 2016中国自行车联赛福建 · 东山站暨东山岛首届国际自行车邀请赛
10. 漳州市龙文区九十九湾圳头示范段
11. 漳州江滨夜色

ZHANG ZHOU 漳州

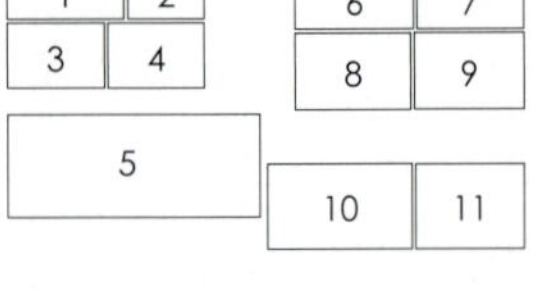

1. 猛狮新能源科技有限公司

2. 福欣不锈钢公司生产车间一角

3. 由金龙客车公司投建的港龙工业园区，图为公司繁忙的生产车间一角

4. 金龙客车生产车间

5. “碧湖生态园杯”节目表演《健身一扇》

6. 非洲使节团来漳考察
7. 台商投资区中心城区花田美事 · 油菜花海
8. 正新（漳州）橡胶工业有限公司航拍图
9. 农业产业化国家重点龙头企业同发集团里的双孢菇标准化生产示范基地
10. 古雷新港城
11. 厦漳同城大道先导段

ZHANG ZHOU 漳州

1. 平和县大芹山茶园
2. 漳州开发区双鱼岛大桥通车
3. 旅游扶贫项目——云霄县棪树枇杷生态公园
4. 鸿星尔克（长泰）电子商务产业园
5. 全国照明电器行业三强——立达信集团
6. 乌山天池

QUAN ZHOU 泉州

1. 泉州西街
2. 首届泉州海丝古城定向穿越活动举行
3. 海上丝绸之路环泉州湾国际公路自行车赛
4. 古城中红砖绿植相映成趣的古民居
5. 省级文化旅游街区新门街

环泉州湾国际公路自行车赛
起点
START

QUAN ZHOU 泉州

1. 2016 年 7 月 16 日福建晋华存储器集成电路生产线项目在晋江市开工
2. 2016 年 5 月 19 日中国国际信息技术（福建）产业园 VR 基地项目签约仪式
3. 龙峰纺织公司使用智能化设备，减少了六成用工，提升了生产效率
4. 在福建七匹狼实业股份有限公司的自动化生产车间内，最新型的智能全自动电脑绣花机已投入使用，1 个工人即可操作 5 台机器，可以提升 5～8 倍的生产效率

5. 晶体硅太阳能电池生产线
6. 阳光中科太阳能电池项目引进智能化生产设备
7. 安溪在全国率先挺进光生物产业。图为中科生物植物工厂
8. 嘉泰数控公司里，智能化机械手在轨道上作业
9. 石狮国际轻纺城
10. 洛江智能装备产业园目前已引进华数机器人等优质项目，并取得多项研发成果

QUAN ZHOU 泉州

1. 洛阳江河口生态新城

2. 六胜塔

3. 经过治理的桃溪流域

4. 晋江市打造特色最美乡村

QUAN ZHOU 泉州

1. 田安大桥
2. 2016 央视春晚泉州分会场
3. 市民骑共享单车出行

4. 2016 年 7 月 9 日，随着“尼伯特”逼近，沿海风力逐渐加大。泉州市全力以赴做好各项防御工作，全市 5126 艘渔船、200 艘船舶全部进港避风。各地边防官兵全警出动，帮助渔民加固缆绳和防撞轮胎

5. 海丝艺术公园

6. 泉州环湾建设全面开动。图为随着配套的日益成熟，城东片区的区域价值愈加凸显

SAN MING 三明

1. 三明获“国家森林城市”称号

2. 绿色城市

3. 2016年12月27日，全国扶贫改革试验区工作座谈会在三明召开。图为领导与代表们实地观摩福建金森集团有限公司生态产业扶贫模式

4. 2016年城市公立医院综合改革培训班在三明市举办

5. 新列东大桥将于9月30日正式通车

SAN MING 三明

1. 2016年10月27日，成都花木交易所（清流）兰花上市仪式

2. 2016年3月7日，福建三明沙县机场正式通航

3. 2016年5月18日，首批进口货物进入三明陆地港公共保税仓库

4. 永安建新轮胎项目

5. 三明高新技术产业开发区金沙园全景

6. 2016年3月30日，海西重汽公司举行出口发车仪式

7. 永安翔丰华新能源汽车专用锂电池石墨负极材料产品生产项目

8. 百威英博雪津（三明）啤酒有限公司生产线

9. 2016年3月31日，三明电商产业园举行重点企业签约暨创客中心启用仪式

2016出口签约暨发车仪式

翔丰华

电商聚首 共创未来

SAN MING 三明

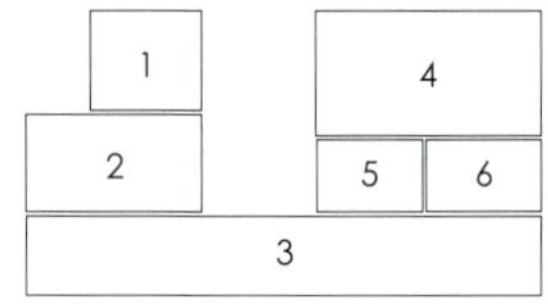

1. 2016年9月30日，三明市举行烈士纪念日公祭活动

2. 奥运冠军邓薇载誉归来

3. 三明（沙县）湿地公园

4. 沙县小吃千人宴

5. 2016年9月，三明职教园一期建成使用

6. 2016年11月19日，三明学院举办2017届毕业生校园招聘会

沙县小吃千人宴
沙县小吃千人宴

三明职教园

三明学院2017届毕业生校园招聘会
三明学院2017届毕业生
校园招聘会

PU TIAN 莆田

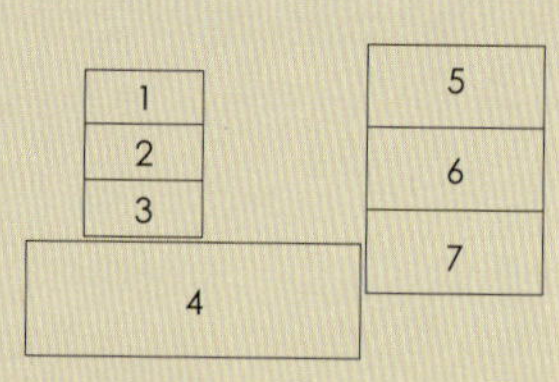

1. 泗华溪片区
2. 妈祖城
3. 罗屿新城安置区
4. 木兰溪
5. 玉湖公园
6. 仙游兰溪两岸
7. 城东

PU TIAN 莆田

			4	5
1			6	7
			8	9
2	3		10	

1. 罗屿岛铁矿石码头
2. 15万吨级船舶停靠八方港口
3. 仙游瑞峰工业园
4. 华峰生态科技纺织产业园印花车间
5. 海山机械
6. 云度新能源汽车生产车间
7. 威诺数控数控机床生产车间
8. 莆田砷化镓生产线落户涵江赤港华侨经济开发区
9. 福建华锦实业有限公司生产车间一角
10. 华佳彩高新技术面板项目成莆田发展新引擎

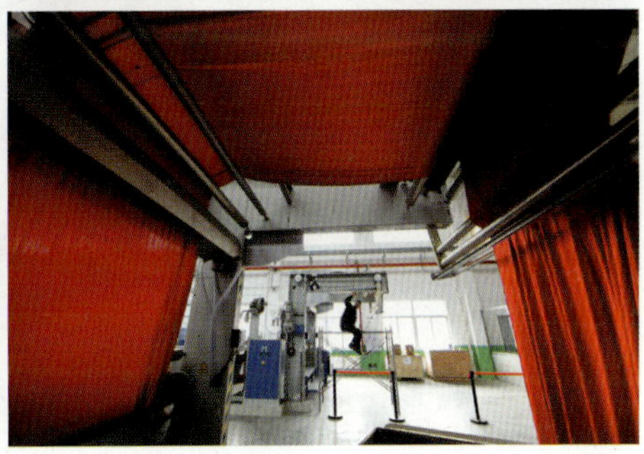

PU TIAN 莆 田

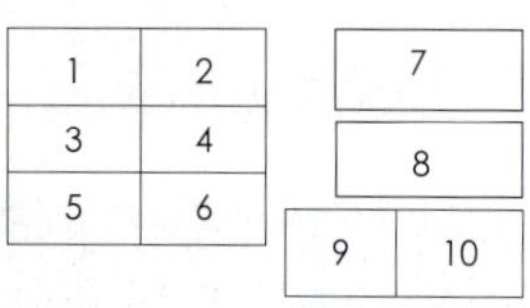

1. 湄洲岛夜色
2. 湄洲妈祖文化小镇
3. 仙游仙作工艺小镇
4. 安福电商城
5. 上塘珠宝城
6. 百威英博雪津啤酒厂迁建项目
7. 世界妈祖文化论坛主旨演讲现场
8. 第25届世界技巧锦标赛开幕式
9. 第十一届海峡工艺品博览会
10. 妈祖1056周年诞辰纪念大会在湄洲岛举行

世界妈祖文化论坛
GLOBAL MAZU CULTURE FORUM

PUTIAN 2016

NAN PING 南平

1. 福建华电邵武电厂三期扩建项目
2. 建瓯三溪交汇
3. 衢宁铁路福建南平段——地州隧道进口
4. 武夷新区夜色
5. 先进制造业——南铝轻量化车身生产车间
6. 316国道顺昌城区段改线工程城西2号桥
7. 福建兴华动力能源科技有限公司生产线一角
8. 福建海源新材料科技有限公司复合材料生产线
9. 合福联络线闽江特大桥施工中

NAN PING 南平

1. 欧圣实业（福建）有限公司肉鸡加工厂分肉车间

2. 浦城蔬菜种植合作社助力扶贫工作

3. 首个茶文化观光工厂——国家AAAA级旅游景区香江茗苑闽北

4. 浦城小密包酒博览园

5. 光泽福建武夷山水食品饮料有限公司

6. 武夷新区万达项目

7. 武夷新区水之厅

8. 光泽茶园全景

NAN PING 南平

1. 武夷山朱子故里“海峡两岸交流基地”授牌
2. 武夷新区核心区
3. 浦城剪纸技艺
4. 2016斯柯达HEROS中国自行车系列赛 · 张三丰故里（邵武）国际自行车挑战赛
5. 政和东平镇现代农业光伏发电综合体项目
6. 松溪家政实训基地
7. 延平区江南新城

Heros
2016斯柯达HEROS中国自行车系列赛
张三丰故里（邵武）国际自行车挑战赛
起 点
START

LONG YAN 龙岩

1. 2016 年 10 月 13 日，中共中央政治局委员、中央书记处书记、中宣部部长刘奇葆在省委书记尤权陪同下在长汀参观瞿秋白烈士纪念馆
2. 2016 年 4 月 19 日，省委书记尤权察看龙马环卫智慧环卫系统项目
3. 2016 年 10 月 13 日，省委书记尤权在长汀县南山镇中复村与红军后代亲切交谈
4. 2016 年 9 月 12 日，省长于伟国察看龙净环保股份有限公司产品
5. 2016 年 9 月 3 日，林国耀代市长慰问挂钩帮扶贫困户
6. 2016 年 10 月 12 日，全国政协副主席卢展工来龙岩开展送文化下基层活动
7. 2017 年 3 月 26 日，国家文化部部长雒树刚一行在瞻仰古田会址并了解红色旧址保护情况
8. 纪念红军长征胜利 80 周年红色旅游系列活动在长汀福建省苏维埃政府旧址启动
9. “走进闽西 携手发展”项目对接会暨签约仪式

全国政协教科文卫体委员会
赴革命老区长汀县南寨社区
送文化下基层活动

“走进闽西　携手发展”
项目对接会暨签约仪式

LONG YAN 龙岩

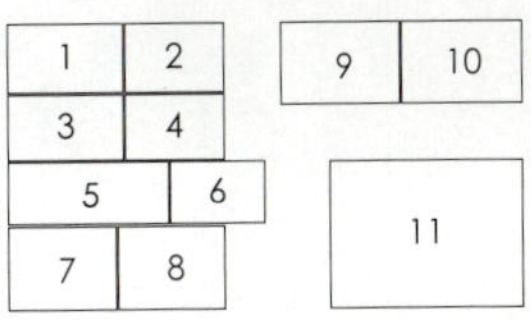

1. 第七届海峡两岸机械产业博览会
2. 开展“进企业、送服务、解难题、促增长”活动
3. 国际一流的大气环保实验研究检测中心
4. 龙马环卫“制造业 + 服务”——杭州 G20 峰会场清洁保障服务
5. 龙工（福建）挖掘机
6. 长汀金龙稀土有限公司年产 2500 吨磁性材料元器件配套表面处理项目生产车间
7. 龙岩大道
8. 龙岩大道高架桥
9. 才溪乡调查会址
10. 全国爱国主义教育基地——长汀红色革命旧址群
11. 初溪土楼群

LONG YAN 龙岩

1. 畅通工程——黉门前交通节点
2. 畅通工程——莲花山交通节点
3. 畅通工程——黉门前交通节点
4. 畅通工程——莲花山交通节点
5. 中心城区至永定高新园区快速通道
6. 双永高速
7. 西外环赤水快速通道
8. 反映闽西子弟兵浴血湘江的电视剧《绝命后卫师》开机仪式
9. 全国女子举重锦标赛暨里约奥运会选拔赛
10. 2016 中国 · 永定环土楼首届国际山地马拉松赛

电视剧《绝命后卫师》开机仪式

CHINA

2016 中国永定 环土楼
首届国际山地马拉松赛
550乡村马拉松第十站
起点
00:00:00

LONG YAN 龙岩

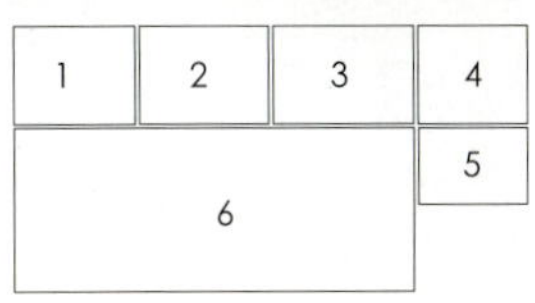

1. 国家重点风景名胜区、国家生态旅游示范区——连城冠豸山
2. 国家生态旅游示范区——武平梁野山
3. 全国重点文物保护单位——上杭李氏大宗祠
4. 省级特色小镇——培田草药小镇
5. 省级特色小镇——永福花香小镇
6. 中国传统村落——永定中川古村落

NING DE 宁德

1. 2016年12月28日，宁德市领导干部大会召开，省委决定隋军任中共宁德市委书记，郭锡文任中共宁德市委副书记、提名为市长候选人，兰斯琦提名为宁德市政协主席候选人

2. 2016年7月8日，宁德市政协主席郑民生到古田县开展“四下基层、四解四促”调研活动

3. 2016年8月4日，中国农业发展银行行长祝树民（前排左一）在寿宁县下党乡考察调研

4. 2016年10月11日，省政协原副主席陈增光在寿宁县下党乡宁德农信系统创建“摆脱贫困”金融扶贫开发示范区启动仪式暨精准扶贫卡发放仪式上为贫困户授卡

5. 2016年12月16日，宁德市委副书记林文芳深入福安市化蛟村调研精准扶贫工作

6. 青拓集团生产车间

7. 2016年4月20日，国际航行船舶临时进出漳湾作业区码头

8. 宁德新能源产业

NING DE 宁德

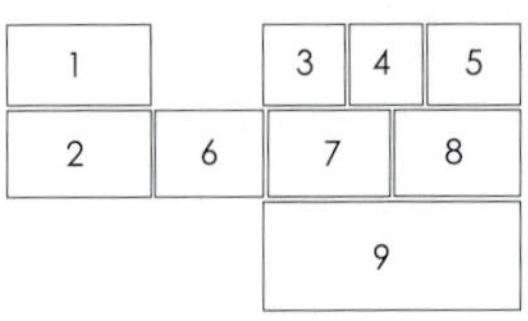

1. 第六届宁德世界地质公园文化旅游节

2. 2016 年 6 月 13 日，第八届海峡论坛 · 陈靖姑文化节在宁德市古田县开幕

3. 2016 年 8 月 1 日，三祥新材在上海证券交易所成功挂牌上市，这是宁德首家在上交所主板发行上市的企业。图为宁德市市长隋军（右一）和公司负责人共同敲响上市锣声

4. 2016 年 3 月 16 日，宁德市首台智能机器人大堂经理“宁宁”在宁德农商银行蕉城支行投入使用

5. 宁德市金马北路（学院路至南湖滨路段项目）

6. 霞浦紫菜科学育苗基地

7. 2016 年 11 月 28 日，沈海复线宁德飞鸾至增坂段（II 期工程）正式建成通车

8. 2016 年 11 月 3 日，建设中的衢宁铁路三乐特大桥

9. 安波电机全景图

机器人大堂经理启用仪式

宁德东

安波电机

NING DE 宁德

1. 大型原创畲族舞剧《山哈魂》获全国少数民族文艺会演银奖
2. 2016 年秋季，宁德五中新校区投入使用
3. 2016 年 11 月 26 日，宁德市社会福利中心运营启动仪式
4. 2016 年 12 月 9 日至 10 日，2016 闽浙边界（宁德 · 温州）高校毕业生创新创业交流会暨宁德市第二届高校毕业生创业成果展在福鼎举行

5. 2016 年 12 月 6 日，蔡威烈士生前战友的后代参观蔡威事迹展陈馆

6. 中国美术学院学生参观宁德屏南双溪安泰艺术城

7. 霞浦县第四小学

8. 2016 年 4 月 26 日，宁德市启用交通一卡通，可在全国 43 个城市使用

PING TAN 平潭

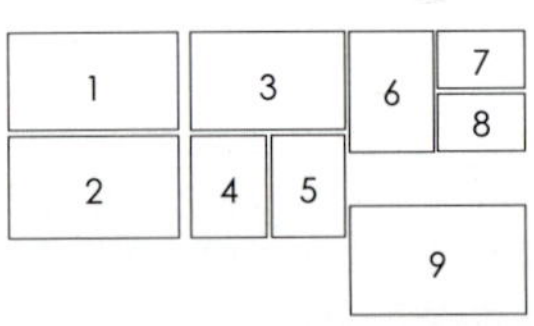

1. 2016 年 9 月 21 日，中国平潭 · 企业家科学家创新论坛在平潭举行

2. 2016 年 6 月 13 日，第五届共同家园论坛现场

3. 海坛湾龙凤头海滨浴场

4. 2016 年 11 月 3 日，12345 便民服务热线 五彩麒麟 APP “平潭智慧岛” 公众号正式上线运行

5. 花香四溢
6. 将军山风景区
7. 瓦仙踪景区
8. 石厝风情
9. 渔平高速公路互通

PING TAN 平 潭

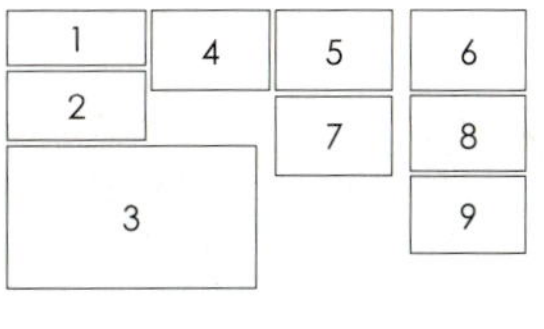

1. 2016 年 1 月 12 日，平潭第二实验小学 1 号教学楼

2. 2016 年 5 月 2 日，幸福洋吹沙造地植树造林二期

3. 2016 年 11 月 7 日，平潭海峡公铁两用大桥最大主塔墩完成浇筑

4. 网格化管理中心

5. 2016 年 4 月 6 日，渔政码头施工现场正在安装沉箱

6. 2016 年 3 月 19 日，全省首单“互联网 +”离境退税在平潭诞生

7. 平潭港区金井作业区新增常态化运行班轮“东方顺”岚台直航货运添新动力

8. 2016 年 7 月 28 日，检验检疫人员向企业出具通关单据

9. 医疗器械注册审批时间由一年多缩短到两三个月

PING TAN 平 潭

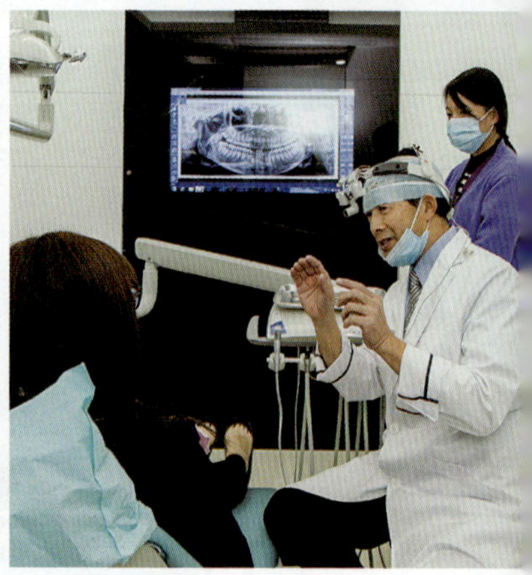

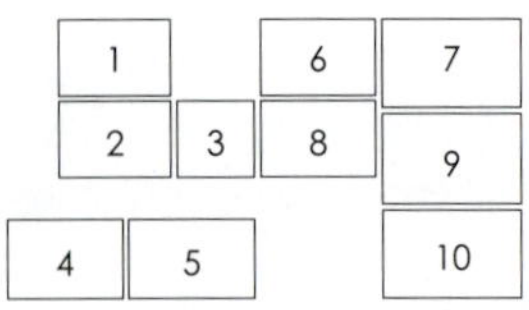

1. 环岛骑行出发前，两岸骑友在旗帜上签下自己的名字
2. 祭拜妈祖
3. 在岚开设牙科医院的台胞李元瑞为患者讲解 X 光片
4. 首期台湾青年创业就业培训班在岚开班
5. 两岸村（里）长齐聚一堂

6. 台车通过澳前口岸通道

7. 2016 年 9 月 21 日，国际风筝冲浪赛在平潭举行，图为两位选手在浪尖花式比赛中竞相角逐

8. 2016 年 1 月 14 日，福建省地质调查研究院组织实施、福建省第四地质大队施工的“平潭地热资源调查与评价”项目现场

9. 2016 年 5 月 28 日，海坛古城影视产业文化落地仪式

10. 2016 年 4 月 23 日，藤牌操在仙人井演练

2017 福建年鉴 FUJIAN YEARBOOK

目录

福建省地图
《福建年鉴 2017》编纂委员会
编辑说明
数知福建
福建名片
福建要闻

特　载

党和国家领导人考察福建 …… 1
俞正声出席“乐业两岸　创享未来”青创先锋汇交流活动 …… 1
第八届海峡论坛在厦门举行，俞正声出席并致辞 …… 1
刘奇葆在福建长汀调研：弘扬伟大长征精神，加快老区苏区发展 …… 1
汪洋出席第十九届中国国际投资贸易洽谈会 …… 2
孟建柱在福建调研 …… 2
孙春兰在福建调研 …… 2
万鄂湘在福建调研 …… 2
政府工作报告 …… 3

八闽关注

双台风接连正面袭击福建 …… 9
福建医改创新成全国典型 …… 10
福建推进全国生态文明试验区建设 …… 10
福建深入推进精准扶贫 …… 10
福州地铁 1 号线全线通车 …… 11
为民办实事，提升百姓幸福感 …… 11

大　事　记

2016 年福建大事记 …… 12

省情概况

·自然地理·
地理 …… 22
气候 …… 22
水文 …… 23
·资　　源·
土地资源 …… 23
水资源 …… 23
矿产资源 …… 24
生物资源 …… 24
森林资源 …… 24
海洋资源 …… 24
·环境质量·
大气环境质量 …… 24
水环境质量 …… 25
声环境质量 …… 25
辐射环境 …… 25
·人文历史·
古人类活动 …… 25
建制沿革 …… 25
·华侨　台胞·
华侨 …… 28
台胞 …… 28
·人　　口·
人口概况 …… 28
人口自然增长 …… 28
人口城镇化水平 …… 28
人口年龄结构 …… 28
流动人口 …… 28
家庭规模 …… 28

·语　言·

概况 …… 28

闽方言 …… 29

客家方言 …… 29

吴方言 …… 29

官话方言岛 …… 29

畲语 …… 29

·民族　宗教·

民族 …… 29

宗教 …… 29

·行 政 区 划·

乡改镇情况 …… 29

设立街道办事处情况 …… 29

·经济社会发展·

概况 …… 30

供给侧结构性改革 …… 30

民生发展 …… 30

扩大开放 …… 31

闽台交流 …… 31

机制改革 …… 31

生态文明建设 …… 31

·精神文明建设·

公民道德建设 …… 32

精神文明创建 …… 32

未成年人思想道德建设 …… 32

社会志愿服务 …… 33

网络精神文明建设 …… 33

·领导机构党派团体及领导人·

中共福建省委书记、副书记、常委、正副秘书长名单 …… 33

中共福建省委所属机构负责人名单 …… 34

中共福建省各设区市委领导人名单 …… 34

福建省人大常委会正副主任、正副秘书长名单 …… 35

福建省人大法制委员会、财政经济委员会正副主任委员名单 …… 35

福建省人大常委会各委、办、室、局正副主任名单 …… 35

各设区市人大常委会正副职、县(市、区(人大常委会正职名单 …… 35

福建省人民政府省长、副省长、正副秘书长名单 …… 37

福建省人民政府所属机构、企事业单位负责人名单 …… 37

福建省各设区市人民政府领导名单 …… 41

中央有关部委驻闽直属机构负责人名单 …… 41

中共福建省各县（市、区）委正职名单 …… 44

各县（市、区）人民政府正职名单 …… 45

省政协主席、副主席、正副秘书长名单 …… 46

省政协办公厅、专委会领导名单 …… 46

各设区市政协正副职领导，各县、市（区）政协正职领导名单 …… 46

福建省高级人民法院 …… 47

福建省人民检察院 …… 47

中共福建省纪委书记、副书记、常委、秘书长名单 …… 47

各设区市纪委正副职领导，各县、市（区）纪委正职领导名单 …… 47

民主党派和省工商联负责人名单 …… 48

各群众团体负责人名单 …… 49

机关团体

·中国共产党福建省委员会·

概况 …… 50

省委九届十六次全会 …… 52

省委九届十七次全会 …… 53

省第十次党代会 …… 53

省委十届一次全会 …… 54

组织工作 …… 55

宣传工作 …… 56

统战工作 …… 57

政策研究 …… 58

政法工作 …… 59

机构编制 …… 60

老干部工作 …… 62

党校行政学院工作 …… 62

党史研究 …… 63

信访工作 …… 64

保密工作 …… 65

机关党建工作 …… 65

·福建省人民代表大会及其常委会·

概况 …… 66

省十二届人大四次会议 …… 69

省人大常委会会议 …… 69

·福建省人民政府·

概况 …… 70

省政府全体会议 …… 70

省政府常务会议 …… 70

省长办公会议 …… 73

·政协福建省委员会·

概况 …… 74

省政协十一届四次会议 …… 75

省政协常务委员会议 …… 75

省政协重要活动 …… 75

·中共福建省纪律检查委员会·

概况 …… 75
省纪委九届七次全会 …… 77
省纪委九届八次全会 …… 77
省纪委十届一次全会 …… 77

·民主党派　工商联·

中国国民党革命委员会福建省委员会 …… 77
中国民主同盟福建省委员会 …… 78
中国民主建国会福建省委员会 …… 79
中国民主促进会福建省委员会 …… 79
中国农工民主党福建省委员会 …… 80
中国致公党福建省委员会 …… 81
九三学社福建省委员会 …… 82
台湾民主自治同盟福建省委员会 …… 83
福建省工商业联合会 …… 83

·群 众 团 体·

福建省总工会 …… 84
共青团福建省委员会 …… 86
福建省妇女联合会 …… 87
福建省科学技术协会 …… 88
福建省归国华侨联合会 …… 89
省台湾同胞联谊会 …… 90
福建省金门同胞联谊会 …… 91
省残疾人联合会 …… 91
福建省社会科学界联合会 …… 92
福建省文学艺术界联合会 …… 93
中国国际贸易促进委员会福建省委员会 …… 94
福建省中华职业教育社 …… 94
福建省留学生同学会·留学人员联谊会 …… 95

法　治

·社会管理综合治理·

综治领导责任制 …… 96
矛盾纠纷化解多元化 …… 96
社会治安防控立体化 …… 96
社区服务管理网格化 …… 96
专项工作 …… 96

·人 大 立 法·

重点领域立法 …… 97
地方立法机制完善和创新 …… 97
设区市地方立法 …… 98
规范性文件备案审查 …… 98
涉台法律问题研究 …… 98

·法治政府建设·

概况 …… 99
政府职能转变 …… 99
重点领域立法 …… 100
依法决策 …… 100
行政权力制约和监督 …… 100
社会矛盾纠纷化解 …… 101
依法行政意识和能力提高 …… 101
自贸试验区法治保障 …… 102
平潭综合实验区法治建设 …… 102
主动服务国家战略 …… 102

·公　　安·

概况 …… 102
刑事犯罪侦查 …… 102
经济犯罪侦查 …… 102
禁毒工作 …… 102
治安防范管理 …… 103
道路交通管理 …… 103
“放管服”改革推进 …… 103
公安法制 …… 103
反走私 …… 103
出入境管理 …… 104
消防工作 …… 104

·检　　察·

概况 …… 106
服务新福建建设 …… 107
批捕起诉 …… 107
查办和预防职务犯罪 …… 107
法律监督 …… 107
司法体制机制改革 …… 108

·法　　院·

概况 …… 108
服务发展大局 …… 108
司法为民 …… 109
“基本解决执行难”攻坚战 …… 109
司法改革深化 …… 109
信息化建设 …… 110

·司 法 行 政·

概况 …… 110
监狱管理 …… 110
戒毒管理 …… 110
社区矫正和安置帮教 …… 110
人民调解 …… 110
法治宣传和法治创建 …… 110
法律服务 …… 110
司法基层基础建设 …… 111
司法行政改革 …… 111

军 事

·福建省军区·

概况 …… 112
党委九届十至十三次全体（扩大）会议 …… 112
灾害防范与救助 …… 112
学法规正秩序系列活动 …… 113
城市警备 …… 113
设区市委武委会主任述职报告会 …… 113
全省专武干部集训 …… 113
征兵工作 …… 113
《福建省国防动员条例》颁布出台 …… 114
厦门市首届市区两级国防教育讲师团集训 …… 114
厦门市第16个全民国防教育日活动 …… 114
拥政爱民 …… 114
深化军地共建“平安厦门”座谈会 …… 114
网络宣传 …… 114
纪念建党95周年老干部书画展暨爱国拥军笔会 …… 115
“爱在军营、情定鹭岛”第十届军营集体婚礼 …… 115
漳州市首届退役士兵转服预备役誓师大会 …… 115
全面停止有偿服务 …… 115
水土流失治理暨植树造林活动 …… 115
挂钩帮扶活动 …… 115
军车依托社会力量维修保障试行 …… 115

·武警福建总队·

概况 …… 115
三届十四次全体（扩大）会议召开 …… 116
师团职领导干部理论轮训 …… 116
三明市泰宁县“5·8”泥石流灾害抢险救援 …… 117
完成重大任务表彰大会召开 …… 117
抗击台风抢险救援 …… 117
“四会”优秀政治教员评比竞赛 …… 117
赴疆轮战出征仪式举行 …… 117
总队首长机关带直属支队冬季野营拉练 …… 117

·福建省森林总队·

概况 …… 117
泰宁池潭水力发电站山体滑坡救援 …… 118
抗击台风“莫兰蒂” …… 118

·人 民 防 空·

概况 …… 118
第十次全省人民防空会议召开 …… 118
全省指挥通信业务网上同步集训 …… 118
全省人防工程质量检查 …… 119
人防系统安全生产检查 …… 119
全省人防工程管理及质量监督业务培训 …… 119

外事 侨务 港澳事务

·外 事·

概况 …… 120
友好往来 …… 121
对外交流合作 …… 125
友好城市 …… 126

·侨 务·

概况 …… 129
侨务联谊 …… 129
经济科技 …… 129
文教宣传 …… 130
国内侨务 …… 131

·港 澳 事 务·

概况 …… 131
省长于伟国会晤港澳特首 …… 131
闽港合作会议第二次会议召开 …… 131
闽澳合作会议第一次会议召开 …… 132
福建省组团参加香港“赏心乐食”美食文化节活动 …… 132
澳门工会联合总会“福建体验之旅”考察团访闽 …… 132
港澳青年与学生来闽交流活动 …… 132
首届“海丝情·中国梦”港澳青年精英故乡行活动 …… 132
四海一家·闽港青年交流 …… 132
第五期港澳侨界杰出青年研习班 …… 132

闽台交流合作

·闽台经贸·

概况 …… 133
福建自贸试验区对台合作 …… 133
平潭综合实验区对台合作 …… 133
厦门对台综合改革试验 …… 133
2016两岸企业家峰会年会 …… 133
先进制造业对接 …… 133
农业合作 …… 133
现代服务业合作 …… 134
台湾青年实习就业创业 …… 134
台商合法权益维护 …… 134

·闽 台 交 流·

概况 …… 134
海峡论坛 …… 134
祖地文化交流 …… 134
乡镇村里交流 …… 135

旅游交流合作 …… 135
教育交流合作 …… 135
体育交流 …… 135
青少年交流 …… 135
职工交流 …… 135

·闽台直接往来·

概况 …… 135
金门供水工程建设 …… 135
台车入闽 …… 136
闽台海上货运直航 …… 136
“台厦蓉欧”海铁联运列车开通 …… 136
闽台两岸合编高中语文教材在台湾出版使用

经济管理与监督

·宏观经济管理·

规划编制和政策制定 …… 137
有效投资扩大 …… 137
产业结构优化升级 …… 137
区域协调发展 …… 138
新型城镇化建设 …… 138
重点领域改革 …… 138
外经外贸工作 …… 139
生态文明建设 …… 139
社会事业发展 …… 139
军民融合发展 …… 140

·经济体制改革·

政府职能转变 …… 140
供给侧结构性改革 …… 141
科技体制改革 …… 142
财税体制改革 …… 142
金融体制改革 …… 142
新型城镇化体制改革、机制完善 …… 143
教育综合改革 …… 143
医药卫生体制改革 …… 144
完善社会保障体制机制 …… 144

·国有资产管理·

概况 …… 144
国资监管 …… 145
国企改革 …… 145
国企发展 …… 145

·国土资源管理·

土地资源 …… 146
土地规划 …… 146
耕地保护 …… 146
国有土地供应 …… 146
不动产统一登记 …… 146
矿产资源 …… 147
矿产资源开发管理 …… 147
地质勘查管理 …… 147
地质环境管理 …… 147
国土资源执法监察 …… 147

·审　　计·

概况 …… 147
政策措施落实跟踪审计 …… 147
财政审计 …… 148
领导干部自然资源资产离任审计 …… 148
经济责任审计 …… 148
公共投资审计 …… 148
民生资金（项目）审计 …… 148
大数据审计应用 …… 148

·统　　计·

“供给侧统计”改革 …… 148
统计调查和统计产品 …… 149
统计能力建设 …… 149

·工商行政管理·

市场主体注册登记 …… 149
个体私营经济管理 …… 149
市场主体监督管理 …… 150
市场规范管理 …… 150
商标管理 …… 150
广告管理 …… 150
合同管理 …… 150
消费者权益保护 …… 150

·价 格 管 理·

价格运行及调控 …… 150
价格改革 …… 151
清费减负 …… 151
价格管理 …… 151
价格监管 …… 151
价格服务 …… 152

·食品药品监督管理·

食品安全监管 …… 152
药品安全监管 …… 152
医疗器械监管 …… 153
化妆品监管 …… 153
食品药品监管技术支撑体系建设 …… 153
食品药品不良反应检测 …… 153
食品药品稽查 …… 154
食品药品法制建设 …… 154

药械审评审批制度改革 …… 154
食品药品应急管理 …… 154
食品安全共治 …… 154

·质量技术监督管理·

概况 …… 154
特种设备安全监察 …… 154
产品质量监督 …… 155
质量技术监督行政执法 …… 155
质量技术监督监管服务改革 …… 155
质量技术监督科技创新 …… 155

·口岸综合管理·

概况 …… 155
口岸对外开放 …… 155
大通关建设改革 …… 155
国际贸易“单一窗口”建设 …… 155
自贸试验贸易便利化改革创新 …… 156
海关监管 …… 156
检验检疫 …… 157
海事监管 …… 159
边防 …… 160
海防 …… 161
反走私 …… 161

·安全生产监督管理·

概况 …… 161
安全生产责任落实 …… 161
安全生产领域改革 …… 161
安全生产标准化建设提升工程 …… 162
安全生产大检查 …… 162
重特大生产安全事故防控 …… 162
煤矿安全监管监察 …… 162
安全生产宣传教育 …… 162
安全生产法治建设 …… 162
安全生产应急管理 …… 162

财政　税务

·财　　政·

财政收支概况 …… 163
财税扶持政策落实 …… 163
财政支持方式创新 …… 163
财政资金保民生 …… 164
财税体制改革 …… 165
财政管理 …… 165

·税　　务·

国家税务 …… 165
地方税务 …… 167

金　融

·综　　述·

金融运行 …… 170
外汇管理 …… 171
金融监管 …… 172

·银　　行·

中国人民银行福州中心支行 …… 173
中国人民银行厦门中心支行 …… 176
中国农业发展银行福建省分行 …… 177
国家开发银行福建省分行 …… 178
中国工商银行福建省分行 …… 178
中国农业银行福建省分行 …… 179
中国银行股份有限公司福建省分行 …… 179
中国建设银行福建省分行 …… 179
中国邮政储蓄银行福建省分行 …… 180
交通银行福建省分行 …… 180
兴业银行 …… 181
中信银行福州分行 …… 182
招商银行福州分行 …… 182
光大银行福州分行 …… 183
外资银行 …… 183
福建省农村信用社联合社 …… 183

·证券　信托·

概况 …… 184
兴业证券股份有限公司 …… 184
兴业国际信托有限公司 …… 185

·保　　险·

概况 …… 186
中国人民财产保险股份有限公司福建省分公司 …… 186
中国人寿保险股份有限公司福建省分公司 …… 186
中国平安财产保险股份有限公司福建分公司 …… 187
中国平安人寿保险股份有限公司福建分公司 …… 188
中国太平洋财产保险股份有限公司福建分公司 …… 188
中国太平洋人寿保险股份有限公司福建分公司 …… 189

·小额贷款　租赁　典当·

小额贷款 …… 189
内资融资租赁 …… 189
典当 …… 189

建设　环保

·固定资产投资·

投资规模 …… 190
投资结构 …… 190
投资项目 …… 190
投资资金 …… 190
投资特点 …… 190
·重 点 建 设·
概况 …… 191
项目进展 …… 191
部分开工重大项目选介 …… 192
部分竣工重大项目选介 …… 192
·城 乡 规 划·
城乡规划编制 …… 192
“多规合一”试点 …… 193
历史文化名城保护 …… 193
城乡规划实施与监督管理 …… 193
·城 市 建 设·
宜居环境建设 …… 193
市政基础设施建设 …… 193
市政公用设施运行管理 …… 194
城市园林绿化 …… 194
·城 市 管 理·
城市管理执法体制改革 …… 194
“两违”综合治理 …… 194
渣土车安全整治 …… 194
·村 镇 建 设·
概况 …… 194
传统村落和历史建筑保护 …… 194
小城镇综合改革建设试点及农村危房改造 …… 195
·建 筑 业·
概况 …… 195
政策扶持 …… 195
工程质量安全管理 …… 195
完善工程监管机制 …… 195
责任主体不良行为惩戒 …… 195
中介机构管理及其他应急管理 …… 195
勘察设计质量治理 …… 196
·房地产业和住房保障·
概况 …… 196
棚户区改造 …… 196
住房公积金监管 …… 196
征迁房屋 …… 196
物业服务 …… 196
·测 绘·
测绘监管 …… 196
规划编制 …… 196
基础测绘 …… 196
地理国情普查 …… 197
地图管理 …… 197
测绘成果 …… 197
“天地图·福建”建设 …… 197
地理信息产业 …… 197
·环 境 保 护·
概况 …… 197
环保目标责任制 …… 197
环保督察 …… 197
环境影响评价 …… 197
环境监测 …… 197
水环境管理 …… 197
大气环境管理 …… 198
土壤环境管理 …… 198
自然生态保护 …… 198
辐射安全监管 …… 198
环境执法 …… 198
排污收费 …… 198
排污权交易 …… 198
主要污染物减排 …… 198
环境应急 …… 199
环境宣传教育 …… 199
·节能 减排·
节能降耗 …… 199
循环经济 …… 199

农 业

·综 述·
农业农村经济 …… 200
粮食和主要农产品生产供应 …… 200
特色现代农业 …… 200
农村民生 …… 200
农村生态环境 …… 200
农村改革创新 …… 201
扶贫开发 …… 201
农垦 …… 201
·农村经济管理·
农村土地承包管理 …… 201
农村集体“三资”管理 …… 201
新型农业经营主体 …… 201
家庭农场 …… 201
·种 植 业·

粮食作物 …… 201
经济作物 …… 202
农业标准化建设 …… 202
·闽台农业合作·
概况 …… 202
闽台农业产业合作 …… 202
闽台农业交流往来 …… 202
闽台农业经贸展会 …… 202
·林　　业·
概况 …… 202
林业改革 …… 203
民生林业 …… 203
林业生态保护 …… 203
林业审批制度改革 …… 204
集体林权制度改革 …… 204
竹产业发展 …… 204
峨嵋峰国家级自然保护区 …… 204
杨梅洲峡谷国家森林公园 …… 204
林木品种审（认）定 …… 204
古树名木保护 …… 205
航空护林 …… 205
林业碳汇实现首个交易 …… 205
·畜　牧　业·
概况 …… 205
畜牧标准化建设 …… 205
畜禽良种繁育体系建设 …… 205
生猪养殖污染治理 …… 205
·渔　　业·
概况 …… 205
渔业产业结构调整 …… 205
养殖基地建设 …… 205
远洋渔业 …… 205
渔业资源保护 …… 206
休闲渔业 …… 206
渔业科技推广 …… 206
渔业安全生产 …… 206
渔业防灾减灾 …… 206
水产品质量安全 …… 206
渔业执法 …… 207
·农业机械化·
概况 …… 207
农机具拥有量 …… 207
农机服务组织 …… 207
农机购置补贴 …… 207
·水土保持·
概况 …… 207
水土治理模式 …… 207
水土保持执法监督 …… 208
·水　　利·
概况 …… 208
水利资金投入 …… 208
水利项目规划 …… 208
水利基建 …… 208
农村水利水电 …… 208
水利扶贫开发 …… 209
安全生态水系治理 …… 209
水利管理 …… 209
水资源管理 …… 209
依法治水 …… 209
水利科技创新平台建设 …… 209
水利交流合作 …… 209
水利改革 …… 209

工　业

·综　　述·
工业生产 …… 210
工业投资 …… 211
·石化工业·
概况 …… 211
石化产品产量 …… 211
石化行业分布 …… 212
石化产业链建设 …… 212
·机械工业·
概况 …… 212
技改投资 …… 212
技术创新 …… 212
·汽车工业·
概况 …… 213
重点项目开发 …… 213
资产重组 …… 213
·船舶工业·
概况 …… 213
船舶业务分布 …… 213
福建省船舶工业集团有限公司 …… 213
·冶金工业·
概况 …… 214
冶金优势产品 …… 214
冶金行业技术进步 …… 214

稀土产业 …… 215
不锈钢产业 …… 215
冶金行业规范 …… 215

· 建 材 工 业 ·

概况 …… 215
建材产业布局 …… 215
建材行业技术进步 …… 216
建材品牌市场 …… 216

· 煤 炭 工 业 ·

概况 …… 216
煤炭过剩产能化解 …… 216
煤炭行业安全生产 …… 216

· 纺 织 工 业 ·

概况 …… 217
纺织行业创新发展 …… 217

· 消费品工业 ·

概况 …… 218
造纸业 …… 218
盐业 …… 218
食盐专营 …… 218
制鞋业 …… 219
工艺美术业 …… 219
家具行业 …… 219
塑料制品加工业 …… 220

· 日 用 陶 瓷 ·

概况 …… 220
陶瓷技术创新 …… 220
陶瓷品牌打造 …… 220

· 食 品 工 业 ·

概况 …… 220
食品行业科技成果评审 …… 221
食品产业转型 …… 221
食品企业技术辅导 …… 222
两岸食品产业交流与合作 …… 222

· 森 林 工 业 ·

概况 …… 222
林工经贸活动 …… 222

· 水产品加工业 ·

概况 …… 222
水产加工园区建设 …… 222
水产品冷链物流 …… 223
水产基地园区建设 …… 223
水产品电子商务 …… 223
水产品牌培育 …… 223
水产贸易合作 …… 223

· 医 药 工 业 ·

概况 …… 223
医药重点产品 …… 224
医药龙头企业 …… 224
中药材种植 …… 224

· 烟 草 工 业 ·

概况 …… 224
卷烟品牌建设 …… 224
卷烟技术创新 …… 224
卷烟生产 …… 225
烟草工业技术改造 …… 225

· 电 力 工 业 ·

概况 …… 225
电力生产 …… 225
电力供应 …… 225
电网建设 …… 225

交通 邮政

· 铁 路 ·

概况 …… 226
新开工建设铁路 …… 226
福平铁路建设 …… 226
南龙铁路建设 …… 226
漳州港尾铁路建设 …… 227
湄洲湾港口铁路支线建设 …… 227
福州可门港铁路支线建设 …… 227
厦门站新站房投入使用 …… 227
厦门前场铁路货场开通 …… 227
永安车辆段整体搬迁至福州 …… 228

· 公 路 ·

公路建设 …… 228
公路养护 …… 228
公路运力结构 …… 228
公路客货运输 …… 228
公路甩挂运输 …… 228
驾驶员培训 …… 229
交通“一卡通” …… 229
城市公交运营 …… 229
出租汽车运营 …… 229
农村客运 …… 229
农村公路灾毁保险 …… 229

· 城市轨道交通 ·

概况 …… 230

地铁规划 …… 230
地铁建设 …… 230
地铁运营 …… 230
地铁资源开发 …… 230
· 民 用 航 空 ·
概况 …… 231
三明机场通航 …… 231
华东地区航空器海上搜救及调查联合演练 …… 231
福建省首家非经营性通用航空单位获准登记 …… 231
厦门航空 …… 231
福州航空 …… 232
· 水 路 运 输 ·
概况 …… 232
闽江航运 …… 233
对台航运 …… 233
船检服务 …… 233
· 港 口 ·
概况 …… 233
港口生产 …… 233
集装箱吞吐量 …… 233
核心港区建设 …… 233
海岛交通建设 …… 234
港口腹地拓展 …… 234
· 邮 政 业 ·
概况 …… 235
邮政业法规规划体系建设 …… 235
邮政发展环境建设 …… 236
电子商务与物流快递协同发展 …… 236
普遍服务保障 …… 236
寄递市场监管 …… 236
中国邮政集团公司福建省分公司 …… 236
福州马尾—台湾高雄海运新邮路开通 …… 237
福州进出境快件监管中心启用 …… 237
《海上丝绸之路》特种邮票发行 …… 237
《福建省邮政普遍服务保障办法》公布 …… 237

信 息 业

· 电子信息制造业 ·
概况 …… 238
新型显示产业 …… 238
集成电路产业 …… 238
计算机和网络通信产业 …… 238
LED 产业 …… 238
锂电池产业 …… 238
电子信息制造技术创新 …… 239
重点项目和园区建设 …… 239
· 软件和信息技术服务业 ·
概况 …… 239
软件产业区域分布 …… 239
软件骨干企业 …… 239
· 数 字 福 建 ·
概况 …… 239
互联网经济 …… 239
信息化建设应用 …… 240
信息公共服务能力建设 …… 240
· 通 信 业 ·
概况 …… 240
信息化基础设施建设 …… 241
通信网络与信息安全 …… 241
通信行业管理 …… 241
中国电信福建分公司 …… 241
中国移动福建公司 …… 242
中国联通福建省分公司 …… 243
· 无线电管理 ·
概况 …… 243
无线电监测 …… 244
无线电行业监管 …… 244
无线电监督检查 …… 244

商贸流通服务业

· 综 述 ·
概况 …… 245
内贸流通改革 …… 245
批发零售业 …… 245
市场应急调控保障 …… 245
· 追溯体系建设 ·
概况 …… 246
追溯体系建设监管 …… 246
· 粮 食 市 场 ·
粮食收购 …… 246
产销协作 …… 246
粮食增储落实 …… 246
粮油质量监测 …… 246
· 供销合作商业 ·
概况 …… 247
农资购销 …… 247
综合改革 …… 247

基层组织建设 …… 247
项目建设 …… 247
企业转型 …… 247
电商服务 …… 247
金融合作 …… 247
· 物 流 业 ·
概况 …… 247
物流基础设施建设 …… 247
软环境建设 …… 248
现代物流业 …… 248
· 商 贸 流 通 ·
成品油流通管理 …… 248
酒类流通管理 …… 248
烟草专卖 …… 248
· 电 子 商 务 ·
概况 …… 249
《福建省“互联网＋流通”行动计划实施方案》出台 …… 249
农村电商 …… 249
跨境电商 …… 249
全省电商大会 …… 250
2017 福建精品电商年货博览会暨阿里年货节举办 …… 250
· 餐 饮 业 ·
概况 …… 250
“福建十大名菜”系列评选活动 …… 250
省级美食街（城）创建 …… 250
餐饮业职业技能竞赛 …… 250
闽菜文化影响拓展 …… 250
闽菜“走出去”商务对接系列活动 …… 251
· 家政服务业 ·
概况 …… 251
职业技能培训 …… 251
行业规范出台 …… 251
行业诚信建设 …… 251
家政服务业补短板工程 …… 251
示范性家政服务站创建活动 …… 251
福建省家庭服务业职业技能电视大赛 …… 251
· 广告业 ·
概况 …… 251
广告监督管理 …… 251

对外及港澳台经济贸易

· 综 述 ·
概况 …… 252
· 出 口 贸 易 ·
出口主体 …… 252
出口贸易方式 …… 253
出口商品 …… 253
出口市场 …… 253
出口地区分布 …… 257
· 进 口 贸 易 ·
进口主体 …… 257
进口贸易方式 …… 257
进口地区分布 …… 257
进口市场分布 …… 257
进口商品结构 …… 257
· 利 用 外 资 ·
外商直接投资地市分布 …… 260
外商直接投资行业分布 …… 261
外商直接投资来源 …… 261
外商直接投资经营情况 …… 261
商务洽谈会 …… 261
· 国际经济技术合作 ·
对外直接投资 …… 261
承包工程和劳务合作 …… 261
对外援助 …… 261
· 开发区建设 ·
概况 …… 261
经济开发区转型升级 …… 262
招商引资 …… 262
科技创新 …… 262
产城融合 …… 262
绿色开发区建设 …… 262
· 闽台经贸合作 ·
经济运行 …… 262
闽台项目合作 …… 262
闽台金融民生合作 …… 262
自贸区产业布局 …… 262
台企效益 …… 263
政策支持 …… 263
· 闽港澳经贸合作 ·
闽港澳经贸合作 …… 263
闽港澳贸易 …… 263
闽港澳合作 …… 263

福建自由贸易试验区

· 中国（福建）自由贸易试验区福州片区 ·

概况 …… 264
制度创新 …… 264
金融创新 …… 264
重点平台建设 …… 264
先进制造业基地建设 …… 265
“一带一路”倡议 …… 266
对台经贸合作 …… 266
政府职能改革 …… 266
专利申请服务 …… 266
·中国（福建）自由贸易试验区厦门片区·
概况 …… 266
制度创新 …… 266
对台交流合作 …… 267
中欧（厦门）班列延伸至台湾地区 …… 267
全球一站式航空维修基地 …… 267
区域性融资租赁集聚区 …… 267
跨境电商 …… 268
金融业务创新 …… 268
“五个一批”项目 …… 268
·中国（福建）自由贸易试验区平潭片区·
概况 …… 268
制度创新 …… 268
对台经济合作 …… 269
对外开放投资 …… 269

旅游业

·综　　述·
概况 …… 270
旅游行业规模 …… 270
国内旅游 …… 270
入境旅游 …… 270
假日旅游 …… 270
·旅游景区建设·
旅游规划 …… 271
A级旅游景区建设 …… 271
A级旅游景区管理 …… 271
旅游公共服务设施建设 …… 271
·旅游行业管理·
旅游监督管理 …… 271
导游员管理 …… 271
旅游安全与应急管理 …… 272
清新福建旅游服务承诺 …… 272
·旅游市场开发·
旅游形象宣传 …… 272
国内旅游推介 …… 272
国际旅游推介 …… 272
第十二届海峡旅游博览会 …… 273
·特色旅游·
乡村旅游 …… 273
观光工厂 …… 273
红色旅游 …… 273

教　育

·综　　述·
概况 …… 274
素质教育 …… 274
教育依法行政 …… 274
教育经费投入 …… 274
教育交流合作 …… 274
考试招生 …… 275
校园安全教育 …… 275
·基础教育·
概况 …… 275
学前教育 …… 275
义务教育 …… 275
普通高中教育 …… 275
特殊教育 …… 277
课程教学 …… 277
教育信息化 …… 277
教育督导 …… 277
·高等教育·
概况 …… 277
高水平大学建设 …… 277
本科高校转型发展 …… 278
学位与研究生教育 …… 278
专业与课程建设 …… 278
高校思想政治教育 …… 278
创新创业教育 …… 278
高校科技创新 …… 278
对外合作办学 …… 279
教育成果评估 …… 279
高校经费保障 …… 280
·职业教育与成人教育·
概况 …… 280
产教融合 …… 280
教育人才培养模式改革 …… 280
终身教育 …… 280

科学技术

· 综　　述 ·

概况 …… 282

科技创新与合作 …… 282

· 科技计划管理 ·

概况 …… 283

科技计划项目与经费 …… 283

"十三五"科技专项规划编制 …… 283

科技统计与项目监管 …… 283

· 高新技术与工业科技 ·

概况 …… 283

高新技术产业开发区 …… 284

高新技术企业认定 …… 284

"数控一代"示范工程 …… 284

新能源项目获国家科技重大项目支持 …… 284

科技服务业发展 …… 284

· 社会发展科技 ·

概况 …… 284

食品安全科技 …… 284

健康医疗科技 …… 284

新药研发 …… 285

环保科技 …… 285

可持续发展实验区建设 …… 285

· 基础研究与软科学 ·

自然科学基金项目 …… 285

促进海峡两岸科技合作联合基金 …… 285

卫生行业联合资金 …… 285

高校科技创新能力提升 …… 286

软科学研究 …… 286

鼓岭科学会议 …… 286

· 科技体制改革与法规建设 ·

科技政策法规 …… 286

科技体制机制改革 …… 286

科研院所改革创新 …… 286

· 农 业 科 技 ·

农业科技项目 …… 286

星火计划项目 …… 287

科技特派员 …… 287

农业科技园区建设 …… 287

农村科技培训与信息化服务 …… 287

科技扶贫 …… 287

福建省农业科学院 …… 287

· 知识产权管理 ·

概况 …… 288

知识产权制度创新和管理创新 …… 288

专利转化运用 …… 288

专利宣传保护 …… 289

知识产权管理服务 …… 289

国家专利审查协作福建分中心建设 …… 289

· 科技成果与技术市场 ·

科技成果奖励 …… 289

海峡技术转移中心建设 …… 289

技术转移和成果转化 …… 290

科技成果应用和管理 …… 290

技术合同交易 …… 290

· 科技交流与合作 ·

科技合作计划项目 …… 290

"一带一路"建设科技创新合作 …… 290

国际科技合作基地 …… 291

· 科技创新平台建设 ·

概况 …… 291

重点实验室 …… 291

工程技术研究中心 …… 291

重大创新支撑平台建设 …… 291

科技企业孵化体系建设 …… 291

众创空间建设 …… 291

"双创在福建"主题活动 …… 291

大型科学仪器设备共享 …… 291

科技金融服务 …… 292

科技小巨人领军企业培育计划 …… 292

第四届福建创新创业大赛 …… 292

· 科学技术普及 ·

科技活动周 …… 292

科普统计工作 …… 292

· 气　　象 ·

防灾减灾与气象服务 …… 292

气象现代化建设 …… 292

气象科研与人才 …… 293

气象法治建设 …… 293

· 地　　震 ·

地震概况 …… 293

防震减灾科技创新 …… 293

震害防御与应急救援 …… 293

地震科普宣传与教育 …… 294

闽台地震科技交流与合作 …… 294

社会科学

· 社会科学规划 ·

国家社科基金项目 …… 295
省社科规划项目 …… 295
哲学社会科学研究成果 …… 295
省社科研究基地建设 …… 295
·政策咨询与发展研究·
概况 …… 296
政策咨询研究 …… 296
新型智库建设 …… 296
决策咨询信息系统建设 …… 296
·社会科学研究与成果·
概况 …… 297
科研成果 …… 297
科研工作 …… 297
特色文化研究 …… 297
专题调研 …… 297
两岸关系研究和对台文化交流 …… 298
科辅工作 …… 298
创新工程 …… 298
·学 术 活 动·
省社科联重要学术研讨活动 …… 298
2016年全省社科界学术年会 …… 298
省政府发展研究中心学术活动 …… 298
省社科院学术交流 …… 299
学术刊物 …… 299

文　化

·公 共 文 化·
福建省"十三五"文化改革发展专项规划编制实施 …… 300
艺术创作生产与展演 …… 300
公共文化服务体系建设 …… 301
文化产业建设 …… 301
文化市场监管 …… 301
对外文化交流 …… 301
对台港澳文化交流 …… 302
·文 学 艺 术·
概况 …… 302
重大文艺活动 …… 302
艺术交流 …… 303
·文 化 产 业·
概况 …… 304
文化产业龙头企业 …… 304
重点文化产业项目和园区平台 …… 304
文化与相关产业融合发展 …… 305
文化市场体系建设 …… 305
对外文化交流 …… 305
·文 化 场 馆·
图书馆 …… 306
文化馆 …… 306
博物馆 …… 306
·广播　影视·
概况 …… 307
广播电视宣传 …… 307
精品创作生产 …… 307
公共服务体系 …… 307
广电产业发展 …… 307
重要节展活动 …… 308
广播影视行业管理 …… 308
·新 闻 出 版·
概况 …… 308
出版宣传 …… 308
新闻出版创作生产 …… 308
新闻出版产业发展 …… 309
新闻出版体制改革 …… 309
新闻出版惠民工程 …… 309
新闻出版对台对外交流 …… 309
版权宣传保护 …… 309
"扫黄打非" …… 309
·历史文化遗产·
文物保护 …… 309
文物普查 …… 310
考古挖掘与科研 …… 310
重要陈列展览 …… 310
国家级文物保护单位遗产保护 …… 310
非物质文化遗产保护利用 …… 310
·档　　案·
概况 …… 311
档案管理与服务 …… 311
档案信息资源开发利用 …… 311
档案馆基础业务建设 …… 312
档案馆馆库建设 …… 312
档案科研和学术研究 …… 312
政府信息公开查阅利用工作 …… 312
·地方志工作·
依法治志 …… 312
第二轮地方志书编纂 …… 312
地方综合年鉴编纂 …… 313
方志馆·书库与信息化建设 …… 313
特色志书编纂 …… 313
《闽台历代方志集成》整理出版 …… 313

[民国]《福建通志》点校本出版 …… 313
第一次全国省级综合年鉴编纂研讨会在福清召开 …… 313
中国年鉴精品工程专家指导会议在福州召开 …… 313
海疆历史资料收集整理和保存入志工作专家研讨会召开 …… 313

卫生和计划生育 体育

· 卫生和计划生育 ·
概况 …… 314
全省深化基层医药卫生体制综合改革现场推进会 …… 314
委省合作共建 …… 315
“健康使命—2016”福建省地震灾害紧急医学救援现场处置演练 …… 315
医药卫生体制改革 …… 315
公共卫生 …… 316
医政管理 …… 316
中医药工作 …… 316
计生服务管理 …… 317
· 体 育 ·
群众体育 …… 317
竞技体育 …… 318
青少年体育 …… 318
体育产业 …… 319

社会生活

· 劳动就业管理 ·
就业 …… 322
和谐劳动关系创建 …… 322
收入分配 …… 322
劳动争议仲裁 …… 323
劳动监察 …… 323
· 人力资源管理 ·
公务员队伍建设 …… 323
高层次人才培养 …… 323
人才智力引进 …… 324
技能人才队伍建设 …… 324
专业技术人才继续教育 …… 325
事业单位人事制度改革 …… 325
军转干部安置 …… 325
· 社 会 人 群 ·
妇女儿童概况 …… 325
青年人概况 …… 325
老年人概况 …… 326
残疾人概况 …… 326
志愿者概况 …… 327
· 社 会 保 障 ·
城镇企业职工基本养老保险 …… 327
机关事业单位养老保险 …… 328
城乡居民基本养老保险 …… 328
失业保险 …… 328
工伤保险 …… 328
社会保险基金监管 …… 328
· 社 会 救 助 ·
最低生活保障 …… 328
医疗救助 …… 329
农村五保供养 …… 329
减灾救灾 …… 329
救助管理 …… 329
· 居 民 生 活 ·
城镇居民生活 …… 330
农村居民生活 …… 330
· 基层组织建设 ·
村民自治 …… 330
社区建设 …… 331
· 拥 军 优 抚 ·
双拥 …… 331
优抚 …… 331
安置 …… 331
· 社会福利和慈善事业 ·
养老服务业 …… 332
儿童福利 …… 332
残疾人福利 …… 332
慈善事业 …… 333
· 红 十 字 会 ·
概况 …… 333
应急救援 …… 333
应急救护 …… 333
人道救助 …… 333
红十字体验式生命教育 …… 334
生命接力与健康关怀 …… 334
人道交流合作 …… 334
宣传筹资 …… 334
· 老 区 建 设 ·
老区优惠政策 …… 334
老区建设与发展 …… 334
老区惠民活动 …… 334
老区宣传工作 …… 334

·婚姻 家庭·

婚姻登记 …… 335

婚姻登记证件收费取消 …… 335

收养登记规范 …… 335

文明家庭评选 …… 335

家庭教育 …… 335

家庭服务 …… 335

家庭关爱服务 …… 335

·老龄事业·

养老保障 …… 335

医疗保障 …… 336

养老服务 …… 336

涉老保险 …… 336

老年权益 …… 336

敬老优待 …… 336

老年文体 …… 336

老年党建 …… 337

老年群团 …… 337

·地名 界线·

地名管理 …… 337

界线管理 …… 337

·殡葬管理·

概况 …… 337

生态安葬推广 …… 337

墓地生态治理 …… 337

·社会组织管理·

社会组织登记概况 …… 337

政策保障 …… 338

社会组织发展环境优化 …… 338

行业协会商会脱钩 …… 338

社会组织管理 …… 338

·民族事务·

扶贫开发 …… 338

少数民族文体事业 …… 339

少数民族教育 …… 339

·宗教事务·

概况 …… 339

宗教自身建设 …… 339

宗教、民间信仰文化交流 …… 340

·库区移民·

移民搬迁安置 …… 340

移民后期扶持 …… 340

移民资金项目监管 …… 341

平安库区创建 …… 341

·自然灾害·

低温雨雪冰冻 …… 341

强对流天气 …… 341

暴雨 …… 341

台风 …… 342

高温 …… 342

·生物灾害·

农作物病虫害防治 …… 342

动物疫病防控 …… 342

·交通事故·

道路交通事故 …… 342

海上交通 …… 342

内河水上交通 …… 342

市县概况

·福州市·

基本概况 …… 343

经济综述 …… 343

社会事业 …… 344

·鼓楼区·

经济社会概况 …… 344

高新技术产业 …… 345

·台江区·

经济概况 …… 345

民生事业 …… 346

·仓山区·

经济概况 …… 346

社会事业 …… 346

·晋安区·

经济概况 …… 347

社会事业 …… 347

·马尾区·

经济概况 …… 347

社会事业 …… 348

·福清市·

经济社会概况 …… 348

融商大会 …… 349

·长乐市·

经济概况 …… 349

社会事业 …… 350

·闽侯县·

经济社会概况 …… 350

天泽奥莱时代 …… 351

· 连江县 ·

经济社会概况 …… 351

生态建设 …… 351

· 闽清县 ·

经济概况 …… 351

特大洪灾 …… 352

· 罗源县 ·

经济社会概况 …… 352

生态建设 …… 353

· 永泰县 ·

经济社会概况 …… 353

百亿级旅游项目落户永泰 …… 354

百年一遇特大暴雨洪灾 …… 354

第五届环福州·永泰国际公路自行车赛 …… 354

· 厦门市 ·

基本概况 …… 355

经济社会综述 …… 355

自贸试验区建设 …… 356

国家自主创新示范区建设 …… 356

防抗“莫兰蒂”超强台风 …… 356

· 思明区 ·

经济概况 …… 357

社会事业 …… 358

· 湖里区 ·

经济概况 …… 358

社会事业 …… 358

· 集美区 ·

经济概况 …… 358

社会事业 …… 359

· 海沧区 ·

经济社会概况 …… 359

“乐业两岸，创享未来”青创先锋汇交流活动 …… 360

乙肝新药派格宾上市 …… 360

· 同安区 ·

经济概况 …… 360

社会事业 …… 361

· 翔安区 ·

经济社会概况 …… 361

“9·15”台风灾害 …… 362

· 漳州市 ·

基本概况 …… 362

经济社会综述 …… 363

第八届农博会·第十八届花博会 …… 364

· 芗城区 ·

经济社会概况 …… 364

徐竹初雕刻作品在中国美术馆展出 …… 365

· 龙文区 ·

经济社会概况 …… 365

漳州一中龙文校区 …… 366

· 龙海市 ·

经济社会概况 …… 366

银企融资渠道拓展 …… 367

特色文化弘扬 …… 367

· 漳浦县 ·

经济概况 …… 367

社会事业 …… 368

· 云霄县 ·

经济社会概况 …… 369

脱贫攻坚 …… 369

· 诏安县 ·

经济社会概况 …… 370

诏安获福建省“县域经济发展十佳”称号 …… 371

· 东山县 ·

经济概况 …… 371

社会事业 …… 371

· 平和县 ·

经济社会概况 …… 372

第十二届平和蜜柚节 …… 372

· 南靖县 ·

经济概况 …… 373

社会事业 …… 374

· 长泰县 ·

经济社会概况 …… 374

抗台风救灾 …… 375

全国农村综合改革标准化试点总结推进会暨培训班 …… 375

龙人古琴文化节 …… 375

· 华安县 ·

经济概况 …… 375

社会事业 …… 376

· 泉州市 ·

基本概况 …… 376

经济社会综述 …… 376

“中国制造2025”城市试点示范创建 …… 378

中心市区公共自行车租赁系统投入运营 …… 378

· 鲤城区 ·

经济概况 …… 378

社会事业 …… 379

· 丰泽区 ·

经济概况 …… 380
社会事业 …… 380
· 洛江区 ·
经济概况 …… 380
社会事业 …… 381
· 泉港区 ·
经济社会概况 …… 381
海丝申遗 …… 382
· 石狮市 ·
经济社会概况 …… 382
全面深化改革 …… 383
· 晋江市 ·
经济概况 …… 383
社会事业 …… 385
· 南安市 ·
经济概况 …… 386
民生事业 …… 387
· 惠安县 ·
经济社会概况 …… 387
福建湄洲湾南岸铁路支线及中化专用线建成通车 …… 388
· 安溪县 ·
经济概况 …… 388
社会事业 …… 388
· 德化县 ·
经济社会概况 …… 389
中国版权金奖保护奖 …… 390
· 永春县 ·
经济概况 …… 390
民生保障 …… 391
· 泉州台商投资区 ·
经济概况 …… 391
社会事业 …… 391
· 泉州经济技术开发区 ·
经济社会概况 …… 392
产业园区建设 …… 392
· 三明市 ·
基本概况 …… 393
经济社会综述 …… 393
邓薇、柯丽婷分别在奥运会、残奥会上夺金 …… 394
· 三元区 ·
经济社会概况 …… 394
生态建设 …… 394
· 梅列区 ·
经济概况 …… 394
社会事业 …… 395
· 永安市 ·
经济社会概况 …… 395
永安石墨小镇——贡川 …… 396
· 清流县 ·
经济概况 …… 396
民生事业 …… 397
· 宁化县 ·
经济社会概况 …… 397
中国·宁化山地自行车骑游文化节 …… 398
· 建宁县 ·
经济概况 …… 398
社会事业 …… 399
· 泰宁县 ·
经济社会概况 …… 399
国家重点生态功能区 …… 400
峨嵋峰国家级自然保护区 …… 400
· 明溪县 ·
经济概况 …… 401
社会事业 …… 401
· 将乐县 ·
经济社会概况 …… 401
2016 中国·将乐国际皮划艇马拉松公开赛暨中国体育彩票全国群众漂流大赛 …… 402
将乐县公立医疗机构综合改革 …… 402
· 沙县 ·
经济社会概况 …… 402
三明现代农业科技示范园 …… 403
三明沙县机场通航 …… 403
· 尤溪县 ·
经济社会概况 …… 403
尤溪县七尺溪万里安全生态水系建设试点项目 …… 404
洋中镇灾后重建 …… 404
· 大田县 ·
经济社会概况 …… 404
第十一届中国高山茶文化节 …… 405
· 莆田市 ·
基本概况 …… 405
经济社会综述 …… 405
· 仙游县 ·
经济社会概况 …… 406
元生智汇智能终端项目 …… 407
· 荔城区 ·
经济概况 …… 408
社会事业 …… 408
· 城厢区 ·

经济概况 …… 409
民生事业 …… 409
·涵江区·
经济概况 …… 410
社会事业 …… 410
·秀屿区·
经济概况 …… 410
社会事业 …… 411
·湄洲湾北岸经济开发区·
经济概况 …… 411
社会事业 …… 412
·南平市·
基本概况 …… 412
经济社会综述 …… 412
武夷山国家公园体制试点 …… 413
“六五”普法全国先进城市 …… 413
·延平区·
经济社会概况 …… 413
海川药业公司在韩国上市 …… 414
·建阳区·
经济概况 …… 414
社会事业 …… 415
·邵武市·
经济社会概况 …… 415
和平镇入选第一批中国“特色小镇” …… 416
·武夷山市·
经济社会概况 …… 416
吴屯稻花鱼 …… 417
·建瓯市·
经济概况 …… 417
民生建设 …… 418
·顺昌县·
经济概况 …… 418
社会事业 …… 419
·浦城县·
经济概况 …… 419
社会事业 …… 420
·光泽县·
经济概况 …… 420
社会事业 …… 421
·松溪县·
经济社会概况 …… 421
脱贫攻坚 …… 422
·政和县·
经济社会概况 …… 422
东平镇现代农业光伏项目 …… 422
电商产业发展 …… 423
·龙岩市·
基本概况 …… 423
经济社会综述 …… 423
第七届海峡两岸机械产业博览会暨第九届中国龙岩投资项目洽谈会 …… 424
·新罗区·
经济概况 …… 425
民生保障 …… 425
·永定区·
经济社会概况 …… 425
梦幻土楼剧场入选全国优选旅游项目名录 …… 426
永定环土楼首届国际山地马拉松赛举办 …… 426
·上杭县·
经济社会概况 …… 427
上杭国家生态县建设通过环保部考核验收 …… 428
在全省率先出台大病医保“三保合一”均衡化政策 …… 428
·武平县·
经济社会概况 …… 428
武平县象洞溪水环境综合整治活动 …… 429
·长汀县·
经济概况 …… 429
社会事业 …… 430
·连城县·
经济概况 …… 430
社会事业 …… 431
·漳平市·
经济社会概况 …… 431
龙岩（漳平）获批建设国家农业科技园区 …… 432
漳平市行政服务中心被列为国家级标准化试点单位 …… 432
“7·9”特大洪灾 …… 432
漳平市反诈骗中心揭牌成立 …… 432
·宁德市·
基本概况 …… 433
经济社会综述 …… 433
宁德创建国家新型工业化产业示范基地（军民结合） …… 434
三祥新材在上海证券交易所主板上市 …… 435
·蕉城区·
经济概况 …… 435
社会事业 …… 436
·福安市·
经济概况 …… 436
社会事业 …… 437
·福鼎市·

经济社会概况 …… 437
习近平在线寄语赤溪村 …… 438
八尺门大桥安置地发现宋代古物 …… 438
宁德核电一期项目四台机组全部投产 …… 438
福建盈浩工艺制品有限公司发生食源性疾病事件 …… 439

·霞浦县·

经济概况 …… 439
社会事业 …… 440

·寿宁县·

经济概况 …… 440
社会事业 …… 441

·周宁县·

经济概况 …… 441
社会事业 …… 442

·柘荣县·

经济社会概况 …… 442
国家生态县正式命名 …… 443
柘荣县机关幼儿园迁建项目 …… 443

·古田县·

经济社会概况 …… 444
第八届海峡论坛·陈靖姑文化节 …… 444
第五届世界古田同乡恳亲大会 …… 444

·屏南县·

经济概况 …… 444
社会事业 …… 445

·平潭综合实验区·

基本概况 …… 445
经济社会综述 …… 446
自贸试验 …… 447
国际旅游岛启动建设 …… 447

人　物

·先 进 人 物·

2015年度福建省五一劳动奖章获得者 …… 448
第十三届“福建青年五四奖章标兵”获得者 …… 451
第十三届“福建青年五四奖章”获得者 …… 451
2015年度“福建省十佳共青团员”获得者 …… 451
2015年度“福建省十佳共青团干部”获得者 …… 451
2015年度全国三八红旗手标兵获得者 …… 451
2015年度全国三八红旗手获得者 …… 451
2016年表彰的福建省三八红旗手标兵获得者 …… 451
2016年表彰的福建省三八红旗手获得者 …… 451

·逝 世 人 物·

地方文献、法规选登

关于福建省2016年国民经济和社会发展计划执行情况及2017年国民经济和社会发展计划草案的报告 …… 453
关于福建省2016年预算执行情况及2017年预算草案的报告 …… 456
2016年福建省地方性法规（目录） …… 461

统计资料

国民经济和社会发展结构指标 …… 463
国民经济和社会发展总量和速度指标 …… 465
主要年份地区生产总值 …… 468
主要年份地区生产总值指数（1952年＝100） …… 469
主要年份农林牧渔业总产值和指数 …… 470
主要年份固定资产投资 …… 471
房地产开发企业（单位）主要指标（1986—2016年） …… 472
房地产开发投资完成情况（1986－2016年） …… 473
主要年份城镇居民家庭基本情况 …… 474
主要年份农村居民家庭基本情况 …… 475
居民消费价格指数（2016年） …… 476
地方一般公共预算收入 …… 476
一般公共预算支出 …… 477
进出口总额（1981－2016年） …… 478
实际利用外商直接投资金额（1979－2016年） …… 479
主要年份各类运输总量 …… 480
金融机构人民币各项存款和贷款余额（1990—2016年） …… 481
主要年份年末常住人口及人口变动 …… 482
地区生产总值（2016年） …… 483
地区生产总值指数（2016年） …… 485
年末户籍统计人口数（2016年） …… 487
年末常住人口数（2016年） …… 489
城镇单位在岗职工平均工资（2016年） …… 491
城乡居民人均可支配收入（2016年） …… 493
固定资产投资（2016年） …… 495
地方一般公共预算收入（2016年） …… 497
一般公共预算支出（2016年） …… 499
主要农产品产量（2016年） …… 501
普通教育专任教师及在校学生数（2016年） …… 503
城镇单位从业人员平均劳动报酬（2016年） …… 505
各城市建设情况（2016年） …… 506
主要年份社会保险情况 …… 507

索　引

索引 …… 508

Content

- Map of Fujian
- Editorial Committee of Annals of Fujian
- Know Fujian by Numbers
- Signatures of Fujian
- Fujian News

Featured Part

- Visits of Fujian by CPC and National Governmental Leaders 1
- Report on the Work of Fujian Provincial People' s Government 3

Local News of Fujian

- Dual Typhoons Directly and Successively Attacked Fujian 9
- Fujian Became a National Paradigm in Medicare Insurance Innovation 10
- Fujian Promoted Development of National Pilot Zone of Ecological Civilization 10
- Fujian Promoted Accurate Poverty Relief 10
- Fuzhou Metro Line #1 Fully Launched 11
- Take Concrete Measures to Benefit the People and Improve Their Satisfaction Index 11

Milestones

- Milestones of Fujian in 2016 12

Fujian Overview

- Nature and Geography 22
- Resources 23
- Environmental Quality 24
- Humanities and History 25
- Overseas Chinese and Taiwanese 28
- Population 28
- Languages 28
- Ethnic Groups and Religions 29
- Administrative Division 29
- Economic and Social Development 30
- Spiritual Civilization 32
- Leadership Organizations, Parties, Groups and Leading Officials 33

Organizations and Groups

- Fujian Provincial Committee of the Communist Party of China 50
- People' s Congress of Fujian Province and Its Standing Committee 66
- People' s Government of Fujian Province 70
- Fujian Provincial Committee of the CPPCC 74
- Fujian Provincial Disciplinary Inspection Committee of the CPC 75
- Democratic Parties and Associations of Industry and Commerce 77
- Mass Groups 84

Rule of Law

- Social Management and General Governance 96
- NPC Legislation 97
- Development of Government with Rule of Law 99
- Public Security 102
- Procuratorate 106
- Court 108
- Judicial and administrative 110

Military

- Fujian Military Region of China 112
- Fujian General Brigade of the Armed Police Force 115
- Fujian General Brigade of Forestry Police 117
- People' s Civil Defense 118

Foreign Affairs, Overseas Chinese Affairs and Hong Kong and Macau Affairs

- Foreign affairs 120
- Overseas Chinese affairs 127
- Hong Kong and Macau affairs 131

Fujian-Taiwan Exchanges and Cooperation

- Fujian-Taiwan Economic 133
- Fujian-Taiwan Exchanges 134
- Fujian-Taiwan Direct Linkage 135

Economic Management and Supervision

- Macroeconomic Management 137
- Economic System Reform 140
- State-owned Asset Management 144
- Land Resource Management 146
- Auditing 147
- Statistics 148
- Administration of Industry and Commerce 149
- Price Management 150
- Food and Drug Administration 152
- Quality and Technical Supervision and Management 154
- General Port Management 155
- Production Safety Supervision and Management 161

Finance and Taxation

- Finance 163
- Taxation 165

Finance

- General Descriptions 170
- Banking 173
- Securities and Trust 184
- Insurance 186
- Small-value Lending, Lease and Pawning 189

Construction and Environment Protection

- Fixed Asset Investment 190
- Key Construction Projects 191
- Urban and Rural Planning 192
- City Construction 193
- City Administration 194
- Village and Town Construction 194
- Construction Industry 195
- Real Estate Industry and Housing Assurance 196
- Mapping 196
- Environment Protection 197
- Energy Saving and Emission Reduction 199

Agriculture

- General Descriptions 200
- Rural Economic Management 201
- Planting 201
- Fujian-Taiwan Agricultural Cooperation 202
- Forestry 202
- Animal Husbandry 205
- Fishing 205
- Agricultural Mechanization 207
- Soil and Water Preservation 207
- Water Conservancy 208

Industry

- General Descriptions 210
- Petrochemical Industry 211
- Mechanical Industry 212
- Automotive Industry 213
- Shipbuilding Industry 213
- Metallurgical Industry 214
- Construction Material Industry 215
- Coal Industry 216
- Textile Industry 217
- Consumer Product Industry 218
- Household Ceramic 220
- Food Industry 220
- Forestry Industry 222
- Aquatic Product Processing Industry 222
- Medical Industry 223
- Tobacco Industry 224
- Electric Industry 225

Transportation and Post

- Railway 226
- Highway 228
- Urban Rail Transit 230
- Civil Aviation 231
- Waterway Transport 232
- Port 233
- Post Industry 235

Information Industry

- Electronic Information Manufacturing Industry 238
- Software and Information Technology Service Industry 239
- Digital Fujian 239
- Communication Industry 240
- Wireless Management 243

Trade, Commerce, Circulation and Service Industry

- General Descriptions 245
- Tracing System Construction 246
- Grain Market 246
- Supply and Sale Partnership 247
- Logistics Industry 247
- Trade, Commerce and Circulation 248
- E-Commerce 249
- Dining Industry 250
- Housekeeping Service Industry 251
- Advertisement Industry 251

Foreign, Hong Kong, Macau and Taiwan-related Economy and Trade

- General Descriptions 252
- Export Trade 252
- Import Trade 257
- Foreign Investment Utilization 260
- International Economic and Technical Cooperation 261
- Development Zone Construction 261
- Fujian-Taiwan Economic and Trade Cooperation 262
- Fujian, Hong Kong and Macau Trade and Economic Cooperation 263

Fujian Pilot Free-trade Zone

- Fuzhou Area of China (Fujian) Pilot Free-trade Zone 264
- Xiamen Area of China (Fujian) Pilot Free-trade Zone 266
- Pingtan Area of China (Fujian) Pilot Free-trade Zone 268

Tourism Industry

- General Descriptions 270
- Construction of Scenic Zones 271
- Tourism Management 271
- Tourism Market Development 272
- Featured Tourism 273

Education

- General Descriptions 274
- Basic Education 275
- Higher Education 277
- Vocational Education and Adult Education 280

Science and Technology

- General Descriptions 282
- Science and Technology Program Management 283
- High Technology and Industrial Technology 283
- Social Development Technology 284
- Basic Research and Soft Science 285
- Science and Technology System Reform and Legislation 286
- Agricultural Science and Technology 286
- Intellectual Property Management 288
- Technological Outcomes and Market for Technology 289
- Scientific and Technological Exchange and Cooperation 290
- Science and Technology Innovation Platform Construction 291
- Science and Technology Popularization 292
- Meteorology 292
- Earthquake 293

Social Sciences

- Social Science Planning 295
- Policy Counseling and Development Research 296
- Social Science Research and Achievements 297
- Academic Activities 298

Culture

- Public Culture 300
- Literature and Art 302
- Cultural Industry 304
- Cultural Venues 306
- Radio, TV and Film 307
- Press and Publication 308
- Historic and Cultural Heritages 309
- Archive 311
- Chorographic Work 312

Health, Family Planning and Sports

- Health and Family Planning 314
- Sports 317

Social Life

- Labor and Employment Management 322
- Human Resources Management 323
- Social Groups 325
- Social Security 327
- Social Aid 328
- Residential Life 330
- Grassroots Organization Development 330
- Troop Support, Preferential Treatment and Compensation 331
- Social Welfare and Charity 332
- Red Cross 333
- Old Revolutionary Base Construction 334
- Marriage and Family 335
- Elderly Care 335
- Toponym and Dividing Line 337
- Funeral Administration 337
- Social Organization Management 337
- Ethnic Affairs 338
- Religious Affairs 339
- Reservoir Zone Resident Resettlement 340
- Natural Disaster 341
- Biological Disaster 342
- Traffic Accident 342

Counties and Cities

- Fuzhou City 343
- Gulou District 344
- Taijiang District 345
- Cangshan District 346
- Jin' an District 347
- Mawei District 347
- Fuqing City 348
- Changle City 349
- Minhou County 350
- Lianjiang County 351
- Minqing County 351
- Luoyuan County 352
- Yongtai County 353
- Xiamen City 355
- Siming District 357
- Huli District 358
- Jimei District 358
- Haicang District 359
- Tong' an District 360
- Xiang' an District 361
- Zhangzhou City 362
- Xiangcheng District 364
- Longwen District 365
- Longhai City 366
- Zhangpu County 367
- Yunxiao County 369
- Zhao' an County 370
- Dongshan County 371
- Pinghe County 372
- Nanjing County 373
- Changtai County 374
- Hua' an County 375
- Quanzhou City 376
- Licheng District 378
- Fengze District 380
- Luojiang District 380
- Quangang District 381
- Shishi City 382
- Jinjiang City 383
- Nan' an City 386
- Hui' an County 387
- Anxi County 388
- Dehua County 389
- Yongchun County 390
- Qunzhou Taiwanese Investment Zone 391
- Quanzhou Economic and Technological Development Zone 392
- Sanming City 393
- Sanyuan District 394
- Meilie District 394
- Yong' an City 395
- Qingliu County 396
- Ninghua County 397
- Jianning County 398
- Taining County 399
- Mingxi County 401
- Jiangle County 401
- Sha County 402

- Youxi County 403
- Datian County 404
- Putian City 405
- Xianyou County 406
- Licheng District 408
- Chengxiang District 409
- Hanjiang District 410
- Xiuyu District 410
- Meizhou Bay Northern Bank Economic Development Zone 411
- Nanping City 412
- Yanping District 413
- Jianyang District 414
- Shaowu City 415
- Wuyishan City 416
- Jian' ou City 417
- Shunchang County 418
- Pucheng County 419
- Guangze County 420
- Songxi County 421
- Zhenghe County 422
- Longyan City 423
- Xinluo District 425
- Yongding District 425
- Shanghang County 427
- Wuping County 428
- Changting County 429
- Liancheng County 430
- Zhangping City 431
- Ningde City 433
- Jiaocheng District 435
- Fu' an City 436
- Fuding City 437
- Xiapu County 439
- Shouning County 440
- Zhouning County 441
- Zherong County 442
- Gutian County 444
- Pingnan County 444
- Pingtan Integrated Experimental Zone 445

Characters

- Pioneering Characters 448
- Deceased Characters 452

Excerpts of Local Literature

- Excerpts of Local Literature 453

Statistics

- Statistics 463

Indexes

- Indexes 508

福建建设成就图片专辑

福州市 …… 40
厦门市 …… 46
漳州市 …… 52
泉州市 …… 58
三明市 …… 66
莆田市 …… 72
南平市 …… 78
龙岩市 …… 84
宁德市 …… 92
平潭综合实验区 …… 98
福建省国税局 …… 104
福建省地方税务局 …… 106
福建省旅游发展委员会 …… 108
福建省高级人民法院 …… 110
福建省文化厅 …… 112
中共福建省委党史研究室 …… 114
武警福建省森林总队 …… 116
福建华通银行股份有限公司 …… 117
兴业银行 …… 118
兴业国际信托有限公司 …… 120
中国核工业集团公司 …… 122
中国科学院福建物质结构研究所 …… 124
国家海洋局海岛研究中心 …… 126
福建省建筑设计研究院有限公司 …… 127
福建省计量科学研究院 …… 128
分子疫苗学和分子诊断学国家重点实验室（厦门大学） …… 129
泉州台商投资区 …… 130
仙游县 …… 132
云霄县 …… 134
永安市 …… 136
建瓯市 …… 138
上杭县 …… 140
福安市 …… 142
中城投集团第八工程局有限公司 …… 144
漳州片仔癀药业股份有限公司 …… 146
海峡文化艺术中心 …… 148
集美集影视文创园 …… 150
福建省立医院 …… 151
福建医科大学附属协和医院 …… 152
福建医科大学附属第一医院 …… 153
东湖 VR 小镇 …… 154
智慧丰泽（一期）PPP 项目 …… 156
泉州市明泉建设投资有限公司 …… 158
晋江市明晋会展有限责任公司 …… 159
泉州市滨江建设管理有限公司 …… 160
福建兴业东江环保科技有限公司 …… 161
福建纳川管材科技股份有限公司 …… 162
中化泉州石化有限公司 …… 163
泉州市红福机电设备有限公司 …… 164
中国人保财险泉州市分公司 …… 165
福建兴华动力能源科技有限公司 …… 166
厦门厦工机械股份有限公司 …… 167
福建龙溪轴承（集团）股份有限公司 …… 168
青拓集团有限公司 …… 169
宁德新能源科技有限公司 …… 170
龙岩永杭高速公路有限责任公司 …… 171
福建省洋口国有林场 …… 172
福州新中楷电子科技有限公司 …… 173
福建森德妇幼用品有限公司 …… 174
福建联盛纸业 …… 175
福建柒牌时装科技股份有限公司 …… 176
福建广汇龙环保科技有限公司 …… 177
中防万宝城 …… 178
济邦咨询公司 …… 180
北京金准咨询有限责任公司 …… 181
福建索佳艺陶瓷有限公司 …… 182
福建省汽车工业集团云度新能源汽车股份有限公司 …… 183
东南（福建）汽车工业有限公司 …… 184
福耀玻璃工业集团股份有限公司 …… 185
金井镇 …… 186
三明港务发展有限公司 …… 187

特载

党和国家领导人考察福建

俞正声出席“乐业两岸　创享未来”青创先锋汇交流活动

中共中央政治局常委、全国政协主席俞正声6月11日来到厦门海沧出席“乐业两岸　创享未来”青创先锋汇交流活动。福建厦门两岸青年创业创新创客基地是大陆第一个，也是唯一一个在自贸试验区设立的青创基地。俞正声指出，两岸关系未来的重任在两岸青年人肩上。两岸青年成长环境不同，对一些问题的看法难免存在差异，但同为中华儿女，都希望过上幸福安宁生活，都希望中华民族繁荣昌盛。我们要为两岸青年多创造些条件，让两岸青年多接触、多交流，增进相互理解，拉近距离，成为好朋友，这对两岸关系长远发展很有意义。俞正声祝愿两岸青年朋友一起放飞梦想，共同为两岸关系的美好未来和中华民族伟大复兴贡献力量。

第八届海峡论坛在厦门举行，俞正声出席并致辞

第八届海峡论坛6月12日在厦门隆重举行，俞正声强调，我们的对台大政方针是明确的、一贯的。我们将继续坚持“九二共识”政治基础，坚决反对“台独”，坚定维护一个中国原则，继续推进两岸各领域交流合作，维护两岸关系和平发展与台海和平稳定。我们将不断完善政策措施，为台湾同胞在大陆工作、生活提供更多便利。积极支持大陆台资企业转型升级和参与“一带一路”建设，促进两岸产业融合发展。我们热忱欢迎广大台湾青年来大陆施展抱负，为他们在大陆学习、就业、创业、交流搭建更多平台，同时鼓励开展两岸科技研发合作，深化两岸学术交流。我们高度重视台湾同胞提出的希望在大陆出行更便捷的建议，将尽快出台实施办法。

刘奇葆在福建长汀调研：弘扬伟大长征精神，加快老区苏区发展

10月13日，中共中央政治局委员、中央书记处书记、中宣部部长刘奇葆在福建长汀调研时强调，要弘扬伟大长征精神，传承红色基因，紧紧抓住中央支持老区苏区发展的机遇，加快脱贫攻坚步伐，加快老区苏区发展。调研中，刘奇葆与

老区干部群众亲切交谈。他指出，福建是著名革命老区、中央苏区的重要组成部分，老区苏区人民为革命胜利和新中国成立作出了重大贡献和巨大牺牲。我们要大力开展红军长征胜利80周年宣传教育，弘扬优良传统，传承红色基因，激励广大干部群众不忘初心、继续前进，走好新的长征路。要大力发展红色旅游等特色产业，全力推进脱贫攻坚，努力改善老区人民生活，加快老区经济社会发展，为实现“两个一百年”奋斗目标和中华民族伟大复兴的中国梦而努力奋斗。

汪洋出席第十九届中国国际投资贸易洽谈会

9月8日上午，第十九届中国国际投资贸易洽谈会在厦门国际会展中心举行简朴的开馆仪式，中共中央政治局委员、国务院副总理汪洋启动“金钥匙”，为本届投洽会开馆并巡视了展馆。

孟建柱在福建调研

中共中央政治局委员、中央政法委书记孟建柱12月19日至22日在福建省福州、宁德、厦门等地调研时强调，要认真学习贯彻党的十八届六中全会和中央经济工作会议精神，深入贯彻落实习近平总书记系列重要讲话精神，永远充满对进步的渴望，认清新形势，研究新情况，适应新变化，推动政法综治工作再上新台阶，努力为经济平稳健康发展创造安全稳定的社会环境、公平正义的法治环境。

孙春兰在福建调研

6月15日至18日，中共中央政治局委员、中央统战部部长孙春兰在福建参加第五届世界闽商大会并进行调研。她强调要深入学习贯彻习近平总书记重要讲话精神，切实把中央关于促进非公有制经济发展的政策优势发挥出来，把非公有制经济人士创新发展的积极性激发出来，为夺取全面建成小康社会决胜阶段新胜利作出新贡献。期间，孙春兰考察了高新技术企业麦克奥迪公司、科华恒盛公司、新能源科技有限公司、福州软件园、福州规划馆，深入厦门科技中学新疆班、福州竹林境社区了解基层民族宗教工作情况，到南普陀寺、天主教闽东教区、大觉寺、福建神学院看望宗教界代表人士，并召开三场座谈会，分别听取福建省各民主党派负责人、基层宗教工作干部、闽商代表等的意见建议。

孙春兰还就基层民族工作、宗教活动场所管理、宗教团体建设和人才培养等进行了深入调研。

万鄂湘在福建调研

12月2日，省委书记尤权、省长于伟国在厦门会见了全国人大常委会副委员长万鄂湘。万鄂湘副委员长此次率队围绕“精准立法促进社会文明、司法体制改革”开展调研，找准了立法与促进社会文明的结合点，切中了我国文明法制建设和社会发展的实际，对于依法促进社会文明具有重要的意义。

万鄂湘对福建经济社会发展取得的成绩表示祝贺。他希望福建在精准立法促进社会文明等方面先行先试、积极探索，努力推动社会公众参与立法和自觉守法，将公民文明习惯纳入法治轨道，依靠法治力量不断提高社会文明程度。他表示，调研组将认真征集意见建议，梳理总结经验做法，并在此基础上继续深化调研，为科学立法建言献策。

（福 日）

政府工作报告

——2017年1月18日在福建省第十二届人民代表大会第五次会议上

福建省人民政府省长　于伟国

各位代表：

现在，我代表福建省人民政府，向大会报告政府工作，请予审议，并请政协委员提出意见。

一、2016年工作回顾

2016年，以习近平同志为核心的党中央统筹推进“五位一体”总体布局和协调推进“四个全面”战略布局，坚持稳中求进工作总基调，坚持新发展理念，主动把握引领经济发展新常态，推进供给侧结构性改革，开拓了治国理政新境界，开创了党和国家事业新局面。在中共福建省委的领导下，我省各级政府认真贯彻落实党中央、国务院各项决策部署，与全省人民一起，着力稳增长、调结构、强动力、惠民生、防风险，经济社会保持平稳健康发展，实现了“十三五”良好开局。

初步统计，全省生产总值2.85万亿元，增长8.4%；一般公共预算总收入4295.2亿元，可比增长6.6%；地方一般公共预算收入2654.8亿元，完成预算的100.2%，同口径增长7%；固定资产投资2.29万亿元，增长9.3%；外贸出口6838.9亿元，占全国份额保持基本稳定；实际利用外资81.9亿美元，增长6.7%；社会消费品零售总额1.17万亿元，增长11.1%；居民消费价格总水平上涨1.7%；城镇登记失业率3.86%；城镇居民人均可支配收入36014元，增长8.2%；农村居民人均可支配收入14999元，增长8.7%；年度节能减排降碳任务全面完成。一年来的主要工作是：

（一）精准发力供给侧，结构性改革成效初显。出台供给侧结构性改革“1+5+N”政策体系，抓好“三去一降一补”五大任务。坚定不移去产能，钢铁、煤炭去产能超额完成国家下达任务。精准施策去库存，商品房去化周期比年初减少9个月。稳妥有序去杠杆，规模以上工业企业资产负债率同比下降0.9个百分点，全省政府综合债务率低于预警线。多措并举降成本，全省减轻企业负担353亿元，规模以上工业企业利润总额增长19.5%。抓住四大领域补短板，积极扩大有效投资，注重“五个一批”项目滚动接续，实施两批22个补短板投资工程包，一批重要基础设施、产业项目、民生工程建成投用。

（二）创新驱动促转型，产业加快优化升级。围绕建设创新型省份，打出“松绑+激励”组合拳，激发各类创新主体活力。福厦泉国家自主创新示范区获批并加快建设，泉州获批“中国制造2025”城市试点示范，中科院海西研究院三期等“国字号”研发机构相继落地，“6·18”对接科技成果转化项目5852项，研发经费投入增速高于全国。厦航获第二届中国质量奖、福耀和九牧公司获提名奖；6个项目获2016年度国家科学技术奖。深化产业转型升级，做大增量、优化存量，规模以上工业增加值超万亿元，高技术产业增加值增长11.7%，海洋生产总值增长9%。集成电路、新型显示、冶金新材料等一批体量大、带动力强的重大项目加快推进。服务业增加值增长10.7%，对经济增长贡献率52.8%、首次超第二产业，金融业、物流业增加值占地区生产总值比重分别达6.5%和7.1%，文化、体育、健康、养老等服务业快速发展，旅游总收入增长25.3%。长乐和安溪大数据产业园总投资超百亿元，“数字福建”建设成效明显。“一区两园”建设现代农业项目511个，新建标准化生产基地3173个，农林牧渔业总产值增长3.7%，粮食总产量650.9万吨。

（三）推进体制机制创新，重点领域改革取得突破。年度各项改革任务如期完成。力推“放管服”改革，取消省级行政审批和服务事项288项、下放46项，省市县乡四级权责清单全覆盖，90%以上事项实现网上办理，取消、优化2000多项涉企涉民证照和有关证明事项，“五证合一”、投资项目并联审批在全省推开。营改增全面有序推开。医改继续深化，医保管理职责整合，医疗费用增速和药占比分别下降3.05个和4.94个百分点。财政专项资金清理整合分步实施。外资、台资银行加快集聚，“1+7”产业股权基金、PPP引导基金等有效运营。省直部门数据中心整合基本完成，正统网统计平台优化。党政机关公务用车制度改革全面推开。事业单位分类改革、国企国资改革、国有林场改革、机关事业单位养老保险改革、教育综合改革等扎实推进。不动产统一登记全面实施。农村土地承包经营权确权登记颁证全面推开，“两权”抵押贷款试点扎实推进。

（四）着力开拓发展空间，开放水平进一步提升。认真落实“一带一路”战略部署，海丝核心区建设加快推进，对沿线国家和地区出口1822.9亿元，新增对外投资增长61.6%，中欧（厦门）国际班列实现常态化运营。自贸试验区建设成效明显，国际贸易“单一窗口”等17项创新成果在全国复制推广。新增3个海峡两岸青年创业基地和1个示范点。

闽台贸易额656.5亿元，实际利用台资增长53.9%。第八届海峡论坛、2016两岸企业家峰会年会、首届世界妈祖文化论坛等成功举办。向金门供水工程大陆段具备通水条件。平潭国际旅游岛获批建设，对台先行先试步伐加快。福州新区建设扎实推进。漳州开展构建开放型经济新体制综合试点试验。“9·8”投洽会投资促进功能继续提升，新设及增资千万美元以上外资项目439个。坚持进出口并重、货物贸易与服务贸易并举，外贸指标好于全国。闽港澳交流合作不断深化，侨务和外事服务发展力度加大。

（五）统筹城乡协调发展，新型城镇化深入推进。推进户籍制度改革，实施居住证制度，常住人口城镇化率达63.6%。福州大都市区、厦漳泉大都市区建设效应显现。创建28个省级特色小镇，15个小城市培育试点加快推进。完善土地利用总体规划和城乡规划。完成永久基本农田划定。实施市政线网“五千工程”，开工建设综合管廊69.5公里，建成20公里，实施排水防涝项目128个，新增公共停车泊位2.8万个。推进“千村整治、百村示范”美丽乡村建设工程，市县生活垃圾、污水无害化处理率分别达96.5%、88.6%。补充耕地8.15万亩，“两违”治理腾出土地9.8万亩。脱贫攻坚取得新实效，全省脱贫260425人，“造福工程”搬迁15.6万人，23个省级扶贫开发工作重点县“造血”功能增强。原中央苏区、革命老区、少数民族聚居区、海岛等欠发达地区发展步伐加快。

（六）巩固拓展生态优势，“清新福建”成为亮丽名片。我省成为第一个国家生态文明试验区，碳排放权交易、重点生态区位商品林赎买等“15+3”年度改革任务全面实施。率先建立党政领导生态环境保护目标责任制，开展环保督察，划定生态保护红线，水、大气、生态环境质量保持全优。实施最严格水资源管理制度，加强小流域整治，重要流域都有了“河长”，完成安全生态水系治理537公里，12条主要河流Ⅰ—Ⅲ类水质比例为96.5%、同比提高3.2个百分点，Ⅰ—Ⅱ类水质占比提高16.4个百分点，近岸海域一、二类海水水质面积占比88.9%，居全国前列。加强工业污染源和面源污染治理，9个设区城市空气优良天数比例为98.4%，厦门、福州空气质量在全国74个重点城市中分别居第4和第5位。厦门、泉州市和27个县成为国家生态市县，三明成为我省第4个国家森林城市。

（七）发展成果惠民生，社会事业取得新进步。全年民生相关支出3147.6亿元，增长7.7%，占一般公共预算支出的73.4%。22件省委省政府为民办实事项目全部完成。城镇新增就业60.7万人。全省统筹1738亿元用于社会保障，提高城乡居民基础养老金最低标准，企业养老金增长7.02%；城乡居民医保财政补助每人每年由380元提高到420元，实现大病保险全覆盖；城乡低保对象、特困人员以及重度和生活困难残疾人等兜底保障政策逐步完善，惠及124万人。基本建成保障性住房13.1万套，超额完成任务。全省财政教育支出796.5亿元，增长5.1%，高水平大学建设成效明显，提前一年通过国家义务教育发展基本均衡县评估认定。县域医疗服务能力提升，医疗卫生机构床位新增5600张，3所省级医院与全国顶尖医院“一对一”合作共建。全面两孩政策有效落实。实施文艺精品创作工程，海丝文化品牌影响力扩大。全民健身广泛开展，我省运动员在里约奥运会和残奥会上取得优异成绩。妇女、儿童、老年人工作继续加强，残疾人、慈善、人防、地方志等工作取得新进步。坚持人民利益至上，党政军民全力抗灾救灾，总结形成“1+10”防灾救灾机制，恢复重建有序有力。安全生产标准化建设“三年提升工程”全面完成，食品药品安全形势稳定向好。加强寄递物流等新业态和网络安全监管，强化金融风险防控，坚决打击电信网络诈骗、涉麻制毒等犯罪。民族团结，宗教和睦，援藏援疆援宁工作持续推进。国防动员建设不断加强，双拥共建走在全国前列，各设区市连续四届被评为“全国双拥模范城”。

（八）“两学一做”重实效，政府自身建设继续加强。深入开展“两学一做”学习教育，牢固树立“四个意识”，持续反对“四风”，践行马上就办、真抓实干，大力整治“庸懒散拖”，对重点工作量化细化、立项挂牌办理。自觉接受人大监督、政协监督和社会监督，办理省人大代表建议839件、省政协提案880件，办结率均为100%。提请省人大常委会审议地方性法规草案11件，制定省政府规章12件。政务公开和权力运行网上公开全面推进，行政监察和审计监督继续加强，党风廉政建设和反腐败工作取得成效。

成果来之不易，这是党中央、国务院和省委正确领导的结果，是全省人民齐心协力、团结奋斗和各方面大力支持的结果。我代表省人民政府，向全省人民，向各民主党派、各人民团体和各界人士，向中央和国家机关及其驻闽机构，向人民解放军和武警驻闽部队，向所有关心支持福建发展的台港澳同胞、海外乡亲和国际友人，表示衷心的感谢！

我们清醒地认识到发展中面临的困难和工作中存在的问题，主要是：经济下行压力依然较大，民间投资和制造业投资增速回落；产业发展的大项目好项目不够，新的发展动能有待进一步培育；创新能力不足，全社会研发经费投入偏低；部分群众在就业、子女教育、就医、住房等方面还面临一些困难，基本公共服务存在不少短板；生态环境保护压力较大，一些地区应对重大自然灾害能力有待提升；体制机制创新和政府职能转变不到位，一些工作人员的素质、能力和作风不适应新要求，营商环境须进一步优化。对此，我们要坚持问题导向，积极创新举措，努力改进提高。

二、围绕“再上新台阶、建设新福建”做好2017年工作

党中央、国务院高度重视福建发展，习近平总书记亲自为福建擘画宏伟蓝图，提出建设“机制活、产业优、百姓富、生态美”的新福建和“四个切实”等重要要求，为我们指明了方向。我们要深入贯彻以习近平同志为核心的党中央治国理政新理念新思想新战略，全面贯彻党的十八大和十八届三

中、四中、五中、六中全会精神，认真落实省第十次党代会部署，统筹推进“五位一体”总体布局和协调推进“四个全面”战略布局，坚持稳中求进工作总基调，牢固树立和贯彻落实新发展理念，适应把握引领经济发展新常态，坚持以提高发展质量和效益为中心，以推进供给侧结构性改革为主线，适度扩大总需求，深化创新驱动，全面做好稳增长、促改革、调结构、惠民生、防风险各项工作，促进经济平稳健康发展和社会和谐稳定，以优异成绩迎接党的十九大胜利召开。

今年发展的主要预期目标是：全省生产总值增长8.5%左右；一般公共预算总收入增长5.2%（可比增长6.7%左右），地方一般公共预算收入增长5%（同口径增长7.5%）；固定资产投资力争增长15%左右；外贸出口占全国份额稳中有升，实际利用外资规模稳中有升；社会消费品零售总额增长10.5%，居民消费价格总水平涨幅3%左右；城镇登记失业率控制在4.2%以内；城镇居民人均可支配收入增长8%，农村居民人均可支配收入增长8.5%；落实节能减排降碳任务。

（一）紧扣机制活，深化改革扩大开放

机制活是建设新福建的关键所在。抓住国家新一轮改革开放的重大机遇，用好中央赋予的先行先试政策，纵深推进改革开放，增强发展活力和动力。

深化供给侧结构性改革。一是突出“去降补”。坚决完成年度化解过剩产能任务。坚持分类调控，因城因地施策，严控福州、厦门房价上涨，化解三四线城市房地产库存过多问题。支持企业市场化、法治化债转股，加大股权融资力度，强化企业债券杠杆约束，降低企业杠杆率。在降成本上让企业有更多获得感，通过调整高速公路收费、规范港口收费等，降低物流成本；通过开展售电侧改革试点，扩大电力直接交易，降低用能成本；通过进一步减少审批事项和环节、规范中介评估收费，降低制度性交易成本。从制约发展最关键、群众需求最迫切的领域着手，在突破关键共性技术、增强公共服务能力、加强基础设施薄弱环节等方面加大补短板力度。二是突出振兴实体经济。不论经济发展到什么时候，实体经济都是经济发展的根基。坚持创新驱动发展，深入实施“中国制造2025”行动计划，进一步扶持民营经济、小微企业发展，营造宽松便捷的准入环境和公平有序的竞争环境，保护企业家精神、关爱企业家队伍，坚守实业、突出主业，防止“脱实向虚”。进一步优化产业组织，支持行业龙头骨干企业开展兼并重组，促进大中小企业协同发展。进一步加强政银企对接，改善金融服务，降低融资成本。支持企业上市融资。办好第15届“6·18”，支持企业共性技术服务平台建设，实施科技小巨人领军企业培育工程，新认定高新技术企业350家以上。建立以“用”为导向的产学研结合新机制，实施科技创新链与产业链精准对接工程，鼓励企业设立研发准备金，实行创新主体年度研发经费投入分段超额奖励。三是突出有效投资。健全“五个一批”项目推进机制，加快铁路、高速公路、轨道交通、机场、港口、能源、水利、环保、信息通信、城市公用设施等重大项目建设，完成基础设施投资8520亿元。落实宜居环境建设项目8000个，完成投资2300亿元。抓好新一批市政线网“六千工程”，新改扩建城市道路、雨水管网、污水管网、供水管网和绿道各1500公里、燃气管网1000公里，开工建设地下管廊100公里。扩大产业投资特别是先进制造业和现代服务业项目投资，完成工业投资8400亿元。推进500项省级重点技改项目，完成技改投资5000亿元。规范补短板工程包和PPP项目操作流程，从落地建设、运营管理、合理回报等方面建立健全吸引社会资本的机制，推动各类企业按同等待遇公平参与，激活民间投资。四是突出消费升级。实施“促升级扩消费十大行动”，积极发展共享经济和体验经济，拓展旅游、文化、体育、健康、养老、教育培训、信息、汽车等消费热点。完善标准体系，加强质量监管，提升服务品质。

扎实做好重大改革试验。一是推进海丝核心区建设。发挥侨的优势，在产能合作、经贸往来、金融合作和人文交流等领域建立常态化机制，重点拓展与东盟的交流合作。推进港口航运合作，增开班轮航线，发展海铁联运。加快中国—东盟海洋合作中心建设。打造“一带一路”茶乡通道。二是加快建设自贸试验区。建立与国际投资贸易通行规则相衔接的制度体系，培育融资租赁、跨境电商、整车进口、冷链物流、保税展示交易、航空维修等重点业态。三是加快建设平潭综合实验区。推进建设新兴产业区、高端服务区、宜居生活区，加快国际旅游岛建设，积极探索对台融合新模式。四是推进福州新区创新发展。以滨海新城建设为主攻方向，大力推进“海上福州”建设，加快重点组团和区域开发建设，探索产城融合及新型城镇化建设路径。五是推进福厦泉国家自主创新示范区建设。在重大平台建设、新技术新产品政府首购和推广应用、科技金融结合、知识产权运用与保护等方面推出一批创新举措。

加快推进关键性改革。创新政府配置资源方式，加快建立以目录管理、统一平台、规范交易、全程监管为主要内容的新型资源配置体系，实现资源配置效益最大化和效率最优化。制定基本公共服务清单，推动基本公共服务公平共享。深化投融资体制改革，修订形成全省统一的企业投资项目核准目录。优化天然气价格机制。深化商事制度改革，探索推进多证合一、证照分离。深化国企改革，全面完成公司制改制，在国有控股混合所有制企业开展员工持股试点，开展国有资本投资公司、国有资本运营公司试点。创新经营性和非经营性国有资产配置方式，提高国有资本配置效率和效益。持续推进港口资源整合，探索建立一体化发展的港口管理体制。推进农村土地“三权分置”，完成土地承包经营权确权登记颁证。稳步推进农村集体产权制度改革，推动供销社改革发展。完善产权保护制度，既依法保护物权、债权、股权，也保护知识产权及其他各种无形财产权。完善预算管理制度，加强预决算公开，规范政府债务管理，完善财政转移支付制度，拓展专项资金使用绩效评估，促进财政资金精准滴灌，发挥最大效用。改革医保管理体制和运行机制，深化公立医疗机构药品采购“两票制”，鼓励和规范社会力量办医，推动公立医院管办分开，推进分级诊疗，推进医保跨省异地就医直接结算。

推进更深层次更高水平的双向开放。扎实做好金砖国家领导人厦门会晤的服务保障，深化与金砖国家各领域务实合作。加快发展外贸新业态，培育外贸综合服务企业，开展市场采购贸易试点。支持先进技术设备、关键零部件进口，打造大宗资源性产品、消费品进口区域分拨中心。大力发展服务贸易和转口贸易，建设一批服务外包产业聚集区。积极对接跨国公司和行业龙头企业，加强精准招商。坚持引资引智并举，加大柔性引才力度，设立引才“伯乐奖”，实施高层次人才服务“一卡通”。加快“单一窗口”二期建设，优化口岸通关环境。加强联系平台建设，拓展闽港澳合作，紧密联系更多台港澳侨乡亲。推进与周边省市的区域交流合作，扎实抓好新一轮援藏援疆援宁援甘等对口支援和扶贫协作工作。

推进闽台深度融合。实施闽台产业对接升级计划，健全与台湾工商团体、行业协会、科研院所对接联系机制，大力引进台湾金融机构，深化闽台农业合作。大力支持台胞来闽创业就业，推进海峡两岸青年创业基地建设，维护台胞台商合法权益。办好第九届海峡论坛等两岸民间交流活动，推进闽台教育、科技、文化、人才、卫生、体育、旅游等领域交流。提升“三通”服务水平，便利人员直接往来。

（二）紧扣产业优，加快转型升级调结构

产业优是建设新福建的坚实支撑。建立产业分析推进工作机制，抓龙头、铸链条、建集群，努力打造现代产业体系。

加快发展先进制造业。一是提升主导产业竞争力。依托龙头骨干企业，建设一批创新平台，延伸下游高附加值环节，增强产业集群竞争优势，电子信息、机械装备、石油化工三大主导产业实现产值6000亿元、7800亿元、6150亿元。电子信息突出“强芯补屏”和终端产品创新，加快福州京东方、厦门联芯、泉州晋华、莆田华佳彩等项目投产达产步伐。机械装备重点实施智能制造、高端装备创新工程，发展先进造船业，大力发展服务型制造新模式。石油化工重点抓好湄洲湾、漳州古雷石化基地和福州江阴化工新材料专区建设，发展精细化工和高附加值产品。二是推动重点产业提质增效。通过技改基金、技改投资事后奖补、融资租赁业务风险补偿等推动企业智能化改造，促进融合创新、跨界创新，培育“互联网＋”新业态。支持纺织鞋服、食品、冶金建材、电机电器等产业加快创新转型，走内涵式发展道路。三是推动新兴产业倍增发展。建立协同创新、多方众扶的产业培育机制，集中优势资源支持重点项目、龙头企业和示范工程，强化关键核心技术和高端人才支撑。大力发展新一代信息技术产业、高端装备制造业、新能源汽车产业、生物与新医药产业、节能环保产业、新能源产业、新材料产业、海洋高新产业，战略性新兴产业实现增加值3150亿元，增长10%。

加快发展现代服务业。推动服务业模式创新、业态创新，引导制造业主辅分离，加快发展新型服务业。大力发展现代物流业，完善支持物流业发展的用地政策，健全城乡物流配送网络，加快发展冷链物流体系。大力发展金融业，完善人才优惠政策，多形式集聚金融人才，培育壮大金融市场主体，发展绿色金融和普惠金融，健全政策性融资担保体系，拓展保险保障功能。大力推进全域生态旅游，支持大型旅游企业集团提升重点景区品质，带动创建休闲集镇和乡村旅游特色村，构建多样化、个性化的旅游产品和服务体系。大力发展健康产业，合理配置健康服务资源，推进健康医疗大数据中心和产业园建设。推动群众体育和竞技体育全面发展，加快发展体育产业。大力发展养老服务业，实行规范化项目供地政策，推进医养结合，以建立完善居家养老服务体系为重点，加快构建多层次养老服务体系。新建社区老年人照料中心100所，新建农村幸福院300所，盘活用好乡镇敬老院，新增养老床位1万张，每个县（市、区）落地1个专业化养老服务组织。

加快发展特色现代农业。深入推进农业供给侧结构性改革，大力推进品牌农业、智慧农业、生态农业。落实责任，加强考核，粮食播种面积稳定在1800万亩、产量650万吨以上。实施“菜篮子”增品种、提品质工程，保障市场有效供给。实施农产品质量安全“1213”行动计划，加大“三品一标”认证力度，打造更多名牌农产品。实施农产品加工提升工程，积极发展休闲食品、功能食品，加快培育7个全产业链产值超千亿元特色优势产业。发挥新型农业经营主体示范带动作用，推广应用现代科技，推进“互联网＋”现代农业。以现代农业园区为载体，推动三次产业融合发展，培育农副产品精深加工、农村电商、休闲农业等新产业新业态。实施化肥农药使用量零增长、农业废弃物无害化处理等专项行动。以就地就近用于农村能源和农用有机肥为主要使用方向，推进畜禽养殖废弃物处理和资源化。

（三）紧扣百姓富，加强以保障民生为重点的社会建设

百姓富是建设新福建的根本目的。坚持以人民为中心的发展思想，从解决人民群众普遍关心的突出问题入手，办好投资336.3亿元的25件省委省政府为民办实事项目，加快补齐民生短板，不断增强人民群众对幸福生活的“有感度”。

更精准更有力推进脱贫攻坚。瞄准建档立卡贫困人口精准发力，全年实现脱贫20万人。立足搬得出、稳得住、能致富，安排“造福工程”搬迁10万人，建设100个以上有规模的集中安置区。创新因病致贫人口帮扶机制，以省为主、省市县财政共同出资，开展可持续的商业医疗保险。建立贫困村集体经济培育机制，安排部分扶贫专项资金，以县为单位优化投资，通过折股量化支持村集体经济组织获得稳定收益。加大对原中央苏区、革命老区和少数民族聚居区发展的支持力度，加强山海协作、对口帮扶，大力支持23个省级扶贫开发工作重点县加快发展。推进三明国家扶贫改革试验区、长连武扶贫开发试验区建设。完善社会扶贫参与机制，深化“百企帮百村”精准扶贫行动。加强监督检查，坚决查处扶贫领域违纪违规问题。

改善基本公共服务。一是促进就业创业。实施积极的就业政策，全年城镇新增就业55万人。深入实施高校毕业生就业创业促进计划，加强去产能职工分流安置，加大农村转移劳动力就业帮扶力度，支持返乡人员创业创新。二是筑牢社会保障。实施全民参保登记计划，落实阶段性降低社会保险费率政策。推进基本医疗保险管理体制改革，发展各类商业医疗保险和健康保险。推进农村低保制度与扶贫开发政策有效衔接，农村低保省定最低标准从2650元提高到3000元，全面实施特困人员救助供养新政策。大力发展残疾人事业、社会福利和慈善事业。三是优先发展教育。探索建立政府购买普惠性民办幼儿园教育服务机制，构建以公办园和普惠性民办园为主体的学前教育公共服务体系，新建公办幼儿园100所、新增学位3万个。统筹推进县域内城乡义务教育一体化，创建义务教育管理标准化学校350所。推进优质高中建设发展和薄弱高中改造提升。建立产教融合的职业教育发展机制，大力培养具有工匠精神的技能型人才。实施一流大学、一流学科建设计划，推进高等教育内涵发展、特色发展。推进民办教育健康发展。积极发展终身教育，大力发展老年大学。实施“名师名校长培养工程”，充分发挥骨干教师带动作用。四是强化医疗保障。加强高水平医院、高水平临床专科建设，深化省立、协和、附一医院与北京协和、上海瑞金、上海华山医院的合作共建，复旦中山厦门医院由复旦附属中山医院全面运营管理，推动省市县级医院合作，提升各级医疗技术水平。加强县级综合医院能力建设，推动城市慢性病家庭医生签约服务、乡村卫生服务一体化管理。加强产科、儿科、精神科等薄弱学科建设，加快省儿童医院、妇产医院、精神卫生中心、疾控中心新址建设。健全中医药服务体系。推动计生工作重点由管理向服务转变，加强出生缺陷综合防治。五是创新住房供给。坚持“房子是用来住的、不是用来炒的”定位，完善购租并举的住房制度，鼓励发展机构化、专业化住房租赁企业，创新多样化住房供给。完善建设用地指标分配办法，落实“人地挂钩”政策，提高“精准供地”水平，房价上涨压力大的城市合理增加土地供应，提高住宅用地比例。完善棚改安置和公租房分配方式，实行实物保障与货币补贴并举，房地产库存量大的城市提高货币化安置比例。鼓励属地政府建设经济社会发展急需人才的公寓房。开工保障性安居工程6.9万套，基本建成4万套以上。六是推动文化繁荣。深化文化体制改革，增强文化创造活力，积极培育社会主义核心价值观。实施哲学社会科学创新工程，加强新型智库建设，繁荣社会主义文艺创作，进一步打响文化品牌。实施文化惠民工程，深入普及科学知识，提升网络文化建设水平，办好新闻出版广播影视事业。加大历史文化遗产保护力度，推动鼓浪屿、海丝等申遗。促进传统手工艺与现代文创产业融合发展，壮大重点文化产业。

促进城乡区域协调发展。推进以人为核心的新型城镇化，深化国家级和省级新型城镇化试点，推进福莆宁和平潭一体化发展，推进厦漳泉同城化发展，统筹城乡基础设施网络、产业协同发展、公共服务设施、生态空间布局，促进公共资源均衡配置和基本公共服务均等化。壮大特色鲜明的六大湾区经济，促进武夷新区、三明生态工贸区和生态新城、龙岩创新型工贸旅游城市加快发展。实施城市规划提升工程，全面推行规划委员会制度。开展旧屋区、城中村、旧厂房改造，降低城区密度，加强城市修补和生态修复。加快治理城市内涝，实施209项总投资120亿元的防洪排涝工程，加强河道清淤疏浚，推进海绵城市建设。加快治理交通拥堵，优先发展公共交通，加快建设智慧交通，全面建设综合客运枢纽，优化路网布局，开展城市堵点综合整治。加快治理停车难，新增公共停车泊位2万个以上，新建电动汽车充电站150座、充电桩3000个以上。推进县城扩容提质，加快壮大县域产业，提升一个产业园、做强一个特色产业、完善一套扶持政策。坚持因地制宜、市场导向，从“产、城、人、文”四位一体有机结合入手，培育一批特色小镇。坚持乡村环境治理与乡村旅游相结合，大力实施美丽乡村“千百十”工程。

加强风险防控和维护公共安全。一是防控金融风险。坚持“控新化旧”压降不良贷款，“一企一策”“一链一策”开展企业信贷风险防控。开展互联网金融整治，加强对各类交易场所和民间借贷的监管，打击非法金融活动，守住不发生区域性金融风险底线。二是防控房地产市场风险。坚决抑制房地产泡沫，防止大起大落，促进房地产市场平稳健康发展。支持合理自住购房，严格限制信贷流向投资投机性购房。加强住房市场监管，规范开发、销售、中介等行为。三是保障食品安全。以“四个最严”深化“餐桌污染”治理，坚持全覆盖、全链条，加强从农田到餐桌全过程监管，扎实推进“双安双创”，加快建设食品安全放心省。四是强化安全生产。健全安全生产责任体系，推进重点行业、重点领域专项整治，有效化解隐患。五是促进社会和谐稳定。加快更高水平的平安福建建设，健全社会治安防控体系，依法处置信访事项，有效管控社会风险。突出加强政务诚信、个人诚信体系和电子商务领域诚信建设，强化守信激励和失信惩戒。完善灾害监测预警应急体系，增强防灾减灾救灾能力。激发社会组织活力，支持工会、共青团、妇联等人民团体发挥更大作用。全面贯彻党的宗教工作基本方针，积极推动民族团结进步事业。

推进军民融合深度发展。加强国防建设，抓好国防教育和兵源征集等工作，提高国防动员和后备力量建设水平。全力支持军队改革，做好军转干部和退役士兵接收安置。健全经济和国防建设融合发展机制，促进规划建设、资源统筹深度融合。支持宁德等争创国家军民融合创新示范区，支持龙岩等发展军民融合产业。深化双拥共建，提请修订《福建省拥军优属条例》，做好优抚安置工作。

（四）紧扣生态美，加快建设国家生态文明试验区

生态美是建设新福建的永续优势。坚持“绿水青山就是金山银山”，深入推进生态省建设，建设天更蓝、地更绿、水更净的美丽福建。

创新生态文明体制机制。聚焦重点难点问题，突出体制机制创新，推进年度17项重点改革。实行省以下环保机构监测监察执法垂直管理制度，制定部门生态环境保护责任清单，全面开展环保督察，认真接受中央环保督察。开展省级空间规划试点，推进“多规合一”，推进武夷山国家公园体制试点，严守生态保护红线。健全生态产品价值实现新机制，开展用能权、碳排放权、林业碳汇、排污权交易。实行省市县共同出资、上下游责任共担的全流域生态补偿机制。推行垃圾分类制度。探索以购买服务方式拓展农村环境综合整治。

促进资源节约循环高效使用。推行能效“领跑者”、节能发电调度、电力需求侧管理等新机制，确保单位生产总值能耗低于全国平均水平。强化约束性指标管理，实行能源和水资源消耗、建设用地等总量和强度双控行动。推广高效节能低碳技术，实施150项重点节能工程，提高清洁能源和可再生能源的消费比重。大力发展循环经济和绿色清洁生产，引导消费模式和生活方式绿色化、低碳化。

加强环境保护和生态修复。全面落实水、大气、土壤污染防治行动计划。实施“清新水域”工程，全面推行河长制，加强对河长的绩效考核和责任追究，启动十个治水工程，加强重点流域综合治理，实施小流域及农村水环境整治，做到有专人负责、有检测设施、有考核办法、有长效机制。强化饮用水安全保障。加快城市内河黑臭水体治理，抓好新一批百个乡镇生活污水处理设施建设，完成农村50万户化粪池改造、3000个行政村生活垃圾常态化治理。实施更高标准的“洁净蓝天”工程，加强重点行业企业大气污染物综合治理，完成火电燃煤机组超低排放改造，强化扬尘防治，淘汰黄标车。实施“清洁土壤”工程，开展土壤污染状况详查，启动土壤污染治理与修复试点示范工程。加大海洋生态环境保护力度，强化自然岸线管控。加强自然保护区建设管理，加强山水林田湖生态保护修复。加强造林绿化，再完成水土流失综合治理面积200万亩。

三、从严从实加强政府自身建设

牢固树立“四个意识”，坚决维护以习近平同志为核心的党中央权威，自觉向党中央看齐，向习近平总书记看齐，向党的理论和路线方针政策看齐，向党中央决策部署看齐。

踏石留印、抓铁有痕，切实强化责任担当。在党的领导下、在法治轨道上开展工作，坚持依法行政，建设法治政府。以新理念引领新实践，滴水穿石、攻坚克难，将着力点放到发展最应该干、群众最希望办的事情上来。量化实化政府工作，沉下心、沉下身、沉下力，撸起袖子加油干，以“钉钉子”精神把各项工作落细、落小、落实。致力创新工作机制，对标先进、先行先试，评估效果、务实管用，让行政效率更高、市场主体更活、人民群众更满意。制定“正向激励政策包”，对真抓实干、成效明显的地方予以激励支持。注重容错纠错，为敢于担当的干部担当，为敢于负责的干部负责。

马上就办、真抓实干，切实优化发展环境。全面提升政务服务水平，致力打造法治化、国际化、便利化的营商环境。以“最多跑一趟”倒逼简政放权、优化服务，深化省级行政审批“三集中”改革，全面推行“双随机一公开”监管。开展“减证便民”专项行动，让企业和群众办事更省时、省心、省钱。推行“互联网＋政务服务”，建成省级一体化网上政务服务平台，实现“一号申请、一网通办、全程网办”。构建“亲”“清”新型政商关系，做到亲近不逾矩、清廉不懈怠，让大家充分体会到权利平等、机会平等、规则平等。

正风肃纪、强化监督，切实加强廉政建设。坚定不移推进全面从严治党，落实“两个责任”，突出“五抓五看”，把党风廉政建设落实到位。严格执行党内政治生活若干准则、廉洁自律准则和纪律处分条例、问责条例、党内监督条例，紧盯关键少数，持之以恒反对“四风”，落实中央八项规定精神。厉行节约、艰苦奋斗，省级一般性支出压缩5％。习惯于在监督下开展工作，自觉接受人大及其常委会的法律监督和工作监督、政协的民主监督，高度重视社会公众监督和舆论监督，加强审计监督。深化政务公开和权力运行网上公开，确保权力在阳光下廉洁运行。

各位代表，让我们更加紧密地团结在以习近平同志为核心的党中央周围，在中共福建省委的领导下，不忘初心、继续前进，为“再上新台阶、建设新福建”，为实现“两个一百年”奋斗目标、实现中华民族伟大复兴的中国梦做出更大贡献。

名优秀年轻干部到1.1万个贫困村担任第一书记，全省2200个贫困村全覆盖，扶持项目10万多个。2016—2020年每年按本省上年地方一般公共预算收入的2‰筹集资金，专项用于精准扶贫精准脱贫。

“十二五”以来特别是党的十八大以来，全省扶贫开发工作不断取得新成效：农村贫困人口明显减少，由2011年的199万降至2015年的69.9万；扶贫对象收入显著提高，由2011年的农村居民人均可支配收入5570元升至2015年的11994元；贫困地区基础设施、基本公共服务和生产生活条件大幅改善，2200个建档立卡贫困村完成“五通”（通水、通电、通路、通电视、通电话），基本医保、大病保险、医疗救助和应急救助相衔接机制初步建立；造福工程累计搬迁142万人，7000多个自然村整体搬迁，扶持建设了401个百户以上集中安置区……

2016年全省超过26万名群众摆脱贫困，完成15.6万人搬迁任务；年度县域经济发展“十佳”县（市）中，23个省级扶贫开发工作重点县中的诏安、云霄、松溪、武平、政和占据了半壁江山，其中松溪、政和更是连续两年上榜。

福州地铁1号线全线通车

福建迈入地铁时代

2016年5月18日，福州地铁1号线南段试运营。1号线（一期）南段全长9.76千米，设福州火车南站站等9座地下车站。

2017年1月6日，福州地铁1号线全线试运营。该条线路全长24.89千米，共设21座车站，是福州轨道交通线网南北向主干线，也是福建省开通运营的第一条地铁线。从此，福建告别了无地铁时代。

目前，福州已批复的地铁建设规划共有两轮，第一轮建设规划含地铁1号线二期和2号线，建成后将形成南北向和东西向十字形主骨架网；1号线二期力争在2020年10月1日前建成试运行。福州地铁2号线全长30.2千米，共设22个车站，西起苏洋站，东至洋里站。2号线于2014年11月在闽江过江段金祥站开工，2015年全线动工建设，计划在2019年5月1日之前实现试运营。

第二轮建设规划含6号线、5号线一期工程和4号线一期工程，线路总长约95千米。6号线力争在2020年12月31日前试运行，5号线力争在2021年9月30日前试运行，4号线力争在2022年3月31日前试运行。

此外，福州至长乐机场轨道交通工程线路起于福州火车站，经福州鼓楼区、台江区、跨闽江至仓山区、之后跨乌龙江，经由长乐、滨海新城，终于福州长乐机场，线路总长约58千米，共设13个站，投资总额约300亿元，工程计划于2017年12月开工，建设周期54个月。

为民办实事，提升百姓幸福感

2016年，福建省民生相关支出3147.6亿元，比上年增长7.7%，占一般公共预算支出的73.4%。22件省委、省政府为民办实事项目全部完成。

2016年，全省统筹1738亿元用于社会保障，提高城乡居民基础养老金最低标准，企业养老金增长7.02%；城乡居民医保财政补助每人每年由380元提高到420元，实现大病保险全覆盖；城乡低保对象、特困人员以及重度和生活困难残疾人等兜底保障政策逐步完善，惠及124万人。

全省财政教育支出796.5亿元，比上年增长5.1%，高水平大学建设成效明显，提前一年通过国家义务教育发展基本均衡县评估认定。县域医疗服务能力提升，医疗卫生机构床位新增5600张，3所省级医院与全国顶尖医院“一对一”合作共建。

2016年，福建省保障性安居工程完成投资629.46亿元，新开工13.45万套，基本建成13.1万套；“千村整治、百村示范”美丽乡村建设工程、扶贫搬迁造福工程省级补助资金193亿元；农村居民最低生活保障、城乡居民基本医疗政府补助、基本公共卫生服务项目共计投资155.57亿元；道路交通安全隐患整治和公路安保工程、公交服务便民和游客公共交通服务工程、“村村通客车”工程完成投资60.11亿元。

在与民生保障息息相关的社会事业领域，“为民办实事”项目全面完成各项任务。2016年，全省社会事业领域省级以上补助资金到位127.68亿元，全省累计完成投资183.31亿元，占计划100.19%。全面改善义务教育薄弱学校基本办学条件、公办幼儿园建设项目省级以上补助资金到位并支出11.14亿元、4.52亿元，占计划100%、100.41%，开工率均达到100%。

福建的百姓，正在随着这一个个民生项目建成和推进，体会着生活中一天天发生着的变化，体会到不断推进的民生领域建设带来的更多幸福感。

除各项社会事业的兜底和保障外，百姓的收入也持续增加。近几年来，福建省加大就业工作力度，城乡居民收入快速增加。2016年，城镇居民人均可支配收入36014元，比2012年增加7959元，年均增长8.8%；农村居民人均可支配收入14999元，比2012年增加5032元，年均增长10.8%。

（练仁福）

大事记

1月

1日 为纪念林则徐诞辰230周年，由省政协文史委、省文联、林则徐基金会主办的海峡两岸书画名家作品邀请展在福州开幕，共展出两岸书画名家作品近百件。中国国民党荣誉主席连战、中国国民党主席朱立伦、海基会董事长林中森、福建省政协主席张昌平发来贺词。

福建省正式实施境外旅客购物离境退税政策。

2日 国家工商行政管理总局、福建省人民政府联合发布公告，台湾居民在福建自由贸易试验区注册登记个体工商户的营业范围放宽至129项，在全国属首例。

平潭海峡高速客运码头为境外旅客提供了首单退税服务，标志着离境退税政策在平潭综合实验区正式落地。

4日 省委书记尤权深入“三严三实”专题教育联系点——长汀县，参加县委常委班子专题民主生活会，指导推进“三严三实”专题教育深入开展。

8日 2016年全省文化科技卫生“三下乡”集中服务活动拉开序幕。“三下乡”主会场设在武夷山市五夫镇，由省委宣传部、省科技厅、省文化厅、省卫计委等15家单位主办，福建日报社等37家单位联合承办。

省政府发布《关于加快发展现代服务业的若干意见》。《意见》将现代物流作为着力发展的重点领域。

9日 省委书记尤权、代省长于伟国代表省委、省政府在福州与全省9个设区市和平潭综合实验区党政主要领导签订2016年综治（平安建设）责任书和环保目标责任书。

10—14日 省政协十一届四次会议在福州举行。

11—15日 省人大十二届四次会议在福州举行。

15日 福建省第十二届人民代表大会第四次会议补选于伟国为福建省人民政府省长。

16日 省纪委九届七次全会在福州召开。

福州保税港区利嘉国际物流园举行开工典礼。项目位于福州保税港区江阴高港路与港前路交接处，保税港区国际物流园海关监管区内，用地规模636亩，建筑面积约60万平方米，项目总投资约30亿元。

17日 由中国产业经济促进会主办，中国产业经济促进会互联网金融推进委员会、福建融商实业集团和晋江民间借贷登记服务中心联合承办的第二届互联网金融（福建）高峰论坛暨中小企业转型与发展领袖年会在晋江举行。本次论坛以“互联网+·转型·发展”为主题。

19日 省委宣传部公布2015年度福建省践行社会主义核心价值观基层“最美人物”评选结果，10位在全省各地各个行业工作的基层人士获此殊荣。

20日 由福州市委、市政府主办的福州新区建设发展座谈会在北京人民大会堂举行。这是福州新区获批后，福州市首次举行和中央企业、地方国企大规模签约活动。当日，福州新区共对接央企、地方国企项目64项，总投资3315亿元。

25日 省委书记尤权在福州会见了美国驻华大使马克斯·博卡斯一行。

27日 第一届全国青年运动会总结表彰大会在福州举行。

2月

1日 《福建省土壤污染防治办法》今日起开始实施。该《办法》分总则、监督管理、土壤污染预防、土壤污染治理、法律责任、附则6章49条，明确提出将土壤污染防治工作纳入国民经济和社会发展规划，防治目标完成情况纳入地方政府及其负责人绩效考核。

15日 全国政协副主席、全国工商联主席王钦敏在福州主持召开民营企业家座谈会，围绕新常态下的企业发展、信心提振、供给侧结构性改革等方面听取意见建议。

省委2016年巡视工作动员部署

会在福州召开，部署福建省今年第一轮巡视工作。

16日 省委书记尤权、省长于伟国在福州会见全国政协副主席韩启德率领的“深化医药卫生体制改革”专题调研组一行。

19日 上午8时40分，中共中央总书记、国家主席、中央军委主席习近平来到人民日报社调研，并在人民网演播室同福建赤溪村干部群众在线交流。总书记对大家脱贫致富给予肯定，祝愿乡亲们日子越过越好。

省十二届人大常委会第二十一次会议通过《福建省人大常委会关于修改〈福建省人口与计划生育条例〉的决定》。新修订的《福建省人口与计划生育条例》调整了相关的保障与奖励政策。

20—21日 以“福天福地福文化、海风海韵海峡情”为主题的2016年海峡两岸民俗文化节在福州花海公园举行。

25日 根据省公务公车制度改革领导小组工作部署，省直机关参改单位实施封车，标志着福建省省直机关公务用车制度改革进入实质性实施阶段。

省政府印发《关于积极推进“互联网+”行动实施方案的通知》。《通知》提出了针对“互联网+”物流、商贸、交通、口岸通关等方面的行动措施。

26日 纪念方毅同志诞辰100周年座谈会26日在京举行。中共中央政治局常委、全国政协主席俞正声出席座谈会，并在会前会见了方毅同志亲属。中共中央政治局委员、国务院副总理刘延东在座谈会上缅怀方毅同志的光辉一生和卓越贡献。全国政协副主席兼秘书长张庆黎主持座谈会。全国政协副主席、科技部部长万钢等出席座谈会并发言。

29日 福建省纪念方毅同志诞辰100周年座谈会在福州举行。省委书记尤权、省长于伟国出席座谈会并在会前会见了方毅同志亲属。

在北京举行的纪念“三八”国际妇女节暨全国三八红旗手（集体）表彰大会上，福建省共有10位个人和6个集体受到表彰。其中，南平市中级人民法院副处级审判员詹红荔荣获全国三八红旗手标兵荣誉称号。

3月

6日 厦门科华恒盛股份有限公司自主研制的核电厂IE级K3类UPS设备FR—UK31HD系列设备，获中国机械工业联合会颁发的鉴定证书，成为该领域首家获此殊荣的内资企业。此次获颁证书，意味着中国核电厂控制系统保护电源，在实现完全国产化征途上迈出具有里程碑意义的一步，证明了科华恒盛在不间断电力保护技术领域具备强大的自主研发和批量制造能力。

10日 国家技术转移海峡中心在福建海峡技术转移中心大楼揭牌，国家技术转移人才培养基地、中科院STS福建中心同时揭牌，开启政府引导+市场运作的福建技术转移新模式。

12日 省长于伟国与国家发改委主任徐绍史在北京签署合作框架协议，建立推进国际产能和装备制造合作委省协同机制。

17日 由省侨联会同省农业厅、抠抠（福建）电子商务有限公司联合实施的福建省“互联网+百村”侨力扶贫行动启动暨电子商务培训开班仪式在省委党校举行。

21日 省军区党委九届十次全体（扩大）会议在福州召开。

省委书记尤权在福州会见新加坡驻华大使罗家良一行。

财政部、环保部在龙岩联合召开部分省份流域上下游横向生态补偿机制建设工作推进会，福建省与广东省签署汀江—韩江流域水环境补偿协议。

中央宣传部在中央电视台向全社会公开发布“时代楷模”黄志丽先进事迹。黄志丽是福建省漳州市芗城区人民法院党组成员、民事审判第一庭副庭长，扎根基层审判一线，坚持公正文明司法，展示了新时期人民法官司法为民的良好形象，被授予“全国道德模范”等荣誉称号。

23日 马尾港首次进行邮件总包直航试运行，一批发往台湾的邮件总包在马尾港装柜，集装箱货轮“东雅号”运载316件、5226.8千克的国际邮件总包，通过海运航线由马尾港直航台湾高雄，福州至台湾的海运直航邮路在福建自贸区福州片区正式开通，成为大陆第二条对台海运直航邮路。

25日 省委书记尤权、省长于伟国在福州会见全国人大常委会副委员长、民盟中央主席张宝文。

26日 由福州市人民政府、福建省海外联谊会、中国民主同盟福建省委员会、海峡金融论坛促进会共同主办的第五届海峡金融高峰论坛暨福州“四区”叠加下的金融创新与合作研讨会在福州举行。全国人大常委会副委员长、民盟中央主席张宝文出席论坛并为中国民主同盟“一带一路”（福建）研究院揭牌。

福建省唯一一家产业要素健全、产业链条完整、经营网络齐备的大型综合性旅游集团——福建省旅游发展集团揭牌。

28日 以“新电商、新福建、新引擎”为主题的2016福建省电子商务大会在福州市海峡国际会展中心召开。这是福建省召开的第一次电子商务会议。中央网信办副主任庄荣文、副省长梁建勇出席会议并致辞。阿里巴巴集团总裁金建杭等300多位知名企业高管和海内外闽籍电商领军人物参会。

29日 由厦门大学、福建师范大学、省商务厅主办的首届福建自贸试验区高端论坛在福州举行。会上还举行了中国（福建）自贸试验区协同创新中心、厦门大学中国（福建）自贸试验区研究院、厦门大学富邦金融与产业研究中心揭牌仪式。

29日 纪念陈丕显同志诞辰100周年座谈会在京召开。中共中央政治局常委、全国人大常委会委员长张德江出席座谈会，并在会前会见了陈丕显同志亲属。中共中央政治局委员、中央政法委书记孟建柱在座谈会上回顾了陈丕显同志追求真理、不懈奋斗的光辉生涯。中共中央政治局委员、国家副主席李源潮出席座谈会，全国人大常委会副委员长兼秘书长王晨主持座谈会。31日，福建省纪念陈丕显同志诞辰100周年座谈会在福州召开。省委书记尤权、省长于伟国出席座谈会，并在会前会见了陈丕显同志亲属。

30日 中国重汽集团福建海西汽车有限公司出口签约暨发车仪式在永安市举行。此次出口共计1000辆车。

31日 "海丝之旅"正式列入国家旅游局2016年首批推出的中国十大国际旅游品牌。福建省旅游局作为牵头单位，将联合中国海上丝绸之路旅游推广联盟各成员单位共同推进"海丝之旅"国际旅游品牌建设管理和产品组织等工作。

4月

1日 福建省在平潭签发首张省外居民一次有效往来台湾的通行证。来自湖北宜昌的游客刘海峰领到这张通行证。

进出境快件监管业务在福州空港口岸正式启动，福建新干线物流有限公司将进驻福州长乐国际机场进出境快件监管中心试运营。

1—3日 第25届世界技巧锦标赛在莆田市举行。来自21个国家和地区的275名技巧运动员在3天比赛中争夺5块金牌。中国队夺得男子四人项目冠军。

4日 厦门航空有限公司获第二届中国质量奖，福耀玻璃工业集团股份有限公司、九牧集团有限公司荣获第二届中国质量奖提名奖，实现福建省中国质量奖（含提名奖）"零"的突破。

福州—凤坂220千伏工程成功送电，该线路全长约5.03千米，2—3号顶管长达777米，是福建省最长大口径曲线顶管线路工程。该线路是福州中心城区首座无人值守220千伏智能变电站公园变配套工程，投产后将更好地满足福州中心城区五四、华林片区用电需求，同时将为福州地铁1号线提供运营用电。该线路的进出线全部采用埋地式电缆隧道，并安排地下室安放电缆，因此站内不见任何一根电力线路。同时，隧道工程中采用内径3.2米的顶管，为全省最大，全国罕见。凤坂变电站采用独栋式设计后，占地面积仅为14亩，与同等级户外变电站相比占地面积小了近一半。另外，在设计过程中，该变电站电气设备全部采用GIS户内装置，不仅具有占地面积小、防污效果好、外形美观，还具有安装、运行、维护检修工作量少的优点。

5日 "21世纪海上丝绸之路"大学校长论坛在厦门大学举办。来自全球27所知名大学的校长和由厦门大学承办的16所孔子学院的院长等共60余人参加论坛。与会专家学者围绕孔子学院对促进高等教育全球化的作用、孔子学院与"一带一路"国家的文明互鉴、孔子学院在"一带一路"建设中的作用等三个主要议题展开了研讨。

8日 由国家文化软实力研究协同创新中心、中国华侨国际文化交流促进会、福建省归国华侨联合会、中国企业投资协会共同主办的首届嘉庚论坛，在著名爱国侨领陈嘉庚的故里——厦门市集美区举办，来自五大洲的100多位华侨代表和100多位国内学界、政界、企业界代表与会。

10日 省委书记尤权在福州会见了澳大利亚塔斯马尼亚州州长威尔·霍奇曼一行。2016年是福建省与塔州结好35周年，威尔·霍奇曼州长一行专程来闽访问，落实相关合作设想，并参加在福州举办的"塔斯马尼亚周"活动。

12日 福建省—澳大利亚塔斯马尼亚州结好35周年艺术展在福建博物院开展。

17—23日 省委书记、省人大常委会主任尤权率领福建省代表团到新加坡、马来西亚、印尼访问。

17日 省政府办公厅印发《福建省"十三五"消防事业发展专项规划》。全省将建立社会单位和个人重大消防安全违法行为"黑名单"制度，消防安全信用将被纳入社会信用管理体系。

23日 由海峡都市报社连续举办的"2015年度感动福建十大人物"颁奖典礼在福州举行。

24日 全省首座航天体验馆——南平航天体验馆于全国首个"中国航天日"在武夷山市兴田镇枫坡村开馆。该馆是华东地区规模最大、展品最多、规划最完善的场馆之一，占地6000多平方米，含出征太空、卫星应用、天眼看世界、空中家园、星球之旅、载誉归来等六个展区和一个互动体验区。

26日 厦门市集美区政府、阿里云计算有限公司、优客工场三方签约，宣布将在集美区杏林湾商务营运中心建立厦门阿里云"创客+"基地，为阿里云在福建的首个基地。6月15日，三方共同合作的阿里云"创客+"基地正式启动。

28日 2016年福建省关爱残疾儿童行动在省残疾人体育运动管理中心启动。

29—30日 由中国音数协游戏工委、中国软件行业协会、厦门市人民政府指导，中国游戏产业网、北京立马昆仑资讯科技有限公司主办的"2016DCC中国数字产业峰会"在厦门国际会展中心举办。此次峰会旨在促进产业转型，推动游戏产业文化发展，聚焦2016年游戏新格局，为游戏产业搭建品鉴与交流平台，创造更广更深的合作机会。

5月

1日 零点，福州大饭店为一位住宿客人开出一张金额为380元的增值税普通发票。这是全省全面推开营改增试点所开出的第一张增值税发票。由此，营业税退出历史舞台。

4—8日 由国家旅游局和福建省人民政府主办、福建省旅游局和厦门市人民政府共同承办、亚太旅游协会支持的第十二届海峡旅游博览会在厦门举行。本届旅博会以“融合发展·合作共赢”为主题，展馆面积3.3万平方米，展位1600个。

5日 《福州市廊桥保护管理办法》出台。这是福建省首个，也是国内少有的廊桥保护管理办法。

11日 省委书记尤权、省长于伟国在福州会见中化集团董事长、党组书记宁高宁。

12日 省政府与国家开发银行在福州签署了《“十三五”时期全面深化开放性金融合作备忘录》。省委书记尤权、省长于伟国、国家开发银行董事长胡怀邦出席签约仪式。省委常委、常务副省长张志南与国家开发银行副行长张旭光代表双方签署备忘录。

13日 2016丝绸之路国际博览会暨第20届中国东西部合作与投资贸易洽谈会在陕西省西安市开幕。经党中央、国务院批准，已举办19届的西洽会改为现名。本次大会的主题是“共建新平台、共促新发展”。福建省作为主宾省之一组团参加。

全省第四次森林资源二类调查正式启动。此次主要调查地方监测体系的5.56万个固定样地数据；调查全省范围内的森林、林地和林木资源的种类、数量、质量和分布。

14日 2016年中国旅游日·福建分会场活动在福州三坊七巷景区启动。

17日 由中国中小企业国际合作协会、中国国际商会主办，外交部、中华全国工商业联合会、ACD临时秘书处共同支持，福州市人民政府承办的以“共同亚洲·合作与机遇”为主题的亚洲合作对话（ACD）工商大会暨青年企业家创新峰会在福州开幕。全国政协副主席、全国工商联主席王钦敏，省委书记尤权、省长于伟国出席开幕式并致辞。

省委书记尤权、省政协主席张昌平在福州会见了全国政协副主席、全国工商联主席王钦敏。

18—22日 由国台办、海关总署、国家质检总局、中国贸促会和福建省政府联合主办，商务部作为支持单位的以“深化对台交流、搭建海丝平台、共享发展成果”为主题的第十八届海峡两岸经贸交易会（海交会）在福州海峡国际会展中心举行。

21日 省政府发布《福建省人民政府关于降低企业成本减轻企业负担的意见》。

24日 省政府印发《福建省“十三五”现代服务业发展专项规划》。

24—26日 经中华全国归国华侨联合会批准，由中国侨商联合会、福建省侨联联合主办，四君子文化创意产业园等承办，台湾侨商联合会等海内外知名社团协办的以“文化引领、联通侨界、创新转型、共建丝路”为主题的首届中国华侨文化创意产业发展峰会在莆田市举行。

26日 省长于伟国在福州会见中国电信集团公司董事长杨杰一行。省委常委、副省长张志南参加会见，并与中国电信副总经理陈忠岳分别代表双方签署了共同推动“十三五”数字福建建设暨加快发展互联网经济合作协议。

27日 全国首个大型离岸式人工岛——漳州双鱼岛大桥建成通车，将离岸式人工岛与大陆相连。工程于2013年2月动工建设，起点为南滨大道，终点为双鱼岛主干道，总投资2.9亿元，全长1.01千米，其中桥梁全长685米，主桥全长204米。主桥为连续梁独塔双索面斜拉桥，索塔采用“城市之光”设计方案，索塔高度90米。以海豚为主题的“双鱼岛·海梦湾”旅游项目同期启动，双鱼岛开门迎客。

省政府办公厅印发《福建省“十三五”文化改革发展专项规划》。

6月

3日 省委书记尤权、省长于伟国在福州会见全国人大常委会副委员长向巴平措及全国人大常委会调研组一行。

7—9日 由国家文物局主办，福建省文化厅、泉州市政府承办的海上丝绸之路国际学术研讨会在泉州举行。

11日 中共中央政治局常委、全国政协主席俞正声来到厦门海沧出席“乐业两岸、创享未来”青创先锋汇交流活动。国台办主任张志军、省委书记尤权出席活动。

省委书记尤权在厦门会见前来参加第八届海峡论坛的中国国民党副主席胡志强。

12日 由两岸77家单位共同主办，以“扩大民间交流、促进融合发展”为主题的第八届海峡论坛在厦门开幕。中共中央政治局常委、全国政协主席俞正声出席论坛开幕式并致辞。

13日 平潭综合实验区人民检察院成立揭牌仪式举行。

16日 全国总工会副主席、书记处书记阎京华一行来闽调研职工创新工作。省总工会党组书记、副主席陈震等一同参加调研。

18日 第五届世界闽商大会、第十四届中国·海峡项目成果交易会、第六届民营企业产业项目洽谈会在福州开幕。

省委书记尤权、省长于伟国、省政协主席张昌平在福州会见前来参加第五届世界闽商大会的香港福建社团联会访问团一行。

20日 全国"数控一代"创新应用工程现场工作会议在泉州召开。全国政协副主席、国家科技部部长万钢，中国工程院院长周济，省长于伟国出席会议并讲话。

国务院在中国政府网发布《关于同意福厦泉国家高新区建设国家自主创新示范区的批复》，同意福州、厦门、泉州3个国家高新技术产业开发区（统称福厦泉国家高新区）建设国家自主创新示范区。

23—25日 2016年二十国集团（G20）峰会第三次协调人会议在厦门举行。此次协调人会议是杭州峰会筹备工作进入冲刺阶段的一次关键会议，对锁定成果进展、确保峰会成功具有重要意义。

24日 金门自大陆引水工程海底管道项目建设正式动工。

25—26日 经国家海洋局和福建省人民政府批准，由中国太平洋学会、中国海洋工程咨询协会、国家海洋局海岛研究中心、福建省平潭综合实验区管理委员会、福建省海洋与渔业厅共同主办的2016平潭国际海岛论坛在平潭举行。来自世界各地的120多位专家学者参加论坛，围绕"生态海岛、协调发展"主题开展交流。

25—27日 平潭国际海洋休闲运动博览会在平潭台湾商品免税市场会展中心举办。

26日 "海洋杯"中国·平潭国际自行车公开赛在平潭举行。

29日 由亚太经合组织（APEC）和中国商务部主办，中国国际电子商务中心、APEC电子商务工商联盟、晋江市人民政府承办的第六届APEC电子商务工商联盟论坛在晋江开幕，副省长洪捷序出席论坛并致辞。来自APEC各经济体的政府高官，以及300多位国内外企业家代表、亚太电商专家参会。

30日 福建省庆祝中国共产党成立95周年大会在福州举行。省委书记尤权出席大会并讲话，省委副书记、省长于伟国主持会议。会议表彰98名全省优秀共产党员、99名全省优秀党务工作者和200个全省先进基层党组织。

7月

1日 厦门大学举行庆祝中国共产党成立95周年暨福建省第一个党组织中共厦大支部成立90周年大会。受省委书记尤权委托，省委常委、组织部长王宁出席大会并讲话。

5日 省长于伟国在福州会见来访的德国驻华大使柯慕贤一行。

8日 省商务厅转发商务部、财政部关于2016年物流标准化试点城市批复文件，明确厦门、三明成功入选国家物流标准化试点城市。

9日 2016年第1号强热带风暴"尼伯特"13时45分在石狮沿海登陆，登陆时中心附近最大风力10级（25米/秒），中心气压990百帕。

13日 2016年厦门市海上交通生产安全事故应急救援综合演练在厦门国际邮轮中心码头前沿海域举行。

16日 福建省晋华存储器集成电路生产线项目在晋江开工建设。该项目一期投资370亿元，是福建省发展集成电路产业的重大战略布局，将打造成为国内首家具有自主技术及世界级先进制造工艺的存储器研发制造企业，目标直指芯片国产化。

18—20日 省委书记尤权率福建省党政代表团赴新疆维吾尔自治区学习考察，实地了解对口支援情况，看望慰问福建省援疆干部。

20日 省长于伟国在福州会见了来访的世界银行行长金墉一行。

24日 由中国科协作为支持单位，省科协、省教育交流协会和云南、上海、江苏、湖北、四川、甘肃等六省市科协与台湾中华青年交流协会共同举办、省科协闽台科技交流中心承办的第十五届海峡两岸大学生辩论赛在福州落幕，两岸高校各有8支队伍参赛。经角逐，台湾大学获冠军，福建师范大学和台湾政治大学分获二、三名。

25日 中共福建省委九届十六次全会在福州召开。省委书记尤权出席会议并讲话。

29日 平潭综合实验区人民法院成立揭牌仪式举行。当日，还举行了平潭综合实验区人民法院自贸区法庭揭牌仪式。

温室气体自愿减排交易机构——福建海峡股权交易中心揭牌成立，为全国第9家温室气体自愿减排交易机构。出席揭牌仪式的全国政协人口资源环境委员会副主任、中国气候变化事务特别代表解振华指出，国家温室气体自愿减排交易机构落户福建海峡股权交易中心，是国家碳市场体系建设的重要布局，也是支持福建生态文明实验区建设的具体举措，对于利用市场手段控制碳排放，实现绿色低碳发展具有重要意义。

30日 省委、省政府印发《福建省推进供给侧结构性改革总体方案（2016—2018年）》。

由福建日报报业集团、海峡两岸茶业交流协会等单位联合主办，以"丝路茶心、闽宁相携"为主题的"闽茶中国行"走进宁夏回族自治区，在银川市启幕。本次活动为期3天，是闽宁对口扶贫协作20周年系列活动之一，也是"闽茶中国行"从2010年启动以来的第10站。

8月

5日 上午，由中共福建省委组织部与北京大学、清华大学、中国人民大学三校联合举办的首届北大、清华、人大·福建论坛在福州福建会堂举行，北京大学党委书记朱善璐、清华大学党委书记陈旭、中国人民大学校长刘伟出席。此次论坛的主题是产业转型升级与创新创业，主要内容包括嘉宾演讲、对话交流等。下午，福建省2016届引进生座谈会在福州举行。省委常委、组织部部长王宁，朱善璐、陈旭、刘伟出席会议并讲话。座谈会结束后，省委书记尤权、省长于伟国会见三校领导。

5—21日 在巴西里约热内卢举行的第31届夏季奥运会上，福建选手表现出色。10日，在女子举重63公斤级比赛中，邓薇以抓举115公斤，挺举147公斤，总成绩262公斤摘金，并打破挺举和总成绩两项世界纪录。13日，赛艇运动员段静莉在女子单人双桨决赛中以7分24秒13的佳绩摘得铜牌，实现中国赛艇队在该项目奥运会上奖牌“零”的突破。

8日 国务院印发《关于平潭国际旅游岛建设方案的批复》，要求将平潭建设成为经济发展、社会和谐、环境优美、独具特色、两岸同胞向往的国际旅游岛。

18日 由平潭综合实验区管委会、省发展改革委联合主办的第二届平潭综合实验区创业合作对接会在平潭举行。此次对接会累计签约项目82个，总投资额约1187亿元。

由省新闻出版广电局、省广播影视集团主办的大型纪录片《海上丝绸之路》首播式及开播座谈会在福州举行。该片是由国家广电总局国际合作司牵头，福建新闻出版广电局指导，泉州广播电视台联合上海、广东等地的主流电视媒体拍摄制作的一部以21世纪海上丝绸之路为主题的纪录片，共7集，每集50分钟。

19日 全省提升质量推进供给侧结构性改革工作会议在福州召开。会议总结部署全省质量工作，表彰福建省荣获第二届中国质量奖和第五届福建省政府质量奖的企业。会前，省委书记尤权专门作出批示。省长于伟国、国家质检总局副局长梅克保出席会议并讲话。

23日 中国保监会批准海峡金桥财产保险股份有限公司开业。该公司由福建省投资开发集团有限责任公司、福建发展高速公路股份有限公司、福州市投资管理公司、厦门象屿集团有限公司、福建省船舶工业集团有限公司、上海豪盛投资集团有限公司、泉州鸿星投资有限公司等7家公司共同发起筹建，注册资本人民币15亿元。保监会于2015年8月10日批准筹建。海峡金桥财产保险股份有限公司开业实现了福建国有法人主体保险公司的“零突破”。

25日 省长于伟国在广州出席第十一届泛珠三角区域合作与发展论坛暨经贸洽谈会，并在主旨论坛上演讲。

26日 厦门海沧出入境检验检疫局对一批300支重组戊型肝炎疫苗及相关检测试剂盒进行现场查验，检验合格后出具了通关单。这是由厦门大学公共卫生学院院长夏宁邵教授率领厦门大学国家传染病诊断试剂与疫苗工程技术研究中心，历时14年研制成功；由厦门万泰沧海生物技术有限公司实现投产，2012年获准上市以来第一次走出国门。这批疫苗将出口至孟加拉国用于科研活动。

30日 省政府在福州召开全省国有企业改革座谈会。省委书记尤权、省长于伟国作出批示，副省长周联清出席会议并讲话。

由福建省远程教育学会主办，以“前瞻、引领、合作、共赢”为主题的2016福建远程教育发展论坛在福州开幕。

9月

1—2日 福建省深化基层医药卫生体制综合改革现场推进会在三明召开。会议传达了省委书记尤权的批示。省长于伟国、副省长李红出席会议并讲话。

由中国文联和厦门市政府共同主办的2016年“中华情·中国梦”中秋展演活动在厦门拉开序幕。该活动以“爱国、爱家、爱故土，亲情、友情、骨肉情”为活动宗旨，展示中华民族灿烂文化，也是中国文联主办的品牌文艺项目。

3—4日 由共青团福建省委、省民政厅、福建日报社共同指导，省助困公益协会、省医务志愿者协会、福建海西青年创业基金会、省教育援助协会、省恒申慈善基金会、福建蚂蚁力量文化传播有限公司、福建旭暄救灾中心、省同心慈善基金会、省青年体育文化产业协会、省海峡青年社会组织服务中心联合主办的福建省首届慈善公益交流论坛暨慈善公益联合宣言发布仪式在福州稻田创业小镇举行。全省公益人在论坛上发布《福建省慈善公益联合宣言》。

5日 省委、省政府在福州召开福厦泉国家自主创新示范区建设动员大会，全国政协副主席、科技部部长万钢和省委书记尤权、省长于伟国等领导出席会议，对自创区建设进行全面部署。

6日 福建省政府与国家卫生和计划生育委员会在福州签订合作共建协议。国家卫计委主任李斌、省委书记尤权、省长于伟国出席签约仪式，副省长李红、国家卫计委副主任王贺胜代表双方签署了合作共建协议。

6—7日 21世纪海上丝绸之路暨国际产能合作研讨会在厦门举行。7日，省委书记尤权、省长于伟国在厦门会见参加会议的海内外部分嘉宾。

省委书记尤权、省长于伟国在厦门会见由海南省省长刘赐贵率领的前来参加第十九届中国投资贸易洽谈会的海南省代表团一行。

省委书记尤权、省长于伟国在厦门会见前来参加第十九届中国投资贸易洽谈会的津巴布韦副总统皮莱凯泽拉·穆波科一行。

省委书记尤权在厦门会见前来参加第十九届中国国际投资贸易洽

谈会的联合国工发组织总干事李勇。

省长于伟国在厦门会见前来参加第十九届中国国际投资贸易洽谈会的沃尔玛亚洲总裁岳明德一行。

7日 中国资产证券化百人会论坛年会、中国资产证券化首届“佰嘉奖”颁奖典礼暨厦门国际金融资产交易中心开业典礼在厦门举行。成立当天，厦金中心首笔区块链金融交易顺利完成。

8日 第十九届中国国际投资贸易洽谈会暨2016国际投资论坛在厦门开幕，国务院副总理汪洋出席并发表主旨演讲。

国务院副总理汪洋在厦门主持召开跨国公司代表座谈会，听取跨国公司对中国经济形势、改革开放进程和外商投资环境的意见和建议。

省委书记尤权、省长于伟国在厦门会见前来参加第十九届中国国际投资贸易洽谈会的拉脱维亚副总理阿尔维尔斯·阿舍拉登斯一行。

省委书记尤权在厦门会见前来参加第十九届中国国际投资贸易洽谈会的马来西亚贸工部第二部长黄家泉。

下午，由德国中小企业联合总会和省工商联、省商务厅、省企业与企业家联合会、省政府驻沪办共同主办，以“德国工业4.0对话中国制造2025”为主题的第九届中德经济合作对接会在厦门举行。

13日 晚上，省委、省政府工作检查总结会在福州举行。省委书记尤权、省长于伟国讲话，省委常委、常务副省长张志南通报工作检查有关情况。此前，11－13日期间，省委书记尤权、省长于伟国分别率领的两个检查组，重点围绕供给侧结构性改革和加快产业转型升级，深入全省9个设区市和平潭综合实验区，开展工作检查。

15日 第14号台风“莫兰蒂”15日3时05分在厦门翔安登陆，登陆时中心附近最大风力15级。

16日 省委书记尤权深入受灾最严重的厦门、漳州、泉州等地，慰问受灾群众，看望奋战在救灾一线的驻闽部队官兵、电力抢修人员、志愿者和基层干部，实地察看灾情，指导灾后恢复重建。

17日 省委书记尤权、省长于伟国在福州会见由海关总署署长于广洲任组长的国务院第九督查组一行。

19日 省委书记尤权、省长于伟国在福州会见中国建设银行董事长王洪章一行。

省委书记尤权、省长于伟国在福州会见国家开发银行行长郑之杰一行。

由国家新闻出版广电总局和陕西省政府、福建省政府主办的第三届丝绸之路国际电影节在福州贵安国际大剧院举行“2016年第三届丝绸之路国际电影节福州分会场”启动仪式。活动为期5天，来自11个国家与香港等地区的电影业界人士参会。

在延安召开的2016森林城市建设座谈会上，三明市被国家林业局授予“国家森林城市”称号，三明是继厦门、漳州、龙岩之后福建省第四个获此殊荣的城市。

21日 省委书记尤权在福州会见中央宣传部副部长鲁炜任组长的中央统一战线工作领导小组第四调研检查组一行。

由中国企业联合会、中国产学研合作促进会、平潭综合实验区管委会、福建省企业与企业家联合会、福建省产学研合作促进会主办，以“智慧岛·创新链·路线图”为主题的2016年中国平潭·企业家科学家创新论坛在平潭举行，大会宣读并通过《“创新100”平潭行动》。

23日 由中华商标协会与海峡两岸商务协调会共同主办的2016海峡两岸商标研讨会在平潭召开。

26日 兴泉铁路在福建省清流县开工建设。兴泉铁路全长461千米，北起江西兴国县，终至福厦铁路泉州站，其中宁化至泉州段长302千米；全线共设48个车站，其中福建境内设34个；线路投资总额为372.2亿元，其中宁化至泉州段273.4亿元；建设工期为4.5年。

省委书记尤权在福州会见全国政协副主席、民盟中央常务副主席陈晓光率领的“加快食品安全监管体系建设”专题调研组一行。

28日 第17号台风“鲇鱼”于凌晨4时40分在福建省泉州惠安登陆，登陆时最大风力12级（33米/秒）。

10月

11日 由中国国际广播电台和纪录中国理事会倡议，多家重要纪录片制作和播出机构联合发起的“一带一路”纪录片全媒体国际传播平台启动仪式在泉州举行。该平台纳入的首部纪录片《海上丝绸之路》的海外首播仪式也同时举行。

12日 全国政协副主席卢展工率全国政协考察团来闽考察基层公共文化服务体系建设，结合纪念红军长征胜利80周年到革命老区开展“送文化下基层”活动。当晚，省委书记尤权、省政协主席张昌平在龙岩长汀会见考察团一行。

13日 中共中央政治局委员、中央书记处书记、中宣部部长刘奇葆在福建长汀调研，省委书记尤权陪同参观红四军司令部、政治部旧址长汀县辛耕别墅。刘奇葆强调，要弘扬伟大长征精神，传承红色基因，紧紧抓住中央支持老区苏区发展的机遇，加快脱贫攻坚步伐，加快老区苏区发展。

由福建日报社（报业集团）主办，福建报业投资控股有限责任公司、蒲公英创新工场联合承办的首届海峡两岸新媒体创业大赛在福州启动。大赛历时两个多月，横跨海峡两岸四个赛区，收到100多个项目报名，12月22日，2016年海峡两岸新媒体创业大赛在福州举行总决赛。

最终，互联网＋基层医疗首诊平台“医博汇—诊所通”“白鲸移动出海服务平台”和来自台北赛区的“视觉辨识室内定位 AR 系统”分获前三名。

14—16 日 2016 年海上丝绸之路环泉州湾国际公路自行车赛在泉州市举办。14 日上午 11 时在永春县鸣枪开赛。本次赛事以“绿色、开放、共享、发展”为主题，由福建省体育局和泉州市人民政府主办，泉州市体育局、泉州市旅游局和沿线各县（市、区）人民政府承办，来自世界各地的 15 支专业队伍、88 名选手参加。

15 日 由省旅游局、宁德市政府主办的第六届宁德世界地质公园文化旅游节在福安阳春公园滨水广场举行开幕式。这次旅游节主题是“清新福建、绿色宁德、山水福安”，活动为期三天。

第 25 届福建省摄影展在福州上邦博影堂展出并颁奖。

16 日 国家义务教育发展基本均衡县福建督导检查反馈会在福州召开，教育部部长陈宝生、省长于伟国出席会议并讲话。督导检查组认为，福建省所有县（市、区）均达到国家规定的评估认定标准。这标志着继上海、北京、天津、江苏、浙江、广东之后，福建成为全国第 7 个全面通过国家义务教育发展基本均衡县督导检查的省份。

21 日 福建省纪念红军长征胜利 80 周年大会在福州召开。省委书记尤权出席大会并讲话，省委副书记、省长于伟国主持会议。东部战区陆军政委廖可铎，省领导张昌平、倪岳峰、熊安东、雷春美、王宁、陈冬、高翔等出席会议。大会为在长征途中和在各地革命斗争中英勇牺牲的革命烈士默哀。

22 日 2016 海峡两岸乐活节在厦门海沧区沧江剧院开幕。今年的乐活节继续以“两岸一家亲・共建新家园”为主题，突出民间文化互动，倡导“健康、快乐、环保、可持续”的理念，推动两岸基层和青年交流，打造两岸乐活品牌。活动由“乐善”“乐业”“乐艺”“乐动”4 大主题板块 28 个分项活动组成，持续到 12 月 18 日落幕。

24 日 由国家卫计委指导、省卫计委主办的 2016 年“健康中国行——走进福建”主题宣传周活动省级启动仪式在福州举行。

25 日 全省市级医保管理体制改革工作会议在福州举行。

闽宁两省区在福州签订卫生计生项目互学互助协议并举行医改工作座谈会。国家卫计委副主任金小桃、宁夏回族自治区副主席马力、福建省副省长李红出席签约仪式。根据协议，闽宁两省区将建立医改对口交流合作机制和工作保障机制，不定期开展医改交流活动，确定一批对口帮扶贫困县县级医院项目和延续项目。

26 日 省经信委、省金融办、人行福州中心支行、福建银监局在福州联合举办 2016 年福建省产融合作政银企对接会。

28 日 由中国科协、中国工程院主办，福建省科技咨询服务中心协办的 2016 年全国院士专家工作站建设经验交流会在福州举行。

31 日 由住房和城乡建设部、联合国人居署、福建省政府共同主办的 2016 世界城市日论坛在厦门开幕，来自十几个国家、地区和国际组织的 300 多名官员、市长、专家学者齐聚鹭岛。今年世界城市日的主题是“共建城市，共享发展”。开幕式上播放了联合国秘书长潘基文发来的视频贺词，与会代表共同签署了《城市发展厦门倡议》。

31 日至 11 月 2 日 由中国社会科学院、国家海洋局、国家旅游局、国家文物局、福建省政府等共同主办的世界妈祖文化论坛在莆田湄洲岛举办，来自联合国教科文组织、海丝沿线国家的专家学者共 1300 多人参加。论坛以“妈祖文化　海丝精神　人文交流”为主题，旨在弘扬“立德、行善、大爱”的妈祖精神，推动妈祖文化在世界范围内的传播与发展，展示中国和平发展合作共赢的真诚愿望，促进“一带一路”沿线国家和地区经贸文化交流合作。

11月

2 日 福州出入境检验检疫局正式发布《服务马尾区外经贸发展十条措施》，“一地备案全国共享”“过程监管＋结果评估”等措施，均属全国首创。

4—7 日 由中共中央台办、文化部、国家新闻出版广电总局主办，福建省人民政府、厦门市人民政府、台湾亚太文化创意产业协会承办，以“一脉传承・创意未来”为主题的第九届海峡两岸（厦门）文化产业博览交易会在厦门国际会展中心举办。以“泛娱乐产业与金融跨界发展新思路”为主题的“一带一路”文化产业与金融创新论坛在厦门国际会展中心举行。由厦门理工学院与台北教育大学联合编撰的《两岸创意经济研究报告（2016）》在文博会上发布。

5 日 由中国统一战线理论研究会两岸关系理论福建研究基地、福建省统一战线理论研究会、福建省海外联谊会联合主办的第七届和谐海峡论坛在泉州开幕。论坛围绕“维护两岸和平，促进共同发展”主题展开深入研讨交流。

6 日 由国家林业局、福建省政府共同主办，国台办、商务部为支持单位，两岸相关机构联合承办，以“深化两岸合作，发展绿色产业”为主题的第十二届海峡两岸林业博览会暨投资贸易洽谈会在三明市下洋会展中心开幕。展会期间，举行了“一带一路”投资贸易对接会。

6—7 日 由两岸企业家峰会举办的 2016 年会举行。6 日上午，年会在金门开幕。7日，年会在厦门举行大会，中共中央政治局常委、全国政协主席俞正声出席并致辞。作为峰会年会的重要内容之一，福建古雷石化有限公司在厦门举行揭牌仪式。古雷石化由福建炼油化工有限公司和台方旭腾投资有限公司以双方各占50%股份合资成立，在福建漳州古雷石化园区投资建设炼化一体化项目。

8日 省长于伟国在福州会见中国石油化工集团公司董事长王玉普、总经理戴厚良一行。

14日 由中交二航局承建的厦漳同城大道西溪主桥成功合龙，这是目前世界上最宽的单塔斜拉桥，标志着厦漳同城大道沙洲岛特大桥主桥胜利实现贯通。西溪主桥设计为“斜塔＋超宽混合梁＋扭背索”的组合结构形式，在福建省内首次应用。其跨径布置为88米＋200米，中跨钢箱梁宽47米，边跨混凝土梁宽51米，主塔高134.6米，桥宽在单塔斜拉桥中目前位居世界第一。

15日 省长于伟国在福州会见由巴西塞阿腊州州长卡米洛·桑塔纳率领的塞阿腊州代表团一行。

17日 省委书记尤权、省长于伟国在福州会见全国人大常委会副委员长、农工党中央主席陈竺率领的调研组一行。

福建申远新材料有限公司一期项目实现机械竣工。该项目位于连江可门工业园区。一期年产40万吨聚酰胺一体化项目投资总额150亿元，预计2017年投产后，将成为全球最大聚酰胺一体化生产基地。

国家海关总署联合财政部、国家税务总局、国家外汇管理局印发《关于准予设立翔福保税物流中心（B型）的通知》，批准福建翔福物流股份有限公司建设和运营翔福保税物流中心，为福州唯一的一个B型保税物流中心。

18—22日 由农业部、国台办、国家林业局、中国贸促会、中国食品工业协会和福建省政府共同主办的第八届海峡两岸现代农业博览会·第十八届海峡两岸花卉博览会在漳州市东南花都花博园举行。本届花博会以“花开两岸·合作共赢”为主题，坚持“突出两岸合作、突出现代农业、突出南方特色、突出优质食品”理念，以花为媒，沟通两岸。

23—27日 中国共产党福建省第十次代表大会在福州举行。27日，与会代表选举产生了中共福建省第十届委员会委员78名、候补委员16名，中共福建省第十届纪律检查委员会委员45名。

25日 中国第一个全自动化集装箱码头——厦门港海沧港区14—19号集装箱码头泊位通过竣工验收。

26日 国家健康医疗大数据中心与产业园建设试点工程（福州园区）在福州长乐数字福建（长乐）产业园正式揭牌，在首批4个国家试点城市中率先启动建设。

29日 省长于伟国在福州会见南非自由州省省长艾斯·马哈舒勒一行。

12月

2日 省委书记尤权、省长于伟国在厦门会见率队来闽围绕“精准立法促进社会文明、司法体制改革”开展调研的全国人大常委会副委员长万鄂湘。

4日 全省脱贫攻坚现场推进会在长汀召开。省长于伟国出席会议并讲话，省委副书记、福州市委书记倪岳峰主持会议。

5—8日 2016年福建省首届老年人智力运动会在武夷山市举行。

8日 厦门抽水蓄能电站工程开工建设。项目总投资86.64亿元，电站总装机容量140万千瓦，是本省建设的第三座抽水蓄能电站。

在福州举行医联体成员单位伤员空中转运演练。此次远程地空立体救援由福建医科大学附属第一医院主导开展，这是全省首次举行此类伤员空中转运演练。

10日 2016建发厦门（海沧）国际半程马拉松开赛，国内外近1.8万名跑者及20名特邀运动员参赛。本次厦门（海沧）国际半程马拉松首次升级为独立赛事，也是全国第一个纯半程马拉松赛，并获得了中国田径协会马拉松赛事A级赛道认证。CCTV5＋对赛事进行全程直播，厦门成为国内第一个有两个马拉松赛事上央视直播的城市。

11日 省委书记尤权、省长于伟国在福州会见以南非驻华大使多拉娜·姆西曼为团长的非洲37个国家驻华使节团一行。

12日 中国福建省—非洲国家合作对接会在福州举行。南非驻华大使多拉娜·姆西曼、福建省副省长洪捷序、来访的非洲国家驻华使节团成员、90多家闽企代表等共200多人出席会议。

第一届全国文明家庭表彰大会在北京举行。中共中央总书记、国家主席、中央军委主席习近平会见全国文明家庭代表，并发表重要讲话。全国300个家庭被评为“全国文明家庭”，其中福建省8个家庭获评。

16日 由省商务厅与阿里巴巴集团联合举办的福建精品电商年货博览会暨阿里年货节在福州海峡国际会展中心开幕。本届年货节是第二届阿里年货节，以“品质年货，团圆盛筵”为主题，福州是主会场。当天，年货节在全国11个省同时启动。

20日 由中宣部等12个部委与福建省委、省政府共同举办的2017年全国文化科技卫生“三下乡”集中示范活动启动仪式在长汀县举行。这次活动是在长征沿线15个省市区同时举办“三下乡”集中示范活动，是对长征的隆重纪念，是把习近平总书记和党中央亲切关怀带给老区人民的送温暖活动，是不忘初心、走好新长征路的再动员、再出发。

23日 全省经济工作会议在福州召开。省委书记尤权主持会议并讲话，省长于伟国对做好 2017 年经济工作进行具体部署并作总结讲话。

上午 10 点，全国重点建设项目——南龙铁路全线难度最大、计划工期最长的柳城隧道实现全断面贯通，为 2017 年底建成通车创造了条件。

25 日 2016“福建农信杯”福州国际马拉松赛开赛。赛事设全程马拉松、半程马拉松、迷你马拉松（“5 公里健康跑”）三个组别，参赛人数分别为 5000 人、7000 人、8000 人。

26 日 中宣部向全社会公开发布不忘初心的好民警陈清洲的先进事迹，授予福建省厦门市公安局集美分局指挥情报中心教导员陈清洲“时代楷模”荣誉称号。中宣部负责同志为陈清洲颁发了“时代楷模”奖章和荣誉证书，公安部负责同志为陈清洲颁发了“全国公安系统一级英雄模范”奖章和荣誉证书。

29 日 福建省自主研发的首台海上风电一体化移动作业平台（493A）在厦门船舶重工股份有限公司三期船坞出坞，并被正式命名为“福船三峡号”。投入使用后，将成为国内具有自主知识产权的最先进的海上风电安装船。

30 日 福建省石墨烯产业技术创新战略联盟成立仪式在厦门大学翔安校区举行。省委常委、常务副省长张志南，厦门大学党委书记张彦、校长朱崇实出席活动，并会见了石墨烯发明者、诺贝尔奖得主康斯坦丁·诺沃肖洛夫院士。省政府组建石墨烯产业咨询组，聘请康斯坦丁·诺沃肖洛夫院士等 8 位专家作为首批产业咨询顾问。张志南在创新联盟成立仪式上向有关专家颁发聘书。

（孙洁斐　徐　露）

2017 福建年鉴 FUJIAN YEARBOOK

省情概况

自然地理

【地理】 福建位于中国东南沿海，东隔台湾海峡与台湾省相望。陆地平面形状似一斜长方形，东西最大间距约480千米，南北最大间距约530千米。全省大部分属中亚热带，闽东南部分地区属南亚热带。全省土地总面积12.4万平方千米，海域面积13.6万平方千米。

境内峰岭耸峙，丘陵连绵，河谷、盆地穿插其间，山地、丘陵占全省总面积的80%以上，素有“八山一水一分田”之称。地势总体上西北高东南低，横断面略呈马鞍形。因受新华夏构造的控制，在西部和中部形成北（北）东向斜贯全省的闽西大山带和闽中大山带。两大山带之间为互不贯通的河谷、盆地，东部沿海为丘陵、台地和滨海平原。闽西大山带以武夷山脉为主体，长约530千米，宽度不一，最宽处百余千米。北段以中低山为主，海拔大都在1200米以上；南段以低山丘陵为主，海拔一般为600～1000米。位于闽赣边界的主峰黄岗山海拔2158米，是中国大陆东南部的最高峰。整个山带，尤其是北段，山体两坡明显不对称：西坡陡，多断崖；东坡缓，层状地貌发育。山间盆地和河谷盆地中有红色砂岩和石灰岩分布，构成瑰丽的丹霞地貌和独特的喀斯特地貌景观。闽中大山带由鹫峰山、戴云山、博平岭等山脉构成，长约550千米，以中低山为主。北段鹫峰山长百余千米，宽60～100千米，平均海拔1000米以上；中段戴云山为山带的主体，长约300千米，宽60～180千米，海拔1200米以上的山峰连绵不绝，主峰戴云山海拔1856米；南段博平岭长约150千米，宽40～80千米，以低山丘陵为主，一般海拔700～900米。整个山带两坡不对称：西坡较陡，多断崖；东坡较缓，层状地貌较发育。山地中有许多山间盆地。

东部沿海海拔一般在500米以下。闽江口以北以花岗岩高丘陵为主，多直逼海岸。戴云山、博平岭东延余脉遍布花岗岩丘陵。福清至诏安沿海广泛分布红土台地。滨海平原多为河口冲积海积平原，这些平原面积不大，且为丘陵所分割，呈不连续状。闽东南沿海和海坛岛（亦称平潭岛）等岛屿风积地貌较发育。

陆地海岸线长3751.5千米，以侵蚀海岸为主，堆积海岸为次，岸线曲折。潮间带滩涂面积约20万公顷，底质以泥、泥沙或沙泥为主。港湾众多，自北向南有沙埕港、三都澳、罗源湾、湄洲湾、厦门港和东山湾等6大深水港湾。岛屿星罗棋布，共有2214个，平潭岛为全省第一大岛，原厦门岛、东山岛等岛屿已筑有海堤与陆地相连而形成半岛。

（黄继富）

【气候】 2016年，受超强厄尔尼诺现象影响，福建省气候异常，极端天气气候频发。年内经历6次寒潮、7个台风（3个登陆）、8次高温、24次强对流、33场暴雨天气过程，气象灾害影响重，气候年景差。主要特点：四季降水偏多，春季雨多且强，夏季台风暴雨极端性强，秋季降水量为历史同期最多，出现罕见冬汛。雨季4月23日开始，6月19日结束，均较常年偏早7天。秋季气温异常偏高，其中10月平均气温较常年偏高2.4℃，创历史同期极值。

气温。全省年平均气温20.3℃，较常年偏高0.8℃，为1961年以来历史次高值。各县（市）平均气温均较常年偏高，其中大部分县（市）偏高0.8℃以上，宁德、福安、福鼎均偏高1.2℃，为最多。建宁、晋江和寿宁等19个县（市）年平均气温为历史最高值。

降水。全省年平均降水量2432.6毫米，较常年偏多778.4毫米，比2015年偏多497.9毫米，为1961年以来最多。全省66个县（市）年降水量均较常年偏多20%以上，龙岩和中部沿海地区偏多超过50%。全省37个县（市）年降水量超历史极值。

日照。全省年平均日照时数1498.1小时，较常年偏少204.0小时，为1961年以来第三少。全省53个县（市）年日照时数偏少100.0小时以上，其中中南部沿海、闽北和闽西南大部分县（市）偏少200.0小时以上，漳浦偏少488.5小时，为最多。

（孙雁冰）

【水文】 2016年，福建省汛情特点是：降雨量较常年同期偏多，局地洪涝重，登陆台风多、影响强，入汛时间早，江河来水丰，水库蓄水满。全省平均降雨量2406毫米，较常年同期偏多47%，较去年同期偏多26%。其中，莆田较常年同期偏多最多，为68%；南平较常年同期偏多最少，为37%。地区分布不均，莆田降雨量最多，达2767毫米；龙岩2535毫米，次之；厦门最少，为2110毫米。年内降雨明显偏多。汛前（1—3月）全省平均降雨量494毫米，较常年同期偏多63%；汛期（4—9月）全省平均降雨量1599毫米，较常年同期偏多33%；汛后（10—12月）全省平均降雨量313毫米，较常年同期偏多124%。

水情。全省43条河流56个站点发生超警戒以上洪水272站次，其中，超保洪水12站次。闽江支流建溪、富屯溪、梅溪、大樟溪，木兰溪，霍童溪支流后龙溪发生超保洪水。闽江流域发生超警洪水100站次，汀江流域发生超警洪水61站次，九龙江和晋江流域分别发生超警洪水30和35站次，交溪和霍童溪流域分别发生超警洪水15和4站次，木兰溪流域发生超警洪水7站次，鳌江流域发生超警洪水16站次。

2016年，闽江支流梅溪和晋江干流及东溪出现量级较大的洪水。5月9日，闽江支流富屯溪、建溪发生超保洪水，池潭大型水库最大入库流量7440立方米/秒，洪水重现期超50年。5月8日，泰宁县、建阳区发生泥石流自然灾害。7月9日，闽江支流梅溪发生超历史最大洪水（超保证5.18米），重现期超100年，闽清城区严重受淹；大樟溪支流清凉溪发生大洪水，永泰城关受淹严重。9月15日，大樟溪、木兰溪发生超保证洪水，福州市区发生严重内涝；晋江东溪山美水库最大入库流量4090立方米/秒，为1972年建库后最大洪水，洪水重现期约80年，洪濑水文站出现1961年以后实测最大洪水，重现期约50年（还原后）；晋江干流发生较大量级洪水，石砻水文站洪水重现期30年（还原后）。

台风。2016年，登陆或影响全省的台风7个，接近常年（6.9个）。其中登陆的台风3个，较常年偏多（1.6个），影响的台风4个。第1号台风“尼伯特”、第14号台风“莫兰蒂”和第17号台风“鲇鱼”登陆并横穿福建省，造成严重影响，以“莫兰蒂”灾害损失最为严重；第4号台风“妮妲”、第19号台风“艾利”、第16号台风“马勒卡”和第22号台风“海马”对福建省产生影响。受第1号台风“尼伯特”影响，莆田市城区、仙游县大面积内涝受淹；闽清、永泰严重受灾。受第14号台风“莫兰蒂”影响，沿海各潮位站出现超警戒高潮位，福州市区发生严重内涝，木兰溪、闽江支流大樟溪、霍童溪支流后龙溪发生超保洪水，晋江东溪山美水库发生建库后最大洪水。受第17号台风“鲇鱼”影响，闽江支流大樟溪发生超保证洪水。

潮情。受第13号台风“苏迪罗”风暴潮增水及降雨影响，闽江口各潮位站出现超警戒以上高潮位，梅花站高潮位增水2.10米，白岩潭站8月8日高潮位4.19米，超保证0.09米（保证水位4.10米）。受第21号台风“杜鹃”影响，沿海各潮位站出现超警戒高潮位，漳浦旧镇站出现历史最高潮位，长乐梅花站、惠安崇武站、龙海石码站出现历史次高潮位。

主要江河来水量。2016年，各主要江河来水量1403.77亿立方米，较常年偏多74%，其中木兰溪来水量较常年偏多近1.3倍，汀江来水量较常年偏多近9成，九龙江、交溪、晋江、闽江来水量较常年偏多6～7成。

水库蓄水情况。（1）汛初水库蓄水。2016年汛初（4月1日），21座大型水库蓄水总量85.48亿立方米，占正常高蓄水量81%，比年初减少蓄水6.75亿立方米；比上年同期多蓄30.79亿立方米。22座重要中型水库蓄水总量4.27亿立方米，占正常高蓄水量73%，比年初增加蓄水0.13亿立方米；比上年同期增加蓄水2.27亿立方米；比多年同期增加蓄水1.71亿立方米。（2）汛末水库蓄水。2016年汛末（10月1日），21座大型水库蓄水总量95.08亿立方米，占正常高蓄水量90%，比汛初增蓄9.60亿立方米；比上年同期少蓄1.38亿立方米。22座重要中型水库蓄水总量4.95亿立方米，占正常高蓄水量84%，比汛初增加蓄水0.68亿立方米；比上年同期增加蓄水0.29亿立方米；比多年同期增加蓄水0.96亿立方米。

（刘　平）

资　源

【土地资源】 截至2016年12月31日，福建省土地总面积12.4万平方千米，占全国土地总面积的1.3%，其中：耕地面积133.74万公顷，园地面积76.92万公顷，林地面积833.25万公顷，草地面积23.47万公顷，城镇村及工矿用地面积63.38万公顷，交通运输用地面积21.29万公顷，水域及水利设施用地面积54.56万公顷，其他土地面积33.05万公顷。

（邱海源）

【水资源】 2016年，福建省水资源总量2109.04亿立方米，人均拥有水资源量5468.80立方米。其中：地表水2102.57亿立方米，地下水和地表水不重复量1.28亿立方米。行政分区中，地表水资源量最多的是南平市，为456.14亿立方米，最少的是平潭综合实验区，为4.67亿立方米，分别占全省地表水资源量的21.2%、0.22%。

全省主要江河总体水质状况同上年相比明显好转。通过对全省632个断面的水质监测，采用国家《地表水环境质量标准》（GB3838－2002）进行评价，在11442.7千米评价河长中，水质符合和优于Ⅲ类水的河长为10610.9千米，占评价河长的92.7%；污染（Ⅳ、Ⅴ类和劣Ⅴ类）河长为831.8千米，占7.3%。水体的主要超标项目为总磷、氨氮、五日生化需氧量和溶解氧。评价大型水库21座，全年期评价水质符合Ⅰ类～Ⅱ类标准（总磷、总氮不参评）的21座，占100%。评价9个设区市15个主要集中式生活饮用水水源地，水质较好的有泉州晋江北渠的北峰、东湖桥、龙岩富溪的凤凰水厂水源地，这3个水源地的年测次合格率均为100%；水质较差的是闽江北港的鳌峰洲和九龙江西溪的洋老洲两个供水水源地，主要超标项目为铁、锰、溶解氧和总磷。

（薛有浩）

【矿产资源】 截至2016年底，列入福建省矿产资源储量表的固体矿产118种，其中能源矿产1种（煤）、金属矿产28种、非金属矿产89种。已上表矿区总数1584个，矿山总数1483个，其中大型矿区56个、中型矿区156个、小型矿区1373个。全省探矿权总数719个，面积5714.62平方千米，其中国有单位持有探矿权190个。按勘查矿种分类，能源矿产59个（其中煤炭矿产44个），金属矿产564个，非金属矿产96个。全省采矿许可证1573本，其中煤炭164本、铁矿84本、铅锌矿50本、金矿18本、银矿7本、铜矿13本、锰矿16本、钨矿4本、锡矿2本、钼矿10本等。

（邱海源）

【生物资源】 根据动物地理区划，福建省属于东洋界华中区丘陵平原亚区和华南区闽广沿海亚区交错地带，已记录到脊椎动物超过1600种，约占全国种类的1/3。其中：哺乳类147种、鸟类557种、爬行类123种、两栖类46种、鱼类820种。全省分布国家重点保护野生动物164种，其中：陆生国家一级保护野生动物18种、国家二级保护野生动物103种；水生国家一级保护野生动物4种、国家二级保护野生动物39种。植物种类以亚热带成分为主，区系成分较复杂，种类繁多。据近年调查统计，全省有高等植物4707种，占全国高等植物种类的15.7%。国家重点保护野生植物52种，其中国家一级保护植物8种、国家二级保护植物44种，包括蕨类植物10种、裸子植物12种、被子植物30种；福建特有植物39科113种。

（郭　洁）

【森林资源】 根据第八次全国森林资源清查结果，福建省森林覆盖率65.95%，继续保持全国第一，森林面积801.27万公顷，森林蓄积量6.08亿立方米。其中，天然林面积423.58万公顷，天然林蓄积量3.59亿立方米；人工林面积377.69万公顷，人工林蓄积量2.49亿立方米。乔木林每公顷蓄积量100.2立方米。与第七次全国森林资源清查相比，森林面积净增34.62万公顷，森林覆盖率由63.10%提高到65.95%；活立木蓄积净增13448.61万立方米，森林蓄积净增12359.87万立方米。

（郭　洁）

【海洋资源】 2016年，福建海域面积13.6万平方千米，比陆域面积大12.4%，属中国的海洋大省之一。海岸线漫长曲折，北起福鼎沙埕港，南至诏安宫口港，总长3752千米，居全国第二位；直线长度535千米，海岸线曲折率1∶7.01，为全国之最。海岸曲折，岛屿众多，由此形成许多港湾，全省有大小港湾125个，其中深水港湾22处。自北而南较大的港湾有沙埕港、三沙湾、罗源湾、福清湾、兴化湾、湄洲湾、泉州湾、深沪湾、厦门湾、旧镇湾、东山湾、诏安湾等，其中能直接满足5万吨级以上船舶自由进出港的天然深水良港有厦门湾、沙埕港、湄洲湾、兴化湾、罗源湾、三沙湾、东山湾7处，占全国1/6多。已纳入港口规划的岸线467.1千米，其中深水岸线210.9千米；可开发建设20万吨级以上的大型深水港岸线总长47千米，共23处，可建设20万吨级以上深水港口泊位80个。

沿海岛屿星罗棋布，全省有海岛2214个，其中面积大于500平方米以上的1321个，居全国第二；沿海岛屿总面积1155.8平方千米，总岸线长度2503.8千米，有居民岛屿100个（含台湾地区管辖的10个）。沿海滩涂广布，浅海滩涂可利用养殖面积1500平方千米。近海生物种类3000多种，贝、藻、鱼、虾种类数量居全国前列。可作业渔场面积12.51万平方千米，有闽东、闽中、闽南、闽外和台湾浅滩五大渔场。

海洋矿产资源种类繁多，海岸带和近海已发现60多种矿产，有工业利用价值的20余种。全省山多海阔，山海兼容，优越的亚热带海洋性气候，多种多样的海岸类型，景色秀丽的岛屿，千姿百态的海蚀景观，及沿海众多富有宗教、文化、军事、历史内涵的名胜古迹和新兴港口城市，构成理想的观光度假胜地，其中有被列为国家重点风景名胜区的鼓浪屿、清源山、太姥山、海坛岛和国家旅游度假区的湄洲岛以及东山岛等。

沿海地热梯度较大，地热资源丰富，具有开采价值的热水区域较多。沿海风能资源丰富，可利用时数7000～8000小时。沿海可利用潮汐发电的海水面积3000平方千米，潮汐能理论装机容量3425万千瓦，可开发装机容量1033万千瓦，占全国的49.2%，居全国首位。

（汤兴福）

环境质量

【大气环境质量】 2016年，福建省城市环境空气质量以优良为主。背景区域空气质量保持稳定。酸雨污染仍较普遍。按照《环境空气质量标准》（GB3095－2012）评价，全省9个设区市二氧化硫、二氧化氮、可吸入颗粒物和细颗粒物浓度分别为0.010毫克/立方米、0.026毫克/立方米、0.047毫克/立方米和0.027毫克/立方米，一氧化碳和臭氧特定百分位数平均值分别为1.3毫克/立方米和0.115毫克/立方米，达标天数比例在96.3%～99.4%之间，平均为 98.4%。

全省 68 个城市二氧化硫、二氧化氮、可吸入颗粒物和细颗粒物浓度分别为 0.012 毫克/立方米、0.019 毫克/立方米、0.046 毫克/立方米和 0.026 毫克/立方米，一氧化碳和臭氧特定百分位数平均值分别为 1.1 毫克/立方米和 0.109 毫克/立方米，空气质量达标天数比例在 88.4%～100%之间，平均为 97.8%。

全省降水 pH 年均值为 5.31，较上年上升 0.14 个 pH 单位；酸雨出现频率为 40.9%，较上年上升 0.3 个百分点。

【水环境质量】 2016 年，福建省水环境质量总体保持良好水平，主要河流水质保持优良，集中式生活饮用水源地和主要湖泊水库水质保持稳定，近岸海域海水水质有所改善。

全省 12 条主要河流共设置 143 个国控、省控水质评价监测断面，按《地表水环境质量标准》（GB3838－2002）评价，水质状况为优；Ⅰ类～Ⅲ类优良水质比例为 96.5%，较上年提高 3.2 个百分点。闽江水质优，Ⅰ类～Ⅲ类优良水质比例为 100%，与上年持平；Ⅰ类～Ⅱ类优良水质比例为 84.7%，比上年提高 25.1 个百分点。九龙江水质优，Ⅰ类～Ⅲ类优良水质比例为 91.3%，比上年提高 6.3 个百分点；Ⅰ类～Ⅱ类优良水质比例为 17.4%，比上年提高 2.4 个百分点。木兰溪水质良好，Ⅰ类～Ⅲ类优良水质比例为 83.3%，与上年持平；Ⅰ类～Ⅱ类优良水质比例为 16.7%，与上年持平。龙江水质呈轻度污染，Ⅰ类～Ⅲ类优良水质比例为 50.0%，与上年持平；Ⅰ类～Ⅱ类优良水质比例为 50.0%，比上年提高 50.0 个百分点。萩芦溪、交溪、霍童溪、敖江、晋江、汀江、漳江和东溪 8 条河流水质均达到Ⅲ类水质标准。

9 个设区市、平潭综合实验区、57 个县级市（县、区）共监测 119 个集中式生活饮用水水源，有 115 个水源达标（达到或优于Ⅲ类标准），占 96.6%。

全省 18 个淡水湖泊水库中，有 4 个湖库水质为Ⅱ类，占 22.2%；有 11 个水质为Ⅲ类，占 61.1%；有两个水质为Ⅳ类（龙岩棉花滩水库和漳州南一水库），占 11.1%；有 1 个水质为Ⅴ类（福州西湖），占 5.6%。按综合营养状态指数评价，18 个淡水湖泊水库中，贫营养状态的湖库有 1 个，占 5.6%；中营养状态的 17 个，占 94.4%。

根据《海水水质标准》（GB3097—1997），全省近岸海域 47 个国控点位一类、二类水质比例为 72.3%，三类水质比例为 14.9%，四类和劣四类水质比例为 12.8%。主要污染因子为无机氮和活性磷酸盐；全省近岸海域第一、二、三、四和劣四类海水水质的海域面积分别占 75.3%、13.4%、4.0%、3.2%和 4.1%，优良水质（第一、二类海水水质）海域面积比例为 88.7%。

【声环境质量】 2016 年，福建省 24 个城市道路交通噪声昼间平均等效声级 68.7dB（A）。其中，道路交通噪声强度评价为一级的城市 10 个，占 41.6%；二级的城市 12 个，占 50.0%；三级和四级的城市各 1 个，各占 4.2%。全省 24 个城市区域声环境质量昼间平均等效声级 54.3dB（A）。其中，区域声环境质量达到二级的城市 14 个，占 58.3%；三级的城市 10 个，占 41.7%。各城市区域声环境质量总体处于二级和三级水平。

【辐射环境】 2016 年，福建省辐射环境质量总体保持良好。全省环境电离辐射水平处于天然本底涨落范围内；运行核电厂、核技术利用单位周围环境电离辐射水平未见明显变化；环境电磁辐射水平满足相应标准要求。全省环境地表 γ 辐射处于当地天然本底水平涨落范围内，其中辐射环境自动监测站实时连续空气吸收剂量率小时均值范围为 66.1～193.6 纳戈瑞/小时。

城市环境电磁辐射水平与历年相比未见异常，远低于《电磁环境控制限值》（GB8702—2014）中公众曝露控制限值。开展监测的广播电视设施天线周围敏感点的电磁辐射水平、变电站周围敏感点的工频电场强度和磁感应强度均低于《电磁环境控制限值》（GB8702—2014）中公众曝露控制限值。

（陈定超）

人文历史

【古人类活动】 闽地境内山峦叠嶂，河谷和盆地错落其间；气候温和湿润，资源丰富。优越的自然条件适宜于人类生息、繁衍。据 2007 年福建省文物局统计，全省有古遗址 3537 处、古墓葬 954 处，其中，已知旧石器文化遗址或旧石器出土地点、化石地点 45 处；旧石器时代向新石器时代过渡期的小石器地点数百处；新石器时代和青铜器时代文化遗存 3000 余处。遗址主要分布在闽江、晋江、九龙江、汀江及其支流河溪两岸，形成闽江下游和闽东沿海区、闽江上游闽北河谷区、闽南粤东沿海区、闽中内陆和闽西地区四个区系。到新石器时代后期，早期先民活动地域已扩展到闽中内陆、闽西腹地，基本遍及闽地全境。

古闽先民生产生活主要特征有：沿海地区，先民依山面海，从事以海洋为主的经济形态，生产生活具有鲜明的海洋文明特征；内陆地区，先民依水而居、水宿山行，从事采集、狩猎和山地农业为主，生产生活具有独特的农业文明特征。

古闽先民促进多元文化的交流融合。闽江流域是古闽文化发展的中心地区之一，在这一文化体系中，闽江下游是土著文化核心地区，早期古文化发展序列清楚，一脉相承，土著文化内涵比较单纯而富有特色，延续性比较明确；上游地区由于地理位置影响，受到来自境外的不同文化更深刻的影响，内涵相对复杂一些。古闽文化在吸收外来文化辐射的同时，闽江流域也逐步产生向外的文化影响和传播。

（李连秀）

【建制沿革】 古近代时期。“闽”最早出现在周朝，西周时福建称闽越，《周礼·夏官》称七闽。战国末，无诸据有福建及其毗邻的浙南、赣东、粤东地区，自称闽越王，建都于冶（今福州），此为福建有政权之始。秦时平百越，削去无诸王号。秦始皇三十三年（前214年），设置闽中郡，治东冶（今福州），福建为闽中郡辖区的一部分，从此福建作为一个行政区划出现在中国版图上。汉高祖立无诸为闽越王，都东冶。西汉昭帝始元二年（前85年）立为冶县（后复名东冶），东汉改为东侯官。汉建安八年（203年），析东侯官置建安县，此时福建有侯官、建安、南平、汉兴和东冶5个县。三国吴永安三年（260年）设置建安郡，治建安（今南安市丰州镇），辖建安、南平、将乐、建平、东平、昭武、吴兴7个县。西晋太康三年（282年）设置晋安郡，治原丰，属扬州。南朝梁天监年间析晋安郡置南安郡，治南安；陈永定年间析晋安郡置闽州，改晋安郡为丰州。隋代开皇元年（581年）废郡，改丰州为泉州，大业初年（605年）更名为闽州，大业三年（607年）又废州改设为建安郡。唐武德元年（618年）改建安郡为建州，治闽县（今福州）；武德五年（622年）设置丰州，治南安，武德六年（623年）分置泉州，治闽县；贞观初年（627年）丰州并入泉州；垂拱二年（686年）析出泉州南部设置漳州，治漳浦（今云霄）；圣历二年（699年）泉州析地设置武荣州，治南安；景云二年（711年）武荣州更名为泉州，治晋江，后改泉州为闽州，治闽县（今福州）；开元十三年（725年）闽州更名为福州；开元二十一年（733年）设置福建经略使，“福建”之称由此始；天宝元年（742年）改属江南东道，改福建经略使为长乐经略使；乾元元年（758年）以长乐郡为福州都督府，经略使改为都防御使；上元元年（760年）升格为节度使；大历六年（771年）置都团练观察处置使；乾宁三年（896年）置为威武军节度使，治福州。五代时梁开平三年（909年）封王审知为闽王，贞明六年（920年）在福州设立大都督府；长兴四年（933年）福州升为长乐府；开运二年（945年）改长乐府为东都。宋代雍熙二年（985年）设立福建路，下辖福、泉、建、汀、漳、南剑六州和邵武、兴化两军，时全省已有42个县。元代至元十四年（1277年）在泉州设立行宣慰司，第二年改为行中书省，后行省迁回福州。明代改设福建布政使司，治福州，辖8府1州60县。清代继承明制，省辖府、县两级，省府之间设道；康熙二十三年（1684年）福建省增设台湾府；光绪十二年（1886年）台湾从福建析出设立台湾省；清末，全省行政区划为宁福、兴泉永、汀漳龙、延建邵4道，福州、福宁、兴化、泉州、汀州、漳州、延平、建宁、邵武9府，永春、龙岩2州，58县、6厅。

民国时期。福建省行政区划废府、州、厅，实行省、道、县三级制。民国元年（1912年）全省划分为东路、南路、西路、北路4道。民国三年（1914年）以原辖区改为闽海道（闽东）、厦门道（闽南）、汀漳道（闽西）、建安道（闽北）4道。合并闽县、侯官为闽侯县；建安、瓯宁为建瓯县；改永春、龙岩2州为永春、龙岩2县；同安县析厦门岛设置思明县，析浯州岛（金门岛）和大、小嶝岛置金门县；改永福县为永泰县；全省4道、61县。民国四年（1915年），诏安县析桐山岛和漳浦县的古雷岛设置东山县。民国十四年（1925年），废除道制，实行省、县两级制。民国十七年（1928年），设置华安县。民国二十二年（1933年），十九路军在福州发动“福建事变”，成立中华共和国人民革命政府，定福州为首都，将福建划为闽海、延平、兴泉、龙汀4个省和福州、厦门两个特别市，辖64个县。民国二十三年（1934年）人民革命政府解散，又成立福建省政府，7月实行行政督察专员公署制度，将全省划分为10个行政督察区公署，辖64个县，8月光泽县由江西省划归福建省管辖。民国二十四年（1935年）设立厦门市，撤销思明县。民国二十七年（1938年）福建省政府迁往永安，全省行政区划为7个行政督察区、两个市、62个县、7个特区。民国二十九年（1940年），建瓯析出部分行政区域设置水吉县，沙县、永安和明溪析出部分行政区域设置三元县。民国三十年（1941年）福州沦陷，第一区专署迁往福安。民国三十二年（1943年）全省行政区划调整为8个行政督察区、两个市、64县、两个特区。民国三十三年（1944年）闽侯县更名为林森县。民国三十四年（1945年）9月设置周宁县，10月设置柘荣县，11月省政府迁回福州。民国三十五年（1946年）福州市正式成立，全省行政区划调整为9个行政督察区、两个市、66个县。民国三十六年（1947年）全省行政区划调整为7个行政督察区、福州、厦门两个市、67个县，10个区、899个乡（镇）。

中华人民共和国时期。1949年8月24日，福建省人民政府成立，9月，省人民政府公布福建省行政区划通令，将全省行政区域分为福州、厦门两个市，8个行政督察专区和67个县。1950年3月，8个专区依次更名为建瓯、南平、福安、闽侯、泉州、漳州、永安、龙岩专区；9月，泉州专区更名为晋江专区，漳州专区更名为龙溪专区，建瓯专区更名为建阳专区；德化县由永安专区划归晋江专区，林森县复名为闽侯县；11月，设立泉州市、漳州市（县级）。县以下的行政区划，仍维持旧政权的区划。1951年，福州市设立鼓楼、大根、小桥、台江、仓山、水上、盖山、鼓山、洪山9个区；废除国民党政权的901个旧乡（镇）、10265个保和131978个甲。1952年，福州市设立新店区，厦门市设立开元、思明、鼓浪屿3个区。1954年，厦门市设立禾山区。1955年，撤销福州市盖山、鼓山、洪山、新店4个区。1956年，撤销建阳专区，所辖各县划归南平地区；撤销闽侯专区，所辖闽侯县划归省直辖，长乐、连江、罗源3县划归福安专区，永泰、福清、平潭3县划归晋江专区；撤销永安专区，所辖三元、明溪两县划归南平专区，大田划归晋江专区，永安、清流、宁化、宁洋4县划归龙岩专区；撤销水吉县，其行政区域分别并入建阳、建瓯和浦城县；撤销宁洋县，其行政区域分别并入漳平、永安和龙岩县；撤销柘荣县，其行政区域并入福鼎县；福州市撤销大根、小桥、水上3个区，其行政区域分别并入鼓楼区、台江区和仓山区；三元、明溪两县合并为三明县；析南平县城区，设立南平市（县级）。1957年，全省辖两个地级市、5个专区、3个县级市、7个市辖区、63个县、337个区、4223个乡。

1958年，中国基层政权改制为政社合一的人民公社，全省共设656个人民公社；撤销厦门市禾山区，闽侯县划归福州市，同安县由晋江专区划归厦门市。1959年，恢复闽侯专区，辖原福州市的闽侯县，原南平市的闽清县，原福安专区的长乐、连江两县和原晋江专区的永泰、福清、平潭3个县，专署驻闽侯县；原南平专区的松溪、政和两县划归福安专区。1960年，设立三明市（地级），以三明县城区为三明市行政区域，南平专区的三明县归三明市管辖；清流、宁化两县合并设立清宁县，清宁县驻原宁化县政府驻地，原清流县部分行政区域分别并入永安、连城两县；松溪、政和两县合并设立松政县，松政县驻原松溪县政府驻地；龙溪、海澄两县合并设立龙海县，龙海县驻石码镇；撤销南平县并入南平市（县级）；福州市设立马尾区。1961年，恢复柘荣县；撤销清宁县，恢复清流县、宁化县。1962年，撤销松政县，恢复松溪县和政和县；连江县、罗源县分别从闽侯专区和福安专区划归福州市；龙岩专区的永安、清流、宁化3县划归三明市。1963年，设立三明专区，三明市改为县级市，三明专区辖三明市和三明、永安、清流、宁化4个县；福州市撤销马尾区；福州市的连江、罗源两县和南平专区的古田、屏南两县划归闽侯专区；晋江专区的大田县划归三明专区。1964年，以南平市、建瓯县、顺昌县的部分行政区域析出建西县；三明县更名为明溪县。1965年全省辖两个地级市、7个专区、6个市辖区、4个县级市、63个县、1258个人民公社。

1966年，厦门市开元区更名为东风区，思明区更名为向阳区。1968年，福州市鼓楼区更名为红卫区，台江区更名为赤卫区，仓山区更名为朝阳区；福州市、厦门市均设立郊区。1970年，撤销建西县，其行政区域并入顺昌县；撤销柘荣县，其行政区域分别并入福安、福鼎两县；撤销松溪、政和两县，合并设立松政县；福州市撤销郊区，设立马江区和北峰区；福安专区的松政县划归南平专区；闽侯专区的古田、屏南、连江、罗源4个县划归福安专区；晋江专区的莆田、仙游两县划归闽侯专区；厦门市的同安县划归晋江专区；南平专区的尤溪、沙县、将乐、泰宁、建宁5个县划归三明专区；南平专区驻地由南平市迁驻建阳县；福安专区驻地由福安县迁驻宁德县；闽侯专区驻地由闽侯县迁驻莆田县。1971年，各专区更名为地区；南平地区更名为建阳地区；福安地区更名为宁德地区；闽侯地区更名为莆田地区。1973年，莆田地区的闽侯县划归福州市；晋江地区的同安县划归厦门市。1974年，恢复柘荣县；撤销松政县，恢复松溪县和政和县。1975年，福州市撤销北峰区设立郊区。1976年全省共辖两个地级市、7个专区、9个市辖区、4个县级市、62个县、835个人民公社、129个镇（街人民公社）。

1978年厦门市设立杏林区；福州市设立环城区，撤销马江区；福州市红卫、赤卫、朝阳3个区分别更名为鼓楼区、台江区、仓山区。1979年，厦门市东风、向阳两区分别更名为开元区和思明区。1981年，撤销龙岩县，设立龙岩市（县级）。1982年，福州市设立马尾区，撤销环城区。1983年，撤销三明地区，设立三明市（地级），三明市设立梅列区和三元区；撤销莆田地区，所属闽清、永泰、长乐、福清、平潭5个县划归福州市管辖，莆田、仙游两个县划归晋江地区；撤销邵武县，设立邵武市（县级）；设立莆田市（地级），莆田市设立城厢区和涵江区，辖原晋江地区的莆田、仙游两个县；宁德地区的连江、罗源两个县划归福州市。1984年，撤销人民公社，设立乡镇建制；撤销永安县，设立永安市（县级）；全省辖4个地级市、5个专区、14个市辖区、6个县级市、59个县、189个镇，1076个乡，18个民族乡。

1985年，撤销晋江地区，设立泉州市（地级），泉州市设立鲤城区；撤销龙溪地区，设立漳州市（地级），漳州市设立芗城区。1987年，厦门市设立湖里区，郊区更名为集美区；晋江县析出石狮市。1988年，建阳地区驻地从建阳县迁驻南平市，并更名为南平地区；撤销宁德县，设立宁德市（县级）。1989年，撤销崇安县，设立武夷山市（县级）；撤销福安县，设立福安市（县级）。1990年，撤销福清县，设立福清市（县级）；撤销漳平县，设立漳平市（县级）。1992年，撤销晋江县，设立晋江市（县级）；撤销建瓯县，设立建瓯市（县级）。1993年，撤销南安县，设立南安市（县级）；撤销龙海县，设立龙海市（县级）。1994年，撤销南平地区，设立南平市（地级），原县级南平市改设延平区；撤销长乐县，设立长乐市（县级）；撤销建阳县，设立建阳市（县级）。1995年福州市调整五个市辖区行政区域，同时将郊区更名为晋安区；撤销福鼎县，设立福鼎市（县级）。1996年，撤销同安县，设立厦门市同安区；漳州市析出芗城区和龙海市部分行政区域，设立龙文区；撤销龙岩地区，设立龙岩市（地级），原县级龙岩市改设新罗区。1997年，泉州市析出鲤城区部分行政区域，设立丰泽区和洛江区。1999年，撤销宁德地区，设立宁德市（地级），原宁德市改设蕉城区。2000年，泉州市析出惠安县部分行政区域，设立泉港区。2002年，莆田市撤销莆田县，设立荔城区和秀屿区，同时调整城厢区和涵江区行政区域。2003年，厦门市撤销开元区、鼓浪屿区，其行政区域并入思明区，同安区析出东部5镇设立翔安区，杏林区划出1街道办事处和1镇归集美区管辖，杏林区政府驻地迁驻海沧镇，并更名为海沧区。2014年，南平市撤销建阳市（县级），设立建阳区；南平市政府驻地由延平区迁驻建阳区；龙岩市撤销永定县，设立永定区。厦门市海沧区海沧街道办事处分设为海沧、嵩屿两个街道办事处。2016 年底，全省辖 9 个设区市、28 个市辖区、13 个县级市、44 个县、178 个街道办事处、633 个镇、275 个乡、19 个民族乡。

（邱瑞武）

华侨　台胞

【华侨】　福建是全国著名侨乡。根据 2014 年省侨办开展的海外侨情抽样调查分析，截至 2014 年 6 月，闽籍华侨华人有 1580 万人，约占全球华侨华人总数的 1/4，分布在世界 188 个国家和地区，以亚洲、北美洲、欧洲为主，东南亚地区占 78%，前五位国家是：印度尼西亚（420 万）、马来西亚（360 万）、菲律宾（190 万）、新加坡（163 万）、泰国（140 万）。在省内分布前三位的地市是：泉州（920 万，约占 58%）、福州（300 万，约占 19%）、莆田（108 万，约占 7%）。祖籍福建的港澳同胞 124 万人。归侨侨眷及港澳眷属 653 万人。1978 年改革开放以后出国定居的新华侨华人有 250 万人。联系掌握的海外社团（含港澳社团）1916 个。

闽籍侨胞具有人数众多、分布广泛、实力雄厚、人才辈出等特点，且有着爱国爱乡、乐善好施、造福桑梓的优良传统，为福建的经济建设和社会发展做出重要贡献。据统计，1978 年改革开放至 2016 年底，闽籍海外侨胞、港澳同胞在福建省捐赠公益事业累计达 268.58 亿元，其中 2016 年捐赠 10.31 亿元，用于教育事业 3.62 亿元，占 35.1%；用于文体事业 2.64 亿元，占 25.6%；用于社会事业 2.17 亿元，占 21%；用于卫生事业 0.79 亿元，占 8%；用于生产生活设施建设 0.79 亿元，占 8%；用于救灾 0.3 亿元，占 2.9%。2016 年，泉州市接受侨捐 5.02 亿元，在全省 9 个设区市和平潭综合实验区中居于首位。南安市接受侨捐 1.17 亿元，成为福建省唯一一个连续 23 年侨捐超亿元的县（市）。

（林晓英）

【台胞】　截至 2016 年底，福建省有台籍同胞 17700 多人；在闽台胞中有全国人大代表 3 名，全国政协委员 3 名，福建省人大代表 4 名，省政协委员 15 名，厅级干部 15 名。

（邓建光）

人　口

【人口概况】　2016 年，福建人口继续保持低生育水平，总量平稳增长，劳动年龄人口比重略有下降，城镇化水平稳步提高。年末全省常住人口 3874 万人，其中，男性人口 1970 万人，占 50.85%，女性人口 1904 万人，占 49.15%，男女性别比为 103.5。全年净增人口 35 万人，比上年末增长 0.91%，增幅略有提高，比上年高出 0.04 个百分点，人口总量继续保持低速平稳增长态势。

【人口自然增长】　2016 年，福建省妇女总和生育率 1.61，比上年提高 0.01。全年出生人口 56 万人，出生率 14.5‰，比上年提高 0.6 个千分点，升幅比上年高出 0.4 个千分点；死亡人口 24 万人，死亡率 6.2‰，比上年提高 0.1 个千分点；自然增长人口 32 万人，自然增长率 8.3‰，比上年提高 0.5 个千分点。总体上，福建人口延续低出生、低死亡、低自然增长的特征。

【人口城镇化水平】　2016 年末，福建省城镇常住人口 2464 万人，比上年末增加 61 万人，增长 2.5%，增幅比上年提高 0.3 个百分点。常住人口城镇化率 63.6%，比上年高出 1.0 个百分点，增幅比上年增加 0.2 个百分点，常住人口城镇化进程稳步推进。

【人口年龄结构】　2016 年末，福建省人口总抚养比为 33.3%，比上年提高 0.5 个百分点，人口负担仍处于轻量化时期（通常将总抚养比在 50%以下划定为低抚养比）。全省常住人口中，0～14 岁、15～64 岁、65 岁及以上三个年龄组人口所占比重依次为 16.4%、75.0% 和 8.6%。与上年比，0～14 岁、65 岁及以上人口所占比重分别提高 0.18 和 0.15 个百分点，15～64 岁人口比重降低 0.33 个百分点。人口年龄结构仍呈青年人口比重大、老年和少儿人口比重小的典型“中间大、两头小”橄榄状。这一方面反映出福建仍处于劳动力供给充足、人口社会负担相对轻、对社会经济发展有利的“人口红利”期；另一方面，15～64 岁人口比重持续下降，也反映出劳动力资源尤其是青年劳动力资源呈现减少趋势。2016 年，全省 15～64 岁人口比重延续 2015 年的下降之势，下降幅度扩大 0.14 个百分点。其中，16～34 岁青年人口的比重为 29.5%，降低 0.9 个百分点，降幅比上年扩大 0.5 个百分点。

【流动人口】　2016 年，福建省流动人口 1173 万人，比上年增加 6 万人。其中，本省户籍流动人口 713 万人，比上年增加 7 万人；外省户籍流入人口 460 万人，比上年减少 1 万人。总体上，延续 2015 年以来省际流动人口减少、省内流动人口增加的态势。

【家庭规模】　福建省平均家庭户规模从 20 世纪 80 年代以来持续缩小，2012 年最低，仅为 2.81 人。之后家庭户规模逐年略有所回升，2015 年平均家庭户规模自 2010 年以来首次回到 3 人以上，2016 年继续保持在 3 人以上，为 3.07。随着全面二孩政策的实施，拥有二孩的家庭将逐步增多，平均家庭户规模将逐步提高。

（李丽精）

语　言

【概况】　福建是汉语方言最复杂的省

份之一，全国各大方言区中，福建占5种。闽方言和客家方言也都有在区外相互穿插分布。闽南话在闽中、闽北、闽东都有方言岛。客家话在闽北、闽东也有不少小方言岛。在武平县的中山镇通行的“军家话”是比较接近赣方言的方言岛。

【闽方言】 福建分布最广的是闽方言，境内的闽方言又分为5个区。闽东方言区，分布在闽江下游的福州、闽侯、长乐、福清、平潭、永泰、闽清、连江、罗源、古田、屏南等11个县市的是南片，以福州话为代表；分布在福安、宁德、周宁、寿宁、柘荣、霞浦、福鼎等7个县市的是北片，以福安话为代表。莆仙方言区，分布在莆田、仙游、涵江3个县市（区），以莆田话为代表。闽南方言区，分布在泉州、厦门、漳州3个市，包括厦门、金门、泉州、晋江、南安、惠安、永春、德化、安溪、同安、大田、漳州、龙海、长泰、华安、南靖、平和、漳浦、云霄、东山、诏安以及龙岩、漳平等地，以厦门话为代表；泉州、漳州、龙岩3种口音都有些差异。闽中方言区，分布在永安、沙县、梅列、三元等4个县市（区），以永安话为代表。闽北方言区，分布在建瓯、松溪、政和、南平、顺昌（东南部）、建阳、崇安、浦城（南部），以建瓯话为代表。

【客家方言】 福建客家方言分布在闽西的宁化、清流、长汀、连城、上杭、永定、武平以及闽南的平和、南靖、诏安的西沿，以长汀话为代表。在闽、客、赣3种方言之间，明溪、将乐、顺昌一带也可以说是过渡区，因为那里的方言兼有3种方言的特点。

【吴方言】 福建省吴方言分布在浦城县的中北部和浙江省连界，当地的语言是和浙江方言相近的吴方言。

【官话方言岛】 福建省的官话方言岛主要在南平市区和西芹一带以及长乐县的琴江村，浦城的临江镇。这3个地方为官话方言岛。

【畲语】 福建省畲语主要指居住在闽东的福安、罗源、宁德等地，闽北的建瓯、建阳、顺昌等地，以及闽中的永安、漳平等地的畲族同胞所讲的话，也是一种保留着一些本族语言特色，并和客家话相近似，又吸收一些当地闽方言成分的带有混合性质的语言，通常也称为畲语。

（李如龙）

民族　宗教

【民族】 福建省是少数民族散居省份。全省56个民族成分齐全，据全国第六次人口普查统计，福建省少数民族人口79.69万人，占全省总人口的2.16%。全省有19个民族乡（其中畲族乡18个、回族乡1个）、1个省级民族经济开发区（福安畲族经济开发区）和567个民族村。世居的少数民族有畲族、回族、满族、蒙古族等。其中，畲族人口全国最多，共有36.55万人，占全国畲族人口的51.58%，占全省少数民族人口的45.87%；回族人口11.6万人，占全省少数民族人口的14.56%，是全国回族发祥地之一；高山族人口423人，占大陆高山族人口的10.55%，是大陆高山族人口较多的省份之一。截至2016年5月30日，全省登记少数民族流动人口101.96万人（大部分为外省户籍）。

【宗教】 福建有佛教、道教、伊斯兰教、天主教、基督教五大宗教。截至2016年底，经依法登记的宗教活动场所有6774座，其中佛教3495座，道教1046座，伊斯兰教4座，基督教2070座，天主教159座。有福建佛学院、福建神学院、闽南佛学院3所宗教院校，在校师生分别有302人（教师57人，学生245人）、162人（教师22人，学生140人）、424人（教师81人，学生343人）。福建民间信仰活动场所较多，据初步统计，全省具有一定规模的民间信仰活动场所有26130座。

（黄淑萍）

行政区划

【乡改镇情况】 2016年1月29日，福建省政府批准漳州市人民政府撤销诏安县西潭乡建制，设立西潭镇；批准莆田市人民政府撤销秀屿区月塘乡建制，设立月塘镇；批准宁德市人民政府撤销蕉城区虎浿乡建制，设立虎浿镇。6月2日，批准龙岩市人民政府撤销连城县四堡乡、林坊乡建制，设立四堡镇、林坊镇。

【设立街道办事处情况】 2016年8月18日，福建省政府批准漳州市人民政府撤销龙文区步文镇建制，设立步文街道办事处。

2016年福建省县级以上行政区划表

全省合计	9个设区市　28个市辖区　13个县级市　44个县
福州市	鼓楼区　台江区　仓山区　马尾区　晋安区　闽侯县　连江县　罗源县　闽清县　永泰县　平潭县　福清市　长乐市
厦门市	思明区　海沧区　湖里区　集美区　同安区　翔安区
莆田市	城厢区　涵江区　荔城区　秀屿区　仙游县
三明市	梅列区　三元区　明溪县　清流县　宁化县　大田县　尤溪县　沙　县　将乐县　泰宁县　建宁县　永安市
泉州市	鲤城区　丰泽区　洛江区　泉港区　惠安县　安溪县　永春县　德化县　金门县　石狮市　晋江市　南安市

续表

全省合计	9个设区市　28个市辖区　13个县级市　44个县
漳州市	芗城区　龙文区　云霄县　漳浦县　诏安县　长泰县　东山县　南靖县　平和县　平和县　华安县　龙海市
南平市	延平区　顺昌县　浦城县　光泽县　松溪县　政和县　邵武市　武夷山　建瓯市　建阳区
龙岩市	新罗区　长汀县　永定区　上杭县　武平县　连城县　漳平市
宁德市	蕉城区　霞浦县　古田县　屏南县　寿宁县　周宁县　柘荣县　福安市　福鼎市

2016年福建省行政区划统计表

地市名称	县级				乡级					说　明
	区	市	县	小计	街道	镇	乡	民族乡	小计	
福州市	5	2	6	13	43	99	45	2	189	含马祖乡
厦门市	6			6	26	12			38	
漳州市	2	1	8	11	9	89	20	3	121	
泉州市	4	3	5	12	30	108	24	1	163	含金门县
三明市	2	1	9	12	13	66	62	2	142	
莆田市	4		1	5	8	40	6		54	
南平市	2	3	5	10	24	72	43		139	
龙岩市	2	1	4	7	13	85	34	2	134	
宁德市	1	2	6	9	13	67	36	9	125	
合计	28	13	44	85	179	638	269	19	1105	含金门县、马祖乡

经济社会发展

【概况】　2016年，福建省经济社会发展取得新成效。全省生产总值2.85万亿元，比上年增长8.4%；第一、二、三产业分别完成增加值2363.22亿元、13844.96亿元和12310.97亿元，增长3.6%、6.8%和11.3%。一般公共预算总收入4295.36亿元，可比增长6.6%；地方一般公共预算收入2654.83亿元，完成预算的100.2%，同口径增长7%。农林牧渔业总产值4155.68亿元，增长3.7%。固定资产投资2.31万亿元，增长8.5%。全省进出口总额10344.96亿元，其中出口6833.66亿元，占全国份额保持基本稳定。实际利用外资81.95亿美元，增长6.7%。社会消费品零售总额1.17万亿元，增长11.1%。居民消费价格总水平上涨1.7%；城镇登记失业率3.86%；城镇居民人均可支配收入36014元，增长8.2%；农村居民人均可支配收入14999元，增长8.7%。金融机构全年各项新增存款余额总量为4092.8亿元，增长12.1%；全年人民币贷款增加4223.1亿元，增长9.9%；金融业增加值增长10.1%。

全年，福建省实现“十三五”良好开局，但由于国内外环境严峻复杂和多重因素传导叠加、交织影响，经济下行压力较大，固定资产投资、出口总额等部分指标增速未能实现年度预期目标，当前经济社会发展还面临不少困难和问题。表现在：（1）实体经济发展困难。受部分工业品销售不畅、资金短缺、债务风险加大等影响，不同产业、企业走势分化，部分企业生产经营仍较困难。规模以上工业增加值增幅比上年回落1.1个百分点，规模以上工业企业553家停产，停产面3.2%；4808家减产，减产面27.8%。（2）投资增速回落较大。受市场需求减少、市场主体投资信心不足以及雨水比往年多等因素影响，固定资产投资增长8.5%，增速回落8.9个百分点，其中民间投资仅增长5.3%；工业投资和房地产开发投资仅分别增长7.3%、2.7%。（3）出口下降。国际市场持续低迷，美国等主要贸易出口国需求下降，福建省部分传统行业订单转移至东南亚国家，持续、有效益的订单不足，企业成本上升，出口下降2.3%。（4）创新能力不足，研发经费投入偏低；服务业总体规模不大，服务业占地区生产总值比重与全国平均水平还有差距。（5）民生改善任务繁重。脱贫攻坚、基本公共服务均等化任务仍然较重，居民收入保持较快增长难度加大。热点城市房价上涨较快，土地和住房供应结构有待进一步调整优化。城市防洪排涝、交通拥堵、公共服务设施不足和使用效率低等问题仍然存在。

【供给侧结构性改革】　2016年，福建全面推进供给侧结构性改革，“三去一降一补”取得积极成效。出台化解部分行业过剩产能意见等政策措施，推动钢铁去产能445万吨、煤炭去产能297万吨，均超额完成国家下达的目标任务。因城施策去库存，全省商品房库存面积5417.3万平方米，比上年减少面积1995.1万平方米，去化周期15个月，比年初减少9个月。推动企业调整融资结构降低杠杆率，49家次企业境内外上市融资再融资632.5亿元，新增新三板挂牌企业194家，规模以上工业企业资产负债率降低0.9个百分点。出台降低企业成本减轻企业负担意见，全省减轻企业负担353亿元。着力扩大公共产品和服务供给，推出两批22个补短板投资工程包，完成投资975.9亿元。

【民生发展】　2016年，福建实施精准扶贫、精准脱贫。帮助建档立卡贫困户因地制宜确定产业项目，开展“雨露计划”等技能培训，全省脱贫260425人。

易地扶贫搬迁造福工程加快实施，全年完成搬迁任务15.6万人。15.75万名扶贫开发对象纳入农村低保。23个扶贫开发工作重点县加快发展。22项为民办实事项目全面完成全年目标任务。提高城乡居民基本医疗保险财政补助标准和医疗救助筹资标准、农村居民最低生活保障标准、临时救助筹资标准，实现社会保险制度全覆盖。民生相关支出占一般公共预算支出比重为73.4%。实施促进就业创业、返乡创业等政策，城镇新增就业60.7万人，城镇登记失业率3.86%。居民收入保持增长，城镇居民人均可支配收入36014元，增长8.2%；农村居民人均可支配收入14999元，增长8.7%。实施全面二孩政策，人口自然增长率10.1‰。推进基础教育发展，省级补助建设的100所公办幼儿园项目全部开工，农村中小学校实现宽带网络接入，完成义务教育学校标准化建设，全省达标高中394所。推进省级示范性现代职业院校建设，新增64个现代学徒制试点。新设立福建商学院、厦门医学院两所紧缺急需应用型本科高校。实施以药品、耗材零差率为切入点的公立医院综合改革。实施重大疾病防控体系、儿童医疗服务机构、基层医疗卫生服务体系等卫生专项建设规划，以及县级医院能力提升工程，全省新增床位5600张。发展中医药事业，基层中医药服务量比例提高到22%。建立居民健康档案3396万份，电子建档率89%。公共文化服务持续完善，实现全省县级数字影院全覆盖，公共数字文化服务体系建设位居全国前列。加强文化遗产保护，新增中国传统村落104个、省级历史文化名镇16个、名村62个。

【扩大开放】 2016年，福建加快自贸试验区、海丝核心区和福州新区建设。福建自贸试验区扎实推进各项改革试验任务，挂牌以来，186项重点试验任务已实施170项，其中2016年推动实施39项。体制机制创新进展明显，推出实施225项创新举措，其中全国首创80项，17项创新成果在全国复制推广，70项在全省复制推广。区内新增内外资企业3.5万家，注册资本6640.6亿元。江阴整车进口口岸等重点平台建设取得明显成效，飞机融资租赁等重点业态加快发展。海丝核心区建设取得新进展。出台福建省海丝核心区对外投资合作国别指导意见，对海丝沿线国家投资项目合计96个，对外投资22.3亿美元，增长61.6%。梳理福建首批海丝核心区建设重大项目300多个，总投资超过6000亿元。推进中国—东盟海产品交易所、厦门大学马来西亚分校、海上丝绸之路国际艺术节等重大合作项目，深化与海丝沿线国家和地区的互联互通、经贸合作和人文交流。加快福州新区建设。编制实施福州新区发展规划，新区交通设施、市政基础等重点领域建设加速，累计完成投资约1800亿元。三峡集团风电装备产业园等一批重大项目落户新区。建立福州台湾青年创业创新创客基地，加快建设蓝色经济产业园、马尾船政（连江）工业园区等临港产业园区，主动融入海丝发展。

【闽台交流】 2016年，闽台交流成果丰硕，先后召开2016两岸企业家峰会年会，举办第八届海峡论坛。闽台贸易额656.5亿元；实际利用台资20.2亿美元，增长53.9%。莆田华佳彩面板等一批重大台资项目进展顺利，台湾银行福州分行和中国信托商业银行厦门分行获批开业。新增获批设立3个海峡两岸青年创业基地和1个示范点、4个对台小额贸易开放口岸，闽台基层交流持续扩大。闽台直航持续拓展，“台厦蓉欧”“台平欧”海铁联运列车开通。平潭综合实验区开放开发加快，平潭国际旅游岛建设方案获批实施，通尼斯风电设备制造、中诺影像等一批重点项目落地建设。

【机制改革】 2016年，福建在全国率先开展乡镇（街道）权责清单编制，实现省市县乡四级清单全覆盖。削减行政审批事项，取消省级行政审批和服务事项288项，下放46项。调整规范省级行政审批中介服务事项31项，向福州新区下放省级经济管理权限121项。推动投资项目并联审批，建成全省投资项目在线审批监管平台。提升省网上办事大厅功能，90%以上行政审批和公共服务事项实现网上办理或预审。开展“办事难、办证难”专项治理，取消、优化2000多项涉企涉民证照和有关证明事项。在全省推行“五证合一、一照一码”、电子营业执照制度和“双随机一公开”监管。开展市场准入负面清单制度改革试点。推进国家电子招投标创新试点省建设，完成省、市级工程建设项目招标投标、矿业权交易、政府采购、国有产权交易四类交易平台整合。基本建成联通国家、覆盖省级和设区市纵横联通的信用信息系统，推进信用“红黑”名单、统一社会信用代码、7天“双公示”等工作，福建省获批成为全国首批青年信用体系建设试点省。开展中央改革办、国家发改委部署福建省的空间规划试点，探索以主体功能区规划为基础统筹各类空间性规划的试点改革，建立健全国土空间和用途管制制度，出台省级空间规划试点工作实施方案。推进农村土地承包经营权确权登记颁证工作。深化集体林权制度改革，开展重点生态区位商品林赎买等改革试点。

【生态文明建设】 2016年，福建生态文明试验区建设开局良好、改革试验任务有效落实。中央出台第一个国家生态文明试验区（福建）实施方案，全年“15+3”项改革任务全面实施。开展武夷山国家公园试点。制定健全生态保护补偿机制实施意见。实施环境保护督察，推行环境监管网格化管理。出台培育发展环境治理和生态保护市场主体的实施意见，利用市场化机制推进生态环境保护。生态环境质量继续保持优良。完成植树造林面积8.6万公顷，超额完成全年任务，森林覆盖率继续保持全国首位。加强水、大气、土壤污染防治，全省12条主要河流Ⅰ类～Ⅲ类水质占比96.5%，提高3.2个百分点；119个集中式生活饮用水源地达标率为96.6%；9个设区市空气质量优良天数比例达98.4%，提高0.5个百分点，PM2.5平均浓度为每立方米27微克，优于国家二级标准。

（林忠玉）

精神文明建设

【公民道德建设】 2016年，福建省属主要媒体、全国文明城市和地级提名城市主要媒体全年共刊播公益广告报纸类作品1800余版，期刊类作品200多版，广播类作品超17万分钟，电视类作品超20万分钟，超额完成中央文明办刊播数量频次要求。组织开展福建省原创公益广告征集评选活动，共征集500多件作品，评出获奖作品平面类23件、影视类15件、广播类9件和网络类9件。持续开展“我推荐我评议身边好人”评选活动，月均推出候选人50名、网络投票超100万人次，全年共评出福建好人120名，中国好人24名，总数居全国前列；编辑《福建好人传2015卷》，编撰《福建家训书法集字帖》丛书，制发道德模范宣传挂图8000余册，举办道德模范事迹电视展播《道德脊梁》；配合中央文明办在晋江、莆田举办全国道德模范故事会基层巡演3场；慰问生活困难道德模范和美德少年25人，发放慰问金46万元，形成崇德向善、好人好报的社会氛围。春节、元宵“两节”期间，各级文明城市开展网络春晚、农民春晚、两岸同春闹元宵、拗九敬老、慰问关爱等近千场次活动，营造祥和安定的社会氛围。举办“文明新风·情暖八闽”书画摄影作品征集评选展示活动，征集展示书画摄影作品400件。组织文明单位参与“福建省纪念红军长征胜利80周年书画作品邀请展暨书画艺术扶贫活动”，累计认购作品148幅，捐资314.1万元。打造“传承好家风好家训”品牌，推进“福建省家训家风文化展示馆”建设，以图片、实物、书画作品、数字媒体等多种形式展陈优良家训家规；惠安县惠风传统家训展示馆、上杭县客家族谱馆、永定区客家家训馆和家庭美德馆、尤溪县朱子文化苑等一批家训传承展馆建成并常年对外开放；龙岩市举办海峡客家（上杭）族谱文化风情节，编辑出版《文明家风——闽西优秀族规家训、村规民约精选》；三明市将家风家训宣传教育引入道德论坛、周末讲坛等活动。推动落实《福建省实施“五古丰登”行动计划》，加大对古街、古厝、古祠庙、古树、古桥等的保护、建设和利用，拓展基层宣传文化新阵地，传承乡贤文化。组织参加第一届全国文明家庭评选表彰活动，8户家庭被评为全国文明家庭，营造全社会关注家庭家风建设的良好氛围。与省妇联联合举办“五好文明家庭”评选表彰暨寻找“最美家庭”活动，评选表彰10户省“五好文明家庭”标兵、100户省“五好文明家庭”、10户省“十佳最美家庭”和100户省“最美家庭”。

【精神文明创建】 2016年，福州、厦门、漳州、泉州、三明5个城市继续保留全国文明城市荣誉称号，采取措施常态化、品牌化推进创城工作，提升城市幸福指数和社会文明程度。福州市重点抓文明交通整治和“书香榕城”建设；厦门市深化“美丽厦门·共同缔造”活动，开展清洁家园、美丽心灵、垃圾不落地等专项行动，打造全国公共文明行为典范城市；漳州市抓环境专项治理，进行“七个五”生态行动计划；泉州市开展“公共文明”系列活动，深化诚信制度化，推动文明提升；三明市培育“为文明点赞，为三明点赞”品牌活动，实施“个十百千万”工程，推进各创建项目达标工作。分类指导全国文明城市提名城市创建，莆田市围绕“五化五心”十大创城工程，开展“文明城市大家说”活动，动员全民参与创城；龙岩市坚持把薄弱点作为创城的主攻方向；平潭综合实验区以突出建设国际旅游岛为载体，取得新成效。各全国县级文明城市提名城市创城突出重点，福清抓“基础”、石狮抓“常态”、晋江抓“载体”、长泰抓“整治”、惠安抓“项目”、泰宁抓“管理”、沙县抓“联动”、武平抓“同创”。将党委（党组）意识形态责任制和“马上就办”纳入文明创建测评工作，推动责任制落实到位，形成良好政风行风。文明行业（单位）创建实施动态管理，以文件形式确认参评第13届省级文明村镇、文明单位名单，规范各单位参评范围。召开全省全国文明单位培育对象创建工作培训会，组织对79个全国文明单位及培育对象进行初评并作专门通报，组织省级文明行业（单位）初评工作。省文明办会同省纪委（监察厅）、省财政厅、省人社厅、省审计厅研究制定《规范省级文明单位文明奖金发放的实施办法》，对省级文明单位文明奖金的发放对象、发放标准、发放方式和发放时间作出明确规范。深化农村社会风气治理，召开全省农村社会风气突出问题专项治理推进工作会议，总结工作方法和成效。文明旅游制度化扎实有效，在春节、元宵节、清明节、“五一”小长假等出游高峰，部署文明旅游监管、引导、宣传工作，形成工作合力。建设示范基地，推进鼓浪屿、武夷山等7个旅游景区开展文明旅游示范点建设，在行业服务、志愿服务、环境建设、问题监管等方面打造文明旅游新高地。中央文明办、国家旅游局、省委、省政府在长汀联合举办“弘扬长征精神传承红色记忆”纪念红军长征胜利80周年红色旅游系列活动，抓好古田会址、长征出发第一村等红色景区文明创建工作。在文明风网开辟“福建省诚信建设信息公布综合平台”，2016年发布信息7000多条。在全省开展“倡导‘八不’行为，做文明公民”活动，省、市、县各级举办启动仪式20多场次，新福建文明风尚得到弘扬。

【未成年人思想道德建设】 2016年清明期间，福建省组织未成年人参与全国网上“清明祭英烈”签名寄语活动，近200万人次参与；“六一”期间，组织参与全国“学习和争当美德少年”网上签名寄语活动，中国文明网展示福建省4

名美德少年先进事迹；“七一”期间，举办全省“童心向党”歌咏展演活动，中国文明网展播专题节目7台；组织未成年人优秀童谣征集传唱活动，鲤城区《南海深　南海大》等3首童谣获全国优秀童谣奖，出版福建省优秀童谣集，在未成年人中唱响“中国梦”，高扬主旋律。结合纪念中国工农红军长征胜利80周年，在全省各中小学开展“学长征精神，做红色传人”主题系列活动；与福建日报新媒体中心联合开展“新福建　新长征　重走红色路”特别纪念活动，在原全省中央苏区县举办“我为红色家乡代言”“红色记忆”健步走等专场活动；组织参加“向国旗敬礼”网上签名寄语活动，585万人次参与，激发未成年人爱国爱乡的热情。办好《成长专刊》，全年出刊36期。召开全省乡村学校少年宫建设工作推进会暨骨干人员培训班，推进2016年度承建项目34所，安排120万元专项资金为承建校配送活动器材。3个全国文明城市地级提名城市和8个县级提名城市乡村学校少年宫“全覆盖”建设工作进度加快，晋江市、石狮市、惠安县、长泰县等部分县市提前完成目标任务，各提名城市辖区城市学校少年宫建成率达40%。“公共文化服务进校园”试点覆盖5个全国文明城市，网络服务平台得到适度推广；全年5个试点城市累计发布服务项目600多个，共有175个单位与465所学校成功对接并组织500多场次线下服务活动，地方公共文化资源服务未成年人更加便捷和高效。

2016年10月1日，厦门市工人体育馆内，100对新人在第十届“新厦门人”集体婚典上，共同许下爱的誓言，携手走上幸福的红毯　　（省总工会供稿）

【社会志愿服务】　2016年，福建省组织开展最美志愿服务系列评选活动，评选出“最美志愿者”“最佳志愿服务项目”“最佳志愿服务组织”“最美志愿服务社区”各30个，另有3人入选全国最美志愿者，3个项目入选全国最佳志愿服务项目，4个志愿服务组织入选全国最佳志愿服务组织，4个社区入选全国最美志愿服务社区；向中央文明办推选报送新一届最美志愿服务系列候选对象40个，全社会参与志愿服务的氛围更加浓厚。以“美丽福建　美丽心灵”为主题组织发动十多万志愿者投身义务植树、绿化美化、关爱母亲河、垃圾分类等志愿服务活动。启用、推广福建省志愿者管理“志愿云”信息系统，实现志愿服务记录的查询、转移和共享等功能，已有注册志愿者220多万、公益组织12.3万个，各类服务项目2.7万多个。在福建省团校挂牌成立“福建省志愿服务培训基地”，推动志愿者日常管理培训制度化。推动建设50个省级“志愿服务示范驿站”，为群众提供基本类、特色类、延伸式、体验式等多种规范化志愿服务，实现供需精准对接。联合省民政厅、团省委、省残联开展首届福建省志愿服务项目大赛，推选一批优秀志愿服务项目，并给予80万元资金扶持。依托各级文明单位组建网络文明传播志愿服务队伍及文明办系统信息员队伍，组织引导围绕社会热点事件、国家重大方针政策、文化文明建设重点工作开展宣传、推介和评论，形成多部门联动的网络宣传合力。全年在中央文明办未成年人简报刊登文稿7篇，用稿量居全国前列。

【网络精神文明建设】　2016年，福建省完善省级网络平台建设，升级改版文明风网、“中国文明网”福建站，开发手机版文明风网，拓展“文明福建”微信公众号功能，建立福建省精神文明内刊微信公众号，形成“一网一端两微”网络精神文明建设工作格局。督促指导5个全国文明城市、3个地级提名城市和8个县级提名城市建好地方文明网站、开通“两微”平台，全省开通运转文明网站56个、文明办微信公众号51个。委托东南网设计制作福建省精神文明建设网上3D展馆，多维度展示精神文明建设的历史进程、项目内容和发展成果。与主要省级新闻网站、福建电视台、福建广电网络新闻导视频道等深度合作，组织“激情广场”大家唱、大家跳网络评选、展播活动，组织全省网络文明传播志愿者1万多人围绕“中国梦与精神文明建设”“续写雷锋日记”“四不”“公益广告微点评”等主题开展网络精神文明建设活动，营造风清气正的网络环境。

（杨子颖）

领导机构党派团体及领导人

【中共福建省委书记、副书记、常委、正副秘书长名单】

书　　　记：尤　权
副　书　记：于伟国　倪岳峰
常　　　委：张志南　雷春美*　王　宁　陈　冬　高　翔　刘学新　裴金佳　梁建勇　周联清
秘　书　长：梁建勇
副秘书长：潘　征　林钟乐　陆开锦　邓本元　赵　彬

【中共福建省委所属机构负责人名单】

省委办公厅

主　　　任：林钟乐
副　主　任：许守尧　李　斌　李　勇　张源生　周宽奋
纪检组长：陈　琪
厅务会议成员：潘　征　陆开锦　邓本元　赵　彬　陈巧玲*　卓兆水　黄　誌　王耀明　黄建清

省委组织部

部　　　长：王　宁
副　部　长：杨国豪　林承通　何国辉
部务委员：张晓华　陈学平
部务会议成员：吴汉斌
纪检组长：杜金瀛

省委宣传部

部　　　长：高　翔
副　部　长：蔡小伟　徐姗娜*　张　萍*　刘志坚
纪检组长：李东河
部务会议成员：陈添贵　叶得盛　刘伟泽

省委统战部

部　　　长：雷春美*
副　部　长：臧杰斌　陈　飞　李家荣
部务会议成员：李　韧　黄子曦
纪检组长：陈章栋

省委政法委

书　　　记：陈　冬
副　书　记：王惠敏　林贻影　林兴禄　王敏夫　袁超洪
委务会议成员：傅建飞　邓佳文　郑　辉　何晓清*

省委政策研究室

主　　　任：陆开锦
副　主　任：黄　誌　王耀明　黄建清

省委（政府）台办

主　　　任：王　玲*
副　主　任：郑一贤　宋志强　吴一明

省委编办

主　　　任：陈元邦
副　主　任：杨　俊　江忠欣　陈松声　赵志强

省委省直机关工委

书　　　记：梁建勇
副　书　记：梁晋阳　邱　荣　黄　青　刘用通
委　　　员：陈金城　黄汉基　方月兴　王　旋*

省委非公企业和社会组织工委

书　　　记：林承通
专职副书记：吴汉斌

省委教育工委

书　　　记：黄红武
副　书　记：刘剑津　王建南
委　　　员：陈国龙　巫文通

省委党校（福建行政学院）

校　　　长：王　宁
院　　　长：李　红*
副校长(副院长)：陈　雄　姜　华*　叶锦文　刘大可　徐小佶　魏良文　杜丕谦　温敬元

省委老干部局

局　　　长：（空缺）
副　局　长：谢宜萍　刘立成　沈再生
局务会议成员：郑明容*　张国茂

省委党史研究室

主　　　任：逄立左
副　主　任：汪一朝　黄　玲*　王盛泽

省档案局

局　　　长：丁志隆
副　局　长：黄建峰　马俊凡*

福建日报社

社　　　长：（空缺）
总　　　编：梁建平
副　社　长：薛中文
副　总　编：饶新冬　潘贤强　陈建荣　任君翔*
纪检组长：杨本胜

省社会主义学院

院　　　长：雷春美*
副　院　长：李　韧　许　通　马建荣

省委机要局★

局　　　长：陈巧玲*
副　局　长：舒汉彝　吴宏武　吴鼎春　林　斌

省国家保密局★

局　　　长：周宽奋
副　局　长：吴飞鹏　陈立强

省委文明办★

主　　　任：刘志坚
副　主　任：陈添贵　陈福星

省委外宣办（网络办）★

主　　　任：徐姗娜*
副　主　任：叶得盛　张殿军　林仙元

省委讲师团★

团　　　长：刘伟泽
副　团　长：章锦德　许祖贤

省委（政府）信访局★

局　　　长：李转生
副　局　长：赵荣生　郑　敏*

【中共福建省各设区市委领导人名单】

中共福州市委

书　　　记：倪岳峰
副　书　记：尤猛军　林晓英*
常　　　委：修兴高　洪　波　王进足　薛　侃　林　飞　陈　晔*　高　明　蔡战胜　吴深生　张　忠

中共厦门市委

书　　　记：裴金佳
副　书　记：庄稼汉　陈秋雄
常　　　委：叶重耕　蔡建新　林文生　张灿民

孙明忠　黄　强
李伟华　倪　超*
黄文辉　陈沈阳

中共漳州市委

书　　记：檀云坤
副 书 记：刘　远
常　　委：阮开森　梁伟新
李小庆　林叶萍*
沈金水　张琳光
吴文团　黄水木

中共泉州市委

书　　记：郑新聪
副 书 记：康　涛　陈奕辉
常　　委：翁祖根　温惠榕
林俊其　孔繁军
林万明　陈铁晗*
张永宁　林锦明

中共莆田市委

书　　记：林宝金
副 书 记：李建辉　程　强
常　　委：李飞亭　郑春洪
祁永信　吴桂芳
傅冬阳　卓晓銮*
吴立新　沈伯麟

中共三明市委

书　　记：杜源生
副 书 记：余红胜　黄建平
常　　委：王　刚　黄建波
游宇飞　陈炎标
陈龙德　纪熙全
肖明光　林　斌*

中共南平市委

书　　记：袁　毅
副 书 记：许维泽　张国旺
常　　委：马必钢　吴荣才
陈熙满　罗志坚
王雷火　张培栋
廖俊波　庄　莉*

中共龙岩市委

书　　记：林国耀
副 书 记：林兴禄　何明华
常　　委：李成荣　王金福
王乃谦　詹昌建
邓菊芳*　魏　东
毛高良　王　龙

中共宁德市委

书　　记：隋　军*
副 书 记：郭锡文　林文芳
常　　委：林　鸿　陈力达
陈其春　陈炎春
曾智勇　王世雄
谢再春　郭学斌

中共平潭综合实验区工委

书　　记：张兆民
副 书 记：林文耀　林江玲*
委　　员：周青松　赖继秋
谢秀桐　陈昌明
林共妙　许永西

【福建省人大常委会正副主任、正副秘书长名单】

主　　任：尤　权
副 主 任：徐　谦　陈　桦*
叶双瑜　苏增添
张广敏　陈　伦
邓力平　刘群英*
潘　征　彭锦清
秘 书 长：牛纪刚
副秘书长：卢厚实　方　群
林蔚芬*

【福建省人大法制委员会、财政经济委员会正副主任委员名单】

法制委主任委员：（空缺）
副主任委员：丛　林
财经委主任委员：刘修德
副主任委员：李德仁　刘群心*

【福建省人大常委会各委、办、室、局正副主任名单】

办公厅

主　　任：卢厚实
副 主 任：郑国华　李　鸣
苏永革

研究室

主　　任：徐　平
副 主 任：陈书侨

人事代表工作室

主　　任：翁　卡
副 主 任：苏金祥

法制工作委员会

主　　任：陈青文*
副 主 任：王少伟　徐　华*

内务司法工作委员会

主　　任：李晋闽
副 主 任：黄发模

农业与农村工作委员会

主　　任：林　武
副 主 任：杨稚平　谢小平

财政经济工作委员会

主　　任：陈小平
副 主 任：刘朝阳　张炯佳

教育科学文化卫生工作委员会

主　　任：（空缺）
副 主 任：陈　星　林　尧

华侨工作委员会（台胞工作委员会）

主　　任：路　平*
副 主 任：朱　清　宋克宁
叶勇鹏

环境与城乡建设工作委员会

主　　任：林依标

信访局

局　　长：蔡闽民*

【各设区市人大常委会正副职、县（市、区）人大常委会正职名单】

福州市人大常委会

主　　任：周振华
副 主 任：陈　奇　鄢　萍*
柯有铭　陈建平*
林厚新　陈春光

鼓楼区人大常委会

主　　任：李　力

台江区人大常委会

主　　任：林培清

仓山区人大常委会

主　　任：潘邦瑞

晋安区人大常委会

主　　任：林圣婉*

马尾区人大常委会

主　　任：沈　甦*

福清市人大常委会

主　　任：王德玉

长乐市人大常委会

主　　任：吴文琪

闽侯县人大常委会

主　　任：王彦强

连江县人大常委会

主　　任：邱德光

闽清县人大常委会

主　　任：刘久兴

罗源县人大常委会

主　　任：雷光秀

永泰县人大常委会

主　　任：吴秋惠*

平潭县人大常委会（省人大常委会平潭综合实验区工委）

主　　任：成苏明

厦门市人大常委会

主　　任：陈家东

副 主 任：陈昭扬　陈紫萱*　陈　津　黄锦坤　刘育生　陈　琛*

思明区人大常委会

主　　任：许跃生

湖里区人大常委会

主　　任：黄　炜

集美区人大常委会

主　　任：陈建荣

海沧区人大常委会

主　　任：江根云

同安区人大常委会

主　　任：毛立臻

翔安区人大常委会

主　　任：林进胜

漳州市人大常委会

主　　任：陈汉夫

副 主 任：吴达金　李珊珊*　黄双庆　黄舜斌　陈福州　张镇城

芗城区人大常委会

主　　任：魏方旭

龙文区人大常委会

主　　任：戴志嵩

龙海市人大常委会

主　　任：郑明福

漳浦县人大常委会

主　　任：陈少华

云霄县人大常委会

主　　任：施仲达

诏安县人大常委会

主　　任：沈义和

东山县人大常委会

主　　任：柳亚殊

平和县人大常委会

主　　任：曾　民

南靖县人大常委会

主　　任：曾连端

长泰县人大常委会

主　　任：叶亚强

华安县人大常委会

主　　任：曾果生

泉州市人大常委会

主　　任：陈万里

副 主 任：吕　竞*　张建生　朱团能　曾　巍

鲤城区人大常委会

主　　任：郑进发

丰泽区人大常委会

主　　任：林建扬

洛江区人大常委会

主　　任：蔡永生

泉港区人大常委会

主　　任：陈守川

晋江市人大常委会

主　　任：洪于权

南安市人大常委会

主　　任：黄永俊

石狮市人大常委会

主　　任：上官跃进

惠安县人大常委会

主　　任：张培坤

安溪县人大常委会

主　　任：廖皆明

德化县人大常委会

主　　任：王传敬

永春县人大常委会

主　　任：林金电

三明市人大常委会

主　　任：徐　铮

副 主 任：张知通　王　庆　廖小华*　陈仪代　肖长根

三元区人大常委会

主　　任：邓秀忠

梅列区人大常委会

主　　任：张淑华*

永安市人大常委会

主　　任：曾　胜

清流县人大常委会

主　　任：张仕权

宁化县人大常委会

主　　任：潘闽生

建宁县人大常委会

主　　任：吴国根

泰宁县人大常委会

主　　任：黄志远

明溪县人大常委会

主　　任：廖善朋

将乐县人大常委会

主　　任：俞德光

沙县人大常委会

主　　任：余荣生

尤溪县人大常委会

主　　任：杨永生

大田县人大常委会

主　　任：陈汉良

莆田市人大常委会

主　　任：阮　军

副 主 任：王国模　郑祖杰　王玉芳*　陈国林　林国清　姚景华　宋建新　林金波　何金清　沈萌芽*

仙游县人大常委会

主　　任：黄一敏

荔城区人大常委会

主　　任：谢珍裕

城厢区人大常委会

主　　任：王国太

涵江区人大常委会

主　　任：黄茂森

秀屿区人大常委会

主　　任：黄启荣

南平市人大常委会

主　　任：兰斯文

副 主 任：王宁新*　曹　聪　武　勇　黄　雄　符水俊

延平区人大常委会

主　　任：王周同

建阳市人大常委会

主　　任：胡宗礼

邵武市人大常委会

主　　任：熊贻荣

武夷山市人大常委会

主　　任：陈先珍

建瓯市人大常委会

主　　任：陈祥平

顺昌县人大常委会

主　　任：张上进

浦城县人大常委会

主　　任：吴　斌
光泽县人大常委会
主　　任：刘　雄
松溪县人大常委会
主　　任：蔡廷才
政和县人大常委会
主　　任：郑满生
龙岩市人大常委会
主　　任：饶作勋
副 主 任：郭舒帆　赵汀生
杨　闽*　张树溪
廖德槐
新罗区人大常委会
主　　任：郭益健
永定区人大常委会
主　　任：苏贤添
上杭县人大常委会
主　　任：梁八生
武平县人大常委会
主　　任：王民发
长汀县人大常委会
主　　任：（空缺）
连城县人大常委会
主　　任：江维民
漳平市人大常委会
主　　任：陈金文
宁德市人大常委会
主　　任：金　敏
副 主 任：许青云　杨培钦
雷维善　刘信华
冯桂华　刘水金
蕉城区人大常委会
主　　任：何邦恒
福安市人大常委会
主　　任：郑战雄
福鼎市人大常委会
主　　任：蔡梅生
霞浦县人大常委会
主　　任：陈　健
寿宁县人大常委会
主　　任：蓝清元
周宁县人大常委会
主　　任：叶健松
柘荣县人大常委会
主　　任：朱建波
古田县人大常委会
主　　任：陈绍莲*
屏南县人大常委会
主　　任：周少川

【福建省人民政府省长、副省长、正副秘书长名单】

省　　长：于伟国
副 省 长：张志南　洪捷序
李　红*　黄琪玉
王惠敏　梁建勇
周联清
秘 书 长：（空缺）
副秘书长：孔繁圣　蒋少云
曹建平　赖碧涛
詹志洁　刘　琳

【福建省人民政府所属机构、企事业单位负责人名单】

省政府办公厅
主　　任：曹建平
副 主 任：付朝阳　陈子舟
谌庆福　方寿中
尤思德
党组成员：李转生
纪检组长：李　庆
省发展和改革委员会
主　　任：魏克良
副 主 任：张福寿　赖诗卿
吴亮碧　林文斌
潘乙凡　许碧瑞
叶飞文
纪检组长：兰祥凤
省经济和信息化委员会
主　　任：翁玉耀
副 主 任：郭恒明　谢超雄
陈建业
纪检组长：李长根
总工程师：李志忠
省卫生和计划生育委员会
主　　任：朱淑芳*
副 主 任：阮诗玮　陈晓春
林圣魁　陈　辉
陈厚銮
纪检组长：陈兆文
党组成员：陈友茂
省教育厅
厅　　长：黄红武
副 厅 长：薛卫民　张程远
曾能建　陈国龙
纪检组长：巫文通
党组成员：刘剑津　王建南
省科学技术厅
厅　　长：陈秋立
副 厅 长：林岗然　周世举
游建胜　林伯德
纪检组长：徐　敏
党组成员：颜志煌
省民族与宗教事务厅
厅　　长：黄进发
副 厅 长：林致知　蓝秀珍*
纪检组长：黄建生
省公安厅
厅　　长：王惠敏
党委副书记、副厅长：张东鸣
副 厅 长：许耀鹏　薛祺安
杨建平　杜清森
党委委员：章丽婕*　潘东升
纪检组长：李应良
省国家安全厅
厅　　长：蒋少云
省民政厅
厅　　长：池秋娜*
副 厅 长：周　瑛*　邱　玮
饶添发　陈丽华*
党组成员：方少雄
纪检组长：皮华林
省司法厅
厅　　长：陈　勇
副 厅 长：李陵军　俞建春
周　枫
党委委员：张　琦*　陈　强
李杰鹏
纪检组长：黄绍銮
省财政厅
厅　　长：王永礼
副 厅 长：詹积富　赵　静*
韩　健　陈　强
林贻武　黄剑青
纪检组长：许发荣
总会计师：万崇伟
党组成员：陈东荣
省人力资源和社会保障厅
厅　　长：林卫宠
副 厅 长：吴小颖　黄正风
高　榕*　胡忠昭

王 强
纪检组长：张永生

省国土资源厅

厅长：叶 敏
党组书记：董建洲
副厅长：何南飞 陈志忠 江敦岚
纪检组长：江显木
总规划师：周锦来
党组成员：邵 旭 蔡 伟 黄玉荣 陈跃进

省环境保护厅

厅长：朱 华*
副厅长：陈 宁 虞平和
纪检组长：郑培华
核安全总工程师：黄书林
总工程师：徐 威

省住房和城乡建设厅

厅长：林瑞良
副厅长：王 海 王胜熙
总规划师：王建萍*
总工程师：林增忠

省交通运输厅

厅长：黄祥谈
副厅长：王兆飞 陈培健 陈岳峰 梁金焰
纪检组长：陈善凤

省农业厅（省委农办）

厅长：黄华康
副厅长：姜绍丰 王智桢 倪政云 陈明旺 伍 斌 李岱一*
纪检组长：严志铭
党组成员：梁全顺

省林业厅

厅长：陈则生
党组副书记、副厅长：严金静
副厅长：刘亚圣 谢再钟 王宜美
纪检组长：张利生
党组成员：欧阳德

省水利厅

厅长：赖 军
副厅长：丘汀萌 陈宜国
纪检组长：张宝华
总工程师：林 捷
党组成员：董国华

省海洋与渔业厅

厅长：吴南翔
副厅长：林月玲* 李钢生 钟 声
纪检组长：刘 新
总工程师：李 涛

省商务厅

厅长：黄新銮
党组副书记：张 秋
副厅长：陈少和 陈安生 黄德智 钟木达 刘德培 陈 靖
纪检组长：肖惠亮

省文化厅

厅长：石建平
副厅长：陈 吉 林守钦 黄苇洲
纪检组长：张佩煌

省审计厅

厅长：杨 红
副厅长：王成章 吴克昌
纪检组长：林亚贵
总审计师：林建苍

省政府外事办公室

主任：王天明
副主任：李 宏 林学锋
党组成员：黎 林

省国有资产监督管理委员会

党委书记、副主任：刘捷明
主任：（空缺）
副主任：林 立 林 杰 邱志向 左 宇 刘宝和
纪委书记：黄共和

省地方税务局

局长：（空缺）
副局长：杨 隽* 汪茂昌 郑孝真
纪检组长：赖土发
总会计师：刘尚逊
党组成员：张祖康

省工商行政管理局

局长：黄培惠
副局长：吴添富 许瑞察
纪检组长：林义铭

省质量技术监督局

局长：郑建闽
党组书记：严效东
副局长：吴 赳 刘先义
纪检组长：郭 延
总工程师：刘绍文

省新闻出版广电局

局长：陈立华
副局长：蒋达德 胡永新 庄志松 张丽娟 张明生 肖贵新

省体育局

局长：王维川
副局长：陈忠和 李 静*

省安全生产监督管理局

局长：郑李亭
副局长：裘松樵 吴文盛 周惠珍*
纪检组长：王志明
总工程师：郭金星

省食品药品监督管理局

局长：林凤祥
副局长：俞开海 黄 玲* 江振长
党组成员：林国闪 张剑平

省统计局

局长：孙希有
副局长：林文芳 陈志强 雷志亮
总统计师：翁福官

省旅游局

局长：吴贤德
党组副书记、副局长：吴立官
副局长：郑维荣 苏庆赐

省粮食局

局长：林锡能
副局长：冯利辉 赖应辉 黄敬和

省物价局

局长：林作明
副局长：赖文达 魏明镇
总经济师：李跃年

省政府侨务办公室

主任：冯志农
副主任：林泽春 刘良辉 郑惠文

省人民防空办公室

主任：陈照瑜
副主任：刘革生 孙根生

薛依强　张祖明

省政府驻北京办事处

主任：孔繁圣

副主任：林　光　林先鑫　潘弘图

省地质矿产勘查开发局

局长：邵　旭

副局长：倪　超　郑荣富　韩康平

纪检组长：吴晓明

总工程师：周珍琦

中国海峡人才市场

总经理：廖世铢

副总经理：游诚志　杨　石　叶金山

省供销社

主任：林少雄

副主任：王剑华　占飞豹　林　勤

纪检组长：郑恢先

省地方志编纂委员会

主任：陈秋平

副主任：俞　杰　林　浩

省政府发展研究中心

主任：李　强

副主任：黄　端　胡建荣　廖荣天

省农业科学院

党委书记：陈永共

院长：翁启勇

副院长：余文权　汤　浩

纪委书记：陈世奎

省政府项目投资评审中心

主任：张福寿

副主任：周跃华　柳树青

总经济师：郑　灵*

福建社会科学院

院长：张　帆

党组书记：陈祥健

副院长：黎　昕　李鸿阶　刘小新

省广播影视集团

董事长：张宗云

副董事长：王　展　陈若凡　刘宜民　叶雄彪

纪检组长：朱则辉

省政府驻上海办事处★

主任：萨支申

副主任：赵闽阳　吴　翔　陈广蛟

省政府驻广州办事处★

主任：陈起东

副主任：许建设

省政府驻深圳办事处★

主任：王建富

副主任：魏建武

省政府法制办公室★

主任：黄岩生

副主任：姚　建　谬　瑾

省政府机关事务管理局★

局长：曹建平

副局长：武新生　陈加自

总会计师：梁四招

省公务员局★

局长：胡忠昭

副局长：洪长春　林月英*

省公安厅交通警察总队★

政委：苏　光

副总队长：刘建敏　傅仰余　张天景　蔡义德

纪委书记：赵　凤

党委委员：姚国培

省监狱管理局★

第一政委：陈　勇

局长：李杰鹏

政委：柯南木

副局长：陈　峰　陈由顺

纪委书记：钟火阵

党委委员：张家智　王子钦

省老龄办★

常务副主任：方少雄

副主任：张冀闽　林泰勤

省海洋渔业执法总队★

总队长：叶建平

政委：纪哨雄

副总队长：王友喜　张思荣　陈　俊　徐清风

副政委：陈福茂

省交战办★

主任：陈煊云

副主任：郑书天　庄宫明

省重点项目办★

主任：许碧瑞

省政府移民开发局★

局长：蔡　伟

副局长：雷　雄　杨昌健　谢尔国

省测绘地理信息局★

局长：陈跃进

党组书记：林　辉

副局长：林孝文

省知识产权局★

局长：颜志煌

副局长：李冬根　黄　平*　郑敏姜

省铁路建设办公室★

主任：史原增

副主任：章锦贵　刘焕尧　余乃武

省煤田地质局★

局长：黄玉荣

党委书记：张钦文

副局长：罗杰东　陈泉霖　伍青云

省水利水电勘测设计院★

院长：陈敏岩

党委书记：厉　云

副院长：何文兴　何光同

纪委书记：洪鹏飞

总工程师：吴树延

省疾病预防控制中心★

主任：郑奎城

副主任：王灵岚　张山鹰　陈爱钦

省经济信息中心★

主任：陈荣辉

副主任：李建和　陈　仁

总工程师：陈绍林

中国闽台缘博物馆★

党委书记：黄籴问

馆长：林建春

副馆长：陈健鹰　粘秋生

省教育考试院★

院长：陈明庆

副院长：余剑锋　陈　峰*　李俊玮

省节能监察（监测）中心★

主任：（空缺）

副主任：孟少明　吴晓凡

省公共资源交易中心★

主任：闵小权

省投资开发集团公司

董　事　长：严　正
总　经　理：彭锦光
党委副书记：陈国发
副 总 经 理：王　比　李　松*
　　　　　　王　非　林　崇
　　　　　　蔡　琳　刘珠雄
纪 委 书 记：陈志斌

省冶金（控股）公司

董　事　长：陈军伟
总　经　理：林作鉴
党组副书记：张　玲*
副 总 经 理：赖兆奕　许继松
　　　　　　侯孝亮　周　闽
纪 检 组 长：范建敏

省能源集团公司

董　事　长：林金本
总　经　理：郑　震
党委副书记：张　靖
副 总 经 理：周必信　林　群
　　　　　　吴维加　黄友星
纪 委 书 记：李寿发
总 会 计 师：卢范经

省交通运输集团公司

董　事　长：李兴湖
总　经　理：陈可香
副 总 经 理：陈　乐　黄循铀
　　　　　　肖祖建　陈乐章
　　　　　　杨锦昌　吴厚生
纪 委 书 记：苏志忠

省高速公路公司

董　事　长：涂慕溪
总　经　理：陈岳峰
党委副书记：吴毅荣
副 总 经 理：张　明　潘向阳
　　　　　　王　敏　邱　淮
　　　　　　蒋建新
纪 委 书 记：沈觉新
总 会 计 师：黄　晞*

中国（福建）外贸中心集团公司

总　经　理：陈军华
党委副书记：游向阳
副 总 经 理：赖建国　蔡浩革
　　　　　　宋福鋆　方炬洋
纪 委 书 记：吴祥明
总 会 计 师：许文章

厦门航空公司

董　事　长：车尚轮
总　经　理：赵　东
副 总 经 理：黄火灶　林朝阳
　　　　　　王景民　周卫东
　　　　　　黄国辉
纪 委 书 记：蔡顺驰

省船舶工业集团公司

董　事　长：赵金杰
总　经　理：谢荣兴
党委副书记：陈　晞
副 总 经 理：陈光灿　李振均
纪 委 书 记：陈　幸
总 会 计 师：李永忠

福建炼油化工公司

董事长、总经理：顾越峰
党 委 书 记：陈晓波
副 董 事 长：林金本
党委副书记、纪委书记：杨洪斌
副 总 经 理：刘彦昌　胡红页
　　　　　　陈飞山　刘向东
总 会 计 师：李思阳*
董　　　事：徐建平　刘　强
　　　　　　吴　宏

省轻纺（控股）公司

总　经　理：黄文定
副 总 经 理：陈国梁　郑书雄
　　　　　　黄金镖
纪 检 组 长：潘士颖
总 会 计 师：林兵霞*

省旅游发展集团公司

董　事　长：陈扬标
总　经　理：刘洪建
副 总 经 理：丁炳华　游克安
　　　　　　刘学忠
纪 委 书 记：陈占隆
总 会 计 师：余运庄

福建建工集团总公司

董　事　长：林秋美
党组副书记、纪检组长：徐　凯
副 总 经 理：丘亮新　刘晓群
　　　　　　黄国煌
总 工 程 师：阮锦发

省电子信息集团公司

董　事　长：邵玉龙
总　经　理：钟　军
副 总 经 理：林　升　黄　舒
　　　　　　卢文盛　陈施清
　　　　　　卞志航
纪 委 书 记：黄典昌
总 会 计 师：黄旭晖*

省汽车工业集团公司

董　事　长：黄　莼
副 总 经 理：王志勇　李岩峰
　　　　　　陈文豪　陈　锋
纪 检 组 长：魏香金
董　　　事：林　崇

福建石化集团公司

董　事　长：林金本
总　经　理：徐建平
党委副书记：吴　宏
副 董 事 长：周文成
副 总 经 理：刘　强　朱玉武
纪 委 书 记：柯南进
董　　　事：周必信　卢范经

省机电（控股）公司

董　事　长：王会锦
总　经　理：董飞龙
副 总 经 理：陈伯炜　陈　斌
纪 委 书 记：黄　和
总 会 计 师：张　琪*

省招标采购集团公司

董　事　长：陈　武
总　经　理：林文斌
副 总 经 理：丁宗庭　程立平
　　　　　　张亲议
纪 委 书 记：赵　斌
总 会 计 师：周辉芳

海峡出版发行集团公司

董　事　长：刘瑞州
总　经　理：林　彬
党委副书记、纪委书记：刘玉坤
副 总 经 理：林义良　林　彬*
　　　　　　吴志明
总 会 计 师：陈逢淮

福建广电网络集团公司

董　事　长：张　远
总　经　理：谢晶思
副 总 经 理：梁章林　林剑生
总 会 计 师：周　萍*

兴业银行

董　事　长：高建平
行　　　长：陶以平
监　事　长：蒋云明
副　行　长：陈锦光　薛鹤峰

李卫民 陈信健
孙雄鹏
党委委员：黄金琳

省农村信用社联合社

理事长：余 军
主 任：张镇雄
副主任：林章毅 张永良
刘爱晖* 陈金德

【福建省各设区市人民政府领导名单】

福州市政府

代市长：尤猛军
副市长：林 飞 严可仕
阮孝应 潘东升
杭 东 胡振杰
杨新坚 李 春*

厦门市政府

代市长：庄稼汉
副市长：黄 强 国桂荣*
林 锐 孟 芊
张毅恭 李跃辉
韩景义 卢 江

漳州市政府

代市长：刘 远
副市长：梁伟新 谢毅泰
黄华安 张翼腾
兰万安 沈志平
陈水树 吴卫红*

泉州市政府

市长：康 涛
副市长：林万明 张永宁
陈荣洲 周真平*
卢炳椿 陈灿辉
季翔峰 洪自强
吕 刚 肖汉辉
农 刚

莆田市政府

代市长：李建辉
副市长：傅冬阳 张丽冰*
陈志强 蒋志雄
李伙金 吴健明
陈惠黔 郑瑞锦
胡国防

三明市政府

代市长：余红胜
副市长：黄建波 肖明光
林俊德 肖华鑫
张元明 陈育煌
张文珍* 程鹏鹰

南平市政府

代市长：许维泽
副市长：张国旺 廖俊波
罗恩平 钟文龙
黄书荣 梁廉荣
朱仁秀* 黄苏福

龙岩市政府

市长候选人：林兴禄
副市长：王 龙 郭丽珍*
赖永龙 黄庆辉
张 斌 王建生
谢海波 张朝阳
蔡蔚荻 李庆刚
孙秋霞*

宁德市政府

市长候选人：郭锡文
副市长：曾智勇 黄建龙
兰斯琦 缪绍炜
郑雷声 黄国璋
杨 方

平潭综合实验区管委会

主任：林文耀
副主任：林江玲* 周青松
臧铁伟 赖继秋
许永西 袁 野
欧阳晓波

【中央有关部委驻闽直属机构负责人名单】

新华社福建分社

社长：刘 亢
副社长：郭奔胜 梅永存
党组成员：林国良 肖伦添

中科院福建物构所

所长：曹 荣
党委书记：黄艺东
副所长：兰国政 林文雄
卢灿忠
党委副书记、纪委书记：方荣良

中科院城市环境研究所

所长：朱永官
党委书记：蔡 澎
副所长：陈少华 贺 泓

国家林业局驻闽专员办事处

专员：尹刚强
副专员：吴满元
党组成员：彭华福

财政部驻闽专员办事处

监察专员：王国利
副监察专员：陈雪敏 郑延良

国家统计局福建调查总队

总队长：程良世
副总队长：陈志良 林鹰漳
林昭利
纪检组长：徐学金
党组成员：康 君

省国家税务局

局长：林京华
党组副书记、副局长：邱大南
副局长：陈慕斌 林茂椿
纪检组长：何大壮
总会计师：林国镜
总经济师：郑元芳
总审计师：陈 艳*

厦门市国家税务局

局长：朱俊福
副局长：钟油子 戴黎明*
陈海燕* 陈 健
纪检组长：林 祥
总经济师：杨国金

省气象局

局长：董 熔
党组副书记：周京星*
副局长：葛小清 邓 志
纪检组长：陈 彪
党组成员：潘敖大

省地震局

局长：金 星
副局长：朱金芳 朱海燕
林 树
纪检组长：龙清风

福建海事局

局长：徐增福
党组书记、副局长：申亚平*
副局长：黄丹华* 李恩东
宋剑华
纪检组长：陈 凯

厦门海事局★

局长：陈传金
党组副书记、纪检组长：王高耀
副局长：王玉宝 郭志强

厦门出入境边检总站

总站长：周宝坛
副总站长：任英超

福建煤矿安全监察局

局长：（空缺）
副局长：戴文鹏　朱石福
纪检组长：杨树民

商务部驻福州特派员办

特派员：王镇钢
副特派员：赵　平*

福州海关

关长：
副关长：何小平*　谢剑峰　于正中
纪检组长：陈文智
党组成员：林永兴

厦门海关

关长：柏华冰
副关长：王天舒　叶超俊　李　全
纪检组长：高继科
党组成员：林　高

福建出入境检验检疫局

局长：宇方成
副局长：詹开瑞　井　伟　郭忠鹏
纪检组长：方宇健
党组成员：林光龙

厦门出入境检验检疫局

局长：马元林
副局长：张冬冬　张跃彬　方元炜　林世峰

国网福建省电力有限公司

总经理：陈修言
党组书记：马士林
副总经理：牟景旭　徐建忠　郑家松　李功新　丛　阳
纪检组长：顾　诚
总会计师：程章磊
总工程师：周　刚
党组成员：蔡咸宜　郑佩祥

国电福建电力有限公司

总经理：李达彪
党组书记：刘志强
副总经理：涂朝阳
纪检组长：梁庆廉
总会计师：王芯芳

华电集团福建分公司

总经理：李立新
党组书记：邓平强
副总经理：陈瑞兴　曾庆华
纪检组长：王卫红*
总会计师：林茂绩

华能福建分公司

总经理：颜世刚
党组书记：李文学
副总经理：郭国明　陈　辉　万　骥　朱金美
纪检组长：陈传发

福建福清核电有限公司

董事长：陈　桦
总经理：徐利根
党委书记：鄢　斌
副董事长：蒋国元
党委副书记、纪委书记：朱书学
副总经理：陈国才　杨为城　朱鸿伟
总会计师：张柏山

中核集团福建联络部

主任：何　辉
副主任：许钧才　陈　光

中核华辰建设有限公司

总经理：董德建
党委书记：张国华
副总经理：王国庆　李兰川
纪委书记：杨国城
总会计师：肖太春
党委委员：邓燕宁

中国水利水电第十六工程局有限公司

总经理：林文进
党委书记：吕孟静
党委副书记、纪委书记：徐炳春
副总经理：金建国　杨伟明　吴广忠　王文飞　蓝荣和　谢亚章　杨铭钦
总会计师：曾继亮
总工程师：吴秀荣
党委委员：潘金仁

省邮政管理局★

局长：王　丰
副局长：揭光武　王文胜

省通信管理局

局长：张丽娟*
副局长：张　新
党组成员：陈建华*　何　强

省邮政公司

总经理：周贤胜
副总经理：黄志斌　王全江
纪检组长：吴建华
党组成员：蔡旺辉

中国电信福建公司

总经理：高金兴
副总经理：陈锦华　乐朝平　王志芳
纪检组长：黄　衍

中国移动福建公司

董事长、总经理：刘　坚
副总经理：张　莉*　葛松海　沈文海　首建国

中国联合网络通信福建分公司

总经理：欧阳恩山
党委副书记、纪委书记：戴　斌
副总经理：王为民　杨　暐　许海谋

中国铁通福建分公司

总经理：李昭晖
副总经理：吴恺平　王恒祥　王　洋
总会计师：叶志刚

民航福建安全监督管理局★

局长：李志峰
党委副书记：叶嘉斌
副局长：邓　歼　夏国明　张雄光

中国石化福建石油分公司

总经理：丁春生
党委书记：方启来
党委副书记：陈必文
副总经理：王　琴*　刘玉涛

中国石油福建销售分公司

总经理：王广生
党委书记：王明富
副总经理：韩　非　孙培锦　王申国
总会计师：齐　峰

中化泉州石化有限公司

总经理：张　强
党委副书记：仲伟华
副总经理：孟　华　王宗国　胡福磊　杜永智

李　波
纪委书记：王学利
党委委员：宋吉峰

中航技福建公司
总经理：方　艾*

省烟草专卖局（公司）★
局长、总经理：张永军
副局长：黄星光
副总经理：林则森　孔祥统　尤清祥
纪检组长：纪伍德

福建中烟工业公司
总经理：李跃民
副总经理：王建勇　王道宽　邱全胜　林荣欣　伍达明
纪检组长：林建红*

中储粮福建分公司
总经理：李祝春
副总经理：卓国锋　杜剑波

中国冶金地质勘查工程总局二局★
局长：孙修文
党委副书记、纪委书记：陈建民
副局长：张庆鹏　黄树峰
总会计师：刘　伟

大唐国际发电福建分公司
总经理：卜保生
党组书记：张树元
副总经理：潘松林　马占兵　李海鹏
纪检组长：高泽山

福建宁德核电有限公司
董事长：李一农
总经理：蒋兴华
副总经理：魏利锋　孟晓雄　黄小桁　马　刚　李树荣
纪委书记：刘传峰
总会计师：肖文芳

中铝瑞闽股份有限公司
董事长：谢金辉
党委书记：李　铁
总经理：李谢华
副总经理：蔡　峰　黄旭东　张荣旺
纪委书记：刘晓辉

银监会福建监管局
局长：赵　杰
副局长：黄邦锋　徐金玲*　陈树福
纪委书记：彭绪军

保监会福建监管局
局长：葛　翎
副局长：柯甫榕　黄志强

证监会福建监管局
局长：陈小澎
副局长：张　庆　苏文贤
纪委书记：屈　伟*

人行福州中心支行
行长：吴国培
副行长：杨长岩　陈　耕　吕进中　时　东
纪委书记：翁新辉
党委委员：周惠钦*

中国工商银行福建省分行
行长：朱春华
副行长：田　哲　李良茂　王升烽　郑志伟　陈建兴
纪委书记：林建忠

中国农业银行福建省分行
行长：张建良
副行长：石闽江　傅金荣　潘佐标　黄秋华*　陈展红

中国建设银行福建省分行
行长：刘丽华
副行长：陈万铭　王东标　黄　汾　林　平　黄建锋
纪委书记：郑碧玲*

中国银行福建省分行
行长：杨展鹏
副行长：林传伟　胡兴安　王　晓　林炳政　陈　敏*　黄德根
纪委书记：吕立中

中国农业发展银行福建省分行
行长：王铁民
副行长：蔡来法　陈志猛　王志光　杜洪星

国家开发银行福建省分行
行长：冯　驭*
副行长：刘喜荣　郑书月　庞景润
党委委员：邓　勇

中国进出口银行福建省分行
行长：王须国
副行长：耿志忠　吴劲涓*　刘正汉

长城资产管理公司福州办事处
总经理：陈良生
副总经理：江明康　陈昌龙
党委委员：魏铁军

中国信达资产管理公司福建分公司
总经理：蓝晓寒
副总经理：林　锋　王晓洁*

华融资产管理公司福建分公司
总经理：（空缺）
副总经理：李有根　陈　虎　刘秋勇

东方资产管理公司福州办事处
总经理：丁　宁
副总经理：何庆东　宋木江

中国人民财产保险公司福建分公司
总经理：骆少鸣
副总经理：林美琼*　纪　翔　陈　珍*　袁　辉　施培德

中国人寿保险公司福建分公司
总经理：江龙海
副总经理：江　波*　何幼平　阮　健*　叶寿华
党委委员：林向阳

中国人民人寿保险公司福建分公司
总经理：何　民
副总经理：侯景辉

中国人寿财产保险公司福建分公司
总经理：刘国钦
副总经理：郭艺荣　陈　峰
党委委员：苏新华

中信银行福州分行
行长：李　欣
副行长：林大业　沈明忠　章英芬*　林师禹
党委委员：陈　曦

交通银行福建省分行
行长：王文进
副行长：官惠宣*　陈　俊
纪委书记：谭　红*

中国出口信用保险公司福建分公司

总　经　理：夏晓冬
党委委员：官文峰

中国人民健康保险公司福建分公司
总　经　理：黄伟纲
纪委书记：何　磊
党委委员：张　力　李　助

【中共福建省各县（市、区）委正职名单】

中共鼓楼区委
书　　记：薛　侃
中共台江区委
书　　记：李　凡
中共仓山区委
书　　记：蔡福勇
中共晋安区委
书　　记：刘卓群
中共马尾区委
书　　记：赵学峰
中共福清市委
书　　记：王进足
中共长乐市委
书　　记：许南吉
中共闽侯县委
书　　记：李永祥
中共连江县委
书　　记：周应忠
中共闽清县委
书　　记：许用贵
中共罗源县委
书　　记：何杰民
中共永泰县委
书　　记：陈　斌
中共思明区委
书　　记：游文昌
中共湖里区委
书　　记：林　建
中共集美区委
书　　记：李钦辉
中共海沧区委
书　　记：林文生
中共同安区委
书　　记：黄燕添
中共翔安区委
书　　记：黄奋强
中共芗城区委
书　　记：侯为东
中共龙文区委
书　　记：欧龙光
中共龙海市委
书　　记：郑隆松
中共漳浦县委
书　　记：戴平忠
中共东山县委
书　　记：陈云水
中共长泰县委
书　　记：方木荣
中共华安县委
书　　记：朱百里
中共平和县委
书　　记：郭德志
中共南靖县委
书　　记：黄劲武
中共诏安县委
书　　记：何德发
中共云霄县委
书　　记：王金狮
中共鲤城区委
书　　记：黄阳春
中共丰泽区委
书　　记：黄景春
中共洛江区委
书　　记：洪飞跃
中共泉港区委
书　　记：吴礼源
中共石狮市委
书　　记：朱启平
中共晋江市委
书　　记：刘文儒
中共南安市委
书　　记：王春金
中共惠安县委
书　　记：黄文胜
中共永春县委
书　　记：蔡萌芽*
中共安溪县委
书　　记：高向荣
中共德化县委
书　　记：梁玉华*
中共荔城区委
书　　记：杨朝东
中共城厢区委
书　　记：王文才
中共涵江区委
书　　记：陈万东
中共秀屿区委
书　　记：郑加清
中共仙游县委
书　　记：郑亚木
中共梅列区委
书　　记：杨　胜
中共三元区委
书　　记：郑清华
中共永安市委
书　　记：蒋先东
中共将乐县委
书　　记：刘润宇
中共沙县县委
书　　记：杨兴忠
中共尤溪县委
书　　记：杨永生
中共大田县委
书　　记：熊旭明
中共明溪县委
书　　记：李　腾
中共宁化县委
书　　记：余建地
中共建宁县委
书　　记：郑剑波
中共泰宁县委
书　　记：吕国健
中共清流县委
书　　记：池芝发
中共延平区委
书　　记：何明星
中共邵武市委
书　　记：何光松
中共武夷山市委
书　　记：马必钢
中共建瓯市委
书　　记：丘　毅
中共建阳区委
书　　记：杨新强
中共顺昌县委
书　　记：江建华
中共光泽县委
书　　记：陈敏辉
中共浦城县委
书　　记：周永和
中共政和县委
书　　记：黄爱华*

中共松溪县委
书　　记：黄美萍*
中共新罗区委
书　　记：刘友洪
中共漳平市委
书　　记：陈论生
中共永定区委
书　　记：王金福
中共武平县委
书　　记：陈厦生
中共上杭县委
书　　记：傅藏荣
中共长汀县委
书　　记：廖深洪
中共连城县委
书　　记：钟勇强
中共蕉城区委
书　　记：毛祚松
中共福安市委
书　　记：谢再春
中共福鼎市委
书　　记：刘振辉
中共霞浦县委
书　　记：王　斌
中共寿宁县委
书　　记：汤孔忠
中共周宁县委
书　　记：包江苏
中共柘荣县委
书　　记：郭宋玉
中共古田县委
书　　记：钟昌华
中共屏南县委
书　　记：吴允明
中共平潭县委
书　　记：张兆民

【各县（市、区）人民政府正职名单】
鼓楼区政府
代 区 长：朱训志
台江区政府
代 区 长：孙　利
仓山区政府
代 区 长：梁　栋
晋安区政府
代 区 长：张定锋
马尾区政府
代 区 长：陈曾勇
福清市政府
代 市 长：张　帆
长乐市政府
代 市 长：蔡劲松
闽侯县政府
代 县 长：林　颖*
连江县政府
代 县 长：郑立敏
闽清县政府
代 县 长：陈忠霖
罗源县政府
代 县 长：林心銮
永泰县政府
代 县 长：雷连鸣
思明区政府
区　　长：夏长文
湖里区政府
区　　长：徐国庆
集美区政府
区　　长：何东宁
海沧区政府
区　　长：孟　芊
同安区政府
区　　长：王雪敏*
翔安区政府
区　　长：胡　盛
芗城区政府
区　　长：吴洪池
龙文区政府
区　　长：胡栋良
龙海市政府
市　　长：何才成
漳浦县政府
县　　长：黄庆华
东山县政府
县　　长：朱　真*
长泰县政府
县　　长：陈力予
华安县政府
县　　长：陈东海
平和县政府
县　　长：吴丁顺
南靖县政府
县　　长：钟　科
诏安县政府
县　　长：洪泰伟
云霄县政府
县　　长：张明东
鲤城区政府
区　　长：许宏程
丰泽区政府
区　　长：杨国昕
洛江区政府
区　　长：苏汉庭
泉港区政府
区　　长：颜朝晖
石狮市政府
市　　长：黄春辉
晋江市政府
市　　长：张文贤
南安市政府
市　　长：林荣忠
惠安县政府
县　　长：赖清正
永春县政府
县　　长：庄永智
安溪县政府
县　　长：刘林霜
德化县政府
县　　长：刘德旺
荔城区政府
区　　长：柯金国
城厢区政府
区　　长：吴文恩
涵江区政府
区　　长：连向红*
秀屿区政府
区　　长：蔡　晃
仙游县政府
县　　长：吴国顺
梅列区政府
区　　长：张昌平
三元区政府
区　　长：廖卫国
永安市政府
市　　长：陈文华
将乐县政府
县　　长：温　毅
沙县县政府
县　　长：汪志红*
尤溪县政府
县　　长：廖金辉
大田县政府

县　　长：林金龙

明溪县政府

县　　长：苏迎平

宁化县政府

县　　长：姚文辉

建宁县政府

县　　长：陈显卿

泰宁县政府

县　　长：王胜文

清流县政府

县　　长：张春华

延平区政府

区　　长：赵明正

邵武市政府

市　　长：丁贵生

武夷山市政府

市　　长：林旭阳

建瓯市政府

市　　长：周安有

建阳区政府

区　　长：魏敦盛

顺昌县政府

县　　长：余向红*

光泽县政府

县　　长：赵大建

浦城县政府

县　　长：沈晓文

政和县政府

县　　长：张行书

松溪县政府

县　　长：苏建旗

新罗区政府

区　　长：陈金龙

漳平市政府

市　　长：马　勇

永定区政府

区　　长：陈荣水

武平县政府

县　　长：廖卓文

上杭县政府

县　　长：王　波

长汀县政府

县　　长：马水清

连城县政府

县　　长：吕素梅*

蕉城区政府

区　　长：郭文胜

福安市政府

市　　长：叶其发

福鼎市政府

市　　长：袁华军

霞浦县政府

县　　长：颜谋元

寿宁县政府

县　　长：张成慧

周宁县政府

县　　长：黄桂诚

柘荣县政府

县　　长：雷祖铃

古田县政府

县　　长：党　帅

屏南县政府

县　　长：王旭东

平潭县政府

代 县 长：林文耀

【省政协主席、副主席、正副秘书长名单】

主　　席：张昌平

副 主 席：张爕飞　刘可清　张　帆　郑兰荪　郭振家　陈荣凯　杨根生　陈向先　陈绍军　薛卫民　陈义兴

秘 书 长：刘　明

副秘书长：刘宏伟　廖小军　陈培昭*　陈　巧*　黄树清　李　韧　柳　红*　刘　泓　郭学军　刘　珂*　李子林　江荣全　郑家建　柯连妹*

【省政协办公厅、专委会领导名单】

主　　任：刘宏伟

副 主 任：陈榕军*　董　奕　陈善平

纪检组组长：闵蕙君*

研究室主任：邹国辉

委员工作室主任：林彩英*

提案委员会主任：林文杰

专职副主任：曾少鸿

经济委员会主任：

专职副主任：张贵明

人口资源环境委员会主任：马承佳

专职副主任：

教科文卫体委员会主任：

专职副主任：江登峰

社会和法制委员会主任：钟维平

专职副主任：张长松

民族和宗教委员会主任：杨志英

专职副主任：阙永善

港澳台侨和外事委员会主任：吴国盛

专职副主任：卢德昌

文史和学习委员会主任：陈必滔

专职副主任：凌　冰*

【各设区市政协正副职领导，各县、市（区）政协正职领导名单】

福州市政协主席：周　宏

副 主 席：雷成财　范美先　林治良　郑新清*　林绍彬　郑　勇　林恒增　陈继鹏

鼓楼区政协主席：林碧芬*

台江区政协主席：林品光

仓山区政协主席：阮　峰

晋安区政协主席：赵　坚

马尾区政协主席：吴友习

福清市政协主席：林　中

长乐市政协主席：延建霖

闽侯县政协主席：王彦强

连江县政协主席：林承祥

闽清县政协主席：毛行青

罗源县政协主席：何宗乐

永泰县政协主席：王德冠

厦门市政协主席：张　健

副 主 席：钟兴国　詹沧州　江曙霞*　魏　刚　陈昌生　黄世忠　高玉顺　黄培强　黄学惠*　陈永裕

思明区政协主席：陈炳良

湖里区政协主席：林　凡

集美区政协主席：胡亚才

海沧区政协主席：吕永辉

同安区政协主席：黄小林

翔安区政协主席：周鲁闽

漳州市政协主席：谭培根

（2016年9月20日不再担任）
副　主　席：许少钦　林俊山
杨银玉*　庄振生
陈少青　柳建聪
柯志宏　黄井南
芗城区政协主席：沈龙顺
龙文区政协主席：许鹃君*
龙海市政协主席：高伟强
漳浦县政协主席：林培兴
云霄县政协主席：王彩云*
诏安县政协主席：陈一森
东山县政协主席：朱发展
平和县政协主席：张茂杞
南靖县政协主席：李涌华
长泰县政协主席：曾建平
华安县政协主席：曾贵森
泉州市政协主席：杨俊峰
（2016年3月29日不再担任）
副　主　席：苏小青*　骆沙鸣
陈铭福　王祖耀
李冀平　王瑞强
陈　益*
鲤城区政协主席：郭成宗
丰泽区政协主席：上官蓝波
洛江区政协主席：王伊景
泉港区政协主席：朱云鹏
石狮市政协主席：林自育
晋江市政协主席：林仁达
南安市政协主席：洪顺昌
惠安县政协主席：蔡荣清
安溪县政协主席：梁金良
德化县政协主席：温文英*
永春县政协主席：康思坚
三明市政协主席：朱昌贤
副　主　席：李茂胜　许清华
曾明生　李宝兰*
朱一勤　阎伟强
伍成康　蔡光信
陈　欣
三元区政协主席：李世福
梅列区政协主席：范纯文
永安市政协主席：张新兴
清流县政协主席：邓炳辉
宁化县政协主席：李平生
建宁县政协主席：陈海涛
泰宁县政协主席：高惠斌
明溪县政协主席：吴焰生
将乐县政协主席：吴国宝
沙县政协主席：林昭闹
尤溪县政协主席：林思文
大田县政协主席：余真华
莆田市政协主席：林庆生
副　主　席：陈　元　李力利
王玉宝　林惠中
彭丽靖*　梁国章
王少华　赵爱红*
吴健明　俞建忠
仙游县政协主席：林志良
荔城区政协主席：郑占林
城厢区政协主席：黄志强
涵江区政协主席：邹荔平
秀屿区政协主席：郑永祥
南平市政协主席：张建光
副　主　席：卓立筑　郭翠莲*
柳贵清　张　皓*
项小玲*　潘丽贞*
陈少敏　余建坤
延平区政协主席：刘启财
建阳区政协主席：吴少华
邵武市政协主席：蔡忠明
武夷山市政协主席：杨永华
建瓯市政协主席：叶国壮
顺昌县政协主席：易才卿
浦城县政协主席：张建斌
光泽县政协主席：王寅生
松溪县政协主席：吴海舰
政和县政协主席：魏万进
龙岩市政协主席：温锡浩
副　主　席：李新春　张琼珊*
张菊兰*　郑玉琳*
张子平　赖招源
姚植华　陈晓东
邱玉燕*
新罗区政协主席：张志佳
永定区政协主席：廖方顺
上杭县政协主席：林英峰*
武平县政协主席：王云川
长汀县政协主席：丘发添
连城县政协主席：赖小香*
漳平市政协主席：于新远
宁德市政协主席：郑民生
副　主　席：林　寿　王代忠
陈　忠　章瑞进
雷仕庆　刘登健
黄家盛　魏福根
蕉城区政协主席：蓝晓平*
福安市政协主席：陈昌东
福鼎市政协主席：李绍美
霞浦县政协主席：韦大兴
寿宁县政协主席：陈信文
周宁县政协主席：周建斌
柘荣县政协主席：吴秀兰*
古田县政协主席：刘振茂
屏南县政协主席：周芬芳*

平潭综合实验区

平潭县政协主席：刘建宁

【福建省高级人民法院】

院　　长：马新岚*
副　院　长：何　鸣　周瑞春
许先丛　罗志沙
谢开红
纪检组长：陈灿寿
党组成员：段思明　王汉宏
林玫瑰*

【福建省人民检察院】

检　察　长：何泽中
副检察长：何小敏　李明蓉*
傅再明　吴超英
邬勇雷　欧秀珠*
洪　清
纪检组长：朱　隽
党组成员：吴金喜　王小青*
林　豪　方齐苗

【中共福建省纪委书记、副书记、常委、秘书长名单】

书　　记：刘学新
副　书　记：陈善光　黄德安
黄汉升　洪仕建
常　　委：刘学新　陈善光
黄德安　黄汉升
洪仕建　游美萍*
陈国建　张淑萍*
薛云官　冯新婷*
邱天华
秘　书　长：洪仕建（兼）

【各设区市纪委正副职领导，各县、市（区）纪委正职领导名单】

福州市纪委书记：修兴高
副　书　记：张娇兴　肖敦颖　叶　谊
鼓楼区纪委书记：陈一飞
台江区纪委书记：陈自勇
仓山区纪委书记：李　雄
晋安区纪委书记：林存武
马尾区纪委书记：苏　建
福清市纪委书记：张永森
长乐市纪委书记：池至清
闽侯县纪委书记：李　充
连江县纪委书记：程　靖
闽清县纪委书记：郭有旭
罗源县纪委书记：郑　勇
永泰县纪委书记：薛　博
厦门市纪委书记：孙明忠
副　书　记：黄聪敏　周　进　柯　军
思明区纪委书记：苏德本
湖里区纪委书记：陈甦帆
集美区纪委书记：刘琦龙
海沧区纪委书记：黄炳文
同安区纪委书记：洪朝墙
翔安区纪委书记：施耿瑶*
漳州市纪委书记：林叶萍*
副　书　记：李铁军　陈志斌　林文井
芗城区纪委书记：沈洪坤
龙文区纪委书记：赖晓勤*
龙海市纪委书记：陈群伟
漳浦县纪委书记：陈金生
云霄县纪委书记：蔡向东
诏安县纪委书记：林志辉
东山县纪委书记：郑凤义
平和县纪委书记：欧阳劲松
南靖县纪委书记：李　琳*
长泰县纪委书记：杨尚庞
华安县纪委书记：李文兴
泉州市纪委书记：温惠榕
副　书　记：郑安娜*　许锦聪　苏双喜
鲤城区纪委书记：洪金城
丰泽区纪委书记：许勤荣
洛江区纪委书记：庄稼祥
泉港区纪委书记：陈沙龙
石狮市纪委书记：林振海
晋江市纪委书记：许仰东
南安市纪委书记：李岩华
惠安县纪委书记：刘炳祥
安溪县纪委书记：林文超
德化县纪委书记：林明义*
永春县纪委书记：江　渊
三明市纪委书记：游宇飞
副　书　记：张　健　黄金伙　黄惠元
三元区纪委书记：揭卫华
梅列区纪委书记：吴茂生
永安市纪委书记：徐　文
清流县纪委书记：陈孝秉
宁化县纪委书记：江向荣
建宁县纪委书记：邓军安
泰宁县纪委书记：乐仁昌
明溪县纪委书记：谭细华
将乐县纪委书记：江太生
沙县县纪委书记：吴江潮
尤溪县纪委书记：杨金笔
大田县纪委书记：黄家发
莆田市纪委书记：吴立新
副　书　记：邱文高　林清忠　潘冬英*
仙游县纪委书记：施晓阳
荔城区纪委书记：沈堂明
城厢区纪委书记：余丽红*
涵江区纪委书记：郭志诚
秀屿区纪委书记：陈四海
南平市纪委书记：陈熙满
副　书　记：胡锡安　余文新　叶月庭
延平区纪委书记：林华生
邵武市纪委书记：谢　琦
武夷山市纪委书记：涂桦忠
建瓯市纪委书记：杨　銮*
建阳区纪委书记：连大松
顺昌县纪委书记：谢舜宏
浦城县纪委书记：郑　辉
光泽县纪委书记：黄　河
松溪县纪委书记：虞朝兵
政和县纪委书记：张　荣
龙岩市纪委书记：李成荣
副　书　记：沈觉新　邓伟斌　张金滨
新罗区纪委书记：张伟明
永定区纪委书记：陈文操
上杭县纪委书记：胡长松
武平县纪委书记：傅衍华
长汀县纪委书记：郭育坚*
连城县纪委书记：张前茂
漳平市纪委书记：罗　剑
宁德市纪委书记：陈力达
副　书　记：卢明光　林　海　李　琳*
蕉城区纪委书记：陈　国
福安市纪委书记：阮志勇
福鼎市纪委书记：高申年
霞浦县纪委书记：郑立松
寿宁县纪委书记：孙绍洪
周宁县纪委书记：包文俏*
柘荣县纪委书记：刘东忠
古田县纪委书记：胡　宁*
屏南县纪委书记：许群峰
平潭综合实验区纪工委书记：林共妙
副　书　记：郑晓东
平潭县纪委书记：林共妙

【民主党派和省工商联负责人名单】

民革福建省委

主　委：邓力平
副主委：方　群　柳　红*　夏先鹏　国桂荣*　赖钟雄　黄绳跃　余文森　樊美清　董良瀚
秘书长：董良瀚（兼）

民盟福建省委

主　委：郑兰荪
副主委：高诚辉　吴小南　李明蓉*　林治良　蒋方斌　陈昌生　焦念志　刘　泓　陈礼辉
秘书长：刘丹艳*

民建福建省委

主　委：郭振家
副主委：吴志明　黄克安　程思怡*　黄世忠　郭学军　王宗华　戴仲川
秘书长：程思怡*

民进福建省委

主　委：张　帆
副主委：魏　刚　郑家建

严可仕　何　强
张　兰* 翁国星
刘　健

秘书长：林全金

农工党福建省委

主　委：陈绍军
副主委：姚元根　刘献祥
赖应辉　陈兴生
郑新清* 王　焱
李笃妙　杨　琳（专职）
侯建明
秘书长：陈　巧*

致公党福建省委

主　委：薛卫民
副主委：刘　珂* 黄如论
陈铭福　鄢　萍*
徐平东　兰万安
叶　敏
秘书长：吴棉国

九三学社福建省委

主　委：洪捷序
副主委：黄培强　林绍彬
李子林　吴小颖
赵　静* 陈美琼*
马祥庆

台盟福建省委

主　委：郑建闽
副主委：江尔雄* 骆沙鸣
陈紫萱* 廖明宏
陈　椿　李珊珊*
柯连妹*

省工商业联合会（总商会）

主席（会长）：王光远
党组书记：李家荣
党组成员、副主席（副会长）：江荣全
李建南
陈建强
党组成员、秘书长：陈　飚

【各群众团体负责人名单】

省总工会

主　席：张广敏
党组书记、副主席：丁文清
党组成员、纪检组长：郑小蕊*
党组成员、副主席：郭立新
柳公立
张彩珍*
党组成员、经审会主任：卢明琪
副主席：高榕（兼）*
陆菁（兼）*
冯鸿昌（兼）

团省委

书　记：宿利南
副书记：陈涛　杨溢　陈训明

省妇联

党组书记、主席　吴洪芹*

省文联

党组书记、书记处书记：张作兴
党组成员、书记处书记：林瑞发
陈毅达
王来文
主　席：张　帆
副主席：张作兴
林瑞发
陈毅达
王来文
杨少衡
陈秋平
范碧云*
罗训诵
柯云瀚
唐晓燕*
舒　婷*
曾静萍*

省科协

主　席：郑兰荪
副主席：杨江帆　吴瑞建
林学理　史　斌
洪茂椿　谢华安
付贤智　田中群
焦念志　陈元仲
孙世刚　郑金贵
刘　波　徐西鹏
黄汉升　尤民生
陈立典　苏文金

省社科联

主　席：高翔（兼）
党组书记、副主席：冯潮华
党组成员、副主席：陈文章
缪建萍*
党组成员、秘书长：林兵武

省侨联

党组书记、主席：陈式海
党组成员、副主席：谢小建
翁小杰
党组成员、秘书长：吴武煌

省台联

会　长：江尔雄*
副会长：梁志强　陈小凡（兼）
叶劲光（兼）
陈永东（兼）
陈严辉（兼）

省金门同胞联谊会

会　长：陈笃彬
副会长：林　荣*
陈　呈
柯坤海
副秘书长、办公室副主任：方　冷*
副秘书长：张亚伦

省残联

党组书记、理事长：柯少愚
党组成员、副理事长：杨小波
王秀丽*
陈　强

省贸促会

会长、党组书记：陈　震
副会长、党组成员：傅　健
戴秀芳*
谢续华
秘书长：彭华民

省中华职教社

主　任：郭振家
党组书记：黄子曦
副主任：黄子曦　彭钦华
刘　平* 高诚辉
欧宗金　王建民
王清海
秘书长：黄碧升

省留学生同学会（留学人员联谊会）

会　长：郑传芳
副会长：王　健　孙世刚
孙大海　汤昭平
关瑞章　陆开锦
吴季怀　陈以旺
杨　辉　李　敏*
张兆民　罗　健
郑　瑜* 林建华
洪茂椿　黄建民
秘书长：陈　安

注：*为女同志，★为二级机构。

（名单以2016年12月底在职者为准，由省委组织部信息管理办公室、省人大、省政协、省纪委、各民主党派福建省委、省工商联、各群众团体提供）

编辑：林忠玉　孙洁斐

机关团体

中国共产党福建省委员会

【概况】 2016年，中共福建省委贯彻落实党的十八大和十八届三中、四中、五中、六中全会精神，学习贯彻习近平总书记系列重要讲话精神和对福建工作的重要指示，按照“五位一体”总体布局和“四个全面”战略布局，树立和落实五大发展理念，贯彻中央支持福建深化改革、加快发展的一系列决策部署，推动各项事业发展取得新进展，实现“十三五”良好开局。

全面落实管党治党的政治责任。省委强化主业意识，落实全面从严治党主体责任，加强和规范党内政治生活，提升各级党组织的创造力战斗力凝聚力。坚决维护党的领导核心。党的十八届六中全会闭幕后，省委第一时间召开常委（扩大）会议进行传达学习，拥护习近平总书记为党中央和全党的核心，坚决维护以习近平同志为核心的党中央权威。在省第十次党代会、十届省委一次全会、省纪委十届二次全会等会议上，省委书记尤权及其他省委领导都反复强调维护领导核心是重大政治原则，是最重要的政治纪律和政治规矩，要求全省广大党员干部进一步增强政治意识、大局意识、核心意识、看齐意识，始终在思想上政治上行动上同以习近平同志为核心的党中央保持高度一致。福建是习近平总书记长期工作过的地方，福建的干部群众对习近平总书记有着特别深厚的感情，大家一致认为，习近平总书记成为党的领导核心，是党和国家之福，是人民之幸。

推进“两学一做”学习教育。把“两学一做”作为推动全面从严治党向基层延伸的重要举措。省委常委带头示范，各级党委（党组）班子成员带头给党员干部上党课。以整顿软弱涣散基层党组织为重点，推动基层组织建设全面加强。抓住流动党员教育管理这个难点，让每位党员都参与到学习教育中来。开展向先进典型学习活动，用身边人身边事教育党员。对基层学习教育情况开展督促检查，促进学习教育任务落到实处。完成省市县乡党委换届。把换届工作作为重要政治任务，强化领导和把关作用，特别是严把政治关、廉洁关，努力精准选人用人。坚持正风肃纪，抓好换届纪律宣传教育，严肃查处违反换届纪律的行为，整个换届工作平稳有序、风清气正。省第十次党代会成功召开，确定“再上新台阶、建设新福建”的中心任务，把贯彻落实习近平总书记提出的“建设机制活、产业优、百姓富、生态美的新福建”确定为今后五年福建发展的奋斗目标，以此来凝聚全省干部群众力量；选举产生新一届省委和省纪委，为福建发展提供重要的组织保证。持续纠正“四风”。省委常委会带头落实中央八项规定精神，带动各级领导班子和广大党员干部驰而不息纠正“四风”，惩治群众身边的不正之风，推动党风政风向上向善。紧盯重要时间节点，严肃查处顶风违纪行为，做到越往后执纪越严，进一步促进党内正气上升、党风好转、社会风气上扬，让人民群众感到新的变化。推进反腐败斗争。要求各级党委（党组）全面履行主体责任，并以问题清单和问责清单倒逼“两个责任”落实。省委常委分别带队到各地开展党风廉政建设责任制落实情况专项检查，以“五抓五看”（看有没有抓加强教育，看有没有抓制度建设，看有没有抓“一把手”，看有没有抓查处，看有没有抓部署、检查、落实）作为主要内容，检查“两个责任”落实情况。组织设区市一级党委书记向省纪委全会书面述廉述责。运用监督执纪“四种形态”，深化和落实廉政谈话提醒机制，对党员干部开展谈话函询，让“红红脸、出出汗”成为常态。2016年，全省谈话函询20295人；轻处分7141人、单纯受组织调整（适当处理）8127人；重处分和重大职务调整4065人；移送司法机关处理776人。出台福建省贯彻问责条例的实施办法，严格责任追究，强化压力传导，确保工作落实。坚持常规巡视和专项巡视相结合，实现对全省巡视对象全覆盖，全面启动市县党委巡察工作，推动巡视巡察工作向基层延伸。深化纪检体制改革，实现对省一级党政机关和厅级事业单位派驻监督全覆盖。坚持有腐必反、有贪必肃，保持惩治腐败高压态势，查处一批严重违纪案件，反腐败斗争压倒性态势已经形成。

推进供给侧结构性改革。面对严峻复杂的外部环境和经济下行压力，省委加强对经济工作的领导，在2015年和2016年连续召开三次全委会，部署创新驱动、转型升级和推进供给侧结构性改革，落实“三去一降一补”（去产能、去库存、去杠杆、降成本、补短板）具体方案。落实新发展理念，以供给侧结构性改革为主线，以创新驱动、产业转型升级为重点，着力稳增长、调结构、强动力、惠民生、防风险，保持了经济平稳健康发展。全年实现地区生产总值2.85万亿元，比上年增长8.4%；一般公共预算总收入4295.2亿元，增长6.6%；地方一般公共预算收入2654.8亿元，增长7%；固定资产投资2.29万亿元，增长9.3%；外贸出口6838.9亿元，占全国份额保持基本稳定；社会消费品零售总额1.17万亿元，增长11.1%；城乡人均可支配收入分别增长8.2%和8.7%。煤炭、钢铁去产能超额完成国家下达任务，全省减轻企业负担353亿元，规模以上工业企业利润总额增长19.5%。加快福厦泉国家自主创新示范区建设，全省高技术产业增加值增长11.7%，海洋生产总值增长9%。推进集成电路、新型显示、冶金新材料等体量大、带动力强的重大项目建设，产值千亿元以上的产业集群达9个。服务业增加值增长10.7%，对经济增长的贡献率首次超过第二产业，金融业、物流业、旅游业增加值迅速提升，文化、体育、健康、养老等服务消费快速发展。特色现代农业发展水平不断提升，农村电子商务处于全国领先水平。

增创改革开放新优势。以国家赋予福建的一系列重大改革开放试验任务为抓手，发挥多区叠加优势，在深化改革扩大开放上迈出新步伐。突破重点领域改革。在统筹推进各项改革中，重点围绕“放管服”，取消省级行政审批事项288项、下放46项，90%以上事项实现网上办理，企业“五证合一”（营业执照、组织机构代码证、税务登记证、社会保险登记证和统计登记证）、投资项目并联审批在全省推开。“三明医改”经验得到中央肯定，医疗体制机制改革试点走在全国前列。推进新型农业经营体系建设和农村金融制度改革，农民股份合作、赋予集体资产股份权能等改革试点扎实开展，土地承包经营权确权登记颁证工作全面铺开。国有企业改革、文化管理体制和生产经营机制改革、投融资体制改革等不断深化。司法体制改革积极有序推进。完成省直机关各部门和省属垂直管理系统公车改革。自贸试验区建设成效明显。186项重点试验任务已实施170项。总体方案之外新增试验项目68个，已落实并取得初步成效48个。国际贸易“单一窗口”等17项创新举措在全国复制推广。自贸试验区全年新增企业34984家，增长99.02%，注册资本6640.6亿元，增长91.01%。其中新增台资企业929家，增长92.7%，合同台资24.6亿美元，增长1.4倍，占全省合同台资的84%。推进21世纪海上丝绸之路核心区建设。发挥和拓展侨的优势，推进福建与“一带一路”国家和地区的合作。福建省代表团赴新加坡、马来西亚、印尼访问，宣传“一带一路”倡议，推介福建海丝核心区规划和机遇。推进海陆空基础设施和信息通道互联互通，“台厦蓉欧”海铁联运列车实现常态化运营。省内高校与境外合作办学项目持续推进，厦门大学马来西亚分校正式开始招生。举办海上丝绸之路国际艺术节、丝绸之路国际电影节、南洋文化节等人文交流活动。对海丝沿线国家和地区出口1822.9亿元，新增对外投资增长61.6%。深化闽台交流合作。实施闽台产业对接计划和产业搭桥合作试点，促进闽台产业优势互补、贸易互促。全年实际利用台资增长53.9%，闽台贸易额656.5亿元。新增3个海峡两岸青年创业基地和1个示范点。举办第八届海峡论坛、2016年两岸企业家峰会年会、首届世界妈祖文化论坛等。台胞往来大陆实现免签注，金门供水工程大陆段基本具备通水条件。平潭国际旅游岛建设速度加快，新丝路跨境交易中心试营业，台车入闽、“小三通”和集装箱货运逐步常态化，对台海运快件实现双向运营。

推进社会主义民主政治建设。坚持党的领导、人民当家做主、依法治国有机统一，推进社会主义民主政治建设，为福建发展创造良好政治氛围和社会环境。支持人大依法履行职能。坚持把人大工作纳入总体工作布局，支持省人大及其常委会依法履行职责。加强对全省各级人大换届工作领导，确保换届选举工作依法有序进行。支持加强和改进立法工作，加强法律监督和工作监督。加强政协协商民主建设。支持政协发挥协商民主重要渠道和专门协商机构作用，推进民主协商，开展常委会议专题协商、重点提案办理协商和对口协商。支持政协积极反映社情民意，促成一批群众反映强烈的难点热点问题解决。加强和改进统一战线工作。制定福建省贯彻中央统战工作条例的实施细则和加强政党协商的实施意见。协助各民主党派、指导工商联做好换届工作。举办第五届世界闽商大会。加强和改进新形势下宗教工作和民间信仰工作。做好高校统战工作，深化和拓展党外知识分子工作。构建“亲”“清”政商关系，为非公有制经济发展营造良好环境。深化港澳台海外统战工作。

做好宣传思想文化工作。落实党委意识形态工作主体责任，把握政治方向，加强宣传思想文化工作，筑牢全省人民共同奋斗的思想基础。加强理论武装和舆论引导。把学习宣传贯彻习近平总书记系列重要讲话精神作为重中之重，用马克思主义中国化最新成果武装头脑，引导党员干部群众增强“四个自信”。组织开展庆祝中国共产党成立95周年、红军长征胜利80周年等主题宣传活动。打造专题片《中国正在说》，启动“一报一台一网”（福建日报、东南卫视、东南网）建设工程，支持主流媒体开展热点引导和舆论斗争。在全省推行“八不”（安全出行不违规、垃圾分类不落地、节俭用餐不浪费、红白喜事不奢办、言谈举止不粗俗、文明上网不低俗、旅游观光不任性、经济生活不失信）行为规范，推动社会主义核心价值观日常化生活化。抓好意识形态工作。出台意识形态工作责任制的实施细则，把落实责任制情况纳入各地市绩效考核指标体系，纳入省级文明城市和文明单位测评指标体系。加强意识形态工作队伍建设和阵地管理，推动传统媒体与新兴媒体融合发展。开展互联网专项整治行动，加强网上内容建设，培育积极健康、向上向善的网络文化。提升福建文化竞争力和软实力。推进文化体制改革，促进国有文化企业实现两个效益相统一。实施文化产业龙头促进计划，分类推进重点文化企业转型发展。加强红色文化保护、传承和弘扬，努力打造福建红色文化品牌。深化对妈祖文化、客家文化和朱子文化等优秀传统文化的研究、宣传、推广。实施文艺精品创作生产工程，大型舞剧《丝海梦寻》、电视剧《绝命后卫师》等一批作品取得良好社会反响。

保障和改善民生。贯彻共享发展理念，补齐社会事业发展短板，推进基本公共服务均等化，让人民群众有更多获得感。落实脱贫攻坚任务。召开全省深化精准扶贫工作会议、扶贫开发工作会议、脱贫攻坚精准施策工作视频会议、脱贫攻坚现场推进会，打好脱贫攻坚战。全省“造福工程”搬迁15.6万人，26万多贫困人口实现脱贫。原中央苏区、革命老区、少数民族聚居区、海岛等欠发达地区发展步伐加快。落实东西部扶贫协作和对口支援座谈会精神，总结闽宁对口扶贫协作20年经验，实施发展产业、就业培训、异地搬迁脱贫“三个一批”工程，提高闽宁对口协作水平。补齐民生事业短板。全年民生相关支出占一般公共预算支出比重达73.4%。城镇新增就业60.7万人，城镇登记失业率控制在4.2%以内。调整提高退休人员基本养老金。企业养老金增长7.02%，城乡居民医保财政补助每人每年由380元提高到420元，实现大病保险全覆盖。提前一年通过国家义务教育发展基本均衡县评估认定。保障性安居工程超额完成国家下达的目标任务。加大公共卫生服务保障力度，提升医疗服务水平，全省3所省级重点医院与北京协和医院、上海瑞金医院、上海华山医院建立“一对一”合作共建关系。医疗卫生机构床位新增5600张。治理“餐桌污染”，食品安全形势稳定向好。抓好防抗台风及灾后重建。防抗“尼伯特”“莫兰蒂”“鲇鱼”等超强台风袭击，加快灾后恢复重建，把灾害造成的损失降到最低。农村住房集中重建点建设、水利水毁工程修复、通信基础设施重建、农田复垦等加快推进。推进减灾救灾能力建设，完善自然灾害救助应急预案，完成76个市、县救灾物资储备库建设。维护社会和谐稳定。通过分类施策、责任倒逼，建立分业分类分级协调机制，化解银行不良贷款率上升问题；依法严格监管和整治非法金融活动。落实中央关于房地产调控的政策措施，组织厦门、福州及时出台房地产调控措施，促进房地产市场健康持续发展。加强综治维稳工作，围绕重要节点、重点人群、重大案（事）件和倾向性、苗头性问题，开展严重精神障碍患者肇事肇祸、电信网络诈骗、寄递物流安全管理、危险物品安全监管、毒品、“执行难”等“六个专项治理”，严密防范和严厉打击各种违法犯罪活动。

实施生态省战略。抓住建设第一个国家生态文明试验区的契机，在体制机制创新上求突破，在解决环境突出问题上下功夫，把生态优势转化为发展优势。加快生态文明体制机制创新。在全国率先建立党政领导生态环境保护目标责任制，并配套出台党政领导生态环境保护目标责任书考核指标。健全横向生态补偿机制，开展重点生态区位商品林赎买、生态系统价值核算等试点。发展绿色金融，推行用能权、用水权、碳排放权、排污权交易等制度，排污权交易总额走在全国前列。健全环境治理体系，加快培育环境治理和生态保护市场主体，推进环境污染第三方治理。严格环境准入和生态红线管控。推进规划环评，严格建设项目环评管理，对新上工业园区和项目提高环境准入门槛。开展生态红线划定工作，在全省重点生态功能区、生态敏感区和脆弱区划定生态红线，实施分区分类管控。实施最严格的水资源保护、土地用途管制和产业退出制度，严禁不符合管理要求的开发建设活动。推动环境行政执法与刑事司法衔接，铁腕打击环境违法。抓好水、大气、土壤污染防治。落实河长制，取缔严重污染水环境的“十小”企业，加强畜禽养殖污染和小流域整治，全省12条主要河流水质继续保持为优，Ⅰ～Ⅲ类水质占比96.5%。开展大气污染防治行动，加强工业污染和面源污染治理，9个设区城市空气质量平均达标天数占比98.4%。启动土壤环境质量监测网络，建立土壤污染治理修复项目库，开展危险废物规范化管理的示范试点。

【省委九届十六次全会】 2016年7月25日，中共福建省委九届十六次全体会议在福州召开，出席会议的省委委员61名、候补委员10名；参加会议的有：省人大常委会、省政府、省政协党员负责人，省法院院长、省检察院检察长，省人大、省政府、省政协秘书长，省直有关单位和中直单位驻闽机构党委（党组）主要负责人，省纪委常委，各市、县（区）党委书记，各市、县（区）长，平潭综合实验区党工委书记、管委会主任；列席会议的有：非中共党员省级领导，在闽的全国人大、政协专委会领导，担任过副省级以上领导职务的老同志，省各民主党派主委、专职副主委，省工商联主席，在榕省直单位副厅级以上领导干部，部分在闽院士、专家学者、科研院所及企业负责人。会议审议通过《关于实施创新驱动发展战略建设创新型省份的决定》《关于召开中国共产党福建省第十次代表大会的决议》和《中共福建省委九届十六次全会决议》，决定2016年11月在福州召开中国共产党福建省第十次代表大会。会议讨论《关于推进供给侧结构性改革的总体方案（2016－2018年）》。会议还票决了部分重要岗位干部。

会议强调，创新驱动发展是国家重大战略，关系经济社会发展的未来；是推进供给侧结构性改革的关键所在，关系产业转型升级的成败；是全面深化改革的重要切入点，关系发展活力和动力的增强。全省各级各部门要牢固树立五大发展理念，不断深化对创新驱动发展重要性和紧迫性的认识，切实增强使命感和责任感，抓紧抓实抓好中央关于创新发展的重要部署，尽快取得更大成效。

会议明确，福建省实施创新驱动发展战略的总体要求是，牢固树立和贯彻落实创新发展理念，以实现创新驱动发展为目标，以推动科技创新为核心，以加快产业转型升级为主线，以破除体制机制障碍为重要任务，充分激发全社会的创新活力，大力发展新经济、培育新动能、增创新优势，加快形成以创新为动力的经济体系和发展模式，努力建设创新型省份，为再上新台阶、建设新福建提供强大支撑。主要目标是，“十三五”期间，创新型经济格局初步形成，自主创新能力显著增强，区域创新体系协同高效，创新创业环境更加优化，福厦泉国家自主创新示范区建设取得重大进展，全省综合科技进步水平、高新技术产业化指数和科技促进经济社会发展指数位居全国前列，建成创新型省份。

会议强调，供给侧结构性改革是当前和今后一个时期经济工作的主线，是实现“十三五”经济社会发展目标的基本路径。各级各部门要按照中央部署的“三去一降一补”五大重点任务，从实际出发，具体解决“去什么、怎么去”“降什么、怎么降”“补什么、怎么补”的问题。要通过促进市场出清，去过剩产能，去房地产库存，降低过高的负债比，为有效供给腾出空间；要通过降低制度性交易成本和企业生产成本，减轻企业负担，提升市场竞争力；要针对基础设施、产业发展、社会事业和民生保障中的薄弱环节，补齐供给体系中的短板，增强保障能力。

会议要求，各级各部门要协调配合、统筹推进创新驱动与供给侧结构性改革。要加强先进适用技术武装，推广农业“五新”（新品种、新技术、新肥料、新农药、新机具），推进“数控一代”和智能制造，运用互联网技术提升服务业水平，加快推动传统产业转型升级。要加强关键核心技术攻关，组织实施一批科技重大工程和专项，提升基础技术特别是核心技术的自主研发能力，增强发展战略性新兴产业的技术支撑。要统筹推进管理、组织、商业模式等方面创新，转变政府职能，改进对创新的管理和服务方式，减少对创新创业活动的干预，营造良好的创新环境。要优化人才培养模式，更加精准和灵活地引进高端人才，加强对各类创新人才的服务保障，构筑创新创业人才高地。要进一步加大政策支持力度，在财税金融、成果转化、收益分配等方面对创新活动给予更大倾斜。

会议强调，各级领导班子要增强政治意识、大局意识、核心意识、看齐意识，切实把精力放在贯彻落实中央和省委的决策部署上，放在抓发展、抓稳定上，保持思路和工作的连续性、稳定性，一届接着一届干，一张蓝图绘到底，确保既定目标任务顺利完成。

会议还以无记名投票方式，表决莆田市、三明市党委书记拟任人选和福州市、三明市、南平市、龙岩市市长候选人推荐人选，以及省委办公厅、省政府办公厅、经信委、民政厅、财政厅、水利厅等6个单位正职拟任人选和推荐人选。这次票决重要领导干部是充分发挥党委全委会作用，对选人用人进行集体把关的一项重要制度设计和必经程序。从省委实施重要干部任用和推荐进行全委会票决以来，省委全委会先后18次票决正厅职领导干部拟任人选和推荐238名。

【省委九届十七次全会】 2016年11月20日，中共福建省委九届十七次全体会议在福州召开，出席会议的省委委员62名、候补委员9名，列席会议的有省纪委委员。会议决定将九届省委向省第十次党代会的报告提请省第十次党代会审议；通过《关于召开中国共产党福建省第十次代表大会有关事项的建议》，决定2016年11月23日召开省第十次党代会。会议讨论省纪委向省第十次党代会的工作报告。省委常委会向全会书面报告过去一年的工作。

【省第十次党代会】 2016年11月23—27日，中国共产党福建省第十次代表大会在福州召开。此次会议代表534人，实到代表528人。应邀参加开幕式的有：不是中共党员的省人大常委会副主任、省政府副省长、省政协副主席，以及省各民主党派、工商联负责人和无党派人士代表；担任过副省级实职的老同志；担任过正兵团级以上职务和担任过地方副省级实职的军队老同志；驻闽部队军政主官。列席大会开幕式的有：不是代表的九届省委委员、候补委员和九届省纪委委员，不是代表的在榕省管单位及副厅级以上中央驻闽单位党员主要负责人。

大会由主席团常务委员会主持。主席团常务委员会成员包括：尤权、于伟国、张昌平、张志南、倪岳峰、熊安东、雷春美、王宁、陈冬、高翔、刘学新、徐谦、裴金佳、梁建勇、周联清、李德金。尤权代表中共福建省第九届委员会向大会作题为《再上新台阶、建设新福建，以优异成绩迎接中国共产党成立100周年》的报告。

大会批准尤权代表中共福建省第九届委员会所作的报告。大会认为，报告确定的“再上新台阶、建设新福建”的主题，全面贯彻习近平总书记系列重要讲话精神和对福建工作的重要指示，集中反映了全省广大党员干部和人民群众的热切期盼。报告紧紧围绕这一主题，分析面临形势，提出总体要求，明确奋斗目标，确定战略举措，提供坚强保证，是指导福建发展的纲领性文件。

大会充分肯定九届省委的工作。省第九次党代会以来，在党中央坚强领导下，省委团结带领全省人民，部署推进全面深化改革、依法治省、实施赶超战略、创新驱动和产业转型升级、扶贫攻坚等一系列重大举措，综合实力大幅提升，结构调整取得突破，改革开放全面深化，闽台合作交流更加紧密，民生福祉显著改善，民主法治建设稳步推进，双拥共建走在全国前列，党的建设全面加强。五年工作积累的宝贵经验弥足珍贵，必须坚持深入学习贯彻习近平总书记系列重要讲话精神，必须坚持发展第一要务，必须坚持改革开放不动摇，必须坚持以人民为中心的发展理念，必须坚持把严和实的要求贯穿于党的建设全过程。这些成就和经验，为福建今后发展和新一届省委的工作打下了良好基础。

大会强调，要坚持做大总量与提升质量并重、做优增量与盘活存量并举，把实施创新驱动作为优先战略，深入推进供给侧结构性改革，统筹城乡区域协调发展，加快打造经济升级版；要深化改革扩大开放，用好用足中央赋予福建省的各项先行先试政策，推动全面深化改革取得新突破，大力拓展对内对外开放新空间，推进闽台深度融合发展，不断增创福建发展新优势；要稳步推进社会主义民主政治发展，加强党对人大、政协工作的领导，巩固和发展最广泛的爱国统一战线，深入推进依法治省，发展社会主义政治文明；要加快文化强省建设，强化科学理论引领和正面舆论引导，推动文化事业全面繁荣和文化产业健康发展，深化文化体制改革和增强文化对外影响力，不断满足人民群众精神文化需求；要加强以保障和改善民生为重点的社会建设，坚决打赢脱贫攻坚战，努力实现更高质量的就业，建立公平可持续的社会保障体系，提高社会事业发展水平，推进更高水平的平安福建建设，让发展成果更多更好惠及民生；要深入实施生态省战略，创新生态文明体制机制，促进资源节约循环高效使用，加强环境保护和生态修复，继续保持生态环境质量全国领先，努力建设美丽福建。

大会强调，实现奋斗目标，关键在党，关键在党要管党、从严治党。要认真贯彻落实党中央全面从严治党战略布局，着眼于推进党的建设新的伟大工程，不断强化从严治党主体责任和监督责任，全面加强和规范党内政治生活，着力保持党的先进性和纯洁性，着力提高执政能力和领导水平，着力增强抵御风险和拒腐防变能力，不忘初心，继续前进，努力营造风清气正的政治生态。要牢固树立“四个意识”，坚决维护以习近平同志为核心的党中央权威，坚决维护习近平总书记在全党的领导核心地位。要把理想信念教育作为思想建设的首要任务，教育引导党员干部坚定理想信念。要驰而不息抓好作风建设，深入贯彻中央八项规定精神，巩固和发展作风建设的良好态势。要坚持好干部标准和正确选人用人导向，切实加强干部人才队伍建设。要落实基层党建工作责任制，积极创新基层党建工作。要深入开展反腐败斗争，积极实践监督执纪“四种形态”，保持严厉惩治腐败的高压态势，强化对权力运行的制约和监督，让各级领导干部知责、尽责、负责，确保管党治党责任落地生根。

大会批准中国共产党福建省第九届纪律检查委员会的工作报告。大会认为，省第九次党代会以来，在中央纪委和省委的正确领导下，全省各级纪委认真贯彻党的十八大和十八届中央历次全会精神，深入贯彻习近平总书记系列重要讲话精神和对福建工作的重要指示；忠诚履行党章赋予的神圣职责，紧紧围绕全面从严治党，强化监督执纪问责；着力推动“两个责任”（党委负主体责任、纪委负监督责任）落实，切实把纪律和规矩挺在前面，积极实践监督执纪“四种形态”；坚持以零容忍态度惩治腐败，持之以恒落实中央八项规定精神，注重发挥巡视监督利剑作用，扎实推进纪律检查体制改革，加强纪检机关自身建设，推动党风廉洁建设和反腐败斗争深入开展，为全省经济社会发展提供有力保证。

大会充分肯定省第九届纪律检查委员会的工作。大会要求，全省各级纪委要高举中国特色社会主义伟大旗帜，以马克思列宁主义、毛泽东思想、邓小平理论、“三个代表”重要思想、科学发展观为指导，深入贯彻习近平总书记系列重要讲话精神和对福建工作的重要指示，牢固树立政治意识、大局意识、核心意识、看齐意识，坚决维护以习近平同志为核心的党中央权威，坚决维护习近平总书记在全党的领导核心地位；在以习近平同志为核心的党中央坚强领导下，紧紧围绕“五位一体”总体布局和“四个全面”战略布局，贯彻五大发展理念，不忘初心、继续前进；坚持全面从严治党、依规治党，聚焦监督执纪问责，进一步夯实“两个责任”，把纪律和规矩挺在前面，把握运用监督执纪“四种形态”；坚定不移正风反腐，深化标本兼治，推进建章立制，创新体制机制，严肃党内政治生活，强化党内监督；在坚持中深化、在深化中坚持，构建不敢腐、不能腐、不想腐的有效机制，着力优化政治生态，不断把党风廉洁建设和反腐败斗争引向深入。

大会以无记名投票方式，选举产生中共福建省第十届委员会委员 78 名、候补委员 16 名，中共福建省第十届纪律检查委员会委员 45 名。

【省委十届一次全会】 2016 年 11 月 27—28 日，中共福建省委十届一次全体会议在福州召开，出席会议的省委委员 78 名、候补委员 16 名；参加会议的有：省人大常委会、省政府、省政协党员负责同志，省法院院长、省检察院检察长，省人大、省政府、省政协秘书长，省直有关单位和中直单位驻闽机构党委（党组）主要负责人，十届省纪委委员，各设区市党委书记、市长，平潭综合实验区党工委书记、管委会主任；列席会议的有：非中共党员省级领导，在闽的全国人大、政协专委会领导，担任过副省级以上领导职务的老同志，省各民主党派主委、专职副主委，以及在榕省直单位副厅级以上领导干部。会议通过《中国共产党福建省第十届委员会第一次全体会议选举办法》和中国共产党福建省第十届委员会常务委员会委员、书记、副书记候选人预备人选名单。会议以差额选举的方式，无记名投票选举产生省委常委 12 名；以无记名投票方式，选举产生省委书记和两名副书记。分别是，省委书记：尤权，副书记：于伟国、倪岳峰，省委常委：尤权、于伟国、倪岳峰、张志南、雷春美、王宁、陈冬、高翔、刘学新、裴金佳、梁建勇、周联清。

会议通过《关于中国共产党福建省第十届纪律检查委员会第一次全体会议选举结果的报告》。

会议指出，刚刚闭幕的省第十次党代会，明确福建省今后五年的总体要求、奋斗目标和主要任务。实现各项目标任务，关键在党。加强党的领导，必须坚持全面从严治党，全面贯彻落实党的十八届六中全会精神。要坚决维护以习近平同志为核心的党中央权威，确保政令畅通。十八届六中全会明确习近平总书记在党中央和全党的核心地位，这是中国共产党的郑重选择，也是历史的必然选择。维护习近平总书记的核心地位，就是维护中央权威；维护中央权威，首先要维护习近平总书记的核心地位。要进一步增强政治意识、大局意识、核心意识、看齐意识，始终在思想上政治上行动上同以习近平同志为核心的党中央保持高度一致。要自觉向习近平总书记看齐，向党的理论和路线方针政策看齐，向党中央决策部署看齐，全面准确、不折不扣贯彻落实习近平总书记关于建设新福建等重要指示和党中央的各项重大决策部署，充分用好中央支持福建加快发展的一系列政策措施，把福建的事情办好，为服务国家大局和两岸关系和平发展作出新的贡献。

会议强调，要加强和规范党内政治生活，净化党内政治生态。全面贯彻落实《关于新形势下党内政治生活的若干准则》，严肃认真地开展党内政治生活，把思想政治建设放在首位，坚守严明纪律的政治生命线，始终把人民群众放在心中的最高位置，切实坚持正确选人用人导向，充分发挥组织生活的载体作用，切实增强党内政治生活的政治性、时代性、原则性、战斗性，使之真正起到教育改造党员干部的作用。

会议强调，要加强党内监督，发挥全面从严治党利器作用。认真贯彻执行《中国共产党党内监督条例》，进一步提高监督意识，全面落实监督责任，着力增强监督实效，使之成为规范各级党组织和广大党员干部行为的硬约束。

会议指出，新一届省委的任期，正处在“决战决胜全面小康”的特殊历史阶段，肩负着“再上新台阶、建设新福建”的神圣职责。新一届省委领导班子要切实加强自身建设，努力为全省立标杆、作示范。要作对党忠诚的表率，坚决贯彻党中央的决策部署，坚决维护党中央的团结和集中统一，始终与以习近平同志为核心的党中央保持高度一致；要作加强学习的表率，把学习习近平总书记系列重要讲话作为重中之重，深刻领会治国理政新理念新思想新战略，学习和掌握各方面新知识，培养崇高的思想品德、高尚的道德情操和特有的人格魅力，努力提高推动全省改革发展、服务人民群众、应对风险挑战、驾驭复杂局面的本领；要作增进团结的表率，认真贯彻民主集中制，带头发扬民主、善于集中、敢于担责，执行组织决定，服务组织安排，不断增进班子整体的创造力、凝聚力和战斗力；要作清正廉洁的表率，牢固树立正确的权力观，模范遵守党章、准则、条例等党内法规，带头落实中央八项规定精神，做到干净干事、清白做人；要作担当尽责的表率，把全部精力投入到实际工作中，马上就办、真抓实干，勇于担当、敢于碰硬，积极破解工作中的各种难题，努力创造无愧于时代和人民的新业绩。

【组织工作】　2016 年，中共福建省委组织部抓好“两学一做”学习教育。贯彻基础在学、关键在做的要求，突出抓领导带动、抓基层支部、抓流动党员、抓典型示范、抓督促指导，推动学习教育扎实有序开展。组织党员系统学习党章党规、学习系列重要讲话，把总书记对福建工作的重要指示和《摆脱贫困》作为必读篇目，引导党员干部读原著、学原文、悟原理。省委书记尤权先后 3 次给党员干部上党课，带动各级领导干部上党课 9.6 万人次；各级党组织普遍开展了 3 次专题研讨，各级领导干部参加研讨 18.7 万人次。编印口袋书，拍摄 16 部微动漫和微电影，满足不同群体党员学习需求。针对外出经商、务工党员越来越多的实际，开发建设党员 e 家平台，通过互联网等现代手段，让流动党员参加到学习教育中来。加强五大发展理念培训，举办十八届五中全会精神专题研讨班，深入开展扶贫脱贫、创新创业、互联网+、闽台融合等“十个专题”培训，省委组织部共调训县处级以上干部 6861 人次，促进党员干部思想理论水平和专业化能力的提升。坚持把“做合格党员”的落脚点放在提高思想觉悟、解决实际问题、立足岗位奉献上，组织基层一线先进典型作巡回报告，推动基层真学真做，引导广大党员在推动发展、脱贫攻坚、美丽乡村建设等工作中走前头、作表率、当模范。

省市县乡领导班子换届工作。各级党委和组织部门把抓好换届工作作为 2016 年党的建设和组织工作的重中之重，旗帜鲜明地加强党的领导，精心组织、严格标准、规范程序、扎实推进，自下而上、自始至终风清气正，实现选出好干部、配出好班子、换出好风气的目标。做好省第十次党代会各项组织工作，做好代表、省“两委”委员的推选考察，精心组织大会选举。重点抓好市县乡领导班子换届，坚持好干部标准，发挥党组织的领导和把关作用，严把人选的政治关、能力关、作风关、品行关、廉洁关。突出精准科学选人，按照“十三五”规划在不同市县的功能定位、目标任务、发展要求，选好干部、配强班子，努力做到人尽其才、才尽其用。改进推荐考察方式办法，不搞“海推”“海选”，提高民主质量、选人质量。严格落实“凡提四必”要求和“两个提前”办法，有效防止“带病提拔”；大力选拔优秀年轻干部，市级党政领导班子中 45 岁左右的 35 名，占到 22.3%，达到中央对优化班子结构的要求；推进干部能上能下，调整干部 866 人，其中不适宜担任现职干部 204 人，激励干部认真履职、担当作为。为保持干部的思想稳定、工作稳定，各级党委广泛开展谈心谈话活动，做好深入细致的思想政治工作，引导干部正确对待进退留转。各地始终保持严肃换届纪律的高压态势，采取警示教育、派出督查组、建立快速查核机制等措施，加大监督和查处力度，对违纪行为实行“零容忍”，营造风清气正的换届环境。

干部日常管理监督。各级组织部门提醒、函询、诫勉干部4385人，其中厅级干部148人、处级干部1977人，对干部的苗头性、倾向性问题，及时谈心谈话、咬耳扯袖、红脸出汗。加大领导干部个人有关事项报告核查力度，按10%的比例，随机抽查2963人；对11478名拟提拔人选、后备干部人选、转任重要岗位人选以及换届提名人选进行重点核查，暂缓任用省管干部14人、处级干部129人。持续开展“7+3”专项整治，在全国率先完成“裸官”整治；超职数配备干部的调整消化率达99.7%，其中超配的265名处以上领导职数全部消化完成，整治进度走在全国前列；领导干部违规兼职、切线改非等问题，均得到清理规范；审核27.8万人的干部人事档案，重新认定6.8万人档案信息。把从严管理和关心爱护结合起来，完善干部激励保障机制。

强化政治功能，全面推进基层党组织建设。树立抓基础、强基础的鲜明导向，对各领域基层党建工作进行分类研究、分类推进。围绕抓党建促脱贫攻坚，选派第二批2301名干部驻村蹲点，选拔648名选调生、695名大学生村官到基层锻炼，进一步充实扶贫工作力量。各地坚持把发展壮大村级集体经济作为抓党建促脱贫攻坚的一项重要任务来抓，突出抓好园区非公企业和社会组织党建，非公企业和社会组织党组织覆盖率分别达77.6%、66%，走在全国前列。全面加强园区非公企业党建工作，中组部在厦门召开现场会，推广福建省经验做法。落实基层党建7项重点任务，全省共排查失联党员1.7万名、取得联系1.4万名；完成补交党费工作，整顿软弱涣散基层党组织760个，基层党组织按期换届率96.6%，落实基本制度，补齐工作短板。统筹推进街道社区、国企、机关、高校等领域的党建工作。开展党委书记抓党建述职评议考核，压实各级党组织抓党建工作的责任。结合庆祝建党95周年，表彰宣传一批“两优一先”先进典型。发展党员、党员教育管理和远程教育工作得到加强。

深化党的建设制度改革。落实思想建党和制度治党紧密结合的要求，坚持一手抓制度出台，一手抓制度执行，切实增强改革的针对性、实效性。组织开展专项调研，制定出台《省管领导班子和领导干部综合分析研判办法》《进一步激励干部担当尽责、提升干事创业精气神的若干意见》等13项制度。各地各部门结合实际，制定配套改革措施。建立改革督察机制，对干部选拔任用工作全程纪实、干部培训规划、引进高层次人才评价认定等5项重点制度落实情况进行专项检查，维护制度的严肃性、权威性。

坚持党管人才原则，推进人才发展体制机制改革。贯彻向用人主体放权、为人才松绑的要求，研究制定《关于深化人才发展体制机制改革的实施意见》，健全人才政策体系。推进“海纳百川”高端人才聚集计划，遴选第五批省引才“百人计划”初步人选105人（团队），第二批省特支人才187人、优秀人才97人，支持一批高层次人才创新创业。选拔30名引进生到基层任职，选派273名干部到平潭、武夷新区挂职，选派167名科技服务团到省级扶贫开发重点县服务锻炼，推动干部、人才扎根基层、服务基层。深化闽台人才交流合作，举办第10届海峡两岸人才交流合作大会，成功对接项目216个，累计吸引10多万名台湾人才在闽创新创业。在平潭综合实验区建立台湾创业园、两岸青年创业谷等平台，探索台湾专才、聘任制公务员等做法，推动国际人才岛建设。

（郑泽鑫）

【宣传工作】 2016年，中共福建省委宣传部把习近平总书记系列重要讲话精神学习研究宣传引向深入。开展专题学习教育、社科理论研讨和理论宣传宣讲，省委举行中心组专题学习18次。完成《习近平总书记系列重要讲话读本》发行93.7万册，出版发行《摆脱贫困》繁体版、英文版、法文版，全省开展基层宣讲4000多场，直接受众120多万人次。组织党中央治国理政新理念新思想新战略重大主题宣传，在《福建日报》等主流媒体开辟《治国理政新思想新实践在福建》等栏目和《理论周刊》，东南卫视策划推出大型政论节目《中国正在说》，通过“专家主讲+观众互动”宣传阐释中国特色社会主义理论和实践，得到理论界、新闻界和观众的好评。推进理论工作“四大平台”建设，以省中国特色社会主义理论体系研究中心名义在中央“三报一刊”刊发理论文章18篇，取得历年最好成绩。全省获得国家社科基金项目立项133项，资助经费3390万元。

提高正面宣传和舆论引导水平。组织党的十八届五中、六中全会和省第十次党代会等重大主题宣传，推出“供给侧改革八闽行”“绿色发展八闽行”“再上新台阶 建设新福建”“两学一做”等专题专栏。中央媒体25次集中宣传福建，次数为历年最多。启动实施“一报一台一网（端）”建设工程，《福建日报》理论评论和重大主题报道深入人心，《福建卫视新闻》《福建新闻联播》改版取得成效，东南卫视影响力扩大。做好热点问题舆论引导和突发事件舆情应对，周炳耀等防抗台风先进典型在全国引起广泛反响。推进媒体融合，推动媒体融合的内部运行和管理机制创新。在全系统开展学习习近平总书记在党的新闻舆论工作座谈会上重要讲话精神“大学习、大调研、大讨论”活动，深化“走转改”，推进部校共建新闻学院。

深化社会主义核心价值观建设。开展纪念中国共产党成立95周年、红军长征胜利80周年主题宣传，组织“崇德向上、诚信福建”等主题活动，弘扬谷文昌精神，宣传“时代楷模”黄志丽、陈清洲，“八闽楷模”周炳耀及“两学一做”学习教育中涌现出的先进典型。实施福建红色文化保护、传承和弘扬工程，建成福建红色文化网上展示馆和 VR/AR 实体体验馆。深化精神文明创建活动，开展践行“八不”行为规范等主题活动，组织文明城市、文明村镇、文明单位、文明行业年度测评，建立健全文明创建考评暗访制度，开展志愿服务和未成年人思想道德建设，全省有 8 户家庭入选第一届全国文明家庭。

推动文艺精品创作生产。启动优秀中长篇小说创作、优秀电影电视剧培育、传统戏曲传承保护与弘扬、打造舞台艺术精品、马克思主义文艺理论建设等繁荣文艺“五大工程”。加强文艺精品创作，打磨舞剧《丝海梦寻》并组织巡演，拍摄《丝海梦寻》3D 数字电影，电视剧《绝命后卫师》在央视一套黄金时段热播并在全国产生较大影响，集中力量筹拍电视剧《山哈弄海》、纪录片《从井冈山到闽西》等作品。弘扬中华优秀传统文化，编制《朱子文化宣传纲要》，实施海丝文化艺术精品工程、数字文化长廊建设项目和文化遗产保护与申遗工程。

推进文化体制改革和文化事业产业发展。编制实施《福建省“十三五”时期文化改革发展专项规划》，出台福建省国有文化企业实现两个效益相统一的实施意见，推进福建日报传媒集团有限公司组建和海峡出版发行集团、福建广电网络集团公司等股份制改造、省广播影视集团管理体制改革。加大对基层和贫困地区文化精准帮扶力度，“互联网＋TV”党媒精准扶贫的“福广模式”实效明显，三明市和福州市“激情广场大家唱”分别通过第二批国家公共文化服务体系示范区和示范项目验收。全国“三下乡”集中示范活动启动仪式在长汀举行，取得良好的社会效果。实施文化产业龙头促进计划，出台《关于落实创新驱动战略加快文化产业发展的实施措施》，文化与科技、旅游进一步融合发展。

加强网上舆论引导和宣传文化阵地管理。把习近平总书记系列重要讲话精神网上宣传摆在首要位置，结合宣传中央和省委重大决策部署，策划开展网上系列主题宣传，推动形成网上正面强势。加强网络阵地建设，扶持新闻网站品牌栏目建设，福建日报社“新福建”客户端上线，“海博 TV”获互联网新闻信息服务许可。全省有新闻网站 99 个，基本实现县区全覆盖。加强各类阵地管理，“扫黄打非”等专项整治行动取得新成效。

组织对外宣传和闽台文化交流。做好 2017 年金砖会晤宣传文艺筹备工作。组织境外媒体来闽开展主题采访，举办第二届海上丝绸之路国际艺术节、第三届丝绸之路国际电影节福州分会场等活动，推进福建文化进海外场馆计划，设立“福建文化体验中心”，展示福建良好形象。发挥祖地文化优势，在台举办“福建文化宝岛行”等活动，深化闽台文化产业对接，推动两岸文化交流交融。

推进宣传文化干部人才队伍建设。落实全面从严治党主体责任，开展“两学一做”学习教育，狠抓省委巡视整改工作，加强党风廉政建设，推动党员干部增强“四个意识”，在思想上政治上行动上同以习近平同志为核心的党中央保持高度一致。举办新任宣传部长和新闻、理论、文艺等培训班，近 2000 人次参加培训。建立“任务到岗、责任到人、全程监督、奖惩到位”的工作机制和制度规范，改进作风、提升实效。开展第三批哲学社会科学领军人才和文化名家遴选工作，加大对高层次人才项目资助的力度。建立年轻干部和作家艺术家调研挂职制度，加强对知识分子的团结引导和教育管理。

（陈立立）

【统战工作】 2016 年，中共福建省委统战部在全省范围内组织开展中央、省委关于统一战线重大决策部署贯彻落实情况的调研检查，对标准、查问题、拉清单、补短板、促整改，推动解决制约统战工作发展的重点难点问题。组织人员深入各地和部分高校宣讲中央、省委统战工作会议以及中央统战工作条例、福建省实施细则的精神，在《福建日报》上刊发《福建省贯彻〈中国共产党统一战线工作条例（试行）〉的实施细则》，推动形成党委重视、全社会支持统战工作的良好氛围。加强党对统战工作的领导，协助省委召开 4 次统一战线工作领导小组会议，完善大统战格局，市、县两级和公办本科院校都成立由党委书记任组长的统一战线工作领导小组。中央统一战线工作领导小组第四调研检查组来闽调研检查，对福建工作给予肯定。

制订下发《福建省统一战线凝心聚力“十三五”行动实施方案》，召开统一战线建言献策成果汇报会暨第 12 届建言献策论坛，组织各民主党派、工商联围绕福建省经济社会发展重大问题深入调研、献计献策，全年形成调研报告 624 篇，上报社情民意信息被省级以上有关部门采用 940 篇，建言献策得到中央领导批示 20 件次，省领导批示 139 件次。争取民主党派中央支持福建发展，民主党派中央和全国工商联 7 位主席分别率团来闽调研。推动闽商“回归”，全省对接民企产业项目 988 个，总投资 5908 亿元。召开省统一战线聚力脱贫攻坚暨助推政和县发展工作经验交流会，引导统一战线成员积极参与脱贫攻坚。开展帮扶霞浦和助推政和发展工作，启动实施“百企帮百村”精准扶贫行动，有 611 家企业（商会）与 575 个贫困村结对帮扶，到位帮扶资金 5851 万元。

党派工作方面，开展坚持和发展中国特色社会主义学习实践活动，召开学习实践活动经验交流会暨推进会。协助省委制定《加强政党协商的实施意见》和年度政党协商计划，推进政党协商制度化、规范化建设，全年召开协商会、座谈会和情况通报会 9 次，其中省委主要领导主持 6 次。落实换届要求，组织制定《省委统战部关于协助各民主党派做好省市级组织换届工作的意见》、编印换届工作手册，指导各设区市委统战部协助61个民主党派市级组织顺利完成换届。党外知识分子工作方面，召开全省高校统战工作会议，通过举办各类培训班、专题调研、主题活动等，做好党外知识分子的团结引导工作。加强留学人员组织建设，发挥无党派代表人士建言献策小组和同心服务团的作用，引导党外知识分子为改革发展献计出力。民族工作方面，组织制定《2016—2020年培养选拔少数民族干部工作规划》，会同有关部门开展新一轮民族乡村挂钩帮扶工作，举办2016海峡两岸各民族欢度“三月三”节暨福建省第五届“三月三”畲族文化节、少数民族文化展示周等活动，召开全省民族文化进校园工作现场经验交流会，推动民族团结进步事业发展。宗教工作方面，协助省委召开全省宗教工作会议。制定《进一步加强和改进新形势下宗教工作的实施意见》和《关于做好民间信仰工作的实施意见》。推动宗教界加强自身建设，加大宗教领域热点难点问题的解决力度，维护宗教领域稳定。非公经济领域工作方面，推动构建“亲”“清”新型政商关系。争取中央统战部、全国工商联会同省委、省政府在福州召开第五届世界闽商大会，共有65个国家和港澳台地区以及全国各地的1800多名闽商代表和嘉宾参加。联合省纪委、省工商联开展“亲清润闽商，促进两健康”系列宣传教育活动，开展以“守法诚信、坚定信心”为重点的非公有制经济人士理想信念教育实践活动，组织非公有制经济人士思想状况、民间投资情况等调研，推动各级党委、政府落实促进非公有制经济发展的各项措施，营造良好的发展环境。指导各地做好市县两级工商联换届工作，制定指导和服务异地福建商会的实施办法，推动统战工作向商会组织有效覆盖。指导闽商研究院完成《闽商发展史》各分卷的编纂工作。港澳台海外统战工作方面，聚焦港澳专业界人士和青年群体，通过成立省海外联谊会香港青年委员会等，形成一系列创新举措和富有活力的品牌项目。推动港澳闽籍社团加强自身建设，发展壮大爱国爱港爱澳力量，引导港澳闽籍乡亲参与当地社会事务。举办第八届海峡百姓论坛、第七届和谐海峡论坛，发挥民主党派和统战团体的资源优势，推动两岸民间交流交往。发挥侨办、侨联的组织优势，团结凝聚海外侨团、侨胞以及新华侨华人和华裔新生代，共同做好反“独”促统工作。

结合市、县人大，政府，政协换届，推动中央《条例》和福建省《实施细则》关于党外干部和少数民族干部配备规定的落实。选派第三批13名党外干部赴霞浦县、政和县实践锻炼基地挂职锻炼。开展省文史馆馆员聘任工作，支持省社会主义学院加强主体班次建设，召开全省社会主义学院工作会议，发挥社会主义学院统一战线人才教育培养主阵地作用。2016年，完成中央统战部、中央社院调训21人，省委组织部、省委党校调训62人，省直党校调训4人。省社院、省委党校举办各类统战工作培训班28期，培训1493人次。省市组织各类非公经济人士培训班8期，培训612人次。

加大统战理论研究力度，全年形成调研报告300多篇，其中有3篇分别获中央统战部全国理论政策研究创新成果一、二、三等奖。探索运用网络开展统战宣传工作，创办福建统战微信公众号和福建统战手机报。全年有35条次信息被中央、省委领导批示，信息工作获中央统战部一等奖。

（薛晓丰）

【政策研究】 2016年，中共福建省委政研室起草综合文稿200多篇，审核把关各类文稿400多篇、新闻稿600多篇，参与起草省委省政府重要政策文件6份，开展省重点课题和专题调研28个。通过《政研专报》《调研文稿》《研究动态》《闽台交往研究》等，向省领导报送调研成果和政策建议400多份，省领导批示50篇次。

重要文稿服务。做好省第十次党代会报告及相关文稿文件起草工作。围绕党代会主题和战略任务，确定31个研究选题方向，由相关省直部门、科研院校开展研究，系列专题研究成果为党代会报告起草提供重要素材和理论支持。在征求意见阶段，组织协调召开由省委领导主持的19场座谈会，梳理和吸收各方面意见建议近千条。会同有关部门组织开展“迎接党代会，建言福建发展”活动，向社会广泛征集意见建议，调动全省干部群众为福建发展建言献策的积极性。党代会期间，累计编发简报47期、十多万字，及时准确地反映各代表团讨论审议党代会报告的情况。撰写党代会党员领导干部会议讲话、预备会议讲话、闭幕式讲话、决议、关于学习贯彻党代会精神的通知，十届一次全会相关文稿等。做好省委主要领导有关会议讲话和重要报刊署名文章的起草工作。全年起草省委主要领导报告和讲话稿170多篇，主要有：省委九届十六次、十七次全会，全省经济工作会议，上半年经济形势分析会，省全面深化改革领导小组第十次会议，福建省庆祝中国共产党成立95周年大会，战略性新兴产业专题会议，推动现代服务业加快发展座谈会，省政协港澳委员和特邀委员座谈会，“学习贯彻十八届五中全会精神”专题研讨班等重要会议活动的讲话和报告。起草省委主要领导在《人民日报》《求是》《经济日报》《学习时报》《中国纪检监察报》《军民融合》等中央重要媒体署名文章以及新华社、中纪委网站等媒体专访15篇。收集、摘要、撰写讲话参阅和背景材料210多篇。组织起草其他省领导交办的相关会议活动讲话稿、新闻稿、调研报告和参阅材料等数十篇。起草省委重要政策文件。牵头或参与起草《中共福建省第九届委员会常务委员会工作情况》《中共福建省委2016年工作要点》《福建省全面深化改革领导小组2016年工作要点》《贯彻实施〈中共福建省委关于制定福建省国民经济和社会发展第十三个五年规划的建议〉重要举措分工方案》《福建省朱子文化宣传纲要》等重要文件。整理会议纪要和中央领导讲话。全年整理省委专题会议纪要9篇，整理中央领导来闽考察调研讲话十多篇。

政策调研。全年编发《调研文稿》110期、《政研专报》49期、《媒体摘编》90期、《闽台交往研究》18期、《调研内参》12期、《调研内参》（特刊）19期、《研究动态》（专报件）103期。做好省重点课题调研组织实施工作。以省调研咨询工作联席会议为平台，组织省直相关单位和地市开展调研，8篇文稿获省委省政府领导批示。其中，政研室组织开展的金融扶贫调研成果《借力金融杠杆，推动扶贫攻坚》，得到倪岳峰、张志南等省领导批示，并转省金融办等有关部门参考；《优化福建省党外干部成长路径》《近年来福建省较大群体性事件调研报告》《发挥泉州多元文化资源优势，推动海上丝绸之路建设》《福建省自然资源资产管理体制改革的路径思考》等分别得到雷春美、陈冬、高翔、梁建勇等省领导批示肯定，要求推动调研成果转化运用。紧跟省委决策开展专题调研。省委政研室全年完成专题调研报告近30篇，内容涵盖供给侧结构性改革、自贸试验区建设、海丝核心区建设、服务业发展、城乡一体化发展、农村土地制度改革、林权制度改革、医药卫生体制改革、环保体制改革、精准扶贫精准脱贫、美丽乡村建设、传统文化保护传承、现代职业教育、基层党建、军民融合等方面。其中，《深化鼓楼区综合改革试点，加快推进服务业优质高效发展》一文，得到常务副省长张志南的批示，为福州被列为全国"十三五"服务业综合改革试点区域提供有力支持；《推进福建省现代职业教育加快发展的对策建议》得到副省长李红批示，相关建议被吸纳到全省职业教育工作会议精神及有关实施意见中；《加快建设"海丝"核心区的对策建议》《加快福建省山区贫困村脱贫的调查与建议》《三明新一轮集体林权制度改革的做法与启示》《莆田市探索创新基层党组织建设》等，得到省领导批示，推动相关领域工作的深入拓展。开展经济形势分析研究。跟踪国内外经济发展态势变化，了解福建省经济发展出现的新情况新特点，为省委领导研判经济形势、部署经济工作提供参考。第一季度重点了解企业发展面临的困难和问题，调研形成《当前经济运行情况和基层反映的几个具体问题》；第二季度重点了解经济运行中的突出问题，调研形成《当前福建省经济面临多重压力》；第三季度专门对企业生产经营、行业分化趋势、工业利润增长、房地产市场发展、潜在金融风险等问题进行重点分析，调研形成《当前福建省经济运行中的几个突出问题》；党代会召开前专门对福建省与全国主要经济指标进行分析，形成《福建省与全国各地主要经济指标的比较分析》，及时提供参阅材料。全国两会和中央经济工作会议召开前，分别整理分析形成各省（区、市）主要经济指标排位情况、2016年福建省经济运行情况和2017年经济工作建议等参阅材料，供省委领导参考。及时提供决策咨询信息服务。收集和整理国内外、省内外经济社会发展动态信息和政策走向，供省委省政府决策参考。《做好对自贸区市场主体经营监管需解决三个难题》一文，获得尤权、于伟国、王蒙徽、梁建勇等省领导的批示，有关部门专题研究提出加强监管的具体措施。《加快推进福建自贸试验区金融创新的对策建议》得到张志南、王蒙徽、梁建勇等省领导重视，批转给13个部门督办。《山东实施全民科学素质行动计划》《闽台民间信仰交流交往中存在的主要问题及对策建议》分别获高翔、郑晓松等省领导批示。

理论宣传和政策解读。结合形势任务需要，组织力量撰写政论性、引导性、经验性文章，推动中央和省委重要精神、重大决策部署的宣传贯彻。在省第十次党代会闭幕后，将省直部门、科研院校围绕党代会主题开展的课题研究成果汇编《再上新台阶　建设新福建》一书，作为宣讲解读党代会精神的辅导材料，供各级领导、部门参阅；与福建日报社联合召开学习宣传贯彻党代会精神座谈会，在《福建日报》求是版刊发解读性文章，在《福建日报》上发表学习党代会主题的体会文章，到福州、闽侯等地宣讲阐述党代会精神。围绕省委关于供给侧结构性改革的部署要求，联合省委宣传部、省经信委等开展福建省供给侧结构性改革典型案例宣传活动，在福建电视台、福建日报社开辟专栏进行系列报道，并协调中央媒体参与采访报道；组织召开推进供给侧结构性改革座谈会，相关研讨成果摘登于《福建日报》求是版；协助省委常委、秘书长叶双瑜起草《关于供给侧结构性改革的几点思考》，刊登于中财办《经济要情》。在《秘书工作》《党建研究》《海峡通讯》《党的生活》《福建理论学习》等杂志发表《深入践行"五个坚持"　推动办公厅工作再上新台阶》《深入学习"七一"重要讲话精神　为做好党办工作提供强大动力》《发展职业教育　培育能工巧匠》等政策解读和评论文章，其中《让创新驱动成为建设新福建的强大引擎》一文，获得年度"福建新闻奖"理论宣传作品一等奖。与省委组织部联合开展党建促扶贫工作专题调研，形成《坚持党建引领　助推精准扶贫——长汀县抓党建促脱贫攻坚的实践与启示》，获省委常委、组织部长王宁的批示，并被中组部《组工通讯》采用。

（孙　强）

【政法工作】　2016年，福建省各级政法部门和广大干警以防控风险、服务发展为主线，以破解难题、补齐短板为着力点，推进平安福建、法治福建和队伍建设，全省群众安全感率达93.92%，执法工作满意度达91.42%，综治工作连续12年进入全国优秀行列。

保障新福建建设。围绕供给侧结构性改革、产业转型升级、创新驱动发展和"六区"建设等中央和省委的重大战略部署，推动全省政法工作取得新成效。2016年全省法院受理各类案件91万多件，办结74万多件；检察机关批捕刑事犯罪嫌疑人3.4万人、起诉6万多人；公安机关破获刑事案件11.4万起，查处治安案件46万多起；司法行政部门组建专业法律服务团，为重点项目提供法律服务6018件次，村（社区）法律顾问覆盖率85.6%。全省组织开展打击非法集资犯罪、打击恶意逃废债引发经济犯罪、打击整治传销犯罪专项行动，化解金融风险。省法院出台一批保障"六区"建设的指导性意见，省检察院制定服务和保障非公有制经济发展的10条措施。建立平潭综合实验区法院、检察院和自贸区审判法庭、派驻检察室等一批机构。推动市县两级建立实体化稳定风险评估中心或第三方评估机构，全省对1462项重大决策事项进行风险评估。在省十二届人大第五次会议上，省法院、检察院工作报告赞成率分别达94.3%、93.5%。

维护社会安全稳定。坚持把G20峰会安保作为重大政治任务，高标准推进、高效率处置、高精度管控，健全涉稳隐患排查、情报分色预警和实地督导机制，部署开展社会治安大排查、大巡查、大清缴、大整治行动，稳控一批涉稳突出问题隐患，省公安厅被公安部记集体二等功，完成G20峰会护城河等重大安保任务。强化情报预警，深化反颠覆反渗透反间谍反邪教斗争和暴恐专项行动，破获一批间谍、窃密案件，消除一批党政机关单位窃密隐患，连续15年实现"法轮功"人员"零进京、零聚集、零插播"。坚持运用大数据提升预测预警预防能力，建成省级反恐情报信息平台、城市公共安全管理平台、社会稳定指数信息系统等一批综治维稳信息化实战应用平台并投入运行。推进信访积案化解和进京非正常上访整治专项工作，全省信访总量、进京集体访、进京非正常访、到省集体访人次分别比上年下降10.4%、40.5%、17.2%、30.6%。

推进社会治理体制创新。在闽境外非政府组织管理、危险物品"一体化"安全监管、矛盾纠纷多元化解等14项社会治理体制改革年度目标任务基本完成。公安部28项措施中21项年度任务以及支持福建自贸区10项出入境政策均落地实施。推开律师参与化解和代理涉法涉诉信访工作。推进社会治理领域信息化应用，福建省网格化服务管理信息平台、城市公共安全管理平台、综治诚信信息系统、社会稳定指数信息系统等综治信息化实战应用平台建成并投入试运行。省级平台数据实现汇聚首批11个省直部门、近2亿条数据，综治视联网实现县（市、区）全覆盖。

开展综治平安建设。推进"三化一龙头"（多元化调解、立体化防控、网格化服务，落实综治责任制）建设。深入开展基层和行业平安创建活动，全省命名表彰第三轮第二批22个平安县（市、区）和17个省直平安单位。把解决区域性治安稳定突出问题作为综治平安建设的突破口，针对影响群众安全感的违法犯罪问题，组织开展打击"盗抢骗"、打击农村黑恶势力违法犯罪、打拐、追逃等专项行动，全省刑事案件数量比上年下降12.1%，八类刑事案件数量下降18.1%，盗窃案件数量下降15.2%。针对区域性治安稳定突出问题，省综治委着力推动分级挂牌责任落实，其中省级重点跟踪督导27个整治点，市、县分级挂牌督办540个整治点，一批区域性治安稳定突出问题得到有效解决。针对公共消防隐患问题，强化重点区域场所隐患排查整改、重要时间节点防火宣传教育工作，火灾事故人员死亡数、受伤数、造成经济损失数分别比降21.3%、30%、2.2%。针对道路交通事故问题，推进全省318处道路交通安全隐患整治及892处农村道路交叉口安全设施建设，列入政府为民办实事工作，整治建设任务均已按时完成。

推动司法体制改革。规范入额遴选标准、程序，全省遴选产生员额法官3831人、员额检察官2952人，分别占全省法院、检察院政法专项编制总数的35.97%和35.09%。法院系统改革完善审判委员会制度、裁判文书签发签署机制等，建立专业法官会议制度，推动院庭长直接参与办案；检察系统建立办案组织设置、检察官业绩评价、司法档案建设管理、退出员额管理、司法过错责任追究等配套改革制度，推动司法责任制落地。改革后入额法官人均结案数提高约20%。推动改革试点，立案登记制、繁简分流、认罪认罚从宽、人民陪审员制度、人民监督员制度、公益诉讼等改革取得成效，福州、厦门两地刑事速裁试点法院平均结案数等指标均优于全国平均水平。统筹推进公安、国家安全、司法行政改革落地实施。

加强政法队伍建设。开展"两学一做"学习教育，学习贯彻党的十八届六中全会精神和准则、条例，直面问题，抓好巡视整改，严肃查处政法干警违法违纪问题。召开两次全省政法队伍建设工作会议，举办全省党委政法委系统领导干部研讨班、新任县（市、区）委政法委书记培训班，省直政法部门累计举办各类培训班200余期、2.2万人次。注重从基层一线发现和培树先进典型，继詹红荔之后，黄志丽、陈清洲又先后获"时代楷模"并获评为CCTV2016年度十大法治人物；在政法系统开展评选"十佳百优"最美家庭活动，举办向"漳州110"学习20周年纪念大会；打造以"清朗天空"为龙头的政法系统新媒体矩阵，开展"法治福建进行时"媒体八闽采风行活动，开展法治宣讲"双百"活动，提振政法队伍精气神。

（柯建民）

【机构编制】 2016年，福建省深化"放管服"改革，加快政府职能转变。发挥省协调办作用，把"放管服"改革作为推动经济社会持续健康发展的战略举措，全力以赴抓好落实。福建省深化行政审批制度改革"8235"工作架构、莆田市食品药品"九证合一"审批机制改革得到中央主要领导批示；"双随机一公开"监管等工作、泉州市清理规范行政审批申报事项降低企业和群众办事门槛的做法得到国务院协调办和督查组的肯定。更大限度"放"，释放市场活力。对应国务院取消151项行政审批事项。调整规范省级行政审批中介服务事项31项，精简23%。向福州新区下放省级经济管理权限121项。组织各设区市完成行政审批中介服务和前置审批清理任务，9个设区市共保留行政审批中介服务事项 7272 项，调整 2493 项，精简率 25.5%；保留前置审批 11397 项，调整 2169 项，精简率 16%。配合省人大开展省市县三级深化行政审批制度改革专项督查工作。开展 2011－2015 年国务院和省政府取消、下放行政审批落实情况“回头看”，会同省效能办对工商等 40 个系统落实简政放权情况进行督查，提高减权放权的针对性和实效性。有针对性“管”，创新政府管理方式。指导省直 32 个部门公布抽查事项清单。市县两级全面制定“双随机一公开”实施细则，编制“一单两库”；梳理公布随机抽查事项 12597 项。推动网上电子监察平台建设，对网上行政审批和服务事项办理实行全程监控。推动建成国家企业信用信息公示系统（福建），实现市场主体基本信用信息实时更新、同步公示。推动企业信用分类监管，对经营异常名录中的市场主体在招投标、银行开户、贷款等方面实施失信惩戒。着力优化“服”，改善发展软环境。印发省级行政审批“三集中”改革指导意见，明确在审批服务事项较多的省级部门全面推开“三集中”改革，提高审批效率，有些审批事项提速 90%，有些审批材料精简 70%。推进“办事难、办证难”专项整治，出台简化优化行政审批和公共服务流程的实施意见，精简申请材料 8287 件，精简率达 18.2%；平均缩短办理时限 22.7 天，减少审批环节 10.9 个；全省取消或优化证照年检类办理事项 354 项，精简率 13.6%。打造“政务淘宝”，研究提出“政通”平台建议方案。推进“互联网＋政务服务”，省网上办事大厅与省直 43 个部门、9 个设区市、81 个县（市、区）和 4 个开发区行政服务中心实现互联互通；省、市、县三级行政服务中心共进驻行政审批和服务事项 73480 项，网上办理率达 95%，基本实现各级主要部门审批业务“纵向到底、横向到边”全覆盖。完善清单管理，规范行政权力运行。在全国率先开展乡镇（街道）权责清单编制工作，梳理公布 1103 个乡镇（街道）权责事项 3.6 万多项，实现 8 张清单管权力的格局。完成省发改委等 32 个省直部门行政权力和公共服务事项的动态调整工作，取消 141 项、下放 37 项、调整 543 项。部署省、市、县三级推进权力清单和责任清单“两单合一”，完成省地税系统“两单合一”试点。完成省经信委等 32 个省直部门本系统省市县三级行政审批和服务事项的“纵向清单”编制，实现“五个一致”。

创新行政体制机制，促进政府效能提升。探索创新特殊区域体制机制，为各地新经济增长创造有利条件。争取中央编办批复福州市政府加挂福州新区管委会牌子。研究提出福州新区党工委、管委会工作机构设置及领导职数配备方案。印发全省开发区等特殊区域管理机构目录清单，并对部分地市的开发区等园区管理机构调整进行统筹研究。推进综合行政执法体制改革，探索权责统一的行政执法体制。基本完成厦门、永安等 2 个全国试点和长乐、南安等 7 个省里试点的改革任务。会同省商务厅指导、推进福州市全国商务综合行政执法体制改革试点工作，由一支队伍统一行使酒类流通、成品油管理等商务执法职能，得到中央编办肯定。开展小城镇机构改革试点，构建新型城镇化管理体制。总结试点经验，印发《福建省小城镇机构改革试点工作总体评价机制（修订）》，并对试点组织评估。牵头制定福建省深化经济发达镇行政管理体制改革实施意见，跟踪指导晋江陈埭、南安水头的试点工作。推进相关改革，调整完善行政体制机制。争取中央编办批复同意省委巡视办正厅级规格，并纳入省委工作机构序列；加强省委巡视办力量配备，指导市县巡查办机构建设。完成省纪委派驻机构全覆盖机构编制调整工作，实现对省级党政群机关和厅级事业机构共 119 家单位的全覆盖。调整基本医保管理体制，统一划给医保机构承担，解决医保管理“碎片化”问题，医保职责和机构整合工作走在全国前列。制订法检机构编制上收省级管理工作方案、统一管理办法和聘用制书记员配备意见。健全省级生态文明机构设置，研究提出武夷山国家公园管理机构组建方案。

推进事业单位分类改革，强化社会公共服务。完成省属 34 家、设区市属 25 个暂缓分类事业单位的分类工作。列入分类的 752 个省属事业单位中，完成 693 个分类工作，占比 92.2%。开展行政类事业单位改革试点。提出福建省承担行政职能事业单位改革试点意见，完成改革单位模拟测算工作。选择漳州、三明及所辖的南靖、龙海、将乐、尤溪作为福建省试点市县，试点方案报中央编办审核。推进生产经营类事业单位改革。做好全省生产经营类事业单位调查摸底，推进省环保设计院及省经信委所属工业技术展览交流中心等 5 个事业单位的转企改制工作。推进党政机关、国有企事业单位培训疗养机构改革。做好公益类事业单位改革。研究提出《创新事业单位机构编制管理的实施意见》和《省属公立医院实行“人员控制数”管理的实施意见》。指导县（市、区）推进公立医院编制使用备案制管理。继续推进事业单位法人治理结构试点。优化事业单位登记管理工作。完成省直 900 余个事业单位年度报告公示。完成省直机关、群团和事业单位统一社会信用代码赋码换证工作，为事业单位换发统一社会信用代码证 989 个，为省直机关、群团赋予统一社会信用代码 303 个。建立事业单位法人异常名录和“双随机”抽查机制。

严控机构编制，落实财政供养人员只减不增。持之以恒“控”。落实中央编委批复的控编减编方案和省委办公厅、省政府办公厅印发的控编减编意见，保持全省“两个总量不突破”（全省行政编制不突破中央核定的总额，事业编制不突破 2012 年底总量），机关工勤人员编制逐年减少。9 个设区市总体上均实现行政和事业编制总体空编。创新管理“调”。盘活存量、挖掘潜力、优化结构，保障重点和亟需。按比例收回一批编制，用于统筹使用。在总量内，通过统筹调剂的办法，保障加强精准扶贫、生态文明试验区建设、社会组织党建、基层监所、政务服务、交通综合执法等重点领域，解决一些事关发展、稳定和民生的用编需求。规范管理"严"。每半年对全省机构编制统计数据进行宏观研究分析，把握工作方向和重点。完善实名制管理信息系统，加强与组织、财政、人社等部门的协调配合，推进信息共享和联合制约，并开展联合抽查，严肃机构编制纪律。研究提出"十三五"机构编制工作指导意见。推进全省机构编制网络信息系统三期建设，全省机关事业单位中文域名注册单位覆盖率100%。

（梁 菲）

【老干部工作】 2016年，福建省有离休干部9126人，离休干部平均年龄87.45岁。其中，土地革命时期参加工作7人，抗战时期参加工作1196人，解放战争时期参加工作7923人。机关离休干部3195人，事业单位离休干部2518人，企业离休干部3413人。副省级（含享受待遇）以上离休干部48人（其中正省级2人，正省级单项待遇4人，副省级待遇5人，副省级单项待遇37人），厅局级离休干部658人，县（处）级（含享受待遇）离休干部5109人，正副乡（科）级待遇离休干部540人，其他待遇2771人。退休干部510193人（含"5·12"退休干部3355人），其中机关117344人，事业单位234689人，企业158160人。全省离退休干部党委（总支）1106个，离休干部党员6499人，退休干部党员239791人。全省有老干部局91个，单位老干部工作处（办、科）344个，老干部工作人员4658名，其中：专职工作人员2148名，兼职工作人员2510名。

贯彻落实中共中央办公厅、国务院办公厅印发的《关于进一步加强和改进离退休干部工作的意见》，省委、省政府高度重视，省委常委、组织部长王宁作出批示，要求认真贯彻落实。省委老干部局在全局系统组织开展文件学习研讨周活动等。在《福建老年报》刊登中组部领导答记者问等专题辅导文章，运用主流媒体宣传解读文件精神，营造舆论氛围。开展专题调研、组织专项督导，推进基层贯彻落实。在调研的基础上，结合实际，研究制定福建省贯彻落实的实施意见。

推进离退休干部思想引领和党建工作。组织离退休干部开展"两学一做"学习教育，通过举办读书班、培训班、报告会、通报会，组织就地就近参观考察和送学上门等形式，持续抓好离退休干部的理论学习和思想教育。先后在省直单位老干部中举办6场学习报告会、2期厅局级离退休干部党校读书班、3期离退休干部党支部书记、骨干培训班，先后举办4场工作通报会，通报省委、省政府、组织、纪检、老干部工作，参会老同志2300多人次，增强老同志对福建省工作的认知、认同。指导、推动各地成立离退休干部党工委，三明、莆田、南平、龙岩、宁德等5个设区市和平潭综合实验区，以及33个县（市、区）先后成立离退休干部党工委，占全省91个老干部局的42.9%。同时，探索在老干部活动中心、老年大学、老年社团等组织中建立临时党支部和"老党员之家"，全省成立离退休干部临时党支部100多个。

开展增添正能量活动。以"展示阳光心态、体验美好生活、畅谈发展变化"为主题，组织引导离退休干部为党和人民事业增添正能量。下发《关于深入推进离退休干部为党和人民的事业增添正能量活动的指导意见》，在全省离退休干部中组织开展"我参与、我见证、我助力——八闽老干部为全面建成小康社会增添正能量"主题活动和宣传"最美老干部"活动，以纪念建党95周年和红军长征胜利80周年为契机，突出增添正能量主题，组织开展内容丰富的诗书画影展、文艺汇演等系列活动，引导老同志讴歌各地发展变化，助力新福建建设。改造提升"福建老年网"，开通"福建离退休干部"微信公众号，组建一支1700多人的离退休干部网络宣传员队伍，下发《福建省离退休干部网络宣传员管理办法（试行）》，引导老同志通过新兴媒体，正确发声，增添正能量。

完善离休干部服务管理工作。出台《关于组织离退休干部开展活动有关事项的通知》，对中央"八项规定"后离退休干部走访慰问、组织学习活动、发挥作用等方面的相关问题作出明确规定。做好特殊困难离休干部精准帮扶工作，省财政安排100.84万元，为省直单位和23个扶贫开发重点县的38名特殊困难离休干部购买服务；做好离休干部及遗偶困难补助、省直单位离休干部无工作遗偶医疗补助，共补助1978人，金额202.7万元；41名受灾离休干部及遗偶、"5·12"退休干部得到救助补助。推进利用社区资源服务老干部工作，建立120个"四就近"服务老干部联系点建设。推进省级示范老干部活动中心创建工作，授予宁德市老干部活动中心等18个单位"省级示范老干部活动中心"称号。总结老年教育办学经验，提升福建老年大学办学水平，扩大办学规模，完善网络报名平台，推进创新发展。

（邱雪芳）

【党校行政学院工作】 2016年7月15日，中共福建省委常委会专题研究全省党校、行政学院工作，并审议通过《省委关于加强和改进新形势下党校工作的实施意见》和《全省党校行政学院系统"十三五"发展和改革规划纲要》。8月4日，全省党校工作会议在福州召开。会议深入学习贯彻习近平总书记在全国党校工作会议上的重要讲话精神，研究部署当前和今后一个时期全省党校工作。省委书记尤权出席会议并作重要讲话，省长于伟国主持会议，省领导张昌平、张志南、王蒙徽、倪岳峰、雷春美、王宁、陈冬、徐谦、李红等出席会议。省委党建工作领导小组成员单位主要负责人，全省干部教育联席会议成员单位主要负责人，省直有关单位主要负责人，全省各级党校校长、常务副校长共计400多人参加。会议印发《中共福建省委关于加强和改进新形势下党校工作的实施意见》和《福建省党校行政学院系统“十三五”建设和发展规划纲要》。省委书记尤权、省长于伟国和倪岳峰、王宁、陈冬、周联清、李红、黄琪玉、陈桦、张燮飞等多位省领导先后到校院作专题报告、出席开学典礼。组织部部长、省委党校校长王宁和副省长、福建省行政学院院长李红尤为关心支持校院工作，并多次就校院发展作出重要批示。中央党校副校长甄占民、国家行政学院副院长杨克勤分别来校院出席会议和开展专题调研。

协助省委、省政府举办全省领导干部“学习贯彻十八届五中全会精神”专题研讨班、全省县长防汛培训班、全省哲学社会科学教学科研骨干研修班、全省立法专题培训班、全省“推进卫生与健康发展”专题研讨班以及10个省管干部专题研讨班。2016年，校院举办进修班、培训班、专题研讨班、师资培训班等各类主体班次52期，培训学员3978人次。完善教学布局。开发新专题43个，面向校院设置招标专题1个，组织起草《校院系统主体班次体系、课程体系设置规划》。实施精品工程。举办全省系统首届党性教育精品课评选活动，举办4期师资培训班，遴选确定168位拟聘兼职教授。加强教材建设。完成《社会主义核心价值观读本》等12本通用类教材编写修订工作。启动《战略福建》等17本省情系列教材编写任务。出版《策论福建——学员研究报告汇编》。完善基地平台建设。出台《现场教学基地建设方案》，新开发宁德现场教学基地、朱子文化基地、省核应急指挥中心、泉州非公党建基地。完善管理体系。研究制定《关于加强教风建设的实施意见》，初步确定校院理论教育和党性教育课程建设规划，起草理论教育和党性教育评估指标。举办海西大讲堂4场、全校大讲座11场、领导干部论坛10场和第六、第七届福建领导干部论坛。

科研、决策咨询与学科建设。国家课题立项有新提升。获得国家社科基金项目5个，位居全国省级党校系统第六名，名列全省社科单位第五名。获得省部级课题15项，立项数位居全省前列。荣获中央党校第十一届优秀科研组织奖。高端科研成果实现新突破。10项成果获福建省第十一届社会科学优秀成果奖，其中一等奖1项，二等奖2项，三等奖6项，青年佳作奖1项。继第九届的8项，第十届的9项，校院高端奖项获得数获得新突破。智库建设取得新成绩。共发表决策咨询类成果27篇，获省领导肯定性批示9件次。其中，发表学员决策咨询成果12篇，获省领导肯定性批示7件次。“习近平同志在福建工作期间思想与实践研究项目”取得阶段性系列成果，完成教材初稿和《习近平同志在福建工作纪事》《习近平同志在福建工作文集》汇编，《治理餐桌污染的福建样本与经验研究》由福建人民出版社出版。校院还承担省委、省政府及相关部门委托的各类决策咨询项目近百个，研究成果较好地转化为工作实际。《决策参考》共编印6期。学科建设有新进展。在加强3个省级重点学科建设的基础上，确定4个校院重点学科和5个校院重点发展学科。

提升研究生教育品牌质量，对外交流品牌积极拓展，对外培训品牌注重推广，信息化项目建设稳步推进，特色资源数据库建设成效明显。建成《福建地方革命史研究资料库》等4个特色数据库，获全国党校系统“三大文库”数字资源建设进步奖，《古田会议和中央苏区教学与研究信息资源库》获数字资源建设优秀成果奖。新校区建设经省政府常务会议通过立项，确定纳入省重点项目管理，“十三五”时期内建成并投入使用。启动新一轮县级党校建设扶持工作。与省委组织部、省财政、省发改委联合做好省财政5000余万元资金第二轮扶持县级党校建设资金分配方案，方案经省政府审批并下发执行。

（刘　振）

【党史研究】　2016年，中共福建省委党史研究室开展各类重要纪念活动。配合省委邀请中央党史研究室主任曲青山来闽为省委中心组作建党95周年专题报告，召开福建省纪念红军长征胜利80周年大会；召开学习贯彻习近平总书记纪念红军长征胜利80周年重要讲话精神和全省党史文化论坛交流座谈会；举办或协办《辉煌壮丽的史诗——庆祝中国共产党成立95周年大型图片展》《长征从这里出发——福建省纪念红军长征胜利80周年展览》《百炼成钢——纪念中国共产党成立95周年档案图片展》《董希源红色写生之旅作品汇报展》，纪念红军长征胜利80周年理论研讨会，“红色基因，我们传承”大学生演讲比赛，“永远跟党走，辉煌中国梦”和“艰难历程、不朽丰碑”文艺晚会，“骑聚红土地 重走长征路”中国·宁化山地自行车骑游文化节活动，“刘少奇与中央苏区”学术研讨会，福建省社科界2016年学术年会分论坛等活动；举办好方毅、陈丕显、邓子恢、魏金水等同志诞辰纪念活动。

深化党史研究。启动党史正本一卷、二卷修订，细化三卷编纂大纲；编辑出版《福建社会主义时期党史专题文集（1949—1978）》第一辑、第二辑，《燃烧的红飘带——福建人与长征》《抗战福州》《福建新四军抗战史》；完成送审稿《福建省志·共产党志》（101万字）和《抗损B卷本厦门卷》（80多万字）、《福建党史日志》和《党的十八大以来福建省保护红色资源、传承红色基因、弘扬革命传统的新实践》初稿；完成《改革开放实录》三个专题的撰写，续编《福建中央苏区纵横》丛书，协助编纂出版《中国共产党第六次全国代表大会档案文献资料选编》和《图说长征·序曲》卷；国家社科基金项目方面，《畲族与中央苏区研究》课题通过龙岩学院中央苏区研究院申报获立项，《福建三年游击战争史》申报结项，《当代闽台关系发展史研究》完成近10万字；省社科基金项目方面，《福建保护红色资源，传承红色基因，弘扬革命传统的新实践》《基于福建省红色资源保护与红色旅游开发联动发展的对策研究》《中国共产党福建建设史（新民主主义时期）》《中国工农红军北上抗日先遣队图志》获立项，《中国工农红军北上抗日先遣队研究》完成大纲撰写和部分初稿；全年撰写各类文章85篇，发表在中文核心期刊和党报10篇，入选各类学术研讨会25篇；获全省党建重点课题调研成果奖二等奖1篇；继续办好《福建党史月刊》《福建党史工作》《资政报告》《屏山史苑》《福建党史人物研究通讯》《福建省革命历史纪念馆馆刊》等刊物。

创新党史宣传。福建省革命历史纪念馆举办《红色福建》《中央苏区·福建》《红土地文物捐献展》三大陈列展，《品重柱石——王荷波生平事迹展》《"四有"干部谷文昌生平事迹展》等专题展，全年接待观众26万人次，出版《红色福建陈列画集》《纪念红军长征胜利八十周年书画集》和《品重柱石——王荷波生平事迹展》；"中共福建历史网站群"年度更新信息2000多条，浏览量达24万人次，党史网宣推出新平台"福建党史"微信公众号，纪念馆建设福建红色文化网上展示馆和VR/AR实体体验馆；参加《在历史回望中规正"两学一做"》节目录制，协助审看《建党95周年》（福建篇）和《项南》纪录片脚本，配合拍摄《长征：讲不完的故事》纪录片和《长征故事》栏目，为《福建日报》数十篇纪念主题文章审稿；与省旅游局合作推动全省红色旅游工作，9处革命遗址新增入选全国红色旅游经典景区名录；为四套班子提供党史咨询服务，全年办理约60件；走进机关、军营、学校、社区，开展党史宣讲活动68次。

队伍建设。制定《福建省党史工作2016—2020年规划》，以省委办公厅名义下发全省贯彻实施；开展"两学一做"学习教育；配合省纪委派驻纪检组、省委巡视组开展对本单位的巡察、巡视工作，制订整改方案，确保按时保质完成整改工作；加大与省外党史部门、省直单位和党史工作社团的协作互助；为地方党史部门编纂党史二卷提供指导帮助，全年13个单位完成二卷出版，为闽东苏区、才溪乡调查、古田会议等多个纪念场馆提供指导支持；选派干部参加各类学习培训47人次。

（陈 芬 孙 健）

【信访工作】 2016年，福建省信访系统实施依法处理信访事项"路线图"和"七项机制"，落实《信访工作责任制实施办法》，坚持工作在一线、重心在基层，着力源头治理夯实基层基础，着力创新体制机制，着力转变工作方式方法，推进信访工作的法治化、制度化、规范化建设，全省持续信访总量、进京集体上访人次、进京非正常上访人次、到省集体上访人次比上年下降，保持信访秩序持续好转的良好态势。全国"两会"、党的十八届六中全会、"G20"峰会、省第十次党代会和中国国际投资贸易洽谈会等重要会议、重大活动期间没有发生因信访问题处置不当引发群体性事件、个人极端事件和负面舆论炒作问题。

全省各级领导干部接访下访工作。坚持市、县、乡三级党政领导干部接访时间、地点、人员"三固定"制度，引导和鼓励各地在开展领导干部定点接访的同时，采取联合接访、上门走访、带案下访、视频接访等形式，为群众排忧解难。每月通报各地领导接访情况及接访事项化解情况，指导推动各地突出领导干部接访重点，落实领导包案，加大接访事项办理力度，提高接访实效。2016年，全省各级领导干部接访群众1.2万批3.2万人次，协调处理接访事项纯件数8085件。

促进信访信息系统深度应用。推动各级有关职能部门尤其是信访量大的职能部门，与同级信访部门互联互通，全省信访信息系统已经接入应用7000多个单位。通过创新10项系统功能模块，设置"10639999"短信提醒平台、"三率"排行榜、"满意栏""曝光台"等栏目，做到信访事项全要素网上登记、全口径网上流转、全过程网上督办，实现可查询、可跟踪、可督办、可评价。网上信访数量在信访总量中占比提高到40%，网上信访事项及时受理率、按期办结率、群众满意率分别比上年上升6～10个百分点。

打好"三场攻坚战"。组织开展化解信访积案、整治进京非正常上访、破解"三跨三分离"信访事项三场攻坚战。2016年，省领导挂钩联系包案督办16件信访积案，全部办结化解。国家信访局交办47件信访积案，全部办结化解；省内自行排查886件，已经办结化解879件，办结化解率99.2%。督促少数重点市、县（区）加大整治力度，进京非正常上访保持连续3年下降的良好态势。45件"三跨三分离"信访事项工作对接率100%、领导包案率100%，办结化解、依法终结和息诉息访38件，占84.4%。

巩固夯实基层基础。围绕加强源头治理，出台《关于开展"三无"县乡村创建活动的指导意见》，推动全省27个县（市、区）、802个乡镇（街道）达到创建标准；先后6次组织开展"抓落实、求实效"督导调研活动，加大赴各设区市及所辖重点县（市、区）实地督导检查密度；组织排查和交办经济领域、社会领域已经或可能引发集体上访的157件突出问题，把大部分信访问题化解在基层、消除在萌芽状态，努力实现由事后处置向事前防范、由被动处理向主动解决的转变。

创新信访工作体制机制。贯彻落实省委书记尤权关于创新群众工作方法、发挥社会力量化解疑难信访问题的指示批示精神，出台《关于发挥社会力量参与化解疑难信访问题的指导意见》，探索创立10种发挥社会力量参与化解疑难信访问题模式，采取公开听证、专案评审等办法推动化解188件疑难复杂信访问题。建立健全重点事项、重点人员、重点地区专项治理机制，建立重要信访事项重点督办、反馈和转送市县党政分管领导、省直部门负责人阅批机制；实行重点信访人员信息"每日一报"；建立省信访局领导班子成员挂钩督导各设区市及所辖重点县（市、区）机制，采取点对点通报督办、实地督导、下基层约谈等举措，保障各项任务的落实，有效减少信访上行。

（洪　梅）

【保密工作】　2016年，福建省保密工作按照中保委、国家保密局和省委、省政府的部署和要求，突出重点，全面推进保密管理各项工作。

聚焦主题主线，抓好中央和省委决策部署的贯彻落实。把学习贯彻习总书记对保密工作的重要讲话、中央关于加强和改进保密工作意见精神作为主题主线贯穿全年工作始终。省委书记尤权第一时间作出批示，主持召开省委常委会专题学习，对保密工作作出部署。省委保密委全体会议学习中央和省委的部署要求，研究提出贯彻意见。组织召开全省保密工作会议和设区市保密工作座谈会，结合福建实际，抓紧研究、制定福建省实施办法和保密事业“十三五”规划。各地、各部门召开党委常委会、保密委会议和保密领导小组会议，以开展形势教育、上党课、举办保密知识讲座等方式，加大保密工作决策部署的宣传解读力度，营造良好氛围。

突出工作重点，提升保密工作整体水平。保密自查自评督查。组织5个督查组分3批对170多个省直单位进行督查，督查结果优秀的有66个，合格的有92个，优秀率和合格率达92.4%，成为全国为数不多实现“全覆盖”的省份之一；加强互联网门户网站、重点骨干网络保密检查和专项检查，既完成“规定动作”，又避免交叉和重复检查，得到国家保密局督查组肯定。做好保密服务保障。在省第十次党代会筹备和召开期间，对接大会秘书处，制订保密工作方案，规范各项保密工作。通过加强技术防护、签订保密承诺书、发送保密提醒等方式，做好省委全会、省委常委会和“海峡论坛”“中国国际投资贸易洽谈会”等重大会议活动的保密工作，发挥保密服务保障作用。加强涉密人员管理。组织开展涉密人员分类确定和保密审查，基本摸清全省涉密人员底数，确定涉密岗位和涉密人员。加强保密技术防范。为省委办、省政府办、台办、外办等20多个省直单位及西湖宾馆、福建会堂配备保密技术防护设备。对省委会议室等重要涉密会场进行安全保密检测，对屏山大院等重要位置的空中信号进行采样和检测。

推进依法治密，提高法治思维和依法办事能力。推进定密管理。通过组织召开专题培训会、现场辅导等方式，指导各机关单位抓保密法相关规定的落实，推动定密管理规范化、精准化。严格涉密资质单位保密审查。组织完成对涉密资质单位的审查，配合国家保密局对甲级涉密信息系统集成资质单位进行现场审查，举办全省乙级涉密信息系统集成资质单位保密管理培训班。针对个别资质单位违规行为，组织开展“双随机”抽查工作，加强监督，消除隐患。加强重要军事设施周边环境安全保密督查。建立健全军地协作机制，按照属地管理原则，配合当地驻军做好自查工作，消除风险隐患。强化日常监管。加强高考、司法考试等国家统一考试试卷保密室检查。加强保密技术监管，核查涉密机和内网机违规外联事件；核查涉嫌被境外远程控制的IP地址和受攻击的电子邮箱。依法查处失涉密事件。开展保密宣传教育。制定“七五”保密法治宣传教育规划，推广“保密观”微信公众号。省保密局被国家局评为“新媒体创新先进单位”。

强化技术保障，推进保密工作转型升级。加强涉密网络管理。针对网络泄密严峻形势，抓好涉密网络测评工作，贯彻落实管理规定，完成省直单位在用涉密网、市（县、区）在用涉密局域网和中央国家机关在福建省的节点、接入区或局域网安全测评。推进保密技术服务中心建设。加强与福州市政府、海军部队的沟通、协商，完成土地交接、资产移交，做好涉密载体销毁技术楼的建筑设计、项目招投标等工作。开展保密技术交流。组织全省17家企业、251人参加国家局在青岛举办的“全国保密技术交流大会暨产品博览会”，展示福建省保密科技企业的创新成果。

（卢如一）

【机关党建工作】　2016年，福建省直机关各级党组织围绕全面从严治党，牢牢把握主业主责，推进各项工作，机关党的思想、组织、作风、反腐倡廉和制度建设稳步推进。

“两学一做”学习教育。省直机关工委履行省直机关学习教育组织领导职责，组织党员干部学习党章党规和习近平总书记系列重要讲话精神，以及党的十八届五中、六中全会和省第十次党代会、省委九届十六次全会精神，编发辅导材料1.4万册，组织理论宣讲400多场次，依托工委党校培训党员2000多名，引导党员干部增强“四个意识”、坚定“四个自信”。先后召开两次部署推进会，组织4轮全覆盖督导，推动建立1410个联系点，指导各单位党组（党委）中心组学习1500多场次，推动党组（党委）班子成员带头讲党课1400多场次，督促7000多名基层党组织书记讲党课；推广“党建微课”手机教育平台，开展“弘扬谷文昌精神·做合格共产党员”系列活动，举办先进典型巡回报告会和省直机关读书活动，促进学习教育有序、深入开展，受到中组部检查组的肯定，并在全国机关党建研讨会上交流。

机关党建服务改革发展。围绕学习宣传贯彻“十三五”规划，省直机关工委制定实施意见，动员党员干部立足岗位，用好用活多区叠加政策，推动新福建建设。坚持用党建指导业务，用业务丰富党建，深化“学雷锋”“学厦航”“学长汀”主题实践活动，挖掘宣传20名优秀驻村书记，发动省直单位和个人为闽清、永泰灾区捐款捐物7500多万元，推动多项服务发展改革性举措和改善生态环境适用计策落实。深化“四下基层”活动，推动机关党组织与扶贫重点村、驻点村结对帮扶，帮扶资金达2亿元；开展省直机关看福州、助力福州百日攻坚等活动，推动省直厅局参与对接福州新区建设项目。开展机关在职党员到社区报到服务群众工作，结对帮扶1500多户，帮助群众实现“微心愿”2600多个，帮扶资金700多万元。发动统战成员建言献策，形成624份调研报告；开展“践行新理念·服务十三五”职业技能竞赛、寻找“最美青工”以及“五一劳动奖”“青年文明号”“巾帼文明岗”等创建活动，为改革发展凝心聚力。

基层组织建设。省直机关工委会同有关部门对全省贯彻《机关基层组织工作条例》和省委实施办法情况进行督查调研，并由省委督查室将督查报告印发全省，以点名通报的方式推动问题整改。省直机关工委承办由省直各单位党组（党委）书记参加的抓机关党建述职评议会，部署开展基层党组织书记述职评议考核，将“评时”与“平时”相结合，抓实党建工作责任。突出抓好基层支部建设，巩固拓展“1263”机关党建工作机制，总结制定机关党支部七项基本工作法，举办两期支部书记培训班和1期新任党务干部培训班，带动省直单位举办党务骨干培训班188期。强化典型引路，结合纪念建党95周年，评选表彰省直机关646个“两优一先”先进典型。落实基层党建工作重点任务，开展党员组织关系集中排查和党费收缴专项检查，抽查40个单位党组（党委）班子和省管干部落实“三会一课”和民主生活会等制度情况，发现并解决一些突出问题。做好省第十次党代会代表的推选工作，基层党组织参荐率100%，党员参荐率98.1%，推选出的代表体现先进性、广泛性和代表性。加强对市（县、区）直机关工委工作的指导，召开3次省市机关工委负责人联席会议，在中央党校举办全省机关工委书记培训班，评选表彰52个全省机关工委系统先进典型。

机关党风廉政建设和反腐败工作。贯彻省委“五抓五看”要求，开展党风廉政建设责任制情况检查和“回头看”，重点检查74个省直厅局和直属事业单位，抽查15个单位，共反馈问题清单141条，提出问责建议28条。推动落实中央八项规定精神，先后3次组织开展专项督查，发现问题线索及须整改问题270多条，查处问题8起8人；在福建机关党建网开设“省直机关贯彻落实中央八项规定精神”专栏，曝光典型案例9起。开展廉政文化进机关，组织4000多名党组（党委）班子成员及处室负责人参观王荷波生平事迹展，组织2250名新入职人员和关键、重点岗位党员干部到省反腐倡廉警示教育基地接受教育，组织机关党员干部参观“大道之行”廉政书画展。强化监督执纪问责，省直纪工委接受信访举报件157件，实现“零暂存”；谈话函询28件，自办案件22件22人，较2015年翻了一番；审理违纪案件102件102人，是2015年的近3倍。

机关文明和谐工作。培育和践行社会主义核心价值观，并与开展寻找“最美家庭”“机关干部话家风”以及“四德”教育相结合，省直单位累计举办专题教育、活动5400多场次，接受教育190多万人次。深化文明单位创建活动，建立文明创建动态管理系统，增强考评工作科学性，推进创建活动规范化制度化。强化关怀帮扶工作，筹措139万元慰问2200多名困难党员干部职工；开展第七期医疗互助活动，覆盖583个单位8万多人，发放重大疾病补助金750余万元；组织13批共660名“一线职工”参加疗休养。开展志愿服务，建立志愿服务组织4400多个，组织无偿献血、植树造林、扶贫济困、扶残助残、捐资助学等志愿服务1.2万多场次。围绕纪念建党95周年和红军长征胜利80周年，开展交响音乐会、文艺演出、图片档案资料展、青年诵读比赛、全民健身竞赛等系列活动，丰富机关文体生活。

其他工作。省直机关工委配合抓好省直单位党员领导干部民主生活会，派处级干部列席会议，督促严肃开展批评和自我批评；指导40个单位机关党委换届，届中调整26名机关党委负责人；继续办好《八闽机关党建》电视栏目、《福建机关党建》网站、《党的生活》刊物、《机关党建信息》等，加强宣传阵地建设；落实“党建带群建”要求，加强和改进机关工青妇工作，保持和增强群团工作的政治性、先进性和群众性；加强机关党建研究工作及做好关心下一代工作；以省委巡视组对工委开展巡视为契机，加强工委机关存在问题的整改。

（李向阳）

福建省人民代表大会及其常委会

【概况】 2016年，福建省人大常委会审议法规草案24项，通过16项，决定提请省人民代表大会审议的法规案1项，审查批准设区市法规16项；检查1项法规实施情况，听取审议省政府、省法院、省检察院25个专项工作报告，开展1次专题询问和2项专题调研，审查规章和其他规范性文件140件；作出重大事项决定、决议9项；任免国家机关工作人员141人次，组织宪法宣誓22人次，完成代表资格审查24人次。省十二届人大四次会议确定的常委会各项任务已经完成。

立法工作。常委会落实省委关于加强和改进立法工作的要求，推进重点领域立法，立法工作呈现出数量多、步伐快、质量提高的特点。推进改革开放立法。为落实中央关于全面深化改革的战略部署，确保重大改革于法有据，常委会及时制定平潭综合实验区条例和福建自由贸易试验区条例，突出体制制度创新，建立鼓励创新免责、试错容错的考核评价体系，为先行先试提供重要法治保障。适应国家生育政策改革的需要，及时修改人口与计划生育条例，对全面实施二孩政策、做好计生服务配套工作作出明确规定。落实行政审批制度改革的要求，全面清理地方性法规，依法作出关于修改海洋环境保护条例、海域使用管理条例、渔业法实施办法的决定。推进民生领域立法。审议食品安全条例草案，将食品安全责任机制、追溯机制和监管机制等制度措施纳入法规草案，强化食品生产经营全过程监管，保障

“舌尖上的安全”。修订安全生产条例，强化生产企业主体责任和部门监管责任，突出危险化学品行业的安全生产监管，提升安全生产水平。制定义务教育条例，对素质教育和均衡发展分别作出专章规定，对就近入学、划片公开、进城务工子女就学等热点问题作出规范。为应对人口老龄化，开展老年人权益保障法律法规实施情况专题调研，审议老年人权益保障条例草案，拟对人民群众高度关注的老年人社会保障、养老服务体系建设、医养结合等方面作出明确规定。制定华侨权益保护条例，依法加强对华侨政治、财产、文教、投资、捐赠等方面权益的保护，有利于凝聚侨心侨力。审议城市供水条例和教育督导条例草案，促进相关工作法制化。推进社会领域立法。修订旅游条例，规范旅游市场秩序，完善发展旅游措施，明确民宿的法律地位，推动旅游业持续健康发展。审议历史文化名城名镇名村保护条例草案，促进福建省重要历史文化资源的保护、利用和传承。制定国防动员条例，为平时动员准备和战时动员实施提供法律保障，推动军民融合深度发展。修订人民防空条例，对防空地下室易地建设、面积标准等难点问题作出具体规范。推进生态领域立法。制定湿地保护条例，对湿地实行总量控制、名录管理、红线管控三重保护，维护湿地生态安全。审议水资源条例草案，明确规定水资源开发利用控制、用水效率控制、水功能区限制纳污三条红线，促进合理开发和节约保护。审议海岸带保护与利用管理条例草案，拟对海岸带范围划定、管理体系、规划保护和监督管理作出规范，促进海岸带资源节约集约利用和生态环境的有效保护。注重完善立法工作机制。坚持党对立法工作的领导，立法计划、法规制定中的重点问题及时向省委报告。完善人大主导立法的体制机制，建立立项评估和通知机制，提高立项的科学性；建立法规多元起草机制，形成人大牵头起草、委托立法基地起草、组织相关部门专家联合起草等多种方式；提前介入政府牵头的法规起草工作，在修订人口与计划生育条例过程中，将晚婚假惠及所有新婚夫妻，将产假、照顾假拓展到所有符合政策生育的夫妻，发挥人大在立法中的主导作用。发挥常委会组成人员和人大代表在立法中的主体作用，在老年人权益保障条例制定过程中，由常委会领导分别带队到各设区市征求意见；该条例提请福建省第十二届人民代表大会第五次会审议，体现人大代表在立法中的作用。完善公民有序参与立法机制，将 14 项法规委托立法基地开展论证和起草，选择部分审议项目分解给基层立法联系点征求意见建议。

监督工作。常委会围绕经济社会发展大局和人大代表、人民群众普遍关注的热点难点问题，行使监督职权，推动中央和省委重大决策部署的贯彻落实，保证法律法规有效实施。促进经济持续健康发展。听取审议省政府关于国民经济和社会发展计划执行情况的报告，推动政府贯彻落实新发展理念，用好用足中央赋予福建省的一系列先行先试政策，推进供给侧结构性改革，落实“三去一降一补”重点任务，抓好创新驱动、转型升级，提高发展质量和效益。听取审议省政府落实科技进步“一法一例”执法检查审议意见情况的报告，推动出台关于培育领军企业、深化科技人员职称改革等 8 个专项文件，落实研发经费年均增长 15%的目标，加快构建多元化科技投入体系。开展自贸区工作情况专题调研，推动打造自贸区的“福建版本”，增创对外开放新优势。推动社会建设和民生改善。听取审议扶贫开发工作情况的报告，提出要建立全省统一的扶贫对象动态监控管理体系，开展科技扶贫、金融扶贫、生态扶贫，探索解决因病因残致贫的长效机制，以精细的措施推进精准扶贫。听取审议公共文化服务体系建设情况的报告，提出要建立稳定增长的财政保障机制，完善覆盖城乡的公共文化设施网络，促进基本公共文化服务标准化、均等化。围绕深化行政审批制度改革开展省市县三级人大联动监督，合力促进政府进一步强化服务理念，提高简政放权“含金量”和监管服务水平。在 2015 年开展执法检查的基础上，对固体废物污染防治工作及审议意见研究处理情况开展专题询问，针对处理能力不足、日常监管不到位、综合利用率不高等突出问题，促进政府及有关部门强化源头管控、综合管理和循环利用。审议年度环境状况和环境保护目标完成情况的报告，巩固提升福建省生态优势，推进国家生态文明试验区建设。做好信访工作，全年受理群众来信 3238 件、来访 4533 人次。注重从来信来访集中反映的问题中确定监督议题，推动依法及时解决，促进社会和谐稳定。推进依法科学理财。听取审议预算执行情况和决算的报告、审计工作报告，审查批准 2015 年省本级决算。要求政府及有关部门严格实施预算法，规范预决算编制和管理，细化年初预算，优化转移支付结构，强化对预算执行和项目建设的检查监督，提高财政资金使用绩效。两次审查批准省级预算调整方案，同意将新增债务资金用于扶贫开发、城市公用设施等，支持民生改善和社会事业发展。听取审议关于加强政府性债务管理情况的报告，提出要严格实行债务限额管理和分类监管，杜绝各种违规担保和变相举债行为，防范和化解债务风险。听取审议水利专项资金分配使用情况的报告，要求拓宽水利投融资渠道，提高资金使用效率，确保水利工程发挥长远效益。维护宪法法律权威。落实宪法宣誓制度，组织省人大及其常委会选举、任命的国家工作人员进行宪法宣誓，激励和教育国家工作人员忠于宪法，依法履职，廉洁奉公，为民服务。听取审议“六五”普法工作情况和“七五”普法工作意见的报告，作出关于“七五”普法工作的决议，要求公职人员特别是领导干部增强尊法学法守法用法观念，带动和引导全社会增强法治意识，推进法治福建建设。开展体育经营活动管理条例执法检查，提出要促进体育产业成为经济新增长点，推动体育服务业与相关行业融合发展，带动全民健身健康发展。配合全国人大常委会开展食品安全法执法检查，受委托开展环保法、道路交通安全法、安全生产法执法检查，推动法律法规得到遵守和执行。加强规范性文件备案审查制度和能力建设，重点审查涉及公民、法人及其他组织合法权益的内容。听取审议省法院关于行政审判工作情况的报告、省检察院关于刑事执行检察工作情况的报告，推动法院跨行政区域管辖案件，提高行政审判的质量和效率；推动检察院加强对刑罚执行、刑事强制措施执行和刑事监管活动的监督，维护司法公平公正。注重改进监督方式方法。建立地方性法规实施情况报告制度，对党的十八大以来施行满两年的10部法规，要求实施主管部门报告执行情况、存在的问题和相关意见建议。改进预算审查监督，首次听取省财政厅关于开展预算绩效评价情况的报告，了解政府部门实行预算绩效管理存在的问题和不足，有针对性地提出意见建议；对接省“财政一体化信息系统”，推动财政收支数据实时共享。发挥审计监督作用，将听取审议年度审计发现问题整改情况报告提前到当年11月，要求省政府列出整改结果清单，安排被审计单位负责人列席常委会会议，促进整改落实到位。

代表工作。常委会加强和改进代表工作，依法支持和保障代表履行职责，发挥代表主体作用。健全常委会联系代表、代表联系群众制度。通过分工走访、召开座谈会、邀请代表列席会议和参与立法、监督、调研、视察等活动，发挥代表作用，接受代表监督。全年召开5场座谈会，69名列席常委会会议的代表参加座谈。有106名代表参加立法调研，90名代表参加执法检查等监督活动，292名代表参加专题调研。公开代表的基本信息，拓展和畅通社情民意反映和表达渠道，促进代表了解实际情况。支持市县乡人大健全代表述职制度，组织代表向原选区选民和原选举单位报告履职情况，回答询问，接受监督。健全代表议案审议和建议督办机制。省十二届人大四次会议主席团交付的37件议案审议完毕，7件议案所提立法项目列入2016年立法计划，2件列入2017年立法计划。代表提出的872件建议全部办理并答复代表，代表对办理结果满意和基本满意比例提升。重点督办的15件建议，由常委会各位副主任领衔和工作机构全程跟踪督办，以点带面，提高代表建议办理质量。改进交办工作，根据建议的内容和代表的意见确定牵头单位，明确办理责任。修改代表建议、批评和意见办理情况满意度测评工作的规定，加大测评结果的公开力度和整改责任，对关于精准扶贫和精神障碍患者救助两件建议办理情况开展了满意度测评。促进省政府修改完善办理代表建议情况绩效考评标准及方法，引导承办单位改进代表建议办理和落实工作。在省人大门户网站公开代表建议及办理情况，主动接受社会监督。健全支持和保障代表依法履职机制。建设省市县三级人大常委会和人大代表共享的网络服务平台，为代表议案建议办理、参加活动、履职登记、知情知政提供便捷高效的服务。加强代表培训，有230多名省人大代表参加学习。推动县乡两级人大建立健全代表联络站（室）、代表之家等工作平台，促进闭会期间代表活动常态化、规范化。

市县乡人大工作和建设。常委会贯彻省委关于加强人大工作的要求，加强与市县乡人大的联系和指导，形成人大工作整体合力，增强人大工作整体实效。指导市县乡三级人大换届选举工作。始终把坚持党的领导、坚持发扬民主、严格依法办事贯穿于换届选举的全过程，把严明规矩、严肃纪律落实到换届选举的各方面。贯彻落实中央相关文件和通报精神，报请省委批转下发福建省县乡人大换届选举指导性文件；修改代表直接选举实施细则及代表法实施办法；依法作出换届选举时间、市县两级人大常委会组成人员名额的决定。召开专题会、座谈会，举办培训班，编写换届选举工作手册，明确要求，明确责任，培训骨干，答疑释惑，加强指导。建立分工联系指导制度，常委会每位副主任联系一个设区市或平潭综合实验区，做好具体指导和督促工作。开展形式多样的宣传活动，营造良好的舆论氛围。在各级党委的领导下，市县乡三级人大换届选举工作依法有序完成，总体风清气正。新一届市县乡人大代表中，基层代表特别是一线工人、农民和专业技术人员代表的比例得到提高，代表结构进一步优化。支持设区市人大行使立法权。注重建立工作机制，指导促进设区市立法工作开好头、起好步。批准修改福州、厦门市人大及其常委会立法条例，批准漳州等7个设区市人大及其常委会立法条例，促进各设区市依法有序开展立法工作。通过召开立法工作座谈会、交流会、论证会，举办培训班，组织跟班学习，推动与立法基地对接合作，加强工作指导，帮助提高立法水平。完善审查批准工作机制，加强沟通协调，做好前期审查论证工作，把好立法质量关。支持县乡人大工作和建设。重新制定乡镇人大主席团工作规定，完善乡镇人大主席、副主席的设立和工作制度，推动乡镇人大工作和建设规范化。制定街道人大工委工作规定，明确街道人大工委法律地位和职责，保障福建省街道人大工作机构依法履职。在全省组织开展“加强县乡人大工作和建设”课题研究，召开专题研讨会，促进研究成果转化。加强日常联系指导，支持基层人大探索创新，推进地方人大工作不断发展。

自身建设。开展“两学一做”学习教育，带着问题学，针对问题改，强化宗旨意识，提升履职水平。健全党组学习制度，办好常委会专题讲座，提升运用法治思维和法治方式开展工作、解决问题的能力。落实全面从严治党的主体责任和监督责任，加强和规范党内政治生活，强化党内监督，推进作风建设和党风廉洁建设。支持和配合省委巡视组到人大机关开展巡视工作，即知即改、全面整改，促进机关加强建设，提高服务保障能力。自觉接受全国人大及其常委会的指导和监督，配合开展民法总则等10部法律草案的征求意见工作，配合开展法律监督和工作监督。改进人大新闻宣传，加强对人大依法履职成效、人大代表履职典型、基层人大工作经验的宣传，为推进民主法治建设营造良好的氛围。

【省十二届人大四次会议】　福建省十二届人大四次会议于2016年1月11—15日在福州召开。会议审议和批准代省长于伟国关于福建省人民政府工作报告，审查和批准福建省国民经济和社会发展第十三个五年规划纲要；审查和批准福建省2015年国民经济和社会发展计划执行情况及2016年国民经济和社会发展计划草案的报告，批准福建省2016年国民经济和社会发展计划；审查和批准福建省2015年预算执行情况及2016年预算草案的报告，批准福建省2016年省级预算。审议和批准省人大常委会副主任徐谦关于福建省人民代表大会常务委员会工作报告。审议和批准省高级人民法院院长马新岚关于福建省高级人民法院工作报告、省人民检察院检察长何泽中关于福建省人民检察院工作报告。审议通过福建省人民代表大会及其常务委员会立法条例修正案。会议补选于伟国为福建省人民政府省长，叶双瑜、彭锦清为福建省第十二届人大常委会副主任。会议还补选部分省人大常委会委员。经大会主席团会议审议，决定将37件议案交省人大常委会办理，并提出办理情况报告。大会收到代表建议862件，交有关部门办理。

（胡冰午）

【省人大常委会会议】　2016年，福建省人大常委会举行7次会议，即福建省第十二届人大常委会第二十次至第二十六次会议。

福建省第十二届人大常委会第二十次会议，1月8日上午在福州召开。会议审议通过省十二届人大四次会议主席团和秘书长名单（草案），决定提请省十二届人大四次会议预备会议选举；审议通过省十二届人大四次会议议程（草案），决定提请省十二届人大四次会议预备会议表决；审议通过省人大常委会关于省十二届人大四次会议列席人员安排原则的决定；审议通过省人大常委会工作报告，决定提请省十二届人大四次会议审议；听取和审议关于个别代表的代表资格的报告；通过有关人事事项；补选于伟国、曹勇为十二届全国人民代表大会代表。

福建省第十二届人大常委会第二十一次会议，2月19日上午在福州召开。会议审议通过《福建省人民代表大会常务委员会关于修改〈福建省人口与计划生育条例〉的决定》。

福建省第十二届人大常委会第二十二次会议，3月29日至4月1日在福州召开。会议传达学习十二届全国人大四次会议和省委常委会（扩大）会议精神；审议通过《平潭综合实验区条例》《中国（福建）自由贸易试验区条例》《福建省人民代表大会常务委员会关于修改〈福建省县、乡两级人民代表大会代表直接选举实施细则〉的决定》《福建省人民代表大会常务委员会关于修改〈福建省实施〈中华人民共和国全国人民代表大会和地方各级人民代表大会代表法〉办法〉的决定》《福建省人民代表大会常务委员会关于修改〈福建省海洋环境保护条例〉等三部地方性法规的决定》；审查批准福州等9个设区市人大及其常委会立法条例和《厦门市人民代表大会常务委员会关于修改〈厦门市消防管理若干规定〉等三部法规的决定》；审议通过《关于办理省十二届人大四次会议主席团交付审议的代表议案的决定》；听取和审议关于个别代表的代表资格的报告；通过有关人事事项。

福建省第十二届人大常委会第二十三次会议，5月24—27日上午在福州召开。会议审议通过《福建省乡镇人民代表大会主席团工作规定》《福建省街道人大工作委员会工作规定》《福建省人民代表大会常务委员会关于全省市县乡三级人民代表大会代表换届选举时间的决定》；审查批准2016年省级预算调整方案；听取和审议省政府关于加强福建省地方政府性债务管理情况的报告、关于研究处理《省人大常委会会议对科技进步“一法一例”执法检查报告的审议意见》情况的报告；通过有关人事事项。

福建省第十二届人大常委会第二十四次会议，7月26—29日在福州召开。会议审议通过《福建省义务教育条例》《福建省国防动员条例》《福建省旅游条例》《福建省华侨权益保护条例》《福建省人民代表大会常务委员会关于各设区的市和县（市、区）新一届人民代表大会常务委员会组成人员名额的决定》；听取和审议省政府关于2015年省本级决算和2016年上半年预算执行情况的报告、关于2014年度省本级预算执行和其他财政收支审计发现问题整改落实情况的报告、关于2015年度省本级预算执行和其他财政收支的审计工作报告，审查和批准2015年省本级决算；听取和审议省政府关于福建省“六五”普法工作情况和“七五”普法工作意见的报告，审议通过《福建省人民代表大会常务委员会关于开展第七个五年法治宣传教育的决议》；听取和审议省政府关于2015年水利专项资金分配使用情况的报告、省法院关于行政审判工作情况的报告、省检察院关于刑事执行检察工作情况的报告；审议关于省十二届人大四次会议主席团交付审议的37件代表议案中部分议案办理情况的报告。

福建省第十二届人大常委会第二十五次会议，9月27—30日上午在福州召开。会议传达学习张德江委员长在十二届全国人大常委会第二十三次会议闭幕会上的讲话精神；审议通过《福建省人民代表大会常务委员会关于修改〈福建省人民防空条例〉的决定》《福建省湿地保护条例》；听取和审议省政府关于福建省2016年1—8月国民经济和社会发展计划执行情况的报告、关于福建省扶贫开发工作情况的报告、关于深化行政审批制度改革工作的报告、关于福建省公共文化服务体系建设情况的报告；审议关于省十二届人大四次会议主席团交付审议的37件代表议案中部分议案办理情况的报告；通过有关人事事项。

福建省第十二届人大常委会第二十六次会议，11月29日至12月2日上午在福州召开。会议传达学习省第十次党代会精神；审议通过《福建省人民代表大会常务委员会关于召开福建省第十二届人民代表大会第五次会议的决定》；审议通过《福建省安全生产条例》；审查批准《福州市湿地保护管理办法》《福州市轨道交通条例》《厦门老字号保护发展办法》《泉州市海上丝绸之路史迹保护条例》《三明市城市市容和环境卫生管理条例》《龙岩市烟花爆竹燃放管理条例》；审查批准2016年省级预算调整方案；听取和审议省人大常委会执法检查组关于检查《福建省体育经营活动管理条例》实施情况的报告、省政府关于2015年度省本级预算执行和其他财政收支审计发现问题整改落实情况的报告，省政府、省法院、省检察院关于省十二届人大四次会议代表建议、批评和意见办理情况的报告；审议通过关于省十二届人大四次会议主席团交付审议的代表议案审议结果的综合报告；开展关于福建省固体废物污染防治工作情况以及固体废物污染防治“一法一规定”执法检查报告审议意见落实情况专题询问；开展省十二届人大四次会议第1418号、1117号代表建议办理情况满意度测评；审议《福建省机关效能建设工作条例》《福建省消防条例》《福建省森林防火条例》《福建省水土保持条例》《福建省长乐海蚌资源增殖保护区管理规定》《福建省道路运输条例》《福建省科学技术进步条例》《福建省专利促进与保护条例》《福建省防震减灾条例》《福建省人民代表大会常务委员会关于加快推进平潭综合实验区开放开发的决定》等10部法规实施满两周年情况的报告；听取和审议关于个别代表的代表资格的报告；通过有关人事事项。

（谢兆宴）

福建省人民政府

【概况】 2016年，福建省各级人民政府坚持稳中求进工作总基调，坚持新发展理念，主动把握引领经济发展新常态，推进供给侧结构性改革，着力稳增长、调结构、强动力、惠民生、防风险，经济社会保持平稳健康发展，实现“十三五”良好开局。

据统计，全省生产总值2.85万亿元，比上年增长8.4%；一般公共预算总收入4295.2亿元，增长6.6%；地方一般公共预算收入2654.8亿元，完成预算的100.2%，增长7%；固定资产投资2.29万亿元，增长9.3%；外贸出口6838.9亿元，占全国份额保持基本稳定；实际利用外资81.9亿美元，增长6.7%；社会消费品零售总额1.17万亿元，增长11.1%；居民消费价格总水平上涨1.7%；城镇登记失业率3.86%；城镇居民人均可支配收入36014元，增长8.2%；农村居民人均可支配收入14999元，增长8.7%；年度节能减排降碳任务全面完成。

【省政府全体会议】 2016年1月15日，省政府第一次全体会议召开。会议部署各级政府各部门2016年工作；强调要以“马上就办”、真抓实干的精神做好政府各项工作，并对2016年年初经济工作以及春节期间做好困难群众帮扶救助、保障春运秩序安全、维护社会和谐稳定、严格执行廉洁自律规定等工作作出部署。

【省政府常务会议】 省政府第52次常务会议1月7日召开。会议听取省审计厅关于全国审计工作会议精神及福建省2016年审计工作主要任务安排的汇报，省发改委《关于加快发展现代服务业的若干意见（送审稿）》的起草说明，省科技厅关于《实施创新驱动发展战略行动计划（送审稿）》编制情况的汇报，省法制办黄岩生关于《福建省食品安全条例（草案）》（送审稿）《福建省“古泉州（刺桐）史迹遗址”文化遗产保护管理办法（草案）》的起草说明。

省政府第53次常务会议2月2日召开。会议听取省发改委《关于积极推进“互联网＋”行动实施方案（送审稿）》的起草说明，省法制办关于《福建省华侨权益保护条例（草案）》（送审稿）及《福建省人口与计划生育条例修正案（草案）》（送审稿）的起草说明。

省政府第54次常务会议2月29日召开。会议听取省政府办公厅、省法制办关于2005—2014年省政府文件清理工作情况的汇报，省发改委关于《加快实施投资工程包的若干意见（送审稿）》《加快推进投资项目并联审批的意见（送审稿）》《进一步建立健全项目常态化管理工作机制的意见（送审稿）》的起草说明，省旅游局关于《福建省“十三五”旅游业发展专项规划（送审稿）》的起草说明，省法制办关于《福建省海洋环境保护条例修正案（草案）》（送审稿）、《福建省海域使用管理条例修正案（草案）》（送审稿）和《福建省实施〈中华人民共和国渔业法〉办法修正案（草案）》（送审稿）的起草说明。

省政府第55次常务会议3月17日召开。会议听取厦门市人民政府、省金融办关于设立厦门国际金融资产交易中心有限公司审批情况的汇报，省金融办关于厦门国际银行增资扩股情况的汇报，省财政厅、兴业证券关于兴业证券香港子公司实施员工持股计划和引入第三方投资者工作方案的汇报，省发改委关于《实施投资工程包的若干意见（送审稿）》修改情况和下阶段工作建议的汇报。

省政府第56次常务会议3月22日召开。会议听取省经信委关于《福建省“十三五”工业转型升级专项规划（送审稿）》的起草说明，省发改委关于《福建省“十三五”战略性新兴产业发展专项规划（送审稿）》《福建省“十三五”生态省建设专项规划（送审稿）》及《福建省“十三五”现代服务业发展专项规划（送审稿）》的起草说明，省法制办关于《福建省历史文化名城名镇名村保护条例（草案）》（送审稿）及《福建省城市供水条例（草案）》（送审稿）的起草说明。

省政府第57次常务会议4月8日召开。会议听取省法制办《关于全面推行政府法律顾问制度的指导意见（送审稿）》的起草说明，省审改办关于下放福州新区省级经济管理权限情况的汇报，省住建厅《关于实施畅通城市三年行动计划（送审稿）》的起草说明，省科技厅关于《福建省“十三五”科技发展和创新驱动专项规划（送审稿）》编制情况的说明，省发改委、省交通运输厅关于《福建省“十三五”综合交通运输发展专项规划（送审稿）》编制情况的说明，省发改委关于《福建省“十三五”能源发展专项规划（送审稿）》编制情况的说明，省卫计委关于《福建省“十三五”卫生计生事业发展专项规划（送审稿）》编制情况的说明，省安委会办公室关于《福建省“十三五”安全生产专项规划（送审稿）》编制情况的说明，省食品药品监管局关于《福建省“十三五”食品药品安全专项规划（送审稿）》编制情况的说明，省金融办关于《福建省“十三五”金融业发展专项规划（送审稿）》编制情况的说明。

省政府第58次常务会议4月18日召开。会议听取省农业厅关于《福建省“十三五”扶贫开发专项规划（送审稿）》《福建省“十三五”现代农业发展专项规划（送审稿）》编制情况的说明，省法制办关于《福建省气象设施和气象探测环境保护办法（草案）》的起草说明。

省政府第59次常务会议5月3日召开。会议听取省发改委《关于加大脱贫攻坚力度支持革命老区开发建设的实施意见（送审稿）》的起草说明，省科技厅关于2015年度省科学技术奖、省专利奖评选情况的汇报，省经信委《关于进一步加强工业产品市场开拓的指导意见（送审稿）》的起草说明。

省政府第60次常务会议5月25日召开。

省政府第61次常务会议6月6日召开。会议听取省经信委关于《福建省推进供给侧结构性改革总体方案（2016—2018）（送审稿）》《福建省化解部分行业过剩产能的意见（送审稿）》、省金融办关于《福建省有序降低杠杆率水平防范化解金融风险的意见（送审稿）》、省发改委关于《福建省补齐发展短板扩大有效供给的意见（送审稿）》的起草说明，省科技厅《关于实施创新驱动发展战略建设创新型省份的决定（送审稿）》的起草说明，省发改委关于《福建省促进大数据发展实施方案（2016—2020年）（送审稿）》的起草说明，省财政厅《关于进一步做好政府和社会资本合作（PPP）试点工作的若干意见（送审稿）》的起草说明、设立福建省PPP引导基金和政府投资基金规范管理等有关事项的汇报，省委统战部关于评选表彰“福建省非公有制经济优秀建设者”情况的汇报，省审改办关于贯彻落实国务院取消行政审批和清理规范中介服务事项的情况汇报，省法制办关于《福建省教育督导条例（草案）》（送审稿）的起草说明，省国土厅关于《福建省高标准农田建设规划（2016—2020年）（送审稿）》编制情况的说明。

省政府第62次常务会议6月28日召开。会议听取省住建厅《关于进一步加强城市规划建设管理工作的实施意见（送审稿）》的起草说明，省人社厅关于全国军转安置工作会议精神的汇报以及福建省贯彻落实《中共中央国务院中央军委关于做好深化国防和军队改革期间军队转业干部安置工作的通知》实施意见的汇报，省环保厅关于《福建省小流域及农村水环境整治计划（2016—2020年）》（送审稿）的起草说明，省发改委关于《福建省海岸带保护与利用规划（2016—2020年）》（送审稿）编制情况的说明，省法制办关于《福建省林业有害生物防治检疫条例（草案）》（送审稿）的起草说明，省林业厅关于调整森林植被恢复费征收标准的方案汇报，省残联关于第九届全国残运会福建省运动员、教练员奖励方案的说明。

省政府第63次常务会议7月15日召开。会议听取省发改委《关于做好灾后恢复重建工作的实施意见（送审稿）》及配套实施方案的汇报，省司法厅《关于在全省公民中开展法治宣传教育的第七个五年规划（2016—2020年）》（送审稿）的起草说明，省财政厅关于资源税改革工作事宜的汇报。

省政府第64次常务会议7月21日召开。会议听取漳州市政府关于《漳州市构建开放型经济新体制综合试点试验实施方案》（送审稿）的起草说明，省财政厅关于《福建省财政扶贫资金整合优化试点工作方案》（送审稿）的起草说明，省工商局《关于“先照后证”改革后加强事中事后监管的实施意见》（送审稿）及《福建省工商登记后置审批事项目录（第一批）》（送审稿）的起草说明，省法制办关于《福建省实施〈居住证暂行条例〉办法（草案）》的起草说明，省质监局关于2015年度福建省政府质量奖评选情况的汇报。

省政府第65次常务会议8月2日召开。会议部署进一步落实供给侧结构性改革“三去一降一补”五大重点任务；听取省科技厅《关于建设福厦泉国家自主创新示范区的实施方案》（送审稿）、《福建省进一步促进科技成果转移转化的若干规定》（送审稿）的起草说明，省科协关于《福建省全民科学素质行动计划纲要实施方案（2016—2020年）》（送审稿）的起草说明，省商务厅关于《促进冷链物流加快发展的六条措施》（送审稿）的起草说明，省民政厅关于《“十三五”社区居家养老服务补短板实施方案》（送审稿）及《加快推进城乡社区居家养老专业化服务的通知》（送审稿）的起草说明，省交通运输厅《关于全省推行农村公路灾毁保险的指导意见》（送审稿）的起草说明。

省政府第66次常务会议8月19日召开。会议听取厦门市政府、省商务厅关于第十九届中国国际投资贸易洽谈会筹备工作情况的汇报，省发改委关于《积极发挥新消费引领作用促进转型升级行动方案》（送审稿）《关于实施2016年第二批投资工程包的意见》（送审稿）的起草说明，省科技厅《关于促进高校科技创新能力提升的若干意见》（送审稿）的起草说明，省住建厅《关于深入推进城市执法体制改革改进城市管理工作的实施方案》（送审稿）的起草说明，省金融办《关于建立健全政策性融资担保体系的若干意见》（送审稿）的起草说明，省发改委关于公共资源交易规则清理工作情况的汇报。

省政府第67次常务会议8月24日召开。会议听取省发改委关于《国家生态文明试验区（福建）实施方案》贯彻落实工作的汇报，福州市政府、省发改委关于《福州新区发展规划》（送审稿）的起草说明，省卫计委关于《福建省中医药健康服务发展规划》（送审稿）的起草说明，省司法厅《关于深化律师制度改革的实施意见》（送审稿）的起草说明，省科技厅《关于鼓励社会资本建设和发展新型研发机构的若干措施》（送审稿）的起草说明，省交通运输厅、省发改委《关于推进综合交通“五个工程”建设的实施意见》（送审稿）的起草说明，省法制办关于《福建省征地补偿和被征地农民社会保障办法（草案）》（送审稿）的起草说明。

省政府第68次常务会议9月18日召开。会议听取省发改委关于《福建省碳排放权交易市场建设实施方案》（送审稿）、省法制办关于《福建省碳排放权交易管理暂行办法（草案）》的起草说明，省环保厅关于《福建省陆域生态保护红线划定成果》（送审稿）和《福建省生态保护红线管理办法（试行）》（送审稿）编制情况、省海洋渔业厅关于福建省海洋生态红线划定工作情况的汇报，省交通运输厅关于《福建省人民政府关于深化改革推进出租汽车行业健康发展的实施意见》（送审稿）和《省直七厅局关于贯彻落实〈网络预约出租汽车经营服务管理暂行办法〉的意见》（送审稿）的起草说明。

省政府第69次常务会议9月23日召开。会议听取省农业厅关于《加强空心村管理服务的若干意见》（送审稿）的起草说明，省民政厅关于《福建省政策性农村住房保险实施方案》（送审稿）、《关于进一步健全特困人员救助供养制度的实施意见》（送审稿）的起草说明，省商务厅关于《福建省“互联网＋流通”行动计划实施方案》（送审稿）的起草说明。

省政府第70次常务会议9月30日召开。

省政府第71次常务会议10月9日召开。会议听取省安监局关于全省安全生产工作情况的汇报，省法制办关于《福建省政务数据管理办法（草案）》的汇报，省体育局关于《福建省全民健身实施计划（2016－2020年）》（送审稿）编制情况的说明，省民政厅《关于加强农村留守儿童关爱保护工作的实施意见》（送审稿）的起草说明，省法制办《关于加强和改进行政应诉工作的实施意见》（送审稿）、《福建省核电厂环境辐射防护办法（草案）》的起草说明，省国土厅关于《晋江市自然资源统一确权登记试点实施方案》（送审稿）、《关于进一步加强房地产市场土地调控的通知》（送审稿）的起草说明，省发改委关于中科院海西研究院三期、国家专利审查协作福建中心建设项目资金拼盘方案的汇报。

省政府第72次常务会议10月20日召开。会议听取省财政厅《关于清理整合省级财政专项资金的实施方案》（送审稿）、《贯彻国务院关于实施支持农业转移人口市民化若干财政政策的通知》（送审稿）的起草说明，省法制办关于《福建省居民户口登记管理办法（草案）》的起草说明，省台办关于2016两岸企业家峰会年会福建省筹备工作情况的汇报，省国资委关于《福建建工集团总公司改制方案》的起草说明，省农业厅关于《福建省设区市党委和政府扶贫开发工作成效考核实施办法》（送审稿）、《福建省贫困退出实施办法》（送审稿）、《福建省脱贫攻坚督查巡查工作办法》（送审稿）的起草说明。

省政府第73次常务会议11月1日召开。会议听取省政府办公厅方寿中、省法制办黄岩生关于省政府文件第二阶段（1979－2004年）清理工作情况汇报，省海洋渔业厅关于将七姊妹岛调出《福建省海岛保护规划（2011－2020年）》的情况汇报，省经信委《关于进一步加快推进软件和信息技术服务业发展的意见》（送审稿）编制情况的说明，省环保厅《关于推行环境污染责任保险制度的意见》（送审稿）、《关于全面实施排污权有偿使用和交易工作的意见》（送审稿）编制情况的说明，省法制办《关于修改〈福建省交易场所管理办法〉的决定（草案）》《福建省邮政普遍服务保障办法（草案）》的起草说明，省财政厅关于安排省能源集团有限责任公司国有资本经营预算收支项目支持化解过剩产能事宜的汇报。

省政府第74次常务会议11月12日召开。会议听取省法制办关于《福建省法治政府建设实施方案》（送审稿）的起草说明，省卫计委《关于实施全面两孩政策改革完善计划生育服务管理的实施意见》（送审稿）的起草说明，省民政厅《关于加强造福工程安置区服务管理工作的通知》（送审稿）的起草说明，省发改委《关于加快物联网产业发展的八条措施》（送审稿）、关于《福建省级空间规划试点工作实施方案》（送审稿）的起草说明。

省政府第75次常务会议11月17日召开。会议听取省发改委关于《福建省培育环境治理和生态保护市场主体的实施意见》（送审稿）、《关于健全生态保护补偿机制的实施意见》（送审稿）的起草说明，省残联关于《福建省“十三五”加快残疾人小康进程规划纲要》（送审稿）的起草说明，省住建厅关于《化解房地产库存和推进房地产供给侧结构性改革行动方案》（送审稿）、《关于加快培育和发展住房租赁市场的实施意见》（送审稿）的起草说明，省法制办关于《省政府法律顾问建议名单》及《省政府兼职法律顾问工作规则》（送审稿）的起草说明，省环保厅《关于调整福建省近岸海域环境功能区划（厦门湾局部海域）意见》的起草说明，省财政厅关于2016年省级预算调整方案（草案）的汇报。

省政府第76次常务会议11月22日召开。会议听取省政府办公厅关于《政府工作报告》（讨论稿）的起草说明，省法制办关于《国家生态文明试验区（福建）建设法治保障工作方案》（送审稿）编制情况的说明，省新闻出版广电局《关于加快推进广播电视村村通向户户通升级工作的实施意见》（送审稿）的起草说明，省人防办《关于深入推进人民防空改革发展的实施意见》（送审稿）的起草说明，省知识产权局《关于加快知识产权强省建设实施方案》（送审稿）编制情况的说明，省物价局关于福建省民办本科高校学历教育收费管理问题的汇报，省财政厅关于设立福建省旅游产业发展基金事项的汇报。

省政府第77次常务会议11月28日召开。会议听取省安办关于全国安全生产电视电话会议精神及福建省贯彻意见的汇报（同时作为省安委会会议），省政府督查室关于国务院第三次大督查发现问题整改落实情况的汇报。

省政府第78次常务会议12月7日召开。会议听取省发改委关于《福建省2016年国民经济和社会发展计划执行情况及2017年国民经济和社会发展计划草案的报告》（送审稿）的起草说明，省财政厅关于《福建省2016年预算执行情况及2017年预算草案的报告》（送审稿）的起草说明，省发改委关于《福建省贯彻落实〈平潭国际旅游岛建设方案〉的实施意见》（送审稿）的起草说明，省环保厅关于《福建省生态系统价值核算试点方案》（送审稿）的起草说明，省法制办关于《福建省实施〈中华人民共和国渔业法〉办法修正案（草案）》（送审稿）的起草说明，省财政厅关于2017年省级预算草案编制情况的汇报。

省政府第79次常务会议12月20日召开。会议听取省安办关于《福建省安全生产考核办法》（送审稿）及《2016年福建省安全生产考核细则》（送审稿）起草情况的说明，省法制办关于《福建省人民政府2017年立法计划》（送审稿）以及《福建省农业植物检疫办法（草案）》起草情况的说明，省交通运输厅关于《福建省高速公路网规划（修编）（2016—2030）》（送审稿）修编工作的汇报，省发改委关于省委党校（福建行政学院）新校区项目建议书及下一步工作的汇报，省卫计委关于《福建省医疗“创双高”建设方案》（送审稿）起草情况的说明，省财政厅关于福建医科大学附属第三医院一期工程建设资金评审及补助意见的汇报。

省政府第80次常务会议12月27日召开。会议听取省财政厅孙婷婷关于2017年省委、省政府为民办实事项目建议方案的汇报，省农业厅《关于深入推进农业供给侧结构性改革加快培育农业农村发展新动能的实施意见》（送审稿）的起草说明，省发改委《关于推进农村一二三产业融合发展的实施意见》（送审稿）的起草说明、关于2017年省重点项目安排建议方案的汇报、关于《福建省市县空间规划编制办法（试行）》（送审稿）和《关于推动非户籍人口在城市落户的实施方案》（送审稿）的起草说明，省卫计委《关于推进医疗卫生与养老服务相结合的实施意见》（送审稿）的起草说明，省林业厅关于《福建重点生态区位商品林赎买等改革试点方案》（送审稿）的起草说明。

【省长办公会议】　第1次省长办公会议1月7日召开。会议听取省供销社《关于深化供销合作社综合改革的实施意见（送审稿）》的汇报，省国资委《关于深化国有企业改革的实施意见（送审稿）》的汇报，省农业厅《关于落实发展新理念建设特色现代农业实现全面小康目标的实施意见（送审稿）》的汇报。

第2次省长办公会议2月2日召开。会议听取省安监局传达全国安全生产电视电话会议和安全生产工作会议精神以及福建省安全生产工作情况的汇报。

第3次省长办公会议2月29日召开。会议听取省物价局《关于推进价格机制改革的实施意见（送审稿）》的起草说明。

第4次省长办公会议3月22日召开。会议听取省汽车集团黄莼关于福汽集团重大战略性重组项目情况的汇报，省发改委关于《空军晋江机场功能转移协议（送审稿）》主要情况的汇报，省财政厅关于福建省金融投资有限责任公司设立方案的汇报，研究国办督查报告落实意见有关事宜。

第5次省长办公会议4月13日召开。会议听取省财政厅陈小平关于中央和地方增值税收入划分问题座谈会主要精神及福建省贯彻意见的汇报，研究脱贫攻坚工作。

第6次省长办公会议4月18日召开。会议听取省发改委、省经信委、省委统战部分别关于第十四届中国·海峡项目成果交易会、福建省第六届民营企业产业项目洽谈会及第五届世界闽商大会筹备工作方案的汇报，省委宣传部、省经信委、省科技厅、省人社厅关于福建省第二批6类特殊支持人才“双百计划”人选遴选情况的汇报，省财政厅关于福建省2016年地方政府债券发行方案的汇报，省海洋渔业厅、省国资委关于福建省驻浙单位土地和房产处置调整方案的汇报。

第7次省长办公会议5月3日召开。会议听取省环保厅关于福建省环境科学研究院和福建省环境保护设计院环评业务脱钩方案的汇报，省委台办关于《第八届海峡论坛方案（送审稿）》的起草说明。

第8次省长办公会议5月19日召开。会议听取省海洋渔业厅关于《福建省渔业油价补贴政策调整实施方案（送审稿）》的起草说明。

第9次省长办公会议5月31日召开。

第10次省长办公会议6月28日召开。会议听取省国资委关于《省委管理企业负责人履职待遇和业务支出管理暂行办法（送审稿）》的起草说明，省发改委关于《福建省现代服务业产业发展基金设立方案（送审稿）》的汇报，省农科院关于建设埔垱科研综合实验中心有关情况的汇报。

第 11 次省长办公会议 7 月 21 日召开。会议听取省车改办《关于进一步规范完善省直单位公务用车保障范围和办法的实施方案（送审稿）》的起草说明。

第 12 次省长办公会议 8 月 2 日召开。会议听取省人社厅关于 2016 年福建省享受政府特殊津贴人员选拔推荐情况的汇报。

（余自谦）

政协福建省委员会

【概况】 2016 年，政协福建省各级委员会秉持“参政履职要与发展大局靠得更紧更实、协商民主要和人民群众贴得更亲更近”的理念，为建设机制活、产业优、百姓富、生态美的新福建，实现“十三五”良好开局积极协商议政、建言献策，协商民主实践日渐广泛，协商活动成效更为显现。

发挥政协协商民主的平台作用。围绕“十三五”规划实施，推进重大决策部署贯彻落实。经过党派、界别和委员酝酿，选择加强国家生态文明示范区建设、推动自贸区创新发展、加快福州新区建设、深化以东盟国家为支点的海丝传统合作等议题，组织常委会议专题协商、开展重点提案办理协商，为用好用活中央赋予的“六区叠加、先行先试”政策，增创发展新优势议政建言。在开展打造文化与生态相融合的大武夷旅游圈专题协商时，根据福建主体功能区规划定位，着眼于把生态环境优势转化为经济增长的优势、转化为百姓的财富增收，邀请省内外有关部门、专家学者和业界人士实地考察、共商发展，协商对话从武夷山向周边拓展、从省内向省际延伸，推动形成闽浙赣皖协同建设“最美高铁风光带”的发展共识，并被列入国家“十三五”旅游规划。聚焦创新驱动和供给侧结构性改革，同心戮力推进重点改革攻坚。开展推进 PPP 模式在基础设施和公共服务领域应用的专题协商，共同破解项目落地率低、运行机制不完善、民间资本参与难等亟待解决的现实问题。从 885 件委员提案中遴选化解过剩产能和房地产高库存风险等作为重点提案，由省政协副主席会同省政府副省长共同协商督办。召开常委专题会议，定期听取省高级法院、省检察院工作通报，围绕实施全面依法治省、推进司法体制改革积极建言。选择降低企业社会负担、推动企业兼并重组、营造众创空间、加强政府性债务管理监督等开展对口协商。其中，把创新驱动的对口协商会开到高新企业现场和高校科研院所，以利于企业家、科技人员和政府部门领导直接协商对话。这些协商活动的成果，有的纳入福建省战略性新兴产业专项规划，有的成为化解过剩产能实施方案的重要内容。紧扣保基本保重点兜底线，推进重大民生工程建设。分别邀请 23 位扶贫县搬迁户代表、16 位河段长参与专题协商，在政协协商平台上和书记、省长“零距离”对话交流，现场谈感受，当面提建议，引起积极反响。关于优化安置方式、提高补助标准等协商共识，直接转化为省政府加快推进造福工程搬迁的九条政策措施，小流域综合治理列入省委省政府为民办实事项目。

彰显委员履职为民的主体作用。走进基层听民意汇民愿。在酝酿提案过程中，委员们围绕群众反映迫切的提高户籍人口城镇化率、实行分级诊疗制度改革、优化高校办学软环境、推进文艺精品创作和体育拔尖人才培养、改善归侨侨眷民生、发展农村电子商务等问题深入基层，问政于民，提交民生类提案 673 件，占提案总数的 71%。在反映社情民意中，委员们通过政协信息“直通车”，反映医疗救助、征地拆迁、就学就业等方面信息 638 件，被全国政协采用 23 件次，得到中央和省领导同志批示 106 件次。其中，关于完善“营改增”税收办法、加强中介组织管理服务、重视农村水环境整治等建议，引起中央和省领导的重视。福建省社情民意信息工作继续保持全国领先。依托界别聚民智集民力。省民建、民进、台盟和无党派人士建言的降低生产生活物流成本、推动台湾青年到大陆创业就业、发挥妈祖文化影响；省民盟、民革、工商联举办的“一带一路”研讨会、两岸乡村农田水利建设交流会、“亲”“清”政商关系系列宣教活动；省农工党、致公党、九三学社开展的促进两岸医药合作、加快传统书院保护开发、城乡居民饮用水安全等专题调研，发挥党派作用，展现积极作为。工会、共青团、妇联界委员汇集群团界别合力，围绕加强农民工权益保障、保护儿童权益、反对家庭暴力等方面反映诉求，维护困难群体权益。民族宗教界委员在宗教场所文明管理和文物保护、落实宗教房产政策，以及少数民族村精准扶贫等方面的经验做法，得到全国政协民宗委的肯定和推广。港澳委员讲政治、顾大局、比奉献、敢担当，引导闽籍乡亲为维护港澳地区长期繁荣稳定、密切闽港澳互融互通作出新贡献。尤其是港区委员团结闽籍社团，在关系国家统一、关系祖国荣辱、关系《中华人民共和国香港特别行政区基本法》实施的大是大非面前，旗帜鲜明、正义凛然，支持人大释法，维护一国两制，赢得人心，被驻港中联办誉为“铁军”。特邀委员以建设“一带一路”战略支点为己任，联系侨团侨社和友好人士，加强往来，扩大共识，宣传家乡改革发展新成就，促进福建对外经贸文化合作交流。立足岗位察民情解民忧。委员们围绕福建省年度重点工程和 22 项为民办实事项目的落实，对实施临时救助制度、农村危房改造、加快避风渔港建设等组织专项监督；就饮用水源地保护、公共基础设施更新改造等社会关注度高的民生提案开展专题调研；委员小组发挥专业优势，瞄准中医药事业发展、工业废水处理利用等问题，通过专项视察等方式，帮助协调解决项目推进中的实际困难。一年来，政协委员赴山区和少数民族地区开展扶贫扶智、科技咨询、送医送药活动 4600 多人次，定期组织巡回义诊、资助贫困大学生和孤寡老人活动。主席会议成员深入联系点挂钩帮扶，经济界委员中的企业家与贫困村结成对子精准扶贫，落实项目 240 多个、扶持资金 3.1 亿多元。

提升服务政协履职的保障作用。加强学习夯实思想基础。增强政协委员的政治意识、大局意识、核心意识、看齐意识，开展“两学一做”学习教育，把思想和行动统一到中央和省委的决策部署上来，增强贯彻落实的思想自觉和行动自觉。开展本届委员第二轮学习培训、组织常委读书班和情况通报会，提升对社会主义民主政治的理论自信和制度自信。创新制度规范履职活动。以贯彻落实省委《关于加强人民政协协商民主建设的实施意见》为契机，制定委员履职工作规则，完善提案立案细则和办理协商办法，修订社情民意信息工作条例和主席会议议事规则。出台落实党风廉政建设主体责任和监督责任的实施意见，针对省委巡视工作中发现的机关苗头性、倾向性问题，查漏补缺、整改落实。扩大宣传优化工作环境。宣传新形势下协商民主理论与实践，以互联网新媒体为平台，扩大协商公开度，发出政协好声音。政协“两微一站一刊”宣传委员履职事迹 1300 多人次，门户网站的点击量年增长 34.5%。在《福建日报》开设“政协视点”专题专栏、推送委员履职纪事、开展政协好新闻评选，省内外主流媒体报道政协履职 1400 多篇，系统宣传重要履职活动，反映委员履职实践。首次向社会公布年度协商计划，邀请提案承办部门主要负责同志在政协全会上介绍办理情况。编纂出版《福建辛亥革命图略》《文脉流芳——福建文化遗产保护读本》和《大儒世泽——朱子传》，整理出版《福建官箴》等文史丛书，发挥存史资政、教化育人功能。

【省政协十一届四次会议】 2016 年 1 月 10—14 日，省政协十一届四次会议在福州举行。会议应出席委员 700 人、特邀委员 40 人，实到委员 646 人、特邀委员 29 人。会议听取并审议十一届省政协主席张昌平代表常务委员会所作的十一届省政协常委会工作报告和十一届省政协副主席郑兰荪所作的提案工作情况的报告。委员们列席省十二届人大四次会议，听取并讨论省政府工作报告，省法院、省检察院工作报告以及计划和预算报告。会议选举吕华忠、吕能亚、刘宏伟、杨琳、周宏、黄德安为十一届省政协常委。会议还听取提案审查情况的报告，审议并通过省政协十一届四次会议决议。十一届省政协各专门委员会向大会提交书面工作报告。会议期间，共收到提案 898 件，经审查立案 840 件；收到大会发言材料 167 篇，18 位委员分别围绕公共文化建设、供给侧改革、产业转型升级等方面作大会发言。省委书记、省人大常委会主任尤权等领导列席开幕会、闭幕会，并参加分组讨论，听取大会发言。十一届福建省政协主席张昌平在闭幕会上作重要讲话。

【省政协常务委员会议】 第十八次会议。1 月 11 日，第一次全体会议在福州召开。会议应出席 132 人，实到 126 人。省政协副主席薛卫民主持会议。会议审议通过十一届省政协常务委员候选人建议人选名单（草案）和省政协十一届四次会议选举办法（草案）、选举工作总监票人、监票人名单（草案），决定提交省政协十一届四次会议分组审议。1 月 13 日第二次全体会议在福州召开，会议应出席 132 人，实到 119 人。省政协副主席陈义兴主持会议。会议审议通过十一届省政协常务委员候选人名单，决定提交省政协十一届四次会议选举；审议通过省政协十一届四次会议选举办法（草案），选举工作总监票人、监票人名单（草案）和省政协十一届四次会议决议（草案），决定提交省政协十一届四次会议通过。

第十九次会议 4 月 13 日在福州召开。会议应出席 138 人，实到 108 人。省政协主席张昌平主持会议。会议围绕“加大造福工程搬迁脱贫力度”进行专题协商。省委书记尤权，副省长黄琪玉出席会议并讲话。

第二十次会议 5 月 23 日在福州召开。会议应出席 138 人，实到 103 人。省政协主席张昌平主持会议。会议通过有关人事事项；围绕“加强小流域水质监测与治理”进行专题协商。省委副书记、省长于伟国，副省长李红出席会议并讲话。

第二十一次会议 9 月 13 日在福州召开。会议应出席 137 人，实到 103 人。省政协主席张昌平主持。会议通过有关人事事项；围绕“打造文化与生态相融合的大武夷旅游圈”进行专题协商。省委常委、政法委书记陈冬和副省长李红出席会议并讲话。

第二十二次会议 11 月 10 日在福州召开。会议应出席 135 人，实到 114 人。省政协主席张昌平主持会议。会议通过有关人事事项；围绕“推进 PPP 模式在基础设施和公共服务领域的应用”开展专题协商。省委常委、副省长张志南出席会议并讲话。

【省政协重要活动】 2016 年 8 月 11—12 日，福建省政协社情民意信息工作培训班在福州举行。省政协主席张昌平看望全体参训学员并作即席讲话。

10 月 19—20 日，宋慈诞辰 830 周年纪念会暨宋慈文化研讨会在南平市建阳区举行。省政协主席张昌平发表书面讲话，司法部副部长刘振宇、省政协副主席陈义兴出席会议并发表讲话，省司法厅、文化厅等有关单位及专家学者参加研讨会。

12 月 24 日，福建省、福州市各界纪念福建船政创办 150 周年大会在福州举行。省委常委、宣传部部长高翔，省人大常委会副主任刘群英、省政府副省长李红，省政协副主席张燮飞、陈向先出席会议。

（吴育文）

中共福建省纪律检查委员会

【概况】 2016 年，福建省纪检监察机关履行党章赋予的职责，强化监督执纪问责，党风廉政建设和反腐败工作取得新成效。

推动“两个责任”落实。以省委“五抓五看”（看有没有抓加强教育，看有没有抓制度建设，看有没有抓“一把手”，看有没有抓查处，看有没有抓部署、检查、落实）要求为重要抓手，通过召开座谈会、调研督查、“一案双查”等形式，加强压力传导，推动各级党组织切实承担起管党治党的政治责任。组织设区市一级党委书记向省纪委全会书面述廉述责，并接受省纪委委员测评。由省领导带队检查责任制落实情况，改进检查方式，坚持问题导向，突出责任追究，以问题清单和问责清单“两个清单”倒逼“两个责任”落实，全省问责365人，其中厅级干部10人、处级干部112人。在部分设区市、省直单位、省属高校和省属企业开展领导干部落实全面从严治党主体责任全程纪实工作试点。贯彻《中国共产党问责条例》，协助省委制定福建省实施办法，加大问责力度，全省问责领导干部1914人，其中给予党纪政纪处分504人。

把纪律和规矩挺在前面。把握运用监督执纪“四种形态”，抓早抓小，加强谈话函询，对党员干部身上苗头性问题早发现、早处置。全省谈话函询20295人，给予纪律轻处分7141人，组织处理8127人，给予纪律重处分4065人。严肃换届纪律，严把党员领导干部党风廉政意见回复关，防止“带病提名”“带病提拔”“带病上岗”，全省梳理、排查干部21320名，对129人提出不宜使用或重用的意见，查处违反换届纪律的案件8件。抓好《关于新形势下党内政治生活的若干准则》《中国共产党问责条例》《中国共产党党内监督条例》等党内法规的学习宣传，组织省纪委班子成员分赴各地宣讲问责条例及省委实施办法，增强各级党组织和党员领导干部管党治党的责任意识。通过举办新任厅级领导干部党内法规专题研讨班，开展领导干部任前廉政法规知识测试、全省纪检监察系统党章党规知识竞赛，举办王荷波生平事迹展、“大道之行”廉政书画展、廉政主题视听作品及图书音像出版物作品评选，开展构建“亲”“清”政商关系系列活动、党员干部好家风建设活动，开通谷文昌网上虚拟纪念馆等，加强反腐倡廉宣传教育。

落实中央八项规定精神。紧盯重要时间节点，采取省市县三级交叉联动、纪检监察机关与职能部门联合的“双联”方式，聚焦“关键少数”，严肃查处顶风违纪和隐形变异行为。全省查处违反中央八项规定精神问题2578起，处理4258人，给予党纪政纪处分1975人，其中厅级干部6人、处级干部162人，通报曝光669批1241起典型问题。开展深化落实中央八项规定精神“1＋X”专项督查，发挥职能部门作用，形成齐抓共管的监督机制。推动出台《福建省党政机关国内公务接待管理办法》《省委管理企业负责人履职待遇和业务支出管理暂行办法》等规定，完善落实中央八项规定精神的配套制度。查处群众身边的“四风”和腐败问题，全省查处2160件，处理3316人。制订2015—2020年全省加强监督执纪问责助推精准扶贫的工作意见，出台扶贫专项资金使用管理责任追究办法，组织对各地扶贫专项资金开展全面清查，全省立案436件，党纪政纪处分660人。

以零容忍态度惩治腐败。全省纪检监察机关共受理信访举报33990件（次），其中检举控告类26799件（次）；立案11503件，其中厅级干部案件28件，处级干部案件475件；结销案11348件，给予党纪政纪处分11206人，移送司法机关处理776人。编写《警示录——福建省党员干部违纪违法典型案例剖析》，公开曝光党员干部违纪典型案例，持续深化警示教育。开展“天网2016”行动，全省追回涉嫌外逃人员73名，其中党员和国家工作人员15名，全省4名“百名红通人员”中有3人归案。

发挥巡视监督利剑作用。贯彻中央巡视工作方针，紧扣“六项纪律”，突出政治巡视，采取常规巡视与专项巡视相结合、同类别合并巡视与同地域集中巡视相结合的“四轮驱动”模式，加强力量统筹，加快巡视节奏，确保巡视质量。全年组织开展3轮6批、对95个省直部门和省属高校的巡视，全面完成九届省委巡视全覆盖任务。通过巡视，发现反映领导干部的问题线索792条。根据巡视移交的问题线索，纪检监察机关立案审查9名厅级干部、57名处级干部、167名科级干部。严肃巡视问责，针对清流县巡视整改落实不到位问题，对包括前后两任县委书记、县长在内的17名干部进行问责。协助省委制定《关于建立市县党委巡察制度的意见》，启动市县两级党委巡察工作，推动巡视监督向基层延伸。

推进纪律检查体制改革。协助省委制订《福建省关于全面落实省纪委向省一级党政机关派驻纪检机构的方案》，设立40个派驻纪检组，实现对119个省一级党政机关和厅级事业单位的派驻监督全覆盖。推进市、县两级纪委派驻机构全覆盖工作，制定设区市纪委派驻机构全覆盖工作指导意见，开展县级纪委派驻机构全覆盖试点。出台县级纪委内设机构调整改革指导意见，完成全省84个县（市、区）纪委内设机构调整。结合各级纪委换届工作，落实三个《提名考察办法》，建立县级纪委书记任免职备案制度，严把县级纪委书记入口关。调整完善设区市纪委副书记备用人选库，建立省管企业纪委副书记备用人选库。

加强纪检监察机关自身建设。组织全省纪检监察干部学习贯彻党的十八届六中全会和省第十次党代会精神，开展“两学一做”学习教育，加强机关党建、思想政治教育和业务培训，提高干部综合素质。完成省市县乡四级纪委换届工作，选准配强基层纪委班子，对换届后新任的省市县三级纪委领导干部进行培训。采取遴选、交流、选调等方式，优化纪检监察干部队伍结构。组织对拟转任重要岗位人选、拟调入人选等开展个人有关事项报告抽查核实。加强问题线索集中管理，制定打听案情、干预执纪审查情况报告制度，严格管理、规范处置涉案款物，制约执纪审查权力。创新监督方式，强化内部监督，完成对设区市一级纪委监察局的内部巡察全覆盖，并延伸巡察21个县级纪委，开展纪检监察干部借款、出借资金和融资担保专项清理，对纪检监察干部违纪行为“零容忍”，坚决防止“灯下黑”。

【省纪委九届七次全会】 2016年1月16日，中共福建省纪委九届七次全会在福州召开，出席会议的省纪委委员43名。会议传达十八届中央纪委六次全会精神，省委书记尤权出席全会并发表讲话，省委常委、省纪委书记倪岳峰主持会议并代表省纪委常委会作题为《把纪律挺在前面，聚焦监督执纪问责，坚定不移推进全面从严治党》的工作报告。省领导于伟国、张昌平、杨岳、叶双瑜、张志南、王蒙徽、熊安东、雷春美、陈冬、徐谦等出席会议。中央纪委第七纪检监察室领导到会指导。9个设区市市委书记和平潭综合实验区党工委书记向全会提交述廉述责书面报告，并现场接受省纪委委员测评。

【省纪委九届八次全会】 2016年11月20日，中共福建省纪委九届八次全会在福州召开，出席会议的省纪委委员43名。全会审议通过《中国共产党福建省第九届纪律检查委员会向中国共产党福建省第十次代表大会的工作报告》，并作出决议，同意将工作报告提请省第十次党代会审查。省纪委常委会主持会议，省委常委、省纪委书记刘学新讲话。不是省纪委委员的省监察厅副厅长、设区市纪委书记，平潭综合实验区纪工委书记和省直纪工委书记列席会议。

【省纪委十届一次全会】 2016年11月27日，中共福建省纪委十届一次全会在福州召开，出席会议的省纪委委员45名。会议的主要议题是选举产生中共福建省第十届纪律检查委员会常务委员和书记、副书记。会议通过充分酝酿，以无记名投票方式差额选举产生中共福建省第十届纪律检查委员会常务委员，选举产生书记、副书记。刘学新当选书记，陈善光、黄德安、黄汉升、洪仕建当选副书记，刘学新、陈善光、黄德安、黄汉升、洪仕建、游美萍（女）、陈国建、张淑萍（女）、薛云官、冯新婷（女）、邱天华当选常务委员。

（侯文阳）

民主党派　工商联

【中国国民党革命委员会福建省委员会】 截至2016年底，福建省民革有9个设区市委会，1个省直工委，2个县级市委，245个基层组织，民革党员5367人。民革省委机关内设办公室、组织处、宣传处、联络处、社会服务处、调研处6个职能处室。省委会还设有参政议政工作、祖国和平统一工作、社会服务工作、妇女和青年工作、社会和法制工作、科教文卫工作6个专门委员会。机关工作人员27名（含工勤人员4名）。民革福建省委会下属福州孙中山纪念馆管理处和福建省同心楼管理中心两家事业单位。民革福建省委会还创建福建省逸仙教育基金会、福建省孙中山研究会、福建省逸仙艺苑3个社团组织。福建全省民革党员中有各级人大代表109名，各级政协委员421名，有22名担任各级人大、政协的副主任、副主席，有68名在各级政府机关、高校和司法部门担任行政处级以上职务。

2016年，民革福建省委把握中共福建省委、省政府工作的主题主线，为建设机制活、产业优、百姓富、生态美的新福建做出积极贡献。

思想建设。抓好思想政治学习，部署学习宣传中共十八届六中全会精神、中共福建省第十次代表大会精神，确保全省民革组织和全体民革党员在思想上政治上行动上与以习近平同志为核心的中共中央保持高度一致，坚决维护以习近平同志为核心的中共中央权威。开展“不忘合作初心，继续携手前进”主题教育活动，注重发挥先进典型的示范引领作用，把蔡立忠同志先进事迹汇编成《殷红的刺桐花——向蔡立忠同志学习》一书，把涂崇禹事迹入选民革中央编印的《亲历者赞》，完成陈立德事迹的编写。举办纪念孙中山先生诞辰150周年系列活动，编纂出版《福建辛亥革命图略》，举办拜谒孙中山先生铜像仪式和纪念座谈会，开展“纪念孙中山先生诞辰150周年”书画和征文活动。利用新媒体宣传报道，推广团结报团结网微信公众号，在民革E家、今日头条、福建统一战线手机报和福建民革网站上及时发布福建民革工作信息。

队伍建设。2016年发展党员250人，其中高级职称34人，占13.6%，中上层人士126人，占50.4%，大学学历以上229人，占91.6%。截至2016年底，全省有民革党员5414人。指导设区市级组织换届工作，按照中共福建省委、民革中央的安排和部署，民革福建省委制定下发《民革福建省委员会关于做好福建省民革设区市级组织换届工作的意见》和《民革福建省委员会关于福建省民革设区市级组织换届工作程序的指导意见》。民革南平、龙岩、宁德、福州、泉州、厦门、三明、莆田市委先后按照规定的程序，完成换届工作，选出新一届领导班子，实现人事交替和政治交接。在换届工作中，民革福建省委监督委员会积极作为，对民主测评、述职、推荐、换届程序、选举等各项工作派员进行现场监督，营造风清气正的换届氛围，确保换届工作顺利进行。推进示范性支部建设，把省直5个支部组成省直综合第一总支，探索“建设示范性支部”和“支部活动与社区建设相结合”的经验，用于指导基层实践，提升全省民革基层组织活力和工作能力。加强机关作风建设，以开展精神文明创建活动为抓手，推进“三化”（基础工作规范化、责任体系区域化、工作推进项目化）、“五型”（综合型、专题型、阵地型、互动型、支撑型）机关建设，提高机关工作的效率效能。民革福建省委办公室被民革中央授予民革全国机关工作先进集体称号。

参政议政。参与高层民主协商，提出的意见建议受到中共福建省委、省政府的重视，相关建议被中共福建省第十次代表大会报告采纳。建言献策服务大局，在福建省政协十一届四次会议上，共提交大会发言 10 份，单位提案 13 件，民革党员中的省政协委员提交委员个人提案 47 件。其中，《关于加快福建省小城市培育的建议》得到省委书记尤权、副省长洪捷序的批示，该提案被确定为 2016 年省政协 11 件重点提案之一，由省政府常务副省长张志南、省政协副主席杨根生督办。围绕中心深入调研，围绕中共福建省委、省政府的中心工作，确定 22 个调研课题，组织调研活动 80 余次，完成调研成果 60 余篇，《以融资租赁为抓手，推动福建产业升级的建议》《完善福建省农业社会化服务建设，促进现代农业发展》获福建省重点课题调研成果优秀奖。在民革福建省委承办的 2016 年福建统一战线建言献策成果汇报会暨第 12 届建言献策论坛上，获一等奖 1 篇、二等奖 2 篇、三等奖 2 篇。关注民生反映民意，报送社情民意信息 300 多篇次，3 篇被全国政协采用，48 篇被中央统战部采用，18 篇被民革中央采用，民革中央《地方情况反映》采用 46 篇，中共福建省委办公厅采用 17 篇，省政协采用 31 篇，获省领导批示 44 件次。民革福建省委连续第十年被民革中央评为反映社情民意信息工作先进集体。

对台交流。深化与亲民党、新党的高层交流交往，做好台湾基层民众工作，在泉州承办第八届海峡论坛·两岸乡村农田水利建设交流会。交流会以研讨交流和现场体验式互动的形式，探讨建设宜居、宜业、山清水秀的美丽乡村。会议邀请两岸来宾 200 余人出席，取得丰硕成果。创新交流方式，在 2016 年两岸青年夏令营民革分营活动中，创新开展面向台湾青少年的体验式交流，以台湾青年“发现新大陆”为主题，通过与有关社会组织合作，组织台湾青年体验最真实的大陆城市生活，消除误解与隔阂。活动得到全国政协主席俞正声的肯定并在专报件上做批示，被省台办作为示范模式在全省推广。民革福建省祖国和平统一促进委员会被民革中央评为民革全国祖国统一工作先进集体。

社会服务工作。做好帮扶贫困地区发展工作，集中福建民革社会服务力量，帮扶贫困地区社会经济发展，通过福建省逸仙教育基金会在政和县开展捐资助学活动，资助贫困高中生 60 名，大学生 40 名，捐赠 30 万元用于帮扶熊山街道官湖小学建设。开展“海西春雨行动”，联合省扶贫“两会”，组织党员中的医疗专家分赴政和县和柘荣县开展“送医送药义诊”活动，赠送药品 6 万元，接诊患者约 800 名。指导委属社团活动，指导福建省孙中山研究会召开第三次会员代表大会，选举产生福建省孙中山研究会第三届理事会。指导福建省逸仙艺苑积极开展活动，举办书画笔会及书画展览，并联合有关部门举办海峡两岸书法名家“传家风、颂家训”主题作品展，推动两岸艺术交流。

（朱坤港）

【中国民主同盟福建省委员会】 2016 年，民盟福建省委以学习实践活动为主线，丰富思想宣传载体，先后在武夷山五夫镇兴贤书院、上杭古田会议纪念馆、永安抗战文化陈列馆、厦门陈嘉庚纪念馆设立 4 个传统教育基地，并在盟省委盟史陈列室设立盟史教育基地、在宁德蕉城区八斗村设立社会服务实践基地；福建民盟宣讲团赴各地举办 11 场宣讲活动，受到各地欢迎；《福建盟讯》首次尝试出版地方专刊，编辑《福建盟讯·永安专刊》，《福建乡土》陆续出版霞浦、永安、闽菜和福鼎等 4 期专刊；福建民盟网站信息更新频率加快，“福建民盟”微信公众号的影响在逐步扩大。承办民盟中央思想宣传工作会议，提升思想宣传工作水平；经民盟中央批准，成立民盟中央艺术团福建分团、民盟中央美术院三明分院和晋江分院；2016 年民盟福建省委会荣获民盟中央坚持和发展中国特色社会主义学习实践活动先进单位、民盟门户网站宣传工作先进单位、民盟中央群言杂志社发行工作优秀单位。

做好参政议政工作。2016 年，形成调研报告 39 篇，在省政协十一届四次会议上，提交集体提案 20 篇，大会发言 10 篇，重点提案摘报 3 篇。其中《集聚创新要素，打造福建省创新型城市》《培育农村要素市场，促进福建省现代特色农业发展》两篇作大会口头发言，受到好评和媒体关注。《关于加快福州新区建设，更好发挥福州中心城市作用的建议》《关于加快推进福建省新型城镇化“小城市”培育工作的建议》《统筹推进福建省高水平大学和一流学科建设的建议》提案以及《在“一带一路”建设中提升福建省茶产业软实力》等 5 篇大会快报分别获得省领导批示。《关于加快福州新区建设，更好发挥福州中心城市作用的建议》被列为省政协重点提案。服务国家战略，组建“一带一路”研究院智库，聘任 41 名特约研究员，征集相关论文并编辑成册。2016 年，盟省委被民盟中央评为参政议政工作先进单位、获反映社情民意信息工作先进单位二等奖，被省政协评为信息工作先进单位。

组织建设。截至 2016 年底，全省盟员总数达 11648 人，平均年龄 54.9 岁，具有高级职称盟员数 3981 人，占总数 34.2%，2016 年发展盟员 352 人。全省有设区市委会 9 个，县级委员会 10 个，县（区）工作委员会 11 个，基层组织 357 个；推动“盟员之家”建设，挂牌成立 21 个“盟员之家”；2016 年，盟省委先后在福州举办省市委员培训班和省直盟员骨干暑期培训班，在上海复旦大学举办全省盟务骨干培训班，培训骨干盟员 270 人次；选派 14 位优秀代表人士参加中央统战部、民盟中央、省委统战部组织的有关进修班和培训班学习；推荐 2 位有专业特长的青年骨干盟员及盟省委政策研究室 1 人赴霞浦、政和挂职锻炼。

社会服务。巩固和发展农村教育“烛光行动”品牌，与中共福建省委教育工委联合主办的“闽盟烛光行动”专项奖学活动正式启动；做好贵州毕节“同心助学”活动，为层台小学和梨树中学捐赠电脑64台，组织盟员爱心企业家为这两所学校捐赠“微课100互动学习系统软件”近2000套，总价值达200多万元；整合资源，推进“黄丝带”帮教工作，福建省多位资深盟员艺术家为监狱文艺队和各项大型演出活动进行业务指导，开展培训指导28场，参与专家达38人次，培养演出骨干30多人；参与社区建设，打造社区服务新品牌，定期举办“匠心·国学——中国剪纸艺术与经典诵读亲子学堂”系列活动。

（林　犀）

【中国民主建国会福建省委员会】2016年，民建福建省委的组织、宣传、参政议政工作均获得民建中央评比一等奖，社会服务工作被民建中央评为2016年省级组织社会服务先进集体。

宣传思想工作。以持续推进坚持和发展中国特色社会主义学习实践活动为工作主线，推动福建各级民建组织学习贯彻中共十八大和十八大以来历次全会，中央统战工作会议和习近平总书记系列重要讲话精神，围绕民建省委思想教育、组织建设、参政议政、社会服务等工作大局，提升宣传思想工作水平，深化理论研究，夯实宣传队伍，提高福建民建影响力，推进宣传思想工作取得新进展。以“民建如何在中国共产党领导的政党协商中发挥作用”为主题，开展重点理论研究课题研究与成果征集，发掘和宣传各地骨干会员和典型人物，加强联系各大省级以上媒体扩大对外宣传，联合新华网打造“‘益’动中国——微公益”专栏。此外，着力发挥会刊、网站、微信公众号、巡回宣讲团、艺术团、书画院六个宣传平台作用，开展会内会外、线上线下的全方位宣传。

组织建设。坚持“三个为主”、以质量为先、兼顾数量的原则，注重吸收与经济界有密切联系的专家学者、企业界代表人士入会。2016全省发展会员308人。完成全省全部9个市级组织换届工作。加强会内监督，分别委派联系各地的监督委员会委员组成考察组，深入全省9个地市开展换届考察，列席领导班子谈心会、述职、民主测评和民主推荐会等，全面了解各地换届情况，确保风清气正。巩固基层组织建设成果，2016年建立14个“会员之家”，共有“会员之家”47个。每月15日前后开展“走进民建省委—会员活动日”活动，轮流邀请一个地方的基层组织会员来民建省委机关进行座谈交流。7月成立民建福建省委平潭支部，加强组织建设。采取“走出去，请进来，引上台”的方式对会员进行培训，5月在井冈山举办民建福建省委第三期骨干会员进修班，全年共举办各类培训班8期，培训会员720人次。选派3名干部分别到政和、霞浦挂职锻炼，提高会员综合素质。

参政议政工作。围绕中心工作，在海绵城市建设、精准扶贫、供给侧改革等方面提出一大批有价值的意见建议，4篇社情民意信息分别获得国家领导人批示。向省政协十一届四次会议提交团体提案11篇、大会发言13篇，2篇提案分别得到省委书记尤权、省长于伟国等5位省领导批示，《加快供给侧改革化解房地产高库存风险》提案被列为2016年省政协重点提案，由副省长和省政协副主席负责督办。向统战系统建言献策论坛提交5篇论文、20篇政策建议，5篇论文全部获奖，其中一等奖1篇、二等奖1篇、三等奖3篇。参政议政工作获得民建中央一等奖，并被省委统战部评为全省统战系统信息工作先进单位。

提升社会服务影响。开展助推政和县域经济发展及外屯乡工作，泉州市委会筹措100万元支持外屯乡“民建·同心桥”建设，全省全年为政和县及外屯乡投入帮扶资金（含物资）共计118.089万元。打造“思源·佑华教育移民班”精品品牌，投入60万元，新开2个移民班，共资助学生100名。福建省首届（2013级）2个移民班毕业，中考成绩优异，其中清流城关中学50名学生全部以大幅超过录取分数线的成绩考入清流一中。推进建设建华课堂福建分课堂、海峡物流论坛、企业家联谊会等社会服务精品平台，提升民建组织的社会影响。提高建华课堂福建分课堂的培训质量和服务水平，全年培训会员4382人次；首度开启与有关省市民建组织合作，11月25日在安徽省马鞍山市举办第九届海峡物流论坛，邀请交通运输部等主管部门以及大陆和港澳台地区港航、物流及相关企业300家到会，推动投资合作项目8个，投资额超过10亿元；依托企业家联谊会发挥企业界会员参与社会服务的积极作用，一年来，会员们通过成立各种慈善基金和开展捐资助学、抗灾救灾、扶贫帮困、爱老敬老等各类公益慈善事业活动，捐助金额（含物资）达5042.1万元。

（陈博楠）

【中国民主促进会福建省委员会】2016年，民进福建省委系统扩大学习实践活动联系点在基层组织的覆盖面，民进省委常委分别深入21个基层（总）支部，参加支部生活并结合自身实际开展宣讲座谈、课题调研等。加强学习实践活动的统筹和指导，印发《民进福建省委会2016年学习实践活动有关工作安排》，选编发放学习资料。先后在福安市委会和武夷山、平潭等12个基层（总）支部举办“我身边的先进”宣讲会。整合福建民进网站、微信公众号和《福建民进》杂志等多个平台，开设“学习实践活动进行时”专栏，宣传基层组织涌现出的典型做法和鲜活经验。组织会员收听收看民进中央举办的纪念“下关事件”70周年视频座谈会，举办庆祝中国共产党建党95周年主题征文、纪念贾祖璋诞辰115周年座谈等活动。在福建民进网站开设“民进会史教育专版”和冰心故居、冰心文学馆专栏。以省市组织创建纪实为主题，加强会史资料的抢救性收集和整理，多篇稿件入选《民进口述会史资料选辑》。新闻稿件被中央级媒体、重点网站采用136条，地方级采用187条，位居民进全国省级组织第一名，获民进全国新闻宣传工作先进单位称号。

制定《民进福建省委关于2017年省市级组织换届工作的意见》及工作流程图，印发《关于严肃换届纪律，加强换届监督工作的指导意见》，明确政策规范流程，有序开展换届工作。民进省直二支部、厦门大学总支、7个市级组织换届工作平稳有序。举办新阶层参政议政骨干会员培训班、暑期读书班，推荐会员参加中央、省社院等各类培训13个班次300余人。召开新阶层代表人士座谈会，加强对新阶层会员的引导和管理。与省委统战部、民进中央三方协商，形成2017年省级组织领导班子后备干部人选名单，增补4名省委委员。推荐两位骨干会员赴政和、霞浦挂职锻炼。全年发展新会员151人，其中60%以上具有中高级职称。至2016年底，全省民进会员4416人，其中文化、教育、出版界会员2832人，占64.13%，新社会阶层404人，占9.14%，其他界别占26.73%；具有中、高级职称会员3268人，占会员总数的74%。推动民进宁德工委成立，新增4个基层委员会，14个（总）支部。

做好高层协商，坦诚议政、建言献策。先后就全省经济工作会议、省政府工作报告、省党代会报告等重大决策建言献策，提供有价值的参考意见建议，许多意见建议被吸收采纳到决策部署之中。领导班子带领骨干会员开展“发挥职业教育优势，助推精准扶贫进程”“重建朱子书院，弘扬朱子文化的若干问题”“新形势下民主党派如何提高解决自身问题能力”3个重点课题调研，邀请对口联系单位职能处室负责人参加重点课题和专项课题调研，使提出的对策建议更有针对性。向2016年福建统一战线建言献策成果汇报会报送调研成果5篇，分别获得一、二、三等奖，20篇调研报告转化为《政策建议摘要》。在省政协十一届四次会议上，提交大会发言9件，单位提案14件。其中大会发言《加快推进福建省公共文化建设的对策建议》、单位提案《关于福建省“十三五”期间制造业提升发展的建议》得到省领导批示，《加快推进福建自贸区建设与发展》被确定为重点提案。全年向民进中央、省政协、省委统战部报送各类信息492件次，其中，40件被省政协采用、64件动态信息和29件社情民意信息被省委统战部采用、3件被省委办公厅采用、3件得到省高院领导批示并落实反馈，11件获得省领导13人次批示，40件被民进中央采用、17件得到中央统战部采用，两件被全国政协信息局采用，1件被中央办公厅采用并得到国家领导人的重要批示。信息工作位列民进全国省级组织第四。

牵线促成福建农林大学支持黔西南州安龙县在菌草、食用菌、茶叶、蜜蜂等种养殖技术方面对接和项目落地，为安龙县乡村干部、种养殖户举办新品种、新技术、行销策略等新知识技能培训。深入政和澄源乡、霞浦南塘村实地调研，指导精准帮扶工作。举办“中小学生夏令营”活动，邀请政和澄源乡18名中小学生来福州、平潭开展学习实践活动。支持机关下派驻村干部多方筹措南塘小学教学楼工程、村道路桥梁及公益事业建设资金达1000万元，牵线促成海欣集团结对帮扶南塘村办集体企业，提升鱼露产品加工技术，帮助打开销售渠道，扩大生产规模，提高村民收入。省直各（总）支部、各市委会、经济界会员联谊会、开明画院引导和鼓励广大会员发挥自身专长，用实际行动走进社区、学校、乡村，开展教育咨询、文化服务、义诊送药、公益助学、捐赠图书等活动，累计捐资捐物580.82万元，直接受益群众近万人次，为民生改善作出积极贡献，树立民进良好形象。民进省委获民进全国社会服务工作先进单位称号。

（卢　辉）

【中国农工民主党福建省委员会】2016年，农工党福建省委切实加强政治理论学习。多次召开中心组学习会、常委专题学习会、专题辅导报告会和机关学习会，学习贯彻上级重要精神。开展学习实践活动。在全省各地举办主题宣讲7场，宣传王焱、潘丽贞、林丽琴等福建省优秀农工党员的先进事迹，3000多名党员聆听宣讲报告。分别组织省委会常委、机关干部等赴广东惠州、梅县，重庆等地考察，学习多党合作光荣历史，坚定理想信念。构建大宣传格局。全年完成全国媒体宣传报道67篇次，省级媒体宣传报道203篇次。开通省委会微信公众号，发布宣传信息224期877篇次。规范党务工作动态信息管理，扩大宣传覆盖面。开展全省新媒体摸底调查。加快党史与理论研究步伐。在全国农工党省级组织中第一个成立文史工作委员会。举办党史宣讲员培训班和全省理论研究骨干培训班。完成《农工党福建省地方组织发展简史》编撰大纲。征集理论研究论文21篇，获农工党中央理论研究论文一等奖1篇、二等奖2篇、三等奖2篇。

参政议政。争取高层推动。全国人大常委会副委员长、农工党中央主席陈竺，农工党中央副主席何维、龚建明等多次来闽就“平潭综合实验区健康医疗产业发展情况”“整合医保管理体制”等开展调研。农工党中央向中共中央报送的《以平潭综合实验区为纽带　积极促进两岸医药合作》调研专报件，获中共中央政治局常委、全国政协主席俞正声批示。省政府多次召开专题协调会，形成《以平潭为纽带促进两岸医药合作的推进方案》上报国家相关部委。省委会向省政府报送关于农工党中央对推进有关工作的意见的专题报告，获省委书记尤权、省长于伟国等3位省领导批示；向农工党中央报送关于进一步落实调研专报件有关建议的报告，得到陈竺主席和刘晓峰常务副主席等4位农工党中央领导批示。调研组形成的《将基本医保政策制定纳入医改领导小组权责范围》调研专报件，得到中共中央政治局常委、国务院总理李克强等3位中央领导批示。参与政治协商。省委会主委出席省委、省政府协商会、征求意见会等16次，许多意见建议得到重视和采纳。围绕省政协常委会协商议政专题深入开展调研，在十一届省政协常委会第十九次至二十二次会议上，杨琳、侯建明、李笃妙副主委先后代表省委会作大会发言和即席发言，得到省委书记尤权、省长于伟国等领导的高度评价。加强与省卫计委、农业厅、科技厅的协调互动，提升对口协商效果。与省科协等单位联合举办“康复产业·星创天地”活动两期，受到省政府重视。担任各级人大代表、政协委员，以及特邀监察员、检察员、审计员、教育督导员、政风行风评议代表的农工党员，认真履职，为促进当地发展和政风行风的改进发挥积极作用。开展调研。立项课题39项，就分级诊疗、少数民族乡村精准扶贫、加强儿童权益保障等开展调研，完成论文88篇。按照农工党中央部署，联合各地各有关部门开展“大病医疗救助”和“出生人口缺陷现状”调研。调研报告获2015年省重点课题优秀调研成果三等奖1篇，获农工党中央优秀调研报告一、二、三等奖共9篇，获第12届省统一战线建言献策论坛优秀调研论文一、二等奖各1篇，三等奖3篇。做好成果转化。围绕深化医药卫生体制改革、加强供给侧结构性改革、实施精准扶贫等课题，向省政协十一届四次会议提交大会发言17篇、提案20件。《关于加快发展福建省互联网＋医疗工作的建议》等4件提案被省政协大会选编为《重要提案摘报》，7件次提案得到省委书记尤权、省长于伟国等省领导批示。其中，《关于化解福建省部分产业产能过剩问题的建议》等两件被确定为2016年省政协重点提案，通过省领导督办，制定出台《福建省化解部分行业过剩产能的意见》和《健康福建信息化“十三五”专项规划》等政策文件，推动福建省化解产能过剩问题妥善解决和互联网＋医疗加快发展。4件提案被农工党中央选为报送全国政协十二届四次会议提案。其中，省委会参与完成的1件提案被确定为2016年全国政协重点提案、两件提案中的建议被吸收进全国政协重点提案。加强智库建设。增补专委会副主任5名，委员15名。成立青年工作委员会。推荐27名党员担任有关部门、行业的特约督导员、民主评议政风行风代表和妇女代表等。举办全省参政议政骨干培训班和各专委会全体会议。信息工作保持领先。举办全省信息工作培训班两场。全年编报《福建农工信息》480件，被全国政协信息局采用4件、中央统战部采用39件、农工党中央采用38件、省委办公厅采用25件、省政协办公厅采用92件，省级以上领导批示21件。其中，3件专报件获中共中央政治局常委、国务院副总理张高丽批示。省委会信息工作连续10年被农工党中央评为信息工作先进集体，连续8年在省各民主党派中位列第一。

社会服务工作。助推农工党中央帮扶项目落实。协助实施“同心全科医生特岗人才计划”，招收36名全科医生进行规培并聘任导师，得到农工党主要领导肯定。协调中国初级卫生保健基金会将将乐县、泉港区列入“医疗设备援助”项目试点单位，向各协议单位捐赠267台（套）价值2661.8万元的医疗设备；在莆田市医院系统建设“全球影像云”工程，为解决群众看病难做出探索；参与实施“中医同行计划”，资助两期培训班71人次参与培训，资助金额31.95万元。参与“精准扶贫”工作。助推政和县岭腰乡，捐赠该乡医疗设备价值88万元，帮助该乡争取到550万元省级“以奖代补”奖金。与福安市人民政府签订《关于促进福安市康复产业发展合作框架协议》，助推福安康复产业发展。深入宁德、南平和龙岩市3个县（市）6个村开展因病致（返）贫“精准扶贫”调研。坚持办好十件实事。与省发改委等9个厅（委）联合开展第九届“中国环境与健康宣传周”活动，受益群众近3000人。举办第28届“国际科学与和平周”宣传活动，受益群众近1万人。与省残联联合开展“同心光明行动”，为300名贫困白内障患者免费实施复明手术。协调兄弟单位援建福鼎市桑海村卫生室17万元，向福鼎市赤溪村卫生室捐赠114.2万元的设备。组织协和医院支部党员专家送医下乡，举办学术讲座7场、义诊3场，受益群众1200多人。建立戒毒人员长期帮教机制，开展“国际戒毒日”义诊、文艺汇演等活动8次，受教育人数800余名。提升对台交流层次。在平潭举办第十二届海峡两岸中医药学术交流论坛，320多位中医药专家学者参会，其中台湾地区10个代表团161人参会，收录高质量学术论文40余篇，促进两岸中医药界学术交流，增进两岸同胞情谊。组织农工党医药学术交流团赴台参加第九届台北国际中医药学术论坛。编印《杏林信息》4期，寄送两岸中医药界同仁。

（孙天翔）

【中国致公党福建省委员会】 2016年，致公党福建省委深化学习实践活动，夯实多党合作共同思想政治基础。开展坚持和发展中国特色社会主义学习实践活动，学习中共十八届五中、六中全会和习近平总书记系列重要讲话特别是七一重要讲话精神，学习中共福建省第十次代表大会精神和《中国共产党统一战线工作条例》及福建省实施细则等。举办省委中心组集体学习会5次，骨干党员培训班12期，620多人（次）参加培训；举办“致公讲坛”1期，专题学习讲座9场，550多人参加。通过学习教育，增强中国特色社会主义的道路自信、理论自信、制度自信、文化自信，树立政治意识、大局意识、核心意识、看齐意识，坚定维护以习近平同志为核心的中共中央权威，夯实多党合作共同思想政治基础。

提升履职能力，参政议政工作取得新成效。确定重点课题10项、一般课题15项，组成课题组开展专题调研，形成调研报告25篇，其中，协助致公党中央调研组完成《对福建省创建福厦泉国家自主创新区的研究》，得到李克强总理批示，推动福厦泉国家自主创新示范区的建立。在省政协十一届四次会议上，提交大会发言10篇，党派集体提案13篇，被确定为大会口头发言1篇，有3篇提案入选《重要提案摘报》，

《关于加快福建省传统书院保护、开发、利用的建议》被省政协确定为重点提案，得到省领导批示8件（次）。全年编发社情民意信息570篇，中共中央办公厅、全国政协和中央统战部采用32篇，致公党中央采用83篇，其中两篇获中央领导批示，18篇获省领导批示。

开展对外联络，服务侨务和对台工作大局。邀请海外洪门侨团人士3批次50人来闽访问。举办海外华裔青少年“中国寻根之旅”夏（冬）令营3期，共有来自英国、缅甸、菲律宾、泰国和印度尼西亚等地96名青少年参加。组成访问团赴台考察访问，参加“社区基层发展活动季”；邀请台湾洪门社团人士来闽考察5批次130多人次。举办第八届海峡论坛·两岸社区服务恳谈会，邀请85位台湾洪门组织和社区代表到厦门，围绕“社区营造·携手共创美好家园”主题开展专题交流，会上签署两项两岸社区服务合作协议。

打造特色品牌，推进社会服务助力全面小康。推进社区致公学校建设，新增社区致公学校3所，全省达26所。与致公党中央签订“央地互动”项目两个，结对帮扶西阳贫困地区农业项目1个。争取致福慈善基金会致福助侨奖学金10万元，支助漳州华侨农场25名考上大学的困难归侨侨眷子女；捐助4.23万元帮扶宁化泉上华侨农场贫困生，组织高校党员到武夷山华侨农场开展义诊活动。帮扶助推铁山镇发展工作，落实帮扶助推项目6个，总投资2000多万元，捐资30万元支持水毁工程项目建设，向铁山中学捐赠16台学习用电脑。支持毕节实验区建设，推荐两名高级教师到赫章县培训学前教育教师，组成“福建致公医疗专家服务队”一行9人赴七星关区开展医疗服务。组织党员企业家捐资120万元支助定西贫困大学生，捐资20万元支持定西教育基础建设，组织100个支部结对帮扶定西100所学校。福州外语外贸学院支部签署出资1200万元定向招生助学金、一对一帮扶临洮县衙下中学300万元奖教助学金协议。

（陈　钧）

【九三学社福建省委员会】　2016年，九三学社福建省委提交的《关于稳定自然岸线保有率，提升海岸生态质量的建议》《关于加强我国心脏骤停院外急救体系建设的建议》两件提案被社中央采用并报送全国政协十二届四次会议。在省政协十一届四次会议上，提交集体提案21件，大会发言12篇，得到省委书记尤权、省长于伟国等省领导批示15件次。两件提案被确定为省政协2016年度重点提案。全年立项课题57项，形成各类调研报告72篇。其中，向社中央申报的“海岸带综合治理”“流域生态补偿机制创新”“福建土堡申报世界文化遗产”等3项课题入选央地合作联合调研课题；承担完成省政协专题调研“构建福州海绵城市”主报告；向福建省第十二届建言献策论坛推荐5篇参评论文分获一、二、三等奖。重视社情民意的反映，2016年报送信息近500件，其中，两件信息获国家领导人批示，13件次被省领导批示，24件被全国政协、中共中央统战部采用；40件被社中央采用；66件被省政协、省委统战部采用。社省委荣获九三中央2016年度信息工作先进单位称号。

精准帮扶。邀请社中央来闽开展“院士专家科普巡讲”活动，受听高校师生、地方党政干部共计3000多人次。整合社内资源开展公益服务，全省举办科普咨询、各类讲座90多场，发放科普材料1万多份，受听群众1万余人次；开展医卫服务15场，服务群众4000多人；捐赠扶贫济困款物价值40余万元。推进政和县东平镇经济社会发展，帮助引进高校、研究单位、旅游公司等社内外专家学者、项目团队赴东平实地调研考察，指导编制旅游发展规划，洽谈合作意向；落实库区移民村环境综合治理项目资金310万元；助力东平镇西表村成功申报全国旅游扶贫试点村。参与国家级贫困县贵州威宁县帮扶工作，发动社员筹集善款2.57万元，并向威宁九三中学捐赠价值5.3万元的学生衣柜100个，改善学校住宿条件。

凝聚共识。以学习实践活动为载体，对广大社员进行国情、社情和形势政策学习教育。针对活动中的热点、难点问题，开展调查研究；推进省学习实践活动基地建设；以九三周年庆为契机，召开全省视频会，扩大学教受众面；及时向社中央、省委统战部报送福建省学习实践活动情况，4篇稿件被省委统战部简报采用。提升新闻宣传工作水平，专题学习习近平总书记在党的新闻舆论工作座谈会上重要讲话精神。邀请新闻界资深记者在闽举办培训班。发挥刊物、网站、短信平台、QQ群、微信公众号等平台的协同作用。2016年，开通微信公众号，对网站重新改版，截至年底，网站访问量突破4.9万人次。福建省1件作品获社中央优秀新闻作品三等奖。加强参政党理论和社史研究，报送社中央的《人大代表在基层民众诉求中发挥作用的现状与思考》理论文章获全国优秀征文二等奖。《龚一飞口述史》获社中央2016—2018年“九三学社口述史”招标课题立项。

强本固基。立足于“人才强社”战略，从建设高素质参政党队伍出发，以社设区市级组织换届工作为重点，深化政治交接，加强自身建设，为参政党履行职能提供坚实组织保证。截至2016年12月31日，全省有社员4321人，平均年龄50.98岁，其中高级职称2324人，占53.78%，中级职称1656人，占38.32%。全年发展新社员224人，平均年龄36.52岁，高级职称72人，占32.14%，中级职称104人，占46.43%。加大后备干部培训工作力度，在榕举办基层组织负责人、骨干社员培训班1期，培训人数70人；在中国人民大学举办骨干社员培训班1期，培训人员50人；推荐社员参加中央统战部第33期民主党派干部进修班两人，省委统战部第30、31期各民主党派无党派人士进修班11人，社中央、省委统战部后备干部培训班5人。2016年5月成立社省委青工委，创新青年工作载体和平台建设，引导全省青年社员开展系列特色活动，在厦门成功承办九三学社第二届全国青年论坛。推进社内监督工作，做好社中央巡视督导组来闽开展巡视督导工作，督导组对第七届委员会各项工作给予肯定。

（张　豪）

【台湾民主自治同盟福建省委员会】2016年，台盟福建省委加强自身建设，夯实政治思想基础。开展坚持和发展中国特色社会主义学习实践活动，结合纪念孙中山诞辰150周年、建党95周年和长征胜利80周年，开展主题研讨会、征文等形式多样的活动，涌现出台盟厦门市思明总支等先进集体。采用新媒体，开通福建台盟微信公众号，宣传正能量，把牢正确政治方向，完成台盟福州、厦门、漳州、南平市委会换届工作。全年发展盟员34名，推荐20名盟员作为省委统战部新的社会阶层人士重点联系人员，推荐12名盟员及机关干部参加各级各类培训班。盟省委机关新进3名年轻干部，各选派1名盟员和机关干部到霞浦县挂职锻炼和驻村蹲点。

围绕中心工作，提高参政履职水平。全年确定并完成14项重点调研课题。参与台盟中央重点课题5项，全年完成调研报告71篇，其中有21篇调研报告被盟中央采用。6篇调研报告被《闽台交往研究》收录，其中《深化以种苗业为重点的闽台农业合作》得到省领导批示。完成台情研究5篇，参与统战系统建言献策论坛，提交参评调研报告5篇，其中获得一等奖1篇、二等奖和三等奖各两篇。向全国和省“两会”共提交提案及大会发言素材87篇。连续3年向全国政协提交关于因地制宜落实耕地占补平衡的提案、建议得到采纳，为包括福建在内的东部沿海地区的耕地占补平衡提供新路径。反映社情民意信息，全年有142篇次社情民意信息被全国政协、中央统战部、省委办公厅、省政协等上级单位采用，其中有4篇重要信息得到中央和省领导的批示。

发挥自身优势，深化两岸交流。主办以“船政与孙中山的海防思想”为主题的“海峡论坛·第七届海峡两岸船政文化研讨会”、两岸学生乡土文化研习营、第三届大江论坛·两岸青年成长创业论坛等闽台交流活动。组织调研组赴金门、澎湖开展“两岸共同推动形成绿色发展方式与生活方式相关问题的调研”。主委郑建闽代表台盟中央率团出访法国、德国、意大利，开展海外联谊活动。参与组团赴台湾参加第九届少数民族丰收节。全年共接待台胞14批214人。

履行社会职责，提升台盟社会影响力。赴甘肃省开展脱贫攻坚民主监督调研工作，组织相关人员到甘肃省定西市开展送温暖活动，并为定西市两所学校捐赠棉服500件。组织盟内医务专家参与台盟中央赴陕西义诊活动。向盟中央“两岸同心助学金”捐款及向赫章县捐赠电脑，在盟中央召开帮扶毕节市赫章县十周年纪念会上，台盟福建省委会作经验交流，并获台盟中央的表彰。主办“情系石屯·同心助教”教师培训班，提高扶贫县的教师职业素养和业务技能；为帮扶贫困县石屯镇文化馆捐赠7000多册图书，丰富文化馆藏书。参加福建省助残扶残等各类公益活动，先后捐资10万元，帮助完成漳州市平和县大松小学基础设施配套建设，为支持挂职盟员开展工作，为政和县石屯镇中小学“台盟爱心图书室”和霞浦县陇头小学体育设施各捐资10万元。

（陈志清）

【福建省工商业联合会】　2016年，福建省工商联深化教育引导，促进非公有制经济人士健康成长。领会习近平总书记系列重要讲话和中央省委重要精神。学习十八届六中全会精神和习近平总书记在全国政协十二届四次会议民建、工商联界联组会上的重要讲话精神，以及省第十次党代会精神，引导福建省广大非公有制经济人士看清大势、提振信心，自觉在思想上、政治上、行动上同以习近平同志为核心的党中央保持高度一致，投身建设新福建的伟大事业。开展“守法诚信、坚定信心”为重点的理想信念教育实践活动。依托知名高校、社会主义学院及其他社会资源，分3批组织200多名常执委、商协会负责人、青年企业家培训；组织所属商协会开展“守法诚信示范商会”创建工作；开展“讲述闽商好故事”活动；倡导诚信文

福建省工商联积极打造专业人士服务民营企业公共平台，即律师、税务师、会计师、评估师、专利代理人“五师”公共服务平台。图为2016年5月，“五师”服务平台专家进商会公益宣讲活动现场　　（省工商联供稿）

化建设，认定32家省民营企业文化建设优势企业。深化“亲清润闽商，促进两健康”系列宣传教育活动。联合省纪委、省委统战部，邀请专家学者、党政领导、民营企业家围绕构建“亲、清”新型政商关系作专题报告；38位闽籍民营企业家联名发出“亲清共融谋发展、同心助力新福建”的倡议；组织民营企业家、商协会负责人参观反腐倡廉警示教育基地；出台《闽商廉洁文化示范点建设指导性意见》，选出10家民营企业作为示范点。

围绕坚定信心，助推非公有制经济健康发展。积极议政建言。开展制造业民营企业发展状况、年轻一代非公有制经济人士教育培养、新型政商关系等十多项专题调研，形成调研报告80多篇，其中3份报告分别被省委政策研究室《调研文稿》《调研内参》采用，1份报告获全国工商联系统优秀调研成果二等奖，5份报告在第十二届建言献策论坛上获优秀调研成果奖。向省政协十一届四次会议提交大会发言4篇，提案11件，两件提案获全国工商联系统优秀提案奖；《企村结对精准扶贫，同心助力“造福工程”》《关于推动民营资本参与PPP项目的建议》等两件调研成果列入省政协专题协商，《关于做优闽北稻米产业的建议》获于伟国省长批转相关部门办理；编发《民企诉求反映》，上报信息538件，获省级以上领导批示6件次。强化服务合力。制定《关于加强和改进法律服务工作的实施办法》，印发《涉企案例和法律政策选编》；建立健全与省高院、省检察院联络机制，通过开展联合调研、专题座谈等方式，依法保障和促进非公有制经济健康发展；深化与人社厅、工会等单位的协作，发挥工商联商会组织在劳动关系三方协商中的作用。搭建经贸平台，组织上千位企业家参加项目推介会、电子商务会、招商引资会、军民融合展等21场省内外经贸活动；开拓国际市场，联合承办第五届世界闽商大会、主办第九届中德经济合作对接会，组织民营企业参加“福建—非洲国家”合作对接会，强化闽港澳台商会交流，密切与“一带一路”沿线国家政府机构、商会组织交流交往；构筑人才支撑，开展“五师”（律师、税务师、会计师、评估师、专利代理人）进商会活动，做好非公有制企业专业技术人员职称评定工作。营造良好舆论。推动主流媒体和新兴媒体宣传新闽商、展示正能量，联合今日头条打造“闽商之家”头条号宣传平台，一年来各级媒体刊登福建省各级工商联、商会组织、民营企业宣传报道800多篇，为福建省民营经济发展营造良好的舆论氛围。省工商联“成立闽商产业联盟，助力民企转型发展”专项工作，荣获2016年度“创新中国”工商联（商会）工作特别奖，福耀玻璃和九牧集团荣获中国质量奖提名奖，5家民营企业获福建省政府质量奖，13家企业入选2016年度国家“两化”（信息化和工业化）融合管理体系贯标试点，9家企业入选“2016中国民营企业500强”。

推动精准扶贫，彰显闽商社会担当。“百企帮百村”精准发力。突出目标导向、结果导向，找准“穷根”，“精准”发力，实现真扶贫、扶真贫、真脱贫。截至2016年底，全省有601家企业（商会）与575个贫困村签订结对帮扶协议，帮扶资金投入3200多万元。发挥闽商、商会组织以商引商、以会引商的优势，组织157位闽商参加“百名闽商宁夏行”，签约41个项目，投资总额达240多亿元；捐资500万元帮扶宁夏建档立卡贫困户和贫困人口；通过产业合作、劳务协作、人才支援、资金支持等方式，变“输血”为“造血”，不断增强帮扶地区的内生发展动力。2016年，福建省闽宁对口扶贫工作被中央统战部评为“全国统战工作实践创新成果奖”，在全国工商联“万企帮万村”暨东西部扶贫协作座谈会上，省工商联作为东部地区的唯一代表作大会发言。光彩事业成果丰硕。动员民营企业与省内外商会组织捐款捐物1亿多元，支援“尼伯特”台风灾后重建；组织民营企业参与中国光彩事业庆阳行暨民企陇上行、云南德宏行，捐款250万元、物资价值950万元；参与省统一战线助力政和脱贫攻坚工作，组织9家企业和商会与政和县10个建档立卡贫困村签订结对帮扶协议，并捐赠助推资金400万元；举办“同心·海西春雨光彩助学”捐助活动，资助335名师生160多万元。

夯实基层基础，提升服务“两个健康”能力。抓牢基层工商联建设。指导基层工商联做好换届工作，选出一批思想政治强、行业代表性强、参政议政能力强、社会信誉好的领导班子；推进“五好”（领导班子好、会员发展好、商会建设好、作用发挥好、工作保障好）县级工商联建设，28个工商联获全国“五好”县级工商联称号，35个工商联被评为省级“五好”县级工商联。加强商会引导指导服务。健全发展商会组织网络，指导成立两家省内商会和两家异地福建商会，吸收两家商会为省工商联团体会员。截至2016年12月，福建省工商联会员16.3万个，所属各类商会2205家；推动统战工作向商会组织有效覆盖，所属47家商协会有22家成立党组织，3家商会团组织获“省直级青年文明号”；注重商会组织规范化建设，出台《福建省工商联团体会员发展和管理工作意见》《关于指导引导和服务异地福建商会建设的实施办法（试行）》等加强商会建设的文件；突出关键对象，选送18位商协会会长、秘书长参加全国工商联的学习培训。抓实机关自身建设。落实全面从严治党要求，抓好党风廉政工作，推进机关作风建设，提升服务和促进两个健康的工作实效；主动配合省委巡视组对工商联党组的巡视工作，支持驻省委统战部纪检组的巡查工作；开展“两学一做”学习教育，引导机关党员践行“四讲四有”，提升干部职工的“四个意识”和“四种能力”。

（江　锋）

群众团体

【福建省总工会】 2016年，福建省总

工会全面从严治党持续深化。开展“两学一做”学习教育。落实省总工会党组从严治党的主体责任，严明政治纪律和政治规矩，举办“创新与改革”论坛暨基层党组织书记抓基层党建工作述职会，召开全省工会党风廉政建设工作座谈会，开展全省工会系统“1+X”专项督查，对全省工会重大专项资金进行审计，强化廉政风险防控，落实中央八项规定精神。支持和配合省委巡视工作。省总党组高度重视，成立整改工作领导小组，制订整改方案，确定整改措施，形成整改清单和台账，强化跟踪督办，确保巡视整改工作落到实处。

2016 年 7 月 12 日，福建省重点工程劳动竞赛现场推进会在福州京东方第 8.5 代新型半导体显示器件生产线项目工地举行。省总工会授予 6 个优秀劳动竞赛班组“福建省工人先锋号”，并对其余 19 个在建项目授予“争创工人先锋号”旗帜

（省总工会供稿）

推进工会改革创新。研究制订福建省工会改革方案。召开全省工会全面改革工作座谈会，制订工会全面改革方案，历经调查研究、起草论证、征求意见三个阶段，形成《福建省总工会改革方案（送审稿）》，得到省委的肯定和批准。做好工会传统项目的梳理和整合。整合工会传统工作，打造职工素质建设工程和职工温暖工程两大品牌，突出工会工作的主责主业，解决工会“品牌多、口号多”问题。先行推进若干项目改革创新。制定和实施《关于先行实施若干工会改革创新项目的通知》，就改革市县两级总工会领导机构、解决县级工会面临的突出问题、推进困难职工帮扶工作精准化、加快工会“互联网+”步伐、改进基层工会干部培训工作、推进省总直属事业单位改革等六个方面先行推进改革，为工会全面改革夯实基础。

职工群众建功立业再掀高潮。围绕建设新福建目标任务，开展建功“十三五”劳动和技能竞赛。在开展百万职工“五小”（小发明、小革新、小改造、小设计、小建议）创新大赛的基础上，省总工会重点抓好 10 场全省职工技能大赛、20 场技能竞赛和 20 个省级重点建设项目专项劳动竞赛。组织 10 万名职工参加多工种、实用型、订单式技术技能培训，推动各级劳动模范、技能能手与两万多名普通职工开展“名师带高徒”结对帮扶活动。2016 年涌现职工创新成果 13.1 万个，在第九届中国国际发明展上获 17 金 31 银 45 铜和两项发明专项奖。深化“中国梦·劳动美”主题教育活动。以社会主义核心价值观为引领，举办庆祝建党 95 周年“永远跟党走”全省职工歌会、红军长征胜利 80 周年“劳模重走长征路”活动、“最美家庭”评选、“工匠精神在岗位”报告会、“最美劳动者”事迹报告等活动，在多家省级以上主流媒体推出专版、专栏、专题，加大新媒体和社会公益宣传力度，弘扬劳模精神、劳动精神、工匠精神。拓展与台港澳工会交流合作。举办海峡职工论坛、“6·18”海峡两岸职工创新成果展、闽港澳台职工书画摄影联展、闽港职工文化交流演出、第三届平潭两岸职工自行车赛等活动，组织百名劳模、金牌工人和各类型代表团赴台港澳参访、演出和培训，发展闽港澳台职工全方位、宽领域、多层次交流合作。

工会服务维权扎实有效。推动城市困难职工解困脱困，将建档困难职工省级补助从每户 600 元提高到 1000 元。创建职工医疗互助“大病补助”制度和职工特别救助制度，大病职工最高补助可达 5 万元，特别救助职工家庭最高可达 20 万元。2016 年当期全省医疗互助累计补助 8.85 万人次，共计 1.3 亿元。开展“四送温暖”活动。2016 年各级工会筹集“两节”送温暖慰问款 1 亿多元，慰问困难企业 1548 家，困难职工 7.8 万户；夏季防暑降温慰问款 6060 多万元，慰问企业 6230 家，惠及职工 42 万人；助学资金 2848.5 万元，资助困难职工子女 1.1 万人。推动职工维权机制建设。与省高级人民法院联合推广“基层职工维权六种模式”，推动维权工作关口前移、重心下沉、协作配合。加强职工信访工作，规范信访办理流程，构建省、市、县三级工会网下办理、网上流转机制。

基层基础保障得到提升。推动工会组建和会员发展。紧盯开发区（工业园区）、建筑、快递等重点区域和行业，推动非公经济组织和社会组织普遍建立工会。2016 年全省有基层工会 11.5 万个，涵盖单位 26.1 万个，工会会员 876.3 万人，其中净增农民工会员 61.5 万人，超过年度目标任务 23%。建立工会经费向基层、职工倾斜制度。完善工会经费对下补助机制，提高各级工会经费对下补助的比例，实行工会资金补助项目跟踪管理和问效追责。加大对市县工会服务职工阵地建设项目补助力度，提高补助标准，设区市、县区级项目最高补助分别达 1500 万元、800 万元。2016 年省总本级安排对下补助资金 2.9 亿元，比上年增长 20.8%，占省级经费支出的 71%。推进基层民主管理工作。加强以职代会为基本形式的企事业单位民主管理制度建设，推进厂务公开制度化、规范化，推动工资集体协商。2016 年全省企业职代会、厂务公开、集体合同、工资集体协商建制率分别达95.6%、93.7%、93.4%和92.3%，全省22.3%的国有及国有控股企业达到规范化建设标准。保障镇街（园区）工会工作。实施《关于进一步加强镇街工会工作的若干意见》，出台《福建工会专干管理办法》，下拨镇街（园区）工会经费4300万元，配备工会专干1244人，工资补助从每个单位1.5万元提高到2万元。

（纪荣凯）

2016年6月12日，在第14届海峡青年论坛期间举行“益启跑”活动，大陆及港澳台地区青年共同参加活动　　（团省委供稿）

【共青团福建省委员会】　2016年，共青团福建省委推进福建共青团改革。先后召开团省委十三届五次全会、理论中心组学习会、团省委常委（扩大）会议等，传达学习中央、省委党的群团工作会议和《共青团中央改革方案》精神，研究制订《共青团福建省委改革方案》，在领导机构、机关部门、干部队伍和运行机制等方面提出具体改革举措。推动有关改革措施落地落实，实施“8＋4”“1＋100”等直接联系青年制度，分3批选派25名机关干部到基层工作4个月，每名专挂职团干部经常性联系100名团员青年。在省、市、县三级团委机关中统一开展“机关开放日”活动，邀请6000多名来自基层一线的优秀团员青年到各级团的机关参观交流。推动建设“青年之声”互动社交平台，访问量超过10.8亿人次，综合指标名列全团前列。充实调整全委会的委员结构，使团省委委员中基层一线代表的比例大幅提升。

青少年思想政治引领。以建党95周年、红军长征胜利80周年为契机，开展“高举团旗跟党走·红色基因代代传”“奋斗的青春最美丽”“与信仰对话”“红领巾讲坛”等主题教育实践活动3000多场，吸引35万多名青少年参加。策划设计《微言讲——青年故事汇》电视展播、《图说社会主义核心价值观》博文、《致最美的青春》沙画、《青春雷锋》H5页面、《妮妮挂职记》漫画等一批宣传文化产品，努力把党的大道理转化为青少年易于接受的小道理。在网上开设“青年学习大军”，用网言网语发起“大大你好”“我和国旗合个影”等微话题活动，累计阅读量突破3亿人次。在全省开展“践行核心价值观，争做向上向善好青年”主题活动，评选2016年“福建向上向善好青年”20位，在全社会选树和传播优秀青年典型。引导团员青年参与网络舆论斗争，在“抹黑英雄邱少云”等网络舆论事件中发出青年好声音，传播青春正能量。

组织团员青年参与新福建建设。全年组织1000多支青年突击队奋战在重点工程建设一线，组织1万多个青年文明号集体立足岗位创先争优。开展首届福建志愿服务项目大赛，组织团员青年参与尼伯特台风灾情、三明泥石流灾害、大型赛会活动等领域的志愿服务，选派370多名大学生志愿者到福建省欠发达地区和西部从事扶贫、支教、支农、支医等工作。深化“保护母亲河”行动，开展“青春深呼吸·生态我先行”、“青春家园示范点”、生态环保社团等活动，组织青少年参与植绿护绿。实施青年电商培育工程，与阿里巴巴签署“千县万村百万英才”项目协议，联合省农业厅开展“雨露计划”培训工作，推动农村青年脱贫致富。

闽台港澳和对外青少年交流。按照中央、省委对台工作部署，开展第十四届海峡青年论坛、第11届海峡两岸青年联欢节、第五届海峡青年节等活动，邀请2000多名台港澳青少年来闽交流。推动台湾青年来闽创业，成立两岸青年创新创业联盟、两岸青年创业基地，开展台湾青年“创业之星”评选活动，为11名台湾创业青年提供5万元创业启动金和3年陪伴式导师辅导等帮扶，打造台湾青年来闽创业服务“第一站”。策划开展以“红色基因·我们传承”为主题的闽港澳青年重走长征路活动，组织60名闽港澳青年重走长征路，重温长征精神。利用福建省作为海丝核心区的特殊地位，策划开展21世纪海上丝绸之路青年创新大会，18个海丝沿线国家和地区的127名青年来闽交流。

服务青少年成长发展。举办“挑战杯——彩虹人生”第二届全国职业学校创新创效创业大赛、第三届“创青春”福建省青年创新创业大赛、第五届福建省大学生“创业之星”评选等活动，选派58名金融系统干部赴县级团委挂职，联合晋江市委打造首个省级青年创新创业示范区，为青年创新创业提供资金扶持、导师辅导、信息服务、平台对接等服务，助力全省创新驱动和经济转型升级。实施希望工程·圆梦行动，全年筹集善款1300万元资助3134名大学新生走进校园。启动希望工程支教计划，招募24名应届大学毕业生作为福建省希望工程支教志愿者到农村希望小学从事为期一年的音乐、体育、美术支教支援服务。开展“共青团与人大代表、政协委员面对面”活动，全省依托各级“两会”提交有关青少年民生提案、建议203份。推动青少年社工机构和队伍建设，截至2016年底，全省有134个青少年社工机构，2013名青少年事务社工人才。

推进全面从严治团。推进街道区域化团建、乡镇实体化“大团委”建设、农村专业合作组织建团、驻外团组织建团、非公企业团建等工作，扩大对青年的有效覆盖。推进福建数字共青团系统建设，全省有210多万名团员、9.8万个团支部入库激活，成为团中央“智慧团建”唯一的试点省份。加强对新兴青年群体和青年社会组织的联系服务和引导，依托福建海峡青年社会组织服务中心，建立青年社会组织培育孵化机制，构建以共青团为核心的青年社会组织体系。启动星级团支部创建活动，以从严治团高标准、严要求活跃基层团组织、激发团员责任感，全省近1.5万个基层团支部被评定为达标团支部和一星级及以上团支部。实行机关干部一线工作法，开展“走转改”活动，建立团干部直接联系青年机制，推动机关干部带着项目、资源到基层一线开展工作。深化全团带队工作，统筹推进青联、学联、中学、高校、少先队改革工作。开展“两学一做”专题教育、“团干部如何健康成长”大讨论活动，抓好巡视整改工作，推动团干部锤炼严实作风。

（杨荣章）

【福建省妇女联合会】 2016年，福建省各级妇联把握“六坚持”“三统一”的基本要求，认识保持和增强妇联组织政治性先进性群众性的重要性，制订《省妇联关于贯彻落实省委加强和改进党的群团工作实施意见的实施方案》，启动省妇联改革，解决机关化、行政化等脱离群众的问题。夯实党执政的妇女群众基础。强化思想政治引领，开展“我与中国梦”“八闽巾帼心向党·扬帆福建新征程”等主题活动，引导广大妇女把党的决策部署转化为自觉追求和实际行动，把妇女群众团结在党的周围，坚定不移听党话、跟党走，做党的好女儿。建立“福建省巾帼馆”，作为福建红色文化宣传教育和妇女教育培训基地，激励广大妇女弘扬百年妇运精神，走好福建妇女新的长征路。

服务创新型省份建设。实施“创业创新巾帼行动”，创建巾帼众创空间示范基地，组建女大学生创业导师队伍，举办海峡两岸女大学生创新创业大赛。省、市妇联创建巾帼创新创业基地、巾帼众创空间近50个。开展“春风送岗”行动，全省组织专场招聘活动342场，7268名女性参加职业技能培训，4674名女性参加创业培训，帮助35227名女性实现就业。服务脱贫攻坚。实施“巾帼脱贫攻坚行动”，协调推进妇女小额担保贷款工作，做好新一轮中国妇女发展基金会母亲创业循环金项目投标工作。在全省范围内创建一批“闽姐姐家政培训示范基地”，对建档立卡贫困妇女开展家政培训。落实挂钩帮扶建宁县工作，做好闽宁对口协作和援疆工作。服务国家生态文明试验区建设。实施“建设生态家园三年提升行动”，再创省级巾帼现代农业科技示范基地60个，新创建省级巾帼美丽家园20个。实施“百万妇女培训计划”，培训新型职业女农民1200余人。服务祖国和平统一大业。实施“巾帼圆梦行动”，坚持做优海峡妇女联谊、家庭联谊和儿童联谊“三大品牌”，做实闽台妇女组织、产业、团组和乡镇“四项对接”，做好在闽女台胞、涉台婚姻家庭和女台胞参与社会管理“三个服务”，推动闽台基层妇女组织或企业签订合作协议，组织闽台港澳妇女参加海峡妇女论坛、海峡两岸家庭教育高峰论坛。服务法治福建建设。实施“建设法治福建巾帼行动”，引导广大妇女自觉尊法学法守法用法。组建省妇联法律专家库。落实与省法院等部门联合维护妇女儿童合法权益工作机制。实施妇女议事制、信访代理（协理）制、互助制，联动开展“妇联主席下基层大接访”“八闽联动·送法到家”“维权服务进社区、进农村、进家庭、到身边”等普法宣传和培训活动超万场，900多万户家庭争创平安家庭。

落实习近平总书记关于“注重家庭、

2016年7月29日，2016福建省家庭服务业职业技能电视大赛在福州举办

（省妇联供稿）

2016年6月12日，海峡两岸女大学生在众创起点营（厦门）签名板上签名留念　　（省妇联供稿）

注重家教、注重家风”要求，落实省委办公厅、省政府办公厅转发的《省妇联关于开展新时期家庭工作的意见》。以“美德，让家庭更幸福”为主题，做优家庭文明。在全省城乡开展寻找“最美家庭”活动，吸引全省73.4%的家庭近1500万人次参加，90.7%的被调查者认为寻找“最美家庭”活动对转变社会风气很有作用。联合省纪委、省委组织部、省委宣传部、省委政法委在党员干部中开展好家风建设活动，树清廉家风、立崇廉家规。以“家教，让人生更精彩”为主题，做精家庭教育。实施《家庭教育五年规划》，推进家庭教育进农村、进社区。办好网上家长学校，推动家庭教育咨询服务常态化。开展“儿童保护·行走福建”大型公益活动，推动儿童安全保护宣传教育进家入户。以“家服，让生活更美好”为主题，做强家庭服务。创建100个家庭关爱服务中心，举办全省家庭服务业职业技能电视大赛、海峡两岸家庭服务业高峰论坛和技术产品展洽。打造“闽姐姐”家政服务品牌，促进家庭服务业规范化职业化发展。以“关爱，让社会更温暖”为主题，做实巾帼志愿服务。壮大巾帼志愿者队伍，关爱留守妇女、儿童和老人，开展“社区助老”“邻里守望”和扶贫济困、抢险救灾等巾帼志愿服务。筹集“两癌”专项救助金、“春蕾计划”资金，一大批困难妇女儿童得到及时救助。

创新妇联组织机制。全省市、县、乡镇（街道）、村（社区）实现妇联组织和妇女工作全覆盖，750个农村妇代会升格为妇联。至年底，全省有基层“妇女之家”和团体会员13万个，“两新”组织、台资企业妇女组织7030个，部队“妇女之家”6个。创新妇联队伍建设。建立“专兼挂”相结合的妇联干部队伍，全省31个市、县（区）配备妇联兼职副主席48名。多形式加大基层妇联干部培训力度，培训女干部3522人次。实施“妇联上网工程”。组建新媒体导师、新闻评论员、网宣员“三支队伍”，建立领导、合作、激励“三项制度”，形成“三网三微”和“四号一平台”的福建妇联网新格局。新媒体传播力长期列居全国妇联系统和福建省政务网前列。《海峡姐妹》杂志社改革迈出坚实步伐。探索参与政府购买服务。推广厦门市妇联创新经验，在各设区市和平潭综合实验区开展购买服务妇女儿童和家庭项目试点工作。

（徐西朋）

【福建省科学技术协会】　2016年，福建省科协组织刘旭院士、孟伟院士对福建省九龙江流域综合治理情况进行考察，提出《九龙江流域综合治理与生态补偿制度设计》，入编《八闽快讯》专报件报送中央。通过举办学术沙龙和研讨会，形成《省科协专题报告》4个、《科技工作者建议》1期，5个专报件信息被省委《八闽快讯》、省政府《今日要讯》采用。提交关于推动闽台两地休闲农业产业合作发展对策建议等福建省政协提案12件，形成科技工作者建议8期。立项资助“福建省生态地球化学学科发展研究报告”等20个自然学科发展报告。开展2016年福建省科技工作者创新事业发展需求及发挥作用状况调查。开展省级学会科技社团专职工作人员状况调查，形成建议和对策。《八闽快讯》《今日要讯》刊载科协信息26篇。设立福建省加快科技创新促进先进制造业基地建设研究等重点项目20个，一般项目20个。完成中国科协委托对广州高新技术产业开发区科学城园区双创示范基地的第三方评估。

全省科协建立会企协作创新联盟7个、学会协同创新基地3个、全国学会服务站1个、船舶平台2个。福建省41个农技协、10个农村科普示范基地、14个社区和15名农村科普带头人获中国科协、财政部2016年基层科普行动计划先进单位和个人联合表彰。省科协联合省财政厅表彰15个农技协、21个农村科普示范基地、26名农村科普带头人和23个社区。全省14个县（市区）被中国科协命名为2016—2020年度全国科普示范县（市区）。全省1600家企业参加“群众性科技创新活动”，2.8万名科技工作者参与，立项2067项，提出合理化建议5613条。

截至2016年底，建成授牌示范院士专家工作站29个，全省省级院士专家工作站174个，进站院士154名、院士团队专家1066名，开展合作项目551个，总投资288.9亿元。

组织院士163人次、专家910人次，赴全省各设区市137个企事业单位，签约项目62个、资金13亿元；举办“院士专家八闽行”等活动10场，科学论坛、工程论坛3场，科普报告16场、学术报告68场，听众1.7万多人次。成立首届全国院士专家交流协会，136位院士加盟。承办首届全国院士工作站建设经验交流会。福建省8家院士工作站入选“全国百家示范院士专家工作站”。组织科技工作者参与港澳台科技活动23人次，接待港澳台专家、学者620人次。邀请50多个台湾科技社团、550人次台湾地区专家对接交流，签订合作协议16项。邀请61人次海外专家签约3项。

全省科协系统全年组织开展1800项科普活动，参与群众980万人次。在全省科普工作“跟踪问效”信息平台、“福建科普”微信公众号和省、市、县三级科普电视栏目等科普信息化平台持续发布科普图文信息800多条，总阅读数20万次。新启动或在建的科技馆、科普专业馆12个，新建社区青少年科学工作室30个。福建省科技馆老馆全年接待参观和活动人数30.5万人次，福建省科技馆新馆建筑主体结构封顶，总面积9.3万平方米。福建省数字科技馆年浏览量319万人次，第五次被中国科技馆评为2015年度中国数字科技馆优秀二级子站点。完成数字科技馆网站系统升级改造。在莆田市举办第31届福建省青少年科技创新大赛。

实施“科技人才成长服务计划”。联合省委组织部、省人社厅、省科技厅评选表彰第五届福建省优秀科技工作者30名。组织开展科技管理类初中级专业技术职称评审3人，为非公组织科技人员参加专业技术职称评审提供服务。省科协被中国科协评为全国科技工作者状况调查优秀区域责任部门。实施“党建带动科建计划”。

截至年底，省级学会总数148个、企业科协总数2395个。全省省级学会召开各类国内学术会议385场，交流论文5000多篇。省级学会主办科技期刊63种，印发30多万册。由中国科协主办，省科协承办的第八届海峡论坛·2016海峡科技专家论坛的主会场和分会场活动分别在厦门、福州、泉州、漳州等举行。

（邱雪如）

【福建省归国华侨联合会】 2016年，福建省归国华侨联合会贯彻落实中央和省委关于党的群团工作、关于新形势下侨联工作的决策部署，特别是学习宣传好《中国侨联改革总体方案》，明确改革方向，把握改革核心，凝聚改革共识。组织人员赴上海、重庆等地调研学习，深入侨乡了解基层侨联组织的现实情况，征求各设区市侨联和归侨侨眷、海外侨胞的意见建议，突出探索和推动侨联组织体系、工作方式方法、运行体制机制、干部队伍建设的改革。结合省侨联实际，提出初步方案，涉及调整优化内设机构设置、强化侨联领导班子和干部队伍建设、夯实基层基础、加快“网上侨联”建设等内容。《福建省侨联改革方案（讨论稿）》基本完成。

坚持“侨界建功”，提升服务实效。在经济发展中彰显侨力。抓好侨商项目对接。参与海峡两岸经贸交易会、中国·海峡项目成果对接会、中国国际投资贸易洽谈会等大型经贸活动，在海沧举办生物医药专场对接会；在莆田承办中国华侨文化创意产业发展峰会，增进文创领域的互鉴合作；在武夷山召开省侨商会常务理事会暨旅游产业投资推介会，鑫桥联合融资租赁有限公司融资80亿元支持南平基础设施建设；联合合肥市政府、马来西亚中华总商会在厦门举办对接洽谈会，推动中马互惠合作。促进侨智转化落地。参加中国侨联新侨创新创业成果展，承办中国侨联特聘专家福建行活动，推荐9家新侨企业加入中国侨联新侨创新创业联盟，参与主办第五届海西（厦门）国际新能源产业博览会。在中国侨联第六届新侨创新成果交流会上，全省28个新侨项目获奖，省侨联被授予优秀组织工作奖。服务侨企健康发展。分别与省引进高层次创业创新人才协会等单位合作，举办5期沙龙，300多人次参与，深化“侨智沙龙”常态化服务平台建设。授牌一批侨界人才创新创业服务联系点，探索服务侨界人才创新创业集中区发展。

参与社会建设。深化“百侨帮百村”活动。在古田县召开“百侨帮百村”科技扶贫现场交流会，联合省农办举办“互联网＋百村”侨力扶贫行动电子商务培训班。发动侨商对接松溪县经济开发区，支持松溪县大布村灾后重建工程，帮助政和县杨源乡进行科技扶贫，助推结对帮扶点的新农村建设。办好全省华侨公益基金。全年引导和服务侨胞捐赠公益事业2.1亿元，其中，公益慈善项目215个，金额1.07亿元；侨心工程捐款1.03亿元，捐建侨心中小学29所，科教项目36个，资助学生6558名。厦门市侨联成立侨商会公益金。推进“精准扶贫”工作。落实“1＋5扶贫方式”，省市侨联筹集财政资金367万多元、社会资金763万多元，帮扶贫困侨、残疾侨等7000多人。引导侨界参与抗灾救灾。向福州的闽清、永泰等灾区捐款1026万元，向泉州的南安、安溪、永春等灾区捐款1060多万元，支持灾后重建。

繁荣文化，凝聚侨心。隆重纪念孙中山先生诞辰150周年。围绕“福建华侨与孙中山”主题，编印图册、举办图片展、组织学术研讨、开展书法交流笔会等，缅怀中山先生功绩，弘扬先贤革命精神。泉州市举办“孙中山与福建华侨”学术研讨会，丰富孙中山精神的研究内容。打造侨界爱国主义教育基地。福建华侨文化展示中心全年开放近300天、接待游客6万多人次，举办《邮海丝路——邮票上的华侨史》等4场展览，培训福州小学生志愿讲解员。泉州华侨历史博物馆新设“奉献史馆”，荔城区后黄居委会建设“华侨记忆档案馆”，一批“留根工程”正在推进中。支持海外华文教育。发动侨胞侨商，向柬埔寨暹粒省公立中山学校捐赠华文图书、电脑，向“南非闽侨书屋”捐赠儿童读物，向马来西亚马六甲培风中学、华文中学捐资约25万元。四是推动海内外文化交流。支持闽南师范大学成立侨乡文化中心，支持马来西亚侨社团举办（马六甲）第五届世界闽南文化节，海外杰出女性联谊会参与福建省——澳大利亚塔斯马尼亚州结交 35 周年艺术展。

华侨权益维护。参与和促进侨务法制建设。助推《福建省华侨权益保护条例》的出台，并通过举办专题辅导讲座、编印宣传手册等形式进行学习贯彻。省、福州市、鼓楼区侨联联合开展“12·4”侨法宣传活动。省侨联被省委宣传部、司法厅和依法治省领导小组办公室授予“六五”普法先进单位。完善与法院的涉侨维权互动机制。在基层法院设立涉侨案件审判组或合议庭 52 个、审判巡回法庭 16 个、法官协调工作室 22 个，受理各类涉侨案件 8615 件，审结 7588 件。聘任涉侨案件特邀调解员 165 名、侨界人士陪审员 151 名，经诉前调解并由法院依法确认效力的 563 件。福州市法院在市侨联机关设立“涉侨诉调工作室”。联合省边防总队推广“一侨一号”服务模式。即一位侨胞、一个档案号，侨胞通过在线实名注册，对属于纯边防业务或者部分流程由边防派出所代理的，享受“一站式边防办结”“边防预约”通道。该模式由福清市江阴镇率先实行，莆田、龙海的相关服务也取得成效。做好侨界群众信访工作。省、福州市侨联等举办法顾委涉侨案件咨询分析会和侨界群众来访接待日，依托法顾委查处侵侨案件，会同律师事务所为侨界群众提供法律服务。省侨联全年接待侨界群众来访 115 人次，办理涉侨信访事项 110 件次。

参政议政。组织“委员活动日”。在莆田、漳州、龙岩举办不同主题的“省侨联委员活动日”，提高侨联委员、归侨人大代表、侨界政协委员的履职能力，发挥参政议政的主渠道作用。在三明开展“省侨联港澳台和海外委员活动日”，10 个国家（地区）的 20 名港澳和海外委员互相交流。开展“我为建设美丽福建献一策”行动。收到征文 152 篇，编辑成册 66 篇，评出获奖文章 10 篇，提出的意见建议涉及“一带一路”战略、“新福建”建设、侨企健康发展、侨界脱贫致富、侨务对台交流等内容。做好侨情信息工作。省侨联全年编辑《专报件》126 期，被中办采用 4 篇，中国侨联采用 73 篇，省委办、省政府办采用 17 篇次，其中 1 篇得到中央领导、两篇得到省领导的批示。省侨联连续六年被中国侨联评为信息工作先进集体，其中连续两年获特等奖。参与全省统战系统信息工作评比两年来，连续被评为先进集体。

创建“侨胞之家”。补助 65 个“侨胞之家”创建经费 70 万元，鼓励基层侨联组织开展创建工作，命名 185 个侨联组织为省级“侨胞之家”。加强机关党组织建设。截至 2016 年底，省侨联成立机关党委，下设 5 个支部，设区市侨联中成立党组 5 个、支部 5 个，县（市、区）侨联中成立党组 1 个、支部 19 个。发展壮大团体会员。举行省侨界青年联合会换届大会，新一届侨青会有 532 名个人会员、17 个国内团体会员、8 个海外协作单位会员，其中来自 33 个国家（地区）的海外委员 213 名。中国华侨公益基金会福建代表处、省侨商会、新侨人才会、女杰会、侨青会、法顾委、侨联事业发展基金会、华侨历史学会、华侨摄影协会、《八闽侨声》杂志等主动开展工作，凝聚一大批侨界人士。省侨商会等被中国侨联评为“全国先进（优秀）侨商社会组织”。

巩固联络联谊成果。开展“海外侨胞故乡行——走进福建”活动，邀请 25 个国家的 40 名海外侨胞回乡参观、座谈，并赴京参加中国侨联成立 60 周年庆祝大会。在厦门举办第八届海峡论坛·2016 两岸侨联和平发展论坛、海峡两岸暨港澳侨界圆桌峰会，深化两岸侨界的交流。在福州、厦门、漳州、莆田、南平举办“亲情中华·汉语桥”夏令营，来自新加坡等 7 个国家的 157 名海外华裔青少年参加。宁德市侨联指导成立市港澳联谊会。省侨联全年接待海外侨团 78 批次近 1000 人，其中 30 个社团为首次来访。福州市举办“华侨心·中国梦——亲情中华侨界 2016 年迎新春联欢会”，各地邀请侨胞参加第二届妈祖文化高峰论坛——2016 年国际妈祖文化学术研讨会、世界客属第 22 次公祭客家母亲河大典、第五届世界古田同乡恳亲大会等世界性交流联谊活动。厦门市侨联举办侨界联欢节、健步行、业余羽毛球赛；泉州市侨联举办首届海丝侨界青年端午龙舟比赛。开展“大交流大走访”活动，省侨联组织和参加团组赴境外，加强与侨团、侨胞的联系交流。以“海丝文化”为主题，组织“两岸侨界交流周”入岛交流活动。支持南平市侨联组成分团赴台开展朱子文化交流。

“网上侨胞之家”建设。创办网上丝绸之路公共服务平台。积极探讨“丝绸之路＋互联网”模式，丰富新闻、政策、投资、贸易、金融、法律、技术、人文等方面内容，形成“一国一窗口”，2016 年度有 27 个海外合作伙伴入驻。重新建设、管理、维护福建侨联网，策划制作“两学一做”“海外侨胞故乡行——走进福建”“闽籍全球华侨华人网络大拜年”等专题，发布福建各地侨情信息 2000 多条，以图文并茂和短平快的方式扩大对外宣传。更新《闽侨通》微信公众号，建设好“福建各级侨联主席群”和团体会员微信群，及时传递中央和省里的各项方针政策举措，交流海内外侨情信息。通过网站、微信、杂志、电视、报纸等，多元互动、连点成线、连线成面，全方位、多层次地传播侨务、侨情、侨声，强化对网上侨界群众的引领和服务。

（朱根娣）

【省台湾同胞联谊会】 2016 年，福建省台湾同胞联谊会夯实工作基础，服务台胞有新举措。致力于精准服务台胞工作格局，扶贫济困工作实现滚动提升。扩大老龄台胞补助范围，“年满 60 周岁台胞”和“1947 年 12 月 31 日前出生台胞的遗偶”均可享受补助政策。提升困难、老龄台胞补助标准，将老龄台胞补助标准提高至有离退休金 200 元/人月、无离退休金 300 元/人月，困难台胞补助标准提高至200元/人月。全年下拨经费641.64万元，惠及2303名困难、老龄台胞。开展扶贫访困送温暖，慰问困难台胞、老台胞67人，发放慰问金5.9万元。“台胞技能培训助学教育经费”增至每年50万元。全年两批次发放助学金13.7万元，全省有95名困难台籍大学生受惠。根据台胞青年就业创业需要，抓住“互联网+”热点，举办第三期、第四期台胞电商培训班，每期培训办分别组织来自两岸百余名青年学员参加培训。开展省直台胞联谊活动，有400余人次台胞参与。

拓展两岸交流。“同名村”联谊规模化。主办第八届海峡论坛“同名村·心连心”联谊交流活动，有200多名两岸宗亲参加，活动在延续传统项目基础上，举办“同名村青年创业创新辅导汇”“同名村青年创业实习”活动，凝聚两岸青年，谱写同心创业篇章。少数民族交流特色化。参与主办“中华一家亲·2016海峡两岸各民族欢度‘三月三’节暨福建省第五届‘三月三’畲族文化节”。邀请40余名台湾少数民族嘉宾参加，规模影响进一步扩大。夏令营活动实效化，举办以“龙脉相传·青春中华——两岸青年携手同创美好未来”为主题的2016年海峡两岸青少年夏令营，参与人数130余人，活动以参观文创园、政策宣讲解读、举办电商培训等亲身体验方式，提升活动层次和效果。闽台交流活动常态化，接待“台湾农民基层代表福建农业参访文化团”和第四届台胞社团论坛福建参访团等一批台胞团体，组团赴港澳台地区，接触基层民众，团结反独促统力量。

（卓高翔）

【福建省金门同胞联谊会】 2016年，福建省金门同胞联谊会发挥“以金联台、以金促台”的独特优势，按照年度工作计划开展各项工作。福建全省各级金联坚持“九二共识”政治基础，坚决反对和遏制“台独”分裂活动，敦睦乡谊，深化民间交流，维护和推进两岸关系和平发展。在促进两岸同胞加深了解、融合感情、增进福祉，促进两岸民间交流交往方面发挥重要作用。

深化“同心”工作品牌内涵。两岸金门籍青少年国学夏令营是省金联的“同心”工作品牌。2016年的国学夏令营作为海峡青年节系列活动之一，由福建省金联，共青团福州市委，福州大学团委，金门县政府，旅台金门同乡会总会共同在台湾举办。夏令营为期5天，共有来自中国大陆、中国台湾和金门的65名两岸学生参加。通过互动交流学习，青少年们更加深切地体会到海峡两岸间割舍不断的亲情和乡情。

创新联谊方式，加强对内对外联谊。拓展与东南亚乡会联谊。应马来西亚柔佛州金同厦会馆邀请，省金联组团赴马来西亚参加金同厦会馆成立五十周年庆典活动。这是省金联近十年来首次组团赴东南亚参访。参访团一行还先后拜访巴生雪兰莪金门会馆、浮罗吉胆金门会馆及马六甲金门会馆。通过参访，加深大陆同乡会与东南亚同乡会之间的相互认识，为今后福建省金联的对外联谊工作的发展拓展思路，带来新的启迪。组团参加第八届海峡论坛系列活动。应海峡论坛组委会邀请，省金联组织来自旅台金门乡亲及台湾离岛联盟的21位嘉宾出席本次论坛。通过参加海峡论坛大会，两岸创业与创投发展论坛大会，第八届两岸金门同乡会理事长联席会暨“厦金渊源·厦金直航十五周年的变化”主题沙龙，以及海峡论坛的两岸特色庙会、海峡影视季等系列活动，让台湾乡亲对海峡论坛的“扩大民间交流，促进融合发展”主题有了切身的感受，得到乡亲们的肯定。扩大交流交往。2016年福建全省金联接待境外31个团组近2000人次，其中包括由金门县县长陈福海、议长洪丽萍带队的金门千人祭拜保生大帝进香团，金门县原县长李沃士、原议长王再生、金门县原议长、金门红十字会会长王水彰、金门县原副县长颜达仁、金门爱心慈善基金会董事长许金龙，以及旅台同乡会历届卸任理事长组成的中秋联谊参访团，参加第八届海峡论坛的台湾乡亲团组，参加第八届两岸金门同乡会理事长联席会的旅台金门同乡会团组等。通过联谊，加深相互了解，增进乡谊乡情。

服务金门同胞。发挥各级金门同胞人大代表和政协委员的参政议政作用。2016年提交省市级人大及政协提案27篇，内容涉及两岸交流、对外联谊、民生、社会管理等方面。落实省委、省政府对福建省金门同胞的关怀政策，抓好2016年度的扶贫济困工作。2016年度，全省落实给予生活补贴的老龄金门同胞1361人，发放资金336.36万元（其中厦门市1026人，计247.2万元），给予生产生活困难补助的金门同胞118人，发放资金28.32万元（其中厦门市24人，计5.76万元）。发放奖学金43人次，共计1.29万元。

（魏中超）

【省残疾人联合会】 2016年，福建省残疾人联合会落实加快推进残疾人小康进程的政策措施。加强宣传贯彻省政府《关于加快推进残疾人小康进程的实施意见》，联合省有关部门制定0～6岁残疾儿童康复训练补助、听力残疾儿童人工耳蜗项目、建档立卡等家庭经济困难学生精准资助等兜底助残政策。全省9个设区市、平潭综合实验区及大部分县（市、区）出台本地贯彻省政府《关于加快推进残疾人小康进程的实施意见》的实施办法。

规划部署福建省“十三五”残疾人事业。在学习贯彻国家规划纲要的基础上，编制福建省“十三五”加快残疾人小康进程规划纲要，11月省政府审议通过并印发实施。12月省政府残疾人工作委员会召开第五次全省残疾人事业工作会议，部署“十三五”残疾人工作。

统筹推进各项助残业务工作。承办完成省委、省政府为民办实事项目“实施助工程”扶助农村贫困残疾人就业创业、残疾人托养服务等两个子项目，省级投入4900万元，直接扶持1.7万名残疾人。做好残疾人民生兜底保障，困难残疾人生活补贴和重度残疾人护理补贴、残疾人参加居民养老保险政府代缴补助等政策落地实施。部署全省残疾人脱贫攻坚工作，完成残疾人服务状况和需求调查中12.5万疑似贫困残疾人的核查任务，推动将符合条件的残疾人纳入建档立卡范围。将农村贫困残疾人家庭危房改造纳入《福建省农村危房改造“十三五”专题规划》，实施“造福工程”“安居工程”等项目，落实为贫困残疾人家庭新建修建住房及无障碍改造工作。实施“七彩梦行动计划”“光明行动”等国家和省级重点康复项目，推动残疾人康复服务体系试点工作，出台《福建省贯彻〈国家残疾预防行动计划（2016—2020年）〉实施方案》。协调开展未入学适龄残疾儿童少年核查和就学安置、特殊教育机构状况调查摸底、残疾学生高招录取等工作，实施“扶贫助残大学圆梦行动”“交通银行残疾青少年助学计划”等社会扶残助学项目。抓好扶持残疾人就业创业“1＋5”政策落实，以及残疾人职业技能和实用技能培训工作。

健全维护残疾人合法权益机制。在省市两级残联建立残疾人法律救助工作站的基础上，新建“十三五”首批18个县级残疾人法律救助工作站。完成省残疾人服务热线“968891”与中国残联“12385”热线并轨使用，全省接待来访来信来电15300多件（次）。

优化残疾人平等参与的社会环境。举办第八届海峡论坛·2016两岸残障人士交流嘉年华，分设3个专场活动，省领导洪捷序、台湾及各界代表320多人参加；举办第六届闽台残疾人文化周，组织省海峡残疾人艺术团赴台演出，开展两岸残障事业交流。选派25名运动员、教练员等参加第十五届残奥会，创福建省历届参赛人数之最，获优异成绩。省委书记尤权、省长于伟国等省领导会见全体参赛人员，省委常委、宣传部部长高翔出席总结表彰大会。省盲协主席王永澄当选新一届世界盲人联盟亚太区按摩委员会主席，承办来自巴西、法国、俄罗斯等国70多人参加的中国首次国际盲人足球训练营活动，对外展示福建省残疾人事业发展成就。在稳固原有宣传阵地的同时，开通“福建辅具服务”微信公众号等新媒体平台，发挥“互联网＋”对残疾人事业发展的带动作用。

改善残疾人工作基础条件。完成2016年全省残疾人基本服务状况和需求信息数据动态更新工作，福建省录入数据进度位列全国第三。建成福建省残疾人综合信息服务平台（三期工程），将实现残疾人网上服务项目查询、申报、跟踪全程信息化。与泉州师院合作成立省残联首个残疾人事业发展研究基地，推动福建省残疾人事业理论研究工作。省残疾人游泳康复馆项目土地报批、征地补偿手续等工作，以及省残疾人托养服务指导中心项目前期工作、建设模式研究有序推进。扶持新建5所省级公办“福乐家园”，并对市、县残疾人康复和托养机构建设安排补助资金4300多万元。鼓励残疾人专门协会和助残组织探索科学化运行管理模式，全省19个残疾人专门协会完成社团法人登记，省同人助残志愿者服务中心获中宣部表彰的“最佳志愿服务组织”等称号。

（孙 闽）

【福建省社会科学界联合会】 2016年，福建省社会科学界联合会强化理论武装，组织全省社科界学习习近平总书记在全国哲学社会科学工作座谈会和“七一”重要讲话精神，学习党的十八届五中、六中全会精神。召开省社科联七届三次全会，对全省社科界的理论武装工作作出部署，省委常委、宣传部长高翔出席并作讲话。与省委宣传部、福建日报社联合主办福建省学习《习近平总书记系列重要讲话读本（2016年版）》座谈会；组织社科专家学习省第十次党代会精神。与省委宣传部联合开展百场社会科学专题报告会，设置“党中央治国理政新理念新思想新战略”“经济社会发展热点”“社会主义核心价值观与红色文化、中华优秀传统文化”三个专题系列，组织全省社科界专家学者深入基层宣讲，推出59位报告人98个选题，举办讲座100多场次，听众3万多人次。与省委宣传部、省委政研室等单位共同制订《党中央治国理政新思想新实践研究宣传工作方案》，确立16个项目加强对党中央治国理政新思想新实践的研究阐释，《东南学术》杂志开设专栏推出一批有影响的学术理论文章。发动全省社科工作者以福建省中国特色社会主义理论体系研究中心名义，向中央“三报一刊”等主要媒体投稿。2016年福建省社科专家学者在“三报一刊”刊发理论文章18篇。

加强学术研究。举办2016年福建社科界学术年会，确定24个学术年会分论坛，并举办首届青年博士论坛。开展福建省第11届社会科学优秀成果评奖终评和获奖代表座谈会，共评出278项获奖成果，其中一等奖30项，二等奖69项，三等奖150项，青年佳作奖29项。提升《东南学术》影响力，连续第4年通过国家社科基金资助期刊年度考核，新增设的“治国理政新思想新实践”重大选题与“红色文化研究”专栏获国家社科规划办专项资助。同时，再次入选教育部CSSCI来源期刊2016—2017年目录。2016年刊发论文181篇，其中国家级课题资助论文70篇，刊文被《新华文摘》《中国社会科学文摘》《中国人民大学复印报刊资料》等重要文摘类刊物转载25篇，其中，南帆的《理论的半径与审美》获2016年福建省期刊优秀作品金奖；《习近平反贫困思想及对发展中国家的理论借鉴》受到全国社科规划办的肯定。

对外和对台交流。与省台联、省海峡民间谱牒文化研究院等，组织第八届海峡论坛“两岸同名（同宗）村文化论坛”，全国台联副会长杨毅周、台湾同名同宗村交流中心主任陆炳文和主承办单位领导及两岸100多位专家学者出席。围绕“泛珠三角区域合作与自贸区建设”主题，举办2016年泛珠三角区域合作与发展社科专家论坛，来自广东、海南等9个省（区）社科联负责人和专家学者以及澳门社科专家代表共40多人出席论坛。与中国史学会、中国社科院近代史研究所、福建社科院等单位共同主办“当代中国马克思主义史学理论高峰论坛”。组织参加全国第十八次社科普及工作经验交流会，福建省一批社科普及专家、作品和基地获得表彰。组织参加第十七次全国社科联学会工作会议，福建省严复学术研究会等一批优秀学会研究会和学会工作者受到表彰。与省科协联合举办“自然科学与哲学社会科学对话”会。

增强社科规划实力。完成2016年度国家社科基金项目申报，立项133项，资助资金3390万元，其中获得10个国家社科基金重大项目，项目资助资金800万元。组织开展国家社科基金申报项目通讯评审工作，对3846份国家社科基金申报项目进行通讯评审。实施国家社科基金西部项目扶持培育计划，5所高校获得国家社科基金西部项目15个。完成2016年度省社科规划项目评审立项工作，立项512个，投入经费1099万元。实施资助出版“福建省社会科学规划博士文库项目”。规范项目结项和清理工作，共办理项目结项518个，清理撤项31个。组织对16个省社科研究基地的建设情况进行年度检查考评。2016年度各研究基地共承担国家级项目40个、省部级项目180个、横向项目109个，出版各类学术专著109部，在CSSCI级别以上的期刊发表学术论文204篇，获得省部级以上奖项48项。推进成果应用转化，确立257个应用对策研究项目。编制实施《福建省哲学社会科学研究“十三五”规划》。

社科普及工作。制订下发《福建省县级社科联社科普及工作评价指标体系（试行）》《省级社会科学普及示范创建活动考评体系》《福建省社会科学普及工作经费财政绩效评价指标体系》。组织开展2016年全省社会科学普及宣传周，4000多名社科专家参与活动，举办广场咨询50余场，社科下基层活动120余场，报告会、讲座和专题座谈会150多场，发放各类普及宣传资料20多万份，参与群众120万人次。举办东南周末讲坛创办十周年座谈会、图片展、巡回讲座等系列活动，编纂出版《东南周末讲坛选粹7》。组织开展社科普及示范创建活动，首批省级社科普及示范创建点通过验收，确定长乐市、荔城区等6个县（市、区）为第二批省级社科普及示范创建点。举办“党中央治国理政新理念新思想新战略”和“树立发展新理念，加快建设新福建”为主题的两期网络社会科学知识有奖竞答活动，总参与人数达42万多人次。组织编纂出版《朱熹》《林则徐》《严复》等“福建历史文化名人丛书”（第一辑）10本。

加强学术性社团管理。组织成立中共福建省社会科学界联合会社会组织委员会，对30多个相关社团进行重点调研，组织做好社团集中年检，举办庆祝中国共产党成立95周年“党在我心中·圆梦新福建”书画作品展暨“十二五”时期学会建设成就图片展。

（郭胜鑫）

【福建省文学艺术界联合会】 2016年，福建省文学艺术界联合会贯彻落实习近平总书记系列重要讲话精神，特别是文艺工作座谈会和中国文联十大、中国作协九大开幕式上的重要讲话精神，贯彻落实中央和省委关于繁荣发展社会主义文艺事业的决策部署，围绕中心、服务大局，凝心聚力、发挥主导，团结带领广大文艺家和文艺工作者，加强文艺扶持创作，践行“深入生活、扎根人民”活动，抓好行风作风建设，为促进全省文艺发展繁荣、加快文化强省建设做出贡献。

换届工作。推选47名全省文艺界领导、领军人物参加中国文联十大、中国作协九大会议，福建省代表张帆、张作兴当选为中国文联第十届全国委员会委员，张帆、舒婷、杨少衡当选为中国作家协会第九届全国委员会委员。完成省摄影家协会、省电视家协会、省民间文艺家协会和省杂技家协会的换届工作；筹备其余8个协会换届工作。

主题宣传。抓好纪念建党95周年、红军长征胜利80周年等系列文艺活动，与中国作协举办“重走长征路”作家艺术家采风活动，与省委宣传部联合举办庆祝中国共产党成立95周年戏曲晚会、“信仰的力量”——庆祝中国共产党成立95周年大型交响合唱音乐会、“红色记忆·舞蹈随想”——福建省纪念红军长征胜利80周年舞蹈晚会等。部署开展“中国精神·中国梦”、社会主义核心价值观、爱国主义、红色文化主题文艺创作。开展“海上丝绸之路”“记得住乡愁”“美丽福建”“朱子文化”等创作宣传。与省纪委合办“大道之行”——“两学一做”学习教育廉政书画展。参与文艺赈灾、文艺扶贫、文艺援疆等工作，向灾区捐赠艺术拍卖款300多万元。

精品创作。参与福建文脉延续工程、海上丝绸之路文艺创作工程、福建戏曲（剧）繁荣工程等项目，抓好福建濒危剧（曲）种抢救、福建青年文艺人才培养、福建当代戏剧名家名作推广等工作。实施福建长篇小说精品工程，启动“福建长篇小说创作项目”。开展红色文化、现实主义和改革开放题材的文艺创作，编纂出版《闽派诗歌百年百人选》《闽派诗论》等文丛。晋京举办“大美福建·海峡墨韵”闽籍艺术名家书画（北京）邀请展、“纪念中国共产党建党95周年、红军长征胜利80周年——‘深入生活、扎根人民’董希源红色写生之旅作品汇报展”等活动。召开第五届冰心文学国际学术研讨会，承办第七届全国少儿曲艺展演，举办一系列富有福建特色的文艺评奖赛事活动，创作打磨一批优秀作品，培养选拔一批优秀文艺人才。

为民惠民。参与“文化三下乡”、“结对子·种文化”、“文化进万家下基层”、文艺“四到基层”“公共文化服务校园行”等为民服务40余场，举办“八闽书院名家大讲堂”“作者寻找读者”“诗歌寻找朗诵者”等惠民文艺活动100余场，组织其他文艺辅导、授课、讲座、笔会和采风等120余场（次）。举办新时期畲族文学创作高级研修班，福建长篇小说创作高级研修班，福建网络作家高级研修班，纪念建党95周年、红军长征胜利80周年福建省电视摄像高级研修班，福建青年评论家高级研修班，福建省民族民间舞蹈青年人

2016 年 10 月 26 日，匈牙利摄影家丝路记忆·《双重幻想》摄影展在福州开幕
（省文联供稿）

才培养计划等“助学、助力”传帮带活动。引导成立福建文艺志愿者艺术团福建省舞蹈家协会街舞分团，指导各设区市文艺志愿者艺术分团、各县（市、区）成立相应的文艺志愿者队伍。举办“向人民汇报”——福建文艺志愿者进入马尾惠民演出等活动近 100 场，受益群众 10 万余人。

文艺交流。赴台举办国台办重点交流项目——“第六届海峡曲艺欢乐汇”，开展 4 个专场演出、1 个座谈。举办第六届海峡两岸青年舞蹈嘉年华，共开展七大系列活动，两岸千名青年舞蹈家和文艺爱好者参加活动。举办第八届海峡两岸电视主持新人大赛，吸引 3 万多名选手参赛，创下历届之最。举办第二届海峡两岸电视主持人高峰论坛、第三届海峡两岸雕刻艺术大赛等活动，实现闽台文艺相互融合、交流交融。落实省委“福建文化走出去”部署，在日本长崎和美国纽约成功举办“中国·福建周”文化艺术展。举办“丝路记忆·《双重幻想》摄影展”，展示 8 位匈牙利摄影家优秀作品；接待美国冰心母校派出的“威尔斯理校友团”，建立常态化的交流关系。

改革创新。优化完善福建文艺网、海峡文学艺术网和文联微信平台，深化国家会员数据库、口头文学数据库建设，着力打造“网上文联”。推进与阿里巴巴签订艺术家推广和艺术品推介的合作行动计划。注重团结体制外、新兴文艺组织群体的文艺工作者，探索成立网络文艺家协会、省级文艺家协会网络专委会、网络作家专委会等，吸纳 50 余位网络作家成为省作协会员。加大对基层文联和文艺人才扶持，协调创建“海峡两岸青少年舞蹈艺术研习基地”等。

（方　毅）

【中国国际贸易促进委员会福建省委员会】　2016 年，中国国际贸易促进委员会福建省委员会批准成立宁德古田市贸促会（国际商会）、福鼎市贸促会（国际商会），成立中国国际商会福建自贸区商会，吸收莆田旗袍协会作为福建省国际商会团体会员。研究制定调研工作规划，出台《省贸促会关于进一步密切与基层联系的意见》，定期深入基层贸促机构和会员企业开展调查研究工作，加大指导和互动力度。

服务供给侧结构性改革，协助福建优势产业与沿线国家对接。以 21 世纪海上丝绸之路商务理事会联络办公室为依托，协助福建石材加工等优势产业与沿线国家互联对接，开展全球化合作。办好第二届中国（泉州）海上丝绸之路国际品牌博览会和“福建－海上丝绸之路国家经贸合作对接会”，分别在泉州、南安、武夷山分别设立 21 世纪海上丝绸之路商务理事会联络办公室工作站。

围绕“一带一路”战略，做好福建省参与 2017 年阿斯塔纳世博会筹备工作。制作《福建省参与 2017 年哈萨克斯坦阿斯塔纳世博会中国相关活动筹备工作方案》，向沿线国家宣传推广福建，开展经贸交流活动。在福州自贸片区设立海上丝绸之路沿线国家品牌展示中心。包括英女王御用手袋品牌等 30 多个国际知名品牌在展示中心展出。

帮助企业享受通关便利。集中培训指导企业充分使用原产地规则，享受自由贸易协定带来的关税减免优惠。

先后出访阿尔及利亚、摩洛哥和沙特阿拉伯、德国、捷克、波兰、意大利、瑞士、奥地利、巴西、阿根廷等 20 余个国家和地区，参加重要国际性商事活动，举办多场福建产业和产品对接会。完成全年各项客商邀请任务，到访团组 25 个 482 人次。举办“第 11 届中国（福建）消费品全球采购会”“第六届海峡品牌文化论坛”“第 13 届中国特许经营峰会”。在第 14 届中国海峡项目成果交易会期间，具体承办“中国制造 2025”合作交流会。

2016 年，增加 9 个签证点获得授权。全年全省（不含厦门）签发一般原产地证约 8.6 万份，比上年增长 1%；优惠原产地证 1.1 万份，增长两倍；办理国际商事证明书约 8000 份，增长 4%；代办领事认证约 4200 份，增长 3%；贸易单据认证约 360 份，基本持平；签发 ATA 单证册约 120 份，增长 22%；新增注册企业约 320 家，增长 17%。

扩大经贸摩擦预警覆盖面，对沿海地市全覆盖的 6 个预警点加强工作督促和指导。及时推送、发布预警信息。组织企业进行公关游说和应诉抗辩。设立“中国贸促会理算中心福建办事处”，协助开展与海损理算业务相关的工作。

（刘文容）

【福建省中华职业教育社】　2016 年，福建省中华职业教育社深入基层调研，积极建言献策。省政协副主席、省社主任郭振家等社领导深入福州、厦门、龙岩等地的市县级职教社和职业院校、企业调研，了解市县级职教社和福建省职业院校、民办院校和企业面临的热点难点问题，指导基层解决困难。召开《职业教育法修正案（草案）》征求意见座谈会，征求职业院校专家学者的意见上报给总社，并经总社反映给全国人大常委会。组织社员学校开展总社“互联网+职业教育的研究与实践”重点课题研究，成立26个子课题组，占全国117项课题的近1/4。配合中央统战部到福建省开展“台湾青年一代统战工作课题调研”，提交“以职业教育为载体，积极做好台湾青年一代工作”的调研报告，获得好评。

聚焦精准扶贫，深化温暖工程。落实“同心温暖工程毕节项目”，新招收122名贵州毕节地区贫困学生到泉州、南平等地区的团体社员学校免费就读。做好“新农村建设带头人培训”项目，50余名少数民族村主干参加培训。在长汀举办第四期“国家级生态县水保人才培训班”，100多名学员参加培训。在三明工贸学校、闽西职业技术学院、漳州第一职业学校等7所学校就读的300名教育移民项目温暖工程助学班学生，全部完成学业取得“双证书”；在社属福建武夷山中华职业学校举办温暖工程扶贫助学班，新招生50人，给予每人每年3000元学习生活补助。全省职教社系统全年培训5.3万人次，帮助4.1万人次实现转移就业。

加大理论研究，拓展办学实践。做好总社第五届黄炎培职业教育奖评选推荐工作，福建省有1所学校、两位校长和两位教师获奖。开展第三届“清海杯黄炎培职业教育奖”评选表彰活动，表彰8所学校、12位校长、13位教师和1位职业教育理论研究者。参与主办2016年全省职业院校技能大赛。与福州社和网龙华渔教育合作，推进“福建省中华职业教育公共服务体系”服务平台建设。社属福建武夷山中华职业学校新招生309人，举办茶艺师、育婴师等培训，培训学员658人；福建中华技师学院新招生1100多人，多名师生在全省职业院校技能大赛和全省技工院校教学论文评选活动中获奖；厦门华夏技术学校升格为“福建华夏高级技工学校”，新招生3100多人。

深化交流合作。1月，组团赴香港开展职业教育学习交流，走访香港职业训练局及其所属院校和培训机构。6月，承办第八届“海峡论坛·海峡两岸职业教育论坛”。全国政协常委、总社副理事长傅惠民，省委常委、统战部部长雷春美，省政协副主席、省社主任郭振家等领导以及来自中国台湾20余所院校的40余位嘉宾以及中国大陆23个省（区、市）的职业教育专家等200余人参加。副理事长傅惠民作主旨演讲，对海峡两岸打造职业教育人才培养的升级版提出建议。论坛还举行两岸校长对话会，受到广泛关注。11月，社领导参加总社组织的职教代表团赴澳大利亚、新西兰调研职业教育。

截至2016年底，全省职教社社员4027个，其中团体社员497个、个人社员3530个。加强宣传工作，发挥《中华职业教育》杂志、《职教社讯》《福建中华职教报》和社网站的平台作用，加大宣传力度，扩大社会影响。

（程章浩）

【福建省留学生同学会·留学人员联谊会】 2016年，福建省留学生同学会（留学人员联谊会）搭建创新创业服务平台，服务福建地方经济社会发展。连续第14年承办“6·18”中国留学人员成果展，征集海内外高新科技项目近60个，对接13个，接待20人，获“优秀组织奖”。省委书记尤权，省政协主席张昌平，省委常委、常务副省长张志南，副省长梁建勇等莅临展区指导工作。顺昌创业园全球首款84吋电容式触控屏一体机实现量产。与石狮市留学人员暨归国创业人员联谊会多次深入寿宁县考察调研，开展精准扶贫，与下党乡签订“教育扶贫基金协议”，向下党乡捐赠100万元扶贫教育基金及200套校服。举办闽江学院“留学报国·创新创业”高峰论坛，300多名师生受益。承办欧美同学会组织建设推进会暨全国地方组织秘书长工作座谈会、“百城同台”海归人才招聘会福建分会场活动，提供各类就业岗位100多个。

加强代表人士队伍建设，勉励留学人员立足岗位建功立业。组织百余名骨干会员参加第十五届中国企业实施“走出去”战略论坛、欧美同学会第五届年会暨海归创新创业（成都）峰会、福建省第二期归国留学人员创新创业高级研习班等10余场学习交流活动，其中，第二期高研班列入省委人才培训计划，并作为省委党校的主体班次。会员们开拓视野，增强政治意识和全局观念，还对留学人员工作的创新发展提出许多建设性建议。会员孙世刚、黄本立、曾五一获“福建省杰出人民教师”称号，卢璋、许阳阳获“福建省非公有制经济优秀建设者”称号，郑南峰获“中国优秀青年科技人才奖”，吴季怀入选爱思唯尔2015年中国高被引学者（Most Cited Chinese Researchers）“材料科学”领域榜单，陆开锦、张兆民、付贤智等当选中共第十届福建省委委员，黄汉升、郑李亭当选为省纪委委员。

发挥群团优势狠抓落实整改，留学人员组织建设成效显著。严格依照程序注销省民政厅社团法人登记证，向省委编办申领审批统一社会信用代码，性质变更为群众团体。组织7场专题学习会议，贯彻落实习近平总书记系列重要讲话精神。畅通入会渠道，鼓励优秀青年留学人员入会，发展会员211名，推动三明、宁德、江夏学院、闽江学院、泉州南安市和丰泽区成立留学人员组织，覆盖全省的留学人员工作网络逐步形成。对省委统战部纪检组专项检查中发现的相关问题，逐项及时地向上级部门反馈整改意见，完善秘书处机关规章制度，逐步建立起廉政高效的工作机制。组织近百场各类联谊、调研、考察和学习活动，出版《留学报国情》一书，组织凝聚力和会员荣誉感进一步增强。

（吴陈清）

编辑：林忠玉　孙洁斐

2017 福建年鉴 FUJIAN YEARBOOK

法治

社会管理综合治理

【综治领导责任制】 2016年，福建省委书记、省长连续18年与各设区市党政主要领导签订综治平安建设责任书。继续坚持综治履责点评分类通报制度，在省市党政主要领导综治责任书签订仪式上逐一分析点评各市区工作成效和主要问题。省“两办”出台贯彻《关于健全落实社会治安综合治理领导责任制的若干规定》实施办法，对综治考评达标的地区和单位给予奖励。各设区市出台奖励政策，对综治考评达标的给予1～2个月工资奖励。用好通报、约谈、挂牌督办、一票否决等综治政策措施，全省各级综治组织共通报31个单位，约谈15个单位，挂牌督办27个单位。探索平安建设共建共享机制，龙岩市对评为“平安村（社区）”的群众推行“三个10%”综治激励政策，推动村村创优、户户监督。

【矛盾纠纷化解多元化】 2016年，福建省人大常委会把完善矛盾纠纷多元化解机制纳入重点立法课题，成立多元化解机制立法工作小组，起草《福建省多元化纠纷解决机制促进条例（草案）》。围绕“两节”“两会”、G20峰会等重要节点，开展矛盾纠纷排查调处活动，健全矛盾纠纷综合预防化解体系，全年调解矛盾纠纷14.2万件，成功率99.2%。在全省所有县（市、区）建立了县乡村三级联动的大调解体系，形成道路交通、涉台矛盾、涉军维权、商圈调解、名人调解等一批特色品牌，全省有行业性、专业性调委会1982个。推行“一村一法律顾问、一居一法律诊所”，组织发动律师参与信访接待、矛盾调处、便民法律服务，全省5016个村居（社区）聘请法律顾问，建成各类法律援助站1887个。会同省电视台综合频道办好《调解有一套》，播出近300期，被中国广播电视协会评为全国电视类10强品牌栏目。组织开展金牌调解室专题调研，全省建立个人名字命名的调解工作室217个。开展民转刑命案专题调研，逐一梳理掌握年内发生的“民转刑”案件特别是一次死亡3人以上“民转刑”案件情况，及时开展督查，全省命案发案数比上年下降9.4%。

【社会治安防控立体化】 2016年，福建省委、省政府将治安防控体系建设列入“十三五”规划，省发改委、省综治办、省公安厅下发《福建省公共安全视频监控建设联网应用工作实施方案》，建立由省委常委、政法委书记任组长，54个省直有关单位组成的跨部门协调工作组，召开全省电视电话会议进行部署，实现“全域覆盖、全网共享、全时应用、全程可控”的公共安全视频监控建设联网应用的工作目标，全省新建高清视频探头20万路、联网19.37万路，中心城区和重点部位实现监控全覆盖。探索完善公安检查站（卡点）圈层过滤机制，已建成省际公安检查站35个、市际县际公安检查站72个。推进公共场所无线上网安全管控系统建设，加强对网络社区的巡查处置，坚决打击网络政治谣言和有害舆情，全省建成规范化网安警务室70个。

【社区服务管理网格化】 2016年，福建省委、省政府出台《关于加快网格化服务管理信息平台和社区服务窗口整合建设的实施意见》《全省网格化服务管理信息平台技术方案》和《社区服务窗口整合技术方案》，明确省市二级平台、五级穿透、互连互通的总体架构，把“七网八网”统一整合为“全省一张网”，“七员八员”统一整合为“网格员”。全省共划分社区（村）单元网格10.76万个，配备专兼职网格员12.33万名。破解部门信息孤岛和数据壁垒，公安、民政、卫计、人社等11个首批省直部门汇聚139项近2亿条数据。推进第二批26个省直单位数据汇聚工作。厦门、平潭综合实验区基本实现全民信用和全行业、全领域数据汇聚的“大平台”、信息共享的“大通道”、数据应用的“大入口”。坚持把网格化服务管理与“互联网＋政务服务”相结合，推行“一号申请、一窗受理、一网通办”服务模式。

【专项工作】 2016年，围绕群众反映强烈的突出问题，在福建全省组织开展严重精神障碍患者肇事肇祸、电信网络诈骗、寄递物流、危险物品监管、毒品犯罪、“执行难”等“六个专项治理”。

严重精神障碍患者肇事肇祸问题的治理。省政府立项建设省级强制医疗所和安康医院“两个500张”规模联建项目，对居家治疗的3级以上严重精神障碍患者年度内没有肇事肇祸行为的，给予监护人最低2400元、最高4800元的看护管理奖金，全省安排专项资金超过1.5亿元。实行肇事肇祸致人死亡案件“一案一通报”制度，对3个设区市、3个县（市、区）进行案件通报倒查，全省法院审理严重精神障碍患者肇事肇祸致人死亡案件、人数分别比上年下降62.9%和63.2%。

电信网络诈骗治理。省级和9个设区市均建成反诈骗中心，公安、银行、通信入驻一体化办公，快速接警止付。省财政安排5000万元建设电信网省际出入口诈骗电信防范系统，电信企业和移动转售企业电话用户实名登记率达100%。公安、银行、支付机构健全信息共享比对、快速查询止付、涉案资金快速冻结、冻结资金返还等机制，全省电信网络诈骗案件发案数、被骗金额分别比上年下降11.6%、28.4%；破案数、刑拘数分别上升33.2%、41.6%，初步实现“两升两降”的任务目标。

寄递物流安全管理。省编办原则同意设立省邮政业安全中心，平潭综合实验区和闽侯、沙县等地成立邮政业监管机构，建阳区成立快递业协会，落实“收寄验视＋实名收寄＋过机安检”3个100%制度，“福建省寄递业实名收寄验视系统”累计实名信息量2481万条。全省法人企业及备案分支机构和网点均安装视频监控系统，配备X光机安检设备300台。51个省际、117个市级分拨中心安检设备配备率均达100%。

危险物品安全监管。省政府办公厅下发《关于危险物品“一体化”监管改革工作意见》，明确枪支弹药、危化品、民爆物品、烟花爆竹等7类危险物品责任单位，建设全省“一体化”监管信息平台，明确危险项目需要审批的厂区布局、设施要求、安全防范等建设标准，统一归类、汇总、公布，全省公安机关检查涉危从业单位2549个，发现、整改安全隐患2765处，立案查处违法犯罪案件1702件1765人。

毒品治理。将涉麻制毒犯罪问题突出的长汀等6个县（市、区）列为挂牌警示地区，对连江等7个县（市、区）予以重点关注。开展毒品预防教育“六进”，推进示范学校和社会实践基地“两个100”建设，开发“VR、IM＋禁毒宣传教育”项目。开展“飓风肃毒”会战行动，全省破获毒品犯罪案件比上年上升15.3%。省、市、县三级禁毒办按5∶3∶2人数比例推动实体化建设，禁毒经费纳入同级财政预算。全省建立社区戒毒社区康复工作站403个，配备专职社工1054名，社区戒毒社区康复执行率88.1%。

“执行难”问题治理。扩大执行查控网络覆盖面，覆盖10大类97个协执单位，创新推出网络司法拍卖、“小机器人”自动查询等举措，完善失信被执行人联合惩戒平台，加强对涉民生执行案件清积工作，法院执结新收案件和执行到位标的分别比上年上升52.49%和30.96%，公布失信被执行人名单26.54万人。

其他专项工作。预防青少年违法犯罪。联合团省委等部门下发《关于开展2016—2017年度省级“青少年维权岗”创建活动的通知》，推动14个行业系统开展创建工作。省综治委预防青少年违法犯罪工作会议推广社区青少年事务管理、重点青少年纳入网络化平台等工作经验。对全省52所学校创建“平安校园”和学校安全标准化建设提升工程三年行动开展考评验收活动。铁路护路。省、市、县、乡四级综治委铁路护路联防工作领导小组层层签订《铁路护路联防目标管理责任状》。经省十二届人大四次会议审议通过，省财政厅每年将铁路护路联防经费840万元纳入省级财政预算。在全省铁路沿线部署开展“查隐患、强防范”治安整治专项行动，排查调处涉路矛盾纠纷1067起，发现并整改涉及铁路安全的各类隐患、问题1099起。刑满释放人员、社区矫正对象管理。13个省直部门联合出台《关于加强刑满释放人员安置帮教管理工作的实施意见》，落实刑满释放人员安置帮教政策和救助措施。下发《全省社区矫正安全隐患排查整治专项活动实施方案》，对社区矫正16个重点环节进行逐一排查、全面整治。全省累计接收社区服刑人员123301人，在矫25221人。社区服刑人员和刑满释放人员重新犯罪率仅分别为0.19%和0.09%。

（柯建民）

人大立法

【重点领域立法】　2016年，福建省人大常务委员会按照年度立法计划安排，共审议24项法规草案。其中，省人民代表大会及其常务委员会立法条例经省十二届人大四次会议审议通过；根据省委研究意见，决定将老年人权益保障条例列为省十二届人大五次会议审议项目。人口与计划生育条例（修正案）、平潭综合实验区条例、中国（福建）自由贸易试验区条例、县乡两级人民代表大会代表直接选举实施细则、福建省实施《中华人民共和国全国人民代表大会和地方各级人民代表大会代表法》办法、关于修改《福建省海洋环境保护条例》等3部地方性法规的决定、乡镇人民代表大会主席团工作规定、街道人大工作委员会工作规定、义务教育条例、国防动员条例、旅游条例、华侨权益保护条例、人民防空条例（修正案）、湿地保护条例和安全生产条例等15项法规已审议通过；审查批准设区市报请批准的16项法规。

【地方立法机制完善和创新】　2016年，福建省人大常务委员会坚持党对立法工作的领导。在立法计划立项时，将推进福建省改革开放的重点项目纳入计划，并报请常委会党组和省委常委会研究；坚持立法重大事项提请常委会党组研究和向省委请示报告制度。在平潭综合实验区条例、自贸区条例、义务教育条例、老年人权益保障条例等法规制定过程中，均提请常委会党组研究后，就条例的有关内容，专题向省委作请示或报告，并根据省委意见，开展相关工作。

完善人大主导立法的机制。建立立项通知书制度，立法计划确定后，对26个法规项目（含审议、预备和调研项目）向起草单位发送立项通知书，引导法规主要制度设计，加大对立法计划执行的督促力度。健全审议意见处理反馈机制，常委会法工委协助人大法制委对审议意见逐条研究分析论证，充分吸收采纳，未采纳的，及时沟通反馈解释。建立法规解读制度，在湿地保护条例和食品安全条例审议中，常委会法工委、相关工作机构和法规草案起草单位联合对条例的主要制度内容和重点难点问题进行解读，为常委会组成人员更有针对性地开展审议提供保障。建立福建省地方性法规实施情况报告制度，对施行满两年的法规，要求负责法规实施的主管部门向常委会书面报告法规实施情况。

推进民主立法机制创新。发挥五所高校立法基地、14个基层立法联系点参与立法起草、论证、评估工作的作用，促进立法质量提高。委托厦门大学等4所高校开展省级地方性法规和省政府规章评估清理工作基本完成，形成地方性法规评估清理报告单133件，各类评估清理报告总计210余万字，为下一步立法工作提供重要依据。选择部分审议项目分解给基层立法联系点征求意见建议，联系点逐渐成为基层群众参与立法的“直通车”和省人大民主立法、开门立法的“最前线”。邀请基地和联系点参加立法培训班、立法工作座谈会、交流会，旁听省人大常委会审议法规。

加强人大代表对立法工作的参与。2016年省人民代表大会审议通过立法条例修正案，下半年常委会法工委就拟提请省人民代表大会审议的老年人权益保障条例，通过委托9个设区市人大常委会、省军区征求省人大代表对条例的意见，组织省人大代表开展集中研讨等活动，前后3次征求代表意见，确保省人大代表全面参与，收集近千条意见建议。

做好年度立法计划编制工作。在制定年度立法计划过程中，要求立法计划编制单位注意突出立法项目的必要性、可行性、紧迫性和法规草案的成熟度，合理安排各领域立法项目配比；注意向社会各方公开征集立法建议项目。在反复沟通协商和立法项目论证基础上，提出2017年立法计划建议项目，报秘书长办公会和常委会党组会议研究，并经主任会议研究通过，2017年立法计划共安排审议项目22个，预备项目14个，调研项目10个。

【设区市地方立法】 2016年，福建省人大常务委员会加强对设区市人大立法工作的指导。召开全省地方立法工作座谈会、设区市地方立法交流会，举办立法培训班、设区市法工委工作人员跟班学习、推动5所高校地方立法评估与咨询服务基地与设区市人大常委会的对接合作等，加强设区市立法队伍培训，协助建立科学立法民主立法机制。

做好设区市法规报批审查。9个设区市人民代表大会及其常务委员会立法条例、福州市轨道交通条例、福州市湿地保护管理办法、厦门市人民代表大会常务委员会关于修改《厦门市消防管理若干规定》等3部法规的决定、厦门老字号保护发展办法、三明市城市市容和环境卫生管理条例、泉州市海上丝绸之路史迹保护条例、龙岩市烟花爆竹燃放管理条例等16项法规经常委会审查批准。

【规范性文件备案审查】 2016年，福建省人大常务委员会收到报备的厦门经济特区法规3件，备案的政府规章17件（其中省政府10件，福州市政府两件、厦门市政府4件、宁德市政府1件），报备的规范性文件142件，对属于备案范围的123件规范性文件逐件进行审查。根据全国人大常委会要求，对福建省现行有效的地方性法规进行梳理，形成《福建省现行有效的省级地方性法规目录》《福建省现行有效的市级地方性法规目录》。

【涉台法律问题研究】 2016年8月，福建省涉台法律研究中心、省文化经济交流中心等17个大陆与台港澳法学教研机构共同主办第十四届海峡法学论

2016年2月24日，福建省法官检察官遴选（惩戒）委员会成立大会在福州召开，省领导为遴选（惩戒）委员会委员颁发了聘书　　（省政法委供稿）

坛。邀请众多知名专家学者参会，围绕民法总则立法和城市发展两个方面展开研讨，收到论文近百篇，新华社、人民网等数十家新闻媒体进行报道或转载。编辑出版4期《台湾法研究参考资料》。

（郑志伟）

法治政府建设

【概况】 2016年，福建省各级行政机关贯彻执行中共中央、国务院《法治政府建设实施纲要（2015—2020年）》和《福建省法治政府建设实施方案》，推进依法行政，加快建设法治政府。

主要领导履行推进法治建设第一责任人职责。省委、省政府重视法治建设，贯彻落实中共中央办公厅、国务院办公厅印发的《党政主要负责人履行推进法治建设第一责任人职责规定》，党政主要领导切实履行法治建设重要组织者、推动者和实践者的职责。省委书记尤权将法治建设摆在工作全局的重要位置，定期召开省委常委会、省委专题会议听取和研究法治建设工作，将法治建设同经济社会发展同部署、同推进。省长于伟国重视法治政府建设，履行推进法治政府建设第一责任人职责，对法治政府建设工作认真部署，重大问题及时过问、协调，2016年省政府有18次常务会议研究、审议法治政府建设工作及立法项目。

强化法治政府建设工作的督查考核。2016年，省委办公厅、省政府办公厅联合开展《关于贯彻党的十八届四中全会精神全面推进依法治省的实施意见》落实情况的督查，形成专门督查情况报告，对存在的问题采取有针对性的解决措施。年初省政府印发全省法治政府建设工作要点，年底组织对9个设区市政府、平潭综合实验区管委会、省政府各部门依法行政工作进行绩效考评。

【政府职能转变】 2016年，福建省政府深化“放、管、服”改革工作。取消省级行政审批和服务事项288项、下放46项。开展取消下放行政审批事项落实情况“回头看”。在全国率先开展前置审批和中介服务清理。简化优化公共服务流程，2016年省级部门精简省级行政审批和服务事项申请材料8287件，精简率18.2%，平均缩短办理时限22.7天，减少审批环节10.9个；全省取消或优化证照年检类办理事项354项，精简率13.6%。建成全省统一的网上办事大厅，省、市、县三级7万多项行政审批和公共服务事项全部进驻，推进“互联网+行政审批”服务。福建省连续3年在国务院座谈会上介绍改革经验，得到国务院领导和国家有关部委的肯定。

推进商事制度改革。实施“一照一码”登记制度改革，在全面实施“三证合一”的基础上，再整合社会保险登记证和统计登记证，在全省范围内实施“五证合一”。在全国范围内率先推行电子营业执照和全程电子化登记，全面实施名称登记便利化改革，推进简易注销登记试点，稳步开展经营异常名录管理工作，全省累计发放“一照一码”营业执照76.61万户，发放电子营业执照49.7万份。

深化投资项目审批制度改革。投资项目并联审批全面实行“一口受理、同步审批、限时办理、信息共享”，建成并运行投资项目在线审批监管平台，纵向覆盖省市县三级，横向联通涉及投资项目管理各职能部门，投资项目在线办理、纵横联动、协同共享的范围和应用深度逐步扩大，应用成效逐步显现。推广政府和社会资本合作模式，设立政府和社会资本合作引导基金。在自贸区和其他地方，开展相对集中行政许可权试点工作，平潭综合实验区投资体制改革“四个一”模式，被国家列为自贸区改革创新最佳实践案例。

实现全省权责清单全覆盖。开展乡镇权责清单编制，梳理公布1103个乡镇（街道）权责事项364089项，实现省、市、县、乡四级权责清单全覆盖。开展市场准入负面清单制度改革试点。印发《福建省开展市场准入负面清单制度改革试点总体方案》，实施《市场准入负面清单（试点版）》，到2017年底前，形成可复制、可推广的制度性经验。

推进行政事业性收费清理改革。推进价格机制改革，建立收费目录清单制度，编制并公布《福建省行政事业性收费和政府性基金目录清单》《福建省涉企行政事业性收费和政府性基金目录清单》《福建省行政事业性收费优惠政策清单》和《福建省进出口环节行政事业

2016年1月，大田县人民法院开展涉民生专项执行　　（省政法委供稿）

性及政府性基金清单》，减少涉企收费自由裁量权，取消事业单位不合理收费，严禁中介机构利用政府影响违规收费，把收费政策的知情权和监督权交给企业和社会，营造良好的价费环境。贯彻落实各类收费管理及优惠政策，推进清费立税工作，理顺资源税费关系，全省企业减轻资源税费负担 2.7 亿元。

【重点领域立法】 2016 年，福建省政府提请省人大常委会审议地方性法规草案 11 项，出台省政府规章 12 项。

推进生态文明建设立法。提请省人大常委会审议《福建省林业有害生物防治检疫条例（草案）》。制定《福建省碳排放权交易管理暂行办法》，建立温室气体排放控制市场机制，规范碳排放权交易活动。制定《福建省气象设施和气象探测环境保护办法》，保护气象设施和气象探测环境。制定《福建省核电厂环境辐射防护办法》，预防和控制放射性污染和核事故危害，保障公众健康及安全。适应新形势下农业发展和生态文明建设的要求，保障全省农业生产与生态安全，修订《福建省农业植物检疫实施办法》。

强化民生领域立法。提请省人大常委会审议《福建省食品安全条例（草案）》。提请省人大常委会审议《福建省人口与计划生育条例（修正案草案）》，对全面实施二孩政策、做好计生服务配套工作作出明确规定。提请省人大常委会审议《福建省城市供水条例（草案）》。制定《福建省医疗纠纷预防与处理办法》，建立“五位一体”工作机制，预防和处理医疗纠纷。制定《福建省居民户口登记管理办法》，作为全国首部规范户口登记的政府规章，保障公民依法登记户口，为将来国家层面立法提供经验借鉴。制定《福建省征地补偿和被征地农民社会保障办法》，维护被征地农民和农村集体经济组织的合法权益。制定《福建省实施〈居住证暂行条例〉办法》，促进全省新型城镇化健康发展，维护居住证持有人的合法权益。

推进社会治理创新立法。提请省人大常委会审议《福建省教育督导条例（草案）》。制定《福建省政务数据管理办法》，推进政务数据汇聚共享和开放开发，加快“数字福建”建设。修订《福建省交易场所管理办法》。制定《福建省邮政普遍服务保障办法》。

加强文化建设立法。提请省人大常委会审议《福建省历史文化名城名镇名村保护条例（草案）》《福建省华侨权益保护条例（草案）》。制定《福建省“古泉州（刺桐）史迹遗址”文化遗产保护管理办法》，加强文化遗产的保护和管理，为海上丝绸之路核心区建设提供法制保障。

落实行政审批制度改革立法。提请省人大常委会审议《福建省海洋环境保护条例（修正案草案）》《福建省海域使用管理条例（修正案草案）》《福建省实施〈中华人民共和国渔业法〉办法（修正案草案）》。

注重完善和创新立法工作机制。开展专家全程参与立法和直接委托专家立法等多元立法形式，发挥省政府立法咨询专家、立法基层联系点在立法中的作用。提升设区市立法能力，举办全省设区市政府立法工作培训班。完善公众有序参与立法机制，健全立法座谈会、论证会、听证会、专题调研、网上征集、问卷调查等制度，健全听取和采纳意见反馈说明机制，切实提高立法质量和效率。

委托第三方开展省级地方性法规和省政府规章评估清理工作。委托厦门大学、福州大学、福建师范大学、华侨大学对党的十八大之前公布实施的 217 项省级地方性法规、省政府规章进行全面评估清理，形成省级地方性法规评估清理报告 133 份，省政府规章评估清理报告 84 份，分项评估清理总报告 4 份。各类评估清理报告 320 多万字，提出 810 条具体的修改意见，其中建议废止 23 件、尽快修改 74 件、适时修改 118 件、暂不修改两件，这些立法评估建议，获评省直单位绩效管理改革创新优异项目。

【依法决策】 2016 年，福建省政府严格依照法定程序作出行政决策。省政府对事关经济社会发展全局和涉及群众切身利益的决策事项，包括重大项目建设、生态文明建设、文化教育、医疗卫生等严格遵循公众参与、专家论证、风险评估、合法性审查、集体讨论决定等重大行政决策法定程序。强化决策法定程序的刚性约束，依法决策水平不断提高。全省各级各部门均相应出台决策程序规定。

全面推行法律顾问制度。贯彻十八届四中全会关于积极推行政府法律顾问制度的要求，经省委常委会、省政府常务会议审议通过，省委、省政府印发《关于全面推行政府法律顾问制度的指导意见》，政府法制机构人员为专职法律顾问主体，聘任 20 名包括专家和律师在内的兼职省政府法律顾问，并出台《省政府兼职法律顾问工作规则》。全省市县两级政府也都推进政府法律顾问制度，保证法律顾问在制定重大行政决策、推进依法行政中发挥积极作用。

强化行政决策合法性审查。建立健全重大行政决策合法性审查机制，未经合法性审查或经审查不合格的，不得提交上会讨论。做好规范性文件备案审查工作，2016 年共对省政府和省政府办公厅的 300 件规范性文件进行事前合法性审查，备案审查设区市、省直厅局规范性文件 567 件；向国务院、省人大常委会报备规章 11 件；向省人大常委会报备规范性文件 134 件。开展省政府规范性文件清理工作，对 1949—2014 年省政府和省政府办公厅的规范性文件进行全面清理。向省委报备省政府党组文件目录 32 件，其中向省委报备的省政府党组规范性文件 1 件。做好公民、法人或其他组织提出的对规范性文件的审查申请。

【行政权力制约和监督】 2016 年，福建省政府推进综合执法体制改革。全省 9 个设区市及平潭综合实验区本级、26 个县（市、区）开展相对集中行政处罚权工作。厦门市、永安市被列为全国综合行政执法体制改革试点，在其他设区市各确定1个县（市、区）作为全省改革试点。大田县成立"生态综合执法局"的做法和经验获"中国法治政府奖提名奖"。推进城市管理、市场监管、文化、商务领域综合行政执法体制改革。推行行政执法"互联网＋"行动，加快全省网上行政执法平台建设，推动各级各部门行政执法事项规范进网、互联互通。健全行政执法与刑事司法衔接机制，出台《福建省行政执法与刑事司法衔接信息共享平台工作办法》。改革行政执法资格考试模式，清理规范行政执法主体和行政执法人员，行政执法主体、执法人员名单向社会公布。

推进政务公开。全省主动公开政府信息28.3万条，受理政府信息公开申请9473件，比上年增长19.5%。制定《全面推进政务公开工作的实施意见》和《政府信息查阅场所建设管理办法》，重点推进财政预算、公共资源配置、重大建设项目批准和实施、社会公益事业建设等领域的政府信息公开。推进政策同步解读工作，全省累计发布政策解读2755条。运用新媒体拓展公开新渠道，各级各部门通过政务微博微信主动发布政府信息3.94万余条。健全舆情收集回应机制，通过各种渠道回应社会关切或重大舆情4.4万余件。

强化行政权力监督。自觉接受党内监督、人大监督、民主监督，完善向人大报告、政协通报制度，依法接受法院的司法建议、检察院的法律监督。加强行政监察和审计监督，对公共资金、国有资产、国有资源和领导干部履行责任情况实行审计全覆盖。健全生态环境损害责任追究制度和生态环境损害赔偿制度，推进全省领导干部自然资源资产离任审计试点和环境保护情况审计。出台《关于贯彻落实开展领导干部自然资源资产离任审计试点方案的实施意见》，明确目标任务、试点内容和配套保障措施。

【社会矛盾纠纷化解】 2016年，福建省政府加强人民调解、行政调解。创新社会治理，开展"服务大局解民忧、春风化雨促和谐"人民调解专项活动，强化建立人民调解、行政调解、司法调解相衔接的"三调联动"大调解工作格局。加强调解队伍建设，厦门等5个设区市36个县开展调解员等级评定试点。建立以个人名字命名的调解工作室217个。2016年，全省人民调解组织共调解纠纷14.2万件，调解成功率99.2%，大量行政纠纷在进入司法程序之前得到有效过滤和化解。

强化行政复议和应诉。全省办理行政复议案件5298件。其中，省政府本级办理行政复议案件316件，承办行政裁决答复24件。注重运用和解、调解等方式化解行政争议，2016年全省通过和解、调解方式促使申请人撤回行政复议申请701件。全省办理行政应诉案件5620件，其中省政府本级办理行政应诉案件164件。出台《福建省行政应诉办法》《福建省人民政府办公厅关于加强和改进行政应诉工作的实施意见》，强化行政机关负责人及工作人员出庭应诉。出台应诉工作考评办法，将行政机关负责人出庭应诉纳入绩效管理。举办全省行政应诉实务培训班，提升行政机关应诉能力。

巩固深化府院联席会议机制。以"推进企业破产重整，化解企业信贷风险"为主题，召开第三次省政府和省法院联席会议，省长于伟国作讲话。支持司法制度改革，配合省法院关于部分行政案件实施异地管辖的规定，督促各级政府和部门落实、反馈行政案件司法审查报告书（白皮书）和法院司法建议书。开展行政应诉、遏制滥诉、异地管辖、非诉执行、多元化纠纷解决机制等调研。

推进信访工作法治化。信访工作制度改革全面推进，健全完善矛盾纠纷预警机制，"法治信访"落实见效。依法处理信访事项，积极推进依法逐级走访工作，2016年全省信访总量、进京集体上访人次、进京非正常上访人次、到省集体上访人次分别比上年下降10.4%、40.5%、17.2%、30.6%，信访秩序持续好转。落实初信首办责任，严格办理时限和程序。推动信访事项公开听证和专案评审工作，2016年全省组织开展信访事项专案评审277件，公开听证信访事件176件，听证评议后63.6%信访人愿意息诉息访。推进全省开展依法分类处理信访诉求，全年通过法定途径分类处理信访诉求约1.8万件。推进信访积案攻坚，推进信访信息系统深度应用，打造"阳光信访"。

【依法行政意识和能力提高】 2016年，福建省政府严格落实领导干部学法制度。省政府领导带头学法，开展省政府常务会议前学法活动，省政府举办学习《中华人民共和国立法法》和《中华人民共和国行政诉讼法》两期专题法治讲座。依托省委党校（福建行政学院），开展全省县（市、区）政府班子的领导和省直部门分管领导依法行政能力培训。全年举办两期。全年各级各部门举办各类法制讲座900多次，举办各类依法行政业务培训班275期，促进政府及其部门负责人严格履行法治建设职责。

加强行政机关工作人员法治业务培训。各级党校、行政学院、社会主义学院将宪法法律列为干部教育的必修课。举办全省立法、行政应诉、规范性文件备案审查等业务培训班，组织行政执法人员通用法律知识、专门法律知识等专题培训。完善公务员任职培训体系。通过集中培训、法治讲座、网上学法等多种形式，提高行政机关工作人员法治素养和能力。

强化法治政府建设示范和宣传工作。制订出台《全省"七五"普法规划目标任务分工方案》《关于实行国家机关"谁执法谁普法"责任制实施意见》《关于完善国家工作人员学法用法制度的意见》，推进全民法治宣传教育。深化"法律六进"，组织开展百名法学家百场报告会、青少年法治系列主题教育等活动，宣传以宪法为核心的社会主义法律体系。强化省政府法制门户网站建设，2016年发布法制信息8789条。在全省税务系统开展法治税务示范基地创建活动，创建18个县（市、区）法治税务示范基地，发挥典型示范作用。

【自贸试验区法治保障】 2016年，福建省政府提请省人大常委会审议通过《中国（福建）自由贸易试验区条例（草案）》，突出闽台合作与交流，首次在福建地方立法中建立容错纠错机制，完善以支持创新驱动为导向的考核评价体系。按照国务院《关于在自由贸易区暂时调整有关行政法规、国务院文件和经国务院批准的部门规章规定的决定》要求，对福建省有关的地方性法规、规章和规范性文件作相应清理和调整。创新自贸试验区综合执法体制，获评福建自贸试验区2015—2016年度“十大创新举措”之一。实行自贸试验区相对集中行政复议权制度。完善自贸试验区司法保障，省法院、省检察院均出台为自贸试验区先行先试提供司法保障的相关意见和方案，3个片区都成立自贸试验区法庭、检察室，实行涉自贸试验区案件的集中管辖。3个片区均设置相应的仲裁机构，多渠道解决自贸试验区内纠纷争端。

【平潭综合实验区法治建设】 2016年，福建省政府提请省人大常委会审议通过《平潭综合实验区条例（草案）》，对实验区管理体制、规划建设、产业发展、社会建设、生态保护、法治建设等方面作详细的规定。争取全国人大立法授权。依照法定程序，开展赋予平潭综合实验区相当于经济特区立法权事宜的研究。研究起草《关于请求国务院向全国人大常委会提请授权福建省人大及其常委会和福建省人民政府分别制定法规和规章在平潭综合实验区实施的请示（送审稿）》以及具体授权事项，适时按程序上报审议。

【主动服务国家战略】 2016年，福建省政府贯彻落实《国家生态文明试验区（福建）实施方案》，出台《国家生态文明试验区（福建）建设法治保障工作方案》。落实“一带一路”倡议部署，省政府制定相关政府规章，泉州市政府提请市人大常委会审议《泉州海上丝绸之路史迹保护条例（草案）》。赋予福州新区省级经济管理权限121项。省级交通行政许可项目全部下放给自贸试验区和福州新区。在漳州高新区探索创新相对集中行政许可权和“会审制”改革，推行“多评一表、多图一审、模拟审批”等审批方式改革。

（林晓霞）

公　安

【概况】 截至2016年底，福建省有9个设区市公安局及平潭综合实验区公安局、92个县级公安局（分局）、1352个派出所（含158个边防派出所）。

【刑事犯罪侦查】 2016年，福建省公安系统坚持既破大案又管小案，因地制宜组织开展打击“盗抢骗”、农村黑恶势力违法犯罪和打拐等专项行动，强力攻坚命案、枪案等现行大要案件，依法严厉打击各类刑事犯罪活动。创新打击犯罪新机制，研发应用多侦查手段合成作战平台，健全情报导侦、专业打击、跨警种跨区域合成作战模式，刑事打击效能稳步提升。年内，全省刑事案件立案数比上年下降12.1%，其中8类暴力犯罪案件、侵财类案件立案数分别下降18.1%和15.2%；破案数上升1.5%，现行命案、8类暴力犯罪案件破案率分别达99.4%和88.8%，均创历史新高；刑事作案成员抓获数比上年上升24.4%，历年境内在逃人员抓获率达55%，抓获公安部A级通缉逃犯11人。打击治理电信网络诈骗犯罪工作取得明显成效，省政府建立联席会议机制，省、市和部分重点县建成反诈骗中心，构建“跨界联动、无缝对接、以专克专、以快制快”的反诈骗工作机制，电信网络诈骗案件十年来首现下降“拐点”，减少群众损失3.2亿元。刑事办案质量再上新台阶，犯罪嫌疑人起诉率创近年新高，未出现因证据不足判无罪情形。

【经济犯罪侦查】 2016年，福建省公安系统以防控涉众型经济犯罪为重点，建立涉稳经济犯罪报告制度和协调会商机制，研发涉案账户资金网络查控平台，组织开展打击非法集资犯罪、恶意逃废债引发经济犯罪、非法传销、地下钱庄等专项行动，会同行业主管部门依法打击、查处互联网资产管理等领域违法犯罪活动，破获厦门“招宝网”非法吸收公众存款案、泉州“沃客”网络传销案等一批大要案件。严打侵权假冒犯罪，主动发起集群战役12起，破获各类侵权假冒犯罪案件3336件，抓获犯罪嫌疑人1860人，捣毁制假窝点3095个，侦破全国打击假冒伪劣卷烟第一大案“捕鼠专案”（案值10亿余元）等一批经济犯罪案件。年内，全省经济犯罪案件立案数、经济犯罪嫌疑人抓获数分别比上年上升22.1%和18.7%，挽回经济损失2.2亿元。开展“猎狐行动”，缉捕在逃境外经济犯罪嫌疑人68名，专项综合绩效评估排名全国前列。

【禁毒工作】 2016年，福建省公安系统加大禁毒综合治理力度，建立毒品问题分级整治机制，确定省级挂牌地区1个、警示地区5个、重点关注地区7个，限期落实整改。组织开展为期9个月的“飓风肃毒”会战行动，加大涉麻制毒整治和网络扫毒力度，构建“陆海空邮物”立体查缉网络，有效遏制毒品来源和供应。年内，全省毒品犯罪案件破案数、毒品犯罪嫌疑人抓获数、毒品缴获数分别比上年上升15.3%、23.4%和13.4%，侦办公安部督办毒品目标案件绩效居全国首位。强化教育管控，建成毒品预防教育示范学校124所、毒品预防教育实践基地100个，覆盖全省各县（市、区）。推进社区戒毒社区康复“8·31”工程建设，全省建成标准化社区戒毒工作站403个，配备专职社工1054名，责令社区戒毒社区康复人员12626名，执行率达88%。举办“青春在禁毒中出彩”等系列活动，福建省

"中国禁毒"微信公众号关注数突破 70 万，居全国首位。

【治安防范管理】　2016 年，福建省公安系统开展夏季社会治安综合整治行动，全方位推进打、防、管、控工作，完成 G20 杭州峰会安保任务以及省内 2103 场大型活动安保任务，全省治安管理综合绩效居全国第 2 位。推进公安检查站、出入城治安卡口建设和公共安全视频监控联网应用，全省布建省际公安检查站 35 个，新建视频监控探头 19 万个，中心城区和重点区域、重要部位实现视频监控全覆盖，初步形成省际、市际、县际三道可视化治安防控圈。改进精神障碍患者监护管理，省公安厅联合省卫计委推进严重精神障碍患者"以奖代补"制度，精神障碍患者滋事警情比上年下降 31.7%，未发生列管高风险患者肇事肇祸案件。牵头推进危险物品"一体化"监管改革，推动构建职责明晰、责任落实、资源共享、协作一体的安全监管机制，破解"九龙治水"难题。会同省邮管局建设并推广使用寄递业实名登记收寄验视综合监管系统，将正规企业、网点全部纳入监管视线，强力督促落实"三个 100%"制度。在全国首创标准地址二维码管理，推广应用二维码门牌加强"双实有"（实有人口、实有房屋）管理，得到中央政治局委员、中央政法委书记孟建柱的肯定。部署开展打击整治改制射钉器、危险物品专项整治等行动，缉枪治爆绩效居全国第一名。

【道路交通管理】　2016 年，福建省公安系统落实省政府道安综合整治"三年提升工程"，深化"交通安全示范村（居）"创建活动，完成 318 处隐患路段整治和 892 处农村道路交叉口交通安全设施建设任务，推动 60%行政村组建交通劝导站，加强交通事故隐患源头治理。实施"畅通城市三年行动计划"，建成轻微事故快处中心 43 个，各设区市（含平潭）中心城区实行一体化交通管理，城市交通秩序逐步好转。强化交通现场执法，组织开展设区市每月"逢六逢九"、高速公路每月"逢五逢十"交通执法全省统一行动，开展"严管生命通道"等专项行动，查处酒（毒）驾、超员超速超载、涉牌涉证等各类严重交通违法 320 万起。加强重点车辆和驾驶人动态监管，大中型客货车检验率、注销率和驾驶人审验率分别达 93.5%、99.98%和 99.2%，其中"营转非"大客车、危货运输车、大型公路客车、大型旅游客车、校车五类重点车辆注销率均达 100%。组织开展"醉驾入刑五周年""12·2 全国交通安全日"等系列主题宣传活动，通过媒体曝光典型案例 1000 余件、公布 552 名终身禁驾驾驶人和重点违法排名前 10 位的车辆所属单位名单，起到较大震慑作用。年内，全省道路交通事故起数比上年上升 2.4%，死亡人数、受伤人数、财产损失数分别下降 0.15%、0.56% 和 10.98%，一次死亡 3 人以上较大事故起数下降 26.9%。

【"放管服"改革推进】　2016 年，福建省公安厅编制全省公安系统行政审批和服务事项目录，全面梳理省公安厅权力清单（307 项）、公共服务事项清单（13 项）、责任清单（393 项）和前置审批、中介服务清单（19 项）"四张清单"，简、放、废省公安厅行政审批项目 26 个，并逐项编制省级公安行政审批和服务事项指南、流程图。贯彻落实公安部方便群众办事创业 28 项措施，规范派出所出具证明工作等，结合实际推出便民服务新举措。深化户籍制度改革，实施居住证制度，推行居民身份证异地受理、挂失申报和丢失招领服务，解决已摸排无户口人员落户问题；推广机动车驾驶人网上自主预约考试和预选号牌业务，福州市开展驾驶人自学直考试点，实现驾驶证异地申领、审验及小型汽车驾驶人省内异地考试，推广跨省异地缴纳交通违法罚款；落实公安部支持福建自贸区建设 10 项出入境政策，探索出境受理业务向派出所（已有 40 个）延伸。升级建设"福建公安网上办事大厅"，推出 10 类 86 项全流程网上办事项目，构建"互联网＋政务服务"新模式。年内，网上办事大厅受理申请 367.5 万件，办结 367.1 万件。

【公安法制】　2016 年，福建省公安厅围绕建设法治公安目标，制定出台《重大决策合法性评估审查工作规定》《健全大监督机制实施办法（试行）》《法律顾问工作规则》等制度规范，加强"两代表一委员"结对联系工作，以制度创新促规范执法。适应以审判为中心的诉讼制度改革，改革完善受立案制度，推行刑事案件法制部门"统一审核、统一出口"制度和法制员派驻制，探索建立跨部门刑事诉讼涉案财物管理机制，强化对执法办案重点要素、关键环节的监督管理。构建执法质量考评新体系，出台案件质量终身负责制、执法过错责任追究实施细则等刚性制度，推动省公检法联合出台刑事案件类案《证据册》（第一辑），提升执法质量和执法公信力。

【反走私】　2016 年，福建省公安厅组织开展"国门利剑 2016"联合专项行动和打击成品油走私"春雷 2016"专项行动。年内，全省查办涉嫌走贩私案件 3441 件，其中涉嫌走私刑事案件 144 件，案值 18 亿元，涉税 4 亿元；行政案件 3297 件，案值 22.3 亿元。坚持一线打击和二线整治相结合，组织开展"私设（埋）输油管线（油罐）"专项整治和打击非法运输、储存、买卖无合法来源成品油专项整治行动，清理沿海非法输油管线 50 余条、非法储油罐 223 个，取缔一批非法加油站（点）。深入推进反走私综合治理，首创"井田式"管理模式，开展创建"打击走私综合治理示范村"活动，加强沿海地区巡逻部门联勤联动，筑牢打私防控体系。抓住承办泛珠三角区域反走私合作会议契机，加强与兄弟省区协作配合，提高区域反走私合作成效。

（林东阳）

【出入境管理】 2016年，福建省现役边防检查部门围绕“再上新台阶、建设新福建”的大势，主动跟进服务福建自贸区、“一带一路”倡议，推进边检“福建模式”建设，各项工作取得明显成效。全年，检查出入境人员290余万人次，交通工具3万余艘（架）次，分别比上年增长10.7%和10.2%。

提升服务大通关水平。完善便民利民措施，提高通关效率，营造便捷、高效、舒适的通关环境。推行综合便民服务机制。研究出台《福建边检综合便民服务机制》，系统总结提炼“福建边检网上便民服务平台”和“首问责任制、限时办结制、即时测评制、定期评价制、专员服务制”等5项制度及10项便民服务举措。兑现“手续办理零等候、便民服务零距离”服务承诺，分步推广应用省国际贸易“单一窗口”，建成18条自助通道，实现重点旅检口岸自助通关。跟进服务地方重点项目建设。回应地方加快口岸开放开发需求，推进专用码头边检勤务试点改革，建立边检机关与码头企业密切合作、协同共管的诚信管理模式。推动海港口岸全部建成启用独立运作的区域勤务中心，基本形成15分钟勤务覆盖圈。与港区重点企业定期互访，提供“边检联络员”服务，推动肖厝口岸3个新增外贸作业点通过对外开放省级验收，深度助力企业发展。“边检服务掌上直通车”“边检诚信企业‘自助办证’服务”两项举措入选福建自贸区创新举措，“边检服务掌上直通车”作为可复制创新成果被省政府发文推广，工作成效多次受到各地党委、政府肯定。深化边检服务品牌建设。健全总队边检业务考评机制，定期开展全方位的检查及通报，依托微信服务平台、监督员座谈会等线上线下渠道，收集各界对边检机关的意见和诉求，促进官兵保持高水准服务定式。开展边检“文明使者”评选、“服务品牌集中宣传暨警营开放日”等活动，与新闻媒体建立通联机制，加强典型培树和对外宣传，增强官兵职业归属感和自豪感，扩大边检工作社会影响力。

严密口岸大管控体系。围绕G20环浙护城河安保等专项行动部署，建章立制，强化措施，推动执行，确保上级要求落实到位、管控措施落地见效，全力为口岸大通关建设保驾护航。完成重大安保攻坚任务。牵头成立福建边防G20峰会安保工作专班，24小时常态化运行，并制订各类安保方案、工作要点、实施意见等文件，指导部队推进峰会边防安保工作。加大日常考评和专项检查力度，督促一线落实重点人员检查等口岸防“回流”措施，加强重点人员视询和暴恐音视频核查，口岸始终保持绝对安全稳定。夯实口岸管控基础。推动口岸限定区域分级管理，海港边检站100%实现限定区域由地方政府统一公告确认，走在全国前列。推行网格化、电子化管理，完成重点港区、码头278个监控探头高清化改造，建设卡口、梯口、外舷智能管控系统，提升科技管防水平。制定下发重点国家人员检查指引等，规范口岸反恐重点环节，完善工作流程，明确处置措施，为一线勤务提供有力指导。组织开展口岸反恐管控技能全员培训，突击强化执勤人员涉恐信息分析研判、重点国家证件识别、前台询问、后台核查以及应急处突等专业技能。健全完善联勤联动机制。与浙、沪、苏、皖、赣、粤、新等地边防部门签订峰会边防安保合作协议，与省公安厅相关警种建立峰会安保警务合作机制，强化重大安保任务即时响应联动工作。加强与口岸联检单位、国安等部门的沟通协作，深化信息通报、人员核查、锚地巡查、现场处突等多领域合作，指导基层联合14个职能部门开展警地联合反恐处置突发演练，提升协同作战能力，推动形成“联勤、联防、联处”的口岸管控格局。

提升保障中心工作水平。应对业务量快速增长、口岸反恐维稳风险上升、执勤警力不足等难点，建强勤务指挥体系，探索结构性挖潜之路，加强队伍专业化建设，提升边检服务发展的能力水平。建强实战化勤务指挥体系。推动勤务值班室实体化运作，整合后台核查、证件鉴别、执法办案、梅沙系统（全国边防检查工作第四代综合管理系统）运维等岗位人员，推行“大后台”勤务保障模式。加强对出入境数据信息的搜集整合、分析研判，总结评估口岸规律特点和风险因素，及时形成预警提示信息，指导一线实时调整勤务、调配警力，建立“统一指挥、快速反应、协调有序、运转高效”的实战型勤务指挥体系。内外挖潜提升用警效能。研究出台士官检查员、边检协管员“两支队伍”建设规定，推动地方政府将边检协管员队伍建设经费纳入财政预算，选拔56名士官检查员，自聘66名边检协管员，推广士官检查员带边检协管员巡查新机制，提升用警效能。年内，查获违反口岸限定区域管理案件112件，比上年增长1.38倍，工作做法3次被公安部边防局领导批示肯定，并编发简报推介。强化队伍专业化建设。依托边检网络学院、执勤岗位能力考核系统，建立常态化练兵和多岗位能力考核机制，累计考核人员4.5万余人次，提高执勤人员胜任多岗位能力。围绕“综合勤务、执法办案、梅沙应用、证件研究”4个课题，组建总队、站两级边检骨干人才库，发挥业务骨干在课题调研、培训教学、重点项目攻坚等方面的作用，3篇文章在全国边检机关“新三大支柱”理论调研评选中获评一、二等奖，获奖数位居全国边防部队首位。

（黄钰超）

【消防工作】 2016年，福建省消防系统完成“莫兰蒂”等系列强台风，三明泰宁“5·8”山体滑坡等灾害救援和海峡论坛、“9·8”投洽会、G20杭州峰会等重大活动消防安保任务。

坚持党政主导、逐级落实，加强消防工作组织领导。省委、省政府高度重视消防工作，省领导亲自推动消防工作，将消防安全摆在突出位置，纳入高层决策。省委书记尤权重视消防安全工作，特别是漳州古雷“4·6”爆炸事故后明确要求加强消防队伍和装备建设，又在全省经济工作会议上专门强调要进一步落实安全生产责任，以预防遏制重特大事故为主攻方向，集中开展重点领域专项整治，为加强火灾防控、灭火救援乃至消防工作指明方向。省长于伟国强调要将消防工作作为事关国计民生的重要工作抓紧抓好，专门部署包括消防安全在内的重点领域综合治理和安全生产大检查，亲自协调国考迎检工作、会见考核组，还组织安监、公安、消防等部门暗访检查安全生产，推进冬春火灾防控。常务副省长张志南多次参与消防工作考核，并结合漳州古雷“4·6”爆炸事故、三明泰宁“5·8”泥石流灾害事故等灾害处置，组织研究部署消防工作，指导部队提升防灾减灾水平。省政法委陈冬书记多次批示褒扬消防官兵危难面前冲锋在前，亲自协调将消防工作纳入社会综治工作统筹部署，经常关心慰问消防部队，多次就消防工作作出重要批示指示。副省长王惠敏对消防工作高度重视，对消防重大工作定期研究部署，指导把关定向，协调相关部门、警种共同推动。副省长周联清每逢重大活动、重要节点均带队检查分管领域安全工作，多次对消防安全工作提出具体要求。福建省“十三五”消防规划被增列为省级重点专项规划并在全国率先由省政府印发实施。公安部消防局对此高度肯定，要求各地学习福建经验。省政府全年4次召开全省消防工作会议，专门下达2016年度消防工作主要责任目标，逐级开展政府消防工作考核，以“责任清单”形式明晰各地政府、部门职责，督促落实属地管理责任、行业条线消防管理责任。全省9个设区市及平潭综合实验区均将消防安全纳入政府综治考评、平安建设、文明创建范畴，各地政府逐级召开专门会议并下达目标责任，各级领导通过上会审议研究、带队调研检查、组织专项督导等形式，强力推进消防工作落实。

坚持部门履责、协作联动，促进形成齐抓共管工作机制。实体化运作消防工作联席会议等机制平台，督促各部门、行业系统落实管行业必须管消防安全、管业务必须管消防安全的要求。教育、卫生、民政、文物等部门从严设定行业消防标准门槛，加强对归口行业、系统及直管单位消防标准化管理和专项整治。民政、宣传、科协等部门将消防安全纳入基础教育、职业培训、特殊人群关爱体系，将消防安全列为公益宣传重点。发改、财政、建设等部门积极支持消防站点、装备和信息化等基础设施建设。工信、工商、旅游等部门，将消防安全不良行为作为信用评定、项目审批、星级评定的重要依据，利用经济杠杆、手段促进重大火灾隐患整改。公安、住建、安监等部门联手加强重点领域消防监管，参与消防安全综合治理行动。

坚持依法治患、刚性治顽，净化社会消防安全环境。以问题管理为导向，以顽症治理为抓手，降低城市火灾风险。紧盯重大火灾隐患，完善落实“属地统筹、部门联动、消防督办、单位主责”的综合治理机制。综合采取专报、抄告、函询、约谈等措施，运用媒体曝光、法人追究、停业限改、整体搬迁等办法，累计投入整改资金5000余万元，完成福州市金山橘园片区等28个重大火灾隐患单位和59处区域性火灾隐患排查整治任务。紧盯高危单位场所，以人员密集场所、易燃易爆单位、超大城市综合体、超高层建筑等火灾高危单位为重点，推进系列专项行动，累计检查劳动密集型企业2958家，督改火灾隐患2766处。全省排查易燃易爆危险品场所1991个，大型城市综合体53处、超高层建筑325处。紧盯老旧小区薄弱环节，提请各地政府将消防安全纳入政府为民办实事项目，推动老旧居民小区、高龄公房消防专项改造。福州台江区把木屋毗连区火灾隐患纳入旧城改造项目，投入近千万元加强消防基础设施。厦门思明区投入2500万元进行老城区消防供水管网改造，解决消防水源不足问题。宁德投入1504万元，完成对蕉城区培英社区区域性重大火灾隐患的整改。

坚持深化改革、服务发展，提升消防执法工作满意率。适应服务发展需要，回应群众期待要求。深化行政审批改革。简化优化消防行政审批前置条件，集中整治违规增设审批前置条件，精简12项审批项目附加受理材料。落实消防部门深化改革服务经济社会发展八项措施，取消投资额在30万元以下或者建筑面积在300平方米以下的建设工程消防设计和竣工验收消防备案。推动执法规范透明。主动公布省级公安消防行政权力、行政责任“两个清单”，公开服务承诺、办事项目、执法依据、执法时限等内容，提高执法透明度。推广使用移动执法终端和执法记录仪，深化消防监督管理系统应用，增强执法公信。制定落实消防行政许可、行政处罚、重大隐患“三公示”制度，年内公示行政许可、处罚等信息2.48万条。出台便民利民措施。开辟重大投资项目消防审批“绿色通道”，成立技术服务组，为社会单位提供咨询和论证服务。推行服务承诺制和首问负责制，减少办事环节，缩短办事期限，年内各地消防行政审批办结时限均缩短至12天（法定时限为20天）。深化网上消防服务大厅应用，实现消防业务网上受理、执法信息网上公开、举报投诉网上反馈、消防咨询网上答复。

坚持创新驱动、精细管理，提升城市火灾防控水平。始终把创新驱动作为城市消防管理提质增效的重要途径。注重科技支撑，主动对接“数字福建”、省社会综治网格化管理平台、省物联网公共服务平台，应用大数据、物联网等科技手段加强消防安全管理。综治部门将消防工作纳入“大综治”范畴，列为省直11个率先接入部门。发改委将消防物联网纳入省物联公共平台，消防数据率先入驻省级云平台中心，实现行政审批政务外网、互联网、公安网三网融通。注重以人为本，省政府机关事务管理局召集260多个省直单位及中央驻榕机构开展消防培训，省综治办在其数字平台“五彩麒麟”开设消防安全学习模块，省公安厅、省教育厅联合部署全省中小学、幼儿园“消防安全伴我成长”三年行动，省委党校、行政学院将消防知识纳入全省中青班必修课程，开展消防宣传教育“七进”活动。注重多元共治，坚持“建管用”并重，推动微型消防站建设，全省分别建成消防重点单位、街道、社区微型消防站6511个、134个、1590个，基本实现“有人员、有器材、有战斗力”的目标。注重消防“蓝领”培育，全省持证建构筑物消防员23896人，培育消防技术服务机构46个，通过国家注册消防工程师资格考试94人，新增政府专职消防员1024人，消防文员207人。

坚持专业建设、高效联勤，强化城市灭火和应急救援攻坚能力。立足实战需求，提升打赢能力，坚决守住最后底线。加强专业训练。协调福建炼化作为消防部队石化企业监督检查和应急救援业务实践教学培训基地，组织全省防灭火业务骨干“驻企轮训”，承办全国危险化学品事故处置技术培训班，得到部消防局的肯定。针对不同岗位“分岗施训”，根据各地辖区危险源和灾害特点“分地施训”，实施差异化练兵，开展各级比武竞赛，激发部队研训、参训的积极性。打造攻坚力量。结合福建省石化产业布局，联合安监等部门积极推进江阴、泉港、泉惠和古雷石化园区应急救援体系建设，组建政府专职石化特勤队伍。依托各支队组建高层、地下、地铁、地震、搜救等专业队23支，组织攻坚组、专业队、基层大中队指挥员等培训2300余人次。开展灭火救援重点课题攻关，选取全省最高楼、最大石化基地、最长隧道进行专题研究，破解难题。强化指挥作战。加强总、支队两级全勤指挥部建设，建立层级化指挥模式。编创10类灭火救援实战操法，开展总队级跨区域实战救援拉动演练3次，支队级演练72次。全年接警出动3.81万次、警力35万人次，扑救火灾9213起，组织抢险救援2.9万起，营救被困人员9559人，抢救财产价值5.4亿元。

（郭成传）

2016年福建省（区、市）分地区火灾综合情况表

地区名称	一般火灾						较大火灾				重大火灾				特别重大火灾			
	起数（起）	死亡（人）	受伤（人）	损失 直接损失（万元）	损失 烧毁建筑（平方米）	损失 受灾户数（户）	起数（起）	死亡（人）	受伤（人）	直接损失（万元）	起数（起）	死亡（人）	受伤（人）	直接损失（万元）	起数（起）	死亡（人）	受伤（人）	直接损失（万元）
合计	9320	54	24	177245480	268542	2140	0	0	0	0	0	0	0	0	0	0	0	0
福州市	2178	12	0	29884341	55734.2	312	0	0	0	0	0	0	0	0	0	0	0	0
厦门市	1052	2	4	12752844	11086.2	117	0	0	0	0	0	0	0	0	0	0	0	0
莆田市	836	3	0	18178107	22761.6	12	0	0	0	0	0	0	0	0	0	0	0	0
三明市	436	3	2	14963448	16940.5	118	0	0	0	0	0	0	0	0	0	0	0	0
泉州市	3448	16	13	31550828	63769.1	924	0	0	0	0	0	0	0	0	0	0	0	0
漳州市	570	4	1	22851633	27604.8	182	0	0	0	0	0	0	0	0	0	0	0	0
南平市	242	5	1	18668316	30331.1	208	0	0	0	0	0	0	0	0	0	0	0	0
龙岩市	254	1	1	7049135	6846.6	76	0	0	0	0	0	0	0	0	0	0	0	0
宁德市	223	6	2	20534328	31534.9	189	0	0	0	0	0	0	0	0	0	0	0	0
平潭综合实验区	81	2	0	812500	1933	2	0	0	0	0	0	0	0	0	0	0	0	0

说明：1. 统计数据起止时间为2016年1月1日至12月31日。2. 统计口径为全口径，包含刑事放火、生产经营性火灾等。

检 察

【概况】 截至2016年底，福建省有检察院98个，其中，设区市检察院和平潭综合试验区检察院9个，县（市）区检察院84个，两个派出基层监狱检察院（青草盂、鼓山地区）和福州铁路运输检察院。设有国家检察官学院福建分院。全省检察机关政法专项编制8412名，在职7563人。省检察院机关设有29个内设机构，在职检察人员382人。省检察院领导班子11人，巡视员1人，副厅级检察员、副巡视员3人。检察机关内部机构按照职能划分为业务和综合两类，业务职能部门有：侦查监督、公诉、反贪污贿赂、反渎职侵权、刑事执行检察、民事检察、行政检察、控告、申诉、职务犯罪预防、生态资源检察、未成年人刑事检察、法律政策研究以及检察委员会办事机构、案件管理部门、涉台办等部门；综合职能部门有：办公室、政治部（处）、宣传、干部人事、教育培训、基层管理、机关党委、检察技术、司法警察、行政装备、纪检监察等部门。

【服务新福建建设】 2016年，福建省各级检察机关针对经济下行压力和企业发展困难，深入企业调查研究，与省工商联建立7项协作机制，制定服务和保障非公有制经济发展的十条措施。落实查办职务犯罪“五个界限”“五个不轻易”等做法，在产业园区和重点企业设立检察室和检察联络点177个。推进知识产权领域行政执法与刑事司法衔接，探索集中管辖知识产权案件，加强对知识产权和名牌产品、驰名商标的司法保护。服务对外开放。融入“一带一路”建设，成立平潭综合实验区检察院，福建自贸区福州、平潭、厦门片区派驻检察室。依法惩治涉外贸易往来、外商投资、产业合作等领域刑事犯罪，妥善处理“民转刑”案件。完善巡回检察、涉台案件集中管辖、专人专组办理等机制，为台商台企提供法律服务和保障。加强国际司法交流。启动对台司法互助二级联络窗口试点，探索代送法律文书、司法互助调查取证、返还赃款赃物，推进两岸检察官常态化交流合作。服务民生保障。开展专项查办工作，立案侦查发生在群众身边、损害群众利益的职务犯罪931人，占办案总人数的68.9%。开展为期5年的集中整治和加强预防扶贫开发领域职务犯罪专项工作，查办虚报冒领、截留私分、挥霍浪费扶贫资金等职务犯罪89人。开展破坏环境资源犯罪和危害食品药品安全犯罪两个专项立案监督，对21件案件挂牌督办，批捕440人，起诉1923人。对征收补偿、工伤保险、劳动争议、医疗救助等涉及民生的民事行政申请监督案件，优先办理、重点审查217件。着力服务生态保护。建立完善“专业化法律监督＋恢复性司法实践＋社会化综合治理”生态检察模式。批捕污染环境、非法采矿、盗伐滥伐林木等破坏环境资源犯罪355人，起诉1359人，查办生态环境领域职务犯罪63人。结合办案，探索开展养鱼治污、放流增殖、退茶还林、流域综治等生态修复工作。推进公益诉讼试点工作，对水资源污染、矿产资源破坏等公共利益受侵害问题，在起诉前督促行政机关履行监管职责331件，对拒不履行职责的提起公益诉讼31件，促成恢复林地、耕地面积100多公顷，督促关停、整治污染企业62家，挽回经济损失近3亿元。

【批捕起诉】 2016年，福建省各级检察机关依法惩治犯罪，批准逮捕各类刑事犯罪嫌疑人34599人，提起公诉63142人。结合办案，化解矛盾纠纷，推动源头治理。严厉打击严重刑事犯罪。参与开展严打暴恐、打黑除恶、“飓风肃毒”会战等专项工作，批捕故意杀人、抢劫、强奸等严重暴力犯罪1763人，起诉2012人。打击暴力伤医、拐卖妇女儿童、拒不支付劳动报酬等侵害特殊群体权益犯罪，批捕169人，起诉311人。严厉打击电信网络诈骗犯罪，批捕1423人，起诉1674人。全省三级检察院建立重大敏感案件快速反应机制，联动介入最高检和公安部挂牌督办的“2015.12.22”特大跨国电信网络诈骗案，批捕239人，办理“e租宝”“泛亚”等重大敏感案件49件。依法化解社会矛盾纠纷。对犯罪情节轻微的，决定不批捕3200人，不起诉2760人。加强羁押必要性审查，对被逮捕的犯罪嫌疑人、被告人提出释放或变更强制措施建议2783人。办理刑事和解924件，对其中780人依法不起诉。整合“信、访、网、电”诉求渠道，办理群众信访28974件。建成并启用联接四级检察机关的远程视频接访系统，探索建立律师参与化解和代理涉法涉诉信访，代理刑事申诉、国家赔偿案件制度。依法办理国家赔偿案件39件，为174位刑事被害人及其近亲属提供司法救助。参与社会治安综合治理。参与对学校、医院、人流密集场所等重点领域治安防控，配合做好严重精神障碍患者、刑满释放人员服务管理。对62名实施暴力危害社会、依法不负刑事责任的精神病人，向人民法院提出强制医疗申请。探索保护性办案、社会化帮教、修复性救助、多元化普法“四位一体”的未成年人检察工作模式。针对侵害未成年学生的暴力犯罪，批捕309人，起诉360人。设立未成年人观护帮教基地316个，引入青少年司法社工参与帮扶，接收642名涉罪未成年人进入帮教基地，529人重返校园或重新就业。组织为期3年的“法治进校园”全省巡讲，开展“反校园欺凌”等普法宣传活动。

【查办和预防职务犯罪】 2016年，福建省各级检察机关坚持惩治预防两手抓，立案侦查贪污贿赂犯罪886件1093人、渎职侵权犯罪194件258人。突出查办职务犯罪大案要案。立案侦查处级以上干部104人，其中厅局级以上11人，查办百万元以上案件126件。查办“小官巨贪”案件，立案侦查涉案金额百万元以上的科级以下干部104人。追缴赃款赃物1.73亿元，督促自首或抓获在逃职务犯罪嫌疑人37人。查办国家工作人员不作为、乱作为犯罪。围绕社会关注的食品药品监管、补贴资金管理等领域，查办渎职侵权犯罪82人。针对山东问题疫苗流入事件，检察机关办案回应群众关切，批捕非法经营疫苗犯罪32人，立案侦查背后职务犯罪46人，其中卫生防疫工作人员渎职犯罪16人。深挖执法司法不公背后的腐败犯罪，查办以权谋私、贪赃枉法、失职渎职的行政执法人员204人、司法人员102人。同步介入281起重大责任事故调查，查办事故背后渎职犯罪20人。加强职务犯罪预防。推进行业性廉政风险防控，组织25个重点项目专题预防，开展预防调查262件、案例分析612件，发出检察建议390份。围绕市县乡换届选举，深入村居开展专题预防活动。开展惩治和预防职务犯罪年度报告、专题报告工作，85项制度性建议被有关部门采纳。创新预防方式和载体，改进行贿犯罪档案查询工作，运用新媒体宣传廉政，探索职务犯罪案件庭审警示教育，增强预防效果。

【法律监督】 2016年，福建省各级检

察机关坚守防止冤假错案底线。推进以审判为中心的刑事诉讼制度改革，加强对刑事立案、侦查、审判等环节的法律监督。推进对公安派出所刑事侦查活动监督试点。依法监督立案612件，监督撤案537件，监督纠正侦查违法行为963件次。贯彻证据裁判规则，探索建立在押人员体表外伤检察监督机制，审查技术性证据和鉴定9422份，依法排除非法证据。对不构成犯罪或证据不足的，决定不批捕4437人、不起诉1180人。纠正有罪判无罪、无罪判有罪、量刑畸重畸轻等问题，提出刑事抗诉或再审检察建议155件。省检察院对不服法院死缓判决长期申诉的莆田许金龙等4人抢劫案提出再审检察建议，法院依法改判4人无罪。维护刑事执行公正。注重保障刑事被执行人合法权益，监督纠正刑罚执行和监管活动中的违法情形882件次，办理减刑、假释、暂予监外执行监督26397件，纠正不当307件，纠正社区矫正脱漏管57人。针对一些罪犯财产刑"空判"问题，开展财产刑执行专项检察，建立涉财产刑罪犯大数据库，监督法院依法执行到位6.4亿元。针对部分罪犯在判处实刑后未交付执行、长期流散社会现象，从2014年开始持续开展专项清理，从50.7万名罪犯中筛查未交付执行938人，监督纠正818人。加强民事行政检察监督。部署开展"基层民事行政检察工作推进年"活动，开展对人民法院司法确认和执行案款集中清理专项监督。办理各类民事行政监督案件2689件，对认为确有错误的民事行政裁判提出抗诉和再审检察建议101件，提请最高检抗诉8件，对违法执行活动和审判人员诉讼违法行为提出检察建议776件，对裁判正确的依法做好息诉服判工作。推动诚信诉讼环境建设，重点查处民间借贷、离婚财产分割等领域的虚构事实打"假官司"问题，查处民事虚假诉讼35件。

【司法体制机制改革】 2016年，福建省各级检察机关开展责任制员额制改革。按照司法人员分类管理要求，全省统一开展检察官入额遴选，2952名员额制检察官在国家宪法日举行宪法宣誓。围绕司法责任制，配套相关措施，厘清各层级办案主体、职责权限，建立办案组织设置、案件质量评查、检察官业绩评价、司法过错责任追究等11项制度。推进人财物省级统管和完善职业保障改革，组织基础数据摸底测算，提出改革建议，配合做好相关工作。探索检察工作机制。推进刑事案件速裁程序试点，对5643件轻微刑事案件加快办案进度，建议人民法院适用速裁程序，审查起诉周期由过去平均20天缩短至8天以内。组织开展刑事案件认罪认罚从宽制度试点，建立检察环节辩护律师参与下的认罪、量刑协商制度，推行被告人认罪与不认罪案件相区别的公诉模式。深化检务公开、涉检信访、人民监督员制度等改革试点，工作机制更加规范。全省三级检察院"两微一端"实现全覆盖，新媒体建设运营位居全国前列。

（董利炜）

法　院

【概况】 2016年，福建省法院受理各类案件914198件，办结748032件，比2015年上升17.4%和17.4%；其中，省法院受理12075件，办结9115件，上升18.9%和18.0%。办结案件中，刑事案件55353件，民商事案件404815件、标的总额2044.87亿元，行政案件8715件、非诉行政案件13311件、国家赔偿案件116件，执行案件229939件、标的总额162.67亿元，申诉、申请再审及其他案件8502件。同时，清理历年执行积案455099件，发放执行款62.36亿元。

【服务发展大局】 2016年，福建省法院坚持总体国家安全观，依法审结黑社会性质组织犯罪、邪教组织犯罪和危害人民群众生命财产安全犯罪案件49979件。审结走私、非法集资等经济犯罪案件3744件。审结贪污、贿赂等职务犯罪案件1630件，依法挽回经济损失8.71亿元。坚持宽严相济，在生效判决53702名罪犯中，被判处五年以上有期徒刑直至死刑3742人，判处缓刑、管制等非监禁刑17221人。推进社会治理创新，参与全省严重精神障碍患者肇事肇祸、寄递物流安全管理等"六个专项治理"，依法惩治毒品犯罪、电信网络诈骗犯罪、拐卖妇女儿童、性侵未成年人和校园暴力犯罪，规范办理减刑、假释案件27281件。坚持寓教于审，判处未成年犯1464人，实行轻罪记录封存。

加强金融审判和企业破产重整工作。以防控金融风险、服务发展为主题，与省政府召开第三次府院联席会议并推进落实。设立金融案件审判庭和专门合议庭，完善集中管辖和纠纷预警、多元化解等机制，审结金融借款、民间借贷案件150260件、标的总额1342.96亿元，分别上升19.8%和23.1%。规范和完善破产案件简化审理、执行程序与破产程序衔接等，审结破产案件94件，上升49.2%。

依法促进产业转型升级和创新驱动发展。妥善审理涉及优化产业结构、淘汰落后产能、基础设施建设等纠纷案件，审结公司诉讼、股权转让、建设工程、房地产等案件37135件。完善产权保护制度，审结物权、买卖合同等案件42231件。加强对福厦泉国家自主创新示范区建设的司法服务保障，审结专利权、商标权等纠纷案件4486件。

为深化改革开放营造良好法治环境。加强自贸区法庭和审判庭工作，完善案件审判、司法服务等机制，促进自贸区制度创新。出台保障海丝核心区建设司法指导意见，审结涉外、涉港澳、涉侨和海事海商、铁路运输案件9486件。完成最高人民法院审判理论重大课题《"一带一路"司法保障问题研究》，中英海事司法与海事仲裁论坛在厦门举行。加强涉台司法工作，办结涉台案件2108件、司法互助案件3165件，举办第八届海峡两岸司法实务研讨会。平潭综合实验区人民法院挂牌成立。

创新推进生态司法保护。省法院向

最高人民法院报告并争取支持，最高人民法院专门作出《关于支持福建省加快建设国家生态文明试验区重大部署的意见》。完善生态环境审判先行示范经验，拓展深化生态修复、公益诉讼、海洋环境生态司法保护、专家参与等16项工作机制，推进审判实务研究基地、司法实践基地和审判示范基地建设。审结生态环境案件2802件，责令补种、管护林木面积800公顷。“加强生态环境保护与司法衔接，实现设区市生态环境审判庭全覆盖”，被国家有关部门确定为福建生态文明先行示范七条经验之一。

大力促进依法行政。改革完善行政案件异地管辖模式，健全省、市、县三级府院联席会议机制，加强对非诉行政案件的审查和执行，推进“裁执分离”。完善国家赔偿联动机制，对赔偿请求人决定赔偿1426.28万元。

【司法为民】 2016年，福建省法院织密基本民生司法保障网。审结婚姻家庭、抚养继承案件42901件，权属、侵权案件64901件，判决赔偿总额31.93亿元。审结劳动争议案件13157件。审理涉及老年人权益案件5407件。审结涉军案件219件。推进家事审判方式和工作机制改革，完善反家暴联动机制、人身安全保护令制度。加强司法助力扶贫开发工作。加强司法救助，为经济困难当事人缓减免交诉讼费3027.49万元，对1958名刑事被害人、申请执行人和涉诉信访人提供司法救助3018.27万元。

推进涉诉信访法治化。集中清理涉诉信访积案498件。建成涉诉信访信息化平台，落实诉访分离，推行网上办理、视频接访。办理群众来信来访25727件，比上年下降15.8%。出台实施细则，试点推进律师参与化解和代理涉法涉诉信访案件，有170个律师事务所的493名律师参与接访1665件2002人。做好全国“两会”、G20峰会等重要会议期间涉诉信访化解工作。

深化司法公开民主。推进“七五”普法，加强以案释法和司法建议，完善典型案例、法院新闻发布制度，发布知识产权、行政审判白皮书和生态审判绿皮书。组织主题开放日470场、新闻发布会175场。全省7086名人民陪审员参审案件117873件，比上年上升22.1%，一审普通程序案件陪审率达88.7%。

完善便民惠民举措。落实立案登记制，拓展“跨域”立案服务，推进诉讼服务司法协作，全省法院当场登记立案率达97.96%。推行网上立案、远程开庭等智能服务，完善巡回审判制度，健全诉讼服务中心体系。发挥基层一线作用，全省基层法院办结案件647960件，占全省法院办结数的86.6%，其中209个人民法庭办结案件142457件。

【“基本解决执行难”攻坚战】 2016年，福建省法院贯彻最高人民法院部署和省委常委会议精神，制订“两年基本解决执行难”工作纲要和方案，推进全省执行联动机制建设，形成综合治理执行难工作格局。深化执行案件清积活动和专项治理，开展全省法院执行大会战，重点清理“有财产可供执行的案件，涉工程款、拖欠农民工工资、人身损害赔偿、劳资纠纷等民生案件，涉党政机关、公职人员等特殊主体案件，涉金融案件，当事人反映强烈的信访案件，上级法院监督和各方关注的案件”等“六类案件”，落实“集中执结一批，失信惩戒一批，依法处罚一批，重整破产一批，规范‘终本’一批，司法建议一批，主动通报一批，执行救助一批，挂牌督办一批，正面宣传一批”等“十个一批”，破解“财产处置变现难题，清理率偏低难题，打击拒执不力难题，执破衔接不畅难题，失信惩戒不足难题，联动机制不畅难题，‘终本’标准不严难题，信访化解效果不佳难题，执行声势不大难题，队伍士气不高难题”等“十大难题”。完善执行指挥系统，将网络查控覆盖十大类97个协执单位，网上查询、冻结银行存款823.31亿元，查询房产、土地、车辆等48.61万件次，加强网络司法评估和拍卖，成交标的13153件、金额133亿元。贯彻中办、国办意见和福建省实施意见，加快推进失信被执行人信用监督、警示和惩戒机制建设，公布失信被执行人名单265427人，其中65556人主动履行义务。惩治拒不执行判决、裁定犯罪，有87人被追究刑事责任。

【司法改革深化】 2016年，福建省法院推进司法责任制改革。制定审判权力和职责清单，完善审判委员会制度，落实裁判文书签署签发机制。组建新型审判团队，全省法院一线法官人均结案161.1件，比上年增长14.7%；推进院庭长办案常态化，全省法院院长、庭长直接主审案件208520件。完善专业法官会议制度，强化类案指引、业绩考核、责任追究等。深化法官员额制改革，全省法院遴选入额法官3831人。加强审判辅助人员制度改革，探索送达、保全等审判辅助事务集中管理。推进法院人员分类定岗，完成法官职务套改，配合做好省以下法院人财物统一管理相关改革工作。

诉讼制度改革。推进庭审方式改革和庭审实质化，提高二审开庭率和证人、鉴定人出庭率，规范法庭调查程序，完善法庭辩论规则，强化当事人诉讼权利和律师执业保障。深化量刑规范化改革，扩大适用罪名和刑种。推进刑事案件认罪认罚从宽制度改革试点。

推进繁简分流和多元化解。坚持简案快审、繁案精审，完善速裁程序、简易程序、普通程序等衔接配套的多层次诉讼制度体系。全省法院一审案件适用简易程序的占67.6%，审结民事小额诉讼案件10662件；18个试点基层法院适用刑事速裁程序审结案件5491件。推进多元化纠纷解决机制改革，出台实施意见，并确定24个示范法院。省法院推动建立的诉调对接平台拓展至16个部门和行业。全省法院以诉讼调解、行政协调、执行和解等方式办结案件172206件。

加强监督管理，促进公正司法。加强审级监督，健全防范冤假错案工作机制，依法宣告 26 名被告人无罪。审结一审案件 421572 件，二审案件 46238 件；审结再审案件 1073 件，其中检察机关抗诉再审案件 71 件。完善案例指导制度，省法院公布第二批参考性案例，全省法院有 16 个案例入选最高人民法院发布的典型案例。加强审判管理，全省法院各类案件法定审限内结案率为 98.3%，一审后当事人服判息诉的占 88.7%，二审后达到 98.6%。

【信息化建设】 2016 年，福建省高院制定和落实福建法院信息化建设五年发展规划，构建法院信息化 3.0 版，加快建设“智慧法院”。完善信息化基础设施，全省法院建成高清科技法庭 596 个、司法信息集控管理中心 57 个。加强信息化融合应用，推进全流程网上办案，采用远程视频方式开庭审案、出庭作证等，探索创新庭审记录方式，加快推进诉讼档案电子化，提高司法政务事务警务信息化水平。完善审判流程、庭审活动、裁判文书、执行信息“四大公开平台”，发布司法信息 47 万条，庭审直播 3372 场，公开裁判文书 446202 份。

（吴清平）

司法行政

【概况】 2016 年，福建省有 9 个设区市司法局和平潭综合实验区司法办；县（市、区）司法局 84 个，司法所 1105 个；律师事务所 751 家，律师 10013 名；公证处 90 家，执业公证员 407 名；司法鉴定机构 103 个，执业司法鉴定人 1101 名；法律援助中心 94 个，法律援助工作站 1909 个；基层法律服务所 350 个，基层法律服务工作者 1749 人；全省监狱单位 23 个、强制隔离戒毒单位 10 个。

【监狱管理】 2016 年，福建省监狱持续保持安全稳定，连续 7 年实现“四无”安全目标，连续第 10 年保持生产安全无事故。提出“十三五”时期全省监狱工作“教育改造科学化、安全管理精细化、执法工作规范化、基层基础优先化、信息集成实战化、队伍建设正规化”的“六化”发展思路，开展罪犯接受教育量化考核试点，引进 68 个“非遗”项目在服刑人员中开展技艺培训，罪犯职业教育培训经验被中华职教社作为全国唯一选定单位向联合国推广介绍。严格公正文明执法，办理罪犯提级审核 383 件，审核死缓、无期徒刑罪犯减刑 704 件。推进新收监罪犯被服“零带入”、狱内“热水澡”工程、罪犯日用品选购电子平台建设和监狱医院达标创建等工作，全省在押罪犯病亡人数比上年下降 20.8%。开展“福建最美监狱人民警察”评选和宣传活动，启动监狱管理综合业务平台等三大系统建设。完成基础投资 1.65 亿元，在建建筑面积 23.84 万平方米，竣工面积 2.43 万平方米，闽江监狱实现整体搬迁，推进翔安、洛江监狱等重点项目建设。

【戒毒管理】 2016 年，福建省司法强制隔离戒毒所实现“六无”安全目标。推进“戒毒工作科学化、队伍建设专业化、教育戒治社会化、场所管理规范化”建设，在福州、榕城、女子等所开展戒毒人员分类施戒试点。省委编办批复核增闽江司法强制隔离戒毒所和司法戒毒医院机构编制，筹建工作稳步推进。承办中国司法行政戒毒协会心理矫治研究专业委员会首届年会。继续深化完善具有特色的“361”戒毒模式，得到司法部肯定。

【社区矫正和安置帮教】 2016 年，福建省建成县级社区矫正中心 83 个、矫正小组 2.5 万个。全省累计接收社区服刑人员 13 万多人，在矫 2.43 万人，重新犯罪率 0.19%；新接收刑满释放人员 2.05 万名，安置和帮教率均 99%以上，重新犯罪率 0.09%。部署开展“教育管理年”活动，组建教育培训师资库，编制社区矫正工作教育读本和系列视频。加大监管惩处力度，给予社区服刑人员警告 3201 人次、治安处罚 128 人次、收监执行 179 人。开展集中清理社区服刑人员未执行刑罚专项活动，解决 176 例刑罚未执行个案。在 11 个县（市、区）开展社区服刑人员网格化管理试点。完成与全国社区矫正信息系统联网对接。

【人民调解】 2016 年，福建省新成立行业性人民调解组织 117 个，驻公安派出所、人民法院（法庭）、人民检察院调解工作室 1079 个，以个人名字命名调解工作室 217 个，政府购买专职人民调解员 2499 名。开展“服务大局解民忧、春风化雨促和谐”人民调解专项活动，全年调解矛盾纠纷 14.2 万件，调解成功率达 99.2%。与福建电视台联合创办的《调解有一套》栏目被评为全国电视类十强品牌栏目。

【法治宣传和法治创建】 2016 年，福建省召开“七五”普法动员部署大会，省委省政府批转《省委宣传部、省司法厅关于在全省公民中开展法治宣传教育的第七个五年规划（2016—2020 年）》。深化“法律六进”，宣传以宪法为核心的社会主义法律体系，加强涉及严重精神障碍患者肇事肇祸、寄递物流安全管理、电信诈骗和金融风险、“执行难”等方面法律法规的宣传普及。开展《福建省法治建设指标体系和考核标准》调研论证，对 9 个设区市、平潭综合实验区和 10 个省直部门贯彻落实省委《全面推进依法治省实施意见的分工方案》情况进行专项督查。开展“法治福建进行时”主题宣传活动，省市县三级司法行政机关和全省监所单位集体入驻《今日头条》。

【法律服务】 2016 年，福建省组建 7 个法律服务团，对接福建省自贸试验区、海丝核心区和福州新区等建设，开展“三比一看”“所企对接”“法律体检”等活动，为重点项目提供法律服务 6018 件次。推进公共法律服务体系建设，一村（社区）一法律顾问工作纳入省综治考评，律师担任村（社区）法律顾问工作全省覆盖率85.6%，比上年增长75.9%。推进简政放权，编制《福建省司法行政系统行政审批和服务事项参考目录》，29个行政许可和公共服务及其他权力项目入驻厅行政服务中心和省级网上办事大厅，业务即办率达70%。开展下放自贸区和福州新区的7项行政许可事项的落地培训和指导工作，成立全省首家由自贸区审批的律师事务所。全年办理诉讼和非诉讼法律事务19.6万件，公证53.8万件，司法鉴定9.1万件，法律援助4.6万件，行政服务事项1.4万件。举行第15次国家司法考试，15711人报名，其中港、澳、台籍人员276人。

【司法基层基础建设】 2016年，福建省公共法律服务平台科研编制通过专家初审，司法鉴定信息管理平台开通试运行，实现全省公证机构全部上线办证。监狱监管改造综合业务和警察职工管理等系统启动建设，推进戒毒应急指挥中心、网络机房等建设。安排转移支付和下达基层司法业务用房省级配套等经费1.35亿元。制定出台省级法律援助和社区矫正补助资金管理办法，出台省、市、县三级法律援助办案补贴和市、县两级社区矫正经费保障标准。推进司法所规范化建设，副科级所长配备率和司法所工作人员所均人数超过全国平均水平1倍。在司法部召开的全国模范司法所及先进集体、先进个人表彰电视电话会议上，福建省司法厅作为唯一的省厅（局）代表作典型发言。

【司法行政改革】 2016年，福建省深化监狱管理体制改革，完善监狱刑罚执行制度，联合省直5个部门出台《罪犯暂予监外执行中相关医学问题的意见》等文件。完善社区矫正制度，联合相关部门研究制定《加强严重精神障碍社区服刑人员管理救治工作意见》《监狱与社区矫正机构衔接工作暂行规定》等3项制度，联合省综治办等13个部门出台《关于加强刑满释放人员救助管理工作的实施意见》。深化律师制度改革，省两办印发《关于深化律师制度改革的实施意见》，联合省公检法部门下发《关于律师参与化解和代理涉法涉诉信访案件的实施细则（试行）》，在省、市、县三级政法部门设立律师接访室（点）46个，省直律师事务所移交福州市司法局管理。深化司法鉴定管理体制改革，全省一半以上“三大类”鉴定机构建立质量管理体系。完善法律援助制度，省两办印发《关于进一步做好法律援助工作的实施意见》，联合省财政厅下发《福建省级法律援助转移支付资金管理办法》。全省71个看守所全部设立法律援助站，在厦门、福州两地开展刑事速裁案件和法律援助值班律师试点工作。推进公证机制改革，全省共有63家公证处实行绩效工资。深化人民监督员选任管理改革，联合省检察院出台《福建省人民监督员选任管理办法实施细则》，创新人民监督员参与案件监督模式改革工作走在全国前列，多项“福建样本”得到最高检和司法部的高度评价，在全国人民监督员制度改革推进会上福建省司法厅作经验介绍。

（甘代灵）

编辑：林忠玉 孙洁斐

军事

福建省军区

【概况】 2016年，福建省军区加强思想政治建设。牢固确立习近平主席系列重要讲话精神的根本指导地位，多次召开常委会组织专题学习，组织领导干部网上集训，突出学好讲话“党建篇”“长征篇”“军改篇”，夯实看齐追随的思想根基。注重用两项重大教育统揽年度教育，常委带头上党课。开展纪念建党95周年、长征胜利80周年、“强军风采”系列文化活动和“政治工作发挥生命线作用”大讨论，国防教育创新深化。推进肃清郭伯雄、徐才厚流毒影响，常委带头辨析“12个重大是非问题”，常态化落实“四反”调研、军地协作和政治考核，加强贯彻古田全军政工会精神，确保部队集中统一和纯洁巩固。

军事斗争准备。适应领导指挥关系重大调整，深化作战准备运筹，拟制构建新战斗力标准体系。全力以赴抓好海防战备，严格G20峰会安保和改革期间日常战备，处置泰宁泥石流灾害、防抗“尼伯特”“莫兰蒂”台风稳妥得力。贯彻军委实战化训练精神，掀起大练兵训练热潮，严密组织部队演练考核和训练监察，从严摔打部队。

动员主责地位。加强顶层设计，推动出台《福建省国防动员条例》等法规，试点推广信息化系统建设运用，清理整顿非公有制企业民兵组织，提高动员法治化智能化水平。组织第一书记任职和武委会主任述职，培训新任基层专武干部和民兵预备役专业兵种骨干；廉洁征兵，高标准完成新兵征集任务，大学生入伍比例再创新高。突出融合共建，支持宁德国家军民融合创新示范区建设，推进支持“四区”建设“十项工程”和扶贫攻坚“七项工程”落地，组织驻闽部队赴闽西闽东治理水土流失和植树造林，探索军队版“闽宁合作”模式，实现所有设区市连续四届全国双拥模范城“满堂红”。

部队建设基础。坚持精准抓建，组织领导机关下连当兵、蹲连住班，专题分析基层建设形势、下发指导性意见，抓好新干部岗前培训和士官班长带兵法集训。回应官兵关切的问题，协调召开省委常委会、省长办公会和全省军转安置会议，推进政策落实。送文化、法律、心理、生活、医疗服务“五个到一线”，组织省属文艺院团巡回慰问演出，安排官兵体检疗养。贯彻管理规范性文件，严密组织安全竞赛、专项整治等活动，完成士兵选退、干部转业复员和老干部移交工作，新兵训练、学生军训、招生、新闻、军志军史工作有新成效，部队总体稳定、正规有序。

后装综合保障。聚焦保打赢，理顺新体制下后装保障关系，抓实后装专业分训集训和技能培训，重大活动保障及时有力。扭住重难点，牵头建立军地协调机制，强势推进全面停止有偿服务工作。合力搞服务，及时调整补发工资，完成干休所建住房分配等任务。组织装备点验和换季保养，完成旧杂式武器、报废弹药逐支逐件登记建档和武器装备大中修。

【党委九届十至十三次全体（扩大）会议】 2016年3月6—7日和18日上午，省军区区分两个阶段组织召开党委九届十次全体（扩大）会议，传达上级扩大会议精神，分析2015年度省军区部队建设形势，查找问题原因，部署2016年度工作任务，提出加强和改进工作指导的措施要求，表彰奖励2015年度先进单位和个人，省委书记、省军区党委第一书记尤权同志讲话。8月12日，省军区召开党委九届十一次全体（扩大）会议，传达贯彻上级会议精神，分析总结上半年部队建设形势，查找问题、剖析原因、研究对策，研究部署下半年工作任务。9月25—26日，省军区召开党委九届十二次、十三次全体会议和党代表会议，选举产生省军区出席福建省第十次党代会代表。

【灾害防范与救助】 2016年，福建省军区视灾情为命令，把灾区当战场，按照打仗的标准组织防台救灾，第一时间向灾害易发地区预置兵力7批1400人，集结民兵应急力量1.4万人。各级加强值班执勤，严密自身防护排险，派员进驻省市防指，发挥属地职能，搞好军地、友邻协调，科学组织救灾行动，全

2016年9月15—22日，省军区组织部队帮助地方防抗“莫兰蒂”台风
（省军区供稿）

区出动现役部队28批1510人次、民兵预备役52批5800人次，搜救遇险人员228人、转移受困群众5915人，排除各类险情1400余处，疏通道路340千米，赢得地方党委政府和人民群众的赞誉。

【学法规正秩序系列活动】 2016年3月，福建省军区开展以“学条令、严秩序、强基础、保安全”为主题的条令条例学习月活动，提高部队正规化建设和管理水平。各基层单位普遍落实安全形势分析、条令法规考核、军容风纪检查、队列会操、内务秩序规范整治等“八个一”措施；各级领导机关开展条令法规抽考、军容风纪抽查、队列训练督查；省军区开设专题网页宣传法规常识、活动动态、经验做法。在全区开展以“学规定、明遵循、整秩序、治隐患”为主题的规定学习月活动，突出领导机关、干部士官、关键岗位、小散单位等重点，采取“学、训、整、改、建”等方法，组织学文件规定、训管理骨干、整运行秩序、治问题隐患、建常态机制，确保部队正规有序、安全稳定。12月下旬起，省军区围绕实现改革期间“指挥不断链、战备不松懈、计划不失序、思想不失控、管理不空转”目标，学习贯彻习近平主席系列重要讲话精神，以全区官兵特别是首长机关为重点，采取省军区统一计划、师（区）旅单位具体实施的方法，在全区上下开展以“学讲话、明法规、训共同、整作风、促改革”为主题的专项活动，把住工作重心，端正工作指导，稳定官兵思想，提升能力素质，强化管理效益，严格作风纪律，正规“四个秩序”，确保改革期间部队高度集中统一和安全稳定，确保各项任务圆满完成。

【城市警备】 2016年，福建省各警备司令部学习贯彻《中国人民解放军警备条令》，加强警备业务训练，完善设施器材和登记统计，落实检查纠察、定期通报、联席会议等制度，突出节假日、士兵复退等时段外出军人军车纠察，完成福州火车站春运执勤保障和G20峰会期间由闽入浙军人军车纠察等任务。全年出勤4000余批次，出动执勤官兵1.5万人次、车辆1500余辆次，检查外出军人3300余人次、军车3500余辆次，查纠违纪军人300余人次、违章军车200余辆次，处理10余起涉军纠纷，维护了驻闽部队良好形象和声誉。

【设区市委武委会主任述职报告会】 2016年7月24日，福建省组织召开全省设区市委武委会主任述职报告会，省委武委会全体委员、各设区市市长、军分区（警备区）和预备役部队主官、省国动委各办主任、省军区部门以上领导等110余人参加会议，省长于伟国、省军区司令员熊安东等出席会议并讲话。会议指出，近两年，福建省国防动员和后备力量建设成效明显，领导干部履职尽责意识增强，后备力量建设质量提升，国防动员准备成效凸显，军政军民团结氛围浓厚。会议要求，地方各级党委、政府要加强组织领导，强化政治担当，做到思想认识、履职尽责、政策保障“三到位”，凡是军事斗争动员准备需要的，必须不讲条件、一路绿灯，不讲价钱、全力保障。

【全省专武干部集训】 2016年6月13—28日、10月10日至11月3日，福建省军区分批次组织全省新任职乡镇（街道）、规模型民营企业武装部部长岗前集训。围绕“转角色、学法规、训技能、强业务”的目标要求，按照室内授课与室外训练、现地观摩与研讨交流相结合的形式，采取授课辅导、操作训练、参观见习、研讨交流、考核评比等办法，系统组织民兵预备役工作基本常识、基本法规学习和基本军事技能训练，穿插安排现地教学、规范化建设成果观摩、优秀在职武装部部长经验交流等专项活动，帮助新任职基层武装部部长转变思想观念、熟悉基础业务、掌握基本技能，提高全省专武干部综合素质和队伍整体建设水平，夯实基层国防动员和后备力量建设基础。10月22—23日，组织第二批125名参训人员赴龙岩革命老区，开展“重走长征路，共筑中国梦”活动，先后组织参观红色景点、战斗遗址，瞻仰烈士公墓，接受革命传统教育，使参训人员更全面深刻地认识长征精神，坚定做好人民武装工作的信心和决心。

【征兵工作】 2016年，福建省军区征兵工作以“三保一降”（保质、保量、保廉，降低退兵率）为目标，以征兵

2016 年 9 月 13 日，省征兵办在福州火车站广场举行新兵入伍欢送大会

（省军区供稿）

“五率”考评为抓手，及早谋划、主动作为、聚力攻关、重抓落实。严格走实网上报名、上站体检、审批定兵等程序，完成年度新兵征集任务，全省网上报名应征达到 35.4 万人，大学生征集比例再创新高。首次全面推广运用征兵信息化体检手段，统一建设标准、划定完成节点、逐级组织培训、分片巡回指导，推进硬件设施建设、网络布设、系统调试、技能培训等工作，并在体检期间组织巡回检查指导，确保创新手段用得好、见实效。适应当前反腐新形势新常态，抓好廉洁征兵工作，各级均签订责任状、保证书，设立廉洁征兵举报电话和信箱，接受社会、舆论和群众监督，各级兵役机关和纪检部门持续开展明察暗访，未查实任何征兵违纪问题。

【《福建省国防动员条例》颁布出台】 2016 年 7 月 29 日，经福建省十二届人大第二十四次会议研究并全票通过，《福建省国防动员条例》颁发，并于 10 月 1 日起施行。该条例共 9 章 55 条，包括：总则，组织领导机构及其职责，计划、实施预案与潜力统计调查，基础建设与军品生产，预备役人员征召与国防勤务，战争灾害的预防与救助，民用物资征用与补偿，法律责任，附则。这是福建省首部系统规范国防动员工作的法规，为依法动员提供法治保障。

【厦门市首届市区两级国防教育讲师团集训】 2016 年 5 月 6—7 日，厦门警备区牵头组织厦门市区两级国防教育讲师团集训。86 名讲师团成员参加，集中两天时间区分 4 个阶段组织，安排授课辅导、讨论交流、实弹射击等 11 项内容。集训期间，全程实施准军事化管理，所有参训人员按普通一兵的要求，统一着迷彩服，住排房，整理内务，落实军营一日生活制度。全体参训人员热情高涨、认真刻苦，听招呼、守军规，集训达到预期效果。

【厦门市第 16 个全民国防教育日活动】 2016 年 10 月 22 日，依照厦门市委关于“增强全民国防观念”要求，厦门警备区传承习近平主席在闽工作期间的国防教育“三讲”（老同志讲传统、小学生讲故事、大中专学生讲体会）优良传统，开展“三进”（进学校、进社区、进企业）活动，组织活动 100 余场次。牵头组织全市围绕“传承红色基因，共建巩固国防”主题，开展国防教育日“五个一”系列活动。邀请国防大学专家为全市党政领导干部作国防形势专题讲座；举办“纪念红军长征胜利 80 周年”主题演讲和网上知识竞答，7 月起从基层开始层层选拔，9 月在厦门电视台举办决赛，厦门电视台全程直播；组织广场文艺演出暨国防知识有奖竞答晚会；制作 26 块国防主题展板，到中山路、鼓浪屿等人流量较大的景区巡展；编印 3 万册《国防知识手册》发放给广大市民。

【拥政爱民】 2016 年，福建省军区部队聚焦巩固军政军民团结，支持福建自由贸易试验区、平潭综合实验区、宁德军民融合深度发展试验区、闽西革命老区经济社会发展，推进军民融合深度发展，助力革命老区群众精准脱贫，发挥推动经济建设中的“生力军”、完成应急救援任务的“铁拳头”和加强和谐社会建设中的“排头兵”作用。省军区部队与 4 个乡镇、101 个村、34 所学校、11 所卫生院所结成共建帮扶对子，投入经费，开展扶贫项目 385 个；出动部队和民兵预备役 2 万余人次，车辆 300 余辆次，抢救转移遇险群众 1700 余人，疏通道路 20 余千米，清除毁损树木 2300 余棵，有力抗击“尼伯特”“鲇鱼”“莫兰蒂”等台风；派出部队和民兵预备役人员 5000 余人，赴龙岩市上杭、长汀、连城县和宁德市周宁县植树造林，改造低效林 666 公顷。

【深化军地共建“平安厦门”座谈会】 2016 年 4 月下旬，厦门警备区会同厦门市政法委召开深化军地共建“平安厦门”座谈会，警备区和市政法委、中级人民法院、公安局、国家安全局主要领导出席会议。会议总结回顾 2015 年军地共建“平安厦门”活动开展情况，研究部署 2016 年平安创建工作。会后，警备区与市政法委联合出台《深化军地共建“平安厦门”工作意见》，与辖区 19 个派出所建立通联关系，推动军地共建活动深入发展。

【网络宣传】 2016 年，福建省军区抓好政工网维护和内容更新，办好“要闻联播”“马鞍网评”等特色栏目，开设创纪录竞赛、两项重大教育、师团干部理论集训、生命线大讨论、六中全会、植树造林和抗台救灾等十余个专栏。创办省军区微信公众号“东南前哨”，全年发布131期288篇稿件，粉丝量1.6万人，平均每篇点击量超过4700人次，其中有30多篇稿件被中国军网、今日头条、冲锋号等军地媒体转载。结合七一、八一、烈士纪念日和长征胜利日，在微信朋友圈发起纪念活动，特别是七一“向党致敬”作品转发1260余万人次，留言12万余条，“9·30”烈士纪念日作品当天就有64万人转发，扩大了省军区部队的影响。

【纪念建党95周年老干部书画展暨爱国拥军笔会】 2016年7月1日，福建省军区举办纪念建党95周年老干部书画展暨爱国拥军笔会，省政协常委、省爱国拥军促进会会长黄序和带领8名地方书画家来到活动现场，与老干部书画爱好者一起联合创作大型书画作品，抒发爱党之情，为党庆生。活动展出老干部书画作品120余幅，为“两学一做”学习教育提供生动教材。

【“爱在军营、情定鹭岛”第十届军营集体婚礼】 2016年10月1日上午9时9分，在600多名部队官兵和嘉宾的簇拥下，伴着热烈的礼炮声和锣鼓军乐声，厦门警备区举行“爱在军营、情定鹭岛”第十届军营集体婚礼，见证32对来自高山、海岛和船艇的青年官兵的爱情，省军区政治部、厦门市委市政府领导亲临现场为新人送上祝福，整个婚礼喜庆、圆满。

【漳州市首届退役士兵转服预备役誓师大会】 2016年10月中旬，漳州市芗城区举办全市首届退役士兵转服预备役誓师大会暨就业专场招聘会。60名退役战士作为漳州市首批集体转服预备役的代表，在国歌声中庄严宣誓“若有战、召必回”，“只要祖国一声令下，义无反顾”。大会后，随即召开退役士兵专场招聘会，正兴集团、三宝集团、康之味公司、吉马集团等数十家漳州知名企业现场招聘，提供就业岗位240余个，包括往年未就业的100多名退役士兵参加，现场招聘会达成初步就业意向60余个。此外，人社、民政、教育等负责人现场发放退役政策指南100余份，现场为退役战士咨询就业金发放、小额贷款、恢复学籍等急需了解的问题。

【全面停止有偿服务】 2016年，福建省军区根据全军统一安排，推进全面停止有偿服务工作。协调成立专项领导小组，建立健全工作机制；制订省军区全面停止有偿服务工作总体方案和具体实施计划，牵头召开任务部署会，细化明确任务；先后4次组织全区有偿服务项目调查摸底和现地核查，研究建立具体项目档案；督导相关单位多措并举推进工作落实，取得阶段性成果。

【水土流失治理暨植树造林活动】 2016年3月9—15日，福建省军区组织协调驻闽部队赴长汀、连城、周宁三县进行水土流失治理，出动兵力5113人（其中省军区部队2480人），造林施肥0.9万公顷、植树71.3万株，同时开展为民助民等活动；3月22日，协调组织驻闽部队和武警部队官兵150人，在福州市晋安区牛港山公园参加省、市党政军领导义务植树活动，植树约800株。

【挂钩帮扶活动】 2016年，福建省军区抓好与宁德市寿宁县下党乡《挂钩帮扶协议》相关内容落实，开展赴闽东革命老区医疗义诊活动，全年看望慰问“五老人员”和困难群众30余户、表彰奖励下党籍优秀师生70余人，发放慰问金十余万元和慰问品价值5万元，牵头协调地方技术专家及政府部门、企业单位为当地茶园种植、高山羊养殖等5个农副业项目提供资金及技术支持，收到较好效益。同时，按照“精准扶贫”要求，牵头协调寿宁县、建宁县与永辉超市开启合作共建新模式，借助永辉超市资源优势，为寿宁县、建宁县农优产品推介、销售建立良好平台。

【军车依托社会力量维修保障试行】 2016年，福建省军区贯彻习近平主席关于军民融合发展系列指示精神，根据部队保障任务实际及驻地社会保障资源情况，按照基层单位考察遴选、军级单位审批和逐级备案的程序，遴选10家维修企业作为军选民用车辆定点维修协作单位，参加部队车辆装备保障。试行过程中，严格验证企业资质，完善维修保障协议，健全质量管控措施，测算经费供应标准，规范组织制度方法，落实安全保密制度。

通过试行，节约部队装备保障经费，提升装备水平。

（杭　炜）

武警福建总队

【概况】 2016年，福建武警系统加强思想政治建设，着眼部队驻守“两个前沿”、各种考验更直接更现实的实际，重视从思想上政治上掌控部队，凝聚维护核心、看齐追随的意志力量，围绕“四个全面”战略布局，突出党委机关这个重点，学习领悟习近平主席在福建工作18年孕育的治国理政思想。全年一张学习路线图，每次围绕一个主题，邀请军地专家作辅导、安排常委上党课、各单位党委书记作交流、拟提拔干部对照党章谈体会，形成一批研究成果。十八届六中全会后，第一时间召开常委会传达全会精神，研究部署专题学习活动，迅速兴起学习贯彻全会精神热潮。坚持把改革强军主题教育和“两学一做”学习教育捆在一起抓，同步部署展开。把传承红色基因、弘扬优良传统作为一项基础工程、灵魂工程，在两级党委机关开展创建“学习型党委、打仗型机关、勤廉型干部”活动，在干部队伍中开展讲“传统道德、社会公德、人品官德、家庭美德”教育，在基层部队开展“唱革命歌曲、讲传统故事、读励志书籍、看优秀影视、做红军传人”系列活动，引导官兵传承红色基因、厚实精神底蕴。突出抓好以新兵防自杀、老兵防激情犯罪、干部防失职渎职、机关防失泄密、部队防枪弹问题为重点的预防工作，遏制事故案件多发问题，确保部队高度稳定和集中统一。

军事能力建设。围绕干好维稳这件大事，以强烈的使命担当，抓备战、强练兵、补短板。聚焦主责主业，筹划组织“三场战役”，召开党委议中心、议训会和专题反思会，分析研判形势、找准短板弱项、制定加强措施。坚持党委统揽、主官主抓、分管专司、机关合力，重大任务常委一线指挥，重大演训活动主官带头参训，研究出台《大抓军事训练的意见》《军事训练奖惩实施细则》，实行中心工作“一票否决”，明确“训练有为、训练有功、训练有奖”的鲜明导向。贯彻新“十六字”执勤思路，突出抓好武警部队执勤“四个会议”“五个规定”落实，先后协调召开看守所、监狱安全工作会议和联勤巡逻、“两规”、金融押运、核电守卫勤务联席会议，分类指导规范各类勤务运行。开展执勤安全教育整顿，召开执勤隐患治理推进会，推进隐患治理和AB门建设，提升“五防一体化”建设水平。召开年度训练和新训开训动员大会，组织特战骨干和后勤专业兵比武、特勤分队赴疆轮战换班、千人千里赴湖北总队区域训练基地驻训联演和31集团军特战旅驻训、“卫士—16”演习等演训活动。针对教练员和场地两大短板，举办狙击手、应急救援骨干、舟艇操作骨干等培训，提升组训施教水平。专题召开训练场地建设推进会，采取顶层推动方式，逐级破解难题。总队担负任务繁重复杂，等级警卫勤务多，大型安保任务重，驻地台风、山洪、泥石流等自然灾害频发，抢险救援任务艰巨，总队贯彻“广西集训”精神，坚持任务牵引抓备战，推动战备建设体系化实案化精确化。专题召开常委会传达学习全军和武警部队后勤工作会议精神，加强筹划指导，推出有力举措，推动聚焦打仗的后勤职能进一步回归。

基层建设。总队党委始终扭住打基础这个着力点持续用力，补齐短板弱项、垫高发展基础。先后召开军政后年度工作“三个筹划会”，议勤、议训、议教、议安、议财“五个党委会”，经常性基础性工作、执勤隐患治理、训练场地建设、解决历史遗留问题“四个推进会”，找准制约发展的关节点、解决矛盾的突破口、提升内涵层次的着力点。制定下发总队、支队、大队、中队“四级经常性工作规范运行机制”和基层官兵日周月季工作，规范领导机关抓建和基层工作秩序。每月派出督察组，采取突击检查、现地督查、录像讲评、问题通报等办法，促进经常性工作末端落实。落实精准帮建要求，对全总队33个连续5年未创先进的基层单位实施精准帮建。研究解决干部“三力”不足的问题。在增强活力上，针对团以上干部老化积压严重、抓好“走”和“调”的工作，动员和安排一批团职干部转业，理顺进出关系，优化干部结构，盘活整个干部队伍。在提升能力上，部署开展岗位大练兵、大练基本功活动，举办新任基层主官《纲要》集训，集中安排新毕业学员岗前培训，提高各级干部实际工作能力。在激发动力上，部署开展“四德”教育，正副书记带头上党课，班子成员轮流作辅导，建立定期走访慰问、专项困难补助、基层干部疗养等机制，主动协调地方有关部门解决干部家属就业、子女入学、家庭涉法等实际困难，激发干部队伍内生动力。贯彻总部士官队伍建设工作会议精神，针对士官缺口较大的实际，采取超常措施抓好选晋留用工作。

部队党的建设。贯彻全面从严治党要求，以向问题开刀、向积弊开战的决心，推进肃清流毒影响、正风反腐工作。两次在总队党委全会上对从严管班子管干部管党员进行专题研究部署，抓好铸魂补钙工作，严格两级党委机关和基层干部理论学习制度，学习领会习近平主席治国理政新理念新思想新战略，坚定信仰信念，强化看齐追随。组织党员干部学习一部党章、两部准则、三部条例，主要领导围绕严守党的六大纪律上党课，编印下发《党员干部违规违纪警示教育手册》，组织收看《永远在路上》系列专题片，让党员干部受警醒、明底线、知敬畏。坚持把落实组织生活制度作为硬任务、硬指标，从上党课、过党日、交党费等基本制度基本要求抓起严起。拿起批评与自我批评的武器，总队党委民主生活会“一班人”见筋见骨交锋思想，见人见事搞好整改。推进正风肃纪，支持配合上级专案组核查，凡案件涉及的人和事，做到不遮掩不袒护。深化“四整八查”，对照军委巡视组回访巡视武警部队反馈问题，对号入座、严查实纠、全面整改。常态化组织明察暗访，抓好基层风气整治，严格追责问责。按照“三严三实”要求狠抓总队班子自身建设，坚持在转改作风上作表率，常委带头执行八项规定和各项纪律规矩，在用人、用车、住房、花钱、交往等方面严格按规矩办，以实际行动树立新风正气。在干事创业上作表率，以带领部队开新图强为己任，干工作精神昂扬、积极主动，重大任务盯在一线、身先士卒。在攻坚克难上作表率，梳理困扰制约部队建设发展的历史遗留问题，召开推进会逐项研究解决办法，为部队解难题、卸包袱。推进全面彻底肃清郭伯雄、徐才厚流毒影响工作，召开常委会传达上级指示、研究实施方案，按步骤按要求抓好“两项清理”，聚焦问题积弊，从严从紧推进，确保清仓见底。

【三届十四次全体（扩大）会议召开】2016年3月1—2日，福建武警总队党委召开三届十四次全体（扩大）会议，传达学习军委扩大会议和武警党委二届八次全体（扩大）会议精神，总结分析2015年部队建设形势，研究部署2016年工作任务。

【师团职领导干部理论轮训】 2016年5月4—18日，福建武警总队在福州举办两期师团职领导干部理论轮训班。118名参训学员通过视频授课、录像辅导、分组讨论、参观见学、体会交流、个人自学等形式，学习习近平主席重要指示精神，提升思维层次和战略视野。

【三明市泰宁县“5·8”泥石流灾害抢险救援】 2016年5月8日，受持续强降雨影响，泰宁县开善乡池潭村突发泥石流山体滑坡灾害，35名群众被掩埋。灾情发生后，福建武警总队司令员曹勇按照属地指挥原则，统一指挥驻闽武警、森林、交通、水电部队1000名官兵，129台大型机械投入救援行动，政委吕能亚坐镇基指统筹部署，并在救援关键时期赶到一线加强指挥。截至10日，清理土石4万余立方米，搜寻挖掘遇难者遗体34具。

【完成重大任务表彰大会召开】 2016年6月28日，福建武警总队召开完成重大任务表彰大会，表彰在抗击泰宁“5·8”泥石流灾害、赴疆维稳轮战、总部特战骨干集训考核等重大任务中表现突出的单位和个人。

【抗击台风抢险救援】 2016年7月至9月，第1号台风“尼伯特”、第14号台风“莫兰蒂”、第17号台风“鲶鱼”接连登陆福建，给福州、厦门、龙岩多地造成百年不遇的暴雨洪水灾害，总队发挥属地指挥作用，驻闽武警部队共投入万余名兵力，上千台车辆、冲锋舟以及大型机械，完成抢险救援和灾后重建任务。

【“四会”优秀政治教员评比竞赛】 2016年7月20—22日，举办2016年度“四会”优秀政治教员评比竞赛。27名政治教员通过“理论测试、授课竞赛、情况处置、知识问答”四个环节进行比赛，经过激烈角逐，直属支队三大队教导员罗永强获得一等奖；三明支队五大队部战士韩俊超，福州支队十九中队指导员杨泰然获二等奖；直属支队三中队中队长杨顺，莆田支队勤务中队指导员熊伟，三明支队五中队指导员林志强获三等奖。

【赴疆轮战出征仪式举行】 2016年10月30日，福建武警总队在直属支队举行赴疆轮战出征仪式。总队常委、机关全体干部，直属、厦门支队援疆官兵参加仪式。出征仪式由总队政委吕能亚主持，总队参谋长盛兴泉宣读《赴新疆反恐维稳增援轮战行动命令》，总队司令员曹勇作动员讲话。

【总队首长机关带直属支队冬季野营拉练】 2016年12月19—23日，福建武警总队严密组织2016年度首长机关带直属支队冬季野营拉练。此次野营拉练徒步距离长、行军强度大、动用装备多、标准要求严，在5天的时间里行进153千米，部队“走、打、吃、住、藏、管、保”能力和官兵的综合体能、专业技能、意志品格、战斗作风得到极大的锻炼和提高。

（陈志刚）

福建省森林总队

【概况】 2016年，围绕“看齐追随”，抓首位固根本，思想政治建设扎实有效。着眼改革稳定发展大局，自觉把政治建军、改革强军摆在首位，官兵“四个意识”不断强化。系统学习习近平主席“四个全面”战略布局、“七一”重要讲话、纪念红军长征胜利80周年讲话及党的十八届六中全会精神，引导官兵掌握精髓要义、把握实践要求、强化看齐追随。严格落实党委议教、教育准备会、计划审查等制度，开展改革强军主题教育，引导官兵落实“五统要求”、树好“四种态度”，做到“八个杜绝”，增强拥护支持改革的思想自觉、行动自觉。紧贴官兵的思想和现实困扰，建立驻闽部队首家军人军属法律援助站、心理服务工作站，组织70名官兵参加心理咨询师培训和职业资格考试。

着眼“学讲查评”，抓关键求深化，“两学一做”学习教育落细落实。始终把“两学一做”学习教育作为部队重大政治任务，坚持大事大抓、首位首抓、科学谋划、精心组织、全力推进。科学制订总队实施方案，逐级审定基层落实计划措施，及时印发学习资料汇编，分专题制定推进计划，确保学习教育有序展开。围绕“肃清郭徐流毒影响”这一主题，区分领导干部和普通党员，对照问题剖析查摆，体现严肃党内生活新风尚。利用《“两学一做”学习教育党员测评表》，抓好组织评定，召开支委会，综合民主测评情况和党员日常表现，形成组织意见，确定评议档次。

聚焦“练兵备战”，抓中心强能力，各项任务圆满完成。牢固树立战斗力标准，真抓实备、真演实练，提升部队核心军事能力。修订完善各类战备方案，坚持把“打防并举、以防为先”的科学理念和有效经验固化为长效机制，配合地方林业部门开展计划烧除和“千人千里行”防火宣传活动。落实武警部队实战化军事训练集训精神，常态执行“军事训练八落实”要求，建立健全训练监管机制，每月通报讲评“八落实”情况，解决重难点课目偏训漏训问题。遂行任务高效快捷，部队全年完成灭火作战13次、防火执勤66次、抢险救援16起，均实现任务完成好、人员无伤亡目标。特别是在抗击台风“尼伯特”“莫兰蒂”抢险救灾中，先后调集动用兵力3343人次，多点出击参加厦门、永泰、闽侯、漳平等方向抢险救援，转移受灾群众436人，清理疏通道路约200千米，清理淤泥、垃圾1.5万余吨。

坚持“两个从严”，抓管理排隐患，依法治军导向更加鲜明。坚持抓法治立规矩、严管理正秩序，部队“四个秩序”更加正规。按照“四个样子”标准，组织落实条令条例“七个一”“六个三”和“学法规、用法规、守法规”活动，开展“严纪律、治‘四涉’、刹‘三松’”教育整顿，引导官兵内化法治信仰、外化法治行动。研究制定推进安全工作“八个规范”常态落实检查考评实施细则，修订完善《手机和网络使用管理实施细则》《零散人员管理实施细则》等规定，努力形成常态抓安、建安、创安的制度机制。把握森林部队

"事故在车、案件在钱、违纪在酒、高危在火、重点在官"特点规律，制定《总队机关日常管理实施细则》。

突出"精准帮建"，抓基层打基础，基层建设发展更加均衡。按照"四个坚持扭住"要求，严格按纲抓建、精准帮建，基层建设根基不断夯实。注重加强过程控制，落实森林部队按纲抓建工作机制，紧盯按纲抓建"八件事"，突出阶段性重点工作督导，确保基层建设形成闭合回路。落实"三会一线"制度，统筹抓建力量，深化"五多四过"问题纠治，保证各级抓建精力。开展"学成武经验、创成武式中队"和"远学忠诚卫士、近学绿色卫士"活动，引导广大官兵学典型、当标兵、做模范，激发广大官兵干事创业热情。福州大队党委被福建省委表彰为"先进基层党组织"，总队教导队被武警部队表彰为"先进教导队"。

紧盯"现代后勤"，强效益保中心，后勤保障能力持续增强。按照"后勤变前勤"要求，抓规范、抓服务、抓保障，不断增强综合保障效益。推进生活型后勤向实战型后勤转变，规范三级便携配装，组织后勤战备演练，开展装备维修、医疗巡诊下基层活动，应急保障能力不断提升。制订出台财经管理九条措施，开展机关直附属账户撤并和财务清查"回头看"，维护部队财经秩序，恪守财经纪律。健全组织领导、需求报告、警地联管、人才共育、融合评估于一体的机制，确保警地融合有效衔接。协调地方有关单位推进总队营区基础设施和市政工程建设，协调公安、网安和交管部门对人员、车辆实施联控联管，各级普遍与地方通信、交通、医疗、银行以及大型超市、汽车修理厂等单位签订应急保障协议，确保常态下能自我保障，应急时可随取、随供、随用，初步形成警地一体化联供联保力量体系。

坚持"以上率下"，改作风正风气，党委领导核心作用更加明显。学习领会十八届六中全会精神，坚持把从严治党方针落到实处，注重从班子抓起，从常委自身严起，凝聚以班子的表率担当带领部队全面建设的意志力量。制定出台《总队党委贯彻落实民主集中制措施》，规范党委议事决策程序，确保党委班子有效有序运转、合心合力合拍。着眼规避问题多发领域风险漏洞，修订完善相关制度机制，严把敏感事项决策关口，防止用权任性、办事随意现象。注重把纯正部队风气作为党委工作的重头戏，"一班人"思想统一，认识一致，树立坚决刹住歪风邪气的信心。坚决贯彻上级要求，以高度的政治觉悟，下大力清查清缴涉郭涉徐资料，开展警示教育，逐人签订责任书，确保物理上隔绝、思想上肃清、组织上清除、行动上见效。

【泰宁池潭水力发电站山体滑坡救援】2016年5月8日凌晨5时，隶属中国华能集团公司池潭水力发电站办公楼后山发生山体滑坡，38人被泥石流掩埋。6时40分，三明市森林支队泰宁大队接到县政府命令后，第一时间动用100名官兵，8台车辆，携带皮划艇、救生衣、救生绳、铁锹等救援器材，用时1个小时赶赴现场，并迅速展开救援行动，成为第一支成建制到达的部队救援力量。支队启动应急预案，转入二级战备。此次搜救行动中，支队及时疏散灾害区域群众80余人，挖到遇难者遗体2具，救助伤员3人，搜寻清理房间12间，清理道路滚石240余米。

【抗击台风"莫兰蒂"】 2016年9月15日凌晨，第14号台风"莫兰蒂"正面登陆福建省。应省委省政府要求，总队党委坚决执行武警党委和指挥部党委的命令指示，迅速抽调300名官兵从福州、三明、龙岩、漳州等地连夜驰援厦门。历时9个日夜，打通16条交通主干道，帮助清理15个公共社区，7所学校，保证8112名学生正常复课，受到军地领导和社会各界赞誉，展示了森林部队"不畏艰险、不怕困苦、不计得失、不辱使命"的战斗精神。

（冯志聪）

人民防空

【概况】 2016年，福建省人民防空改革发展规划先行。抓好《中共中央、国务院、中央军委关于深入推进人民防空改革发展若干问题的决定》的深入贯彻落实，出台福建省实施意见。编制印发《福建省人民防空建设发展"十三五"规划》，明确"十三五"期间福建省人防建设的指导思想、总体目标、主要任务和实施举措。9月30日，省第十二届人大常委会第二十五次会议举行全体会议，审议通过《福建省人民防空条例修正案（草案）》。人防系统多个单位和个人受国家表彰。5月13—14日，第七次全国人民防空会议在京召开，李克强总理肯定福建省人防部门支持厦门大学"芙蓉隧道"修缮改造，将其打造成大学生"双创"基地的做法；人力资源与社会保障部、中央军委国防动员部表彰福建省全国人民防空先进集体、先进工作者；国家国防动员委员会表彰福建省全国人民防空先进城市；国家人防办表彰福建省全国人民防空先进单位、先进个人。

【第十次全省人民防空会议召开】2016年12月29日，第十次全省人民防空会议召开。会前，省委书记尤权作出重要批示。省长于伟国出席会议并作讲话。省军区司令员熊安东对推进全省人防改革发展作出具体部署，副省长洪捷序主持会议。会议学习贯彻第七次全国人民防空会议精神，总结全省"十二五"时期人防工作，部署"十三五"期间人防主要工作任务，确定今后一个时期福建人民防空改革发展目标。

【全省指挥通信业务网上同步集训】2016年8月22—26日，福建省人防办利用指挥业务网络组织省、市两级人防指挥通信业务集训。重点安排人防指挥通信业务11个训练科目，开设新形势下人民防空指挥、人民防空训练组织与实施、人民防空通信保障组织与实施、人民防空行动等共训课程。同时，在龙岩市人防指挥演练平台搭建、指挥信息系统操作与使用等训练科目。省和设区市以及部分县市区人防办领导、机关、直属单位300多人参训，取得良好的实训效果。

【全省人防工程质量检查】 2016年9月20—30日，福建省人防办围绕人防工程维护管理、收缴防空地下室易地建设费专项检查工作进展情况和人防工程监理企业、审图机构从业能力等方面组织开展全省人防工程质量检查。受检的19个各类型人防工程（其中：单位人防工程10个、住宅小区内“结建”人防工程5个和早期人防工程4个）维护管理质量，优良2个、合格16个、不合格1个，合格率达94.7%。检查23家省内监理企业（其中甲级1家、乙级13家、丙级9家）、1家外省入闽企业共24个在建项目，抽查12家审图机构（人防工程资质一家、建筑工程资质11家）审查的防空地下室项目15个，促进人防工程质量的提高。

【人防系统安全生产检查】 2016年11月16—23日，福建省人防办与省人民防空工程和防空设备协会联合组成检查组，针对人防系统安全监管监察的重点和薄弱环节，组织对福州、厦门、漳州、泉州、三明、南平等六个设区市人防系统安全生产情况进行抽查，抽查内容为人防工程开发利用和防护设备生产安装从业企业生产安全情况。本次抽查12个开发利用人防工程和6家防护设备生产安装从业企业。从抽查的结果来看各设区市人防办把开发利用人防工程的安全生产工作摆在人防管理工作的突出位置，落实安全生产监管责任，按要求开展安全隐患排查治理工作；各防护设备生产安装企业安全生产主体责任落实到位，能依法依规组织生产经营。但是仍存在部分单位对安全管理未能引起足够的重视，对可能产生安全问题的隐患未及时处理，安全意识麻痹松懈等问题。省人防办要求各设区市人防办要按照“管行业必须管安全、管业务必须管安全、管生产必须管安全”的原则，落实安全生产监管责任。要根据本次检查发现的问题，发放整改通知书并组织整改核查，督促整改单位针对存在的问题进行整改，加强安全监管，强化事故防控和应急管理。

【全省人防工程管理及质量监督业务培训】 2016年12月6—9日，福建省人防办在厦门组织开展全省人防工程管理及质量监督业务培训，解决基层人防专业力量薄弱与工程管理任务重这一结构性矛盾，提高一线工程管理人员专业技术水平。该次培训邀请国家人防工程质监站和省内长期从事人防工程建设管理的专家进行授课，全省人防工程管理人员参训热情高涨，实际参训人员145人。培训围绕新“人防条例”变化特点，解读人防工程管理文件，普及人防工程专业知识和质量监管要求等内容，贴近具体工作实际，具有较强的指导性和针对性，对提高全省人防工程管理技术人员专业水平，贯彻落实新修订的《福建省人民防空条例》以及《福建省人民防空工程质量监督管理规定》起到推动作用。

（李竞雄）

编辑：林忠玉　孙洁斐

2017 福建年鉴 FUJIAN YEARBOOK

外事 侨务 港澳事务

外　事

【概况】　2016 年，福建省接待重要外宾 318 批 3405 人次，其中，副总理级以上 5 批 93 人次，副部级以上 75 批 680 人次，驻华大使、总领事 67 位。

服务国家总体外交。开展 2017 年金砖国家领导人会晤筹备工作。邀请福建省巴西、南非省级友城官员来访。配合外交部、财政部推进 G20 第三次协调人会议及财政和央行副手会各项筹备工作，6 月 19—25 日，会议在厦门举办，省长于伟国出席联合欢迎晚宴并致辞。落实中非合作论坛约翰内斯堡峰会成果，12 月，省委书记尤权、省长于伟国会见非洲国家驻华使节团，并在闽举办“中国福建省—非洲国家合作对接会”。开展民间外交，分别在日本长崎和美国纽约举办“中国·福建周”，省政协主席张昌平出席活动开幕式；副省长梁建勇率团访美开展投资贸易促进和旅游宣传推介活动，接待美国塔科马市林肯中学 121 名师生；修缮提升福州琉球馆和琉球人墓园，支持黄檗文化（隐元禅师）研究，举办“冲绳邮轮推广活动”；与印尼民主斗争党互访，推动设立福建师范大学印尼研究中心。

配合推进海丝建设。4 月 17—23 日，省委书记尤权率福建省代表团访问新加坡、马来西亚和印度尼西亚，推动“一带一路”倡议落到实处。承办中联部主办的“21 世纪海上丝绸之路建设暨国际产能合作研讨会”。会同有关部门联合编制海丝核心区对外投资合作国别指导意见，为企业“走出去”提供参考。福建省分别与印度尼西亚中爪哇省和马来西亚沙捞越州签订共建海丝合作备忘录。推进“突出东盟、突破东盟”专项工作，加快“中国—东盟海上合作基金”支持项目建设步伐，“第五届南洋文化节”列入“中国—东盟建立对话关系 25 周年系列纪念活动”。

开展地方层面对外交流合作。组织大型舞剧《丝海梦寻》赴马来西亚、印度尼西亚和新加坡演出，组织“丝路帆远——中国海上丝绸之路文物精品图片展”赴荷兰、比利时展出；邀请东亚、东南亚、中东欧和美洲媒体和记者循“福建发现之旅”采访线路前来采访，扩大中国和福建文化国际影响力。组织 16 家福建省企业参加第三次中国—中东欧国家地方领导人会议和同期举办的产业合作展等国际性展会，与美国、英国、加拿大、波兰、秘鲁、匈牙利、阿联酋、乌克兰、南非等国驻广州或上海总领馆协作开展活动，助力企业对外交流。支持卫生、教育、环保、科技、旅游、人才、青年等各领域对外开展交流合作。

开展国际产能和装备制造合作。落实与国家发改委的《关于建立推进国际产能和装备制造合作委省协同机制的合作框架协议》。支持企业赴海丝沿线国家和地区开展国际产能合作，组织优势产业赴利比里亚、纳米比亚和毛里求斯等非洲国家开展渔业、农业项目合作，达成 7 项合作项目意向，协议金额 70

2016 年 4 月，省委书记尤权在“中国·福建——新加坡经贸推介会”上作主旨演讲
（省外办供稿）

亿元；组织推动机电进出口企业赴哈萨克斯坦，渔业企业赴古巴和墨西哥，冷鲜进出口企业赴西班牙，药业和远洋渔业企业赴坦桑尼亚和肯尼亚等地访问洽谈，对接合作项目。

推动国际友城工作。新增友城4对，与36个国家建立89对国际友城关系（其中省级23对）。举办“福建省友城对接座谈会”，12个国家41名官员应邀出席。基层单位结好取得实质性进展，武夷山风景名胜区与位于美国俄勒冈州的火山口湖国家公园签署建立友好关系协议书；开展“百校结好”活动，与39所境外学校结好。扩大友好交流渠道，省友协和省国际友好联络会与美国纽约州议会和美国福建公所、世界闽侨文化交流联合会及其日本分会，分别签署建立友好合作关系备忘录。利用与澳大利亚塔斯马尼亚州结好35周年、与比利时列日省结好30周年、与巴西塞阿腊州结好15周年等契机，协助塔州政府在福建省举办“塔斯马尼亚州周”系列活动，在比利时列日省举办“中国·福建周”系列活动，与巴西塞阿腊州高层互访等，开展实质性交流，深化各领域务实合作。

深化闽港闽澳合作交流。全国政协副主席、澳门前特首何厚铧，香港财政司司长曾俊华，香港电影界代表团等港澳团组相继访闽。举行闽港合作会议第二次会议、闽澳合作会议第一次会议，完善闽港闽澳政府间合作机制，推进各领域合作。首届“海丝情·中国梦”港澳青年精英故乡行活动在泉州举办，开展港澳青年学生来闽交流活动。联合港澳特区政府举办经贸文化活动20多场次，137人大型展演团队赴港参加“赏心乐食”美食文化节，宣传和展示八闽风味美食和特色文化。联合香港贸易发展局等机构在闽举办“透过香港走向国际”香港服务业研讨会，分别在福州、漳州举办创新创业合作论坛和企业上市融资研讨会，助推福建省企业更好地利用香港平台提升国际化经营能力。5批86名基层工作人员赴港参加各类研讨活动。

开展党际交往。全年接待19批380人次外国政党团组。省委常委、常务副省长张志南率中共友好代表团访问老挝和越南，推动友好省关系建立和拓展交流合作。加强与柬埔寨人民党友好交往，推动闽柬青年各领域交流合作取得实质性进展，漳州市与柬埔寨菩萨省签署中柬两国地方层面首份《青年交流合作谅解备忘录》。

优化“走出去”和“引进来”软环境。19个欧盟成员国获准在福州市开设签证申请中心，福州市成为全国获准开设签证申请中心最多的城市之一。制发《关于规范省级党政群机构名称、职务英译文及英文名片制作的意见》，提升对外开放良好形象。推动领事认证电子签名和防伪二维码工程，打造为民服务“暖心工程”，全年办理领事认证42932份，服务福建居民赴外商务、留学、旅游、移民。推进APEC商务旅行卡办理服务工作，推动符合条件的企业人员申办商务旅行卡，并为企业领卡用卡提供便利，全年累计办卡4624人次。为海外高层次人才提供签证及居留手续便利，做好引进服务工作。举办首次“外国专家季谈会”活动，组织外国友人“我眼中的海丝核心区”摄影展、外国专家参观自贸区建设等活动，调动外国专家参与建设新福建的积极性。

2016年11月15日，省长于伟国会见巴西塞阿腊州州长桑塔纳

（省外办供稿）

【友好往来】　2016年，福建省接待来访27次，组织出访9次。

坦桑尼亚革命党主席、前总统贾卡亚·姆里绍·基奎特访闽。4月21—23日，坦桑尼亚革命党主席、前总统贾卡亚·姆里绍·基奎特博士率代表团一行16人访问福建省，中联部部长宋涛陪同。代表团拜会省长于伟国，参观考察福建自贸试验区福州片区、福州宏东远洋渔业公司、福建建工集团、福建农林大学、国家菌草工程技术研究中心和军门社区。

泰王国普吉府府尹卡梅隆·迪帕亚蓬塔达访闽。4月21—26日，泰王国普吉府府尹卡梅隆·迪帕亚蓬塔达先生率代表团一行14人访问厦门，参加第五届南洋文化节，出席开幕式、美食节、商品展、南洋论坛、电影展等活动。厦门市市长裴金佳会见府尹一行，并签订建立友好城市关系意向书。府尹一行还参访厦门大学、华侨大学、金龙联合汽车工业有限公司、外国语学校等。

澳大利亚塔斯马尼亚州州长威尔·霍奇曼访闽。4月10—11日，澳大利亚塔斯马尼亚州州长威尔·霍奇曼率代表团一行6人访闽，共同庆祝两省州结好

35周年，并出席在福州举办的“塔斯马尼亚周”系列活动。4月11日，省委书记尤权会见代表团一行。“塔斯马尼亚周”系列活动涵盖塔州商品展、塔州画展及教育交流等。

泰国前副总理披尼·扎碌颂巴访闽。5月17—19日，泰国前副总理、泰中文化促进委员会主席披尼·扎碌颂巴率代表团一行14人访问龙岩。客人拜会龙岩市委书记李德金、市长池秋娜，双方就推动龙岩与泰国进一步加强各领域的交流合作交换意见。在龙岩期间，一行人还考察龙泰新能源材料产业园，参观古田会议旧址、永定土楼。

柬埔寨人民党青年干部考察团访闽。7月11—16日，柬埔寨人民党农林渔业部委员占萨乌率人民党青年干部考察团一行15人访闽，拜访福建省委常委、组织部部长王宁，考察福州青年创办的农业合作社，参观省委党校、福州青年创业社区，考察漳州经济社会发展情况，听取漳州市委组织部专题介绍，并就农业、经贸、旅游、友城交流、青年创业等领域的合作与漳州市相关部门达成广泛共识。

世界银行行长金墉访闽。7月19—21日，世界银行行长金墉一行20人访问福州和三明，考察福建省医疗改革项目，并就世行卫生项目为福建医改提供支持进行交流。省长于伟国会见金墉行长一行。金墉听取福建省和三明市医疗改革项目，以及福建省与世行项目合作情况的报告，实地参观尤溪县医院和西城镇七尺村卫生所，深入了解卫生所为村民提供基本诊疗、公共卫生、健康教育、预防疾病、医养结合和应急救治服务有关情况，并接受媒体专访。

新西兰惠灵顿市市长塞莉娅·韦德—布朗访闽。7月21—23日，厦门市友城新西兰惠灵顿市市长塞莉娅·韦德—布朗率政府和企业代表团一行28人访问厦门，新西兰驻广州副总领事何爱梅女士陪同来访。访厦期间，韦德—布朗市长一行拜访厦门市市长裴金佳，与厦门市签署两市教育交流备忘录，就惠灵顿“中国花园”项目开展座谈，拜访厦门市文广新局和小白鹭艺术学校，赴厦门城市职业大学、夏商集团和厦门航空等院校和知名企业洽谈教育、经贸等方面的实质性合作。

不丹外交大臣丹曲·多吉访闽。8月8—10日，不丹外交大臣丹曲·多吉率代表团一行9人访问厦门和漳州，拜会厦门市长裴金佳和漳州市长檀云坤，分别就加强旅游、食品加工和花卉培植、蔬菜种植及加工等农业领域的合作交换意见。在闽期间，代表团一行还考察现代农业、食品加工等相关企业，参观厦门南普陀寺、闽南佛学院、鼓浪屿等。

中东欧10国高级别官员访华团（正部级）访闽。8月24—28日，应中国—中东欧国家合作秘书处邀请，来自匈牙利、波兰、塞尔维亚、斯洛伐克、爱沙尼亚、拉脱维亚、立陶宛、罗马尼亚、马其顿、阿尔巴尼亚等中东欧10个国家的13位总统、总理府高级别官员组成的访华团（正部级）访问厦门和福州。代表团拜会省长于伟国和厦门市市长裴金佳，与省发改委和商务厅进行座谈，并参观访问福建自贸试验区厦门片区、厦门大学、福建新泽尔资讯科技有限公司。

多位嘉宾出席21世纪海上丝绸之路建设暨国际产能合作研讨会。9月6—7日，“21世纪海上丝绸之路建设暨国际产能合作研讨会”在厦门举办。印尼前国会议长马尔祖基、泰国前国会主席颇钦·蓬拉军、伊朗前副总统哈桑·加福里法尔德等来自30多个“一带一路”沿线国家和地区的70多位外方前政要、知名智库、企业家和华人华侨代表及有关部门、机构、媒体代表共250多人出席，并围绕“扩大持续共享的发展机遇”“推进务实共赢的产业合作”等议题深入讨论，促进海丝沿线国家的交流与合作。9月7日，省委书记尤权、省长于伟国会见参加研讨会的重要嘉宾。中联部副部长郭业洲、副省长梁建勇、厦门市市长裴金佳、外交部前部长李肇星、复旦大学校长许宁生、全国友协秘书长李希奎等陪同会见。

21世纪海上丝绸之路沿线国家联合考察团访闽。9月4—8日，应中联部当代世界研究中心邀请，以埃及前总理伊萨姆·沙拉夫为团长的21世纪海上丝绸之路沿线国家联合考察团一行15人访问厦门，出席“21世纪海上丝绸之路建设暨国际产能合作研讨会”及第19届中国国际投资贸易洽谈会系列活动。

太平洋岛国政治家联合考察团访闽。9月6—10日，汤加议会全体委员会主席费费塔率汤加、萨摩亚、密克罗西亚联邦、库克群岛等太平洋岛国政治家联合考察团一行19人访闽，出席第19届中国国际投资贸易洽谈会及“21世纪海上丝绸之路建设暨国际产能合作研讨会”等活动。

莫桑比克伊尼扬巴内省省长丹尼尔·弗朗西斯科·沙波访闽。9月6—12日，应省长于伟国和中国国际投资贸易洽谈会组委会邀请，莫桑比克伊尼扬巴内省省长丹尼尔·弗朗西斯科·沙波先生率代表团一行8人访问厦门，参加第19届中国国际投资贸易洽谈会，出席开幕式，参加国际投资主旨论坛、投资欧洲高级别论坛。8日晚，副省长黄琪玉在厦门会见代表团全体成员，并与沙波省长共同签署福建省与伊尼扬巴内省建立友好省关系意向书。

津巴布韦副总统皮莱凯泽拉·穆波科访闽。9月7—10日，应省长于伟国邀请，津巴布韦副总统皮莱凯泽拉·穆波科率领津巴布韦代表团一行28人访闽，参加第19届中国国际投资贸易洽谈会，出席开幕式、2016国际投资论坛，并发表主旨演讲；出席津巴布韦驻华大使馆举办的投资津巴布韦推介会。9月8日，中共中央政治局委员、国务院副总理汪洋和福建省委书记尤权、省长于伟国分别会见穆波科副总统一行。在厦期间，代表团还参观安踏体育用品有限公司厦门运营中心、厦门规划馆、鼓浪屿等地。

拉脱维亚副总理兼经济部长阿尔维尔斯·阿舍拉登斯访闽。9月7—9日，拉脱维亚副总理兼经济部长阿尔维尔斯·阿舍拉登斯率代表团一行8人访问厦门，参加第19届中国国际投资贸易洽谈会，出席开幕式、国际投资论坛，并接受媒体专访，参观厦门软件园（二期）。9月8日，中共中央政治局委员、国务院副总理汪洋和福建省委书记尤权、省长于伟国会见阿舍拉登斯一行。

马来西亚贸工部第二部长黄家泉访闽。9月8—9日，马来西亚贸工部第二部长黄家泉访闽，参加第19届中国国际投资贸易洽谈会。9月8日，省委书记尤权在厦门会见客人一行。双方就海丝沿线国家响应“一带一路”倡议，密切经贸往来，加强人文交流交换意见并达成共识。

柬埔寨青年联合会中央常委农帕拉访闽。9月7—11日，应省长于伟国邀请，柬埔寨青年联合会中央常委、首相府法律工作者理事会成员、柬埔寨人民党磅士卑省委常委农帕拉，柬埔寨工业与手工艺品部国务秘书亨索昆率代表团一行9人访问厦门和漳州。在厦门期间，客人出席第19届中国国际投资贸易洽谈会开幕式和国际投资论坛等活动并参观展馆、银鹭集团、厦门国际邮轮中心等。在漳州期间，客人与漳州市政府有关部门和企业召开经贸合作专场对接会，参观农业企业，达成系列农业合作初步意向。

菲律宾卡坦端内斯省省长柯孙福访闽。9月17—20日，菲律宾卡坦端内斯省省长柯孙福以顾问身份，随菲华商联总会代表团一行访问泉州，与泉州市领导和有关部门座谈交流，了解泉州经济社会发展情况，探讨双方扩大经贸、旅游合作和人文交流的有关意向，并赴祖籍地晋江寻根谒祖。

印尼国会前议长阿贡·拉克索诺访闽。9月21—23日，印尼国会前议长、专业集团党专家委员会主席阿贡·拉克索诺率代表团一行13人访闽，成员包含印尼国会议员、印尼工业部官员以及印尼华人企业家等。客人一行拜会省外办，双方就今后加强合作交换意见，一致同意将利用中国—东盟自贸区和福建自贸区的政策优势，扩大投资贸易合作，加强在基础设施领域特别是钢铁、矿产开发、农业、渔业等领域合作。

不丹农业大臣益西·多吉访闽。10月27—29日，不丹农业大臣益西·多吉率代表团一行8人访闽，考察花卉、果蔬和食用菌等农业企业，探讨对接合作项目，开启了双方寻求务实合作的序幕。

巴基斯坦政党联合代表团一行访闽。10月26—30日，应中联部邀请，巴基斯坦参议院副主席、神学会秘书长毛拉纳·阿卜杜尔·加富尔·海德里率巴基斯坦政党联合代表团一行28人访闽。10月27日，省委常委、常务副省长张志南会见并宴请代表团一行，双方就推动福建企业赴巴基斯坦投资兴业，促进国际产能合作、互联互通、互利共赢达成共识。在福州期间，代表团一行参加福建省推进“21世纪海上丝绸之路”核心区建设情况专题座谈会，参观福州军门社区；在泉州，参观361°集团；在厦门，走访厦门软件园、厦门信息集团、易联众信息技术股份有限公司等。

加纳贸工部部长埃库武·斯皮奥·加布拉访闽。11月7—12日，加纳贸工部部长埃库武·斯皮奥·加布拉博士率代表团一行20人访问福州、厦门。期间，代表团与省直部门进行座谈，并与省属国企就开展合作进行深入探讨。

巴西塞阿腊州州长卡米洛·桑塔纳访闽。11月15日，巴西塞阿腊州州长卡米洛·桑塔纳一行5人访闽。省长于伟国，副省长梁建勇、黄琪玉会见卡米洛州长一行。双方就进一步扩大两省州在经贸、旅游、教育、汽车制造、足球运动等领域交流合作达成共识。代表团还参观东南汽车公司，就引进福建省汽车制造企业到塞州出口加工区投资设厂的可能性进行探讨。

马来西亚马六甲州元首敦拿督斯里·莫哈莫卡立访闽。11月22—25日，马来西亚马六甲州元首敦拿督斯里·莫哈莫卡立和该州首席部长拿督斯里·伊德里斯·哈伦率政府代表团一行24人访问厦门。11月23日，厦门市领导会见客人一行。访厦期间，代表团还与厦门港口管理局进行工作座谈，访问厦门大学翔安校区，游览鼓浪屿。

菲律宾国会参议员辛西娅·维拉访闽。11月24—27日，菲律宾国会参议员辛西娅·维拉阁下率领代表团一行46人访问厦门和泉州。

南非自由州省省长艾斯·马哈舒勒访闽。11月28—29日，南非自由州省省长艾斯·马哈舒勒率代表团一行23人访闽。省长于伟国会见客人一行，双方就进一步深化两省友好关系，促进两省在经贸、投资、教育、文化等更多领域开展合作进行探讨。代表团还与福建省建工集团和福建能源集团进行座谈，并走访福建农林大学，看望该省在农大学习的留学生等。

非洲国家驻华使节团访闽。12月9—13日，由南非驻华大使姆西曼女士任团长的37个非洲国家驻华使节团一行46人访问福州、厦门、漳州、泉州和平潭综合实验区。12月11日，省委书记尤权、省长于伟国在福州会见使节团一行，外交部部长助理钱洪山，省领导倪岳峰、梁建勇参加会见。尤权说，福建一定会发挥与非洲各国在资源禀赋、产能和经济结构等方面的互补性优势，实现共同发展。12月12日，非洲使节与百余名福建知名企业负责人参加由福建省政府和外交部共同举办的“中国福建省—非洲国家合作对接会”，副省长洪捷序出席。在闽期间，使节团还参加“非洲国家—厦门合作交流会”“非洲国家—平潭合作交流会”，考察厦门经济特区、漳州招商局经济技术开发区、福州滨海工业区，参观厦门鼓浪屿、漳州花博园、福州三坊七巷和泉州海上交通史博物馆等。

省委常委、福州市委书记杨岳访问斯里兰卡、印度和肯尼亚。应斯里兰卡、印度和肯尼亚有关方面邀请，3月7—16日，省委常委、福州市委书记杨岳率福州市代表团一行5人赴上述三国，开展以“一带一路”交流与合作为主题的访问活动。代表团拜会斯里兰卡体育部部长达雅斯里·贾亚瑟科拉，渔业与水生资源开发部部长马欣达·阿玛那维拉，南方省省长赫马库马拉·纳那亚克拉，斯中友谊协会主席班德拉；印度中央政府信息与广播部秘书长苏尼尔·阿罗拉，全印度地方自治体协会主席南吉特·查旺，孟买市市长斯内哈尔·安贝卡尔；肯尼亚副总统威廉·克里尔，蒙巴萨郡副郡首黑泽尔·卡塔娜，并与他们进行磋商交流，搭建福州与“一带一路”沿线国家和地区政府间的交流平台。同时，签署一批涉及友城、经贸、体育、医疗、教育、渔业、基础设施建设的合作协议、备忘录和项目。

省委常委、厦门市委书记王蒙徽访问日本、澳大利亚和新西兰。应日本、澳大利亚和新西兰有关方面邀请，3月15—24日，省委常委、厦门市委书记王蒙徽率厦门市经贸代表团一行6人访问上述三国。代表团围绕新常态下厦门经济特区提升开放发展水平，在日本召开厦门市投资环境说明会，主要针对产业链关键环节、加快产业转型进行择优选商；在新西兰和澳大利亚拜会常青集团、ADM集团等一批跨国公司，着重促进国有企业“走出去”，参与国际投资与经贸合作；应邀与友城惠灵顿市市长进行友好会谈，落实好习近平总书记访新成果，深化一批两市文化交流和经贸合作事项。期间，代表团参访日本、新西兰及澳大利亚知名企业，拜会中国驻外使馆，签订一批投资经贸协议。

副省长黄琪玉访问古巴、阿根廷和巴西。应古巴哈瓦那省政府国际司司长、阿根廷米西奥内斯省省长和巴西塞阿腊州州长的邀请，3月28日至4月7日，副省长黄琪玉率福建省政府代表团一行5人访问上述三国。在古巴，代表团拜会哈瓦那省人大秘书长弗朗西斯科·桑切斯、省政府国际关系合作司司长费里克斯·鲁伊斯和副司长奥斯马尼等，双方就防抗飓风的做法和经验，以及教育、医疗、生物技术、人才培训等领域的合作进行交流。在阿根廷，拜会福建省友城米西奥内斯省省长乌戈·帕萨拉瓜，就水利、农业、友城、经贸、人才培训等领域的交流合作进行洽谈；与该省合作、贸易和一体化部部长、生态和可再生能源部部长等就水资源利用和保护、小型水电站建设与管理、技术人才培训等方面开展合作进行会谈；拜会该省首府波萨达斯市市长霍金·洛萨达，就防抗洪涝灾害和水处理等问题进行交流。在巴西，拜会福建省友城塞阿腊州州长卡米洛·桑塔纳以及州外办主任、经济发展厅厅长等，双方就友城发展和建设、水资源利用和保护、洪水预警预报技术、经贸投资、人才培训等领域交流合作进行洽谈；访问塞州出口加工区和保税区，就开展经贸投资合作进行交流。

副省长梁建勇访问美国、智利和秘鲁。应美国得克萨斯州州务卿、智利瓦尔帕莱索大区主席和秘鲁卡亚俄省省长的邀请，4月24日至5月4日，副省长梁建勇率福建省政府代表团访问上述三国，开展投资贸易促进和旅游宣传推介活动。代表团走访IBM、摩根士丹利、摩科瑞等知名跨国公司，在纽约和休斯敦举办两场跨国公司圆桌会，与强生、可口可乐、埃克森美孚、雪弗龙等世界五百强企业开展互动交流，达成一批合作意向。在纽约举办“美丽中国·清新福建”推介会，推介福建旅游文化资源，扩大“清新福建”对外影响力。代表团还走访美国福建同乡会、美国福建公所、休斯敦福建同乡会、智利福建总商会、秘鲁福建同乡会等当地主要闽籍侨社和商协会，介绍家乡发展新机遇。在纽约、智利伊基克自贸区举办福建省“走出去”企业座谈会，了解福建省境外企业经营情况，指导“走出去”企业聚焦跨境电商和海外仓建设，拓展发展领域。

省政协副主席张燮飞访问泰国、越南和柬埔寨。应泰国孔敬府府尹甘通·塔翁斯蒂特、越南广宁省祖国战线委员会主席范文和柬埔寨西哈努克省副省长索科范的邀请，6月28日至7月7日，省政协副主席张燮飞率福建省代表团一行6人访问上述三国。代表团会见泰国孔敬府府尹甘通·塔翁斯蒂特、越南广宁省人民委员会副主席黎光松和祖国战线委员会主席范文、柬埔寨西哈努克省省长，分别就深化福建与孔敬府友好省份合作、推动福建与广宁省建立友城关系、泉州港与西哈努克港结为海丝友好港口事宜进行研究和探索，并邀请他们来闽参加中国国际投资贸易洽谈会；与泰国福建商会、泰国文化经济交流协会、泰国福建会馆、泰国福州会馆、越南福建商会、越南福建二府会馆、柬埔寨福建总商会、柬埔寨福建会馆等进行接触交流，看望众多海外新老商界代表和乡贤；在三国分别召开“走出去”企业座谈会，实地调研柬埔寨福隆胜中柬工业园区等项目，了解企业对外投资的经验和困难，以及境外经贸合作园区建设情况。

省政协主席张昌平访问日本、美国。应日本长崎县知事中村法道和美国纽约州众议院副议长菲利克斯·奥迪兹的邀请，9月19—26日，省政协主席张昌平率福建省代表团一行6人访问上述两国。在日本，代表团一行与长崎县知事中村法道、长崎县议会议长田中爱国举行会晤并看望福建省荣誉公民、前知事高田勇。双方回顾结好30多年来的发展历程，商定共同庆祝结好35周年系列活动，探讨进一步加强经贸、人文、科教等领域合作事宜。在美国，代表团先后会见纽约州副议长菲利克斯特别代表及国会议员代表，就加强经贸、文化等领域的交流充分交换了意见。出访期间，代表团分别在长崎、纽约举办以福建书画精品展、福建风光历史图片展、侨批展等为主要内容的中国福建周文化艺术展，展示福建新形象，提升福建文化国际影响力。在与外方的会晤、会谈中，代表团积极宣传福建，并邀请外方适时访问福建，组团参加中国国际投资贸易洽谈会等福建省重大经贸活动。代表团还先后与日本长崎华侨总会、日本福建经济文化促进会、日本中华总商会、美国福建同乡会、美国福建公所、美国福建工商总会等闽籍社团举行座谈，并看望部分在美投资闽商。

省人大常委会副主任刘群英访问巴西、阿根廷。应巴西圣保罗州议会副议长约吉·哈托和阿根廷布宜诺斯艾利斯议会第一副议长 Carmen Polledo 的邀请，10 月 13—21 日，省人大常委会副主任刘群英率福建省人大友好访问团一行 6 人访问上述两国。代表团分别与巴西圣保罗州议会副议长约吉·哈托、阿根廷布宜诺斯艾利斯议会第一副议长 Carmen Polledo 以及阿根廷首位华人议员袁建平等举行会谈，学习了解两国地方议会的运作情况及在教育、卫生、文化等方面的监督经验，深入了解两国关于公共卫生服务、非物质文化遗产保护、传染病防控体系建设的做法及法制建设实践，宣传推介福建海上丝绸之路核心区和自贸区建设情况。同时，走访看望当地华人华侨社团，了解侨情，听取意见。为推动布宜诺斯艾利斯市议会与福建省人大常委会之间的友好关系，该市议会在代表团访问前夕全票通过授予刘群英副主任“布宜诺斯艾利斯市荣誉市民”称号的议案。会见中，Carmen Polledo 第一副议长向刘群英副主任颁发荣誉市民证书。

副省长洪捷序访问罗马尼亚、希腊和马来西亚。应罗马尼亚、希腊和马来西亚有关方面邀请，10 月 17—26 日，副省长洪捷序率福建省代表团一行 6 人访问上述三国。在罗马尼亚，代表团拜会该国地区发展和公共行政部常秘米海·布苏奥奇和国家工商会副主席奥列利安，就加强双方在土地规划、经贸领域的交流合作进行探讨；拜会罗马尼亚伊尔福夫县委员会主席马里安·彼特拉凯，并签署福建与伊尔福夫建立友好省关系意向书。在希腊，会见伯罗奔尼撒大区副主席佩洛皮达斯、工商会会长瓦西利斯和厦门友城马拉松市市长伊利亚斯，探讨福建与伯罗奔尼撒建立友好省关系意向，就利用“一带一路”倡议拓展双方在经贸、旅游、造船、农业、海洋、体育等方面合作进行了磋商交流；会见社会环境与文化遗产保护协会副主席亚尼斯·米查尔，就加强文化遗产保护的交流与合作达成合作意向。在马来西亚，拜会贸工部第二部长黄家泉，并举办马矿业企业座谈会，商讨深化双方在矿业资源、勘探技术、经贸领域的合作；与沙捞越州政府签署建立友好省州关系协议书，并推动福建省企业与沙捞越州开展经贸项目合作。

副省长李红访问俄罗斯、捷克和匈牙利。应俄罗斯联邦教育与科学部、捷克共和国奥洛穆茨州政府和匈牙利国会党团副主席伊姆热·维杰基博士的邀请，10 月 28 日至 11 月 6 日，副省长李红率福建省政府代表团一行 6 人访问上述三国。在俄罗斯，代表团会晤俄罗斯联邦通讯与大众传媒部副部长沃林，就双方建立务实的交流交往关系深入交换意见；与俄罗斯央视第一频道顾问克谢列夫、俄联邦 SPB 电视台首席执行官基里尔·菲力波夫等就进一步深化双方交流合作事项进行座谈交流；向俄联邦教育与科学部推介留学与校际合作项目，并参访鲍曼国立理工大学，商议与福建省高校开展校际合作事宜。在捷克，会晤奥洛穆茨州副州长帕维尔·索尔提斯，议定双方今后开展交流活动的具体计划和项目安排；与该州国际合作厅厅长拉德克·斯托间、教育体育及文化厅厅长米若斯拉夫·佳吉杜谢科进行交流；参访帕拉茨基大学，并探讨交流合作事宜。在匈牙利，会晤该国国会党副主席伊姆热·维杰基博士、中国事务专家伊万·科瓦奇等国会议员；参访罗兰大学，与该校文学院院长博乐伊·拉斯洛教授等探讨合作事宜；与布达佩斯市第 15 区区长拉斯泽罗·哈吉度就密切该区与福建省三明市友好往来的有关建议设想进行探讨；与李斯特音乐学院代表刘爽女士就推动音乐人才培养、文艺交流演出等合作事宜进行交流。

【对外交流合作】　2016 年，福建省多方面加强对外交流与合作。教育方面，推动福建省高校与国际优质教育资源联合举办中外合作办学机构，启动厦门理工学院与美国密苏里大学合作举办厦门理工学院—密苏里学院、福州大学与爱尔兰国立梅努斯大学合作举办福州大学国际工程师学院申报，完成教育部组织的专家组现场答辩和前期整改工作；“闽江学院爱恩国际学院”更名为具有独立法人资格的“福州—墨尔本理工职业学院”。举办高校申报中外合作办学机构专题培训班，全省 50 多所高校相关部门负责人 120 人参训。与教育部签署《开展“一带一路”教育行动国际合作备忘录》。2016 年起，福建省政府每年安排专项经费 500 万元，设立厦门大学马来西亚分校“福建省政府奖学金”且纳入省政府奖学金项目，专门资助在分校就读的闽籍马来西亚大学生。继续实施“留学福建”计划，提高留学生数量，优化学历结构。全年有来自 152 个国家和地区的 12278 人来闽留学，比上年增加 1277 人，其中：学历生数 7382 人，增加 398 人；招收外国留学生高校 25 所，比上年增加 4 所。安排省政府奖学金 2000 万元，比上年增加 500 万元；共有 449 人（其中，来华留学生 324 名、公派出国人员 108 名和中小学骨干教师、优秀校长 17 名）获得省政府奖学金资助，增加 161 人。简化外国文教专家及外籍教师来闽工作手续，全年新聘 687 人次外国文教专家及外籍教师长期来闽工作，比上年增加 214 人次。

科技方面，以项目为抓手开展科技创新合作，全年全省获科技部国际科技创新合作重点专项支持项目 4 个，资助经费 410.6 万元；省级对外合作计划立项项目 30 个，资助经费 1210 万元。加强国际科技合作基地建设，泰普生物科学（中国）有限公司获科技部认定建设“国家国际创新园”，福建农林大学植保学院认定为“示范型国家国际科技合作基地”。9 月 8 日，联合科技部国际合作司在厦门共同举办海丝科技创新合作暨科技外交官跨国技术转移专场对接活动，共征集到先进技术项目 558 个，其中，科技外交官推荐项目 77 个，中国—东盟技术转移中心推荐项目 312 个，省内推荐项目成果 96 项，技术需求 73 项；通过对接洽谈，共促成 6 个项目达成合作意向，帮助福建省食用菌、塑料生产加工、石墨烯技术和产品走向印度尼西亚、马来西亚、印度等国家。开展科技援外培训工作，福建海洋研究所承办“2016 年海上丝绸之路国家海洋管理与蓝色经济发展部级研讨班”等12个国家援外培训项目，共有五大洲42个滨海发展中国家294位政府官员和技术人员来华参加培训。

文化方面，2月10—18日，组派省歌舞剧院民族乐团赴安道尔和西班牙参加“欢乐春节”演出活动，在安道尔会议中心剧场举办“中国新年音乐会”专场演出，中国驻西班牙大使及安道尔政府高官、社会各界人士近800余名嘉宾出席，安道尔国家电视台对音乐会进行转播，演出获得成功。受文化部委派，福建杂技木偶艺术团赴泰国参加2016年泰国“欢乐春节”演出；厦门市艺术团春节期间赴惠灵顿参加庆祝中国春节系列活动。9月，在马德里中国文化中心举办“福建文化展示月”系列活动，以演出、展览和宣传片等形式全面介绍福建历史悠久、多姿多彩的“非遗”项目。大型舞剧《丝海梦寻》先后赴马来西亚、印度尼西亚和新加坡巡演，三国政府高官及社会各界人士观看演出，多家媒体报道演出盛况。省博物院“丝路帆远——中国海上丝绸之路”文物精品图片展在荷兰、比利时、马来西亚、奥地利、希腊、克罗地亚、瑞典等国展出。省歌舞剧院大型交响诗《土楼回响》赴澳大利亚参加福建省与塔斯马尼亚州结好35周年庆典活动。各设区市多个艺术团组赴海丝沿线国家交流，其中，福州艺术团赴荷兰参加第69届花车巡游系列活动，泉州艺术团赴韩国演出、安溪高甲剧团赴马来西亚交流等活动获得好评。澳大利亚塔斯马尼亚州相关机构在省博物院共同举办艺术画展。完成由文化部主办的中东欧16个国家和地区作曲家来华采风团到泉州、龙岩开展创作活动。马德里中国文化中心优秀学员来福州、泉州、厦门学习考察。福州举办2016国际漆艺双年展、泉州举办中外戏曲展演活动。

卫生方面，援外医疗工作。第14批援博茨瓦纳、第16批援塞内加尔医疗队全年诊治病患9.35万人次，开展健康教育和巡回诊疗23次。援塞医疗队第一时间参与抢救在马里恐怖袭击中受伤的两名中国维和部队伤员，得到国家卫计委肯定。争取受援国支持，促成援博医疗队驻地由原有的分散居住改为集中居住，完成队部修缮改造工程，改善队员居住环境。根据国家援外医疗工作部署和福建省援外医疗队选派任务规划，开展新一轮援外医疗队组建和培训工作。第15批博茨瓦纳医疗队由龙岩、宁德市卫生计生委和福建医科大学、福建中医药大学各附属医院共同组派。第17批援塞内加尔医疗队由南平市卫生计生委负责组派。至2016年12月，考核确定包括队长在内的12名预备队员。国际交流与合作。与英国医疗局签署《健康医疗领域合作备忘录》，双方将在卫生政策、法规、人才培训、远程医疗、科研合作等多方面开展交流合作。落实与法国中央大区卫生局《交流合作意向书》，组织医疗管理与专业技术人员28人次参加在中国举办的“中法应对抗生素耐药性与医院合理使用抗生素研讨会”“中法卫生应急大会”等，丰富闽法卫生合作内涵。继续闽泰精神卫生合作，落实与泰国卫生部精神卫生司签署的《技术交流合作协议》，组团6人赴泰国参加第15届精神卫生国际年会，并就精神卫生促进和预防等进行交流学习。推动与瑞士的卫生交流合作，组织22名省内医学专家组团赴瑞士参加“瑞士施维茨医疗科技论坛”。加强“一带一路”卫生交流，组织人员参加第二届中国—中东欧卫生部长论坛；举办第十二届“中国泉州—东南亚中医药学术研讨会”，来自菲律宾、马来西亚、新加坡等东南亚国家以及港澳台地区的500多名中医药界专家以“传统医药与海丝之路”为主题展开交流。

环境保护方面，巩固与德国、日本、斯洛伐克、美国、加拿大等国家的友好关系，加强国际环保交流合作。与德国莱法州环境部就共同举办学术研讨会、开展水环境监测、大气污染防治和环保宣传教育交流及环保人员培训等签署合作备忘录，拓展合作领域。与日本长崎县环境部签订2016年度环境交流合作备忘录，开展第四轮环保研修人员互派项目。举办第九届福建省“绿色世界”少年儿童艺术创作比赛，精选优秀作品参加斯洛伐克“绿色世界”国际大赛，其中两幅作品获得“最佳外国作品奖”（为福建省第五次获奖），与斯洛伐克环境局共同开展的环境宣传教育国际合作项目持续推进。推动项目对接和技术合作。中国国际投资贸易洽谈会期间，举办生态环境项目洽谈与技术交流会，300多人参会，其中境外代表21个团49人；邀请三位国际知名院士在会议技术交流环节开展主旨演讲，推出水污染治理、大气污染防治、废物综合利用、土壤修复等领域27项环保对外合作项目，征集17项污染治理和节能减排技术，会议签约中汉新科环保咨询有限公司、同安环保科技园等6个环保合作项目，来自日本、韩国等境内外7家环保科技公司开展技术推介。开展臭氧层保护等国际环境公约履约活动。推进福建省消耗臭氧层物质（ODS）淘汰能力建设项目的实施。加强对全省各行业生产、销售和使用消耗臭氧层物质的现状调研，更新福建省保护臭氧层国际履约项目相关数据资料；开展保护臭氧层宣传活动，普及公众保护臭氧层知识，提高公众环保意识。完成环保部对福建省消耗臭氧层物质淘汰能力建设一期项目的验收，并启动二期项目。

【友好城市】 2016年，福建省新增友城4对，分别是福建省与马来西亚沙捞越州、福州市与印度尼西亚三宝垄市、泉州市与丹麦西兰大区霍尔拜克自治市、龙岩市与瑞典菲利普斯塔德市。截至2016年12月31日，福建省与世界上36个国家建立89对国际友城关系，其中省级23对，福州市12对，厦门市17对，漳州市6对，泉州市7对，三明市2对，莆田市4对，南平市2对，龙岩市3对，宁德市4对，石狮市2对，武夷山市2对，厦门市思明区、长乐市、南安市、福鼎市、上杭县各1对。

2016年福建省与国外友城关系一览表

省市	友好省州/城市	结好时间	签字地点
福建省（23对）	澳大利亚塔斯马尼亚州 Tasmania，Australia	1981.03.05 05 Mar. 1981	霍巴特市 Hobart
	日本长崎县 Nagasaki，Japan	1982.10.16 16 Oct. 1982	长崎市 Nagasaki
	美国俄勒冈州 Oregon，U. S. A.	1984.09.25 25 Sept. 1984	福州市 Fuzhou
	比利时列日省 Liege，Belgium	1986.02.27 27 Feb. 1986	福州市 Fuzhou
	德国莱法州 Rheinland—Pfalz，Germany	1989.05.24 24 May，1989	美茵兹市 Mainz
	法国诺曼底大区 Normandy，France	1990.12.06 06 Dec. 1990	卡昂市 Caen
	日本冲绳县 Okinawa，Japan	1997.09.04 04 Sep. 1997	福州市 Fuzhou
	意大利那不勒斯省 Naples，Italy	1998.06.12 12 Jun. 1998	那不勒斯市 Naples
	巴布亚新几内亚东高地省 Eastern Highlands，Papua New Guinea	2000.05.16 16 May，2000	福州市 Fuzhou
	巴西塞阿腊州 Ceara，Brazil	2001.03.06 06 Mar. 2001	福塔莱萨市 Fortaleza
	乌克兰敖德萨州 Odessa，Ukraine	2002.07.11 11 Jul. 2002	敖德萨市 Odessa
	印度尼西亚中爪哇省 Central Java，Indonesia	2003.12.06 06 Dec. 2003	三宝垄市 Semarang
	美国弗吉尼亚州 Virginia，U. S. A.	2004.06.08 08 Jun. 2004	北京市 Beijing
	南非夸祖鲁—纳塔尔省 KwaZulu—Natal，South Africa	2006.12.13 13 Dec. 2006	福州市 Fuzhou
	阿根廷米西奥内斯省 Misiones，Argentina	2007.06.27 27 Jun. 2007	伊瓜苏港 Puerto Iguazu
	西班牙坎塔布里亚自治区 Cantabria，Spain	2009.06.23 23 Jun. 2009	桑坦德市 Santander
	美国宾夕法尼亚州 Pennsylvania，U. S. A.	2009.10.23 23 Oct. 2009	哈里斯堡市 Harrisburg
	瑞典维姆兰省 Vrmland，Sweden	2010.06.16 16 Jun. 2010	福州市 Fuzhou
	塔吉克斯坦索格特州 Sughd，Tajikistan	2012.06.02 02 jun. 2012	厦门市 Xiamen
	波兰奥波莱省 Opole Voivodeship，Poland	2012.09.09 09 Sept. 2012	厦门市 Xiamen
	泰国孔敬府 Khon Kaen，Thailand	2015.05.22 22 May，2015	孔敬市 Khon Kaen City
	加纳大阿克拉省 Greater Accra，Ghana	2015.09.07 07 Sept，2015	厦门市 Xiamen
	马来西亚砂捞越州 Sarawak，Malaysia	2016.10.25 25 oct，2016	古晋市 Kuching
福州市（12对）	日本长崎县长崎市 Nagasaki，Nagasaki，Japan	1980.10.20 20 Oct. 1980	长崎市 Nagasaki
	日本冲绳县那霸市 Naha，Okinawa，Japan	1981.06.20 20 Jun. 1981	那霸市 Naha
	美国纽约州锡拉丘兹市 Syracuse，New York，U. S. A.	1991.08.25 25 Aug. 1991	锡拉丘兹市 Syracuse
	美国华盛顿州塔科马市 Tacoma，Washington，U. S. A.	1994.11.16 16 Nov. 1994	福州市 Fuzhou
	巴西圣保罗州坎皮纳斯市 Campinas，Sao Paolo，Brazil	1996.11.08 08 Nov. 1996	福州市 Fuzhou
	澳大利亚新南威尔士州肖尔黑文市 Shoalhaven，New South Wales，Australia	2003.10.15 15 Oct. 2003	福州市 Fuzhou
	圭亚那乔治顿市 Georgetown，Guyana	2006.05.17 16 May，2006	福州市 Fuzhou
	波兰科沙林省科沙林市 Koszalin，Koszalin，Poland	2007.05.19 19 May，2007	福州市 Fuzhou
	肯尼亚蒙巴萨市 Mombasa，Kenya	2008.05.19 19 May，2008	福州市 Fuzhou
	阿根廷里奥加耶戈斯市 Rio Gallegos，Argentina	2014.11.12 12 Nov. 2014	奥加耶戈斯市 Rio Gallegos
	俄罗斯鄂木斯克市 Omsk，Russia	2015.05.18 18 May，2015	福州市 Fuzhou
	印尼中爪哇省三宝垄市 Central Java，Semarang，Indonesia	2016.06.02 02 Jun. 2016	福州市 Fuzhou
厦门市（17对）	英国威尔士加的夫郡 Cardiff，Wales，U. K.	1983.03.03 31 Mar. 1983	厦门市 Xiamen
	日本长崎县佐世保市 Saseho，Nagasaki，Japan	1983.10.28 28 Oct. 1983	佐世保市 Saseho
	菲律宾宿务省宿务市 Cebu，Cebu，Philippines	1984.10.26 26 Oct. 1984	宿务市 Cebu
	美国马里兰州巴尔的摩市 Baltimore，Maryland，U. S. A.	1985.11.07 07 Nov. 1985	厦门市 Xiamen
	新西兰惠灵顿市 Wellington，New Zealand	1987.06.23 23 June，1987	惠灵顿市 Wellington
	马来西亚槟榔屿州槟岛市 Penang Island，Penang，Malaysia	1993.11.10 10 Nov. 1993	槟岛市 Penang Island
	澳大利亚昆士兰州马卢奇郡 Maroochydore，Queensland，Australia	1999.09.28 28 Sep. 1999	厦门市 Xiamen
	立陶宛考纳斯省考纳斯市 Kaunas，Kaunas，Lithuania	2001.03.11 11 Mar. 2001	厦门市 Xiamen
	墨西哥哈里斯科州瓜达拉哈拉市 Guadalajara，Jalisco，Mexico	2003.08.15 15 Aug. 2003	瓜达拉哈拉市 Guadalajara
	荷兰南荷兰省祖特梅尔市 Zoetermeer，South Holland，Netherlands	2005.07.14 14 Jul. 2005	祖特梅尔市 Zoetermeer
	印度尼西亚东爪哇省泗水市 Surabaya，East Java，Indonesia	2006.06.24 24 Jun. 2006	泗水市 Surabaya
	韩国全罗南道省木浦市 Mokpo，South Jeolla，Korea	2007.07.25 25 Jul. 2007	木浦市 Mokpo

续表

省市	友好省州/城市	结好时间	签字地点
厦门市（17对）	希腊马拉松市 Marathon，Greece	2009.01.04 04 Jan. 2009	厦门市 Xiamen
	德国莱法州特里尔市 Trier，Rheinland—Pfalz，Germany	2010.11.11 11 Nov. 2010	特里尔市 Trier
	加拿大不列颠哥伦比亚省列治文市 Richmond，British Columbia，Canada	2012.04.27 27 Apr. 2012	厦门市 Xiamen
	塔吉克斯坦杜尚别市 Dushanbe，Tajikistan	2013.06.20 20 Jun. 2013	杜尚别市 Dushanbe
	法国普罗旺斯—阿尔卑斯—蓝色海岸大区尼斯市 Nice，Provence—Alpes—Cote d' Azur，France	2014.05.22 22 May，2014	厦门市 Xiamen
漳州市（6对）	日本长崎县谏早市 Isahaya，Nagasaki，Japan	1991.04.15 15 Apr. 1991	漳州市 Zhangzhou
	印度尼西亚南苏门答腊省巨港市 Palembang，South Sumatra，Indonesia	2002.09.16 16 Sep. 2002	巨港市 Palembang
	荷兰瓦格宁根市 Wageningen，Netherlands	2009.05.12 12 May. 2009	漳州市 Zhangzhou
	日本北海道伊达市 Date，Hokkaido，Japan	2010.04.07 07 Apr. 2010	漳州市 Zhangzhou
	美国夏威夷州檀香山市 Honolulu，Hawaii，U. S. A	2013.09.20 20 Sep. 2013	檀香山市 Honolulu
	匈牙利格德勒市 Godollo，Hungary	2013.08.19 19 Aug. 2013	格德勒 Godollo
泉州市（7对）	日本冲绳县浦添市 Urasoe，Okinawa，Japan	1988.09.23 23 Sep. 1988	浦添市 Urasoe
	美国加利福尼亚州蒙特利公园市 Monterey Park，California，U. S. A.	1994.02.24 24 Feb. 1994	蒙特利公园市 Monterey Park
	德国莱法州诺伊斯塔特市 Neustadt，Rheinland—Pfalz，Germany	1995.11.02 02 Nov. 1995	泉州市 Quanzhou
	土耳其梅尔辛省梅尔辛伊尼赛市 Yenisehir Mersin，Mersin，Turkey	2002.04.17 17 Apr. 2002	泉州市 Quanzhou
	美国加利福尼亚州圣迭戈郡 San Diego，California，U. S. A.	2006.11.06 06 Nov. 2006	泉州市 Quanzhou
	法国埃罗省蒙彼利埃 Herault，Montpellier，France	2010.02.28 28 Feb. 2010	泉州市 Quanzhou
	丹麦霍尔拜克自治市 Holbaek，Denmark	2016.09.10 10 Sept. 2016	霍尔拜克市 Holbaek
三明市（2对）	美国密歇根州兰辛市 Lansing，Michigan，U. S. A.	1997.09.10 10 Sep. 1997	三明市 Sanming
	匈牙利布达佩斯十五区 XV kerület，Budapest，Hungary	2009.12.22 22 Dec. 2009	三明市 Sanming
莆田市（4对）	美国阿肯色州贝茨维尔市 Batesville，Arkansas，U. S. A.	2007.09.17 17 Sep. 2007	贝茨维尔市 Batesville
	加拿大大不列颠哥伦比亚省坎伯兰市 Cumberland，British Columbia，Canada	2007.09.24 24 Sep. 2007	坎伯兰市 Cumberland
	马来西亚砂拉越州诗巫市 Sibu，Sarawak，Malaysia	2012.11.26 26 Nov. 2012	诗巫市 Sibu
	澳大利亚新南威尔士州帕拉玛塔市 Parramatta，Commonwealth，Australia	2015.01.27 27 Jan. 2015	帕拉玛塔 Parramatta
南平市（2对）	美国康涅狄格州史丹福市 Stamford，Connecticut，U. S. A.	1993.07.02 02 July，1993	史丹福市 Stamford
	澳大利亚新南威尔士州奥尔伯里市 Albury，New South Wales，Australia	2003.09.06 06 Sep. 2003	南平市 Nanping
龙岩市（3对）	澳大利亚新南威尔士州伍龙岗市 Wollongong，New South Wales，Australia	2000.11.19 19 Nov. 2000	龙岩市 Longyan
	法国安第尔省普松西市 Buzancais，Indre，France	2008.10.27 27 Oct. 2008	普松西市 Buzancais
	瑞典韦姆兰省菲利普斯塔德市 Filipstad，Sweden	2016.04.26 26 Apr. 2016	菲利普斯塔德市 Filipstad
宁德市（4对）	马来西亚砂拉越州诗巫市 Sibu，Sarawak，Malaysia	2009.03.19 19 Mar. 2009	宁德市 Ningde
	德国莱法州沃尔姆斯市 Worms，Rheinland—Pfalz，Germany	2012.12.07 07 Dec. 2012	宁德市 Ningde
	德国莱法州施佩尔市 Speyer，Rheinland—Pfalz，Germany	2012.12.07 07 Dec. 2012	宁德市 Ningde
	美国印第安纳州哥伦布市 Columbus，Indiana，U. S. A.	2010.10.22 22 Oct，2010	宁德市 Ningde
石狮市（2对）	菲律宾南甘马林省那牙市 Naga，Camarines Sur，Philippines	2000.03.01 01 Mar. 2000	那牙市 Naga
	澳大利亚南澳洲伦马克帕林加市 Renmark Paringa，South Australia，Australia	2005.10.19 19 Oct. 2005	石狮市 Shishi
武夷山市（2对）	美国夏威夷州檀香山市 Honolulu，Hawaii，U. S. A.	2005.07.12 12 Jul. 2005	檀香山市 Honolulu
	澳大利亚新南威尔士州兰山市 Blue mountains，New South Wales，Australia	2009.06.30 30 Jun. 2009	兰山市 Blue mountains
厦门市思明区	美国佛罗里达洲萨拉索市 Sarasota，Florida，U. S. A.	2007.11.09 09 Nov. 2007	萨拉索市 Sarasota
长乐市	美国华盛顿州得梅因市 Des Moines，Washington，U. S. A.	2012.01.16 16 Jan. 2012	长乐市 Changle
南安市	日本长崎县平户市 Hirado，Nagasaki，Japan	1995.10.20 20 Oct. 1995	平户市 Hirado
福鼎市	斯洛伐克特尔纳瓦州特尔纳瓦市 Trnava，Trnava，Slovakia	1998.04.29 29 Apr. 1998	福鼎市 Fuding
上杭县	塔吉克斯坦索格特州彭吉肯特市 Penjikent，Sughd，Tajikistan	2013.08.05 05 Aug. 2013	彭吉肯特 Penjikent

（王周雨）

侨 务

【概况】 2016年，福建省接待美国福建工商总会、全非洲和平统一促进会等60多个来访团组。组织27批访问团赴印尼、美国、英国等国看望海外乡亲。举办第三期福建省海外青年精英研修班、世界福建青年联会“青春勇担当·侨心中国梦—厦门行”等活动，海外华裔青少年夏（冬）令营办营规模继续保持全国第一。引进正大集团中国水产品总部、畜禽养殖零排放循环经济及水体修复系列项目。开展4场内外架桥精准扶贫系列活动，累计达成合作意向106个，募集善款550多万元。制订闽菜“走出去”计划，举办闽菜“走出去”商务对接会。邀请多伦多华侨华人科技考察团、中国侨商投资企业协会科技创新委员会成员、“中德工业4.0团”、国侨办“海外专家咨询委员会”等考察团来闽考察对接；组织近百位侨商参加政府与社会资本合作（PPP）项目推介会，在加拿大福建同乡联谊会等16个重点社团设立“海外招才引智点”。《福建省华侨权益保护条例》经省人大常委会审议通过，于9月1日实施。省政府对56名累计捐赠福建省1000万元以上兴办公益事业的海外侨胞、港澳同胞进行表彰。举办19期归侨侨眷职业技能培训班，落实散居社会贫困归侨生活困难补助资金、归侨救济费等经费，帮助改善侨界民生。

【侨务联谊】 2016年4月17—23日，福建省委书记尤权率福建省代表团赴新加坡、马来西亚、印度尼西亚，开展为期7天的访问。访问期间，代表团先后拜访新加坡福建会馆、马来西亚福建社团联合会、印度尼西亚中华总商会和印度尼西亚福建社团联谊会及一批闽籍乡亲社团，与闽籍重要侨领和华商座谈，考察新加坡杨忠礼机构企业、马来西亚101集团和银河高科集团等大型企业机构，走访当地华文学校。代表团通过走亲访友，推介“一带一路”，增进闽籍乡亲、三国大型企业负责人对“一带一路”倡议的认识与了解，凝聚共识，激发合作热情。

举办第五届世界闽商大会。6月18日，第五届世界闽商大会开幕式在福州海峡国际会展中心举行。来自62个国家的400名闽商参加大会。新加坡信和集团董事长黄志祥、新加坡第一家集团董事局主席魏成辉、印尼金锋集团董事长兼总裁林文光、马来西亚高峰集团董事长郑福成、马来西亚福建社团联合会总会长邱财加等侨领侨商应邀参会。会议表彰福建省非公有制经济优秀建设者和福建省捐赠公益事业特别贡献奖获得者。大会期间，省侨办组织南美商务座谈会，副省长梁建勇与来自阿根廷、巴西、智利等南美国家的20位侨商就加强与南美国家和地区商务合作进行交流。

举办第三期福建省海外青年精英研修班。5月13—16日，由省侨办主办的第三期福建省海外青年精英研修班在福州开班。研修班为期5天，来自美国、加拿大、澳大利亚、印度尼西亚、菲律宾、马来西亚等9个国家的24位海外闽籍华商二三代接班人和侨领子女参加研修。省委常委、统战部长、省海联会会长雷春美会见研修班全体学员。研修班通过座谈交流、商务考察、户外拓展训练等培训内容，加深学员们对福建的认识。

举办“青春勇担当 侨心中国梦——厦门行”活动。1月4—5日，世界福建青年联会（简称“世青会”）“青春勇担当 侨心中国梦——厦门行”活动在厦门举行，来自22个国家和地区近40位世青会成员出席活动。会议总结世青会2015年工作情况，对2016年的工作进行布置。研究通过新增补理事会副会长14人，进一步壮大世青会的队伍。会上还举行省政府授予何家金先生“福建省捐赠公益事业贡献奖”表彰仪式。

举办“青春勇担当 侨心中国梦——西部行”活动。9月14—19日，组织来自8个国家和地区的10名中青年海外侨领，赴西藏昌都、拉萨，开展“青春勇担当 侨心中国梦——西部行”活动，考察投资环境，了解民族文化，捐赠当地公益事业。省侨办和昌都市外侨办签订了《侨务工作援助协议》。访问团以世界福建青年联会名义捐赠30万元，用于昌都市第三高级中学建设。侨领们在参观学校过程中决定，每人出资1万元，共计10万元，作为昌都市外侨办“惠民联系点”援助资金，援助昌都地区建设。

【经济科技】 2016年，福建省推动闽菜“走出去”。省侨办与省商务厅等部门出台实施闽菜“走出去”、建立“海外仓”等计划。9月5日，省侨办联合省商务厅在福州举行闽菜“走出去”商务对接会，来自欧洲、北美洲、南美洲、非洲等地的福建商会、社团、行业协会、餐饮企业等与福建省餐饮企业代表共同商讨闽菜海外发展的机遇与挑战。海外商家重点考察福州聚春园、文儒坊九号、百洋食品等闽菜馆和食材企业，现场商谈合作项目。12月6日，在福州举行福建侨梦苑“万侨创新”发展论坛，专题介绍福建“闽菜走出去”工作计划，推介闽菜“海外仓”思路，来自22个国家和地区的海外侨胞、福建企业家等近200人参加论坛。

福建“侨梦苑”联席会议。5月11日，省侨办与福州市政府在福州召开联席会议，研究福建“侨梦苑”建设工作机制，部署下一阶段工作重点。省侨办，福州市政府，福州市外侨办，中国（福建）自由贸易试验区福州片区管委会，马尾、福清、长乐、闽清等市（区）领导，福州市商务局、投促局等相关部门负责人等近50人出席会议。会议讨论并明确福建“侨梦苑”领导小组工作制度（方案），以及2016年福建“侨梦苑”工作要点，细化职责，建立福建“侨梦苑”领导小组及办公室工作制度。福建“侨梦苑”领导小组组长由省侨办和福州市政府主要负责人担任，领导小组办公室设在福州市外侨办，具体负责会议的组织、日常工作协调，督促落实会议商定的工作事项。

开展“内外架桥”行动。4月5—7日，省级扶贫开发重点县内外架桥暨精准扶贫活动在三明市举行，来自15个国家和地区的53位海外侨商参加活动，达成初步意向26个，涉及旅游、电商、生态农业等领域。6月19—22日，省级扶贫开发重点县内外架桥暨精准扶贫活动在宁德市举行，来自22个国家和地区约70位海外侨商参加活动，并与宁德各县区就项目合作进行面对面对接洽谈。9月21—23日，省级扶贫开发重点县内外架桥暨精准扶贫对接会在龙岩市举行，来自16个国家和地区的54位侨商参加，胡文虎基金会主席胡仙博士出席会议并代表侨商讲话。12月13—15日，省级扶贫开发重点县内外架桥暨精准扶贫对接会在南平市举行，来自15个国家和地区的50位侨商参加活动。

组织侨商参加招商引资活动。组织来自全球28个国家和地区的100多位相关领域闽籍领军人物，参加3月28日召开的福建省电子商务大会。4月12日，邀请近百位海外知名侨商参加在深圳举办的福建省政府和社会资本合作(PPP)项目推介会。邀请6个华商团组参加第19届中国国际投资贸易洽谈会，省侨办与厦门市外侨办共同承办“2016海外华商中国投资峰会”，300多名海外华商应邀出席峰会。10月10—16日，组织14名侨商到广西防城港等地开展商务考察活动。

省侨办“海外科技专家顾问团”2016工作年会。11月16—20日，省委组织部、省侨办共同举办省侨办“海外科技专家顾问团”2016工作年会，省发改委、经信委、商务厅、中科院海西研究院、福州大学、福州高新区等省市部门、高校科研院所共14个单位参与协办。活动邀请来自12个国家的22名顾问团成员参会。11月17日上午，举行建言献策座谈会，专家们围绕福建产业发展、招才引智工作等议题进行交流，提出意见建议。11月17日下午，举办18场个性化专场对接活动。11月18—20日，部分专家分别赴厦门、泉州、武夷新区等地实地考察对接。

组织海外华侨华人专业人士来闽考察研修。加大“智库挖潜行动”工作力度，联合国侨办、中国侨商投资企业协会、中国留德计算机学者学会等机构邀请多伦多华侨华人科技考察团、中国侨商投资企业协会科技创新委员会“走进侨梦苑东南行”考察团、中德工业4.0考察团、“国务院侨办海外专家咨询委员会”考察团等多批海外华侨华人专业人士来闽考察对接，承办“第29期华侨华人专业人士回国创业研习班”。其中，“走进侨梦苑东南行”考察团与福建省企业达成合作意向48个，预计投资总额超20亿元。

设立“海外招才引智点”。省侨办在加拿大福建同乡联谊会、北美华商联合总会、加拿大闽商总会、加拿大福建社团联合总会、美国福建同乡会、美国福建公所、美国福建工商总会、美国南加州福建同乡会、美国闽商联合会、日本福建经济文化发展促进会以及促进会关西分会、英国福建华商总会、英国福建总商会、英国福建同乡总会、波兰福建商会、俄罗斯中国闽南商会等16个重点海外社团设立“海外招才引智点”。

协办第14届中国·海峡项目成果交易会大会。交易会期间，国侨办主办、省侨办承办“华侨华人项目成果展区”，邀请来自13个国家和地区的54名海外专家参会，征集海外科技项目202个，促成16个海外华侨华人高新技术项目与福建本地企业和机构签约，投资总额32.5亿元。会议期间，举办第十四届“6·18”海外专家科技成果暨“侨梦苑”项目成果福州专场对接会，现场签约项目11个，投资总额41.46亿元。

【文教宣传】 2016年，福建省举办华裔青少年夏(冬)令营活动。全年全省举办海外华裔青少年夏(冬)令营88期，参加营员8950名，办营规模居全国第一。其中，举办7期以“海外少年到我家”为主题的民宿夏令营，共290多名营员参加。4月1日，由国侨办主办、省侨办承办、菲华商联总会永远名誉理事长陈永栽资助的2016年“中国寻根之旅——菲律宾华裔学生学中文夏令营”在泉州举行开营仪式，千余名菲律宾华裔青少年齐聚福建，开启为期50天的学中文之旅，该活动已举办16届，参营总人数超过1.2万名。7月29日，省侨办和南平市政府共同承办的“海丝情·桑梓梦”2016年海外华裔及港澳台地区青少年“中国寻根之旅”福建集结营活动闭营仪式在武夷学院举行，来自21个国家和地区的910名海外华裔及港澳台地区青少年参加。

推进海外华文教育。举办泰国南部华文民校联谊会华文师资福建研修班、马来西亚中学华文教师研修班、老挝“华文教师证书培训班”、缅甸“华文教育·名师巡讲”活动，支持华侨大学举办东南亚汉语师资班、福建师范大学培养海外本土化华文师资、厦门大学海外教育学院开展华文教育远程学历教育，全年共培训海外华文教师1528名。选派69名优秀教师赴菲律宾、马达加斯加、厄瓜多尔、印度尼西亚等国担任一线教学或教学督导。省侨办与省教育厅签署《关于推进闽港澳侨教育交流合作备忘录》，在推进闽港澳侨青少年和教师互动、搭建校际交流平台、教育走出去、引进优质教育等方面达成协议。

开展“百家华校手拉手”活动。2016年，福建省8所中小学校与海外学校缔结姊妹校，分别是马来西亚深静(哈古乐)华文学校与福州实验小学、香港福建中学附属小学与福建师大附小、澳大利亚标准中文学校与福州钱塘小学和厦门实验小学、马来西亚南华独中与古田玉田中学、菲律宾立人学校与晋江市第三实验小学和永春一都中心小学、晋江养正中学与菲律宾中正学院缔结为姊妹学校。

举办对外文化交流活动。省侨办与省体育局联合举办“2016 年‘加油！好少年’海丝之路青少年国际体育文化交流活动”，选拔 90 名优秀青少年赴马来西亚、印度尼西亚等国开展体育文化交流。搭建中华文化展示平台，推动在福州、厦门两地建设“海丝侨缘馆”，展示华侨华人作为海上丝绸之路参与者、建设者和见证者的历史史料。接待 2016 年“华文教育·教育交流”（加拿大）访华团、马来西亚深静（哈古乐）华文学校访问团等海外文化交流团组。承办 2016 年“中华文化大乐园”美国纽约营活动，选派 11 名优秀教师赴纽约开展中华才艺教学和交流活动。

开展侨务对外宣传。省侨办与省委外宣办、省广电集团合作的“21 世纪海上丝绸之路大型联合采访活动”，获批国家新闻出版广电总局“丝绸之路影视桥工程”项目。以 2016 年海外华裔青少年“中国寻根之旅”相约福建营 Home Stay 项目为素材，与省广电影视集团联合录制 5 期《海外少年到我家》系列片，全景展示营员参加民宿夏令营过程。组织三批次团组赴菲律宾、马来西亚、印度尼西亚、泰国等海丝沿线国家采拍一批闽籍重要侨领，制作《天涯海角福建人》系列片。

《福建华侨史》编修。在龙岩和三明举办两场海外侨胞《福建华侨史》编修工作座谈会，邀请海外侨胞介绍当地侨情，提供史料线索。3 月 28—29 日，在福州举办《福建华侨史》编纂提纲论证会，邀请 8 位省外专家和编委会有关单位代表参加，就编纂提纲和编修工作广泛征求意见建议。7 月 24—25 日，召开 2015 年省社科立项侨史项目中期检查会议，了解项目进展，加强对项目的管理和指导。组织侨史调研团赴德国、西班牙、英国调研，收集资料。开展书稿撰写工作，完成 88 万字初稿。

【国内侨务】　2016 年，福建省实施《福建省华侨权益保护条例》。《福建省华侨权益保护条例》（简称《条例》）于 2016 年 7 月 29 日经福建省第十二届人大常委会第二十四次会议审议通过，并于 9 月 1 日起实施。《条例》四部分共三十四条，分别对华侨政治、人身、劳动就业社保、文化教育、财产、投资、捐赠等方面权益的保护作出具体规定。

维护侨权侨益。2016 年，全省各级侨务部门受理华侨来闽定居申请 5764 件，办结 5569 件。其中，签发“华侨来闽定居证”1921 件，确认非华侨身份 3648 件。省侨办全年受理海外侨胞和归侨侨眷来信来访案件 251 件，信访件办结率 100%。涉侨信访案件主要涉及征地拆迁、社保工资待遇、投资经济纠纷、侨房政策落实、出入境等。

侨务关爱扶贫工作。全年下拨各地市华侨事务经费 1209 万元，帮扶散居贫困归侨低保户、残障归侨、失依儿童等群体。落实散居社会贫困归侨生活困难补助资金 155.46 万元，为 2601 名散居归侨（低保户）发放生活困难补助。下达 2016 年归侨救济费 130 万元，对生活困难的归侨家庭和处于低保边缘户的归侨实行临时生活救助。下拨南侨机工专项生活补助 3.6 万元，发放省属国有困难企业 1969 年 12 月 31 日前回国并参加工作的退休归侨职工补贴 58.44 万元。举办归侨侨眷职业技能培训班 19 期，培训归侨侨眷 1000 人次。举办“侨爱工程——送温暖医疗队暨侨法宣传”活动 24 场，为归侨侨眷送医送药，开展现场诊治和侨法咨询。

创建为侨公共服务示范区。2016 年，全省新创建南平市延平区四鹤街道杨西社区为全国社区侨务工作明星社区，厦门市思明区开元街道深田社区、漳州市长泰县坂里乡新春村、龙岩市新罗区东肖镇溪连村为全国社区侨务工作示范单位。福州市鼓楼区西凤社区、莆田市涵江区江口镇东大村、南平市延平区星光社区、三明市宁化县泉上华侨农场、泉州南安市金淘镇杏田村获评国侨办“侨之家”工作联系点。

华侨农场改革发展。贯彻《省政府关于促进华侨农场改革发展十项措施》，落实梅州、南山、双第、北硿、武夷山和泉上等 6 个困难华侨农场职工基本养老保险省级补助资金 286.79 万元。省侨办会同省住建厅安排 2016 年保障性安居工程常山华侨农场危房改造项目 400 套，基本完成改造任务。

（林晓英）

港澳事务

【概况】　2016 年，福建省深化与港澳交流与合作。全年有 12 批次省级领导率团访问港澳地区，全国政协副主席、澳门前特首何厚铧，香港财政司司长曾俊华来闽访问。完善闽港闽澳政府间合作机制，分别举行闽港合作会议第二次会议、闽澳合作会议第一次会议。闽港闽澳经贸旅游合作持续加强，金融合作及社会领域合作有效拓展，青少年交流工作有序推进。

【省长于伟国会晤港澳特首】　2016 年 10 月 13—14 日，在江西南昌举办的 2016 年泛珠三角区域合作行政首长联席会议期间，福建省省长于伟国分别会见香港特首梁振英和澳门特首崔世安。于伟国表示希望学习借鉴港澳的成功经验，进一步推进闽港闽澳在经贸、金融、科技、创新、旅游、交通等领域的交流合作，携手共促“一带一路”建设。香港特首梁振英、澳门特首崔世安也分别表示要进一步凝聚共识，发挥港澳在金融贸易、科技创新和服务业、会展业等方面优势，持续深化与福建各领域务实合作，实现互利共赢。

【闽港合作会议第二次会议召开】　2016 年 4 月 15 日，闽港合作会议第二次会议在香港举行，福建省副省长梁建勇与香港特别行政区政务司司长林郑月娥共同主持会议，双方达成包括进一步深化闽港经贸、金融与旅游合作，联手与海丝沿线国家（地区）开展三方合作，支持闽港制造业、创新科技业、服务业、文化创意产业加强合作，拓展两

2016年10月27日至11月1日，团省委、省港澳办、省国际文化经济交流中心和有关港澳社团联合开展闽港澳青年重走长征路活动　　（团省委供稿）

地青少年、文艺展演、体育赛事交流等八项共识和安排，形成会议纪要，进一步完善闽港政府间合作机制。

【闽澳合作会议第一次会议召开】 2016年10月17日，闽澳合作会议第一次会议在澳门举行。福建省副省长梁建勇与澳门特区经济财政司司长梁维特共同主持会议，双方充分肯定2015年闽澳高层会晤以来两地合作所取得的良好成效，达成深化经贸、旅游、金融、医疗卫生、教育及青少年等领域交流合作的共识，形成会议纪要，签署《关于加强闽澳经贸合作的协议》《闽澳医疗卫生交流合作备忘录》《福建省平潭综合实验区旅游发展局与澳门特别行政区政府旅游局关于加强旅游合作备忘录》。

【福建省组团参加香港“赏心乐食”美食文化节活动】 2016年4月，福建省组织137人展演团队，赴香港参加由香港特区政府民政事务局支持、香港“闽、粤、侨、潮、梅、桂”六大社团联合举办的“赏心乐食”美食文化节活动。在港期间，展演团队按照舞台艺术、工艺美术、特色美食3个主题，在香港维多利亚公园进行为期4到8天不等的节目展演，深受香港市民喜爱，既有效宣传和展示了八闽风味美食和特色文化，又为香港社会营造和谐氛围。副省长梁建勇应邀出席“赏心乐食”美食文化节开幕式，并参观展区，看望福建展演团队。

【澳门工会联合总会“福建体验之旅”考察团访闽】 2016年10月，澳门工会联合总会“福建体验之旅”考察团一行约600人访闽，开展国庆同心行活动。考察团通过参观交流，体验福建深厚的历史文化、丰富的人文景观和特色风土人情，加深闽澳之间的友谊，增强爱国主义情怀。考察团成员表示，将一如既往地发扬爱国爱澳精神，拥护“一国两制”，维护基本法，积极参与特区建设，促进闽澳交流合作。

【港澳青年与学生来闽交流活动】 2016年，闽港闽澳青少年交流工作列入闽港合作会议第二次会议、闽澳合作会议第一次会议议题，并写入会议纪要，着力从政府合作层面更好地加以指导与推动。“港澳青年精英故乡行”“港澳青少年寻根之旅”“海上丝绸之路科考营”“缔结姊妹学校关系”“重走长征路”等多种形式的活动有序有效开展。据不完全统计，全年有超过2100位港澳青少年来闽交流，增进了闽港澳青年学生之间友谊，增强了港澳青少年对中华历史文化、八闽特色文化、福建发展变化的了解以及对祖国的认同感。

（王周雨）

【首届“海丝情·中国梦”港澳青年精英故乡行活动】 2016年6月13—17日，福建省侨办联合泉州市外侨办共同开展“海丝情·中国梦”港澳青年精英故乡行活动，来自21个港澳闽籍社团的51位青年精英参加。活动期间，港澳青年精英先后赴泉州、安溪、德化、晋江、福州等地考察交流，参加泉州市建设“21世纪海上丝绸之路”先行区经贸推介洽谈会，考察福建“侨梦苑”等侨商创业园区、知名侨资企业，参观泉州海外交通史博物馆等海丝景点，听取闽南文化、海丝文化专题讲座。

【四海一家·闽港青年交流】 2016年8月10—14日，福建省侨办与香港新家园协会联合举办“四海一家·闽港青年交流团”活动。共有500多位香港青年学生、青年创业者、专业人士、基层义工及内地50位华侨大学学生参加。省委书记尤权，省长于伟国，省委常委、统战部长雷春美，副省长梁建勇在福州会见以香港新家园协会会长许荣茂先生为团长的交流团一行。活动以“加强联系交流、增进互融互通”为主题，围绕创新创业、海丝文化、红色文化、世遗文化4个分主题策划活动，集中组织观看《丝海梦寻》专场演出等，组织交流团一行分赴厦门、泉州、龙岩、武夷山四地交流学习。

【第五期港澳侨界杰出青年研习班】 2016年10月25—30日，由国侨办主办，国侨办港澳台司、福建省侨办承办，厦门市外侨办、华侨大学承办的第五期港澳侨界杰出青年研习班在厦门举办。48名来自港澳地区的侨界青年代表参加研习。国侨办副主任谭天星参加开班仪式。研习班授课内容涵盖海外侨情与中国政府侨务工作、海上丝绸之路与港澳及周边关系、闽港合作与福建发展等，期间安排以和谐侨社为主题的座谈交流，组织教学实践活动，缅怀嘉庚精神，参访中国（福建）自由贸易试验区厦门片区。

（林晓英）

编辑：林忠玉　孙洁斐

福建年鉴 2017
FUJIAN YEARBOOK

闽台交流合作

闽台经贸

【概况】 2016年，福建省新批台资企业项目（含第三地转投）1424个，比上年增长（下同）63.7%，合同台资30.1亿美元，实际到资20.2亿美元，增长53.9%；经商务部核准在台直接投资项目21个（增资5个，新设15个、分支机构1个），增长61.5%，核准对台投资额4366.23万美元，增长88.5%。闽台贸易总额656.5亿元，其中，对台253.4亿元，增长9.2%，自台403.1亿元；对台小额贸易2.85亿美元。海峡两岸农博会·花博会（漳州）、纺织服装博览会（泉州）、林业博览会（三明）、机械产业博览会（龙岩）、电机电器博览会（宁德）等重要涉台经贸展会专业化水平提升，以展会活动促进贸易增长。福清南青屿、长乐松下、莆田秀屿、湄洲岛宫下获批第四批“试行更加开放管理措施对台小额贸易点”，至年底福建放开船舶吨位和交易金额限制的对台小额贸易点总数达12个。

【福建自贸试验区对台合作】 2016年4月1日，福建省人大常委会颁布施行《中国（福建）自由贸易试验区条例》。福建自贸区落实36项对台服务贸易开放措施，主要涵盖运输服务、会展服务、旅游服务、建筑业服务、产品认证服务、工程技术服务、专业技术服务和个体工商户注册等。全年自贸区吸引台资项目929个，实际利用台资7738万美元。

【平潭综合实验区对台合作】 2016年，《平潭综合实验区条例》颁布实施。台湾爱维口腔医院开业，宸鸿科技、台达电子等项目运营。推进华创股权投资基金、海峡股权交易中心、海峡证券等金融合作项目，有37家企业在海峡股权交易中心挂牌交易。台湾商品免税市场入驻商户294家，其中台资占60%以上。采认台湾相关行业资质资格，有60多家台湾建筑、旅游、医疗、教育等企业和机构落地，100多名台湾执业人员在平潭就业。探索岚台社区管理模式，试点聘任台湾村里长参与平潭基层建设。台湾创业园、台湾小镇、台湾青年创业实践基地等投入使用。有4家台湾旅行社在平潭设点经营，多名台湾导游在平潭执业，具有台湾风味的平潭石头厝民宿成为旅游新热点。

【厦门对台综合改革试验】 2016年，“台厦蓉欧”货运班列开通，将“厦蓉欧”国际货运班列起点延伸至台湾，形成一条跨越海峡、横贯亚欧大陆的物流大通道。两岸贸易中心吸引“中华电子商务产业协会”、台北商业会等两岸约400家商协会和企业入驻，大陆唯一两岸航空冷链物流试点——万翔冷链物流中心引进境内外知名品牌150多家。厦门8家银行挂牌成为两岸知识产权金融试点单位，主要面向科技型企业提供专利质押贷款。厦门和境外银行签订人民币代理清算协议72对，开设账户72个，其中台湾地区44个，厦门跨海峡人民币代理清算总量占全省4/5，占大陆近1/10。

【2016两岸企业家峰会年会】 2016年11月6日，两岸企业家峰会年会在金门开幕。中共中央政治局常委、全国政协主席俞正声出席峰会并发表重要讲话。两岸参会嘉宾上千人。围绕“企业创新合作、产业融合发展”主题，举办7个产业对接小组10个专题论坛。福建省通过峰会对接20多家台湾企业，跟踪推进古雷石化等项目，并接洽一批意向项目。郭台铭等台湾知名企业家来闽考察商洽。此次峰会层次高、环节多，开辟在金门开幕、在厦门闭幕的“两门合办”新模式，推进多领域经济合作，拓宽产业合作新渠道，得到两岸业界的肯定。

【先进制造业对接】 2016年，福建承接台湾石化、电子信息等先进制造业转移，重点台资项目进展顺利。两岸合作的福建古雷石化有限公司揭牌成立；厦门联芯12寸晶圆项目进入试生产阶段；泉州晋华存储器项目开工建设；莆田联颖光电6寸砷化镓项目试产投片；加快华映集团在莆田设立的6代面板项目建设，完成主厂房建筑及动力机电安装，进入生产设备安装调试阶段。

【农业合作】 2016年，福建省推进台湾农民创业园建设，推进漳浦兰花产业园二期、仙游牛樟芝一体化示范、清流国兰良种繁育中心等一批带动性强的现代农业项目。提升漳平台创园休闲观光旅游知名度，举办第五届樱花旅游文化节。漳平台资茶企鸿鼎现代观光体验式茶厂列入福建首批观光工厂名单。仙游台湾甜柿入选农业部全国名特优新农产品目录。福建网上供销社上线运行，引进台湾特色农产品。依托福建农林大学建设的省部共建闽台作物有害生物生态防控国家重点实验室获批建设。厦门保持大陆引进台湾水果第一进境口岸。海峡两岸新型农民交流培训基地先后举办茶产业、休闲农业与乡村旅游等10期培训班，培训学员近700名。2016年全省新批台资农业项目48个，合同台资1.1亿美元，实际到资7100万美元。

【现代服务业合作】 2016年，台湾银行福州分行、台湾中信银行厦门分行获批成立，在闽台湾地区银行业机构达6家。中国银行福建省分行与彰化银行、合作金库、华南银行福州分行签订合作协议，开展全面业务合作。合资全牌照证券、基金公司政策取得突破，厦门金圆统一合资证券项目报证监会。在闽台湾金融机构数增至21个，仅次于上海。福建省电子信息口岸管理中心与台湾关贸网络公司签订《闽台口岸信息互联互通合作协议》。泉州台资合作公共自行车项目投入运营，闽台家政实训泉州基地启动。文创产业合作取得明显成效，举办台湾文创精品展、台湾工艺美术精品展等活动，厦门文博会邀请741家台湾文创企业参加，推动文创产品线上交易平台建设。

【台湾青年实习就业创业】 2016年，福建省新增海峡两岸青年创业基地3个（福州海峡两岸青年创业孵化中心、厦门云创智谷、平潭台湾创业园）、示范点1个（泉州福建闽台农产品市场），总数达8个，位居大陆各省市前列；漳州、泉州新设立12个设区市级台湾青年创业基地。各地各部门鼓励支持台湾青年实习就业创业力度加大，配套出台扶持台湾青年就业创业政策。搭建两岸青年创业就业活动平台，支持举办两岸青年创业创新大赛等活动，吸引两岸5000多名创业青年参与。推动台湾青年来闽实习就业，优选300个就业实习岗位面向台湾青年开放，累计吸引137位台湾青年学生在闽实习。全年吸引台湾青年来闽实习、就业、创业1800多人。

【台商合法权益维护】 2016年，福建省联合省高院推广率先对台籍犯罪人适用缓刑实行社区矫正等工作经验，在福州市推广设立“台胞权益保障法官工作室”等。加大调处重大台商投诉求助事项力度，妥善调处涉台敏感案件，推动历史遗留重大台商投诉求助案件解决。全年全省受理台商投诉台胞求助案件390件，办结377件，办结率96.7%。

2016年4月23日，“劳动美·海峡情”两岸职工庆五一联欢晚会在平潭举办（省总工会供稿）

闽台交流

【概况】 2016年，闽台人员往来和双向交流在数量、规模、层次上稳中有升。全年全省累计接待台胞267.2万人次，比上年增长（下同）12.2%。全省应邀赴台交流项目2310批次、15556人次。经福建口岸赴金马澎和台湾本岛旅游人数56.35万人次，增长4.9%；其中团队游26.4863万人次；个人游29.87万人次，增长12.7%。

【海峡论坛】 2016年6月，第八届海峡论坛在福建举行。论坛以“扩大民间交流、促进融合发展”为主题，坚持“民间性、草根性、广泛性”定位，关注青年发展，突出基层服务，是岛内局势发生新变化后举办的第一场两岸大型民间交流活动。中共中央政治局常委、全国政协主席俞正声出席论坛并发表重要讲话，两岸30多个界别1万余人出席论坛，共举办19个项目33场系列活动。首次推出论坛之歌《手牵手》，由两岸歌手共同演唱。在论坛大会上首次设计互动发言环节，邀请两岸创业青年代表与年轻人分享创业经验。两岸特色庙会邀请约250位台湾客商参展，吸引游客近70万人次。智库论坛汇聚两岸100多位专家学者，围绕新形势下推进民间交流、促进融合发展等议题进行交流。

【祖地文化交流】 2016年，福建东山“关帝神像金身”首次环台巡安，南安郑成功庙“护国天尊延平王神驾”赴台巡游会香等交流活动在台湾岛内引起热烈反响，扩大福建祖庙在台影响。交流基地建设呈现新亮点，晋江五店市传统街区、尤溪朱熹诞生地、武夷山朱子故里获批“海峡两岸交流基地”，基地总数达10个，位居大陆各省市首位。举办第十八届中国·湄洲妈祖文化旅游节、第九届海峡两岸（厦门海沧）保生慈济文化旅游节、第二十五届海峡两岸（福建东山）关帝文化旅游节、海峡两岸开漳圣王文化交流暨漳浦威惠庙建庙1300周年纪念大会、第四届南安郑成功文化节、闽王文化对台交流系列活动、古田陈靖姑文化节等祖地民俗节庆活动，提升“一后（天后妈祖）、两帝（关帝、保生大帝）、三王（开漳圣王、延平郡王、开闽王）”等祖地文化活动品牌的内涵和影响力。争取涉台文物保护专项资金，推进实施涉台文物保护工程。

【乡镇村里交流】　2016年，福建举办第二届海峡两岸村里长交流会，吸引台湾500多位村里长和基层人士代表参加。举办第八届海峡论坛·闽台同名村镇续缘之旅活动，邀请台北、台中、台南、嘉义、南投、彰化、高雄、苗栗、桃园、宜兰、新北等地380名台湾同名村乡亲，参访厦门、漳州、泉州市的76个村镇，与当地乡亲开展寻根谒祖、族谱修撰、叙缘联谊等活动。举办第三届海峡两岸社区治理论坛，推动台北、新北、台中、屏东、云林、苗栗等地的12个村与福建省的12个社区签订合作共建协议。举办两岸特色乡镇智慧农业对接会，50对闽台特色乡镇智慧农业对接项目签约。

【旅游交流合作】　2016年，福建省赴台旅游政策取得突破，福建省内居民赴台旅游签注可网上受理，省外居民经平潭赴台团队游可在平潭直接申请办理签注，临时到闽的省外居民可在闽办理赴台团队游“一次有效往来台湾通行证”，经福建乘坐邮轮赴台团队游的省外居民可在闽直接办理签注。持续举办“万名台湾青年学子来闽修学”主题活动，全年有来自台湾的1000多名高校师生开展“清新福建”修学旅游。

【教育交流合作】　2016年，福建省赴台教育领域团组共989批次9451人次，分别占全省应邀赴台总量的44.1%、61.6%；其中组织交换生赴台交流学习363批次6748人次。截至年底，累计组织交换生赴台交流学习2092批次32228人次。全年全省确认录取的赴台学历生769名，占大陆确认录取招生人数的25.3%。截至年底，全省赴台就读学历生累计3386名，占大陆赴台就读学历生总量的26.2%。全年全省高校招收台生334人，在校台生1536人，其中240名台生共获得150万元奖学金。截至年底，全省高校累计招收台生6486人，在读台生约占大陆在读台生的1/6。

闽台高校合作办学有新突破，福州大学与台湾元智大学合作举办电气工程专业博士研究生教育项目，经部省联合审批专家组审核通过，成为大陆举办首个博士层次闽台合作办学项目。推进两岸师资交流培养，落实台湾全职教师引进计划，全年全省高校引进台湾全职教师206人。依托4个闽台联合培养中心，选派810名新办本科高校、职业院校骨干教师和管理干部赴台研修。

【体育交流】　2016年，福建省举办海峡两岸全民健身交流展示活动、厦金横渡活动、厦门国际马拉松赛、2016年中华龙舟大赛、海峡两岸定向越野赛等全民健身活动，吸引不同年龄、职业的数以千计台胞热情参与，促进了两岸体育交流与合作。

【青少年交流】　2016年，第四届海峡青年节在福州举办，两岸3000多名青年携手参与峰会、联欢会、交流分享会和系列活动。探索开展台湾青年体验式交流，举办“朱子之路”研习营、两岸青年闽南文化研习营、海西台胞青年夏令营、海峡青年美丽福州体验营等活动，支持两岸青少年零距离、面对面交流沟通，活动期间同吃同住、同玩同游，增强双方了解与情谊。举办两岸大学校园歌手邀请赛、“情系青春”两岸青年八闽行、第六届海峡两岸青年舞蹈嘉年华、2016年中医药传统文化研习营等活动，为两岸青年的广泛深入交流搭建更多平台。

2016年1月20—28日，福建省侨办组织2016年“中国寻根之旅—台湾大学生（福建）冬令营”活动，来自台湾政治大学、台湾师范大学、台北教育大学、台湾海洋大学、高雄大学、逢甲大学等6所大学的43位师生，齐聚福建，开展以“寻根福建，认知祖地，弘扬中华文化”为主题的冬令营活动。7月10—17日，省侨办联合台湾木铎学社、台湾高雄传统伦理协会共同组织台湾中学生来闽开展“寻根之旅”夏令营，共有103位台湾师生参加。

【职工交流】　福建省举办2016年海峡职工论坛，250多名两岸劳模和职工代表参与研讨交流，成为历届以来规格最高、内容最丰富、效果最好、影响力最大的一次活动。举办第三届（2016）平潭两岸职工自行车赛，海峡两岸600多名职工以及部分劳模代表参赛，其中来自台湾的骑友300人，是规模最大，水平最高的一次两岸职工自行车业余赛事。

闽台直接往来

【概况】　2016年，闽台“小三通”客流量181.1万人次，比上年增长（下同）0.17%；空中直航客流量95.27万人次，增长2.36%；客滚直航客流量10.59万人次。海上直航货物吞吐量2123.32万吨；集装箱吞吐量72.56万标准箱，增长3.04%；空中直航货运总吞吐量2.4万吨，增长3.26%；直接通邮函件量233.39万件，增长13.9%。

【金门供水工程建设】　截至2016年底，金门供水工程累计完成投资1.29亿元，完成大陆段工程建设任务。大陆方负责建设的11.68千米陆地管道工程全部完工，并通过试压；主副厂房、管理房封顶并完成装修；泵站主体工程完工，机电设备安装基本完成，具备通水条件。金门方面负责的海底管道工程于2016年6月动工建设，总长16.02千米的海底管道完成铺设8千米。

【台车入闽】 2016年，福建省推动简化台车入境相关手续。截至年底，共有7批次14辆台湾车辆搭乘台湾至平潭客滚轮，经平潭口岸入闽开展自驾游。

【闽台海上货运直航】 2016年，福建省推动开通闽台海上新航线和新航道。开通闽台海上货运新航线。4月，泉州至台南安平港海上集装箱班轮运输首航，该航线由泉州丰泽船务公司旗下“丰泽园”轮执航，每周运送1个航次，可装载672个货柜，将为台南地区业者提供更完善快捷的海运物流运输服务。厦门刘五店航道（金门段）开通。5月，刘五店海翔码头迎来首艘国际航行船舶巴拿马籍“钻石之星”轮和随船运载的3500吨散装石材，刘五店港区海翔码头进入试运营阶段。至年底，台湾有关部门于2015年12月16日同意开放的刘五店航道金门水域航段正式开通。

2016年6月12日，2016海峡职工论坛在厦门举行 （省总工会供稿）

【“台厦蓉欧”海铁联运列车开通】 海铁联动是闽台海上、空中直航外的又一快速便捷物流通道。2015年，“台平欧”海铁联运列车开通；2016年4月，首批来自台湾高雄经“中远之星”客滚轮抵达厦门的货物，搭载“厦蓉欧”班列并顺利发运，驶向波兰，“台厦蓉欧”班列正式联通。从台湾通过海运到平潭或厦门，搭乘班列运往欧洲，运输时间比全程海运节省近一半，成本只有空运的1/5左右。“台平欧”和“台厦蓉欧”班列以其快速便捷的服务惠及沿路各地，对吸引台湾企业选择该物流线路，助推台湾参与“一带一路”倡议具有重要意义。

编辑：林忠玉　孙洁斐

闽台两岸合编高中语文教材在台湾出版使用

闽台两岸教育教材交流合作取得新突破，由福建师范大学两岸文化发展研究中心、福建师范大学文学院和台湾中华文化教育学会等两岸机构合作编写的语文教材项目——《高中国文》教材，正式在台湾出版并在台北、台中、高雄等多所高中学校投入使用。2017年10月2日，作为使用该合编教材的试点学校之一，台北万芳高中举办了赠书仪式及教学观摩会，数十名来自闽台两地的语文教学专家、语文教师围绕该教材的课堂使用、文本解读、文言文价值性等展开交流探讨。

自2014年6月起，为推动合编教材这一项目工程，两岸三家协作单位组织14名大学教授、中学名师组成编委会，由福建师范大学文学院教授孙绍振、台北教育大学语文与创作学系教授孙剑秋分别担任主编。3年来，两岸专家查阅研究了大量资料，走访了两岸数十所大学、中学，先后完成《高中国文》（含课本、教师手册、教师用书）第一册和第二册、《中华文化基本教材》《高中古诗文选读》等总计13册、500万字教材的编写任务。

这次合编出版的教材更加突出中华优秀传统文化，精选了大量古今名篇，例如《师说》《岳阳楼记》等，此外《论语》《孟子》的选段，诗经、楚辞、唐诗、宋词的选篇，以及《孔乙己》《再别康桥》等白话文也都入选其中。

两岸合编高中教材大陆主编、福建师范大学文学院教授孙绍振介绍说，大陆选的课本，比较着重于文本中心，来展开对作家的了解；台湾选的课本，比较强调以作家为中心，介绍他的整个文学成就、生平以及在历史上的地位。而台湾主编、台北教育大学语文与创作学系教授孙剑秋也补充说，大陆教材和台湾教材因为在这方面各有不同，各有特色，所以想把它融合在一起，让它呈现完整的教案。

摘自《福建日报》

2017 福建年鉴 FUJIAN YEARBOOK

经济管理与监督

宏观经济管理

【规划编制和政策制定】 2016年，福建省加强编制实施“十三五”规划。“十三五”规划纲要通过福建省十二届人大四次会议审议批准实施，27个“十三五”省级重点专项规划出台，争取一批重大事项重大项目列入国家“十三五”规划盘子。部署规划纲要和专项规划实施，开展年度监测评估，跟踪了解规划纲要重点任务推进情况。根据福建省政府与国家发改委、国家测绘地理信息局签订开展福建省级空间规划试点的合作协议，制订福建省级空间规划试点工作实施方案，开展永春县、永安市、霞浦县空间规划编制试点，研究制订福建省市县空间规划编制办法。酝酿推出生态文明试验区建设、海丝核心区建设、补齐发展短板扩大有效供给、积极扩大有效投资、加快发展现代服务业、推进数字福建建设和互联网经济发展、推进农村产业融合发展等一批政策，做好政策储备工作。

省政府与国家发改委签署建立推进国际产能和装备制造合作委省协同机制的合作框架协议。国务院批复同意永泰、泰宁、永春、华安、武夷山、屏南、寿宁、周宁、柘荣等列入国家重点生态功能区，批复同意平潭国际旅游岛建设方案。国家发改委明确在福建省开展市场准入负面清单试点。

加强经济运行跟踪监测。加强对“五个一批”（谋划一批、签约一批、开工一批、投产一批、增资一批）项目、投资工程包等跟踪分析，针对经济运行中出现的问题，提出应对措施和建议。对全省和地市经济运行情况进行分析，对主要预期目标进度完成情况、重大项目建设完成情况进行跟踪监测，加强调研和项目协调推进。

【有效投资扩大】 2016年，福建省发改委出台积极扩大有效投资若干意见，推动各牵头部门细化制订本领域年度实施方案，分解下达年度投资目标任务。加强对投资运行情况跟踪分析，及时发现新情况，研究应对措施。每季组织各地开展促进有效投资稳增长政策落实情况检查，定期梳理全省促投资稳增长工作情况。

推进补短板投资工程包。研究提出两批22个补短板投资工程包，采取“一包一策”方式，明确投资目标、投资重点、主要措施、牵头单位和推进主体，以工程包带项目、通过全省性或区域性打捆，由一个或多个投资主体（平台）牵头推进，加快项目实施。

促进民间投资增长。做好国务院促进民间投资政策落实情况督查相关工作，结合督查反馈问题，制定实施进一步做好民间投资工作的政策措施。推进政府和社会资本合作，发布省级PPP项目库清单项目126个、总投资2157亿元；筛选11个、总投资200亿元传统基础设施领域PPP项目在国家发改委网站推介。

推进行动计划重大项目和重点项目建设。交通方面，建宁至冠豸山铁路开工，兴泉铁路先行工程开工，福厦客专工程可行性研究报告获批。莆炎高速永泰至尤溪段开工，沙埕湾快速通道工程可行性研究报告获批。厦门翔安机场、福州机场二期建设前期工作顺利推进。福州地铁1号线建成通车，2号线全线开工，6号线控制工程开工。罗屿大型矿石专用码头基本建成。能源方面，建成宁德核电4号机组、福清核电3号机组，西气东输三线全线建成；永泰、周宁、厦门抽水蓄能电站等项目开工建设；推进漳州LNG接收站、宁德核电5—6号等项目前期工作。

推进企业直接融资。推动企业上市、发债，新增46家次企业在境内外上市融资或再融资584.93亿元，192家企业在全国中小企业股份转让系统（“新三板”）挂牌，挂牌企业交易成交金额79.93亿元、定向增发募集资金24.33亿元。10家企业发行企业债券筹资138亿元。健全重大项目融资对接长效机制，对逾320个重大项目近765亿元融资需求分领域进行对接。

【产业结构优化升级】 2016年，福建省促进工业重大项目转型，加强重点产业梳理。梳理石化、机械、冶金、纺织、轻工等产业发展情况，开展全省电子、能源、汽车3个产业发展战略和重大项目策划研究。推进重大工业项目建设，漳州古雷炼化一体化项目（一期）核准建设，京东方第8.5代面板生产线、龙马环卫专用车辆和环卫装备扩建等项目建设加快，龙岩中晶蓝宝石图形化衬底（PSS）、翔丰华新能源汽车用锂电池石墨负极材料等项目基本建成。推进三峡集团风电产业园建设，中铝集团开展宁德铜精矿保税仓库、40万吨/年东南铜业、上海铜箔搬迁宁德项目及福州江阴铝精深加工基地的布局建设。开展钢铁行业违法违规建设项目清理核查等工作。

推动现代服务业发展。制定“十三五”现代服务业发展专项规划等政策措施，梳理现代物流、金融、旅游等九大主要行业发展情况，推进主辅分离。加大招商对接，牵头主办全省现代服务业专场对接会，推介项目120个，总投资约2330亿元。推动设立总规模100亿元的省现代服务业产业发展基金。推进集聚发展，扶持首批29个省级现代服务业集聚示范区。推动综合改革试点，推进省级8个综改试点区建设，支持晋江等地开展主辅分离等改革，组织福州市申报“十三五”国家服务业综合改革试点和鼓楼区国家服务业综合改革示范典型，并获国家发改委批准。

加快农业基础设施建设。推进重大水利项目建设，平潭综合实验区防洪防潮工程、罗源霍口水库工程、平潭及闽江口水资源配置工程可行性研究报告获国家批复。明溪黄沙坑水库、龙岩坪坑水库、尤溪汶潭水库和“五江一溪”防洪工程等项目加快建设。促进现代农业发展，开展全省新增6亿斤粮食产能田间工程建设，支持省级以上地方特色畜禽（水产）原（保）种场和林竹良种繁育场（圃）建设，全省5个县（市、区）列入国家农村产业融合试点示范县。

实施创新驱动发展战略。编制“十三五”战略性新兴产业专项规划，实施创新驱动发展战略行动计划和产业技术联合创新专项。建设创新支撑平台，推动中科院海西研究院、国家专利审查协作福建中心等“国字号”重大科研机构建设。新增批复设立两个省级工程研究中心，推动微生物菌剂开发与应用等3个工程研究中心列入国家地方联合共建计划。推动泉州晋华集成电路存储器生产线、三明MS760通用飞机制造等重大科技产业项目开工建设，争取厦门联芯12英寸集成电路等6个项目列入国家“十三五”集成电路产业重大生产力布局规划。第十四届“6·18”海峡项目成果交易会累计对接合同项目5852个，总投资1433亿元，其中新兴产业项目占56%。

数字福建建设。基本完成省直部门数据中心整合，在全国率先出台省政务数据管理办法，成立省大数据管理局。国家级互联网骨干直联点项目获国家批复。数字福建云计算中心一期工程、应急通信保障能力福建示范工程基本建成，无线政务专网、电子政务认证服务等平台启动建设。实施信息惠民工程，建设基础教育“班班通”和网格化服务管理等平台。发展互联网经济，两个大数据产业重点园区签约入驻企业超百家，启动建设中国·福建VR产业基地，在9个县（市、区）开展“互联网+”区域化链条化试点，成立省互联网经济基金和促进会，举办福建省互联网经济创业创新大赛等活动。

海洋经济发展。编制实施海岸带保护与利用规划，推进220个海洋经济重大项目建设，在建项目完成投资390亿元，完成年度投资计划的108.2%，建成或基本建成项目41个，新开工项目18个。支持远洋渔船更新改造、海洋工程实验室、服务平台以及海洋新兴产业等方面项目建设。

【区域协调发展】 2016年，福建省支持欠发达地区发展。落实23个扶贫开发重点县有关工作。出台加大脱贫攻坚力度支持革命老区开发建设的实施意见，采取一系列支持老区开发建设的政策措施。研究支持长（汀）连（城）武（平）扶贫开发试验区发展、三明国家扶贫改革试验区建设。争取国家以工代赈资金，支持欠发达农村小型基础设施建设。

推进易地扶贫搬迁。协同省农业厅编制全省易地扶贫搬迁“十三五”规划、实施方案和年度实施计划，制定全省易地扶贫搬迁中央预算内投资管理实施办法。中央预算内资金安排1.33亿元支持福建省国定贫困人口易地扶贫搬迁住房建设。国开行福建分行、农发行福建分行拨付全省2016年易地扶贫搬迁专项建设基金2.96亿元、专项（贴息）贷款资金6.65亿元，并与省扶贫开发公司、县（市、区）扶贫开发投融资平台做好衔接。

促进区域经济协调发展。福州新区发展规划获批实施，平潭综合实验区加快开放开发，厦门海沧、泉州泉港获国家发改委支持开展产城融合示范区建设。

【新型城镇化建设】 2016年，福建省推进新型城镇化试点。推动莆田、晋江、永安、邵武等4个国家级新型城镇化综合试点和石狮、德化等9个省级新型城镇化综合试点。开展永安保障房建设、上杭土地整治、长汀文化传承等省级新型城镇化专项试点。争取国家支持，福清、古田、上杭、长泰4个县（市）列入第三批国家新型城镇化综合试点。组织编制实施15个小城市培育试点镇3年（2016—2018）行动计划。

推进特色小镇创建。制定特色小镇规划建设指导意见和创建指南，长乐东湖VR小镇等28个特色小镇列入第一批省级特色小镇创建名单。制定实施2016年度特色小镇创建工程包实施方案和建设机制，促进投资发展。

【重点领域改革】 2016年，福建省经济社会事业体制改革专项工作小组2016年工作要点分解落实，十个方面、44项改革任务基本完成。

精简行政审批事项。取消所有非行政许可审批事项，行政审批事项从23项减少到4项。支持自贸试验区和福州新区制度创新，将一批项目核准权限下放给自贸区和福州新区；适时调整权力清单和责任清单。省发改委行政权力事项由45项调整为36项，公共服务事项由22项调整为10项。规范和统一全省发改系统行政审批和服务事项省市县三级纵向清单；成立省级投资项目行政服务中心，与委行政服务中心合署办公。开展市场准入负面清单制度改革试点，按福建省开展市场准入负面清单制度改革试点总体方案，各级各部门试点工作有序展开。

“深化互联网＋政务服务”应用。完善省网上办事大厅，省市县（区）7万多项行政审批和公共服务事项进驻，其中90%以上事项实现网上办理或预审；建成运行纵向覆盖省市县三级、横向联通涉及投资项目管理各职能部门的全省投资项目在线审批监管平台；省公共信用信息平台与国家、部分省级行业平台和大部分设区市平台实现互联互通。

推进投资体制改革。推动投资项目并联审批，实行“一口受理、同步审批、限时办结、信息共享”并联审批。实施福建省精简企业投资项目前置条件试行方案，精简不涉及修改法律、法规、规章的核准前置审批事项。落实全国人大常委会将原节约能源法等6部法律设定的8项行政审批由项目申请报告核准（或项目可研报告审批）前完成改为开工前完成的决定，修改相关投资审批、核准事项规程和办事指南。

加快社会信用体系建设。健全信用规章制度，各行业各领域有关信用分类管理、信用评价、守信激励与失信惩戒等方面法规制度相继出台。统一社会信用代码制度先行先试，推进代码增量公示和存量转换工作。在自贸区率先开展使用第三方信用服务机构的信用评级报告试点。

加强公共资源交易管理。成立福建省公共资源交易管理办公室。完成省级工程建设项目招标投标、矿业权交易、政府采购、国有产权交易四类交易平台的整合，建立市级统一的公共资源交易平台。制定交易平台管理细则和服务标准、交易诚信管理办法等，完成1096件公共资源交易规范性文件清理。全省公共资源电子交易公共服务系统和行政监督系统上线运行，实现国家、省、市三级系统互联互通。规范政府投资小规模工程招标投标管理，制定专家库管理办法实施细则，推动专家库升级改造，开展远程异地评标。推进国家电子招标投标创新试点省建设。

推进电力体制改革。根据国家批复福建开展售电侧改革试点方案，制定相关配套制度和管理办法，并启动输配电价改革和增量配电业务试点。以年度交易为主，中短期交易为辅，先行扩大直接交易试点。通过大工业用户直接交易，减少用户电费14.26亿元。

深化医药卫生体制改革。整合医保管理体制，省医疗保障管理委员会进入实质性运作。完成新一轮省级药品集中招标采购，平均价格降幅15%左右。开展医保支付方式改革，完成100个以上单病种付费改革目标。实施公立医院管理体制改革，深化基层医药卫生体制综合改革，促进分级诊疗制度建设，推进家庭医生签约服务。

【外经外贸工作】 2016年，福建省推进海丝核心区建设。首批海丝核心区建设重大项目300多个、总投资6000亿元，建立海丝项目储备库。中国武夷、紫金矿业、福耀玻璃等知名企业加快境外投资项目、合作园区建设。建设中国—东盟海产品交易所、中国—东盟海洋学院等中国—东盟海上合作基金项目，以及春申公司印尼三宝垄生态养殖生产基地等远洋渔业合作项目。

推进自贸试验区建设。牵头自贸区投资专题组工作，推进投资领域重点试验任务实施，全面实施外商投资准入前国民待遇加负面清单管理模式。组织实施自贸区产业发展规划，配合推进各片区重点产业发展和重大项目建设，促进自贸区第三产业加快发展和对台交流合作。研究提出在自贸区开展的新增试验任务，加快创新成果的复制推广。

加大企业“走出去”步伐。建立推进国际产能合作和装备制造合作的委省合作机制和省级联席会议制度，建立国际产能和装备制造合作重点项目库，第一批纳入项目28个，其中，总投资1亿美元以上的项目16个、总投资99.4亿美元；境外投资项目备案20个，中方投资额25.57亿美元。

推进外商投资工作。筛选出省级重点招商项目105个、总投资2160亿元，在中国国际投资贸易洽谈会等重大经贸活动中推介。推进外债管理改革试点，企业备案登记的借用外债规模31.6亿美元。利用国际金融组织和外国政府贷款支持医疗卫生改革、扶贫开发、节能环保等，新增贷款额6亿美元。

【生态文明建设】 2016年，福建省积极推进国家生态文明试验区建设。国家生态文明试验区（福建）实施方案经中央深改组第25次会议研究通过，在全国首先实施。武夷山国家公园体制试点区试点实施方案获国家发改委批复，并启动实施。出台健全生态保护补偿机制实施意见、培育发展环境治理和生态保护市场主体实施意见、党政领导生态环境保护目标责任书考核指标等，推动生态环境保护，落实党政同责。加大对节能环保和循环经济、污水垃圾处理、重点流域水污染防治项目资金支持力度。

推进碳排放权交易市场建设。制定碳排放权交易管理暂行办法、交易市场建设实施方案及7个配套文件。完成对纳入碳排放权交易的9个行业277个重点排放单位历史数据的核查和复查。海峡股权交易中心获国家发改委批准为自愿减排交易机构，建成碳排放报送系统、配额注册登记系统、交易系统，碳市场开市运行，首日成交金额1822万元。

【社会事业发展】 2016年，福建省加快构建公共教育服务体系。实施学前教育推进工程、基本公共教育服务保障工程、职业教育产教融合发展工程等专项建设规划，制订实施义务教育提升工程建设方案（2016—2020）。支持17所公

2016 年，作为“七个五”生态建设行动计划的重点工程，闽南水乡示范段滨水景观工程初见成效（漳州市政府供稿）

办幼儿园、63 所义务教育学校、27 所职业院校等项目建设，改善教育办学条件。

完善医疗卫生服务体系。实施重大疾病防控体系、儿童医疗服务机构、基层医疗卫生服务体系、食品安全风险监测能力等专项建设规划，制订实施精神卫生防治体系促进工程建设方案（2016—2018）。实施县级医院能力提升工程，支持 16 个疾控中心、7 个妇幼保健机构、48 家县级医院、90 个乡镇卫生院、7 个精神卫生机构等卫生领域建设项目。

健全文化服务体系。实施公共文化设施、旅游基础设施等专项建设规划，支持两个地市级公共文化设施、6 个广播影视基础设施、19 个旅游基础设施（含红色旅游）、13 个县级综合档案馆、7 个文化和自然遗产保护设施项目建设。

加强民政等服务体系建设。制订实施 2016—2018 年社区老年人日间照料中心建设方案、基层就业和社会保障服务设施建设方案。支持 12 个老年养护院和敬老院、38 个社区老年人日间照料中心、15 个残疾人康复与托养设施、4 个足球场地设施等项目建设，以及 5 个县级、45 个乡镇就业和社会保障服务设施建设。

【军民融合发展】 2016 年，福建省拓展军民融合发展格局。制定福建省推动经济建设和国防建设融合发展实施意见，开展军民融合项目储备库建设。申报国家军民融合创新示范区。组织经济动员潜力统计调查和核查等，深化专业保障队伍和动员中心建设。配合推进交通基础设施建设，争取国家项目、资金、用地指标支持，协调解决交通基础建设涉军问题。深化基础性动员准备，核实动员潜力，编实全省重点专业保障队伍，完成指挥中心建设和军事行动交通保障任务。

（戴全吉）

经济体制改革

【政府职能转变】 2016 年，福建省推进行政审批制度改革。减权放权，取消行政审批事项 151 项，调整规范省级行政审批中介服务事项 31 项。完成省级经济管理权限下放福州新区工作，共下放 121 项。动态调整省级行政权力和公共服务事项，取消、下放和调整事项 600 多项。推进权责清单管理，基本完成覆盖省市县乡四级的权责清单体系。开展市场准入负面清单改革试点，全省市场准入负面清单制度改革试点总体方案获国家发改委、商务部正式批复，并在全省范围内实施。整合公共资源交易平台，完成工程建设项目招标投标、矿业权交易、政府采购、国有产权交易等省级四类交易平台整合。

推进行政体制改革。推进行业协会商会与行政机关脱钩试点工作，全省脱钩试点方案获中央行业协会商会与行政机关脱钩联合工作组审核批复，完成 105 家行业协会商会参加与行政机关脱钩试点。推动城市管理执法体制改革，出台深入推进城市执法体制改革改进城市管理工作的实施方案，部署推进城市执法体制改革工作。推进事业单位分类改革，完成省属 34 个暂缓分类事业单位分类意见的批复和设区市属 25 个事业单位分类平衡意见的函复工作，事业单位分类工作完成。推进行政类事业单位改革，确定漳州市、南靖县、龙海市、三明市、将乐县、尤溪县作为全省承担行政职能事业单位改革试点。启动事业单位法人“三证合一”（“三证合一”登记制度是指企业登记时依次申请，分别由工商行政管理部门核发工商营业执照、组织机构代码管理部门核发组织机构代码证、税务部门核发税务登记证，改为一次申请、合并核发一个营业执照的登记制度），截至 11 月上旬，省级办理 950 多个事业单位年度报告，完成统一社会信用代码换证 950 多个。

深化投资体制改革。促进民间投资健康发展，出台进一步做好民间投资有关工作的通知，通过推进“放管服”改革、取消对民间资本单独设置的附加条件和歧视性条款等，缓解融资难融资贵等问题。推进投资项目并联审批，出台实施加快推进投资项目并联审批的意见，精简一批不涉及修改法律、法规、规章的前置审批事项，投资项目并联审批实行“一口受理、同步审批、限时办结、信息共享”。推广政府和社会资本合作（PPP）试点，出台进一步做好 PPP 试点工作的若干意见等系列文件，促进和规范 PPP 试点工作。截至 10 月底，全省录入财政部综合信息平台项目 268 个，总投资 3512 亿元，签约落地项目49个，总投资783亿元。设立并启动200亿元的PPP引导基金，为PPP项目提供股权、债权和其他方式的融资支持；扩大及深化政府购买服务范围。全年全省申报购买服务项目1700个，拟用于政府购买服务的资金84.4亿元，购买内容覆盖公共教育、养老服务、医疗卫生、公共交通、环境治理、城市维护等多个基本公共服务领域。

深化商事制度改革。优化市场准入环境，推进“五证合一”（营业执照、组织机构代码证、税务登记证、社会保险登记证和统计登记证五证合一）登记制度改革，9月1日起在全省范围内实施“五证合一、一照一码”，截至11月，有69.4万户企业领取“一照一码”(通过“一口受理、并联审批、信息共享、结果互认”，将由工商、质检、税务部门分别核发不同证照，改为由一个部门核发加载法人和其他组织统一社会信用代码的营业执照）营业执照，全省发放电子营业执照49.7万份。推进名称登记便利化改革，建立全省统一的名称网上申报系统，推行名称字号负面清单。放宽准入门槛，申请人可以参照政策文件、行业习惯或者专业文献等提出申请，对法律法规未规定许可的经营项目可由申请人自主选择。开展简易注销试点，先后在泉州、漳州和平潭综合实验区启动未开业企业、无债权债务企业简易注销登记试点。加强事中事后监管。出台“先照后证”改革后加强事中事后监管的实施意见，建立职责清晰、协同监管、社会共治监管新模式。企业信用信息公示系统基本建成并通过工商总局验收，全省有1085个部门归集各类企业信息5085万条，其中中直、省直单位32个，实现信息的一网归集和记于企业名下。

推进价格改革。完善价格改革机制，出台福建省推进价格机制改革的实施意见，完善主要由市场决定价格的机制。推行居民用水阶梯价格制度和调整污水处理费。截至10月底，全省有59个市、县落实居民阶梯水价制度，47个市、县提高污水处理费用标准。加快电力市场化改革，启动全省输电价改革试点，扩大直接交易试点规模，开展发电企业和电力用户直接交易，11家电厂和105家用户成交电量216.48亿千瓦时，比上年全年的130亿千瓦时增长66.5%。分类推进公益性服务价格改革，出台电动汽车充电服务分类价格标准，推动充电基础设施建设。开展景区门票价格专项治理，优化旅游价格环境。调整核定中小学教材印张价格、一批本科高校学费标准、职业资格考试收费标准等公益类服务价格。

【供给侧结构性改革】 2016年，福建省推进供给侧结构性改革。在去产能方面，截至12月，全省6家钢铁企业去产能445万吨，完成国家下达福建省钢铁去产能230万吨目标任务的193.5%；49家煤矿去产能297万吨，完成国家2016年下达福建省煤炭去产能目标任务的163.2%。在去库存方面，截至11月底，全省商品房现实库存5549.7万平方米（含住房和非住房），比年初减少1862.6万平方米，去化周期为15个月，比年初减少9个月。商品住房库存去化周期较短，全省商品住房库存3059.4万平方米，比年初减少1160.4万平方米，去化周期为10个月，比年初减少7个月；商业办公等非住宅类商品房库存2489.1万平方米，比年初减少703.4万平方米，去化周期为32个月，比年初减少13个月。出台稳控房地产市场相关政策，加大土地出让，强化市场监督检查，抑制福州、厦门等城市房价过快上涨，11月，福州、厦门两市房价涨幅比10月均有所回落。在去杠杆方面，9月末全省金融机构对钢铁、煤炭行业表内外各项融资余额分别为119.38亿元和4.95亿元，分别比年初减少18.56亿元和0.46亿元。鼓励企业运用股权、债权等融资方式优化资本结构，1～10月，全省非金融企业在境内直接融资3266.2亿元，比上年同期增长73.8%，累计争取国家专项建设基金497.93亿元，引导保险资金在闽投资余额达767.4亿元；1～9月累计提供低成本资金345.4亿元，规范利率定价秩序，10月全省人民币贷款加权平均利率5.93%，比上年回落0.27个百分点。在降成本方面，前三季度全省可降低企业成本219.11亿元。降低企业税费负担，将营改增试点范围扩大到建筑、房地产、金融、生活服务业四大行业，落实小微企业增值税和营业税优惠政策，以及各项企业所得税优惠政策，清理、合并、取消涉企行政事业性收费项目，降低和停征部分收费项目，停征价格调节基金。降低企业人工成本。全省失业保险单位缴费率降至1.5%，延长现行的工伤保险基准费率至2018年底，降低工伤保险费率，执行企业住房公积金缴存比例不高于12%的规定。降低企业生产要素成本。降低一般工商业电价2.04分/千瓦时，开展电力直接交易，调整峰谷时段电价政策及执行丰弃水期电价政策，落实增产增效用电奖励，3次下调中海油福建公司印度尼西亚气源合同气量门站销售价格，重新调整燃气公司输配费。降低企业物流成本，全面推进国际贸易单一窗口建设和关检合作“一次申报、一次查验、一次放行”，实现无纸化通关，不再收取进出口企业报检软件服务费、通讯平台费等费用。扩大企业应急转贷资金，截至年底，全省各级政府设立应急周转金77.37亿元，累计为9061家企业提供“过桥”周转资金。在补短板方面，实施补短板投资工程包，至10月末，全省推出两批22个投资工程包进展顺利，第一批12个工程包完成投资442.78亿元，占年计划的85.1%；第二批10个工程包完成投资287.52亿元，占年计划的137.6%。加快基础设施薄弱领域建设。开工建设福州长乐客运中心站、厦门海沧海投临港物流中心等14运输枢纽项目，福州地铁1号线于12月底开通运营，建宁至冠豸山铁路、兴国至泉州铁路开工建设，三明沙县机场建成通航。加快充电基础设施、农村电网改造升级，截至12月，全省充电基础设施累计完成充电站384座，基本消除低电压用户。强化产业薄弱领域支撑，加快引进建设一批科研院所和研究中心，中科院海西研究院三期正式动工，国家南方海洋研究中心、中科院海西研究院等高端研发机构建设进展顺利。突出抓好产业补短板、产业链填平补齐、上下游产业配套等重大项目，德国林德大宗气体、韩国东进化学品等高端配套项目落户，申远新材料己内酰胺项目年底投产，厦门建成全国最大的LED外延芯片制造基地。推进民生社会事业补短板，扶持的100所公办幼儿园均开工建设，出台福建省义务教育提升工程建设方案，“一流大学和一流学科”计划列入省“十三五”发展规划重点项目。提升食品安全监管水平，推进卫生领域“补短板”，提出2016年度医疗卫生领域“补短板”项目152个。推进造福工程扶贫搬迁，至年底全省落实搬迁指标16.55万人，完成年度搬迁任务。出台水污染防治2016年度计划、地表水水质考核办法、流域及农村水环境整治计划等政策措施，加大环境治理力度。

【科技体制改革】 2016年，福建省健全促进科技成果转化和技术转移机制。推进国家技术转移海峡中心公共服务平台建设。国家技术转移海峡中心、国家技术转移人才培养基地、中科院STS（科技服务网络）福建中心揭牌设立，有22个技术转移机构入驻开展技术转移工作。海峡技术转移公共服务平台上线试运行。推动中科院STS福建中心建设。中科院和省财政每年分别安排800万元和2000万元，用于支持中科院科研成果在福建落地转化。举办技术转移专场活动，结合第十四届“6·18”活动，开展8场对接技术转移专场活动，技术领域涵盖食用菌、竹产业、智慧医疗以及装备制造等产业。

构建科技创新平台协同发展新机制。启动实施“五个一批”平台建设工程。出台加快高水平科技研发创新平台建设发展六条措施，筛选第一批高水平科技研发创新平台补助项目85个，资助金额4500多万元。培育科技小巨人领军企业，出台培育科技小巨人领军企业行动计划（2016—2020），遴选第一批655家企业进入“科技小巨人领军企业培育发展库”进行重点培育，共有185家科技小巨人企业获得研发投入加计扣除奖励7437.3万元。福厦泉国家自主创新示范区获国务院批准建设，成为全国科技创新大会之后的新一个创新示范区，正式纳入国家全面创新改革布局。

深化科技人员职称评价改革。出台进一步深化科技人员职称评价改革的若干意见，建立以能力和贡献为导向的评价和激励机制。出台省属公益类科研机构创新绩效考评管理办法（试行），考评结果作为省属公益类科研机构基本科研专项的资金预算参考依据。

建立政府科技创新决策咨询机制。推进鼓岭科学会议的探索性研究，培育成为推动福建省创新驱动发展及战略决策的高端智库。至年底举办5场主题会议，聚集数百名省内外高水平专家和人才，为全省重点产业创新发展重大问题把脉诊断、集才引智。

【财税体制改革】 2016年，福建省推进营改增试点改革。5月1日起在建筑业、房地产业、金融业、生活服务业等行业全面推开营改增试点，实现行业总体税负下降的预期目标。

启动资源税从价计征改革。经财政部、国家税务总局核准，7月1日起，对矿产资源税（除黏土、砂石、地热温泉外）实行由从量定额计征改为从价定率计征改革，同时将矿产资源补偿费率降为零，停止征收相关价格调节基金。

完善预算管理制度。推动预决算公开，经省人大审查批准的省级政府预算19张表格全部公开，内容涵盖一般公共预算、政府性基金预算、国有资本经营预算和社保基金预算等四本预算；省级部门预算取得突破性进展，102个省级部门公开部门预算和“三公”经费预算。推进市县预算公开，完善预算管理体系。将水土保持补偿费等5项政府性基金收入转列一般公共预算。完善国有资本经营预算制度，将地方金融业纳入国有资本经营预算编制范围，提高国有资本收益上缴比例。完善转移支付制度，结合相关县（市）提的新增保障需求，提出2016年基本财力保障补助资金分配方案，加大县级基本财力保障补助力度，增强基层财政保障能力。提出福建省支持农业转移人口市民化的具体财政政策措施，建立财政转移支付与农业转移人口市民化挂钩机制。规范政府性债务管理，严格实行债务限额管理，规定政府债务限额、举债程序、政府债务分类纳入预算管理等，将债务余额严格控制在限额内。同时，拟定全省政府债务风险防范化解和应急处置措施，完善债务风险预警机制。

【金融体制改革】 2016年，福建省加快金融机构体系建设，完善银行业机构体系。加快民营银行华通银行审批进程，完成省政府与银监会会商。中山银行完成主要股东遴选。台湾银行福州分行、中国信托商业银行厦门分行两家台资银行开业运营，全省外资银行增加至19家，其中台资6家，数量居全国前列。村镇银行覆盖全省九市一区，数量增至51家。组建非银行金融机构，海西金融租赁公司获批开业，成为福建省首家金融租赁公司。开展福建交通运输集团拟设财务公司和厦门国际银行拟设金融租赁公司可行性研究辅导。出台关于促进融资租赁业发展的意见，全省融资租赁企业总数达242家（其中外资232家），比年初增加87家。

推动自贸区金融创新。至9月末，福建自贸试验区内有金融机构170个，比设立自贸试验区前增加51个。其中银行业经营性机构94个，新增24个；证券机构11个，新增5个；保险机构65个，新增22个。前三季度，自贸试验区内企业办理跨境贸易人民币结算243.44亿元、跨境融资77.8亿元；23家自贸区企业开展跨境双向人民币资金池业务，累计从境外流入资金39.68亿元，累计流出境外资金35.31亿元。推动各类基金发展，至8月末，全省设立各类基金（不含公募）721只，总规模

2903.58亿元。省产业股权投资基金下设的5只子基金募集社会资金133.5亿元；投资项目13个，认缴出资132.32亿元，带动社会投资841.12亿元。规范交易场所发展，加快交易场所清算中心平台建设，强化风险管控。排污权交易稳步发展，1～9月在海峡股权交易中心累计交易排污权1.08万吨，总成交额1.98亿元。

推进小微企业金融服务创新。推动“银税互动”创新，银行业机构与省国税、省地税签订“银税互动”战略合作协议，缓解银企信息不对称状况。推进产融对接创新，出台贯彻国家加强信息共享促进产融合作行动方案的实施意见，在省市县三级经信、人行、银监部门构建产融工作机制。召开福建省“政银企产融”合作对接会，15家银行与89家企业（项目）对接，授信总额156亿元，实际放款32亿元。加强小微企业融资担保服务创新，全省批准设立50个政府主导的政策性担保机构，政府主导担保机构担保业务总量占全省总量从20%上升至35%。探索建立担保代偿补偿和风险分担机制，向省再担保公司下达5000万元省级代偿补偿配套资金，引导银行加大与政府主导的担保（再担保）机构合作，省再担保公司与省邮储银行开展试点合作。

建立以信用为核心的新型监管制度。建设完成10个设区市信用平台，7个设区市实现同省级公共信用信息平台的对接联通，福州、厦门、平潭自贸区的监管信息共享平台全部建成，实现各自地区内部分数据的归集和共享。省直12个重点行业和领域的信用信息系统大部分建成，省工商、省住建厅信用信息平台与省平台实现互联互通。联通国家、覆盖省级和设区市的纵横联通的信用信息系统基本建成。省公共信用信息平台自开通以来，完成与43个省直、中央驻闽单位数据的交换共享，并通过信用福建网站向政府部门和社会公众开放查询，截至11月，归集整合471类法人信用信息共计1015万条。

【新型城镇化体制改革、机制完善】2016年，福建省推进新型城镇化改革试点。晋江市金井镇、仙游县榜头镇及莆田涵江区江口镇等示范试点镇开展试点工作。推进第三批小城镇机构改革试点和不动产登记信息平台建设。出台福建省不动产登记信息管理基础平台建设实施方案，开发不动产登记信息系统，至年底全省有51个市、县（区）部署不动产登记信息系统建设。统一制定申请材料清单，推进统一登记发证，开展不动产登记审核和衔接工作，承接林权登记业务，制订海域登记承接方案。加大对市县不动产统一登记工作督促力度，截至年底，全省有37个市、县（区）颁发新证、停发旧证，占应发证市、县（区）总数的54%。推进宅基地制度改革试点，完善宅基地权益保障制度。探索“一户一居”住房保障方式，采取组团改造、成片改造、就地改造等3种改造模式，实现农民由分散向相对集中转变。探索宅基地有偿使用渠道，制定市镇村三级配套政策，明确宅基地有偿使用缴费的对象、范围和收费标准。成立农村产权交易中心，为宅基地流转交易双方提供信息发布、法律咨询、利益关系协调等服务。改革宅基地审批管理制度，农村住宅建设用地审批权限下放到镇一级审批，开发宅基地审批系统，实行家庭全员实名制，防止新的“一户多宅”现象。加快征地制度改革，编制福建省征地补偿标准调整实施方案，实行征地补偿标准差别化管理，将全省分为四类区，分别制定各类区最低征地补偿标准。深化耕地保护制度改革，出台关于实行补充耕地项目远程监管的通知，建立全省土地整治项目远程监管系统，由县级国土资源部门使用移动设备，采集、传输项目现场影像，省、设区市国土资源部门对项目现场影像进行远程监督检查。

【教育综合改革】 2016年，福建省改革义务教育资源配置方式。全省全部县（市）通过国家义务教育发展基本均衡县的督导评估认定，成为全国第7个整体通过义务教育发展基本均衡县国家督导评估认定的省份。深化义务教育学校管理机制改革，推进农村薄弱学校委托管理改革试点，试点县（市、区）增加到59个。推进集团化办学模式改革，建成46个办学集团，覆盖200所学校。建立“义务教育管理标准化学校”创建机制，创建义务教育学校管理标准化建设与评估制度，作为推进义务教育优质均衡发展的主要措施，全年全省拟评估认定约300所学校，到2020年占比达50%以上。

深化现代职业教育改革。组建企业法人型职教集团，遴选了5个多元投资主体职教集团培育建设项目。组建职业院校联盟，已组建福州、漳州、泉州、莆田、平潭等5个职业院校联盟，共5所高职院校38所中职学校参加。改革人才培养模式，新增现代学徒制试点64个，总数达99个。开展“二元制”技术技能人才培养模式改革，首批确定67家行业企业与25所高职院校在43个专业进行试点。加强五年制高职教育管理，对42所高职院校与69所中职学校申请联办的255个五年制高职专业进行审核，停止62个人才培养方案不完善的专业招生。在2016年高职入学考试中，面向中职毕业生安排1500名招生计划，拓宽中职毕业生的升学通道。

推动高等教育内涵发展。研究制订建设一流大学和一流学科的实施意见，“十三五”期间，省级财政计划安排80亿元专项资金用于“两个一流”（一流大学和一流学科）建设。在全省本科高校中重点建设200个服务产业特色专业（含精准扶贫类12个），确定2016年省级大学生创新创业训练计划项目2100个，其中推荐国家级大学生创新创业训练计划项目701个。

改革考试招生制度。出台《福建省深化考试招生制度改革实施方案》，启动新一轮考试招生制度改革。开展普通高中学业水平合格性考试和学生综合素质评价改革试点。确定福州、厦门等为改革实验区，探索完善普通高中学生综合素质评价体系框架、评价标准和相关配套政策措施，2016年秋季在部分地区高一新生试行综合素质评价改革。

推进普惠性幼儿园发展。扩大公办园建设项目，省级财政下达资金4.5亿元补助建设的100所公办园全部开工建设。推进民办园政府购买教育服务试点。福州、三明、泉州等设区市先后出台政府购买服务办法和分类定级标准，认定和扶持一批普惠性民办园，扩大普惠性学前教育资源供给。至年底全省20%左右的幼儿在普惠性民办幼儿园就读。

【医药卫生体制改革】 2016年，福建省深化公立医院改革，推动公立医院管理委员会进入实质性运作。省医管委内部成立综合管理、财务资产、人事薪酬、医疗价格和医疗保障等5个组，分别由相关部门负责人担任各组组长，统筹推进公立医院改革。先后研究并实施省属公立医院药品带量采购、院长目标年薪制等重大改革事项。推动公立医院内部运行机制改革，改革医院工资总额核定办法，建立以公立医院上一年度工资水平为基础，以床位核定的人员总量为基数（含编内外人员），与院长年薪绩效考核挂钩，与经济社会发展和社会平均工资水平联动，改革期间给予一定增长幅度的动态调节机制。改革内部绩效分配制度，实行院长目标年薪制，破除以科室为单位的分配机制。改革用人用工制度，按照不同等级和类别，合理核定人员，控制总量；改编制使用审批制为备案制。改革财务管理制度，实行全面预算管理和全成本核算制度。控制医药费用不合理增长，要求本年度全省医疗费用增幅控制在10%以内，将药占比等重要指标纳入2016年度对各设区市和平潭综合实验区的绩效考核内容。

推进医保管理体制改革。推动医保管理体制改革，新组建的省医保办，相对独立运作，主要承担医保基金监督管理、医疗服务价格谈判调整、药品耗材联合采购配送与结算管理、医疗服务行为监督管理、医疗保障信息系统建设等职责。在此基础上，推动全省各地医保机构整合，实施医保药品支付新标准和强化医保经办管理服务。出台福建省医保药品支付标准实施办法，以新一轮药品集中采购价作为医保药品支付标准，引导医疗机构控制成本和合理用药。开展医保支付方式改革。实施以按病种付费为主的复合式付费方式改革，职工医保、城镇居民医保各统筹区实行按单病种付费结算的病种20多个；新农合77个统筹县（市）全部开展支付方式改革，12个县作为省级新农合支付方式改革重点联系县。

推动分级诊疗制度建立。分级诊疗政策框架初步形成，省政府出台《关于推进分级诊疗制度建设的实施意见》，明确具体改革措施。推广长汀县“一归口、三下放”（把乡镇卫生院的人事、业务、经费等办医、管医职能交给县卫生局，县卫生局再把人事权、经营权、分配权下放给卫生院具体执行）经验。落实院长经营管理自主权，推动建立责、权、利相适应的管理体制。促进医疗联合体建设，省、市级医院主要与县（市）级医院组建医联体，县级医院与基层医疗卫生机构组建医联体，以促进优质医疗资源纵向流动。开展家庭医生签约服务，在城市，探索以居民健康档案分类管理及预防保健、医疗康复、健康管理为一体的签约服务模式，针对不同人群需求设定个性化“签约服务包”。在农村，乡村医生在乡镇卫生院的指导和服务团队的支持下，为签约居民提供基本医疗服务、基本公共卫生服务、健康评估等服务。

【完善社会保障体制机制】 2016年，福建省改革机关事业单位基本养老保险，完善改革配套政策。出台省直机关事业单位编制内已退休人员退休费由省机关事业社会保险局支付相关问题的通知、省级财政负担的退休人员待遇项目发放问题的通知、做好省本级机关事业单位基本养老保险费及职业年金结算工作有关事项的通知、福建省机关事业单位基本养老保险基金财务管理有关问题的通知等配套政策。各项改革平稳推进，印发省级财政负担的退休人员待遇项目发放问题的通知，明确省直机关事业单位退休人员补发在职期间工资相关问题的通知，明确财政继续负担的退休待遇委托机关事业单位社保局发放。原由国库支付的省直单位退休人员待遇正式转由养老保险基金发放，至11月，新制度累计入库数据874家，参保608家，参保缴费33170人，退休5万人。加上仍试点在职人员与退休人员5万人，合计参保13.3万人。安排经费4.4亿元保障改革前后退休费发放工作平稳衔接。

完善社会保障体系。提高养老金水平，按照2015年退休人员月人均基本养老金的6.5%左右总体调整退休人员养老金。提高农村低保标准，将省定农村低保标准从家庭年人均收入2300元提高到2650元。提高城乡居民基本医疗保险保障水平，将新农合和城镇居民医保政府补助标准从每人每年380元提高到420元，将基本公共卫生政府补助标准从40元提高到45元。

支持社会救助。完善城乡医疗救助体系，开展重特大疾病医疗救助，将建档立卡贫困人口和低收入家庭中的未成年人纳入城乡医疗救助对象范围，城乡医疗救助对象基金筹集标准从每人每年200元提高到400元。实施临时救助制度，临时救助资金以当地户籍人口为基数，按每人每年7元由县级人民政府筹集。健全特困人员救助供养制度，在基本生活补助基础上增加照料护理补助，基本生活标准按不低于当地城乡低保标准130%，照料护理标准参照当地最低工资标准，按自理、半护理、全护理分类，按不低于10%、25%、40%确定。实施健康扶贫工程，将建档立卡贫困户纳入医疗救助范围。

（黄丽玲）

国有资产管理

【概况】 截至2016年底，福建省非金融国有企业资产总额35599亿元，比上年增长18%；所有者权益11817亿元，增长18%。全年累计实现营业收入8935亿元，比上年增长16%；实现利润总额445亿元，增长16%；已交税费总额421亿元，增长13%。其中省属企业资产总额12989.31亿元，比上年增长14.1%；所有者权益2840.55亿元，增长14.4%。全年累计实现营业收入2407.50亿元，比上年增长8.3%；实现利润总额143.95亿元，增长65.4%；已交税费总额116.14亿元，增长15.2%。各项主要经济指标增长幅度均高于中央企业和全国省级监管企业平均水平，其中，营业收入、利润增幅分别超过中央企业5.7和64.9个百分点，高于全国平均水平4.3和50.8个百分点。

【国资监管】 2016年福建省推进国资委自身改革，国资监管针对性、有效性增强。省国资委做好“两个清单”落实工作，在主动取消32项审批审核事项的基础上，将上市公司投向非主业、参股非国有控股的权限全部下放，同时下放部分资产评估项目备案权。全年省国资委受理企业报批事项280件，比2014年下降25%，连续两年下降。全面完成2004年以来国资监管制度文件的清理工作，废止失效文件32件，修改后有效文件4件，继续有效文件86件，完善国资监管规章制度体系。省国资委全年新制定规范性文件24件，完成省属企业外派监事会监督全覆盖，5个外派监事会全年列席企业各类会议480多场次，直接提醒建议30多次，谈话90多人次，提交各类报告26份。与省审计厅联合开展省属企业高风险业务专项清查，追回高风险贸易逾期资金17.2亿元，行文禁止开展融资性贸易和委托贷款业务，协调企业妥善处理境内外法律纠纷案件7件，涉及金额8.7亿元。推进省属企业与莆田、南平、三明、龙岩、漳州和平潭等市区的项目对接合作，累计签订合作项目122个，总投资1630.6亿元。举办省属企业产销对接会，新增项目合作协议6份，合作金额近10亿元。推动省属企业交叉持股，能源、高速、投资等企业参与青山纸业、三钢闽光、福能股份和华映科技等定增募资工作。帮助企业筹集发展资金，发行债券296.9亿元，企业节约融资成本5.7亿元，争取国开行、进出口银行提供省属企业“十三五”规划项目融资，达成融资合作意向近2000亿元。

【国企改革】 2016年，福建省推进各项改革政策措施逐步落地。省委、省政府出台《关于深化国有企业改革的实施意见》，省国资委制定加强和改进企业党建工作、企业分类监管、加强监督防止流失等改革配套文件，组织召开全省国有企业改革座谈会，部署推进国有企业改革工作。中旅集团与华闽集团合并设立旅游集团，打造旅游产业龙头；厦门经贸并入电子集团，实现文化创意产业资源整合；新龙马与国能电动汽车瑞典公司完成重组，打造新能源汽车生产基地；福建奔驰与北汽集团重组，做大做强；建工集团的公司制改革方案获省政府批准，所出资企业层级全面完成公司制改制。推进省级行政机关所办（属）企业的脱钩整合，将近年接收的酒店等旅游资产集中划转给旅游集团，将业务关联的科研、设计院所划转给招标集团、电子集团。成立省剥离国有企业办社会职能工作专项领导小组，推进全省“三供一业”（指国企和科研院所将家属区水、电、暖和物业管理职能从国企剥离，转由社会专业单位实施管理的一项政策性和专业性较强、涉及面广、操作异常复杂的一项管理工作）分离移交工作，至年底完成国资系统企业情况排查，涉及分离移交供水7.35万户、供电7.56万户、供气1.67万户、物业管理7.64万户。各企业、各地市启动“三供一业”分离移交工作，企业总体保持稳定。

【国企发展】 2016年，是“十三五”开局之年，福建省国资系统抓改革、促发展，保增长、创效益，国企发展取得新进步。省国资委出台《关于鼓励省属企业“走出去”发展若干意见》，推动传统产业和具有竞争优势的企业开展国际产能和装备制造合作。三钢集团、中国武夷“抱团走出去”，与肯尼亚企业签署“钢铁厂项目合作意向书”。中国武夷连续22年入选全球最大承包商250

2016年，通过技改升级、降低成本、提高效能，三宝集团在经济新常态下实现了逆势增长。图为三宝特钢技术改造生产线 （漳州市政府供稿）

强，2016年获福建省首个境外工程鲁班奖。省国资委出台《关于促进省属企业科技创新的实施意见》，推动企业实施创新驱动和人才优先发展战略。61家省属工业企业拥有研发机构，拥有省级以上重点实验室8个（国家级2个），省级以上企业技术中心31个（国家级6个），工程研究中心6个（国家级2个），研究院（所）13个，设计院（所）8个，博士后流动工作站6个，高新技术企业49家，创新型企业24家。省属企业全年完成投资758.4亿元。厦钨硬质合金及深加工、马尾船政（连江）特种船舶、福建奔驰VS20多功能乘用车、星云大数据福建应急通信保障能力建设示范工程、江山炸药生产基地、沈海复线宁德漳湾至连江浦口宁德段、莆田平海湾一期5万千瓦海上风电、福鼎热电厂等重大项目建成投产；华佳彩6代高技术面板、晋华存储器生产线建设、厦门联芯12英寸集成电路、漳州古雷炼化一体化等百亿元重大项目动工建设。推进企业改制上市，福州市属海峡环保IPO通过中国证监会发审会审核，建工集团、招标集团推进整体上市；投资集团权属福投新能源公司完成新三板挂牌，能源集团权属福能期货公司、漳州市属海峡生物科技公司和片仔癀酒店完成挂牌申报。省属国有控股上市公司全年再融资募集资金95.5亿元，创历年新高。支持企业发展基金业务，省属企业设立基金30多只，规模超过300亿元，鼓励各类基金参与省属企业改革重组、改制上市、产业项目投资，推进产融结合，加快转型发展。据统计，至2016年底，省属国有控股上市公司境内11家、境外2家，新三板挂牌公司4家，总市值1200多亿元，省属企业资本证券化率为43.23%。

（李宇昆）

国土资源管理

【土地资源】 根据福建省2016年度土地变更调查成果，截至2016年12月31日，福建省土地总面积12.40万平方千米，占全国土地总面积的1.3%。其中，耕地面积133.74万公顷，园地面积76.93万公顷，林地面积833.725万公顷，草地面积1.56万公顷，城镇村及工矿用地面积63.38万公顷，交通运输用地面积21.29万公顷，水域及水利设施用地面积54.56万公顷，其他土地面积33.45万公顷。

【土地规划】 2016年，国土资源部下达福建省年度用地计划指标1.31万公顷。省政府出台《福建省“十三五”国土资源开发利用专项规划》。福建省国土资源厅制订《福建省土地利用总体规划调整完善实施方案》，在全省开展规划指标调整完善工作。

【耕地保护】 2016年，福建省推进节约集约用地3年行动，完成开发区土地集约利用评价更新，启动农用地估价试点。福建省节约集约通过国土资源部省级考核，节约集约模范县达85%以上。是年，全省有8个县获“全国模范县”称号。

基本农田管理。2016年，基本完成全省范围内永久基本农田划定工作，省级永久基本农田划定方案为全国首批审核论证通过。全省10个市级、81个县级永久基本农田划定方案通过省、市两级审核论证。

耕地保护目标责任履行。2016年，全省实现省、市、县、乡四级政府层层签订责任书。全省完成补充耕地面积0.54万公顷，实施高标准农田建设面积7.93万公顷，实现耕地占补平衡。制定《福建省高标准农田建设规划（2016—2020年）》，下达2016—2020年高标准农田建设任务56.7万公顷。全省批准实施旧村复垦项目352个。完成2015年度全省耕地质量等别更新评价和监测评价工作。

【国有土地供应】 2016年3月，福建省编制完成国有建设用地供应计划和住房用地供应计划。全省年计划供应各类国有建设用地面积16714.5公顷，其中住房用地面积1673.3公顷。截至年底，全省在线办理土地出让业务4711宗、面积13682.43公顷。外网交易系统挂牌出让（含挂牌转拍卖）土地3440宗，其中已成交2662宗、面积8310.35公顷。全年全省落实保障性安居工程土地供应面积429.89公顷。

【不动产统一登记】 2016年，福建省国土资源厅在全国率先组织制定《不动产登记申请材料清单（试行）》。全省

2016年，福鼎市店下镇开展土地整理项目　　（省国土资源厅供稿）

实现市、县颁发新证，不动产统一登记全覆盖。93%的市县实现林权类不动产登记颁发新证，开始承接省级海域类不动产登记业务和林权、海域类不动产登记业务，走在全国前列。年内，启动自然资源统一确权登记试点。

【矿产资源】 截至2016年底，列入福建省矿产资源储量表的固体矿产118种，其中能源矿产1种（煤）、金属矿产28种、非金属矿产89种。已上表矿区总数1584个，矿山总数1483个，其中大型矿区56个、中型矿区156个、小型矿区1373个。全省探矿权总数719个，面积5714.62平方千米，其中国有单位持有探矿权190个。按勘查矿种分类，能源矿产59本（其中煤炭矿产44本），金属矿产564本，非金属矿产96本。全省采矿许可证1573本，其中煤炭164本、铁矿84本、铅锌矿50本、金矿18本、银矿7本、铜矿13本、锰矿16本、钨矿4本、锡矿2本、钼矿10本等。

【矿产资源开发管理】 2016年10月21日，福建省国土资源厅下发《关于运行福建省矿政综合管理系统的通知》，自10月24日起，全省新办理的“探、储、采、治、查”各矿政管理业务全部通过“矿政系统”在线办理，全省全面运行福建省矿政综合管理信息系统。是年，在线办理矿业权出让32宗，完成16宗，交易金额8116.77万元。

采矿权市场建设。全年全省办理采矿权登记142宗，其中，采矿权新立27宗，变更登记61宗，延续登记54宗。采矿权登记55宗，其中新立登记4宗，变更登记35宗，延续登记16宗。

矿产资源监督管理。是年，福建省国土资源厅印发《2016年随机抽查露采矿山工作的实施方案》，采用“双随机”方式对矿山进行检查，随机确定检查12个露采矿山。出台《福建省国土资源厅关于印发矿产资源开发利用、生态环境恢复治理土地复垦方案编制大纲（试行）的通知》，将矿山矿产资源开发利用方案、地质环境保护与治理恢复方案及土地复垦方案等3个方案合一，统一编制、统一评审。

【地质勘查管理】 2016年，福建省新开1∶5万区域地质调查21幅，1∶5万矿产地质调查10幅；新开台湾海峡活动断裂调查与研究、湄洲湾—泉港地区海岸带综合地质调查、东山—诏安海域近海砂矿（重砂）调查等海洋地质调查项目3个；实现1∶100万海洋地质调查所属海域全覆盖，推进1∶5万及1∶10万等比例尺的海洋地质调查工作，至年底全省完成1∶5万海洋地质调查面积1240平方千米，1∶10万海岸带地质调查面积7550平方千米。全省投入勘查资金24607万元，其中中央财政3557万元，省级财政4330万元，社会资金16720万元，圈出5个可供进一步勘查的矿产地，新增一批资源储量，实现找矿突破战略行动第二阶段目标。

【地质环境管理】 2016年，福建省下达地灾防治资金1.51亿元，全省各地核定地灾搬迁户8286户。做好尼伯特等台风暴雨防灾救灾及灾后重建。完成泰宁“5·8”特大型泥石流地质灾害调查报告和第三轮矿规生态环境保护专章。全省完成省级发证矿山生态环境恢复治理阶段性验收45个，返还保证金5500万元。下达废弃矿山“青山挂白”治理补助资金3000万元，开展废弃矿山“青山挂白”治理21处。启动福建省地下水监测体系建设，全省布设301个监测井，截至年底完成116个监测井建设。

【国土资源执法监察】 2016年，福建省立案查处国土资源违法案件3945件，联合办案8件，挂牌督办案件6件，公开通报案件8件。开展矿产资源破坏价值鉴定73份，涉及破坏价值1.52亿元，移送刑事立案侦查43件，追究刑事责任25人。

（邱海源）

审　计

【概况】 2016年，福建省审计（调查）单位3093个，审计促进整改落实资金106.32亿元。其中，增收节支57.45亿元，审计促进拨付资金到位12.08亿元，审计后挽回（避免）损失12.17亿元，核减投资额13.44亿元；移送司法机关、纪检监察机关和有关部门处理事项179件；出具审计报告和专项审计调查报告4075篇，提出审计建议7808条，被采纳审计建议5461条，提交审计信息5692篇，被批示、采用4190篇次；向社会公告审计结果18篇。是年省审计厅蝉联中央文明委“全国文明单位”称号。

【政策措施落实跟踪审计】 2016年，福建省审计机关共有676名审计人员开展政策跟踪审计工作，全年投入工作量计40940人/天，抽查单位2991个，涉及资金总量3490.11亿元，抽查项目1188个次，涉及项目总投资额2739.35亿元。开展国家和福建省重大政策措施落实情况跟踪审计，对金融支持实体经济特别是中小微企业政策落实情况等13个专题、148个省重点建设项目和中央赋予福建的特殊政策及福建省配套措施执行情况等开展跟踪。截至年底，全省整改问题628个，追回财政资金527.89万元，促进落实资金799.11万元，促进高校毕业生就业、营改增等重大政策落实29项，建立健全制度16项。推动产业转型升级，省审计厅对除厦门外的8个设区市及省财政厅、省发改委和省经信委开展全省产业转型升级扶持实体经济政策落实情况进行专项审计调查，并延伸审计180家企业，发现全省在产业转型过程中面临的生产性服务业水平较低、企业自主研发能力不足、部分产业产能过剩严重、个别财税扶持政策未得到有效落实、资金补助项目审核把关不严、工业与信息化龙头企业管理机制以及切块资金管理制度不完善等主要困难和问题。推动扶贫审计长效机制建设，省审计厅专门成立扶贫审计工作组，制订全省扶贫审计中长期工作规划和年度工作方案。配合纪检机关开展扶贫资金专项检查，投入审计人员311人，检查部门1014个，涉及扶贫资金77.89亿元；组织全省三级审计机关对66个县（市、区）精准扶贫开展情况进行专项审计调查，以部门20类扶贫资金为主要审计内容，由各设区市审计局组织本辖区相关县（市、区）审计局开展交叉审计，查找现行政策运行中存在的主要困难，审查资金是否及时到位，促进扶贫政策落地。

【财政审计】 2016年，福建省对676个部门、单位预算执行情况开展审计，延伸审计单位1233个。重点关注预算法执行情况、财政支出绩效和积极财政政策实施效果，并创新预算执行审计方式。利用财政联网审计数据分析平台，对省级财政和153个一级预算单位的年初预算细化、待分配资金细化和结余结转存量资金管理方面的电子数据开展疑点分析和核查。对海洋经济发展、战略性新兴产业两个单列编制预算专项资金进行审计。开展“社会保障和就业支出”科目审计试点，以科目审计为抓手推动省市县三级联动。

【领导干部自然资源资产离任审计】 2016年，福建省推进领导干部自然资源资产离任审计试点。完善自然资源资产管理与生态保护评价指标体系，应用测绘地理信息数据测定自然资源资产实物量的变化情况，构建自然资源资产数据库与数据分析平台。拓展审计试点内容，把海洋资源作为重点关注内容之一，从约束性指标和目标任务完成、自然资源资产开发利用管理、相关资金征收管理使用、生态环境保护治理、基础数据管理5个方面揭示问题，探索与生态环境损害责任追究办法相衔接的、由各层级各部门各单位及相关责任人共同承担责任的责任链条，构建完整的生态保护制度体系。福建省委办公厅、省政府办公厅印发贯彻落实开展领导干部自然资源资产离任审计试点方案的实施意见，系全国比较早出台具体实施意见的省份之一，为保障审计试点工作的深入开展提供有力指导。

【经济责任审计】 2016年，福建省完成经济责任审计项目849个，涉及1055名领导干部，其中任中审计310名、离任审计745名。联合省纪委和省委组织部组成督查组，连续4年对上一年度经济责任审计发现问题整改情况开展检查，抽查10个被审计单位，审计决定书整改率100%、审计报告反映问题整改率79%、审计建议采纳率93.5%、制定完善制度办法163项。

【公共投资审计】 2016年，福建省完成889个重点政府投资项目审计，涉及项目投资额1501.43亿元。省审计厅组织省市两级审计机关、省交通运输厅内部审计机构开展17个高速公路建设项目跟踪审计或竣工决算审计，概算投资额657.82亿元，审计查出资本金未及时足额到位、多计工程款、个别项目未按规定公开招投标、勘察设计不到位、合同文件存在差错漏、财务和征迁管理不规范、个别项目结算争议大等问题，下达审计决定书15份，出具审计报告17份，出具审计移送处理书3份，提出审计建议57条，审计后节约投资3.64亿元。

【民生资金（项目）审计】 2016年，福建省完成2015年度全省保障性安居工程跟踪审计。全省各级审计机关派出88个审计组、442名审计人员，检查306个安居工程项目的建设管理情况，并延伸调查639个村的2605户农村危房改造家庭。完成2016年医疗保险基金审计。省审计厅组织10个审计组176名审计人员，对省本级、3个市本级和8个县（市、区）2015年和2016年上半年医疗保险政策制度落实和改革措施推进情况，以及基金筹集管理使用情况进行审计，审计人力资源社会保障、卫生计生等主管部门及征收经办机构，以及民政、财政、地税、食品药品监督管理、扶贫等部门，延伸审计40个定点医疗机构、47个定点零售药店和1家药品医疗器械生产企业等相关单位。组织7个设区市审计局，对“十二五”期间闽江、九龙江流域水污染防治资金进行交叉审计。审计涉及46个县（市、区），以及发改、财政、环保等主管部门和项目建设单位。重点延伸157个乡镇、133家工矿企业、165个养殖场、493户农户、45个水源保护区、75个污水处理厂和33个垃圾处理场。审计财政资金58.73亿元，抽查建设项目604个。开展2015年度全省森林生态效益补偿资金和林下经济利用资金两次涉农资金“最后一千米”专项督查，推动中央八项规定精神深入落实“1+X”专项督查活动。

【大数据审计应用】 2016年，福建省完善省级审计数据中心和行业数据库建设，建立健全定期向审计机关报送电子数据机制。加强审计数据分析平台建设，完善兴业银行审计数据分析平台，建设农信社系统和厦门国际银行审计数据分析平台、高速公路建设项目审计平台，并逐步推广运用。完善计算机审计制度，制定审计业务电子数据管理办法、数据分析团队管理办法，建立包括计算机数据分析人员和审计业务骨干在内的非专职跨行业数据分析团队，包括计算机专业人员和审计业务骨干共计139人，成立11个行业数据分析组。

（王康力）

统　计

【“供给侧统计”改革】 2016年，福建省加强统计制度研究，开展编制自然资源资产负债表试点工作；研究五大发展理念统计指标体系，完成开放发展统计指标体系研究课题报告；完善自贸试验区建设统计监测体系和方法；继续开展资源产出率试点，修订应对气候变化统计制度，探索福建省绿色发展指标体系；“三新”（新产业、新业态、新商业模式）统计得到推动和落实；完善农业、工业、服务业、投资、消费、人口、社会等各项统计调查制度。

正统网运行效果显现。“以服务换数据，以服务促发展”福建统计工作理念建设的正统网是福建统计供给侧结构性改革的创新性实践。通过完善优化正统网的各项服务功能，吸引更多的企业入驻正统网，具备获取大数据的条件和效果。至年底正统网吸引7000多家企业入驻，其中包括知名的台湾企业40余家。

生态文明建设差别化评价工作取得实效。完善生态文明建设差别化评价工作体系，研究成果被国家统计局编撰的《适应新常态　树立新坐标》一书收录。编撰《福建省生态文明建设差别化评价报告》，反映生态省建设成效，发挥服务生态文明建设的作用。

【统计调查和统计产品】　2016年，福建省开展第三次全国农业普查，成立福建省第三次全国农业普查领导小组，各市、县（区）、乡（镇、街道）组建普查领导小组及其办公室，并落实普查经费，开展农作物面积遥感测量。年内开展普查试点、业务培训、立体宣传、法治监督等工作。

完成各项常规调查。实施国家统计制度，完成农业、工业、投资、科技、能源、贸易等各项常规调查，以及高新技术产业、农民工市民化进程动态监测、社会公众安全感、劳动力等专项调查和全面建成小康社会统计监测工作等。

统计产品服务更趋丰富。《福建统计月报》《福建主要经济指标》《福建统计年鉴》《福建统计手册》《福建经济与社会发展白皮书》《福建调查年鉴》《福建调查分析报告》等成为了解、分析全省经济发展的必备资料和工具书。

【统计能力建设】　2016年，福建省统计联网直报系统安全运行，应用领域不断拓展，系统管理不断完善，为基层和企业提供有力的技术支持和服务。农业普查省级数据中心建设完成，数据采集、处理的各项准备工作基本就绪。部门信息共享逐步推进，“五证合一、一照一码”部门数据交换基本实现。信息中心整合和系统迁移工作平稳进行，首批7个系统迁至全省政务云计算平台试运行。

基层基础建设。加强和规范乡镇统计基层基础工作，保障基层统计源头数据质量。通过恢复设立乡镇统计站、增加相应事业编制和人员、配备村（居）专职统计人员、举办基层统计人员培训班等多种方式，推动统计基础工作。

数据质量控制。实施《国家统计质量保证框架》《福建省统计质量控制实施细则》，规范统计调查业务流程，建立科学的数据评估办法，加强专业间、月度间的数据指标的连贯性、匹配性、逻辑审核，数据质量管理更加有效。

部门统计。推进部门统计建设，省统计局与部门横向合作更务实有效，核算、农业、工业、商贸、投资、服务业等专业与涉及的部门建立联席会议制度，沟通交流顺畅。对省直部门统计工作的指导、对部门统计调查项目的审核得到加强。

（林　宇）

工商行政管理

【市场主体注册登记】　2016年，福建省新登记内资市场主体549448家，比上年增长6.9%；资金总额13963.37亿元，增长13.9%。其中，新登记企业（含分支机构，下同）187426家，比上年增长23.6%；注册资本（金）13463.62亿元，增长12.6%。新登记个体工商户357521户，比上年下降0.1%；资金数额374.03亿元，下降9.4%。新登记农民专业合作社4501家，比上年下降2.5%；出资总额125.73亿元，下降15.2%。截至年底，全省实有内资市场主体2765521家，比上年增长17.5%；资金总额67284.57亿元，增长28.0%。其中，实有企业873110家，比上年增长23.5%；注册资本（金）64590.5亿元，增长28.6%。个体工商户实有1858167户，比上年增长15.0%；资金数额1573.74亿元，增长21.2%。农民专业合作社实有34244户，比上年增长11.8%；出资总额1120.33亿元，增长10.9%。

外商投资主体登记情况。全省新设各类外商投资市场主体3284家，其中外商投资企业3238家，占新设总数98.6%；外国（地区）常驻代表机构42个，占1.3%；外国（地区）企业在中国境内从事生产经营活动4家，占0.1%。在新设外商投资企业中，法人企业2380家，比上年增长42.6%；合伙企业14家，基本与上年同期持平；分支机构844个，比上年增长22.0%。新增投资总额252.77亿美元、注册资本188.71亿美元、外方认缴143.96亿美元，分别比上年增长40.6%、47.3%、46.1%。截至年底，全省实有各类外商投资市场主体29762家，其中：外商投资企业28351家，占实有总数95.3%；外国（地区）企业常驻代表机构1371个，占4.6%；外国（地区）企业在中国境内从事生产经营活动40家，占0.1%。在期末实有外商投资企业中，法人企业21290家、分支机构7013个、合伙企业48家，分别比上年增长9.98%、7.8%、45.45%。外商投资企业期末投资总额达2263.15亿美元、注册资本1321.27亿美元、外方认缴1050.94亿美元，分别比上年增长15.1%、19.1%、16.8%。

【个体私营经济管理】　自2016年9月1日起，福建省在全省范围内实施“五证合一、一照一码”，比全国提早1个月，共发出“五证合一”营业执照8.97万份。9月21日在泉州发出全国首张“两证整合”的个体工商户营业执照，比全国提早两个多月。莆田、龙岩、漳州等地推进“一照一码”营业执照换发工作，换照率位居全省前三名。除未提供年报被列入异常名录的企业外，全部正常经营企业完成“一照一码”营业执照换发工作，实现省政府提出的比全国提早一年完成换照工作的目标。

服务自贸试验区建设。牵头推进自贸试验区市场监管专题组工作，贯彻落实总局支持福建自贸试验区建设的12条意见，自贸试验区福州片区仓山区市场监管局获得总局外商投资企业核准登记授权，工商部门探索推进的创新举措，有4项被毕马威评为全国首创、2项入选自贸试验区“十佳创新举措”、6项在第三方评估中满意率都高于93%(其中“一照一码”登记制度满意率达96.9%，位居投资便利化领域第1名)。

完善服务举措。加强行政服务中心和网上办事大厅建设，出台提高办事效率5条措施，建成运行小微企业名录系统，加强企业指导帮扶。

【市场主体监督管理】 2016年，福建省完善事中事后监管机制。在全国率先建成国家企业信用信息公示系统（福建)，在8个试点省份中较早通过工商总局验收，归集全省3081个（其中省级44个）单位5361万条的涉企信用信息，扩大数据共享范围、拓展应用深度，应用成效逐步显现。推进企业年报公示工作，企业、个体工商户、农民专业合作社年报率分别达到86.3%、88.2%、88.2%，实现年报公示率不低于85%的目标要求。推行随机抽查监管，完成抽查25519家次，列入经营异常名录企业12192家次。实施信用分类监管，完善失信联合惩戒机制，有12.37万家企业被列入经营异常名录、35.65万家个体工商户被标注为经营异常状态，3万家企业经申请移出经营异常名录、6.1万户个体工商户经申请恢复正常记载状态。

【市场规范管理】 2016年，福建省严厉打击销售假冒伪劣商品、商标侵权、不正当竞争、传销、非法购销红珊瑚、违法格式条款等违法行为，立案11446件、罚没款11077万元。开展春季打假保春耕和保夏护秋农资打假等专项执法行动，加强重点农资产品监测，打击查处销售假冒伪劣农资违法行为，查处违法农资案件326件，罚没款191.11万元。加强网络市场监管，率先探索开展网络商品信息定向监测，部署开展对福建京东网店五大类150多种商品信息进行定向监测；双十一期间，制订网络交易商品和服务定向监测方案，组织全系统结合总局网络交易平台监管服务系统中福建网店的相关数据，重点监测京东、天猫、淘宝等平台的促销期限、方式和规则，以及平台内福建商家的商品及服务详情、宣传广告、促销内容及售后保障等相关网页的页面信息，并委托泉州市局开展网络交易实物商品的质量抽检工作。

【商标管理】 2016年，福建省新增注册商标11万件、地理标志商标25件、马德里国际注册商标217件、驰名商标24件，总数分别达到62.5万件、297件、1692件、478件，开展著名商标认定工作，新认定著名商标383件、延续认定716件。同时，落实新认定的驰名商标及新注册的马德里国际注册商标省级财政奖励及补助金1145万元；协助福建省海洋渔业厅申请4件海洋产业类驰名商标、新核准注册的14件海洋产业类地理标志商标及36件海洋产业类福建省著名商标省级财政奖励及补助金。全省工商系统指导企业运用商标质押权新增融资贷款27614.15万元。在全省开展迪士尼等商标专用权专题维权行动，全省立案查处双打案件1218件、案值1594.82万元、罚没款4562.63万元、移送27件、捣毁窝点100处。公开双打案件信息1342件。

【广告管理】 2016年，福建省取消外商投资广告企业项目审批、户外广告登记、固定形式印刷品广告登记、外商投资广告企业设立分支机构审批和烟草广告审批，推荐6个项目申报2016年省文化产业发展专项资金。是年，国家工商总局广告大数据平台监测全省电视台、广播、报纸媒体发布的各类广告1499988条次，发现涉嫌违法广告2418条次，比上年下降75.7%，广告条次违法率为0.2%，降低0.54个百分点。监测各类广告53693条，发现涉嫌违法广告313条，比上年下降87.9%，广告条数违法率为0.6%，降低4.51个百分点。监测广告总时长61726945秒，其中涉嫌违法广告时长1423059秒，比上年下降87.6%，广告时长违法率为2.3%，降低16.21个百分点。

【合同管理】 2016年，福建省开展“守合同重信用企业”公示活动，公示“2014—2015年度福建省守合同重信用企业”1093家，推荐参加工商总局继续公示150家、新增公示93家。开展动产抵押登记工作，全省办理动产抵押登记1686份，抵押登记金额353.03亿元。同时，在全省开展对公用事业类、旅游类、汽车消费类（含二手车）合同不公平格式条款的专项整治工作，并将汽车行业、房地产行业不公平格式条款点评及相关案例下发全省各地借鉴，全省查处合同案件125件，罚没款113.09万元。

【消费者权益保护】 2016年，福建省开展消费维权工作，会同旅游、物价等部门实施“放心游福建”旅游服务承诺，建设“福建省12315旅游投诉服务平台”。推进12315“五进”工作，完善首问责任和先行赔偿制度，加强“直通车”绿色通道建设，新建消费维权“直通车”企业230家。全年受理消费者咨询投诉举报52.75万件，为消费者挽回经济损失8362.28万元，“12315”服务热线一次接通率90.9%、诉求办结率97.4%。

（林泉祥）

价格管理

【价格运行及调控】 2016年，福建省居民消费价格总水平上涨1.7%，实现省委省政府确定的居民消费价格总水平涨幅控制在3%左右的调控目标。

价格监测分析预警。利用移动互联网技术，建成价格监测预警全省统一平台。执行价格监测报告制度，增加劳动力市场价格专项监测，采集上报数据23万条、报表4960张。加强价格形势分析预警，撰写监测分析报告110篇、价格形势分析报告12篇，编发简报92期，及时提出价格调控对策建议，为党委政府相关决策提供依据。

调控措施多头并举。每月通报CPI和鲜菜价格变动情况，重点时段启动平价商店平价销售机制，推进农产品目标价格保险试点工作，完善生猪市场价格调控预案，实行粮食最低收购价政策，完善社会救助和保障标准与物价上涨挂钩联动机制，开展专项资金绩效评价和监督。

民生价格信息发布。省物价局与省电视台经视频道合作，春节前播出价格运行情况专题节目，全年发布价格行情86期，各地价格主管部门利用报纸、电视、LED、网络、微信、微博等媒体渠道发布价格信息，取得较好的社会效果。

【价格改革】 2016年，福建省完善主要由市场决定价格机制，推进重点领域价格改革，价格改革向纵深推进。以省委省政府名义印发关于推进价格机制改革的实施意见，在全国率先提出“实施促进生态文明建设价格政策”“加强闽台价格管理交流”等体现福建特色和先行先试精神的改革思路。福建省是全国第五个出台实施意见的省份。对推行居民用水阶梯价格制度、调整污水处理收费标准、完善机动车停放服务收费政策三项任务实行月度通报督查。8月，出台福建省完善机动车停放服务收费政策。12月15日全省67个市、县全面完成推行居民阶梯水价制度改革和调整污水处理费收费标准工作。

电价市场化改革。启动输配电价改革试点工作，完成成本监审任务。开展电力直接交易，全年交易电量223亿千瓦时，比上年增长71.5%。调整居民用电分档电量。将第一、二档电量分别从200千瓦时/月、400千瓦时/月提高到230千瓦时/月、420千瓦时/月，年可减轻居民电费支出1.06亿元。

气价改革。根据印度尼西亚合同气源采购价格变动情况，建立天然气价格联动机制，实现天然气用户价格与上游供应价格接轨。做好西气东输天然气入闽价格管理工作，福建省是全国率先放开天然气门站价格的省份。

【清费减负】 2016年，福建省加大清理整顿收费力度，降低企业用能成本，减轻企业负担，服务供给侧结构性改革。

实行收费报告和目录清单制度。取消收费许可证制度，先后公布省级定价管理的行政事业性涉企收费清单、行政事业性收费优惠政策清单、行政审批前置服务收费清单、中介服务收费目录清单、涉企经营服务性收费清单、涉及进出口环节行政事业性收费清单、涉企经营服务性收费优惠政策清单等7类收费目录清单，把收费政策的知情权和监督权交给企业和社会。

降低气电价格。降低一般工商业电价每千瓦时2.04分钱，将价区从30个减少到19个。实施鼓励工业增长的电价激励措施，对383家企业临时调整用电峰谷时段，对20家铁合金（结晶硅）生产企业全年执行丰、弃水期电价。根据气价联动规定，三次下调印度尼西亚合同气量价格；落实国家发展改革委的部署，降低城市燃气公司输配费用。

规范收费管理。停征价格调节基金以及工业企业除资源性补偿费和损害性赔偿费外省定行政事业性收费项目，取消、暂停、免除和降低475项收费，落实“绿色通道”、进出口环节和扩大18项行政事业性收费免征范围等收费优惠政策。加强行政审批中介服务收费监管，规范消防检验检测、矿产资源储量评审等中介服务收费。

【价格管理】 2016年，福建省安排“以大代小”替代发电量37.5亿千瓦时，约可减少电煤消耗40.35万吨，减少二氧化硫排放8433吨。落实环保电价和超低排放电价政策，出台全面实施燃煤电厂超低排放和节能改造工作方案，对通过超低排放验收的12台燃煤机组落实超低排放电价，对水泥企业用电实行阶梯电价。

实施差别化排污收费政策，对企业主要污染物排放浓度值低于国家或福建省排放限值75%及以上的，按征收标准的25%征收。制定挥发性有机物排放简易衡算方法，加大挥发性有机物排污费征收力度。核定初始排污权有偿使用费标准，对战略性新兴产业或达到国家清洁生产一级水平的项目，实行减半征收的优惠政策。完善土地使用权、矿业权、节能量交易服务价格政策，制定碳排放权交易服务价格，促进环境资源产品交易。出台电动汽车充电服务分类价格标准，推动充电基础设施建设，促进电动汽车的推广应用。

【价格监管】 2016年，福建省查处各类价格违法案件409件，实施经济制裁总金额1.31亿元，比上年增长90%。开展涉企收费检查，依法整顿7个行业16项违规收费问题。开展药品价格、商品房明码标价等专项检查，加强对重点时段、商业银行、电子商务等方面的价格监管，营造良好的消费环境。针对某燃煤电厂恶意篡改系统数据、骗取脱硫电价款的行为，没收违法所得1303万元，并处4倍罚款，实施经济制裁，金额6517万元。建设集价格举报、咨询、监测、争议调解等多功能于一体的“12358”价格监管平台，提高价格举报办理效率。是年，全省受理各类价格举报、投诉、咨询、信访23789件，办结率96.98%。

开展景区价格专项检查，省物价局对23个景区经营单位进行行政处罚并予以公开曝光，整治景区优惠票价政策执行不到位等问题。建立旅游价格投诉“一口受理、七日办结、先行赔付”工作机制，发布全国首个旅游“快处先赔”办法，开展“放心游福建”服务承诺工作。完善应急工作机制，处理个别地方出现的“天价”事件，在“营改增”政策实施前介入并叫停福州酒店集体涨价行为。对通信行业开展反价格垄断调查，制定公平竞争审查工作制度，明确审查流程，有序清理存量，严格把关新出台政策。

【价格服务】 2016年，福建省规范成本监审行为。制定成本监审工作规程及配套文书格式，分类别、分环节明确成本监审程序和时限，该项工作属全国首创。在全国率先出台成本监审引入第三方审核服务办法，规范第三方服务行为。完成成本调查任务，是年完成222个成本监审项目，核减不合理成本费用20.50亿元。

助力社会事业发展。出台城市地下综合管廊、养老机构服务价格管理政策，促进社会资本投资公共领域。完善景区门票、中小学教材、幼儿园、司法鉴定、律师服务、公证服务、保障性住房、道路客运场站、供电企业供用电服务等方面价格政策。

加强价格认定。开展价格认定法治建设年活动，提高价格认定工作质量。全年完成涉税财物价格认定2.2万件，标的金额156.7亿元；完成涉纪涉案财物价格认定1.9万件，涉案金额13.78亿元，复核率0.2‰，远低于国家规定的1‰要求。

深化价格争议调处。建立价格争议调解与价格举报工作衔接联动机制，通过全省价格争议调解处理网络平台，及时办理价格争议案件。全年受理价格争议调处655件，成功调解648件，涉及金额2.24亿元。

（梁　祎）

食品药品监督管理

【食品安全监管】 2016年，福建省各地共出动执法人员2.6万人次，检查餐饮服务单位1.03万个，抽检火锅底料、调味料等各类样品1560批次，检出不合格样品198批次，立案查处违法案件62件，罚没金额22.71万元。开展食品安全“净网”行动，打击网络订餐违法违规行为。

食品监督抽检。全省普通食品完成33大类食品品种监督抽检22173批次，抽检范围涵盖食品生产、流通和餐饮、保健品等环节，不合格531批次，不合格率2.4%。检查食品生产企业129家，发现问题670个；食品流通单位136个，发现问题253个；检查餐饮服务单位982个，立案109件，罚没款137.5万元；保健食品完成国抽任务50批次、省抽488批次，发现不合格样品9批次。

食品生产环节日常监管。全省食品生产监管环节共出动执法人员40942人次，检查食品生产企业18397家次，发现问题企业2580家次，下达责令整改通知书2329份，下达责令停产通知书54份，暂扣生产许可证6张。立案查处食品生产领域违法案件485件，查扣问题食品1914吨，涉案货值216.64万元，罚没款874.08万元，移送公安案件13件。选取174家婴幼儿配方乳粉等四类食品生产企业，开展追溯管理体系建设试点工作。

食品流通环节日常监管。开展食用农产品质量安全追溯工作，全省有93个食用农产品市场开展食用农产品准入试点工作，19个食用农产品批发市场正在建立检测室或委托具有检验资格的机构进行食用农产品检测工作，对一批企业、市场、商场、超市建立电子追溯系统。完善食品风险监测和评估工作的协调机制，建立行业食品安全风险信息收集机制，开展食用油、蜂产品、婴幼儿食品、酒类等高风险食品风险监测1950批次，发现问题样品54批次，问题发现率2.8%。

食品餐饮环节日常监管。全省餐饮服务单位进行量化分级管理，完成餐饮服务单位量化等级评定7.9万个，其中良好以上等级的餐饮服务单位18852个，比上年增加1465个。全面启用食品经营许可证，为15740个餐饮服务单位核发新的食品经营许可证，为11867个四类餐饮服务单位核发新的食品经营许可证。全省餐饮环节共出动执法人员11.55万人次，监督检查餐饮服务单位9.4万个次，责令整改586个次，立案查处食品违法案件286件，罚没款476.92万元，移送司法机关案件28件。

保健品日常监管。开展全省保健食品生产企业量化分级情况综合评定，公布32家在产量化分级评定结果，其中：A级企业10家、B级企业16家、C级企业2家、D级企业4家，并公布15家停产企业名单。在生产环节检查保健食品生产企业109家次，检查保健食品72种、配制酒77种、玛咖制品5种，检查发现问题共有38家。责令24家企业限期整改，立案1件、罚款1.5万元。在经营环节检查保健食品经营企业6104家次，检查保健食品7524种、配制酒945种、玛咖制品345种，发现问题969个，责令247家企业限期整改，责令停止销售5家，立案7件，移交公安部门案件4件。

【药品安全监管】 2016年，福建省加强药品生产安全治理。对全省13家生产企业、18个经营单位和31个医疗机构开展专项检查。抽样中药材、中药饮片393个批次、111个品种，检出不合格品61个批次，不合格率为15.5%，比2014年、2015年分别下降10.9%、2.9%。开展医用氧生产企业全覆盖检查，发现严重缺陷1项、一般缺陷42项，约谈企业相关负责人3家，移交稽查立案查处1家。重点对生物制品、贵细药材中成药等品种，对总局移交线索、群众举报以及未过新版GMP认证的企业，开展飞行检查26家次，发现主要缺陷22项，一般缺陷155项。组织开展GMP认证跟踪检查，检查40家药品生产企业，其中对高风险的无菌制剂生产企业实行跟踪检查全覆盖，有效防控风险。加强特殊药品监管，与省公安、省卫计委等部门成立联合工作小组，开展麻醉药品和精神药品管理的联合督查，完成药品国抽任务 543 批次，发现不合格样品 23 批次，完成省抽 7937 批次，发现不合格样品 242 批次。检查药品生产企业 26 家次，发出 3 封告诫信，作出行政处罚 1 起，督办 1 起，对 5 家企业负责人实施约谈。

药品流通领域安全整治。全省系统出动执法人员 14362 人次，执法车辆 1451 辆次。检查药品经营企业 7261 家次。其中，药品批发企业 363 家次，检查药品连锁企业 167 家次，覆盖率均为 100%，发出责令整改通知书 2315 份，收回企业 GSP 证书 72 家，立案调查处理 242 件，罚没款 64.98 万元，移送公安机关处理 31 件。省局直接组织对药品批发企业开展飞行检查 82 家，收回药品批发企业 GSP 证书 26 家，对收证企业涉嫌违法违规经营行为移交当地监管部门立案查处。强化医疗机构药品质量监管。全年监督检查医疗机构 60 余个，监督抽验 435 批次中标药品。跟踪检查药品批发企业和零售连锁企业 106 家。

疫苗专项检查。全省出动执法人员 10194 人次，执法车辆 704 辆次，检查疫苗批发（连锁）企业 370 家次，抽查零售企业 7571 家次，检查医疗机构 4852 个次，疾病预防控制中心 98 个次，接种单位 1719 个次，发现并移交涉嫌违法线索 18 条，作出责令整改处理 633 家次，罚没金额 25.663 万元，移送处理案件 16 件。

【医疗器械监管】 2016 年，福建省开展透明质酸钠、义齿生产企业、体外诊断试剂专项检查和医疗器械流通领域违法经营行为整治。医疗器械完成国抽任务 26 个品种 104 批次，完成省抽 439 批次，发现不合格样品 27 批次。检查医疗器械生产企业 46 家，发现问题 496 个，主动要求停产整改企业 19 家，约谈 17 家企业负责人和管理者代表。全省现场检查医疗器械生产企业 450 家次，其中生产企业检查覆盖率一类 90%，二类 93%，三类 100%，国家重点企业 100%，省重点监管企业 100%。停产整顿 16 家，限期整改 38 家，移交稽查部门查处 21 家，吊销许可证 1 家。

【化妆品监管】 2016 年，福建省按照国产非特殊用途化妆品备案新要求，对企业产品中文名称、标签说明书、产品配方、产品质量安全控制要求、检验报告和安全性风险物质评估资料等内容开展重点检查，全年检查 1648 件，保障国产非特殊用途化妆品政策的落地和深入推进。查处国家抽检不合格产品企业，化妆品完成国抽 451 批次，省抽 459 批次，发现不合格及不符合规定样品 37 批次。

开展化妆品生产许可换证。截至 2016 年底，全省 71 家申请换证企业中有 52 家领取新证，10 家通过现场检查，9 家企业因不符合要求不予许可。对 2017 年 1 月 1 日起未取得新的化妆品生产许可证的企业，全部予以停产。本次提出申请的 71 家单位全部达到安全生产标准。

【食品药品监管技术支撑体系建设】 2016 年，福建省加强食品药品监管信息化能力建设。建成食药监管、食品追溯、社会共治三大领域的食品安全监管与社会共治系统（一期）建设，形成覆盖全系统的食品药品监管信息化体系，实现核心业务的全流程信息化办理，以提升全省食品药品安全监管效能。全省系统“智慧监管”建设取得初步成效。

推动检验检测体系建设。推进省级食品检验检测实验楼项目建设，提升基层检验检测能力，南平市食品药品检验检测中心食品实验室通过资质认证。规划建设区域性县级检测机构 20 个、一般性县级检测机构 9 个，总投资 3.52 亿元，争取中央投资补助资金 2.57 亿元。将“食品安全快检设备进乡镇”列入 2016 年省政府为民办实事工程“治理餐桌污染”项目，争取省级财政补助资金 3045 万元，为 435 个基层食品药品监管所配备食品安全快速检测仪各 1 套。

调整充实省级食品药品安全专家委员会委员。建成由 315 人组成的省、市、县三级专家队伍，初步构建起福建省食品药品安全监管决策和监管执法科学的专业智囊团。与高校签订技术合作协议，拓展药品及医疗器械审评和现场查验技术水平支持力量。

强化技术审评、现场检查技术机构和检查员队伍建设。食品药品认证审评中心建立全过程可追溯的技术审评和现场检查的质量管理体系，于 2016 年 9 月通过 ISO9001 质量管理体系认证。制定“四品一械”检查员管理办法，加强对检查员的管理约束和检查工作的规范，举办 7 场食品、保健食品、药品、化妆品及医疗器械检查员培训班，共计 519 人次的检查员接受培训。建立技术审评和现场检查质量审核和集体会商制度，探索以临床为导向的分段审评机制，建立企业沟通会工作制度。排查技术审评和现场检查风险点，紧盯重点岗位和重点环节，防控廉洁风险。全年完成食品、保健食品、药品、化妆品及医疗器械申报事项涉及的技术审评和现场检查 1253 件，抽调检查员共计 1706 人次。

【食品药品不良反应检测】 2016 年，福建省收到 1359 个基层单位上报的药品不良反应病例报告 27877 份，比上年下降 0.9%；每百万人口平均报告数为 756 份，减少 7 份，其中新的和严重的药品不良反应病例报告 9875 份，增长 6.7%，占总报告数的比例为 35.4%，增加 2.5 个百分点。严重的药品不良反应病例报告 2219 份，比上年增长 2.2%，占总报告数的比例为 8.0%，增加 0.3 个百分点。全省共收到 635 个基层单位上报的可疑医疗器械不良事件报告 4190 份，每百万人口平均报告数 114 份。其中严重伤害报告 938 份，占比为 22.4%。全省收到 29 个单位上报的药物滥用监测调查表 4302 份，化妆品不良反应报告 260 份。对 48 家药品生产企业提交的 465 份 PSUR（药品定期安全性）报告进行汇总分析。

【食品药品稽查】 2016年，福建省立案查处食品药品违法案件5244件，比上年下降21.1%，结案4568件，没收违法所得金额640.87万元，罚款金额10655.3万元，罚没金额比上年增长89.98%，其中食品（包含保健食品）违法案件立案3359件，比上年下降34.9%。结案2827件，没收违法所得金额326.55万元，罚款金额8954.73万元，罚没金额比上年增长1.14倍，其中药品（包含药品、医疗器械、化妆品）违法案件立案1885件，增长26.6%。结案1741件，没收违法所得金额314.32万元，罚款金额1700.63万元，罚没金额比上年增长25.3%。

构建协作联动机制。通过建立省级部门检验检测资源共享、细化食用农产品产地准出与市场准入衔接、健全执法办案协作联动等各项工作机制，推动基层各相关部门联动对接，提升监管成效，实施联合执法、精准执法。全年移送公安机关涉嫌刑事案件239件，通报案件线索138条，与公安机关开展联合办案180件，协助公安机关开展涉案产品检验394批次。

推动监管信息公开。全年公开一般程序行政处罚案件4690件，发布省级食品抽检信息公告13期、药品质量公告5期，发布主动公开信息266条，办理依申请公开信息172条。对2015年食品安全信用评级试点评出的3422家企业信用等级进行公示，曝光严重失信企业8家、失信企业235家。

【食品药品法制建设】 2016年，福建省建立最严格的法规标准。先后制订、修订和完善食品药品监管规范性文件、制度共计200余项。完善“双随机一公开”抽查机制，健全“两名录库一清单”，探索建立食品领域“三小”管理制度和食品药品网络交易、自动售货机、自动售药（械）机等新兴业态的有效监管制度。

推进行政审批制度改革。编制完成《福建省食品药品监管系统行政审批和服务事项纵向清单参考目录》，共梳理省级事权60项、市级事权40项、县级事权4项。实现行政审批流程全部电子化操作，使行政审批工作更加公开透明、高效便民。

【药械审评审批制度改革】 2016年，福建省推进全省一致性评价工作和上市许可持有人试点工作。有52个仿制药品种启动一致性评价，完成志苓胶囊等省内外12个品种的转入批准和受理工作。指导企业研发的国产首个长效干扰素Ⅰ类新药派格宾（聚乙二醇干扰素α−2b注射液）获得国家总局批准并上市，打破国外同类制品的垄断，填补国内空白。推进实施医疗器械产业发展专家帮促行动，创新医疗器械方面实现零的突破，人类EGFR基因突变检测试剂盒（多重荧光PCR法）等3个产品获得总局创新医疗器械审评认可。

【食品药品应急管理】 2016年，《福建省食品安全事件应急预案》重新修订，增加学校和大型活动的食品安全事件预案启动分级标准。制订《省局信息发布管理办法》《省局食品药品安全突发事件预警信息发布实施方案（试行）》，编写《食品药品舆情快报》，编制《舆情分析报告》47期。培育应急示范企业，全省有“四品一械”（“四品一械”是食品药品监督管理局开展的一项活动，内容包括药品、餐饮食品、保健食品、化妆品、医疗器械）应急处置示范企业29家，其中食品15家、药品11家、医疗器械3家。

【食品安全共治】 2016年，福建省完成第一批10个食品安全社会共治示范县（市、区）试点创建单位实地考评验收工作；建立222个小作坊示范点，创建“明厨亮灶”示范单位100个，“明厨亮灶”餐饮服务单位24931个，比上年增加18131个；全省共创建两条省级食品安全示范街，166条餐饮服务食品安全示范街和2490家示范店。全年创建省级食品质量可追溯管理示范点148个。协同省商务厅等4部门联合评选“十大闽菜、十大名店、十大名小吃和十大名厨”活动，推动餐饮业供给侧结构性改革。开展全省食品安全责任险试点工作，食品安全责任险投保单位数已有1361个，保险金额65645万元。

（徐阳阳）

质量技术监督管理

【概况】 2016年，福建省质监系统着力“抓质量、保安全、促发展、强质检”，实现“十三五”福建质监事业发展的良好开局。厦门航空获第二届中国质量奖，福耀玻璃、九牧集团获提名奖，实现福建省零的突破。厦门、福州、泉州先后获批创建“全国质量强市示范城市”（厦门已获全国首批命名）。5家企业新获评省政府质量奖，全省累计达21家；福州经济开发区、厦门软件园、永安市新获批创建“全国知名品牌示范区”，累计达11个。全年新建社会公用计量标准70项；完成国家标准32项、行业标准56项，公布团体标准9项。30项标准获评“2016年福建省标准贡献奖”。完成整理强制性地方标准164项。推动3229家企业声明公开13023项标准，建立企业标准排行榜制度。推动永春、长泰、沙县3个农村综合改革（美丽乡村）标准化试点县通过国家标准委验收，并在长泰县召开现场会，推广福建省经验。

【特种设备安全监察】 2016年，福建省建立全省特种设备安全监督监察联席会议制度，将相关指标纳入省政府安全生产目标责任，促进齐抓共管、多元共治。推进《福建省电梯安全使用条例》立法，发布《电梯使用单位安全管理规范》地方标准；开展电梯安全整治和13个专项整治，对电梯定期检验一次合格率低于70%的维保和使用单位实行网上曝光，实现隐患电梯整治率98%、在建油气管道监检率100%、在用油气管道定检率96.2%的目标，全年没有发生重特大特种设备安全事故。

【产品质量监督】 2016年，福建省创建“消费与质量查询平台”，并被质检总局确定为全国性平台。以电饭煲、儿童玩具等10类消费品为重点，部署开展全省消费品质量提升专项行动，全省建立1440家企业质量档案，曝光189家问题企业，责成296家企业落实整改措施。开展问题排查与质量整治，产品质量省级监督抽查合格率达96.58%，比上年提升0.87%，高于全国平均水平。

【质量技术监督行政执法】 2016年，福建省开展家用电器、汽车及其配件、建材、农资等“质检利剑”专项执法行动；打击生产“地条钢”违法行为，排查152家钢铁生产和冶炼铸造企业，抽检153批次样品，联合经信等部门拆除220台淘汰落后设备，封存涉嫌问题钢坯约1300吨。全年受理质量申（投）诉件、举报件和咨询数达9237件，其中申（投）诉件、举报件办结率分别达97%、98%；全省查办案件2029件，查获涉案产品货值4200余万元，挽回经济损失2300余万元。

【质量技术监督监管服务改革】 2016年，福建省质量技术监督系统推进行政审批制度改革，优化审批流程，申报材料精简70%，审批时效平均提升20%；开展集成式“双随机”抽查工作，相关做法的信息专报被国办采用；定量包装计量“双随机”抽查全国试点工作得到质检总局肯定和推广。

【质量技术监督科技创新】 2016年，福建省质量技术监督系统加强科技创新，新获批国家质检中心两个，获批质检总局科技项目12个、省科技厅项目11个，全系统取得专利授权29项，4个科技项目填补国际空白。“汽车衡新校验方法及装置（液压式）”项目获2015年度中国计量测试学会科学技术进步奖一等奖，填补国际空白。“60MN叠加式力标准机”项目完成新建标，成为世界量程最大的大力值标准机。

（王　强）

口岸综合管理

【概况】 截至2016年底，福建省有经国务院批准对外开放口岸11个，其中水运口岸7个，分别是福州水运（海港）口岸、厦门水运（海港）口岸、漳州水运（海港）口岸、泉州水运（海港）口岸、莆田水运（海港）口岸、宁德水运（海港）口岸、平潭水运（海港）口岸；空运口岸4个，分别是福州空运口岸（长乐国际机场）、厦门空运口岸（高崎国际机场）、武夷山空运口岸（武夷山机场）和泉州空运口岸（晋江国际机场）。

是年，海港口岸完成外贸货运量21201.6万吨，比上年增长0.4%，其中进口13827.7万吨，下降2.8%；出口7373.9万吨，增长6.8%。海运集装箱吞吐量累计完成872.2万标准箱，比上年增长3.1%，其中进口436万标准箱，增长1.3%；出口436.2万标准箱，增长4.9%。累计出入境旅客210.9万人次，比上年增长0.1%，其中入境105.7万人次，与上年持平；出境105.2万人次，增长0.2%。

空港口岸累计出入境旅客531.4万人次，比上年增长8.6%，其中入境265.6万人次，增长8.6%；出境265.8万人次，增长8.6%。

对台直航方面，对台海上客运直航运送旅客191.3万人次，比上年下降1.5%。全省海港口岸对台进出口货物2123.3万吨，比上年下降10.6%；对台集装箱吞吐量72.6万标准箱，增长3%。

【口岸对外开放】 2016年，福建省推进福州港罗源港区、泉州港石井作业区、平潭港金井港区等查验配套设施建设和国家级验收筹备工作；推动宁德港三沙港区扩大开放获国务院批准，组织通过对泉州港口岸中化泉州石化有限公司斗尾作业区、深沪湾港区深沪国家中心渔港远洋渔业作业区新增外贸作业点的省级验收，并对外公布；按期完成宁德港三都澳港区漳湾作业区8、9号码头，福州港黄岐对台客运码头，平潭港金井港区3号泊位，莆田港东吴港区东1和东2号泊位，福州港罗源湾港区9个码头泊位等16个码头（泊位）临时进靠国际航线船舶每半年延期报批工作。

（魏铭浩）

【大通关建设改革】 2016年，福建省配合做好境外旅客购物离境退税政策。完成福建省首批退税口岸的选点和海关监管场所建设，并加大宣传力度，推动政策效应得以发挥。做好推进免除查验没有问题外贸企业吊装移位仓储费用试点。配合省财政厅制订落实方案，完善操作规程，加强跟踪和指导，做好省试点与国家试点的工作衔接。研究解决危化原材料进口接卸受阻企业成本增加问题。开展全省危化品进口情况摸底调查，制订江阴口岸危险化学品进出口资金扶持方案，鼓励码头业主揽货及本省企业自江阴口岸进出口维护品。开展海运进出口货物通关时间调研，分析制约通关速度的环节和因素，配合国家口岸管理办公室制订压缩通关时间优化营商环境的工作方案。

【国际贸易“单一窗口”建设】 2016年，福建省国际贸易“单一窗口”建设取得突破性进展。“单一窗口”一期建设通过省发改委验收，功能和成效得到专家肯定。顶层规划设计方案和二期总体建设方案也通过专家评审，并经省政府同意下发；率先实施船舶进出口岸“一单四报”，取得明显成效，省口岸办成为全国“单一窗口”运输工具部分的国家标准制定牵头单位和标准版的开发支持单位；率先获得商务部批准，福建省成为全国唯一的“单一窗口”对接国家对外贸易经营者备案登记系统的省份，可接收商务部推送的数据，实现对外贸易经营者备案与原产地证企业备案“两证合一”；率先与国家质检总局e—CIQ对接，在全国首创“双模申报”，国家海事局率先通过“单一窗口”向福建省口岸监管单位和企业开放船舶登记数据库，所有进出中国港口的43万余艘船舶数据实现共享；率先打通边检梅沙系统，通过二维码智能扫描，实现互联网与涉密网的数据导入，企业直接在互联网上就可办理登轮许可证、台湾船员登陆证等七项原需到口岸现场办理的证件。拓展与台湾、新加坡等“一带一路”国家、地区和周边省份的互联互通，与新加坡、中国台湾以及上海、江西、天津等单一窗口签订合作备忘录。

【自贸试验贸易便利化改革创新】2016年，福建省口岸办配合自贸办工作，落实各项重点试验任务，牵头协调各有关单位新出台一批创新举措，如海关部门“随机布控、随机派单”监管模式、检验检疫“多证合一”改革、“空检海放”模式，海事部门国际航线船舶进口岸和船载危险品“同步申报，同步审批”模式等；牵头贸易便利化改革创新研究，组织驻闽查验单位及相关单位配合省自贸办提出第二批新增试验项目，在服务企业降成本方面推出3项新增重点试验任务；配合开展福建省自贸试验区十大创新举措和创新平台评选。截至年底，牵头推进的45项重点试验任务已实施39项，各相关部门推出贸易便利化创新举措101项，其中42项属全国首创，33项创新成果在全省或特定区域复制推广。

（黄　安）

【海关监管】　福州海关。2016年，福州海关关辖区共监管进出口货物5688.7万吨，进出口总值1824.1亿元，进出境人员224.7万人次，进出境运输工具25470辆（架）次；征收关税和进口环节税116.99亿元；刑事立案66件，案值11.5亿元，涉案偷逃税款2.48亿元；走私行为案件立案46件，案值3872.9万元；违规违法案件立案546件，案值10.85亿元。

服务地方发展。落实税收优惠政策，减免税款4.71亿元，自贸协定项下优惠关税4.54亿元。提交税则修订和调整建议34项，其中1项被列入世界海关组织2017版《协调制度》，7项被国务院关税税则委员会采纳，仅福耀集团车用玻璃一项，每年可为企业增加出口退税9000多万元。江阴口岸整车进口8368辆，比上年增长1.05倍，在全国新增整车进口口岸中排名第二。免除查验无问题企业集装箱查验作业费用逾1000万元，惠及企业2000余家。

扶持重点项目。发挥海关职能作用，助力中央支持福建加快发展的各项政策措施落地生根。落实龙头带动战略，服务福州新区、平潭国际旅游岛建设，支持罗源湾和三都澳等口岸临时开放，促进福州和平潭跨境电商、平行进口汽车保税仓储等新兴业态政策落地和健康发展，帮扶福州航空、京东方、连江申远、福清核电、莆田华佳彩等重点企业发展。整合优化海关特殊监管区域，批准设立宁德中铝项目保税仓库、邵武海关监管场所、福州进出境快件监管中心等海关监管场所。

支持海丝核心区建设。落实中新、中欧、中韩AEO互认政策，启动海峡两岸AEO互认试点。促成福清南青屿、莆田湄洲岛等4个对台小额贸易点放开“两限”（对台小额贸易船舶吨位和金额的限制）。支持福州宏东远洋渔业在西非国家毛里塔尼亚建立毛塔渔业综合基地。

维护健康良性外贸秩序。保持打击走私高压态势，全年共刑事立案66件、案值11.5亿元，行政立案592件、案值11.2亿元，其中9件被署局列为一级挂牌督办案件。开展关区74个监管场所达标专项治理，加大“扫黄打非”力度。查办出口骗退税案件23件，案值4.02亿元。开展“清风行动”，采取知识产权保护措施665批次，案值731.9万元。

通关改革持续深入。深化区域通关一体化、通关无纸化、“三互”大通关、关检“三个一”、国际贸易“单一窗口”、审单模式等作业改革，通关无纸化率达97.6%，24小时进出口通关率均高于全国平均水平，8个单位在省口岸单位通关便利化测评中获奖，隶属保税区海关排名全省第一。

综合治税全面提升。启动综合风险审价、汇总征税、信任接单、预归类社会化、多维自主担保等多项改革，征管合力提升，执法统一性增强。全年关区征收“两税”累计入库116.99亿元，比上年上升6.98%。开展税收巡查，实现税收质量检查全关区覆盖，减免税考核、原产地审核正确率均为100%。

自贸创新成效显著。制定97项试验任务和支持措施，推出自主创新举措40项，其中17项获评全国首创，位列福建省31个申报单位第一名。“简化和改革原产地管理”“国际贸易单一窗口”和“福州保税区整车进口综合服务平台”等9个创新项目入选福建自贸区“十大创新举措、十大开放措施、十大功能性平台”。至2016年底，自贸试验区内新增海关注册企业1852家，增长3倍。

（陈斯友）

厦门海关。2016年，厦门关区共监管进出口报关单总数245万张，比上年增长1.6%；进出口记录条总数771万条，增长3.7%；监管进出口贸易总值7464.96亿元、货运量10074万吨、集装箱477万标准箱、进出境运输工具58239艘（架）次、进出境人员645万人次，分别增长1.4%、0.5%、1.3%、4.3%、6.3%；年内全关有959人次和133个集体受到各级表彰奖励。

强化实际监管。加强监管场所、货物查验、业务职能整合等管理。深化监管场所规范管理，开展天津港“8·12”特大生产安全事故警示教育和专项检查，对厦门关区危险化学品仓储、固废查验场所等进行检查并督促整改；推动金关二期监管场所管理系统上线运行，完成厦门关区监管场所地理信息空间数据采集工作，关区监管场所纳入信息化管理；协调要求地方有关部门建立涉及危险化学品仓储业务的监管场所规范作业。优化随机布控查验机制，“双随机”（随机选择布控和随机派员查验）比例达92.8%。落实对台小额贸易分类监管

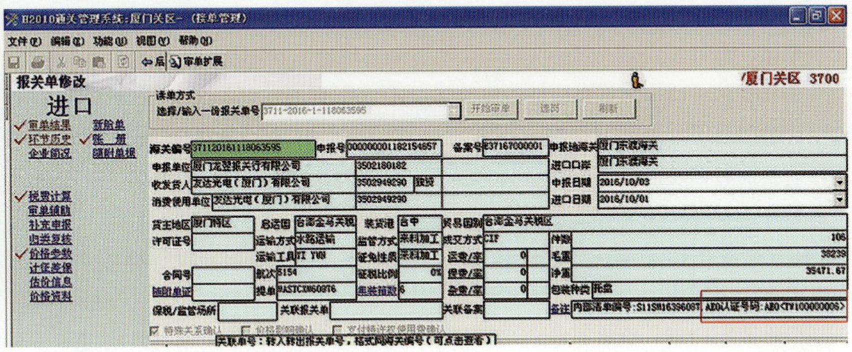

2016 年 10 月 3 日，海峡两岸海关“经认证的经营者（AEO）”互认试点的首票货物在厦门东渡口岸经申报后放行　（厦门海关供稿）

措施，加强旅检寄递渠道打击毒品走私和厦金航线“水客”治理，“清源 2016”专项行动查获违禁物品比上年同期增长 41 倍。全年稽核查追补税入库 6861 万元，比上年增长 4.6%。厦门关区税收征管中心顺利运作，实现无纸化报关单集中管理、征管要素集中认证和征管风险集中防控，节约审单人力资源近 30%；厦门关区二、三级监控指挥中心实现联动，H986 集中审像实现关区全覆盖，优化复查复验职能，关区现场机动查验查获率达 67.4%。

深化综合治税。汇总征税、移动支付等改革成效显现，“原产地优惠便利措施”税款优惠达 3.4 亿元。全年税收入库 302.15 亿元，超额完成调整后的报署税收目标。

打击走私。刑事立案 87 件、案值 8.92 亿元，涉税 1.81 亿元；行政立案 1417 件、案值 11.47 亿元，涉税额 0.31 亿元；侦办公安部目标督办案件 3 件，海关总署缉私局挂牌案件 6 起。

关检合作机制。深化关、检合作共识和合作机制，“三个一”合作延伸到邮快件和旅检渠道，扩大“一站式查验”场地，货物范围涵盖机电、动物、植物、食品、大宗散货、固体废物等 6 大类产品，关、检“监管互认”拓展到进口大宗散货，落实联合惩戒、激励机制，推动诚信通关体系建设，厦门关区高级认证企业达到 66 家。

简政放权改革。简政放权、放管结合、优化服务（简称“放管服”），开辟“1+7”个（1 个高崎办负责受理厦门关区，海沧关、同安办、翔安办、泉州关、漳州关、东山关、龙岩关等 7 个单位负责受理各自辖区）海关行政审批“一个窗口”。实现全部审批事项网上办理。简化优化行政执法领域内部核批，压缩审批环节 41 个，总体优化 65 项。取消厦门关区涉企收费项目，协助关区各地市免除企业查验服务费用超 1000 万元，并将该措施推广到全省口岸。

拓展延伸海丝物流通道。融入泛珠和全国通关一体化，启动中欧安智贸航线试点计划，支持中欧（厦门）国际班列双向稳定运行并延伸至台湾，实现“一带”和“一路”无缝对接。参与国际海关 AEO 互认合作，指导厦门关区两家企业通过中美海关 CTPAT 联合验证。厦门关区出口查验率比上年降低 1.22 个百分点，通关无纸化比例达 97.2%，进出境货物 24 小时通关率分别高出全国 9.47 和 1.05 个百分点。

服务地方外贸发展。首创飞机维修“一体化”海关监管模式，率先开展航材区域流转业务，力促厦门航空维修产值突破百亿元大关，比上年增长 22%。

促进跨境电子商务快速发展。跨境电商进出口达 3013.89 万件，比上年增长 54.16%。

知识产权海关保护。查扣各类侵权货物 279 批次，涉及货物 19.51 万件，案值 580 万元。

支持自贸试验区发展。向中国（福建）自贸试验区厦门片区聚力加力，全年有 11 项创新举措经第三方评估为全国首创，5 项入选国务院、4 项入选海关总署、12 项入选福建省复制推广试点经验，复制推广和拓展创新各类举措 22 项。拓展国际贸易“单一窗口”平台功能，12 月一般贸易申报占比突破 95%。

（吴建华）

【检验检疫】　福建出入境检验检疫。2016 年，福建出入境检验检疫局检验检疫进出口货物 20.00 万批、256.20 亿美元，分别比上年增长 7.1%、0.4%。其中，出境货物 15.87 万批、货值 112.78 亿美元，分别比上年增长 7.2%、23.3%；进境货物 4.13 万批、143.42 亿美元，分别增长 6.7% 和下降 12.4%。检出不合格进出口货物 1.45 万批、39.13 亿美元，分别比上年下降 9.1% 和 1.0%。其中，出境货物 3209 批、9.58 亿美元，批次不合格率 2.0%，货值不合格率 8.5%；检出不合格进口货物 1.13 万批、29.54 亿美元，批次不合格率 27.4%，货值不合格率 20.6%。

强化质量供给质检。构建质量共治格局，在 500 多家出口食品企业推进“同线同标同质”工程，支持福州、泉州创建“全国质量强市示范城市”。新建成 5 个国家级出口产品质量安全示范区，帮扶 4 家企业成为中国出口质量安全示范企业，培育 4 家企业入选全国首批“三同”示范企业。提升产品质量供给，在全国系统首家编写“实验室检测大数据及风险分析报告”，组织 46 家进口汽车经销商开展进口汽车“质量关怀行动”，为百家重点企业建立信用档案，率先出台 11 项支持信用 AA 级企业发展的激励措施。在泉州建成“中国检科院福建消费品食品研发中心”，在福安建成电机电器产业公共服务协同创新平台，3 个区域性中心实验室获总局批准筹建。7 项成果获国家质检总局科技兴检奖，8 项成果获福建省科学技术进步奖，3 项成果获福建省标准贡献奖，1 项国际标准获批立项，20 项 SN 标准获批立项并居全国第四位。

出入境检疫防控。防控寨卡病毒病、黄热病等疫情，在全国检出的 11

例输入性黄热病确诊病例中福建局占2例。全年检出植物检疫性有害生物2529种次，比上年增长55.9%，其中在全国口岸首次检出重要有害生物13种，检出进境动物二类传染病白斑综合征。在全国首个实施进口原油安全环保指标监测。进出口食品化妆品连续多年保持两位数增长，其中出口食品化妆品合格率达99.98%，销毁、退运不合格进口食品化妆品450批。8个短重检出典型案例均被国家质检总局采纳向全国发布警示通报。

服务自贸试验区建设，1项为主、3项涉及的创新举措被国务院批准在全国复制推广，4项举措入围福建“十大创新举措”。上线e—CIQ主干系统，并实现全国首家创新应用“双模式”推动与福建省国际贸易“单一窗口”全面对接。支持3个口岸获批正式开放，新批4个跨境电商及快件监管中心投入运营，新获3个进境指定食品农产品口岸资质，福州空港获批筹建进境肉类指定口岸。

（李永东）

厦门出入境检验检疫。2016年，厦门检验检疫局受理报检出入境货物40.7万批、264.5亿美元，分别比上年下降4.4%和13.5%。检验检疫出入境货物20.8万批、125.9亿美元，分别下降8.7%和19.9%。受理报检集装箱681万标准箱，比上年增长5.8%。检验检疫邮件1121万件、快件310.3万件，分别比上年下降4.4%和增长50.1%。检疫出入境船舶2.2万艘次，比上年下降3.9%；飞机2.4万架次，增长9%。检疫查验出入境人员556.4万人次，比上年增长6.2%；发现有症状1600人次、确诊传染病280人次，分别增长45.5%和40%。截获进境植物疫情727种、3.7万种次，分别比上年增长6.8%和103.1%，其中检疫性有害生物73种、2762种次，增长17.7%和34.9%。检出不合格进出口货物2.2万批、货值25.1亿美元，分别比上年增长45.1%和下降13%。签发各类原产地证22万份、货值84亿美元，分别比上年增长21.6%和11.8%，获海外关税减免约2亿美元。连续两届获“全国文明单位”称号。

质量管理。检出不合格输非商品85批、货值133.7万美元。做好出口商品境外通报、召回及退运追溯调查，对进口刹车片、空气净化器等商品监督抽查120批，加强对13个第三方检验鉴定机构事中事后监管。

口岸卫生检疫。检疫查验检出重要传染病登革热5例、恶性疟疾1例，传染病监测体检发现传染病病例3558人次。在入境货物中检出病媒生物1812批次，比上年增长36.5%，首次检出鼠体表寄生虫耶氏厉螨。

严防寨卡黄热病等疫情。部署寨卡、黄热病专项防控，加强口岸检疫查验，严格交通工具蚊类监测。累计排查来自寨卡、黄热病疫区入境飞机421架次、船舶47艘次，排查集装箱3.04万标准箱、货物7754批次，排查人员6.5万人次。

出入境特殊物品卫生检疫监管。审批出入境特殊物品1415批次、货值2300万美元，分别比上年增长68.5%和36.4%。助力企业参与世界卫生组织埃博拉VP40抗原检测试剂研发活动，厦门生产的戊型肝炎疫苗、“人类APOE基因分型试剂盒”等产品实现首次出口。

进出境动植物检疫。检验检疫进出境动植物及其产品4.6万批、25.5亿美元，分别比上年增长4.3%和下降19.5%。其中，进境动植物及其产品1.9万批、货值18.8亿美元，出境动植物及其产品2.7万批、货值6.7亿美元，进出境动植物性包装材料及木质包装3.8万批、143.1万件。开展检疫性实蝇、舞毒蛾、水生动物疫病等8项监测，监测发现刚毛木蓝、美桦毛小蠹等有害生物，其中刚毛木蓝、美桦毛小蠹、棉花曲叶病毒等为全国首次监测记录，白苞猩猩草、齿裂大戟、刺黄花稔为福建省首次监测记录。开展进出境食用农产品与饲料安全风险监控计划，监控进出境样品1625份、13990项次，其中不合格样品25份、25项次。

进出口水生动物监管。2016年，厦门口岸进境食用水生动物3594批次、货值1848.8万美元，分别比上年增长12.1%和3.6%，涉及种类为甲壳类、鱼类和爬行类，主要来自菲律宾、印度尼西亚；出境食用水生动物234批、货值1686.6万美元，分别下降17.3%和增长22.8%，涉及种类为软体动物（腹足类）、甲壳类和鱼类，主要出口日本、新加坡和中国台湾地区。进境非食用水生动物953批次、货值650.6万美元，

2016年10月18日，厦门检验检疫局举行突发高致病性禽流感应急演练

（厦门检验检疫局供稿）

分别比上年增长57.5%和19.7%，涉及海豹、海狮、其他观赏鱼等，来自中国香港、中国台湾地区、新加坡等12个国家和地区；出境非食用水生动物13批、货值113.8万美元，分别下降51.9%和37.6%，涉及活鲍鱼苗、活日本对虾苗等，出口台湾地区、泰国等。

截获松材线虫。2016年，厦门检验检疫局连续35批次从美国进口的南方黄松原木中，检出松材线虫活体，占全国同类截获的近6成。

截获咖啡果小蠹。2016年2月24日，厦门检验检疫局在对来自哥伦比亚的咖啡豆实施查验中，截获检疫性有害生物咖啡果小蠹。该批货物为哥伦比亚咖啡豆，重19.3吨、货值5.9万美元。质检总局据此向全国发布预警信息。

进出口食品安全监。2016年，厦门口岸进口食品化妆品54116批，货值12.3亿美元，分别比上年下降0.3%和增长12.1%，进口食品金额前5位是酒类、食用植物油、动物水产品类、原糖及制糖原料类、动物内脏及杂碎类，涉及印度尼西亚、巴西、中国台湾地区、加拿大等99个国家和地区。出口食品化妆品93016批、20.66亿美元，分别比上年下降2.6%和5.8%，出口食品金额前5位是罐头、动物水产品类、蔬菜水果制品类、水产制品、化妆品及化妆品原料，共输往日本、美国、马来西亚和中国台湾地区等170个国家或地区。

台湾输大陆食品监管。2016年，共对7家台湾地区生产企业（北田食品、金门酒厂、台湾耐斯企业、三叔公食品、泰山企业、台湾烟酒、名屋食品厂）的144种产品2636吨、563万美元的输大陆食品化妆品实施“源头管理、口岸验放”。

全面推行出口食品“即报即放”。2016年，厦门检验检疫局全面推行出口食品“即报即放”检验监管模式，将“即报即放”应用范围扩大至出口水产品、化妆品。辖区累计有452家企业的出口食品、化妆品，在自检自控合格的基础上全部实施“即报即放”，推动贸易便利化，确保出口食品质量安全。2016年，经核实的境外通报仅6批，比上年下降45%。

进口食用燕窝管理。2016年，厦门口岸累计进口食用燕窝2718千克，货值422.68万美元，分别比上年增长5.37倍和5.67倍，创历史新高。进口国来自马来西亚和印度尼西亚。

进出口商品检验监管。2016年，厦门检验检疫局检出进出口不合格商品5396批、货值8.56亿美元，分别比上年增长78.7%和下降12.7%，累计退货销毁214批、832.4万美元。其中，进口商品检验5.9万批、货值54.1亿美元，检出不合格5309批次、货值8.5亿美元；出口商品检验1.5万批、货值5.2亿美元，检出不合格87批次、货值242.6万美元。法定重量鉴定3746批、1782.2万吨，货值32.6亿美元，批次、重量、货值分别比上年增长8.1%、下降15.7%、下降30.7%，超过5‰短重440批，重量短少1.5万吨，短重金额384万美元。

印度尼西亚褐煤全硫含量监管。2016年3月23日，两批来自印度尼西亚褐煤，报检重量分别为3.5万吨、2.4万吨，总货值169.9万美元，经厦门检验检疫局检测煤炭的全硫项目为0.68%（合同要求为≤0.6%），遂依法出具索赔证书，帮助企业对外索赔4.83万美元。

推进“单一窗口”建设。厦门国际贸易“单一窗口”率先与质检总局数据平台、e－CIQ主干系统对接，率先实现进出口货物、进出境船舶、跨境电商商品、国际邮件快件、进出境人员等100%通过“单一窗口”申报，重复申报下降30%，效率提高50%以上。5月，质检总局在厦门召开现场会，向全国质检系统推广“单一窗口”建设的“厦门经验”。

推进通关一体化。厦门检验检疫局在辖区内推行“三通两直”。推进泛珠三角检验检疫通关一体化，对负面清单以外的货物实施“一次申报、一次检验检疫”，节省企业成本20%～30%。福建省范围内100%货物实现“出口直放”，江西省农产品在厦门口岸实现“出口直放”。入境国际邮快件100%“进口直通”晋江陆地港。

服务“一带一路”倡议。厦门检验检疫局出台中欧（厦门）班列检验检疫便利化措施，节省企业通关成本30%；支持中欧（厦门）班列向台湾延伸，促成台湾产品通过海运输大陆搭载班列发往欧洲。全年班列累计开通61列1761箱，货值约2亿美元。

服务跨境电子商务发展。厦门检验检疫局推动跨境电商公共管理平台上线运行，实现跨境电商产品、邮快件“一次备案、一次申报、一次查验、一次放行”。启动跨境直购“三单比对”，实施“电子申报＋电子审单＋同屏比对＋即查即放”四位一体监管模式，关检“同台查验、同步放行”，实现通关“零等待”。对国际快递或邮寄进境的个人自用物品免予检验。

服务优势产业发展。厦门检验检疫局做好信息采集、信用等级评定、评级结果应用等，新增15家检验检疫信用管理AA级企业。优化服务措施，促进厦门生物与新医药产业发展，出入境特殊物品检疫审批1392批次，比上年增长22.4%；推动邮轮母港建设，检疫出入境邮轮151艘次、旅客约33万人次，分别比上年增长22.8%和26%。支持航空维修基地、联芯电子等省市重点项目建设，服务成套设备进口31亿美元。

服务两岸贸易便利化。厦门检验检疫局对台湾地区输大陆食品实施“源头管理、口岸验放”，累计快速验放7家台湾地区企业2636吨、货值563万美元食品化妆品。试点采信11个境内外机构检验结果，快速核放台湾入境消费品。创新台湾水果检验检疫模式，连续8年保持台湾水果进口量大陆第一。

（林锦斌）

【海事监管】　2016年，福建省辖区内船舶交管中心全年接受船舶报告51.9万艘次，纠正处置违法579次，交通组织13万次，避免险情430次。

提升搜救应急水平。防抗超强台风“尼伯特”“鲇鱼”“莫兰蒂”等正面袭击，有效处置各类险情事故，台风期间福建辖区无人员伤亡、无船舶沉没。妥善处理“8.11”钓鱼岛附近希腊货船与渔船的碰撞事故。完善搜救指挥系统，推动平潭综合实验区海上搜救中心，霞浦县、秀屿区、惠安县海上搜救分中心成立。与民航华东管理局首次联合举办“2016年华东地区航空器事故海上搜救及调查联合演练”，各级搜救中心开展应急演练40余次。

助推发展成效凸显。保障厦门新机场、金门供水工程、漳州古雷炼化一体化项目配套码头等10余个省重点涉水工程项目，促进港口建设。推进国际贸易“单一窗口”建设，实现试点窗口国际航行船舶进口岸全程无纸化审批。研究提出8个创新服务项目，试点推广国际航行船舶进口岸和船载危险货物（污染危害性货物）“同步申报同步审批”等便利性措施，“建立海事现场综合执法机制”，船舶证书“三合一”并联办理便利性措施被评为全国首创的可复制可推广创新举措，促进平潭外挂船舶回归82艘。2016年全省进出港船舶66.3万艘次，货物吞吐量4.1亿吨，集装箱1194万标箱，危险品7802.82万吨。全年签发各类海船船员适任证书20795本、培训合格证21365本、海员证5123本，新增注册船员2230人，分别比上年增长51.8%、2.6%、22.9%、13.3%。举办4期台湾船员适任培训，142名台湾船员完成过渡期岗位适任培训。

（聂颖清）

【边防】 2016年，福建省边防部队开展“固边系列”、“飓风肃毒”、打击成品油走私、防范打击毗邻国家人员非法入境等专项整治。搜集处理情报信息2763份，被公安部、国台办等部门采用553份，获省厅通报表扬。侦破刑事案件3592件，查处治安案件4.4万件；破获偷渡案件141件411人；查获走私案件1151件，案值1.43亿元，其中成品油1109件2.1万吨，案值8000万元；侦破涉毒案件2637件3202人（部督4件），缴获各类毒品3440千克，国家禁毒委两次电贺。检查交通运输工具2.5万艘（架）次、人员253万人次，查获在控对象624名、违法违规人员589人。

完成重大任务。出动警力109批次1.5万人次，完成各项重大任务等各类安保任务50余场次，参与“5·8”泥石流灾害失踪人员搜救、防抗台风等抢险救灾任务，转移群众1.2万人次，劝导船只返港避风2300艘次，营救遇险人员96名，挽回财产损失近亿元。G20峰会期间，滚动摸排重点人员72320人次、关注人群265名，就地稳控计划进京入浙上访重点人员5名，查处违规船舶1238艘、劝阻赴涉外敏感海域作业船舶188艘，筑牢沿海、海上和口岸三道防线，策应核心圈安保战场。

服务发展。跟进福建自贸区和海上丝绸之路核心区建设，靠前服务保障辖区重点项目建设。完善福建边检综合便民服务机制，健全“福建边检网上便民服务平台”和“首问责任制、限时办结制、即时测评制、定期评价制、专员服务制”等5项制度及10项便民服务举措，实现口岸通关更加高效、规范。总队连续8年在全省口岸大通关满意度测评中名列前茅。福州边检站“边检服务掌上直通车”和“边检诚信企业‘自助办证’服务”两项举措入选福建自贸区创新举措。

爱民固边。开展“熟悉群众服务民生”大走访活动，走访辖区群众41万户次254万人次，推动辖区388名困难儿童全部纳入政府和社会救助。新增模范村居、乡镇和模范港区等67个，辖区440个模范村刑事案件零发案。推广应用互联网、微信办理边防船舶证件，研发渔船渔民进出港自助申报APP，窗口服务满意率连续6个月保持100%。总队在全国边防部队法制岗位业务技能比武中获二等奖。

（郑晓东）

厦门边检。2016年，厦门边检总站查验出入境人员556.7万人次，交通运输工具4.6万架（艘）次，分别比上年增长6.3%和3%，完成G20峰会、厦门国际马拉松赛等重大活动边检安保和服务保障任务。

助力经济发展。2016年，总站优化勤务派遣模式和邮轮查验流程，建立执勤科队与代理公司、邮轮船方和旅行社直接联络机制，简化邮轮、游艇出入境查验手续，提高邮轮通关效率。对经过预申报审核的以厦门为母港的邮轮旅游团队全部采取“零散验放”模式，团队旅客可随到随检，候检时间较以往缩短1/3以上。对在以厦门为母港的邮轮上服务的外国籍船员和台湾船员，为其签发年度多航次有效登陆证件，船员无须每次入境都要提交办证申请。对搭乘游艇、帆船出入境人员采取预先查证、录入资料再现场比对、后台提交检查、现场交还证件的直通放行模式，为海峡杯帆船赛、国际游艇展等赛事活动提供便捷通关服务。总站全年查验入出境邮轮150余艘次，邮轮入出境人员32万余人次，分别比上年增长20.8%和22.6%。

服务对台工作大局。服务厦门对台工作，为地方政府持续多年协商运作的金门航段通航项目开辟“绿色通道”，促成刘五店航道金门航段个案试航。总站全年查验厦金航线出入境旅客208.8万人次。

保障高崎机场口岸7×24小时通关运营。在高崎机场成为福建省第一个开放72小时过境免签的口岸后，总站加强宣传推介、优化通关流程，扩大免签政策影响力，全年有25个国家230名旅客在高崎机场办理过境免签手续，比上年增长1.43倍。促成高崎机场成为继北京、上海、广州等机场之后，全国第五个实行全天候通关的机场口岸，全年新增开通至悉尼、墨尔本、温哥华等洲际、国际航线5条，提升高崎机场口岸国际航空枢纽地位。

简化船舶出入境（港）手续。2016年1月1日起，边检站对在境内港口间移泊的境外船舶，仅收取从境内港口新登轮及离船入境人员名单，不再收取其他纸质申报单证，不再制作传递纸质

“边封”，不再收取出入境船舶“船员物品申报单”。出入港境外船舶基本实现无纸化通关，平均每艘船舶至少可为船方节省往返边检窗口提交单证、办理手续时间30分钟以上，以2016年厦门海港货运口岸出入港船舶4000余艘次计，每年可为船方节省近2500个小时的通关时间，节省停泊费支出数千万元。

深化“单一窗口”建设运用。2016年3月4日正式配套启用“船舶出口岸手续联系单”无纸化申报系统，船舶代理单位一次申报，系统自动向边检等各查验单位发送数据，实现“一个窗口、一次申报、一次办结”。全年，总站通过“单一窗口”平台验放入出境船舶2.2万艘次、入出港船舶4500余艘次，办理出口岸联系单1.2万份，大幅降低贸易和运输企业成本，提高船舶通关效率。

扩大边检自助查验服务。根据公安部统一部署，自2016年8月19日起，在高崎国际机场和五通客运码头两个口岸扩大应用边检自助通道通关人员范围，将持办证时已采集指纹信息的电子普通护照出境的内地居民、持一年多次有效出入境通行证且向边检机关备案指纹、面像信息的中国公民、持外国电子护照及6个月以上居留许可且向边检机关备案指纹、面像信息的外国人等3类人员纳入自助通关人员范围。旅客只须按照系统提示对出入境证件进行自助查验和指纹、面像信息的自动比对即可完成出入境边防检查手续，平均每名旅客通关时间6至8秒钟，比人工查验快4至5倍，为出入境旅客节省大量通关时间。2016年，总站通过自助查验通道系统验放出入境旅客35.4万余人次，比上年增长35%，约占全年出入境人员总数6.4%。

（黄钰超）

【海防】 2016年，福建省推进“平安海域”创建。研究出台《福建省“平安海域”创建工作考评量化标准（试行）》，从辖区治安稳定情况、“越界”或赴敏感海域捕捞作业情况、“三无”船舶清理情况、落实工作制度情况、创新管理模式情况和海防基础设施建设维护管理情况等方面对评分细则作规范。各涉海职能部门围绕“平安海域”创建活动，既各司其职，又密切协作，“平安海域”创建思路和载体更加丰富，创建领域不断拓展，创建水平持续提升。

加强海防基础设施建设。2016年，根据国家边海防委员会办公室通知要求，在沿海各设区市和平潭综合实验区管委会海防办按属地原则对“十二五”期间的海防基础设施建设及维护管理情况进行逐项逐点自查的基础上，省海防办于2016年7月下旬至8月上旬，开展省级专项检查，并于9月迎接山东省海防检查组对福建省进行交叉对检，获检查组好评。争取国家支持，2016年度国家下达福建省海防基础设施建设总投资11060万元，其中中央投资10048万元，地方配套1012万元，比上年增加1倍。

推进军民融合发展。2016年，全省把海防建设融入全省经济社会发展体系，与兴海富民、社会综治、平安创建、双拥共建等结合起来推进。与省发改委等部门沟通对接，在宁德等军民融合发展重点地区加大海防基础设施建设支持力度，在沿海重大交通、通信等基础性项目建设中协调落实海防需求，在海防基础设施建设中兼顾民生需要。

（林欣眉）

【反走私】 2016年，福建省开展“国门利剑2016”联合专项行动和打击成品油走私“春雷2016”专项行动。年内，全省查办涉嫌走贩私案件3441件，其中涉嫌走私刑事案件144件，案值18亿元，涉税4亿元；行政案件3297件，案值22.3亿元。坚持一线打击和二线整治相结合，开展“私设（埋）输油管线（油罐）”专项整治和打击非法运输、储存、买卖无合法来源成品油专项整治行动，清理沿海非法输油管线50余条、非法储油罐223个，取缔一批非法加油站（点）。

（林东阳）

安全生产监督管理

【概况】 2016年，福建省各类生产安全事故总量、死亡人数和较大事故连续11年实现较大幅度下降，安全生产形势持续稳定趋好。全年全省发生生产安全事故2270起、死亡1181人，分别比上年下降12.3%和6.0%；较大事故22起、死亡78人，分别下降24.1%和21.2%；全省海域发生1起商渔船碰撞重大事故、死亡11人。亿元GDP生产安全事故死亡率0.041%。

【安全生产责任落实】 2016年，福建省政府向各地、省有关单位下达2016年安全生产目标责任，将安全生产标准化建设和油气管道重大隐患整改列入省政府“立项挂牌办理”项目。省政府办公厅印发《福建省安全生产考核办法》，省政府安委会制定《福建省安全生产巡查工作制度（试行）》《福建省安全生产“党政同责、一岗双责”工作机制》，开展半年度综合督查和年度考核，首批对福州、厦门、泉州市政府开展安全生产工作巡查，推动市、县两级全部出台“党政同责、一岗双责”配套工作机制，21个省直部门制定安全生产权力清单和责任清单，落实安全生产责任。经省政府评定，福州、泉州、宁德、三明等4个设区市人民政府被评为2016年度安全生产目标责任管理考核优秀单位，其他6个设区市人民政府（含平潭区）被评为良好单位。32个省单列考核单位中，15个被评为优秀单位，17个被评为良好单位。

【安全生产领域改革】 2016年，福建省安监局开展全国安全生产领域综合改革试点工作，完成《福建省深化安全生产领域改革试点实施方案》确定的19项具体改革事项。完成职业卫生、烟花爆竹监管职能划转，全省新增安监人员编制270名。深化安全生产行政审批“三集中”改革，优化安全生产行政审批流程、简化行政审批手续，完善“一口受理、规范审查、限时办结、网上审批、统一管理”工作机制，实现一个窗口对外、行政审批全过程电子化运作和电子监察，减少审批环节，审批时限压缩到法定时限的50%以内，制定安全生产行政审批改革事项后续监管实施办法、工商登记制度改革后续市场监管实施办法，加强事中事后监管。推进危险化学品、烟花爆竹和散装汽油类项目“一体化”监管改革。修订《福建省安全生产行政处罚自由裁量标准》，建立省级行政执法案件审理委员会工作制度和执法对象、执法人员名录库，实行安全生产执法“双随机”抽查机制。推行生产安全事故信息归口统计、联网直报制度，全省工矿商贸生产安全事故直报系统事故起数、死亡人数直报率100%。推进安全生产诚信体系建设，实施福建省安全生产不良记录“黑名单”、安全生产领域行政许可和行政处罚事项“七日双公示”制度。

【安全生产标准化建设提升工程】 2016年，福建省政府将开展安全生产标准化建设提升工程3年行动纳入2016年“立项挂牌办理”项目；省政府安监办细化季度工作目标任务，加强跟踪督促，完成全省安全生产标准化建设提升工程3年行动，取得显著成效，实现预期目标，全省工矿商贸和学校等30个行业领域的评定标准体系、考评体系、工作保障机制、激励约束政策措施基本健全，68202个应达标单位到年底实现评审达标，促进企业落实安全生产主体责任，提高自主安全管理能力。

【安全生产大检查】 2016年第四季度，福建省政府召开会议部署和推动安全生产大检查，全省累计检查企业9.99万家次，排查安全隐患15.66万处，整改率95%，责令停产整顿企业152家，关闭和取缔企业654家。在开展大检查的10～12月，全省生产安全事故起数、死亡人数比上年同期分别下降21.3%、19.1%；较大事故起数、死亡人数分别比上年同期下降28.6%、40.7%，比上季度分别下降44.5%、54.3%。

【重特大生产安全事故防控】 2016年，福建省政府安监办对全省461家非煤矿山、构成重大危险源的49家危险化学品生产经营企业实施安全风险分级分类管控，摸清全省尾矿库中32座“头顶库”情况并计划用3年时间实施综合治理；在全省危险化学品从业单位推广“一图一卡一册”(应急处置图、应急处置卡和应急处置手册)，完善危险化学品从业单位重大危险源安全风险和事故处置数据库，开展危险化学品重大危险源在线监控及事故预警系统建设试点；加强安全生产专项整治，推进道路交通安全综合整治“三年提升工程”，深化煤矿、消防、非煤矿山、危险化学品、烟花爆竹、建筑施工、涉爆粉尘、有限空间等重点行业领域安全专项整治，开展陶瓷制造、耐火材料、石材加工、水泥生产四类企业职业病危害专项治理。完成列入省委省政府为民办实事项目的318处道路隐患路段整改和892处农村道路交叉路口安全设施建设；推进油气管道隐患整治攻坚战，上报国务院的423处隐患全部完成整改。

【煤矿安全监管监察】 2016年，福建省开展煤矿重大灾害治理；治理各类隐患1581处；开展水害治理等“七项监察”1716矿次，责令停产停建15矿次；开展煤矿安全大检查，省级联合督查9趟次，检查矿井156矿次，发现隐患和问题538个，责令停产停建煤矿11家；推进14家煤矿开展“三无”区队班组试点建设，推动建成3支专业矿山救护队218名专业救护队员和74支辅助救护队604名辅助救护队员。2016年全省煤矿发生事故1起、死亡1人，事故起数和死亡人数分别比上年下降66.67%和87.5%，创历史最低水平。

【安全生产宣传教育】 2016年，福建省安监局设立福建安全生产微信公众号，加强与福建日报社、福建电视台、东南网等11家主要新闻媒体的合作，制播安全生产专题片、公益广告、发送安全生产短信，组织开展“安全生产月”“海西安全发展行”“安康杯”竞赛等系列活动，运用微博、微信等新媒体，普及安全常识。省安监局建成安全生产资格考试系统，全省设立32个考点，2016年组织考试1800多场，7万多人参加计算机考试。

【安全生产法治建设】 2016年12月2日，福建省第十二届人民代表大会常务委员会第二十六次会议通过《福建省安全生产条例》，2017年3月1日起施行。制订福建省“十三五”安全生产专项规划和责任分工方案，明确5年全省安全生产目标任务、工作措施和重点工程。修订《福建省较大以上道路交通事故应急救援、善后处理和事故调查工作暂行规定》。

【安全生产应急管理】 2016年，福建省修订省级生产安全事故和非煤矿山、危险化学品应急预案，在全国率先建立石化、油气危化品输送管道企业与管道沿线地方政府应急联动机制，推进煤矿、非煤矿山应急救援队伍和江阴、泉港、泉惠和古雷石化园区应急救援体系建设，加强应急物资储备。

（吴 妍）

编辑：郑 莱

财政 税务

财 政

【财政收支概况】 2016年，福建省一般公共预算总收入4295.36亿元，比上年增长3.7%。其中，地方一般公共预算收入2654.83亿元，比上年增长4.3%；上划中央收入1640.53亿元，增收40.74亿元，增长2.5%。省级地方一般公共预算收入270.48亿元，比上年下降5.3%。全省一般公共预算支出4275.40亿元，比上年增长6.8%。其中，省级一般公共预算支出468.30亿元，比上年下降15.4%。全省政府性基金收入1626.07亿元，比上年增长24.6%。全省政府性基金支出1542.59亿元，比上年增长9.3%。自主发行福建省地方政府债券2137.20亿元。

【财税扶持政策落实】 2016年，福建省财政部门落实“三去一降一补”（去产能、去库存、去杠杆、降成本、补短板）重点任务。统筹工业企业结构调整专项奖补资金，加快化解过剩产能。支持保障性安居工程建设，推进棚户区改造货币化安置和政府购买棚户区改造服务，实施“公转商”贷款贴息（“公转商”贷款是指去银行为办理此项业务的公积金缴存职工，为其发放商业性购房贷款，个人每期按商业银行利率偿还本息后，即可享受到公积金中心给予的每期因商业性住房贷款利率高于公积金贷款利率而产生的利息差额补贴。该类贷款可让借款人享受到与公积金贷款同等的优惠政策），鼓励合理购房消费，缓解库存压力。落实结构性减税政策，全面推开营改增试点改革，建筑业、房地产业、金融业、生活服务业纳入试点范围。落实资源税全面从价计征改革。执行小微企业和高新技术企业增值税、所得税优惠政策，推进收费清理改革，落实取消、减免、暂停征收行政事业性收费和政府性基金各项政策。实施失业、工伤、生育保险费阶段性降费政策。全年全省减税降费370亿元。

推动创新驱动战略实施。落实高新技术企业所得税减免等创新激励政策，鼓励企业加大研发投入。实施企业技术改造专项行动计划，支持传统产业改造提升和龙头企业转型升级。实施培育科技小巨人领军企业行动计划，加大中小型科技企业培育力度。完善财政科研项目和资金管理，支持高水平科研平台建设，筹建科技成果转化引导基金，推动科技成果转化与应用。

促进产业转型升级。围绕“中国制造2025”和“互联网+”，支持传统产业和信息技术的融合发展，支持福建省智能制造综合标准化与新模式应用，加快培育省级智能制造试点示范基地。整合省级财政扶持产业发展资金，实施新兴产业倍增计划，促进新兴产业、主导产业协同发展，推动金融业、旅游业、物流业等现代服务业加快发展。支持发展特色现代农业和设施农业，确保现代农业生产发展项目覆盖各主产县。全面推开农业“三项补贴”（农作物良种补贴、种粮农民直接补贴和农资综合补贴，2016年合并为农业支持保护补贴）改革，支持耕地地力保护和粮食适度规模经营。推进农业综合开发，以高标准农田建设为重点推进农业综合开发，扶持农业产业化经营。

加强财政与金融合力。通过金融机构涉农贷款增量奖励、银行类金融机构贡献奖励、推动建立科技银行、实施国库现金管理等方式，引导和支持金融部门加大对实体经济的扶持力度，缓解企业融资难、融资贵等问题。盘活存量、用好增量，集中财力补短板，新增财力向基础设施建设、产业发展、社会事业、改善民生等领域倾斜。

【财政支持方式创新】 2016年，福建省鼓励和引导社会资本特别是民间资本加大投资力度，推广政府和社会资本合作（PPP）模式，加大PPP项目推介力度，促成项目落地。全年全省累计落地项目56个，总投资886.3亿元，引入社会资本703亿元。

推动政府投资基金设立和运营，全年省级启动和筹备PPP引导基金、产业股权投资基金、现代服务业、技改等基金10只，母基金总规模675亿元，省级财政出资和已明确的一期出资114.1亿元。

扩大政府购买服务领域和范围，全省政府购买服务84.4亿元，比上年增

2016 年福建省及分地市财政收支情况表

单位：亿元

	公共财政总收入		地方公共财政收入		基金预算收入		公共财政支出		基金预算支出	
	总额	增幅（%）	总额	增幅（%）	总额	增幅（%）	总额	增幅（%）	总额	增幅（%）
全省合计	4295.36	3.7	2654.83	4.3	1626.07	24.6	4275.40	6.8	1542.59	9.3
省级	365.52	2.3	270.48	−5.3	39.64	−17.9	468.30	−15.4	21.70	−31.5
九市合计	3929.84	3.8	2384.35	5.6	1586.43	26.3	3807.10	10.4	1520.89	10.2
福州	934.06	10.1	598.91	6.9	615.14	53.0	829.93	14.3	501.06	10.2
其中：平潭	37.57	50.2	26.46	35.4	15.94	−43.6	91.89	−0.1	16.15	−31.5
厦门	1083.35	8.1	647.94	6.9	464.06	28.8	758.64	16.5	461.27	51.0
泉州	769.86	−4.3	424.08	9.2	148.82	6.2	597.66	10.7	166.17	−11.5
龙岩	266.07	−1.4	131.41	5.5	52.07	19.3	274.27	6.3	57.61	3.1
漳州	287.68	4.7	187.64	4.8	110.27	−5.5	369.15	3.7	128.69	−4.4
莆田	180.09	−2.8	115.73	0.1	79.25	−1.9	206.91	9.6	78.73	−1.9
宁德	155.10	5.2	100.97	−3.3	42.01	−12.5	266.92	7.6	48.69	−24.7
三明	134.37	2.8	94.70	1.1	37.73	8.6	253.80	5.5	37.26	−24.0
南平	119.26	−4.0	82.97	−4.0	37.08	23.9	249.82	4.1	41.41	−12.3

长 136%。通过实施财政贴息、规费减免、资金补助等措施，推进交通、市政、水利、环保等基础设施建设领域投资。

优化投资结构，完成地方政府置换债券与新增债券发行计划 2137.2 亿元，存续期内节约融资成本 284 亿元，将中央新增债务资金重点用于城市公用设施、扶贫、新型城镇化、产业园区基础设施等领域。

【财政资金保民生】 2016 年，福建省民生相关支出 3250.63 亿元，比上年增长 7.7%，占全省一般公共预算支出的 75.8%；下达省委省政府 22 个为民办实事项目省级（含中央）资金 199.52 亿元，完成省级支出计划的 106.4%，保障各项民生政策的落实。

支持打好脱贫攻坚战。加大扶贫资金筹集力度，按上年度地方一般公共预算收入的 2‰统筹扶贫资金，专项用于精准脱贫，重点推动易地扶贫搬迁、生态、社保、医疗、产业、就业等领域的综合扶贫工作。设立省级扶贫开发投融资平台，完善造福工程集中安置区补助政策，推进造福工程搬迁。支持扶贫小额信贷担保贴息、整村推进扶贫开发、救助因病致贫和因灾致贫群体等工作。完善县级基本财力保障机制，2016 年，下达县级基本财力保障补助资金 36.17 亿元，比上年增长 25.8%。延续实施 23 个省级扶贫开发重点县扶持政策。加大对苏区老区、海岛及沿海地区、民族地区转移支付补助力度。开展一事一议财政奖补，推进村级公益事业发展。开展扶贫资金整合优化试点，提高资金使用效益。

健全城乡社会保障体系。完善社会保障和就业制度。提高社会保障待遇水平，省定农村低保标准、城乡医疗救助对象基金筹集标准、新农合和城镇居民医保政府补助标准、基本公共卫生政府补助标准分别提高 15%、100%、10.5%、12.5%。农村低保标准从家庭年人均收入 2300 元提高到 2650 元，城乡医疗救助对象基金筹集标准从每人每年 200 元提高到 400 元，新农合和城镇居民医保政府补助标准从每人每年 380 元提高到 420 元，基本公共卫生政府补助标准从 40 元提高到 45 元。推进重特大疾病医疗救助，实施临时救助制度，支持社会养老服务产业发展和残疾人事业发展。完善城乡均等的公共就业创业服务体系，鼓励毕业生求职创业、建设创业大本营等。深化医药卫生体制改革，推进城镇职工医保、城镇居民医保、新农合“三保合一”，促进城镇居民和新农合的“六统一”（统一覆盖范围、统一筹资政策、统一保障待遇、统一医保目录、统一定点管理、统一基金管理）。

支持生态建设和环境保护。加大财政生态投入，落实《国家生态文明试验区（福建）实施方案》，推动资源节约和减排降碳，加快环境监管能力建设，增强生态重点区域保护生态环境和提供基本公共服务的能力。增加生态保护财力转移支付补助，加大对闽江、九龙江、敖江等跨地区流域生态补偿力度。签订汀江—韩江流域跨省横向生态补偿协议。开展重点生态区位商品林赎买改革试点。通过“以奖代补”支持全省宜居环境建设。

促进教育事业均衡发展。支持教育协调发展，推进农村义务教育薄弱学校改造、城区中小学建设项目，实现义务教育学校标准化建设。实施第二轮学前教育发展 3 年行动计划，新增幼儿学位 3 万个。免除普通高中建档立卡等家庭经济困难学生学杂费，推进现代职业教育发展，支持高水平大学和一流学科建设，提升高校科研创新能力。

推进文体传媒事业发展。发展文化体育事业，扶持文化产业项目建设，加大文化遗产保护力度，支持涉台文物和传统村落文物保护。支持文化场馆免费开放、县级以上文艺院团免费或低票价演出、新闻出版广电文化惠民工程。扶持文化精品创作生产和人才培养。落实省政府体育产业发展十条措施，支持全民健身项目，支持福建省运动员备战里约奥运会。

【财税体制改革】　2016年，福建省推进财税体制改革，完善预算管理制度。水土保持补偿费等5项政府性基金收入转列一般公共预算。省级国有资本经营预算编制范围扩大到地方金融企业，省国资委监管企业利润上缴比例由5%提高到8%。完成2016—2018年全省中期财政规划编制。推进预决算公开，109个省级部门公开预决算和“三公”经费预决算，实现应公开单位全覆盖。基于大数据管理，引入第三方数据，初步建立规范透明的基本支出预算编审标准动态更新制度，规范预算编审工作。172家省以下法院、检察院经费上收省级统一管理。

推进财政体制改革。制订《2016年深化财税体制改革实施方案》，推进各项改革任务，改革成效逐步显现。落实调整中央与地方增值税收入划分改革过渡期方案。研究制定支持农业转移人口市民化的财政政策措施。成立财税体制改革研究小组，开展省以下财政体制改革、财政事权和支出任务划分改革等相关研究。

落实税制改革。全面推开营改增试点改革，将试点范围扩大到建筑业、房地产业、金融业、生活服务业，实现增值税对货物和劳务的全覆盖。落实资源税全面从价计征改革。

支持医保管理职责整合。落实省委省政府决策部署，支持省医保办组建和开展各项工作，推动福建省医保改革政策落地。

【财政管理】　2016年，福建省加强财政管理，强化财政收支管理。开展走访百家企业服务发展活动，建立全省千家重点税源企业联系监测制度，了解税源企业经营状况与企业财税政策落实情况。盯紧目标、分解任务、挖掘潜力、建立机制，早抓收入、抓好收入。强化预算执行动态监控，完善通报和考评制度，加快支出进度。推进非税收入收缴电子化管理改革，开展跨省异地缴纳交通违法罚款试点。实施国库现金管理操作200亿元，实现财政资金保值增值。强化预算绩效管理，省级部门绩效管理实现全覆盖。

加强政府性债务管理。地方政府债务纳入预算并实行限额管理。财政部核定福建省新增政府债务限额419亿元，比上年增长1.11倍，增幅比全国平均水平高14个百分点。核定福建省置换债券发行规模上限1930亿元，比上年增长67.8%。完成地方政府存量与新增债发行计划2137.2亿元，存续期内节约融资成本284亿元。完善债务风险防控机制，跟踪监控债务运行动态，实行债务风险预警提示通报，指导各地妥善处理存量债务。

提升财政监管与服务水平。推进政府采购网上公开信息系统建设，提高政府采购透明度和效率。出台17项制度改革措施，利用制度＋科技手段，健全采购预算和采购计划编制、评审专家评价等机制，建立公务交通补贴制度，规范公务交通费用管理。

夯实财政管理基础。完成全省行政事业单位国有资产清查工作。加强行政事业单位和省级文化企业国有资产管理，促进资产保值增值。提前完成乡镇财政所标准化创建任务，提高基层财政资金监管和服务水平。财政管理一体化信息系统通过竣工验收，并在全省县市全面推广应用。国库集中支付实现省市县三级全覆盖，省级国库集中支付电子化改革完成并向市县延伸。

（唐文倩）

税　务

【国家税务】　2016年，福建省国税部门组织的税收收入完成2100.2亿元，比上年增长9.4%。其中，中央级税收收入完成1357亿元，比上年下降4.6%；地方级税收收入完成743.2亿元，增长49.7%。同期，全省办理出口退税594.1亿元。

税收特点。税收结构优化，第二产业税收收入入库1143.8亿元，比上年下降3.2%；占全省税收收入的比重为54.7%。第三产业税收入库948.8亿元，

2016年7月8日，金税三期系统在福建省成功上线，纳税人办税总体平稳有序。图为福建省国税局、地税局举办上线启动仪式

（省国税局供稿）

2016 年福建国税各项收入完成情况表

单位：万元、%

项　　目	全省			八市一区			厦门		
	税额	同比增长		税额	同比增长		税额	同比增长	
		绝对额	增幅		绝对额	增幅		绝对额	增幅
一、国税总收入	24703978	1436885	6.2	17477047	643381	3.8	7226931	793504	12.3
（一）税收收入	21002387	1807563	9.4	15609854	1150643	8.0	5392533	656920	13.9
其中：中央级	13570154	－658943	－4.6	10165398	－701267	－6.5	3404756	42324	1.3
地方级	7432233	2466506	49.7	5444456	1851910	51.5	1987777	614596	44.8
（二）海关代征	3701591	－370678	－9.1	1867193	－507262	－21.4	1834398	136584	8.0
二、出口退（免）税	－7108726	1294762	－15.4	－3626440	655048	－15.3	－3482286	639714	－15.5
其中：（一）直接出口退税	－5940671	634817	－9.7	－3000671	187817	－5.9	－2940000	447000	－13.2
（二）免抵调减增值税	－1168055	659945	－36.1	－625769	467231	－42.7	－542286	192714	－26.2

注：八市一区，八市是指除厦门外其他设区市，一区指的是平潭综合实验区。

2016 年福建国税税收收入分地区完成情况表

单位：万元、%

地　　区	税收收入入库		
	税额	比上年同期增减	
		绝对额	增幅
全省	21002387	1807563	9.4
厦门	5392533	656920	13.9
小计	15609854	1150643	8.0
福州	5076375	580690	12.9
平潭	132530	79213	148.6
三明	587806	129020	28.1
南平	509145	48063	10.4
宁德	830643	269308	48.0
莆田	887736	－17377	－1.9
泉州	4625689	－224713	－4.6
漳州	1361608	221631	19.4
龙岩	1598322	64808	4.2

比上年增长 28.9%；占全省税收收入的比重为 45.2%，提升 6.8 个百分点。租赁和商务服务业（172.8%）、专用设备制造业（97.7%）、科学研究和技术服务业（95.1%）、汽车制造业（43.3%）、电气机械和器材制造业（27.5%）等部分现代服务业及先进制造业税收收入增长较快。国内增值税入库 1181.7 亿元，比上年增长 32.7%，其中营改增全面扩围后四大行业净增收 275.8 亿元，拉动全省税收收入增加 14.4 个百分点。

税收政策。落实对小型微型企业、高新技术企业、现代服务业、资源综合利用行业、大数据产业等方面的税收优惠政策。全省办理各类税收减免 499.8 亿元（含征前减免），比上年增长 55.1%。其中，鼓励高新技术减免 50 亿元、节能环保减免 28.2 亿元、支持“三农”减免 33.1 亿元、促进小微企业发展减免 26.7 亿元、改善民生减免 25.8 亿元。税收优惠政策享受面达 100%，促进了经济转型升级。自贸区国税税收收入增长速度较快，平潭、厦门、福州 3 个自贸片区税收收入合计入库 20.3 亿元，比上年增长 61.0%，其中作为自贸区的支柱产业的第三产业税收收入入库 18.7 亿元，比上年增长 73.3%。

税种管理。货物和劳务税方面，全省从 5 月 1 日起推广发票领购“网上申领＋物流配送”模式；做好取消增值税发票认证和网上发票代开工作，在全国首先制定《福建省增值税电子普通发票使用规定（试行）》，规范电子发票使用管理，强化增值税发票管理风险防控；规范总分支机构汇总缴纳增值税；完善车辆购置税管理，制定《福建省国税局车辆购置税征收管理实施办法》，开展车辆购置税专项检查，破解车辆购置税征管盲点；做好高档化妆品和超豪华小汽车消费税分税目改革。企业所得税方面，完成 2015 年度汇算清缴，全省参加汇算清缴企业392890户，汇算面100%，累计实际预缴的所得税额467.58亿元，预缴率83.4%，应补所得税额93.24亿元。新年度纳税申报表推行到位。2016年8月，福建国税上线自主研发的“福建省企业所得税管理系统”。同时，福建国税开展企业所得税高风险事项团队管理，对9127户疑点企业开展风险应对工作，共查补入库企业所得税及滞纳金13.46亿元。

营改增试点改革。自2016年5月1日起至12月底，福建省建筑业、房地产业、金融业、生活服务业四大行业共计31.4万户新增试点纳税人实现改征增值税收入344.2亿元，总体减税51.8亿元，税负下降13.2%，企业减税面达98.3%，实现所有行业税负只减不增。四大行业外的一般纳税人新增可抵扣进项税额30.9亿元。

纳税服务。推进简政放权，深化行政审批制度改革，加强事中事后监管；落实《税收征管规范》《纳税服务规范》，建立O2O涉税事项处理中心，推行二维码一次性告知、微信办税等多元化办税形式；开展“便民办税春风行动”，提升实体办税厅服务水平，实行错峰、预约办税，扩大“同城通办”范围；开设“12366”税务师专家座席，优化实体和网上纳税人学堂，构建多渠道投诉响应机制；推广纳税信用评价增值应用，与商业银行开展“银税互动助力小微企业发展活动”，累计为6456户小微企业发放贷款216.45亿元。

税收征管。深化征管体制改革，推进税收共治等六大类67项改革举措，完成综合规范电子平台、财税库银联网电子缴税、“一照一码”后续管理等创新工作，12月1日起全省实行实名办税制度。推进征管信息化，做好数据治理和征管质量监控评价工作，运行增值税电子发票系统。福建国税制定全国首个《增值税电子普通发票使用规定》。作为全国试点省份，率先将电子签章技术应用于电子税务局涉税事项网上申请和实名制办税；自主研发重大新增项目税源监控平台、福建省企业所得税管理系统、网上涉税信息监控“网络爬虫”技术、出口货物退（免）税审核辅助和预警分析监控系统等，并运用于税务工作中。推进商事登记制度改革，加强与工商、质监、地税等部门协作，做好“三证合一、一照一码”数据交换和存量纳税人识别号变更等工作；10月1日起试点推行个体工商户营业执照和税务登记证“两证整合”。

国际税收管理。全省组织国际税收收入44.71亿元，其中反避税税收收入8.18亿元、非居民企业税收收入36.53亿元。全省非居民企业全年自行申报享受协定优惠861笔，合计减免税款8.84亿元。

税务稽查。打击涉税违法行为，联合成立省、市两级公安派驻税务联络机制办公室。查办“11·27”“7·03”等总局督办重大案件，实行税收违法“黑名单”联合惩戒，曝光重大税收违法案件25件。全年直接查补和组织企业自查入库收入18.87亿元，打击虚开增值税专用发票和骗取出口退税收入18.54亿元。

金税三期系统上线。7月8日，金税三期系统在福建省上线并平稳运行，税收征管系统实现升级换代；在全国率先实现网上申领发票系统对接金税三期核心征管系统和纳税人在防伪税控企业端网上申领增值税专用发票、普通发票和电子普通发票。

电子税务建设。7月8日，福建国税电子税务局一期与金税三期系统实现同步上线运行，开通申报纳税、发票办理、征纳互动、综合查询4类业务。全省纳税人通过电子税务局申报312.87万户次，占比86.83%。

（严安琪）

【地方税务】 2016年，福建省地税系统组织完成各项收入2460.83亿元（含厦门，下同），比上年下降2.2%。其中税收收入1603.4亿元，比上年下降7.6%（扣除“营改增”影响，可比口径增长16.5%），税收收入总量居全国地税第十位，可比口径税收增幅居全国地税第九位。2016年，全系统入库各项非税收入857.43亿元，比上年增长9.6%。其中：社会保险费741.45亿元，比上年增长12.5%；教育费附加54.33亿元，下降0.8%；地方教育附加36.19亿元，下降0.7%；文化事业建设费0.27亿元，下降65.5%。

税收特点。收入规模实现新突破，在“营改增”影响全年收入超400亿元的情况下，地税总税收仍突破1600亿元，地方级税收突破1200亿元。全省多地市税收实现增长。9市1区中有9个实现可比口径税收增长，3个自贸片区增速领先，平潭增长42.7%、厦门增长23.6%、福州增长22.4%。新兴产业成为税源增长新动能。第三产业税收呈现较快增长态势，比上年增长18.6%，高于总体税收增幅6.6个百分点，其中：金融业增长67.3%、其他服务业增长19.7%、租赁和商务服务业增长16.9%。房地产“去库存”取得成效。截至2016年11月底，全省商品房销售面积比上年同期增长23.5%，2016年房地产业税收达605亿元，比上年增长14.3%，为近3年来首次实现两位数增长。

营业税改征增值税。实施全面“营改增”试点，全省向国税部门移交试点税源户43.78万户，实现5月1日新旧税制平稳转换，地税代征二手房交易、私房租赁增值税和代开增值税发票工作运转顺利，后续征管紧密衔接。2016年，营业税入库328.07亿元，比上年增长29.5%。

税收法治。深化简政放权，推行行政权力清单制度，明确界定省地税局9类53项、设区市级局9类82项、县级局9类81项权责事项。加强税收法治宣传，规范与完善纳税人投诉件办理工作，建立国地税联合维权机制。

税收政策落实。2016年，全省减免税收256.6亿元，其中：改善民生类优惠153亿元；支持供给侧改革方面，高新技术类优惠6.7亿元，转制升级类优惠4.3亿元；支持大众创业、万众创新方面，落实小微企业优惠政策4.6亿元，其中企业所得税优惠覆盖2.1万户、营业税优惠（“营改增”前）覆盖17.5万户纳税人；支持节能环保、文化体育教育及“三农”等各项事业减免税收88亿元。全年减轻企业费金负担52.8亿元。

税种管理。加强企业所得税征管与汇算清缴，全年入库企业所得税300.34亿元，比上年增长14.8%，其中股份公司缴纳企业所得税221.35亿元，占企业所得税总额的73.7%；汇算清缴入库税款69.68亿元，增长46.3%。加强高收入者及个人限售股转让等个人所得税征管，入库个人所得税313.82亿元，比上年增长32.3%，其中个人限售股转让入库63.1亿元，增收55亿元。落实财产行为税分税种管理规程，财产和行为税十个税种合计入库647.88亿元，比上年增长3.2%，其中：适时调整房地产企业计税毛利率，下放土地增值税预征率管理权限，入库土地增值税215.87亿元，增长9.9%；建立房地产交易税收征管服务机制，入库房产税63.75亿元，增长0.8%；完善车船税联网征收机制，入库车船税17.59亿元，增长6.7%。

纳税服务。改造升级83个县级以上标准化办税服务厅，窗口即办事项超过90%。开展“便民办税春风行动”，推出简并纳税人申报缴税次数、办税免填单等126项便民措施；确定6大类57个涉税通办事项，其中3大类12个事项实行省内通办。加强外网和网上办税系统建设，升级“12366”纳税服务热线，满足纳税人多元化的办税服务需求。

税收征管。实施深化国地税征管体制改革，联合省国税局制订福建省实施方案，配套推出67项具体措施，细化地税系统相关工作安排。巩固“三证合一、一照一码”改革成果，实施个体工商户“一照一码”改革试点，推进“五证合一、一照一码”改革。完善税收收入管理体系，分税种、分行业排查征管薄弱环节，全年通过各种措施累计挖潜增收150亿元。

大企业税收服务与管理。2016年，将全省4027户企业纳入税务总局千户集团快报体系，核实5975户千户集团成员企业涉税信息，梳理20户省级列名大企业成员企业间层级关系。对两户千户集团的9个重点成员单位开展税收风险分析，落实税务总局推送的三批千户集团风险应对任务，查补入库税款3632.7万元。对全省20户融资性担保公司进行风险分析，涉及税款9095.16万元。提炼鞋业制造、石油加工、租赁业等7个行业风险指标，完成税务总局风险程度测试指标体系3.0建设。做好挂钩帮扶大企业工作，2016年挂钩联系企业1213户，其中省地税局领导直接挂钩企业19户。

国际税收管理。2016年，入库非居民税收2.15亿元。加强反避税管理，强化省、市、县三级国地税部门合作，对境内某大型企业实施受控外国企业立案调查（该案是全省首例受控外国企业反避税案件），查补企业所得税600多万元。规范特别纳税调整案件管理，结案8件，调整补税9000余万元；立案10件，补税1000余万元；通过监控管理手段辅导9户企业自行补税680.69万元。落实税收协定待遇，有4户非居民纳税人享受税收协定待遇，减免企业所得税款332.22万元。2016年，制作10个G20成员国2015年度自动情报267份，发出专项情报请求2份，自发情报1份；核查回复专项情报1份，自发情报2份，查补税款69.08万元。

税务稽查。健全稽查工作机制，推行“双随机一公开”，推广跨区域稽查，推进国地税联合稽查，全年查处百万元以上案件119件，入库稽查查补收入13.52亿元，辅导纳税人自查补缴3.24亿元；完善税收“黑名单”制度，联合23个部门对失信纳税人实施惩戒。

电子税务管理。做好金税三期工程上线前的业务差异分析、数据清理迁移、特色软件改造、系统初始化与测试及宣传培训辅导，开展测试演练，如期上线金税三期工程。全年推送风险信息18万户，入库税费30亿元。健全第三方涉税信息共享机制，联合国税部门与16个单位签订合作协议，全年共享涉税数据近1000万条。

（章志刚）

附表1：2016年福建省地方税务局各项收入完成情况表

单位：万元

序号	项 目	税（费）额	比上年同期增减	
			绝对额	%
1	各项收入合计	24608326	−565632	−2.2
2	一、税收收入合计	16034034	−1314608	−7.6
3	1. 中央级收入	3771457	772553	25.8
4	2. 地方级收入	12262577	−2087161	−14.5
5	其中：省级收入	1124310	−439139	−28.1
6	市级收入	4473781	−485736	−9.8
7	县（市、区）级收入	6664486	−1162286	−14.9

续表

序号	项　目	税（费）额	比上年同期增减	
			绝对额	%
8	二、非税收入合计	8574292	748976	9.6
9	（一）教育费附加	543286	−4502	−0.8
10	（二）地方教育附加	361916	−2725	−0.7
11	（三）文化事业建设费	2688	−5094	−65.5
12	（四）社会保险费	7414534	822537	12.5
13	1. 基本养老保险费	4406193	701606	18.9
14	2. 失业保险费	249309	−42648	−14.6
15	3. 医疗保险费	2444780	194838	8.7
16	4. 工伤保险费	159793	−11121	−6.5
17	5. 生育保险费	126698	−15308	−10.8
18	6. 其他社会保险基金收入	27762	−4831	−14.8
19	（五）税务部门其他罚没收入	1812	−662	−26.8
20	（六）其他	250056	−60579	−19.5

说明：其他包括地方水利建设基金、残疾人就业保障金、价格调节基金。

附表 2：2016 年福建省地方税务局各项收入分单位完成情况表

单位：万元

序号	地区	税（费）额	比上年同期增减	
			绝对额	%
1	全省	24608326	−565631	−2.2
2	厦门	7292077	498400	7.3
3	扣厦门	17316250	−1064031	−5.8
4	福州	5638529	−47033	−0.8
5	三明	827312	−105146	−11.3
6	南平	786305	−138605	−15.0
7	宁德	781736	−112889	−12.6
8	莆田	1014664	−83751	−7.6
9	泉州	3544670	−390175	−9.9
10	漳州	1850254	−17524	−0.9
11	龙岩	1200874	−145673	−10.8
12	平潭	223545	21780	10.8
13	省直属局	1448361	−45016	−3.0

编辑：郑　菜

《福建省城乡居民基本医疗保险财政补助资金管理暂行办法》

金融

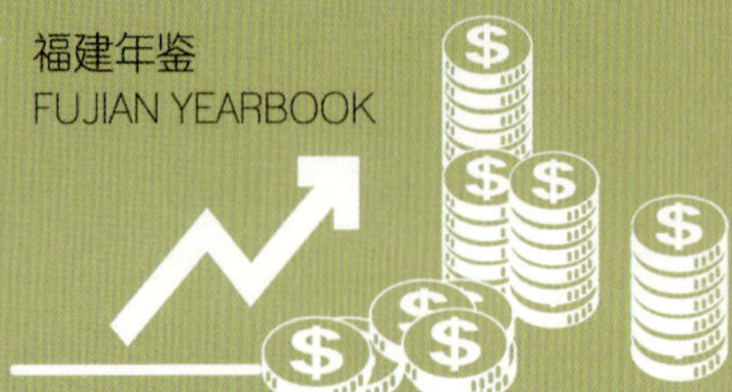

综　述

【金融运行】 2016年，福建省金融运行总体平稳，社会融资规模明显超过上年。存款增长较为乏力，结构分化明显；贷款尤其小微企业贷款比上年增长较多，新增贷款向个人住房、基础设施等领域倾斜。人民币贷款利率保持低位运行。银行业资金运用充分，存贷比仍处高位，不良贷款继续呈现“双升”态势。金融市场多数产品成交大幅增长，直接融资增长明显，保险市场平稳发展。

货币供应量增长放缓，现金投放回笼基本正常，全年现金总体净投放。全年广义货币 M_2 增速呈现低位运行态势，年末 M_2 余额增长10.3%，比上年末下降4.9个百分点，比全国低1个百分点。狭义货币 M_1 增速9月份后大幅回落，年末 M_1 余额增长11.3%，比上年末下降4.2个百分点，比全国低10.1个百分点。流通中现金 M_0 增速4月份起稳步上行，年末 M_0 余额增长8.1%，与全国增速持平。全年人民币现金净投放82.7亿元，省内各设区市现金净投放（回笼）的分布格局与上年一致。

银行存款增长较乏力，存款结构分化明显。年末本外币各项存款余额比上年末增长9.9%，比同期贷款增速低2.2个百分点，增速较上年末低0.8个百分点。全年新增存款3641.6亿元，比上年少增8.5亿元。存款增量分季度看，第一、二、三季度增加明显，第四季度较低。从来源结构看，住户存款增长较为平稳，全年住户存款增加1279.5亿元，比上年少16.9亿元；企业存款增长乏力，全年企业存款增加1208.99亿元，比上年少588.41亿元。企业存款大幅减少的主要原因是：2015年以来存款基准利率多次下调的效应持续作用，企业持有定期存款的意愿降低，部分企业将存款购买高收益理财产品，造成企业定期存款比上年明显减少。部分企业经营困难造成活期存款下降、银行承兑汇票负增长造成企业保证金存款萎缩等，也影响企业存款增长。政府存款大幅增长，这与年内地方政府债大量发行、房地产市场火爆带动相关税收快速增长密切相关。非银行业金融机构存款明显减少，主要归因于证券机构客户交易结算资金规模明显下降。从期限结构看，存款整体活期化趋势明显。企业活期存款增量占比保持稳定，全年企业活期存款增量占住户和企业存款增量的比重为30.9%，比上年小幅回落0.2个百分点，企业定期存款增量占比下降9.3个百分点，至17.7%；住户活期存款明显增长，住户活期存款比上年多增293.6亿元，增量占比较上年提升17.6个百分点，住户定期存款比上年少增310.5亿元，增量占比下降8个百分点，至10.2%。

银行贷款增量超过上年，贷款投向结构变化较大。年末本外币各项贷款余额比上年末增长12.1%，增速与上年持平。全年新增贷款4092.8亿元，比上年多增454.7亿元。贷款增量季度间分布较均衡，与前3年情况类似。分币种看，全年人民币贷款增加4223.1亿元，保持比上年多增的态势；全年外币贷款继续呈现明显减少，主要与汇率变化预期导致一些企业不再续借甚至提前归还外币贷款有较大关系。公司类贷款增长乏力，个人住房贷款明显多增。全年公司类贷款增加759.3亿元，比上年少增565.7亿元，增量占各项贷款增加额的18.6%，较上年大幅回落17.8个百分点；住户贷款增势良好，主要是受房地产市场快速升温影响，个人住房贷款较上年明显多增860.9亿元。从对公贷款投向看，银行机构新增信贷投放较多地向基础设施、商贸等领域倾斜。全年基础设施贷款增加397.1亿元，占公司类贷款增量的比重较上年提高4.9个百分点；租赁和商务服务业贷款比上年多增147.94亿元；房地产业贷款增量占比由上年的21.4%下降至－0.1%；小微企业贷款增量明显超过上年。年末大、中、小微企业贷款（不含票据贴现，下同）分别增加233.6亿元、减少145.4亿元和增加744亿元，较上年分别少增249.8亿元、多减591.2亿元和多增421.5亿元。小微企业贷款多增主要集中在建筑业、批发零售、租赁商务服务等行业。新增贷款逾七成为中长期贷款，短期贷款增势仍然疲弱，票据融资增加较多。全年金融机构中长期贷款比上年多增575.11亿元，增量占全部新增贷款的比重由上年末的69.9%上升至76.2%。中长期贷款大幅多增主要体现在个人住房贷款领域。短期贷款比上年继续少增34.7亿元，主要是单位短期经营贷款增长仍然乏力。票据融资比上年多增185.20亿元。

贷款利率低位运行，货币市场价格继续走低。全年人民币贷款加权平均利率呈震荡下行态势，12月末降至5.5511%，比上年初降低1.83个百分点。各期限贷款利率水平均较上年出现不同程度下行，其中5年以上期限降幅最大。从占比看，全年执行下浮、基准和上浮利率贷款占比分别较上年上升5.54个百分点、上升2.68个百分点和降低8.23个百分点。总体上看，全年实体经济贷款利率有所降低，12月末人民币企业贷款加权平均利率为5.09%，较上年初降低1.76个百分点，缓解了企业融资贵问题。货币市场上直贴加权平均利率比上年降低0.76个百分点，转贴现加权平均利率降低0.74个百分点。

银行业资金运用充分，不良贷款继续呈现“双升”。年末银行业金融机构本外币余额存贷比93.3%，大幅高于全国平均水平。按五级分类，年末银行业金融机构不良贷款余额和不良贷款比率较年初分别增加125.53亿元和提高0.06个百分点。全年银行业金融机构利润增长36.93%，与上年利润下降26.77%形成明显反差。

金融市场平稳运行，多数产品成交大幅增长。银行间市场交易总量大幅增长。全年同业拆借、债券回购、现券交易3项成交总额比上年增长93.75%。银行间拆借市场比上年少拆出2496亿元，银行间债券市场比上年少融入18268.9亿元。票据融资总量创历史新高，年末福建省票据融资总量（含承兑、贴现、转贴现）5169.79亿元，增长9.3%。企业发债融资再创新高，全年福建企业在国内发行债券融资3118.8亿元，比上年增长54.6%。企业股票融资增多，全年福建企业通过发行股票募集资金549.6亿元，比上年多110.6亿元。场外股权交易市场发展迅速，新增全国中小企业股份转让系统（“新三板”）挂牌企业194家，是上年的两倍，年末挂牌企业共计332家，规模居全国第9位；年末海峡股权交易中心累计挂牌企业1802家，其中挂牌交易企业63家，与13家银行机构签订战略合作协议，合计授信205亿元。保险市场保持较快增长，全年保险业累计实现保费收入比上年增长18.01%，累计赔付支出增长29.58%；累计承担风险总额37.7万亿元，增长45.3%；保险密度2368.61元/人，增长16.45%；保险深度3.22%，上升0.23个百分点。黄金价格大幅波动，市场交易量明显上升，全年省内开办黄金业务的银行业金融机构（不含兴业银行）代理上海黄金交易所黄金交易比上年下降25.82%，金交所的4个省内会员单位全年成交总量增长48.45%。

跨境人民币结算业务量下降，但规模仍居全国前列。全年银行业机构办理跨境人民币结算业务4658.95亿元，比上年下降25.58%，总量居全国第6位。其中，经常项下人民币结算业务量下降40.17%，资本项下人民币结算业务量下降12.82%。

【外汇管理】　2016年，福建省落实国家外汇管理局（简称“外汇总局”）工作部署，防范跨境资金异常流动风险。制定《福建省银行办理外汇收付与结售汇业务中履行展业三原则的指导意见》，规范银行外汇收支行为，遏制净流出与净售汇加剧态势。组织开展大额购汇企业监测及约谈，防范大额异常购付汇风险。开展货物贸易“控流出”专项核查，查实10个银行业机构、12家企业存在违规问题，涉及381笔业务、4.63亿美元。加强资本项目监管事后核查，防控异常资本流出。鼓励银行出台个人结汇业务优惠办法，拓宽外汇流入渠道。

参与货物贸易外汇管理工作，独家协助外汇总局草拟货物贸易项下应对资金流出应急政策；推进个人贸易外汇管理便利化政策，辖内个人外汇业务监测系统顺利上线。深化直接投资外汇管理改革，推动跨国公司外汇资金集中运营政策取得突破，促成4家企业开办跨国公司外汇资金集中运营管理业务，支持发展总部经济。推动《中国（福建）自由贸易试验区外汇管理改革试点实施细则》政策落地。

简化企业货物贸易外汇收支管理，允许货物贸易外汇管理分类等级为A类的企业贸易外汇收入（不含退汇业务及离岸转手买卖业务），直接进入经常项目外汇账户或结汇，加快企业资金周转，并允许选择不同银行办理经常项目提前购汇和付汇；支持跨境电子商务发展，推动省内有资质的支付机构开展跨境外汇支付业务试点，年末有快钱支付清算信息有限公司等十余个第三方支付机构可办理跨境结算；在福州、平潭海峡两岸电子商务经济合作实验区加快推行个人贸易外汇管理便利化政策。拓宽资金流入渠道，支持具有真实融资需求的企业通过外债形式缓解融资难问题。统一中、外资企业外债结汇管理，允许中资企业借用的外债资金按规定结汇使用。

加强本外币联动监管，推进全口径跨境融资宏观审慎管理等政策实施。促成人民币境外放款限制性措施出台，与商务部门协同加强境外直接投资管理。规范完善国际收支统计非现场核查机制，提升科技信息服务水平。加强特许业务监管，制定《福建省个人本外币兑换特许业务合规性专项自查实施方案》。

打击外汇违法违规活动，在全国率先开展内保外贷与境外投资检查，参与开展“打击利用离岸公司和地下钱庄转移赃款”专项行动，向公安部门移交3条可疑线索。开展重点地区重点银行检查，发现各类违规业务40笔，共计1.05亿美元，并且首次查实两类新型违规问题。当年全省（不含厦门）立案88件、结案73件，查处案件73件；处罚款510.29万元、收缴罚款487.22万元，收缴率达95%。

（王　勉）

【金融监管】 2016年，福建省有银行业金融机构营业网点6508个，从业人员11.83万人。其中：政策性银行3家，机构网点45个；大型银行5家，机构网点2305个；股份制银行11家，机构网点846个，其中法人机构1个；邮政储蓄银行1家，机构网点983个；城市商业银行6家，机构网点261个，其中法人机构4个；农村合作金融机构67个（法人），机构网点1930个；村镇银行51家（法人），机构网点82个；外资银行20家，机构网点41个；财务公司6家，其中法人机构5家；信托公司2家（法人）；金融资产管理公司4家；消费金融公司1家（法人），金融租赁公司1家（法人）。

资产规模较快增长。2016年末，福建省银行业金融机构资产总额92970.95亿元，比年初增加12979.5亿元，增长16.23%；负债总额88199.11亿元，比年初增加12209.91亿元，增长16.07%；所有者权益4771.83亿元，比年初增加769.59亿元，增长19.23%。从银行业金融机构市场份额情况看，资产规模占比较大的依次为：股份制银行53.35%，其中兴业银行44.72%；大型银行19.9%；城市商业银行8.81%；农村中小金融机构8.16%；政策性银行6.75%；邮政储蓄银行1.94%；非银行金融机构0.62%；外资银行0.47%。

存贷款稳步增长。2016年末，福建省银行业金融机构各项存款余额37601.37亿元，比年初增加3479.05亿元，增长10.2%。其中，个人存款余额15848.97亿元，比年初增加1303.08亿元，增长8.96%；单位存款余额20707.92亿元，比年初增加2214.59亿元，增长11.98%。各项贷款余额37778.19亿元，比年初增加4139.66亿元，增长12.31%。其中，短期贷款余额11800.67亿元，比年初增加96.03亿元，增长0.82%；中长期贷款余额22599.51亿元，比年初增加3084.52亿元，增长15.81%；贸易融资余额957.68亿元，比年初增加38.16亿元，增加4.15%；存贷款比例100.63%，比年初上升1.97个百分点。全年福建省银行业金融机构实现净利润574.15亿元。

风险抵补能力。2016年末，福建省法人银行业金融机构资本充足率达标，其中：城市商业银行法人机构14.24%，农村中小金融机构14.5%。风险抵补能力也符合监管要求，其中：城市商业银行法人机构拨备覆盖率203.25%，农村中小金融机构拨备覆盖率237.4%。

2016年12月12日，全国首家省级征信业务综合平台——福建省征信业务综合平台在福州正式上线 （省人行供稿）

服务实体经济。至2016年末，福建省辖内银行业机构为全省重点项目提供授信5875.77亿元，贷款余额达1746.43亿元；全年通过信贷和非信贷渠道提供融资1056.9亿元。支持"一带一路"建设。将银行业支持"一带一路"建设情况纳入非现场监管临时报表体系，开展辖区银行业"一带一路"金融供给与需求匹配度调研，引导银行对接企业"走出去"的资金和信息双重需求。至2016年末，全省辖区银行业"一带一路"项目融资余额3094亿元，较年初增长19%。

推动完善小微金融服务。2016年新增小微、社区支行43家。推广无还本续贷模式。至年末，辖区有28家银行业机构开展无还本续贷业务，无还本续贷客户2.39万户，比上年增长88%；续贷余额785.72亿元，增长86.4%。续贷笔数占比10.62%，比上年提高4.8个百分点；续贷金额占比17.6%，提高8.3个百分点。自推广无还本续贷业务以来，辖区银行业机构累计办理无还本续贷业务3.99万笔、金额1179.5亿元，为企业节约融资成本16.5亿元。深化"银税互动"。推动银行业机构运用纳税信用为小微企业增信，组织兴业银行、海峡银行等6家银行与税务部门签订银税合作协议，辖区银行业机构累计推出"税易贷""税收贷"等20余款银税合作产品，运用纳税信用评价结果累计发放小微企业贷款191.6亿元。

搭建服务平台。至2016年末，全辖银行业机构共布设县域网点4131个，其中乡镇级网点1836个，离行式自助银行1604个，覆盖辖区1033个乡镇；布设村级网点489个、小额便民支付点1.57万个、社区银行22家、电子机具5.03万个，覆盖辖区1.55万个行政村。创新专属产品。开发推广惠农宝、扶贫贷等一系列免担保、低利率的专项产品，对接贫困人口创业和产业化扶贫需求，直接受益群众23万余人。改进帮扶模式。发展产业链扶贫以大带小，创建金融扶贫示范基地以点带面，加大小城镇建设、重点村交通、住房改造信贷支持力度以城促乡，开展“银团合作”，把金融干部、金融政策、金融资源送到田间地头、创业青年身边。

推进改革创新。推动新型机构落地。支持民间资本进入银行业，配合银监会加强与地方政府、主要发起人的沟通指导，推进辖内民营银行组建工作，首家民营银行福建华通银行股份有限公司获批筹建。发展非银行业金融机构。指导设立海西金融租赁公司，做好福建省交通运输集团拟设财务公司和厦门国际银行拟设加入租赁公司的辅导工作。引进台资银行。推进闽台金融合作，台湾银行福州分行开业，辖区台资银行数量跃居全国第4位。提升村镇银行县域覆盖率。2016年，福建银监局继续推进村镇银行组建工作，推动两家村镇银行开业，批复4个县（县级市）规划设立村镇银行，调整6家规划备案，规划县域覆盖率达90%。

优化银行业服务体系。构建新型金融服务体系。引导银行业机构依托自贸区构建“机构＋中心”的专业服务体系，至年底设立特色业务中心10个，其中对台金融服务中心3个，国际结算、离岸金融等专业中心7个，平安银行在福州新设总行级“对台金融服务中心”，打造国内首家专门从事对台业务的平台类事业部。推进跨境投融资服务便利化。引导银行业机构用好境内境外两个市场，加强跨境产品和服务创新，在企业融资、资金管理、外汇业务等方面加大探索力度，为企业提供融入境外低成本资金的“绿色通道”，降低财务成本，提高服务便利性。支持新型业态培育。引导银行业机构支持整车平行进口、跨境电商、融资租赁等新业态培育，推出“集中汇总征税通关保函”“E商通”“E认证”等系列产品，为企业提供支付结算、跨境融资等全流程电子化综合服务。创新国内首个进出口外包金融服务平台，帮助中小出口企业缩短回款账期、节约出口费用、降低业务成本。

推进地方法人机构改革发展。推动农信社改制农商行，指导漳平、武夷山两家农商行开业，支持福清农商行在“新三板”上市并获银监会许可，争取实现福建省农商行上市“零”的突破。推动法人城商行增配高管和独立董事，探索“总分支”三级管理体系改革，优化治理架构和管理体系。

加强信用风险防控。组织对辖区64个网贷机构开展排查，组织对27个重点法人机构互联网跨界及资产管理、互联网广告、P2P网络借贷等领域进行现场检查，防范互联网金融风险向银行体系传递。

（盖　凌）

银　行

【中国人民银行福州中心支行】 2016年，中国人民银行福州中心支行地方法人金融机构人民币贷款新增950.26亿元，比2014年（下同）多增79.03亿元，贷款额度使用率99.57%，增量主要用于“三农”和小微企业领域；全年地方法人金融机构人民币贷款增长18.73%，比全省平均水平高出5.59个百分点。扩大直接融资，企业发债总量再创历史新高，品种更趋完善和合理，降低实体经济杠杆率水平。推动中国（福建）自由贸易试验区（下简称“福建自贸试验区”）金融改革创新，加大对海丝核心区建设的金融支持力度。深化重点区域性金融改革，加强闽台金融交流合作。

服务实体经济。联动经信部门搭建产融合作平台，全年征集发布956家工业企业融资需求信息，开展“补短板”重点项目融资政银企对接活动19场，帮助企业获得融资授信454亿元。组织实施支持钢铁、煤炭行业化解过剩产能实现脱困发展的金融政策，钢铁、煤炭等行业贷款保持有序退出态势，钢铁、煤炭去产能超额完成国家下达任务。支持房地产去库存，因城施策落实好差别化住房信贷政策，提高福州、厦门购房贷款首付比例，稳定三四线城市和县域住房信贷政策，引导金融机构创新农民工购房信贷产品，年末个人住房贷款余额比上年增长31.23%，多增865.57亿元，商品房去化周期比上年末减少9个月。联合六部门制定《关于推进福建省金融精准扶贫打赢脱贫攻坚战实施意见》，引导金融机构创新推出对建档立卡贫困户直接帮扶、产业带动、信托分红等多种金融支持模式，实现对贫困户信用建档全覆盖、扶贫小额贷款担保基金对全省60个有千户以上贫困人口的县（市）全覆盖，年末金融精准扶贫贷款余额97.32亿元，比上年增长2.34倍，带动服务贫困人口15.26万人，其中对建档立卡贫困人口贷款余额11.88亿元，增长2.09倍。开展涉农和小微企业信贷政策导向效果评估，引导金融机构改善涉农和小微企业金融服务。全年金融机构运用人民银行支农再贷款资金发放的年度涉农贷款利率（5.80%）比其他资金发放的涉农贷款利率（9.66%）低3.86个百分点；运用人民银行支小再贷款资金发放的小微企业贷款利率（5.65%）比其他资金发放的小微企业贷款利率（7.85%）低2.20个百分点；运用再贴现资金办理的小微企业、涉农票据贴现融资业务利率，分别较其他资金办理的相关贴现业务利率低0.16个百分点、0.39个百分点。制定《关于加强和改善福建省农村金融服务的十条措施》，以推进农村信用体系建设和开展农业领域的产融合作为重点，改善农业融资服务，农业和农村基础设施建设领域的信贷供给基本稳定，年末新型农业经营主体贷款余额增长6.89%，其中对家庭农场、农民专业合作社、农业专业大户等贷款余额增长30.32%；深化农村“两权”抵押贷款试点，“两权”抵押贷款实现试点县（市）全覆盖、主要金融机构业务全覆盖，“两权”抵押贷款规模持续扩大，年末省内13个试点县（市）“两权”抵押贷款余额增长40.65%，其中农村承包土地的经营权抵押贷款余额增长2.13倍，农民住房财产权抵押贷款余额增长22.1%，居全国第4位；推进健全农村涉农担保体系，省农业信贷担保公司投入运作，注册资本金2亿元。深化“信用+信贷+保险”三位一体的小微企业贷款保证保险融资业务试点，小微贷款保证保险试点设区市扩容至7个（含平潭综合实验区），服务小微企业600多家，新增小贷险贷款2.03亿元，支持贷款余额2.24亿元；鼓励金融机构针对科创型中小企业特点，建立金融服务专营机构，年末有8个金融机构在省内不同地区组建科技支行或科技金融服务中心，提供专业金融服务；年末无还本续贷余额785.72亿元，增长86.42%，支持中小企业2.39万户，增长88.03%；配合省政府建立健全政策性中小企业融资担保体系，推动实现政策性担保机构设区市、主要县域全覆盖，年末全省设立政策性融资担保机构41个（含再担保公司），注册资本61.66亿元。发挥政府促就业小额担保基金的机制功能，将在校大学生和高校毕业生创业担保贷款额度由人民银行总行规定的10万元提高至30万元，促进金融机构增加再就业小额担保贷款投放，支持就业困难人员、妇女、高校毕业生、退伍转业军人创业就业，全年累计投放各类促就业小额贷款4.51亿元，比上年增长4.15%。扩大直接融资，全年福建企业通过发行股票和债券融资3668.4亿元，增长49.36%；其中在银行间市场发债融资1875.1亿元，增加425.1亿元；债券品种创新取得突破，恒安国际集团创新发行熊猫债券20亿元，福建能源集团、福建电子信息集团发行永续中期票据8亿元，地方法人银行发行二级资本债券107.5亿元，是上年的2.55倍。配合中国银行间市场交易商协会、中债信用增进公司化解宁德区域集优中小企业集合票据风险，推动省、市、县三级政府相关部门协同采取化险措施。

推进福建自贸试验区建设。完善自贸试验区金融改革创新制度体系。跟踪推进金融重点项目落地实施，在牵头的35项重点试验任务中，23项可实施，2项部分可实施，7项正在推进。相关的8项金融创新举措中，“对台离岸业务”属全国首创，“对台跨境人民币贷款”“台企台胞征信查询”等4项被列为对台先行先试重点项目。自福建自贸试验区挂牌至2016年末，办理跨境人民币结算业务1212.39亿元；年末全省（不含厦门）共设立跨国企业集团跨境双向人民币资金池69个，全年流入资金206.54亿元，流出资金198.50亿元，净流入8.04亿元；年末福建自贸试验区查询台企台胞信用报告69笔，累计发放贷款4173.2万元。

支持福建建设“21世纪海上丝绸之路核心区”。支持有关金融机构与福建省政府合作设立1000亿元的21世纪海上丝路产业基金。引导金融机构为“一带一路”建设中的基础设施互联互通以及海外投资项目提供信贷支持，年末银行业机构“一带一路”项目融资余额3094亿元，增长19%。发挥政策性出口信用保险的先导作用，全年中国信保在闽机构在贸易险项下共支持闽企对“一带一路”沿线国家和地区出口贸易26.8亿美元，在投资险项下共支持闽企对“一带一路”沿线国家和地区投资4.5亿美元。推动人民币跨境结算服务，鼓励跨国企业集团开展跨境人民币资金集中运营业务，支持更多“走出去”企业集团享受贸易和投资便利化，全年福建与“一带一路”沿线国家和地区的跨境人民币业务量达431.38亿元，占同期全省跨境人民币业务总量的9.26%。支持中国—东盟海产品交易所（简称“东盟海交所”）开展跨境人民币结算业务，推出东盟海交所境内外会员子账户模式，规范仓单质押融资业务范围，支持东盟海交所与银行、第三方支付公司合作开发跨境结算平台，提高境外会员单位资金收付效率。

维护金融稳定。加强重点领域及跨行业、跨市场的金融风险监测，全年向上级行、政府相关部门、金融监管机构等预警金融风险26次，涉及信贷资金87.06亿元。组织完成非金融企业杠杆率、中小法人金融机构风险调查，对16个银行业金融机构开展同业业务督查，排查金融领域风险隐患。以16个银行业金融机构为抽样，开展完成银行业不良资产真实性现场评估。组织完成辖区115个地方法人投保机构和1个全国性投保机构的存款保险评级和保费交缴工作；实施差别费率，探索开展存款保险核查，强化对投保机构的保费交缴和落实差别费率的监督。开展“两管理、两综合”（开业管理、营业管理、综合评价、综合执法）工作。引导8个新设金融机构加入中央银行管理与服务体系，完成辖区35个银行业金融机构综合评价工作。加强重大事项报告管理，全年收到银行业金融机构重大事项报告67次。

金融服务与管理。完成人民银行内部统计数据采集系统维护和升级，实现人民银行总行时间序列数据库系统数据上报率100%；代人民银行总行完成全国农村“两权”抵押贷款和金融扶贫贷款制度研究设计工作。清算系统运维安全有效，大额实时支付系统、小额批量支付系统、全国支票影像交换系统和网上支付跨行清算系统等五大支付清算系统可用率均达100%；在全国率先开发运行人民币银行结算账户行政许可公示配套程序，推进以互联网年检为主的银行账户年检工作；完成全国首次生产环境下跨省网点办理ACS业务应急演练，全年各级人民银行通过ACS发起业务85290笔，ACS运行成功率99.77%，居全国前列；实施非银行支付机构风险和无证经营支付业务专项整治行动，处置17个无证机构和25个责任机构；组织省内70家银行接入“电信网络新型违法犯罪交易风险事件管理平台”，通过平台冻结账户2804个，金额2.9亿元，紧急止付账户3604个，金额2.1亿元；实施打击非法买卖银行卡信息专项行动，落实倒查“双罚”机制；制定实施《优化助农支付环境，提升金融扶贫实效工作的指导意见》，在全国率先出台《防范利用跨行助农取款业务套取发卡行手续费补贴自律公约》；电子商业汇票业务持续拓展，全省电子化率达到全国平均水平两倍。维护和运用金融信用信息基础数据库，年末系统收录全省各类企业及其他组织42.63万家（含自然人贷款卡数），增长2.47%，涉及人民币贷款余额增长9.67%；收录全省自然人2534.55万人，增长2.89%，涉及人民币贷款余额增长6.66%。企业系统和个人系统日均查询量分别下降5.78%和增长6.54%。推广应用应收账款融资服务平台，年末全省（含厦门）完成平台融资1610笔，融资金额591.69亿元。率先上线省级征信业务综合平台，年末平台累计开通省内各级金融机构用户约4400个、企业用户约7000家，采集机构信用代码信息78万条，更新企业中征码信息38万户，查询个人信用报告7万笔，为金融机构提供查询服务12万次；完善福建省公共信用信息平台，推动公共信用信息交换共享，福建省公共信用信息平台（一期）汇集41个成员单位的471类法人信用信息，共计95万家企业、2407个社会组织、943万条信息入库。创新开展中小企业和农户信用信息统一服务平台建设，年末累计建立小微企业信用档案11.35万家，其中2.44万家企业获得银行融资，分别增长5.77%和2.09%；建立农户信用档案544万个，占全省农户总数的80.50%，全省对已建档的236万户农户累计发放贷款5596.7亿元，分别增长2.06%、2.77%和18.63%。加强评级市场管理，推进信用评级业务稳步开展，全省信贷市场已有信用评级企业732家。配合税务部门做好"营改增"，跨省异地缴纳交通违法罚款等财税体制改革；制定出台国库现金管理相关制度，试点开展省级国库现金管理；强化国库监管，作为全国唯一试点单位，上线人民银行国库监管系统；在全国率先实现国库事后监督、非税收入缴库、省级财政支出等业务无纸化处理；扩大财关库银横向联网系统试点范围，福州市经济技术开发区支库和福州海关、马尾海关成功上线运行。推进人民币流通"网格化"管理机制试点，完善银行—城市社区（农村普惠金融服务点或助农取款点）—网格服务对象工作模式，至年末共设立"网格"249个，涉及16个银行机构396个银行网点、1426个重点商户和2410个普惠金融服务点；理顺小面额辅币投放流通渠道，完成一元货币硬币化的平稳过渡，推进硬币自循环工作向纵深发展，至年末共配备硬币自助兑换机340台、硬币清分机107台，全年1元硬币投放金额增长13倍；提高钞票处理运行效率，福州钞票处理中心清分业务量居全国第4位，销毁设备运行时间居全国第2位；推动打击整治假币违法犯罪专项行动常态化，建立地市、县（市）、网格（片警）三级协作反假币机制。推进反洗钱"法人监管"机制，建立全省2104个报告机构监管档案，组织50项对义务机构的现场检查。重点领域反洗钱案件协作成效显著，协同公安部门、安全部门对涉恐类案件调查11项48次，报案12件，侦查机关据此立案1件；深入涉麻涉毒重点地区，指导建立区域性禁毒反洗钱协作机制，协助破获涉毒案件两件，推动涉毒洗钱案立案4件。在全国率先实现保险领域反洗钱调查突破，深挖某"百名红色通缉令"人员利用保险机构寿险保单大量实施洗钱，跨境转移赃款的重大线索并报案。指导邮储银行福建省分行率先开展试点，成为全国首家建立合规管理制度的义务机构。全年共收集重点可疑交易线索579条，反洗钱调查立项52项，开展调查387次，上报反洗钱中心研判20条，向侦查机关报案160条，侦查机关立案46件，协助破案22件。累计推动以《刑法》第191条"洗钱罪"立案8件，起诉3件，判决4件。线索收集数、报案数、立案数、洗钱罪案件宣判数分别增长82.1%、36.8%、39.4%、33.3%。推进金融消费权益保护，普惠金融、金融教育、环境评估、金融素养调查、非现场监管五项试点工作覆盖全省，全年受理各类投诉事件76件，满意率100%。推进普惠金融示范区建设，在全国率先出台地级市普惠金融发展规划。

推动金融改革。完善福建省市场利率定价自律机制，商定财政性存款利率的上浮幅度，确定省级国库现金管理商业银行定期存款利率定价规则。全省合格审慎评估参评机构88个（包括年检），市场自律机制复核通过83个。加强对地方法人机构合理定价窗口指导，年末省内各期限存款挂牌平均利率与各项人民币贷款加权平均利率，较近年来第一次推进利率市场化改革前的2014年11月分别降低203个基点和102个基点，年末省内银行间同业拆借加权平均利率较2014年11月降低0.47个百分点，降幅高于全国平均水平0.09个百分点，社会融资成本明显下降。引导地方法人机构增加流动性来源渠道与优化负债资源配置，存单业务总体呈现总量快速增长、发行主体范围扩大、期限品种丰富、定价差异性增强、市场化水平较高等特点。全年地方法人机构累计发行同业存单2383.9亿元，年末余额1089.2亿元，分别增长1.58倍和1.06倍；全年地方法人机构累计发行大额存单34.53亿元，年末余额35.80亿元，分别增长2.48倍和3.10倍。推进17个县域法人机构经考核达标，享受存款准备金率优惠政策。

深化泉州金融服务实体经济改革。扩容升级全国首个中小微企业信用信息交换共享平台，整合导入17.23万家中小微企业、704万条基础信息数据，小微企业贷款覆盖面提高至35.7%，位居全国前列；建设"重点小微企业融资项目库"，设立5项、2.42亿元的风险补偿和增信资金，推动银行业机构向入库企业授信；在全省率先实现县域银行业机构"两权"抵押贷款业务试点落地全覆盖，在全省首创"银村合作共建"农民住房财产权抵押贷款批量授信模式；推广全国首创的"无间贷"等金融产品创新经验，带动银行业机构创新小微金融产品五大系列、212项及"三农"金融产品和服务方式38项，年末各类创新业务累计达1000亿元、受益企业10.53万家；推进"引金入泉"工程，泉州成为全国少数同时拥有消费金融公司、金融租赁公司和企业集团财务公司的设区市。沙县农村金融改革在全国首创“社区型”村级融资担保基金，形成“信评＋基金＋信贷＋保险”的征信产品应用模式，构建“易操作、低风险”农户融资担保体系，推进农村信用体系建设成果的推广应用；建立较规范的民间借贷登记管理服务平台，基本实现农户信用档案、农户信用评级、村级基础金融服务“三个全覆盖”目标。

深化闽台金融合作。闽台机构合作取得新进展，年末省内有6家台资银行分行、1个台资银行参股的银行机构、4个台资保险经营主体、1家两岸合资产业投资基金、1家台资融资性担保公司，福建成为大陆台资金融机构最多的省份之一。推进对台跨境人民币结算业务，全年闽台跨境人民币结算业务额410.34亿元，占全省跨境人民币业务总量的8.81%。对台人民币现钞调运主渠道有序运行，对台人民币代理清算业务不断深化，厦门银行成为大陆首家新台币现钞清算业务参加行，厦门初步建成集货币清算、现钞调运与反假币于一体的两岸货币业务合作支点。推动对台跨境人民币贷款业务试点，年末试点地区企业与台湾地区银行贷款合同的备案金额7.1亿元，实际提款5.0亿元，分别增长47.61%和59.74%。国家开发银行厦门分行牵头厦门7家银行组成银团，与台湾联华电子旗下联芯集成电路制造（厦门）有限公司签署10亿美元贷款合同。厦门8家银行挂牌成为两岸知识产权金融试点单位，主要面向科技型企业提供专利权质押贷款。兴业金融租赁有限责任公司委托兴业银行香港分行作为协调行，联合永丰银行（中国）有限公司、富邦华一银行有限公司，筹组1.5亿美元3年期银团贷款。两岸征信信息互通共享实现“零”突破，福建自贸试验区内金融机构可查询区内台企台胞在台湾地区的信用信息。浦发银行和平安银行的对台金融服务中心分别在厦门和福州揭牌。

（王　勉）

【中国人民银行厦门中心支行】 至2016年末，中国人民银行厦门中心支行有各类银行业金融机构（以下简称金融机构）主体41个，其中中资银行25家，外资银行13家，信托公司1家，财务公司2家；资产总额16754.53亿元，比上年增长18.6%，负债总额16073.40亿元，增长18.7%；不良贷款余额160.73亿元，不良贷款率1.87%；全年实现税后利润107.71亿元，下降29.1%。有法人证券公司1家、证券公司分公司16家、证券营业部84家，全年实现营业收入14.47亿元、税后利润5.25亿元，分别下降59.7%、72.4%。有法人期货公司2家，期货分公司3家，期货营业部29个，全年实现营业收入5.24亿元、税后利润2.54亿元，分别下降7.2%、8.8%。有保险业金融机构主体37个，其中财险公司20家、寿险公司17家，全年实现保费收入162.60亿元、保险赔偿支出74.72亿元，分别增长11.1%、41.7%。2016年，厦门市金融业实现增加值422.36亿元，增长12.8%，金融业增加值占GDP比重为11.2%，占比比上年（10.7%）提高0.5个百分点；全年社会融资规模增加2924.35亿元，比上年多增1739.60亿元。

社会融资。2016年，厦门市社会融资规模快速增长，至年末，厦门市社会融资规模存量13037.16亿元，增长29.2%，增速高于同期GDP增速21.3个百分点，为实体经济发展提供有力支撑；全年增加2924.35亿元，多增1739.60亿元，其中表外融资全年增加1194.56亿元，多增996.52亿元；直接融资增加675.77亿元，多增286.75亿元。

贷款市场。至2016年末，厦门市金融机构本外币贷款余额8617.24亿元，增长13.9%，增速与上年末（13.9%）持平，分别高于全国（12.8%）、福建省（12.2%）平均增速1.1个、1.7个百分点，位居计划单列市第2位。全年增加1050.24亿元，多增127.22亿元。至2016年末，厦门市金融机构人民币贷款余额7744.99亿元，增长15.3%，增速与2015年末（15.3%）持平，全年增加1030.33亿元，多增139.79亿元。至2016年末，外币贷款余额125.74亿美元，下降4.2%，降幅比2015年末（－2.0%）扩大2.2个百分点，全年减少5.52亿美元，多减2.79亿美元。

存款业务。至2016年末，厦门市金融机构本外币存款余额9788.27亿元，增长10.3%，增速比上年末（16.0%）回落5.7个百分点，落后全国平均增速（11.3%）1.0个百分点，高于福建省平均增速（9.9%）0.4个百分点，位居计划单列市第3位；全年增加912.02亿元，少增355.50亿元。至2016年末，厦门市金融机构人民币存款余额9188.49亿元，增长9.8%，增速比上年末（16.4%）回落6.6个百分点，全年增加822.12亿元，少增402.61亿元。外币存款增速回升。至2016年末，厦门市金融机构外币存款余额86.46亿美元，增长10.1%，增速比上年末（2.9%）回升7.3个百分点，全年增加7.94亿美元，多增5.75亿美元。

债券融资。2016年，厦门市非金融企业累计发行各类债券融资工具1455.20亿元，多增617.20亿元，债券净融资589.90亿元，多增236.40亿元。至2016年末，厦门市有43家非金融企业累计发行各类债券融资工具3189.45亿元，增长83.9%，债券存量余额1431.20亿元，增长70.1%。

金融机构专项建设基金。由国家开发银行、中国农业发展银行执行注入资本，国家开发银行最多注入项目资本金的50%，中国农业发展银行最多注入项目资本金的70%。专项建设基金自2015年8月实施以来，2015年和2016年共实施7批次。至2016年末，厦门国开行专项建设基金投放余额110.79亿元，项目58个；厦门农发行专项建设基金投放余额9.86亿元，项目19个。

（邓雪春）

2016 年厦门市各类债券发行情况

单位：亿元

债券类型	发行额	兑付额	净发行
超短期融资券	829.80	718.00	111.80
短期融资券	89.50	105.00	－15.50
非公开定向融资工具	0.00	0.00	0.00
中期票据	180.90	28.00	152.90
企业债	0.00	12.30	－12.30
公司债	162.00	2.00	160.00
私募债	165.00	0.00	165.00
可转债	28.00	0.00	28.00
债券发行合计	1455.20	865.30	589.90

小资料：专项建设基金支持项目建设的方式为股权投资而非贷款，不参与项目管理，不要求按项目浮动收益分红，在约定期限（10～30 年）内充当项目资本金，要求较低固定回报（3%～5%），约定期满后通过投资主体回购、股权转让、资产证券化等方式收回资金，退出股权。专项建设基金必须投资到具体项目，既要符合市场化原则，保证本金能够收回并有合理回报，又要考虑公益性，有利于调结构、补短板、惠民生。

【中国农业发展银行福建省分行】2016 年，中国农业发展银行福建省分行累计发放各项贷款 485 亿元，多投 92 亿元；年末各项贷款余额 923.8 亿元，比上年末增加 222.7 亿元，增长 31.8%；投放农发重点建设基金 97.4 亿元，年末余额 144.5 亿元。2016 年末信贷资产达 1068.3 亿元，比上年增加 318.7 亿元。年末各项存款（含同业）余额 338.8 亿元，比上年末增加 100.8 亿元，增长 42.3%；实现经营利润 14.8 亿元，增盈 4.1 亿元。

服务粮食安全。做好粮油购销信贷工作，累放粮油贷款 47.1 亿元，支持粮油购调储 704.1 万吨；累放粮食仓储设施建设贷款 4.8 亿元，支持建设库容 73 万吨。

服务脱贫攻坚。以原中央苏区、革命老区和 23 个省级扶贫开发重点县为主战场，以易地扶贫搬迁为重点，统筹支持产业扶贫、基础设施扶贫、旅游扶贫、生态保护扶贫和转移就业扶贫等扶贫工作。全年向原中央苏区县和省级扶贫开发重点县发放贷款 237.6 亿元，涉及项目 175 个。

支持农业农村基础设施建设。全年审批农村公路、水利建设和棚户区改造等中长期贷款项目 203 个、金额 913.2 亿元，累放 380 亿元，多放 91 亿元。投放重点建设基金项目 164 个、金额 97.4 亿元，涉及项目总投资 1115 亿元。

服务农业现代化。累计审批土地流转、农业科技、农村物流等项目贷款 27.7 亿元。累放涉农实体企业贷款 44.1 亿元，支持 131 家农业产业化龙头企业和农产品加工企业发展，促进农副产品转化升值、农业产业结构调整和农民就业增收。

服务国家战略。全行中长期贷款和重点建设基金主要投向国家、省市重点项目，在海丝核心区、福州新区、平潭综合实验区、新型城镇化建设试点地区等投放的贷款占 72.3%，支持“多区同建”国家战略的实施。

支持救灾和灾后重建。审批救灾应急贷款 19 笔、12.1 亿元，支持灾区人民开展生产自救，恢复生活秩序。

（张伟伟）

2016 年，农发行福建省分行信贷 15 亿元支持莆田市东圳水库水环境综合治理工程项目　（农发行福建省分行供稿）

【国家开发银行福建省分行】 2016年，国家开发银行福建省分行实现融资总量1306亿元，比上年增长12.8%；发放贷款729亿元，增长15.6%。年末信贷资产总额3685亿元，其中表内贷款余额2493亿元。

支持重点领域建设。推进全省棚户区改造，全年发放棚改专项贷款185亿元，年末余额428亿元；与省住建厅签订合作备忘录，推动地方政府出台政府购买棚改服务管理办法。支持交通建设，发放公路、铁路、轨道交通等重大交通领域项目贷款147亿元，整体打包“十三五”国省干线公路建设与改造项目，签订150亿元合同并发放贷款12亿元；承诺一批高速公路融资再安排项目73亿元；牵头组建福州地铁2号线、6号线银团，支持1号线通车运营。支持重大水利工程，为长泰枋洋、罗源霍口、平潭及闽江口水资源配置等水利项目提供融资70亿元，其中发放表内贷款28亿元，居全省首位。助力福建省产业转型升级，总行与省政府联合召开金融支持福建省电子信息产业发展对接会，达成意向融资金额718亿元。

支持民生事业。2016年发放扶贫贷款15亿元，扩大助学贷款覆盖面，累计与18个县建立合作机制，发放生源地助学贷款5242万元，惠及贫困学子7241人。发放抗灾救灾应急贷款15亿元，向受灾严重的福州、莆田、龙岩等地授信应急贷款7.9亿元、捐赠110万元。

开拓国际业务。与省发改委签订支持海丝核心区建设合作备忘录，培育“一带一路”和对外投资项目，评审承诺25亿美元，发放外汇贷款15亿美元，年末外汇贷款余额26亿美元，全省（不含厦门）同业排名第一。推动中马签署税收协定换函，促进中马双边投资和经贸发展。发放厦大马来西亚分校建设项目短贷5000万美元，支持教育“走出去”。

综合金融服务。全年发行债券25支金额212亿元，认购两批福建省定向债141亿元。推动国家集成电路产业大基金参与组建晋江“安芯产业投资基金”；创新租赁模式，会同国银租赁推动晋江世纪大道等12亿元租赁项目落地。累计与民生、华夏、农行、中行等9家银行建立全面业务合作关系，深化在同业返存、银团等方面的合作。

推动开发评审。全年评审承诺项目296个金额2146亿元，推广政府购买服务和PPP模式，评审承诺政府购买服务项目186个金额711亿元、PPP项目14个金额74亿元。

风险防范。构建全面风险防控体系，做好信贷资产质量分类及滚动预测、“双名单”监控和管理、本息回收预测和监控等工作，逐客户逐笔跟踪重点难点项目回收情况，合理推动资产质量结构优化。组织开展棚改、中间业务风险等多项自查和排查，配合内外部监管部门检查，以检查促整改。多措并举化解信贷风险，年末实际不良贷款率0.03%。

（林小雪）

【中国工商银行福建省分行】 2016年，中国工商银行福建省分行对107个项目发放项目贷款156.95亿元，其中对56个省政府公布的省级重点项目发放贷款，贷款余额288.94亿元，较年初增加55.37亿元，比上年增长23.71%。支持福建省地方债承销业务，完成2016年福建省第一、二批地方政府债券主承销工作，合计承销福建省政府公开债224.66亿元，占福建省政府地方债公开发行量的18.5%，居市场首位。

小微企业融资。2016年发放小微企业贷款234.15亿元，监管口径余额481.16亿元，较年初增加26.02亿元，多增5.72%。

民生领域金融服务。年末个人住房贷款余额较年初增加86.98亿元。紧跟互联网金融步伐，推广“融e行”“融e联”“融e购”三大互联网金融平台，做好与百姓息息相关的代缴水电费、学费、税费和交通罚款等各类具有公益性、社会性的金融服务，“工银e校园”用户群覆盖省内34所高校，工银e缴费上线项目101个，实现缴费额6.21亿元。

维护区域良好金融生态。全年通过各种方式累计处置不良贷款103.06亿元，其中，批量打包处置不良贷款63亿元；常规清收处置40.06亿元（常规现金清收13.63亿元，常规核销良贷款1.59亿元，重组转化20.18亿元，以物抵债3.55亿元，资产证券化1.11亿元）。同时，以无还本续贷、对还款计划的要素调整或贷款展期、促进重组转化等方式办理300.6亿元，促进存量风险的化解。完成泉州地区“融资支持模式”创新资产包批量处置2.13亿元。

金融创新。推进“商行＋投行”“表内＋表外”“境内＋境外”运作，开

2016年8月22日，中国工商银行福建省分行朱春华行长、陈建兴副行长出席福建分行与中国进出口银行福建省分行战略合作协议签署仪式

（中国工商银行福建省分行供稿）

展投行、债券承销、资产交易、银团贷款分销、委托贷款、金融租赁和股权融资等非信贷融资业务。创新互联网金融，全年实现网络融资业务余额 97.19 亿元。

履行社会责任。2016 年末，该分行涉农贷款余额 1025.48 亿元、支农贷款 161.79 亿元。全年累计组织各项金融知识宣传教育活动 1000 多次，直接参与活动员工 9000 多人次，发放宣传资料 40 多万份，受众客户 150 多万人，在各类媒体进行相关宣传报道 87 次。2016 年各渠道堵截的电信诈骗转账汇款交易达 2842 起，避免客户资金损失 3423.25 万元。

（梁 昕）

【中国农业银行福建省分行】 截至 2016 年底，中国农业银行福建省分行本外币各项存款余额 3346.14 亿元，新增 301.68 亿元，增幅 9.02%；本外币各项贷款余额 3005.28 亿元，新增 177.35 亿元，增幅 5.9%。

服务实体经济。全年新增支持省重点建设项目 73 个，新发放贷款 88.45 亿元，全年省市重点建设项目贷款增量占法人贷款增量的 72.74%。小微企业贷款增加 41.35 亿元，增速高于全行各项贷款 6.01 个百分点，贷款客户数增加 202 户，申贷获得率提高 0.31 个百分点。为 4962 家自贸区注册企业开户，与 29 家集团客户签署本外币资金池业务协议，实现跨境人民币结算量 274.14 亿元。全年累计为企业办理银行承兑汇票、信用证、保函等表外信贷业务 231.95 亿元；办理福费廷、国际保理、海外代付等新型贸易融资业务 152.89 亿元；办理理财融资、融资租赁、债券承销等高端投行业务 439.55 亿元。加大优质一手和二手住房贷款，个人住房贷款多增 25.61 亿元。

服务“三农”和精准扶贫。至年末，全行县域各项贷款新增 171.82 亿元；涉农贷款新增 71.13 亿元；农户贷款新增 32.04 亿元，总量居全国农行第四位。新增支持水利、城镇化、现代农业等农口重点项目 36 个，授信 82.58 亿元。推进“两权”抵押贷款试点，累放农村土地承包经营权和农民住房财产权抵押贷款 133 户、1.13 亿元。在全国农行系统首推互联网＋大数据模式的“金穗快农贷”产品，率先在安溪试点投产上线，线上发放贷款 2107 万元，十大优势农产品及其产业链优质客户新增贷款 14.9 亿元。完成 12.6 万建档立卡贫困人口信用建档工作，信贷支持建档立卡贫困户 3280 户、1.29 亿元，累计向 23 个省级扶贫县发放贷款 103.57 亿元，贷款增速高于全行 9.58 个百分点。

（薛盛涛）

【中国银行股份有限公司福建省分行】 2016 年，中国银行股份有限公司福建省分行人民币各项存款较年初新增 296.41 亿元，行政事业存款及核心行政事业时点、日均余额均创下历史新高，2016 年末较年初增长 10.29%。实现全国首笔分级基金套利策略资管业务、全国首笔及第二笔 CPPI 策略结构化资管业务等多项突破。自贸区客户数达 5267 家，市场份额 28.77%，各项指标稳居同业前列。个人存款和零售贷款全口径市场份额分别提升 0.41 个和 0.15 个百分点。

发展基础增强。按照智能化、网络化、互动化、综合化思路，优化机构布局，加快网点改造与自助银行建设，完成 100 个总行验收智能化网点家具、自助设备、标识标牌的配送，推进网点服务销售流程规范化、标准化。截至 2016 年末，全行手机银行业务替代率达 26.11%，金融交易迁移率达 15.17%，两项指标均在一组行排名首位。以 e 社区、中银 e 贷、易商理财、跨境电商等标杆产品为依托，加快网络金融业务布局，拓展网络金融业务，多项指标位居全国前列。

提升风控能力。强化风险预警，运用重整或续贷方式，盘活企业 59 家，并保持对清收不良的高压态势，不良资产比率控制在较低水平。依托总行 2016 年内控案防专项治理活动，推进案件防控综合治理，营造从严治行氛围。

（郑石千）

【中国建设银行福建省分行】 2016 年，中国建设银行福建省分行实现贷款余额 4033 亿元，当年新增 364.5 亿元，贷款余额和新增均居当地四行首位，贷款增幅高于全国建行系统平均水平。全年通过信贷与非信贷方式解决客户融资需求累计超过 4000 亿元；同时，存贷款总量在同业中唯一一家突破 8000 亿元大关，主要经营指标连续 13 年位居四行第一。

多渠道融资。发挥建行集团优势，通过理财、短融、中票、租赁、信托、基金等非信贷方式，满足省内客户资金需求 851 亿元。设立总规模 1000 亿元的 21 世纪海上丝路产业基金，获批 435 亿元；组建省内金融机构第一个资产池，总规模近 500 亿元，投放 224 亿元；承销并认购地方政府债 426.1 亿元；投放全国建行系统首笔房地产综合金融服务客户前端土地款融资理财产品（7.2 亿元）；承销全国建行系统首笔非金融企业熊猫债（恒安集团 20 亿元）。

服务重点项目。对接重大投资项目融资需求，新增储备大中型项目贷款 1113 亿元，投放 222 亿元，支持衢宁铁路（福建段）、国投湄洲湾第二发电厂、福州城市轨道交通 1、2 号线等省重点项目建设。同时，为 50 家省内龙头企业提供综合金融服务；为省建工集团、省能源集团等重点建设项目企业提供专业的现金管理服务，支持实现集团内部融资 126.9 亿元；为福州海峡奥体中心、福州海峡文化艺术中心等多个重点项目核减工程造价 6.4 亿元。

助力产业升级。服务小微企业。推进小企业业务“小额化、标准化、综合化、集约化、网络化、智能化”转型。至年末，小微企业贷款余额 588.5 亿元。支持自贸区及闽台经贸融合发展。通过内保外贷、远期信用证买方付息贴现等方式为客户境外融资 407.4 亿元。为 47 家企业搭建跨境本外币双向资金池，流入上限总额 426.6 亿元。推出城镇化建设贷款产品，累计审批通过项目25个、金额112.2亿元。坚持把“三农”列为重点支持领域，涉农贷款余额1018亿元，占各项贷款的25%。同时，利用建行电子商务平台助力省内农副产品向全国销售。服务南平武夷山茶企、古田食用菌等特色农村商户超6000户，交易额超103亿元。

加强民生改善。加大对住房、教育、卫生、医疗、文化等民生领域的金融支持。至年末，个人住房贷款新增329.8亿元，惠及11.1万个家庭；累计在教育、卫生行业投放贷款73亿元。个人消费经营类贷款余额189.2亿元，当年新增12.1亿元。全年信用卡消费交易额1631.5亿元。打造公交、校园、医疗、旅游、车友、ETC、县域等20个金融消费生态圈，支持消费不断升级。在全省23个省级重点扶贫县新增贷款4.2亿元，余额达229.9亿元。对接贫困户201户，扶贫对接贷款余额4728万元。

服务生态建设。支持自然生态建设。支持核电、风电、污水处理、垃圾焚烧处理、福州市轨道交通等60多家节能减排企业，贷款余额117亿元，比年初增长20亿元，增幅达20.7%。承销全国建行首笔绿色金融债券，全年累计承销100亿元，支持全省推进自然资源资产产权、集体林权、生态补偿等领域的创新。全年通过再融资、期限调整、贷款承接表外等业务共计1927笔，审批金额236.4亿元。

（周　卉）

【中国邮政储蓄银行福建省分行】 2016年，中国邮政储蓄银行福建省分行新增各项存款200亿元，余额1512亿元；新增各项贷款164亿元，余额826亿元，在全省23个重点扶贫县新增贷款13.88亿元，增幅16%，不良率0.94%，优于全省同业平均水平。

精准扶贫。成立金融精准扶贫开发工作领导小组，组成7个调研小组对扶贫开发任务较重的南平、三明、龙岩、宁德、漳州5个地市15个重点扶贫县进行专项调研，摸排走访37个贫困村382户贫困户；健全扶贫客户信息数据库，收集建档立卡贫困户台账31.4万人，其中23个重点县收集台账16.7万人；省分行与省扶贫办签署金融扶贫战略合作协议，40个县支行和当地政府、扶贫部门签订合作协议，力争3年内精准扶贫授信总额达20亿元，扶贫小额信贷规模达10亿元。截至2016年底，发放扶贫小额贷款4051户，余额突破1亿元，通过农民合作社、家庭农场等带动建档立卡贫困户脱贫2640户。

支持小微企业。增强小微企业获贷能力，2016年通过政府平台累计发放贷款1.2亿元。截至年底，建成14个总行级和13个省级特色支行；为轻资产小微企业提供流水贷、税贷通、发票贷等融资支持；为生产型小微企业提供海域使用权抵押贷款、林权抵押、农业设施抵押贷款等信贷服务，在全国邮储系统首创小水电收费权质押贷款，创新生猪贷、福汽贷等产品，全年发放小微企业贷款3.5万笔、金额250亿元，增长11.72%。

支持大项目建设。加大对“两基一支”（基础设施、基础产业和支柱产业）领域的资金投放力度，支持“大交通、大电力、大城建、大制造”等多个行业，加大对PPP、政府购买服务、产业基金等多个省政府重视领域的介入力度，支持福州新区的开发，总行级与分行级重点客户名额总数上仅次于北上广，全年新获批授信项目56个，金额超400亿元，新增公司贷款31亿元，余额125亿元。

风险管控。加大不良贷款处置力度，全年处置不良贷款8.21亿元，增长79.98%，其中清收4.36亿元，增长140%。

（周珊珊）

【交通银行福建省分行】 2016年，交通银行福建省分行年末人民币各项贷款余额546.55亿元，比年初增长103.87亿元，增幅23.46%。个人住房按揭贷款余额比年初增长27.23亿元至94.06亿元，增幅40.75%。超额完成小微信贷投放计划，小微企业贷款余额增长10.92亿元，计划完成率124.09%。

负债结构趋于优良。高成本存款压降有力，年末对公、对私高成本存款日均余额分别比年初减少64.47亿元、15.33亿元，高成本负债占比稳定回落，除协议存款外的高成本存款基本得以消化。低成本负债占比上升13.42个百分点至74.07%。低成本存款余额比年初增加25.47亿元，低成本存款日均余额

2016年12月13日，邮储银行福建省分行与泰禾集团在福州签署战略合作协议。双方将本着“长期合作、优势互补、共创价值、共谋发展”的原则，正式开展银企战略合作，建立长期战略合作关系　（邮储银行福建省分行供稿）

比年初增加10.72亿元；其中活期存款日均余额比年初增加34.47亿元。

风险管控。全年完成风险客户贷款重组33.08亿元、存量风险客户现金清收2.58亿元、不良贷款打包转让19.53亿元（含不良贷款证券化4.59亿元）、核销不良贷款4亿元。全年通过多措并举处置不良贷款26.11亿元，年末不良贷款余额21.70亿元，与年初持平；不良贷款率3.93%，较年初下降0.93个百分点。

市场建设。多层次的战略合作铺开，先后与龙岩交通发展集团、中国进出口银行福建省分行、冠城大通公司、中国移动福建公司、中国农业发展银行福建省分行等签署全面战略合作协议。公司板块客户基础夯实，新开立政府机关及事业单位类纯存款账户8户、教育和医疗重点行业客户4户、优质机构客户6户，公积金账户覆盖全辖5个地级市；蕴通账户57.5户，净增31户，完成率119.23%；对公优质新开客户684户，净增54户，完成率108.57%；省市两级进出口百强企业客户新增9户，离岸优质客户达到77户，在系统内占比为18%，系统内排名居第11位；续做国际结算量1000万美元以上客户83户（在岸44户、离岸39户）和跨境人民币收付1000万元以上客户23户。拓展零售板块客户，对私有效客户提升至106525户，增幅7.37%。私人银行客户、达标沃德客户、中端客户、有效客户分别较年初增长41户、915户、3413户和7309户，有效客户和交银理财客户完成率系统内排名第16位和第19位。

网点转型。落实基层营业机构转型提升工程，通过退租、迁址、压柜、减员等多措并举，经营面积压下降3133.69平方米，营运会计人员减少62人，费用下降425.19万元，经营面积和营运会计人员压降进度达成率分别在系统内排名第三位和第一位，获2016年度“基层营业机构转型工程”成本节约奖。推进机构网点“三位一体”建设，年末客户经理占比提升1.5个百分点至30.1%；电子银行分流率91.24%，提升1.94个百分点，系统排名第五位；柜面替代率81.20%，提升0.32个百分点；到店客户销售服务率34.78%，系统排名第一位；自助设备开机率98.80%，系统排名第四位。

（征　鹏）

【兴业银行】　截至2016年末，兴业银行集团资产总额60858.95亿元，比年初增长14.85%；本外币各项存款余额26947.51亿元，比年初增长8.49%；本外币各项贷款余额20798.14亿元，比年初增长16.88%；归属于母公司股东权益3501.29亿元，比年初增长11.63%；完成300亿元二级资本债券发行，年末资本净额4569.57亿元，比年初增长19.15%，资本充足率12.02%，比年初上升0.83个百分点。集团全年实现营业收入1570.60亿元，增长1.76%；营业支出936.78亿元，增长2.34%；成本收入比23.39%，保持同业较低水平；集团全年实现归属于母公司股东净利润538.50亿元，增长7.26%；集团总资产收益率和净资产收益率分别为0.95%和17.28%，处于行业较高水平。

资产质量总体可控。加大资产质量管控力度，不良贷款增速有所放缓，不良资产专业化经营取得显著成果。截至2016年末，不良贷款比率1.65%，比年初上升0.19个百分点，优于行业平均水平；年末拨备覆盖率210.51%，拨贷比3.48%，拨备覆盖总体充足；全年累计完成不良贷款清收重组197亿元，占不良贷款处置总金额的33%，较上年提高22个百分点。

品牌建设。根据英国《银行家》杂志全球1000强银行最新排名，本行按一级资本排名第32位，按总资产排名第33位，分别比上年提升4位和9位。根据美国《财富》世界500强企业排行榜，本行排名由第271位提升至第195位，是榜单中排名上升最快的银行。在境内外机构组织的多项权威评比中，先后获得“最佳股份制商业银行”“亚洲卓越商业银行”“卓越竞争力金融控股集团”“最具社会责任金融机构”等称号。

均衡发展业务。截至2016年末，企金客户总数达到52.52万户，比年初增加4.85万户。零售核心客户数达到523.43万户，比年初增加47.96万户，零售条线净收入占比达到21.84%，上升2.26个百分点。

特色业务。绿色金融借力G20和国家政策东风，创新产品，扩大规模，融资余额接近5000亿元。集团年承销非金融企业债务融资工具首次突破4000亿元。资产管理业务规模不断扩大，银行理财业务年实现中间业务收入首次突破100亿元。资产托管业务通过优化结构，规模首次突破9万亿元。

新的业务。资本市场业务创新推进，各类产业基金、并购基金、PPP基金、上市公司定向增发、股票质押式回购、类永续债、资产证券化等加快落地，渐成规模。财富产品销售尤其是保险、基金、贵金属等的代理代销业务发展迅猛，零售中间业务收入来源持续拓宽。跨境金融业务快速发展，以香港分行、自贸区分行为主要依托，各类跨境投资、境外发债、理财以及交易业务相继落地并快速上量。

子公司业务。兴业信托管理资产规模保持行业前列，对外金融股权投资成效明显。兴业租赁业务规模增长，跻身行业第一梯队。兴业基金管理资产规模增长，实现净利润翻番。兴业消费金融公司开业两周年累计放款超百亿元。2016年，各子公司累计贡献净利润28.76亿元，在集团净利润中占比5.34%，上升0.27个百分点。

加大资源投放。截至年末，省内机构贷款余额3994亿元，增长15%，省内存贷比较全行存贷比高8.9个百分点。在信贷投放之外，综合运用债券投资、金融租赁、消费金融等产品累计向全省投放资金757亿元，比上年增加298亿元，增长65%，其中累计投资地方债450亿元，省内市场占比排名第一。累计承销非金融企业债务融资工具

2016 年 9 月 6 日，中国金融学会绿色金融专业委员会（下称绿金委）、联合国环境规划署等 8 家机构在上海共同主办了绿色金融国际研讨会。兴业银行、保尔森基金会、彭博慈善基金会、国际资本市场协会、全球金融市场协会、汇丰银行、上海金融学会、能源基金会等机构共同主办和协办了这次会议。图为会议现场

（兴业银行供稿）

432 亿元，增加 151 亿元，增长 54%。年末省内机构不良贷款率 1.69%。2016 年集团在省内纳税 173 亿元，居福建企业纳税首强。

推动供给侧结构性改革。截至 2016 年末，福建省技改基金业务投放项目 23 个，落地金额 21.75 亿元；福建省文投基金落地金额 0.55 亿元；支持福建省行动方案重点项目 210 个，批复授信 1303.59 亿元，累计投放 562.91 亿元，融资余额 397.6 亿元；支持福建省智能制造产业授信 454.26 亿元，累计投放 308.06 亿元，融资余额 144.22 亿元。

重点业务。截至 2016 年末，省内“新三板”挂牌客户 179 家，在省内“新三板”挂牌客户中占比达 53.43%。福建省内绿色金融贷款余额 168.55 亿元，比年初增加 39.65 亿元；绿色金融类信贷余额 57.86 亿元，比年初增加 26.73 亿元。

（曹占涛）

【中信银行福州分行】 截至 2016 年末，中信银行福州分行各项存款余额 761 亿元，各项贷款余额 629 亿元。在福州、泉州、莆田、漳州、宁德、三明共设立营业网点 53 个（含 3 个社区支行）。

公司业务。搭建和完善公司条线专业部门，实现对全行公司业务的专业化支持。深化分支行协同经营，推行“一行一策一计划、一户一策一目标”的经营方法，整合公司板块各专业部门及中台审批部门专家，共同探讨形成对客户的综合融资服务方案。支持省、市重点项目、基础设施、城镇化建设、保障房建设、现代服务业等发展。

自贸区业务。成立自贸区福州片区分行。成功备案两家自贸区人民币资金池，并通过资金池开展境内外联动。介入自贸区新兴行业，与台资银行、台资企业加强合作，满足企业的多元化金融服务需求。

零售业务。集中市场经理开展外呼服务，与柜面形成“天+地”的大众客户营销服务模式。各营业网点配置至少 4 名贵宾理财经理，专门服务财富管理客户。建立个贷业务全流程集中管理体系，提高服务客户的效率。加强服务品质管理，围绕客户体验，树立网点陈设和服务全流程样本，推进网点 6S 改造，打造网点形象标杆，提升客户服务体验。

风险管控。完善全辖独立、集中的授信审批制度，管控风险，提高审批效率。实行信贷管理大集中，建立信管经理制及对异地分行的派驻轮调制，强化贷后与操作风险管理；压降贷款，强化存量客户贷后及临期管理，防止正常类贷款向下迁徙。建立由业务骨干组成的集中、专职、专业的法律保全队伍，化解风险。

（唐夏芸）

【招商银行福州分行】 截至 2016 年底，招商银行福州分行全折人民币自营存款日均余额 451.68 亿元，全折人民币自营贷款余额 472.72 亿元。人民币表内一般性信贷资产（含信贷非标）473.21 亿元，主要表外资产合计余额 77.28 亿元。

支持经济发展。聚焦产业政策支持的重点领域、重大工程、重点项目，提供包括中长期贷款、发债理财、产业基金在内的多种金融产品；持续加大对福州新区经济的支持力度，联合金融机构共同成立专项新区基金；以“投商行一体化”的综合性金融服务为导向，为企业提供一揽子金融服务，打响招行交易银行和投资银行的品牌。

支持供给侧结构性改革。通过加快推进存量资产结构调整，为“经济换挡”输出新动能。信贷资源配置进一步向低能耗、低资源消耗、低污染、低排放的行业和企业倾斜的同时加强对高耗能、高排放行业的信贷风险管理。

零售信贷。住房贷款、消费信贷快速增长成为经营发展一大亮点。凭借在闽推出最新的互联网金融产品白名单“闪电贷”，当年消费信贷增量及市场占有率跻身当地股份制银行前茅；在闽首推“云按揭”房贷线上作业模式，使房贷业务进入互联网时代。与省市级税务部门签订“银税互动”战略合作协议，为小微批量获客搭建有效平台，实现获客 500 户，投放小微贷款 5.81 亿元；创新推出“开户惠”无贷户优惠活动，小企业无贷户当年新开户增长 20%。

风险管理。资产质量趋稳向好，2016 年末实现分行 5 年来不良贷款余额

及不良率的首度双降，不良率低于当地同业平均水平。

（林　亮）

【光大银行福州分行】　截至2016年末，光大银行福州分行表内外资产总金额620.80亿元，一般存款时点余额达363.81亿元，核心存款时点余额241.68亿元，核心日均存款244.67亿元，各项贷款（不含贴现）时点余额达454.19亿元。中间业务净收入11.66亿元，营业收入23.36亿元。个贷余额167.56亿元，较年初新增37.47亿元，增幅29%。分行零售业务实现净营业收入3.5亿元，增加3800万元，增幅12.27%。

对公业务。全行营销聚焦于政府类项目、上市公司、优质房地产企业、高收益类及行业龙头民企等四大板块，对客户实行名单制管理，根据客户综合收益实行差异化定价原则，在风险把控基础上拓展客户营销的市场空间。加强重点客户走访，抓好项目储备。完善客户关系管理体制，对闲置优质客户进行全行招标，盘活存量客户营销力量。坚持高收益资产投放，盈利能力上升，2016年对公存贷利差排名由年初的20名上升至13名。

中间业务。2016年，实现大投行中间业务收入1.46亿元。其中，兴业银行总对总同业理财200亿元实现落地。

同业业务。2016年实现同业资产余额131亿元，较年初增加32亿元，增幅32%；实现同业净利息收入1亿元。

大零售业务。截至2016年底，福州分行九资财富总量291.32亿元，较年初新增52.34亿元，增幅19.64%，增量总行排名第七位。

社区银行。社区银行利润4352万元，九资规模1亿元以上社区支行较年初新增9个，49家社区银行有46家实现盈利。二级分行八资存款较年初新增13.26亿元，增量贡献25%，对全行资产贡献率提升。

信用卡业务。实现信用卡营业收入12亿元，风险调整后利润5.39亿元，系统排名第三名。

风险管理。推进借新还旧主体，降低企业过桥贷款成本，保护还款人还款意愿，维持存量稳定。加大自主清收和诉讼清收力度来降低分行的不良贷款，向不良清收处置要效益。分行建立行领导分组挂点督导制度，实施不良贷款双控督导机制。拆除联保互保担保链圈问题，压缩授信风险较大客户的敞口，调整信贷结构。

严控新增授信不良。从源头上把好项目准入关，在对公业务新增授信上，重点抓纳入政府预算偿还的授信项目、抓国有大中型企业的授信项目、抓有良好风险缓释措施的措施项目，强化新增项目的担保措施。在个贷上，突出有足值抵押的消费贷、经营类和小额消费类贷款业务；推进住房按揭贷款等“强担保”类业务，逐步压缩退出存量“弱担保”类贷款。

（林　磊）

【外资银行】　截至2016年末，共有来自5个国家或地区的12家外资银行在福建辖区（不含厦门）设立13个机构，其中营业性机构12个（包括6个外商独资银行分行、5个外国银行分行和1个同城支行），代表处1个。从业人员295人，比上年末增加53人。辖区外资银行资产总额达161.59亿元，增加24.29亿元，增长17.69%。各项贷款余额71.55亿元，增加7.82亿元，增长12.27%。各项存款56.51亿元，增加10.69亿元，增长23.34%。

（盖　凌）

【福建省农村信用社联合社】　2016年，福建省农信系统资产规模上升到7264亿元，增幅18.76%；各项存款上升到5251亿元，增幅17.44%，其中储蓄存款增量407亿元，占全省银行业增量的33.7%；各项贷款上升到3099亿元，增幅10.05%。

支农支小。农村土地承包经营权抵押贷款、农民住房财产权抵押贷款余额占全省银行业的87%；推广“小微宝”“普惠金融卡”等自助循环授信业务，降低客户融资成本；在全国农信省级联社率先推出“农E贷”等线上融资产品，实现小额信贷业务线上全流程办理；发放扶贫贷款11.6亿元。

互联网金融。电子交易占比达88.34%，继续位居全国农信系统第一位；在《互联网周刊》2016年度银行APP排行榜中，福建农信手机银行位居全国银行业第16位、全国农信系统第

2016“福建农信杯”福州国际马拉松赛于12月25日正式开赛，本次赛事由中国田径协会、福建省体育局、福州市人民政府主办，福州市体育局、福建省田径协会承办，福建天翔体育发展有限公司执行。福建省农村信用社作为总冠名单位积极参与全民健身活动

（省农村信用社供稿）

1位。

风险防控。至年末不良贷款占比2.25%，低于福建银行业（2.71%）和全国农信不良率水平，资本充足率（13.57%）、拨备覆盖率（234.7%）、拨贷比（5.27%）等指标均高于监管标准。

（张传勋）

证券 信托

【概况】 截至2016年底，福建辖区有上市公司70家，证券公司2家，期货公司3家，基金公司2家，证券投资咨询公司2家，证券期货、基金、投资咨询公司子公司、分公司46家（含2家筹建），证券营业部322个（含筹建25个），期货营业部61个。

上市融资。2016年，辖区境内上市公司、挂牌企业累计实现直接融资超过2639.93亿元，是2015年、2014年全年融资额的1.72倍和4.03倍。其中，4家公司实现首发上市，首发融资9.55亿元；90家次上市挂牌公司通过定向增发、配股、发行H股、“新三板”定增等方式实现股权性再融资503.03亿元；152家次上市挂牌公司实现债权性融资2103.37亿元；51家次公司通过海交中心对接融资24.18亿元。截至年底，辖区有5家企业已过会待发行，19家企业向证监会申报IPO，61家上市公司启动再融资，拟融资1291.64亿元。

上市公司。截至2016年底，辖区有境内上市公司70家、总股本1074.58亿股、总市值11579.44亿元，分列全国第13位、第8位和第9位；资产总额69249.93亿元、净资产6384.10亿元，分列全国第4位和第8位。2016年度各上市公司实现营业收入4933.42亿元、净利润772.47亿元，分别比上年增长7.73%、13.36%；平均每股收益0.72元、平均净资产收益率13.20%，分别是全国平均水平的1.50倍和1.28倍。并购重组持续活跃开展，全年有21家次上市公司公告开展重大资产重组，公告金额137.46亿元。

证券期货机构。2016年度，辖区2家证券公司实现营业收入75.68亿元、利润总额27.93亿元、净利润23.62亿元，分别下降40.66%、58.17%和54.16%；3家期货公司保证金规模达118.58亿元，实现净利润1.03亿元，分别增长47.89%、33.03%；累计代理成交金额7.88万亿元，下降79.85%。辖区两家证券公司新增注册资本42.47亿元，并通过发行公司债券、次级债、短期融资券等方式拓宽融资渠道，资本实力和抗风险能力显著增强。全年新增3个期货交割仓库（厂库）。截至12月底，辖区完成登记的私募基金管理人162家，备案私募基金（含投资顾问管理型）456只，管理资金规模达1213.77亿元，分别增长259.06%和121.03%。

场外市场。截至2016年底，辖区“新三板”挂牌企业191家，是2015年的2.25倍；另有7家企业取得挂牌函，34家企业在挂牌审核程序中。海交中心挂牌企业1802家，托管总股本57.94亿股，中心与省内13家银行签订战略合作协议，合计授信额度达205亿元，并已通过股权交易、定向增资、引进私募股权投资、委托债权投资等方式，累计为企业对接融资48.52亿元。

市场运行监管。全年处理涉非举报81件，排查涉非线索81条，向地方政府转送涉非信息7件，向公安机关移送涉非线索5条，配合公安机关重点捣毁6个涉嫌从事非法证券投资咨询活动的犯罪团伙，抓获犯罪嫌疑人190名，涉案金额近1000万元，推动检察机关对82名嫌疑人提起公诉；向相关单位出具书面性质认定文件14份，12次口头性质认定咨询意见，打击非法证券期货活动。

（庄郑力）

【兴业证券股份有限公司】 2016年，兴业证券股份有限公司总体盈利保持稳定。集团公司全年实现营业收入75.89亿元，归属于母公司净利润20.46亿元。公司全年实现营业收入57.48亿元（证券公司专项合并口径，下同），行业排名16位，与上年持平；净利润18.88亿元，行业排名18位。

2016年公司完成配股，资本实力提升，截至年底，公司净资产和净资本分别达到303.18亿元和338.62亿元，分别比上年增长72.67%和87.30%，行业排名分别达第15位和第13位，比上年提升4位和9位。集团总资产1365.35亿元，较年初增长19.96%；公司总资产1107.37亿元，较年初增长11.31%，行业排名第14位，公司进入全国大型证券业金融机构行列。

公司主营业务。2016年，私人财富管理业务条线期末客户资金账户数达到151.9万户，增长38.09%，行业排名27位；托管资产证券市值5289.66亿元，行业排名18位；客户保证金186.59亿元，行业排名第19位；股基交易量3.65万亿元，行业排名第19位；融资融券余额120.52亿元，行业排名第17位；股票质押业务规模259.47亿元，增长63.70%，行业排名第20位；全年实现产品销售563亿元，产品保有余额321.1亿元，较年初增长2.7%；网点布局有力推进，分支机构数量达到173家。

机构与销售交易业务。2016年，全部席位分仓收入4.73亿元，市场份额4.25%，位居行业第七位，与上年持平。服务的公募基金、私募基金、QFII/RQFII、保险社保和企业年金等机构客户超过600家。机构客户与销售交易服务得到机构投资者高度认可，在2016年“新财富”评选中，研究所获“本土最佳研究团队”第五名，“最具影响力研究机构”第五名，研究所连续两年进入行业前五名，总体研究能力和水平居行业前列，形成兴证研究品牌与影响力；机构销售服务连续第3年位居第一，包括“最佳销售服务团队”第一名，北京、上海、深圳3地区域最佳销售服务团队第一名。推进主经纪商业务，托管外包资产规模超过580亿元，增长45.53%，私募托管产品数量排名行业第八位。

投资银行业务。2016年，证券承销

净收入市场份额2.26%，行业排名上升2位至第12位；财务顾问收入市场份额1.55%，行业排名第21位，与上年持平。股票融资额和承销家数排名均位居第14位；在承揽和运作大项目方面有突破，实现东方航空、洛阳钼业两个大额融资项目落地；2016年底项目储备29个，位居第14位，其中IPO储备项目21个，排名行业第12位。债券融资业务实现企业债公司债承销金额1284亿元，市场份额达到3.43%，增长0.18%，排名第七位，企业债公司债承销家数132家，排名比上年上升3位至第五位；完成可交债、专项债和项目收益债等创新债券品种发行，获得非金融企业债务融资工具承销商资格。场外业务全年实现挂牌项目172个，市场份额3.39%，行业排名上升14位至第四位；累计挂牌数位居行业第11位，其中进入创新层家数23家，位居行业第15位。

证券投资业务。股票自营业务投资收益率达8.60%，在464只偏股混合型基金中位居第十位。债券自营业务投资收益率4.80%，在221只中长期纯债基金中位居第13位。

子公司业务。兴证香港在港交所上市。截至2016年末，兴证香港客户资产888.92亿港元，增长130.79%，港交所托管市值达到696亿港元，增长1.11倍，排名比上年提升14位至第24位，其中在中资券商中提升3位至第五位。担任福建漳龙境外美元债发行项目联合主承销商之一。

兴全基金管理资产总规模1740.37亿元，其中公募基金管理规模1111.49亿元，行业排名稳定在第21位。管理产品业绩持续领先，过往2年、3年、5年权益投资能力和债券投资能力均高居行业前10位。

兴证资管受托资产规模1197亿元，主动管理规模595亿元，增长79.29%。新发资产证券化项目4个，规模53.73亿元，增长2.53倍，排名提升7位至第17位。

兴证期货客户权益99.05亿元，增长40.22%。金融期货市场份额3.40%，位居行业前十，商品期货市场份额1.48%，排名提升至行业第20位左右。

兴证创新资本管理资金总规模45.88亿元，比上年增长46%，管理产品数量维持在行业第12位。新增投资项目18个，投资金额10.95亿元，比上年增长90%。全年实现3家IPO退出、2家并购退出。

（赵　路）

【兴业国际信托有限公司】　截至2016年末，兴业国际信托有限公司管理资产规模11070.37亿元（合并口径），较年初增长5.83%；稳居全国信托行业前五名；公司固有资产总额173.55亿元，所有者权益138.36亿元。2016年，实现营业收入26.19亿元，利润总额19.08亿元，净利润14.62亿元。

信托业务转型。截至2016年末，公司存续信托项目1633个，信托业务规模9351.36亿元。其中集合信托业务规模2501.48亿元，较上年末增加204.85亿元；财产权信托业务规模达到1427.97亿元，较上年末增加357.25亿元，信托业务结构持续改善。公司与中国银行股份有限公司合作在全国银行间债券市场发行试点重启后全国首单项目——“中誉2016年第一期不良资产支持证券”；“兴业信托·幸福一期慈善信托计划”备案成为国内首单慈善信托；参设山西省改善城市人居环境PPP投资引导基金，公司联合兴业银行与山西省政府、北京首创集团启动规模上百亿元人民币的“山西省改善城市人居环境PPP投资引导基金”，助推山西省城市人居环境改善建设；2016年12月在银行业信贷资产登记流转中心发起不良信贷资产财产权信托受益权转让业务“兴业信托·兴昆4号财产权信托”，该项目以资产管理公司收购的不良信贷资产债权作为基础资产，也是银登中心首单登记的不良信贷资产财产权信托受益权转让业务；“兴业信托·境外FOF集合资金信托计划”通过境内QDLP契约型基金进而投向海外FOF基金，探索境外投资途径的突破。

综合化经营。公司以兴业国信资产管理有限公司为平台，牵头发起设立并控股福建交易场所清算中心股份有限公司，于2016年12月开业；并先后参股上海票据交易所股份有限公司、中国信托登记有限责任公司。截至2016年末，兴业国信资产管理有限公司资产总额8.4亿元（合并口径），所有者权益7.16亿元，存续资产管理规模1608.39亿元，全年累计实现净利润2.37亿元，净资产收益率43%；兴业期货有限公司资产总额31.71亿元，所有者权益5.31亿元，客户权益规模达26.17亿元，全年累计实现净利润1014.92万元，增长64.63%，获“年度中国最具成长性期货公司”称号。

风险管理。加强合规与操作风险管理，开展制度后评价工作，全年累计制订或修订67项规章制度。开展案件防控和反洗钱工作，加强业务核保和账户开立工作，及时下发合规指导意见，提示合规风险。截至2016年，所有结束清算的信托计划均如期或提前兑付，存续的信托财产运营情况正常。

品牌形象建设。2016年，兴业信托在中国信托业协会组织的行业监管评级以及中国人民银行福州中心支行的综合评级中均被评为最高等级A级；公司先后在各类权威机构组织的评选活动中获“中国优秀信托公司”“年度信托行业杰出品牌奖”“年度优秀资产管理机构”“年度社会责任优秀实践奖”等称号；公司发行的创新产品获“年度优秀创新信托计划”“年度创新性最受市场认可产品”等称号。

服务社会。2016年，公司成立“兴业信托·聚益优学单一资金信托”，分别以公司、福建省连城县宣和乡中心小学为委托人和受益人，按照该信托计划自然年度投资项目的个数计提信托利益，并定期将款项拨付给公司支助的福建省连城县宣和乡中心小学，用于该校园基础设施修缮；兴业信托发挥信托本源功能，向福建省民政厅登记备案“兴业信托·幸福一期慈善信托计划”，是慈善法实施后的国内首单慈善信托。

（陶　然）

保　险

【概况】　2016年，福建省（不含厦门，下同）保险业累计实现保费收入755亿元，比上年增长19.6%，规模居全国第15位，增速较上年同期提高5.8个百分点。其中，财产险保费收入211.1亿元，增长6.0%；人身险保费收入543.9亿元，增长25.9%。人身险项下：寿险保费收入410.7亿元，增长19.3%；健康险保费收入113亿元，增长62.2%；意外险保费收入20.2亿元，增长11.5%。期末保险公司总资产1744.1亿元，比年初增长20.5%。辖内保险业应对各类自然灾害和突发事故，累计各项赔款与给付支出242.8亿元，增长26.3%。“尼伯特”“莫兰蒂”“鲇鱼”3次台风赔付9.4亿元。截至2016年末，全省有保险公司主体55个（含1家法人机构），其中财产险公司25家、人身险公司30家，各级保险公司机构网点2137个；保险专业中介主体104个，各级保险专业中介机构网点261个；保险从业人员20.3万人（其中，代理制销售人员16.5万人）。

商业车险条款费率改革。下发《关于启动福建省商业车险条款费率管理制度与改革工作的通知》，部署改革相关的组织保障、工作任务和实施步骤，落实改革监督管理和工作要求。改革后，80%续保客户保费下降，商业车险车均保费降低4个百分点，消费者投保商业车险意愿明显提升，投保率高出全国平均水平10个百分点。

风险防范。应对新型保险风险和跨界金融风险。联合17个省直单位出台《福建省互联网保险风险专项整治工作实施方案》，集中督查财险、寿险、保险中介、非法经营保险等市场主体的违规行为。开展案件风险防控、反保险欺诈和打击非法集资工作。对高风险区域非法集资风险监测，累计发现各类问题线索10余条，涉及金额1700余万元。打击和惩戒违法违规行为。派出检（调、巡）查小组172批次481人次，对28个次保险机构、5个次中介机构和50人次予以行政处罚，累计罚款555.2万元，比上年增长91.5%。

消费投诉和理赔。99.54%的消费投诉快速处理，一周内办结率89.6%，有效投诉件下降33.0%，为消费者挽回经济利益1752.80万元。开展3次车险理赔时效指标测评，行业平均万元及以下车险非人伤案均报案支付周期缩短0.89天，车险案均报案支付周期缩短0.4天。

服务地方经济。2016年，全省有65家次高新技术企业获得科技保险费补贴268万元，受益企业较上年增长8%，专利保险为150家企业、1216件专利产品提供风险保障2477.91万元，小贷险支持贷款金额突破2亿元，提前完成省政府立项挂牌办理任务。首单首台（套）重大技术装备保险实现突破，并入选工信部2016年补助项目。出口信用保险为115.3亿美元外贸出口提供收汇风险保障，保单融资业务支持贷款12.6亿美元。保险资金2016年在闽新增投资126.78亿元，累计达到857亿元。

农业保险。推出种植、养殖、价格指数、涉农等4大类20余个政策性险种，以及茶叶、银耳、肉鸡、海水养殖等10余个针对特色农业的商业性险种，年提供风险保障近2000亿元。

大病保险。商业保险机构承办大病保险覆盖面较上年增加1倍，达到63%，7个设区市61个县（市、区）约1770万人参保，为9万群众支付赔偿5.9亿元。宁德、南平、莆田、漳州等4个设区市实现城乡居民一体化，新农合参合人员和城镇居民享受同等缴费标准和补偿政策。

产业保险。三明市开展的林权抵押贷款森林综合保险当年即支持贷款7.4亿元，沙县保险机构为当地银行发放4300多笔约4亿元农村小额担保基金贴息贷款提供保险保障。龙岩市连城县启动“政银保”农户贷款保证保险试点；教育扶贫方面，助学贷款信用保证保险帮助1.4万名贫困生圆了大学梦。

（谢言志）

【中国人民财产保险股份有限公司福建省分公司】　2016年，中国人民财产保险股份有限公司总保费101.11亿元（含税），成为省内首家、人保财险系统第11家跨越百亿元的财产保险公司，市场份额43.39%，增量保费市场第一。

业务承保方面。强化车险全年保费收入68.13亿元，增量市场份额占前6个主体总增量份额的61.1%；食品安全责任保险累计承担风险保障24.67亿元，诉讼财产保全责任险承保数量1357笔，自然灾害公众责任险实现全省覆盖，提供风险保障1.32万亿元，覆盖3329.3万人，环境污染责任险2016年承保企业35家，累计承担风险保障6100万元，精神病监护人责任保险取得突破，承保责任限额2750万元，为精神病人导致第三者的人身伤亡提供保障。推动扶贫保险在龙岩、三明、漳州等地推广，累计提供扶贫风险保障金额103.3亿元；累计承担涉农保险风险责任金额9.15万亿元，共支付农险赔款超过6.85亿元；助推社会保障体系完善，城镇职工商业补充医疗保险、城镇居民大病保险、新农合大病保险和城乡居民大病保险实现“应保尽保”，服务人群2068万人，提供风险保障2.6万亿元。

客户服务。2016年公司服务客户数224万个，增长7.98%，累计承担保险风险责任金额9.15万亿元，全年处理各类赔案96.4万件。强化监管AAA级服务评价考核导向，理赔效率提速，案均报案支付周期提速21.87%。

（黄昕悦）

【中国人寿保险股份有限公司福建省分公司】　2016年，中国人寿保险股份有限公司福建省分公司实现总保费（不含厦门）154.51亿元，比上年增长19.56%，市场份额29.29%。销售人员突破6万人。经营绩效考核连续4年获得总公司AAA评级（最高评级）。

2016 年 6 月 12 日，中国人寿在京举行“牵手国寿健康同行”第十届“国寿客户节”。图为福州分会场　（中国人寿保险福建省分公司供稿）

保险主业。2016 年，公司累计为 859.37 万名客户提供风险保障，并承办莆田市、宁德市城乡居民大病保险业务，为 570.29 万人提供 18876.69 亿元的大病保险风险保障，全年累计赔付 1.64 亿元。拓展 12 个县区新农合经办及异地调查经办业务，服务参合人员 387.1 万人，补偿 188.04 万人次，补偿金额 14.07 亿元。

服务社会。运用移动互联技术，构建现代化的销售服务体系，国寿小店开创移动社交的商业生态。拓宽服务渠道，在全省 47 个农村网点/销售职场开通业务受理，在 6 个地市开通理赔直付服务，合作医院 26 所，医保覆盖人数 401.4 万人。推广国寿 e 宝、微理赔、微回执、智能柜面、智能作业等电子化服务，保全服务电子化率 53.07%，智能柜面覆盖率 96%。

公司品牌建设。公司开展 276 场次客户服务现场活动，吸引 23.14 万名客户参加。冠名“中国人寿杯——第二届‘为爱奔跑 母亲健康 1+1’大型公益募捐活动”，为福州首条地铁通车开辟专版专栏“海都地铁月”，参展第十四届“6·18”海峡项目成果交易会等活动提升公司品牌影响力。

风险防控。化解满期给付退保风险及各类投诉，处置纠纷件 486 件、客户投诉 238 件；主动解除合同 141 件，风险保额 1575 万元。强化犹豫期新单回访，回访成功率 99.19%。

（黄欣彧）

【中国平安财产保险股份有限公司福建分公司】　2016 年，中国平安财产保险股份有限公司福建分公司累计实现保费收入 46.14 亿元，比上年增长 4.3%，市场份额 20.3%，纳税贡献逾 7.2 亿元。

风险管理。为湄洲湾电厂、福建联合石油化工、三明电网等国家级、省级重点建设项目保驾护航，助推福建经济社会科学跨越发展；推动与公众利益关系密切的环境污染、食品安全、医疗责任、医疗意外、校园安全等领域责任险业务的发展，满足社会多层次、多领域的保障需求，并针对商业类小微客户群创新设计开发专属企财险保险产品“安心专卖”，以实际行动助力小微企业发展。

产品和服务创新。1 月 8 日，平安好车主 APP3.0 版上线，涵盖“车保险、车服务、车生活”，为更多车主提供一站式用车生活消费服务，新增用户逾 50 万人，同时平安产险线上中心推出全新的理赔模式——口袋理赔。截至 2016 年底，平安产险福建分公司线上中心成功受理案件约 2500 笔，全案周期 0.47 天；启动划痕喷漆服务项目，当年累计签约服务网点逾 300 个，累计为 4 万多名客户提供服务权益，客户服务满

2016 年 5 月 28 日，平安产险福建分公司积极联动 FM100.7 福建交通广播，走进福州市闽侯县永泰岭路中心小学为孩子们送去爱心小白鞋，并让城里的孩子和爱心小学的孩子一对一结对子，分享梦想，开启爱心“村跑”

（平安财产保险股份公司福建分公司供稿）

意度99.65%；上线修理厂透明自助系统，修理厂通过APP、WEB即可完成查勘、定损、收单线上理赔操作，全年全省累计完成自助案件3万多笔，提升客户及合作伙伴的服务满意度。

突发事件应急处置机制。提供主动、高效、专业的理赔服务，全年累计支付赔款22.19亿元，发挥保险救灾的基础功能。其中，7月9日，第一号台风“尼伯特”登陆福建，平安产险福建分公司接报案1457件，全年累计支付赔款4791万元，最快一笔赔案，通过好车主APP自助理赔，从报案到赔款支付仅用时5分钟。9月15日，14号台风“莫兰蒂”登陆福建，平安产险福建分公司累计接报案5260笔，全年决赔款10187万元。

公益事业。各级机构联合省关工委、省交警总队、媒体等各地机关企事业单位，开展平安护航、台风赈灾、春风助学、爱心支教等系列公益活动191场次，捐赠各类爱心物资折合50万元，服务举措惠及上万名车主及普通市民、困难群体。

（王映薇）

【中国平安人寿保险股份有限公司福建分公司】 2016年，中国平安人寿保险股份有限公司福建分公司总保费收入136.5亿元，较上年增长20.7%。其中：个险业务总保费收入118.2亿元；银保业务总保费收入5.8亿元，其他业务渠道总保费收入12.4亿元。有效客户数320.3万，缴纳税金46663万元，赔付支出18.2亿元。各项指标稳居福建人身险市场前列。至年底，平安人寿在福建（含厦门）设有福建分公司、厦门分公司，下辖泉州中心支公司、漳州中心支公司、龙岩中心支公司、三明中心支公司等8家中心支公司，14家支公司，1个营业部及162个营销服务部，合计187个分支机构。分公司内勤员工2015人，保险代理人43245人。

客户服务。公司运用先进科技将服务流程化繁为简，践行“简单便捷，友善安心”的服务理念，为客户带去更好的体验。依托“平安金管家”APP平台，打造全流程的健康管理服务体验；推广“安E赔”移动理赔服务，通过手机APP进行在线理赔申请，简化客户理赔流程；举办贯穿全年的“永不落幕的客服节”，提升客户满意度。

践行社会责任。开展希望小学公益活动与支教行动，对福建3所平安希望小学进行公益维护，开展中国平安2016年度希望小学福建地区支教行动；进行闽清赈灾，闽清坂东因台风“尼伯特”影响受灾严重，组织人员运送赈灾物资至坂东等灾区，搭设临时赈灾点，将救灾物资发放给受灾群众，帮助灾民恢复生产生活；坚持举办无偿献血活动，传播公益理念和慈善文化，联合平安集团福建地区各家子公司，与福建省血液中心携手在平安大厦举办主题为“分享生命，为爱献礼”的2016年度爱心献血活动；围绕“7·8保险公众宣传日暨保险文化建设推进周”，宣传保险知识，提升全民保险意识，提升保险行业的整体形象。

赞助福州国际马拉松比赛。公司首次成为2016年12月25日福州国际马拉松赛独家保险赞助商，为赛事2万名参赛选手提供全方位保险保障，保证比赛顺利进行，同时也进行保险知识的相关宣传，倡导健康生活，推广保险意识。

（陈　群）

【中国太平洋财产保险股份有限公司福建分公司】 2016年，中国太平洋财产保险股份有限公司福建分公司下辖10家中心支公司，55家支公司，11个营销服务部，分支机构遍布全省。截至年底，累计实现保费收入23.62亿元，业务规模稳居福建保险市场前三位，经营基础持续稳固。

业务品质改善。落实攻坚破局工作，推动互联网创新业务发展，深化客户经营，夯实公司经营基础。2016年度福建金融总评榜，太平洋产险福建分公司获“年度百姓信赖保险公司”称号，其创新研发并重磅推出的产品“码上保”获“年度创新服务保险产品”称号。

创新客户经营模式。太平洋产险福建分公司实施以“关注客户需要，改善客户界面，提升客户体验”为总体目标，以客户需求为导向的转型工作。重视创新技术的推广、应用，推广“码上保”产品，为销售能力的提升奠定基础。截至2016年，全辖网销入账保费5218.9万元。

拓展创新型险种。太平洋产险福建分公司农险核心业务系统上线商业险林木火灾险、商业险银耳种植保险等产品，全国首创银耳种植保险2016年底在古田县启动，并在全省进行推广，填补福建保险业在该领域的空白。

保险产品。在全省（辖内）推广中小企业专属产品“财富U保”、小额贷款保证保险、出口和国内短期信用险、产品责任险、汽车延保等产品；加快三农保险、巨灾保险以及食品安全、环境污染、医疗责任等与公众利益密切相关的责任保险。2016年，公司承保福州轨道交通1、2号线，琅岐雁行江主干道工程项目、福建海通船队业务、亿信航运集团船舶险以及京东方福州雇主责任险等大型项目。

车主服务平台。创新升级后的优享汇，采用简洁明快的网站界面，起用更具亲和力的积分称谓—“海贝”，统一规范全国货架，重构微信和优享汇网站两个服务界面以支持移动端应用，优化4大类15项功能并形成5大类23小类的商品分类。对接100余家供应商，客户可通过优享汇利用自己的“海贝”积分兑换公司提供的8000余种商品、10余种服务，同时还支持兑换京东钢镚、电影票、话费、加油卡等虚拟卡券。与此同时，除积分兑换功能外，新版优享汇还整合商城功能，将服务体验渗透到客户生活的方方面面，提升客户体验。

社会公益事业。2016年10月21日，太平洋产险福建分公司在闽清县塔庄镇龙池小学举办“关爱儿童，太保有情”爱心捐赠和“保险志愿者校园公益课”活动。

（陈祺婴）

【中国太平洋人寿保险股份有限公司福建分公司】 2016年，中国太平洋人寿保险股份有限公司福建分公司保费收入33.0亿元，增长15.3%，总保费市场份额占比为6.3%。其中：个险保费收入累计实现28亿元；银保保费收入累计实现1.4亿元；直销保费收入累计实现3.6亿元。

巩固传统渠道业务。2016年“安贷宝”增长8.79%。新增非健险销售渠道有民生银行、中国银行和招商银行，并实现渠道保费的平台突破。

创新突破。2016年4月与福建省安然签订合作协议，截至10月燃气险保费突破百万平台，为全省19434户提供用气安全保障。以爱心赠险方式为全省（除厦门外）“三无”老人、革命老红军、特困、孤寡以及百岁老人等提供4000万元意外伤害保障。

提升服务评价体系。2016年分公司服务评价体系定量指标改善幅度较大，短板指标提升较快。“保单15日送达率”指标从上年的57.40%提升至96.10%，总公司系统内排位提升14名。

创新科技助力。创新运用“微信企业号”建立企业生态系统，在微信端上完成“拍E拍”“考核信息推送”“六六乐透投注”助力业务发展；在公众号上开发“夏季送清凉活动”“安行宝2.0活动”项目，加强业务一线客户积累。搭建“网络协同公办”平台，部署开发“数据提取”“分公司/中支招聘需求”“集中采购”等模块，利用协同办公系统贯通纵向信息与流程，打通横向各协作管道，提升分公司整体管控效能与综合竞争力。

（林 芝）

小额贷款 租赁 典当

【小额贷款】 截至2016年末，福建省有小额贷款公司119家，注册资本金合计271.7亿元，从业人员1408人，其中97家小额贷款公司由民营骨干企业主发起设立，民营资本总出资额占全部出资额94%；贷款余额282.1亿元，累计发放贷款550.1亿元；实现营业收入15.6亿元，其中利息净收入15.2亿元，实现净利润总额2.5亿元；全省小额贷款公司年末银行业金融机构融资余额17.6亿元。

【内资融资租赁】 截至2016年末，福建省经商务部、国家税务总局批准的内资融资租赁试点企业10家，注册资本27.36亿元，总资产125.10亿元，融资租赁资产总额73.80亿元，融资额55.34亿元，从业人数762人，上缴税收8580.34万元。

【典当】 截至2016年末，福建省批准设立典当行226个（不含厦门），分支机构6个，注册资本总额55.18亿元，典当余额37.55亿元，全年发生典当业务5.4万笔，典当总额115.91亿元。

（苏励凯 周 艳 罗天进）

编辑：郑 莱

福建银监局2016年政府信息公开工作报告

建设 环保

固定资产投资

【投资规模】 2016年，福建省固定资产投资22927.99亿元，比上年增长9.3%，固定资产投资（含跨区项目）23107.49亿元。全年全省9个设区市和平潭综合实验区固定资产投资规模由高到低依次是：福州市4787.55亿元、泉州市3748.01亿元、漳州市2827.93亿元、龙岩市2188.04亿元、厦门市2159.81亿元、三明市2141.72亿元、莆田市1938.08亿元、南平市1694.40亿元、宁德市1225.15亿元和平潭综合实验区396.81亿元，分别比上年增长6.1%、10.0%、12.4%、15.2%、14.4%、12.0%、11.8%、－4.5%、－2.6%和15.6%。

【投资结构】 2016年，福建省固定资产投资（含跨区项目）中，第一产业投资720.62亿元，比上年增长39.9%；第二产业投资7877.19亿元，增长4.9%；第三产业投资14509.69亿元，增长9.3%。第二产业中，工业投资7817.96亿元，增长7.3%，其中，采矿业投资219.46亿元，比上年下降21.0%；电力、热力、燃气及水的生产和供应业投资1143.93亿元，增长25.9%；制造业投资6454.57亿元，增长5.8%。第三产业中，与基础设施、民生及社会事业相关的领域投资增长较快。其中，水利、环境和公共设施管理业投资3588.53亿元，增长34.4%；租赁和商务服务业投资335.97亿元，增长24.9%；教育投资328.17亿元，增长20.0%；科学研究和技术服务业投资115.96亿元，增长39.7%；文化、体育和娱乐业投资323.98亿元，增长21.9%；卫生和社会工作行业投资198.67亿元，增长15.5%。

【投资项目】 2016年，福建省固定资产投资（含跨区项目）共有施工项目33189个，比上年增长16.4%，施工项目计划总投资39824.49亿元，增长8.9%；施工项目中新开工项目26930个，增长30.5%，新开工项目计划总投资17998.38亿元，增长17.9%。全年全省重点建设项目1355个，其中在建重点项目1029个，年度计划投资3700亿元，全年累计完成投资4227亿元，完成年度计划的114.2%，其中，农林水利完成投资158.94亿元、交通完成投资738.48亿元、能源完成投资374.55亿元、城建环保完成投资819.51亿元、工业完成投资1365.1亿元、服务业完成投资649.97亿元、社会事业完成投资120.56亿元。全年155个重点项目建成或部分建成。

【投资资金】 2016年，福建省固定资产投资到位资金22717.1亿元，比上年增长5.4%。其中，国家预算资金1926.42亿元，增长25.9%；国内贷款2230.89亿元，增长1.6%；利用外资55.54亿元，比上年下降35.1%；自筹资金14587.65亿元，下降0.9%；其他资金3910.89亿元，增长29.4%。

【投资特点】 2016年，福建省固定资产投资主要特点：一是基础设施投资快速增长。基础设施投资7650.4亿元，比上年增长22.3%，对全省投资增长贡献率达77.1%，提高32.3个百分点。在城市防洪排涝、综合管廊与海绵城市、城市综合交通、智慧城市等建设带动下，全省市政建设投资3625.66亿元，增长34.9%。二是技改和高技术产业投资增长较快。全省工业投资中，改建和技改投资1853.35亿元，增长27.2%，比工业投资增幅高19.9个百分点。高技术产业投资891.86亿元，增长60.6%。三是制造业投资增速回落较大。制造业投资6454.57亿元，增长5.8%，增速回落13.7个百分点。四是房地产开发投资低幅增长。房地产开发投资4588.83亿元，增长2.7%，其中，建安投资3275.72亿元，增长3.4%；土地购置费1107.32亿元，增长3.2%。五是民间投资增速回落。全年民间投资13307.68亿元，增长5.3%，回落12.5个百分点；占全省投资比重为57.6%，降低1.7个百分点；对投资增长贡献率37.1%，降低23.2个百分点。

（张海峰）

重点建设

【概况】 2016年，福建省政府安排重点项目1355个，其中在建项目1029个、预备项目326个。在建重点项目年度计划投资3700亿元，实际完成投资4227亿元，重点建设项目占全社会固定资产投资的比重达18.4%。全年实现155个重点项目建成或部分建成投产，160个重点项目开工建设，一批重大前期项目取得突破。全年新增高速公路通车里程256千米、港口吞吐能力2326万吨、电力装机容量236万千瓦，一批强基础、补短板、惠民生项目交付使用。

【项目进展】 2016年，福建省重点项目建设取得重大进展。其中，交通行业在建重点项目142个、全年完成投资738.48亿元，预备重点项目57个。铁路方面，推进福平、南三路、衢宁、浦梅铁路（建宁至冠豸山段）项目，开工建设兴泉铁路。高速公路方面，建成宁德漳湾至连江浦口宁德段等项目，开工莆炎高速公路永泰梧桐至尤溪中仙段、古武高速永定至上杭、泉厦漳城市联盟路泉州段、长乐前塘至福清庄前等项目。推进沙县至厦门高速公路、厦蓉线漳州天宝至龙岩蛟洋扩容工程、福州绕城公路东南段、宁德屏南至古田高速公路、顺昌至邵武高速公路等项目。港口方面，建成莆田罗屿作业区9#、10#泊位，厦门海沧港区20#、21#泊位，莆田国投湄洲湾煤炭码头等项目。开工建设福州港三都澳港区城澳作业区14#、15#泊位工程等项目。机场方面，推进福州长乐国际机场第二轮扩能工程、福清通航产业基地等续建项目，以及福州机场二期扩建、厦门翔安新机场、武夷山机场迁建工程前期工作。

能源行业。在建重点项目42个，全年完成投资374.55亿元，预备重点项目14个。建成宁德核电一期、福清核电4号机组、湄洲湾第二发电厂、省投资集团莆田平海湾海上风电场一期等项目，全省电力装机累计达5156万千瓦。莆田平海湾海上风电场DE区、永泰抽水蓄能、周宁抽水蓄能、厦门抽水蓄能电站等项目开工建设，推进福建LNG站线项目新增5、6号储罐、海西天然气管网二期工程、华电邵武火电厂扩建项目等续建项目。

工业行业。在建重点项目366个，全年完成投资1365.10亿元，预备重点项目119个。建成或部分建成福清江阴聚丙烯项目、厦门联芯项目、厦门天马TFT平板显示二期工程、龙岩新龙马多用途乘用车技改等项目。开工建设莆田云驰新能源汽车项目、平潭通尼斯风力发电机研发生产项目、东侨新能源锂离子电池项目三期、古雷中怡石油精细化工项目、中铝宁德铜冶炼项目等，实施福州第8.5代新型半导体显示器件生产线项目、莆田华佳彩高世代面板生产项目、连江申远聚酰胺一体化项目等重大项目。

2016年11月7日，平潭海峡公铁两用大桥最大主塔墩完成浇筑
（平潭综合实验区管委会供稿）

农林水利行业。在建重点项目89个，全年完成投资158.94亿元，预备重点项目26个。开工建设莆田宁海闸工程、湄洲岛一级渔港、莆田东圳水利枢纽引水配套工程等项目，加快罗源霍口水库、平潭及闽江口水资源配置工程、长泰枋洋水利枢纽工程、平潭综合实验区防洪防潮工程、闽江防洪工程南平段、莆田西音水库、湄洲岛一级渔港、漳浦六鳌一级渔港等项目建设，推进石狮祥芝中心渔港、诏安田厝一级渔港、宁德上白石水利枢纽项目等项目前期工作。

城建环保行业。在建重点项目115个，全年完成投资819.51亿元，预备重点项目25个。建成福州城市轨道交通1号线、双永高速龙岩北互通接线工程、三明列东大桥、宁德东侨翠屏路步行街、漳州东墩污水处理厂、平潭福平大道等项目，开工建设福州市轨道交通6号线、厦门城市轨道交通3号线、福州洪山桥至洪塘大桥拓宽改建工程、厦门第二西通道等项目，推进福州城市轨道交通2号线、厦门城市轨道交通1号线、厦门城市轨道交通2号线、漳州圆山大道工程、莆田保障性安居工程等续建项目。

服务行业。在建重点项目204个，全年完成投资649.97亿元，预备重点项目56个。建成莆田普洛斯物流园一期、泉州顺丰速运物流仓储中心、福建土楼（永定）国家AAAAA级旅游景区综合提升项目、福建闽中快递物流园、平潭金井湾商务营运中心等项目，开工建设柘荣鸳鸯草场旅游开发项目、平潭国际海洋产业园一期、厦门海西国际商贸物流城、建阳武夷物流园等项目。推进厦航两岸金融中心总部大厦、海西商务大厦、晋江创意创业创新园项目等续建项目。

官昌水库是宁德市重点项目，以供水为主，兼顾灌溉、结合发电，是宁德主城区供水新水源。图为2016年的官昌水库项目施工现场

（蕉城区政府供稿）

社会事业行业。在建重点项目71个，全年完成投资120.56亿元，预备重点项目29个。平潭协和医院、泉州滨海医院、复旦大学附属中山医院厦门医院等项目建成投用。邵武体育中心建设项目、涵江医院新院、国家知识产权局专利局专利审查协作北京中心福建分中心、小武夷公园文化体育展览中心、东山谷文昌干部学院等项目开工建设。福州海峡演艺中心，省老年医院改扩建工程，福建医科大学附属协和医院门诊楼、急诊楼及心血管病房楼，厦门大学翔安校区等续建项目加快建设。

【部分开工重大项目选介】 2016年，福建省在建重点项目1029个，建成或部分建成投产重点项目155个，开工建设重点项目160个。

新建浦城至梅州铁路建宁至冠豸山段项目。起自既有向莆铁路建宁县北站，经三明市建宁县、宁化县、清流县和龙岩市连城县，终至赣龙铁路冠豸山站，正线长约162千米，为国家Ⅰ级铁路，设计行车时速160千米。概算总投资106.58亿元。

福州市轨道交通6号线。起于海峡国际会展中心，终于长乐国际机场，全线设20座车站，长41.362千米，最高运营时速100千米，估算总投资275.10亿元。

武夷新区绕城高速公路。项目属于国高网京台高速武夷新区改线工程建设项目，起于建阳区将口镇江口村，终于原浦南高速公路新兴隧道进口附近，批复概算约17亿元，建设里程16.82千米，采用双向四车道高速公路标准设计，主线设计速度100千米/小时，计划于2018年底建成。该项目作为交通部建设管理体制改革试点项目，采用“代建＋监理”一体化模式，是目前福建省内第一个采用此方式的项目。

莆炎高速公路永泰梧桐至尤溪中仙段。起自永泰县梧桐镇潼关村，接宁波至东莞国家高速公路福州段，止于尤溪县中仙乡华口村，接拟建的莆田至炎陵国家高速公路尤溪中仙至建宁里心（闽赣界）段和在建的沙县至厦门国家高速公路尤溪段。路线全长65.811千米，全线采用双向六车道高速公路标准建设，设计速度100千米/小时，初步设计概算总金额93.75亿元。

【部分竣工重大项目选介】 2016年，福建省在建重点项目1029个，建成或部分建成投产重点项目155个。

福清江阴聚丙烯项目。项目总投资57.95亿元，由中国软包装集团投资，福建中景石化有限公司、福建省中江石化有限公司、福建美得石化有限公司负责建设，一期建设中景35万吨/年的聚丙烯装置、中江35万吨/年的聚丙烯装置和美得66万吨/年的丙烷脱氢装置及其配套设施，2016年建成投产。

省投资集团莆田平海湾海上风电场。为福建省首座海上风电项目，一期总投资11亿元，总装机容量5万千瓦，建设10台5000千瓦风力发电机组，2016年建成，投产后年发电量可达1.59亿千瓦时。

平潭协和医院。位于金井湾片区，是集医疗救治、科研教学、预防保健三位一体的综合性医院，也是目前平潭首家三甲医院。一期工程建筑面积15万平方米（含地下建筑4万平方米），床位数1000床，停车位1100辆。2016年一期土建工程完工。

福州地铁1号线（一期）。2016年开通运营。该项目是福建省开通的第一条城市轨道交通，全长24.89千米，共设21座车站，平均站距1.2千米。

宁德核电一期项目。2016年建成投产。该项目是福建省第一个开工建设的核电站，位于宁德福鼎，年发电量可达300亿度，约占全省总用电量的16%。与同等规模的燃煤电站相比，每年可减少标煤消耗约980万吨。

厦门天马TFT平板显示二期工程。2016年建成。项目位于翔安火炬产业区，总建筑面积约50万平方米，总投资120亿元。新建第六代低温多晶硅（LTPS）TFT－LCD及彩色滤光片（CF）生产线，设计产能可月加工1500毫米×1850毫米玻璃基板3万张（年产液晶显示屏或模组约8000万张）。

（陈可祖）

城乡规划

【城乡规划编制】 2016年，福建省住房和城乡建设厅从城市总体规划和单元控规、专项规划方面加强城乡规划编制工作。加快城市总体规划编制，永安、晋江城市总体规划获省政府批准实施，福安、漳平总体规划进入报批阶段，完成南平、福清、南安、石狮、龙海、长乐、福鼎总规纲要或规划成果的技术审查；督促指导漳平、邵武、福安、武夷山等城市加快总体规划编制。推进单元控规编制，全省设区市单元控规完成全覆盖，其他市县控规覆盖率达70%以上。加大力度督促和指导，推进长泰、诏安县等13个控规覆盖率低于50%的县城控规编制。推进专项规划编制，基本完成全省市县城市景观风貌专项规划编制工作；除南平市外的其他设区市完成地下空间专项规划编制。启动晋江、永安地下空间和人防专项规划“两规合编”试点，形成初步规划成果。开展镇乡村庄规划普查，掌握全省村镇规划最新编制情况。组织永春、长泰等5个县及20个村庄，开展县域乡村建设规划和乡村规划编制试点。组织各地申报2016年度村镇规划编制项目，组织专家开展检查验收。充实省级村镇规划成果项目库，组织相关专家开展全省镇乡村规划编制、实施情况专项检查抽查，督促规划落实到位。

【“多规合一”试点】 2016年，福建省继续推广“多规合一”（以国民经济和社会发展规划为依据，强化城乡建设、土地利用、环境保护、文物保护、林地保护、综合交通、水资源、文化旅游、社会事业等各类规划的衔接，确保“多规”确定的保护性空间、开发边界、城市规模等重要空间参数一致，并在统一的空间信息平台上建立控制线体系，以实现优化空间布局、有效配置土地资源、提高政府空间管控水平和治理能力的目标）试点经验。落实联席会议制度和议事规则，研究确定工作推进过程中需相关部门协调解决的问题。印发《福建省试点市县“多规合一”编制技术导则》《“多规合一”一张图审查要点》，完成福建省“多规合一”协同平台建设可研编制，组织专家团队按照相关文件要求实地指导试点相关工作，同时加强试点城市间交流，总结好的工作做法供其他城市参考借鉴。所有试点县市基本完成“多规合一”一张图编制工作。督促试点城市加快推进“多规合一”业务平台和规划管理信息系统建设。

【历史文化名城保护】 2016年，福建省推进历史文化名城保护规划编制，省政府批准漳州台湾路—香港路历史文化街区保护规划，并督促指导泉州、邵武、长汀、武夷山等历史文化名城保护规划编制。开展第二批省级历史文化街区申报工作，基本完成专家审查认定。督促全省市县认定公布历史建筑名单。厦门、龙岩、平潭、永安等14个市、县率先公布第一批城镇历史建筑名单。开展城市修补（城市更新）课题调研，推荐福州、厦门、泉州、莆田代表福建省申请作为住建部的城市修补生态修复试点。

【城乡规划实施与监督管理】 2016年，福建省住房和城乡建设厅强化城乡规划实施。出台《关于改进城市总体规划编制审批工作的通知》，规范城市总体规划编制审查审批工作。出台《福建省控制性详细规划备案管理办法》，开展控制性详细规划备案管理，建立和完善单元控规备案、地块控规动态维护机制。督促指导设市城市和有条件的县城抓紧建立规划管理信息系统。继续做好国家重大建设项目选址和省级以上开发区设立、升级和扩区规划审查工作。加强规划监督管理，继续发挥规划督察员作用，进一步扩大督察范围，将督察内容与“多规合一”“三边三节点”项目建设等重点工作相结合。

城市建设

【宜居环境建设】 2016年，福建省安排宜居环境建设项目8842个，年计划投资2160亿元，实际完工6269个，在建2043个，完成投资2437亿元，超过年计划12.8%。其中，市政基础设施项目7246个，年计划投资2000亿元，实际完成投资2245亿元，超额12%，各项任务均完成目标。厦门市集美区村庄生活污水处理、漳州闽南文化生态走廊等3个项目获年度中国人居环境范例奖。

【市政基础设施建设】 2016年，福建省致力于城建工程包、市政“五千工程”和农村污水垃圾治理等3项工作。至年底，4个城建工程包完成年初既定目标任务。其中，公共停车场工程包完成投资21.9亿元，新增路外公共停车泊位2.85万个；污水处理和供水设施工程包完成投资68.5亿元；城市地下综合管廊工程包完成投资15.1亿元，

2016年，国家减排项目漳州市东墩污水处理厂 （漳州市政府供稿）

全年开工70千米、建成20千米；生活垃圾处理设施工程包完成投资26.5亿元，新建成8个城市生活垃圾无害化处理设施和132个乡镇生活垃圾转运系统，开工建设漳州、龙岩餐厨垃圾处理厂。新建改造城市道路1282千米、雨水管渠1017千米、污水管道1427千米、供水管道1172千米、燃气管网1060千米，完成投资774亿元；福州地铁一号线通车运营，实现全省地铁零的突破；落实畅通城市3年行动计划，各地开展城市治堵行动，完成城市交通设施投资620亿元；实施城市内涝防治3年行动，启动主要排水防涝项目128个，完成投资43亿元，全省排查496处涝点，完成整治315处；全省摸排黑臭水体85条，完成治理27条，开工28条。指导福州市入选第二批国家海绵城市试点。抓实农村污水垃圾治理，新建60个乡镇生活污水处理项目和634个农村污水集中处理设施，新建改建1万多个农村三格化粪池，永春、将乐实现乡镇污水处理设施全覆盖，被列入全国示范县，新投用乡镇生活垃圾转运站89座、购置垃圾压缩车140辆。截至2016年底，全省有682个乡镇建成生活垃圾转运系统。

【市政公用设施运行管理】 2016年，福建省住房和城乡建设厅加强市政公用设施运行管理，开展城市供水水质、供水管网漏损率、污水垃圾处理运营考核评估，提高市政设施运营保障与服务水平。城镇燃气安全管理，持续推进燃气经营企业安全生产标准化达标。全省应考评燃气企业251家，安全生产标准化达标率100%，其中二级达标16家，三级达标186家，不分级的48家，关闭取缔1家。公布燃气行业专家86名。组织开展全省燃气安全生产大检查，检查燃气企业116家，发现并督促整改安全隐患248处。加强城市供排水安全保障工作，评估考核46个市县区供水规范化管理及49家供水企业安全运行情况，对全省所有市县128座水厂出厂水、管网水106项全分析指标进行抽检，考核59座城镇污水处理厂运行管理、水质、检测人员检测能力。加强城市桥梁隧道隐患整治和管养。下达30座病害桥梁改造整治和18处城市道路隐患整治任务已全部落实整改。排查归口市政养护管理的城市道路临水临崖隐患38处10.9千米。

【城市园林绿化】 2016年，福建省致力于提升城市园林绿化设施水平，在全省开展园林城市（县城）创建，实施园林绿化“五个提升”工程，加快城市绿道、绿廊、立体绿化、小游园、小绿地等建设。全年建成绿道1096千米，平潭、闽侯、古田被评为“省级园林城市（县城）”。全年新增城市（县城）建成区园林绿地面积2600多公顷，新增公园绿地面积850多公顷，新建或改造提升公园64个，新建城市片林236片，新增立体绿化171处，街头小绿地、小游园137处。全省住建系统连续参展十届中国（城市）国际园林博览会，厦门市获住建部颁发特别贡献奖和特别成就奖。

城市管理

【城市管理执法体制改革】 2016年9月24日，中共福建省委、省政府为贯彻落实《中共中央、国务院关于深入推进城市执法体制改革改进城市管理工作的指导意见》，印发《福建省深入推进城市执法体制改革改进城市管理工作的实施方案》，明确全省城市管理执法体制改革总体目标、主要任务和工作要求。同时，建立由省政府分管领导为召集人、省委编办等16个省直部门为成员的全省城市管理工作联席会议制度，明确了统筹协调解决制约城市管理工作的重大问题、加强对深入推进城市执法改革工作的督促指导等方面职责。

【“两违”综合治理】 2016年，福建省新摸底“两违”面积5553万平方米，新拆除“两违”面积5344万平方米，完成年度目标任务178%，腾出土地面积0.65万公顷，利用面积0.59万公顷，利用率89.7%。全省违建蔓延势头基本得到遏制，全年全省新创建“无违建”示范单位740个，其中县（市、区）示范点18个，乡镇（街道）示范点59个，村（居）示范点663个。福州市台江区、厦门市湖里区、长泰县、德化县、龙岩市新罗区、福鼎市6个县（市、区），福州市鼓楼区东街街道等30个乡镇（街道），福州市鼓楼区鼓东街道庆城社区等100个村（居）被评为“无违建”创建工作示范点。全年系统转办督办投诉举报412件。

【渣土车安全整治】 2016年，福建省住房和城乡建设厅推进渣土车管控平台建设应用。截至年底，全省摸排渣土车11944辆，安装卫星定位装置11559辆，安装率96.8%（其中设区市安装率100%）。9个设区市和47个县市建成管控平台，共录入平台企业335家、车辆10169辆，平台联合审批工地942个，处置渣土5940.2万立方米。推动组建渣土运输企业，指导督促各地引导个体车辆、车队规范整合，组建专业运输企业，全省成立渣土运输企业345家。截至年底，全省建立固定消纳场83个、临时消纳场119个、中转站56个。

村镇建设

【概况】 2016年，福建省住房和城乡建设厅组织福州市规划院、厦门市规划院等7个规划设计单位，分片包干，对106个“美丽乡村”示范村进行技术指导服务；改进考核验收措施，对2016年开展整治的1118个村庄，组织第三方机构进行全覆盖年中检查和年底验收；强化督促指导，深入40多个乡镇村庄开展指导服务。

【传统村落和历史建筑保护】 2016年，福建省住房和城乡建设厅筛选出大田县济阳村等10个重点扶持名镇名村，10

个名镇名村均编制完成保护规划，组织实施保护和整治项目66个，完成投资2.2亿元。组织申报第四批中国传统村落及传统村落中央补助资金，104个村被列入第四批中国传统村落名录，47个传统村落争取中央补助资金1.41亿元。组织厦门理工学院、华侨大学、福州大学、福建工程学院等高校，在漳州、泉州、宁德、平潭等地开展村级历史建筑普查，截至年底初步普查登记1.7万栋。

【小城镇综合改革建设试点及农村危房改造】 2016年，福建省住房和城乡建设厅组织召开45个省级综合改革试点镇和15个“镇级小城市”培育试点镇负责人研讨会，总结2010年以来改革建设经验，分析存在问题。推进农村危房改造，并印发《福建省2016年农村危房改造实施方案》，分解下达工作任务。6月，完成全省“十三五”期间分年度要改造的贫困户农村危房改造任务核实工作。加强技术指导，下发《农村危房拆除重建技术指南》，委托福建省建科院制定《福建省农村危房加固技术导则》，免费提供全省农户使用，引导农户降低修缮成本。

建 筑 业

【概况】 2016年，福建省建筑业经转型升级持续较快发展。全年全省建筑业总产值保持两位数增长，共完成8531亿元，比上年增长12.20%。其中总承包和专业承包企业完成建筑施工产值8531亿元，增长12.2%，超过年初既定的8000亿元目标。特级、一级企业产值占全省建筑业总产值的54%。特级施工总承包企业增加到6家。完成建筑产业现代化生产基地（园区）工程包35.8亿元，超额完成年初既定的总投资33亿元的目标。落实129万平方米装配式建筑试点项目，超过年初既定的100万平方米的目标。全年全省房建和市政工程质量安全生产形势总体平稳，发生建筑施工安全事故19起，死亡22人，与上年同期（24起，死亡27人）相比，事故起数和死亡人数分别下降20.8%和18.5%，较大事故控制在省政府下达指标内。

【政策扶持】 2016年，福建省住房和城乡建设厅为扶持推进建筑业发展，组织制定《福建省建筑业“十三五”发展规划》《福建省装配式建筑“十三五”专项规划》。实施龙头企业计划，扶持发展龙头企业，印发《关于进一步扶持建筑业龙头企业发展的通知》，从资质角度支持龙头企业集群化发展，扶持重点骨干企业申报特级资质，新增特级企业1家。组织开展工程总承包试点，深化建设项目组织实施方式改革。组织开展全省清理规范工程建设领域保证金工作，2016年，全省保证金返还、退还60.1亿元。开展农村建筑工匠和古建筑特色工种技术工人培训14390人次。组织开展5个重要工种全省建筑工人岗位技能竞赛活动，提升行业工人素质。取消省外建筑企业入闽备案管理，实现企业信息登记。严厉打击转包、分包等违法行为，全年对16家企业和3位个人予以行政处罚，对21家企业和两位个人予以行政处理。

【工程质量安全管理】 2016年，福建省住房和城乡建设厅推进施工质量安全标准化，完善标准化考评体系，建立标准化实体样板展示信息报送制度，规范异议处理程序。开展施工企业和施工项目安全生产标准化考评，依托“福建省工程项目建设监管信息系统”，建立“标准化考评系统”，将项目考评结果作为企业安全生产标准化考评的主要依据，考评结果与施工企业安全生产许可证延期挂钩，并记入安全生产信用档案。全年全省有133个项目被评为省级标准化优良项目。推行现浇混凝土结构实体实测实量现场标示制度，提高结构实体实测实量的可追溯性。开展住宅工程质量常见问题专项治理，落实质量终身责任各项制度，推动各地开展住宅工程质量常见问题专项治理示范工程创建活动。完善建筑起重机械、建筑模板和外脚手架、城市道路挖掘工程安全管控措施，夯实安全生产基础。

【完善工程监管机制】 2016年，福建省住房和城乡建设厅完善建设工程质量安全监管机制，修订出台《福建省建设工程质量安全动态监管办法（2016年版）》、质量安全监督工作标准和评价标准，明确监督内容、程序、检查频率及发现问题处理办法，统一监督检查标准。建立权责明确的质量安全监督“双随机”监管机制，公布监督执法事项清单，检查人员、检查对象、检查过程、检查结果和成果应用实行“五公开”，实现阳光监督执法。创新互联网+监管机制、推行质量安全“双随机”监管的经验。推进绿色文明施工。深化施工扬尘治理，全年有5家企业被列入全省“施工扬尘污染黑名单”。

【责任主体不良行为惩戒】 2016年，福建省住房和城乡建设厅加大建设工程不良行为惩戒力度，全年对17起事故予以立案，对两起事故挂牌督办。落实“黑名单”制度，全省有40家企业和81名责任人被列入质量安全“黑名单”，向社会曝光，并采取限制承接业务、加强视频监控等差异化监管措施。全年全省各级住建部门针对质量、安全问题发出责令改正通知书2.75万份，发现并督促整改质量、安全问题8.95万条。省住房和城乡建设厅组织督查5次，检查项目43个，发出改正通知书41份（其中全面停工4份、局部停工6份）。对检查发现的问题，建立分类信息台账，分级跟踪落实整改并组织复查，实现闭合监管。推行督查通报网上公开制度，引入社会监督力量，倒逼企业责任主体和监管主体及相关责任人依法尽责履职。

【中介机构管理及其他应急管理】 2016年，福建省住房和城乡建设厅规范监理、检测等中介机构管理。加快推进监理、地基基础检测机构、预拌混凝土企业信用评价，开发启用信用评价系统，开展预拌混凝土和检测机构飞行检查，规范装配整体式混凝土结构工程监理服务行为。梳理制定安全生产权力清单和责任清单，细化分解“十三五”安全生产专项规划中涉及住建系统的约束性指标和主要任务分工，明确厅相关处室特种设备安全监管职责分工，印发住建系统防范和遏制重特大事故工作实施方案，明确各行业主要任务和工作目标。部署开展住建系统冬春和夏季消防安全、城市老旧建筑安全排查整治以及安全生产大检查，组织应对台风和强降雨灾害，做好抢险救灾、灾后重建帮扶指导工作。

【勘察设计质量治理】 2016年，福建省住房和城乡建设厅推进勘察设计质量专项治理，组织开发双随机检查系统。加强图审管理。充实图审技术力量，调整福州、漳州、泉州、龙岩、莆田、三明等市8家图审资格类别，提高审查能力和效率。探索开展数字化图。完善施工图审查管理信息系统、岩土工程勘察项目信息登记系统和省外勘察设计单位信息登记系统，记录并公布勘察设计项目、企业和从业人员信息，强化勘察设计注册执业人员质量监管。

房地产业和住房保障

【概况】 2016年，福建省完成房地产投资4588.83亿元，比上年增长2.7%。全年新建商品房销售面积（含住房和非住房）5103.43万平方米，增长35.4%；全省商品房库存面积5417.3万平方米（含住房和非住房），比年初减少1995.1万平方米，去化周期15个月，比年初减少9个月。

【棚户区改造】 2016年，国家下达福建省保障性安居工程目标任务是新开工各类棚户区改革项目12.5万套，基本建成5.96万套。全省全年新开工13.45万套，开工率107.7%；基本建成13.1万套，基本建成率219.7%；完成投资629.46亿元，为年度计划的195.6%，实现提前超额完成年度责任目标。全年棚改货币化安置4.6万户，按户统计货币化安置率34.2%，按面积统计货币化安置率57%。推进公租房分配入住，开展公租房分配入住专项调查，全省累计开工公租房30.5万套，分配22.75万套，全省全年新增公租房分配入住3.93万套，分配率74.6%，位居全国前列。截至年底全省所有设区市保障房分配全面实现网上运行，累计受理保障房申请4.2万户，确保保障房分配公平公正。

【住房公积金监管】 2016年，福建省缴存住房公积金463亿元，比上年增长13%；提取住房公积金340亿元，增长20%；发放公积金个人贷款8.1万户、金额370亿元，分别增长7%和17%；实现增值收益17.5亿元，截至年底全省住房公积金缴存总额3007亿元，提取总额1789亿元；为85万户职工提供住房公积金个人贷款2060亿元，贷款金额1288亿元，贷款利用率105%，贷款逾期率0.02%；“公转商”贴息贷款余额80亿元。

【征迁房屋】 2016年，福建省规范国有土地上房屋征收实施行为。推进棚改项目和房屋征收实行货币化安置，截至年底，全省房屋征收产权面积货币化安置比例达57%。组织开展房屋征收与补偿信息公开检查，保障被征收人的知情权，全年创建和谐征迁示范项目19个。

【物业服务】 2016年，福建省住房和城乡建设厅推进物业管理服务企业信用建设，组织实施物业管理服务企业信用综合评价，建立物业管理服务企业信用档案，公布889家物业管理服务企业信用评价结果。组织创建物业管理服务示范项目，全省创建省级物业管理服务示范项目17个，通过示范项目的带动作用，促进全省物业服务整体水平提升。

（施德善）

测　绘

【测绘监管】 2016年，福建省测绘地理信息局完善行政权力清单、公共服务清单、责任清单，下放福州新区行政审批事项1项，取消行政权力和公共服务事项1项，增列4项、调整2项。开展测绘地理信息行业信用信息征集和发布工作，完成全部32个甲级测绘资质单位信用信息的上报，将4个抽检测绘项目不合格测绘资质单位录入测绘地理信息信用信息管理系统。开展测绘资质单位约谈工作，约谈两个测绘资质单位。截至年底，全省有测绘资质单位532个，其中甲级32个、乙级85个、丙级218个、丁级197个。

【规划编制】 2016年，福建省政府加强海域、海底、岸线、海岛等测绘工作，培育发展地理信息产业等重点任务。福建省测绘地理信息局编制《福建省测绘地理信息事业“十三五”规划》，配套出台“十三五”地理信息产业发展、科技、人才、法治宣传教育等规划。

【基础测绘】 2016年，福建省测绘地理信息局利用国家测绘地理信息局老少边基础测绘专项补助经费300万元，安排补助老少边地区基础测绘项目7个。完成1∶1万数字线划图全要素更新717幅、重要要素更新3874幅，测制1∶1万数字高程模型2.18万平方千米、1∶1万数字正射影像图1.5万平方千米。新建连续运行卫星定位基准站31个，完成22个连续运行卫星定位基准站点北斗化改造。应用全景移动测量系统采集街景数据1875千米。获取机载激光雷达影像数据2.55万平方千米，购置与处理2～2.5米分辨率卫星影像10.6万平方千米。批复3个县开展数字县域的建设，数字明溪、数字晋江、数字武平、数字尤溪通过验收，截至年底，立项的数字县域项目18个，通过验收项目 6 个。

【地理国情普查】 2016 年，福建省测绘地理信息局利用最新航摄正射影像成果，完成 28 个县（区）地理国情普查成果的核查；完成省级数据库建设、普查统计分析和报告编制及图件制作，以及地理国情普查成果与其他部门数据的比对分析和衔接；编制地理国情普查工作报告。完成福州新区空间格局变化监测、全国海岸开发利用监测（福建）、全国地级以上城市及典型城市群空间格局变化监测（福建）等 3 项专题性地理国情监测项目。

【地图管理】 2016 年，福建省测绘地理信息局对 76 个网站开展日常监控，签收鉴定地图 7718 项，存在“问题地图”1208 项。开展福建省地图市场大检查，对省级机关及其所属单位 122 个网站进行检查，发现 24 个网站含有“问题地图”。检查 2015 年以来审核批准的地图产品样 53 项，发现 21 项纸质地图存在问题、8 项互联网地图存在问题。审核各类地图 126 项，其中互联网电子地图 21 项、微信地图 16 项、地图集（册）2 项、其他各开本单张地图及书刊插图 87 项，有 9 个项目不合格。

【测绘成果】 2016 年，福建省测绘地理信息局全年提供地图服务 200 项，为省“五套班子”（党委、人大、政府、政协、纪委）提供省“两会”用图、省领导拉练用图及其他各类定制地图 6000 册（幅），为省直 20 多个部门提供公务用图 5000 多册（幅）。向 189 个单位提供测绘成果分发服务，向 1300 多人次提供咨询服务，提供纸质地形图 4117 幅、“4D”成果 3.44 万幅、村庄规划大比例成果 1.55 万幅、大地控制点 1020 点、各类卫星影像 98.6 万平方千米、其他专题数据 50.2 万平方千米。其中，无偿提供“4D”成果 2.79 万幅、卫星影像 98.2 万平方千米、纸质地形图 2816 幅。审批福建省连续运行卫星定位基准站使用用户 292 家，发放注册账号 1970 个。应用测绘无人机为三明市泰宁县“5·8”泥石流灾害提供应急测绘航摄服务。

【“天地图·福建”建设】 2016 年，福建省基础地理信息更新“天地图·福建”线划电子地图 2 次、影像电子地图 4 次、中分辨率影像 10.8 万平方千米（现势性达 2016 年 6 月）、高分辨率影像更新 5 万平方千米（现势性达 2016 年 7 月）；完成特色乡村、博物馆等每月一图制作；对接福建省农业厅“福建省畜牧业信息管理系统”、福建省教育厅“福建省示范性现代职业院校建设工程信息管理平台”等 7 个系统，完成两个前置节点服务数据更新。

【地理信息产业】 2016 年，福建省测绘地理信息服务总值 32.1 亿元，比上年增加 6.19 亿元，增幅为 23.9%。从业人员 11044 人，增长 8.9%，其中测绘专业技术人员 9356 人，增长 10%，人均产值 29.07 万元，增加 3.52 万元。福建省地理信息产业技术平台完成测绘地理信息生产服务基地建设、地理信息工程检测中心、测绘地理信息技术培训中心和地理信息资源共享服务平台建设等指标任务。福建省测绘地理信息局、厦门市集美区政府、集美大学联合主办第一届“中国地理信息技术创新创业大赛”。

（黄继富）

环境保护

【概况】 2016 年，福建省生态环境质量持续保持全国领先。12 条主要河流水质整体保持为优，Ⅰ类～Ⅲ类水质比例为 96.5%，其中Ⅰ类～Ⅱ类水质比例为 60.1%。9 个设区城市空气质量平均达标天数比例为 98.4%，PM2.5 年均浓度 27 微克每立方米，福州、厦门在全国 74 个重点城市空气质量排名中分列第五位、第四位。城市声环境质量保持稳定，辐射环境质量总体保持良好，森林覆盖率达 65.95%，是全国水、大气、生态全优的省份之一。

【环保目标责任制】 2016 年，福建省在全国率先建立党政领导生态环境保护目标责任制，全省“两会”期间由省委书记和省长与各设区市、平潭综合实验区管委会党政“一把手”签订生态环境保护目标责任书，配套出台责任书考核指标体系。各设区市、平潭综合实验区管委会均成立以党政主要领导分别为组长、常务副组长的生态文明建设领导小组，并与所辖县（市、区）党政“一把手”签订责任书。

【环保督察】 2016 年，福建省率先以省委、省政府名义出台全省环境保护督察实施方案，完成对龙岩、泉州、宁德市的环境保护督察。

【环境影响评价】 2016 年，福建省开展环保违法违规建设项目清理整顿，清理整顿项目 26150 个。全省审批建设项目环评文件 6943 份，对 4910 个建设项目开展环保设施竣工验收。完成南平市省级高新技术产业园区等 4 个规划环境影响评价审查工作。

【环境监测】 2016 年，福建省加快建设生态环境监测网络，完成“十三五”省控地表水、空气、近岸海域环境监测网络优化调整，完成全省小流域 636 个监测点位布设。自 2016 年 1 月起，每月公布全省 9 市 1 区及 58 个县级城市空气质量及县级以上集中式生活饮用水源地环境质量状况。

【水环境管理】 2016 年，福建省水环境质量总体保持良好水平。主要河流水质保持优良，集中式生活饮用水源地和主要湖泊水库水质保持稳定，近岸海域海水水质有所改善。

加强环境整治考核。福建省政府制订出台《福建省地表水水质考核办法（暂行）》，创新水质考核机制，既考核断面水质类别，又考核断面水质提升情况，考核结果对外公布，并与流域生态补偿资金和省级流域专项资金的分配挂钩。福建省环保厅约谈2016年上半年流域水质未达阶段目标以及饮用水源水质出现超标的市、县政府，督促加强水质分析和问题整改。

开展县级以上水源地环境状况评估，严格审核水源保护区划的调整和近岸海域环境功能区划的修编，开展海洋环保责任制考核。

【大气环境管理】 2016年，福建省深化重点行业大气污染综合治理。分年度实施14家燃煤电厂45台机组超低排放改造任务，截至年底，完成27台机组1460.6万千瓦改造任务，占应实施改造机组装机容量的65.9%；加强火电、钢铁、水泥、平板玻璃等行业重点污染源的日常监管，促进稳定达标排放；启动全省重点地区VOCs调查工作，推进石化、化工等重点行业VOCs治理。

推进工业锅炉（窑炉）改造、电机系统节能、余热余压利用、能量系统优化等重点领域节能重点工程项目，继续实施节能技术改造和合同能源管理财政奖励政策。开展燃煤锅炉节能技术改造，对年可形成500吨标准煤以上节能能力的技改项目按每吨240元标准予以财政奖励。截至2016年底，全省完成煤电机组节能升级改造任务28台1476.6万千瓦，能效指标均达到国家规定的先进水平。

2016年全省淘汰黄标车和老旧车130136辆，超额完成国家下达的目标任务。推动机动车排放检测机构实施工况法检测，全省143个检测站施行。

【土壤环境管理】 2016年，福建省强化土壤污染防治工作。在全国率先出台《福建省土壤污染防治行动计划实施方案》，确定2020年和2030年工作目标，提出全省土壤污染防治工作的10项任务、34项具体措施，推进土壤污染状况详查、土壤治理与修复试点示范工程等重点工作。

出台《福建省“十三五”危险废物污染防治规划》等政策文件，提出全省危险废物污染防治工作的6项任务、5项具体措施、29项重点工程。推进危险废物综合处置场、飞灰填埋场、水泥窑协同处置固废项目、工业园区配套项目、综合利用或医疗废物处置项目等5大类28个危险废物处置项目的建设，建成7个危险废物处置设施，全年新增固废（危废）处置能力30.2万吨。

推动危险废物规范化管理“达标升级”，环保、公安部门联合开展查处危险废物污染行为专项执法行动。建成省级固体废物管理信息系统，完成全省2166家危废相关企业底数排查及网上申报登记工作。

【自然生态保护】 截至2016年底，福建省建立自然保护区93个，其中国家级17个，省级22个，自然保护区总面积45.5万公顷。厦门市、泉州市获得国家级生态市命名，全省建成国家级生态县（市、区）32个、生态乡镇（街道）519个、生态村3个；全省70%以上的设区市、81%以上的县（市、区）和93%以上的乡镇（街道）达到或基本达到省级以上生态建设示范区标准，85%以上的村达到市级以上生态村标准。

【辐射安全监管】 2016年，福建省政府颁布实施《福建省核电厂环境辐射防护办法》，规范核电厂辐射环境监督管理及监督性监测、规划限制区管理、核应急管理、公众沟通与信息公开等工作，保障公众健康及安全，促进核电事业健康发展。

优化完善全省辐射环境监测网络。国控辐射环境质量监测点由47个增加为48个，省控辐射环境质量监测点由78个增加为132个；在漳州、泉州、莆田、南平、龙岩、宁德、平潭、福清、霞浦及国家大气环境背景值武夷山监测站新建10个辐射环境自动监测站，成为全国第一个完成自动站覆盖所有设区市的省份。开展放射性物品“一体化”监管改革工作，实施放射性物品专项治理。对全省327个放射性物品使用单位开展辐射安全专项检查，督促57个单位对辐射安全隐患进行整改；安全收贮75枚闲置、废弃放射源，消除辐射安全风险隐患。

【环境执法】 2016年，福建省环保、公安联合开展“清水蓝天”环保执法专项行动，全年全省出动执法人员22315人次，检查企业6486家次，实施按日连续处罚21起，查封扣押625起，限产停产45起，移送行政拘留168件，移送涉嫌环境污染犯罪案件124件。

组织开展打击监控数据造假专项执法检查，查办一批污染源在线监控数据弄虚作假案件，其中10件案件列入省级挂牌督办，7件案件的相关责任人移送公安机关实施行政拘留，3件入选环保部选编的典型案例。

加强环境行政执法与刑事司法的衔接，全年办理适用环保法4个配套办法和涉嫌环境犯罪案件2024件，其中实施按日连续处罚案件54件，查封扣押案件1212件，实施限产停产案件241件，移送行政拘留案件339件，移送涉嫌环境污染犯罪案件178件。

【排污收费】 2016年，福建省排污费入库4.96亿元，比上年增长3.41%，上缴省库5144万元。开展以钢铁、煤炭行业为重点的排污费征收专项稽查工作，共对64家企业追缴排污费1047.25万元。

【排污权交易】 2016年，福建省排污权交易总额2.56亿元，比上年增长1.35倍；其中二级市场（即企业间交易）交易金额1.78亿元，占比69.5%，位居全国前列。构建省、市、县三级排污权管理架构，至年底，省、市两级和35个县（市、区）成立排污权管理机构。

【主要污染物减排】 2016年，福建省化学需氧量重点工程减排量2.04万吨，氨氮重点工程减排量0.24万吨，二氧化硫重点工程减排量 1.85 万吨，氮氧化物减排量 2.32 万吨（其中：重点工程减排量 1.49 万吨，机动车减排量 0.83 万吨），完成国家下达的污染物减排约束性任务。

【环境应急】　2016 年，福建省出动 35133 人次排查环境安全隐患，检查企业 11656 家次，检查饮用水源地 548 个次，发现一批环境安全隐患，限期整改 565 个，挂牌督办 30 个，停产整顿 74 个，关闭取缔 83 个。开展企业环境风险评估，确定等级企业 1536 家，其中重大风险等级企业 49 家，较大风险等级企业 242 家，一般风险等级企业 1245 家。处置三明尤溪洋中柴油翻车泄漏事件等 11 起突发环境事件。所有县（市、区）开通使用国家“12369”环保举报平台，“12369”热线受理投诉 19191 件。所有设区市完成政府突发环境事件应急预案、饮用水源地突发环境事件应急预案、重污染天气应急预案修订工作。

【环境宣传教育】　2016 年，福建省环境保护宣传教育中心围绕国家生态文明试验区建设这一中心，加强环保宣教工作，通过中央电视台、《福建日报》《中国环境报》等省级以上报纸、电视、广播、网络等主流媒体刊发全省生态环保报道 2300 余条；搭建“一网两微一端”（环保人人网、“福建环境”官方微信、“福建环境”官方微博、手机客户端）环保新媒体平台，全年推送近 1 万条目环境资讯，初步构建传统媒体和新媒体相融合的环保宣教大格局；通过开展短信群发、“6·5”环境日宣传月系列活动、生态文明宣传教育十进活动、依托环保部平台等方式开展面向社会的宣教活动 200 余次，其中福建省环境保护宣传教育中心获得“童绘蓝天”——第三届全国中小学生环保绘画大赛优秀组织单位二等奖，全国环境教育优秀课件征集活动优秀组织单位奖；利用多角度、多样化的宣传教育手段，引导公众和社会组织理性有序参与环保工作，形成“人人环保”的良好局面。

（陈定超）

节能　减排

【节能降耗】　2016 年，全省单位地区生产总值能耗下降 6.42%，超额完成能耗强度下降 3.4% 的年度目标，完成国家下达的“十三五”单位 GDP 能耗下降 16% 目标任务的 38%，超“十三五”能耗强度降低目标进度 18 个百分点；全省能源消费总量为 12358 万吨标准煤，能耗增量为 178 万吨标准煤，增长 1.46%，未超出能耗增量 432 万吨的年度目标，未超出“十三五”能耗增量控制目标进度的 20%，完成 2016 年度能耗总量和强度“双控”目标任务。全省规模以上工业万元增加值能耗下降 16.43%。推进重点行业对标，委托第三方机构对建陶、造纸、印染、合成革等行业 101 家企业开展专项能源审计。省级财政投入专项资金 1.4 亿元，组织实施工业锅炉（窑炉）改造等重点节能工程项目，实施省级以上重点工程项目 214 个。开展重点企业节能低碳行动，健全重点用能企业能源利用状况报告制度，96 家重点用能企业开展能源管理体系建设辅导和咨询，并通过省级验收；458 家重点企业，2011－2015 年累计完成节能 766 万吨标准煤，完成“十二五”节能目标的 146%。460 家企业主要能耗数据实现能源计量数据在线采集联网。推广节能产品和技术，通过“6·18”项目成果交易会推介节能、环保项目技术成果 111 项、技术需求 35 项。推行合同能源管理，共有 20 个合同能源管理项目获得财政奖励资金共 613 万元。强化节能执法监督检查，围绕重点用能设备和能耗限额标准执行情况等开展节能监察。

【循环经济】　2016 年，加强对南平市国家级节能减排财政政策综合示范城市，泉港石化园区、德化陶瓷产业园区国家级循环化改造试点园区，以及厦门、南安等国家级“城市矿产”示范基地建设项目的督促指导。开展德化陶瓷产业国家循环化改造示范试点园区中期评估。大力推广清洁生产先进工艺技术，实施示范工程，从源头上消减污染物的产生。

（黄　建）

编辑：郑　莱

农业

2017 福建年鉴 FUJIAN YEARBOOK

综　述

【农业农村经济】　2016年，福建省农林牧渔业实现增加值2444.81亿元，比上年增长3.6%；农民人均可支配收入14999元，增长8.7%，居全国第六位，增幅连续六年高于城镇居民，实现“十三五”良好开局。

【粮食和主要农产品生产供应】　2016年，福建省粮食生产总体保持平稳，粮食播种面积117.67万公顷，总产量650.87万吨。粮食储备能力增强，360万吨储备粮落实到位。“菜篮子”产品有效供给，蔬菜、水果、茶叶、食用菌、肉蛋奶、水产品产量分别达到1833.43万吨、855.34万吨、42.68万吨、118.19万吨、269.36万吨、767.98万吨，分别比上年增长2.4%、2.2%、6.1%、13.4%、4.6%、4.6%。农产品质量安全水平提高，农资、农产品质量安全追溯两大监管信息平台全面建成投入使用，建成标准化生产基地3173个，“三品一标”认证产品总数达3310个，国家对福建省农产品质量抽检综合合格率高于全国平均水平。

【特色现代农业】　2016年，福建省“一区两园”（10个国家现代农业示范园区、6个台湾农民创业园、66个省级农民创业园及示范基地）建设持续强化，新建和改扩建项目454个，完成投资81亿元，分别占年度计划的141%和101%，初步建成41个特色优势产业集中区。设施农业发展加快，新建省级补贴的温室大棚面积0.15万公顷，累计建成设施农业生产基地12万多公顷，其中千亩以上设施农业基地112个；新建标准化水产养殖池塘面积220公顷、累计建成1.67万公顷，建设工厂化养殖基地项目38个，新增工厂化养殖车间面积27万平方米。农村“三产”融合成效明显，规模以上农产品加工企业发展到4300多家、产值9800多亿元，农产品加工率达45%；农产品网上交易活跃，交易额位居全国前列；休闲农业和乡村旅游蓬勃发展，全年接待游客8180多万人次，营业额120亿元。

2016年，福清市洪宽新农村　　（福清市政府供稿）

【农村民生】　2016年，福建省水利基础设施建设继续加强，全年完成水利投资373.5亿元，比上年增长12%，总量居全国第四；468个重大项目建设进度加快，新开工项目161个，基本完工项目65个；新增高效节水灌溉面积0.54万公顷，农田灌溉水有效利用系数提高到0.537。防灾减灾能力提升，实施病险水库除险加固工程，开展中小河流治理，推进气象现代化建设，改造提升标准渔港，完善动植物疫情疫病防控体系，加强森林防灭火，“预警到乡，预案到村，责任到人”防灾减灾应急工作机制全面落实。农村教育、卫生、文化等社会事业发展步伐加快，新农合参合率达99.9%，农村低保人均标准提高到2650元，新农保参保率达98.5%，每人每月基础养老金提高到100元，农村社会保障水平稳步提升。

【农村生态环境】　2016年，福建省完成植树造林面积8.67万公顷，森林覆盖率达 65.95%，居全国首位。治理水土流失面积 17.95 万公顷，超额完成 34.6%。加强生猪养殖面源污染防治，消减生猪 187.2 万头，标准化改造生猪规模养殖场 1999 家，存栏 5000 头以上生猪养殖场改造全面完成。实施“千村整治、百村示范”工程，整治村庄 1118 个，打造 106 个示范村和 62 条美丽乡村景观。开展重点流域综合整治，推进生态乡镇、生态村创建，全面实行“河长制”，探索全省上下游生态补偿机制，强化激励约束机制，生态保护长效机制初步建立。

【农村改革创新】 2016 年，福建省农村土地承包经营权确权登记颁证工作如期完成年度任务，土地股份合作、土地托管、土地信托等多形式适度规模经营加快发展，全省农村土地流转率超过 34%；林权收储机构达到 37 个，新增林权流转面积 1.02 万公顷，林权抵押贷款余额达 35.7 亿元；拍挂海域使用权 20 宗、面积 814.6 公顷。农民合作社、家庭农场分别发展到 3.2 万家、1.8 万家，国家级、省级农业龙头企业达到 771 家，新选送 6000 名农民学员到涉农大中专院校免费接受学历教育和技能培训。

【扶贫开发】 2016 年，福建省实现脱贫 260425 人，“造福工程”搬迁 15.6 万人，均超额完成年度任务。15.75 万贫困人口纳入农村低保。精准识别农村贫困人口 69.6 万人，其中有劳动能力的扶贫开发对象 45.2 万人。60 个千户以上贫困人口县全面建立扶贫小额信贷风险担保机构，并启动开展贷款担保业务，为贫困户担保贷款 9.8 亿元，扶持 2.46 万户发展生产。23 个省级扶贫开发工作重点县“造血”功能增强，累计建成山海协作共建产业园区 22 个。

【农垦】 2016 年，福建省农垦系统有独立核算企业 123 个，其中国有农场 112 个，工业企业 5 个，商业企业 6 个；农垦总人口 24.23 万人，从业人员 10.72 万人；土地总面积 10.5 万公顷，其中耕地面积 9360 公顷、林地面积 4.83 万公顷。全年完成生产总值 67.72 亿元，比上年增长 7.0%；人均国民生产总值 2.91 万元，增长 4.8%；出口商品总金额 4.80 亿元，增长 14.2%；人均纯收入 10464 元，下降 5.2%。

农村经济管理

【农村土地承包管理】 2016 年，福建省推进农村土地承包经营权确权登记颁证工作，试点任务基本完成，全面完成航摄，DOM 正射影像图提交率 99.3%，79.4%的村完成权属调查，67.8%的村审核公示，合同签订率 47.1%。农村土地承包经营权规范有序流转，土地流转率达 34.1 %，县级仲裁委员会增加到 79 个。

【农村集体“三资”管理】 2016 年，福建省村集体资产 940 亿元，其中固定资产 497.5 亿元。实行财务公开村 14871 个，实行会计电算化村 14606 个。开展审计单位 2734 个，审计金额 94.2 亿元。完成产权制度改革村 31 个，量化资产总额 68631.7 万元。

【新型农业经营主体】 2016 年，福建省农民合作社发展到 33035 家，成员 837688 个，带动非成员农户数 1005735 户，其中种植业合作社 19795 家（粮食种植合作社 1638 家）、林业 3446 家、畜牧业 3204 家、渔业 2503 家、服务业 1510 家（农机 769 家、植保 166 家、土肥 32 家、金融保险 1 家）、其他 2577 家；土地股份合作社 791 家；农民合作社联合社 92 家，联合会 3 家。

【家庭农场】 2016 年，福建省家庭农场发展到 21186 家，工商登记注册 15868 家，经营土地面积 91917.6 公顷，其中种植业 13699 家、畜牧业 2267 家、渔业 775、种养结合 2942 家，其他 1503 家。

省级以上农业产业龙头企业发展到 771 家，规模以上农产品加工企业发展到 4300 家、产值 9800 多亿元，带动 60%以上的农户发展产业化经营。

展开新型职业农民培育，实施年万名新型职业农民素质提升工程，全年选送 6000 名农民学员到涉农大中专院校免费接受学历教育和技能培训，累计认定新型职业农民 6668 人。

种 植 业

【粮食作物】 2016 年，福建省粮食播种面积 117.67 万公顷、总产量 650.87 万吨，超额完成 650 万吨计划目标。推

2016 年，泰宁“茶香金湖”绿圣境元茶山　（泰宁县政府供稿）

进粮食产能区增产模式攻关与推广项目建设，30个粮食主产县建设粮食产能区10.32万公顷，水稻平均亩产532.5千克，比全省平均单产408.5千克增加124千克。开展水稻绿色高产高效创建活动，宁化、尤溪、浦城、上杭、武平、长汀等6个创建示范县水稻产能和效益提升。加快机收再生稻推广步伐，落实推广机收再生稻面积2840公顷，比上年增加193.33公顷。

【经济作物】 2016年，福建省茶叶产业持续增长，全省茶园面积达25.13万公顷，比上年增加0.121万公顷，居全国第五位；毛茶产量42.68万吨，增长6.1%，亩产113.2千克，平均价格53.9元/千克，产值219亿元，毛茶总产量、亩产量、平均价、毛茶产值均居全国第一；茶叶出口量1.96万吨、出口货值2.2亿美元，分别增长13.4%、26.4%；茶产业实现综合产值800多亿元。水果产业保持平稳，种植面积54.17万公顷，减少0.40万公顷，产量855.34万吨，比上年增长2.2%。蔬菜产业增收增效，种植面积76.74万公顷，比上年增加1.16万公顷，产量1833.43万吨，增长2.4%。推进设施农业温室大棚建设，新建省级补贴的温室大棚面积0.15万公顷，累计建成设施农业生产基地面积12万多公顷，其中千亩以上设施农业基地112个。

【农业标准化建设】 2016年，福建省创建国家级园艺作物标准园36个，其中茶叶8个、蔬菜10个、果树10个、食用菌8个。建设省级标准果园30个，扶持26个茶叶主产县（市）实施标准化生态茶园建设。

闽台农业合作

【概况】 2016年，福建省新批农业台资项目48个，合同利用台资1.1亿美元；累计批办台资农业项目2594个，合同利用台资37.1亿美元，农业利用台资数量和规模继续保持全国第一。

【闽台农业产业合作】 2016年，福建省提升台湾农民创业园建设水平，6个台湾农民创业园新引进台资农业项目14个，合同利用台资4300万美元，累计引进台资农业企业551家，利用台资10.1亿美元。

闽台农业合作示范推广成效明显，10个闽台农业合作推广示范县引进台湾农业名优新品种80多个、新机具设备150多台套，开展台湾农业技术培训1000余人次，闽侯高山茶、南靖金线莲、长泰芭乐、上杭大花惠兰、邵武百香果等特色产业快速发展壮大。

闽台农产品贸易保持稳步增长，全年贸易总额17.3亿美元，比上年增长5.5%，其中出口14亿美元，增长10.9%；进口3.3亿美元，下降12.7%。厦门保持中国内地引进台湾地区水果第一进境口岸，南安石井引入的台湾槟榔和台湾鳖卵、东山县的对台水产品贸易均保持中国内地领先。

【闽台农业交流往来】 2016年，福建省接待台湾各界来闽从事参观考察、经贸洽谈、学术交流的农业团组144批2051人次，组织福建省农业考察团组18批137人次赴台学习与交流，形成全方位、宽领域、多层次的农业交流格局。举办“第八届海峡论坛·两岸特色乡镇交流暨智慧农业对接会”，来自海峡两岸的业界对接企业代表和台湾青年农民等260多人参加对接会，50对闽台特色乡镇的智慧农业企业在现场洽谈对接。开展“台湾青年农民中华农耕文化福建行”活动，推动台湾青年农民和“台农二代”来闽交流。举办茶产业、现代农业示范园区建设、休闲农业与乡村旅游、智慧农业等12期培训班，培训两岸农业界学员900名。

【闽台农业经贸展会】 2016年9月9日，第九届海峡两岸（泉州）农产品采购订货会在福建南安市举行，延续“两岸携手、以农为媒、共享商机、互利双赢”主题，展示两岸农产品生产、加工、管理、销售等特色，扩大两岸经贸合作交流，实现互惠互利、合作双赢。展会面积2.5万平方米，国际标准展位800多个，其中台湾馆展位400个，两岸农产品供应商、采购商等约2000人与会。

11月5日，6个台湾农民创业园、10个闽台农业合作示范推广县等51家台资农业企业参展第十四届中国国际农产品交易会，共展示120多种富有闽台特色的产品。

11月6日，第十二届海峡两岸林业博览会暨投资贸易洽谈会在三明市举行。展会以“深化两岸合作，发展绿色产业”主题，重点展销林下经济产品、苗木花卉、林业金融产品、台湾商品等绿色低碳产业及产品，策划项目100个，其中林业及生物医药产业80个，落实签约合同项目94个，总投资133.1亿元。

11月16日，第十届海峡两岸茶业博览会在福建武夷山举行。展会延续“缘聚武夷，茶和天下”主题，搭建茶文化交流和茶叶贸易平台。展会面积4.3万平方米，设标准展位1230个，吸引海内外参展企业510余家，其中台湾茶企97家，邀请采购商6000余家。

11月18日，第八届海峡两岸现代农业博览会·第十八届海峡两岸花卉博览会在漳州举行。展会秉承“花开两岸、合作双赢”办会宗旨，突出“水产品与质量安全”主题，延续花卉特色，展示食品名城，联接“一带一路”，两岸携手合作。近1200家企业参展，其中台湾企业200多家，展示展销农资产品、农林牧渔业产品及其加工品1.2万多种，20多个国家和地区的2000多名客商、专家学者应邀参会。

（李富生）

林 业

【概况】 2016年，福建省造林绿化任务超额完成。植树造林8.67万公顷，完成总任务的130.05%，其中“三带一区”（沿海防护林带、生物防火林带、森林生态景观带和重点生态区位）造林3.58万公顷，完成任务的107.5%。沿海基干林带建设3.37万公顷，完成任务的101%。加快树种林种结构调整。珍贵用材树种造林0.84万公顷，完成任务的114%；重点生态区位林分修复面积0.65万公顷，完成任务的135%；建设国家木材战略储备基地面积0.44万公顷，完成任务的107.8%。推进森林科学经营。森林抚育面积21.44万公顷，完成任务的107%；封山育林新封面积14.19万公顷，完成任务的106.5%。组织10个县开展实用营林机械推广示范，提升营造林队伍的专业化、组织化水平。

【林业改革】　2016年，福建省深化集体林权制度改革。新增林权流转面积1.02万公顷，累计70.85万公顷；林业专业合作社211家，累计3827家；家庭林场101家，累计554家；林权收储机构7个，累计37个。各类林业贷款余额260亿元，其中林权抵押贷款余额35.7亿元。推进国有林场改革。完成省属、县属国有林场改革实施方案的编制审批，明确界定省属国有林场的公益事业属性和公益类别划分标准，省级财政安排省属国有林场事业经费由每年950万元增加到1亿元；629千米林场道路纳入属地农村公路网规划。省属国有林场新增森林面积0.84万公顷、森林蓄积量266.7万立方米，减少商业性采伐30.3%；县属国有林场整合为49家，新增经营面积4.97万公顷、森林蓄积量926万立方米。

落实生态文明体制改革涉林任务。制订《福建省重点区位商品林赎买等改革试点方案》，试点单位累计完成重点生态区位商品林赎买面积0.53万公顷，租赁、置换等其他改革面积0.16万公顷。推进武夷山国家公园体制试点，建立联席会议制度，审议通过《武夷山国家公园体制试点工作方案》，起草机构组建、财政体制、自然资源资产确权登记等方案，起草《武夷山国家公园管理条例》草案。配合省发改委研究出台碳排放、碳抵消等管理办法，完成林业碳汇项目申报平台建设，开展项目交易试点，顺昌、德化国有林场等两个林业碳汇项目上线并实现首批碳汇交易量26.1万吨、金额488.1万元。

【民生林业】　2016年，福建省落实扶贫攻坚涉林任务。出台推进林业扶贫工作的八条措施和做好国有林场扶贫工作的六条意见，共安排23个省级扶贫开发县林业建设资金达11亿元，比上年增加1亿多元，占全省林业建设资金总额的32.4%。从2016年开始，生态公益林补偿标准每亩提高到22元，每年可为林农增收1.3亿元，并将400多名贫困人口聘为生态公益林护林员，助其脱贫。落实育林基金征收标准降为零政策，每年可为林农减负增收3.5亿元；争取国家将福建省纳入天然林保护试点省，为林农增加管护补助收入3.35亿元。发展绿色富民产业。全省新建丰产竹林基地面积5.7万公顷，新开设竹山道路4143千米，实施笋竹精深加工示范县项目62个；新造改造木本油料林面积4.25万公顷；新发展林下经济基地面积3.48万公顷；新建花卉生产设施面积40.45公顷、苗木示范基地面积311.59公顷。加强科技创新推广。13项林业科研成果获得福建省科学技术进步奖，发布实施6项省地方标准，实施中央和省级林业推广项目34个，举办农村林业实用技术远程培训12期，培训农民约108万人次。

【林业生态保护】　2016年，福建省强化重点生态区位保护。完成6条林业生态红线划定和衔接，新增国家级自然保护区1个（累计16个）、国家森林公园1个（累计30个）。新增三明市1个国家森林城市（累计4个）、上杭等3个省级森林县城（累计34个）。加大依法治林力度。是年，《福建省湿地保护条例》颁布实施，《福建省林业有害生物防治检疫条例（草案）》提请省人大审议。开展严厉打击非法占用林地、破坏野生动植物资源等涉林违法犯罪专项行动。强化林业灾害防控。4架直升机入驻福建省开展秋冬季防火期航空护林工作。全省发生森林火灾29起，受害面积221.07公顷，发生率和受害率分别为0.32次/10万公顷和0.02%，分别下降74.6%和84.4%，全省完成林业有害生物无公害防治面积18.23万公顷，无公害防治率97.3%；松材线虫病疫情得到控制，完成松材线虫病除治性和预防性林分改造面积0.41万公顷，

2016年12月1日，福建省航空护林站在福州组织航空护林演练

（省林业厅供稿）

清理松枯死木30.2万株，国家公布拔除鲤城和石狮两个疫区。加强森林资源监管。启动第四次全省二类调查，完成“十二五”期末约束性指标考核和通报。完成全省第二次野生植物资源调查和省级验收，以及第三轮古树名木资源普查建档工作，评选公布第四批福建树王。全面停止天然林商业性采伐，规范采伐审批，全省审批采伐蓄积量726万立方米、皆伐面积6.4万公顷。

【林业审批制度改革】 2016年，福建省推进简政放权，深化行政审批制度改革，保留省级林业行政许可10项、受委托许可4项，保留涉林前置许可4项、中介服务4项。编制全省林业系统行政审批和服务事项清单94项。修订省级林业权力清单，保留权力事项174项、公共服务20项。实施负面清单制度，印发实施林业部门负面清单。加强行政审批规范化建设，制定行政许可审查工作细则。强化林地要素保障。林地占补平衡试点单位共补充林地面积1.17万公顷（2014—2016年已发放林权证面积0.91万公顷），比同期审核使用林地面积0.36万公顷增加0.81万公顷。全省审核审批林地1313宗，面积0.68万公顷。

【集体林权制度改革】 2016年6月28日，福建省政府办公厅下发《关于持续深化集体林权制度改革六条措施的通知》。从六个方面对全省深化林改工作进行全面规划安排。要求着力培育新型林业经营主体、加大金融支持林业发展力度、完善林权抵押贷款风险防控机制、加强重点区位森林资源管护、科学发展林下经济、健全林业服务体系。

【竹产业发展】 2016年8月8日，福建省政府办公厅下发《关于加快推进竹产业发展七条措施的通知》。要求到2020年，全省竹林面积稳定在106.67万公顷，竹产业产值年增长9%以上、总产值达700亿元以上。

【峨嵋峰国家级自然保护区】 2016年5月，峨嵋峰自然保护区被国务院列为国家级自然保护区。福建省新增1处国家级自然保护区。福建峨嵋峰国家级自然保护区位于福建省三明市泰宁县境内，地理坐标为北纬26°52′25″～27°06′53″，东经117°01′19″～117°10′17″，总面积1.03万公顷，主要保护对象为国际极危的国家Ⅰ级重点保护水生植物东方水韭及其栖息地——中山沼泽湿地群、珍稀雉科鸟类的集中分布地及原生性的山地落叶阔叶林，属野生生物类型自然保护区。

【杨梅洲峡谷国家森林公园】 2016年12月28日，福建省寿宁县杨梅洲峡谷森林公园成功申报国家森林公园。杨梅洲峡谷国家森林公园位于寿宁县北部，由杨梅洲景区和仙岩景区组成。公园规划总面积3322.73公顷（其中，森林公园林地面积3225.67公顷），森林覆盖率96.28%。其中杨梅洲景区位于坑底乡和景山林场辖区内，东与浙江省泰顺县毗邻，南与寿宁县南阳镇相依，西与寿宁县大安乡相连，北与浙江省景宁县接壤。地理坐标为东经119°33′39″～119°39′57″，北纬27°30′40″～27°36′29″；规划面积2420.13公顷；仙岩景区位于大安乡、托溪乡和长溪林场辖区内，东与寿宁县犀溪镇毗邻，东北与寿宁县坑底乡相连，南与寿宁县鳌阳镇相依，西、北与浙江省庆元县接壤。地理坐标为东经119°25′15″～119°30′06″，北纬27°29′25″～27°32′31″。规划面积902.60公顷。森林公园地处鹫峰山系洞宫山脉东麓，山峦起伏，沟壑纵深，林海莽莽，物种繁多，保存着完整的森林生态系统，是闽东地区宝贵的生物资源库。

【林木品种审（认）定】 2016年，福建省林木品种审定委员会审定通过品种17个，包括杉木3代种子园2片面积32.33公顷、黑木相思1代种子园1片面积4.6公顷、红锥母树林1片面积56公顷、马尾松2代种子园2片面积23.47公顷、福建柏1代种子园1片面积7公顷、秃杉初级种子园1片面积6.67公顷、米老排母树林1片面积7.13公顷、秃杉种源1个、马尾松家系7个。认定通过品种两个，包括黑木相思母树林1片面积3.33公顷、木荷母树林1片面积7.6公顷。

2016年11月25日，福建省绿化委员会、省林业厅公布第四批“福建树王”评选结果，11棵古树获“树王”称号。图为位于福建省漳州市南靖县书洋镇石桥村的“红花香椿王”（省林业厅供稿）

【古树名木保护】　2016年，福建省完成第三轮全省古树名木资源普查建档工作，共调查登记古树名木10.2万株，比上期调查（4.95万株）增加1倍。11月25日，省绿化委员会、省林业厅公布第四批“福建树王”评选结果，11棵古树获“树王”称号。分别是：周宁县的“赤皮青冈树王”、华安县的“红锥王”、仙游县的“南酸枣王”、新罗区的“蓝果树王”、南靖县的“红花香椿王”、建瓯市的“福建青冈网”和“香榧王”、武平县的“细柄蕈树王”和“钩锥王”以及武平县和三元区推送的格式榜并列“格式榜王”。

【航空护林】　2016年9月23日，福建省开展首次航空护林工作。4架直升机（K32、M8各1架，小松鼠2架）入驻福建。截至12月31日，飞行129架次，累计飞行时间267小时，飞行完成率70.5%，在巡护飞行中发现多起林区违章用火和森林病虫害区域及占用林地活动。

【林业碳汇实现首个交易】　2016年12月22日，福建省碳排放权交易启动仪式在海峡股权交易中心举行。顺昌县国有林场、德化县林业局率先领到产品上线证书。成交量26.1万吨，成交金额488.1万元。福建省结合自身林业资源优势，开发省内林业碳汇项目，研究林业碳汇交易规则、操作办法及交易模式，许多方面在国内尚属首创。

（郭　洁）

畜　牧　业

【概况】　2016年，福建省实现畜牧业产值582.7亿元，比上年增长2%，肉蛋奶产量269.36万吨，增长4.6%。肉类总产量225.64万吨，比上年增长4.2%。其中，猪肉产量136.00万吨，比上年增长1.1%；禽肉产量80.48万吨，增长10.0%；牛肉产量3.21万吨，增长4.5%；羊肉产量2.52万吨，增长6.7%。年末生猪存栏983.18万头，比上年下降7.8%；生猪出栏1720.52万头，增长0.7%。牛奶产量15.45万吨，比上年增长3.3%。

【畜牧标准化建设】　2016年，福建省创建畜禽标准化示范场389家，其中国家级示范场103家、省级示范场286家。生猪、蛋鸡、肉鸡、奶牛规模化养殖率分别达到85.5%、92%、96.3%、80%，位居全国前列。

【畜禽良种繁育体系建设】　2016年，福建省建成国家核心种猪场6个、国家级保种场8个、省级种畜禽场43个、扩繁场700多个，形成原种场—扩繁场—商品场的良种繁育体系。

【生猪养殖污染治理】　2016年，福建省关闭拆除禁养区及可养区存栏250头以下生猪养殖场户1.66万户，消减生猪187.2万头。标准化改造生猪规模养殖场1999家，存栏5000头以上生猪养殖场改造任务全面完成。

（李富生）

渔　　业

【概况】　2016年，福建省海洋生产总值达7500亿元，比上年增长9%；实现渔业经济总产值2734.12亿元，增长10.97%；水产品总产量767.98万吨，增长4.65%；水产品人均占有量198.24千克；海洋捕捞产量（含远洋）233.1万吨，增长0.4%；海水养殖产量432.38万吨，增长6.99%；淡水产品产量102.50万吨，增长5.04%；水产品出口创汇58.98亿美元，增长6.29%；渔民人均纯收入17851元，增长11.55%。

【渔业产业结构调整】　2016年，福建省培育超千亿水产产业集群，全年九大特色品种产量312万吨，比上年增长7.1%；全产业链产值800亿元，增长10%，其中鲍鱼、鳗鲡、紫菜、南美白对虾全产业链产值均突破百亿元，分别达到152亿元、146亿元、124亿元、112亿元。发展渔港经济区，在全国率先提出渔港经济区建设模式，福建省被列为全国渔港经济区建设唯一试点省份；制定《全省渔港经济区布局总体规划》，培育霞浦三沙、连江黄岐、石狮祥芝、晋江深沪、东山大澳、惠安崇武、泉港诚峰、石狮东埔等8个渔港经济区。

【养殖基地建设】　2016年，福建省建设工厂化养殖基地38个，新增工厂化养殖车间面积27万平方米，全省累计达到1800万平方米。光泽县中科渔业有限公司全封闭循环水设施养殖车间成为全省工业化水产养殖规模最大、设施最先进的标杆工程。全省累计完成标准化水产养殖池塘改造面积1.67万公顷，连片规模面积3.33公顷以上池塘基本实现标准化改造。实施网箱养殖渔排改造，新建环保型全塑胶养殖网箱2万多口，金贝尔公司在龙海浯屿岛海域建设的全塑胶渔排网箱示范点，经受住“莫兰蒂”强台风的正面袭击。发展深水大网箱养殖，新增抗风浪深水大网箱60口，霞浦、连江、东山等地建设深水抗风浪大网箱392口。春申股份有限公司等10家企业在印度尼西亚、马来西亚建立渔业养殖基地，养殖面积超8000公顷，投资总额超9亿美元，福建省境外水产养殖发展规模居全国第一。

【远洋渔业】　2016年，福建省远洋渔业完成项目投资15.26亿元，开工建造远洋渔船127艘，新建（扩建）境外基地4个，新增水产品加工、冷链物流项目4个，其中宏东渔业股份有限公司投资1亿美元建立的毛塔综合基地，成为中国境外投资规模最大的远洋渔业基地；全年新增外派远洋渔船20艘，全省远洋渔船投产规模达到540艘，远洋渔业总产值25.6亿元，新开拓中南美洲苏里南项目、南亚东帝汶项目、俄罗斯远东项目、朝鲜东部海域等项目。港顺、万通、正冠、永迅、海之星等企业新开拓的公海灯光围网项目成为福建省远洋渔业新的增长点；泉州港深沪远洋渔业通关码头两个泊位建成投入使用，成为全省首个专用远洋渔业码头。

【渔业资源保护】 2016年，福建省实施种业创新与产业化工程，经济贝类、紫菜、黄姑鱼三大种业创新和产业化工程完成；全省建立起涵盖种质资源库、遗传育种中心、良种场和育苗场于一体的育繁推种业体系，新认定市级良种场5家、省级良种场4家，全年建设规模化种苗繁育基地20个，建设育苗池面积4.6万平方米；研发“申福”“闽丰”坛紫菜和“金蛎1号”“福蛎1号”牡蛎新品种。福建省大黄鱼、石斑鱼、罗非鱼、牡蛎、花蛤、鲍鱼、海带、紫菜等优势特色养殖品种种业都达到较大规模，位居全国前列。涌现出连江官坞、福建一嘉、宁德官井洋、宁德富发、莆田海源、晋江福大、福建港德、厦铁实业等区域化、规模化、专业化水产种业龙头企业。

【休闲渔业】 2016年，福建省壮大休闲渔业规模，福州罗源湾海洋世界等4个单位获得“全国休闲渔业示范基地”称号，扶持提升永泰县幸福庄园等“水乡渔村”示范基地17个，莆田市发挥“生态养殖＋休闲渔业”样板效应，休闲渔业产值比上年增长20%以上。启动建设福建好隆发、平潭大福湾等10个省级休闲海钓示范基地。

【渔业科技推广】 2016年，福建省基层水技推广体系改革与建设补助项目成效显著，建设科技试验示范基地134个，培育科技示范户2544户，辐射带动农户2.39万户，全省项目县主导品种和主推技术到位率97%以上；启用现代渔业技术服务与渔业生产管理云平台；编撰九大特色品种“智慧农民十万个为什么”电子书，为九大特色品种超百亿元全产业链做好技术支撑；示范推广持续推进，指导推广养殖面积8万多公顷，受益渔民3万多人，技术成果14个；开展6种水生动物疫病监测和两种病原菌耐药性普查；全省4个实验室通过农业部水生动物检疫实验室能力测试；全面启用病情测报系统，提高病情测报的信息化管理水平。

【渔业安全生产】 2016年，福建省参与国家海洋环境预报中心、省防汛办防御台风决策会商，海洋综合观测能力和海洋预警报服务水平提升。开展防台风工作，开展渔船、渔排调查，对全省渔船渔排以县为单位重新登记造册，摸清底数，防御“尼伯特”“莫兰蒂”等9个台风，转移和撤离海上渔船10.53万艘次、渔排上人员12.11万人次、渔船上人员20.72万人次，将台风对海洋渔业的影响降到最低。全年处置海洋与渔业各类突发事件139起，组织渔船自救互救114起，救助船员1279人，调度救助船舶205艘次，挽回经济损失2.87亿元。全省渔船达标率100%，远洋渔业企业达标率100%，全年发生各类渔业船舶水上生产安全事故17起，比上年下降19%，没有发生较大安全生产事故。

2016年6月3日，2016海峡（福州）渔业周·中国（福州）国际渔业博览会（简称“渔博会”）在福州开幕。图为渔博会拍卖金枪鱼现场

（省海洋与渔业厅供稿）

【渔业防灾减灾】 2016年，福建省完成省委省政府为民办实事项目渔港建设年度目标任务，新增立项霞浦沙江、霞浦长春渔家地、霞浦下浒延亭、长乐漳港三营澳、平潭澳前等5个二级渔港项目；长乐松下长屿、惠安净峰杜厝、蕉城三都虾荡尾、福安溪尾鲜艳澳、霞浦沙江竹江等5个二级渔港完成主体工程，推进20个渔港建设项目。全省办理渔工互保9.18万人，办理渔船互保10030艘，全省完成渔业互保签单会费1.88亿元，比上年增长10.9%，提供风险保障金额456.5亿元，增长10.6%，接报案923件，赔付金额6895.76万元。

【水产品质量安全】 2016年，福建省实施水产品质量安全“1213”行动计划，推进“治理餐桌污染，建设食品放心工程”，建成农业部水产健康养殖示范场和水产养殖标准化生产基地面积1.87万公顷，新认定无公害水产品产地面积0.27万公顷。截至年底，全省建成宁德大黄鱼、莆田鲍鱼、福清对虾、长乐鳗鱼、福清鳗鱼、梅列鳗鱼、东山海捕水产品、诏安对虾等8个国家级质量安全出口水产品示范区，以及3个国家级标准化示范区和1个国家级水产品质量安全示范县。完善追溯管理平台建设，推广水产品可追溯统一新标识，新增追溯企业40家，累计达到179家，追溯品种涵盖大黄鱼、鲍鱼等60种水产品。强化水产品质量安全抽检，全年开展水产品质量安全监督抽查和风险监测8000批次，省部级水产品产地质量安全监督抽检合格率99.7%，连续十年保持97%以上。开展水产品质量安全整治专项行动，严厉查处违规案件，查处率达100%。

【渔业执法】 2016年，福建省组织部署12次“蓝剑”行动，历时140天，出动执法船艇1528艘次，登临检查船舶4691艘次，防范劝阻拟赴敏感海域作业渔船205艘次，查获涉嫌违规船舶374艘，收缴罚没款575.56万元，拆除违规网具405张，移送公安等有关部门立案6件。整治非法采捕红珊瑚暨涉渔“三无”船舶，全省取缔无照修船厂两家，破获非法采捕交易红珊瑚案件29件，抓获犯罪嫌疑人78人，查获疑似红珊瑚380.52千克，案值1.3亿元；审结涉红珊瑚案件18件，33名涉及非法采捕、交易红珊瑚人员被判刑；处置涉嫌非法采捕红珊瑚船舶147艘、拆解大中型涉渔“三无”船舶1021艘，全省大中型涉渔“三无”船舶基本清理完成，遏制和扭转非法采捕红珊瑚的猖獗势头。全省清理取缔违规渔具5993张。推动建立渔船三级管理。

（汤兴福）

农业机械化

【概况】 2016年，福建省水稻机插、机收、机耕面积达到14.81万公顷、42.17万公顷、73.04万公顷，分别比上年增长10.7%、12.1%、3.2%。水稻耕种收综合机械化水平达60.19%，主要农作物耕种收综合机械化水平达48%，分别比上年提高5个百分点、3个百分点。

【农机具拥有量】 2016年，福建省农业机械拥有量达3471189台（套）。其中，拖拉机及配套机械245456台（套）、种植业机械1282822台（套）、农产品初加工机械621535台（套）、畜牧养殖机械60127台（套）、渔业机械205718台（套）、林果业机械29044台（套）、农田基本建设机械10766台（套）。

【农机服务组织】 2016年，福建省有农机化作业服务组织1508个，从业人员21807人，其中拥有农机原值20万～50万元的530个、拥有农机原值50万元以上的517个。农机化中介服务组织27个，从业人员83人。农机维修厂及维修点2899个，从业人员6272人。农机经销机构993个，从业人员3302人，拖拉机驾驶培训机构21个，从业人员183人。

【农机购置补贴】 2016年，福建省下达中央补贴资金2.01亿元、省级累加补贴资金0.21亿元，对55个品目农业机械进行购置补贴，补贴购置农机具8.54万台（套），受益农户5.13万户。下达省级补贴资金0.27亿元，对适合福建省使用的19个品目特色农业机械进行购置补贴，补贴购置特色农机具1.67万台（套），受益农户1.12万户。

（李富生）

2016年10月28—30日，第九届中国（厦门）国际休闲渔业博览会（简称厦门休闲渔业展）于厦门国际会展中心召开。图为厦门休闲渔业博览会现场

（省海洋与渔业厅供稿）

水土保持

【概况】 2016年，福建省推进国家水土保持重点建设工程、坡耕地水土流失综合治理工程和新增国家水土保持重点治理工程，以及省级22个重点县和100个重点乡镇等水土流失综合治理项目；推进以水投集团为主的水土流失治理企业化运作，联合驻闽部队在长汀等闽西革命老区开展水土流失综合治理，完成深化拓展水土流失治理机制的课题研究和生态补偿机制课题研究。全省完成投资18.99亿元，其中中央补助17021万元、省级资金补助3.4亿元；治理水土流失面积17.95万公顷，超额完成34.59%；宁化县、平和县、南安市、上杭县获“国家水土保持生态文明综合治理工程”称号，新建龙岩至厦门铁路、福建仙游抽水蓄能电站工程获“生产建设项目国家水土保持生态文明工程”称号。

【水土治理模式】 2016年，福建省通过推行“责任制＋绩效考评＋挂牌督办”的行政推动治理模式、“行政推动+补助项目区群众生活燃料”堵疏并重治理模式等，水土流失面积明显减少，重点治理项目区、挂牌督办点区域得到控制。大田县通过在矿区治理水土流失，把矿区打造成家园、公园、田园、工业园、物流园等；安溪县把崩岗区治理成为水保生态区、经济作物区、工业开发区、新农村建设示范区和生态旅游区等。各地通过坡改梯等综合治理，带动地方支柱产业不断发展壮大，培育出安溪茶业、宁化茶油、平和蜜柚、建宁黄花梨等山区特色产业。

【水土保持执法监督】 2016年，福建省批复生产建设项目水土保持方案1624个，其中省级58个；完成7个生产建设项目水土保持设施竣工验收。全省征收水土保持补偿费2.80亿元，其中省级4690.48万元，分别比上年增长37.9%和下降19%。

（薛有浩）

水　利

【概况】 2016年，福建省全面防汛备汛，组织开展1.49万人次的安全度汛大检查，检查各类工程1.31万个；完成1.5万多个村级预案的修订和3000多座各类水库防洪调度计划的审批；储备1.3亿元的防汛物资；组建8081支23.18万人的抢险队伍，并开展培训演练。

全省抵御20场灾害性暴雨、8个台风（其中3个超强台风登陆）和256站次超警戒洪水、12站次超保证洪水。其中第1号台风“尼伯特”登陆泉州石狮市，是有史以来的最强初台，也是首个登陆福建省的初台；第14号台风“莫兰蒂”登陆厦门翔安区，是2016年登陆中国大陆的最强台风，也是1949年以来登陆闽南的最强台风，风力最强时达到17级（70米/秒），近中心气压一度低至883百帕，刷新世界气象纪录；第17号台风“鲇鱼”登陆泉州惠安县，台风登陆时中心风力12级。

加强防汛基础建设，推进山洪灾害防治、指挥系统二期等项目；投资960万元为三支省属机动抢险队配备6辆大型排涝车；投资700多万元为覆盖全省防汛防台风重点区域的50个县和省属抢险队伍配备57架防汛无人机；灾后重建队伍库、防汛指挥图、防汛短号等措施落到实处，防灾体系不断巩固。全年累计转移受灾群众209.26万人次，组织渔船回港避风10.21万艘次，解救被困群众2.35万人，最大限度保障人民群众生命安全。

灾后水毁修复重建有序有效，受“尼伯特”台风影响的“三县一市”重灾区中，尤溪县和漳平市基本完成恢复重建任务；闽清县和永泰县基本消除堤防、水库、水闸、小水电站安全隐患，农村饮水和农业灌溉需要得到基本保障。

出台《福建省防汛防台风新闻舆论工作应急预案》；累计发送防汛防台风公益短信2.5亿条次。驻闽部队出动抢险救灾兵力64560人次，省机动抢险队累计出动大型设备590台套、精干力量2950人次，全省各类抢险队伍累计投入25.37万人次，完成抢险救灾任务；组建并运作省防汛救灾救援应急指挥中心，争取并下达中央特大防汛经费2.65亿元，支持基层抢险救灾和水毁修复。科学调度水库，减轻防洪压力，堤防无一溃决，水库无一垮坝，成功避免诏安、长泰、福州高新区、漳州开发区等地受淹，累计减免洪灾损失13.88亿元。

【水利资金投入】 2016年，福建省完成水利投资373.5亿元，超额完成年度370亿元目标任务，比上年增长12%。争取中央资金补助118亿元，比上年翻一番；其中中央预算内和财政专项资金32.59亿元、国家专项建设基金85.4亿元。水利PPP工作取得新进展，省水投集团与11个市县政府签订水利水务项目PPP合作框架协议，投资总规模452亿元，比上年翻一番。

【水利项目规划】 2016年，福建省完成全省“十三五”水利建设专项规划、水利发展“十三五”规划、治涝规划、小型水库建设实施方案、边海防地区水利建设专项规划、加快灾后水利薄弱环节建设实施方案等6项规划。启动全省河道岸线和河岸生态保护蓝线规划、国家生态文明试验区（福建）水利总体规划等。围绕《国家生态文明试验区（福建）实施方案》，与省发改委等部门研究起草十大治水行动计划，计划实施生态水系、安全水堤、丰沛水塔、美丽水景、放心饮水、高效节水“六大工程”；创新刚性约束、流域管理、治水投入、司法保护“四大机制”，力争到2020年在推进水治理体系和水管理能力现代化方面走在全国前列。

【水利基建】 2016年，福建省在全省开展重大水利项目攻坚突击战，省水利厅组织1790人次，深入84个县市区，实地察看项目2567个次，现场召开会议982场次，推进468个重大水利项目。全年新开工项目161个、基本完工项目65个，完成投资274亿元，超额完成省定任务，比上年增长21%。7个中央立项项目进展顺利，长泰枋洋水利枢纽累计完成投资16.61亿元，占总投资的72.2%；金门供水大陆段具备通水条件；罗源霍口、一闸三线、平潭防洪防潮等三大工程如期开工建设；泉州白濑水库前期工作实现重大突破，可研报告委托评估；宁德上白石水库涉及的国家自然保护区调整、PPP试点方案通过评审，可研初稿基本完成。

【农村水利水电】 2016年，福建省农村饮水安全巩固提升完成投资1.78亿元，解决国家建档立卡贫困村382个、贫困户2625户、贫困人口1.05万人，完成207个乡镇301个村饮水安全巩固提升工程建设，受益人口19万人。全省农田水利基础设施建设完成投资11.2亿元，完成2015年度37个小型农田水利重点县（项目县）建设，8个新增高效节水灌溉项目县、5个重点中型灌区、

8个一般中型灌区节水配套改造及个小型灌区建设。全省新增恢复灌溉面积0.62万公顷，发展节水灌溉面积5.09万公顷，新增高效节水灌溉面积0.54万公顷，农田灌溉水有效利用系数提高到0.537。探索小水电生态修复模式，退出老旧水电站30座，恢复、改善河流生态19条54千米。冬春修水利建设完成投资64.93亿元，投入劳力14159.15万工日，完成土石方13374.4万立方米，修复水利工程水毁8013处。

【水利扶贫开发】 2016年，福建省23个省级扶贫开发重点县安排省级及以上水利建设资金20.09亿元，占全省补助总量52.29亿元的38.43%；推进23个扶贫开发重点县115个重大水利项目建设，总投资43.8亿元；解决国家建档立卡382个贫困村、2625户贫困户、1.05万贫困人口饮水安全问题和5.36万人饮水安全巩固提升；实施13个县小型农田水利重点县（项目县）建设，完成投资3.47亿元；完成水土流失治理面积超过460平方千米；26个安全生态水系建设项目有序推进。

【安全生态水系治理】 2016年，福建省72个安全生态水系治理项目主体工程基本完成，共治理河流长度537千米，涌现出莆田延寿溪、宁德霍童溪、永春桃溪等一批生态治水亮点。

【水利管理】 2016年，福建省突出“五江一溪”防洪工程建设，推进中小河流治理和常态化水库除险加固。其中9个中小河流治理重点县建设累计投资18.3亿元，累计治理河流长度324.85千米；投资2.1亿元，完成除险加固小型水库111座；投资4亿元，强化加强海堤59千米；投资1.1亿元，用于公益性水利工程维修养护项目。强化水库大坝安全管理，分级落实并公布全省3663座水库安全责任人名单。水库大坝管理平台（一期）上线运行。规范水利建设市场信用管理。组织开展水利安全生产检查、巡查、督查和专项整治；部省组织开展水利稽查10批次，现场抽查33个县、90个水利项目。

【水资源管理】 2016年，福建省最严格水资源管理制度考核工作全面完成，用水总量控制、纳污总量控制、用水效率控制“三条红线”落到实处，“一条岸线、三条蓝线”划定工作全面启动。河长制不断推进，首次纳入省政府绩效考评，各级河长治河力度不断加大，组织开展涉河安全专项执法检查，流域水质向好转优，水环境明显改善。水利风景区建设取得新突破，全省共创建省级以上水利风景区22个，其中国家级4个；在全国率先编制《福建省水利风景资源评价标准》，并通过专家审定。

【依法治水】 2016年，福建省各级水行政主管部门巡查河道120208千米，出动执法人员39657次，执法车辆11125辆次、执法船舶4752艘次，查处河道采砂、河道清障、涉河工程违法建设、破坏水工程等4类案件382件，查扣非法采运砂船舶72艘，行政处罚1207万元，其中河道采砂刑事立案36件，有4人被判处3年以上有期徒刑。开展水土保持监督检查2149次，处理水保违规（法）案件26件。水利规费征收落到实处。全省共征收水资源费5.2亿元，其中省级征收1.81亿元。建立河道采砂资料库，核发采砂许可证384本，许可采砂量368.56万立方米。

【水利科技创新平台建设】 2016年，福建省加强福清渔溪警地共建水利科研试验基地建设，完成福建省水工程水动力研究中心九龙江分中心的建设任务，并依托研究中心和基地开展“福建九龙江感潮区涉河工程破坏机理及其影响”“射水法第四代造墙机”和“水体增氧爆气”等12个科研专项的实验与研究。组织8个水资源保护水生态修复科技示范工程建设，推广应用水生态修复先进适用技术（产品），筛选并公布15项水利先进适用技术（产品）。组织并完成2015年度福建省水利科学技术成果评审，评选出水利科学技术进步奖14项，其中一等奖2项、二等奖3项、三等奖9项；获得福建省科技进步奖4项。

【水利交流合作】 2016年，福建省水利厅会同省民革在泉州市举办第八届海峡论坛——两岸农田水利建设交流会，推进泉州市水利学会与中华农业暨水利事业发展协会签订农田水利交流合作协议，台湾130多名基层民众参观泉州市农田水利设施和生态水系治理现场，组织完成赴古巴、阿根廷、巴西开展水利、农业、经贸和援外人才培训交流；赴南非、马达加斯加磋商水土保持技术；赴捷克、匈牙利磋商水利建设与管理相关技术；赴澳大利亚、印度尼西亚磋商水土保持技术；利用中欧水资源论坛平台，同丹麦、比利时等国家开展水资源管理、污水处理和洪水控制等技术交流。

【水利改革】 2016年，福建省出台农田水利和农村饮水安全工程建后管护、农民用水合作组织创新发展等3个指导意见，全省69个任务县全部制定农田水利工程管理实施细则，923个乡镇水利工作站标准化建设全面完成。行政审批改革和“放管服”工作推进，调整整合省级水行政审批事项9项，落实行政监督检查“双随机一公开”制度。水投集团深化改革发展实现阶段目标，资产总额达85亿元，净资产超53亿元，股改上市工作启动。

（薛有浩）

编辑：郑 菜

福建年鉴 FUJIAN YEARBOOK 2017

工业

综　述

【工业生产】　2016年，福建省工业经济运行稳中趋缓，总量继续扩大。全年累计实现规模以上工业增加值10644.8亿元，规模以上工业增加值总量突破1.1万亿元，比上年增长7.6%，增速高于全国平均水平1.6个百分点，居全国第11位。

主要经济类型企业增长不平衡。全年全省规模以上股份制企业实现工业增加值6342.95亿元，增长9.1%，增速高于全省平均水平1.5个百分点；外商及港澳台投资企业实现增加值3764.28亿元，增长5.1%，增速低于全省平均水平2.5个百分点；集体企业、股份合作企业以及其他经济类型企业分别增长1.7%、12.3%、8%，国有及国有控股企业下降0.4%。

近九成工业大类行业保持增长。全年全省规模以上轻、重工业增加值分别为5601.97亿元、5042.82亿元，增长7.2%和8%。38个工业大类行业有34个行业实现正增长，行业数占89.5%，其中化纤（22.2%）、金属制品（19.9%）、仪器仪表（15.7%）、石油加工（13.7%）、纺织业（13.3%）、电气机械（12%）、有色金属冶炼加工（10.9%）、计算机通信电子设备（10.6%）、汽车（10%）等15个行业实现两位数增长；纺织服装服饰（5.2%）、皮革毛皮制鞋（4.6%）、黑色金属冶炼压延加工（4%）、化学原料制品（1.3%）等19个行业保持增长但增速低于10%；电力热力（－0.3%）、煤炭开采（－2.9%）、铁路船舶运输设备制造行业（－10.1%）、烟草（－10.7%）等4个行业出现负增长。2016年，全省三大主导产业完成工业增加值3744.42亿元，增长10%，高于全省规模工业平均水平2.4个百分点，其中电子产业完成增加值777.02亿元，增长10.6%，机械产业完成增加值1754.08亿元，增长11%，石化产业完成增加值1213.32亿元，增长8.6%。

多数地区实现稳定增长。2016年，全省九市一区中除厦门、平潭外，其余8个设区市规模以上工业增加值增速均在7.2%～8.2%之间，其中莆田、宁德工业增加值均增长8.2%，高于全省平均0.6个百分点；漳州、泉州、福州分别增长8.1%、7.7%、7.7%；三明、龙岩、南平分别增长7.5%、7.4%、7.2%，增速分别低于全省平均水平0.1个、0.2个、0.4个百分点；厦门增长5.4%，低于全省平均水平2.2个百分点；平潭综合实验区下降21.9%。工业总量居全省前列的泉州、福州、漳州、厦门市全年分别实现规模以上工业增加值2907.74亿元、1954.32亿元、1310.50亿元、1266.38亿元，占全省比重70%，对全省工业起主要支撑作用。

产销衔接有所改善，工业出口低位回升。2016年，全省规模以上工业实现销售产值43140.17亿元，增长7.6%，低于同期产值增速0.9个百分点；累计产销率96.52%，下降0.23个百分点，较上半年、前三季度分别提高0.79个、0.35个百分点。全年规模工业出口交货值7322.72亿元，增长4.1%，增速较上年增加2.3个百分点，规模工业出口交货值占销售产值的17%，较上年下降0.6个百分点。分行业看，在出口交货值前10位的工业大类行业中，仅纺织业（17.4%）、农副食品加工业（11.7%）两个行业累计出口实现两位数增长；纺织服装服饰业（5.7%）、皮革毛皮羽毛制鞋业（4.2%）、文教工美体育和娱乐用品制造业（2.5%）、食品制造业（1.7%）、电气机械器材制造业（0.5%）等5个行业出口个位数增长；橡胶塑料制品业（－3.4%）、非金属矿物制品业（－2.1%）、计算机通信和其他电子设备制造业（－2.5%）等3个行业出口呈现不同程度下滑。

运行质量效益持续向好，企业利润较快增长。2016年，全省规模以上工业经济效益综合指数287.65点，比上年提高18.61点，创历史新高，其中全员劳动生产率27.52万元/人，增加2.55万元/人；流动资产周转率2.84次，提高0.02次；资产负债率52.29%，增加0.89个百分点。全年全省规模工业企业主营业务收入42537.24亿元，增长7.4%。受工业品价格回升、福建省持续实施稳增长、降本增效等政策作用及石油加工、钢铁等行业利润大幅增长拉动，全省工业利润保持较快增长，全年全省规模以上企业利润总额2889.26亿元，增长22.4%，比上年提高15.8个百分点。38个工业大类行业除煤炭开采业外其他行业均实现盈利，有27个行业利润增长，其中黑色金属冶炼压延加工增长10.6倍、石油加工2.03倍、计算机通信电子设备78.8%、化纤42.1%、汽车28.3%、食品制造18.9%、纺织15.3%。企业亏损面下降，"两金"占用处于正常水平，12月末，全省工业企业亏损面7%，比9月末下降1.2个百分点；企业产成品和应收账款两项资金5643.9亿元，增长6.7%，其中产成品库存增长0.4%。

煤电油运保障有力，工业用电持续回升。2016年，全省全社会发电量、用电量分别为2004.6亿千瓦时、1968.58亿千瓦时，分别增长6.5%、6.3%；工业用电量1273.8亿千瓦时，增长4.4%，其中制造业用电增长5.4%，制造业十大用电行业中，交通运输和电气电子、金属制品、橡胶塑料、食品饮料、黑色金属冶炼压延加工等分别增长18.2%、15.4%、7.1%、6.3%、6.3%，化学原料化学制品制造、有色金属冶炼压延加工分别下降3.4%、0.7%。截至12月31日，全省主力燃煤电厂电煤库存296万吨，可供满负荷发电15天；两大集团福建企业成品油库存31.41万吨，其中汽油20.13万吨，可销售23.1天，柴油11.28万吨，可销售10.4天。货物运输稳中有升，全年福建省货运量累计完成12亿吨，增长8.4%，其中公路货运完成8.58亿吨，增长7.5%；水路3.17亿吨，增长11.4%；铁路2918万吨，由上年负增长17.1%转为实现正增长3.5%。

（林文龙）

【工业投资】 2016年，福建省工业固定资产投资7818亿元，比上年增长7.3%；工业投资占全省固定资产投资比重33.8%。各设区市中，莆田、泉州、福州、厦门、漳州增速高于全省平均水平，分别增长26%、18%、13%、12.2%、8.5%；龙岩增长5.4%；宁德、南平、三明分别比上年下降14.4%、10.3%、0.6%。

制造业完成投资6454.6亿元，增长5.8%，占工业投资比重82.6%；电力、燃气及水的生产和供应业完成投资1143.9亿元，增长25.9%；采矿业完成投资219.5亿元，下降21%。31个制造业分行业中，18个行业投资实现正增长，增幅超过30%的行业有造纸及纸制品业、医药制造业、计算机通信和其他电子设备制造业、金属制品机械和设备修理业，分别增长35.7%、36.4%、79%、175.6%。石化、机械、电子三大主导产业累计完成投资2710.3亿元，增长11.5%，其中电子信息业完成投资729.8亿元，增长79%；石化工业完成投资835.7亿元，增长4.9%；机械工业完成投资1144.8亿元，下降6.6%。轻工、纺织、建材和冶金（含采选）工业分别完成投资2329亿元、773.9亿元、556.4亿元和304.2亿元，分别增长0.9%、6.3%、−4.1%、−4.2%。

全年完成技术改造投资5075.8亿元，增长8.8%，较工业投资高1.5个百分点，占工业投资比重64.9%。滚动实施省级重点技改项目759个、总投资2948亿元。新建投资完成2742.1亿元，增长4.5%。

福建省民间投资完成6403.6亿元，增长10.4%，占福建省工业投资比重81.9%。外商投资企业完成投资631.9亿元，下降2.1%，占福建省工业投资比重8.1%，其中港澳台商企业完成投资422.3亿元，增长7.5%；外资企业完成投资209.6亿元，下降17.1%。国有单位完成投资782.4亿元，下降7.3%，占福建省工业投资比重10%。

2016年，福建省工业投资到位资金7325.4亿元，增长2.6%。其中企业自筹资金到位6260.3亿元，增长0.2%，占全年资金来源的85.5%，比上年低两个百分点；国内贷款665.7亿元，增长19.9%，占全年资金来源的9.1%，比上年高1.3个百分点；利用外资36.6亿元，下降28.9%。

（黄宇）

石化工业

【概况】 2016年，福建省石化行业累计实现产值3099.4亿元，比上年增长7.9%，实现增加值701.37亿元，增长7.5%。实现利润总额200.55亿元，增长99.6%，累计出口交货值166.77亿元，增长7.2%；累计产销率93.02%，比上年下降5%。全行业亏损企业的亏损总额29.14亿元，下降33.4%。主要产能中，炼油能力2600万吨/年，乙烯产能110万吨/年，对二甲苯（PX）产能230万吨/年。产值方面，超百亿元企业两家，分别是福建联合石油化工有限公司（415.14亿元）、中化泉州石化有限公司（417.95亿元）。

【石化产品产量】 2016年，福建省石化工业业主要产品产量为：原油加工量2085.9万吨，占全国原油总加工量的3.9%，排名第8位；乙烯（非商品）110.01万吨，占全国总产量的6.2%，排名第10位；合成纤维聚合物产量124万吨，占全国总产量的7.5%，排名第3位。汽油394.12万吨，柴油408.70万吨，煤油359.34万吨；纯苯45.18万吨，LIDPE 33.21万吨，LDPE 4.30万吨，HDPE 11.29万吨，PP 110万吨，PS 1.66万吨，PX 72.17万吨，PTA 25.0万吨，EG 47.79万吨，聚酯80.42万吨，己内酰胺24.45万吨，1,4-丁二醇3.55万吨，环氧丙烷1.44万吨，烧碱（折100%）36.65万吨，盐酸（含量31%）15.22万吨，硫酸（折100%）187.46万吨，浓硝酸（折100%）7.57万吨，磷酸（含量85%）16.95万吨，合成氨（无水氨）81.80万吨，尿素（折含氮100%实物）10.08万吨，农药原药（折有效成分100%）3.18万吨，涂料79.43万吨，活性炭12.56万吨，丁苯橡胶8.07万吨，橡胶轮胎外胎3694.74万条，其中子午线轮胎外胎 1934.32 万条。

【石化行业分布】 2016 年，福建省精炼石油产品制造业产值 1002.6 亿元，比上年增长 3.9%，其中原油加工及石油制品制造业产值 994.34 亿元，增长 3.9%；基础化学原料制造业累计产值 423.82 亿元，比上年下降 6.0%；肥料制造业产值 89.78 亿元，下降 2.3%；合成材料制造实现产值 396.06 亿元，增长 30.9%，其中合成纤维单（聚合）体制造产值 113.84 亿元，增长 26.8%；橡胶制品业产值 295.91 亿元，增长 13.3%，其中轮胎制造业产值 187.07 亿元，增长 11.1%。

【石化产业链建设】 2016 年，随着重点项目的建成投产，福建省以炼化一体化项目为龙头往下游延伸的石化产业链进一步完善。中景石化 35 万吨/年聚丙烯项目投入，加强了丙烯—聚丙烯—塑料制品加工、建材、包装材料、农膜等产业链；福建钟山化工有限公司 EO 下游精细化学品项目（一期）的投产，延伸了福建联合石油化工有限公司 EO/EG 的下游产业链；福建省清流县东莹化工有限公司环保型制冷剂五氟乙烷（HFC－125）项目的投产，延伸了福建省氟化工产业链，实现氟化工产品高品质化。

（王龙平）

机械工业

【概况】 至 2016 年末，福建省拥有规模以上机械工业（含汽车、船舶，下同）企业 3166 家，其中大中型企业 513 家；拥有总资产 5327.39 亿元，从业人员 68.88 万人。全年全行业实现工业增加值 1754.08 亿元，比上年增长 11%，占全省工业的 15.9%；完成工业总产值 7210.06 亿元，增长 10.7%；完成工业销售产值 6951.33 亿元，增长 10.7%，产销率为 96.4%；完成出口交货值 1277.95 亿元，增长 1%，产品出口率为 18.4%；实现主营业务收入 6802.94 亿元，增长 10.3%；实现利润总额 490.43 亿元，增长 21%，其中主营活动利润 478.12 亿元，增长 23.6%，主营活动利润率 7%，比上年提高 0.8 个百分点。在重点监控的 27 种主要机械产品中，环境污染防治设备、机床、压实机械、汽车、摩托车、轴承、民用钢质船舶等 13 种产品产量呈现增长态势，而挖掘机、电动机、泵、低压开关板等 14 种产品产量则出现不同程度下降，其中：汽车产量 220171 辆，比上年增长 15.2%；民用钢质船舶 93.5 万载重吨，增长 1.9%；装载机 16286 台，增长 4.6%。

2016 年，福清江阴千亿新材料化工片区初具规模　　（福清市政府供稿）

【技改投资】 2016 年，福建省机械工业累计完成固定资产投资 1144.8 亿元，比上年下降 6.6%。主要分行业中，专用设备制造业、铁路、船舶、航空航天等制造业、仪器仪表制造业以及金属制品、机械和设备修理业完成固定资产投资分别比上年增长 5.7%、2.4%、8.4%和 175.6%，而专用设备制造业、汽车制造业等分行业则出现不同程度下降。全年全省机械装备工业列入省重点技术改造项目 141 个，总投资 384.34 亿元，年内大部分项目进展顺利，其中马尾船政（连江）海洋工程装备及特种船舶项目一期、东南（福建）汽车工业有限公司乘用车（DX3）技术改造项目、福建海山机械股份有限公司特种作业车研发与制造项目、福建奔驰汽车工业有限公司 VS20 多功能乘用车项目等实现投产。漳州正兴车轮公司的“商用车铝合金车轮智能制造新模式应用”和莆田威诺公司的“威诺高档数控机床智能制造工厂关键技术开发及集成应用”被列入工信部和财政部“2016 年智能制造综合标准化与新模式应用项目名单”，并获得专项资金补助；东南（福建）汽车工业有限公司的东南汽车智能化车间和华安正兴车轮有限公司的铝合金车轮数字化制造车间的开发与试点示范建设项目被省经信委列为 2016 年省级智能制造资金补助项目（智能制造样板工厂（车间）示范应用）。

【技术创新】 2016 年，经由福建省经信委组织认定为全省首台（套）重大技术装备（含智能制造装备）的产品有 3 种，其中福建侨龙专用汽车有限公司 QLLY－3000－15－B 工程履带式大流量液压移动泵站被认定为省内首台（套）重大技术装备，厦门厦工中铁重型机械有限公司 CTE 6450 复合式土压平衡式盾构机、福建海山机械股份有限公司 HSWE12×4 全地形智能挖掘机被认定为省内首台智能制造装备。另外，福建龙净环保股份有限公司和福建龙净脱硫脱硝工厂有限公司申报的“干法烟气脱硫除尘脱汞一体化装备”（福建华电永安发电有限公司＃7、8锅炉脱硫系统改造总承包）等3个项目被工信部等列入“2016年首台（套）重大技术装备保险补偿试点工作补助项目名单”，实现福建省在该项目上“零”的突破。福建省船舶工业集团有限公司的深海采矿船船型开发项目和马尾造船股份有限公司的深海采矿船关键设备安装和总装联调技术研究项目分别获得工信部和财政部的联合立项，并获得资金支持。福建龙净环保股份有限公司被工信部和财政部列入国家技术创新示范企业名单，其研制的“WBE型湿式电除尘器”通过工信部科技成果鉴定，该产品是福建省首个通过工信部组织鉴定的重大技术装备。天一同益电气股份有限公司技术中心、福州明芳汽车部件工业有限公司技术中心、厦门东亚机械有限公司技术中心等3个机械工业企业技术中心被确认为第二十批福建省省级企业技术中心，全省机械工业省级企业技术中心增至92个（占全省省级企业技术中心总数的20.7％），其中国家认定企业技术中心6个。

（陈丽香）

汽车工业

【概况】 截至2016年，福建省拥有规模以上汽车及汽车零部件生产企业376家，从业人员10.78万人，其中整车生产企业8家，低速载货汽车生产企业6家，专用车生产企业25家（已准入）。全年全行业完成工业总产值1230.07亿元，比上年增长12％；完成工业销售产值1178.75亿元，增长11％，产销率为95.8％，比上年低0.4个百分点；完成出口交货值128.8亿元，比上年下降1.5％，产品出口率10.9％。全年汽车产量22万辆，增长15.2％，其中轿车1.59万辆，下降62.1％；多功能乘用车（MPV）1.3万辆，增长40.6％；交叉型乘用车0.3万辆，下降71.2％；运动型多用途乘用车（SUV）9.77万辆，增长2.16倍；客车6.52万辆，下降14.1％；载货汽车2.52万辆，增长15.3％；改装汽车产量1.14万辆，下降8.7％；低速载货汽车1.7万辆，增长219.5％；汽车零配件772.46亿元，增长10.4％。全年全行业实现主营业务收入1158.51亿元，比上年增长9.9％；实现利润86.02亿元，增长28.3％，主营业务收入利润率为7.4％，比上年高1个百分点。

【重点项目开发】 2016年，福建金龙汽车完成30个系列近200款新产品开发，完成新材料、新技术研发40项，推出业内首辆插电式混合动力车的自主ISG插电式混合动力客车，金旅纯电全铝客车在世界客车博览会中获“最佳生态客车”大奖；东南汽车首款省内正向研发的SUV车型DX7于7月上市后，成为东南汽车的支柱车型，占总销量的80％，推动东南汽车扭亏为盈，DX3于11月提前量产上市；新龙马11月推出首款SUV产品启腾V60，进入国内汽车产业热门的SUV细分市场，推动新龙马微客、MPV到SUV的全面产品布局及产品升级；福建奔驰V－Class车型于3月提前上市，这款专门为满足中国客户需求而打造的高端商务车，是奔驰首次将乘用车的设计应用到豪华MPV上，其第二款换代车型新威霆于9月上市；龙马环卫研发的全天候洗扫作业新品——FLM5162TXSD5型洗扫车下线并投放市场，该产品填补了中国全天候洗扫作业产品的空白；福建侨龙专用汽车有限公司的QLLY－3000－15－B工程履带式大流量液压移动泵站被省经信委认定为省内首台（套）重大技术装备。

【资产重组】 2016年6月，福建福汽集团与北汽集团签订股权转让协议，将福建奔驰汽车公司35％的股权转让给北汽集团。减持后，福汽集团持有福建奔驰15％股权，福汽集团不再对福建奔驰汽车公司进行运营管理，董事长由北汽集团董事长兼任。新龙马汽车公司引入国能电动公司和北京国研互通投资管理有限公司（简称“国研投资公司”）两大股东，于2016年8月完成重组交接，2017年1月完成股权变更。重组后，福汽集团由之前持股50.95％降为20％（减持股权30.95％），龙岩市属国有企业龙岩市龙马汽车工业有限公司由之前持股48.15％降为12.85％（减持股权35.30％）；国能电动公司和国研投资公司采用现金购买的方式，受让新龙马汽车公司65％的股权。

（陈丽香）

船舶工业

【概况】 2016年，福建省规模以上造船企业完成船舶制造467艘，修船2299艘，新接订单507艘，合同金额73亿元，手持订单532艘，合同金额309亿元；全年完成工业总产值176亿元，实现产品销售收入140亿元，实现利润0.7亿元，完成出口产值60.4亿元。

【船舶业务分布】 2016年，福建省船舶业务主要有造船业务、修船业务和游艇业务三大类。其中造船业务方面，省船舶工业集团公司完成63.4亿元；福州地区完成13.6亿元；福安地区完成44.2亿元；龙海地区完成18.5亿元；漳州地区完成9.4亿元；白马经济开发区完成4.8亿元。

修船业务方面，省船舶工业集团公司修理船舶42艘，完成1727万元；福州地区修理船舶728艘，完成5.2亿元；白马经济开发区修理船舶14艘，完成0.4亿元。此外，福安地区、龙海地区、漳州地区在修船业务方面也取得较好业绩。游艇业务方面，全年游艇帆船制造业完成产值20多亿元。

【福建省船舶工业集团有限公司】 福建省船舶工业集团有限公司（简称福船集团）组建于1982年，是一家以船舶及海洋工程装备修造、木材加工及木竹制造、新能源装备制造及现代服务三大产业板块为主，配套设计研发、销售贸易、林业金融、融资租赁、技工培训、钢结构制作、地产物业等多功能制造业的实体，注册资本8亿元，年造船能力300万载重吨，木材加工能力100万立方米，产业工人2万多人。集团骨干企业有：福建船政重工股份有限公司、马尾造船股份有限公司、厦船重工股份有限公司、东南造船有限公司、船政海外发展有限公司、福船海洋工程技术研究院、福宁船舶重工有限公司、省船舶技校，省林业投资公司、福人集团有限公司，福建福船投资有限公司、福船一帆新能源有限公司、中铁福船海洋工程有限公司、福建海上风电运维服务有限公司等。船舶板块主要产品有：227M深海采矿船、84M双体半潜多用途移动平台、高端客滚船、350英尺自升式平台、海上风电一体化作业移动平台、2100－8500CARS汽车运输船、敷缆船、70－89M电力推进平台供应船、33－105M系列海洋工程多用途工作船、远洋渔船、军工船舶以及各系列集装箱船、散货船、油船等，产品出口到英国、西班牙、德国、荷兰、瑞典、丹麦、挪威、希腊、美国、澳大利亚、新加坡、马来西亚等20多个国家或地区。林业板块核心产品有："福人"牌中高密度纤维板、刨花板、强化木地板等，是中国名牌产品、国家银质奖、国家免检产品，"福人"商标被认定为中国驰名商标。风电新能源板块拥有两艘国内最先进、投资额最高的海上风电安装船，以及省内规模最大的海上风电钢构制造基地。"十二五"期间，集团资产总额从2010年的66亿元增长到2015年的198.12亿元，连续6年保持国资系统经营业绩考核A类等级，工业总产值突破100亿元，出口创汇11.07亿美元。

2016年，福船集团风电产业链建设取得重大突破。成立中铁福船海洋工程公司、运维公司，完成风电研发中心、福船一帆重组，国内最先进投资额最高的海上风电安装船出坞，全产业布局架构和实体基本成型，并获得国开基金8.41亿元资本金支持，为集团公司产业转型升级奠定坚实基础。全年新接生效订单40艘，合同金额5.55亿美元，增长89%；厦船重工承接1＋1艘高端客滚船，在产品转型上取得突破；马尾造船承接3艘拖船，实现装备高新船舶订单的新突破。

2016年，福人集团完成人造板产销28万立方米，营业收入突破10亿元，均创历史新高。同时引进中铁大桥局、三峡新能源等中央企业，以及一帆重工、永福电力、福为投资等优势民营企业，集团公司发展混合所有制经济取得新成果。

（马　川）

冶金工业

【概况】　截至2016年底，福建省拥有规模以上冶金工业企业594家，其中大中型企业78家（大型20家）。全年完成规模以上工业总产值3609.8亿元，比上年增长8.2%，其中钢铁工业1939亿元，增长6.96%；有色工业1670.8亿元，增长9.7%。完成出口交货值115.6亿元，增长28.0%，其中钢铁工业30.9亿元，增长52.9%；有色工业84.6亿元，增长20.8%。实现主营业务收入3332.8亿元，增长6.6%，其中钢铁工业1778.3亿元，增长4.3%；有色工业1554.5亿元，增长9.4%。实现利税178.7亿元，增长34.9%，其中钢铁工业113.75亿元，增长95.6%；有色工业64.93亿元，比上年下降12.6%。实现利润105亿元，增长89.5%，其中钢铁工业69.4亿元，增长789.7%；有色工业35.6亿元，下降25.2%。全年累计产销率94.5%，下降0.1%，其中钢铁工业94.1%，下降1.6%；有色工业94.5%，增长1.5%。

全年完成主要产品产量如下：钢1516.8万吨，下降4.4%；钢材2859.6万吨，增长0.5%；生铁980.4万吨，增长0.1%；铁矿石原矿1776.7万吨，增长3.3%；铁合金27.9万吨，下降21.4%；电解铝12.4万吨，下降8.3%；铝材167.5万吨，增长7.5%；电解铜32.99万吨，增长21.1%；铜材21.3万吨，增长16.0%；钨及化合物2.2万吨，下降7.6%；细钨丝70.32亿米，增长7.4%；黄金76.8吨，增长7.8%；稀土冶炼分离2037.6吨，下降18.3%。

【冶金优势产品】　2016年，福建省冶金优势产品继续保持在国内的重要地位，不锈钢、钨及化合物、钨加工材、黄金等产品分别名列全国第一、第三，产量分别名列第一和第三。不锈钢产量约占全国的25%，钨丝产销量占全国70%，钨品出口名列全国第一。三钢集团位列"中国制造业企业500强"第261位，"中国企业500强"第499位，在2016年中国钢铁企业综合竞争力评级报告中获"竞争力优强"级别；紫金矿业集团股份公司是全国最大的矿山企业，列2016年度中国500强企业的第188位，黄金产量占全国10%；厦门钨业股份公司为全球最大的钨品生产企业，国务院批准的全国六大稀土集团之一，也是唯一拥有矿山开采、冶炼、加工、应用产品生产及研发完整钨产业链的钨企业，钨品出口全国第一；福建青拓集团2016年生产不锈钢393万吨，实现产值523亿元，为全国第二大不锈钢生产企业。

【冶金行业技术进步】　2016年，福建省三钢集团开发SWRH82B新钢种（高碳低磷钢），"高炉炉顶煤气余压、烧结余能蒸汽联合发电机组技术开发与应用"项目获2016年福建省科学技术奖三等奖；厦钨金鹭公司GESAC牌硬质合金（混合料及制品）获"福建省名牌产品"称号，厦钨三明金明稀土公司"年产10000吨锂离子正极材料建设项目"获2016年第二批国家专项建设基金1500万元，厦门金鹭特种合金有限公司牵头起草的国家标准GB/T 26725－2011《超细碳化钨粉》获国家质量监督检验检疫总局和国家标准化管理委员会

2016 年，长汀金龙稀土有限公司生产车间　（长汀县政府办供稿）

联合评定的“2016 年中国标准创新贡献奖”三等奖，厦门金鹭一项发明专利“一种节能型草酸钴连续生产四氧化三钴的方法及装置（专利号：ZL200610043776.7）”获中国专利优秀奖；紫金铜业成为国家工业产品生态设计首批试点企业，福建紫金铜业被认定为 2016 年福建省高新技术企业；南平铝业公司连续 12 年获中国有色金属产品实物质量金杯奖，南铝公司完成的“超高冶金质量铝镁硅合金制造关键技术及产业化”技术成果获省科学进步一等奖。

【稀土产业】　2016 年，全福建省稀土方面主要围绕持续开展稀土秩序整治、强化稀土行业监管力度、引导稀土高值利用、推进稀土枯竭资源接续申报等方面开展全产业链管理工作。督促并协助厦钨做好稀土枯竭资源接续申报准备工作，加快开展资源异地接续工作，满足厦钨稀土产业后续发展的资源需求。按照工信部等部门要求组织开展打击稀土违法违规行为专项行动，对列入专项行动重点核查的 7 家稀土企业进行自查和核查；整顿稀土秩序，全省查处 19 个非法开采生产点。执行稀土生产总量控制，定期检查企业生产计划执行情况；开展稀土产品追溯体系建设，督促企业按照工信部要求的进度推进，强化稀土行业全过程监管，实现稀土全产业链、多维度监管。引导长汀金龙稀土、宁德星宇科技等企业加强稀土高附加值深加工项目策划储备，申报“中国制造2025”新材料领域项目，扩大高端应用产业规模。

推进龙岩市、三明市两个稀土工业园建设。龙岩市稀土工业园 2016 年实现稀土产值约 20 亿元，至年底有 9 个项目在建设中；三明稀土工业园稀土锂电池材料生产线二期年产 6000 吨生产线建成投产。2016 年三明稀土工业园工业总产值超过 10 亿元。

【不锈钢产业】　2016 年，福建省加快建设宁德、福州、漳州不锈钢基地和武平不锈钢工业园。宁德市不锈钢工业园拥有冶炼企业鼎信实业公司、鼎信镍业公司，压延加工企业鼎信科技、甬金科技、宏旺实业公司等，形成不锈钢冶炼、压延、加工产业链。2016 年宁德市不锈钢工业园产值超过 600 亿元。

【冶金行业规范】　2016 年，福建省开展行业准入规范条件申报和动态调整工作，促进冶金行业规范有序发展。福建金东矿业股份有限公司列入工信部符合《铅锌行业规范条件》（第三批）企业名单。对福建省三钢（集团）有限责任公司等 11 家钢铁企业、1 家焦化企业（福建省三钢（集团）有限责任公司）、1 家铁合金企业（龙岩东方硅业有限公司）等列入工信部规范（准入）公告企业进行动态复核。截至年底，福建省冶金行业有 36 家企业获得工信部规范（准入）公告，其中：钢铁行业 11 家，铁合金企业 15 家，钨行业 4 家，焦化、稀土、铸造生铁、铜冶炼、铅锌、铝行业各1 家。

（吴高信）

建材工业

【概况】　2016 年，福建省规模以上建材企业 1997 家，完成工业总产值 3440 亿元，比上年增长 10.6%，居全国第 7 位，其中建筑用石加工业实现工业总产值 840 亿元，增长 9.5%；建筑陶瓷制品制造业 613 亿元，增长 9.6%；水泥制造业 297 亿元，增长 11.2%；玻璃制造业 111 亿元，增长 2.3%。主要产品产量：水泥 8091 万吨，增长 5.0%，居全国第 16 位；花岗石板材 3.49 亿平方米，增长 0.2%，居全国第 1 位；大理石板材 7123 万平方米，增长 6.0%，居全国第 2 位；建筑陶瓷 24.6 亿平方米，增长 10.3%，居全国第 2 位；平板玻璃 5403 万重量箱，增长 4.7%，居全国第 6 位。全省建材工业完成营业收入 3332 亿元，增长 8%，其中水泥工业 281 亿元，比上年下降 0.4%；建筑陶瓷行业 592 亿元，增长 9%；石材行业 811 亿元，增长 7.4%；玻璃行业 130 亿元，增长 6.8%。全省建材工业全行业实现利润 230 亿元，增长 13.7%，其中玻璃行业 44.5 亿元，增长 33.1%；石材行业 58.9 亿元，增长 6.1%；建筑陶瓷行业 47 亿元，增长 0.4%；水泥行业亏损 1.56 亿元。全行业资产总额 2327 亿元，从业人员 34.39 万人。

【建材产业布局】　2016 年，福建省石材工业产值、产量、出口量均居全国第 1 位，主要分布在泉州，以南安为主，形成规模大、专业化程度高、产业特色明显、在国内外市场有影响力的闽南石材产业集群。福建省作为传统陶瓷产区之一，是全国最大的外墙砖生产基地，建筑陶瓷产量居全国第2位，建筑陶瓷产业主要分布在泉州、闽清和漳州，形成泉州和闽清建筑陶瓷产业集群，漳州的长泰、南靖正成为新的陶瓷产业发展重要区域。水泥产业主要分布在龙岩和三明市，形成龙岩、三明水泥熟料生产基地。玻璃工业主要分布在福州、漳州和厦门，玻璃行业形成漳州光伏玻璃产业基地，高档汽车安全玻璃产量居全国第1位，夹层玻璃产量居全国第2位。

【建材行业技术进步】 2016年，福建省水泥工业技术装备水平达到国内先进水平，新型干法水泥比重达100%，40条日产2000吨以上熟料新型干法水泥生产线均利用生产过程排放的余热配套建设纯低温余热发电站，全部安装脱硝装置投入运行；全省首条利用水泥窑协同处理城市生活垃圾示范项目已动工建设。

浮法玻璃工业技术装备达到国际先进水平，LOW－E玻璃、TCO薄膜太阳能玻璃、超白光伏玻璃基片、汽车玻璃等产品技术处于国内领先，有的达到国际先进水平。

石材工业技术装备水平居国内先进水平，运用新技术综合利用碎石、石粉废渣生产建材产品，推动行业可持续发展。

建筑陶瓷工业应用节能减排新技术对生产线进行技术改造，推广使用LNG替代煤气作为烧成燃料，泉州市完成建筑陶瓷企业“煤改气”替代工程，闽清县41家建筑陶瓷企业的釉烧窑改用天然气，其中部分企业全面完成天然气替代，节能减排效果明显。

【建材品牌市场】 2016年，福建省石材产品占据全国50%左右的市场份额，产品销往印度、巴西、埃及、西班牙、土耳其等十多个国家，出口量占全国的50%以上；建筑陶瓷产品占据全国20%以上的市场份额。福耀玻璃工业集团股份有限公司是国内最具规模、技术水平最高的玻璃供应商，汽车玻璃销量约占国内市场的70%，约占全球市场20%，拥有“国家认定企业技术中心”、“国家技术创新示范企业”、国家级“玻璃工程研究院”、国家级“工程实践教育基地”、“博士后科研工作站”等，在福建、上海、德国、美国、日本建有产品同步设计中心；拥有数百项专利技术，其中玻璃弯曲成型钢化技术获国家技术发明二等奖，新型夹层压制成型技术及新型镀膜功能化、表面功能化、光电功能化技术水平等国际领先。漳州旗滨玻璃产品销售国内30多个省市，并远销29个国家。南安水暖行业拥有中国名牌4个、中国驰名商标7个、福建省著名商标19个、省级企业技术中心5个、省级工业设计中心3个，部分产品采用多项全球首创专利技术，关键性能指标达到国际领先水平。九牧厨卫股份有限公司获“中国驰名商标”“中国名牌”“福建省政府质量奖”等称号，并于2016年3月获第二届中国质量奖提名奖，是卫浴行业唯一获此称号的品牌。溪石集团发展有限公司是首家被认定为“中国驰名商标”的石材企业，连续10年被评为中国石材行业第一品牌。

（林丽卿）

煤炭工业

【概况】 截至2016年底，福建省在籍煤矿164处、产能1948万吨/年（含在建设计能力）。全省煤炭产量888万吨，比上年下降25.6%，其中：省能源集团公司320万吨，比上年下降18.5%；龙岩市453万吨，下降21%；三明市83万吨，下降46%；泉州市72万吨，下降10%。全年耗煤约7500万吨，减少2%，主要耗煤行业为电力、建材、化工、冶金，其中电煤消耗3960万吨，下降22%，全省燃煤电厂煤炭库存量持续保持在可供满负荷发电15天以上。

【煤炭过剩产能化解】 2016年，国家下达福建省退出煤矿30处、去产能182万吨/年，全省实际完成退出煤矿49处、去产能297万吨/年，超计划19处、产能115万吨/年。49处煤矿去产能完成情况通过省政府门户网站向社会公告。在煤炭去产能过程中，未发生群体性事件，基本实现和谐淘汰。

【煤炭行业安全生产】 2016年，福建省煤炭行业以落实省政府有关煤矿安全生产监督管理“一岗双责”和煤矿企业安全生产主体责任为重点，深化煤矿瓦

2016年，福耀集团 （福清市政府供稿）

斯防治和淘汰落后产能，加强煤矿生产能力管理，开展“煤矿安全大检查”“关闭煤矿现场检查验收”“严厉打击非法采矿”“煤矿建设项目清理”“煤矿超能力生产和落实276个工作日制度督查暗访”。全年未发生煤矿瓦斯事故，安全生产形势稳定向好。

（郑　平）

纺织工业

【概况】　2016年，福建省有纺织企业2143家，规模以上企业实现工业总产值5916.85亿元，比上年增长11.8%，其中纺织业2705.76亿元，增长13.7%；服装业2010.27亿元，增长9.3%；化纤业1151.05亿元，增长12.5%；纺织机械52.64亿元，下降2.0%。实现产销率96.2%，保持稳定态势。完成出口交货值853.56亿元，增长11.6%，其中纺织业181.12亿元，增长14.7%；服装业624.26亿元，增长11.2%；化纤业43.35亿元，增长9.5%；纺织服装机械6.15亿元，下降7.6%。全省纺织品服装出口总额215.27亿美元，下降8.42%。利润总额263.90亿元，增长8.5%，其中纺织业128.57亿元，增长15.4%；服装业131.7亿元，增长3%；化纤业39.49亿元，增长42.1%；纺织机械3.75亿元，下降9.6%。税金总额99.15亿元，下降2.2%，其中纺织业44.09亿元，与上年持平；服装业53.49亿元，下降4%；化纤业14.62元，增长19.5%；纺织机械1.61亿元，下降3%。全年完成产品产量：化纤685.21万吨，比上年增长19.1%，其中粘胶短纤24.57万吨，增长25.4%；锦纶128.37万吨，增长20.6%；涤纶504.77万吨，增长18.7%；维纶2.82万吨，增长41.1%；氨纶5.85万吨，下降2.8%；纱484.67万吨，增长10.4%；布81.6亿米，增长8.2%；印染布47.67亿米，增长13.2%；化纤长丝机织物7.73亿米，增长51.7%；无纺布37.32万吨，增长17.4%；服装40.96亿件，增长1.9%。

【纺织行业创新发展】　2016年，福建省加快化纤原料产业链延伸，锦纶产业的恒申集团、永荣控股等企业扩大锦纶6聚合、纺丝产能，产业链向前端己内酰胺（CPL）推进，恒申集团己内酰胺一期工程40万吨预期2017年内投产，永荣控股一期工程20万吨进入建设阶段；聚酯纤维金纶高纤等企业加大差别化开发力度，新建的聚酯经纬新纤、经过技术改造的山力化纤等企业新增聚酯短纤、长丝生产线逐步投产。

棉纺行业向高效自动化推进，棉纺基地的长乐长源、华源、金源等龙头企业引进先进的清梳联、高效并粗、自动络筒以及紧密纺、赛络纺等设备与装置，涤纶、粘胶以及化纤混纺纱品质和生产效率得到提高；尤溪的隆源和顺源，长汀的经纬亿来以及莆田市海峡纺织等企业新增棉纺技术改造形成高效优质生产能力。

产业用纺织品在市场疲软中快速发展，福建南纺企业新增引进高度自动化、智能化卫材水刺生产线两个项目进入实施阶段，计划2017年投入生产；纺粘、熔喷非织造布龙头企业兴泰、冠泓等公司新增的高效高性能纺粘生产线投产，冠泓公司2.4米SSS非织造新建生产线自动化及产品性能达到国际水平；天守超纤公司超纤不定岛、定岛复合纺丝生产线投入运行。

针织产业用纺织品成为发展亮点，晋江华宇织造、普斯特织造、莆田华峰工贸等企业，新增引进欧洲等国家的先进双针床经编机、电脑针织横机、大圆机以及配套后整理装备，企业成为各类面料产品与国际制鞋、服装品牌的供应商。

长丝织造行业加紧技术改造，晋江龙峰公司引进德国、瑞士、日本等国际水平喷水织机配套设备，一期、二期工程引进3000多台喷水织机，配备自动穿综机以及电子信息生产在线监控数字化管理系统，成为国内领先的化纤织造企业；晋江的三福、南方、向兴、大发以及厦门的华懋等企业成为国内长丝织造优势企业。

推进印染节能降耗清洁生产，石狮宏兴染整织造公司高起点、高标准建设新型染整示范企业，一期工程增加高性能长车染色生产线、引进国际先进定型及后整理设备、在线检测及信息化管理装置项目全面投产；晋江华宇织造公司引进低浴比高性能溢流染色机、高效定型机，配备染料助剂自动配料、自动输送系统，节能降耗水平大幅度提高；长乐东龙针纺公司染整技术改造，一期工

2016年，福建七匹狼实业股份有限公司的自动化生产车间内，最新型的智能全自动电脑绣花机已投入使用，一个工人即可操作5台机器，可以提升5～8倍的生产效率

（晋江市政府供稿）

程引进巴佐尼浴比小、高效节能、染色性能好的匀染机以及配套智能化染料、助剂自动化配送系统等投产；长乐经编产业链向染整延伸，在福清、长乐等地新建新型针织染整基地，其中在福清融侨开发区投产和部分投产的宏港、长福、羽邦等向现代化针织印染企业迈进。石狮市是福建纺织印染基地，所有印染企业使用清洁能源，撤除燃煤锅炉采用电厂直供蒸汽，并以中压蒸汽替代导热油，进行染色机低浴比，以及印染定型机废气处理余热利用等的技术改造，加大地区三大印染集控区污水处理厂的整治，提高印染清洁生产水平。

推进“智能制造”“机器换人”，百宏化纤、正麒高纤、景丰科技等化纤企业推行“机器换人”，引进全自动包装线，实现物料自动配送系统。建立信息化立体仓库，从产品络筒、包装、入库直至出货实现全自动化。纺织企业推行智能落纱小车，长乐长源、金源、金鑫等大型棉纺企业大面积铺开。石狮服装部分企业开始采用机器人替代人工铺布，节约劳动力，减轻劳动强度，提高生产效率。

（毛祚康）

消费品工业

【概况】 截至2016年底，福建省拥有规模以上消费品工业企业6894家，比上年增加266家，总资产8143亿元，增长7.7%；职工177万人，下降2.5%。全省规模以上消费品工业总产值（现价）突破1.5万亿元大关，达15476亿元，比上年（现价）增长9.3%；销售产值15095亿元，增长9.8%；实现利润977亿元，增长13.6%；实现出口交货值3252亿元，增长7.7%，其中制鞋业、水产品加工、罐头制造等13个子行业出口交货值居全国第1位，工艺美术、精制茶加工、糖果巧克力制造、黄酒制造、钟表与计时仪器制造等18个子行业出口交货值居全国第2位，家具制造和日用化学产品制造等11个子行业出口交货值居全国第3位。从分行业规模以上产值看，食品、制鞋、塑料制品、工艺美术品、造纸及纸制品分别为5389亿元、2819亿元、1397亿元、1270亿元和1071亿元，合计占全省轻工业产值的77.2%。从设区市规模以上产值看，泉州规模以上轻工业产值4901亿元，增长8.4%；漳州2449亿元，增长15.6%；福州2409亿元，增长8.9%；莆田1686亿元，增长6.2%；宁德1020亿元，增长14.0%；厦门985亿元，增长1.2%；南平833亿元，增长10.1%；三明722亿元，增长11.7%；龙岩471亿元，增长4.8%。

（刘海元）

【造纸业】 截至2016年底，福建省规模以上造纸及纸制品产业生产企业438家（其中制浆3家、造纸124家、纸制品311家），从业人员8.3万人。全年累计实现工业总产值1071亿元，比上年增长8.6 %。主营业务收入961亿元，增长9.3 %，占全国的6.5%。实现利润总额68.8亿元，增长26.7%，占全国8.2%，其中制浆0.26亿元，增长225%；造纸26.24亿元，增长97.1% ；纸制品42.3亿元，增长3.4%。实现税金总额34.01亿元，增长7.2%，其中制浆0.12亿元，增长33.3%；造纸17.16亿元，增长6.8 % ；纸制品16.73亿元，增长7.4%。

全年全省机制纸及纸板（外购原纸加工除外）产量726.99万吨，增长6.7 %，占全国产量的5.9%，按产量排序居全国第6位。总体上，2016年是全省纸业出现自2011年以来行业最景气时期。从大型优势企业看，全年产销运行数据在行业内占比越来越大，其中恒安集团销售值200亿元以上，保持行业老大的位置；联盛纸业纸和纸板产量达253万吨，超能力发挥；优兰发集团产量90.5万吨，产值44.5亿元，达到设计产能的95%；玖龙纸业（泉州）纸和纸板产量61万吨，达到设计产能的94%。

从原料结构看，全年使用纸浆约730万吨，木浆、非木浆、废纸浆占比分别为10∶4∶86，木浆和非木浆主要是纸企外购的商品纸浆板，有利于绿色环保。

从产品结构看，新闻纸停产，文化纸比重下降，包装纸和纸板产量增长12.1%，在各纸种中的比重有所上升。卫生用纸原纸产量增长11.5%；卫生用纸制品产量增长23.7%。

福建青山纸业股份有限公司在木材制浆方面取得成果，使用商品纸浆试产高档食品包装原纸，建设年产3万吨的超声波竹木制浆中试生产线。福建农林大学进行两个科研项目，即中央财政林业科技推广项目“林木三剩物预汽蒸硫酸盐木浆粕生产技术示范”和省技术联合创新项目“竹木溶解浆粕及其纤维素膜的研发与产业化”。优兰发“80%脱墨混合浆半透明纸的技术开发与应用”获福建省科技进步二等奖。“60%再生浆高透明礼品包装纸中应用的研究”获泉州市科技进步一等奖。“办公废纸脱墨技术及在低定量拷贝纸中的应用”获晋江市科技进步一等奖。

（郑宝琛）

【盐业】 2016年，福建省食盐销量（包含饲料添加剂氯化钠）383479吨，比上年减少77555吨，下降16.82%，完成预算销量72.4%。其中省内小包装食盐销量118739吨，比上年减少1904吨，完成预算销量12.70万吨的93.5%；全年全省大包装食盐（包含饲料添加剂氯化钠）销售264740吨，比上年减少75650吨。公司实现利润总额10534.56万元，比上年增加563.34万元，增长5.65%。全年完成净利润7547.16万元，比上级下达的2016年度考核指标增长26.82%。

【食盐专营】 2016年，福建省小包装食盐品种结构调整和优化取得较大进展，高附加值的福建原盐和精选自然盐销量有较大提高，已成为小包装食盐的主要盐种，占到小包装食盐销量的84%。

开拓省外市场，收集整理全国大型商品超市销售明细，与各大商品超市洽谈并签订合同；组织人员对国内重要省市开展市场调查，因地制宜制订销售方案；对网上商城进行全新改版，推出移动APP，对全国开放，针对目标市场即小商店和消费者个人进行推广与宣传。

推进与省内盐场合作，签订《合作框架协议》，开拓优质低价原盐渠道，降低生产成本；推进重点技改项目建设，各定点加工厂的技改工作按计划完成；落实省级食盐储备的建设，漳州库投入使用，福州库于2016年底完工，龙岩库年底开始施工。

盐政管理。至2016年12月，全省出动盐政行动10565次、40777人次，查获案件1481件，查获盐产品6739吨，罚款45.49万元，查获车辆47辆、私盐窝点17个，刑事立案6件、判刑4人，全省市场未出现异常情况。全省检查用盐单位（个人）16418个，查获案件306件，处理案件278件，查获盐产品4387.24吨、罚款75455元，查获车辆15辆、私盐窝点15个、刑事立案6件。

品牌建设。立足福建海盐，加强“福盐”品牌建设。完善产品包装与产品线，对小包装盐的包装进行优化设计，研发设计多款中高端“福盐”品牌产品，福建贡盐、福建天日盐、天然海晶盐等主要产品投放全省市场；完成产品追溯二维码、新产品包装、福盐商城重新设计、宣传册、宣传页设计，制版印制并开展大范围宣传。

（袁　强）

【制鞋业】　2016年，福建省规模以上制鞋企业有974家，实现工业总产值2819亿元，比上年增长5.2%；销售产值2750亿元，增长5.8%；出口交货值784亿元，增长4.7%。制鞋业主营业务收入、产量和出口交货值均连续6年居全国同行业第1位。福建省是全国最大的旅游运动鞋生产基地，安踏品牌市场占有率连续多年居全国首位，匹克连续多年蝉联中国篮球鞋市场综合占有率第1位。福建省鞋企拓展电商等多渠道多元化营销，2016年“双十一”期间，在运动鞋销售位居前10位中，国内品牌占6席，其中福建品牌占5个，分别为特步、安踏、鸿星尔克、乔丹和361度，占比为35.76%，其中安踏18小时销售量突破3亿元，安踏下半年以来电商增速维持在120%以上；特步销售额达1.6亿元，增速超过40%。匹克集团每年投入1000多万元进行信息化建设。安踏、匹克、乔丹、双驰等企业先后引进意大利、德国、日本等国家和中国台湾地区生产的自动制鞋流水线、EVA鞋底一次成型注射机等设备，部分企业引进3D打印设备、高自动化鞋帮机、立体扫描仪、电脑数控切割纸板机进行生产提升。但是，福建省大部分鞋业企业规模偏小，开发新技术和新产品能力低下，行业平台建设相对落后。

（李　军）

【工艺美术业】　2016年，福建省工艺美术业规模以上企业832家，比上年增加51家，拥有总资产511亿元，增长7.8%，平均从业人员14.85万人，下降3.5%；亏损企业27家，增加2家，亏损总额0.59亿元，增长51.3%。全省规模以上工艺美术业实现产值（现价）1270亿元，增长（现价）8.8%；销售产值1248亿元，增长8.9%；出口交货值369亿元，增长5.1%，居全国第2位；主营业务收入1217亿元，增长6.9%；利润总额76.09亿元，增长1.3%。启动第五届福建省工艺美术大师和工艺美术名人评选活动。第十一届中国（莆田）海峡工艺品博览会签订合同金额6.5亿元，增长5.3%；意向合同金额6.2亿元，增长6.1%；产品成交金额2.3亿元，增长7.3%。

仙游县被授予“世界中式古典家具之都”称号；安溪县被授予“中国藤铁工艺之都”特色区域称号。福州举办国际漆艺双年展，有8个国家（地区）、125位漆艺家的625幅作品参展。举办“寿山石回故乡”展览，从故宫博物院引进149件清代宫廷御用的寿山石精品，其中最吸引人注意的是10位帝后所用宝玺，同步展出100多件现当代寿山石雕精品。“丝路帆远——海上丝绸之路文物精品联展”在福州向公众开放，包括中国南海水下考古发掘品在内的约300件文物与观众见面。

（刘海元）

【家具行业】　2016年，福建省家具行业企业数约5300家，从业人员近40万人。实现总产值950亿元，增长8%，其中规模以上企业330家，工业总产值465亿元，增长9.4%；完成产量15123万件，增长12.1%。实现利润总额26.39亿元，增长12.5%，税金总额13.15亿元，增长3.2%。2016年，福建省家具出口有所下降，出口额34.6亿美元，下降8.7%。

全省家具生产格局保持不变，福州、厦门以生产板式（办公、民用、校用）家具为主，莆田以生产中式古典工艺家具为主，漳州、泉州以生产出口美式实木家具、钢管家具、酒店家具、软体家具为主，闽侯、安溪等地以生产竹、藤、铁工艺家具为主，三明、南平、龙岩以生产竹木制品为主。2016年古典工艺家具产值达368亿元，增长14%，规模以上工艺企业数达185家。漳州市家具行业发展较为平稳，全年家具规模以上企业总产值109.39亿元，增长20.9%；销售107.61亿元，增长20.7%；出口交货值54.14亿元，增长19.9%。闽侯、安溪县发展藤、铁工艺产业，被授予“中国藤铁工艺之乡”称号，藤、铁工艺家具产值逐年上升，闽侯县家居工艺品2016年出口值约48亿元，下降4%；安溪家居工艺品产值达94.27亿元，增长6%，电子商务发展迅猛，全年实现网上交易20多亿元，增长30%，尚卿乡、城厢镇入选“中国淘宝镇”，淘宝村增至11个，家居工艺品出口下降7.8%。三明市生产商品木材以及人造板产量均居全省之首，永安是中国竹笋之乡、中国竹子之乡和全国林业改革与发展示范区，全市拥有竹林面积6.8万公顷，2016年永安市竹产业产值达58.75亿元，拥有各类竹加工企业179家，竹加工产品400多个品种，涵盖家具家居建材工艺文化等十多个行业。

（沈洁梅）

【塑料制品加工业】 2016年，福建省规模以上塑料制品加工业企业640家，工业总产值1397亿元，增长8.0%；主营业务收入1341亿元，增长6.9%；出口交货值142亿元，增长6.8%；利润总额76亿元，增长15.9%；税金总额28亿元，下降8.1%。累计完成塑料制品产量394万吨，增长7.7%。其中，塑料薄膜产量92万吨；泡沫塑料产量4.6万吨；塑料人造革、合成革产量101万吨；日用塑料制品产量21万吨。

塑料制品加工业主要包含塑料包装、塑料管材、塑料注塑制品等行业，福州、厦门、泉州3个设区市产值占全省总量的87%。福州以塑料膜、塑料鞋、塑料管材及配件、日用制品为主，厦门以塑料包装膜、卫生洁具、改性材料、电子电器塑料和日用塑料为主，泉州以塑料鞋、鞋用材料、日用塑料制品、密胺餐具和塑料管材等为主。

福建名牌产品塑料制品行业仅有6个，占全省名牌数1%；拥有中国名牌1个。全省塑料制品销售区域比重大约为省内29%，省外59%，境外12%，在国内市场占有率4.9%。

2016年福建省塑料行业主要企业表

序号	企业名称	主要产品
1	茶花现代家居用品股份有限公司	塑料日用品
2	福建纳川管材科技股份有限公司	塑料管材
3	金冠（龙海）塑料包装有限公司	塑料包装制品
4	中国软包装集团	聚丙烯薄膜
5	亚通新材料	塑料管材
6	福建三盛集团	EVA鞋材、橡塑发泡制品

（吴维建）

日用陶瓷

【概况】 福建省日用陶瓷制造业主要集中在德化县，以生产星级酒店用瓷、家居日用餐具、厨具、茶具为主，其中茶具产量位居全国前列。2016年德化陶瓷规模以上工业产值199.5亿元，比上年增长6%，出口交货值173.6亿元，增长8.5%，其中日用陶瓷产值75亿元，增长7.3%。率先在美国、俄罗斯设立陶瓷跨境电商海外仓，有100多家企业加入阿里巴巴国际站开展跨境电商。

【陶瓷技术创新】 2016年，福建省德化县提倡生态环保节能减排，在陶瓷烧制过程中“以电代柴”，促进行业技术革新，至年底有1250家陶瓷企业使用电热窑炉。陶瓷企业机器换人步伐在加快，德化云水窑陶瓷有限公司的高压注浆机、德化协发光洋的全套自动日用瓷生产线、德化第五瓷厂引进的自动滚压生产线等，相比传统的人工生产，效率提升十多倍。

【陶瓷品牌打造】 2016年，德化县争创全省首个国家级出口陶瓷质量安全示范于年底通过考核验收。德化县入选阿里研究院公布的2016年中国跨境电商创业25佳县（市）榜单。获中国版权金奖保护奖，国家版权局与世界知识产权组织向全球推广陶瓷版权保护“德化经验”。德化恒忆是德化首家在“新三板”挂牌上市的企业，2016年获评国家知识产权优势企业。7月，五洲陶瓷获评第四批省级工业设计中心。

（叶少芬）

食品工业

【概况】 2016年，福建省规模以上食品工业企业2349家，比上年增长7.3%，全省规模以上食品工业企业总产值（不计烟草制品业）5389.49亿元，增长9.7%，增速比上年低2.3个百分点。其中，农副食品加工业总产值3020.95亿元，增长10.1%，增速低1.3个百分点；食品制造业工业总产值1442.90亿元，增长10.8%，增速低4.5个百分点；酒、饮料和精制茶制造业总产值925.64亿元，增长6.6%，增速低2.3个百分点。规模以上食品工业总产值占全省消费品工业总量的24.8%。销售产值，全省食品工业（不计烟草制品业）5262.53亿元，增长9.9%，增速低2.1个百分点。其中，农副食品加工业2947.42亿元，增长10.6%，增速低0.5个百分点；食品制造业1411.75亿元，增长11.5%，增速低3.6个百分点；酒、饮料和精制茶制造业903.37亿元，增长5.4%，增速低5个百分点。出口交货值，全省食品工业（不计烟草制品业）819.96亿元，增长13.8%，增速高4个百分点，其中，农副食品加工业605.57亿元，增长12.7%，增速高1个百分点；食品制造业194.28亿元，增长17.7%，增速高16个百分点；酒、饮料和精制茶制造业20.11亿元，增长1.5%，增速高34.4个百分点。

全年全省主要加工食品产量为：原盐12.50万吨，比上年下降39.4%；小麦粉150.77万吨，增长5.98%；大米199.32万吨，增长1.49%；饲料1416.13万吨，增长13.6%，其中，配合饲料1001.04万吨，增长17.2%，混合饲料68.38万吨，下降12.33个百分点；精制食用植物油211.04万吨，下降1.55%；成品糖0.56万吨，下降73.37%；鲜、冷藏肉87.79万吨，下降2.78%；冷冻水产品168.68万吨，增长16.58%；糖果81.46万吨，增长9.51%；速冻米面食品2.31万吨，下降1.49%；方便面13.67万吨，增长2.44%；乳制品19.06万吨，增长16.6%，其中，液体乳12.41万吨，增长23.31%，乳粉6.11万吨，增长7.6%；罐头303.18万吨，增长6.2%；酱油8.93万吨，下降24.1%；冷冻饮品0.87万吨，下降7.8%；食品添加剂14.11万吨，增长15.4%；饮料酒185.43万千升，下降4.86%；白酒（折65度，商品量）5.26万千升，下降6.0%；啤酒160.94万千升，下降5.5%；软饮料568.64万吨，增长7.7%，其中，碳酸饮料类（汽水）55.73万吨，增长5.3%，包装饮用水类256.50万吨，增长14.5%，果汁和蔬菜汁饮料类 109.78 万吨，增长 15.1%；精制茶 22.82 万吨，增长 1.55%。

列入统计的 28 类主要食品中，全省食品产量位居全国各省市前 10 位的产品分别是：糖果、罐头第 1 位；冷冻水产品第 2 位；乳粉位列第 4 位；精制茶第 5 位；配合饲料第 7 位；果汁和蔬菜汁饮料类第 8 位；饲料第 9 位。

全省进入“2016 年第十届中国品牌价值 500 强”的食品企业有：厦门银鹭食品集团有限公司、盼盼食品集团有限公司、达利食品集团、雅客（中国）有限公司、福建亲亲股份有限公司、福建圣农发展股份有限公司、天福集团有限公司、八马茶业股份有限公司 8 家；获“2015 年度全国坚果炒货行业综合经济（品牌）20 强”企业称号的有福建百联实业有限公司；达利食品集团上榜“2016 年中国 500 强净资产收益率（ROE）最高的公司”；福建古甜食品科技股份有限公司董事长元萍、福建三都澳食品有限公司董事长尤维德等 12 家食品企业家被评选为第十六届福建省优秀企业家；福建省晋江福源食品有限公司获评工信部“2015 年度品牌培育示范企业”；建瓯黄华山酿酒有限公司获评“全国轻工业质量管理小组活动优秀企业”“2016 消费者喜爱的食品品牌”；福建圣农发展股份有限公司获评“中国食品安全十强企业”；入选中国食品安全年会“百家诚信示范单位”的有：福建圣农发展股份有限公司、福建省亚明食品有限公司；入围“全国首批出口食品‘三同’示范企业”的有福建久久王食品工业有限公司、福建光阳蛋业股份有限公司、宁德市金盛水产有限公司、东山县海魁水产集团有限公司 4 家；入选“2016 中国食品企业社会责任百强企业”的有达利食品集团有限公司等 5 家；获“2016 年度福建名牌产品”的有福建紫山集团股份有限公司生产的“Q51＋图形、紫山＋图形牌果蔬罐头”等 87 种食品类产品；获 2016 年新认定及准予延续的“福建省著名商标”称号的食品企业有海欣食品股份有限公司“海欣及图”等 337 个食品商标。

福建申石蓝食品有限公司被认定为福建省坛紫菜（海苔）制品生产标杆企业，绿新（福建）食品有限公司被认定为福建省卡拉胶生产标杆企业，福建省绿麒食品胶体有限公司被认定为福建省琼胶生产标杆企业，福建闽江源绿田实业投资发展有限公司被认定为福建省莲子产业标杆企业，海欣食品股份有限公司被认定为福建省鱼糜制品生产标杆企业。全省共 44 家食品工业企业被认定为福建省各行业标杆企业。通过食品工业企业诚信管理体系评价，并取得证书的企业有厦门丝浓食品有限公司、福建双牛酒业有限公司、福建德顺酒业有限公司、福建亲亲股份有限公司、福建正大食品有限公司 5 家企业。

2016 年，长汀盼盼食品有限公司生产车间　　（长汀县政府供稿）

【食品行业科技成果评审】　2016 年，福建省食品工业协会科技成果评审办公室组织专家进行科技成果评审，福建农林大学、莆田市汇龙海产有限公司联合完成的“太阳能－热泵联合干燥高品质海洋珍品产业化关键技术研究与示范”，建宁县福鑫莲业食品有限公司完成的“冷冻干燥即食莲籽创新技术的应用与示范”，福建农林大学、泉州新源兴农业发展有限公司联合完成的“太阳能辅助热泵联合干燥技术在农产品干制中的应用研究”，福建省粮油科学技术研究所、永安市品真粮油食品有限公司联合完成的“高品质米粉加工关键技术研发”，福州大学、福建省宏盛闽侯酒业有限公司联合完成的“红曲黄酒酿造微生物资源挖掘及应用”，福建师范大学闽南科技学院、福建泉州市味源调味品有限公司联合完成的“深海低值鱼加工新型海鲜调味品关键技术的开发”，福建农林大学、福建省轻工业研究所、尤溪金门春生物制品有限公司、福建赛福食品检测研究所有限公司、福建省闽中有机食品有限公司联合完成的“金柑加工及综合利用关键技术的创新与产业化”，福建农林大学完成的“笋壳活性膳食纤维高效制备技术的开发与应用”8 个项目通过科技成果评审。

【食品产业转型】　2016 年，受泉州市政府委托，福建省食品工业协会组织省内食品行业专家共同商讨制定“泉州市食品产业转型升级路线图”，通过评审并得到泉州市政府通过。5 月 16 日，福建食协在南平市光泽县组织召开光泽县创建“中国生态食品名城”项目专家论证会。专家委员会通过观看光泽县“中国生态食品名城”创建纪录片、听取光泽县政府创建中国生态食品名城情况汇报，结合专家组两轮实地调研和考察评审意见，一致认为光泽县达到“中国生态食品名城”认定条件，光泽县成为福建省第一个获得“中国生态食品名城”称号的县（市）。

【食品企业技术辅导】 2016年，福建省食品工业协会组织开展企业技术提升辅导工作，组织12位专家分两组陆续到相关企业进行水产品安全技术诊断提升现场辅导，围绕养殖、原料、工艺、配方、设备、人员、环境、食品添加剂使用、包装物、产品贮运等环节逐一辅导，指导企业建立食品检测中心，配套相应的检测设备，提高企业技术人员的检测技术水平，提高产品抽检合格率，建立水产品质量追溯系统，从源头上解决食品安全隐患。

由福建师范大学、福建惠泽龙酒业股份有限公司联合完成的“基于红曲黄酒生产的专利技术集成创新与应用”获2015年度中国酒业协会科学技术发明奖三等奖；由福建师范大学、福建永春老醋有限责任公司、福建永春津源酱醋厂有限公司联合完成的“永春老醋高酸度液态深层发酵清洁生产新工艺及产业化”获2016年度中国食品科学技术学会科技创新奖（技术进步奖）二等奖；由福建师范大学、福建福老酒业有限公司联合完成的“半甜型红曲黄酒单罐法发酵工艺技术研究与应用”获2016年度中国食品工业协会科学技术奖二等奖。协会组织企业参加中国食品工业协会开展的“第九届白酒国家评委考试”活动，来自福建省建瓯黄华山酿酒有限公司的总工程师张守财、亚洲酿酒（厦门）有限公司的高级工程师欧阳元财通过考试，取得第九届白酒国家评委资格。

【两岸食品产业交流与合作】 2016年，“第八届海峡论坛·2016海峡科技专家论坛分会场——海峡两岸食品科学前沿研讨会”于6月12日在中国食品名城漳州召开。来自中国台湾的食品界专家、教授和国内知名大学、科研院所的专家学者以及食品行业精英等150余人参加会议。会上，海峡两岸的食品界精英们从不同角度对两岸食品科学“创新、协调、绿色、开放、共享”的合作发展理念进行解读，就食品安全、技术创新等方面进行交流和探讨。

由福建省食品工业协会、台湾食品发展协会、台湾整厂发展协会、台湾包装设计协会、欧中食品文化交流协会共同主办的第三届闽台（泉州）食品交易会于7月14日在晋江开幕。该次展会为期3天，参展面积累计达3.5万平方米，约1600个展位，比上年新增参展面积1.5万平方米、600个展位。参展企业累计达成交易额80.21亿元，增长22.8%。

（林　辉）

森林工业

【概况】 2016年，福建省林业产业总产值4611亿元，比上年增长7.8%，其中：第一产业816亿元，增长8.9%；第二产业3568亿元，增长6.6%；第三产业227亿元，增长25.4%。全省规模以上林业工业产值4339.43亿元，增长8.6%。销售收入4212.42亿元，增长9.5%。产销率97.07%。林业工业增加值1099.23亿元，增长7.6%。规模以上林业工业主要产品完成出口交货值330.08亿元，增长9.4%。全年新增上市林业企业两家（累计29家）、国家级林业龙头企业12家（累计22家）、省级名牌产品79个（累计208个）。

【林工经贸活动】 2016年，第十四届“中国·海峡项目成果交易会”期间，福建省征集和推介林业科研成果128项、企业技术需求和行业发展空白点89个，总投资20.8亿元。第十二届海峡两岸林业博览会暨投资贸易洽谈会在三明市举办，以“深化两岸合作，发展绿色产业”为主题，签约项目101个，总投资146.7亿元，参展企业556家，展品3071种，评选金奖产品58个。林博会期间举办“一带一路”投资贸易对接会，吸引上海欧洋豪杰集团等供方企业5家与匈牙利等7个“一带一路”国家和其他国内外需方达成木材供货协议9.6万立方米。举办林业电子商务供需对接会，林品汇、春舞枝等20多家电商与福建文鑫莲业、福建沈郎乡等100余家企业开展线上线下营销合作，签约金额达5亿元。

（郭　洁）

水产品加工业

【概况】 2016年，福建省有水产品加工企业1210家，完成产量351.76万吨，实现产值837.07亿元，分别比上年增长5.7%、10.6%。截至年底，全省拥有省级以上水产龙头企业123家，其中：国家级农业产业化龙头企业7家、省级农业产业化龙头企业116家；全省共有产值亿元以上水产加工企业100多家。

【水产加工园区建设】 2016年，福清龙田、东山经济开发区，霞浦台湾水产品集散中心等现代加工园区快速发展，漳州市水产加工业规模扩大，涌现出一批标杆企业，形成鱿鱼、对虾、蟹类和鲍鱼等四大类优势出口产品，特别是蟹类加工，拥有企业40多家，蟹肉产量占全球市场40%以上，成为世界蟹类加工产品的主产区。福州市推进加工重点项目建设，胜田（福清）食品有限公司厂房重建项目动工，福建亿达食品有限公司建设海带产业化基地项目投资160万元购置研发设备，开展海带粉、海带饮料等新品开发中试。泉州市水产加工向精深加工转型，向海洋生物医药、海洋生物保健食品等高附加值产业发展，推进“复合酶法高纯度医药级海洋甲壳多糖衍生物产业化开发”“海洋多糖多层复合包装膜的关键技术研究及产业化”“年产2千吨富含DHA海藻粉建设”等项目建设，完成“海藻类资源高值化加工关键技术及琼脂多元化升级产品研发与示范项目”建设。晋江浪漫鱼（福建）食品工业有限公司日产25吨鱼豆腐生产线建成投入使用，惠安瑞发食品有限公司水产品加工及冷链物流一体化项目完成配套设施建设及一期1万吨冷库主要设备安装。

【水产品冷链物流】　2016年，福建省新增水产冷库库容26万吨，冷冻率达45%，居全国前列；漳州市推进海峡两岸（东山）水产品加工集散基地和东海岸物流保税中心建设，建成集产品交易、物流配送、冷冻仓储、检验检疫、信息管理、安全监控等功能于一体的现代化渔业物流中心。龙文区海峡两岸农产品（国际）物流城的水产批发市场启用，入驻经营面积1.5万平方米，建成经营面积7180平方米交付使用。东山大澳中心渔港水产品综合批发市场、泉州华洲水产品批发市场等改扩建项目完工并投入使用。泉州市在厂房冷库基建、冷库制冷工程建设、冷库改造升级以及冷库管道检修等方面加大投入力度，完成新建、改造水产冷库逾11万吨。

【水产基地园区建设】　2016年，福建省加快加工产业集群培育，完善福清龙田水产品加工示范基地、海峡西岸（连江）水产品加工示范基地、平潭综合实验区闽台水产品加工园区基础设施，海峡两岸（东山）水产品加工集散基地、宁德霞浦台湾水产品集散中心、马尾海峡水产品交易中心影响力提升，全省培育闽南、闽中、闽东三大水产加工产业集群，以及连江、福清、东山等国家级水产品加工示范基地。福清龙田水产品加工示范基地、东山经济开发区、霞浦台湾水产品交易中心、诏安水产专业加工区等4个省级水产品加工园区入驻加工企业50家，全年水产品加工产值超过100亿元。水产龙头企业成为福建省渔业出口创汇的主力军，涌现出东山海魁、福鼎海鸥、长乐聚泉等出口创汇超大户，水产加工龙头企业成为福建省水产品加工出口的支柱。

【水产品电子商务】　截至2016年，中国—东盟海产品交易所发展会员358家、交易商2187个，累计交易总额4880亿元，推进马来西亚、柬埔寨等分中心筹建，以及“福建鱼多多水产品电子商务交易平台”建设，扩大鲍鱼、南美白对虾、海带、鳗鲡等水产品网上销售规模。漳州市建立“东山水产品电商产业园”，有54家水产加工企业和20家电商企业入驻，年水产品电商交易额超4亿元，网上营业额超2亿元。连江县建立“连江海产精品城”，销售各类连江海产品。泉州市建立“泉州水产品微电商平台”，利用邮政网络资源销售水产品。福建省大部分大型水产加工企业都在京东、天猫、唯品会、1号店等国内第三方电子商务平台开设水产品交易商场。胜田公司入驻天猫商城，开设“甲一堂食品旗舰店”，主要销售海参、烤鳗、鲍鱼等公司自产高端水产品。海魁水产集团成立福建省大渔村电子商务有限公司，分别在天猫和阿里巴巴设立网上专营店，销售产品100多种，号称海魁水产百货。

【水产品牌培育】　2016年，福建省推介20大渔业品牌宣传，全年新增两个中国驰名商标、43个福建省名牌产品，至年底全省拥有中国驰名商标33个、国家注册地理标志商标50个、国家地理标志保护产品8个、省名牌产品104个、省著名商标208个、地理标志产品30个，品牌对产业的引导示范作用进一步凸显。全省各地打造本地特色优势渔业区域品牌，莆田市评选南日鲍鱼、莆田花蛤、莆田九节虾、莆田缢蛏、莆田正蟹、莆田牡蛎、莆田紫菜、莆田红毛菜、莆田红母鲟、莆田双线紫蛤为“首届十大渔业珍品”；漳州市评选六鳌紫菜、江东鲈鱼、霞美牡蛎、东山鲍鱼、溪墘红鲟、列屿巴非蛤、东山牙鲆、漳浦海鳗、诏安鮸鱼、竹塔泥蚶为市级水产名牌产品，并利用海峡两岸农博会花博会平台进行推介，举办漳州市鱼王赛和水产美食节；宁德市评选推出“十大海鲜系列名菜”和“十大海产名品”。

【水产贸易合作】　2016年，福建省打造“6·18”智慧海洋馆，举办福建海洋战略性新兴产业项目成果交易会暨第三届海洋生物医药产业峰会，签约海洋与渔业项目168个，总投资237.58亿元。举办第十一届中国（福州）国际渔业博览会，展示面积5.8万平方米，展会参观人数达28万人次，专业买家人数7000人以上，现场签约项目28个，签约金额169亿元，现场贸易配对额2.6亿元，已成为全球第三大渔业专业博览会。举办第十一届中国（厦门）国际渔业博览会暨2016年亚太水产养殖展览会，展会总面积2.1万平方米。组织省内涉渔企业参加境外相关展会，38家企业参加美国波士顿国际渔业博览会，15家企业参加2016年波兰（福建）农产品交易会，5家企业参加2016澳门国际环保展。组织6家远洋企业参加在福州举办的中国福建省—非洲国家合作对接会，深化福建省远洋渔业企业与非洲国家的项目对接与务实合作。

（汤兴福）

医药工业

【概况】　截至2016年底，福建省拥有规模以上医药工业企业157家，形成化学原料药、化药制剂、中成药、生物制药、中药饮片、卫生材料、医疗器械等门类较为齐全的医药工业体系。全年全省医药工业实现工业总产值360.93亿元，比上年增长7.0%；实现工业增加值127.40亿元，增长5.4%；完成出口交货值36.16亿元，增长12.7%；实现主营业务收入329.23亿元，增长8.5%；实现利润总额40.56亿元，增长12.9%；主营业务收入利润率达12.3%，比上年同期提高0.5个百分点。全省医药系统7个子行业中，化药制剂、中成药、医疗器械规模以上工业产值位列前3位，分别为77.46亿元、76.84亿元、66.73亿元，占医药工业总产值比重分别为21.5%、21.3%、18.5%。9个设区市中，福州、厦门、三明医药工业总产值位居全省前3位，累计占全省医药工业总产值的57.23%，比上年同期低1.1个百分点。157家规模以上医药生产企业中，按行业分布看，化学原料药及制剂企业42家，医疗器械企业36家，中成药生产企业30家，生物药品制造企业19家，中药饮片加工企业18家；按区域分布来看，福州、厦门、三明位居前3位，分别为31家、29家、20家。

【医药重点产品】 2016年，福建省医药工业重点产品主要分布在下面五个方面：生物医药方面，9月，由特宝生物研发的国家一类新药派格宾获批上市，取得药品注册批件和新药证书，是中国第一支具有全球自主知识产权的长效干扰素产品，打破了国外垄断局面。截至年底，艾德生物针对肿瘤精准医疗陆续研发11种基因检测产品，在肿瘤精准治疗细分市场的国内占有率超过70%，成为默克、辉瑞、阿斯利康等多家国际医药巨头的全球合作伙伴。医疗器械方面，福建梅生医疗的毫米波免疫强化治疗系统、数字口腔颌面全景X射线机、微焦点牙科X射线机、口腔颌面全景X射线机等五大主要产品的市场占有率均居全国第1位，厦门大博医疗的骨科植入器械、麦克奥迪的数码显微镜及显微图像系统产品在国内均具有明显优势。

卫生材料方面，百仕韦恩医药的一次性使用静脉留置针获得20多项国家专利，产品质量达到国际先进水平。特色中药方面，片仔癀、新癀片、熊胆胶囊、舒秘胶囊等特色优势中药产品单品销售超过亿元，其中漳州市片仔癀药业的片仔癀单品销售额突破9亿元、出口额突破2亿元，连续十多年位居全国中成药单一品种出口第1名。化学药品方面，主要有紫杉醇、多西他赛、卡那霉素、维生素E、辅酶Q10和阿德福韦酯等主导优势产品，福州福兴医药是中国最大的卡那霉素生产商，国内市场份额达65%～70%；广生堂药业股份有限公司是全国生产抗乙肝新药品种齐全的重要厂家。

【医药龙头企业】 2016年，福建省未名生物医药有限公司的核心产品“注射用鼠神经生长因子”获准进行以糖尿病足为拟定适应症的临床试验，全年鼠神经生长因子单产品实现产值6.75亿元，比上年增长18.2%。福建西岸生物科技有限公司是中国中医药领域集研发、种植、生产、销售、使用于一体，产业链条最完整的中药集团企业，其“太子参中药饮片新GMP生产线建设项目”为福建省战略性新兴产业化培植项目。福州海王福药制药有限公司拥有17个中西药制剂剂型和6个原料药品种，450多个药品批文号，7个经GMP认证的现代化中西药生产车间和一个省级企业技术中心，生产药品300余种，是国内在福建省唯一指定的麻醉品生产基地和国内在福建省唯一的药品战备储备企业，2016年实现产值6.53亿元，增长10.8%。福建天泉药业股份有限公司获批生产13个二至四类国家新药、18种氨基酸注射液和19个常规用药，产品涵盖心脑血管、抗生素、抗肿瘤等各领域，均为国家基本药物，其中3个治疗型输液产品的国内市场占有率进入前5位，2016年实现产值6.71亿元，增长10.4%。

【中药材种植】 福建省生态环境优越，中药资源物种多样性丰富，道地药材或大宗中药材品种有30多种。2016年，南方红豆杉、雷公藤、太子参、草珊瑚种植面积分别为0.67万公顷、0.37万公顷、0.21万公顷、0.16万公顷，种植面积均为全国第1位。全省有15个省级中药材GAP示范基地通过验收，泽泻、太子参和短葶山麦冬规范化种植基地通过国家GAP认证。西岸生物承担的太子参规模化产业基地建设项目入围工信部2016年工业转型升级中药质量提升和保障基地建设项目，获得800万元资金扶持。

（王光前）

烟草工业

【概况】 截至2016年底，福建中烟工业有限责任公司拥有总资产279.49亿元，其中，固定资产62.27亿元、流动资产196.37亿元。全年生产卷烟171万箱，比上年下降13%，其中：自有计划卷烟166万箱，下降11.6%，合作加工卷烟5.01万箱，下降42.8%；龙岩烟草工业有限责任公司生产卷烟88.1万箱，厦门烟草工业有限责任公司生产卷烟77.9万箱。销售卷烟（含合作加工）173.06万箱，下降10.98%。全年出口卷烟0.655万箱，境外加工卷烟0.22万箱。全年实现卷烟销售收入237.60亿元，下降8.7%，实现税利182.97亿元，下降9.5%，其中利润17.98亿元，下降22.1%。

全年全省生产七匹狼、金桥、石狮等卷烟品牌，许可生产万宝路卷烟品牌，其中，七匹狼、金桥被列为全国烟草行业重点品牌。全年生产七匹狼卷烟150.48万箱，其中省外合作生产七匹狼卷烟5.01万箱；生产金桥卷烟2.87万箱（不含出口）；生产万宝路卷烟2.2万箱。全年销售七匹狼卷烟153.13万箱，下降12.38%，其中省内市场销售100.18万箱，省外市场销售52.95万箱。销售金桥卷烟2.79万箱，下降23.94%。

【卷烟品牌建设】 2016年，面对全国烟草行业销量下滑、卷烟库存居高不下的严峻形势，福建省卷烟工业坚持以七匹狼品牌为主、其他品牌为辅的品牌发展战略，七匹狼品牌保持烟草行业重点品牌地位，全年七匹狼品牌销量、商业销售额在烟草行业重点品牌中分别排名第11位、13位。全年省内市场销售108.84万箱，占省内市场的65.8%，省外市场销售66.23万箱。推动互联网营销，成立新产品工作小组，统筹新品研发、投放及培育工作，开展卷烟消费趋势研究，完善新产品培育管理机制。

【卷烟技术创新】 2016年，福建省卷烟行业开发七匹狼（翠碧嘉缘）、金桥（冰爆）、土楼（1575）、七匹狼（锋芒硬）、七匹狼（锋芒软）和七匹狼（纯尚）等新产品。开展材料技术、新型功能薄片、香精自主掌控等专项研究，并应用于新产品研发。优化质量管控模式，制订精益研发工艺保障项目工作方案，梳理质量管理管控标准，加强质量监督抽查，强化产品质量改进。全年卷烟焦油量加权平均值 10.62mg/支，一二类烟焦油量加权平均值 11.08mg/支。企业技术中心在烟草行业创新能力评价中排名第 6 位。成立新型烟草制品研究所。推动糖香料调配中心第三期建设，确定糖香料调配中心的运行模式，开展卷烟配方信息系统建设。全年开展各类科技研究项目 135 个，完成 35 个科技成果。推荐申报 4 个烟草行业项目，推荐申报烟草行业标准 2 项。全年申请专利 247 件，其中发明专利 118 件，获得授权专利 170 件，其中发明专利 85 件。截至年底，拥有授权专利 972 件，其中发明专利 246 件。

2016 年，福清市三山镇风电走廊形成　　（福清市政府供稿）

【卷烟生产】 2016 年，福建省卷烟行业优化生产组织模式，推进中细支卷烟卷接包设备改造。新增万宝路翻盖产品生产任务，长寿卷烟商标许可生产合作项目取得国家烟草专卖局批复。控制原料采购规模，全年入库原烟 141 万担，比上年减少 4.79 万担，其中国内烤烟 118.95 万担，减少 3.56 万担。推行原料均质化加工，启动远程复烤质量数据共享平台建设项目。保障辅助材料供应，全年采购烟用丝束 9700 吨、卷烟纸 3500 吨、成型纸 1700 吨。

【烟草工业技术改造】 2016 年，福建龙岩烟草工业有限责任公司推进红坊片烟醇化库建设项目并通过专家论证。厦门烟草工业有限责任公司糖香料调配中心、福建鑫叶投资管理集团有限公司印包厂房扩建项目、技术中心科研用房二期建设项目主体建筑相继封顶，福建金闽再造烟叶发展有限公司再造烟叶生产线技改项目土建开工。

（卢金德）

电力工业

【概况】 截至 2016 年底，福建省电力装机容量 5210 万千瓦，比上年净增 290 万千瓦，增长 5.9%，其中：水电装机 1304 万千瓦，占福建省电力装机比重 25.0%；火电装机 2902 万千瓦，占福建省电力装机比重 55.7%（其中 LNG 装机 385.8 万千瓦，占福建省电力装机比重 7.4%）；核电装机 762 万千瓦，占福建省电力装机比重 14.6%；其他能源发电装机 242 万千瓦，占福建省电力装机比重 4.6%（其中风电装机 214 万千瓦、光伏发电装机 27.5 万千瓦）。最高发电负荷为 3333 万千瓦（出现在 2016 年 7 月 28 日），增长 4.0%；最高用电负荷 3236 万千瓦（出现在 2016 年 7 月 28 日），增长 2.7%；最大日用电量为 67188 万千瓦时，增长 7.5%；全年平均用电负荷率为 85.6%，增加 0.4 个百分点；日最大峰谷差率 48.2%，增加 2.1 个百分点；峰谷差率最大日的最大用电负荷为 2696 万千瓦。

【电力生产】 2016 年，福建省发电 2004.6 亿千瓦时，比上年增长 6.5%，其中：水电完成 630.5 亿千瓦时，增长 43.6%；火电完成 915.3 亿千瓦时，下降 17.5%；核电完成 407.0 亿千瓦时，增长 40.4%。发电设备平均利用小时为 3994 小时，增加 46 小时。

【电力供应】 2016 年，福建省全社会用电 1968.6 亿千瓦时，比上年增长 6.3%，增速提高 6.5 个百分点，其中：第一产业用电 27.6 亿千瓦时，增长 7.7%，占全社会用电量的 1.4%；第二产业用电 1298.4 亿千瓦时，增长 4.2%，占全社会用电量的 66.0%；第三产业用电 261.4 亿千瓦时，增长 11.4%，占全社会用电量的 13.3%；城乡居民生活用电 381.1 亿千瓦时，增长 10.5%，占全社会用电量的 19.4%。全年工业用电 1273.8 亿千瓦时，增长 4.3%，占全社会用电比重 64.7%；轻、重工业用电增速分别为 6.0%、3.6%。全年福建省电力公司与外省交易电量 31.9 亿千瓦时，增长 19.0%。

【电网建设】 截至 2016 年底，福建省电网拥有 110 千伏及以上线路 34865 千米、变电容量 15567 万千伏安，其中 1000 千伏线路 342 千米、变电容量 600 万千伏安，500 千伏线路 5067 千米、变电容量 3435 万千伏安；±320 千伏线路 21 千米、变电容量 212 万千伏安；220 千伏线路 12205 千米、变电容量 6002 万千伏安。

（刘 航）

编辑：郑 茱

2017 福建年鉴 FUJIAN YEARBOOK

交通 邮政

铁 路

【概况】 福建省境内铁路由合福高速线、杭深线、向莆线、鹰厦线、赣龙线、峰福线、福马线、外南线、永嘉线、漳龙线、漳泉线、龙漳线、漳州支线、南平东支线、天湖山支线、龙岩东支线等组成，由南昌铁路局管理。2016年末，福建省境内铁路设有229个车站，营业里程3196.7千米。其中，国家铁路营业里程1055.6千米，合资铁路营业里程2141.1千米。全年，福建省旅客发送量完成10495.7万人，比上年增长13.4%，其中快速铁路（动车）旅客发送量完成9313.2万人，增长20.9%，平均客座率在70.3%～81.3%；全省旅客周转量完成338.61亿人千米，增长10.9%；全省货物发送量完成2918万吨，增长3.5%；全省货物周转量完成129.4亿吨千米，增长0.6%。

【新开工建设铁路】 2016年11月25日，浦梅铁路建宁至冠豸山段全线开工建设，该铁路自向莆铁路建宁站引出，经建宁、宁化、清流、连城等县，终至赣龙铁路冠豸山站；项目全长162千米，按国铁Ⅰ级、单线160千米/小时标准设计建设。2016年9月26日，兴泉铁路宁化至泉州段先期段开工建设，兴泉铁路北起江西兴国，经宁都、石城进入福建境内，终至福建泉州；为国家Ⅰ级单线电气化、客货兼顾的区域干线铁路，设计行车速度160千米/小时。兴泉铁路宁化至泉州段位于闽西南地区，西起宁化，经清流、明溪、三元、永安、大田，再经德化、永春、安溪和南安，终至泉州。该项目总投资255.73亿元，建设工期为4.5年；新建正线铁路298.87千米、货车线29.78千米、联络线10.86千米，改造改建既有铁路29.65千米；设33个车站，其中新建29个车站。

【福平铁路建设】 2016年，福平铁路完成投资48亿元，累计完成投资148.3亿元，占初步设计批复概算248.82亿元的59.7%；累计完成路基土石方311.32万立方米，占设计总量的56.9%；隧道及明洞25560.4成洞米，占设计总量的73.5%；中桥以上桥梁23624.0成桥米，占设计总量的59.0%；涵洞349.0横延米，占设计总量的53.4%。

【南龙铁路建设】 2016年，南龙铁路完成投资70亿元，累计完成投资243.6亿元，占初步设计批复概算263.55亿元的92.4%；累计完成路基土石方1520.8万立方米，占设计总量的98.7%；隧道及明洞203885.0成洞米，占设计总量的99.2%；中桥以上桥梁37446.8成桥米，占设计总量的94.8%；涵洞5432.3横延

2016年7月，福州客运段在2016年建党95周年之际，在高铁列车上开展党史知识主题党日活动 （南昌铁路局供稿）

米，占设计总量的100%。

【漳州港尾铁路建设】 2016年，漳州港尾铁路完成投资1亿元，占年度计划的100%；开工累计完成13.1亿元，为概算总额的65.2%。其中：永久征地135.3公顷，占设计总量的92.9%，房屋拆迁2.72万平方米，占设计总量的37.5%；路基土石方完成39万立方米，开工累计完成413.5万立方米，占设计总量的84.2%；特大、大、中桥完成500成桥米，开工累计完成6677成桥米，占设计总量的55.6%；涵洞完成243横延米，占设计总量的9.1%；隧道完成800成洞米，开工累计完成12324成洞米，占设计总量的75.7%。

【湄洲湾港口铁路支线建设】 2016年，湄洲湾港口铁路支线完成投资8000万元，占年度计划的100%（开工累计完成14.20亿元，为概算总额的88.4%）。永久征地95.6公顷，占设计总量的57.4%，房屋拆迁10.87万平方米，占设计总量的62.4%；路基土石方完成39万立方米（开工累计完成647.7万立方米，占设计总量的99.7%）；特大、大、中桥完成16成桥米（开工累计完成1899成桥米，占设计总量的99.8%）；涵洞完成1810横延米，占设计总量的100%；铺轨完成52.96千米，占设计总量的73.4%；通信线路完成6千米（开工累计完成31.9千米，占设计总量的58.8%）；电力线路完成1千米（开工累计完成39千米，占设计总量的72.0%）；接触网完成6千米（开工累计完成44千米，占设计总量的63.2%）；房建工程完成750平方米（开工累计完成11775平方米，占设计总量的95.3%）。

【福州可门港铁路支线建设】 2016年，福州可门港铁路支线完成投资500万元，占年度计划的100%（开工累计完成116500万元，为概算总额的91.4%）。永久征地91公顷，占设计总量的100%，房屋拆迁1.14万平方米，占设计总量的81.8%。路基土石方完成254万立方米，占设计总量的99.0%。特大、大、中桥完成9424成桥米，占设计总量的100%；涵洞完成559.62横延米，占设计总量的98.7%；隧道完成2031成洞米，占设计重量的100%；电力线路完成18.0千米，占设计总量的82.9%；接触网开工累计完成27千米，占设计总量的73.3%。铺轨完成18.9千米，占设计总量的88.0%；房建工程完成4368平方米，占设计总量的41.2%。

【厦门站新站房投入使用】 2016年1月24日，经过改扩建的厦门站新站房投入使用。站房设有站台5座，旅客列车到发线9条（其中6道兼机走线），总建筑面积2.76万平方米，高架候车室建筑面积7400平方米，最高聚集人数4000人/小时，出站人行地道1处；设有16个售票窗口、29台自动售票机、22台自助取票机。

【厦门前场铁路货场开通】 厦门前场铁路大型货场是铁路总公司与厦门市合作建设的重大项目。货场横跨海沧和集美两区，东起集美区灌前路，西至海沧区东孚镇新国道324线，并接入福建省第二大铁路编组站东孚站，南临鹰厦、龙厦和杭深铁路线，紧邻东南国际航运中心港区，北靠沈海高速公路，地理位置优越。铁路作业区按功能划分为集装箱区、成件包装区、粮食货物区、长大笨货物区及冷链作业区共5个片区。投资估算总额为15.68亿元，由南昌铁路局（占36.0%股比）、厦门港务控股集团有限公司（占25.6%股比）、厦门象屿集团有限公司（占12.8%股比）、厦门夏商集团有限公司（占12.8%股比）、

2016年9月15日，厦门杏林跨海铁路大桥受台风损坏，图为工人正在抢修受损设备 （南昌铁路局供稿）

厦门海沧投资集团有限公司（占12.8%股比）共同出资建设。工程于2012年开工建设，2016年6月28日正式开通。

【永安车辆段整体搬迁至福州】 永安车辆段成立于1959年，承担铁路总公司和南昌铁路局下达的货车技术改造、货车厂修、段修、临修、罐车洗涮、货车通过修、红外轴温探测、车辆运行动态检测等任务；配属行包车12辆，P65型棚车12辆，开行东孚—成都东、杏林—哈尔滨两趟行包专列。根据铁路运输生产需要，永安车辆段于11月19日整体搬迁至福州，并更名为福州东车辆段，拥有机械动力及起重运输设备602台，厂修台位4个、段修台位16个、临修台位28个、预检预修台位13个，配套有转向架、轮轴、钩缓装置、制动梁、制动阀等8条检修流水线；年生产能力为厂修400辆、段修5000辆以上，临修10000辆。全年完成货车厂修323辆、段修5029辆、临修8505辆、破损车集中整治4240辆、通过修4030858辆。

（曾进 陈毓）

公 路

【公路建设】 2016年，福建省公路建设投资完成714.01亿元，其中：高速公路开工建设6个项目283.14千米，续建13个项目633.65千米，完工1个项目18.19千米，完成投资296.47亿元；普通公路提级改造，国省干线“一市一议”项目全面推进，新开工390千米、在建1850千米、建成36个项目310千米；同时，开展县乡路网提级改造、通村公路单车道拓宽以及县乡村连网路建设，建成农村公路2342千米，完成投资417.54亿元，比上年增长12.3%。截至2016年底，全省公路通车里程约106757千米，其中：国道10404千米、省道5196千米、县道14996千米、乡道41134千米、专用公路118千米、村道34909千米；公路密度87.94千米/百平方千米。全省等级公路89829千米，占总里程的84.1%，比上年增加0.4个百分点；二级以上高等级公路里程15917千米，增加809千米，高等级公路比例为14.9%，增加0.5个百分点。水泥沥青路面里程89071千米，水泥沥青路占比83.4%，增加0.6个百分点，路网整体功能和通行能力提升。

【公路养护】 2016年，福建省高速公路养护预算执行数8.45亿元，完成投资比例83.3%，全省高速公路限速标志基本改造完成，大部分路段最高限速从原来的80千米提升至100千米，其中部分路段提升至110千米。

推进普通国省干线“美丽交通生态公路”建设，实施G355（原S203线）、G237（原S303线）、G235/G528（原S304）线等共计300千米，公路沿线路容路貌得到提升，推进路线达到“五优公路”标准。实施公路养护专项工程，完成国省道安全生命防护工程589千米，路面改造532万平方米，绿化工程791千米，灾害防治工程214千米，排水系统整治682千米，完成公路站改造20个、服务区（停车区）改造3个，公路安全保障能力和服务水平提升。干线公路技术状况评定指数MQI达到91.4，与上年持平；路面指数PQI达到89.9，上升0.3；优良路率96.3%，上升0.1个百分点，道路技术状况保持良好水平。

【公路运力结构】 2016年，福建省完成14307辆营运黄标车淘汰任务，营运客货车逐步向低能耗、环保型、高等级方向发展。至年底，全省营运汽车26.69万辆，比上年下降0.9%，其中：载客汽车1.65万辆、47.49万客位，分别比上年下降1.1%和0.9%，平均座位28.73客位/辆，增长0.2%；其中班车客运车辆1.19万辆、30.06万客位，分别下降5.7%和7.3%；旅游客车4235辆、16.08万客位，分别增长9.6%和9.2%。全省高、中级客车占总营运客车辆数的92.5%，比上年提升2.86个百分点。载货汽车25.03万辆、212.11万吨位，分别下降0.9%和增长6.5%，其中：厢式载货汽车8.65万辆、40.26万吨位，分别下降3.6%和10.6%；集装箱车2.09万辆、61.96万吨位和3.37万标箱（TEU），分别增长7.2%、7.7%和3.9%；载货汽车中柴油车19.45万辆，占货车和牵引车的比重为92.7%，减少0.26个百分点。至年底，全省拥有货物营运车辆（含载货汽车、其他载货机动车）25.16万辆、212.25万吨位，分别比上年下降1.0%和增长6.5%，单车平均吨位8.44吨位，增长7.6%。

【公路客货运输】 2016年，福建省道路客运线路4811条、平均日发41521.3班次，其中：跨省客运线路664条、平均日发624.1班次，跨地（市）客运线路1083条、平均日发3082.1班次。全年完成公路客运量3.91亿人、251.95亿人千米，分别比上年下降3.1%、5.7%，降幅分别收窄4.1和4.4个百分点。

货运物流加快与互联网深度融合。在全国率先启动无车承运取得成效，首批培育14家货运无车承运人试点企业，吸引3家以上省外大型无车承运人总部企业入驻福建省；建立健全无车承运交易信用评价体系，推动“一单制”联运服务。同时解决交通物流行业“小、散、弱”问题，鼓励企业依托物流信息平台，高效整合零散货源、车辆、站场等物流资源；通过参股控股、兼并重组、协作联盟等方式，实现规模化、集约化发展。截至2016年底，全省有货运物流企业8503家，比上年下降9.0%，其中百辆车及以上企业218家，下降8.8%；全年完成货物运输量8.58亿吨、1094.70亿吨千米，分别增长7.5%和7.3%，其中集装箱运输完成1106.15万标准箱、14997.91万吨，分别增长5.9%和5.6%。

【公路甩挂运输】 2016年，福建省引进进口高档牵引车、LNG等清洁能源牵引车、铝合金、大单胎等先进技术的轻质化车辆及侧帘式、飞翼式半挂车等专业化车辆，全年新增甩挂牵引车2591辆、挂车3871辆，全年完成甩挂运输投资5.41亿元，比上年增长18.4%。至年底全省共有牵引车31037辆、挂车40526辆，分别比上年增长9.1%和10.6%，拖挂比达1∶1.31，提高0.02个百分点。依托厦门港、湄洲湾港等港口，发展公、铁、水多式联运，探索接驳式甩挂运输、混合式甩挂和列车式甩挂等模式，降低全省物流成本，提高运输效率。

【驾驶员培训】 2016年，福建省驾培机构向规范化、集约化、品牌化方向发展，机动车驾驶培训价格下降，培训能力配置充裕。截至年底，全省有各类驾驶培训机构588个（其中仅开展摩托车驾驶培训机构33个），100%驾培机构安装计时培训系统、100%实行收费标准公示，采用“计时收费、先培后付”模式的驾培机构达420个，占全省驾培机构总数的76%。拥有教学车辆3.55万辆，理论教练员3166人，实操教练员4.7万人，保障社会学驾需求。普通机动车驾驶员培训量总体上涨，累计97.54万人通过普通机动车驾驶员培训，比上年增长13%，全年1.54万人取得从业资格证，减少0.4万人。

【交通“一卡通”】 2016年，福建省交通一卡通“福路通”卡实现在全省公共交通运输领域的刷卡应用，通过试点开通手机虚拟卡完成空中发卡、圈存充值及刷卡交易，实现跨区域、跨交通方式的互联互通，并将服务范围拓展到汽车维修救援、驾驶培训、汽车租赁等交通运输信息服务领域，形成线上线下联动模式。截至年底，全省共发行交通一卡通充值金额1160万元，刷卡消费金额564.6万元；本地刷卡交易796.8万笔，跨区域刷卡交易1.96万笔。

【城市公交运营】 2016年，福建省新增、更新公交车1591辆，其中清洁能源、新能源公交车1243辆；新增公交线路110条，延长、优化公交线路162条；建设公交站场11个；新增公交专用道47.7千米，全年公共交通累计完成投资14.04亿元，比上年增长8.0%。全省各机场、火车站、对台码头、轮渡、旅游区100%开通班车或公交，畅通旅客出行“最先和最后一公里”。至年底，全省拥有公交专用车道长度205.9千米，比上年增长30.2%；拥有公交车辆18324辆、20325.8标台，分别增长7.7%和8.2%；拥有公交运营线路1706条，增长6.9%；全年完成公交车客运量24.12亿人次，下降1.9%。

【出租汽车运营】 2016年，福建省出台全国首个以省政府名义发布的出租汽车改革意见和网约车实施意见，推行系列经营服务新标准、行业监管新举措，所有设区市均配套发布网约车地方性实施细则，率先实现地方性区域平台与交通运输部监管平台对接。开展出租汽车服务质量信誉考核，其中AAA级企业37家、AA级企业83家，在全省出租汽车企业中占比分别达26.4%、59.3%。推广运用“95128”约车服务号码，通过手机APP、微信公众号、微博、网站、热线等方式预约，出行方式更加多样化、便捷化。全年全省更新出租汽车2826辆、报废2650辆，至年底全省拥有出租车24961辆，比上年增长0.7%，完成出租车客运量7.30亿人次，下降4.4%。

【农村客运】 2016年，福建省完成农村公路建设改造2342千米，安全生命防护工程3200千米，改造危桥287座，撤渡建桥4座，建成农村港湾式客运站26个、新型农村候车亭330个。至年底，全省从事农村客运的车辆6165辆，全省乡镇通客车率100%；建制村通客车率97.9%，比上年提高0.9个百分点。

【农村公路灾毁保险】 2016年，福建省在全国率先出台《关于推行农村公路灾毁保险的指导意见》，创新政府管理模式，通过“以丰补歉”，多渠道筹措农村公路养护资金。截至年底，全省共有23个县（市、区）开展农村公路灾毁保险试点工作，投保里程2.01万千米，保费金额2003万元，农村公路抗灾保障能力得到提升。

2016年福建省公路里程情况表

单位：千米

项　目	总　计	等级公路						等外公路
		合计	高速公路	一级	二级	三级	四级	
年底到达数	106756.534	89829.192	4831.05	1035.352	10051.09	8383.536	65528.164	16927.342
国道	10404.272	10404.272	3417.983	403.267	5143.878	964.557	474.587	
其中：国家高速公路	3411.742	3411.742	3411.742					
省道	5195.73	5185.31	1347.737	229.181	1798.549	971.745	838.098	10.42
县道	14995.878	14073.081	65.33	329.41	1925.567	4365.438	7387.336	922.797
乡道	41134.081	36258.569		68.919	980.983	1681.262	33527.405	4875.512
专用公路	118.012	112.121			11.396	5.227	95.498	5.891
村道	34908.561	23795.839		4.575	190.717	395.307	23205.24	11112.722

（林伟雯　王　烨　黄为振　陈希阳）

城市轨道交通

【概况】 福州市城市地铁有限责任公司于2009年2月28日成立，2009年6月20日挂牌，作为福州市政府全资投入的国有独资公司，负责全市地铁项目的投资、规划、建设、运营、管理和沿线地下空间资源的开发利用等工作。2016年公司有运营分公司、资源分公司及建设分公司等3个分公司和福州轨道交通设计院有限公司、福州地铁资源开发有限公司、福建大地传媒有限公司、福州中电科轨道交通有限公司等4家子公司。

截至2016年底，福州地铁共有3条线在建（其中1号线一期已建成），2条线已完成工程可行性研究报告评审，正在开展总体设计等工作。2016年，福州地铁完成投资54.25亿元，其中1号线（一期）完成投资15亿元，1号线（二期）完成投资3.13亿元，2号线完成投资22.74亿元，6号线完成投资2.26亿元，地铁资源上盖开发完成投资11.12亿元。

【地铁规划】 2013年9月批复的福州市轨道交通线网规划由9条轨道交通线路组成，呈“网格放射型”结构，以中心城区为核心，覆盖长乐、闽侯、琅岐等地区，全长338.12千米，共设车站215座，换乘站26座。其中第一轮建设规划含地铁1号线、2号线，建成后将形成南北向和东西向十字形主骨架网；第二轮建设规划含已动建的6号线及4号线一期工程、5号线一期工程，6号线向长乐滨海新城方向放射，4号线一期与5号线一期工程在城区闭合成环；3号线为1号线加密线路，与7、8、9号线拟列入第三轮建设规划。

【地铁建设】 1号线：一期工程白湖亭试验段于2009年12月27日开工建设，2011年4月26日全线动工建设，截至2016年12月31日，21个站点完成土建、机电等施工，并于2016年9月28日开始试运行，12月18日通过试运营基本条件专家评审，12月25日开始为期10天的市民试乘活动；二期工程4个站点（安平站、梁厝站、下洋站、三江口站）全部动工建设，其中火车南站站至安平站区间有一台盾构始发掘进。

2号线：于2014年11月开工建设，全线22个车站均动工，其中沙堤站、上街站、福州大学站、厚庭站、橘园洲站及金祥站等6个车站完成主体结构施工；金屿站等8个车站进行主体结构施工；董屿站等3个车站进行基坑开挖施工；苏洋站等5个车站进行围护结构和地基加固施工；竹岐停车场及下院车辆段进行全面施工。全线有16台盾构下井，其中8台始发掘进，2台始发验收完成。2号线机电部分采用PPP（政府和社会资本合作）模式，由中国电子科技集团第十四所牵头的联合体中标，于2016年11月19日完成签约。

6号线：2016年11月30日，6号线林浦站、营前站、航城站及漳港站同时开工建设。

5号线：2016年10月19日完成工程可行性研究报告评审，并展开总体设计招投标相关工作。

4号线：2016年12月22日完成工程可行性研究报告评审。

【地铁运营】 地铁1号线（一期）南段9个站点（三叉街站至福州火车南站站）于2016年5月18日开通试运营，截至2016年12月31日，共开行列车4.57万列次，运营总里程53.5万列千米，运行图兑现率99.98%，正点率99.91%，总客运量188.4万人次，各设备系统的运行可靠度均高于国家标准，未发生运营安全事故。服务热线受理咨询、投诉等近2000件，热线事务均100%回复，接听率100%。

【地铁资源开发】 2016年，福州地铁公司通过资源开发，造血功能得到加强。地铁上盖物业开发方面，首个地铁上盖开发项目——新店车辆基地上盖物业开发项目已办理国有土地使用权受让，完成股权转让方案编制及获批，并委托福州市产权交易中心开展转让拍卖工作；2号线金山站等主要储备项目控规调整论证及方案设计等前期工作已展开；朱紫坊西入口等附属用房建设工作有序推进。非票务资源开发方面，完成站厅商铺连锁便利店、连锁面包店、自助售货机和智能导乘机的招商，收益处于全国中上水平；完成站内广告资源经营权招标。

（陈 强）

福州车辆段新上马的悬挂式环形转向架检修流水线 （张文饶 摄）

民用航空

【概况】　2016年，福建省6个运输机场保障航班起降32.32万架次，比上年增长4.2%。其中，福州长乐国际机场起降9.76万架次，比上年增长1.5%；厦门高崎国际机场起降18.35万架次，增长1.9%；泉州晋江国际机场起降3.38万架次，增长3.4%；武夷山机场起降0.58万架次，增长2.7%；龙岩冠豸山机场起降0.16万架次，增长17.8%；三明机场起降0.08万架次。

全省机场全年累计完成旅客运输吞吐量3878.02万人次，货邮50.08万吨，分别比上年增长7.7%和7.2%。其中，福州长乐国际机场完成旅客吞吐量1160.64万人次，货邮12.17万吨，分别比上年增长6.6%和下降4.4%；厦门高崎国际机场完成旅客吞吐量2273.76万人次，货邮32.84万吨，分别增长4.2%和5.7%；泉州晋江国际机场完成客运379.32万人次，货邮4.97万吨，分别增长4.3%和15.5%；武夷山机场完成旅客吞吐量45.57万人次，下降9.4%，完成货邮吞吐量0.09万吨，下降30.97%；龙岩冠豸山机场完成旅客运输吞吐11.71万人次，增长10.8%；三明机场完成旅客吞吐量7.02万人次。

福州航空安全飞行约3.1万小时，比上年增长87.3%；完成运输总周转量2.84亿吨千米，增长1.03倍。民航福建空管分局保障各类飞行23.04万架次。中航油福建分公司保障福州、武夷山、三明机场加油5.06万架次，加油量29.18万吨，分别比上年增长4.8%和10.4%。

【三明机场通航】　2016年3月7日10时35分，满载着158名旅客的吉祥航空公司HO1109航班降落在三明沙县机场跑道上，标志着新建成的三明沙县机场首航成功。在三明机场通航仪式上，受民航华东地区管理局委托，民航福建监管局向福建三明机场有限公司颁发《机场使用许可证》。

三明机场是福建省第六个公共运输机场，占地面积333.33公顷，飞行区等级为4C级，总投资25亿元。它的建成运行，填补了福建省中西部机场的空白，优化了福建省干支线机场的布局，对完善福建乃至海西民航网络布局和交通综合运输体系具有重要意义。

【华东地区航空器海上搜救及调查联合演练】　2016年6月22日，华东地区航空器海上搜救及调查联合演练在福建福州长乐国际机场以南开放水域举行，这是中国民航与海事部门在华东地区首次开展的航空器海上搜救及调查联合演练。由民航华东地区管理局和福建海事局主办、民航福建监管局与福州海事局联合承办。

截至2016年，华东地区共有44个民航机场，其中约一半为沿海机场，每天在沿海起降、飞越的航班总数达2000多架次，福建省内的主要机场为沿海机场，选择在东南沿海开展演练意义特殊。此次演练，共出动9艘各类船舶、1架专业救助直升机和1架水上飞机、两架无人机，演练了“应急响应沟通、落水人员搜救、获救人员转移、飞机黑匣子打捞”4个科目。

【福建省首家非经营性通用航空单位获准登记】　2016年8月29日，福建省长泰连缘通用航空有限公司的非经营性通用航空登记申请正式获得民航华东地区管理局的批准，这是福建省首家获得登记的非经营性通用航空单位。

（江　辉）

【厦门航空】　2016年，厦门航空有限责任公司安全飞行45.3万小时，比上年增长6.9%。完成运输总周转量36.2亿吨千米、旅客运输量2385万人次、货邮运输量22万吨，分别比上年增长12.9%、4.7%和3.8%；完成主营业务收入192.2亿元，增长7.5%；连续30年保持盈利。3月29日，厦航被国务院授予“中国质量奖”，成为福建省、服务业、民航业首家获此殊荣的企业。

2016年，厦航引进20架B737飞机和1架B787－9“金砖梦想号”飞机；与波音签订10架B737和6架B787－9飞机购买协议。完成工程建设投资5.7亿元，在建建筑面积88.2万平方米。正式启用福州新机库和飞行出勤楼，完成翔安生产基地总规划初步讨论及总部大厦施工图设计，取得泉州晋江出勤基地用地。

年内，布置3次安全大整顿，排查问题和隐患389项，制定预防和整改措施53条。加大对安全隐患的防控力度，

2016年12月8日，厦门自贸片区为厦航引进首架波音787－9客机

（厦门自贸片区供稿）

完成13个项目以及64条新开航线的风险评估，并以零不合格项通过首次增强型IOSA复审。率先在中国民航自主完成B787机队发动机的改装工作，排除3台发动机的空停隐患。

新增前十大枢纽机场优质时刻460个/周，新开厦门至墨尔本、温哥华、西雅图3条洲际航线，实现通达欧美澳的战略目标。加密厦门、福州至新加坡、雅加达、吉隆坡、巴厘岛等东南亚航线。优化中转衔接质量，经厦门、福州中转的国际旅客44.7万人次，比上年增长59.7%。

开展"服务质量提升"活动，连续17个季度在旅客服务测评中位列榜首。提升航班运行效率，航班正常率达75.52%，比上年提升15个百分点；公司原因延误航班占比仅为0.37%，保持行业最低水平。在厦门机场实现国际转国际联程行李机坪中转，最快中转衔接时间仅75分钟。推出高端旅客25道网上选餐、机上升舱移动支付、航延自助改期等服务，自助值机办理率提升至44.13%。冠名澳洲羽毛球公开赛，登上德甲联赛直播现场，推出全新国际航线形象"东方面孔"并在纽约时代广场亮相。在天合优享服务测评中，厦航的旅客净推荐值为76%，在天合联盟20家成员航空公司中名列第1位。

（王　露）

【福州航空】　2016年，福州航空有限责任公司运营飞机10架，安全飞行31425小时，总周转量28410万吨千米；运输旅客202万人次，货邮运输12226吨。年销售收入突破10亿元，年平均小时收入近4万元，在福州民航业市场占总份额的17%。

在2016年度华东区域航空安全责任考核评比中，福州航空考核总成绩102分，在华东片区12家运输航空公司中排名第3位，在福建省内得分最高。自福州航空开航以来，已经连续3年在华东区域航空安全责任考核评比中位列福建辖区第1名。

航班正常率提高。2016年，公司长时间延误率（4个小时以上）仅为0.58%，远远低于行业其他公司。公司事故征候万时率为0，未发生安全严重差错事件，未发生各类事故、公司责任事故征候，安全形势平稳。2016年9月22日通过第一轮航空安保审计。

机队规模成倍增长。2016年6月、7月、12月，公司分别完成3架飞机的引进。至年底，福州航空开航两周年即达到10架波音B737－800的机队规模，实现机队规模成倍增长。

开设哈尔滨基地，启动双基地运营模式。6月21日开设哈尔滨过夜基地，公司冬季运行保障能力得到检验，在开航仅两周年便实现双基地运行管理。

航线布局优化。2016年，公司优化航线布局，搭建福州基地骨架航线网络，推进哈尔滨基地航线建设。截至年底，通航33个城市，开通41条航线。

2016年夏秋换季，共有25条航线通过审核进入中国民航2016年夏秋航季飞行计划，比上年同期增加11条，2016/2017年冬春换季，共有29条航线通过审核进入中国民航2016/2017年冬春航季飞行计划，比上年同期增加12条。

福州航旅集团筹建。2016年2月4日，福州市政府和海航集团共同签署《旅游产业战略合作框架协议》，合资成立福州航空旅游集团有限公司。2016年7月20日，完成工商注册登记，取得集团资质营业执照。

维修保障能力提升。2016年2月，民航华东地区管理局批复福州航空更换B737－800飞机CFM56－7B发动机的维修能力，这标志着福州航空具备更换发动机资格，维修能力再上新台阶。

（潘　洵）

水路运输

【概况】　至2016年底，福建省拥有营运船舶1940艘、净载重量931.41万吨位、载客量3.19万客位、集装箱位20.28万标准箱位、功率267.52万千瓦，分别比上年增长－1.0%、4.2%、－0.2%、0.7%和3.3%。从船舶类型看，客船467艘、2.94万客位，分别比上年下降3.5%、0.2%；客货船10艘、净载重量9502吨位、载客量2430客位，与上年持平；货船1454艘、净载重量929.83万吨位、集装箱位20.24万标准箱，增长－0.1%、4.2%和0.7%；拖船5艘、1.49万千瓦，与上年持平；驳船4艘、净载重量6261吨位，艘数与上年持平，净载重量下降2.6%。从航区来看，全省拥有海洋船舶1206艘、净载重量899.18万吨位、集装箱位20.28万标准箱位、载客量2.39万客位，分别比上年增长0.4%、4.3%、0.7%和2.4%。全省拥有内河

2012年6月17日，美国皇家加勒比国际游轮公司旗下"海洋航行者号"经新加坡及香港到访厦门港　（省交通厅供稿）

船舶 734 艘、净载重量 32.23 万吨位、载客量 7974 客位，分别比上年增长 −3.2%、1.9%和 −7.1%。

至 2016 年底，全省共有航运企业 290 家，经营国内航线的有 285 家，其中 20 家兼营国际航线（含港澳台）；国内水路运输服务企业 463 家，其中国内船舶管理企业 68 家；国际船舶管理企业 27 家，国际船舶代理企业 120 家，无船承运人企业 510 家。全年完成旅客运输量 2016.40 万人、2.72 亿人千米，分别比上年增长 1.0%、−4.4%，完成货物运输量 3.17 亿吨、4846.44 亿吨千米，分别增长 11.4%和 12.7%。其中：完成海洋客运量 1769.49 万人、旅客周转量 2.33 亿人千米，分别比上年增长 2.2%、下降 4.4%；全省完成海洋货运量 2.83 亿吨、货物周转量 4829.79 亿吨千米，分别增长 11.7%和 12.7%。完成内河客运量 246.92 万人、旅客周转量 3851 万人千米，分别比上年下降 6.3%和 4.9%；完成内河货运量 3401.05 万吨、货物周转量 16.65 亿吨千米，分别增长 9.3%和 14.0%。

【闽江航运】　2016 年，福建省推进闽江内河航运建设，闽江航运开发一期工程涉及的闽江通海航道三期、闽江干流马尾罗星塔至水口、水口至沙溪口、沙溪口至三明台江等 4 条航道整治工程工可报告行业审查完成，其中水口至沙溪口航道整治工程工可、初设均获批复，闽江干流马尾罗星塔至水口完成初步设计审查；水口坝下水位治理与通航改善工程进展顺利，累计完成投资 4.94 亿元，占总投资 18.2%，其中施工期临时航道工程已完工验收。2016 年，闽江流域旅客运输量完成 58.42 万人、1622.84 万人千米，货物运输量完成 1915.68 万吨、11.06 亿吨千米，分别比上年增长 6.8%、3.1%、32.8%和 26.1%。

【对台航运】　2016 年，福建省沿海港口对台货物吞吐量完成 2123.32 万吨，比上年下降 0.1%；对台集装箱吞吐量 72.56 万标准箱，增长 3.0%。闽台海上客运运营 17515 航次，比上年增长 4.2%，运载旅客增长 13.2%，完成 191.70 万人次，同比下降 1.3%；其中福建沿海与金门、马祖地区直接往来客运航线运营 16959 航次，运载旅客 181.11 万人次，分别增长 5.3%和 0.2%。福建沿海与金门、马祖地区直接往来客运航线 2001 年 1 月开通，至 2016 年底，累计运营 161936 航次，运载旅客 1614.36 万人次。福建沿海地区与台湾本岛地区海上客运直航 2016 年运营 556 航次、运送旅客 10.59 万人次，分别比上年下降 21.1%和 20.8%。福建沿海地区与台湾本岛地区海上客运直航自 2009 年 9 月开通至 2016 年底，累计运营 3429 航次，运送 73.95 万人次。

【船检服务】　2016 年，福建省船舶检验局检验的海船 124 艘、65.19 万载重吨，其中：新开工建造检验的海船 30 艘，23.20 万载重吨；营运检验的海船 94 艘、41.99 万载重吨，其中外挂回归转入福建省地方船检机构检验的海船 92 艘、39.70 万载重吨。

（林伟雯　郑翠微）

港　口

【概况】　2016 年，福建省港航固定资产投资实际开工 12 个项目，完工 8 个项目，完成投资 102.82 亿元，比上年下降 1.4%。其中：沿海码头项目完成 88.64 亿元，比上年下降 2.1%；航道项目完成 12.10 亿元，增长 18.5%；陆岛交通项目完成 1.78 亿元，下降 35.9%；支持系统完成 2850 万元，下降 61.6%。全年新增生产性泊位 12 个，其中万吨级泊位新增 6 个，新增生产性泊位通过能力 1801 万吨，其中集装箱能力新增 4 万标准箱。至年底，全省港口生产性泊位 578 个，其中全省沿海港口生产性泊位 492 个；万吨级泊位 168 个，其中 10 万吨级以上（含 10 万吨）泊位 28 个。

【港口生产】　2016 年，福建省港口生产小幅增长，货物吞吐量完成 5.11 亿吨，比上年增长 1.0%。其中沿海港口货物吞吐量完成 5.08 亿吨，比上年增长 1.0%；外贸货物吞吐量完成 2.03 亿吨，增长 0.8%。从主要港口看，福州港货物吞吐量完成 1.45 亿吨，比上年增长 3.9%；厦门港货物吞吐量完成 2.09 亿吨，下降 0.5%。从主要货种来看，排名前四的货种保持不变，其中煤炭吞吐量完成 6690.06 万吨，比上年下降 10.2%，延续上年下降态势；石油、天然气及制品吞吐量受第一季度古雷石化事故停产影响，全年仅完成 4305.05 万吨，下降 3.1%；金属矿石吞吐量完成 4621.35 万吨，增长 2.4%；矿建材料吞吐量完成 10909.47 万吨，增长 7.5%，其中河沙吞吐量 6130.71 万吨，增长 2.1%。

【集装箱吞吐量】　至 2016 年底，福建省沿海港口集装箱航线 327 条，其中外贸线 138 条、内支线 38 条、内贸线 151 条。与上年底相比，航线增加 37 条，其中外贸线增加 11 条、内支线增加 7 条、内贸线增加 19 条。全年全省集装箱吞吐量完成 1440.16 万标准箱，比上年增长 5.6%，其中外贸集装箱吞吐量完成 871.17 万标准箱，增长 3.1%；内贸集装箱吞吐量完成 568.99 万标准箱，增长 9.7%。内贸集装箱所占全部集装箱吞吐量的比例为 39.5%，比上年提高 1.5 个百分点，集装箱内贸需求恢复。集装箱保持增长的主要原因：一是受各市政策扶持带动作用，集装箱挂靠航线增多，国际中转、内支线中转、内贸中转保持增长；二是 8 月以来，中国进出口总值回升，带动中国出口集装箱综合运价指数平均上涨。

【核心港区建设】　2016 年，福建省核心港区（核心港区范围——集装箱：厦门湾、福州港江阴港区；干散货：罗源湾港区、湄洲湾北岸；液散货：湄洲湾南岸、古雷港区）全年新开工江阴港区8号、9号泊位、湄洲湾港港丰石化仓储项目等8个项目，完工福州港江阴港区12号泊位工程、厦门港海沧港区20号、21号泊位以及古雷港区古雷作业区南一3号、南一4号泊位工程等7个项目，全年完成固定资产投资61.1亿元，占全省港航固定资产投资的59.4%。港口生产集中度提高，重点港区完成的集装箱、干散货、液散货吞吐量分别为1086.63万标准箱、6689.52万吨和3543.33万吨，分别占全省沿海的75.5%、29.0%和75.0%。

2016年，湄洲湾港国投湄洲湾煤炭码头　　（省交通厅供稿）

【海岛交通建设】　2016年，福建省海岛交通完成陆岛码头投资1.78亿元，完成年度计划的103.1%。新开工建设陆岛交通码头8座、建成10座，至年底，全省建成陆岛交通码头254座，保障海岛居民安全、便捷地出行。

【港口腹地拓展】　2016年，福建省贯彻落实《促进航运业发展的若干意见》等优惠政策，经第三方审计，兑付福建省海运集团有限公司等企业促进航运业发展省级专项补助资金（第四批）6500.40万元，促进福建省港口腹地延伸至江西、湖南、湖北、重庆等内陆省份。全年通过海铁联运方式进出全省港口的外省集装箱完成16249标准箱，比上年增长21.4%；国际中转集装箱完成40.04万标准箱，增长22.1%。

2016年福建省沿海港口货物吞吐量情况表

指标	货物吞吐量（万吨）		比上年增长（%）	
		外贸	合计	外贸
合计	50776.09	20343.01	1.0	0.8
进港	32855.91	13504.60	−0.1	−0.9
出港	17920.18	6838.41	3.0	4.8
福州港	14515.66	5883.09	3.9	7.1
进港	9273.74	4391.62	1.1	7.8
出港	5241.92	1491.47	9.3	5.0
厦门港	20910.78	9795.35	−0.5	−4.8
进港	11811.28	4876.63	−1.6	−7.1
出港	9099.50	4918.72	0.9	−2.4
泉州港	7512.27	366.36	0.2	−5.3
进港	5683.32	306.26	1.1	−8.3
出港	1828.95	60.10	−2.6	14.0
湄洲湾港	7837.38	4298.21	0.6	7.4
进港	6087.56	3930.08	0.2	−1.0
出港	1749.82	368.13	1.9	1051.0

注：1. 福州港包括原福州港和宁德港，厦门港包括原厦门港和原漳州港。

2. 湄洲湾港包括原莆田港和湄洲湾南岸港区；泉州港含泉州湾、围头湾、深沪湾3个港区，不含湄洲湾南岸港区。

2016年福建省沿海港口集装箱吞吐量情况表

指标	集装箱吞吐量（万吨）		比上年增长（%）	
		外贸		外贸
合计	1440.16	871.17	5.6	3.1
进港	721.72	436.07	4.1	1.4
出港	718.44	435.10	7.2	4.8
福州港	268.12	153.50	10.4	13.7
进港	136.18	75.98	10.4	15.5
出港	131.94	77.52	10.4	11.9
厦门港	961.37	704.07	4.7	0.6
进港	479.78	351.88	2.7	−1.5
出港	481.59	352.18	6.8	2.8
泉州港	206.49	12.09	3.7	33.4
进港	103.51	7.31	2.7	13.7
出港	102.98	4.78	4.8	81.7
湄洲湾港	4.18	1.51	19.5	43.4
进港	2.24	0.89	19.1	41.2
出港	1.94	0.62	19.9	46.8

注：1. 福州港包括原福州港和宁德港，厦门港包括原厦门港和原漳州港。

2. 湄洲湾港包括原莆田港和湄洲湾南岸港区；泉州港含泉州湾、围头湾、深沪湾3个港区，不含湄洲湾南岸港区。

2016年全省营运船舶运输量、运力表

	运输量				运力		运输量比上年增长（%）				运力比上年增长（%）	
	旅客		货物		载客量	净载重量	旅客		货物			
	万人	万人公里	万吨	万吨公里	客位	吨位	万人	万人公里	万吨	万吨公里	客位	吨位
总计	2016.40	27181	31664.01	48464393	31861	9314097	1.0	−4.4	11.4	12.7	−0.2	4.2
内河	246.92	3851	3401.05	166519	7974	322289	−6.3	−4.9	9.3	14.0	−7.1	1.9
海洋小计	1769.49	23330	28262.96	48297874	23887	8991808	2.1	−4.4	11.7	12.7	2.4	4.3
其中：沿海	1670.22	18687	25426.68	39706054	19924	7036006	2.1	−1.3	11.2	14.2	1.7	8.0
远洋	99.26	4643	2836.28	8591820	3963	1955802	2.5	−15.0	16.0	6.5	6.2	−7.0

（林伟雯　于清波）

邮政业

【概况】　2016年，福建省邮政业务总量完成300.7亿元，居全国第七位，比上年增长38.4%；业务收入（不包括邮政储蓄银行直接营业收入）完成178.5亿元，居全国第八位，增长26.8%。快递业务量完成12.9亿件，居全国第6位，比上年增长45.3%；业务收入完成134.8亿元，居全国第7位，增长33.7%。

【邮政业法规规划体系建设】　《福建省国民经济和社会发展第十三个五年规划纲要》明确支持邮政快递服务能力建设，提出乡乡有网点、村村通快递目标。2016年，福建省邮政部门深化同全省综合交通发展规划、现代服务业、现代物流业等专项规划衔接。三明沙县闽中快递物流园投产运营，推进厦门、漳州、宁德、龙岩等园区建设。发布实施全国首个关于智能快件箱运营服务方面的地方标准——《智能快件箱运营服务规范》，规范智能快件箱的设置、运营组织管理和服务要求。年内，《智能信包箱技术规范》和《快递公共投递服务站服务规范》两个地方标准，通过省质监局立项并获资金支持。

【邮政发展环境建设】 2016年，福建省促进快递业发展，漳州市邮政、快递企业获得补助资金377万元，泉州市快递企业获得快递服务发展专项资金301万元。厦门市出台促进快递与民航产业协同发展意见。莆田市解决850辆快递专用电动三轮车上牌通行问题。三明市会同市商务局申报创建国家物流标准化试点城市，获批两年1.6亿元中央财政物流标准化试点专项扶持资金。

在服务农产品流通方面，莆田局引导企业与海洋渔业、特色农业等合作；厦门快递企业采取种植加工营销一体化发展模式服务辣木寄递；漳州局参与快递服务现代农业示范基地创建，引导企业服务平和蜜柚销售；三明局引导建宁企业服务当地通心白莲、黄花梨、猕猴桃等农产品，沙县快递企业将沙县小吃配料配送全国；宁德局推动建立古田食用菌电子商务创业园。在与制造业协同发展方面，泉州局推动快递＋制造业项目延伸服务领域；莆田局鼓励企业提供仓配一体化服务；厦门局印发加快推进快递服务制造业工作实施方案，快递企业助力翔安“贡香”传统制造业焕发新机；漳州新韵达采取“储销运创”一体化发展模式投资建设产业园。在快递跨境发展方面，泉州局实现“陆地港通关，晋江机场运输”模式，国际快件监管中心开展多式联运、闽台合作测试；厦门局进出境邮件、快件监管中心投入运营，打造厦金台货进口航线平台，实施台湾输大陆商品快速验放机制；福州局进出境快件监管中心运营。

【电子商务与物流快递协同发展】 2016年，福州市作为全国第一批电子商务与物流快递协同发展试点城市，试点工作通过验收，第一批扶持资金1873万元获批准。福州地区“人工（快递公共投递服务站）＋智能（快件箱）”日均快件投递量占比超过20%。泉州市作为全国第2个快递示范城市，市政府出台建设实施方案，设立专项资金，打造快递服务关联产业、快递“向外”创新发展、快递末端公共服务等9个示范项目。厦门市获评“中国快递示范城市”。

【普遍服务保障】 2016年，福建省探索农村电商发展模式。支持漳浦、武平、沙县、建瓯、松溪等地邮政企业参与国家及省级电子商务进农村综合示范县工程，建设县、乡、村三级物流体系。鼓励邮政企业利用邮乐网平台、邮掌柜系统推动邮政农村网点搭载电子商务、普惠金融以及其他便民业务，并依托邮政现有网络，打通“农产品进城，快消品下乡”双向流通通道。

支持智能信包箱推广应用。福州所在地的省、市直机关单位和住宅小区传统信报箱智能升级改造项目获省发改委100万元经费支持。福州市将传统信报箱升级改造为智能信包箱项目列入2016年五城区旧住宅小区综合整治项目；宁德首批智能信包箱投入使用，采取“注册制”动态分配，实现“一户一箱”。

开展普遍服务监督。批准同意邮政企业撤销提供邮政普遍服务的营业场所4个；同意邮政企业停止或者限制办理邮政普遍服务业务和特殊服务业务的营业场所1处，收到备案材料360份。配合国家局开展信函、包裹时限监测和党报党刊投递情况调查。完成监督员调整，发挥社会监督作用。福州、厦门、莆田、南平、宁德、三明实现行政村直接通邮，全省实现民族地区行政村直接通邮。

【寄递市场监管】 2016年，福建省加强寄递市场安全监管顶层设计。推进重点县市邮政监管机构建设，闽侯县、沙县、仙游县、武夷山市邮政管理局获批成立；福安市、福清市、龙海市、石狮市、南安市等同意设立县级邮政监管机构。推进市邮政业安全中心建设，平潭推进实体化运作，宁德市、三明市、漳州市、莆田市、龙岩市等获地方支持，福州市、厦门市分获60万元和258万元专项经费支持。

推广运用实名收寄系统。完善系统功能和基础数据，加快收寄版、市民版、监管版的推广运用，新增公安监管版和国安监管版APP，开发实名收寄系统全国通用版。累计采集实名收件信息2944万条，居民身份证信息384万条，寄件人手机号634万个，注册企业878家、服务网点4418个，登记从业人员5.9万人，单日实名收寄散件量超过26万件，市民版实名注册4.7万人，累计使用专属二维码交寄31万次。

强化寄递安全管理。联合印发寄递物流安全管理专项治理实施方案，落实部门监管责任、属地监管责任，督促企业落实安全生产主体责任。全省配备X光机305台。开展打假打私专项整治“百日行动”。强化机要通信保密安全监管，落实机要通信工作政企会商工作机制。

G20峰会寄递渠道安全保障。G20期间，出动执法检查1620人次，检查寄递企业690家，发现问题276个，立案查处55件。

（郭　淼）

【中国邮政集团公司福建省分公司】 2016年，中国邮政集团公司福建省分公司累计实现业务总收入42.78亿元，比上年增长11.9%。收寄包裹快递业务量5596.78万件，比上年增长52.32%。“双11”期间，全省邮政处理包裹邮件476万件，比上年同期增长142%。全省有邮政金融网点853个、便民服务站两万余个。

与福建省全国电子商务进农村示范县共同推进示范县建设工作。至年底全省建成三明“惠农电子商务双创园”市基地1个、县服务中心5个、乡镇服务站170个、村“福汇店”1.6万个。邮政电商平台共发展农村青年创业者1万多名，为全省450多家中小企业提供线上销售、O2O营销、物流寄递等综合服务，销售福建品牌商品16万种。

2017年度重点党报党刊发行工作取得良好成绩，其中，中央、省级党报党刊实现收订量60.53万份，比上年新增2.4万份。全省机要通信连续11年保持质量安全无事故。2016年，《世界法医学奠基人—宋慈》纪念邮票在南平建阳首发；《中国工农红军长征胜利八十周年》纪念邮票在三明宁化、龙岩长汀两地首发；《中华孝道（二）》特种邮票在三明尤溪首发，《扶贫日》纪念邮票在宁德福鼎首发。参与23个省级扶贫开发重点县扶贫项目，开展福建邮政“精准扶贫，邮乐百村”工程，确定100个重点村开展农村电商精准扶贫试点，组织古田水蜜桃、平和蜜柚、武平芙蓉李、尤溪橘柚、闽清雪柑等水果以及其他农特产品返城销售。

【福州马尾—台湾高雄海运新邮路开通】2016年3月23日，由福建省邮政分公司牵头拓建的福州马尾—台湾高雄海运新邮路开通。马尾—高雄邮路开通后与现有平潭—台北邮路形成互补，避免因台风、春运等客观因素造成的邮路不畅问题，扩大“海空联运”跨境出口通道优势。

【福州进出境快件监管中心启用】2016年6月15日，福州海关在福州进出境快件监管中心举行启用仪式。这是新版全国快件通关系统上线后，福建省首个开通运营的进出境空运快件监管中心。福州进出境快件监管中心位于长乐机场。作为跨境绿色通道，该中心利用机场的直航优势，受理来自美国、澳大利亚、日本、韩国、新加坡、香港和台湾等国家和地区的快件，实现跨境航空快件集中安检、处理，提升快件配送时效。尤其是福州—台北—福州货邮专线，每周执飞5班，还可以台湾为节点带运福州出口发往欧美及亚洲其他国家的邮件、快件，发挥福建对台湾的地缘、物流优势。

【《海上丝绸之路》特种邮票发行】2016年9月10日，《海上丝绸之路》特种邮票首发式在泉州举行。泉州是中国古代海上丝绸之路起点城市，现为海上丝绸之路经贸文化合作先行区的代表城市。《海上丝绸之路》邮票第6枚“海上交通”设计元素包括海丝史迹—泉州东西塔。《海上丝绸之路》特种邮票1套6枚，图案内容分别为：政策沟通、设施联通、贸易畅通、资金融通、民心相通、海上交通等，全套邮票面值7.80元，另发行小全张1枚，售价11.70元。小全张采用六枚联票形式设计，以画面中部的海平面进行串联，将画面分割为前景主体与背景。此外，泉州市邮政分公司还举办“海上丝路　泉州起航—集邮文化会”。

【《福建省邮政普遍服务保障办法》公布】　2016年11月11日，《福建省邮政普遍服务保障办法》公布，于2017年3月1日起施行。

（杨文振）

编辑：郑　莱

2016年福建省交通运输行业发展统计公报

信息业

电子信息制造业

【概况】 2016年，福建省规模以上电子信息制造业完成工业总产值5313亿元，比上年增长11.8%，工业增加值1205亿元，增长12.1%，居全国第8位。全省有戴尔（中国）、宸鸿、宸美、捷联、友达、冠捷、时代新能源、宁德新能源、华映显示、华映光电和省电子信息集团等11家企业销售收入超百亿元。全年全省生产计算机1251万台，手机2568万台，平板显示器3025万台，液晶电视机1011万台，液晶显示屏2.24亿片，液晶显示模组8443万套，锂离子电池9.77亿只，太阳能电池4.3万千瓦，集成电路1.63亿块，打印机168万台。

【新型显示产业】 2016年，福建省新型显示产业主要以中游的模组生产和下游的终端产品应用为主，模组方面，宸鸿科技保持全球触控组件龙头地位，友达光电在巩固传统业务基础上，开始给美国特斯拉公司提供车载用显示屏。面板方面，总投资190亿元的厦门天马微第5.5代低温多晶硅和彩色滤光片一、二期项目建成投产，产品进入华为、OPPO、小米等厂商的供应链。京东方面板项目创造从打桩建设到点亮投产仅用15.8个月的业界全球最快速度，该生产线实现全球首次43英寸10切设计，提高玻璃基板利用率，同时具备业界8.5代线最薄基板直投能力。莆田华佳彩面板项目主厂房封顶，12月底完成装修。下游的冠捷的液晶电视、捷联的显示器以及万利达的手机等终端应用企业加大研发创新，开发适应消费者对智能电视、高清晰4K和曲面手机的消费需求。

【集成电路产业】 2016年，福建省集成电路产业的上游IC设计业领域，瑞芯微进入14纳米国际先进工艺阵营，通过与ARM、Google、Intel等国际大公司合作，研发推出VR设备、IOT智能硬件、智能电视、WIFI/蓝牙音频解决方案等新产品。厦门紫光集成电路设计产业园发挥紫光展锐等龙头企业作用，开发5G/4G、移动智能终端、网络通信、安全监控、存储器等应用领域的关键芯片。中下游高端集成电路制造领域取得重大突破，厦门联芯12英寸项目于11月16日投产；福联砷化镓项目进展顺利，主要设备12月份进厂安装；晋华存储器项目一期开工建设，签订部分设备租赁合同；三安光电芯片产业化一期项目和砷化镓项目建成投产。

【计算机和网络通信产业】 2016年，福建省生产计算机1251万台，比上年增长5.2%；手机2568万台，增长20.3%；平板显示器3025万台，增长4.9%；打印机168万台，增长16.8%。计算机和网络通信产业主要集中在福州马尾、福清融侨、厦门火炬高新区、漳州开发区、泉州丰泽高新区、漳州南靖高新技术产业园等产业集聚区。戴尔公司是国内最大的计算机和笔记本电脑厂商之一，星网锐捷的下一代网络交换机、瘦客户机等达到国内领先水平，全年销售230多万台，爱普生的针式打印机凭借稳定耐用、高速高效等优势，多年位居全国市场前列，全年销售50多万台。新大陆的二维码识读设备销售300多万台，位居国内市场第1位。

【LED产业】 2016年，福建省三安光电、乾照光电在上游外延片、芯片领域加大研发投入，开发新产品，保持全国领先地位，产销量分别比上年增长1.1倍和1.7倍。在下游的照明应用领域，室内照明方面，主要以照明球泡灯和灯管制造为主，立达信、阳光恩耐、海莱照明、通士达等企业的产品出口居全国前列，其中立达信进入中国照明百强榜前列，全年实现收入比上年增长38%；显示屏方面，强力巨彩公司加大“千店万点”销售渠道建设，取得明显成效，全年产品市场占有率仅次于利亚德光电，位居全国第2位。

【锂电池产业】 2016年，福建省锂电池产业在上游领域，厦门钨业居全国正极材料第3位，产品涵盖钴酸锂、三元材料、锰酸锂和磷酸铁锂等。在中下游领域，宁德新能源消费类锂电池产量跃居全球第1位，是苹果手机全球主要锂电池供应商；宁德时代新能源动力电池产量跃居全球第2位、全国第1位，也是全国仅有的两家百亿级动力电池企业之一（另一家为比亚迪）。飞毛腿电池作为全国锂电池领域设计能力最强、配套能力完善的专业锂电池模组制造商之一，是华为、小米等手机的一级供应商。猛狮新能源一期项目于2016年第四季度建成投产，正在实施总投资12.5亿元的二期项目建设。

【电子信息制造技术创新】 2016年，福建省厦门天马微一、二期项目相继建成投产，是国内第一条LTPSTFT—LCD厂线，可作为下一代平板显示—有机发光显示的基板，广泛应用于高端智能终端设备、车载显示等领域。京东方福清8.5代项目首次采用全球43英寸10切设计先进工艺技术。厦门联芯12英寸集成电路项目提前建成投产，填补福建省没有高端产品的空白。瑞芯微公司连续9次获得“中国芯”评选最高荣誉。上润公司与华为合作建设的NB—IOT商业实验局率先落地福建省，并在福州部分地区开展“智能水务”试点。联迪商用的电子支付产品被誉为中国金融第一品牌，连续多年进入国内各银行的金融设备采购，跻身全球十大POS机供应商之列，位居国内市场第1位。

【重点项目和园区建设】 2016年，福建省产业补链工程取得实效。厦门天马微二期6代低温多晶硅（LTPS）TFT—LCD及彩色滤光片、京东方8.5代液晶面板线、厦门联芯12英寸集成电路生产线、三安光电砷化镓集成电路等项目顺利建成投产。莆田华佳彩6代中小尺寸面板线、晋华存储器、福联砷化镓、时代新能源、猛狮科技新能源一期、兆元光电一期、龙岩中晶科技的PSS一期、开发晶、乾照光电的高亮度芯片等项目建设进展顺利，或部分建成投产，带动产业进一步发展。

产业园建设加快，厦门三安光电外延片项目，一期建成投产，二期正在施工中。福清融侨开发区以京东方8.5代面板为龙头，吸引林德特种气体、韩国东进高纯度工业化学品，东旭光电8.5代玻璃基板和偏光片等配套企业落地建设。宁德东侨开发区以时代新能源和宁德新能源两家企业为龙头，延伸拓展产业链，已有厦钨新能源、宁波杉杉、东莞卓高等配套项目落地建设，培育新能源锂电池千亿元产业集群。

（郑育忠）

软件和信息技术服务业

【概况】 2016年，福建省软件和信息技术服务业预计实现业务收入2158.3亿元，比上年增长18.5%，比全国平均增速高3.6个百分点。从业务类型分列看，软件产品收入792.9亿元，占软件业务收入的36.7%，增长18.9%；信息技术服务收入1133.6亿元，占软件业务收入的52.5%，增长18.7%，其中集成电路设计91.75亿元，占软件业务收入的4.3%，增长30.2%；嵌入式系统软件收入231.8亿元，占软件业务收入的10.7%，增长16.3%。软件行业在中高速增长水平上实现平稳发展，产业规模位居全国第8位，比上年提高1位。年内，全省软件产业向服务化转型调整，信息技术服务整体表现优于软件产品，信息技术服务收入占软件业务总收入比重超过52%，IT服务迎来高速发展时期。

【软件产业区域分布】 2016年，福建省得益于福州、厦门两市创建“中国软件名城”和获批“中国服务外包示范城市”，以及软件园区的聚集效应，福州、厦门继续占全省软件业产值的90%以上。

【软件骨干企业】 2016年，福建省骨干企业快速增长，福大自动化、星网锐捷、新大陆、国网信通等4家企业入选2016年（第15届）全国软件业务收入前百家企业；福大自动化入选2016年（第30届）中国电子信息百强企业。福大自动化、星网锐捷、国网信通亿力科技、新大陆、国脉科技、福富软件、瑞芯微等7家企业被纳入工信部2016—2017年软件和信息技术服务业重点联系企业名单。在工业互联网、移动互联网、行业应用解决方案、应用软件、IC设计等领域福建省多家企业产品或技术全国领先。

（瓮红利）

数字福建

【概况】 2016年，福建省基本完成省级数据中心整合任务。省直74个部门数据中心（含机房、服务器等）向数字福建云计算中心整合迁移，为实施政务信息资源登记管理、汇聚共享创造条件。出台《福建省政务数据管理办法》，成立福建省大数据管理局，健全数据资源统筹管理和开发利用的组织保障。实施省级政务数据整合汇聚与共享应用工程（一期），数据汇聚系统已经上线试运行。

年内，研究起草并经省政府审定印发《福建省“十三五”数字福建专项规划》《关于积极推进“互联网＋”行动的实施方案》《福建省促进大数据发展实施方案（2016—2020年）》《关于加快物联网产业发展八条措施的通知》等文件，为加快发展营造良好的政策环境。

【互联网经济】 2016年，福建省互联网经济发展基础进一步夯实，数字福建（长乐）产业园和中国国际信息技术（福建）产业园总投资和注册资金均超百亿元，入驻企业超百家。国家卫计委支持福建省和福州、厦门作为健康医疗大数据中心与产业园建设国家试点工程第一批试点省、市。全年有23个省级互联网孵化器通过认定。

建成覆盖国民经济和社会生活主要领域的公共服务平台体系。在9个优势产业集群比较发达的县（市、区）开展“互联网＋”区域化链条化试点。扶持重点领域互联网公共服务平台。各领域加快建成一批互联网平台，跨境电商、分享经济、动漫游戏等领域涌现一批行业性“小巨人”，互联网应用新旧业务更迭加快。

大数据和VR应用取得突破性进展。启动建设中国·福建VR产业基地。推出首批重点领域大数据应用服务包，启动实施交通、工商、食药监、环保等部门应用试点。在数字福建重点领域发布VR应用服务包；在文化、住建、科协等领域启动建设23个VR体验馆并开发相关VR内容；启动实施医疗、教育等6个行业VR应用试点。

招商引资和吸引社会资本参与互联网经济发展。与腾讯、暴风影音、360等10多家互联网巨头签订战略合作协议或合作备忘录。争取“互联网+”重大工程国家专项建设基金并获得10.48亿元支持，设立省互联网经济基金。举办互联网经济专题展、重点项目招商融资对接会等系列活动，包括世界500强企业在内的行业龙头和知名创投与福建省相关企业签订合作协议。支持30名互联网经济优秀人才创业启动；举办福建省互联网经济创业创新大赛，共有1236个项目参加；组织千人互联网经济领军人才培训，全年培训互联网从业创业人员16.08万人次。

【信息化建设应用】 2016年，福建省建设一批重点应用工程。信息基础网络及公共平台全年完成投资159亿元，占年度计划的106.8%，超额完成年度投资任务。工信部批复同意设立福州国家级互联网骨干直联点。依托中国国际信息技术（福建）产业园，统筹建设数字福建异地灾备中心（一期）；依托数字福建（长乐）产业园，建成数字福建云计算中心（政务云、社会企业云）一期工程。启动建设19个原中央苏区县农村超高速无线局域网试点项目一期工程、数字福建无线政务专网、电子政务认证服务平台等项目。启动建设一批卫星应用基础设施，包括政务空间信息云服务公共平台、高分辨率对地观测系统福建数据与应用中心以及福建省卫星应用工程研究中心等。引入社会资本建设多卡融合公共平台、视频能力服务公共平台、1.4G应急宽带集群网等项目。推进国家企业信用信息公示系统（福建）、公共资源交易服务和监督平台、省危险物品一体化安全监管信息平台等建设；实施省优质教育资源共享支撑工程，启动教育内容运营PPP项目。

2016年9月19—20日，2016中国福建互联网大会暨国家网络安全宣传周福建专场启动仪式在厦门举行 （省通信管理局供稿）

【信息公共服务能力建设】 2016年，福建省启动建设省级网格化服务管理平台，基本建成平潭综合实验区网格化平台，在融合性、服务能力、运营机制等方面做出积极的创新。梳理下沉社区服务事项，确定省市部门首批纳入社区综合窗口受理事项40项，涉及卫计、民政、人社、司法、住建、公安、公交等单位。建设社区综合受理平台，在福州市、莆田市基本建成社区综合受理平台以及市民主页平台，并与部门业务系统对接，支持多部门业务的一窗受理。推进电子证照生成应用，全省累计生成电子证照410多万本，通过电子证照共享，简化公众现场窗口办事中纸质材料提交，同时利用电子证照推行全程网办。

（王爱萍）

通信业

【概况】 2016年，福建省基础电信企业完成业务总量1259.6亿元，比上年增长46.6%；完成业务收入444.5亿元，增长3.7%，其中非话收入达350.71亿元，占全部业务收入比重达78.9%。完成固定资产投资122.0亿元。基础电信业上缴税费35亿元，比上年增长7.4%。全省电话用户总数达4974.7万户，减少67.8万户，电话用户普及率达129.6部/百人，其中4G用户2567.0万户，新增1024.6万户。固定宽带用户1144.6万户，新增99.8万户；移动互联网用户3267.5万户，新增219.3万户。固定宽带家庭普及率达77.2%，移动宽带用户普及率达78.6%。全省移动互联网接入流量达30358.9万GB，比上年增长1.11倍，全省互联网重点企业营业收入597.4亿元，增长20.5%。其中互联网业务收入432.7亿元，比上年增长23.4%。全省互联网重点企业中上市企业为11家，总市值805.5亿元。增值电信企业达844家，新增185家。

【信息化基础设施建设】 2016年，福建省互联网宽带接入端口总量达2380.1万个，比上年增长25.5%。其中，光纤接入（FTTH/0）端口达1598.0万个，占67.1%。所有设区市和平潭综合实验区均达到光网城市标准；福州、厦门、泉州、莆田、平潭等“宽带中国”示范城市的宽带用户平均接入速率超30Mbps，其他城市宽带用户平均接入速率超20Mbps。移动通信基站达21.9万个，比上年增长17.3%，其中4G基站10.1万个，4G网络覆盖所有行政村，4G网络人口覆盖率超过95%。全省实现手机上网综合平均资费和单位宽带综合价格下降15%以上的目标。全省域名总数达509.59万个，居全国第3位；网站数量达28.59万个，居全国第5位。

【通信网络与信息安全】 2016年，福建省基础网络运行总体平稳，互联网骨干网络各项监测指标正常，未发生较大及以上网络安全事件。全年审核网站备案9万个，清理不准确备案信息9.3万条，网站备案率达99.99%，网站备案主体信息准确率达92.5%。开展不良网络信息和网络环境综合治理，省通信管理局依法关闭网站124个。防范和打击通讯信息诈骗专项行动取得阶段性成效，全省电话用户实名登记率达100%，全年检查网点1.68万个，关停语音专线781条，关停回收“400”号码1.89万个，配合公安机关封堵涉案电话号码18.71万个。协同开展互联网金融风险专项整治行动。清理处置木马僵尸网络控制端感染IP 7441个、受控端感染IP 10.18万个、飞客蠕虫感染IP 8.46万个，发现和处置省内重要信息系统网络安全事件1690起，35.56万款应用程序纳入检测平台，下架2813个移动恶意APP。

【通信行业管理】 2016年，福州国家级互联网骨干直联点获工业和信息化部批准建设，福建省政府与中国电信、中国铁塔签订战略合作协议。省通信管理局实施宽带提速降费、缩小数字鸿沟、重点项目攻坚、创新宽带应用、产业协同发展等五项行动。

完成设区市主城区通信基础设施专项规划编制，超过50%的县（区）启动专项规划编制。开创“数字福建·宽带工程”建设新局面。实施信息扶贫攻坚计划，开展缩小数字鸿沟行动，三明、南平、龙岩、宁德（不含海岛）、莆田（不含海岛）等5个地市被纳入电信普遍服务试点地市，支持加快4578个行政村光纤建设和升级改造。

2016年6月15日，2016海峡两岸“互联网+”应用交流论坛在福州举行

（省通信管理局）

促进互联网经济创新发展。参与举办“6·18”互联网经济馆，开展产业协同发展行动，壮大现代信息服务业规模。推动窄带物联网先行试点，在福州开通全国首家窄带物联网规模化商用局。推进三网融合，培育发展物联网产业，物联网终端用户达511万户。举办海峡两岸“互联网+”应用交流论坛。

推动民间资本进入电信领域。宽带接入网试点城市范围扩大到全省，7家企业获批开展宽带接入网试点业务，试点企业完成固定资产投资8.5亿元；28家企业获批在闽开展移动转售业务，用户数达134.23万户。增强应急通信保障能力。全年累计投入各类保障人员8.89万人次、车辆（设备）9.3万辆（台）次，发送各类预警公益短信2.8亿条。

规范和治理校园电信市场，加强移动通信转售企业管理，整治“170”号段垃圾短信和骚扰电话，完成厦漳泉通信资费同城化评估工作。推进电信基础设施共建共享，开展安全生产标准化建设提升工程三年行动。

（吴江波）

【中国电信福建分公司】 2016年，中国电信福建公司营业收入138.5亿元，超额完成全年预算目标；服务用户2711万户，包括天翼移动961万户、宽带723万户、固话762万户、互联网电视（ITV）265万户，企业规模进一步扩大。

信息基础设施全面升级。2016年投资50亿元，推进“宽带中国·光网城市”工程，确保福建省信息基础设施全国领先。建成“全光网省”，全省电信光宽带端口占比达97%、光宽带用户占比达95%，分别超过全光网省标准17个百分点和5个百分点。加快宽带提速步伐，宽带用户平均速率达48.6兆，比上年底提升23.3兆，处于全国先进水平。全省启动建设试点18个“千兆光宽带小区”。实现“村村通4G”。建成4G网络4万个室外站点、室分系统7000套、总载扇9.7万个，4G网络覆盖行政村以上区域，以及高铁、高速、主要景区，同时启动800M低频网络建设，打造更高品质的4G网络。4G用户户均流量超过1个G，达1226M。升级云计算设施。拥有技术设备最先进的IDC星级机楼10座，可提供1.1万多个标准机柜，IDC出口带宽7440G，占全省出口总带宽的80%以上。建立完善的信息安全体系，服务器防攻击能力达到1000G，信息系统安全防护达到国家要求的高等级标准，打造信息安全的铜墙铁壁。

发展“互联网+”。落实福建“互联网+”行动方案，推进互联网与经济社会各领域的深度融合，深化“数字福建·智慧城市”建设。推进社会各领域各层次智慧应用，在智慧政务、交通、旅游、税务、民政、医卫、教育、农业等行业都取得成果，服务各行各业信息化形成标杆。发展物联网，结合全省各地产业特色，推广车联网、数字对讲、智能POS等物联网应用，全年发展物联网用户超百万户；自主开发并培育爱城市、鹰眼舆情、天翼极速、上网助手、通信能力开放等的业务。

通信保障有力。2016年抗灾抢险中天翼网络保持99.5%的接通率（即1000个移动电话，接通995个）。配合开展防范打击通讯信息诈骗专项行动，提前完成在网用户实名率100%。

（何其钦）

【中国移动福建公司】 2016年，中国移动福建公司客户总数超过2600万户，其中4G客户突破1600万户，市场份额保持主导地位；运营收入超过237亿元，收入规模排全集团第9位，收入增幅领先行业平均增长水平；上缴各项税收28.67亿元，缴纳税收占全省通信行业的82.24%，税收贡献位居省内国有企业前列，累计向地方缴纳税收超过270亿元。

推动网络升级。推进具有自主知识产权的国际第四代移动通信技术标准TD－LTE的发展，全年新建4G基站1.6万个，4G站点总数超过6万个，实现乡镇及以上行政区域连续覆盖、行政村100%基础覆盖，4G网络人口覆盖率达98%，成为全省规模最大、覆盖最广的4G网络，4G平均下载速率达到36M，约为3G的26倍、2G的100多倍。开展光纤宽带建设，加快电信普遍服务工程，100%完成ADSL小区改造，全省宽带网络端口数达到700万个，端口覆盖率达89%，光纤宽带基本覆盖全省所有行政村，并具备100M接入能力。优化骨干传输网络，福建成为中国移动互联网（CMNet）16个骨干核心层节点之一。加快5G技术试验和窄带物联网建设步伐，在福州设立全国首个5G－NB－IoT开放实验室，福州成为全国蜂窝物联网4个技术试点城市之一。截至年底，物联网客户达到518万户，排全集团第2位。

2016年12月9日，中国电信华东区应急通信联合演练在福州举行

（省电信公司供稿）

“数字福建”建设。利用云计算、大数据、物联网等新技术，推动各行业信息化建设。打造全国唯一、行业领先的“数字福建”无线政务专网，建成全国第一个政务外网云平台，为各级政府部门提供高效、安全的电子政务服务。开发“掌上公交”平台，为560万名市民提供一站式公众出行信息服务，成为全国用户规模最大的公交查询类互联网应用。福建手机营业厅用户规模达到1227万户。全集团最早开展大数据建设运营，开展路网运行监测及分析决策大数据应用服务，研发“动态人员流量大数据分析平台”，及时发布监控区域人员流量数据分析结果，为政府规划、社会治理、应急处置提供有力的数据支撑。开发运营福建“和教育”平台，平台资源覆盖K12阶段全部学科，拥有1600本数字教材、5000多个精品微课，各类教学资源96万件。建设基于“和健康”的福建省居民健康综合服务平台，面向全省3800万常住人口提供健康服务。

履行社会责任。累计投入400多亿元，推动全省信息化建设，带动全省上下游产业链产值230多亿元，累计为社会提供直接就业岗位5万多个，带动相关产业链创造间接就业机会15万个。开展“提速降费”工程，推出厦漳泉同城资费一体化，降低流量资费，手机上网流量单价比上年下降51%，国际漫游流量套餐资费下降70%，手机用户平均每月使用流量超过1.1G，比上年翻一番。落实手机实名制要求，手机用户实名率达100%。严密防范、打击通讯信息诈骗，全年拦截虚假呼叫1017.6万次，拦截国际诈骗电话1303.4万次，配合公安机关关停涉嫌违法电话号码2745个、破获伪基站案件184件。完成防汛抗台、大型事件应急通信保障任务103次，出动应急保障人员17843人次、保障车辆8239辆次，完成“5·8”泰宁滑坡、第1号台风“尼伯特”、第14

2016 年 11 月 10 日，中国移动福建公司建设“海西呼叫中心”，为政府、公共事业服务部门、企事业单位提供系统支撑、台席外包等呼叫服务和更高等级感知的视频服务，帮助福州中小企业降低运营成本、提高品牌名誉度和客户服务水平。图为签约现场

号台风“莫兰蒂”、第 17 号台风“鲇鱼”和中国投资贸易洽谈会、厦门国际马拉松赛等重特大通信保障事件，确保移动通信通畅。公司被评为 2015—2016 年全国信息通信行业信用建设先锋企业。

（许 婕）

【中国联通福建省分公司】 2016 年，福建联通实现主营业务收入近 60 亿元，实现利润 2.5 亿元，利润规模和收入利润率在集团公司排名南方第 4 位，收入 EBITDA 率排名南方第 2 位，公司整体盈利能力在南方保持领先；4G 发展综合排名全国第 3 位；流量市场份额定比年初提升 7 个百分点，达到 26.8%，公司市场价值得到显著提升。

实施聚焦战略成效显著。推动公司线上线下资源整合，实现 4G 业务快速增长。4G 业务规模发展。用户市场份额定比年初提升 2.54 个百分点；4G 渗透率达到 48.2%，在联通全集团排名第三。流量规模迅猛增长，成为公司收入增长的主引擎。手机流量消费总规模达到 6550 万 GB，比上年增长 1.25 倍；4G 用户 DOU 值比上年翻一番。创新业务拉动发展转型升级。创新业务收入比上年增长 12%，占公司增量收入贡献的 42.8%。聚焦产业互联网和平台建设，云数据公司厦门研发中心获批筹建，全国首个 NB－IoT 规模化商用网络在福州开通。与福建电信开展深度合作，全年节约投资近 4000 万元，双方试点营业厅双向开放进驻；与福建广电网络合作迈出实质步伐，双方联合在全省发布“沃爱家”融合产品，以优质的融合产品惠及百姓。

服务能力迅速提升。全年新建自有营业厅 240 个，总规模达到 500 个；核心商圈渗透率定比年初提高 28 个百分点，达到 98%；自营厅 4G 产能定比年初提升 2.13 倍，为实现专业化、连锁化、标准化运营打下基础。沃店总数达到 3876 个，社会渠道有效规模达到 7467 个，实现 4G 产能定比提升 76%；推进战略渠道突破，合作网点达到 3347 个，渗透率 44%；创新社区沃店建设运营模式，全业务社区沃店达到 285 个，成为贴近家庭市场的营销服务桥头堡。加快网络建设，优化网络质量，4G 网络市场竞争力保持领先。截至年底，累计建成 3G/4G 基站 6.67 万个，其中 4G 基站 2.67 万个，聚焦区域 4G 网络实现赶超，全省 3G 底层覆盖网基本完善，行政村覆盖率达到 92%，4G 人口覆盖率达到 90%，聚焦区域人口覆盖率达到 95%；全省 50M 以上宽带接入端口占比超过 95%。调整网络结构，网络结构得到优化，全年节省网运成本 1.16 亿元、节约投资 1000 多万元。

（柯 研）

2016 年第 1 号台风“尼伯特”造成全省通信网络受损严重。福建联通全力开展台风防御抢险保通信工作 （中国联通福建分公司供稿）

无线电管理

【概况】 2016 年，福建省许可无线电频率审批 107 件，无线宽带接入频率成为主要使用需求。截至年底，全省无线电台站超过 31 万个，无线电台站数量和分布密度居全国前列（不含手机和公众移动通信终端），每平方千米 2.5 个。新增台站中以 4G 公众移动通信基站数

量为最多，达到5.6万个。完成119个型号无线电发射设备初审转报、208台套无线电发射设备型号核准检测，分别比上年增长50.6%和1.08倍。

【无线电监测】 2016年，福建省动用各类无线电监测站83座、监测车9辆，累计监测时长超过1.5万小时，采集监测数据超过7000G容量，梳理移动通信基站数据超过27万条、卫星地球站数据243条，从时域、频域、空域等维度，完成全省公众移动通信频谱使用报告，全面评估福建省公众移动通信和卫星通信频谱使用情况，为国家以"5G"为代表的下一代移动通信技术及产业发展，划分适合的频谱资源提供研究数据。

【无线电行业监管】 2016年，福建省完成无线电管理行政和执法职权梳理，保留6项行政审批类事项、两项公共服务类事项、1项其他管理类事项、34项行政处罚职权、4项行政强制职权和1项行政征收职权，完成权力清单、责任清单公布；清理前置审批项目、前置中介服务项目和收费审批事项。以公众移动通信和卫星通信为重点，开展频谱使用评估专项活动；向国际电信联盟（ITU）注册登记卫星地球站，为福建省重要无线电台站免受域外国家和地区干扰争取国际权利；对福州地铁6号线提出在无线控制系统使用频率和技术体制方面需要注意安全隐患的工作建议；为沙县机场雷达和导航台建设、莆田机场选址开展电磁环境监测，并提供技术数据供决策参考。

（肖经思）

【无线电监督检查】 2016年，福建省受理各类无线电干扰投诉83起，查处83起，查处率100%；开展无线电监督检查行政执法297天次，出动1435人次，检查382个设台单位（或个人），发出责令改正通知书43份，立案查处25件，没收设备202台（套），罚款3.2万元。全省累计监测"伪基站"、调频广播频段时长分别达4000多小时和3万多小时。与公安、广电等部门开展联合执法42次，183人次，查获"伪基站"57台，"黑广播"23台，协助公安部门鉴定"伪基站"设备130部。重点检查是否生产和销售涉嫌用于设置"伪基站""黑广播"的无线电设备，G20杭州峰会保障期间，全省启用固定站24个、小型站99个，动用无线电保障车辆27部、监测设备45台，参与保障的工作人员达127人。组织保障高考、公务员招录、司法等重要考试12场次，发现可疑作弊信号8个，实施无线电技术阻断4次，现场查获作弊案件1件。开展无线电知识和法规宣传，发放无线电管理宣传手册450余本、纪念品500余个，回答群众咨询350人次；

（陈沁一）

编辑：郑 菜

《福建省促进大数据发展实施方案》

商贸流通服务业

综　述

【概况】　2016年，福建省实现社会消费品零售总额11674.5亿元，比上年增长11.1%。分商品形态看，餐饮收入额1221.1亿元，增长9.1%；商品零售额10453.4亿元，增长11.4%。从商品结构看，信息消费保持快速增长，限额以上网络零售额543.2亿元，增长46.7%，拉动全省限额以上社会消费品零售增长3.3个百分点；计算机类零售额35.9亿元，增长79.7%；通信器材零售额122.3亿元，增长31.5%。享受型发展型消费持续增长，服装鞋帽类零售额666.4亿元，增长28.3%；金银珠宝类零售额159.4亿元，增长26.6%；家具类零售额151.2亿元，增长15.9%；体育娱乐用品类零售额17.5亿元，增长11.4%。汽车类消费回升，石油类消费仍较弱。汽车类零售额1456.5亿元，增长11.7%，增长4.5个百分点；石油及制品类零售额618.1亿元，下降6.7%，降幅较前三季度收窄0.6个百分点。肉菜市场运行基本平稳，蔬菜批发市场交易量基本持平，猪肉批发交易量下降8.9%。

【内贸流通改革】　2016年，福建省人民政府办公厅出台《关于印发推动实体零售创新转型实施方案的通知》，推进厦门市内贸流通体制综合改革试点、福州市商务综合行政执法体制改革试点，加强指导，形成可复制、可推广的经验，在福州、漳州开展公益性农产品批发市场试点建设。努力培育新的消费热点。完善中小商贸流通企业服务体系，开通公共服务平台网络信息系统，入驻34个专业服务机构，开展第二届小商贸流通企业服务节系列活动，加强融资对接，年服务企业1200家次。建立健全商贸行业安全生产责任体系，推进商贸企业安全生产标准化建设，完成47个商贸企业二级达标评审，实现全省应达标商贸企业100%达标。《厦门老字号保护发展办法》作为全国第一部促进老字号保护与发展的地方性法规，于2016年12月批准通过。下放报废汽车回收企业审批、成品油审批、拍卖审批等行政许可事项。

【批发零售业】　2016年，福建省批发业销售额20589.7亿元，比上年增长11.6%；零售业销售额11507.5亿元，增长12.4%。完善流通基础设施，支持城乡菜市场、农产品批发市场等各类商品交易市场项目25个；推动海峡农副产品物流中心和福建海峡两岸农产品物流城两个大型公益性农产品批发市场试点建设。推进闽货进中石油、中石化加油站便利店销售，全年销售货值累计1.1亿元。开展大型零售企业增长销售闽货奖励政策，促进闽货销售，推动闽货增量销售。新增商业特许经营备案企业15个，累计达140个，居全国第六位。

（赖忠超）

【市场应急调控保障】　2016年，福建省城市副食品调控基地总数368个，其中生猪基地148个、蛋禽基地59个、蔬菜基地161个，基地产品上市量分别为：生猪365万头、蛋品7.2万吨、蔬菜128万吨，分别占城镇需求量的29%、27%、26%。扶持93个省控基地开展基地规范化、品牌体系、直销体系改造建设，带动基地投资1.3亿元，提升基地生产管理水平。保障节日市场和灾期市场供应。春节期间，从增加市场供应和调控市场价格两方面入手，保障节日期间全省蔬菜市场供应稳定。7月，闽清、永泰县遭受“尼伯特”台风灾害期间，组织永辉超市在两县12个重灾乡镇设立商务系统平价食品供应站，开展市场应急保供，共组织向灾区发车77辆次，发送生鲜96吨、食品用品8800件，售出商品117万元，服务灾区群众近4万人次，保障灾区群众粮、油、肉、蛋、菜及日用品的应急需求。9月，第14号强台风“莫兰蒂”登陆厦门，组织协调南平、三明、龙岩、福州市对接厦门市做好厦门市灾后蔬菜市场供应保障。提升市场应急保障能力。全年安排落实3批次每批2万头省级生猪活体储备任务，确保应急时调得动、用得上。建立全省应急保供企业53家，应急商品涵盖肉、蛋、菜、粮、油等生活必需品。

（甘代明）

追溯体系建设

【概况】 2014年，福建省商务厅开始对全省肉品质量安全可追溯系统进行升级改造，更新轨道秤、电子秤、查询机等旧设备，陆续完善报表管理、价格监测、执法监督、设备管理等子系统，完成福建省肉品追溯微信公众号平台建设，提升全省肉品质量安全管理水平。2015年以来，为推动全省商务流通企业开展质量安全可追溯体系试点建设，对商务流通领域贯彻实施省政府办公厅实施方案、企业建立追溯系统进行宣传和指导。截至2016年底，有41家企业开展追溯试点建设，计划2017年在全省逐步扩大试点范围，培育示范典型企业。

支持地方开展中药材追溯体系建设。柘荣县是省政府扶贫挂钩点，当地盛产中药材太子参，将中药材追溯项目列为扶贫开发项目。对柘荣县开展中药材（太子参）流通追溯体系项目建设给予300万元资金扶持。目前该项目已进入设备安装调试阶段。

【追溯体系建设监管】 2016年，福建省通过建立省商务市场秩序（12312）管理平台，以“互联网＋政府服务平台”方式，形成政府与企业间良性互动。通过大数据分析，提升政府部门对相关产品跟踪的监管效率，同时促进企业提高信息化管理水平，规范企业生产经营行为，强化责任意识，提升企业品牌形象，促进企业做强做优。

加强管理，搭建省级追溯管理平台。为汇集全省追溯信息并建设市县追溯信息查询与统计分析功能，同时向上对接商务部流通追溯中央管理平台，经过一年的筹备工作，全省商务市场秩序管理平台项目建设完成招投标工作，并与中标单位签订建设合同。至年底，12312举报投诉语音系统设备安装、调试及市级工作人员培训基本完成，追溯系统管理平台一期建设进入验收阶段。

政府扶持，鼓励企业建立追溯系统。将追溯体系建设由政府主导逐步转向企业自主建设为主，政府财政资金按企业建设投资的50%给予奖励，最高不超过50万元。鼓励产品优良、重诺守信的企业建立追溯系统，用信息化手段规范生产、仓储、销售及流通全过程。企业追溯数据归集到省管理平台进行发布，供消费者查询。

（唐　薪）

粮食市场

【粮食收购】 2016年，福建省早、中晚籼稻最低收购价参照国家标准执行，分别为每50千克135元、138元，维持上年水平。制定出台全省早、中晚籼稻最低收购价执行预案，由于早籼稻市场价格高于省定最低收购价，中晚籼稻各级储备订单均按138元/50千克收购，带动其他收购主体也按138元/50千克收购。2016年全省下达并落实到农户的储备粮订单收购计划为26万吨，直接补贴标准为每50千克12元。2016年全省各类粮食企业收购粮食总量51.36万吨，其中储备粮订单收购37.17万吨，发放订单补贴8920.8万元。

【产销协作】 2016年6月18—21日，第十二届粮食产销协作福建洽谈会在福州举办。新增内蒙古自治区政府为主办单位，共吸引全国各地的1138家粮食企业和科研院校3200多名代表参会，共签订粮食购销合同631.73万吨，征集粮食科技项目成果295项，对接科技项目26个，被60多个省内外主流媒体报道。会议期间，举办“6·18”粮油产品及技术设备展，展馆面积达4500平方米，分“十一省（区）展区”“粮油精品展区”“中粮集团展区”“粮油科技展区”“粮油设备技术展区”五大板块，有237家企业参展；举办粮食供给侧结构性改革论坛、“一带一路”经贸“6·18”洽谈会、粮油科技和设备技术项目推介会、粮食食品安全宣传周活动启动仪式和吉林大米福州推介会等系列活动；邀请国内知名的粮食科研院校发布科学研究成果，进行科技项目成果推介。

【粮食增储落实】 2014年国家发改委、粮食局等四部门核定福建省地方储备粮总规模为360万吨，全省标准化储备仓容缺口大，建库任务重、难度大。截至2016年12月，360万吨储备粮规模全部落实到位，其中省级145万吨、市县215万吨，在国家规定时限内完成。截至2016年底，省级建库方面，本轮省级粮库建设11个项目55.5万吨仓容中，完工两个项目16万吨仓容、开工9个项目39.5万吨仓容；市县建库方面，全省标准化仓容不足的53个市县粮库建设项目中（共202.57万吨仓容），建成投入使用10个项目26.42万吨仓容、开工39个项目163.65万吨仓容，有4个项目12.5万吨仓容落实用地，正开展前期工作；危仓老库维修改造方面，完成投资3.5亿元，完成维修改造仓容210万吨、功能提升仓容183万吨，改善了全省粮食仓储条件。

【粮油质量监测】 2016年，福建省开展治理“餐桌污染”，建设“食品放心工程”工作，围绕质量安全负责制、加强收获粮食质量安全监测、库存粮油质量抽查、强化粮油质量监管基础工作、开展检验监测体系建设等方面进行全面部署。提升检测能力。近几年投入5940万元用于全省粮食质量检测机构的基础设施、仪器设备和能力提升建设，提升全省粮食质量监测机构检验能力，适应对重金属、真菌毒素和农药残留等食品安全指标的监测需求。开展抽检。根据国家有关粮食质量、卫生管理的法律法规，开展对粮食收购、储存、运输活动和政策性用粮购销活动中粮食质量及原粮卫生的监管。2016年，省级监测机构安排粮油质量抽检1800份。

（廖志松　陈海韬）

供销合作商业

【概况】 2016年，福建省供销社实现商品销售总额998.02亿元，比上年增长25.1%；实现利润总额4.53亿元，增长20.1%，实现综合改革的全面起步和“十三五”规划的良好开局。

【农资购销】 2016年，福建省供销社消费品零售额487.8亿元，比上年增长23.3%；农产品购进额331.8亿元，增长34.7%；农产品市场交易额145.9亿元，增长30.8%；售给农民的农资金额111.1亿元，增长8.74%；再生资源购进额48.8亿元，增长19.7%。做好农资储备供应工作。2015—2016年度，全省供销社冬储化肥110.36万吨，完成计划的183.93%。销售化肥370.75万吨、商品有机肥13.43万吨、农药6.23万吨、农膜1.75万吨。

【综合改革】 2016年，中共福建省委、省政府出台《关于深化供销合作社综合改革的实施意见》，10个省级综合改革试点市（县）供销社完成评估验收。全省供销社推进综合改革，拓展为农服务领域，在农业社会化服务、农产品流通服务、农村电子商务服务、城乡社区综合服务、农村合作金融服务等方面进行探索。

【基层组织建设】 2016年，福建省各地供销社探索恢复新建和改造提升基层社，全省基层社乡镇覆盖率达99.5%，基层社服务“三农”的能力得到提升。新建基层社22个，发展农民合作社452个，组建农民合作社联合社33个，发展农村综合服务社864个，发展各类行业协会35个。

【项目建设】 2016年，福建省建设“新网工程”项目41个，完成计划117.1%。建设经营网点504个，完成计划112%；改造提升经营网点250个，完成计划125%。组织实施农业综合开发示范项目18个，完成投资计划的100%。全省开展7个县（市、区）综合维修服务示范创建工作。

【企业转型】 2016年，福建省供销社建立福建供销合作发展基金，筹资1.5亿元。组建福建供销投资集团，注册资金1亿元。三明、永安、仙游、安溪、建宁等市县供销社已组建供销企业集团。全省各级供销社在探索发展混合所有制经济，在产权、资本和业务联合合作上取得新突破。省供销社与龙岩市社共同投资组建福建供销百农汇农产品有限公司，开展农产品线上线下流通服务；与龙岩市社、新罗区社共同投资组建福建供销（龙岩）农业服务有限公司，提供助农信贷服务；与霞浦县社和民营企业共同投资组建福建供销（霞浦）农业发展有限公司，开展海产品冷藏、交易、仓单质押等服务；与泉州市社、丰泽区社共同投资建设泉州公共立体停车场，拓展城市供销社服务领域。全省供销社企业实现销售总额526亿元，增长20.37%。

【电商服务】 2016年，福建省发展供销电子商务以及农产品电子商务和农村电子商务。对接国内知名电商平台。有34个与中国“供销e家”对接，福建供销百农汇农产品有限公司被全国供销总社确认为“供销e家”省级电商对接平台，仙游供销电商公司获中国“供销e家”红木商城全国专营权。全省系统网上交易额51.5亿元，增长2倍。全省供销社系统发展以农产品为主的县级电商平台及运营服务中心53个，占全省69个县级供销社的76.8%。

【金融合作】 2016年，福建省各级供销社加强与金融系统战略合作，推动资源整合，携手为农服务。福建供销（龙岩）农业服务有限公司设立供销信贷风险补偿基金，全年为农民合作社等提供助农贷款8000多万元。建瓯市社绿瓯农林发展有限公司开展抵押担保、土地流转等为农服务，为各类新型农业经营主体提供担保贷款4550万元，促成土地流转面积806.7公顷、林权流转面积1086.7公顷。安溪县社携手农业银行，实现“e商管家”平台上记载茶农基本身份信息、茶叶种植情况、农资交易数据等信息，为持卡茶农、种植大户和农资企业配套提供融资服务。

（刘远征）

物　流　业

【概况】 2016年，福建省物流业实现增加值2041.84亿元，比上年增长7.2%，规模占福建省GDP比重7.2%；实现物流业业务收入4478.86亿元，增长13.1%；完成固定资产投资额3139.31亿元，增长2.9%；全省社会物流总额59507.55亿元，增长6.7%。完成货物发送量12.04亿吨，增长8.4%，其中铁路完成2918.00万吨，增长3.5%；公路完成8.58亿吨，增长7.5%；水运完成3.17亿吨，增长11.4%；民航完成30.31万吨，增长5.1%。全省沿海港口货物吞吐量完成5.08亿吨，增长1.0%；集装箱吞吐量完成1440.16万标准箱，增长5.6%；经过福建港口进出的外省大宗货物完成1542.96万吨，下降17.6%。物流业景气指数均保持在50%以上，平均值为53.7%，其中业务总量、新订单、业务活动预期等指数平均值分别为54.2%、53.5%、53.4%，显示全省物流市场持续处于较高景气区间。全省物流企业中，289家获评国家A级物流企业，数量居全国第四；12家评为物流企业信用评价A级信用企业，14家列入全国无车承运人试点企业；厦门象屿、福建交通运输集团分别位列2016年全国物流企业50强第4位和第14位，安通物流在全国内贸集装箱行业中市场运力排名第3位，居民营企业第一位，并成为福建省第一家民营集装箱物流上市企业。

【物流基础设施建设】 截至2016年

底，福建省公路通车总里程突破10万千米，高速公路里程超过5000千米，实现县县通高速，密度居全国第二位；港口货物通过能力4.27亿吨，全省有生产性泊位472个，其中万吨级以上154个，具备停靠40万吨级散货船、30万吨级油轮、15万吨级集装箱船的能力；民航形成以厦门、福州机场为双枢纽，多个机场全面推进的良好态势；铁路运营里程3298千米，其中快速铁路1570千米。厦门市被列为国家现代物流创新发展试点城市，厦门、三明入选国家物流标准化试点城市，泉州、厦门获批中国快递示范城市。福州至台湾的海运直航邮路开通，成为大陆第二条对台海运直航邮路，福州首个电子围网保税冷链库——百鲜海峡智能保税冷链物流中心投用，福州首个（B）型保税物流中心——翔福保税物流中心启用。厦门前场铁路大型货场开通运营，助力厦门打造东南国际航运中心和千亿现代物流产业链，福建自贸试验区厦门片区海沧园区的厦门跨境电商监管中心启用，厦门远海港集装箱码头铁路专用线等3个项目列入国家交通物流融合发展第一批重点项目，全国第一个全自动化集装箱码头——厦门港海沧港区14～19号集装箱码头泊位通过竣工验收，厦门保税物流园区获评国家级示范物流园区。泉台海运快件、邮件实现零的突破。平潭新开“高雄—金门—平潭”航线。福建高速物流园等6个现代物流园区列入首批29个现代服务业集聚示范区名单。2016年物流园区提升工程11个竣工或基本建成，9个项目部分建成。3家企业获评全国第一批智慧物流配送示范企业，福建高速物流园等两个园区列入全国智慧物流配送示范基地，厦门港集装箱智慧物流平台上线运行，交通物流公共信息平台完成协同数据交换中心和交通物流云计算平台的搭建，开发运政、订单跟踪等6个服务模块并对接国家交通物流公共信息平台，卡行天下、传化物流、海西物联网研究院、货车帮、天地汇等多家国内知名平台服务商纷纷布局福建省，福建物流交易网、余网等省内中小平台做强做大，涌现出运吧、车队汇、园区通、微信微悟空等30多种具有福建特色的互联网交易服务产品。

【软环境建设】 2016年，福建省相继出台《加快发展现代服务业的若干意见》《福建省“十三五”现代服务业发展专项规划》《促进冷链物流加快发展六条措施》《福建省冷链物流发展规划（2016—2020）》《福建省加快物流业发展实施方案（2016—2020年）》《福建省“十三五”综合交通运输发展专项规划》《福建省交通运输信息化“十三五”发展规划》《福建省邮政业发展十三五规划》等文件，福州、厦门、漳州、泉州、三明、龙岩、宁德等地也相继制定了一系列支持物流业发展的扶持政策。扩大全省物流业景气情况调查企业，按月发布物流业景气情况数据；省经信委、统计局、物流协会联合向社会公布福建省2015年度和2016年每季度物流业运行情况。福建、江西两省签署《福建、江西推进国际贸易单一窗口合作备忘录》，福州出入境检验检疫局实施全国首创的“一地备案全国共享”“过程监管+结果评估”等措施，福州空港口岸启动进出境快件监管业务，泉州口岸对从厦门口岸进口的货物采取“进口直通”报检模式，是福建省省内跨检区通关一体化的新突破。全省首个港航调解中心——厦门港航调解中心成立。厦门市《食品冷链物流》系列标准实施。

（薛尚泉）

【现代物流业】 2016年，福建省加强示范建设，厦门、三明市列入全国物流标准化试点城市，福建汇丰物流有限公司等5家企业列入商务部第一批智慧物流配送示范单位，开展电商与快递协同发展试点。加大项目扶持，支持冷链物流项目16个、商超企业物流项目3个、医药物流项目1个、快递综合服务站点两个、推进仓配一体化项目两个。加强陆地港建设，晋江、三明、龙岩、武夷山4个陆地港进出口货物集装箱吞吐量达29万标准箱，促进当地外向型经济发展。

（赖忠超）

商贸流通

【成品油流通管理】 2016年，福建省成品油供应稳定。全省可供销售成品油1075万吨，比上年增长1.4%；实际销售成品油812万吨，下降10%。中石化、中石油两大集团福建企业成品油库存量可销售天数均在10天以上。规范成品油零售经营资格许可和成品油批发仓储经营资格审核进省商务厅行政服务中心窗口集中办理。组织指导各地编制成品油分销体系发展规划，编就并发布《福建省成品油分销体系“十三五”发展规划》，加强规划引导，保障全省加油站（点）、加油船、油库建设布局合理，有序发展。制订《福建省进一步推进成品油质量升级及加强市场管理专项行动方案》，保障升级油品市场供应，开展国Ⅴ油品质量专项检查，做好散装汽油类“一体化”监管平台建设工作。

【酒类流通管理】 2016年，福建省按照《福建省酒类流通行业监测信息报送考核办法》要求，开展全省酒类信息监测统计报送，在商务部考核中，位居全国第一名。组织推进福建省酒类生产企业在全国糖酒商品交易会设立红曲典范福建黄酒专馆展览。

（黄翠华）

【烟草专卖】 2016年，福建省烟草商业系统实现税利166.8亿元（含主业及多元化经营企业），比上年增长4%，其中，利润70.4亿元，下降9.8%，其中卷烟利润47.6亿元、烟叶利润14.1亿元、其他利润8.7亿元。

烟草农业。全省种植烟叶面积5.81万公顷，因灾减产24万担，实际收购烟叶206万担，其中特色品种115万担，占比55.7%。全省工商交接平均等级合格率70.5%，烟叶调拨实现“零库存”，连续19年保持平稳发展态势。在全国率先启动全省烟叶统一种植保险，烟农投保率和烟叶面积投保率均达99%，保险理赔总金额7428万元，减少烟农受灾损失。全省烟农户均收入7.06万元，增加4336元。推进烟田基础设施建设，全年补贴资金预算1.34亿元。抓好水源工程进度督办，出台项目建设与资金管理办法，新增通过国家局评审的援建水源工程1个，核定援建金额0.73亿元。浙江、江苏、河南、贵州4个工业企业在福建省建立“两个中心”（区域加工中心、区域仓储中心），全年意向加工量106万担，增加26.8万担，占全省衔接加工计划69%；片烟短期仓储19.2万担，长期仓储5.9万担。

烟草流通。全省销售卷烟165.5万箱，下降2.7%，其中，重点品牌卷烟销售147.58万箱，下降3.2%，占总销量的89.2%；省产品牌七匹狼销售101.2万箱，下降4.9%，占全省销量的61.2%；细支卷烟销售2.33万箱，增长6.77倍；卷烟单箱销售收入3.05万元，增长3.1%，省烟草局（公司）获评“2016年卷烟销售任务特别奖”称号。全省建成现代零售终端2.04万户，占客户总数11%。推进“125”精益物流模式，狠抓物流降本增效，卷烟物流总费用近十年来首次下降，减少2043万元。

专卖管理。全省查处假烟案件2607件，增长68%，查获假烟17415件，增长52%；查获5万元以上假烟案件352件，增长44%；破获网络案件43件，部督案件19件，集群案件13件，省督案件30件；拘留462人，增长6.7%，逮捕267人，下降1.8%，判刑402人，增长28%。全年查获走私卷烟832件，增长7%。全年查获真烟4317件，下降26.1%，查处5万元以上真烟案件213件，减少13件。加大打击非法大户力度，全年查处非法经营大户案件803件，涉案卷烟2514件。继续加强许可证管理，全省新办许可证16690户，注销21312户，共有正常经营户18.24万户，下降0.9%。

（傅积恩）

电子商务

【概况】 2016年，福建省电子商务保持快速发展态势，全省电子商务交易额首次突破万亿大关，实现10196亿元，比上年增长43.3%，连续3年保持40%以上增长速度；全省实现社会消费品零售总额11674.5亿元，增长11.1%，高于全国0.7个百分点，电子商务做出了突出贡献，限额以上网络零售额543.2亿元，增长46.7%，拉动全省限额以上社会消费品零售总额增加3.3个百分点。

福建省成为全国三大网货制造基地之一，国家电子商务示范基地数居全国第四位，县域电子商务发展指数居全国第三位，电子商务百佳县数量居全国第三位，网络零售发展综合指数名列全国第六位，全省9个设区市有8个入围中国网络零售百强城市。中国互联网协会、工业和信息化部信息中心联合在北京发布的2016年“中国互联网企业100强”排行榜，福建省的新中冠和利嘉电商两家电商企业入榜百强前50名。2016年10月公布的《中国淘宝村研究报告（2016）》显示：福建省淘宝村数量上升至107个，淘宝镇数量上升至13个，分别排名全国第5位和第4位。

【《福建省“互联网+流通”行动计划实施方案》出台】 2016年，福建省政府办公厅颁布《福建省“互联网+流通”行动计划实施方案》。实施方案以推进福建省实施“互联网+流通”行动计划为主要目标，提出加快推动流通转型升级、推进流通创新发展、加强智慧流通基础设施建设、鼓励拓展智能消费新领域、发展绿色流通和消费、推进农村电子商务和积极促进电子商务进社区等七大重点任务，明确发挥财政资金引导带动作用、强化流通制度保障、增强流通领域公共服务支撑能力、加强商贸服务业标准研究和营造诚信经营公平竞争环境等五项保障措施。

【农村电商】 2016年，福建省农产品在阿里平台上销售54.9亿元，全国排名第6，比上年增长6.63%；消费金额37.6亿元，全国排名第7。2016年“双十一”期间，福建全网销总额80.39亿元，排名全国第7位；在天猫平台上网销额48.9亿元，排名全国第6位，增长26%；网购额48.3亿元，排名全国第9位，增长36.9%；移动端消费的金额达39.7亿元，增长67.8%。

【跨境电商】 2016年，福建省跨境电子商务贸易额2350亿元，比上年增长20%。平潭实现跨境电商保税进口货物

2016年，平和县农村淘宝平和服务中心隆重开业　（平和县政府供稿）

17.3万票，货值近5000万元；福州实现跨境电商保税进口货物26.1万票，货值超1.7亿元；泉州跨境电子商务零售出口额2466万元（海关“9610”监管方式），位居全省第1，全国第7；厦门实现跨境电子商务交易额1230亿元，增长12%。

【全省电商大会】 2016年3月28日，首届全省电子商务大会召开，阿里巴巴、京东、苏宁、腾讯、eBay等国内外知名电商企业，台商、侨商，海外、省外闽籍电商领军人物，省内电商龙头企业代表，电商领域的专家学者，省、市、县各级政府及相关部门负责人等3000余名代表参会。大会安排电子商务推进大会、跨境电商和农村电商项目对接会、电商领军人物座谈会、电商论道餐叙会等主要活动，并同期举行签约仪式和交流对接展。大会组织本地电商企业参加项目对接会，对接生成一批新项目，其中跨境电商项目77个，签约金额近150亿元；农村电商项目200余个。

【2017福建精品电商年货博览会暨阿里年货节举办】 2016年12月中旬，福建省商务厅举办为期1个月的“2017福建精品电商年货博览会暨阿里年货节”。年货节期间12天线上活动福建商家GMV（成交总额）达2861万元。此次年货节在全国11个省份同时启动，福建作为主办省份，独享阿里提供的线上、线下相关资源支持，为全省优质农特产品拓展网络渠道提供展示平台，提升闽货的知名度和影响力，助力闽货热销全国。

（傅毅松）

餐饮业

【概况】 2016年，福建省商务厅加强产业政策引导，提升闽菜知名度，搭建商务平台，助推全省餐饮业转型提质、加快发展。全省餐饮业收入额1221.14亿元，比上年增长9.1%。

【“福建十大名菜”系列评选活动】 2016年，福建省开展“福建十大名菜”系列评选活动。活动由福建省商务厅、福建省旅游局、福建省新闻办、福建省食品药品监管局作为指导单位，福建省餐饮烹饪行业协会主办。活动开展“福建十大名菜”系列评选活动，组织评选出佛跳墙（福州聚春园饭店有限公司）、半月沉江（素菜，厦门市南普陀寺实业社）、白斩河田鸡（长汀县烟草大酒店）、竹香南日鲍（莆田涵江建成大酒店）、客家生鱼片（宁化县福隆大酒店）、武夷熏鹅（武夷山聚珍大酒店）、鸡汤汆海蚌（福州市鼓楼区文儒九号酒店）、海蛎煎（又名蚝仔煎，泉州崇武西沙湾假日酒店）、大黄鱼吐银丝（宁德大众大排档）、涮九门头（连城县新泉一桥饭店）等“福建十大名菜”；莆田卤面（莆田有味有醋餐饮管理有限公司）、宁德福鼎肉片（福鼎再一碗餐饮管理有限责任公司）、平潭咸（又名时来运转，平潭海坛假日大酒店）、福州肉燕（福州鼓楼区同利肉燕老铺）、龙岩芋子包（龙岩市永定区龙凤大酒店）、南平和平游浆豆腐（邵武市和平汤老四大酒楼）、厦门沙茶面（厦门市思明区吴再添小吃店）、漳州面煎粿（漳州市芗城区阿国面煎粿店）、三明沙县扁肉（沙县城关庙门扁肉店）、泉州崇武鱼卷（惠安瑞芳食品有限公司）等“福建十大名小吃”；福州聚春园饭店有限公司东街口店、厦门牡丹大酒楼有限公司体育路店、石狮市五洲大酒店、晋江市荣誉国际酒店、三明宾馆、莆田市荔城友德大酒店、泉州市鲤城大酒店、长乐航城新清清酒店、福建国惠大酒店五里亭店、漳州凯立大酒楼等“福建十大餐饮名店”；李清（厦门海上花园酒店）、杨伟华（福州聚春园饭店有限公司）、熊书胜（古田县食为先酒店）、马明东（南京军区厦门招待所）、吴志强（石狮市豪门餐饮管理中心）、林瑞斌（柘荣县金都大酒楼）、王建富（福州钦榕酒家群升店）、陈智灵（厦门国际会议中心酒店）、胡满荣（晋江市荣誉国际酒店有限责任公司）、黄志成（莆田荔城友德大酒店）等“福建十大名厨”。

【省级美食街（城）创建】 2016年，福建省推动全省开展特色美食街（城）创建活动，促进餐饮行业转型升级，弘扬闽菜文化。在2015年评选出沙县小吃文化城等4个福建省美食街（城）的基础上，2016年继续评选出福州东二环泰禾广场等4个美食街（城）。

【餐饮业职业技能竞赛】 2016年11月，由福建省商务厅、省人力资源和社会保障厅、省总工会共同主办的2016年“中国梦·劳动美”福建省烹饪职业技能竞赛在福州举办。此次竞赛分选拔赛、决赛两个阶段。全省百余名优秀选手脱颖而出，晋级决赛。决赛内容由理论知识和技能操作两部分组成，设中式烹调师、中式面点师两个工种。其中来自福鼎的刘元建获中式烹调师总成绩第一名，来自福州的曹艳珍获中式面点师总成绩第一名。

【闽菜文化影响拓展】 2016年，福建省以中国餐饮产业发展大会在福州召开为契机，推动省餐饮烹饪行业协会举办闽菜文化宣传晚宴，组织“福建十大名菜”系列评选成果展示；召开“小餐饮大市场——探秘福州之旅”福州小餐饮产业发展高峰论坛。组织“福建十大名菜”系列亮相中国厨师节，组织全省餐饮企业参加第26届中国厨师节，举办以“海丝起点、清新福建、优质食材、魅力闽菜”为主题的闽菜文化展，重点展示福建十大名厨、十大名菜、十大名小吃、十大餐饮名店的风采。全省1人获2016年度中国最美厨师入围奖，9人获中华金厨奖，40人获授注册中国烹饪大师勋章。举办闽菜文化推广品鉴会。借助第95届全国糖酒商品交易会平台，在福州海峡国际会展中心举办“闽菜约天下，共品中国味”闽菜文化推广品鉴会，现场宣传展示“福建十大名菜”系列。

【闽菜“走出去”商务对接系列活动】 2016年，福建省组织来闽参加研修的全球56个国家的257名商务官员，到网龙公司VR体验中心参观体验闽菜制作技艺和文化；联合省侨办举办闽菜“走出去”商务对接会，邀请来自美国、西班牙、智利、爱尔兰、南非、柬埔寨等海外福建商协会、餐饮企业的20位代表，与福建本土餐饮、食材龙头企业、闽菜大师等13位代表共同座谈，宣传推介闽菜文化，了解海外对闽菜的需求，对接闽菜“走出去”商务合作。组织赴香港举办“福建小吃美食展”活动。应省港澳办邀请，组织全省9个设区市的特色小吃共15个展位、专业人员共55人，赴港参加“赏心乐食”文化节，为香港市民展现包括福州鱼丸、同利肉燕在内的45个福建美食品种。

（肖　建）

家政服务业

【概况】 2016年，福建省妇联推动家政服务业标准化、职业化、连锁化发展。全年为2200多名妇女提供岗前、岗中培训，学员就业率达80%。建设“闽姐姐”家政信息服务平台，方便群众，实现在线下单、在线支付、在线评价；方便家政员，通过手机端、电脑端接受免费培训；方便监管，促进家政企业规范化发展。提升“968938”福建省海峡家政暨居家养老信息服务平台综合服务功能，规范管理加盟企业，为市民提供家政、养老、维修、咨询等服务7372件，群众满意率达96%。

【职业技能培训】 2016年，福建省创建首批16个“闽姐姐家政培训示范基地”，培育家政员人才输出和就业基地。“闽姐姐”家政服务有限公司吸纳优秀师资，自主研发教材，优化课程设置，开展远程线上教育，增加实操课时，提升职业资格培训质量。公司试行准员工制管理模式，建立健全从业人员招募、管理制度，为上岗家政员购买家政责任保险、女性安康保险，积极回应用户诉求，回访率100%，客户满意度95%。

【行业规范出台】 2016年，福建省妇联指导省家庭服务业协会制定《福建省家庭服务业行业公约》，出台省地方标准《家居保洁服务规范 日常保洁》，从规范层面维护消费者、家庭服务机构、从业人员三者的合法权益。

【行业诚信建设】 2016年，福建省妇联协助省商务厅建设和完善“省家庭服务业诚信服务管理平台”，推动全省家政企业将23663名员工信息录入诚信服务管理平台。推行家政员持诚信服务卡入户服务，消费者通过扫描诚信服务卡二维码即可查询家政员基础信息，进行服务质量评价和投诉。

（徐西朋）

【家政服务业补短板工程】 2016年，福建省商务厅筛选出海都公众股份有限公司“互联网＋民生服务”平台建设等11个家政服务业项目，与金融机构开展融资推介，鼓励企业做大做强。牵头建立福建省促进家政服务业发展联席会议制度，联席会议由省商务厅、发改委、财政厅、人社厅等16个部门组成。

【示范性家政服务站创建活动】 2016年，福建省认定61个示范性家政服务站，推动出台《家居保洁服务规范 日常保洁》等地方标准；在全省开展省级家政服务标准化试点工作，确定26个试点单位。完善福建省家政诚信服务管理平台，鼓励家政企业将家政从业人员个人身份、健康、培训等相关信息录入平台，至年底录入该平台的家政员人数已达2万人。

【福建省家庭服务业职业技能电视大赛】 由省妇联、人社厅、商务厅、总工会联合举办的“2016年福建省家庭服务业职业技能电视大赛”决赛于2016年7月29日在福州落幕。最终，福州市代表队、南平市代表队、龙岩市代表队分别获得团体第一名、第二名、第三名，陈晶、陈兴敏、吴立群分别获得个人第一名、第二名、第三名，福州市代表队、南平市代表队、龙岩市代表队获得优秀组织奖。

（肖　建）

广　告　业

【概况】 2016年，国家工商总局广告大数据平台监测福建省电视台、广播、报纸媒体发布的各类广告1499988条次，发现涉嫌违法广告2418条次，比上年下降75.74%，广告条次违法率0.16%，降低0.54个百分点。监测各类广告53693条，发现涉嫌违法广告313条，下降87.90%，广告条数违法率0.58%，降低4.51个百分点。监测广告总时长61726945秒，其中涉嫌违法广告时长1423059秒，下降87.56%，广告时长违法率2.31%，降低16.21个百分点。

【广告监督管理】 2016年，福建省做好2016年度省文化产业发展专项资金申报工作，推荐6个项目申报2016年省文化产业发展专项资金，其中，“吾能招聘网电子商务移动终端创新平台”和“基于3D技术打印的德化窑文物复制及文物衍生品的设计与开发”两个项目获得2016年度省文化产业发展专项资金，合计70万元。取消外商投资广告企业项目审批、户外广告登记、固定形式印刷品广告登记、外商投资广告企业设立分支机构审批和烟草广告审批，提高广告审批效率，至年底有广告经营单位2.38万户、广告从业人员12.49万人、广告经营额165.2亿元。

（林泉祥）

编辑：郑　菜

对外及港澳台经济贸易

综　　述

【概况】　2016年，福建省货物贸易进出口总额10344.96亿元，比上年下降1.3%。其中，出口6833.66亿元，下降2.3 %，出口额在广东、江苏、浙江、上海和山东之后，位列全国第6位；进口3511.30亿元，比上年增长0.7%，进口规模在广东、上海、北京、江苏、山东、浙江、天津七省市之后，居全国第8位。5家省级外贸综合服务试点企业合计出口157亿元。一大批优质闽货进入家乐福、沃尔玛等跨国采购体系。铁矿砂、铜矿砂等资源性产品，牛肉、乳制品、红酒等消费品进口快速增长。全年对海丝沿线国家和地区出口1821.9亿元，其中对东盟出口1127.5亿元，增长7.3%；对海丝沿线国家和地区备案投资中方协议额22.3亿美元，增长61.6%。全年新设外商直接投资企业2355家，实际利用外资81.9亿美元，增长6.7%。全年备案和核准对外直接投资项目607个，对外投资额111.6亿美元。全年实现社会消费品零售总额11674.54亿元，增长11.1%。电子商务交易额10196亿元，增长43.3%，限额以上网络零售额543.2亿元，增长46.7%。

（林　宁）

出口贸易

【出口主体】　2016年，福建省有出口实绩的企业17621家，比上年增加1135家。从企业性质看，民营企业出口量最大，全年合计出口596.8亿美元，比上年下降7.7%；占全省出口总值的57.6%；外商投资企业出口364.0亿美元，下降8.9%，占全省出口总值的35.1%；国有企业出口76.0亿美元，下降9.4%，占全省出口总值的7.3%。

全省出口规模1500万美元以上的企业1331家，合计出口720.8亿美元，增长12.0%，占全省出口总值的69.5%。其中，出口5000万美元以上的企业共316家，合计出口455.3亿美元，增长11.5%，占全省出口的43.9%；出口1亿美元以上的企业113家，合计出口314.0亿美元，增长7.6%，占全省出口的30.3%；出口10亿美元以上的企业有5家，分别为福建一达通企业服务有限公司（出口20.1亿美元）、福建捷联电子有限公司（出口19.7亿美元）、冠捷显示科技（厦门）有限公司（出口13.9亿美元）、友达光电（厦门）有限公司（出口10.5亿美元）、戴尔（厦门）有限公司（出口10.1亿美元）。

全省累计出口1500万美元以下的中小企业（含新增出口企业）16290家，比上年增加1317家，合计出口315.9亿美元，下降20.4%。

2016年福建省出口企业（有出口实绩）规模结构表

项　　目	2016年				2015年			
	企业数（家）	企业数占比（%）	出口额（亿美元）	出口额占比（%）	企业数（家）	企业数占比（%）	出口额（亿美元）	出口额占比（%）
合计	17621	100	1036.8	100	16486	100	1130.2	100
1亿美元以上	113	0.6	314	30.3	138	0.8	356.1	31.5
5000万～1亿美元	203	1.2	141.3	13.6	247	1.5	165.4	14.6
1500万～5000万美元	1015	5.8	265.5	25.6	1128	6.9	298.3	26.4
1500万美元以下	16290	92.4	315.9	30.5	14973	90.8	310.4	27.5
其中：1000万美元以下	15686	89.0	242.3	23.4	14351	87.0	234.6	20.8

【出口贸易方式】 2016年，福建省外贸出口最主要方式是一般贸易。全年出口763.19亿美元，比上年下降7.3%，占全省出口总值的73.6%。加工贸易出口224.1亿美元，下降12.4%，占全省出口总值的21.6%。其他贸易方式出口50.3亿美元，增长5.1%，占全省出口总值的4.9%。

【出口商品】 2016年，福建省机电产品出口361.2亿美元，比上年下降10.1%；高新技术产品出口124.8亿美元，下降14.7%；农产品出口91.0亿美元，增长4.0%。全省出口超1亿美元的大宗传统特色商品有32种，累计出口金额741.9亿美元，下降9.8%，占全省出口金额的71.5%。其中，出口额超过10亿美元的商品有18种，包括服装（143.7亿美元）、鞋类（105.8亿美元）、计算机及电子元器件（68.6亿美元）、纺织品（66.9亿美元）、石材及制品（41.6亿美元）、家具（34.7亿美元）、灯具（28.5亿美元）、钢材及其制品（23.2亿美元）、箱包（23.0亿美元）、塑料制品（22.0亿美元）、陶瓷制品（21.1亿美元）、健身器材（17.8亿美元）、汽车及其零件（17.3亿美元）、冻鱼（16.8亿美元）、电视机（12.8亿美元）、电机及其零件（12.0亿美元）、珠宝首饰（11.9亿美元）、伞（10.3亿美元）。出口额在5亿～10亿美元之间的商品有6种，船舶（7.9亿美元）、蔬菜（7.2亿美元）、电线电缆（6.8亿美元）、玩具（6.8亿美元）、变压器（6.3亿美元）、食品罐头（6.0亿美元）。出口额在1亿～5亿美元之间的商品有8种，轮胎（4.6亿美元）、钟表（4.3亿美元）、音响设备（3.7亿美元）、烤鳗（3.7亿美元）、茶叶（2.6亿美元）、飞机及其零件（1.7亿美元）、电热烤面包器（1.1亿美元）、集装箱（1.1亿美元）。

高新技术产品包含计算机与通信技术（64.4亿美元）、光电技术（27.3亿美元）、航空航天技术（9.6亿美元）、生命科学技术（7.8亿美元）、电子技术（7.6亿美元）、计算机集成制造技术（3.6亿美元）、材料技术（1.5亿美元）等商品。主要出口市场为中国香港（占此类商品出口额的26.2%）、欧盟（16.3%）、美国（15.0%）、东盟（9.5%）、日本（8.4%）、韩国（5.2%）、中国台湾（4.8%）。

文化产品出口25.3亿美元，下降14.7%。其中，工艺美术品及收藏品出口15.9亿美元，下降20.8%。

【出口市场】 2016年，福建省出口的市场国别（地区）共226个，全省出口5000万美元以上的国家与地区共99个，比上年减少两个，合计出口1023.5亿美元，占全省出口总值的98.7%。其中，出口1亿美元以上的国家与地区共78个，比上年减少两个，合计出口1008.1亿美元，占全省出口总值的97.2%；出口10亿美元以上的国家和地区26个，比上年减少两个，合计出口842.6亿美元，占全省出口总额的81.3%。从各大洲市场看：对亚洲出口493.6亿美元，下降6.3%；对北美洲出口213.7亿美元，下降9.7%；对欧洲出口201.1亿美元，下降4.6%；对南美洲出口57.8亿美元，下降22.0%；对非洲出口48.7亿美元，下降19.1%；对大洋洲出口21.8亿美元，增长0.8%。

对欧盟、美国、东盟、中国香港、日本等五大传统市场出口情况：2016年合计出口735.8亿美元，下降1.6%，占全省出口额的65.1%。其中，欧盟191.8亿美元，下降10.3%；美国222.4亿美元，增长11.5%；东盟169.2亿美元，增长1.1%；中国香港93.9亿美元，下降7.4%；日本58.5亿美元，下降10.5%。

对新兴市场出口情况：2016年对新兴市场出口240.1亿美元，下降16.7%，占全省出口额的23.2%。其中，对中东出口68.4亿美元，下降17.4%；对拉美出口57.8亿美元，下降22.0%；对非洲出口48.7亿美元，下降19.1%；对南亚出口30.5亿美元，下降12.1%；对澳新出口19.3亿美元，下降3.2%；对独联体出口15.3亿美元，下降6.9%。对金砖国家出口情况：印度14.5亿美元，下降20.4%；俄罗斯

2016年福建省出口1亿美元以上的企业

单位：万美元

序号	企业名称	出口额	序号	企业名称	出口额
1	福建一达通企业服务有限公司	200820.28	9	厦门太古发动机服务有限公司	60467.46
2	福建捷联电子有限公司	197338.07	10	厦门太古飞机工程有限公司	60429.23
3	冠捷显示科技（厦门）有限公司	138554.01	11	厦门象屿太平综合物流有限公司	53815.10
4	友达光电（厦门）有限公司	104607.21	12	宸美（厦门）光电有限公司	51859.65
5	戴尔（厦门）有限公司	100877.03	13	路达（厦门）工业有限公司	51848.50
6	达运精密工业（厦门）有限公司	71340.50	14	厦门嘉联恒进出口有限公司	51771.95
7	捷星显示科技（福建）有限公司	67439.18	15	漳州立达信光电子科技有限公司	47302.08
8	厦门市嘉晟对外贸易有限公司	63917.24	16	厦门港务物流保税有限公司	47185.30

续表

序号	企业名称	出口额	序号	企业名称	出口额
17	泉州瑞光珠宝有限公司	40456.98	53	际诺思（厦门）轻工制品有限公司	18155.93
18	厦门建发轻工有限公司	39052.42	54	厦门建霖工业有限公司	17751.54
19	厦门国贸泰达保税物流有限公司	37154.54	55	厦门建发股份有限公司	17712.35
20	宸鸿科技（厦门）有限公司	36868.37	56	贝莱胜电子（厦门）有限公司	17535.15
21	厦门怡中进出口有限公司	36799.56	57	福建省榕江进出口有限公司	17494.92
22	宇达（中国）投资有限公司	35935.24	58	福建顺大运动用品有限公司	16655.93
23	厦门松下电子信息有限公司	34288.58	59	玉晶光电（厦门）有限公司	16645.63
24	福耀玻璃工业集团股份有限公司	33528.72	60	福建泉州市嘉晟供应链有限公司	16460.81
25	厦门中外运物流有限公司	33411.48	61	福建福日科技有限公司	16430.59
26	福建泉州宝辉珠宝首饰有限公司	31270.05	62	厦门建松电器有限公司	16276.04
27	华映光电股份有限公司	30656.93	63	福建省晋江市进出口有限公司	15755.42
28	宇达（中国）投资有限公司厦门分公司	29578.04	64	东山顺发水产有限公司	15732.73
29	厦门外代仓储有限公司	27844.23	65	厦门松霖科技有限公司	15547.48
30	厦门蒙发利科技（集团）股份有限公司	27407.85	66	泉州晋江陆地港港务有限公司	15519.93
31	厦门金龙联合汽车工业有限公司	26587.30	67	厦门福慧达果蔬股份有限公司	15416.77
32	厦门阳光恩耐照明有限公司	26305.87	68	万利达数码科技有限公司	15385.92
33	厦门船舶重工股份有限公司	26156.58	69	厦门钢宇工业有限公司	15121.80
34	厦门厦顺铝箔有限公司	25961.53	70	宸展光电（厦门）有限公司	14747.12
35	福建福欣特殊钢有限公司	25047.60	71	厦门建益达有限公司	14474.99
36	连江清禄鞋业有限公司	24870.76	72	福建雯峰珠宝有限公司	14411.53
37	厦门 TDK 有限公司	24020.21	73	紫金铜业有限公司	14351.02
38	漳州灿坤实业有限公司	23497.90	74	百得（厦门）工业有限公司	14195.81
39	福建佳通轮胎有限公司	23305.10	75	福州高意通讯有限公司	13996.21
40	福建华闽进出口有限公司	23195.46	76	福清朝辉水产食品有限公司	13810.97
41	昌富利（厦门）有限公司	22192.06	77	福建三都澳食品有限公司	13579.32
42	厦门嘉晟供应链股份有限公司	22044.06	78	宏高供应链管理（厦门）有限公司	13573.76
43	厦门信达股份有限公司	21692.90	79	厦门金鹭特种合金有限公司	13346.25
44	福建岳海水产食品有限公司	21417.01	80	晶宇光电（厦门）有限公司	13136.70
45	厦门盈趣科技股份有限公司	20123.17	81	厦门正新橡胶工业有限公司	13136.43
46	宁德新能源科技有限公司	19441.43	82	来福太（厦门）塑胶制品有限公司	12936.65
47	福建省旅游贸易公司	19392.21	83	福建协丰鞋业有限公司	12935.66
48	福建省莆田富力进出口有限公司	19142.75	84	厦门亿联网络技术有限公司	12345.82
49	福建福鼎海鸥水产食品有限公司	19127.85	85	福建荔丰鞋业开发有限公司	12270.82
50	厦门通士达照明有限公司	19108.98	86	厦门金龙旅行车有限公司	12246.17
51	福建省东南造船厂	18426.44	87	厦门海投物流有限公司	12184.41
52	联想移动通信科技有限公司	18183.25	88	福建美明达鞋业发展有限公司	12172.05

续表

序号	企业名称	出口额	序号	企业名称	出口额
89	福清市华盛水产食品有限公司	11703.52	102	中铝瑞闽板带有限公司	10831.46
90	厦门金华南进出口有限公司	11674.15	103	晋江市宝辉工艺精品有限公司	10807.19
91	厦门宏发电声股份有限公司	11615.62	104	联想移动通信科技有限公司	10614.62
92	福建省东山县海魁水产集团有限公司	11553.91	105	厦门龙胜达照明电器有限公司	10614.44
93	福州轻工进出口有限公司	11485.51	106	厦门启润实业有限公司	10583.07
94	厦门翔鹭化纤股份有限公司	11366.50	107	厦门明承环保科技有限公司	10567.84
95	福建百宏聚纤科技实业有限公司	11365.52	108	宁德市金盛水产有限公司	10531.53
96	厦门格拉克听力技术有限公司	11305.83	109	漳州市东好水产食品有限公司	10339.54
97	宁德市旺通贸易有限公司	11302.90	110	莆田市荣利星进出口贸易有限公司	10337.04
98	宁德市诚鑫源贸易有限公司	11156.29	111	福州茂盛投资有限公司	10226.40
99	福建龙峰纺织科技实业有限公司	11129.09	112	福建三丰鞋业有限公司	10171.46
100	泉州市对外加工装配管理服务公司	11125.95	113	厦门市中鹭达进出口有限公司	10066.34
101	厦门建发铝业有限公司	10853.78			

2016年福建省大宗特色商品出口表

单位：万美元

序号	名　　称	出口额	序号	名　　称	出口额
	合计	7419608.44	17	珠宝首饰	118748.38
1	服装	1436490.59	18	伞	102826.51
2	鞋类	1058399.51	19	船舶	79159.39
3	计算机及相关电子元器件	685693.31	20	蔬菜	72065.47
4	纺织品	668907.92	21	电线电缆	68443.75
5	石材及制品	416040.33	22	玩具	68163.83
6	家具	346625.01	23	变压器	63333.43
7	灯具	284551.63	24	食品罐头	59676.02
8	钢材及其制品	231598.98	25	轮胎	46087.20
9	箱包	230209.78	26	钟表	42845.41
10	塑料制品	220251.77	27	音响设备	37048.49
11	陶瓷制品	211408.75	28	烤鳗	36808.57
12	健身器材	178127.56	29	茶叶	25965.99
13	汽车及其零件	172869.66	30	飞机及其零件	17012.26
14	冻鱼	167680.21	31	电热烤面包器	10967.66
15	电视机	127802.03	32	集装箱	10660.90
16	电机及其零件	119989.84	33	竹藤及相关制品	3148.29

2016年福建省出口1亿美元以上的国家与地区表

单位：万美元

序号	国别/地区	出口额	序号	国别/地区	出口额
1	美国	2008422.83	40	挪威	38000.13
2	中国香港	840521.62	41	阿根廷	37980.20
3	菲律宾	613863.04	42	巴拿马	36478.73
4	日本	563109.46	43	瑞典	36024.67
5	中国台湾	384237.39	44	哥伦比亚	34724.68
6	德国	341834.08	45	斯洛伐克	33858.24
7	英国	340754.10	46	捷克共和国	30860.39
8	韩国	334732.16	47	斯里兰卡	30820.91
9	荷兰	281968.58	48	缅甸	29850.99
10	泰国	254655.33	49	秘鲁	29118.33
11	越南	252139.92	50	丹麦	28287.01
12	马来西亚	227666.04	51	加纳	26986.69
13	阿联酋	221114.96	52	希腊	24924.24
14	澳大利亚	169466.28	53	新西兰	23859.46
15	印度尼西亚	167643.88	54	柬埔寨	23629.74
16	沙特阿拉伯	147169.81	55	吉尔吉斯斯坦	23470.75
17	墨西哥	144948.04	56	科威特	23025.25
18	印度	144503.49	57	匈牙利	21262.01
19	新加坡	138268.28	58	肯尼亚	20008.92
20	意大利	130547.29	59	利比亚	17784.15
21	西班牙	129247.66	60	喀麦隆	17651.09
22	加拿大	128541.52	61	坦桑尼亚	17639.94
23	法国	122672.36	62	也门共和国	15800.09
24	俄罗斯	120046.89	63	苏丹	14376.50
25	波兰	110435.80	64	罗马尼亚	13659.08
26	智利	107403.02	65	乌克兰	13043.64
27	巴西	86696.18	66	马达加斯加	12420.66
28	比利时	82763.00	67	多米尼加	12319.82
29	巴基斯坦	78101.51	68	芬兰	12267.07
30	埃及	75752.31	69	安哥拉	12236.33
31	伊拉克	70344.95	70	斯洛文尼亚	12183.88
32	土耳其	68298.59	71	葡萄牙	12178.40
33	南非	64289.25	72	卡塔尔	11375.59
34	以色列	63219.75	73	爱尔兰	11237.55
35	伊朗	61984.10	74	吉布提	11136.54
36	阿尔及利亚	51028.34	75	马绍尔群岛	11060.06
37	孟加拉国	48810.25	76	科特迪瓦	10970.05
38	尼日利亚	46454.83	77	摩洛哥	10758.91
39	约旦	43804.53	78	危地马拉	10547.73

12.0亿美元，下降8.8%；巴西8.7亿美元，下降41.6%；南非6.4亿美元，下降19.3%。

【出口地区分布】 2016年，福建省厦门市、福州市、泉州市、漳州市与莆田市等5个沿海地区出口总额达949.2亿美元，占全省出口总额的91.6%。其中，厦门市出口469.2亿美元，占全省出口总额的45.3%，下降12.3%；福州市出口215.3亿美元，占全省出口总额的20.8%，增长3.1%；泉州市出口161.8亿美元，占全省出口总额的15.6%，下降11.1%；漳州市出口72.5亿美元，占全省的7.0%，下降2.8%；莆田市出口30.2亿美元，占全省的2.9%，下降4.5%。而宁德、龙岩、三明、南平等4个设区市及平潭出口在全省占比较低。其中，宁德市出口32.3亿美元，下降17.5%；龙岩市出口23.2亿美元，下降9.8%；三明市出口20.0亿美元，增长5.7%；南平市出口12.0亿美元，增长6.6%；平潭出口1.1亿美元，增长62.7%。

（崔　毅）

进口贸易

【进口主体】 2016年，福建省具有进口实绩的企业8627家，比上年增加124家。其中，新增进口企业（上年没有进口业绩）2648家，净增进口金额34.0亿美元；而上年有进口业绩当年停止进口的企业2524家，净减少进口32.8亿美元。

进口规模达1000万美元以上的有524家，比上年度减少31家，合计进口476.8亿美元，占全省进口总额的89.7%；5000万美元以上的有163家，比上年减少18家，合计进口400.4亿美元，占全省进口总额的75.3%；进口1亿美元以上的企业92家，比上年减少4家，合计进口351.4亿美元，占全省进口总额的66.1%。

从企业性质看，外商投资企业进口量最大，全年进口226.8亿美元，下降14.7%，占全省进口总值的42.7%；民营企业进口165.9亿美元，增长10.6%，占全省进口总值的31.2%；国有企业进口139.0亿美元，下降5.8%，占全省进口总值的26.1%。

【进口贸易方式】 2016年，福建省进口的主要方式是一般贸易进口。全年进口365.9亿美元，下降1.9%，占全省进口总值的68.8%。加工贸易进口113.7亿美元，下降17.1%，占全省进口总值的21.4%。其他贸易方式进口52.1亿美元，下降2.2%，占全省进口总值的9.8%。

【进口地区分布】 2016年，福建省厦门市、福州市、泉州市、漳州市、莆田市5市合计进口509.0亿美元，占全省进口总额的95.8%。三明市、南平市、龙岩市和宁德市4个山区市进口22.5亿美元，占全省进口总额的4.2%。平潭综合试验区进口3.3亿美元，增长47.0%。

在全省92家进口超1亿美元企业中，厦门市52家，合计进口207.0亿美元；福州市18家，合计进口63.4亿美元；漳州市2家，合计进口2.4亿美元；泉州市13家，合计进口50.2亿美元；莆田市3家，合计进口11.0亿美元；宁德市2家，合计进口2.8亿美元；龙岩市和平潭综合试验区各1家，分别进口13.3亿美元、1.4亿美元。三明市、南平两市没有进口超1亿美元企业。

【进口市场分布】 2016年，福建省与全世界191个国家（地区）开展进口贸易。其中，进口5000万美元以上的国家与地区56个，比上年增加1个，合计进口502.6亿美元，占全省进口总额的94.5%；进口1亿美元以上的国家与地区有44个（欧盟和东盟等经济联合体不参加排序），合计进口494.0亿美元，占全省进口总额的92.9%；进口10亿美元以上的国家和地区有14个，合计进口378.7亿美元，占全省进口总额的71.2%。进口来源地的前3位（国别和地区）分别是中国台湾、美国和澳大利亚。其中，中国台湾地区61.0亿美元，下降18.0%；自美国进口54.8亿美元，下降27.1%；自澳大利亚进口36.6亿美元，增长38.7%。

从各大洲市场看：自亚洲进口283.2亿美元，下降6.9%，占全省的53.3%。其中，自中东进口38.9亿美元，下降24.1%；自东盟进口76.7亿美元，下降0.4%。自欧洲进口66.3亿美元，下降14.0%，占全省进口总额的12.5%。其中，自欧盟进口43.2亿美元，增长4.9%。自北美洲进口66.4亿美元，下降26.9%，占全省的12.5%。自南美洲进口44.8亿美元，增长23.4%，占全省的8.4%。自大洋洲进口42.7亿美元，增长40.9%，占全省的8.0%。自非洲进口28.3亿美元，增长14.8%，占全省的5.3%。

【进口商品结构】 2016年，福建省进口商品种类广泛，涉及海关统计商品目录（HS商品分类）中的22大类98章。进口的大宗商品主要为中间产品和资源性产品。其中，机电产品进口183.2亿美元，增长1.2%；高新技术产品进口137.3亿美元，增长1.5%；农产品进口61.7亿美元，下降15.1%。进口规模在10亿美元以上的大宗商品有14种，比上年减少两种。分别为：液晶显示板34.2亿美元，下降19.8%；铁矿砂33.6亿美元，增长82.6%；原油及成品油27.6亿美元，下降36.1%；集成电路及微电子组件26.5亿美元，增长0.5%；塑料及其制品26.3亿美元，下降14.2%；大豆19.1亿美元，下降1.5%；煤及褐煤18.0亿美元，增长46.1%；有机化学品15.8亿美元，下降0.6%；木及木制品13.8亿美元，下降6.8%；木浆、纸及纸板13.5亿美元，增长2.0%；铜矿砂12.2亿美元，增长29.7%；计算机部件11.5亿美元，下降6.8%；发动机10.1亿美元，增长17.1%；钢铁及制品10.0亿美元，增长6.1%。

2016年福建省进口1亿美元以上的企业表

单位：万美元

序号	企业名称	进口额	序号	企业名称	进口额
1	福建联合石油化工有限公司	269979.27	36	福建捷联电子有限公司	27765.55
2	兴业银行股份有限公司	176226.72	37	厦门建发股份有限公司	27622.40
3	厦门国贸集团股份有限公司	152504.88	38	福建康宏股份有限公司	27130.26
4	友达光电（厦门）有限公司	137279.94	39	宸鸿科技（厦门）有限公司	26715.76
5	紫金铜业有限公司	132822.93	40	福州速传保税供应链管理有限公司	26641.44
6	联芯集成电路制造（厦门）有限公司	127108.81	41	锐珂（厦门）医疗器材有限公司	25999.20
7	厦门信达股份有限公司	108219.13	42	厦门市明穗粮油贸易有限公司	24589.44
8	厦门象屿物流集团有限责任公司	95396.54	43	厦门建发农产品有限公司	23563.74
9	戴尔（中国）有限公司	86962.58	44	华映光电股份有限公司	23383.60
10	冠捷显示科技（厦门）有限公司	78346.55	45	赛得利（福建）纤维有限公司	23289.12
11	中海福建天然气有限责任公司	75795.44	46	福建戴姆勒汽车工业有限公司	22589.09
12	厦门天马微电子有限公司	74031.77	47	福建省石化贸易公司	21618.71
13	戴尔（厦门）有限公司	67502.13	48	泉州市全福珠宝首饰有限公司	20921.37
14	全球物流（厦门）有限公司	65286.11	49	厦门建发能源有限公司	19992.71
15	福州康宏豆业科技开发有限公司	63460.26	50	福建省平行进口汽车交易中心有限公司	19970.43
16	厦门太古发动机服务有限公司	60004.66	51	厦门古龙进出口有限公司	19713.52
17	福州京东方光电科技有限公司	59706.13	52	厦门松下电子信息有限公司	18461.54
18	厦门太古飞机工程有限公司	59309.52	53	恒安（中国）纸业有限公司	18201.25
19	建发物流集团有限公司	58551.76	54	福建匹克能源有限公司	18091.73
20	厦门市信达安贸易有限公司	55595.34	55	厦门银祥油脂有限公司	18023.37
21	福建三钢国贸有限公司	53452.06	56	中国抽纱福建进出口公司	17656.41
22	厦门建发原材料贸易有限公司	47289.15	57	宁德新能源科技有限公司	17409.42
23	捷星显示科技（福建）有限公司	43977.58	58	厦门大亮贸易有限公司	16858.89
24	宸美（厦门）光电有限公司	43521.75	59	厦门港务贸易有限公司	16311.95
25	厦门速传物流发展股份有限公司	43265.65	60	福建省福能电力燃料有限公司	15455.72
26	泉州瑞光珠宝有限公司	40750.14	61	宝钢德盛不锈钢有限公司	15353.19
27	达运精密工业（厦门）有限公司	40301.94	62	联想移动通信科技有限公司	15345.47
28	申拓（福建）实业有限公司	38830.23	63	厦门建发纸业有限公司	15155.90
29	福建省兴大进出口有限公司	35202.82	64	福建省榕江进出口有限公司	14776.36
30	宏高供应链管理（厦门）有限公司	32072.97	65	厦门成大进出口贸易有限公司	14706.09
31	泉州福海粮油工业有限公司	31665.45	66	厦门夏商国际贸易有限公司	14601.24
32	厦门建发矿业资源有限公司	31285.42	67	贝莱胜电子（厦门）有限公司	14436.72
33	福建泉州宝辉珠宝首饰有限公司	31042.84	68	福建力聚物流有限公司	14365.25
34	福建三安集团有限公司	29742.45	69	福建雯峰珠宝有限公司	14317.54
35	厦门中禾实业有限公司	29494.61	70	建信鹭四租赁（厦门）有限公司	13758.21

续表

序号	企业名称	进口额	序号	企业名称	进口额
71	福建省漳州市对外贸易有限责任公司	13393.14	82	泉州华星燃气有限公司	11444.31
72	建信鹭五租赁（厦门）有限公司	13223.88	83	福建佳通轮胎有限公司	11128.51
73	厦门国贸泰达保税物流有限公司	13207.93	84	晋江市宝辉工艺精品有限公司	10810.80
74	福州集佳油脂有限公司	12836.79	85	厦门建发矿业有限公司	10754.59
75	厦门海翼物流有限公司	12406.02	86	泉州恒义信贸易发展有限公司	10599.03
76	兴业皮革科技股份有限公司	12334.38	87	厦门信和达电子有限公司	10523.34
77	福清市新宁万达仓储有限公司	12189.18	88	明达实业（厦门）有限公司	10408.03
78	泉州港丰能源有限公司	12055.40	89	宁德时代新能源科技有限公司	10357.20
79	厦门汉磊供应链有限公司	12034.37	90	厦门航空开发股份有限公司	10249.18
80	福州开发区新电燃料有限公司	11991.11	91	国银晨天（厦门）飞机租赁有限公司	10163.46
81	北新集团厦门国际贸易有限公司	11484.00	92	长春化工（漳州）有限公司	10107.67

2016年福建省进口1亿美元以上的国家与地区表

单位：万美元

序号	国别/地区	进口额	序号	国别/地区	进口额
1	中国台湾	609896.51	23	智利	52657.52
2	美国	547621.63	24	新西兰	52115.75
3	澳大利亚	365788.75	25	荷兰	51367.59
4	日本	355716.05	26	法国	48204.73
5	韩国	313419.87	27	伊朗	35203.37
6	沙特阿拉伯	292012.26	28	意大利	33342.38
7	印度尼西亚	248288.03	29	乌克兰	32396.72
8	巴西	231824.82	30	西班牙	25137.82
9	南非	218449.14	31	朝鲜	20103.23
10	马来西亚	147788.87	32	乌拉圭	19895.86
11	瑞士	117796.66	33	比利时	18339.63
12	加拿大	116684.07	34	委内瑞拉	18155.72
13	德国	111448.47	35	阿根廷	17523.69
14	泰国	110219.73	36	阿联酋	17366.38
15	越南	88490.88	37	芬兰	17122.63
16	新加坡	85664.54	38	墨西哥	16978.41
17	印度	84215.13	39	阿曼	15314.91
18	秘鲁	78390.81	40	赞比亚	14962.15
19	菲律宾	77077.80	41	巴基斯坦	13617.33
20	俄罗斯	67059.39	42	科威特	11792.80
21	土耳其	65257.20	43	奥地利	10778.78
22	英国	54629.64	44	中国香港	10255.07

2016 年福建省大宗特色产品进口表

单位：万美元

序号	名称	进口额	序号	名称	进口额
	合计	3631094.23	17	大理石和石灰华	89509.11
1	液晶显示板	342017.28	18	花岗岩玄武岩砂岩	81989.62
2	铁矿砂	335558.38	19	谷物	75142.89
3	原油及成品油	275986.05	20	铜及制品	73269.86
4	集成电路及微电子组件	265233.11	21	飞机及零件	70778.52
5	塑料及其制品	262932.75	22	生皮及皮革	64499.45
6	大豆	191149.61	23	饲料用鱼粉	55138.61
7	煤及褐煤	180270.98	24	橡胶及其制品	55026.84
8	有机化学品	158242.67	25	半导体器件	45910.28
9	木及木制品	137789.29	26	镍矿砂	29962.83
10	木浆、纸及纸板	135175.42	27	镍及制品	18147.90
11	铜矿砂	121966.37	28	玻璃及制品	17116.48
12	计算机部件	115139.12	29	动植物油	15928.11
13	发动机	100658.50	30	铝及制品	13608.25
14	钢铁及制品	100045.94	31	电容器	12719.98
15	天然气	93915.48	32	蓄电池	4231.28
16	纺织原料及制品	90553.30	33	钨矿砂	1479.96

（崔　毅）

利用外资

【外商直接投资地市分布】　2016 年，福建省外商直接投资主要集中在沿海地市，其中福州市 483 项，合同外资 16.3 亿美元，实际到资 18.1 亿美元；厦门市 1278 项，合同外资 75.7 亿美元，实际到资 22.2 亿美元；漳州市 115 项，合同外资 16.3 亿美元，实际到资 11.6 亿美元；泉州市 124 项，合同外资 13.6 亿美元，实际到资 16.3 亿美元；莆田市 26 项，合同外资 6.5 亿美元，实际到资 4 亿美元；平潭综合实验区 247 项，合同外资 17.7 亿美元，实际到资 1.1 亿美元。山区 4 市占全部项目数的 3.5%，其中三明市 26 项，合

2016 年福建省利用外资情况表

利用外资方式	新设外资项目数（个）	合同外资		实际利用外资	
		外资金额（万美元）	金额比上年增长（%）	金额（万美元）	金额比上年增长（%）
外商直接投资	2355	1566337	8.30	819465	6.70
合资企业	587	512379	90.40	191096	8.36
合作企业	3	1140	－43.00	307	－84.73
外资企业	1759	1015696	4.01	515657	2.26
股份有限公司	4	37095	－80.01	111394	29.97
合　计	2355	1566337	8.30	819465	6.70

同外资1.6亿美元，实际到资1.7亿美元；南平市14项，合同外资1.5亿美元，实际到资1.6亿美元；龙岩市32项，合同外资6.7亿美元，实际到资3亿美元；宁德市10项，合同外资8624万美元，实际到资2.3亿美元。

【外商直接投资行业分布】 2016年，福建省外商直接投资生产型项目336个，非生产型项目2019个。按行业分，农林牧渔业80个，采矿业1个，制造业222个，电力、煤气及水生产和供应业6个，建筑业27个，交通运输、仓储和邮政业17个，住宿和餐饮业49个，信息传输、软件和信息技术服务业95个，批发和零售业885个，金融业70个，房地产业15个，租赁和商务服务业393个，科学研究和技术服务业361个，水利、环境和公共设施管理业10个，居民服务和其他服务业19个，教育18个，文化、体育和娱乐业81个，卫生、社会保障和社会福利业6个。

【外商直接投资来源】 2016年，福建省投资者主要来自中国香港、中国澳门、中国台湾地区以及东南亚和欧、美、日等国家。其中，中国香港531项、合同资金99.4亿美元，中国台湾1408项、合同资金29.3亿美元，中国澳门23项、合同资金1.6亿美元，欧盟50项、合同资金7454万美元，美国51项、合同资金2971万美元，日本8项、合同资金1.1亿美元，英属维尔京群岛9项、合同资金5.3亿美元，萨摩亚26项、合同资金3.7亿美元。

【外商直接投资经营情况】 2016年，福建省规模以上外商投资企业实现工业增加值3814亿元，占全省规模以上工业增加值的34.6%；规模以上工业销售产值14661亿元，占全省的34%；进出口3900亿元，其中出口2401亿元，占全省出口总额的35.1%，进口1499亿元，占全省进口总额的42.7%。

【商务洽谈会】 2016年，第19届中国国际投资贸易洽谈会于2016年9月8—11日在厦门市举行。本届洽谈会由商务部主办，福建省人民政府、厦门市人民政府和商务部投资促进事务局承办，共有来自100多个国家（地区）近12万名境内外客商参会。会上福建省签订外商投资项目347个，总投资188.9亿美元，利用外资91.7亿美元，其中签订合同项目298个，总投资160.8亿美元，合同外资77.7亿美元。

（陈国森）

国际经济技术合作

【对外直接投资】 2016年，福建省备案对外投资项目607个，对外投资额（指中方协议投资额，简称“投资额”）111.6亿美元。其中，新设境外企业和分支机构486家（企业476家，分支机构10个），比上年增长1.3倍；投资额101.2亿美元，增长1.3倍；境外企业增资项目121个，投资额10.4亿美元，增长1.8倍。自贸区备案境外投资开办企业项目131个，投资额36.1亿美元，占全省32.3%，增长15.4倍。对海丝沿线国家投资备案项目96个，投资额22.3亿美元，占全省20.0%，增长61.6%。对外投资备案项目中，国际产能合作项目107个，投资额42.7亿美元，占全省38.3%，增长88.1%。厦门市、泉州市、福州市3个地市备案项目数合计564个，占全省92.9%；投资额106.3亿美元，占全省95.3%。

【承包工程和劳务合作】 2016年，福建省签订对外承包工程合同36项，合同金额5.81亿美元，比上年增长0.77%。完成营业额9.5亿美元，比上年增长2.54%。当年派出各类劳务人员52173人次，期末在外60359人。劳务人员实际收入总额7.05亿美元，比上年增长12.98%。劳务人员主要分布在中国澳门、中国香港、中国台湾、新加坡等68个国家和地区，其中中国澳门占46.6%、中国香港占13.7%、中国台湾占8.9%、新加坡占6.5%。对外承包工程业务主要分布在喀麦隆、肯尼亚、赞比亚等37个国家和地区，其中非洲占66.2%，亚洲占28.8%，亚非地区占比高达95%。

【对外援助】 2016年，福建省承担商务部援外培训班任务82期，共有来自肯尼亚等80多个国家和地区的1869名学员参加培训，承担中联部政党援外培训任务8期。福建农林大学承担的援卢旺达农业技术示范中心项目进入可持续发展阶段，实行自负盈亏的商业化运作；援斐济菌草技术合作项目前期各项任务结束，于2016年9月通过商务部验收，基建部分基本完成，处于验收阶段。援莱索托第四期菌草种植技术合作项目于2016年10月20日与莱方政府签订第四期菌草技术合作项目两国换文，以福建农林大学为依托的国家菌草工程技术研究中心承担，并着手第四期项目人员选派和物资采购工作。福建农林大学承担的福建省第三期（为期5年，2014年10月至2019年9月）援助东高地省发展菌草、旱稻生产项目，专家组已抵达巴新东高地省开展工作，援巴新物资办理出口手续并启运。

（李　倩）

开发区建设

【概况】 截至2016年底，福建省有省级以上开发区100个，其中国家级28个（包括经济技术开发区、高新区、台商投资区、海关特殊监管区、旅游度假区等）、省级72个（包括经济开发区、高新区、工业园区等），批准总规划面积808.12平方千米，已开发1073.5平方千米，已建成884.38平方千米。

2016年，全省开发区实现地区生产总值8325.93亿元，规模以上工业总产值23879.6亿元，工业增加值6132.22亿元，固定资产投资6668.12亿元，分别比上年增长11.5%、11.8%、10%和

22.8%。完成税收收入1054.03亿元，财政收入1121.2亿元，分别增长2%和3.8%。全年新批外资项目965项，合同外资（验资口径，下同）58.27亿美元，实际利用外资30.96亿美元，分别增长37.7%、2.7%和14.4%。实现出口总额（海关口径，下同）555.56亿美元，进口总额350.57亿美元。其中，全省开发区规模以上工业总产值、固定资产投资、税收收入、实际利用外资及外贸出口，分别约占当年全省的53.4%、29.1%、21.4%、37.8%和56.4%。

【经济开发区转型升级】 2016年，《福建省国家级和省级开发区综合发展水平评价暂行办法》出台，从发展业绩、科技创新能力、开放水平、绿色集约发展水平、管理与服务水平等5个方面32项指标对全省开发区进行综合评价。完成《2015年度福建省国家级和省级开发区综合发展水平评价报告》，并由省商务厅对评价情况进行通报。对考评成绩居前10位的开发区给予奖励，居后3位的开发区督促整改，促进开发区转型升级、创新发展。年内，《福建省开发区“十三五”发展规划纲要》出台，确定提升产业集聚水平、提高开发区对外开放水平、培育开发区创新体系、提升要素保障能力、优化空间发展布局、推进产城融合发展、推动绿色开发区建设等七大主要任务。

【招商引资】 2016年，福建省开发区参加“9·8国际投洽会”布展招商，设立开发区馆，漳州台投区、武夷新区、漳州古雷港开发区等8个国家级、省级重点开发区参展，厦门火炬高新区共签约外资项目6个，总投资9.7亿美元；三明高新区（金沙园）落实4个项目，总投资1.6亿美元，利用外资9000万美元。福州融侨经济技术开发区总投资300亿元的京东方8.5代新型液晶面板大项目建成，吸引东旭光电、联华林德气体项目等上下游产业进驻。漳州招商局经济技术开发区在华为云服务平台及互动数据中心（IDC中心）落户的基础上，加快培育泛信息技术产业、智能汽车小镇、大健康产业、旅游产业和临港产业等五大百亿产业。

【科技创新】 截至2016年底，福建省开发区内省级部门认定的高新技术企业数1676家，实现高新技术企业产值6226.96亿元，累计建成省级以上技术研发中心945个，累计建成创业投资服务中心（孵化器）面积335.65万平方米。安排资金推动开发区企业的科技创新，华为NB-IOT窄带物联网实验室、清华大学智能系统与技术国家重点实验室相继在区内落户。泉州开发区有深圳鼎创等20多家企业和高校创业设计团队入驻，网商（虚拟）产业园核准入驻企业1000多家。

【产城融合】 2016年，福建省厦门市海沧区和泉州市泉港区，被国家发改委纳入全国首批58个产城融合示范区建设。省商务厅与国家开发银行福建省分行签订战略合作协议，支持有条件的开发区通过PPP模式引入社会资本、金融资本，加大开发区基础设施和公共服务设施建设，改善综合投资环境，促进产城融合发展。

【绿色开发区建设】 截至2016年底，福建省有32个开发区通过ISO14000环境管理体系认证。全省有85个开发区实现污水集中处理。全省大部分开发区绿化覆盖率均达到25%以上。

（苏克往）

闽台经贸合作

【经济运行】 2016年，福建省新批台资项目（含第三地转投）1424个，比上年增长63.7%，合同台资30.1亿美元，比上年下降1.2%；实际到资20.2亿美元，增长53.9%，占全省实到外资的24.7%。中国台湾是福建省第二大外资来源地，仅次于中国香港。台资企业主要分布在电子信息、机械制造和金融服务等领域。闽台贸易额656.5亿元，下降5.3%，占大陆对台贸易总额的5.5%。其中，对台贸易253.4亿元，增长9.2%；自台贸易403.1亿元，下降12.6%。全省企业赴台投资项目21个，增长61.5%，其中增资项目5个，新设境外企业15家，分支机构1个；对台投资金额4366万美元，增长88.5%。截至2016年底，累计在台设立52家企业、30个分支机构，福建企业协议投资额3.82亿美元，项目数和金额保持在大陆各省份前列。

【闽台项目合作】 2016年，福建省先后接待台湾大型企业集团及主要工商团体团组55批、380余人来闽考察对接。截至年底，台塑、国泰金控、康师傅控股、统一企业、富邦金控、友达光电、宸鸿科技等43家台湾百大企业在福建省投资。一批总投资超百亿元的重大台资项目动工兴建或落地，中国台湾石化公会合资古雷炼化一体化一期项目，总投资358亿元；中国台湾联华电子泉州晋华存储器集成电路生产线一期项目，总投资370亿元；台塑集团漳州福欣不锈钢项目总投资22.25亿美元。

【闽台金融民生合作】 2016年，台湾银行福州分行、台湾信托商业银行厦门分行开业。在闽台资银行已增加至6家，居大陆第二位，其中合作金库银行、彰化银行、华南银行、台湾银行4家台资银行在福州设立分行；统一综合证券出资5.88亿元参股投资厦门金圆统一证券有限公司获“台湾金管会”核准，是台湾省第一家获准赴大陆投资证券公司的券商。至年底，有21个台湾省金融机构落户福建省。此外，台资加快在福建省布局民生项目，已开业独资或合资医院与门诊部4所、床位830张，新批准台资医院和门诊部共8个，投资总额22亿元，新批养老机构3个。

【自贸区产业布局】 2016年，福建自贸试验区52个领域率先对台开放，全年新增台资企业 929 家、合同金额 24.6 亿美元，分别占全省台资企业数和合同金额的 65.2%和 81.7%。

【台企效益】 2016 年，台资企业厦门建松电器利润总额达 1.19 亿元，利润总额上千万元的台资企业有 26 家，包括协展机械、福州统一、长春化工等。

【政策支持】 2016 年，福建省莆田秀屿、湄洲岛宫下、福清南青屿、长乐松下对台小额贸易点自 2016 年 8 月起放开“两限”，至年底全省 29 个对台小额贸易点有 12 个口岸放开“两限”。经国务院批准，平潭、大嶝对台小额商品交易市场免税商品种类新增玩具、眼镜、珠宝、日用化妆品和家用医疗器械。

（金 毅）

闽港澳经贸合作

【闽港澳经贸合作】 2016 年，闽港澳贸易总额 563.94 亿元，比上年下降 6.6%。全年新批港资项目 531 个，比上年增长 13.5%，占全省同期总项目数的 22.5%；合同港资 99.4 亿美元，增长 29.8%，占全省同期合同外资总额的 63.5%；实际利用港资 48.92 亿美元，增长 4.1%，占全省实际利用外资总额的 59.7%。备案投向香港地区的项目 353 个，增长 2.2 倍，占全省备案对外投资项目总数的 58.2%；投资额 44.65 亿美元，增长 1.8 倍，占全省对外投资总额的 40%。

全年全省新批澳门地区项目 23 个，增长 21.1%；合同澳资 1.58 亿美元，增长 94.3%；实际利用澳资 0.55 亿美元，增长 1.1 倍。

【闽港澳贸易】 2016 年，闽港贸易总额 561.69 亿元，比上年下降 6.5%，占全省贸易总额的 5.4%。其中，对香港地区贸易 554.9 亿元，下降 5%，占全省出口总额的 8.1%；自香港地区贸易 6.79 亿元，下降 58.9%，占全省贸易总额 0.2%，贸易顺差 548.1 亿元。

2016 年，闽澳贸易总额 2.25 亿元，下降 28.1%。其中，对澳门地区贸易 2.24 亿元，下降 28.2%；从澳门地区贸易 41 万元，增长 34.2%。

【闽港澳合作】 2016 年，福建省加强闽货宣传推介，推动全省企业参加时装展、国际品牌连锁加盟展等港澳国际性专业展会，联合澳门贸促局、中葡论坛（中国澳门）常设秘书处，先后在“9·8”投洽会和第 21 届澳门国际贸易投资展览会期间，举办福建—澳门—葡语国家经贸交流会、“泉州品牌香江行”活动。助力闽企开拓市场。牵线推动澳门国际绿色环保联盟赴福安对接船企，达成购买一批冷冻船、运煤船等合作意向。协助连天福生物科技有限公司对接利用漳龙公司片仔癀销售渠道，开拓香港及东南亚市场。组织利嘉商城等采购商，赴澳门考察葡语国家产品展示及电商销售平台。帮助企业解困扩大贸易。加强监测嘉晟集团等 9 家出口港澳地区重点企业贸易情况，帮助宝辉珠宝协调解决货物通关问题，助力企业逆势增长，扩大贸易规模，8 月贸易增幅达 9.1 倍，至年底贸易额基本稳定在 4.4 亿元。

精准招商。借力高层会晤深化经贸合作。利用出席闽港、闽澳合作会议机会，分别与港澳政府在加强制造业、环保和会展合作、共建海丝沿线国家和地区产业合作园区、联手开拓国际市场等方面工作达成共识。联合地市、部门推动引资。组织企业赴港澳开展经贸对接洽谈活动。世界 500 强费森尤斯集团在泉州投资血透中心、香港泉康投资公司在福州投资空港智慧金融总部创新园区等一批港澳重点招商项目成功落地。2016 年，先后推动费森尤斯亚太区总裁率团、中国香港电商物流代表团等 32 批次 467 人次来闽考察，寻找商机。

服务投资。联合香港投资推广署、贸发局等机构，举办“透过香港—走向国际”系列投资推广研讨会。举办福建省赴港上市暨股权投融资培训班。多次组织 CEPA 服务贸易专题政策宣讲，引导企业利用 CEPA 政策加强与港澳合作。对接港澳资本，在香港举办股权投融资对接会，组织全省 34 家企业与香港基金、投行洽谈对接，6 家企业现场达成合作意向。邀请近 100 家港澳企业，分别参加在深圳、福州举办的全省 PPP 项目融资专场对接活动。闽港协作推动“走出去”。建立与香港贸发局合作推动全省企业“走出去”机制，先后两次组织泉州食品行业龙头企业赴北欧和东南亚开展品牌并购系列投资活动，促成 16 个合作意向项目。

（林敏玲）

编辑：郑 菜

福建自由贸易试验区

中国（福建）自由贸易试验区福州片区

【概况】　截至 2016 年 12 月 31 日，中国（福建）自由贸易试验区福州片区新增企业 16569 家，注册资本 2362 亿元，其中内资企业 16110 家、外资企业 459 家，新增企业运营率达 41.68%，进出口总额 81.29 亿美元，比上年增长 3.8%，福州片区港口（江阴港、马尾港）集装箱吞吐量 232.23 万标准箱，增长 3.7%。

【制度创新】　2016 年，中国（福建）自由贸易试验区福州片区完成省总体方案中由福州市牵头的 6 项试验任务，挂牌第一二年需启动的 97 项试验任务已完成 90 项，2016 年省里新增的 57 项试验任务已全部实施；2016 年在投资、贸易、金融、税务、事中事后监管、对台等领域推出 4 批创新举措 64 项，位居福建自由贸易试验区 3 个片区首位，其中全国首创 19 项。创新举措复制推广到全国、自贸试验区、全省的分别有 4 项、1 项、39 项。

投资便利化。2016 年，推出 14 项投资便利化举措，推行“一址多照、集群注册、简化注销流程”等 18 项重大商事制度改革。2016 年核准对外投资项目备案 34 项，协议投资总额 22.25 亿美元，增长 3.18 倍，其中中方投资额 14.96 亿美元，增长 3.28 倍。

贸易便利化。口岸部门 2016 年推出 37 项贸易监管创新举措，海关信息化监管平台（一期）运行，国际贸易“单一窗口”、关检“三个一”运作顺利，通关效率明显提升，全区通关无纸化达 95%以上，企业进出口货物申报时间从 4 小时减至 5～10 分钟，24 小时进出口通关率分别高出全国平均水平 3.81 和 1.55 个百分点。

【金融创新】　截至 2016 年底，中国（福建）自由贸易试验区福州片区内金融机构和类金融企业达 1549 家，比挂牌前增长 4 倍，本外币存款余额 575.2 亿元，贷款余额 482.7 亿元，比挂牌前分别增长 2.12 倍和 2.42 倍。

组织体系创新。累计发布两批 41 个金融创新案例，引进福建摩尔投资管理公司、海峡金桥财产保险公司、福建省企业技术改造投资基金等项目，构建“金融机构＋类金融企业”组织体系。

对台金融创新。中行、建行、平安银行分别设立专业对台服务中心，其中中行省分行累计为在闽台资银行代理支付清算量达 120 亿元。率先推动 14 家银行开通台企台胞在台湾地区信用记录查询业务，至 2016 年 12 月底，银行业机构支持区内台资企业 83 家，融资余额 31.8 亿元。2016 年办理台资企业跨境资金支付结算 53.5 亿元。

跨境金融创新。区内企业获境外融资 8.36 亿元，降低融资成本 0.8～1 个百分点；厦门国际银行为企业办理内保外贷业务 4307 万欧元，支持收购 AC 米兰俱乐部，兴业银行为高龙集团办理自贸区首单外汇资金集中运营管理业务。

产融对接创新。引进文化产业基金、PPP 引导基金等各类产业基金 20 多只，基金规模 1000 亿元，兴业银行在区内发起设立福建省首只企业技术改造基金 80 亿元，投放 23 笔、金额 21.85 亿元，为技改企业节约费用 6600 万元。至 2016 年 12 月底，银行业机构支持福建野马飞机制造、科立视触控显示屏等先进制造业项目 11 个，贷款余额 14.5 亿元，增长 242%。

类金融企业服务创新。出台《关于加快福建自贸区福州片区融资租赁业发展的实施意见》，引进融资租赁企业 387 家，开办租赁业务近 60 亿元。引进莆田健康产业总会成立全省自贸区首家医疗器械融资租赁企业——福建福之源医疗器械融资租赁公司，开展医疗器械融资业务及两岸医疗产业合作；福建子西设备租赁公司率先在国内以“周转材料银行”模式实现材料异地存取运作，解决建筑材料长途运输问题。率先批复福州三六零网络小额贷款公司筹建，实现福建省网络小额贷款公司“零突破”，中金在线金融中心为中小企业融资金额超 14 亿元。

【重点平台建设】　2016 年，中国（福建）自由贸易试验区针对福州片区重点试验任务和各区块功能定位、产业特色，配套出台产业扶持政策，推进重点平台建设，促进整车进口、跨境电商、物联网、现代物流等新型贸易业态发展。

整车进口口岸。江阴港成为全国首个允许开展进口汽车辅助性整改的口岸和全国第二个实施进口汽车保税仓储政策的口岸，车辆通关由4～6工作日缩短至1个工作日，效率居全国前列；建设4.9万平方米关检监管设施和国内最先进的汽车检测线2条，搭建5个平行汽车进口供应链综合服务平台，启动建设银河国际汽车园、福建省平行进口交易中心等重点项目，落地3C认证服务中心，为中小型进口车企设计“整车平行进口通宝”和“共用授信额度”等金融产品，推动中国人保与区内车企合作构建完善的平行进口汽车售后维保体系，通过海铁联运将整车业务的辐射面从省内向内地推广。2016年江阴整车口岸进口整车8136辆，增长1.10倍，居全国口岸第六位、新批口岸第二位。

跨境电商。福州跨境电商公共服务平台投入运营，已对接67家电商企业；建立3个跨境电商货物监管中心和利嘉、世创等两个共20万平方米的跨境电商产业园，引进阿里一达通、澳洲百斯顿等300多家境内外知名跨境电商企业，保税进口20多个国家和地区530多种商品；设立福建优购机场跨境监管中心及国际快件监管中心。2016年福州片区跨境电商保税进口29.2万票、销售额1.03亿元，阿里一达通2016年出口额137亿元，拉动全市外贸出口增长12个百分点。建立利嘉商贸城、海丝商城、海峡智贸城、世界风情小镇跨境电商O2O体验中心等近50万平方米的保税展示交易和进口直销中心，引进40多个国家上千种商品。

物联网产业。把物联网产业发展作为推动产业转型升级的主攻方向，形成以上润精密、新大陆、福光数码、国脉科技、冠林科技、飞毛腿等为龙头的智能家居、智能交通、智能管网、车联网等物联网应用服务及相关配套产业链。新大陆公司成为国内唯一掌握核心芯片技术的终端厂家；星云电子填补国内大功率锂电池电性能高精度测试设备的空白；慧翰微电子向全球提供“中国制造”的物联网传输芯片模组和车联网控制单元，在国内汽车前装市场占有率第一；华为2016年11月在福州片区启用全国第一家NB-loT（窄带物联网）商用局，标志福州率先进入窄带物联网大规模商用阶段。至年底区内通过认定的物联网企业有65家，关联企业超百家，掌握核心技术发明专利220多件，2016年区内物联网产值达540亿元。

现代物流产业。加快物流基础设施建设，实施“先进区、后报关”和检验检疫分类监管等通关通检便利化举措，全国首创冷链物流服务标准化制度，推动现代物流业升级发展。利嘉国际物流园一期、捷威仓储物流中心建成并投入使用；德国物流巨头爱马仕航空物流项目落地，开通榕欧空中邮件及电商快递通道；汉吉斯、太古（科乐通）、瑞联实业等冷链物流项目建设进展顺利；榕金公司在美国、阿根廷、澳大利亚、印度尼西亚等国设立华侨采购联盟，为海外中餐馆、超市提供跨境生鲜食品供货配送。建成冷链仓库近30万平方米，集聚爱马仕物流、马士基物流、八方物流等300多家国内外知名物流企业，开展出口拼箱、进口分拨、贸易配送和城市配送等物流运作模式。2016年为冠捷电子、华映光电、福耀玻璃等大型制造企业提供85亿美元的物流配送服务。

【先进制造业基地建设】 2016年，位于中国（福建）自由贸易试验区福州片区的中航航空产业园野马飞机制造项目完成厂房主体施工；科立视二期项目开工建设；福建合纵福莱尔科技有限公司引进高帧率红外线热成像技术项目，填补国内技术空白；创新全球维修和再制造产业的监管模式，帮助东北理光（福州）印刷设备公司获得全国首张再制造资质证书，实施入境旧工程复印机再制造近千台，并推动东北理光维修再制造

2016年，福建自由贸易试验区福州片区保税商品交易平台 （仓山区政府供稿）

经验在区外推广；依托科立视公司成立两岸先端材料研发合作中心，引进15名台湾科研人才，研发国内首个拥有自主知识产权的抗菌超薄玻璃；新大陆公司携手台湾科研机构，研发全球首枚二维码解码芯片；依托福建省质检院，建设福州片区两岸先进制造业技术服务中心，建成实验室面积近4万平方米，为60类2000多种产品提供5200多条标准认证服务。2016年福州片区工业产值820亿元，增长9.1%。

【"一带一路"倡议】 2016年，中国（福建）自由贸易试验区福州片区与美国加利福尼亚州自由贸易区、巴西塞阿腊州自由贸易区、法国敦刻尔克市、澳大利亚巴拉瑞特市等地区建立友好合作关系；有29家企业与欧盟、韩国、新加坡等31个国家和地区实现AEO（经认证经营者）互认；打造25个"一带一路"国家的进口商品展示馆，引进泰国、马来西亚、斯里兰卡、印度尼西亚、澳大利亚等"一带一路"沿线国家上千种进口食品；中国—东盟海产品交易所发展境内外会员358家、交易商2187家，2016年线上电子议价交易总额3112亿元，现货交收1.6万吨、成交额7.66亿元，中国—东盟海产品交易所与马来西亚皆富集团共同在马来西亚建设占地面积0.41万公顷、总投资32.9亿元的产业合作基地，海交所马来西亚分中心进入实质性商务谈判和业务审批阶段；飞毛腿（福建）电子有限公司在日本设立公司，开发家用储能锂离子电池组等动力电池产品。至2016年12月底，核准对海丝沿线国家直接投资项目备案29项，协议投资总额13亿美元，增长7.17倍，其中中方投资额10亿美元，增长6.57倍。

【对台经贸合作】 2016年，中国（福建）自由贸易试验区福州片区新增台资企业数248家，占全市新增台资企业数的71.84%，共有144家台湾个体工商户落户福州片区。

提升对台贸易便利化水平。率先采信台湾检验结果和实施对台"源头管理、口岸验放"模式，开通大陆第二条对台邮件总包水路中转全球航线，推动对台货物贸易发展，2016年福州市对台贸易33亿元，增长12%。

推动对台服务贸易领域开放。推动对台服务贸易17个领域的开放，促进海峡联合骨科医院、台湾扬运人才中介、两岸文化创意园等200多项对台服务业项目落地。

加强两岸旅游发展。落实自贸区对台旅游创新举措，联合台湾马祖创新榕马"小三通"旅游线路，设立两家台资合资旅行社和1家台资独资旅行社，福州市马祖旅游综合服务中心于2016年11月建成并试营业，截至2016年12月底，福州市赴台旅游总人数7.1万人次，增长12.5%，其中赴马祖游人数增长1.48倍。

促进两岸交流及创业基地集聚发展。有94个项目入驻台商创业园、80家企业入驻两岸众创·优空间、30家台湾文创企业入驻"左营·佐赢"园区；琅岐海峡青年交流营地项目一期11.7万平方米建成，将作为海峡青年节永久性基地，索佳艺陶瓷创意园引进15家台湾文创团队入驻；海峡智贸城海峡两岸文创生活体验中心对外开放。

推动两岸人员往来更加便捷。全国率先启用电子台胞证，率先签发非闽户籍居民"一次有效往来台湾通行证"；对往来两岸直航客轮简化申报手续，允许免办卫生控制书，实施电讯检疫；推动闽江马尾对台综合客运码头建设，将缩短两马单程航线近一半时间，促进两岸人员交流便利。

【政府职能改革】 2016年，中国（福建）自由贸易试验区福州片区深化行政审批制度改革。集中实施原分散在省、市、区三级政府部门的421项行政许可和公共服务事项，将建设项目全流程审批时限压缩至32个工作日，豁免7个行业79类建设项目环评审批手续，部分项目环评试行承诺备案制；梳理确认实施分类改革的行政审批事项173项，经省政府批准作为全省首家改革试点。

完善事中事后监管。截至2016年底，归集片区内2.4万家企业政务信息12.6万条，实现"一处违法、处处受限"；梳理食药、小贷、典当等监管风险点55个，制定相应防控措施88条，梳理公布食药、质监、商贸、文广、金融等方面"市场经营行为负面清单"2084条；推动名城海峡水产品批发市场建设全国首家电子化可追溯水产品交易平台，首期纳入40个淡水鱼品种的全部经营商户。

【专利申请服务】 2016年，中国（福建）自由贸易试验区福州片区建立知识产权服务工作站，为片区内企业提供专利信息分析、专利数据库建设、专利运营等服务，全年福州片区企业专利申请1289件，增长72.8%，获授权691件，增长16.71%。

（林仕锋）

中国（福建）自由贸易试验区厦门片区

【概况】 2016年，中国（福建）自由贸易试验区厦门片区地区生产总值434.21亿元，比上年增长（下同）12.7%；进出口额1323.53亿元，增长8.2%，占全市和全省的比重为26%和12.8%；集装箱吞吐量924.37万标准箱，增长4.6%；财政总收入71.95亿元，增长19.5%，其中地方级收入39.39亿元，增长5.2%。

【制度创新】 2016年，中国（福建）自由贸易试验区厦门片区持续推进制度创新，完成省试验任务67项、厦门片区试验任务82项，在投资便利化、贸易便利化、"一带一路"互联互通、对台先行先试、法治化环境、事中事后监管等领域推出166项政策措施，在福建省通报的99项创新举措中，厦门片区有46项（其中全国首创18项）。至2016年底，在福建自贸试验区累计225

项创新举措中，厦门片区有108项（其中全国首创39项）。2016年，厦门片区引进企业16459家、注册资本2729亿元，分别增长1.89倍和2.53倍；至2016年底累计挂牌企业22764家、注册资本4050.84亿元，形成国际贸易、航空维修、融资租赁、航运物流、创新创业、文化旅游、高端制造等七大产业。

贸易便利化。加大国际贸易“单一窗口”系统集成。船舶进出口岸、跨境电商、一般货物报关报检等口岸核心业务均实现“一个窗口、一次申报、一次办结”，数据申报简化率达32.7%，申报效率提升50%以上，进出口货物申报时间从4个小时减至5～10分钟，船舶检验检疫申报时间由50分钟缩短为5分钟，报关比例近100%，报检比例100%，居全国首位，被海关总署列为全国口岸“互联网＋自主报关”首个试点。平台日单证处理量超11万票，月近300万票。不断提升通关便利化水平。扩大货物按状态分类监管范围，盘活6万多平方米的仓储库容；对国际航行船舶进口岸和船载危险品实施“同步申报、同岗审批”，效率提高50%以上；厦门港集装箱智慧物流平台上线运行，实现集装箱进出口全程信息实时、便捷、准确交互共享。

强化事中事后监管。建设大数据平台。厦门片区大数据平台9月启用，集政府管理、事中事后监管、“单一窗口”、大数据服务、网上3D自贸区于一体，运用大数据加强市场主体服务和监管。创新监管模式。推进综合监管信息平台建设，建立联合执法、信用信息平台、信用监管三大综合监管执法平台，创新以信用监管为核心的事中事后监管模式。自贸试验区信用信息平台企业年报公示率94.2%，累计访问量72万人次，信用信息查询86万人次。突出信用监管。金融机构联合国地税开展“银税互动”，2062家纳税A级企业获60.02亿元纳税信用贷款。

【对台交流合作】 2016年，中国（福建）自由贸易试验区厦门片区内首家台资合资的雄狮旅行社、首家台资银行台湾信托银行厦门分行、首个台湾知识产权服务机构台湾大陆通商专业事务所相继开业。首家台资独资设立的沛亚人力资源服务公司推荐1300多人就业（含台湾人才）。云创智谷被列入国家级海峡两岸青年创业基地，是厦门片区首个智慧园区，至此包括厦门两岸青年创业创新创客基地在内，厦门片区共有两个国家级海峡两岸青年创业基地，入驻企业600多家、台湾青年近200人。“一品创客·海峡两岸（厦门海沧）无人机暨智能机器人孵化基地”入驻60个创业企业团队，孵化出较为成熟的控智机器人、赛客呼吸器、唐峰消防机器人和神龙无人机等4个产品。实施“源头管理、口岸验放”的两岸商品快速通关模式，厦门口岸台湾食品进口货物批次占大陆50%以上，台湾水果占大陆8成。

【中欧（厦门）班列延伸至台湾地区】 2016年4月24日，中欧（厦门）班列通过海铁联运延伸至台湾地区，推进与东盟国家的物流对接，形成一条跨越海峡、横贯亚欧大陆的国家物流新通道。当天，首批来自台湾高雄的外接硬盘搭载上该班列从厦门片区海沧港区发运，驶向1.2万千米外的波兰。这批货物是台湾协益电子股份有限公司出口至德国的移动硬盘，共10052台、货值51767.8美元。同时，该班列还开通德国纽伦堡、荷兰蒂尔堡两个终点站，常态化运营，成为中欧安全智能贸易航线试点计划的首条铁路线试点。自2015年8月开通至2016年12月底，中欧（厦门）班列、中亚班列累计发运103列，共2789大柜（5578标准箱），累计货值14.22亿元。其中，中欧班列77列，共2185大柜（4370标准箱），货值12.4亿元；中亚班列26列，共604大柜（1208标准箱），货值1.82亿元，实现预期目标。2016年厦门对波兰的铁路运输出口货值增长10倍，铁路运输首次超过空运成为厦门第二大出口运输方式。

【全球一站式航空维修基地】 2016年，海关总署支持厦门航空维修企业拓展包修合同项下服务外包业务，使厦门太古发动机公司承接东航发动机服务外包业务，其模式可复制推广至其他国内航空公司。厦门海关在全国首创“修理物品＋保税仓库”监管模式，建立一体化监管制度，为全国海关统一和规范监管提供依据；试行保税维修监管方式，选取新科宇航和太古部件开展第一批试点，实施保税电子账册联网监管，解决企业办理海关担保手续的问题。出台实施航空维修产业扶持办法，支持太古飞机、新科宇航、霍尼韦尔等12家企业做大做强。成立中国（福建）自由贸易试验区厦门片区航空维修产业发展专家组，着手制订厦门片区航空维修产业发展顶层规划设计。成立飞行器健康管理技术研究中心，发展航材物流、航空援外服务、人才培训等项目。推动厦门大学与中国商飞、中国航发共建航空服务研究中心，推进太古飞机与中国商飞的培训合作。2016年航空维修业产值121.1亿元，增长24.8%，约占全国的1/4，进出口181.27亿元，增长20.68%，航空维修成为片区首个超百亿的产业，产业链初步形成。

【区域性融资租赁集聚区】 截至2016年12月底，中国（福建）自由贸易试验区厦门片区累计引进218家融资租赁企业，工银、招银、建信、国银赁、浦银等租赁公司在厦门片区开展进口飞机融资租赁和经营性租赁两种租赁模式，开展与东航、南航、川航等异地航空的飞机租赁业务，全年引进飞机12架，累计31架、33亿美元；为成都航空引进两台全新进口CFM飞机发动机，价值2200万美元；厦门成为全国第三大飞机融资租赁聚集区。支持厦门飞机租赁有限公司开展飞机全生命周期处理、海信升融资租赁公司“股＋债”创新模式开展风电设备租赁，通过船舶、医疗器械等融资租赁业务对接会，不断拓展其他领域的融资租赁业务。

2016年3月18日，由福建自贸试验区厦门片区管委会、英国驻广州总领事馆和厦门仲裁委联合主办的“发展海事仲裁，提升航运软实力”2016中英海事仲裁研讨会在厦门召开　　（厦门综合试验区管委会供稿）

【跨境电商】 2016年，中国（福建）自由贸易试验区厦门片区整合邮件、快件、跨境电商平台，创新建立跨境电商监管中心，率先在全国实现保税备货、一般贸易报关、分送集报的电商运营模式。2016年跨境电商进出口4200多万件、货值30.87亿元。全年接待邮轮79艘次，增长18%，旅客吞吐量首破20万人次，增长14%；为邮轮供应7500多万元物品。

【金融业务创新】 2016年，中国（福建）自由贸易试验区厦门片区累计引进3601家金融、类金融企业，设立厦门片区产业引导基金，推出周转贷、易速贷、创业贷等特色金融产品，累计服务客户3619户，发放贷款108.47亿元、无还本续贷27.41亿元、循环贷44.8亿元。区内离岸账户客户6569户，离岸存款、贷款等业务发展活跃。厦门资产管理有限公司设立并获准开展批量收购和处置金融企业不良资产业务，厦门成为获此资质的第二个计划单列城市。设立厦门翔业集团财务公司，是全国机场行业领域成立的第二家财务公司。

【“五个一批”项目】 2016年，中国（福建）自由贸易试验区厦门片区“五个一批”项目总投资735.8亿元，固定资产投资额49.5亿元，完成年度计划的102%，增长65%。其中，两岸贸易中心总部等3个项目完成年计划105%；国际创智产业园、邮轮母港综合体等项目加快建设；世界500强山姆会员店、夏商国际水产交易中心、红星美凯龙自贸家居广场等开业运营。

（郭立群）

中国（福建）自由贸易试验区平潭片区

【概况】 2016年，中国（福建）自由贸易试验区平潭片区地区生产总值72.56亿元，增长17.3%；工业增加值9亿元，增长16.9%；服务业增加值21.61亿元；固定资产投资总额139.41亿元，增长13%；社会消费品零售总额15.36亿元，增长27.4%；进出口总额29.4亿元，增长83.6%；货物吞吐量7.186万吨，增长22.63%；旅游人数215.87万人次，增长18.14%；国税收入35155万元，增长1.16倍；海关税收3101.5万元；海关报关单量6947单；检验检疫报检单量4926单，增长7.72%。平潭片区新增企业4047家，注册资本1396.26亿元，其中，内资3758家，注册资本1201.84亿元；外资548家，注册资本40.62亿元（含台资259家，注册资本9.2亿元）。

【制度创新】 2016年，中国（福建）自由贸易试验区平潭片区深化行政审批改革。组建行政审批局，推广一站式审批、一个窗口办事，大幅提升行政审批效率，实现企业“办事不出区”。推进商事登记制度改革。率先实行“一表申请、一口受理、一照一码、一章审批、印章即刻、立等可取”审批服务模式，成为自贸区的标志性举措。在全国首创“商事主体名称自助查重、自主选用”“企业联络地址登记制”措施，实施企业简易注销、电子营业执照等便利举措。在企业设立方面创造“三个全国之最”，即审批时限最短、办理环节最简、前置件最少。首推投资体制改革“四个一”，将投资项目从立项到竣工验收涉及的所有行政审批事项整合为4个阶段，全程采用“一表申请、一口受理、一章审批、一次出件”的运行机制，并配套“以计划代立项”、用地“先租后让”等多项改革措施。

强化事中事后监管。协同监管。建设完善市场主体信用信息平台，与全省27个部门实现信息共享，形成跨部门、跨区域、跨领域的信用监管全覆盖工作机制。分类监管。全省率先实施市场主体信用分类监管，以主体信息和监管执法信息为基础，将市场主体分为两档四类，根据分类结果对企业实行差异性监管，并对失信企业实施联合惩戒。审慎监管。制定市场违法经营行为提示清单，让企业对经营过程中的“红线”和“雷区”一目了然。制定自贸试验区风险防控底线清单，充分运用信息化管理手段加强预警监测和风险防控，对潜在风险大的加强监管，对以创新之名行非法经营之实的予以坚决打击。

贸易便利化。优化分线管理模式，海关、检验检疫部门联动实施“一次申报、一次查验、一次放行”监管试点，并在一线出境、二线入区环节实现通关单无纸化。启动国际贸易“单一窗口”管理，建立贸易、运输、加工等跨部门综合管理服务平台。口岸部门在复制推广上海自贸试验区通关便利措施的基础上，推出“多证合一”改革、简化随附通关单证、集中汇总纳税、“即查即卸即放”等多项创新举措，减少中间环节，节省物流成本。

建立闽台通关合作机制。开展货物通关、原产地证书核查、AEO互认、检验检测认证等方面合作。关检部门推出实施“率先单方采信台湾地区认证认可结果和检验检测结果”“台湾输大陆食品源头管理、口岸验放快速通关模式”“简化ECPA及ECFA项下货物进口原产地证书提交需求”等对台通关便利化举措。两岸海关电子信息交换系统、两岸检验检疫电子证书交换与核查系统启用，“三互”合作迈出新步伐。

支持新业态发展，突出服务跨境电商、海运快件、会展经济、现代物流等重点业态，探索更高效监管模式。平潭片区利用两岸海运快件平台，与关检、台湾关贸网对接，简化个人自用物品监管措施，至2016年10月累计进出境海运快件20.46万票，货值5400多万元。台北至平潭海空联运通道带件首航成功，月运快件量2000吨以上。截至年底完成跨境电商交易订单12万票，交易货值近6000万元。

【对台经济合作】 2016年，中国（福建）自由贸易试验区平潭片区推出的128项措施中，对台措施65项，重点推进与台湾地区投资贸易自由化进程，致力推动对台全方位开放。截至10月底，全区台资企业775家，其中自贸片区内425家。台湾个体工商户方面，至年底有100家在平潭注册。“海峡号”“丽娜号”累计运送旅客52.6万人次。新台币兑换人民币实现便利化，在对台小额贸易市场和“海峡号”设立外币兑换机构，试行新台币直购两岸直航船票业务。海峡股权交易中心设立台湾企业交易板块，37家台资企业挂牌交易，为台企实际融资21亿元；“台企台胞征信查询试点”、岚台同业往来账户、闽台银团贷款、两岸跨境直贷等业务的创新为台企台胞提供多样化金融服务。台湾创业园入驻单位188家，其中台资控股占51%，包括台达电子、宗仁科技、迈康生技等知名台资企业入驻，入选国台办第四批“两岸青年创业基地”。在台湾商品免税市场从事台湾商品经营的商户共275家，累计引进台湾商品14亿元。

【对外开放投资】 中国（福建）自由贸易试验区平潭片区挂牌以来至2016年10月底，新增外资企业479家，注册资本369.23亿，分别增长60%和110%。促进对外投资。建立对外投资合作“一站式”服务平台。华创（福建）股权投资企业、山田林业开发（福建）有限公司等多家区内企业赴新加坡、美国等国家和中国香港、中国台湾等地区投资。加强“一带一路”沿线国家和地区航运中心和港口的合作。开通“台平欧”首班列车，台湾货物经平潭中转与福建省货物拼装运送至欧洲，实现“陆丝”与“海丝”的无缝对接。同时，引进两岸海空联运国际物流通道推广项目，与台湾大跃海空物流股份有限公司开展台湾集货仓合作项目，台北港国际物流公司两岸海运快件业务合作项目等，借助对台区位优势力推现代物流和跨境电商发展，架起“一带一路”上的商贸桥梁。

2016年3月19日，全省首单“互联网+”离境退税在平潭诞生，退税商店送货到口岸，台商离境时可取货退税。图为台商带着网购商品在退税点海关窗口办理退税手续 （平潭综合实验区管委会供稿）

（陈丽霜）

编辑：郑　莱

旅游业

综　述

【概况】　2016年，福建省接待游客3.15亿人次，比上年增长18.1%，提高4.1个百分点；实现旅游总收入3935.16亿元，增长25.3%，提高9.3个百分点；分别高于全国总人数、总收入增速6.4和11.7个百分点。其中，接待入境游客680.79万人次，增长15.1%，位居全国第五位。全省游客满意度76.61分，比上年提升0.11分。

【旅游行业规模】　2016年，福建省新增旅行社52家。截至年底，全省有旅行社937家，其中，出国游组团社110家，国内游入境游旅行社827家。全年减少五星级饭店1家，四星级饭店7家。截至年底，全省有星级饭店373家，客房总数56294间（套），床位数91813个。其中，五星级饭店50家，四星级饭店146家，三星级以下饭店177家。全省有国家A级旅游景区216家，其中AAAAA级9家，AAAA级89家，AAA级93家，AA级25家。观光工厂59家，星级乡村旅游经营单位169个，其中4星级72个，三星级97个。

【国内旅游】　2016年，福建省接待国内游客30864.3万人次，比上年增长18.1%，其中，过夜游客15469.38万人次，增长17.5%，占全省接待总量的50.1%；一日游游客15394.91万人次，增长18.8%，占比49.9%，国内旅游收入3495.21亿元，增长24.9%。从游客来源地看，省外游客6966.31万人次，占比22.6%，其中省外过夜游客5708.86万人次，增长4.3%；省内游客23897.99万人次，占比77.4%。

【入境旅游】　2016年，福建省入境旅游市场继续保持增长态势，全年接待入境游客680.79万人次，比上年增长15.1%；其中外国游客量254.12万人次，增长18.6%，占全省入境旅游人数的37.3%。亚洲、大洋洲、非洲客源上升显著。俄罗斯、新西兰、日本、瑞典、菲律宾、泰国游客增幅超过20%。马来西亚、日本、美国、新加坡、韩国、菲律宾、澳大利亚、印度尼西亚、英国和德国位列全省入境客源国前十名。港澳地区游客159.47万人次，增长14.7%；台湾地区游客267.2万人次，增长12.2%；旅游外汇收入66.26亿美元，增长19.1%。

【假日旅游】　2016年，以春节、国庆黄金周、清明、五一、端午、中秋等小长假为代表的假日旅游，对福建省旅游经济发展发挥积极作用。春节期间，全省接待游客1542.81万人次，比上年同

2016年，汀江国家湿地公园　　（长汀县政府供稿）

期增长 20.6%，旅游收入 103.74 亿元，增长 23.5%；其中过夜游客 365.53 万人次，一日游游客 1177.28 万人次，占游客总数的 76.3%。十一黄金周期间，接待国内外游客 2124.64 万人次，增长 14.9%，旅游总收入 144.11 亿元，增长 15.9%；其中过夜游客 512.02 万人次，一日游游客 1612.61 万人次，占游客总数的 75.9%。黄金周“集中消费”的效应凸显，两个黄金周接待游客总人数和旅游总收入均创历史新高，相当于全年国内旅游接待人数和旅游收入的 5.0%和 6.9%。清明、五一、端午 3 个小长假旅游消费集中登场，有效地带动第二季度全省周边短途旅游市场的快速发展。

2016 年，金岚山日出　　（平潭综合实验区管委会供稿）

旅游景区建设

【旅游规划】　2016 年，福建省旅游局完成《福建省“十三五”旅游业发展专项规划》编制，指导各设区市及平潭综合实验区编制本辖区“十三五”规划，做好规划衔接工作。配合编制《平潭国际旅游岛建设方案》，2016 年 9 月 5 日，国家发改委下发实施该方案。启动编制《平潭风主题旅游项目规划》《福建省“十三五”红色旅游发展规划》《福建省朱子文化旅游发展专项规划》等 3 项旅游规划。

【A 级旅游景区建设】　2016 年，福建省创建完成 A 级旅游景区 28 家、省级旅游度假区两家，其中 AAAA 级景区 7 家，AAA 级景区 8 家，AA 级景区 13 家，完成年度的绩效考核指标。莆田瑞云山森林公园、武夷香江茗苑景区、漳州市长泰县十里蓝山景区、龙岩天子生态旅游区、厦门诚毅科技探索中心、厦门老院子民俗文化风情园、泉州安平桥（五里桥）景区等 7 家景区通过 AAAA 级评定；安溪志闽生态旅游区等 8 家景区通过 AAA 级评定；邵武中央苏区纪念馆等 13 家景区通过 AA 级评定。截至年底，全省有国家 A 级旅游景区 217 家，其中 AAAAA 级 9 处 10 家，AAAA 级 89 家，AAA 级 93 家，AA 级 25 家。

【A 级旅游景区管理】　2016 年，福建省 A 级旅游景区专项整治行动以来，旅游部门复核 A 级旅游景区 149 家，大部分 A 级旅游景区达到相应的国家标准，对复核检查中发现存在严重问题的 A 级旅游景区做出相应处理：撤销厦门海沧大桥旅游区 AAAA 级旅游景区质量等级，对漳州市龙佳生态温泉山庄由 AAAA 级降为 AAA 级旅游景区，对三明侠天下景区等 3 家 AAAA 级景区给予严重警告，对福州鼓山风景区等 8 家 AAAA 级景区给予通报批评。

【旅游公共服务设施建设】　2016 年，福建省旅游局采取网上系统填报、实地督查指导、拨付项目补助资金等措施加快推进项目建设。全年建成旅游集散服务中心 13 个，超额完成年度建设 10 个项目的为民办实事任务目标。旅游集散服务中心集旅游咨询、交通、宣传、投诉处理等功能于一体，满足旅游出行“无缝对接”需求，为游客提供高效便捷的旅游公共服务。推动旅游厕所革命，全年完工旅游厕所 682 座（新建 574 座、改扩建 108 座），超额完成年度计划总额，完工率 103.49%。

旅游行业管理

【旅游监督管理】　2016 年，福建省旅游局联合公安、工商等部门共同开展打击“不合理低价游”和强迫购物消费行为专项行动。对旅行社、导游和领队开展随机抽查，并及时公布抽查结果，全年全省开展执法检查 1975 次，出动检查人员 8372 人次，检查企业 1824 家。完善旅游信用体系建设，按信用征集目录要求，归集整理并报送信用信息，强化“红黑榜”名单公示，加强市场主体的监督管理。评选首批 27 家旅游标准化示范单位。强化旅游市场动态管理，取消星级饭店资格 24 家，注销旅行社 20 家。

【导游员管理】　2016 年，福建省旅游局加强对导游人员的日常管理，健全导游人员的 IC 卡管理、年审培训考核等制度，把好导游办证审核关；加强导游队伍建设，加大对导游员的检查和监督，规范导游人员服务标准和从业行为。全年共检查导游 IC 卡 13454 人次，查处违规导游 32 人次。

组织 2016 年福建省全国导游资格

考试，报考总人数3554人，比上年下降30.6%，通过考试977人，下降48.8%。另有112人报考中级导游等级考试，25人报考高级导游员等级考试，通过考试的人数分别是27人、11人。截至年底，全省获得导游资格证书人员31718人，已办理导游IC卡的持证导游20918人。

【旅游安全与应急管理】 2016年，福建省旅游局制定下发《福建省“十三五”旅游安全管理指导意见》《2016年度旅游安全管理工作要点》《关于切实做好2016年元旦春节期间旅游安全工作的通知》《关于加强近期旅游安全保障工作的通知》《关于做好防范寨卡病毒疫情的通知》等系列文件，制订《福建省旅游行业防范和遏制重特大事故工作方案》《春节、国庆期间突发事件应急处置预案》，保障游客生命财产安全。协助做好“8·13”旅游大巴突遇山体滑坡事故的处置工作，积极参与救援，协助旅行社迅速启动保险理赔，指导龙岩、厦门做好受伤救治和SOS专机返台工作，确保受伤游客安全返台。

【清新福建旅游服务承诺】 2016年，福建省旅游局牵头联合省物价局、工商局等24个部门于2016年8月15日率先向全国游客做出“放心游福建”旅游服务承诺：“旅游投诉一口受理，简易投诉快速办结，超期办理先行赔付。”实行旅游投诉快速处理、先行赔付工作机制，形成全省24个部门共同加强旅游市场综合监管的良好态势。截至2016年12月31日，福建省“12315”旅游投诉服务平台登记受理旅游投诉245件，其中符合快处条件的旅游投诉201件，7天内办结率为100%。

旅游市场开发

【旅游形象宣传】 2016年，福建省旅游局在央视《新闻联播》黄金时段播出“清新福建”宣传片，福建电视台旅游频道获批并进入试播阶段。首次在北京首都机场和公交候车亭投放“清新福建”形象广告；向国家工商总局申请注册“清新福建”商标。在全省旅游行政部门、旅游企业和汽车站、火车站等公共场所推广应用“清新福建”和“文明旅游”双标识。创意开展“清新福建·倾心600”主题评选活动，集中评选出福建最具代表性的100个旅游景点、100种旅游商品、100道旅游美食、100个旅游设施基地、100名历史人物和100家旅游企业。推动和指导全省1200家旅游企业，推出230项主题营销活动和近300项旅游优惠措施。整合全省优质旅游资源，编串381条旅游精品线路，编制发行《清新福建任你游》旅游指南和《清新福建旅游线路导览手册》。策划推出世遗探秘之旅、海丝核心区之旅、闽台风情之旅等“清新福建十大精品线路”，并绘制开通手绘地图。

【国内旅游推介】 2016年，福建省旅游局举办“清新福建·游你精彩”北上广杭旅游推介会，其中2016年8月在北京人民日报社演播大厅首次以“网红+直播”、旅游线路竞拍等创新方式通过人民网向全球网络用户同步直播，参与网民800多万人次。联合南昌铁路局举办“中国铁路旅游·清新福建百趟旅游专列入闽”活动，冠名投放9组“清新福建”号高铁和动车组列车广告。举办第十二届海峡旅游博览会、“第二届海上丝绸之路（福州）国际旅游节”“清新福建任你游”集中推广主题活动、全国晚报总编清新福建行、“海丝泉州2016文化旅游嘉年华”“清新福建·悠然三明四季行”“全国百名社长聚焦妈祖故乡”“宁德世界地质公园文化旅游节”等活动。

【国际旅游推介】 2016年，福建省旅游局参与首届中俄蒙三国旅游部长会议、第二届中国—中亚合作对话会及一系列中外旅游年、旅游部长会议、旅游合作论坛等活动，提高清新福建的国际影响力。参加在印度新德里举办的“中国旅游年”开幕式、2016伦敦国际旅游交易会等国外规模大、规格高的展会活动。实施旅游国际化战略，开展“美丽中国·清新福建”美洲旅游营销推广活动。随省政府组团赴美国、智利、秘鲁开展推广活动，在美国纽约举办福建旅游推介会，会上授牌成立福建（纽约）海外旅游合作推广中心，推动双方旅行商签订战略合作意向书。开展“福建·生活的艺术”（日本、韩国）推介活动。举行民俗表演和茶艺展示，让与会嘉宾品味福建多彩的民俗风情和多“滋”的

2016年，福清东关古寨　（福清市政府办供稿）

2016 年，南靖土楼 （戴贵煌摄）

茶文化，体会福建生活的艺术。开展“福建·你是我的一杯茶”中东旅游营销活动。加强“一带一路”沿线国家旅游合作，在埃及开罗和阿联酋迪拜举办“福建·你是我的一杯茶”旅游推介会，重点推介“清新福建”一杯茶、一座楼、一条路，吸引当地旅游部门、驻外机构、旅行商等业界代表参会并取得良好效果。

【第十二届海峡旅游博览会】 2016 年 5 月 6—8 日在厦门举办。该届旅博会主要活动包括“1+7+1”，即一大旅游精品会展：设立“一带一路”展区、福建各地市精品旅游展区、两岸旅游文创产品及旅游商品展销区、旅游厕所主题展区、两岸乡村旅游展销区、“旅游+”主题展区、旅游大卖场、自驾游与房车露营主题展区、旅游休闲展销区等 9 大展区。七大主题活动：包括两岸乡村旅游圆桌会议、两岸及港澳地区摄影大展、两岸及港澳地区名导论剑、两岸旅游文创商品大赛及讲评大会、“旅游+VR”高峰论坛、“海上丝绸之路旅游推广联盟”年度会议、“清新福建之夜”旅游推介会。一个旅游交流活动：厦金两门旅游节。

特色旅游

【乡村旅游】 2016 年，福建省乡村旅游共计打造古村名镇、民俗风情、休闲农庄、清新山水等多种类型的休闲集镇 21 个、特色村 174 个，拨付乡村旅游富民资金补助 4100 万元。修订完善《福建省乡村旅游经营单位服务质量等级划分与评定》地方标准，重新启动星级乡村旅游经营单位评定工作，对各设区市乡村旅游星评委上报的乡村旅游经营单位开展评定工作，共评出 53 个三星级以上乡村旅游经营单位，其中四星级 27 个、三星级 26 个。

【观光工厂】 2016 年，福建省旅游局借鉴台湾发展工业旅游的经验，以《福建省观光工厂建设与服务规范》为标准，推出“观光工厂”旅游项目。从食品、制茶、酒业、玉石、陶瓷、家具、雕刻、鞋服、玩具等企业中筛选出具有旅游观光发展潜力的工厂，开展指导、培育，以工厂生产设施、生产流程、工人作业等工业生产风貌为旅游吸引物，配以相应的解说、导览、DIY 体验等服务，让游客获取观光、休闲、科普、手工制作、购物等多元化体验。2016 年培育“观光工厂”26 家，全省“观光工厂”达到 59 家。

【红色旅游】 2016 年，为纪念建党 95 周年和红军长征胜利 80 周年，福建省旅游局在全省各主要红色景区策划开展以“弘扬长征精神·传承红色记忆”为主题的红色旅游系列活动。在长汀县承办“弘扬长征精神·传承红色记忆”主题活动启动仪式；组织各地参加“我最向往的党史纪念地”评选，“古田会议旧址”成为福建省唯一进入榜单的党史纪念地；精心筹办“骑聚红土地·重走长征路”中国宁化山地自行车骑游文化节活动。12 月 2 日，“重走长征路”首发团走进红军长征第一村长汀县中复村开展主题教育活动。

（薛从霖）

编辑：郑 菜

“清新福建”秀

教育

综　述

【概况】　2016年，福建省有各级各类学校（不含技工学校、职业技术培训机构、成人初等学校，下同）1.51万所，比上年增加76所，在校生766.75万人，增加15.23万人，其中各级各类全日制学校15123所，在校生754.74万人。全省各级各类学校教职工57.19万人，全日制学校教职工57.13万人，其中专任教师45.8万人。省政府办公厅印发《福建省“十三五”教育发展专项规划》，明确8个方面主要任务和政策措施，确定30个重大项目，配套编制基础教育、职业教育、高等教育等13个子规划。

【素质教育】　2016年，福建省制定实施《福建省大中小学德育工作一体化实施意见》《福建省中小学生综合社会实践基地建设标准（试行）》，培育建设100个中小学德育建设示范项目、20个中小学社会实践示范基地和83所省级中小学心理健康教育特色学校，组织开展“圆梦蒲公英”“红色基因我们传承”和少年传承中华传统美德等主题教育活动，启动《福建红色文化教程（大中小学生读本）》编写工作，省级培训中小学班主任800人、校外教育骨干队伍1400人，泉州市、漳州市芗城区分别列入全国中小学劳动教育、家庭教育实验单位。组织开展高雅艺术、优秀传统艺术进校园活动398场，实现高校和城区中小学全辐射；承办“全国第四届名师大讲堂暨音乐欣赏教学研讨会”。新创建127所全国校园足球特色学校，新增南安市为全国青少年校园足球试点县，引进7名足球外籍教练、派遣12名足球骨干教师出国留学深造，组织大中小学校园足球四级联赛队伍921支、16412人参赛、共计5413场次。全省建设22个语言保护点，数量居全国首位，全部通过国家验收，成为全国首个验收合格的省份。参加全国青少年机器人竞赛，一等奖数和总成绩蝉联全国第一；参加青少年科技创新大赛，总成绩位居全国第四；参加全国第五届中小学艺术展演，节目入围比例、工作坊展示数量居全国首位。

【教育依法行政】　2016年，福建省制定《福建省教育系统开展法治宣传教育的第七个五年规划（2016—2020年）》，启动“七五”普法工作。起草《福建省义务教育条例》（草案），经省人大常委会审议通过后颁布实施。所有公办高校实现“一校一章程”，组织开展高校章程执行情况专项检查。实施高校“一校一策”目标管理。清理、精简教育行政审批和公共服务事项，梳理省、市、县三级教育行政审批“纵向清单”。制订《开展随机抽查规范事中事后监管实施方案》，推行“双随机一公开”监管方式。

【教育经费投入】　2016年，福建省教育经费总投入1047.4亿元，比上年增长4.4%，其中国家财政性教育经费840.33亿元，增长3.7%。全省教育经费总投入中，学前教育占9.95%、义务教育占49.2%、高中教育占10.2%、职业教育占10.7%、高等教育占14.9%、其他占5.1%。构建覆盖23个重点县、老区、少数民族地区教育发展的倾斜扶持工作机制，建立建档立卡贫困家庭学生资助体系等，确保教育精准扶贫工作落到实处。

【教育交流合作】　2016年，福建省有来自152个国家和地区的12278名留学生，比上年增加1277名，招收外国留学生的高校25所，增加4所，新聘687人次外国文教专家及外籍教师长期来闽工作，增加214人次。安排省政府奖学金2000万元，比上年增加500万元，资助689人，增加243人。接待习近平主席邀请来访的美国林肯中学代表团，以及其他境外教育代表团20余场次、近500人次；审批赴台交流674批次、赴台交流师生7807人。举办“第四届闽台中小学生八闽文化之旅夏令营”，组织大学生赴台参加“第三届海峡两岸青年菁英领袖团”活动，组织大学生参加“中国寻根之旅”“情系青春—两岸情八闽行”“海峡妇女论坛”“朱子文化之旅——书院文化”等闽港澳台青少年交流系列活动。

2016 年，9 月 20 日，中国大学第一所海外分校——厦门大学马来西亚分校首批中国学生包机乘坐厦门航空 MF823 航班赴马来西亚正式开课。2016 年厦大马来西亚分校首次通过高考在中国大陆 14 个省份招收了 440 名学生，他们将分批乘坐厦航航班飞赴马来西亚　　　　　　（省教育厅供稿）

【考试招生】　2016 年，《福建省深化考试招生制度改革实施方案》出台，整体设计从义务教育到高等教育的考试招生制度；2017 年起初中毕业生实行省级统一中考，高考恢复使用全国卷。2016 年，全省普通高考录取新生 15.77 万人（本科 11.84 万人、专科 3.93 万人），高职招考录取 4.84 万人，“二元制”录取 1177 人，成考录取 2.84 万人，专升本录取 7423 人，自学考试毕业生 2.01 万人。

【校园安全教育】　2016 年，福建省有 1.23 万所学校开设安全教育课程、14.6 万名教师参与授课、1052 万名学生参与在线学习，组织开展各类应急演练 4.2 万余场，3 个县（区）教育局和 10 所学校被中国教育学会授予“全国安全教育示范单位（学校）”，省教育厅被授予“年度安全教育实验区全国示范单位”，全国仅两个省份获此殊荣。学校安全标准化达标创建率 100%，“平安校园”等级创建率 91.8%。全省新办（补办）标牌校车 294 辆，校车核验和注销率均达 100%，许可校车驾驶员 4560 名，审验率 99.7%；全省 2493 辆校车全部按标准配备视频监控和行驶记录仪，并接入当地公安、交通部门监控平台。全省排查各类治安隐患 9084 处，整改落实率 94%，查处治安案件 27 件，化解涉校涉生矛盾纠纷 220 起；排查火灾隐患 9295 处，整改落实 97.6%，排查危化品隐患 1845 处，整改落实 91.8%。师生非正常死亡人数比上年下降 20.6%，校园内和由学校组织的活动中师生非正常死亡人数下降 33.3%。

基础教育

【概况】　2016 年，福建省有幼儿园 7791 所，比上年增加 43 所；在园幼儿 156.61 万人，增加 5.35 万人；学前 3 年入园率 97.51%，提高 0.22 个百分点。全省有小学 5188 所，比上年增加 47 所；在校生 298.67 万人，增加 10.35 万人；小学学龄人口入学率 99.99%。全省有普通初中 1245 所，比上年增加 5 所；在校生 115.48 万人，增加 2.13 万人；初中学龄人口入学率 99.21%，提高 0.11 个百分点。全省有普通高中 533 所，比上年减少 7 所；在校生 63.47 万人，增加 0.85 万人；高中阶段毛入学率 94.89%，提高 0.8 个百分点。全省有特殊教育学校 71 所，比上年减少 2 所，在校生 2.55 万人，增加 622 人。

2016 年，福建省实施中小学名师名校长培养工程，遴选百名名师名校长、千名学科带头人和名校长后备人选进行培养。实施农村校长助力工程和乡村教师素质提升工程，培训乡村校长 750 名、乡村教师 1950 名。首次举行新任教师入职宣誓仪式，近 1000 名新任教师参加。首次建立乡村教师荣誉制度，为 8 万余名在乡村从教 30 年以上的教师颁发荣誉证书。首次认定中小学名校长 72 名。首批建设中小学名师工作室 23 个。首次评选中小学正高级教师 82 名。选派 50 名优秀教师赴西藏昌都三中支教，接收 25 名昌都教师来闽跟岗培训。选派第 18 批 30 名教师赴宁夏支教，接收 40 名宁夏校长来闽培训。实施新一轮教育援疆“双百”工程，选派 100 名教师赴新疆讲学，接收 100 名新疆教师来闽培训。

【学前教育】　2016 年，福建省新增公办幼儿园 159 所、学位 4.5 万个，试行政府购买普惠性民办园教育服务，普惠性学前教育资源占比扩大到 65%，比上年增加 5 个百分点。各级示范性幼儿园比上年增加 100 所。

【义务教育】　2016 年，福建省九年义务教育巩固率保持在 98%以上。实施义务教育“小片区管理”捆绑考核；农村薄弱校“委托管理”范围扩大至 64 县、512 校，比上年增加 5 县、126 校；办学集团扩大至 72 个，增加 17 个，覆盖学校 226 所。在全国率先启动“义务教育管理标准化学校”创建，省级首批评估确认 392 所。

【普通高中教育】　2016 年，福建省新增省一级达标高中 9 所，累计 138 所，占比提升至 28.4%，其中 23 个重点县新增 3 所；省二、三级达标高中分别增加 15 所、2 所，累计 394 所；达标高中占比提升至 81%。遴选“十三五”高中建设攻坚计划项目 53 个县 99 所，其中 23 个重点县 31 所优先纳入规划。高中学业水平考试、综合素质评价实施办法顺利通过教育部备案；遴选福州、厦门、泉州、三明建立省级实验区，率先开展综合素质评价试点。

2016年福建省学前教育基本情况表

项目	单位	按城乡分				按办学部门分			
		合计	城区	镇区	乡村	合计	教育部门和集体办	其他部门办	民办
幼儿园	所	7791	2759	3007	2025	7791	2226	99	5466
入园幼儿	万人	62.48	24.06	24.57	13.85	62.48	29.27	0.93	32.28
在园幼儿	万人	156.61	62.48	61.73	32.40	156.61	69.58	2.24	84.79
教职工	人	138215	68736	51426	18053	138215	41147	2420	94648
专任教师	人	79381	38440	30521	10420	79381	27378	1408	50595

2016年福建省小学教育基本情况表

项目	单位	按城乡分				按办学部门分			
		合计	城区	镇区	乡村	合计	教育部门和集体办	其他部门办	民办
学校	所	5188	1064	1549	2575	5188	5092	1	95
毕业生	万人	41.56	16.20	16.48	8.88	41.56	39.68	0.05	1.83
招生	万人	53.08	21.28	20.28	11.52	53.08	50.88	0.06	2.14
在校生	万人	298.67	119.61	115.47	63.59	298.67	289.04	0.34	9.29
教职工	人	165542	55491	64589	45462	165542	160685	32	4825
专任教师	人	165910	56935	62882	46093	165910	162269	31	3610

2016年福建省初中教育基本情况表

项目	单位	按城乡分				按办学部门分			
		合计	城区	镇区	乡村	合计	教育部门和集体办	其他部门办	民办
学校	所	1245	232	519	494	1245	1175	5	65
毕业生	万人	37.51	14.39	17.35	5.77	37.51	32.66	0.07	4.78
招生	万人	40.89	16.81	18.07	6.01	40.89	35.72	0.10	5.07
在校生	万人	115.48	46.55	51.64	17.29	115.48	100.57	0.27	14.64
专任教师	人	98789	32755	46876	19158	—	—	—	—

注：专任教师按办学部门分，只分普通中学专任教师数，无法分初中、高中类别情况

2016年福建省普通高中教育基本情况

项目	单位	按城乡分				按办学部门分			
		合计	城区	镇区	乡村	合计	教育部门和集体办	其他部门办	民办
学校	所	533	206	285	42	533	459	1	73
毕业生	万人	19.70	8.99	9.89	0.82	19.70	17.60	0.08	2.02
招生	万人	21.71	10.18	10.56	0.97	21.71	19.20	0.08	2.43
在校生	万人	63.47	29.42	31.30	2.75	63.47	56.25	0.23	6.99
专任教师	人	50424	22288	25861	2275	—	—	—	—

注：专任教师按办学部门分，只分普通中学专任教师数，无法分初中、高中类别情况。

【特殊教育】 2016年，福建省每万人口特殊教育在校生数持续保持全国领先水平。全省新增10所“福建省特殊教育标准化学校”。泉州市（低视力医教康复）、厦门同安区（随班就读、送教上门）两个国家实验区改革实践取得进展。协助中国教育学会特殊教育分会举办全国特殊教育艺术教育与康复研讨会。举办年度全省特殊教育视障类、自闭症类教学研讨会，开展优质课省级评优展示活动。

【课程教学】 2016年，福建省教育系统谋划“十三五”基础教育内涵建设，启动“基础教育质量提升计划”，开展课程教学、教育管理、考试评价三大领域、21项系列改革实践，打造“闽派教学”品牌。创建基础教育“全学段”课程改革基地建设体系，任务驱动培育知名品牌，首批遴选立项高中课改基地校31所。建立覆盖中小学、幼儿园的教学开放制度，全省1000多所学校举办县域以上教学开放周、开放日活动，参与教师达10万人次。出台《福建省2016届高三毕业班教学指导意见》《福建省普通高中学科教学指导意见》，发布《福建省初中学科教学与考试指导意见》，确定2017年起省级统一组织实施初中学业水平考试。

【教育信息化】 2016年，福建省完成“农村中小学宽带网络接入工程”，全省完小以上中小学实现20M以上宽带网络接入全覆盖。基本完成“班班通”多媒体教学设备配备任务，全省完小以上中小学班级多媒体教室覆盖率99.7%。推进“网络学习空间人人通”，提前一年实现全省所有中小学教师和中学生均拥有实名制网络学习空间。推进省级教育资源公共服务平台建设，启动福建省中小学教师网络空间创建活动。

【教育督导】 2016年，福建省最后一批18个县（市、区）通过“全国义务教育发展基本均衡县”国家督导评估认定，提前一年完成省政府与教育部签署的《关于推进义务教育均衡发展备忘录》规划目标，成为全国第七个全面实现目标的省份。组织10个样本县210所中小学6000名四、八年级学生参加语文、艺术国家义务教育质量监测；组织18个样本县324所中小学1.38万名五、九年级学生参加数学、体育全省义务教育质量监测。

2016年7月25日，第16届中国青少年机器人竞赛在中国科学院大学开幕，晋江市侨声中学斩获初中技能组一等奖 （省教育厅供稿）

高等教育

【概况】 2016年，福建省有普通本科院校37所，其中独立学院7所。全省研究生在校生42731人，比上年增加1393人；招生14088人，增加800人；毕业生11968人，增加999人。普通本科在校生499185人，比上年增加7406人；招生124729人，减少3904人；毕业生112010人，增加2221人。普通本科院校教职工49677人，比上年增加521人，其中专任教师32474人，增加272人。高等教育毛入学率46.7%，比上年提高3.9个百分点。全省高校台港澳在校生4346人，其中台生1527人（约占全国总量的20%）、港生1984人、澳生725人。

2016年，福建省实施高校高层次人才培养和引进“三项计划”，评选省“新世纪优秀人才”和“杰出青年科研人才”222人。6人入选“长江学者奖励计划”，3人入选国家自然科学基金委员会“国家杰出青年科学基金”资助名单，12人入选第十三批国家“千人计划”青年项目。面向全球聘请110名闽江学者，一般本科高校入选数比上年增长3倍，特别是4所新建本科高校首次进入名单，并实现民办高校零的突破。举办第三届全省高校青年教师教学竞赛，其中两人获得国家级二等奖。

【高水平大学建设】 2016年，福州大学、福建师范大学、福建农林大学3所省属高水平建设大学跻身世界知名大学排行榜，其中福州大学名列全球第675名，提升61名，福建师范大学、福建农林大学第一次进入榜单。新增两个学科进入ESI（基本科学指标数据库）全球排名前1%，3个学科首次进入USNews世界排行榜。20多篇高水平论文在《Science》《Nature》《Cell》等世界顶级期刊发表，实现省属高校第一次

2016年福建省普通本科教育基本情况表

单位：人

项目	在校学生数	招生数	毕业生数
合计	499185	124729	112010
女性	267352	67937	60988
哲学	530	215	29
经济学	39882	9969	9944
法学	16626	3618	3799
教育学	15852	4332	3375
文学	44445	10749	12087
外语	20520	5247	5770
历史学	1447	334	398
理学	29282	6828	7231
工学	170337	44124	36261
农学	9766	2555	2042
医学	26403	5570	4797
管理学	102647	25795	24107
艺术学	41968	10640	7940

以第一完成单位在《Science》上发表论文的重大突破。两个项目入选全国首批地方高等学校学科创新引智计划（简称“111”计划），获批数量居全国第一。

【本科高校转型发展】 2016年，福建省探索“先建设后遴选”试点模式，率先打造示范校、专业群、特色专业、应用型学科“四位一体”转型体系，全省31所本科高校、50%的专业参与试点，应用型办学规模达75%以上，与省委省政府确定的九大产业领域、20多个产业政策对接。

【学位与研究生教育】 2016年，福建省开展学位点动态调整，3所高校主动撤销博硕士学位点16个，增列15个。遴选建设25个专业学位研究生联合培养基地、61个教学案例库，评选240篇博士、硕士研究生优秀论文，按5%比例随机抽检780篇硕士论文。

【专业与课程建设】 2016年，福建省率先改革本科专业设置审核，所有本科高校可自主向教育部申报设置、调整专业和审核新增学士学位授权点，全年新增本科专业点90个、主动撤销本科专业点14个。确定25个具有前瞻性、综合性、全局性的重大教改项目。建设71个实验教学示范中心，首次立项建设26个省级虚拟仿真实验教学中心。成立16个与产业链创新链深度融合的产业学院。率先建设省级在线开放课程，由44个单位组成在线教育联盟，首批开发建设101门省级精品在线课程。

【高校思想政治教育】 2016年，福建省高校新成立7所马克思主义学院，建设首批18个实践教学基地和第二批10个高校思政课教学改革试点项目，开展首季全省大学生学习马克思主义理论知识竞赛。遴选建设30个省级大学生思政创新示范项目、30个高校辅导员工作精品项目，结集出版《立德树人的福建探索》等4套丛书。制定实施《福建省高校弘扬和传承中华优秀传统文化行动计划》，设立10个中华优秀传统文化教育示范基地和4个培育项目。在全国率先成立省级高校易班建设指导委员会和省级易班中心，推动第三批35所高校开通建设易班，96%高校开通易班。两人入选全国高校思政教育中青年杰出人才计划。获全国高校辅导员职业能力大赛团体奖。

【创新创业教育】 2016年，福建省成立“福建省高校创新创业教育改革与就业创业工作领导小组”，30余所高校成立创新创业学院，厦门大学、福州大学和厦门理工学院被教育部确定为“全国深化创新创业教育改革示范高校”，福建农林大学被教育部授予“全国深化创新创业教育改革高校”。成立88所高校参加的“福建省高校创新创业教育联盟”。全省高校开设创新创业课程2196门，建成300名导师组成的省级大学生创新创业导师库。出台《福建省大学生创新创业园区建设标准》，建立省级大学生创新创业基地4个、园区18个，以及创新创业实践基地25万平方米，武夷山市人民政府被教育部确定为“全国高校实践育人创新创业基地”。第二届全国“互联网+”大学生创新创业大赛的报名项目数和参与人数均为上届的6倍，总获奖数27个，为上届的2.25倍，团体总分进入全国前十，首获全国总决赛金奖两个。

【高校科技创新】 2016年，福建省高校新增国家级科研平台5个，其中国家重点实验室1个、国家工程研究中心两个、国家级国际联合基地两个；新增省级科研创新平台27个，其中福建省高校科研创新平台21个（重点实验室6个、工程研究中心6个、人文社科基地9个）；新增高职院校科研创新平台5个，其中福建省高校应用技术工程中心4个、福建省高校应用文科研究中心1个；遴选建设9个福建省高校特色新型智库。联合省科技厅及有关高校共同设立福建省自然科学基金高校联合资助项目，首次设立100个省高校青年自然基

2016 年福建省研究生教育基本情况表

单位：人

项目		毕业生数			招生数			在校生数		
		合计	硕士	博士	合计	硕士	博士	合计	硕士	博士
合计		11968	10973	995	14088	12743	1345	42731	37031	5700
其中：女		6346	5970	376	7571	7008	563	21901	19622	2279
学术型学位	小计	7157	6168	989	7825	6498	1327	24710	19098	5612
	哲学	65	53	12	71	56	15	253	167	86
	经济学	517	433	84	458	384	74	1623	1217	406
	法学	503	421	82	494	412	82	1590	1236	354
	教育学	249	228	21	242	214	28	804	694	110
	文学	465	410	55	447	382	65	1437	1130	307
	历史学	112	88	24	114	86	28	408	278	130
	理学	1704	1379	325	2205	1710	495	6406	4651	1755
	工学	1645	1488	157	1811	1544	267	5724	4601	1123
	农学	331	297	34	420	348	72	1259	949	310
	医学	770	694	76	755	659	96	2395	2031	364
	管理学	635	529	106	659	568	91	2346	1735	611
	艺术学	161	148	13	149	135	14	465	409	56
专业学位	小计	4811	4805	6	6263	6245	18	18021	17933	88
	经济学	223	223		297	297		813	813	
	法学	273	273		316	316		859	859	
	教育学	517	511	6	764	746	18	1713	1625	88
	文学	195	195		216	216		566	566	
	历史学	15	15		10	10		39	39	
	工学	980	980		1368	1368		3779	3779	
	农学	227	227		364	364		655	655	
	医学	815	815		1117	1117		2809	2809	
	管理学	1435	1435		1645	1645		6320	6320	
	艺术学	131	131		166	166		468	468	

金重点项目。立项下达中青年教师教育科研项目 2874 个。组织省内外 50 多所高校、近 300 项科技成果参加“6·18”高校成果展，征集省内外 70 多所高校 5173 项成果在省教育厅门户网站和“6·18”网站展示推介，组织 36 项科技成果与省内企业、地方政府进行现场对接签约，总投资近 4 亿元，省教育厅获“6·18”优秀组织奖。

【对外合作办学】 2016 年 2 月，厦门大学马来西亚分校迎来首批新生，福建省政府奖学金每年安排专项经费 500 万元资助在分校就读的闽籍马来西亚大学生。福州大学与台湾元智大学合作举办电气工程专业博士研究生教育项目，经部省联合审批专家组审核通过。厦门理工学院与美国密苏里大学合作举办厦门理工学院—密苏里学院、福州大学与爱尔兰国立梅努斯大学合作举办福州大学国际工程师学院，完成教育部专家组现场答辩。

【教育成果评估】 2016 年，福建省建成全国规模最大的省级评估专家库，建成全国最早、体系最完备的省级办学质量监测体系。发布《福建省普通高等院校发展潜力年度报告（2016）》等 7 个年度系列质量报告。完成 7 所本科高校教学工作审核评估、3 所本科高校合格评估、7 所高职院校第二轮人才培养工作现场考察评估，14 个本科专业通过 IEET 工程及科技教育认证。

【高校经费保障】 2016年，福建省属本科学校生均财政定额拨款标准提高1000元，达6500元，比上年增长18.18%。提高财政经常性拨款占比，加大高校对资金使用的自主权和统筹权。

职业教育与成人教育

【概况】 2016年，福建省有普通高职高专51所，在校生25.72万人，比上年减少0.95万人；招生86865人，减少2414人；毕业生87455人，增加2592人；教职工17811人，减少188人，其中专任教师12277人，减少312人。全省有中等职业学校207所，比上年减少10所，在校生38.05万人，减少1.61万人；招生137049人，减少3718人；毕业生131698人，减少6666人；教职工20586人，减少657人，其中专任教师16732人，减少371人。全省有独立设置的成人高校3所，成人高等学历在校生136731人，比上年减少17986人；招生33709人，减少16276人；毕业生43791人，增加763人。年内，省属高职院校生均财政定额拨款标准提高1000元，达4500元，比上年增长28.57%。推动地方落实省定中职学校公用经费拨款标准，加大对地方建立中职学校生均公用经费财政拨款奖补制度，全省近50%市、县建立中职学校生均财政拨款制度。

是年，福建省允许公办职业院校将不超过总编制的30%用于自主聘请兼职教师、建立民办学校教师从教津贴制度、出台省级职业院校校企人员互兼互聘管理办法等做法。首次通过“师资闽台联合培养中心”大规模选派职业院校教师赴台研修，“台湾全职教师引进计划”首次纳入“两岸和平发展论坛·2017年两岸交流项目”。在全国职业院校信息化教学大赛中获最佳进步奖。组织全省中职学校15个专业学科教师举行说课比赛，59名选手参加国赛，获全国一等奖6名、二等奖10名、三等奖18名。

2016年福建省普通高等职业教育基本情况表

单位：人

项目	在校学生数	招生数	毕业生数
合计	257207	86865	87455
女性	128019	43359	45724
农林牧渔大类	3348	1383	1160
交通运输大类	2132	814	652
生化与药品大类	1832	588	704
资源开发与测绘大类	34061	9786	11908
材料与能源大类	1315	481	416
土建大类	18994	6768	5640
水利大类	1390	536	425
制造大类	2118	852	532
电子信息大类	6290	2081	2531
环保、气象与安全大类	10549	3861	2475
轻纺食品大类	28041	10501	10006
财经大类	30032	10474	9309
医药卫生大类	61288	18783	23543
旅游大类	8413	2862	2864
公共事业大类	15852	5292	5017
文化教育大类	2721	923	724
艺术设计传媒大类	26621	10093	8716
公安大类	101	44	41
法律大类	2109	743	792

【产教融合】 2016年，福建省培育建设行业企业牵头的多元投资主体职教集团5个，组建区域职业院校联盟5个，会同行业主管部门成立10个省级行指委。创新建设模式，依托工业园区、龙头企业立项建设公共实训基地7个。首批立项12类59个服务产业特色专业群，全省新增产业急需专业点177个，新增全国现代服务业示范专业点9个。在全国率先启动建设8个高职院校应用技术协同创新中心，联合行业企业开展协同创新，解决中小企业产业升级和发展中的实际问题。

【教育人才培养模式改革】 2016年，福建省高中阶段普职招生比43：57，位居全国第12位。开展以企业学校双主体、“七个二元”为特征的人才培养模式改革，遴选“二元制”改革试点项目43个，新增现代学徒制试点64个，总数达99个。实行职业院校学生实习补贴政策。中职学校、高职院校毕业生“双证书”比例分别保持在95%、85%以上，就业率分别保持在97%、95%以上，中职学校毕业生就业率居全国第6位。在全国职业院校技能大赛中获一等奖20项，比上年增长82%。

【终身教育】 2016年，福建省推进社区教育，新增国家级示范区两个，总数达6个，新增国家级实验区两个，总数达5个。规范继续教育，全面开展评估检查，撤销成人高等学历教育教学站点231个，占总数的38.7%。助力农村发展，3个县（市）成为国家级农村职业教育与成人教育示范县，启动农民工“求学圆梦行动”。

（刘辉雄）

2016年福建省中等职业教育基本情况表

单位：人

项目	毕业生数		招生数			在校生数	专任教师数
	实绩	其中：获得职业资格证书	实绩	其中：初中毕业			
				小计	应届毕业生		
合计	131698	122039	137049	113417	112206	380533	16732
农林牧渔类	30388	28173	8295	2750	2691	52050	294
资源环境类	7	7	11	11	11	63	46
能源与新能源类	263	176	240	240	240	512	5
土木水利类	9162	8606	7569	6465	6289	23820	487
加工制造类	7998	7603	10965	9716	9696	29140	964
石油化工类	675	510	592	320	320	1049	90
轻纺食品类	2433	2340	2383	1638	1638	5807	164
交通运输类	11998	11700	16984	1218	12071	38625	500
信息技术类	14794	14034	21080	18824	18766	54375	1911
医药卫生类	8058	7254	8796	8291	8274	23522	389
休闲保健类	1163	1056	1804	1782	1775	5473	34
财经商贸类	17250	16552	22290	19308	18951	59287	1402
旅游服务类	7002	6519	9343	7705	7428	21350	597
文化艺术类	7127	6574	9025	7917	7900	23548	1201
体育与健身	697	512	1402	1264	1264	3155	478
教育类	9339	8376	13961	13311	13240	33265	778
司法服务类	64	15	164	164	126	412	41
公共管理与服务类	1705	1618	627	552	548	1848	92
其他	1575	414	1518	978	978	3232	7259

2016年福建省成人高等教育基本情况表

类别	学校数（所）	毕业生（人）	招生（人）	在校生（人）	教职工（人）	专任教师（人）
合计	3	43791	33709	136731	595	217
广播电视大学	2	3056	2665	10684	354	108
职工高等学校	—	—	—	—	—	—
管理干部学校	—	—	—	—	—	—
教育学院	1	2369	4472	17648	241	109
夜大学（业余）		10414	5083	23335	—	—
函授部	—	27952	21489	85064	—	—
成人脱产班	—	—	—	—	—	—

编辑：郑　莱

科学技术

综　述

【概况】　2016年，福建省科技系统推动实施创新驱动发展战略，全省创新创业环境优化，创新主体活力激发，创新平台基础向好，科技支撑引领供给侧结构性改革和产业转型升级力度增强，在全国科技创新布局中的地位和作用提高。省政府出台《实施创新驱动发展战略行动计划》《福建省“十三五”科技发展和创新驱动专项规划》，加强重大任务部署和路径谋划设计，明确科技发展总体布局；出台《关于加快高水平科技研发创新平台建设发展的六条措施》《关于鼓励和支持社会资本建设发展新型研发机构的若干措施》，支持研发平台、新型研发机构加快发展；出台《培育科技小巨人领军企业行动计划》，遴选领军企业培育发展库入库企业650多家，在全国率先落实科技小巨人领军企业研发费用加计扣除奖励7000多万元；出台《关于进一步促进科技成果转移转化的若干规定》《关于促进高校科技创新能力提升的若干意见》《关于推进重大科研基础设施和大型科研仪器向社会开放服务的实施意见》等配套政策，激励科技人员创新创业和科技成果转移转化，推进高校科研领域简政放权，海峡技术转移公共服务平台上线试运行。省科技厅履行创新发展厅际联席会议办公室职责，细化分解落实任务，遴选重大创新备选项目，收集汇总各地实施创新驱动发展战略中出现的新情况新问题，推动“五新”（新产业、新技术、新平台、新业态、新模式）重点任务落地见效。福建区域创新能力居全国第10位，综合科技进步水平居第13位，科技促进经济社会发展指数居第5位，知识产权综合实力居第7位，每万人口发明专利拥有量6.198件（2016年福建发明专利申请数27041项，发明专利授权数7170项）。全省新认定高新技术企业900多家，新增省级创新型企业250多家。高新技术产业增加值占GDP比重15.2%。全年获国家部委新立项支持科技项目840个、经费9亿多元。获2016年度国家科学技术奖6项。福厦泉高新区获国务院批复同意建设国家自主创新示范区，成为全国科技创新大会之后的第一个创新示范区，纳入国家全面创新改革布局。福建省获科技部批复，被列为全国第六个建设国家创新型省份试点。全年举办鼓岭科学会议5次。完成技术合同登记5200多项，成交额超过100亿元。全省企业研发费用税前加计扣除额近60亿元，有900多家企业享受高新技术企业所得税减免31亿多元。

【科技创新与合作】　2016年，福建省科技支撑引领产业升级收效显著。泉州市“数控一代”应用示范样板获省、市投入扶持资金，吸引1300多家企业参与，带动发展500亿元以上产值。在全省推广“数控一代”，推动“机器换工”7400多台（套）。引领型产业核心技术实现新突破，安排经费近5000万元启动实施15个重大专项（专题），在新能源、稀土材料、集成电路、先进装备与制造等多个领域实现重大技术突破。农业和民生领域科技创新取得新进展，实施《福建省特色现代农业科技创新行动计划》，育成29个农业新品种，研发新产品、新技术、新工艺128项，新增产值83亿元。研发应用光生物技术，引进建设中科生物植物工厂，完成投资4亿元。全国首个海洋动物抗菌肽产品获批进入商业化应用。建成国家菌草工程技术研究中心。启动首批省级星创天地建设，获国家备案星创天地20个。推行科技特派员制度，选派360名科技人员到23个省级扶贫开发重点县开展科技服务。全省布局建设26个省级产业技术重大研发平台、22个产业技术公共服务平台和28个省级产业技术创新战略联盟，拥有国家重点实验室10个、省级重点实验室190个、国家级工程技术研究中心7个、省级工程技术研究中心472个。闽台作物有害生物生态防控国家重点实验室获科技部批准建设，大黄鱼育种国家重点实验室挂牌运行。新认定32个省级（企业）工程技术研究中心。“双创”支撑平台迅速发展，全省共有众创空间400多个，其中省级众创空间113个、国家级众创空间26个；科技企业孵化器备案160个，孵化面积246万平方米；在9个设区市各建设一个创新创业示范中心，培育省级小微企业创业基地 49 个；有 550 家企业获创新券补助 3561 万元。国家技术转移海峡中心、国家技术转移人才培养基地和海丝科技合作中心等一批科技成果转化平台陆续启用，与中科院上海分院共建 STS 福建中心。科技与金融结合更加紧密，总规模 3 亿元的福建省生物与新医药创业投资基金启动运行，筹备成立福建省科技成果转化创投基金。厦门市入选国家促进科技与金融结合试点城市。与国家自然科学基金委续签促进海峡两岸科技合作联合基金（第二期）协议，建立 12 个国家级海峡两岸科技产业合作基地及 30 个闽台科技合作基地。建设 15 个国家级国际科技合作基地，推进“一带一路”科技合作。同时，构建科技人才分类评价体系和科学技术奖励评价机制，遴选第二批省“双创人才” 96 人，新增 30 人入选国家“万人计划”科技创新领军人才和科技创业领军人才，新增 25 人（团队）入选科技部创新人才推进计划。

（郑雨苹　吴朝庭）

科技计划管理

【概况】　2016 年，围绕国家深化科技体制改革部署和政策设计，福建省科技厅推进省级财政科研项目和资金管理改革措施的贯彻落实，推进创新发展的总体部署和制度设计。推动各项政策措施落地。全年研究制定并推动出台《福建省人民政府办公厅关于加快高水平科技研发创新平台建设发展六条措施的通知》《福建省科技创新联合资金项目管理暂行办法》《福建省中科院 STS 计划配套项目管理办法（暂行）》《福建省科学技术厅关于印发福建省科技创新券补助管理暂行办法的通知》等政策文件和激励措施，为推进全省科技创新发展营造良好的政策环境，提供制度保障。建立科技报告制度。全年举办省基础研究和高校产学合作计划项目科技报告培训会 17 场，培训有关人员 3400 多人，发放培训教材 4300 多册。开通运行福建科技报告服务系统，面向全省科技人员和社会公众提供福建省承担的国家科技计划及本省科技计划项目科技报告信息共享服务。

【科技计划项目与经费】　2016 年，福建省科技计划项目和资金安排围绕省委、省政府工作部署，以强化有组织创新、支撑引领产业转型升级为导向，全年下达省级各类科技计划财政经费 44631.24 万元，除财政经费外，省科技厅另安排联合资金 3700 多万元。其中，安排年度经费 4.4 亿元，支持各类省级科技计划项目 27 批次、2042 个（包括新上项目 1887 个，年度经费 3.6 亿元；结转项目 155 个，年度经费 8000 多万元）；安排石墨烯产业发展子基金、省科技馆建设专项、科技金融专项、省级扶贫开发工作重点县专项等其他专项资金 4200 多万元。同时，争取国家科技项目经费支持，全年争取新立项国家科技项目 840 个，资助经费 9.32 亿元，主要包括国家重点研发计划项目（课题）5.6 亿元、国家自然科学基金 3.3 亿元。

省科技计划项目和资金安排具有以下特点：聚焦“五新”任务落实。围绕新产业、新技术、新平台、新业态、新模式等“五新”任务和大众创业万众创新工作重点，以科技重大专项和创新平台建设为抓手，构建大平台，引进大成果，集中优势科技资源和资金推动实施创新驱动发展战略行动计划。实施“智能工程机械关键零部件及产品研究与开发”等 15 个重大专题项目；安排科技经费支持 16 家省级科技重大研发平台开展技术研发和科研条件建设，为全省传统产业和新兴产业发展提供有力科技支撑。聚焦企业创新发展。通过项目引导，强化企业创新主体地位，激发和释放技术进步的内生动力。聚焦科技经费多元化投入。与省内有关三甲医院和高校合作，分别设立卫生行业联合资金和高校联合资金，引入社会资金参与基础研究，推动基础研究经费的多元化投入。2016 年引入社会资金 1700 多万元。在省级“基础研究与高校产学合作计划”中增设科技创新联合资金项目，拓宽科技投入渠道。由需求单位出资支持科技厅立项下达省级科技计划项目。与福建医科大学率先合作设立联合资金 2000 万元。

【“十三五”科技专项规划编制】　2016 年 4 月，《福建省“十三五”科技发展和创新驱动专项规划》印发。该规划明确福建省未来 5 年科技创新发展目标，将“五新”工作和“促进大众创业万众创新”“推动国家自主创新示范区和高新区建设”“实施科技重大专项和重大工程”列为未来 5 年科技创新发展主要任务。

【科技统计与项目监管】　2016 年，福建省科技厅完成有关省属科研院所和科技服务业 R&D 经费投入统计汇总审核工作，2016 年上报数比上年增长 17.8%。启动全省研发经费内部支出专题调研工作，通过制订工作方案、召开专题会议、加强部门协调、组织开展实地调研等，完成对全省 108 家企业、3 所高校和 3 家科研院所的调研。

（郑雨苹　吴朝庭）

高新技术与工业科技

【概况】　2016 年，福建省科技厅立项扶持引导性项目、产学合作项目等年度高新技术与工业领域科技计划项目 116 个，项目总投资 5 亿多元，计划资助经费 11213 万元，其中引导性项目 49 个、产学合作项目 27 个、区域重大项目 27 个、科技创新平台项目 5 个、重大专项专题项目 9 个。全年完成 113 个科技项目的验收工作，通过项目实施，在相关领域研发一批重大产品、核心装备、关键部件，创造一批重大科技成果，推动若干个重要产业发展，提升技术创新供给能力。

【高新技术产业开发区】 2016年，国务院批复同意福厦泉高新区建设国家自主创新示范区，成为全国科技创新大会之后的第一个创新示范区，纳入国家全面创新改革布局。省委、省政府出台《福厦泉国家自主创新示范区建设实施方案》，明确示范区建设的目标定位、主要任务和保障措施。加强高新区调研指导，引导高新区加强统筹规划，集聚创新要素，创新体制机制，完善配套政策，推动高新区成为全省自主创新的核心区、高新技术产业的先导区和产业转型升级的示范区。至2016年底，全省共有7个国家高新技术产业开发区。

【高新技术企业认定】 2016年，福建省新认定高新技术企业906家。全省高新技术企业数量达2535家。组织有关专家深入全省各设区市巡回举办高企认定培训辅导，1000多家企业参与。建设覆盖全省、省市联动的高新技术企业培育优化服务网络，建立高新技术企业政策培训的人才队伍，加大培训宣传广度，激发企业的申报积极性。全年近600家企业提出认定和重新认定申报。加强参与认定工作的专项审计中介机构和评审专家的管理，对评审专家和专项审计中介机构分别开展专场培训。从2016年起将税务师事务所纳入参与高新技术企业专项审计中介机构，中介机构数量增至77个。全省有969家高新技术企业享受2015年所得税减免，减免所得税31.64亿元。高新技术企业为孵化新兴产业、催生新经济增长点提供动力，成为推动产业升级、提高经济综合竞争力的重要力量。

【"数控一代"示范工程】 2016年，福建省坚持把实施"数控一代"创新应用工程作为加强供给侧结构性改革、加快产业转型升级的重要抓手。重点围绕泉州"数控一代"相关领域关键共性技术需求，安排2800万元，以科技重大专项方式定向支持厦工（三明）重型机器有限公司、机械科学研究总院海西（福建）分院等龙头骨干企业联合省内外有关高校、科研院所，实施"8000KN智能挤压铸造生产专用设备研发""智能工程机械关键零部件及产品研究与开发""新型轮式伺服数控抽油机研发""超薄注塑自动化生产包装线"和"面向3C钻攻中心应用的生产车间云服务平台开发"等重大科技专题项目，力求在相关领域攻关一批关键共性技术，提升产业发展质量和核心竞争力，发挥其在促进全省制造业向"装备智能化、管理信息化"转型升级中的示范带动作用，扩大有效和中高端供给，增强经济发展新动能。以"数控一代"为突破，助推工业转型，加快促进稀土、石墨烯等产业创新转型。省科技厅联合龙岩市人民政府共同筹办福建省第十六次鼓岭科学会议，汇聚国内外众多知名专家学者，围绕促进稀土、环境工程、硬质合金及增材制造等新材料产业发展，开展高端对话，推进成果对接、项目落地。

【新能源项目获国家科技重大项目支持】 2016年，经福建省科技厅推荐，由宁德时代新能源科技股份有限公司牵头，联合中科院物理研究所等单位，先后申报"100MWh级新型锂电池规模技术开发及应用"和"新一代锂离子动力电池产业化技术开发"两个项目，获2016年国家重点研发计划新能源汽车专项立项，获得1.8亿元经费支持。

【科技服务业发展】 2016年，福建省科技厅加速引导推进创业孵化、科技金融、成果转移转化、知识产权服务等方面发展，并取得一定成效。泉州市高新区入选科技部第二批科技服务业区域试点单位，探索有利于区域科技服务业发展的新路径和新模式。发挥好福建省工业设计产业技术创新重点战略联盟平台作用，通过举办工业设计师沙龙、工业设计创新大赛等，分享成功经验，推动优秀工业设计成果落地转化。建立工业设计电子商务集成系统，为全省企业提供产品工业设计、信息与设计咨询、网上交易等服务。

（郑雨苹　吴朝庭）

社会发展科技

【概况】 2016年，福建省科技厅围绕医疗信息化和公共安全领域，在前期调研、主管部门推荐、专家论证的基础上，筛选出"基于互联网＋的老年常见病防治体系构建和示范"和"岩溶塌陷地质灾害监测治理技术及其装备的研发与应用示范"两个重大专项专题项目。全年立项资助社发领域科技计划项目122个，计划经费3799.8万元，其中重大专项专题2个、引导性项目101个、高校产学合作重大项目12个、区域重大项目7个。同时一批项目还获科技部立项资助。由厦门大学、福建师范大学等单位承担的"闽三角城市群生态安全保障及海岸带生态修复技术"项目获科技部立项，列入国家重点研发计划"典型脆弱生态修复与保护研究"重点专项，获国家资助科研经费2600万元；由福建龙净环保股份有限公司承担实施的"燃煤电站低成本超低排放技术与装备集成及高端制造""高硫/高碱煤超低排放技术与装备集成及应用"等子课题研究列入国家重点研发计划"大气污染成因与控制技术研究"等专项，获国家资助科研经费526万元。

【食品安全科技】 2016年，福建省科技厅组织实施"主要海洋生物毒素检测技术研究与检测试剂盒及仪器研制"省科技重大专项专题。新立项"便携式食品安全检测移动实验室的研制与应用""家庭饮用水深度处理新产品研发及其生物学效应研究"等13个食品安全技术研究项目，安排省级科技经费295万元。重点开展食品安全综合检测仪器研制、饮用水深度处理和农产品生产加工安全控制关键技术研发，提升全省食品安全检测、预警、溯源、控制技术水平。

【健康医疗科技】 2016年，福建省科技厅培育"互联网＋"新业态，新立项支持“基于互联网＋的老年常见病防治体系构建和示范”重大专项专题研究，资助经费500万元。该项目将构建基于医疗物联网、智能云技术的老年常见病一体化云监测平台，建立智慧化的疾病预防及风险评估模型，形成老年常见病诊疗规范和评价指标，带动健康服务产业发展。新立项“基于中医健康状态辨识的慢病风险预警系统研究”“中风恢复期患者自我疾病管理策略的构建与应用”“福建省出生缺陷儿童异常步态的特征识别与临床研究”等3个健康医疗技术研究项目，安排省级科技经费70万元。开展康复共性适宜技术研究、健康监测管理、康复医疗产品研发，为满足全省健康需求提供技术保障。组织实施“福建省康复产业研究院技术创新平台”和“头穴重复经颅磁刺激治疗卒中后痉挛性偏瘫的临床康复机制及疗效研究”等健康医疗技术研发项目。

【新药研发】 2016年，福建省生物医药研发取得重大进展，由福建省洪诚生物药业有限公司承担的省科技重大专项专题“肿瘤治疗药物与诊断试剂的研发”子课题“糖类抗原系列肿瘤标志物化学发光免疫定量检测试剂的研制及产业化”通过专家验收，该项目获得糖类抗原125（CA125）测定试剂盒等4个国家医疗器械注册证书。由福建中医药大学中西医结合学院承担的福建省科技计划高校产学合作重大项目“增加骨密度保健食品益节健片及益节健胶囊的研制”通过专家验收，该项目所研制的片仔癀增加骨密度胶囊和片仔癀增加骨密度片两种产品获国家食品药品监督管理总局国产保健食品批准证书。由福建中医药大学附属第二人民医院承担的福建省科技计划高校产学合作重大项目“膝关节炎治疗带的研制”通过专家验收，该项目所研制的膝关节炎治疗仪（带）获国家医疗器械注册证书。组织实施“抗耐药菌和关节炎治疗药物的研发与产业化”“数字化口腔医学影像系统研制及产业化”“HEV/HPV多价联合疫苗研究与产品开发”“国家一类化药抗过敏新药卢帕替芬的研发”和“缺血性脑卒中介入治疗及相关药物洗脱支架的研究”5个省科技重大专项专题。新立项“宫颈癌及癌前病变免疫细胞化学临床诊断试剂产业化关键技术及产品开发”“灵芝三萜逆转肿瘤多药耐药组分的成药性关键技术研究”等18个生物医药类研发项目，安排省级科技经费410万元。项目研发内容主要涉及创新药物、新型疫苗产品研发、数字化口腔医学影像设备、人工关节、体外诊断医疗器械及试剂等高端医疗器械研发、名优中成药的剂型改造和二次创新，提升了福建省生物医药产业的技术水平。

【环保科技】 2016年，福建省科技厅组织实施“九龙江北溪综合治理技术研究与示范”“市政污泥及餐厨垃圾资源化综合利用技术研究与示范”和“石化废水处理、循环利用技术与装备研究及应用示范”等3个省科技重大专项专题。新立项“基于危化品质谱库的海洋环境突发污染应急监测技术研究与应用”“环境水体中有机污染物的便携式现场快速拉曼测试仪的研发与工程化”等21个环保类项目，共安排省级科技经费750万元。重点开展危化物、有机污染物、水污染、大气污染监测与防治技术研究以及废弃物无害化处置和资源化利用研究。

【可持续发展实验区建设】 2016年，福建省科技厅以民生专项支持龙岩市、南平市、永春县、永安市、柘荣县开展可持续发展实验区示范项目建设。编制完成2000年、2005年、2010—2015年8个年度《国家可持续发展实验区创新能力监测数据调查表》，为提升实验区科技创新能力和可持续发展能力提供科学依据。在省科技厅政务网《可持续发展实验区》专栏刊登17期系列宣传。同时，把可持续发展实验区建设作为生态文明示范区发展的重要形式，在生态省建设中发挥重要作用。至年底，全省建有可持续发展实验区18个，其中国家可持续发展实验区7个、省级可持续发展实验区11个。

（郑雨苹　吴朝庭）

基础研究与软科学

【自然科学基金项目】 2016年，福建省自然科学基金立项资助1013项，立项率、资助经费比上年增长14.2%、7.6%。其中，面上项目782个（含卫生联合资助项目237个、高校联合资助项目120个）、青年科技人才创新项目210个、杰出青年科学基金项目21个。青年科技人才创新项目立项数与经费比上年增长19.3%，省杰出青年科学基金项目立项数与经费比上年增长5.1%，为全省青年人才培养提供保障。全省获国家“973计划”立项4个、资助经费1003万元，获国家自然科学基金立项743个、资助经费3亿多元。

【促进海峡两岸科技合作联合基金】 2016年，福建省人民政府和国家自然科学基金委员会签订完成《国家自然科学基金委员会—福建省人民政府促进海峡两岸科技合作联合基金协议书（第二期）》，协议期限从2016年开始至2020年终止，仍由双方每年各出资2500万元组成，继续发挥海峡联合基金的引领辐射作用。是年，经过64位同行专家评审，促进海峡两岸科技合作联合基金管委会审议决定，立项资助项目19个，直接费用资助金额4090万元，其中省内依托单位项目16个、省外依托单位项目3个。项目围绕人口与健康、农业、新材料与先进制造、电子信息领域等两岸科学家共同关注的科学问题开展研究，每个项目均有台湾科技人员参与，发挥海峡联合基金的引领辐射作用，推动闽台两岸基础研究的深度合作。

【卫生行业联合资金】 福建省自然科学基金卫生联合资助项目试行两年。2016年，为规范联合资助工作，完善相关程序，省科技厅与福建省立医院等17

所医院签订协议，协议自2017年起至2019年。全年立项资助卫生联合资金项目237个1660万元。

【高校科技创新能力提升】 2016年，福建省科技厅牵头制定并正式印发《福建省自然科学基金高校联合资助项目实施方案（试行）》。依据文件要求及各本科高校的申请，与福州大学等17所高校签订联合资助项目的第一期协议书。全年立项资助高校联合资金项目120个417万元。

【软科学研究】 2016年，福建省科技厅根据省属各高校和相关科研机构的要求，在扩大面上申报范围、筛选好项目的同时，采取问题导向，重点围绕省委、省政府的战略部署和创新驱动的前沿动态、关键技术的战略分析及发展方向，开展定向软科学项目立项研究，发挥智库作用。

【鼓岭科学会议】 2016年，福建省科技厅围绕科技前沿热点和全省产业技术需求，举办5次鼓岭科学会议，分别围绕“大数据时代产业互联网转型”“发展绿色化工前沿技术，实现石化产业可持续发展” “融合‘生态·绿色·健康’，构建大武夷生态产业圈”“绿色纺织产业科技展望” “新材料产业论坛（龙岩）暨第十六次‘鼓岭科学会议’”等主题，聚集省内外高水平专家和人才，为福建省重点产业创新发展重大问题把脉诊断、献计献策，取得良好社会反响。同时，为推广鼓岭科学会议成果，依托科技厅网站建成“鼓岭科学会议”专题专栏，从新闻媒体、会议介绍、专家风采、历次会议介绍等方面，对鼓岭科学会议进行宣传。

（郑雨苹　吴朝庭）

科技体制改革与法规建设

【科技政策法规】 2016年是福建省科技创新政策大年，围绕实施创新驱动发展战略，出台《实施创新驱动发展战略行动计划》《关于推进重大科研基础设施和大型科研仪器向社会开放服务的实施意见》《关于进一步深化科技人员职称评价改革的若干意见》《培育科技小巨人领军企业行动计划（2016—2020年）》《关于加快高水平科技研发创新平台建设发展六条措施》5个政策文件；审议通过《中共福建省委、福建省人民政府关于实施创新驱动发展战略建设创新型省份的决定》，重点推进《关于进一步促进科技成果转移转化的若干规定》《关于促进高校科技创新能力提升的若干意见》《关于鼓励社会资本建设和发展新型研发机构的若干措施》《关于深入推行科技特派员制度的实施意见》《关于促进科技和金融结合的若干措施》5个配套政策研究与制订，推动国家有关激励创新创业政策在福建省落地实施。

【科技体制机制改革】 2016年，《福建省人民政府办公厅关于加快高水平科技研发创新平台建设发展的六条措施》《福建省人民政府关于鼓励社会资本建设和发展新型研发机构的若干措施》出台，筛选第一批高水平科技研发创新平台补助项目85个，资助金额6000万元。贯彻落实《福建省人民政府关于推进重大科研基础设施和大型科研仪器向社会开放服务的实施意见》，全省大型仪器数据库共收录大型仪器694台，总值5.936亿元，签约仪器管理单位50个。组织实施《培育科技小巨人领军企业行动计划（2016—2020年）》，遴选第一批655家企业进入“科技小巨人领军企业培育发展库”进行重点培育。经审核有185家科技小巨人企业获得研发投入加计扣除奖励7437.3万元。启动实施科技创新券制度，安排专项资金2000万元资助科技型中小企业购买科技创新服务。2016年第一批197家企业获得补助金额1058.7万元。推动企业研发费用税前加计扣除政策的贯彻落实。2016年除厦门外，实现加计扣除企业640家，金额达33.3亿元（厦门市备案872家，申请抵扣25.92亿元）。

【科研院所改革创新】 2016年，福建省科技厅牵头制定《福建省属公益类科研机构创新绩效考评管理办法》（试行），主要包括考评对象、考评机构、考评内容、考评形式、考评周期等内容，对公益类科研院所开展绩效考评。

（郑雨苹　吴朝庭）

农业科技

【农业科技项目】 2016年，福建省科技厅完成“石斑鱼健康养殖技术及高效配合饲料的研发和推广应用”等4个重大专项立项，安排经费1250万元；组织对“几种重要海洋贝类活性物质产业化开发关键技术研究与示范”等7个往年立项重大专项开展中期监理，评审专家对项目建设的进展情况、技术指标和阶段性成果、经费落实和开支等情况进行评估，并督促项目承担单位整改完善。立项扶持区域发展、高校产学研合作、引导性农业科技计划项目61个，安排经费2503.77万元，其中“环保生态型营养饲料新技术研究及健康养殖应用示范”等区域发展项目17个，“新型基因工程技术的开发及在冷却肉保鲜剂研制中的应用”等高校产学研合作项目12个，“柳杉毛虫优势天敌松毛虫凸腿小蜂的人工扩繁及其林间应用研究”等引导性科技计划项目32个。与财政厅共同发布2016年度支持设区市农科院所省级科技计划项目定向申报指南，支持设区市农科院所建设定向项目，8个设区市（厦门除外）农科所各获立项支持1个，资助经费500万元。据62个农业科技验收项目的不完全统计，全年培育新品种27个；研发新产品16个；制定标准14件；研发新技术、新工艺18件；获授权专利64件，其中发明专利40件，实用新型24件；技术转让收入2140万元；累计示范面积2100多公顷、推广面积50多万公顷；新增产值17亿元，新增利润2亿元。

【星火计划项目】 2016年，福建省安排实施省级星火计划重点项目61个、投入财政经费1538万元。围绕全省水果、茶叶、食用菌、畜禽、笋竹、花卉、水产等农业优势特色产业领域，推广杂交水稻新组合“桐优039”、真姬菇新品种等农作物新品种27个，推广现代农业智能控制及物联网系统的应用技术、标准化高效种养技术、优势特色农产品加工等新技术31个。全年通过项目实施，获专利授权30件，开发新产品24个，建立示范片面积约420公顷，辐射推广面积6200多公顷，实现产值26.1亿元、利税2.7亿元，推进区域良种繁育、种植（养殖）、加工与物流等完整产业链的形成，促进福建高产、优质、高效、生态、安全的现代农业发展。

【科技特派员】 2016年，福建省科技厅安排科技人员创业示范项目22个、经费520万元，支持农业科研机构和省级科技特派员创业示范基地开展具有自主知识产权的农业成果及关键配套技术集成、产业化示范和推广服务，解决周边地区支柱产业升级与产业链延伸的关键共性技术问题，推动全省现代农业加快发展和带动农民增收致富。组织推荐“兴农谷”等20个“星创天地”报科技部备案，打造一批适应农业农村科技创新需要，集科技示范、创业孵化、平台服务于一体的新型服务平台。

【农业科技园区建设】 至2016年底，福建省建设国家级农业科技园区7个（含厦门市），省级农业科技园区9个。其中龙岩、三明、邵武3个国家级农业科技园区建设单位按要求制定国家科技园区建设规划，已经设区市人大批准；平和等9个省级农业科技园区完成验收结题工作。

【农村科技培训与信息化服务】 2016年，福建省加强农业技术培训，结合星火项目实施，以科技示范基地、星火学校、农业科技园区和“12396”服务平台为载体，围绕区域性支柱产业培育、农业“五新”推广等，通过专家授课、现场指导、远程培训等形式，培训农民工1.2万人次。制作选送科技部农村党员干部远程教育专题教材31部、时长309分钟。其中，“引航双孢菇现代产业的人”“畜禽尸体巧处理，废物变宝效益好”“昔日矿区废地，今日生态家园”3部专题片分别获优秀制作节目二等奖、三等奖与优秀奖。

【科技扶贫】 2016年，福建省科技厅选派科技人员360人，签署三方合作协议，资助经费720万元，到全省23个省级扶贫开发工作重点县开展科技服务，并完成省级扶贫开发工作重点县培养本土科技人员50人。

做好挂钩的重点村、民族乡和社区的帮扶工作。全年安排资金50万元，支持平和县霞寨镇内坑村村级综合服务中心暨幸福院工程、村庄二期整治工程，地质灾害点整治工程和屋顶光伏发电工程。安排资金50万元，支持平和县安厚镇双马村“美丽乡村”第一期新农村安置点、第二期造福工程、村活动中心改造及村小学校园环境美化等工程建设，并完成30万光伏发电场地前期建设准备工作。根据福安坂中畲族乡经济社会发展实际情况，安排资金100万元，组织实施《福安坂中畲族乡美丽乡村建设与农业产业开发》项目，推动当地特色果蔬特色农业产业化。根据平和县主要特色产业用工需求，以剩余劳动能力建档立卡贫困户为对象，开展实用技术技能培训，安排培训经费30万元，培训2100人。在中央引导地方科技发展专项资金中安排200万元，用于组织实施《福建宁德生态循环农业与精准扶贫技术集成应用》。

（郑雨革　吴朝庭）

【福建省农业科学院】 2016年，福建省农科院实际到位科技项目经费总额1.23亿元。新增立项省级以上科技项目241个，经费13428.89万元，其中，科技部、农业部、国家自然科学基金委等国家部委项目47个5103.89万元，省级科技项目194个8325万元。全年，省农科院经评审的科技成果30项。获2014—2015年度中华农业科技奖二等奖1项，2016年度福建省标准贡献奖三等奖1项，2015年度福建省专利奖一等奖1项、二等奖1项、三等奖两项，2016年第十八届中国专利优秀奖两项，2012—2013年度神农福建农业科技奖一等奖1项、二等奖3项、三等奖5项，福建省第十一届社会科学优秀成果奖三等奖1项。评选出福建省农业科学院科学技术奖一等奖4项、二等奖8项，院青年科学技术奖一等奖两项、二等奖3项、三等奖5项。全年发表科技论文776篇，其中国外发表83篇。出版专著19部。7个农作物新品种通过国家审（鉴）定，其中农科院为第一单位的5个；31个农作物新品种通过福建省农作物品种审（认）定，其中本院为第一选育单位的品种25个。申请专利260件，其中发明专利173件，实用新型87件；获授权专利197件，其中发明专利79件，实用新型专利118件；授权软件著作权4件。成果技术转让9项，金额137.15万元。1个行业标准和7个福建省地方标准获批准颁布实施。全年，省农科院1人获“第八届福建紫金科技创新奖”，1人获“福建青年科技奖”，1人获“福建省优秀共产党员”称号，4人入选第二批福建省科技创新领军人才，两人入选第二批福建省百千万工程领军人才。

2016年，省农科院组织实施优良蛋鸭、澳洲龙纹斑、坛紫菜等10个种业创新项目，以及水稻智能化育种、太子参、油用牡丹等19个种业专项。收集、保存农业生物资源两万多份（株、个），新建或改扩建种苗繁育等基地190个，示范推广面积3.13万公顷、食用菌3000多万袋（瓶）、畜禽良种438万只，辐射推广设施大棚栽培新品种新技术面积1.11万公顷，培育珍贵树种、花卉苗木、水产苗种等1.7亿株（袋、粒、瓶、尾），建成一批养鱼、养羊、养鸭等智能化种业装备，新增社会产值15

亿元以上。

2016年，农业部植物新品种测试福州分中心（DUS）和农业部福州热带作物科学观测试验站建设项目获农业部批复，微生物菌剂开发与应用国家地方联合工程研究中心获国家发改委批复。至2016年底，省农科院已建有国家级重点实验室4个、农业部农作物改良中心4个、省级重点实验室11个、省级工程（技术）研究中心17个。全院科研仪器设备总值12922.6万元，其中单台（套）100万元以上的仪器设备945.7万元。主办自然科学类（农业科技）公开出版刊物7种。

2016年，省农科院组织举办省科协重点学术活动“现代循环农业发展战略与技术创新学术研讨会”和学术年会分会“生态农业经济区与美丽乡村建设”，以及承办中国科协学术专题“水稻病虫害绿色防控战略研讨会”。组织派出13批23人次的科技人员赴荷兰、以色列、菲律宾、日本、台湾等国家和地区（其中出国9批19人次、赴台4批4人次）进行合作项目洽谈、交流访问、研修等任务；接待来自以色列、欧盟、缅甸、台湾等国家和地区8批30人次来访。与福建万农高科农作物育种研究院、泰国鸿展农业有限公司开展“一带一路”科企战略性技术合作；与宁夏农林科学院、固原市政府签订合作协议，联合实施闽宁农业科技合作项目，开展协同攻关、试验示范与人才培养。

2016年，省农科院组织实施173个科技示范项目，开展水稻、蔬菜、茶叶、中药材等新品种及设施农业、动物防疫等技术的示范推广，建立一批特色农业示范基地。服务企业118家、农民合作社（家庭农场）72个，引进、示范新品种258个、新技术148项，示范片3万亩，畜禽36万头（羽），食用菌2万平方米、11万袋，带动企业创收1.67亿元。科技人员下乡6700多天（次），培训企业人员、农民8400人次，辐射推广畜禽596万头（羽），食用菌30万平方米、105万袋，新增收益3亿元。在屏南、政和、云霄等23个重点扶贫县实施扶贫项目150个，精准带动200个贫困农户脱贫。开展“福建省农村实用技术远程培训”，涉及粮食、水果、畜禽水产、花卉苗木等主导产业以及设施农业、食品加工等领域，全年培训109.35万人次。

（仇秀丽）

知识产权管理

【概况】 2016年，福建省专利申请受理130376件（比上年增长56.8%），其中发明专利申请27041件（增长53.09%）。全省获授权专利67142件（增长8.96%），其中发明专利授权7170件（增长25.13%）、实用新型专利授权42110件（增长23.54%）、外观设计专利授权17862件（下降18.08%）。全省PCT国际专利申请543件。至2016年底，全省有效发明专利23793件，比上年增长33.16%；每万人口发明专利拥有量6.198件，比上年增加1.503件，增长32.02%。根据国家知识产权局知识产权发展研究中心研究结果，2015年福建省知识产权综合发展指数位居全国第7位，专利综合实力指数位居全国第9位。

【知识产权制度创新和管理创新】 2016年，福建省知识产权局推进供给侧结构性改革，开展知识产权制度创新、管理创新和服务创新，发布福建省知识产权公共服务包及其路线图，内容涵盖知识产权分析应用、管理、确权、维权、项目服务等诸多方面，通过整合政府管理部门、智库资源、专家人才、专业服务机构等多方力量，拓展、丰富和提升知识产权服务内容和供给品质，精准破解企业知识产权难题，提升企业知识产权创造运用能力，助力产业转型升级，有效服务供给侧结构性改革。通过升级“12330”知识产权综合服务热线面向全社会开放，实现一个通道、一口受理、统一平台、统筹服务，方便为企业和全社会寻求知识产权服务提供帮助。推进福建省知识产权智库建设，出台《福建省知识产权智库管理暂行办法》和《福建省知识产权智库征集战略合作机构及人才申报指南》，加强知识产权人才资源整合与共享，联系6个智库合作单位并拟定战略合作框架协议。完成《2015年福建省知识产权战略实施工作总结》，结合各成员部门职能及全省知识产权发展实际，制定《2016年福建省知识产权战略实施推进计划》。组织实施全国专利事业发展战略推进工作，制订印发2016年专利事业发展战略推进工作组织实施方案，福建省在2015年全国专利事业发展战略推进工作绩效考核中位列全国第五，完成福建省“十三五”专利事业发展规划编制并印发实施。

【专利转化运用】 2016年，福建省推进专利转化运用。依托“6·18”海峡项目交易平台，促进专利技术对接转化，重点突出战略性新兴产业项目，展示全省在石墨烯、3D打印、北斗卫星导航、机器人、无人机等前沿技术领域具有代表性的优秀专利项目42个；展会期间开展知识产权保护，提供咨询服务，促进专利技术对接转化。围绕产业龙头促进计划，加快培育知识产权优势企业，确定100家企业入选2016年度省知识产权优势企业；下达项目经费2076万元，支持107个国家级知识产权示范（优势）、省级优势企业实施专利技术产业化项目，项目涉及专利512件，其中发明专利168件。推动专利金融合作，推进专利权质押融资，对符合条件的16家企业专利权质押贷款项目予以财政贴息305.4万元，降低中小微企业融资成本。围绕战略性新兴产业，重点支持省知识产权优势企业或产业龙头企业实施专利导航试点工程，下达经费74万元支持首批8家企业开展专利导航，推进“数控一代”智能装备、军民融合产业专利导航工作。组织完成省专利奖评奖工作，授予“锂离子电池及其正极活性材料及正极活性材料的制备方法”福建省专利奖特等奖；授予“携带透明颤菌血红蛋白基因的地衣芽孢杆菌的菌株、构建方法及应用”等3项专利为福建省专利奖一等奖；授予“LED无线智能驱动电路及采用该电路的LED灯”等10项专利为福建省专利奖二等奖；授予“一种弯折线偶极子RFID标签天线优化设计方法”等30项专利为福建省专利奖三等奖。经组织筛选审查，向国家知识产权局推荐“锂离子电池及其正极活性材料及正极活性材料的制备方法”等8项发明专利及“手表(E1)”等6项外观设计专利，共14个专利项目参加第十八届中国专利奖评选。

【专利宣传保护】 2016年，福建省组织举办知识产权远程培训班52期，参训人员11.7万人次。组织开展福建省知识产权宣传周活动，召开新闻发布会，通报全省2015年知识产权工作相关情况，发布知识产权发展与保护状况白皮书。加大知识产权工作宣传力度，开通“福建知识产权”公众微信号，与东南网合作开设“加快知识产权强省建设”专栏，与福建新闻频道合作拍摄“福建省知识产权综合实力公益宣传专题片”，在《福建日报》开辟“6·18”知识产权专题。全省办理专利行政执法案件810件。中国厦门（厨卫）知识产权快速维权中心获国家知识产权局批准设立。

【知识产权管理服务】 2016年，福建省加快发展专利代理市场，培育知识产权服务机构，推荐5个代理机构申报第三批知识产权服务品牌机构培育单位。经国家知识产权局批准，新增1个专利代理机构、1个具有专利代理资质的律师事务所。全省有专利代理机构23个，在福建省设立备案的分支机构30个，有两个省内代理机构在省外设立3个分支机构。完成2016年全国专利代理人资格考试福州考点报名工作。在福州考点报名的人数为904人，其中台湾居民考生253人，港澳居民考生各1人。全省专利电子申请率96.93%，居全国第一位，代理机构电子申请率达100%；专利实施许可合同备案件37件，涉及125件专利；专利权质押登记107件，涉及专利415件；专利权质押注销17件，涉及专利112件；办理专利登记簿副本1111件，办理批量法律状态证明25件，涉及专利2021件；受理发明专利申请优先审查请求372件。

【国家专利审查协作福建分中心建设】 2016年，国家专利审查协作福建分中心完成项目设计方案；项目可行性研究报告、水土保持方案报告书、环境影响评价报告通过有关部门审批；取得用地规划许可证；完成地面物拆除面积2.9万平方米，完成征地拆迁和场地平整工作。该项目可研报告总投资预算为4.4亿元，省项目评审中心评估认为估算总投资可控制在3.66亿元（其中建设用地费用0.26亿元），根据国家知识产权局和省政府、福州市政府三方协议有关“项目业务用房所需建设资金由省、市政府按照1∶1比例提供，福州市政府负责提供项目建设用地”的约定，在估算总投资3.66亿元中，省级财政应出资1.7亿元（省财政厅、省发改委各出一半）、福州市财政出资1.96亿元（含建设用地费用0.26亿元）。

科技成果与技术市场

【科技成果奖励】 2016年，福建省有486个科技奖申报项目符合条件，进入评审。经初评、复评及省科技奖励委员会评审表决，省政府决定授予洪茂椿院士省科学技术重大贡献奖，授予“平面三角构型紫外非线性光学晶体的结构设计与生长”等两项成果福建省自然科学奖一等奖，授予“我国四种主要水稻病毒突破介体昆虫传播屏障的机制”等4项成果福建省自然科学奖二等奖，授予“影像探针功能化设计与细胞/分子标记示踪”等4项成果福建省自然科学奖三等奖，授予“印染用可控型还原剂及关键技术”等两项成果福建省技术发明奖二等奖，授予“内墙涂料组合物研发及产业化”等4项成果福建省技术发明奖三等奖，授予“智能化多媒体通信系统及终端关键技术研发与产业化”等16项成果福建省科学技术进步奖一等奖，授予“超吸水纤维非织造布研制及其应用”等51项成果福建省科学技术进步奖二等奖，授予“钢铁制件表面高性能防腐处理关键技术”等108项成果福建省科学技术进步奖三等奖。

全省有6个项目成果获2016年度国家科学技术奖，包括主持完成两个、参与完成4个，其中，由中国科学院福建物质结构研究所杨国昱团队主持完成的“氧基簇合物的设计合成与组装策略”获国家自然科学奖二等奖，由厦门大学白敏冬等人主持完成的“基于羟基自由基高级氧化快速杀灭海洋有害生物的新技术及应用”获国家技术发明奖二等奖，省林业科学研究院参与完成的“林木良种细胞工程繁育技术及产业化应用”、蜡笔小新（福建）食品工业有限公司参与完成的“果蔬益生菌发酵关键技术与产业化”、省高速公路建设总指挥部参与完成的“（巷）道破碎软弱围岩稳定性监测控制关键技术及应用”、厦门大学参与完成的“共振成像的多模态分子影像与功能影像的研究与应用”等项目成果获国家科技进步奖二等奖。

【海峡技术转移中心建设】 2016年3月，国家技术转移海峡中心、国家技术转移人才培养基地、中科院STS（科技服务网络）福建中心揭牌；同时召开首批入驻机构代表，省内高校、科研院所、行业协会、国家技术转移示范机构等70人参加技术转移工作交流会。首批18个入驻机构陆续进驻海峡中心站点；第二批引进机构4个，其中“台湾产学研合作发展策进会”等台湾机构3个。海峡技术转移公共服务平台上线试运行，平台主要包括基础平台建设、六大应用中心和咨询专家库等内容，上挂技术成果27553项，技术服务专家4782人，挂靠科研院所数235家。国家技术转移海峡中心人才培养基地首期示范培训在福州开班，80多人参加培训。培训班借鉴美国技术转移与创新成果产业体系的发展经验，聚焦福建技术转移工作面临的问题与挑战，开展国内外技术转移模式及发展现状、技术转移实际操作等培训，提高技术转移从业人员业务水平。

【技术转移和成果转化】 2016年，福建省开展各项海峡技术转移专场活动，结合“6·18”海峡项目交易活动，主办8场技术转移专场对接活动，技术领域涵盖食用菌、竹产业、智慧医疗以及装备制造等，征集技术需求445项，推介成果177项，现场签约21项，举办技术转移高级人才培训班1场。针对推进中科院科技服务网络计划（简称STS）在福建实施，挂牌成立“STS福建中心”，入驻国家技术转移海峡中心大楼，开展组织、协调和推进中科院与福建省科技合作交流工作。制定《福建省中科院STS计划配套项目暂行管理办法》，规范STS计划福建项目管理，确定STS计划配套项目包括产业化项目、院省合作项目和中科院创新团队引进项目等。发布《关于征集中科院STS福建项目需求和调研选题的通知》，建立项目需求库。组织中科院沈阳自动化所嘉兴中心到福建省物联网科学研究院、中科院海西研究院泉州装备所、厦门路达卫浴公司调研并洽谈合作；面向企业技术需求，组织中科院西安光学精密机械研究所与省内企业对接，开展技术攻关合作。

【科技成果应用和管理】 2016年，福建省登记科技成果400项，其中应用技术成果365项（占91.25%）、基础理论成果24项（占6.00%）、软科学成果11项（占2.75%）。登记科技成果仍以各级财政支持的各类计划项目成果为主，占比超过60%。成果完成单位按成果数量排序依次是：企业、大专院校、独立科研机构、医疗机构、其他项目。企业完成成果数量占第一位，体现省内企业技术创新主体地位的加强。对福建农林大学、泉州市农业科学研究所等委托单位完成的“优质莆田黑猪的培育技术及产业化应用”“高产、优质、专用型系列马铃薯新品种选育与产业化”等农业和高新技术领域类的10个重大科学技术成果进行试点评价。研究起草《福建省科技成果评价管理办法》，科学判别科技成果的质量和水平，促进科技成果转移转化。

【技术合同交易】 2016年，福建省认定登记技术合同5220项，合同成交金额105.7亿元，比上年增长96.3%。全省技术交易的主要形式以技术开发与技术转让为主，占全省技术合同成交总金额的90%以上，技术服务和技术咨询占比较少。交易领域以电子信息技术、先进制造技术为主，占比超过70%。省科技厅统计完成“十二五”全省技术合同交易情况。2011—2015年，全省登记技术合同23596项，成交金额285.67亿元，比“十一五”增长149%；平均每项技术合同成交金额为121.07万元，增长1.73倍；厦门市、福州市和泉州市位居成交金额前3位。

科技交流与合作

【科技合作计划项目】 2016年，福建省通过整合科技部国际科技合作计划项目、省对外合作计划项目等资源，开拓对外科技合作的空间和内容。开展科技部国际科技合作计划项目的组织申报工作。全省获科技部政府间国际科技创新合作重点专项立项支持4个，争取经费支持410多万元。组织实施省级科技合作计划项目，涉及环境保护、新材料、电子信息、医药卫生、生物技术等多个领域。立项省科技合作重点项目23个，计划资助经费345万元；立项科技合作产业支撑重大项目11个，计划资助经费880万元；立项引进重大研发机构资助项目两个，计划资助经费1310万元。

【“一带一路”建设科技创新合作】 2016年，福建省依托福建省科技交流中心、海峡技术转移中心等机构，联合其他科研机构、高等学校和企业，筹建海丝科技合作中心。

组团赴北欧3国洽谈科技项目合作。8月28日至9月5日，省科技厅厅长陈秋立率科技代表团赴瑞典、丹麦和瑞士3国执行洽谈科技项目合作、推介科技创新与创业优惠政策和对接海外高端人才引进等工作。分别举行3场华人留学生科技合作项目对接暨海外人才引进宣介对接会，为海外留学人员回归福建从事科研、教学和产业技术创新搭建快捷通道。代表团达成8个项目合作意向，签署1项合作备忘录。

9月8日，由科技部国际合作司与省科技厅联合举办的“海丝科技创新合作暨科技外交官跨国技术转移专场对接活动”在厦门召开。活动邀请科技部驻新加坡、印度尼西亚、泰国和越南的科技外交官，以及中国—南亚技术转移中心、科技部科技评估中心、威拓国际投资顾问有限公司等机构的专家代表出席会议。会议针对“一带一路”沿线国家技术需求，重点推进福建省企业和科研机构与“一带一路”沿线国家开展农业先进技术、纺织先进技术、海水养殖、信息技术等领域的合作。专场活动征集到558个先进技术项目，其中，科技外交官推荐项目77个，中国—东盟技术转移中心推荐项目312个（含境外项目35个），省内推荐项目成果96项，技术需求73项。推动全省优势产业技术“走出去”。

6月12—14日，组织11个单位21人，参加第二届“中国—南亚技术转移与创新合作大会”，征集18个项目成果参展，涉及新一代电子信息、现代农业等领域，吸引印度、巴基斯坦、尼泊尔等南亚国家的有关参会企业、科研机构的关注。其中，巴基斯坦和尼泊尔的参会机构、印度弗雷克斯食品有限公司分别与泉州市华元智能科技有限公司的“智能装备核心部件：高精密永磁伺服电机与伺服驱动器技术开发与应用”项目、福建省神六保健食品有限公司的“螺旋藻、灵芝保健品”项目洽谈合作意向。

9 月 10—14 日，组织 40 人次参加第四届中国—东盟技术转移与创新合作大会，共 9 个项目成果参会，为省内科技成果和产业“走出去、引进来”搭建合作渠道。

6 月 19 日，由省科技厅与香港应用科技研究院共同主办的“2016 年海峡技术转移专场——智慧医疗科技成果推介对接会”召开。对接会围绕福建省智慧医疗领域创新发展需要，结合全省医疗行业的相关医院、企业机构及大学等的技术需求，邀请来自香港应用科技研究院、国际技术转移协作网络（ITTN）、北京大学前沿交叉学科研究院、重庆大学、中国电子科技集团信息科学研究院以及中国联通集团研究院的 7 位专家为省内有关企业、院校、科研机构做项目推介。会议推介智慧医疗领域技术成果 90 多项，合作签约项目两个，达成初步合作意向 9 个，推动香港科研机构创新科技成果落地福建，助推全省医疗行业技术创新。

【国际科技合作基地】 2016 年，福建省完成科技部对福建新大陆科技集团有限公司的自动识别技术研发及产品制造基地、福建星网锐捷通讯股份有限公司的网络通信终端产业国际科技合作基地、福建农林大学菌草研究所的菌草技术国际科技合作基地 3 个基地的评估工作，组织筹建泰普生物科学（中国）有限公司、福建海峡技术转移中心、福建省对外科技交流中心、福建农林大学植保学院、福州大学化学学院 5 个机构申报 2017 年科技部国合基地。至 2016 年底，全省有 13 个国际科技合作基地。

科技创新平台建设

【概况】 2016 年，福建省科技厅启动年度全省高水平科技研发创新平台专项补助经费的申请工作。在省内传统产业和优势产业领域加快布局建设产业技术研究院，立项扶持科技创新平台建设项目 5 个，年度资助经费 2500 万元。立项支持福州漆艺术研究院有限公司建设福州漆艺术研究院，支持厦门理工学院联合宁德时代新能源科技股份有限公司等领军企业共同建设福建省新能源汽车与安全技术研究院，支持福建网龙计算机网络信息技术有限公司等领军企业共同建设福建省 VR 产业技术研究院。

【重点实验室】 2016 年，福建省科技厅加强全省重点实验室的建设与管理，按照《福建省重点实验室建设和运行管理办法》相关要求，科学开展省重点实验室考核评估，安排省重点实验室运行经费 800 万元，依据考核结果分别拨给 22 个成绩优良的省重点实验室。至年底，全省有国家重点实验 10 个（年内新增闽台作物有害生态防控国家重点实验室），省重点实验室 180 多个。

【工程技术研究中心】 2016 年，福建省科技厅新认定福建省 3D 打印工程技术研究中心、福建省高速公路企业工程技术研究中心、福建省气象工程技术研究中心等 32 个省级（企业）工程技术研究中心，其中省级工程技术研究中心 11 个、省级企业工程技术研究中心 21 个。全省有省级以上（企业）工程技术研究中心 479 个，其中国家级（企业）工程技术研究中心 7 个。

【重大创新支撑平台建设】 2016 年，福建省科技厅安排科技创新平台资助经费 5000 多万元，重点支持建设南平市创新创业中心科技创新平台、省新能源汽车与安全技术研究院、晋江市创意创业创新科技孵化基地、福州漆艺术研究院和省运动鞋面料产业技术创新研究院等区域重大创新支撑平台，支持行业共性技术研发和应用示范，促进产学研创新、科技成果转化，提升区域科技创新能力。推进清洁安全核能研究院建设，加强与省发改委、中科院近代物理研究所、中广核研究院沟通，共同制订项目可研报告初稿和实施方案，并在研发上给予支持。推进中科院海西研究院第三期建设。

【科技企业孵化体系建设】 2016 年，福建省优化科技孵化器发展政策措施，推动全省科技企业孵化器扩大数量、提升质量、改善服务。全省科技企业孵化器备案总数达 152 个，其中省级孵化器 36 个（年内新增 5 个）、国家级孵化器 12 个（含两个大学科技园）；孵化面积 246 万平方米，在孵企业 4202 家，创造岗位 7.6 万个。全年新增互联网孵化器 12 个、累计全省互联网孵化器达 26 个。截至年底，在孵企业中高新技术企业 253 家，毕业企业中高新技术企业 315 家，总计培育 568 家；累计毕业 2054 家，毕业企业累计上市 39 家。

【众创空间建设】 2016 年，福建省各类众创空间达 400 多个，市级以上众创空间达 254 个，其中省级众创空间累计 113 个（年内新遴选产生 64 个），并获得国家众创空间备案 26 个。全省众创空间孵化总面积达 85 万平方米，提供工位数 4.2 万个，创业导师 4200 多人，常驻创业团队或初创企业 6360 家。涵盖互联网＋、文化创意、装备制造、旅游、电商和农业等领域，成为福建省“双创”的重要阵地。

【“双创在福建”主题活动】 2016 年，福建省科技厅启动“双创在福建”主题活动，通过线上线下结合的方式，阐述大众创业万众创新的重大意义，挖掘和宣传省内创新创业故事，激发创造活力，打造经济社会发展新引擎。5 月 20 日，“双创在福建”首场主题活动暨漳州市众创空间推进现场会在漳州举行。8 月 11 日，“双创在福建”走进三明。先后推进漳州市、三明市落实出台相关政策措施，发现一批优秀的创客和创业导师，推动众创空间等创新创业载体的发展。

【大型科学仪器设备共享】 2016 年，福建省贯彻落实重大科研基础设施和科学仪器向社会开放的政策措施，推动高校院所资源向小微企业和创业者开放共享。出台《福建省重大科研基础设施和大型科研仪器向社会开放服务绩效评价暂行办法》。完成福建省科研设施与仪器管理服务平台项目调研、制订方案、论证和政府采购等程序，与开发商签订开发合同。新增加入省大网络管理平台单位8个、入网仪器118台，仪器价值12917.88万元。完成年度培训计划，分别在6月、9月举办质谱仪和光谱仪新技术应用、流失细胞和荧光定量PCR仪新技术应用培训班，培训对象主要是省大型科学仪器设备协作共用网成员单位和各企事业大型科研仪器管理、操作使用人员，参训人员共计100人。

【科技金融服务】 2016年，福建省从鼓励银行对科技型中小企业放贷，加大设立创投机构力度和加强对科技型中小企业的投资引导，鼓励企业进入证券和债券市场直接融资，推动科技保险、科技担保、科技金融结合试验区等创新工作，搭建省级信息服务、交易平台和园区综合服务平台，加强科技金融结合的组织和资金保障等6个方面着手，促进科技和金融结合工作。支持建设科技支行，支持中国建设银行福建省分行在宁德挂牌成立建设银行福宁支行科技金融服务中心。至年底，全省有6家商业银行设立8个科技支行，分别是福建海峡银行福州科技支行、福建海峡银行泉州科技支行、建设银行龙岩科技支行、交通银行福建省分行漳州科技金融服务中心、兴业银行三明分行科技金融服务中心、厦门银行莆田分行科技金融服务中心、中国银行南平科技支行、建设银行福宁支行科技金融服务中心等8个科技型中小企业信贷专营机构。至年底，累计为全省100多家次科技型中小企业贷款10多亿元。全年新发放省内65家高新技术企业科技保险保费补贴268万元，累计发放科技保险补贴1200多万元，带动省内200多家次高新技术企业投保科技保险6000多万元，为高新技术企业提供近300亿元的风险保障。加强科技与创投结合。加大福建省生物与新医药创业投资基金项目投资力度，福建阳明康怡生物医药创业投资企业（有限合伙），第一期到资1.2亿元，已投资到4家企业，并启动二期缴款。

【科技小巨人领军企业培育计划】 2016年，福建省科技厅会同省发改委、省财政厅、省经信委等部门联合开展科技小巨人领军企业遴选工作，有655家企业进入“科技小巨人领军企业培育发展库”。全年有198家省科技小巨人领军企业申请研发投入加计扣除奖励9809万元，审核奖励185家共计7437.3万元。

【第四届福建创新创业大赛】 2016年，福建省举办“第五届中国创新创业大赛（福建赛区）暨第四届福建创新创业大赛”。大赛吸引来自全省的552家企业和201个团队报名参赛。经过层层选拔和激烈角逐，64家企业和团队获奖，发放奖金262万元，其中一等奖3名，奖金各15万元；二等奖7名，奖金各10万元；三等奖13名，奖金各5万元；优胜奖41名，奖金各2万元。有24家企业和3个团队获推荐晋级全国行业赛。大赛报名参赛企业、团队数分别较上届增长56.8%和86.1%。

科学技术普及

【科技活动周】 2016年5月12—18日，“2016年福建省暨福州市科技活动周主会场启动仪式”在闽江学院举行，标志着全省科技活动周拉开序幕。活动以“创新引领，共享发展”为主题，融入海丝及双创元素，携手大数据时代的科普新内容和新手段，以展现科技创新和科普成就为主线，重点突出科技支撑发展、科技促进文化创新、科技惠及民生、海丝助力科技创新创业、共享创新成果等特色。海丝元素的融入和海丝科技成果展示成为本次科技活动周最大亮点。在启动仪式现场，围绕健康医疗、防震减灾、气象科普、地理测绘、消防科普、创意设计等专题开展形式多样的专业咨询，地理测绘、众创空间、消防科普等专题进行现场产品、图片展示和技巧演示，闽江学院展出技术创新创意作品。

【科普统计工作】 2016年，福建省科技厅组织实施2016年度全省科普统计工作，印发《开展2016年度全省科普统计调查工作的通知》，组织各设区市、有关省直部门、科研机构、创新型企业开展科普统计，按时保质完成统计及汇总工作，并按要求报送科技部。通过科普统计调查，掌握全省科普资源概况和配置状况，监测科普工作运行质量，为政府决策提供依据。

（郑雨芊　吴朝庭）

气　　象

【防灾减灾与气象服务】 2016年，福建省建立并落实强降水气象信息地方党政“一把手”短信直报制度，强化属地责任，有效应对台风、暴雨、强对流等灾害性天气过程。成立省预警信息发布中心，完成省突发事件预警信息发布平台建设，实现与16个厅局和10种发布手段对接，90%市级（9个）、71%县级（51个）政府批复成立市、县级中心。组建省、市气象灾害防御技术中心。各级气象部门为全省2.68万名市、县、镇、村的防汛责任人培训气象灾害防御知识。“知天气”手机APP被评为“数字福建”精品工程，用户量超270万。

【气象现代化建设】 2016年，福建省气象现代化综合得分达92.31分，基本实现气象现代化阶段性目标。格点预报分辨率达到5×5千米，24小时晴雨准确率达85.21%，24小时气温准确率达86.66%，24小时台风路径误差为54千米，灾害性天气预警提前量达44.74分钟，24小时暴雨预报准确率提高至23.0%。印发实施省、市气象“十三五”发展规划，启动实施气象核心技术、海峡气象业务等 5 个能力提升工程。

厦门、漳州天气雷达和连城、建宁风廓线雷达投入试运行。装备 100 套北斗应急通信手持机，安装 400 个区域站北斗通信终端，实现突发应急状态下骨干观测站点的信息发送。建成一体化数据质量反馈订正系统，初步实现观测数据质控全覆盖。建立基于移动互联数据的全省人工影响天气作业指挥系统，全年开展人影作业 907 次。省气象防灾中心进入全面施工建设阶段。

【气象科研与人才】 2016 年，《福建气象预报业务发展行动计划》（2016—2020 年）编制完成。依托海峡气象科学研究所、海峡气象开放实验室，建成海峡气象科技创新基地，被省科技厅认定为“福建气象工程技术研究中心”。近 60% 的预报员实现 3 个月以上集中开展科研和技术总结。举办海峡两岸民生气象论坛。搭建气象成果中试基地和技术成果交易网络平台。获省部级以上课题 12 项，省科技进步二、三等奖各 1 项，第八届技术市场金桥奖 1 项。多普勒天气雷达监测森林火灾技术应用被国家林业局确定为“全国首创”，获评中国气象局 2016 年度创新工作。汛期强降水过程延伸期预报评分连续两年名列全国第一。

【气象法治建设】 2016 年，《福建省气象设施和气象探测环境保护办法》颁布实施。梳理国家、省、市、县四级气象业务规定和标准，形成全行业工作手册，强化岗位责任。1 项国标、3 项行标、6 项地标颁布施行，《气候年景评估方法》获得 2016 年福建省标准贡献奖三等奖。制定实施《防雷安全监管实施办法》和工作指南，公布 781 家雷电灾害防御重点单位。

（孙雁冰）

地　　震

【地震概况】 2016 年，福建及其近海地区发生 M_L2.0 级以上地震 41 次，其中 2.0～2.9 级 34 次，3.0～3.9 级 6 次，4.0～4.9 级 1 次，最大地震为 6 月 18 日漳浦海域 M_L4.0 级。2016 年度福建及其近海区域地震活动水平较 2015 年度有所增强。

2016 年度台湾海峡地区共发生 M_L3.0 级以上地震 2 次，其中 3.0～3.9 级地震 2 次，最大地震为 11 月 16 日海峡南部 M_L3.2 级。2016 年度台湾海峡地区地震活动水平较 2015 年度显著减弱。

2016 年度台湾地区发生 M_S5.0 级以上地震 13 次，其中 M_S5.0～5.9 级 10 次，M_S6.0～6.9 级 3 次，最大地震为 2 月 6 日高雄 M_S6.7 级。2016 年度台湾地区地震活动水平与 2015 年度基本持平。

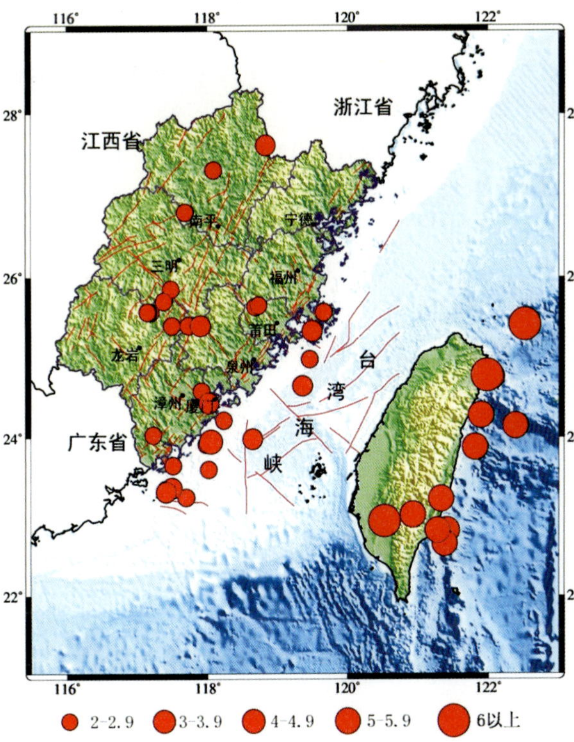

2016 年度闽台地区地震震中分布图（福建地区 $M_L \geqslant 2.0$，台湾海峡地区 $M_L \geqslant 3.0$，台湾地区 $M_S \geqslant 5.0$）

【防震减灾科技创新】 2016 年，福建省完成重点项目“地震预警信息社会服务网络系统”软件研发及全省 86 个预警服务节点的设备安装，并进入试运行阶段；完成地震预警信息社会服务网络系统子专题建设任务“地震预警与烈度速报信息发布中心”和“基于 IOS/ANDROID 平台移动终端的预警信息接收客户端软件”的开发和部署，完成“基于移动终端的地震应急辅助决策系统”服务端和基于 Android 平台移动终端应用程序的开发，处于系统内部试运行阶段；开展晋江地震预警信息发布示范区建设，完成晋江分中心发布平台的搭建，开发手机地震预警 APP 软件，在晋江市 96 个企事业单位、学校部署 114 套 LED 预警接收终端设备；主持的科研项目“探测地下构造的主动震源技术系统及其应用”和“福建省地方标准《地震仪器烈度表》研制”分获中国地震局防震减灾科技成果一等奖和三等奖；测震台网在全国评比中获得一项第二名、两项第三名，前兆台网、GPS 台网和异常核实工作获得一项第一名、一项第二名、三项第三名，测震台网运行维护水平连续七年保持国内领先。

【震害防御与应急救援】 2016 年，福建省推进石结构房改造和国家地震安全示范社区建设，截至年底全省有 96 个社区被评为国家地震安全示范社区；推进应急避难场所建设工作，截至 2016 年底全省建成地震应急避难场所 752 处；协助应对 11 月 25 日新疆阿克陶 6.7 级地震，完成华东地震应急协作区联动暨浙江 G20 地震安保演练任务；与武警福州指挥学院联合开展地震救援队伍训练场所建设和救援队能力水平研究，完成《地震搜索与营救训练要求》地方标准立项，制作《地震搜索与营救》教学片；按照《破坏性地震应急专

2016年6月，省地震局在南靖南一水库陆域，采用移动式水库气枪震源系统开展实验，图为开展实验的浮台气枪震源系统安装过程（省地震局供稿）

题地图产出流程与制作规范》制作全省范围专题图16幅，九地市专题图135幅，部分重点区县专题图32幅，制作不同图幅的专题图件500余幅；强化地震应急技术平台建设，在2016年度全国省级地震应急指挥中心质量考核中获地震应急专题图单项第三名。

【地震科普宣传与教育】 2016年，福建省地震局制作地震预警公益广告片——《哨兵》，通过官方门户网站、微博、微信等媒体发布推送，在公交车上循环播放，向全省市县地震部门分发，向全国地震系统推广；联合海峡出版发行集团和福建科学技术出版社编写出版地震预警知识挂图——《认识地震预警》；针对学校演练不规范问题，制作《演练不是定式表演》科教宣传片；购置《减灾有道》《农村震害警与诫》《地震灾害识与防》等科普书籍3万册，购置地震科普宣传折页、挂图、光盘、扇子和购物袋宣传品等近10万份；在"5·12"防灾减灾日、"科技·人才活动周""科技三下乡""7·28"唐山地震纪念日、全国科普日等科普时段，组织专家赴福建生物工程学院、福建农林大学、福建师范大学附属小学、福州市铜盘小学、长乐实验小学、平潭一中等单位开展防震减灾科普宣讲活动，组织10余批次民众赴地震监测中心、预报中心、应急指挥中心、地震台站，以及各市、县（区）地震工作部门参观；组织参加19场科普宣传，举办防震减灾科普讲座5场，进社区12次、进校园15所、办展览8次、知识竞赛2场，发放科普宣传材料、宣传品10万份，受众3万余人。

【闽台地震科技交流与合作】 2016年，福建省与台湾有关单位联合开展2016年度福建及台湾海峡陆海联测工作，完成福建及台湾海峡探测区域南部Ⅰ区块三维地壳结构陆海联合探测实验，陆域采用移动式水库气枪震源系统在南靖南一水库夜间500次和龙岩永定棉花滩水库夜间600次定点激发，海上利用"延平二号"震源船6杆气枪，开展大容量气枪走航式和固定点的多次重复激发探测工作，完成13条走航线激发测线和7个固定点作业，海上作业时间21天，震源船航行超过2000千米，气枪激发次数5489次，长度1495千米，投放回收OBS达70台次，自主研发实时仿真水库浮台三维运动轨迹，实时跟踪震源船轨迹和监控海上固定点激发震源精度，实时汇集显示观测台网数据和自动化分析，实时评估激发效果，实时监控台站状态，实时滤波叠加，实时产出数据，实时建立相应SEGY数据库文件，自主研发深地震测深数据处理平台，现场快速建立二维速度结构剖面，获取福建及台湾海峡深部探测资料，为探明福建及台湾海峡深部构造和孕震环境提供基础资料；组织召开2016年福建及台湾海峡陆海联测闽台研讨会，闽台地震科技人员探讨2016年实验工作成果及2017年研究合作方案。

（郑小菁　王　林）

编辑：郑　菉

2017 福建年鉴 FUJIAN YEARBOOK

社会科学

社会科学规划

【国家社科基金项目】 2016年，福建省获国家社科基金项目立项133项，资助资金3390万元，比2015年增加375万元。其中，获得10个国家社科基金重大项目，项目资助资金800万元。组织开展国家社科基金申报项目通讯评审工作，对3846份国家社科基金申报项目进行通讯评审。继续实施国家社科基金西部项目扶持培育计划，龙岩学院等5所高校共计获得国家社科基金西部项目15个。宣传推介国家社科基金项目成果，闽南师范大学教授吴晓芳主持的阶段性成果《注重闽南文化在“一带一路”中的作用》获得中央领导的重要批示；福建师范大学教授吴宏洛主持的《空巢女性老人养老需求与老年福利供给性别策略研究》阶段性成果《福建省寻找“最美家庭”活动社会影响力报告》得到全国妇联和省委领导的重要批示；福建师范大学教授黄茂兴主持的《中国在20国集团中的创新竞争力提升研究》阶段性成果《G20杭州峰会的创新成果文件》被科技部采用；华侨大学教授郭克莎主持的《促进房地产市场健康发展研究》阶段性成果《当前房地产调控面临的矛盾和政策建议》入选全国社科规划办《成果要报》；厦门大学朱人求，福建师范大学王晓德、黄茂兴、颜桂堤、王丽丽、王珍珍及华侨大学陈历明等教授撰写的7篇国家社科基金项目阶段性成果分别入选《中国社会科学报》《光明日报》“国家社科基金”专刊、专栏。

【省社科规划项目】 2016年，福建省完成2016年度省社科规划项目评审立项工作，共收到申报材料1298项，立项512项，投入经费1099万元。继续实施资助出版“福建省社会科学规划博士文库项目”、《区域技术创新路径研究》等9项经评审予以立项，并作为第三辑博士文库进行出版。做好省政协、省政府发展研究中心、省法学会等相关部门的特别委托项目立项工作，推出一批应用研究优秀成果。规范项目结项和清理工作，共办理项目结项518个，清理撤项31个。

【哲学社会科学研究成果】 2016年，福建省开展全省第十一届社会科学优秀成果评奖终评工作，共评出278项获奖成果，其中一等奖30项、二等奖69项、三等奖150项、青年佳作奖29项。根据《福建省国民经济和社会发展第十三个五年规划纲要》，组织编制《福建省哲学社会科学研究“十三五”规划》。突出应用对策研究，确立《21世纪海上丝绸之路核心区建设的机制与路径研究》《福建自贸区产品供应链知识产权保护问题研究》《朱子文化品牌建设研究》等257个应用对策研究项目。编辑《成果要报》，向省委、省政府报送《关于促进福建省开展碳排放权交易下的林业碳汇交易的对策建议》《关于在龙岩长汀设立中央红军纪念园的建议》等研究成果。组织省社科研究基地的专家学者开展调研活动，产生一批具有针对性的决策咨询报告，其中，厦门大学公共服务质量研究中心的《关于提升政府信息公开工作质量的几点建议》被国办政府信息与政务公开办公室采纳；厦门大学海洋法与中国东南海疆研究中心的《关于南海的报告》被中央外办海权局采纳；福建师范大学竞争力研究中心的《关于切实推动福建省自贸试验区建设创新发展的建议》获得省委主要领导的批示；福建师范大学竞争力研究中心全程参与G20杭州峰会相关成果文件的起草、谈判和协调工作；福建农林大学生态文明研究中心的《乡村旅游规划理论与实践研究》研究成果获得省政协领导的批示。

【省社科研究基地建设】 2016年，福建省根据《福建省社会科学研究基地建设管理办法（暂行）》相关规定，按照《福建省社会科学研究基地考核评估指标体系》要求，组织对16个省社科研究基地的建设情况进行年度检查考评。2016年度各研究基地共承担国家级项目40个、省部级项目180个、横向项目109个。出版各类学术专著109部，在CSSCI级别以上的期刊发表学术论文204篇，获得省部级以上奖项48项。

（郭胜鑫）

政策咨询与发展研究

【概况】 2016年，福建省政府发展研究中心把握为省委、省政府决策服务的根本方向，着眼于当好省委、省政府参谋助手，收集国内外发展经验，开展调查研究，形成一批研究成果，较好发挥政策咨询服务作用，建设“学习有道、调研有方、成果有用、工作有为”新型智库迈出新的步伐。全年向省领导报送22份《专报件》、6份《研究报告》、60期《发展研究内参》，以及其他相关研究成果和参阅材料，有35件获省领导批示40人次，其中省委、省政府主要领导批示12人次。一篇研究成果获得2016年度全国老龄政策调研优秀成果一等奖，两篇研究成果获得省第十一届社科优秀成果三等奖。研究中心入选首批“中国智库索引”CTTI来源智库，智库影响力提升。

【政策咨询研究】 2016年，福建省政府发展研究中心集中力量对国内外服务业发展作专题研究，收集服务业新业态新模式案例24个，编发5期专报件呈报省领导并分送各设区市、平潭综合实验区和省直有关部门主要领导参阅。开展拓展产业发展空间、拓展投资新领域、民生领域补短板等专题研究，形成3期专报件呈报省领导参阅。参与撰写省委、省政府《关于贯彻落实中央支持福建加快发展战略进展情况的报告》；组织人员赴省外调研，提交《关于在福建省开展碳排放权交易工作的方案》，研究提出分阶段实施碳排放权交易市场建设，包括推进碳排放权交易以及探索开展林业碳汇交易、海洋碳汇交易的构想，在福建省推进碳排放权交易市场建设中被采纳。

专项研究成果。承担省第十次党代会报告的专项研究课题“新常态下福建未来发展面临的机遇与挑战”。做好全省经济运行研究分析，为省委省政府每季度召开经济形势分析会提供书面汇报材料。参加国务院第三次大督查工作座谈会，协助修改完善督查反馈材料等。国务院发展研究中心所属的国研信息科技有限公司与国能电动瑞典公司、福建汽车工业集团公司、龙岩市龙马汽车工业有限公司共同签署汽车项目合作协议。

重点课题研究。围绕自贸试验区建设、民生领域补短板、发展现代建筑业、发展特色小镇、发展家政服务业、加强闽台交流合作、发展分享经济、科技创新补短板、设立海上丝绸之路协同创新中心、建立农村融资担保体系、做好福建省PPP项目建设管理工作、发展乡村体验经济、推进战略性新兴产业发展等问题进行专题研究，围绕养老服务业、家政服务业等开展较为系统的研究。

政策解读宣传。围绕贯彻落实党的十八大和十八届三中、四中、五中、六中全会和省第十次党代会精神，以及“十三五”规划纲要、全省经济社会发展的重点任务和有关政策，加大政策解读力度。撰写的《牢牢把握“再上新台阶、建设新福建”面临的新机遇》，收入省委政研室编印的“学习贯彻省第十次党代会精神”辅导读本。参加省委宣讲团工作，为地方、部门和高校作专题宣讲40多人次，以专家身份参加接受媒体采访20多人次。在《福建日报》《党的生活》等报刊发表各类文章24篇。

县域经济评价。按照科学发展、绿色发展的要求，开展一年一度的县域经济评价工作，经省委、省政府领导同意，公布2016年全省县域经济“十强”“十佳”评价结果。

【新型智库建设】 2016年，福建省政府发展研究中心组织开展新型智库建设有关工作。落实省委办公厅、省政府办公厅《关于加强福建新型智库建设的实施意见》，协调推进政府系统新型智库建设，召开新型智库建设座谈会，起草《福建省高端智库建设试点工作方案》。首次将涉及全省经济社会发展的10个决策咨询研究课题列入省社科规划年度重大项目，向社会公开招标开展研究。举办第二期全省政策咨询系统研究能力建设专题培训班和5期“干部论坛”。编辑出版《发展研究》杂志12期，刊发各类文章222篇。

拓展智库对外交流合作。2016年6月，与荷兰欧中科技发展中心、英国发展研究院（IDS）签订交流合作备忘录。加强与德国波恩大学、新加坡相关智库、印孟缅巴“一带一路”沿线国家智库等交流联系。密切与高校、研究机构等智库的交流，与华侨大学签订合作开展研究工作框架协议。

举办两岸智库论坛。2016年6月，由福建省人民政府发展研究中心、福建社会科学院和台湾竞争力论坛学会共同主办的第八届海峡论坛·两岸智库论坛在厦门举行。论坛以“共谋发展、共创未来”为主题，围绕新形势下深化两岸交流合作、推动“一带一路”建设、推进区域合作闽台先行先试、探索建立开放的智库合作机制等议题进行交流研讨，为拓展两岸交流合作、促进两岸融合发展、凝聚两岸智库共识探索新路径，为新形势下推进两岸民间交流合作发挥积极作用。

参与决策服务。召开专家学者经济形势分析座谈会，集思广益分析经济社会发展形势，为省委、省政府决策提供建议；以座谈会和书面征求意见等形式，征集省政府顾问对省党代会报告、政府工作报告及其他相关工作的意见建议80多条。

【决策咨询信息系统建设】 2016年，福建省政府发展研究中心开展决策咨询信息系统建设。该项目建成后可实现全省决策研究成果资源的互联互通和在线共享，为社会公众和省直有关部门提供政策研究成果查询服务，并对成果进行大数据分析，为省委、省政府领导决策提供参考。该项目将在2017年投入使用。

（黄昌华）

社会科学研究与成果

【概况】　福建社会科学院是福建省唯一综合性社会科学研究机构。2016年，全院有内设机构17个。研究机构10个：经济、亚太经济、华侨华人、现代台湾、文学、历史、哲学、社会学、法学、精神文明研究所。出版机构两个：《福建论坛》杂志社、文献信息中心。设有中国特色社会主义理论体系研究中心、中国与海上丝绸之路研究中心、福建自贸区发展研究中心、马克思主义文艺理论与批评研究中心、福建省红色文化研究中心、福建社会科学院舆情研究中心等多个研究中心和两岸关系理论福建研究基地。两个直属事业单位：海峡文化研究中心、福建社科院·中国社科院哲学研究所宋明理学研究中心。编辑出版4种杂志：《福建论坛·人文社会科学版》（月刊）、《学术评论》（双月刊）、《亚太经济》（双月刊）、《现代台湾研究》（双月刊）。除此之外，还编有《福建社会科学院专报》，以及《台情要报》等内刊。

【科研成果】　2016年，福建社会科学院组织研究课题130余项，发表论文和研究报告450余篇，其中权威期刊（报纸）9篇、核心刊物98篇，获省领导批示11篇，入选国际、全国、两岸学术会议论文集论文30篇，近20篇理论文章在《福建日报》求是版和理论周刊版发表，出版专著21部，报送《福建社会科学院专报》28期。

【科研工作】　2016年，福建社会科学院加强习近平总书记治国理政新理念新思想新战略和重大基础理论研究、加强对习近平总书记治国理政新理念新思想新战略和重大基础理论问题研究阐释，成立“马克思主义文艺理论与批评研究中心”。贯彻习近平总书记系列重要讲话特别是在哲学社会科学工作座谈会上的重要讲话精神，撰写习近平总书记治国理政新理念新思想新战略研究阐释性文章，在《人民日报》《光明日报》《中国社会科学报》《福建日报》《东南学术》等报刊发表10余篇阐释性理论文章，有6篇论文入选全国社科院系统中特理论研究中心第二十一届年会暨理论研讨会论文集。《中国文化的活力》《不忘本来是中国特色哲学社会科学再出发的根本基点》等学术论文在《人民日报》《光明日报》等权威报刊发表。承担省中国特色社会主义理论体系研究中心2017年重大委托项目“习近平关于传承和弘扬中华优秀传统文化重要思想研究”。承担院级课题“当代中国文学与文化研究”“‘四个全面’战略布局与推进新福建加快发展”“四下基层：马克思主义实践观点的新发展”等思想理论领域的重点问题研究。

福建经济社会发展问题研究。开展重大理论与现实问题及两岸关系问题研究。重点围绕中央和省委、省政府重大决策部署，承担“加快推进21世纪海上丝绸之路核心区建设”“供给侧结构性改革与产业转型升级”“创新驱动战略与福建发展”“生态文明语境下福建省两型社会建设”“依法治国与法治理论现代化若干问题研究”“海外华商与国际侨汇研究”“华侨华人与‘一带一路’建设”“海外闽商与21世纪海上丝绸之路建设”等重点课题研究，取得系列研究成果。有40余篇政策建议被国务院侨办《侨务简报》《专报信息》和省“两办”《八闽快讯专报件》《政讯专报》等刊物采用。

国家社科基金及各类委托咨询课题研究。参与中央马克思主义理论和建设工程重大实践经验总结项目和国家社科基金特别委托项目子课题“打造清新福建，建设人居环境优美的福建经验研究”，承担国家社科基金项目“农村家庭的高等教育需求与社会支持系统研究”。完成省宣“精神文明建设领域突出问题与对策建议”“构建福建省‘三下乡’活动长效机制研究”，省台办“拓展厦金与福马经贸合作研究”，省文明办“福建省精神文明建设的成效、问题与对策”“福建省‘十三五’期间精神文明建设规划纲要”等委托课题。

【特色文化研究】　2016年，福建社科院加强福建历史文化特别是朱子文化、妈祖文化、闽南文化、客家文化以及文化产业研究。完成省委宣传部交办的《朱子文化研究推广交流中长期规划》。弘扬“闽派文化”，主编“闽派批评新锐丛书”（12本），该成果系省宣贯彻落实习近平总书记在文艺座谈会上的讲话精神的成果之一；主编“福建思想文化大系·八闽名家读本系列”。承担国家社科基金重大招标项目子课题“日藏近代闽台区域海防档案整理与研究”，以及院级课题“朱子文化与社会主义核心价值观”“‘一带一路’视野中的两岸文化产业发展”“打响福建文化品牌”“福州商会史”等，取得系列研究成果。

【专题调研】　2016年，福建社科院参加省委、省政府以及省委宣传部等组织的专题调研活动。弘扬优秀传统文化，组织专家赴宁德古田县、屏南县开展“红色文化和传统村落文化的保护与传承”实地调研；承担省委宣传部“红色文化保护传承弘扬工程”任务，组织专家赴南平市7县市区调研，撰写《闽北红色文化调研》报告并成立“福建省红色文化研究中心”。针对城市社区治理能力现代化、福建自贸区创新与实践、福建自贸区对台优势如何发挥、政协开展民主监督等问题，组织调研组赴省内外调研考察，形成研究报告。完成参与的“供给侧结构性改革与福建产业转型升级”“对接国家‘一带一路’倡议打造对外开放新优势”“新形势下拓展闽台交流合作”“统一战线面临的新情况新问题”“福建自贸区特色与优势”“加快福建自贸区社会事业发展”“打造海上丝绸之路文化品牌”等省重点调研课题。成立“福建社会科学院舆情研究中心”，围绕省委、省政府重大决策部署和经济社会发展态势，开展社会舆情的专题研究和专项监测，为领导决策提供信息服务和智力支持。省宣舆情信息处委托的《“5·20”蔡英文上台后对大陆的影响及对策建议》等4个研究报告被中宣部专报件充分吸收。

【两岸关系研究和对台文化交流】 2016年，福建社科院依托地理优势，推进两岸关系研究，承担“新常态下两岸经济融合发展路径”“台湾政党轮替态势下的两岸关系发展”“台湾选后两岸局势及应对策略”等重点课题研究，取得系列研究成果。参与主办“第八届海峡论坛·两岸智库论坛”和“第四届海峡两岸文化发展论坛”，搭建两岸专家学者交流互动新平台，深化两岸文化交流合作。

【科辅工作】 2016年，福建社科院加强福建省台湾文献信息中心（人文社科馆）建设，全年采购台湾报刊349种、大陆报刊200种、图书7000余册，验收入库图书4000余册；持续购置中国知网、两岸关系数据库，做好信息服务；做好院外读者的图书借阅与信息咨询服务以及台情信息资料编报工作；加强网站建设、运行维护和管理，使之成为传播正能量、弘扬主旋律的载体平台。

【创新工程】 2016年，福建社科院主办“哲学社会科学创新工程与高端智库建设暨华东六省一市社科院院长论坛”，交流地方社科院推进创新工程经验做法。成立哲学社会科学创新工程领导小组和工作小组，在学习借鉴中国社科院和其他省市社科院开展“创新工程”经验做法基础上，开展相关调研，研究制订福建社会科学院哲学社会科学创新工程实施方案。

（黄莹杰）

学术活动

【省社科联重要学术研讨活动】 2016年，福建省社科联举办首届青年博士论坛，设立“习近平总书记治国理政新理念新思想新战略与发展当代中国马克思主义”“供给侧结构性改革与福建经济发展”“绿色 创新 治理 发展：海峡两岸乡村治理的创新与实践”等4个青年博士论坛，中央党校严书翰教授、中国科学院何传启研究员受邀作专题学术报告。以“两岸一家亲，命运共同体”为主题，与省台联、省海峡民间谱牒文化研究院等共同举办第八届海峡论坛“两岸同名（同宗）村文化论坛”，全国台联副会长杨毅周、台湾同名同宗村交流中心主任陆炳文和主承办单位领导及两岸一百多位专家学者出席，论坛征集论文40多篇。围绕“泛珠三角区域合作与自贸区建设”的论坛主题，主办2016年泛珠三角区域合作与发展社科专家论坛，来自广东、海南等9个省（区）社科联负责人和专家学者以及澳门社科专家代表共40多人出席论坛。与中国史学会、中国社会科学院近代史研究所、福建社科院等单位共同主办“当代中国马克思主义史学理论高峰论坛”。

【2016年全省社科界学术年会】 2016年，福建省社科联学术年会以“五大发展理念：‘十三五’福建哲学社会科学研究新空间”为主题，发动全省100多家学会、高校、社科研究机构参与年度分论坛申报，经专家评审，确定“以新理念新思想新战略引领中国特色社会主义实践”“五大发展理念与福建经济社会发展新跨越”“长征精神与弘扬福建红色文化”“践行社会主义核心价值观与学校文化建设”“朱子文化与中国核心价值”“宋慈文化研究及宋慈法制精神的传承”“2016冯梦龙文化高峰论坛”等24个学术年会分论坛，共收到论文和调研报告1000多篇，有关单位领导、专家学者和高校师生3000多人参加学术年会活动。

（郭胜鑫）

【省政府发展研究中心学术活动】 2016年3月，由国务院发展研究中心主办的“2016年中国发展高层论坛”在北京举行，论坛以“新五年规划时期的中国”为主题，围绕“十三五”时期的改革发展、全面建成小康社会、稳健货币政策、对外开放、深化财税体制改革、创新驱动发展等重大议题进行探讨。省政府发展研究中心主要负责人参加论坛，并与亚洲开发银行首席经济学家、经济研究与区域合作局局长魏尚进，美国兰德公司总裁、首席执行官迈克尔·里奇，新加坡国立大学东亚研究所所长郑永年，阿里巴巴集团董事局主席马云等专家学者和企业家进行交流。

2016年6月，国务院发展研究中心、国际关系和可持续发展中心、波兰信息与外国投资局以及联合国开发计划

2016年7月6日，“跨域与越界——刘登翰教授学术志业六十年研讨会”在福州举行

（省社科院供稿）

2016 年 12 月 17 日，由省社科院主办的当代中国马克思主义史学理论高峰论坛在厦门市召开（省社科院供稿）

署共同主办的“丝路国际论坛 2016 年会”在波兰华沙举行。根据国务院发展研究中心安排，经省政府批准，省政府发展研究中心主要负责人参加论坛，现场聆听习近平主席开幕式上发表的重要讲话，在参会期间接受新华社、《环球时报》等媒体采访，对外宣传福建推进 21 世纪海上丝绸之路核心区等建设情况。

2016 年 7 月，二十国集团智库（T20）会议在北京举行，探讨建设新型全球关系，为 9 月在杭州举行的 G20 峰会预热。省政府发展研究中心主要负责人应邀参会，并与省政府顾问、G20 创新议题中方高级别专家组召集人、中国科学技术交流中心副主任赵新力，省政府顾问、华夏新供给经济学研究院院长贾康，英国国际发展研究院（IDS）新兴国家和全球发展中心主任谷靖，日本国际协力机构（JICA）研究所所长北野尚宏等中外专家学者进行交流。

（黄莹杰）

【省社科院学术交流】 2016 年，福建社科院主办“跨域与越界”研讨会，拓展当代福建人文社会科学思想空间；主办“哲学社会科学创新工程与高端智库建设暨华东六省一市社科院院长论坛”，加强各社科院智库之间的交流合作。参与承办“当代中国马克思主义史学理论高峰论坛”，推动全省当代马克思主义研究；参与主办“共享发展与审美参与”研讨会，开拓 21 世纪中国马克思主义审美文化新境界；参与主办“跨越中等收入陷阱：亚太地区的经验与教训”研讨会，针对综合性和国别问题展开热烈讨论。参加“全球视角下的‘一带一路’国际研讨会”“供给侧结构性改革与社会学创新研讨会”“第七届世界华人文化国际学术研讨会”“第十四届海峡法学论坛”等学术会议，提升学术影响力。组织专家学者出国（境）学术交流 9 批 11 人次，接待国（境）外专家、学者等 5 批 42 人次。

【学术刊物】 2016 年，福建社科院努力提高办刊水平，《福建论坛》《学术评论》配合学习贯彻党的十八届四中、五中、六中全会和习近平总书记系列重要讲话精神，先后刊发学习习近平总书记在哲学社会科学工作座谈会上的讲话、马克思主义经济理论研究、国家发展战略研究以及服务地方经济社会发展研究等方面论文多组，40 余篇。全年所刊文章被《新华文摘》《人大复印资料》等转载 23 篇。《亚太经济》围绕亚太区域经济合作、跨越中等收入陷阱、开放型经济新体制、福建融入“一带一路”倡议等问题，刊发一批有理论深度的文章。《现代台湾研究》也刊发一批深入研究两岸关系和台湾问题的文章。

（黄莹杰）

编辑：郑　菜

福建省第十一届社会科学优秀成果奖

文化

公共文化

【福建省“十三五”文化改革发展专项规划编制实施】 2016年5月，由福建省文化厅牵头，会同省委宣传部、省新闻出版广电局、省社科联、省文联、省文改办5个单位共同编制的《福建省“十三五”文化改革发展专项规划》，由省政府正式颁布实施。规划确定“十三五”期间福建省文化改革发展的目标和任务，明确加强社会主义核心价值观建设、加快现代公共文化服务体系建设、推动文化体制改革机制创新、提高文化产业发展竞争力、繁荣文化产品创作生产、加强文化遗产保护利用、推进现代传播体系建设、增进对外对台文化交流、推进海上丝绸之路核心区文化建设等9项任务，是推进全省“十三五”文化改革发展和文化建设的重要指导性文件。

【艺术创作生产与展演】 2016年，福建省艺术创作生产与展演取得丰硕成果。舞剧《丝海梦寻》由文化部和福建省政府共同组织在全国开展巡演，并在国家艺术基金支持下拍摄《丝海梦寻》3D数字电影。舞剧《丝海梦寻》和芗剧《保婴记》入选第十一届中国艺术节并进入第十五届“文华大奖”终评，厦门小白鹭民间舞艺术中心的舞蹈《厝里艺人》参加第十一届中国艺术节专场展演。芗剧《保婴记》以得票数第一的成绩入选“国家艺术基金2016年度滚动资助”项目。高甲戏《大稻埕》入选2016年度“国家舞台艺术精品创作工程”重点创作剧目。舞剧《山哈魂》参加第五届全国少数民族文艺会演获剧目银奖。莆仙戏《魂断鳌头》入选全国首届基层院团戏曲会演。闽剧《林则徐复出》入选文化部“全国地方戏优秀中青年演员汇报演出”。闽剧《林则徐与王鼎》、莆仙戏《海神妈祖》入选参演第三届丝绸之路国际艺术节。闽剧《银筝断》、话剧儿童剧《幼童留洋记》入选文化部“2016年度剧本扶持工程”项目。应文化部和上海市政府邀请，舞剧《丝海梦寻》、闽剧《双蝶扇》、南音剧《凤求凰》和木偶戏《赵氏孤儿》等剧目、节目参加第十八届上海国际艺术节“福建文化周”演出。举办庆祝建党95周年戏曲晚会暨大型交响合唱音乐会和纪念红军长征胜利80周年文艺晚会。

推进地方戏曲艺术传承发展。7月20—31日，在福州举办“经典百折——福建戏曲经典折子戏展演”，全省各地市选送折子戏198出，遴选16个剧种、39个院团共137出传统折子戏参加展演。9月12—24日，赴北京举办“福建地方戏经典折子晋京展演”，集中展示福建地方戏保护传承成果。在全国率先完成地方戏曲剧种普查工作。实施省财政专项经费扶持47个非遗地方院团开展免费或低票价演出的文化惠民项目。

2016年7月，“福建省百折传统折子戏展演”在福州举办 （省文化厅供稿）

实施闽南文化生态保护区戏曲剧种薪传计划。文化部配送福建省 28 个县级非遗文艺院团流动舞台车 28 辆、项目资金 1120 万元。

【公共文化服务体系建设】 2016 年，福建省先后出台《关于做好政府向社会力量购买公共文化服务工作的实施意见》《关于加快构建现代公共文化服务体系的重点任务分工和督查落实方案》《关于推进基层综合性文化服务中心建设实施方案》《福建省村（社区）综合性文化服务中心建设服务基本标准》等。加强原中央苏区和少数民族地区等欠发达地区的公共文化服务体系建设。通过固定设施服务、流动服务和数字文化服务相结合，统筹服务设施网络建设。推进基层综合性文化服务中心功能整合，全省实现宣传文化、青少年活动、党员教育、科学普及、普法教育、体育健身六大服务功能整合的有 3509 个（全省总数为 16225 个），占总数的 21.6%。组织开展“传承红色基因——共建巩固国防”全省美术书法篆刻大赛。举办 7 次“情系八闽——文化志愿服务走基层”展演活动。

年内，第二批创建国家公共文化服务体系示范区（三明市）和示范项目（福州激情广场大家唱）通过国家验收；三明市“六联六创”（设施联建、创网络化服务体系，活动联抓、创多样化服务路径，部门联动、创集聚化服务平台，组织联盟、创社会化服务环境，培训联办、创专业化服务队伍，机制联立、创常态化服务格局）工作经验列入福建省全面深化改革第一批可复制可推广的典型经验。推进第三批国家公共文化服务体系示范区（福州市）和示范项目（宁德古田溪山书画院）创建工作。福州市出台《福州市国家公共文化服务体系示范区建设规划（2015—2017）》等创建文件，2016 年全省市、县两级财政安排创建经费达 8100 万元。古田溪山书画院通过“公办民助”参与公共文化服务体系建设、管理和服务。

【文化产业建设】 2016 年，福建省制定实施《推动文化文物单位文化创意产品开发重点任务落实方案》《文化创意和设计服务与相关产业融合发展专项规划》《文化娱乐业转型升级实施意见》等文件，引导互联网上网服务场所、文化娱乐行业转型升级，确定福州、厦门、泉州和三明 4 个设区市为娱乐行业转型升级重点城市。配合省委宣传部等相关部门推动落实“互联网＋文化产业”、文化和旅游融合发展、重点园区认定管理等政策。发挥闽台文化产业试验园区国家级平台作用，促进文化产业资源聚集、项目孵化和示范引领，至年底，闽台文化产业园入驻文化企业 3000 多家；闽台（厦门）文化产业园、海峡龙山文化创意产业园申报创建国家级文化产业示范园区。开展第十批省级文化产业示范基地评选，17 家文化企业入选。美图网科技有限公司、吉比特网络公司、天视文化传媒股份有限公司、印象大红袍等文化企业上市，44 家企业获得国家动漫企业认定。实施弘扬社会主义核心价值观动漫扶持计划、国家动漫品牌建设和保护计划，《土豆侠》等两部动漫作品入选文化部创意类项目，《宝宝巴士》等两部作品获国家动漫品牌保护计划。举办第九届海峡两岸（厦门）文博会，境内外 1708 家文化企业和机构参展，投资签约项目 103 个，总签约额 303.9 亿元，现场交易金额 10.43 亿元。

【文化市场监管】 2016 年，《福建省文化厅做好下放行政许可事项承接工作的通知》印发，做好国外文艺表演团体演出审批等 16 项下放事项的衔接工作。制定《福建省文化市场行政审批服务指南》，编制省文化厅职责 13 个方面 148 项责任清单。依据《福建省文化厅关于印发中国（福建）自由贸易试验区文化市场开放项目实施细则的通知》，将文化部赋予省级文化行政部门审批的开放政策，一次性下放给福州、厦门、平潭三个片区管委会。引导互联网上网服务场所、文化娱乐行业转型升级，确定福州、厦门、泉州和三明 4 个设区市为娱乐行业转型升级重点城市。开展《艺术品经营管理办法》的普法宣传和摸底调查，督促艺术品经营单位依法规范经营。印发《2016 年全省文化市场综合执法考评细则》《关于开展文化市场随机抽查，规范文化市场事中事后监管工作实施方案》，全省文化行政部门和综合执法机构组织随机检查近千批次。开展文化市场综合执法，5 件案例被文化部评为 2016 年重大案件，省稽查总队和厦门、漳州、泉州支队获文化部通报表扬。完成文化市场安全生产标准化建设提升工程三年行动工作。

【对外文化交流】 2016 年是福建省与马德里中国文化中心合作年，9 月，在西班牙的马德里中国文化中心举办“福建文化展示月”系列活动。2 月 10—18 日，省歌舞剧院民族乐团赴安道尔和西班牙参加“欢乐春节”活动，在安道尔会议中心剧场举办“中国新年音乐会”专场演出。2 月 5—15 日，福建杂技木偶艺术团赴泰国参加 2016 年“欢乐春节”演出。

融入并服务“一带一路”倡议。3 月 28 日至 4 月 5 日，组织以海上丝绸之路为题材的舞剧《丝海梦寻》先后在马来西亚首都吉隆坡、印度尼西亚首都雅加达和新加坡巡演，扩大海丝文化对东盟国家的影响。福建博物院组织的“丝路帆远——中国海上丝绸之路文物精品图片展”分别在荷兰海尔德兰省、比利时列日省的“福建周”活动中，在马来西亚马六甲 2016 世界闽南文化节、在奥地利“一带一路——包容与可持续城市展览与对话”研讨会期间以及在希腊、克罗地亚、瑞典等国展出。省歌舞剧院组织大型交响音乐诗《土楼回响》赴澳大利亚参加福建省与塔斯马尼亚州结好 35 周年庆典活动。福州市艺术团赴荷兰参加第 69 届花车巡游系列活动，厦门市艺术团赴新西兰惠灵顿参加庆祝中国春节系列活动。邀请马来西亚、阿联酋、澳大利亚、日本、美国等国家的闽侨参加第九届海峡两岸文博会。

【对台港澳文化交流】 2016年，福建省举办海峡两岸民间艺术节、妈祖文化旅游节等文化部、国台办年度重点涉台文化交流活动。组织实施文化部和省政府共同主办的“情系青春——两岸青年八闽行”活动，330多名两岸青年学子开展文化交流和采访联谊。推进“福建文化宝岛校园行”活动，赴台湾淡江大学、台湾“清华大学”等10所高校举办“南音进校园”活动，赴台湾台北大学、东吴大学等10所高校举办“严复文化”主题讲座。推动创建平潭两岸文化产业园和三坊七巷为重点的“海峡两岸文化创意园”建设，吸引20多个台湾文创商入驻园区。

省歌舞剧院交响乐团赴香港参加“香港歌剧院音乐会”演出，省艺术团应香港福建社团联会邀请赴香港参加“赏心乐食”美食文化节活动；省闽剧院赴澳门参加“澳门首届福州文化节”演出，厦门民族乐团赴澳门举办“濠情厦韵现长虹”专场民族音乐会。

（江建国）

文学艺术

【概况】 2016年，福建省推进文艺创作繁荣发展，取得丰硕成果。文学创作：《萧家媳妇》《郭公传奇》《黄道周》3部作品获评2015年优秀网络文学原创作品。戏剧创作：《陪楼》和《游上林》获第五届中国校园戏剧节“观众喜爱剧目”奖，两剧主演获“校园戏剧之星”称号；《咱拢水》获第二十届中国戏曲小梅花荟萃暨首届中国戏曲小梅花集体节目荟萃“最佳集体节目”奖。音乐创作：《从七月开始》《家国记忆》两首歌曲获“纪念建党95周年优秀原创歌曲全国征集推选活动”一等奖和三等奖。美术创作：10名画师入选中国国家画院举办的“新中国美术家——福建省美术作品展”。书法创作：全省13名作者入展全国第八届新人展。舞蹈创作：9个舞蹈作品参加第七届华东专业舞蹈展演获一金、二银、三铜的好成绩；《水梨园》获第四届“荷花少年”全国校园舞蹈展演专业组金奖；《蜗牛》《牛角尖尖》获2016“舞动中国梦”少儿舞蹈精品展演一等奖；《阡陌芳华》获“金秋风采”全国中老年舞蹈展演奖。曲艺创作：《凌波情》获第九届中国曲艺“牡丹奖·文学奖”；《最美畲乡金凤凰》入选第六届全国少数民族曲艺展演。摄影创作：3名会员先后获第九届阿联酋国际摄影展家庭影集专题组最佳组照金奖（FIAP金奖）、埃及线条国际摄影展彩色开放组国际影艺联盟（FIAP）金牌、塞尔维亚国际摄影艺术展自然组国际艺术摄影家联盟（IAAP）金牌。电视艺术创作：《我们的鹭鸟》获休斯敦国际电影节国际白金雷米奖；《小岛警察》《蓝天》获第四届亚洲微电影艺术节二等奖；两名主持人获得第四届全国市县电视台推优活动“十佳主持人”和“二十优主持人”称号，两个电视栏目获得一等奖。民间文艺创作：《秋荷听雨》入围第十三届中国民间文艺山花奖·优秀民间工艺美术作品奖；《海丝花语》获第二届中国（潍坊）民间艺术博览会优秀奖。

【重大文艺活动】 2016年，福建省开展的重大文艺活动有：“我们的中国梦，文艺进万家”活动。1月29日，福建省文联文艺志愿者艺术团走进晋江五店市传统街区，为当地群众奉献一场精彩纷呈的文艺演出，丰富广大人民群众的精神文化生活，营造欢乐祥和的节日气氛。本次活动由福建省文联和中共晋江市委、晋江市政府主办，福建文艺志愿者艺术团、泉州市文联、晋江市委宣传部承办。

第25届世界技巧锦标赛全国书法名家邀请展。3月28日，由第25届世界技巧锦标赛组委会、福建省书法家协会联合主办的第25届世界技巧锦标赛全国书法名家邀请展在莆田市举办。本次展览以弘扬体育精神为主题，共展出120幅省内外书法名家的精品力作，展览持续至4月3日。

大美福建·墨韵传馨——“海峡墨韵”闽籍艺术名家书画（北京）邀请展。4月23日，大美福建·墨韵传馨——“海峡墨韵”闽籍艺术名家书画（北京）邀请展在中国政协文史馆开幕。本次展览邀请78位闽籍当代艺术名家，汇集152幅精品力作，涵盖老中青三代艺术家，涉及国画、油画、漆画、雕塑、书法等艺术门类，体现福建美术深厚的文化积淀。

中国作家协会“海上丝绸之路”采访采风团福建行活动。5月18日，中国作家协会“海上丝绸之路”采访采风团深入厦门、泉州等海丝重要港口城市进行文学创作采风活动。

“重走长征路”作家艺术家采风活动出发仪式暨福建文艺志愿者艺术团文艺演出。6月19日，为学习贯彻习近平总书记在全国文艺工作座谈会上的重要讲话精神，纪念中国共产党建党95周年、红军长征胜利80周年，中国作家“重走长征路”暨福建作家艺术家闽西红土地采风活动出发仪式在长汀举行。

纪念中国共产党成立95周年文艺活动。为营造纪念中国共产党成立95周年热烈、隆重、浓厚的氛围，福建省文联组织一系列纪念建党95周年文艺活动，包括：在福建省画院举办“翰墨颂辉煌”——纪念中国共产党成立95周年福建省书法家作品邀请展，在福州大戏院举办福建省庆祝中国共产党成立95周年戏曲晚会，在福建大剧院举办“信仰的力量”——庆祝中国共产党成立95周年大型交响合唱音乐会，在海峡民间艺术馆举办“我们的中国梦”——福建省庆祝中国共产党成立95周年全省农民画邀请展，同时还举办全省青年画家优秀作品展暨晋京作品预展、大型诗歌朗诵会、第25届福建摄影艺术展、走进红土地杂技专场演出、革命题材电影海报展暨优秀电影展映周活动等。

第七届全国少儿曲艺展演。8月8—13日，第七届全国少儿曲艺展演在福州举行，由中国曲艺家协会、中国关心下一代工作委员会办公室主办，福建省文联协办，福建省曲艺家协会承办。

2016 年 7 月，福建省庆祝中国共产党成立 95 周年戏曲晚会在福州举行
（省文联供稿）

来自北京、广东、四川、河南等中国内地 19 个省（区、市）和中国台湾、香港地区的 600 位小选手和曲艺工作者汇聚福州。展演系列活动，除 8 台专场展演之外，还包括 1 场当代少儿曲艺教育与发展主题研讨会，并赴福清市融侨经济开发区台企“冠捷科技”集团举办“送欢笑”文艺惠民专场演出。

“红色记忆 舞蹈随想——福建省纪念红军长征胜利 80 周年舞蹈晚会”。10 月 17 日，由中共福建省委宣传部为指导单位，福建省文联主办、福建省舞蹈家协会承办的“红色记忆 舞蹈随想——福建省纪念红军长征胜利 80 周年舞蹈晚会”在福州大戏院举行。

“纪念中国共产党建党 95 周年、红军长征胜利 80 周年——‘深入生活、扎根人民’董希源红色写生之旅作品汇报展”。10 月 14 日，由中国美术家协会、福建省文联、福建省委党史研究室联合主办，福建省美协等单位承办的“纪念中国共产党建党 95 周年、红军长征胜利 80 周年——‘深入生活、扎根人民’董希源红色写生之旅作品汇报展”在北京全国政协礼堂开幕，集中展出福建籍画家董希源行程 3 万余里、辗转 50 余处，直面伟大历史、抒情祖国河山的 50 余幅写生创作成果。

纪念红军长征胜利 80 周年书画邀请展暨艺术扶贫活动。10 月 31 日，福建省纪念红军长征胜利 80 周年书画邀请展暨艺术扶贫活动捐赠仪式在福建省画院举行。本次活动由省委宣传部、省委文明办、省文联、省扶贫基金会主办，共有 165 位书画家捐赠 167 幅作品，向灾区捐赠艺术拍卖款 314.1 万元，全部用于长汀、宁化、寿宁等苏区县的扶贫济困。

冰心文学第五届国际学术研讨会。11 月 5 日，冰心文学第五届国际学术研讨会在云南省昆明市云南大学举行。本届研讨会由福建省文联、云南大学、福建省作家协会、冰心研究会联合主办，冰心文学馆和云南大学文学院承办，昆明市呈贡区人民政府、福建省文学艺术对外交流中心协办。冰心女儿、北京外国语大学教授吴青等家属出席开幕式。来自美国、日本、泰国等国家和全国各地冰心研究与社会学研究的专家学者，共计 80 余人出席研讨会。

【艺术交流】　2016 年 8 月 24—27 日，应香港舞蹈联会邀请，福建省舞蹈家协会一行 13 人，前往香港参加为期 4 天的舞蹈艺术交流活动。在港期间，福建省舞协一行与来自香港、澳门、台湾、贵州等优秀舞蹈院团参加海峡两岸暨港澳优秀青少年舞蹈展演、海峡两岸暨港澳舞蹈研讨会、民族民间舞交流学习课堂、创作采风等活动。

赴日本、美国举办“中国·福建周”。9 月 19 日和 21 日，由福建省外办、省文联、省档案局和省国际友好联络会联合主办的“中国·福建周”文化艺术展在日本长崎县、美国纽约市拉开帷幕。“中国·福建周”以民间文化交流为目的，展出福建当代 30 多位书画家以及 40 多位摄影家的 100 余幅作品和“古丝绸之路图片展”，通过图片展让民众了解古代海上丝绸之路的历史与背景，增进日本、美国民众和海外华人对“一带一路”倡议的认知和理解。

2016 海峡两岸暨港澳地区青年舞蹈人才高级研修班。10 月 21 日，海峡两岸暨港澳青年舞蹈人才高级研修班在福建文艺创作（泰宁）基地落幕。由福建省文联、福建省舞蹈家协会主办，福建省舞蹈家协会、三明市文联承办，三明市舞蹈家协会、泰宁县文联、香港舞蹈联会、台湾舞蹈家协会协办。参加研修班学习的有来自海峡两岸暨港澳近 50 名青年舞者。福建省政协教科文卫体委员会、福建省舞蹈家协会在福建文艺创作（泰宁）基地举行“海峡两岸青少年舞蹈艺术交流研习基地”授牌仪式。

搭起心心相印的欢乐之桥——第六届海峡两岸曲艺欢乐汇走进宝岛。10 月 16—24 日，第六届海峡两岸曲艺欢乐汇在台湾举办。活动由中国曲艺家协会、福建省文联共同主办，中国文联曲艺艺术中心、福建省曲艺家协会、财团法人台北艺术家文教推广基金会、台湾海峡两岸音乐交流协会等单位联合承办。来自北京、四川、山西、吉林、安徽以及福建省曲艺界的表演艺术家等一行 28 人，在岛内多个城市进行 4 场专场演出、1 次主题研讨会、1 场快闪演出，并进行文化参访交流和曲艺采风等。

丝路记忆·《双重幻想》摄影展。匈牙利摄影家丝路记忆·《双重幻想》摄影展于 10 月 26 日在福州市三坊七巷福建省海峡民间艺术馆举行开幕式。由福建省文联、匈牙利国家摄影家协会、福建省摄影家协会主办，福建省海峡民

2016 年 10 月 26 日，匈牙利摄影家丝路记忆·《双重幻想》摄影展在榕开幕
（省文联供稿）

间艺术馆、福建省文学艺术对外交流中心承办。

第八届海峡两岸电视主持新人大赛。11 月 21—26 日，由中国电视艺术家协会、福建省文联联合主办，福建省电视艺术家协会、海峡电视台、泉州广播电视台共同承办的第八届海峡两岸电视主持新人大赛在福州举行。该赛事为第五届海峡两岸电视艺术节系列活动之一。

第二届海峡两岸电视主持人高峰论坛。12 月 15 日，第二届海峡两岸电视主持人高峰论坛在厦门举行。来自海峡两岸的电视主持人及高校学者百余人参加。本次论坛以“新时期新媒体环境下的电视主持新语‘镜’”为主题，是“第五届海峡两岸电视艺术节”系列活动之一。

“我们的中国梦”——第六届海峡两岸青年舞蹈嘉年华。2016 年 12 月 26 日至 2017 年 1 月 3 日，由福建省文联、中国舞蹈家协会主办，福建省舞蹈家协会、台湾舞蹈家协会承办的国台办 2016 对台交流重点项目——第六届海峡两岸青年舞蹈嘉年华活动在福建举办。本届嘉年华活动以“我们的中国梦”为主题，举办包括嘉年华开幕式暨中国舞蹈家协会送欢乐下基层慰问演出、海峡两岸优秀舞蹈送欢乐下基层走进宁德上金贝畲族村采风慰问演出、海峡两岸舞蹈名家大讲坛、第二届海峡两岸青少年街舞展演、喜迎新春——2017 海峡两岸青少年街舞跨年盛典、设立 6 个“海峡两岸青少年舞蹈艺术交流研习基地”、海峡两岸街舞名家进校园教学课堂等 7 个系列活动。

（方　毅　郑泽鸿）

文化产业

【概况】　2016 年，福建省规模以上文化产业实现营业收入 3092.28 亿元，比上年增长 8.0%；实现增加值 820.29 亿元，增长 8.7%，依然保持较快增长。全省文化产业固定资产投资 1266.24 亿元，比上年增长 16.5%，增幅比全省固定资产投资增速快 8 个百分点，占全省固定资产投资 5.5%，比上年提高 0.4 个百分点。

【文化产业龙头企业】　2016 年，福建省按照省属文化集团、省文化企业十强、重点民营文化企业 3 个层面，促进文化产业重点领域的骨干企业提质增效。指导推动省属文化集团通过做活存量、强化项目带动和投资拉动，安排省文化产业发展专项资金 1660 万元支持“一报一台一网（端）”工程，福建日报社移动新媒体平台、省广播影视集团媒体资源管理系统、福建 IPTV 集成播控平台、福建网络广播电视台等重点项目基本建成或投入使用。抓好省文化企业十强认定和培育，2015 年度入选企业户均主营收入 12.79 亿元、净利润 1.31 亿元、净资产 14.74 亿元，户均净利润比上届增长 2.3%，企业平均净资产收益率和营业利润率达 21.2%、20.7%，分别比上届高 0.8 和 5 个百分点。其中新晋候选企业占 6 家，一批转型升级较好较快的文化企业进入十强。福建网龙获评第八届全国文化企业 30 强。支持骨干民营文化企业加快发展，将骨干民营文化企业纳入省文化产业协调机制，通过项目和资金重点扶持一批增长潜力大的民营文化企业。美图公司 2016 年底在港交所上市；吉比特 A 股市值已突破 200 亿元；福昕公司、飞博共创、风云科技、仙侠网络、小鱼股份、智趣互联、大娱号等在“新三板”挂牌。

【重点文化产业项目和园区平台】
2016 年，福建省完善季度文化产业重点项目协调推动机制，每季度召开一次文化产业重点项目协调会，组织省直职能部门和相关文化企业研究解决实际问题。完成 2016 年度省级文化产业十大重点项目评审认定，通过组织项目论证会、专题协调会、协调推进会、指导调研等方式，推动“八闽基层特色文化活动信息网络对接平台”重点项目规划建设，朱紫坊漆艺产业街区等项目建成投用，新华文化城完成新建项目 2 个、改造项目 5 个。2016 年度十大重点文化产业项目全年完成投资约 30 亿元。推动国家级文化产业园区建设，海峡国家数字出版产业基地 2016 年数字出版相关产业总产值达 100 亿元以上，园区内网龙、美图、吉比特等 6 家数字出版相关上市公司股票市值超过 800 亿元。福建海西国家广告产业园完成公共服务平台建设项目 14 个，入驻园区的广告及关联企业459家，2016年度园区广告企业经营额达30.48亿元。突出传统历史文化保护传承、内容产业和社会效益等导向，继续抓好福建省十大重点文化产业园区培育，闽台（福州）文化产业园核心区、海峡龙山文创园、惠安雕艺文创园产值接近或超过100亿元。开展全省文化产业园区调查，了解掌握文化产业园区业态结构、经营现状、平台建设、入驻机构、从业人员等情况。会同省发改委等8部门修订印发《福建省文化产业重点园区认定管理暂行办法》，研究认定复核及相应奖励扶持办法。举办厦门文博会，境内外共1708家文化企业和机构参展，其中台湾地区参展商741家；19个省份29个城市参展；投资签约项目103个，总签约额303.9亿元。

【文化与相关产业融合发展】　2016年，《福建“互联网+文化产业”行动方案》制订出台，明确互联网+新闻出版等10项行动任务以及各项工作举措，策划汇总66个项目，总投资50多亿元。2016年省文化产业发展专项资金安排2406万元支持10个相关项目。出台文化企业品牌授权激励和电商营销鼓励政策，以网上销售和商标授权实绩为考核标准落实奖励资金296万元，扶持和鼓励福昕软件、葫芦弟弟、子燕动漫等相关企业加快发展。福建广电网络集团依托“互联网+TV”智慧云互动平台，为产品销售企业与电视互动用户搭建的新型电商平台，通过电视实现产品展示、在线下单、多屏支付等功能，并捆绑开通微信商城，创新“互联网+TV”技术条件下的电视购物模式。福建网龙公司推动VR产业和在线教育产业发展，“101智慧教室”业务覆盖全球150多个国家的130万间教室。下发《关于推进2016年文化和旅游融合发展重点项目的实施意见》，安排省文化产业发展专项资金1000万元扶持“红色文化保护、传承和弘扬”工程“清流红色之旅”等红色文化旅游项目。实施动漫精品工程，厦门文广影音有限公司电视动画《陈嘉庚的故事》入选“弘扬社会主义核心价值观动漫扶持计划”产品类项目、厦门天之谷动画有限公司动画电影《土豆侠》入选创意类项目；厦门大拇哥动漫股份有限公司《小瑞与大魔王》、福州智永信科技有限公司《宝宝巴士》入选“国家动漫品牌建设和保护计划”品牌产品项目。以“海丝文化·创意福建”为主题，举办2015年度第二届福建省十佳最具创意文化产品评选活动，征集作品近1000件，会同台湾创意设计中心开展台湾参赛作品征集，在启动仪式上举办台湾文创企业作品专题展，并举办文化产业创意技术人才项目对接会。

【文化市场体系建设】　2016年，福建省支持文化企业实施品牌战略，出台文化企业品牌授权激励和电商营销鼓励政策，以网上销售和商标授权实绩为考核标准落实奖励资金296万元，扶持和鼓励福昕软件、葫芦弟弟、子燕动漫等相关企业加快发展。指导推动海都公众服务创新商业运营模式，支持新华文化城连锁、中兴电影院线等在全省布局。多地新华文化城建成投入使用，中兴电影院线签约影院90多家，海都公众公司“U我民生云服务”平台加盟服务企业达3000家、覆盖9省50余城以及台湾地区。推进图书、影视、演出市场建设。落实实体书店扶持机制，争取中央、省两级财政400万元支持实体书店发展。数字出版发展迅速，全年审核上报网络游戏101部，比上年增加6倍，微电影《扶郎花开》等3部作品获2016年度国家新闻出版广电总局“弘扬社会主义核心价值观 共筑中国梦”主题原创网络视听优秀作品，网络电影《致我们终将逝去的爱情》获优秀网络视听作品。2016年底全省有印刷企业3100多家，实现印刷工业总产值570亿元左右。电影消费市场供销两旺，2016年全省新增影院40家、银幕250块，电影票房15.95亿元、观影4667.54万人次，分别比上年增长7.3%、15.76%，票房增幅是全国电影总票房的2倍（全国电影总票房2016年同比增长3.7%）。演出市场方兴未艾，2016年福建省新审批设立演出经纪机构32个，比上年增长77.8%，引进商业演出活动592场次，增长30.4%。2016年全省居民人均教育文化娱乐消费支出1905元，比上年增长6.8%，增幅比同期人均生活消费支出低0.2个百分点。其中全省城镇居民人均教育文化娱乐消费支出2461元，增长6.4%，增幅比同期城镇居民人均生活消费支出高0.1个百分点；农村居民人均教育文化娱乐消费支出1071元，增长6.7%，增幅与上年持平。

【对外文化交流】　2016年，福建省文化产品出口26.21亿美元，居全国前列。积极落实《福建省人民政府关于加快发展对外文化贸易的实施意见》，实施文化出口奖励政策，对艾派集团（中国）有限公司等10家2015年出口额比上年增长5%的文化出口企业给予奖励。开展2016—2017年度41家省级重点文化出口企业认定工作，推动实力文化出口企业外向发展。推进在香港地区及国外文化交流，组织福建省重点文化企业30余家参加香港国际授权展、影视展，借助香港贸发局官方网站宣传推介福建省重点文化企业，拓展交流合作渠道。依托第27届香港国际书展举办福建文化精品展览交易活动，销售图书4071册，销售实洋10.27万港元，比上年增长35%；现场文化精品销售额31.26万元，增长30%。组织福建精品图书、图片和文化精品赴马来西亚、泰国展览销售。推进中华（福建）文化进海外场馆项目，在原已落地的新西兰、澳大利亚、菲律宾、南非、西班牙、加拿大20家华侨中餐馆继续投放、充实文化宣传品和文化产品。同时在马来西亚、泰国、印尼等国家选择25家中餐馆布点。借助澳大利亚侨领在悉尼福建乡情联谊会会馆设立“福建文化体验中心”，通过图片、实物和不定期活动等方式宣传福建历史传统文化，推介文化产品和品牌、文化企业、文化旅游资源。

（林　涛）

文化场馆

【图书馆】 2016年，福建省有各级公共图书馆建筑面积39.73万平方米，其中书库面积9.61万平方米，阅览室面积12.68万平方米。阅览室座席总数32602个，其中少儿阅览室座席数9596个，盲人阅览室座席数523个。

全省公共图书馆总藏量3051.02万册（件），其中纸质图书2413.96万册（含盲文图书1.62万册），报刊243.67万册，视听文献与缩微制品71.20万件，古籍、线装文献47.87万册（含善本4.47万册）；电子图书2151.60万册（件）。新增藏量576.71万册（其中新增图书243.86万册，新增电子图书332.85万册）。有效借书证数205.05万个，总流通人次2603.50万人，书刊文献外借人次1219.54万人，书刊文献外借册次2658.77万册。

全省公共图书馆从业人员1409人，其中专业技术人员996人，高级职称人员99人，中级职称人员468人。有计算机终端设备6725台，其中供读者使用的电子阅览室终端4390台；公共电子阅览室面积1.40万平方米。公共图书馆门户网站总访问量6987.42万页次。全省各级图书馆建设分馆617家，共有流动图书馆17家，流动服务书刊借阅154.86万人次，实现书刊借阅248.77万册次。

全省公共图书馆应用“互联网＋”提升图书馆服务，创新服务模式、服务内容，打造图书馆服务新型业态。全省20多家图书馆普通图书全面采用RFID技术管理，实现图书自助借还。全省多家公共图书馆通过电话预约、网上预约、QQ预约、网上续借、在线阅读、网上参考咨询、微信等方式提供服务，并设置无障碍通道，开展残障人服务、语音提示服务，实现读者服务方式的多元化。省图书馆适应无线移动环境开发公共数字文化服务终端“文化一点通”，打通公共文化服务的“最后一公里”。各地图书馆陆续开展数字体验活动，开通手机图书馆、微信图书馆等新技术服务，图书馆服务更加普惠便捷。全省各级图书馆在服务中探索新技术与图书馆工作的有机结合，开创图书馆“互联网＋”行动新时代，推动福建省现代公共文化服务体系建设实现新的跨越。

全省图书馆加强互联互动、资源整合、共建共享，社会效益显著。2016年，省图书馆联合全省公共图书馆及教育系统大、中、小学校组织开展第二届全省“读吧！福建”全民阅读及读书征文系列活动、开展第十一个文化遗产日活动、开展“同筑中国梦，共度书香年”活动等数场全省联动系列大型活动，取得良好的社会效益。同时拓展图书馆职能和拓宽辐射范围，加快全省公共文化服务体系建设的步伐。

【文化馆】 2016年，福建省有文化馆（艺术馆、群众艺术馆）94个，其中省级馆1个、地市级馆9个、县区级馆84个。全省文化馆面积33万平方米，从业人员950人。全省有79个文化馆进入国家等级馆（达标馆），其中一级馆有40个、二级馆有29个、三级馆有10个。

全省94个文化馆（艺术馆、群众艺术馆）设施设备全部免费向群众开放，全省免费开放项目1498个，免费开放时间每天在2～8小时内的文化馆（艺术馆、群众艺术馆）有31个，免费开放时间超过8小时的文化馆（艺术馆、群众艺术馆）有63个，免费开放经费年度额全部到位的有90个。

公共文化服务示范项目——艺术扶贫工程方面，成立“福建省文化馆志愿者联盟”，全省有志愿者队伍281支，人数1万余人。全省有88个文化馆参与“福建艺术扶贫工程”。举办福建艺术扶贫工程艺术职业学院基地班，从艺术扶贫基地学校（主要是宁德、龙岩、三明等地）招收舞蹈、器乐专业学生，其中舞蹈班招收17名，器乐班招收13名。基地班免收学员学费、住宿费。开展传统戏曲进艺术扶贫基地活动，确认23所艺术扶贫学校作为示范点，为每个示范点拨付经费5万元，用于各所学校全年聘请非遗戏曲项目传承人教学、辅导及节目创排。举办漳平和闽宁农民画创作群体漆艺实验班，40位来自宁夏和福建的农民画家接受培训。

公共文化服务示范项目——村级文化协管员建设方面，2016年将村级文化协管员骨干示范培训扩展至综合文化站长培训，全省村级文化协管员14678人，培训期数30期，培训人数8371人次。

全省文化馆（艺术馆、群众艺术馆）开展丰富多彩的文化活动。举办为期两个月的第十二届福建省少儿故事大王总决赛。开展“大爱满人间”主题歌曲征集评选活动。参加第十三届“华东六省一市戏剧小品大赛”，福州市群众艺术馆、马尾区文化发展中心选送的《社区“大管家”》获金奖，福州市台江区文化馆与福建省红星艺术团选送的《夜半三更哟》、厦门市文化馆选送的《花开有声》、厦门湖里区文化馆选送的《家庭会议》获得银奖。举办“美丽福建·相约福清”——2016福建省城市合唱艺术节，全省19支青年、中老年合唱团参加合唱艺术节。

【博物馆】 2016年，福建省有博物馆120个，其中国有博物馆97个、非国有博物馆23个。有31个国有博物馆达到国家级博物馆标准，其中国家一级博物馆4个、国家二级博物馆10个、国家三级博物馆17个。全省馆藏文物总量44万件（套）。全省所有国有博物馆全年实行免费开放，免费参观人数达2660万人次。

编制完成10个博物馆馆藏文物保护修复和预防性保护方案并获国家文物局立项批复，争取国家财政专项补助2000多万元。组织全省博物馆参与“5·18国际博物馆日”和“中国文化遗产日”活动。完成5个非国有博物馆的设立备案工作。完成对中央苏区（闽西）历史博物馆参加国家一级博物馆定级评估申报的复核检查工作。福建博物院和中国闽台缘博物馆被国家文物局列为全国文创开发试点单位。福建博物院、中国闽台缘博物馆、昙石山遗址博物馆、福建省民俗博物馆等到外省举办展览，取得较好成效。组织全省博物馆120余人参加中国博协在成都举办的全国第七届博物馆相关产品与技术博览会。

（江建国）

广播 影视

【概况】 2016年，福建省广播、电视人口综合覆盖率分别达98.96%、99.12%。全省有广播电台4座、电视台4座、广播电视台67座、教育电视台1座；播出公共广播节目91套，开办公共电视节目43套；东南卫视、海峡卫视、厦门卫视等3套节目上星。全年全省播出广播节目时间52.34万小时，制作广播节目时间25.84万小时；播出电视节目时间36.92万小时，制作电视节目时间6.70万小时。全年电影放映225.15万场次、观影4667.54万人次、票房15.95亿元，分别比上年增长42.22%、15.76%、7.3%。全省有线广播电视总用户数738.89万户，其中数字电视用户715.37万户，有线电视入户率69.25%。全省广播电视实际创收74.33亿元，比上年增长3.31%，其中，广告收入17.40亿元，下降12.36%；网络收入28.87亿元，增长10.56%。

【广播电视宣传】 2016年，福建省各级广电媒体围绕重大主题，策划主题宣传报道，开辟专题专栏，推出专题节目。东南卫视策划推出的大型政论节目《中国正在说》受到好评。组织开展庆祝建党95周年、纪念红军长征胜利80周年优秀影视剧展映展播活动、“中国梦 福建故事”全省短纪录片、“追寻中国梦 留住故乡情”微广播剧展播及评选活动、“图说我们的价值观”动画公益广告展播以及“弘扬社会主义核心价值观、共筑中国梦”主题原创优秀网络视听节目作品评选等活动。推出“助村”“助创”、《民生调查》等一批接地气的栏目节目。

安排专项资金扶持引导公益广告的制作和刊播，组织推荐申报国家新闻出版广电总局广播电视公益广告扶持项目，9件作品、项目获总局优秀奖项。开展“中国梦”“讲文明・树新风”“图说我们的价值观”等各类主题公益广告展播，全省广播电视媒体制作公益广告3832条，播出100多万条次、时长140多万分钟。联合省禁毒办、征兵办、环保厅等部门开展禁毒、防治艾滋病、征兵、安全生产等专题公益广告制作和展播活动。

【精品创作生产】 2016年，福建省推进文化精品创作。电视剧《绝命后卫师》《彭德怀元帅》《马兰谣》、电视动画片《土豆侠》、纪录片《天下妈祖》《海上丝绸之路》《闽南望族》《开台王颜思齐》、广播剧《谷文昌》《再会吧，南洋》、广播节目《功夫不负有心人》等在央视、央广播出。7个项目获总局2015年度少儿节目精品及国产动画发展专项资金奖励39万元，纪录片《我们的鹭鸟》获第49届休斯敦国际电影节纪录片竞赛单元最高奖“白金雷米奖”，《孔子的村庄》获第14届摩纳哥国际电影节“最佳纪录片奖”和“天使和平奖”，《船政学堂》获第24届星光奖提名奖。3部纪录片入选总局中国梦主题纪录片展播作品，2部纪录片被评为优秀纪录片，电视动画片《彩虹宝宝》被评为优秀动画片。微电影《扶郎花开》等3部作品获总局“弘扬社会主义核心价值观 共筑中国梦”主题原创网络视听优秀作品，网络电影《致我们终将逝去的爱情》获优秀网络视听作品，《互联网思维下的广播电视媒体融合发展》入选优秀案例。

【公共服务体系】 2016年，福建省推进地面数字电视广播覆盖网建设。全省64座电视发射台站基本完成工程建设，并开播试运行，在信号覆盖的地方，广大群众可免费收看到16套标清数字电视节目。组织制订乡镇级电视发射台站补点建设规划方案。推进县级以上广播电视发射台站基础设施改造工程，争取中央预算内投资960万元补助6座无线发射台站基础设施改造建设。

提升农村电影公共服务水平。选择60个乡镇所在地或行政村开展室内放映试点建设，安排放映设备和配套建设资金补助。实施农村电影放映工程，全省农村电影放映18.07万场次，完成年计划放映104.08%。其中，公益片8.8万场、商业片9.26万场，累计观影1620.46万人次。

推进全省应急广播体系建设。与中央人民广播电台（国家应急广播中心）签订开展国家应急广播体系建设相关试点试验框架协议，组织信息系统开发、运行、研究工作。漳州市实现市级到村级有线广播四级联播联控。福建人民广播电台交通广播确定为“福建应急广播”获省政府批准，作为福建省突发事件预警信息发布渠道之一。

【广电产业发展】 截至2016年底，福建省有广播电视节目制作经营机构271个，其中民营企业239家，占88.5%。备案电影企业68家。全年68家电影制作企业申报电影剧本备案119部，获批拍摄77部，创作生产影片12部；国产电视剧获批发行4部156集；动画片获批发行8部200集2442分钟。全省可统计票房影院240家、银幕1266块（其中IMAX影厅19个）、座位18.09万个，全年新增影院40家、银幕250块、座位35848个。全年电影票房15.95亿元，比上年增长7.3%。

推进媒体融合发展。省市县广播电台电视台和重点党报推进媒体融合和“一报一台一网（端）”建设工程，加大对全省媒体融合重点项目的扶持引导，扶持“福建日报社融媒体中央厨房项目”等29个项目资金1000万元。福建省广播影视集团推动“广电＋车联网”、广电天团等项目建设，加快媒介内容、渠道与平台的融合。福建网络广播电视台等4个持证机构获移动互联网视听节目服务资质。福建广电网络集团实施“互联网＋TV”战略，整合高清互动云电视平台、爱家电视APP、“福建广电网络”微信公众号等全媒体资源，初步形成协调统一的融媒体业务平台。

【重要节展活动】 2016年，福建省举办第三届丝绸之路国际电影节福州分会场活动，举行启动仪式、影片展映、“互联网＋”电影高峰论坛、VR设备与体验展、电影看片推介会、电影项目创投会、电影节“惠民文化活动”、“影享福州·电影乐园”、“影享福州·公益电影欢乐送”等活动，来自丝路沿线国家和地区的54部中外电影参加展映。法国、意大利、澳大利亚、俄罗斯、印度、马来西亚、菲律宾、泰国等20个丝路沿线国家和地区的电影界官员、导演、演员、嘉宾等出席。

举办第八届海峡影视季，共举办颁奖典礼、两岸电影推介洽谈会、台湾电影展映观众见面会等多场活动，并首次设置以“海峡视频·畅想青春”为主题的两岸青年微电影展，共征集微电影作品388部，评选10部优秀作品。

【广播影视行业管理】 2016年，福建省加强广播电视节目监听监看和评议，开展电视剧广告播放核查，对违背社会良好风尚和造成不良影响的广告实施整治专项行动。查处低俗、虚假、超长等违规广告97条，发出核查、整改通知86件。加强IPTV、互联网电视、移动互联网视听节目服务管理。深化行政审批制度改革，率先完成省市县三级统一的行政审批服务事项清单、办理指南、审查细则。加强事中事后监管，建立“一单两库三模式四规范”的随机监管机制，“双随机一公开”抽查监管实现全覆盖。继续优化审批服务，下放福州新区省级审批权限7项，精简64个事项的申报材料，实现可上网预审事项71项。全年办理行政审批服务59013件，其中即办5105件。

（郑 勇）

新闻出版

【概况】 2016年，福建省有图书出版社12家，出版图书3954种，比上年增长16.47％，其中新出图书2620种，增长13.03％；总印数9708.98万册，增长10.33％；总印张792968.32千印张，增长13.21％；定价总金额143425.76万元，增长23.11％。

全省有音像电子出版社5家，出版录音制品32种，比上年增长6.67％；出版数量9.60万盒张，增长41.49％。出版录像制品42种，增长50％；出版数量7.43万盒张，下降55.56％。出版电子出版物52种，增长26.83％；出版数量21.33万盒张，下降13.23％。

全省有报纸43种（不含3种副牌报纸），比上年增加1种；总印数90608.25万册，下降14.58％；总印张3415301.93千印张，下降27.36％；总金额95278.35万元，下降5.00％。

全省有期刊176种，与上年持平；总印数4214.62万册，增长6.16％；总印张201196.33千印张，增长5.35％；总金额27486.94万元，增长8.93％。

全省有印刷企业3095家，其中，出版物印刷企业222家，专项印刷企业122家，包装装潢印刷企业2010家，其他印刷企业740家。全省印刷企业实现印刷工业总产值598亿元，比上年增长4.91％。

全省有各类出版物发行网点1242个，其中新华书店系统共有发行网点15个、从业人员3217人。全年新华书店系统实现出版物批发零售4.40亿（册、份）、37.75亿元，分别比上年增长8.7％和6.23％。

全省引进图书版权76项，比上年增长2.70％；输出图书版权76项，增长2.70％。受理版权登记作品47704件，增长24.08％，其中美术作品46077件，占登记总量的96.58％。

【出版宣传】 2016年，福建省引导各级新闻媒体不断深化习近平总书记系列重要讲话精神学习宣传贯彻，推出一系列专栏专题和重点出版物，阐释系列重要讲话的重大意义、科学内涵、基本观点、精神实质和实践要求，把讲话精神引向深入。组织重点政治理论读物的宣传发行工作，其中，《习近平总书记系列重要讲话读本（2016年版）》发行93.7万册，人均发行量居全国前列；《胡锦涛文选》发行4万套；《摆脱贫困》繁体版、英文版、法文版出版，并在台港澳地区和海外进行宣传发行。

【新闻出版创作生产】 2016年，福建省繁荣新闻出版创作生产。《二十世纪中西文论史》（6卷）等6种出版物获第六届中华优秀出版物奖，《台湾通史》等20种图书和《世界闽南话影音视频数据库》等2种音像电子出版物被列入“十三五”国家重点图书、音像、电子出版物出版规划，《闽南侨批大全》等8个出版项目获国家出版基金资助565万元，《辅广集辑释》被列入国家古籍整理出版资助项目，《渔童》等3种出版物入选国家新闻出版广电总局向全国青少年推荐百种优秀出版物目录。《领导文萃》等3种期刊获“2016期刊数字传播影响力100强”（大众类期刊）称号，《结构化学》入选国际影响力优秀学术期刊，《厦门大学学报（自然科学版）》等3种期刊入选中国高校百佳科技期刊。

推动数字出版创作生产，审核上报网络游戏105部，比上年增长4倍，其中网页游戏3件、移动游戏102件。数字出版龙头企业不断壮大，产品竞争力不断增强。厦门雷霆互动网络科技有限公司获2016年度中国十大新锐游戏企业，飞鱼科技获2016年度中国十大游戏研发商，4399手机游戏网、搞趣网（福建天志互联信息科技股份有限公司）获2016年度中国十大游戏媒体，83830.com（福建天尚网络科技有限公司）获2016年度中国十大新锐游戏媒体，4399游戏网、哥们网游戏平台（趣游［厦门］科技有限公司）获 2016 年度中国十大网页游戏运营平台。

【新闻出版产业发展】 2016 年，福建省实施项目带动，8 个项目入选总局改革发展项目库，10 个项目获中央文化产业发展专项资金扶持 2990 万元，扶持 28 个传统媒体和新兴媒体融合重点项目 920 万元、44 个优秀出版项目 598 万元、10 家品牌刊社 200 万元。省新闻出版广电局被总局评为 2016 年度新闻出版产业基地（园区）工作优秀单位，海峡国家数字出版产业基地被评为“优秀基地（园区）”。

安排资金 348 万元扶持 14 家印刷企业、37 家实体书店，争取中央文化产业发展专项资金 730 万元扶持 2 家印刷企业、3 家实体书店。推动绿色印刷、数字印刷、智能印刷等发展，新增绿色印刷企业 6 家、数字印刷企业 8 家；加快重点骨干印刷企业培育，新增入选国家印刷复制示范企业、上市印刷企业和新三板挂牌印刷企业各 1 家，6 家印刷企业入选 2016 中国印刷企业百强榜，1 家印刷企业被评为推进绿色印刷标兵企业。

【新闻出版体制改革】 2016 年，《福建省新闻出版广播影视“十三五”发展规划》实施，明确打造六大体系，实施 47 个重大项目。福建日报社加快组建传媒集团公司，改革方案经中央宣传部和总局审核同意，海峡出版发行集团加快股份制改造进程。

【新闻出版惠民工程】 2016 年，福建省全民阅读活动深入开展。组织举办全民阅读十周年座谈会、十周年回顾图片展、第二届“世界读书日·海峡读者节”、第十届“书香八闽”全民读书月启动仪式、少儿报刊阅读季等多项活动。省全民阅读组委会成立。《福建省全民阅读促进条例》列入省政府立法预备项目。开展福建省全民阅读指数调查并发布，组织拍摄播出全民阅读十周年纪实电视宣传片。推动全民阅读“七进”示范点建设，开展“书香之家”评选、“百社千校”、书香进军营等活动，福建省 31 户家庭入选第二届全国“书香之家”。

加强农家书屋使用管理。开展农家书屋“两报”投递情况检查，抽查农家书屋 1310 个。做好农家书屋出版物补充更新，组织申报总局 2016 年农家书屋重点出版物推荐目录、编制福建省出版物推荐目录。协调落实省级出版物补充更新资金。组织开展“我的书屋，我的梦”农村少年儿童阅读征文、“农家书屋读书乐”“情暖寒冬、乐在书屋”等活动。

推进福建印刷文化保护基地建设。中国印刷博物馆建阳、宁化、连城等分馆获总局批复设立。与北京大学新闻与传播学院签订共建福建印刷文化保护基地协议。出台《福建省印刷文化保护基地项目管理暂行办法》。在中国（上海）国际印刷周、第二届海峡读者节、第十二届海峡两岸图交会设立福建印刷文化保护基地展区，宣传推广福建印刷文化。海峡出版发行集团建成首家综合性纸张主题博物馆海峡纸博物馆，推进海峡印刷文化博物馆建设。

【新闻出版对台对外交流】 2016 年，福建省举办中国（福建）图书展、“清新福建”大型图片展、第十二届海峡两岸图书交易会、第十一届金门书展（台澎金马巡回书展）等品牌活动。加快海外闽侨书屋和海外中餐馆书刊架建设，在全球建成 10 家“闽侨书屋”、14 家新华书店海外分店、50 个海外中餐馆书刊架。海峡出版发行集团与美国中餐协会合作，试点设立“福建新华海外微型书店”，打造文化传播和文化贸易的新渠道。

【版权宣传保护】 2016 年，福建省完成 71 个省直机关 2016 年度软件正版化报告工作。省市县三级 5035 个政府机关开展新一轮使用正版软件情况自查工作。更新完善省市县三级政府机关软件正版化工作责任人数据库。推进省国资委所出资企业三级子企业软件正版化工作。

开展打击网络侵权盗版“剑网 2016”专项行动，组织 98 家互联网企业开展自查自纠，下架未经授权作品 6080 件，公布网络文学、影视、游戏、动漫等重点作品版权保护白名单 42 件，查办各类侵权盗版案件 59 件，查缴各类侵权盗版制品 22 万多件。福建省 6 个单位和 7 位个人被国家版权局评为 2015 年度全国查处侵权盗版案件有功单位和个人。

加快国家海峡版权交易中心数字版权综合运营管理平台建设。推进版权示范工作，评选省级版权示范单位 22 个、省级版权示范园区 1 个。配合国家版权局在瑞士日内瓦世界知识产权组织总部举办“德化陶瓷版权保护优秀成果展”，向全球推广德化在陶瓷产业版权保护方面的成功做法。德化县政府获 2016 年“中国版权金奖”（保护奖）。

【“扫黄打非”】 2016 年，福建省组织开展“清源”“净网”“护苗”“秋风”等专项行动，开展侵权盗版和非法出版物集中销毁活动。全省查缴各类非法出版物 34 万余册，处置网络有害信息 13 万余条，关闭网站 122 家，查办各类案件 516 件，集中销毁非法出版物 49 万件。

（郑　勇）

历史文化遗产

【文物保护】 2016 年，福建省“申遗”工作取得重大突破。经国务院同意，鼓浪屿作为中国申报 2017 年世界文化遗产项目，2 月 1 日向世界遗产中心递交鼓浪屿申遗的申报文本和保护管理规划，同时按照世界遗产要求全面实施 53 个遗产核心要素的本体修缮、环境整治与遗产展示、遗产监测等工作，10 月世界文化遗产评估机构派专家到现场评估考察。2016 年国家文物局确定古泉州（刺桐）史迹作为中国申报 2018 年世界文化遗产项目，编制完成申遗点的本体修缮、遗产展示、环境整治方案。

实施福建省入选第一、二批中国传统村落（全省共73个）中的10个国保省保集中成片传统村落整体保护利用工程，启动第三批（全省共52个）中的8个传统村落的保护工程项目。组织开展全省革命（红色）文物调查，共登记革命（红色）文物962处（点），其中原中央苏区革命文物518处（点）。会同省住建厅开展第五批省级历史文化名镇评审工作。启动23项全国重点文物保护单位涉台文物保护工程和30项省级文物保护单位涉台文物保护工程。编制全国重点文物保护单位建阳朱熹墓等一批保护规划和保护工程方案。实施五夫里街、朱子社仓、兴贤书院等文物保护整治工程，开展屏山书院遗址考古勘探。编制并获批准实施福州林则徐故居保护工程方案。编制福建省革命文物保护利用项目规划、龙岩市原中央苏区革命文物保护总体规划。组织实施古田会议旧址群、长汀革命旧址、红九军团长征出发地、宁化凤凰山红军街红军长征出发地革命旧址等一批革命文物保护工程。

【文物普查】 2016年，福建省完成为期四年的全省第一次可移动文物普查工作，登记藏品44万件/套。召开全省地级市普查办主任工作会议，举办全省可移动文物普查数据审核专家培训班，组织开展全省普查数据审核和验收工作，完成全省普查数据的上报工作，向国家文物局报送福建省普查工作报告。采取“以奖代补”的方式，安排省级普查经费近350万元，对普查工作成绩较好的各地市、部分县（市、区）普查办以及部分博物馆分别给予数额不等的普查经费补助。

【考古挖掘与科研】 2016年，福建省推进三明万寿岩遗址、武夷山城村汉城遗址国家考古遗址公园建设。万寿岩遗址一期环境整治工程已经完成，二期环境整治立项已获国家文物局批准。实施城村汉城遗址安防工程和高胡坪宫殿遗址保护工程，组织编制北城门、下寺岗、北岗遗址保护工程方案。开展泉州海域、厦门—漳州海域水下考古调查。配合平潭综合实验区建设开展海坛岛史前遗址考古调查，配合莆梅高速公路等基本建设开展考古工作。福建博物院开展田野考古项目17个，发掘面积6090平方米，勘探面积49.2万平方米。实施水下考古调查、国家海洋局海洋公益项目、出水文物保护以及出水陶瓷相关的外销瓷窑址调查、海岛调查项目等水下考古项目。

【重要陈列展览】 2016年9月，福建省文化厅、省文物局联合龙岩市相关部门和中央苏区（闽西）历史博物馆举办纪念红军长征胜利80周年大型主题展览“铁血长征——福建儿女长征史迹展”，并专门制作60多套展示图版在全省各博物馆和九地市的社区、学校、军营等巡展。在福建博物院举办“不忘初心、信仰永固——纪念红军长征胜利80周年馆藏文物特展”“复兴之路”福建展、“辉煌壮丽的史诗——纪念中国共产党成立95周年”“大道之行——‘两学一做’学习教育廉政书画展”“福建考古成果展”等36个临时展览和固定陈列展览。全年全省各地举办各类展览950余场次。“丝路帆远——海上丝绸之路文物精品七省联展”先后前往海南、新疆、甘肃省级博物馆展出，该展并入选在“博鳌亚洲论坛2017年年会”期间展示。

【国家级文物保护单位遗产保护】 2016年，福建省争取到国家重点文物保护专项补助资金6809万元，启动实施36个全国重点文物保护单位保护项目，包括福州华林寺大殿、泉州安平桥（五里桥）瑞光塔、南安林氏民居、浦城云峰寺大殿、上杭古田会议旧址群、福建土楼及鼓浪屿近代建筑群和传统村落潦下建筑群、培田村古建筑群等保护修缮工程（传统村落）等21项修缮工程和古田会议旧址群（古田会议会址、松荫堂、中兴堂）3项保养维护工程；晋江西资岩寺防雷工程、南安蔡氏古民居建筑群安防工程、中宪第安防工程、古田会议旧址群（古田会议会址、松荫堂、中兴堂、协成店、文昌阁）等9项安全防范护工程；以及长汀革命旧址展示利用工程。

编制惠安青山宫、玉井坊郑氏大厝、陈埭丁氏宗祠、南山遗址等9项保护规划，启动正顺庙、安贞堡等11个保护规划编制工作。编制大田土堡群（安良堡、泰安堡、广崇堡）、赵家堡（史堂、官厅左次座等）、闽东北廊桥（仙宫桥、杨梅州桥）、四堡书坊建筑（中田屋、素位山房、大厅厦）等37个文物保护修缮工程方案，以及栖云洞造像安防工程方案、九日山摩崖石刻防雷工程、狮峰寺消防工程等20个安全防护工程方案。

【非物质文化遗产保护利用】 2016年，福建省完成《福建省非物质文化遗产保护条例》起草工作。制定出台《福建省非物质文化遗产保护专项资金管理办法》。在全省组织开展非物质文化遗产法贯彻落实情况检查工作，并接受文化部委托中国非物质文化遗产保护中心对福建省泉州地区的抽检。组织开展第五批省级非物质文化遗产代表性项目名录评选，共推荐89项上报省政府批准公布。组织开展“十三五”非遗保护利用设施建设储备项目申报工作，向文化部、国家发展改革委报送闽西汉剧活动中心建设项目等15个非物质文化遗产保护利用设施建设储备项目。组织开展国家级文化生态保护区交叉评估工作。完成《朱子文化生态保护实验区规划纲要》的编制并通过论证，向省政府申报设立省级朱子文化生态保护实验区。文化部批准《客家文化（闽西）生态保护实验区规划纲要》。开展福建省2016年度中国非物质文化遗产传承人群研修研习培训计划，分别委托福建艺术职业学院和福建师范大学承办，共举办8个班次、培训近500名学员。开展福建非物质文化遗产保护VR/AR项目建设工作。赴宁夏银川、吴忠等地举办“不忘初心·情牵闽宁——福建非遗走进宁夏”展演活动。开展2016年第十一个文化遗产日“文化遗产邮票首发式”“非遗华光·好戏连台”非遗展演、“盛世遗珍·闽中瑰宝”非遗精品展等系列活动。省艺术馆举办米兰世博会福建元素展、“匠心至上”——庆祝中国共产党建党95周年暨红军长征胜利80周年传统工艺美术主题展、“非遗传承·产教融合——现代学徒制木雕方向毕业成果展”等11场“文化惠民”非遗专题展览。组织福建省非遗项目参加浙江非遗博览会、山东济南第四届中国非物质文化遗产博览会、“行孝道·善家风”——中国·天津2016“西岸”剪纸艺术展等。

（江建国）

档　案

【概况】　2016年，福建省有档案行政管理机构95个，含省级1个、设区市9个、平潭综合实验区1个、县（市、区）84个。各级各类档案馆113个，其中，国家综合档案馆95个，国家专门档案馆13个，部门档案馆5个，企业档案馆2个，事业单位档案馆4个。各级各类档案馆有馆藏档案1675.5万卷、456.7万件，资料114.97万册；开放档案212.54万卷、17.13万件，开放案卷级档案目录212.25万条、文件级档案目录1128.14万条。2016年接待利用档案78.80万人次，提供利用档案99.33万卷（件）次。

【档案管理与服务】　民生档案工作。2016年，福建省档案馆深化“马上就办”活动，群众满意度100%；完成全省档案系统分布式“省政府公开信息管理查询平台”升级，网站点击量近41万人次，政府信息查阅服务工作得到国家档案局和省政府办公厅肯定。福州市档案局出台《档案跨馆利用服务办法（试行）》，驻市民服务中心档案利用窗口多次被评为“标兵窗口”。三明市档案局创建“架档案桥、连百姓心”服务品牌，龙岩市档案局完成贫困户建档立卡工作，厦门市国土房产测绘档案管理中心自助查询终端机上线运行，泉州市鲤城区档案馆推出“零距离”为民服务举措。

经济领域档案工作。省档案局推进网上监督指导平台建设，做好全省重点项目档案管理工作；加大对福州地铁、宁德核电项目等业务指导，组织验收重点项目档案41个。福州地铁档案、厦门和泉州社区档案、漳州重点建设项目档案、三明园区档案、莆田中小学校档案、南平司法矫正和学生资助档案、龙岩国有改制企业档案、宁德精准扶贫和大学生创业园档案规范化管理亮点频现。

农业农村档案工作。省档案局落实省级专项资金350万元，推进全省57个行政村“乡村记忆档案”示范项目建设，其经验被国家档案局推向全国。全省“村档镇管”工作研讨会在莆田市城厢区召开。各设区市和马尾、罗源、同安、华安、永春、仙游、涵江、上杭、福安、霞浦等县市区档案局推进农村土地承包经营权确权及精准扶贫档案工作取得实效。

重大活动档案工作。围绕纪念建党95周年、红军长征胜利80周年、孙中山先生诞辰150周年等重大活动，省档案局（馆）举办“百炼成钢——纪念中国共产党成立95周年档案图片展”，漳州、南平、龙岩、宁德市档案局分别举办各具特色的主题展览。福州设立全国首届青运会档案主题展示馆；厦门部署做好抗击“莫兰蒂”台风和鼓浪屿申报世界文化遗产档案管理工作；泉州设立城市记忆档案馆，举办践行“两学一做”主题展览；三明主动做好医改档案管理工作；宁德继续做好习近平总书记在闽东工作期间的档案收集汇编工作；平潭综合实验区成立收集小组对重大活动档案进行收集。

全面深化改革档案工作。统一规范省市县三级档案行政审批和公共服务事项，制订《福建省档案局行政审批和服务事项审查工作细则》《福建省档案局关于推广随机抽查规范事中事后监管的实施方案》，全省落实档案执法检查“双随机一公开”，并规范事中事后监督，权力运行机制不断规范。

机关档案工作。全面完成省属和市属国有企业编制的管理类文件材料保管期限表的审核工作。省公安厅、交通运输厅、福州海关等所属单位档案规范化建设成效明显。推进自贸区档案规范化管理。省档案局对30个省直单位档案整理质量开展检查，对南平市6个学生资助档案规范化管理试点单位开展档案整理质量合格验收，对社会保险业务档案开展“回头看”，召开现场会推动省直所属单位档案规范化管理。三明、南平在市直单位推进档案整理质量合格证制度基础上建立回溯机制，龙岩将电子文件及目录在线归档移交工作纳入市直单位绩效管理考评内容。

档案法制建设。省档案局完成《福建省数字档案信息共享管理办法》立法项目调研并形成草案稿，出台《福建省国家档案馆管理办法》实施意见，制定《福建省档案服务机构备案登记管理办法》等，完善档案法规体系。福州实现市直单位档案检查全覆盖，并在《福州日报》《福州晚报》刊登档案违法典型案例；厦门、漳州、泉州、莆田、龙岩等设区市，台江、晋安、马尾、长乐、连江、鲤城、石狮、惠安、德化、宁化、将乐、荔城、城厢、涵江、上杭等县（市、区）开展档案执法活动。省档案局印发《福建省“七五”档案法制宣传教育规划》，编印《福建省档案行政执法实务手册》。省档案局法制处被省委宣传部、省司法厅等表彰为2011—2015年全省法制宣传宣教先进单位。省档案馆和龙岩市档案馆开展“档案走进校园”宣传活动。

【档案信息资源开发利用】　档案资源开发。2016年，福建省档案馆联合福建师范大学申报的“日本馆藏涉闽涉台历史档案的收集、整理与研究”课题入选国家社科基金重大项目；“馆藏民国闽台关系档案汇编”入选国家出版基金项目；与中国第一、第二历史档案馆合作编纂的《明清宫藏闽台关系档案汇编》《馆藏台湾抗日档案汇编》出版发行；《中国抗日战争全景录》（闽台卷）获第30届华东地区优秀哲学社会科学类图书二等奖，并入选福建省第十届“书香八闽”全民读书月活动百种优秀读物推荐目录；举办主题展览9个，其中“百年跨国两地书——福建侨批主题展”成为福建省华裔青少年夏（冬）令营和海外华人社团的教育基地，正在向中国侨联申报“中国华侨国际文化交流”基地。由中国侨联主办、福建省侨联承办的“海外侨胞故乡行——走进福建”代表团参观省档案馆“百年跨国两地书——福建侨批主题展”。全年全省档案部门举办各类展览121个，参观人数48.75万人次；编辑出版档案书籍与资料52种、2499万字。

档案宣传工作。省档案馆和莆田、宁德在政府网站开展在线访谈，龙岩举办“红色档案与苏区史研究新起点”学术研讨会，福州、厦门、漳州、泉州、莆田市档案馆分别与新闻媒体合作开办专栏，福州、泉州走进广播电台“政风行风热线”栏目直播室，晋江在企业博物馆设立档案教育展览中心，开辟档案文化宣传阵地。全省各级档案部门以“6·9”国际档案日为契机，开展系列宣传周活动；运用微博、微信等平台传播档案文化，打造“指尖上的档案馆”。

【档案馆基础业务建设】 档案资源建设。2016年，福建省14个国家重点档案保护与开发项目滚动纳入国家档案局储备库，下达列入2016年度国家重点档案保护与开发的4个项目专项资金491万元。印发《福建省档案馆档案接收规范》，整合全省涉侨档案目录24.6万条。第一届全国青年运动会档案全部接收进馆。福州“记忆工程”档案、厦门“听见历史的声音”音频档案、漳州国家级书画名家作品档案、泉州“第十四届亚洲艺术节”系列活动及“五南”文化特色档案、三明老照片老证书老信函老票据老音像等“五类”档案、莆田莆商档案、南平新闻单位档案、龙岩“红色”档案、宁德“三月三”畲族文化节档案，以及马尾和延平族谱档案、鲤城两岸宗教文化交流等民俗照片档案、晋江非物质文化遗产传承人口述档案等接收征集工作取得成效。全年全省各级各类档案馆依法接收档案96万卷、91万件；归档电子文件27.21万件、2839GB；征集档案2.47万卷（件），照片档案2.08万张，录音（录像）磁带、影片档案97盘。

档案信息化建设。省档案馆网上电子档案接收平台竣工验收。电子证照系统投用，实现政府部门间各类电子证照信息共享和向社会提供服务。漳州建成福建省首个“全国示范数字档案馆”，福州电子文件（档案）管理平台建设纳入数字福州“十三五”发展规划，龙岩数字档案馆（室）建设纳入数字龙岩建设项目，福州、漳州实现实体档案与电子档案同步接收。荔城区馆藏档案数字化率100%，浦城、光泽、霞浦完成分布式档案基础数据库（二期）建设项目。

档案安全管理工作。省档案局出台贯彻落实进一步加强档案安全工作意见的任务分解方案，开展“安全消防月”宣传系列活动。全省各级档案部门完善网络和信息安全事件应急处置预案，开展应急演练，完成G20峰会期间档案行业网络安全保障工作；加强档案数字化全过程监管，做好防汛、防台风等档案馆安全工作，88个综合档案馆实现档案数据在省档案馆的集中备份，确保档案实体和信息安全。福州与合肥市档案馆实行电子档案异地备份，厦门建成数据智能备份中心。

【档案馆馆库建设】 2016年，福建省推进市县级综合档案馆建设，截至年底，全省建成投用的档案馆24个、在建17个、正在规划设计22个。落实中央资金15336万元，完成中央总投资资金的67%；落实省级“以奖代补”资金4660万元，完成省级资金的33%。

【档案科研和学术研究】 2016年，福建省3项档案科研课题获国家档案局优秀科技成果奖，其中三等奖2项，二等奖1项（一等奖空缺）；2项课题获国家档案局立项。派参访团随同“中国·福建周”代表团赴日本长崎和美国纽约开展经贸文化交流活动。配合国家档案局赴印度尼西亚开展“20世纪印尼华侨文化和社会生活”主题交流活动。两次组织参访团赴台湾开展档案业务交流，并在台湾高雄举办族谱档案文化展，邀请台湾档案界专家来闽作“档案策展”主题学术报告。

【政府信息公开查阅利用工作】 2016年，福建省档案馆政府信息查阅中心接收整理省政府及其39个工作部门主动公开信息纸质文本10271份、电子文本10273份；政府信息查询管理平台全年点击率5.93万人次。

（叶建强）

地方志工作

【依法治志】 2016年3月2日，经福建省人民政府办公厅同意，省方志委公布新成立的《福建年鉴》《福建省志》编纂委员会成员名单。宁德、漳州、南平、泉州、福州先后印发本地区地方志事业发展规划纲要，部分县出台县级地方志事业发展规划纲要。漳州、泉州、南平等地以多种形式开展地方志法规宣传活动。

【第二轮地方志书编纂】 2016年，省志·分志方面：《出入境检验检疫志（厦门辖区篇）》《体育志》出版发行，《军事志》提交出版。《铁路志》完成二审交付验收，《共产党志》《科技志》《国民党志》进入一审。截至年底，第二轮省志分志出版和交付出版35部，占第二轮省志分志总数的42.2%；交付验收3部，占总数的3.6%；进入一审、二审19部，占总数的22.9%；正在总纂2部，占总数的2.4%；处于编纂初稿阶段22部，占总数的26.5%；处于篇目制订阶段2部，占总数的2.4%。市县区志方面：泰宁县、政和县、永泰县、周宁县、浦城县、漳浦县、云霄县、漳平市志稿出版；截至年底，第二轮市县（区）志出版或交付出版44部，占第二轮市县（区）志总数的47.3%；进入审查验收阶段或开过评稿会的31部，占总数的33.3%；正在总纂的18部，占总数的19.4%。

【地方综合年鉴编纂】　2016年5月4—6日，《福建年鉴（2016）》撰稿人业务培训班举办。6月16日，召开全省年鉴精品工程试点工作座谈会。6月22—24日，举办全省地方综合年鉴主编、编辑培训班。11月12日，召开全省地方综合年鉴编纂出版质量规定和图照使用规范研讨会。

【方志馆·书库与信息化建设】　2016年10月初，省方志委向全省93个市、县（区）方志委（办）配送宣纸版［弘治］《八闽通志》和各地报备书籍等114种7228册，这是自2015年启动集中配送工作以来的第三次。3月，省方志委以镜像方式将“中国数字方志库”安装在服务器上并投入使用。11月4日，省数字办就福建省“数字方志”二期项目召开竣工验收会，该项目通过验收。12月22日，由省方志委主办、莆田市方志委承办的全省地方志系统网站及“数字方志”建设工作会议在莆田召开。

3月3日，省方志委主办的微信公众号平台——“方志福建”微信公众号开通试运行；基层方志委（办）开通微信公众号。各设区市加快地情网建设，泉州地情中心数据库上线，龙岩市数字方志文献管理系统运行。福州、漳州、龙岩等积极开展地情馆建设。

【特色志书编纂】　2016年，福建省推进《福建寿山石志》《福建茶志》《闽学志》《妈祖文化志》等特色志书编纂。

【《闽台历代方志集成》整理出版】　2016年10月25日，大型历史文献丛刊《闽台历代方志集成》“福建省志辑”“台湾志书辑”交付社会科学文献出版社出版。“福建省志辑”收录明弘治年间至1949年前编纂刊印的省级综合志书8部、图志3部，共分98册印制；“台湾志书辑”收录清初至1895年前台湾编纂刊行的志书40部、图志1部，共分40册印制。两辑志书的整理均采取多种志书版本比对修版、系统汇辑的方式进行，其中有许多闽台旧志首次在国内外整理出版。“福建府州志辑”“福建县厅志辑”完成68%的志书底本征集工作。此外，还征集到涉及闽台的历代专志、历史文献资料76部，其中福建57部、台湾19部。

【［民国］《福建通志》点校本出版】　2016年9月，由省方志委组织点校整理的［民国］《福建通志》由方志出版社出版发行。这是史料最为丰富的一部福建省级旧志，共设32大类，有总卷51卷、分卷611卷。全志点校整理以民国27年版《福建通志》1982年重印本为底本，择民国11年刊本《福建新通志》等互校，以“尽量保持旧志底本原貌”为原则，采用繁体竖排的形式排版，历时十余载完成。

【第一次全国省级综合年鉴编纂研讨会在福清召开】　2016年11月15日，由中国地方志学会年鉴研究会主办，省方志委承办，福州市方志委、福清市方志委协办的第一次全国省级综合年鉴编纂研讨会在福清市召开。会议主题是全面学习贯彻党的十八届六中全会精神，进一步贯彻落实《全国地方志事业发展规划纲要（2015—2020年）》，总结和交流省级综合年鉴编纂经验，不断提升省级综合年鉴编纂水平，发挥省级综合年鉴在地方综合年鉴编纂中的示范引导作用。

【中国年鉴精品工程专家指导会议在福州召开】　2016年11月13—14日，中国年鉴精品工程专家指导会议在福州召开，中国地方志指导小组办公室主任冀祥德出席并讲话。

【海疆历史资料收集整理和保存入志工作专家研讨会召开】　2016年5月5日，省方志委召开海疆历史资料收集整理和保存入志工作专家研讨会。该项工作系省政协十一届四次会议第20162160号提案“关于加强海疆历史资料收集整理和保存入志工作的建议”的具体落实。与会专家分别从工作意义、组织架构、工作步骤、主要难点、成果形式等方面进行研讨，并在编纂出版相关文献目录、分批出版文献精选汇编、编纂相关专志等方面达成共识。

（孙洁斐）

编辑：林丹英

《福建省“十三五”文化改革发展专项规划》

卫生和计划生育 体育

卫生和计划生育

【概况】 2016年底，福建省孕产妇死亡率、婴儿死亡率、5岁以下儿童死亡率分别为12.43/10万、3.66‰、4.9‰，人口出生率14.5‰、自然增长率8.3‰，反映居民健康的主要指标在全国处于中上水平。全省拥有卫生计生机构27658个。其中，各级各类医院590所（综合医院356所，中医医院〈含中西医结合医院、民族医院〉91所，专科医院141所），疾控预防控制机构96个，妇幼保健机构87个，卫生监督机构86个，采供血机构9个，社区卫生服务机构555个（社区卫生服务中心222个、社区卫生服务站333个），乡镇卫生院880所（中心卫生院224所、一般卫生院656所）。全年全省医疗机构床位总数17.88万张，千人均医疗机构床位4.62张。全省各级各类卫生机构人员22.10万人，其中卫生技术人员22.10人，千人均卫技人员5.70人，千人均执业（助理）医师2.07人，千人均注册护士2.48人。计划生育技术服务机构499个，人员2973人，其中，医生727人、注册护士429人；村卫生所18945个，卫生所人员3.07万人。

全省卫生计生系统推进体制机制创新，为人民群众提供优质的卫生与健康服务，促进经济社会健康发展和民生改善。各级成立公立医院管理委员会，省属及部分市、县公立医院实行院长目标年薪制。配合组建省医疗保障管理委员会及其办公室（省医保办），实现新农合与城镇居民医保、城镇职工医保“三保合一”。创新药品招采机制，完成新一轮药品集中采购工作。在全省推行基层医疗卫生机构“一归口、三下放”做法，理顺“以县为主”的乡镇卫生院管理体制。尤溪、龙海、石狮、将乐、武平等5个县（市）被确定为国家县级公立医院综合改革示范县。世界银行贷款中国（福建）医疗卫生改革促进项目启动实施。制定出台《关于进一步深化基层医药卫生体制综合改革的意见（试行）》等政策文件，形成基层医改的顶层设计和路线图，为新一轮全面深化基层医改打基础。制定实施《福建省“十三五”卫生计生事业发展专项规划》。加强疾病预防控制体系、产科、儿科、精神科、分级诊疗等卫生领域补短板项目建设。国家卫生计生委与省政府签订合作共建协议，3所省属医院与3所国家卫生计生委委属（管）医院建立“一对一”合作共建关系。推进城乡医院对口支援，探索开展上下联动的分工协作机制，促进优质医疗资源下沉。实施改善医疗服务3年行动计划，推动“互联网+医疗”、预约诊疗、优质护理等便民惠民服务。全年全省二级以上医院第三方调查整体满意度达84.82分。全面两孩政策稳妥实施。深化计生目标管理责任制改革，重点对县（市、区）实行省市联合考核。全省17个县（市、区）获新一轮“全国计划生育优质服务先进单位”称号。实行一、二孩生育登记服务。各项惠民政策与计生家庭发展政策衔接，将城镇下岗失业人员纳入部分计生家庭奖励扶助范围，将有第三代（不限年龄）的特别扶助对象纳入独生子女伤残死亡家庭特别扶助范围。推进流动人口基本公共服务均等化，全面实行流动人口电子婚育证明。推进医养结合，福建省列入全国7个医养结合试点省之一。规范医疗机构从业人员行为。开展大型医院巡查，及时督促落实整改。省政府颁布《福建省医疗纠纷预防与处理办法》，全省预防处置医患纠纷“五位一体”工作机制纳入法制化轨道，医患纠纷第三方调解成功率90.51%。联合开展整顿医疗秩序、打击非法行医专项行动，强化医疗机构和计生服务机构监管。加强综合治理，出生人口性别比升高势头得到遏制。

【全省深化基层医药卫生体制综合改革现场推进会】 2016年9月1—2日，全省深化基层医药卫生体制综合改革现场推进会在三明市召开。会议指出，深化基层医药卫生体制综合改革，有利于更好满足人民群众健康需求；强化基础支撑，落实办医责任；维护基本医疗和基本公共卫生的公益性和可及性；强化机制创新，激发基层活力；以城市家庭医生签约服务和农村地区乡村一体化管理为抓手，逐步构建基层首诊分级诊疗的就医模式；强化有效激励，集聚医疗人才；改革基层医疗卫生机构绩效工资和内部分配机制，鼓励多劳多得、优劳多得，让基层医疗人才“下得去”“留得住”“用得上”。

【委省合作共建】 2016年9月6日，福建省人民政府与国家卫生和计划生育委员会在福州签订合作共建协议。根据协议，国家卫计委所属（管）的北京协和医院、上海交通大学医学院附属瑞金医院、复旦大学附属华山医院分别与福建省立医院、福建医科大学附属协和医院、福建医科大学附属第一医院建立“一对一”合作共建关系。“十三五”期间，国家卫生计生委将协调三所委属（管）医院发挥医疗技术力量雄厚、临床特色专科突出、多学科协同优势的特点，帮助福建三所省属医院建设一批临床重点专科、培养一批领军人才、突破一批难点技术、推动一批重点项目，打造国家区域医疗中心，推进分级诊疗。

【“健康使命—2016”福建省地震灾害紧急医学救援现场处置演练】 2016年12月1—3日“健康使命—2016”福建省地震灾害紧急医学救援现场处置演练在漳州市长泰县举行。省紧急医学救援、突发急性传染病防控、突发中毒处置、核和辐射卫生应急救援4类25支省级卫生应急队伍共计659名队员参演。演练从实战出发，开展省级卫生应急队伍全员全装备长途拉练、野外生存训练，并以地震灾害为背景，开展灾后紧急医学救援演练。

【医药卫生体制改革】 2016年，福建省推进公立医院改革，推动公立医院管理委员会进入实质性运作。福建省属公立医院管理委员会内部成立综合管理、财务资产、人事薪酬、医疗价格和医疗保障等五个组，分别由相关部门负责人担任各组组长，制定内部工作流程和部门职责，并采取月末定期会议制度，统筹协调推进公立医院改革。先后研究并实施省属公立医院药品带量采购、院长目标年薪制、医疗价格调整、工资总额核定办法等重大改革项目。推动公立医院内部运行机制改革。改革医院工资总额核定办法，建立以公立医院上一年度工资水平为基础，以床位核定的人员总量为基数（含编内外人员），与院长年薪绩效考核挂钩，与经济社会发展和社会平均工资水平联动，改革期间给予一定增长幅度的动态调节机制。明确工资总额仅与医务性收入挂钩，以体现公益性、遏制逐利性、提高积极性。改革内部绩效分配制度，实行院长目标年薪制，院长年薪由财政全额负担，建立对院长的绩效考核体系，并将考核结果与医院工资总额核定挂钩；破除以科室为单位的分配机制，严禁给医务人员设定创收指标，严禁将医务人员个人收入与医院的药品耗材、检查化验等业务收入挂钩。改革用人用工制度，打破编内外人员制度藩篱，以医院实际开放床位为基数，按照不同等级和类别合理核定人员控制总量，并逐步推进编内外人员同工同酬；改编制使用审批制为备案制，推进医院职称评聘制度改革，适当提高县级公立医院高级职称岗位结构比例。改革财务管理制度，实行全面预算管理和全成本核算制度，建立健全财务报告和财务信息公开制度，推行医院总会计师制度。控制医药费用不合理增长，2016年度全省医疗费用增幅控制在10%以内。

推动“三医联动”改革。推动医保体制改革。在2015年完成城乡居民基本医保政策一体化和设区市统筹的基础上，2016年7月成立省医疗保障管理委员会，实现城镇职工医保、城镇居民医保以及新农合“三保合一”；同时将涉及医保职能的医疗救助、医疗救急、生育保险、工伤保险等并入，此外还并入药品采购和医疗价格职能，以最大限度统筹医保相关职能。各设区市按照省级医保管理模式，推进职能与机构整合。创新药品招采机制。坚持“为用而采、按需而设”原则，通过缩减药品采购目录晒清单、控制低价药品价格涨幅、重点控制销售金额大的药品、增加药品采购竞价、实施重点药品监控、按片区带量采购、开展采购统一结算账户试点等办法，完成新一轮药品集中采购（含各片区带量采购）工作。新一轮集中招标采购的入围药品价格平均降幅为15%左右，片区带量采购平均降幅10%左右。同时，出台《福建省医保药品支付标准实施办法》，以新一轮药品集中采购价作为医保药品支付标准，取代传统药品集中招采模式，最大限度降低药价“虚高”并节约采购成本。系统推进价格改

2016年12月1日，“健康使命—2016”福建省地震灾害紧急医学救援现场处置演练在漳州市长泰县举行 （省卫计委供稿）

革。在2015年进行药品零差率价格平移改革的基础上，2016年上半年，省级组织开展儿科、护理、住院诊察费等价格调整工作。设区市根据综合控费、医保基金、财政投入等实际情况，逐步调整理顺医疗服务价格。

【公共卫生】 2016年，福建省加强疾病预防控制。建立省防治重大疾病工作厅际联席会议制度，法定报告传染病发病率维持在低水平，人感染H7N9、登革热等疫情得到有效控制。落实艾滋病、结核病防治政策。贯彻落实国务院修订的《疫苗流通和预防接种管理条例》，协调有关部门组织开展疫苗省级集中采购、预防接种规范管理、加强疫苗冷链管理等工作。全省11种免疫规划疫苗报告接种率持续保持在95%以上，连续22年保持无脊髓灰质炎状态，连续11年无白喉病例报告，麻疹发病率控制在2/10万以下，15岁以下人群乙肝表面携带率降至1%以下，其他免疫规划疫苗针对疾病发病也大幅降低。实施地中海贫血防控试点、农村孕产妇住院分娩补助、增补叶酸预防神经管缺陷、农村妇女“两癌”检查等国家妇幼重大公共卫生服务项目。基本公共卫生服务项目政府补助标准提高到45元，全省累计建立居民健康档案3406.63万份，电子建档率88.74%，覆盖面扩大。

卫生应急。制订印发《福建省寨卡病毒病卫生应急预案（2016版）》，修订《福建省核辐射事故卫生应急预案》、核生化3个反恐怖卫生应急预案。推进全省医疗卫生单位应急机构建设，有16所二级以上公立医院成立应急办或指定相关科室负责卫生应急工作，29个疾控机构成立应急办或指定相关科室负责卫生应急工作。完善省级医药储备调用机制，建立省级医药储备品种在医疗卫生机构的轮换机制。完成省级卫生应急队伍建设任务，初步建成4类25支、覆盖全省的省级卫生应急队伍。应对各类突发事件，开展黄热病、登革热、寨卡病毒病等疫情防控工作和台风灾害等救灾防病工作，保障人民群众健康。

爱国卫生工作。开展城乡环境卫生综合整治工作，农村无害化厕所普及率达到92.47%，比上年增长2.27%；全省建制镇生活垃圾无害化处理率和对生活垃圾进行处理的行政村比例达到60%以上；全省建制镇生活污水处理率达39%，对生活污水进行处理的行政村比例达10%以上；全省农村集中式供水人口比例提高到84.8%；开展专项“集镇路段整治”工作，城乡环境卫生面貌持续改善。启动健康城市健康村镇建设工作，确定福州、厦门、三明、泉州、漳州5个国家卫生城市作为省级健康城市试点，推荐厦门市为国家级健康城市试点，确定省级健康村镇试点23个，各地也分别确定一批市级健康村镇试点。

【医政管理】 2016年，福建省推动分级诊疗制度建设。制定印发《福建省人民政府办公厅关于推进分级诊疗制度建设的实施意见》。在全省确定12个分级诊疗省级重点联系县，推进市、县分级诊疗试点工作。在福州市、厦门市以及各设区市分级诊疗重点联系县开展高血压、糖尿病分级诊疗试点，推广厦门市慢病分级诊疗经验。制定《福建省乡镇卫生院和社区卫生服务中心医疗服务能力基本标准和推荐标准》，明确县、乡两级医疗机构功能任务，指导各地开展县级医院、乡镇卫生院和社区卫生服务中心服务能力标准化建设，提高县域及基层医疗服务能力。推动医疗“创双高”项目建设。推进城乡医院对口支援，全年全省共有60多所城市三级医院对口支援200所县级医疗机构。推进医疗联合体建设，12所省级医院启动医疗联合体建设，探索开展上下联动的分工协作机制，促进优质医疗资源下沉。

落实改善医疗服务行动计划。制订《2016年深化改善医疗服务重点工作方案》，将预约诊疗、日间手术、医疗质量、信息推送、结算服务、药事服务、急诊急救、优质护理、中医医疗、人文关怀等作为2016年改善医疗服务10项重点工作，并纳入2016年三级医院评价体系。全省有255个医疗机构（其中三级医院60所、二级医院147所、其他医疗机构48个）开展预约诊疗服务，105所医院实现分时段预约，533个医疗机构间开展双向转诊、优先预约服务，三级公立医院预约诊疗率达66.19%；全省二、三级公立医院已配备门诊自助设备3693台，三级医院自助服务设备覆盖率达100%，二级医院自助服务设备覆盖率达84.82%。47个医疗机构实现移动设备支付功能，145个医疗机构可提供多种形式的检查检验结果查询服务，116个医疗机构开展远程医疗。40多家三级医院还通过新媒体、微平台等方式实现就诊时段分布信息告知功能、门诊等候、预约诊疗、特殊检查告知功能，改善患者就医体验。

加强医疗质量管理。完善医疗质量管理与控制组织体系，加强重点病种及医疗技术质量管理和费效比控制和疾病分级诊疗过程中医疗质量连续化管理，提升县医院和民营医院医疗质量安全水平。组织21个省级医疗质控中心制定《2016年医疗质控检查评价标准》，各质控中心的评价结果与2016年度医院评价相衔接。启动省级疾病诊断相关分组（DRGs）平台建设，完成省级居民健康信息系统与省属医院HIS系统病案首页数据接口建设。加强医疗技术临床应用管理，规范医疗美容服务行为，加强事中事后监管，保障医疗安全。组建福建省临床安全用药监测网，建立用药错误报告和监测制度，促进临床合理用药及用药安全。强化医院感染管理，在全省县级医院和基层医疗卫生机构组织开展拉网式专项检查和培训。加强医疗废物管理，推动医疗废物集中处置网络向基层网底延伸，推进边远小型医疗机构医疗废物“小箱进大箱”，实现医疗废物集中处置全覆盖。

【中医药工作】 2016年，福建省制定实施《福建省中医药健康服务发展规划（2016—2020年）》。推动全省所有公立中医医院纳入公立医院改革范围，推广尤溪县中医院“互联网＋中药房”管理经验，在深化医改中发挥中医药作用。

实施基层中医药服务能力提升工程，15所县级公立中医医院综合服务能力提升，建设基层医疗卫生机构中医馆134个，基层中医药服务量比重提高到22%。建成4个全国综合医院中医药工作示范单位。加强中医药继承创新和人才培养，国家级和省级重点专科分别达到40个、61个，培养国家级和省级优秀中医临床人才62名、老中医药专家学术经验继承人238名。三明市列入国家中医药综合改革试验区。

【计生服务管理】　2016年1月1日起，福建省与全国同步实施全面两孩政策。2月19日，省十二届人大常委会第二十一次会议通过《福建省人大常委会关于修改〈福建省人口与计划生育条例〉的决定》。

实施全面两孩政策。福建省委办公厅、省政府办公厅印发《关于坚持完善计划生育目标管理责任制的实施意见》，及时做好政策衔接。全面推行生育登记网上办理、一站式服务和承诺制。制订实施全面两孩政策风险防控预案，加强出生人口监测预警。发挥卫生计生资源整合优势，实时共享住院分娩、终止妊娠、出生证管理、节育手术、婚前检查、预防接种、居民健康档案等7类人口健康信息。加强与公安、民政等部门的信息共享，出生人口信息质量明显提高，基本做到政策实施过程风险可控，生育水平没有出现大的波动。

提升妇幼健康服务保障能力。加强县级以上医疗保健机构产科建设，扩增床位，建立产科床位预警监测。加强再生育指导、咨询，针对再生育对象尤其是高龄再生育人群提供健康评估和备孕指导等个性化服务，为再生育人群保驾护航。加强产、儿科危重症救治网络建设，完善孕产妇危重症监护救治网络和新生儿救护网络，提高危重症救治能力。推进基层妇幼保健与计划生育技术服务机构整合，实现资源整合、优势互补。乡（镇、街道）计生办更名为卫生计生办，增加公共卫生和综合监督职能。计生服务所更名为卫生计生服务中心，协助卫生计生办和乡（镇）卫生院做好宣传倡导、组织动员、访视咨询等服务。截至年底，全省所有县（市、区）基层妇幼保健与计划生育技术服务机构整合全部完成。

建立计划生育家庭发展支持体系。调整完善计划生育利益导向机制。按照老人老办法、新人新办法的原则，明确奖励优待办法，调整计划生育贡献奖励制度。将城镇下岗失业人员纳入部分计划生育家庭奖励扶助范围，出台部分计划生育家庭免费体检等政策。加大计生特殊家庭扶助力度。通过开通绿色通道、优先将特殊家庭成员纳入家庭医生签约服务试点等方式，多方面为计生特殊家庭提供就医便利。将符合特殊家庭扶助条件，且现有第三代的特别扶助对象纳入独生子女伤残死亡家庭特别扶助制度。探索推进医养结合。协调相关部门共同制定下发加强医疗机构与养老机构合作、开展医养结合试点、加强社区居家养老服务等相关文件，从政策层面推动多种医养结合模式共同发展。

完善计划生育服务管理。推动计划生育工作重点由管理向服务转变，开展计划生育技术服务创新和基层计生规范化服务管理改革试点，实施婚育健康全程服务，提升育龄群众的生殖健康水平。与泉州市联合在晋江开展计划生育规范化服务管理改革试点。落实二孩生育登记服务管理工作，明确登记信息的录入平台和相关技术规范，加强登记信息的统计分析。根据新修订的条例及时对PIS系统有关再生育审批条件进行修改，方便基层办证的登记与统计。开发完成福建省PIS系统与国家PADIS平台的互联互通接口，实现数据互联互通。

（陈　涌）

体　育

【群众体育】　2016年，福建省积极推进公共体育设施建设，投入体彩公益金7080万元，新建120个多功能运动场、50个室内健身房、50个笼式足球场和10个拼装式游泳池。争取中央转移支付2081万元，支持各地建设全民健身设施29个。安排300万元专项资金，引导支持各地对使用寿命到期和损毁的全民健身路径器材进行更新。完善城市社区15分钟健身圈建设。各地通过多种形式完善群众身边体育设施，新建一批健身路径、体育公园。

开展全民健身活动。以购买服务的方式支持各体育协会承办各类全民健身活动，全年组织各级各类群众性比赛活动3108场，直接参与人数近160万人次。举办“践行新理念·服务十三五”第四届省直机关全民健身系列竞赛活动。完成2016年“我爱足球”中国足球民间争霸赛暨福建省全民健身运动会

2016年10月30日，2016武夷山国际马拉松赛在武夷山举行

（省体育局供稿）

足球总决赛。开展全国百城千村健身气功交流展示系列活动40多场，举办第四届全省健身气功站点联赛。按照“一地一品”的要求，各地注重培养品牌赛事，发展一大批具有影响力的全民健身活动。举办福州中华龙舟大赛，厦门“群星风采广场舞大赛”交流展示活动，泉州海上丝绸之路环泉州湾国际公路自行车赛，漳州2016年中国·东山岛首届国际自行车赛，三明泰宁环大金湖世界华人山地马拉松赛，莆田首届莆田市职工运动会，南平第五届全国气排球公开赛，龙岩第三届羽毛球文化节，宁德霞浦（三沙）国际山地马拉松赛以及平潭综合实验区的“海洋杯”中国—平潭国际自行车公开赛，均受到社会各界好评。

完善体育组织建设。完成15个省级体育协会作为第一批试点单位脱钩。完成各级社会体育指导员培训任务，全省社会体育指导员注册人数5.6万人。投入520万元对4000个全民健身活动站点进行挂牌，为在站点上岗的社会体育指导员配发工作服装。举办首期高校健身气功师资培训班，全年培训各级健身气功社会体育指导员5000多人。龙岩市在全省率先实施医保健身“一卡通”。

2016年5月21日，2016中美篮球对抗赛在福州马尾举行 （省体育局供稿）

【竞技体育】 2016年，福建省籍运动员在里约奥运会再创佳绩。福建省入选中国代表团的22名运动员有4人获得金牌、1人获得银牌、2人获得铜牌，对中国体育代表团金牌贡献位列全国第三。备战天津全运会，实施全运课题攻关计划，成立备战天津全运会工作领导小组和备战办公室，召开冬训动员大会，创造性开展冬训考核工作，制定各项目组冬训目标指标表，出台考核奖惩办法，推动冬训工作指标目标一体化。建立局领导定期下运动队常态机制，坚持每周深入运动队一线，督促检查队伍训练情况，协调解决有关问题。推进训科医一体化，为运动队提供科医保障。协助落实食堂就餐、宿舍、用电用水等各项后勤服务工作。

足球改革发展工作取得初步成果。将足球项目纳入福建体育“十三五”规划，建立福建省足球改革联席会议制度，召开第一次联席会议及福建省足球协会调整改革动员会议，制订出台《福建省足球改革发展联席会议各成员单位职责分工》。

省运会筹办工作。成立第十六届省运会督查组，定期前往宁德市开展调研督查，重点检查和指导比赛场馆的建设施工进度，确保拟新建、改造的15个场馆能够按照时间节点如期完工。指导宁德市建立省运会组委会及各执委会组织架构，完善筹委会1办16部筹备机制，完成省运会筹备工作重要事件节点图版上墙，会徽、会标、主题口号等征集活动有序开展。

【青少年体育】 2016年，福建省竞技体育后备人才体系日趋完善。完成省级青少年年度竞赛35场次，共计1万多名青少年运动员参赛。组织开展全省中小学生体育联赛，举办省级联赛12场次，报名参赛的学生达5000多人。探索中小学生体育联赛改革，以篮球项目为试点，在省级联赛的基础上，增加男

2016年6月13日，海峡两岸跆拳道大赛在平潭举行 （省体育局供稿）

子初、高中组“冠军杯”赛。完成“2017—2020年周期国家高水平体育后备人才基地”迎评工作，全省20个基地列入国家体育后备人才基地统评认定范围，其中7个基地列入国家高级体育后备人才基地统评认定范围。

青少年体育活动蓬勃开展。承接全国青少年体育俱乐部乒乓球联赛和全国青少年户外营地（福建站）夏令营活动，来自全国33个省（市）50支代表队850人参加活动和比赛；组织开展全省青少年体育俱乐部、青少年校外体育活动中心、青少年户外营地夏令营和中小学生趣味、棋类、模型、定向测向等“阳光体育”活动15场次，万余名青少年学生参与各项目竞赛活动。组队参加全国青少年“未来之星”阳光体育夏令营和体育大会活动以及全国青少年体育竞赛活动。

严抓运动员参赛资格，完善赛前运动员文化测试制度。全年完成新注册运动员1.3万名，青少年运动员总注册人数达到3万人，核查外省籍注册运动员学籍情况800多例。实施赛前运动员文化测试，完善题库，提升测试质量。全年参加赛前文化测试的总人数9600多人，及格率达85%。与马拉多纳国际品牌管理有限公司开展合作，邀请阿根廷优秀教练团队前来指导授课，提升校园足球的教学与训练水平。

【体育产业】　2016年，福建省体育产业完成总产出（总规模）3138.72亿元，实现增加值1061.56亿元，占全省GDP比重4.09%，稳居全国第一。会同省财政厅、省旅游局等部门制订出台《福建省体育产业“十三五”规划》《关于加强体育产业人才培养工作的通知》《福建省体育产业基地管理办法》《福建省健身服务标准》《福建省体育旅游休闲基地建设与服务规范（试行）》等引导和支持产业发展的政策文件。

发挥体育产业专项资金扶持作用。全年资助231个项目，共5700万元，带动投资10.27亿元。补助县（市、区）新建16个体育场馆，补助金额860万元，带动投资6.7亿元。下达人才培养专项资金500万元，体育产业人才培养体系初步建立。向上申请中央财政补助资金，共有25个场馆获得补助752万元，省级财政按1∶1配套补助752万元。制订出台《福建省中型体育场馆免费低收费开放补助资金管理办法（试行）》，补助全省53个中型场馆共800万元，成为全国第一个制定中型体育场馆向社会免费和低收费开放进行资金补助的省份。

体育彩票销量稳步增长。全年销售体育彩票80.66亿元，比上年增长4.69%；筹集公益金22.77亿元，增长7.1%。同时，全省新增858个终端，比上年增长11.52%，为社会提供近1700个就业岗位。

2016年9月22日，国际风筝冲浪赛在平潭举办

（省体育局供稿）

2016年福建省运动员参赛获全国冠军名录

类别	项目	姓名	比赛名称	比赛小项	时间	地点	备注
最高级	帆板	肖垒业	全国帆板锦标赛	男子T293级长距离	9.5—12	烟台	
最高级	帆板	卢云秀	全国帆板锦标赛	女子RS:X级长距离	9.5—12	烟台	
最高级	帆板	蔡荣耀	全国帆板锦标赛	男子T293级障碍赛	9.5—12	烟台	
最高级	帆板	陈思蓉	全国帆板锦标赛	女子T293级障碍赛	9.5—12	烟台	
最高级	帆板	卢云秀	全国帆板锦标赛	女子RS:X级场地赛	9.5—12	烟台	
最高级	帆板	蔡荣耀	全国帆板锦标赛	男子T293场地赛	9.5—12	烟台	
最高级	帆板	陈思蓉	全国帆板锦标赛	女子T293场地赛	9.5—12	烟台	
最高级	帆船	杨斌	全国帆船锦标赛	男子芬兰人长距离	10.18—23	珠海	
最高级	帆船	杨斌	全国帆船锦标赛	男子芬兰人场地赛	10.18—23	珠海	
最高级	帆船	陈惠超	全国帆船锦标赛	男子激光级场地赛	10.18—23	珠海	
最高级	击剑	陈海威	全国击剑锦标赛	男花个人	9.21—28	合肥	
最高级	击剑	陈海威	全国击剑锦标赛	男花团体	9.21—28	合肥	
最高级	击剑	陈敏	全国击剑锦标赛	男花团体	9.21—28	合肥	
最高级	击剑	施嘉洛	全国击剑锦标赛	男花团体	9.21—28	合肥	
最高级	击剑	黄永希	全国击剑锦标赛	男花团体	9.21—28	合肥	
最高级	击剑	乐慧林	全国击剑锦标赛	女花个人	9.21—28	合肥	
最高级	击剑	林声	全国击剑锦标赛	女重个人	9.21—28	合肥	
最高级	激流	全鑫	全国皮划艇激流回旋锦标赛	男子单人皮艇	9.24—28	洛阳	
最高级	激流	叶泳涛	全国皮划艇激流回旋锦标赛	男子双人划艇	9.24—28	洛阳	
最高级	激流	黄永泽	全国皮划艇激流回旋锦标赛	男子双人划艇	9.24—28	洛阳	
最高级	技巧	陈楠	全国技巧锦标赛	混双全能套	5月	四川	
最高级	技巧	张磊	全国技巧锦标赛	混双全能套	5月	四川	
最高级	举重	邓薇	全国举重锦标赛暨里约奥运会选拔赛	女子63 kg抓举	4.9—12	龙岩	
最高级	举重	邓薇	全国举重锦标赛暨里约奥运会选拔赛	女子63 kg挺举	4.9—12	龙岩	挺举、总成绩破全国纪录超世界亚洲纪录
最高级	举重	邓薇	全国举重锦标赛暨里约奥运会选拔赛	女子63 kg总成绩	4.9—12	龙岩	
最高级	举重	吴景彪	全国举重锦标赛暨里约奥运会选拔赛	男子56 kg抓举	4.16—19	浙江江山	
最高级	马拉松游泳	张子彬	全国马拉松游泳冠军赛	男子团体	4.24—28	汕尾	
最高级	马拉松游泳	韩栎都	全国马拉松游泳冠军赛	男子团体	4.24—28	汕尾	
最高级	马拉松游泳	翁境炜	全国马拉松游泳冠军赛	男子团体	4.24—28	汕尾	
最高级	皮划	林文君	全国皮划艇（静水）锦标赛	女子200 m单人划艇	9.22—25	福建长乐	
最高级	拳击	杨晓丽	全国女子拳击锦标赛	女子81 kg	4.17—22	河北迁安	

续表

类别	项目	姓名	比赛名称	比赛小项	时间	地点	备注
最高级	散打	王文忠	全国武术散打冠军赛	男子 90 公斤级	8.10—14	无锡	
最高级	射击	游昌杰	全国射击团体、个人锦标赛	男子 50 米手枪慢射团体	9.18—9.25	南昌	
最高级	射击	吴剑锋	全国射击团体、个人锦标赛	男子 50 米手枪慢射团体	9.18—9.25	南昌	
最高级	射击	张秉琛	全国射击团体、个人锦标赛	男子 50 米手枪慢射团体	9.18—9.25	南昌	
最高级	射击	苏玉玲	全国射击团体、个人锦标赛	女子 25 米手枪团体	9.18—9.25	南昌	
最高级	射击	林月美	全国射击团体、个人锦标赛	女子 25 米手枪团体	9.18—9.25	南昌	
最高级	射击	蔡晓雪	全国射击团体、个人锦标赛	女子 25 米手枪团体	9.18—9.25	南昌	
最高级	射击	蔡晓雪	全国射击团体、个人锦标赛	女子 10 米气手枪团体	9.18—9.25	南昌	
最高级	射击	林月美	全国射击团体、个人锦标赛	女子 10 米气手枪团体	9.18—9.25	南昌	
最高级	射击	苏玉玲	全国射击团体、个人锦标赛	女子 10 米气手枪团体	9.18—9.25	南昌	
最高级	射箭	戴小祥	全国室外射箭锦标赛	男子团体淘汰赛、决赛	10 月	长兴	
最高级	射箭	王文选	全国室外射箭锦标赛	男子团体淘汰赛、决赛	10 月	长兴	
最高级	射箭	林顺民	全国室外射箭锦标赛	男子团体淘汰赛、决赛	10 月	长兴	
最高级	跆拳道	陈成志	全国跆拳道锦标赛	男子 58 kg	4.25—29	河北迁安	
最高级	跆拳道	黄建南	全国跆拳道锦标赛	男子 74 kg	4.25—29	河北迁安	代表解放军
最高级	跆拳道	魏小菁	全国跆拳道锦标赛	女子 53 kg	4.25—29	河北迁安	
最高级	套路	陈洲理	全国武术套路冠军赛	男子太极剑	8.23—26	天津	
最高级	体操	林超攀	全国体操锦标赛	男子全能	5 月	安徽	
最高级	体操	林超攀	全国体操锦标赛	男子双杠	5 月	安徽	
最高级	羽毛球	刘小龙	全国羽毛球锦标赛（单项）	男双	6.14—21	合肥	
最高级	羽毛球	欧烜屹	全国羽毛球锦标赛（单项）	男双	6.14—21	合肥	
最高级	田径	王庆铃	全国田径锦标赛	女子七项全能	9.14—17	天津	
最高级	田径	王乌品	全国田径锦标赛	女子三级跳远	9.14—17	天津	
最高级	田径	郑幸娟	全国田径锦标赛	女子跳高	9.14—17	天津	

（冯松鹏）

编辑：林丹英

《福建省“十三五”卫生计生事业发展专项规划》

福建年鉴 FUJIAN YEARBOOK 2017

社会生活

劳动就业管理

【就业】 2016年，福建省城镇新增就业60.73万人，下岗失业人员再就业14.56万人，其中城镇就业困难人员再就业4.02万人，期末城镇登记失业率3.86%，新增农村劳动力转移就业38.48万人，全省就业局势继续保持总体稳定。

实施积极就业政策。落实“就业创业十五条”“返乡创业十二条”等新时期就业政策，形成鼓励吸纳就业、促进自主创业、困难人员援助、就业服务等4个系列30余项创新举措，打造福建特色的“就业政策超市”。实施“稳就业、防失业、促创业”行动计划，落实失业保险支持企业稳定岗位补贴政策，2016年，全省就业补贴支出4.37亿元，惠及企业2.94万家，职工140.58万人。

统筹推进各类群体就业。实施大学生就业创业促进计划，高校毕业生就业率96.28%。推进“三支一扶”等服务基层项目，做好残疾人、农村贫困劳动力、退役军人等重点群体就业帮扶。实施人社系统精准扶贫攻坚行动计划和推进精准就业扶贫六条措施，将建档立卡贫困家庭劳动力纳入就业困难人员对象范围。做好化解过剩产能职工分流安置工作，全省36家钢铁、煤炭化解过剩产能企业完成职工分流近6000人，通过国家验收。

持续加大创业扶持力度。落实创业项目扶持、创业担保贷款贴息、创业带动就业补贴等创业扶持政策。推进各类创业创新载体建设，制定出台创业大本营管理办法，实施分档补助。加强创业指导服务，出台创业导师管理办法，为各类创业者提供针对性创业指导和跟踪服务。

【和谐劳动关系创建】 2016年，福建省将和谐劳动关系构建工作列入对市（县）党政领导班子绩效考评和省综治考评内容；在全省推广厦门市“1118”和谐劳动关系创建模式，推进和谐劳动关系创建活动。建立健全协调劳动关系三方机制，完善运作机制，成立福建省协调劳动关系三方委员会，发挥三方机制的作用。以小微企业为重点，提高劳动合同签订率和履行质量，依法规范企业裁员行为和劳务派遣用工。截至年底，全省企业劳动合同签订率96.83%。以工资集体协商为重点，推进集体协商和集体合同制度，截至年底，全省集体合同签订率达88%。做好供给侧结构性改革劳动关系处理工作，完善职工安置相关应急预案，维护社会安定稳定。

【收入分配】 2016年，福建省调控企业工资分配，推进国有企业负责人薪酬制度改革，省委管理企业负责人2015

2016年6月22日，福建省首届高校毕业生“走进市场”主题活动在福州举办，图为活动现场 （省人社厅供稿）

年度薪酬审核兑现，并完成信息公开、备案工作；各设区市和平潭综合实验区改革意见获批复并印发实施。制定并印发《福建省人力资源和社会保障厅关于推动企业建立健全职工薪酬和职业技能等级挂钩分配制度的通知》，引导企业建立与技能相挂钩的工资收入分配制度。建立企业薪酬信息发布制度，全年发布通用工种价位信息3195条。省、市两级工资指导线均发布，省级工资指导线上线为12%，基准线为8%，下线为2%。在全省6个行业、150家企业开展人工成本监测工作，定期发布监测分析报告。健全最低工资标准评估机制，对福建省“十二五”以来最低工资标准的调整情况和实施效果开展评估。

机关事业单位工资调标。在2014年调标基础上，按照国家文件要求继续抓好6类人员基本工资标准调整实施工作，并对4项特岗津贴进行调整。

“1+X”专项督查。根据福建省纪委“1+X”专项督查要求，在全省部署开展规范公务员津补贴和事业单位实施绩效工资专项督查。

省属事业单位绩效工资。构建体现行业特点的省属公立医院收入分配制度，会同相关部门研究制订《福建省属公立医院工资总额管理暂行办法》《福建省属公立医院院长目标年薪制管理办法》《福建省属公立医院院长年度绩效考核办法（试行）》等医改配套文件；组织省属事业单位绩效工资总量申报核定。

【劳动争议仲裁】　2016年，福建省各级劳动人事争议调解仲裁机构处理劳动人事争议案件52123件，其中立案受理26596件，各类调解组织调解20375件，仲裁结案率94.84%，调解成功率66%。基层调解组织组建率位居全国前列，全省1069个乡镇（街道）有983个建立基层劳动争议调解组织，组建率91.96%（泉州、厦门100%）；全省5406家大中型企业有4701家成立企业劳动争议调解组织，组建率86.96%。在仲裁院实现全覆盖的基础上，进行办公办案基础设施建设，建成103个专用仲裁庭，同时调整组建劳动人事争议仲裁委员会77个，调整组建率达81.91%。

【劳动监察】　2016年，福建省出台《关于全面治理拖欠农民工工资问题的实施意见》，明确治理拖欠农民工工资问题的具体工作措施和要求。完善解决企业工资拖欠问题联席会议制度，落实建设施工领域行业主管部门处置欠薪责任体系，构建齐抓共管机制。推进劳动保障监察执法能力建设，出台加强劳动保障监察执法能力建设意见。开展创建“无欠薪项目部”活动，全省有2295个项目部参与创建，其中政府投资的1107个工程建设项目全部参与创建。推进工资支付诚信体系建设，联合13个省直部门出台《福建省用人单位工资支付行为守信激励和失信惩戒暂行规定》。加强劳动保障监察执法，强化劳动保障监察行政执法与刑事司法衔接机制，开展解决企业工资拖欠问题、清理整顿人力资源市场秩序、用人单位遵守劳动用工和社会保险法律法规等专项检查，全年检查用人单位3.85万个，涉及劳动者172.21万人，办结各类违法案件1.49万件，2017年春节前实现农民工工资基本无拖欠。

（胡焕昌）

人力资源管理

【公务员队伍建设】　2016年，福建省推行县以下机关公务员职务与职级并行制度，会同省委组织部按照中央文件精神，完成首轮职级晋升工作。扩大聘任制公务员试点，将福建自贸区纳入试点范围，全年福州片区聘任2人、厦门片区聘任2人、平潭片区聘任3人。

公务员考试录用。实施公务员“四级联考”，全年招录公务员3930人。开展公安机关人民警察招录培养制度改革，组织公安院校公安专业应届毕业生专项招考工作，落实艰苦边远地区的招考政策，缓解艰苦边远地区基层一线岗位“招人难、留人难”问题。组织公开遴选公务员工作，畅通基层公务员向省级党政机关流动渠道。紧盯考务安全，严肃考试纪律，严格考风考纪，打击作弊行为。

公务员考核奖励。推进全省38个试点单位（县市区）开展公务员平时考核试点工作，在建立分级分类考核指标体系、创新考核方法手段和强化考核结果使用三个方面积累经验。制定评比达标表彰实施细则，规范评比达标表彰工作程序，按照115项保留项目开展表彰工作，发挥表彰奖励的激励导向作用，提升公务员队伍活力。根据国家部署，做好福建省评先表彰推荐工作，累计推荐候选对象先进集体41个、先进工作者69名。做好全省评先表彰和奖励工作。新确认福建省受国家部委表彰并享受省部级劳动模范和先进工作者待遇人员45名。

公务员培训与监督。开发“习近平生态文明建设思想与福建经验”公务员培训课程，组织开展突发事件处置、扶贫工作、生态环境等专题培训，全省培训8.6万人次。修订《福建省公务员局培训基地认可管理办法》，评估确认64个公务员培训基地。组织实施公务员职业道德建设工程，建立首批公务员诚信红黑名单。完善公务员申诉制度体系，组建公务员申诉公正委员会。

【高层次人才培养】　2016年，福建省加强高层次人才选拔和培养。开展享受国务院政府特殊津贴人员选拔、第三批省特支计划高层次人才选拔、产业人才基地和企事业人才高地评选工作，建成高层次人才信息共享平台。做好第二批省特支计划高层次人才选拔后续工作。跟踪做好百千万工程人选、博士后、青年人才等109名高层次人才赴国（境）外开展访问研修、联合技术攻关等工作。坚持创新驱动，推进博士后创新平台建设。出台《关于贯彻国务院办公厅改革完善博士后制度的实施意见》，在博士后人员职称评聘、人才培养、创业创新、管理服务等方面提出改革和支持举措。加大博士后资助力度，省财政资助招收博士后研究人员 78 人，并参照国家标准给每人发放一次性 8 万元经费。做好“香江学者”计划和“博士后创新人才支持计划”人选申报推荐、博士后科学基金特别资助项目和面上资助项目申报推荐、博士后学术交流项目申报等工作，组织全省博士后工作座谈会，与全国博士后管委会办公室、中国博士后科学基金会联合举办全国博士后论坛。实施国家和省“外专千人计划”等高端引智项目，开展引进高层次人才评价认定工作，新增高层次人才 1.2 万人。

【人才智力引进】 2016 年，福建省优化福建自贸区外籍人才服务环境，出台《〈福建自贸试验区境外引进高层次人才确认函〉办理工作流程（试行）》，在全国率先向自贸区授权实施外国专家来华工作许可，会同省公安厅制订、实施自贸区外国人才工作及居留许可优惠政策。启动实施短期来华工作外国专家邀请函办理工作，符合条件外国专家凭函向中国驻外签证机构申办 F 签证。简政放权，取消聘请外国专家单位资格认可（备案）等 3 项外专行政审批审核事项，将外国专家来华邀请函办理事项下放福州市。取消来闽工作外籍高层次人才年龄限制，免办工作许可、学历认证，简化《外国专家证》申办程序和申请材料。制订实施外国人来华工作许可“两证整合”工作方案，理顺福建省外国人来华工作管理体制机制。福州大学入选全国首批地方高校“高校国际化示范学院推进计划”试点，两所高校获批全国首批地方高校学科创新引智基地。与国家外专局联合举办国家“外专千人计划”专家福建厦门行活动，首次举办在闽高端外国专家休假暨建言献策活动，组织 7 名在闽工作高端外国专家赴京参加李克强总理会见座谈活动。先后组织 117 个重点企事业单位赴深圳和宁波分别参加第十四届中国国际人才交流大会以及日本技术士会人才项目对接活动。全省立项实施国家和省高端引智项目计划 149 个，通过项目实施及工作许可引进高端外国专家 2187 名。为 1802 人次外国专家办理外国专家来华工作许可和外专证。获批出国培训项目 14 个，推荐 23 名各类人才公派出国留学。

【技能人才队伍建设】 截至 2016 年底，福建省技能劳动者总数达 576 万人，其中高技能人才 95.6 万人。全年新增高技能人才 8.29 万人，其中新增技师、高级技师 7168 人。新增享受国务院政府特殊津贴高技能人才 7 人，新增中华技能大奖 1 人、全国技术能手 3 人，新增福建省技能大师 29 人。

开展职业技能竞赛年活动。制订实施《福建省职业技能竞赛管理办法》，形成省市级竞赛为主体、企业岗位练兵为基础的技能竞赛体系。组织第 44 届世界技能大赛福建省选拔赛，有 4 名选手入选该赛事全国集训队；组织第七届全国数控技能大赛福建省选拔赛，有 9 名选手进入前 20 名。组织举办省级一类职业技能竞赛 13 场、二类职业技能竞赛 3 场。

推进技工教育改革发展。推动技工院校与中职学校同政策、同待遇、同发展。加大技工学校招生工作力度，完成招生 32311 人，其中全日制 29810 人，比上年增长 42.2%。开展技校教师高级专业技术职务任职资格评审工作，首次评出技校正高级教师 3 人、副高级教师 19 人。深化技工学校工学一体化课程教学改革，厦门技师学院被人社部确定为第三批一体化课程教学改革试点“建筑施工”专业牵头单位。组织举办一体化课程教学改革现场观摩活动。深化校企合作，探索开展“招工即招生、招生即招工、企校双师联合培养”的企业新型学徒制试点。

开展职业培训。全省完成职业培训 30.45 万人，其中“春潮行动”——农民工职业技能提升培训 24.5 万人次、“互联网+”从业创业人员培训 16.2 万人次、农村贫困人口职业技能培训 2.26 万人次。完成 23 个扶贫开发工作重点县实训基地项目建设，面向社会提供示范性技能训练和职业技能鉴定服务。全省组织职业技能鉴定 47.04 万人，取得职业资格证书 38.25 万人。深化职业资格改革，国务院公布取消的 7 批次 434 项职业资格全部停止认定，开展各类行业准入证、上岗证等清理。组织开展机关事业单位工勤人员升级考核，报考 6398 人，涉及 87 个工种，评审技师

2016 年 6 月 28 日，第 44 届世界技能大赛福建省选拔赛在福州开幕，图为数控项目比赛场景
（省人社厅供稿）

383 人。

【专业技术人才继续教育】 2016 年，福建省推进专业技术人才知识更新工程，组织“可持续桥梁工程与新技术”等 5 个国家级专业技术人才高级研修项目，共有 380 名高中级专业技术人员参加研修。审核下达 2016 年全省专业技术人才知识更新工程高级研修项目计划共 95 个，其中高级研修示范项目 43 个、普通项目 52 个。选送 78 名高中级专业技术人员参加外省（市）国家级高研班的学习研修。

【事业单位人事制度改革】 2016 年，福建省研究起草全省深化职称制度改革实施意见，制订《关于进一步深化科技人员职称评价改革的若干意见》，组织开展 20 多个系列职称评审工作，新增高级职称人员 6000 人。落实事业单位人事管理条例，全面实施中小学职称制度改革，评审正高级教师 82 人。

【军转干部安置】 2016 年，福建省完成中央下达福建省 1819 名军队转业干部安置任务。执行中央放宽军转干部安置条件的政策要求，对功臣模范和长期在艰苦边远地区以及从事飞行、舰艇、涉核等特殊岗位工作的军队转业干部优先照顾，对荣立二等功或战时三等功以上奖励的在依序择岗时给予优先择岗；突出师团职安置重点，提高安置工作满意率。做好自主择业军转干部管理服务，开展军转干部教育培训。

（胡焕昌）

社会人群

【妇女儿童概况】 2016 年，福建省常住人口有女性 1902 万人，占人口比重 49.1%；0～14 岁妇女儿童 635 万人，占人口比重 16.4%。

改善妇女儿童健康状况。2016 年起，福建省城乡医疗救助基金政府筹集标准从上年度的医疗救助对象每人每年 200 元提高到 400 元，新型农村合作医疗和城镇居民基本医疗保险政府补助标准从上年度的每人每年 380 元提高到不低于 420 元。全年全省孕产妇系统管理率达 91.7%，3 岁以下儿童系统管理率达 92.75%。适龄儿童免疫规划疫苗接种率保持在 99%以上。女性人均预期寿命达 78.64 岁。

保障妇女儿童受教育权利。2016 年，全省开工建设公办幼儿园 100 所，增加学位 3 万个，适龄幼儿入园率比 2010 年提高 7.5 个百分点，达 97.5%。全省所有普通高中面向符合条件的随迁子女开放，率先出台实施“异地高考”政策，福建省成为全国第七个全面通过义务教育发展基本均衡县督导检查的省份，在全国先行启动全省性义务教育管理标准化学校建设与评估。首批确认 392 所管理标准化学校，义务教育标准化学校完成率达 100%。女性高中阶段毛入学率达 94.1%，女性接受高等教育的比例逐步上升，在校生性别结构基本保持平衡。

提升妇女儿童的社会保障和福利水平。2016 年起，农村低保省定最低标准由家庭年人均收入 2300 元提高到 2650 元。省级财政年人均分档补助标准由 1720 元提高到 2070 元。福建省专门出台加强困境儿童福利保障工作的实施意见，全省有儿童福利机构 58 个，流浪未成年人救助保护中心 68 个（其中经编办批复成立的有 12 个），农村留守儿童、流浪未成年人得到更多关爱和保护。在全国率先打造“妈妈小屋”服务女职工平台。

提高妇女在政治经济领域参与发展的积极性。福建省出席党的十八大代表中女性比例为 34.1%，十二届全国人大福建代表中女性比例为 25.4%，均高于全国平均水平；省第十次党代会代表中，女性比例为 29.03%，比上届提高两个百分点。加大妇女人才培养选拔力度，在全国率先出台《关于支持女性人才成长的十项措施》，女性公务员考录数量占比逐年递增。制订《福建省 2014—2018 年妇女干部教育培训规划》。

推进妇女儿童保护法制化进程。省人大常委会开展《中华人民共和国妇女权益保障法》执法检查，并对省政府落实《中华人民共和国妇女权益保障法》及《福建省实施〈中华人民共和国妇女权益保障法〉办法》审议意见开展满意度测评。省政府建立法规政策性别平等咨询评估机制，推动性别平等理念纳入法规政策的制定和实施，从制度源头保障妇女儿童权益。推动农村留守儿童关爱保护立法。各相关部门制定出台一系列政策意见，统一司法尺度，依法保障农村妇女土地权益。推进“护校安园”专项行动，打击拐卖、性侵等暴力侵害妇女儿童合法权益的违法犯罪行为。

根据 2016 年国务院妇儿工委对福建省妇女、儿童两纲实施情况开展的中期评估结果显示，福建省妇女发展纲要（2011—2020）7 个领域 55 个可量化指标中，16 个提前达到 2020 年终期目标，38 个预期可达标；福建省儿童发展纲要（2011—2020）5 个领域 38 个可量化指标中，16 个提前达到 2020 年终期目标，20 个预期可达标。

（魏　玮）

【青年人概况】 2016 年，福建省有 14～28 周岁青年 652.97 万人，其中团员 270.58 万人，团青比例为 41.44%。团员分布情况为：农村占 23.39%，城市社区占 5.62%，学校占 53.70%，机关事业单位占 3.51%，国有企业占 2.98%，“两新”组织（新经济组织、新社会组织）占 10.79%。

纪念五四运动 97 周年暨青年典型分享会。2016 年 5 月 4 日，福建省纪念五四运动 96 周年暨“聚焦创新创业，助力脱贫攻坚”青年典型分享会在福州举行。会议表彰第十三届福建青年五四奖章集体和个人、2015 年度福建省五四红旗团委、团（总）支部、优秀共青团员、优秀共青团干部等先进集体和个人。

第十四届海峡青年论坛。2016 年 6 月 12—13 日，第十四届海峡青年论坛在厦门举办。该届论坛以“中国梦·中华情”为主题，来自海峡两岸的青年社团负责人、青年企业家代表、金融青年代表、青年学生代表及专家学者等1000余人参加论坛。

第十届中国青年科技创新馆。2016年6月18日，第十届中国青年科技创新馆在福州海峡国际会展中心开幕。该届青年科技创新馆由共青团中央主办，以“青年＋创新创业”为主题，面向青年科技工作者、青年学生、企业家等征集遴选15个优秀项目实物展出。

全国职业学校创新创效创业大赛决赛。2016年8月12日，全国职业学校创新创效创业大赛决赛在福建师范大学举行，该次决赛以“匠心筑梦，创绘青春”为主题，自2016年3月启动以来，福建省征集到72件参赛作品，1500多所中职学校和680多所高职学校的近1.5万名学生直接参与竞赛，复赛收到全国32个省级组委会报送的999件作品，最终确定384件作品入围决赛。

21世纪海上丝绸之路青年创新大会。2016年9月25日，21世纪海上丝绸之路青年创新大会在海上丝绸之路起点城市——泉州举行，来自印度、菲律宾、马来西亚、意大利等18个国家和港澳台地区近130名青年企业家与福建省青年企业家及青年创业者参加大会，该次大会旨在为海丝沿线青年企业家搭建常态化交流合作平台，进行创新创业项目经贸交流。

闽港澳青年重走长征路活动。2016年10月27日至11月1日，60名闽港澳青年骨干开展重走长征路活动，该次活动由团省委、省港澳办、省国际文化经济交流中心和有关港澳社团联合主办，参与活动的闽港澳青年骨干到福建龙岩、江西瑞金、贵州遵义、陕西延安等地，探访红色遗迹，重温长征精神，开展公益捐赠，参加社会实践。

（杨荣章）

【老年人概况】 2016年底，福建省60周岁及以上老年人口532万，比上年净增17万人，占总人口的13.73%；65周岁及以上老年人口333万，净增9万人，占总人口的8.6%；80周岁及以上高龄老人92.4万人，净增5.85万人，占总人口的2.39%。全省有空巢老人119.64万人，比上年增加5.33万人，占老年人口的22.49%。全省有百岁及以上老人2007人，比上年净增109人，占人口总数的十万分之5.18，较上年提高十万分之0.24。其中，男性389人，占19.38%；女性1618人，占80.62%。城市410人，占20%；农村1597人，占80%。从地区分布看，福州市与泉州市百岁老人数量均为337人，并列各设区市之首；漳州市300人，居次位。百岁老人数量前三名的县（市、区）分别为：福清市97人、南安市85人、莆田市秀屿区84人。全省百岁老人最多的乡（镇）、村（居）分别为莆田市秀屿区平海镇20人、平海镇平海村7人。全省最长寿老人为三明市三元区中村乡杜水村的邓发姬（女）119岁；最高龄的男性为宁德市寿宁县鳌阳镇解放街的张达平112岁。

（颜全驰）

【残疾人概况】 据第二次全国残疾人抽样调查，福建省有残疾人221万，占总人口的6.25%。其中，视力残疾35.6万人，听力残疾61.3万人，言语残疾2.7万人，肢体残疾49.9万人，智力残疾19.1万人，精神残疾16.3万人，多重残疾36.2万人。

残疾人康复。完成白内障复明手术1.1万例；实现全省0～6岁残疾儿童康复训练补助和人工耳蜗手术补贴制度化安排，为4591名残疾儿童提供康复救助；对1.4万名重性精神病患者进行综合防治康复；推进残疾人基本型辅具适配补贴全覆盖政策，为残疾人减免费用供应辅具1.5万件；配备社区康复协调员1.2万名；23.9万名残疾人接受社区康复服务。

残疾人教育和就业。特殊教育持续向两头延伸，残疾学生学前至大学阶段就学资助全覆盖制度化安排，44名残疾考生获得参加高考合理便利政策支持，188名残疾人考入大学，284名应届残疾大学生得到安置就业或继续升学。建立残疾人职业培训基地126个，1.39万人（次）残疾人获得职业技能和实用技术培训；发放残疾人就业创业补助资金2200多万元；新增残疾人就业1.5万人；盲人按摩事业稳定发展，盲人保健按摩、医疗按摩机构分别达280个和20个。

残疾人扶贫。2.9万户符合条件的残疾人纳入建档立卡范围。按照精准扶贫、精准脱贫要求，直接扶持5300多名农村残疾人开展种植、养殖，帮助

2016年6月，第三届海峡两岸社区治理论坛在厦门市举行（省民政厅供稿）

2.6万名农村残疾人增收、改善生活。为4400多户贫困残疾人家庭新建和修建住房，给予2830户残疾人家庭无障碍改造补助。

残疾人社会保障。落实困难残疾人生活补贴和重度残疾人护理补贴政策，58.5万人（次）残疾人获得补贴；落实残疾人参加居民养老保险政府代缴补助政策，67.5万残疾人参保；为36万名残疾人建立意外伤害保险；18.3万名残疾人纳入城乡低保。推进残疾人托养服务，2.4万残疾人得到机构托养或居家托养服务。

残疾人文化体育。推进残疾人参与、共享公共文化服务，开设省、市级电视手语栏目、广播电台残疾人专题节目共11个；省、市、县三级公共图书馆设立盲文及盲人有声读物图书室71个。建设省、市级残疾人群众体育活动示范点155个；培训残疾人体育健身指导员1831人；残疾人运动员参加第十五届残奥会，获3枚金牌、5枚银牌、1枚铜牌并超1项世界纪录、4项残奥会纪录、5项亚洲纪录。

（孙　闽）

【志愿者概况】　2016年，福建有青年志愿者210万人，注册青年志愿者150万人，“一助一”长期结对服务对象20万对，累计有6000多万人次青年志愿者为社会提供超过4.4亿小时的志愿服务。

青年扶贫志愿者行动。青年志愿者结对扶贫开发的对象有建档立卡贫困户，覆盖全省41个县，结对贫困户806户。累计参与志愿者1720人，建立服务团队299支，开展活动428次，提供志愿服务总时长15780小时。开展的扶贫项目包括就业创业引领扶贫、金融扶持扶贫、医疗卫生扶贫、助学关爱扶贫等。

青年信用体系建设。截至2016年1月31日，整合数据1048576人，名列全国试点省份第三位。探索信用高的青年免费购买人身保险，结合“暖冬行动”的开展，全省将参加“暖冬行动”的2万多名青年志愿者纳入信用体系系统，并免费购买人身意外保险。

共青团员义务星期六活动。推动团员注册成为青年志愿者。至年底注册团员青年志愿者153万名。全省团员青年开展社区服务、交通引导、春运暖冬、环境保护等各个类别、不同性质的志愿活动，弘扬志愿服务精神。全省全年开展“共青团员义务星期六”活动1200多场，参与活动人数20万多人次。

2016年福建省大学生志愿服务西部计划、欠发达地区计划。2016年7月21日，在福州联合举办“2016年福建省大学生志愿服务西部计划、欠发达地区计划表彰会暨志愿者出征仪式”，为参加志愿服务的428名大学生志愿者送行。大学生志愿者中的300名前往福建省三明市、南平市、龙岩市、宁德市等欠发达地区，128名（包含研究生支教团成员）赴宁夏、西藏、新疆等西部地区，开展为期1～3年的支教、支医、支农、扶贫等志愿服务。

青年志愿者助残阳光活动。活动以“四有”（即有助残服务阵地、有助残服务机制、有助残服务队伍、有助残服务活动）工作格局为基础，促结对、办活动、建基地、聚人才。2016年，全省有7.8万名志愿者与残疾人朋友结对，结对率72.8%，阳光行动阵地154个，1955个志愿服务团队与阵地结对；全年开展助残“阳光行动”活动1565场，126430名志愿者参与，服务残疾青少年89560人次。

关爱农民工子女志愿服务活动。关爱活动以机制、队伍、内容、阵地“四位一体”工作格局为引导，结合“微心愿”“七彩课堂”“七彩小屋”等活动平台，通过微博、微信、实地布置心愿树、心愿墙、实地授课、免费开放关爱活动阵地等方式，实现学校结对率100%，农民工子女结对率97.7%，服务农民工子女42万余名，为农民工子女圆愿3000个。

“我是共青团员，我是青年志愿者”共青团员义务星期六主题活动。2016年12月5日“国际志愿者日”前后，团省委组织全省基层团支部集中开展主题为“我是共青团员，我是青年志愿者”的共青团员义务星期六活动。全省各领域、各战线、各行业的34687个团支部、58.4万名团员青年参与此次共青团员义务星期六主题活动。

首届福建省志愿服务项目大赛。团省委联合省委文明办、省民政厅、省残联等单位共同举办主题为“志愿福建行　共筑中国梦”的首届福建省志愿服务项目大赛，收到申报项目395个，最终录取的100个项目分别获得金、银、铜奖和入围奖，获奖的项目均获得一定的资金扶持。同时，在第三届中国青年志愿服务项目大赛中，福建省志愿服务代表队获得四项金奖，厦门大学代表队获得公开路演最佳项目金奖。

（杨荣章）

社会保障

【城镇企业职工基本养老保险】　截至2016年底，福建省城镇企业职工基本养老保险参保人数（含离退休）达838.84万人，其中离退休人员129.23万人。全省122.37万名企业退休人员调整养老金待遇。老年人生活保障金制度发挥托底作用。做好县以上无力参保集体企业退休人员、未参保70岁高龄职工老年生活保障金发放工作。通过各项制度的落实，全省形成以老年生活补助为保底层、以基本养老保险为主体层、以企业年金为补充层的多层次养老保障体系。养老保险经办管理服务体系基本建立，形成以各级社会保险经办机构为主干、以银行及各类定点服务机构为依托、以社区劳动保障工作平台为基础的养老保障管理服务组织体系和服务网络，并逐步向乡镇、行政村延伸。全省企业退休人员社会化管理信息系统上线使用，实现企业离退休人员养老保险待遇领取资格人脸识别认证，并借助互联网技术达到手机、网络人脸识别认证。至此，全省电子社保建设覆盖业务申报、个人权益信息推送和查询、政策咨询以及资格认证等业务。至年底，全省纳入社会化管理服务的企业退休人员129.04万人，纳入社区管理人数108.48万人，社会化管理率99.85%，社区管理率84.07%。

【机关事业单位养老保险】 截至2016年底，福建省机关事业单位养老保险参保达129万人，年内为43.96万名机关事业单位退休人员调整养老金。在“分级统筹”构架下，执行“五个统一”，全省机关事业单位养老保险制度改革全面实施，新老（试点）制度衔接。先后出台《关于省直机关事业单位编制内已退休人员退休费转由省机关事业社会保险局支付相关问题的通知》《关于省级财政负担的退休人员待遇项目发放问题的通知》《关于省本级机关事业单位基本养老保险费及职业年金结算工作有关事项的通知》《关于福建省机关事业单位基本养老保险基金财务管理有关问题的通知》《关于省本级企业职工基本养老保险业务移交有关问题的通知》等配套文件，理顺改革实施进程中的相关工作，为改革经办顺利推进提供政策依据。按照政策规定和经办流程，促进养老保险费应收尽收，参保退休人员基本养老金按时足额发放。执行社会保险基金管理制度，实行基金预警制度，保障社保基金安全完整。全省离退休人员养老金社会化发放和养老金领取资格认证工作逐步开展。推进全省机关事业单位养老保险信息系统本地化建设，信息系统于2016年7月在全省上线使用。

【城乡居民基本养老保险】 截至2016年底，福建省城乡居民基本养老保险（简称“居民保”）参保人员1489.11万，参保率98.13%，平均缴费率94.7%，连续第二年实现所有市、县（区）缴费率均超过90%。2016年各月，各县（市、区）均做到养老金按时足额社会化发放。2016年7月1日起，居民保基础养老金省定最低标准提高至每人每月100元，12月底前完成待遇补发工作，全年完成待遇调整423.12万人，补发基础养老金4.43亿元，全省基础养老金加权平均水平达115.38元。启动第三批全民参保登记，整合生成4350万条人员信息，制作全民参保登记宣传片并在省级媒体播出，开展入户调查工作。提升信息化经办水平，村级信息化经办试点拓展到6个县的8个村；“福建居民养老保险”微信公众服务号及城市服务功能上线，政策查询、经办信息、权益记录查询、信息变更等业务实现网上经办；城乡养老保险制度衔接系统、新财务管理系统上线使用。

【失业保险】 截至2016年底，福建省参加失业保险人数575.52万人，其中农民工参保人数196.32万人。实施失业保险援企稳岗政策，会同省财政厅出台《关于阶段性调低福建省失业保险费率有关问题的通知》，全省失业保险费率在2015年由3%降至2%的基础上，从2016年5月1日起，单位缴费部分再降0.5%。落实失业保险支持企业稳岗减负举措，对所有符合条件的不裁员、少裁员企业，按该企业及其职工上年度实际缴纳失业保险总额的50%给予稳岗补贴，简化申请审核程序，2016年失业保险基金支持企业稳定就业岗位补贴支出43729.13万元，惠及企业29354家、职工140.58万人。做好全省失业动态监测扩面工作，全省失业动态监测企业国家样本将从844家增至2150家，监测岗位数从64.3万个增至111万个，提升失业统计监测分析水平。

【工伤保险】 截至2016年底，福建省参加工伤保险人数735.84万人，全省完成工伤认定3.13万例，劳动能力鉴定1.58万例。以开展建筑业工伤保险工作为重点，推进“同舟计划”，全省建筑业在建项目参保率94.8%，新建项目参保率98.4%。落实《福建省机关公务员和参照公务员法管理事业单位、社会团体工作人员参加工伤保险有关问题的通知》，全省机关公务员和参照公务员法管理事业单位、社会团体工作人员全部参加工伤保险。落实新调整的工伤保险费率政策，切实减轻企业负担，平均费率由0.75%左右降至0.59%左右，全省全年减轻企业负担5.17亿元。组织参加全国工伤保险知识微信竞答活动，全省参与人数111477人，参与率1.61%。

【社会保险基金监管】 2016年，福建省组织开展全省社会保险经办机构内部控制执行情况、企业职工退休审核审批工作专项检查，强化现场监督。运用社会保险基金监管软件，梳理医疗保险和工伤保险预警信息，加强网上监管。下发《关于进一步加强社会保险基金要情报告工作的通知》，建立要情季报告和零报告制度。出台《关于进一步加强社保经办机构内部控制工作的通知》，规范业务经办，防范和化解基金安全风险。会同公安部门印发《关于加强与公安机关协作配合严厉打击社会保险欺诈犯罪的通知》，建立社保欺诈案件查处和移送机制。配合审计部门开展2015年度预算执行情况和其他财政收支情况、2015年度省级社会保险基金筹集管理和使用情况、2015年度“社会保障和就业支出”科目预算执行情况、2016年度稳增长促改革调结构惠民生防风险政策措施落实情况和省本级医疗保险基金等5项审计工作，督促落实整改。

（胡焕昌）

社会救助

【最低生活保障】 2016年，福建省推进低保救助精准化、规范化，强化兜底保障功能。至年底，全省城市低保8.57万人，全年支出城市低保金4.8亿元，月人均补助水平398元，比2015年增长14%。全省农村低保46.1万人，全年支出农村低保金13.9亿元，月人均补助水平222元，比2015年增长18%。全省城市低保标准按当地最低工资标准的36%～42%确定，农村低保标准按不低于当地上年度农村居民人均生活消费支出的25%确定（且不低于2016年省定最低标准2650元），各地第一季度完成提标任务，全省城乡低保平均标准分别达6180元/年、3841元/年，有21个县（市、区）实现城乡低保标准一体化。完善落实跨部门、常态化的救助申请家庭经济状况核对机制，上半年完成城乡低保对象的清核认定，并通过台账比对等方式对农村低保对象、建档立卡贫困人口进行双向筛查，认定后的低保对象名单由县乡两级党政主要负责人签字确认，落实“应扶尽扶、应保尽保、应退则退”。此外，通过调整完善家庭收入核算方式，适当放宽因病致贫家庭、成年无业重度残疾人享受低保的条件，逐步实现低保救助从“收入型”贫困向“支出型”贫困适度延伸。

（吴艺林）

【医疗救助】　2016年，福建省有各类医疗救助对象232万人，其中，特困供养人员8.17万人（农村五保户7.7万人，城市“三无”人员0.46万人），低保对象56万人（城市低保对象8.8万人，农村低保对象47.15万人），建档立卡贫困人口34.44人，重点优抚对象6万人，革命“五老”人员0.73万人，计生特殊家庭成员1万人，重度残疾人31.8万人，低收入家庭老年人、未成年人及家庭重病患者93.93万人。落实省委省政府关于提高医疗救助筹资标准（由救助对象每人每年200元提高到400元）等为民办实事项目。省级财政全年下达医疗救助省级补助资金6.07亿元（含中央1.28亿元），各市、县级财政安排配套资金2.63亿元（不含厦门0.41亿元）。截至年底，全省累计实施医疗救助266万人次，支出医疗救助资金近6亿元，其中，资助医疗救助对象参保参合13571万元，特殊门诊救助7970万元，住院救助37695万元，其他861万元。根据省医疗体制改革安排，省民政厅负责的医疗救助管理职能于2016年9月划归新成立的省医保办。

（卢六周）

【农村五保供养】　至2016年底，福建省农村五保供养对象7.55万人，其中集中供养8415人，集中供养平均标准8480元/年，分散供养67051人，分散供养平均标准7481元/年。提高全省农村五保供养补助水平，全年支出五保供养金5.72亿元，月人均供养补助613元，比2015年增长10%。省政府印发《关于进一步健全特困人员救助供养制度的实施意见》，明确将农村五保供养制度、城市“三无”人员救济制度整合为特困人员救助供养制度，细化特困人员“三无”认定条件、救助供养标准和形式、供养服务机构建设管理等政策措施。按照“城乡统筹、分类定标”的思路，新供养标准分为基本生活标准、照料护理标准两部分：基本生活标准按不低于当地城乡低保标准的130%确定；照料护理标准分为全自理、半护理、全护理三档，参照当地最低工资标准的一定比例确定（全自理的不低于10%，半护理的不低于25%，全护理的不低于40%）。此外，各地推进乡镇敬老院转型升级、加强管理，加强机构建设改造，重点推进设施达标与内部管理，通过社会化改革试点，探索发挥特困集中供养、区域养老服务的辐射带动作用。

（吴艺林）

【减灾救灾】　2016年，福建省主要经历两次低温冷冻、10次风雹、1次滑坡泥石流、10场暴雨洪涝和4次台风灾害。特别是强台风“尼伯特”“莫兰蒂”“鲇鱼”接连正面袭击福建省，部分地区重复受灾，灾后恢复重建任务艰巨，灾区群众基本生活救助任务繁重。全省9个设区市及平潭综合实验区88个县（市、区）563.79万人受灾，紧急转移安置129.9万人，倒塌房屋3.08万间，严重损房3.13万间，一般损房12.67万间，农作物受灾面积23.28万公顷，直接经济损失474.76亿元。与常年相比，灾情较重。

全年启动省级自然灾害救灾应急预案Ⅲ级响应3次，国家减灾委、民政部启动国家自然灾害救助Ⅳ级应急响应2次。累计下拨救灾资金4.57亿元，农房保险理赔1.8亿多元。省民政厅紧急向灾区调拨救灾物资6万余件，保障灾害救助的开展。下达冬春救助资金5600万元，向福州、宁德、泉州等地调拨冬春救助物资293万元。完成省委、省政府确定的灾后重建工作目标。

省政府办公厅出台《福建省农村住房灾后恢复重建实施方案》《关于印发福建省政策性农村住房保险实施方案的通知》，灾后重建省级补助标准由一般户1万元、特困户1.5万元分别提高到2万元和2.5万元，全倒房理赔最高标准由1万元提高至2.5万元。省政府办公厅修订印发《福建省自然灾害救助应急预案》，省民政厅下发《关于进一步加强自然灾害生活救助资金管理工作的通知》，确定灾害应急救助、过渡期生活救助等资金省级指导标准。下达76个市县救灾物资储备库建设补助资金1.022亿元，至2016年末，52个救灾物资储备库竣工，在建24个。安排600万元资金用于开展自然灾害避灾示范点提升建设，完成120个自然灾害避灾示范点建设。分期组织市、县及部分多灾易灾乡镇灾害信息员培训，累计培训近700人。

（刘　灵）

【救助管理】　2016年，福建省救助流浪乞讨人员47431人次，其中未成年人1715人次，智障和精神病人1712人次，返乡救助1928人次。各地将寻亲服务作为一项重要内容，贯穿救助管理工作全流程。全省发布公告952人，通过公安部门采集DNA 627人，寻亲成功589人。2016年8月以来，各地救助管理机构与“今日头条”开展寻人寻亲公益项目合作，发布86条寻亲信息，帮助32名受助人员回家，成功率37%。各地根据部署对救助管理机构、未成年人保护中心和托养机构的入站安检、寻亲工作、站外托养、分类分区救助、救助记录和档案保管、消防安全制度等关键环节进行大检查，对存在的问题进行整改，建立健全长效机制。

（吴旭东）

居民生活

【城镇居民生活】 2016年，福建省城镇居民人均可支配收入36014元，比上年增长8.2%，增幅回落0.1个百分点；扣除价格因素实际增长6.3%，增幅回落0.2个百分点。全省城镇居民人均工资性收入22213元，增长7.2%，增幅回落0.7个百分点；占可支配收入比重为61.7%，拉动可支配收入增长4.5个百分点。全省城镇居民人均经营净收入4919元，增长7.6%，增幅与上年持平。全省城镇居民人均财产净收入4199元，增长9.9%，增幅上升5.1个百分点。全省城镇居民人均转移净收入4682元，增长12.4%，增幅回落2.4个百分点，占可支配收入的13%。

全省城镇居民人均生活消费支出25006元，增长6.3%，增幅上升0.4个百分点；扣除价格因素后，实际增长4.4%，增幅上升0.3个百分点。城镇居民人均食品烟酒支出8300元，增长7.0%，增幅上升1.7个百分点，占人均生活消费支出比重为33.2%，拉动生活消费支出增长2.3个百分点。全省城镇居民人均衣着消费支出1444元，比上年下降3.1%。城镇居民人均居住支出6531元，增长12.4%，增幅上升5.5个百分点，占人均生活消费支出比重为26.1%。城镇居民人均生活用品及服务支出为1393元，增长4.2%，增幅上升1.5个百分点。城镇居民人均医疗保健支出1178元，增长1.1%，增幅回落8.9个百分点。城镇居民人均交通与通信支出3206元，比上年增长6.1%，增幅回落4.3个百分点。城镇居民人均教育文化娱乐支出2461元，增长6.4%，增幅回落0.2个百分点。城镇居民人均其他用品和服务支出493元，比上年下降20.8%。

（杨　威）

【农村居民生活】 2016年，福建省农村居民人均可支配收入14999元，比上年增长8.7%，增幅回落0.3个百分点，扣除物价因素实际增长7.1%，增幅回落0.1个百分点。全省农村居民人均工资性收入6785元，增长9.7%，增幅上升0.3个百分点，占农村居民收入比重为45.2%。全省农村居民人均经营净收入5821元，增长6.7%，占农村居民收入比重为38.8%。全省农村居民人均财产净收入256元，增长10%，增幅回落5.5个百分点，占农村居民收入比重为1.7%。全省农村居民人均转移净收入2137元，增长11.4%，占农村居民收入比重为14.3%。

全省农村居民人均生活消费支出12911元，增长7.9%，增幅回落0.3个百分点；扣除物价因素实际增长6.3%，比上年回落0.1个百分点。农村居民人均食品烟酒支出4818元，增长7.2%，增幅上升0.8个百分点，对居民消费支出的贡献率在消费八大类中列第一位，占人均生活消费支出比重为37.3%，拉动其增长2.7个百分点。农村居民人均交通与通信支出1452元，增长16.3%，增幅上升2.6个百分点，拉动生活消费支出增长1.7个百分点。农村居民人均医疗保健支出867元，增长4.8%，增幅回落7.6个百分点。农村居民人均居住支出3204元，增长10.2%，增幅回落1.3个百分点。全省农村居民人均衣着消费支出567元，下降7.1%。农村居民人均生活用品及服务支出为688元，增长10.9%。农村居民人均教育文化娱乐支出1071元，增长6.7%，增幅与上年持平。农村居民人均其他用品和服务支出243元，比上年下降2.4%。

（李　君）

基层组织建设

【村民自治】 至2016年底，福建省有村民委员会14360个，其中福州市2191个，厦门市147个，漳州市1637个，泉州市2060个，三明市1735个，莆田市850个，南平市1631个，龙岩市1783个，宁德市2134个，平潭综合实验区192个。

推进农村社区建设。5月19日，全省农村社区建设推进会在永安市召开，会议学习贯彻中共中央、国务院和省委、省政府关于推进农村社区建设的部署要求，交流各地开展农村社区建设工作经验，实地参观永安市小陶镇五一村、八一村和曹远镇霞鹤村农村社区建设示范点，研究部署推进农村社区建设的工作任务。通过典型带动、示范引领，提升农村社区建设整体水平。开展农村社区建设省级示范活动，确定第一批141个农村社区建设省级示范单位。全省有79个县（市、区）、580个乡镇、2084个村委会开展农村社区建设试点工作。

开展城乡社区协商。按照协商于民、协商为民的要求，开展城乡社区协商工作，提升基层民主政治建设和基层社会治理水平。省民政厅、省社区建设联席会议办公室先后联合印发《关于加强城乡社区协商的实施意见》和《关于深入推进城乡社区协商工作的通知》，出台《城乡社区协商基本规范》和《城乡社区协商具体制度》，推进城乡社区协商制度化、规范化和程序化。抓好典型示范，确定201个城乡社区（其中农村社区106个）协商示范点，通过抓点带面，带动整体工作的开展。

强化村务监督工作。全省选出村务监督委员会14345个，77.2%的村监会主任由党员担任。把推进村务监督作为创新农村基层社会治理的重要内容，明确村务监督委员会职责，重点加强对村务决策、村务公开、村级“三资”管理、工程项目建设、惠农政策措施落实等5个方面的监督，确保村务工作公开透明、合法合规。完善村务监督委员会工作机制和村务监督委员会的监督程序，防止出现监督不规范或流于形式。探索监督的方式方法，将村务监督与近年来行之有效的“六要”群众工作法、“四议两公开”、村务联席会议、村务公开、党务公开、村规民约等有机结合，有效衔接。强化监督成果的应用，把监督结果作为考核评价村委会工作的重要依据。

加强基层队伍建设。抓好村级组织干部队伍的系统培训和学习交流，提高村（居）委会成员的政治素质、履职能力和工作水平。对全省600多名新任社区党组织书记、200名新任村委会主任和首批农村社区建设示范单位负责人进行培训。同时按照分级培训的原则，各地参照省里的做法，对基层村（居）委会主要成员进行任职培训。完成第3批城乡社区工作者岗位培训和学历教育工作，参训人员3003人。

（魏金鲜）

【社区建设】　截至2016年底，福建省有城市社区2455个（2016年度新增78个），其中福州市470个，厦门市360个，漳州市299个，泉州市445个，三明市178个，莆田市122个，南平市243个，龙岩市140个，宁德市184个，平潭综合实验区14个。

开展省级社区治理和服务创新实验区创建活动。首批确认福州市台江区、漳州市龙文区、晋江市、三明市梅列区、莆田市湄洲湾北岸经济开发区、松溪县、龙岩市新罗区、福鼎市等8个行政区划为省级社区治理和服务创新实验区，实验时间从2016年8月至2019年7月，为期3年。实验工作主要围绕社区治理和服务创新的现实需求，从优化结构、健全自治、完善服务、创新党建4个方面入手。福州市台江区推广“五事工作法”，深化社区民主协商；漳州市龙文区创新社区养老服务新格局；晋江市培育多元主体，推动“三社”联动；三明市梅列区创新社区微治理体系，建设共同家园；莆田市湄洲湾北岸经济开发区多元参与，协商共治；松溪县强化“三社”要素，实现社区“管理”向“治理”转变；龙岩市新罗区明确“五联”思路，构建四个共同体；福鼎市深化居民自治，服务群众需求多元化。

加强社区网格化服务管理。省委办公厅、省政府办公厅出台《关于加快网格化服务管理信息平台和社区服务窗口整合建设的实施意见》，省发改委、综治办、民政厅印发网格化服务管理信息平台、社区服务窗口整合等两个配套技术方案。省级平台技术验证环境汇聚省卫计委、民政厅、司法厅、人社厅、环保厅、住建厅、食品药品监管局、消防总队、残联等9个试点单位政务数据139项1.45亿条。平潭综合实验区对接省卫计委、公安厅、民政厅、司法厅、商务厅、海洋渔业厅、工商局、食品药品监管局等8个省直部门下沉数据119项391万条，汇聚平潭14个委办局数据209项1543万条，汇聚第三方和网格员采集数据109项49万条，辖区所有信用、法人、证照等信息系统全部联通共享，实现服务下沉、数据汇聚，打破社区管理服务的时间空间界限，为居民提供了便捷高效服务。全省16783个村（社区）建成村（社区）网格12739个，覆盖率75.90%，其中社区建成网格2297个、覆盖率95.54%，村建成网格10496个、覆盖率72.99%。划分单元网格（300～500户或人口1000人左右）10.76万个，配备专兼职网格员12.33万名、网格协管员42.28万名，以“格”为工作基础、以“网”为运行依托的新型城乡社区服务管理体系逐步形成。

（林　振）

拥军优抚

【双拥】　2016年7月29日北京召开的全国双拥模范城（县）命名表彰大会上，福建省19个市、县被命名为全国双拥模范城（县），成为全国连续四届所有设区市全部获全国双拥模范城（县）“满堂红”的唯一省份。开展以纪念红军长征胜利80周年为主题、以双拥创模工作为主线的国防和双拥宣传。省委专题召开解决驻闽部队有关问题任务部署会，推动驻闽部队战备训练设施建设、军事设施保护、水电迁建改造、军用土地确权办证等问题的解决。福州市帮助解决东部战区陆军机关组建中遇到的基本生活设施建设、随调子女入学、120套公租房等实际问题。全省各级和有关部门保障180多次演习演练，完成各军兵种多批次军事行动交通保障任务。驻闽部队和武警官兵抢险救灾始终冲在第一线，特别在处置泰宁5.8山体滑坡、抗击“尼伯特”“莫兰蒂”“鲇鱼”超强台风等灾害中勇当先锋，涌现抗洪烈士刘景泰，展示人民军队爱人民的良好形象。驻闽部队筹措资金4600多万元，与409个乡村挂钩帮扶，帮助贫困乡村脱贫致富。

（洪道庆）

【优抚】　2016年，福建省完善优抚信息化建设。建立优抚对象数据核查规范化、常态化工作机制。通过对优抚对象实时入户采集二代身份证、社保、医保、年度照片、入（退）伍等档案信息，确保优抚对象信息材料的完整性和准确性。贯彻落实《福建省实施〈军人抚恤优待条例〉办法》，按时足额兑现重点优抚对象抚恤补助和医疗待遇。全省有189997名优抚对象，全年下达抚恤补助经费74076万元，医疗补助经费7444万元。落实抚恤补助标准自然增长机制，各地保持不低于3%的增长幅度，地方标准均高于部颁标准。推进烈士褒扬工作及优抚事业单位建设。2016年批复宁德市、泉州市上报的4例5人为烈士，指导、支持福州文林山革命陵园及武夷山市赤石暴动烈士陵园建设，比照国家级烈士纪念设施评定标准开展自查，做好争创国家级烈士纪念设施工作。对全省申请换补烈士证6670份进行核对，对符合换证条件6387份信息条数手工录入系统并换补发。伤残评定工作规范加强。全省共有111名对象上报申报评残资料，对233名部队退伍军人进行换证并完成抚恤关系转移。

（张奇丽）

【安置】　2016年，福建省接收安置复退军人12771人，其中自主就业退役士兵12162人，符合政府安排工作条件退役士兵558人，复员干部25人，计划移交残疾退役士兵26人。全省发放自主就业退役士兵地方经济补助金30564.5万元（其中省级财政补助3557万元）。推行符合政府安排工作条件退役士兵的“阳光安置”，促进退役士兵岗位安置公平、公正、公开。组织退役士兵参加教育培训5769人（职业教育5293人、技能培训476人）。

全年接收安置军休干部151人。协调落实师职（级）军休干部医疗保健待遇。全省军供工作由单一的饮食服务向综合服务转变，由铁路输送保障为主向综合服务转变，由铁路输送保障为主向铁公水空全方位保障转变，由定点供应向区域供应转变，由平时保障向应急保障转变，完成全年保障任务。

（郑　泳）

社会福利和慈善事业

【养老服务业】　2016年，福建省推进以居家为基础、社区为依托、机构为补充、医养相结合的多层次、可持续的社会养老服务体系建设。截至年底，全省养老机构1279个，养老床位16.5万张，每千名老年人拥有床位数31张，完善城乡养老服务设施。省政府办公厅出台“十三五”社区居家养老服务补短板实施方案和加快推进社区居家养老专业化服务通知，加大政府购买服务力度，各地以特困供养人员、低保对象、建档立卡的贫困人口、重点优抚对象、计划生育特殊家庭成员、重度残疾人中的老年人，以及80周岁以上老年人数为基数，按照每人每月不低于20元的标准，制订政府购买服务方案。实施养老服务工程包，2016年全省完成养老服务工程包项目投资21.16亿元，新增养老床位1.6万张，新建农村幸福院470所、社区日间照料中心（含居家养老服务站）200个。推进医养结合。制定下发医养结合机构设立许可、加强医疗机构与养老机构合作通知，指导地方开展医养结合试点工作。福建省获批全国医养结合试点省，厦门市、三明市、漳州市获批国家级医养结合试点地区，厦门市湖里区等33个单位遴选为省级医养结合试点。

（黄云龙）

【儿童福利】　2016年，《福建省人民政府关于加强困境儿童福利保障工作的实施意见》出台，从明确目标任务、健全保障体系、推动服务工作、健全工作机制等方面，提出分类保障措施，通过整合各方资源，构建三级联动的工作网络来对困境儿童开展分类施保，精准帮扶。总结推广邵武市适度普惠型儿童福利制度建设工作经验，通过现场观摩、交流学习、媒体宣传等，为全省推进困境儿童保障工作打好基础。落实孤儿基本生活保障制度，2016年省级财政在统筹中央财政的基础上下拨2952万元基本生活补助金。实施“明天计划”，下拨福彩金42.79万元为各地上报的机构内具有手术适应症的孤残儿童进行手术矫治和康复。开展2016年“孤儿助学工程”，向北京社会管理职业学院推荐符合条件且有意愿的学生，免费就读成人大专预科班。为全省7779名符合条件的儿童购买爱心保险。下拨省级福彩公益金100万元，为全省福利机构2371名在院儿童赠送节日慰问品。全年组织168名儿童福利机构从业人员参加相关业务培训，组织选拔护理员参加全国第三届孤残儿童护理员职业技能竞赛，福建省获团体三等奖，3名护理员获个人二等奖。

（王舒凌）

【残疾人福利】　2016年，根据《福建省人民政府关于完善困难残疾人生活补贴和重度残疾人护理补贴制度的实施意见》精神，建立困难残疾人生活补贴和重度残疾人护理补贴制度，出台《福建省困难残疾人生活补贴和重度残疾人护理补贴资金管理和实施办法》及《省财政厅省民政厅省残联关于做好困难残疾人生活补贴和重度残疾人护理补贴工作的补充通知》，明确从2016年起，对符合条件的城乡困难残疾人发放每人每月50元的生活补贴，将一级重度残疾人护理补贴标准从每人每月50元提高到100元、对二级重度残疾人发放每人每月50元的护理补贴。全省各地均落实两项补贴制度，补贴发放工作有序开展。2016年省级财政资金下发2.78亿为约60万名符合条件的残疾人发放补助。同时，抓好“8491”国防工程支前民兵矽肺病补助发放工作，为823人发放补助资金

2016福建省家庭服务业职业技能电视大赛在福州举办，图为比赛现场

（省妇联供稿）

289万元。推进康复辅助器具产业发展，开展假肢矫形器生产装配企业资格认定和双随机抽查工作，做好康复辅具产品研发和标准制定，先后改进和研发带抽水马桶的护理床、床上浴盆洗澡机等2项产品，这两项均属国内首创，取得5项专利。为福建中医药大学、福建医科大学、福建卫生职业技术学院等大专院校开设康复工程课程。

（王舒凌）

【慈善事业】 2016年，福建省慈善总会募集善款18.2亿元（含物折款），比上年增长11.1%。开展慈善法辅导、法律咨询、宣传、培训等活动，加强与兴业国际信托有限公司沟通，于9月1日备案设立全国第一支慈善信托——“兴业信托·幸福一期”。加大慈善事业宣传力度，在《福建日报》开设专版，宣传福建省慈善事业发展概况和福建省获得“中华慈善奖”人物、项目、企业名单等，展示福建慈善大省形象；举办“慈善的力量——宣传《慈善法》晚会”。召开主题为“以爱的名义相约”的福建省首届慈善公益交流论坛，涵盖福建本土150多个公益组织和北京、湖南、台湾等地70多个社团机构，促进社会各界关于慈善公益领域的交流。推进“邮善促民生”试点工作，全省有14个“邮爱民生慈善超市”开门营业。组织各地参加第五届中国公益慈善项目交流展示会中参展和观摩活动，全省有9个慈善组织参展，40余人参加观摩。

（王舒凌）

红十字会

【概况】 截至2016年底，福建省红十字会有基层组织2788个，会员793377人，志愿者112822人。

【应急救援】 2016年，福建省参与尼泊尔和我国西藏地震灾区、闽西北洪灾地区、龙岩暴雨洪灾地区及强台风“尼伯特”“莫兰蒂”“鲇鱼”受灾地区等人道救援救助，共计发放救灾款物1621.66万元。完善各类频发自然灾害应急预案，启用中国红十字会灾害管理信息系统，主动对接政府和全国红十字系统应急指挥网络，纳入省政府应急办和总会应急指挥综合平台，基本实现网络报灾、线上指挥、线下救灾。举办全省红十字系统备灾救灾应急信息管理工作培训班，组织开展省级赈济救援志愿服务队应急演练活动，争取总会为中国红十字（福建）水上救援队配备价值100多万元的救援装备，并向各地救援队配发救援装备。争取资金在省内援建博爱卫生院，援建的莆田市荔城区北高镇、龙岩市长汀县河田镇两所红十字博爱卫生院入选国家卫生计生委发布的“2014—2015年度群众满意的乡镇卫生院”。

【应急救护】 2016年，福建省推动红十字应急救护培训进社区、进农村、进学校、进企业、进机关，培训复训救护师资230人、急救员30936人，向150多万人次普及急救知识。联合省总工会在工会系统开展“安康杯”红十字应急救护技能培训和比赛，推动形成应急救护培训长效机制。各级红十字会还联动开展“世界急救日”主题宣传活动，组织志愿者参加防空袭现场救护演练，举办水上安全知识进校园公益活动，开展沿江沿岸水上安全救生志愿服务等。

【人道救助】 2016年，福建省完成红十字城乡困难居民重特大疾病医疗救助工作，组织发动省、市、县三级红十字会上下联动，受理申请资料6491份，救助患病困难群众6447人次，发放救助金6394.6万元。福州、厦门、漳州、龙岩、宁德本级或辖区部分县级红十字会设立财政专项基金，泉州市泉港区红十字会争取民营企业家捐资1000万元设立红十字医疗救助专项基金，上下联动共同打造大病救助品牌。连续第18年开展“红十字博爱送万家”活动，各级红十字会筹集爱心款物价值1078.25万元，全省有1.5万户的贫困家庭、5.6万人受益。争取中国红十字基金会“小天使基金”“天使阳光基金”581万元，救助白血病和先心病患儿180名。坚持红十字关爱进社区（农村），开展红十字博爱救助系列行动，全省红十字会累计发放人道救助款物2.03亿元，帮助困难群众30多万人次。

落实西部地区对口支援（新疆昌吉州、西藏昌都市、宁夏和江西赣南原中央苏区红十字会）工作，捐赠32万元在宁夏援建3个村级博爱卫生室，捐赠价值1600万元的运动鞋等物资支持宁夏、西藏、新疆、贵州红十字会开展人道救助工作等。

2016年，厦门市红十字会开展应急救护技能演练活动　（省红十字会供稿）

【红十字体验式生命教育】 2016年，福建省部署红十字体验式生命教育推广覆盖。红十字会联合省教育厅下发《关于创建生命教育体验学堂深入推动红十字体验式生命教育进校园工作的通知》，通过示范校生命教育体验学堂规范化建设带动引导，实施“红十字体验式生命教育进校园”活动，培育、打造人道传播与学校红十字会工作的核心与品牌项目。各级红十字会联合教育部门召开专题会，开展专项督导、调研或检查等活动，探索在示范校设立“体验学堂”，落实“十个一基本动作”和“N个自选动作”实施要点，并实施总会在全省9个地市援助推行的“社区+学校小手拉大手生命健康安全项目”。

【生命接力与健康关怀】 2016年，福建省红十字会依法参与无偿献血宣传动员，采集7.2万份造血干细胞血样检测入库，实现捐献移植造血干细胞162例(2016年18例)；通过壮大福建省红十字永生天使基金，福州、厦门、三明、莆田市红十字会建成遗体器官捐献者纪念园，推动人体器官和遗体捐献工作，实现72例器官捐献、捐献大器官208个，对66个提请困难救助的捐献者家庭及时予以人道救助，发放救助金536.49万元。

【人道交流合作】 2016年，福建省举办第六届海峡两岸红十字博爱论坛，围绕“人道与生命”主题，进行面对面研讨交流、实地观摩和经验分享，促进两岸红十字组织与台湾公益团体及志愿者团体间的合作，实现海峡两岸民间组织间的深度交流。参与联络见证和接回私自渡台人员4批（次）42人；通过“红十字生命救助绿色通道”协助护送51名台胞返台就医；协助省台办、边防等有关部门，联系台湾红十字组织，办理两岸查人转信3件次，处理涉台突发事件6件次。为马尔代夫、斯里兰卡和孟加拉国3个国家红会培训18名水上救生救援骨干，奠定与“一带一路”沿线国家红会在水上救援方面合作的基础。

【宣传筹资】 2016年，福建省组织志愿者深入学校、社区、企业等传播红十字运动基本知识，全省红十字会上下联动举办主题为“红十字：处处为人人”的“5·8”红十字博爱周系列活动，开展“爱心公益日”活动，在每年1月1日倡导“行一个善举，献一份爱心”。福建省选送的福州大学红十字会“情系美岐，博爱送暖”志愿服务项目入选中国红十字会第六期红十字志愿服务项目发展计划一类项目。与《中国红十字报》定期合作登载宣传专版，联合省电视台新闻频道开办《益起来》电视公益栏目，推广“福建人道传播”微信公众订阅号，通过引领爱心公益，坚持项目化、基金式筹资模式，联合省妇联在全省同步举办“为爱奔跑——母亲健康1+1”大型公益募捐活动，联手福建日报社筹建红十字公益金，指导福建红十字义工服务团举办“益起来 传递爱——献给多胞胎母亲的爱”大型公益晚会，推介“1069999359”手机短信募捐特服号，设计打造微信筹资平台，开展年度人道爱心表彰等，拓宽筹资渠道，全省红十字会募集和接收社会爱心捐款15228.59万元、物资价值3442.12万元。

（李丽延）

老区建设

【老区优惠政策】 2016年，中共福建省委办公厅、省政府办公厅印发《关于加大脱贫攻坚力度支持革命老区开发建设的实施意见》，从总体要求、工作重点、重大基础设施建设、现代产业发展、生态建设和环境保护、民生工程建设、精准扶贫、改革创新、政策支持、实施保障十大方面提出41条具体实施意见，并明确责任单位。

【老区建设与发展】 2016年，福建省安排下达中央财政专项扶贫资金（发展资金）3000万元（用于扶持省级扶贫开发重点村和困难老区村1024万元）、中央专项扶贫资金项目管理费30万元和省级老区发展专项资金1210万元（其中老区生产性项目补助资金610万元，老区革命遗址维修补助资金600万元）。财政专项资金及各类扶持资金继续向重点老区村倾斜支持，对每个省级扶贫开发重点村中的老区村，从老区扶贫建设资金中给予1个以上项目扶持，每个项目按不少于10万元的标准予以补助。县级财政也统筹自身财力和上级补助的原中央苏区和革命老区转移支付资金，加大对本区域重点老区村的帮扶力度。

【老区惠民活动】 2016年，福建省开展老区农村实用技术培训班，培训农民200人，协调省科协、省妇联、省老促会、省扶贫基金会和省老科协等6个单位在建阳区举办的“送医药、送科普、送技能、送健康”大型义诊、培训及科普惠民活动。落实革命“五老”人员生活补助标准与重点优抚对象抚恤补助标准同步调整机制，全年下达省级革命“五老”人员生活定补经费6580.07万元，医疗补助经费359万元。从2016年10月1日起，革命“五老”人员每人每月生活定补从870元提高到970元。在元旦、春节期间，会同省老促会组成慰问组，送去慰问年画6万张，发放慰问金579.8万元（省级76万元、市级136.2万元、县级367.6万元），发放慰问品价值86万元。

【老区宣传工作】 2016年，与新华网福建频道合作，选择80个老区村分批逐村进行实地采风和信息采集，重点制作并在新华网福建频道等平台发布《老区村·新长征》专题，形成涵盖所有老区村的“福建省老区村地图（网上地图）”。同时还与省老促会及新闻单位合作，制作的《2016福建老区摆脱贫困纪实》在省广播影视集团新闻中心播出6集，在电视新闻频道播出9集，在公共频道播出9集。

（肖 綮）

婚姻　家庭

【婚姻登记】　截至2016年12月31日，福建省结婚登记330610对，离婚登记82314对。其中，大陆居民结婚登记325125对，离婚登记81375对；涉台湾居民结婚登记1589对，离婚登记397对；涉香港居民结婚登记964对，离婚登记114对；涉澳门居民结婚登记98对，离婚登记16对；涉华侨人员结婚登记798对，离婚登记141对；涉外结婚登记2036对，离婚登记271对。

【婚姻登记证件收费取消】　2016年，厦门、泉州市和福州、漳州市的部分县（市）取消婚姻登记证件收费。各地婚姻登记机关借助婚姻登记平台，宣传婚事新办、节俭办，弘扬社会主义核心价值观。开展结婚登记颁证服务，在办理离婚登记过程中坚持耐心劝慰引导，避免当事人误会和冲动。

【收养登记规范】　截至2016年12月31日，福建省国内收养儿童登记1098人，涉外收养儿童登记69人。开展查找不到生父母的打拐解救儿童收养工作，全省99名打拐解救儿童有60名有关信息录入全国打拐解救儿童寻亲平台，20名打拐解救儿童进入收养评估程序，其余依托福利机构供养。福州市完成4例解救儿童收养登记，重点解决2009年4月1日之后全市2000多名事实收养儿童的落户难问题。

【文明家庭评选】　2016年，福建省开展第十届省五好文明家庭评选表彰及2016年最美家庭寻找活动，推选省级五好文明家庭、最美家庭319户。兰华雄家庭、谷豫东家庭、施增英家庭等8户家庭获评全国首届文明家庭。联合省纪委、省委组织部、省委宣传部，在全省党员干部中开展以“树清廉家风，立崇廉家规”为主题的党员干部好家风建设活动。联合省政法委开展寻找政法系统“十佳百优最美家庭”活动。成立福建省“好家风”导师队伍，开展“最美家庭讲好家训”基层巡讲及电视、网络及新媒体公益宣传。推动省直机关开展“机关干部话家风”活动。

【家庭教育】　2016年，福建省开展“家庭教育公益大讲堂”进学校、进社区、进乡村活动315场。联合中国家庭教育学会举办2016海峡两岸家庭教育高峰论坛，联合省教育系统关工委举办第七届中小学（中职）校长、幼儿园园长家庭教育论坛，推进家庭教育互学互鉴。实施幼小衔接家园协同教育模式试验项目。开展“我爱我家·同悦书香”亲子阅读、“十佳百优”家庭教育指导读物征集等活动，示范、引导、辅导亲子阅读。培育省级家风家教示范基地21个。

【家庭服务】　2016年，福建省举办“2016年福建省家庭服务业职业技能电视大赛”，推荐优秀选手参加全国巾帼家政服务职业大赛，获得优秀组织奖。加强家庭服务人员培训，提升家庭服务人员的素质和技能。培育一批“闽姐姐”家政培训示范基地。与南平市人民政府签署《关于共同促进家政服务业发展战略合作协议》。指导省家庭服务业协会制定《福建省家庭服务业行业公约》，促进家庭服务业规范化、职业化、标准化发展。加强968938福建省海峡家政暨居家养老信息服务平台建设。推进福建省家庭服务诚信平台建设。

【家庭关爱服务】　2016年，福建省开展“三八维权服务进社区、进农村、进家庭、到身边”系列活动7777场，参与妇女群众84万人次。实施反家庭暴力法宣传“十百千万计划”，全年举办骨干培训班36场，组织开展主题宣传5001场，参与人数88.07万人次。推进婚姻家庭纠纷调解，推动37个法院成立独立建制的家事审判庭、家事法庭或少年与家事审判庭，101个基层妇联建立婚姻家庭纠纷人民调解委员会。开展“邻里守望·姐妹相助”巾帼志愿服务，常态化为留守流动儿童、空巢老人及困难家庭提供帮扶。继续实施“春蕾计划”四项行动，省妇女儿童发展基金会全年公益支出419.02万元，资助1716名女生，援建“儿童快乐家园”“春蕾爱心书屋”32个。

（连　峰　谢德权）

老龄事业

【养老保障】　截至2016年底，福建省城镇基本养老保险参保人数（含离退休）达967.85万人，比上年增加84.18万人。其中，企业在职职工709.62万人，企业退休人员129.23万人，机关事业在职人员85.85万人，机关事业离退休人员43.15万人。年内，按照总体增长6.5%左右的要求，为全省166.33万名符合条件的企业和机关事业退休人员调整养老金。经过调整，全省企业离退休人员月人均养老金达2359元，比上年增加157元。全年全省城乡居民养老保险参保人数1489.11万人，比上年增加8.7万人，参保率达98.13%。省级（含中央补助17.38亿元）财政筹集城乡居民社会养老保险补助资金37.11亿元，全省有431.36万名年满60周岁的老年居民每月领取不低于100元的基础养老金。到2016年底，全省219.21万人纳入被征地农民养老保险制度，其中有70.25万人领取被征地农民养老保障金，月人均达191元，累计发放养老保险金达58.95亿元。社会救助方面，2016年，全省农村特困救助供养老人51040人，月人均供养补助613元，比上年增加56元；全省城市特困救助供养老人3621人，月人均供养补助670元。计划生育家庭奖励扶助方面，全省有25.48万名计划生育家庭老年夫妻和农村两女户老年夫妻，按照每人每月100元（低保户200元）的标准领取奖励扶助金，全年兑现奖励扶助金3.57亿元。

【医疗保障】 2016年，福建省参加城镇基本医疗保险人员1297.9万人。其中，城镇职工参保792.12万人（含退休人员150.24万人），城镇居民参保505.78万人。城镇居民医保政府补助标准提高到每人每年不低于360元，全省城镇职工和城镇居民政策范围内报销比例分别稳定在75%和70%以上。到2016年底，全省有老年专科医院4所，开设老年科室的医院208所。同时，鼓励养老机构结合实际，开办老年病医院、康复医院、护理院、中医医院和临终关怀等医疗结构。全省医疗机构设立老年护理院5所，老年康复医院4所，扶持医养结合机构或养老机构内设卫生室48个，有133个医疗机构与养老机构签订合作协议。将老年人健康管理服务基本公共卫生服务项目纳入“十三五”卫生事业发展专项规划。全年全省累计为65岁以上老年人建立并管理健康档案336.3万份，开展老年人免费体检213.3万人次，高血压、糖尿病患者健康管理分别达到271万人和98.7万人，规范化管理率分别为77.5%和73.6%，基本满足辖区老年居民的健康服务需求。

【养老服务】 2016年，福建省政府办公厅印发《关于“十三五”社区居家养老服务补短板实施方案》和《关于加快推进城乡社区居家养老专业化服务的通知》，加快推进社区居家养老服务工作。全省有城市社区居家养老服务中心（站）2219个；建成农村幸福院3586所、农村居家养老服务站（含日间照料室）2475个，农村居家养老服务覆盖率达42%。到年底，全省有养老机构1279个（有34个养老机构取得《医疗机构执业许可证》），养老机构床位数达16.51万张，比上年增加1.61万张。其中，公办养老机构1019个（含福利院〈中心〉78所，敬老院861所），床位89183张；民办养老机构260个，床位45227张。此外，拥有城市日间照料床位9800张，农村日间照料床位20822张。每千名老年人拥有床位数31张。截至年底，全省养老机构有管理人员2584人；服务人员10027人，其中持证上岗2440人，持证上岗率24.3%。全省有14所本科高校、26所高职院校、9所中职学校开设护理、老年服务与管理、健康管理、社区管理与服务等20个养老服务相关专业，在校生1.4万人。

【涉老保险】 截至2016年底，福建省（不含厦门）各类保险企业有涉老保险产品22个，购买保险的老年人数138501人次，购买金额4610.6万元。全年获保险理赔249人，给付理赔金808.1万元。年内，宁德、龙岩、莆田、漳州4个地市通过“银龄安康”项目平台，为10.35万名老年人提供6.23亿元意外伤害保障。全年全省辖内5家保险公司为养老机构承担3.6亿元保险责任，提升事故处置能力和风险抵御能力。

【老年权益】 2016年，福建省法院系统为生活困难老年人提供减免、缓交诉讼费1881件，累计减免、缓交诉讼费808.43万元。其中，对提起诉讼缴纳诉讼费有困难给予缓交的有947件，缓交经费767.94万元；给予免交922件，免交经费34.27万元。全省司法部门受理老年人法律援助案2260件，获得法律援助的老年人2260名，减免律师代理费1356万元，各级司法机构调解涉老纠纷3018件。全省公安部门共受理侵害老年人人身权案728件，侵害老年人财产权案6593件；破获受害者为老年人的刑事案件3749件，其中虚假信息诈骗案件103件，故意伤害案件550件。全省老龄办系统共接待老年人信访6370人次，办结6147人次，办结率达96.5%。

【敬老优待】 2016年，福建省发放《福建省老年人优待证》18.34万张。开通城市公交线路的所有县（市、区）均落实70周岁及以上老年人免费乘坐市内公交车优待（其中，厦门市、晋江市、大田县、尤溪县将免费乘公交车优待年龄降低到65周岁，惠安县、安溪县降低到60周岁，华安县则实行60至69周岁老年人乘公交车半价的优待）。公共汽车、轨道交通等公共交通工具设置老年人或爱心专座率达10%。全省216个A级旅游景区中有150个（其中AAAAA级旅游景区7个）向老年人实行首道门免票优待，全年为老年人减免门票96万元。到2016年末，全省84个县（市、区）均建立并落实高龄津（补）贴制度。其中，落实70周岁及以上高龄津（补）贴制度的区1个，落实80周岁及以上高龄津（补）贴制度的县（市、区）60个（含泉州市台商投资区），落实90周岁及以上高龄津（补）贴制度的县（市、区）22个，落实95周岁及以上高龄津（补）贴制度的区1个。此外，从2015年1月起，福建省向全省80周岁以上低保老年人每人每月加发100元高龄补贴。至2016年底，全省有5789个村（居）建立老年人固定生活补贴制度，受惠老人62.73万人。另外，全省各县（市、区）均建立百岁老人长寿营养补贴制度。其中，每人每月发放1100元的有6个、发放1000元的1个、发放500元的5个、发放400元的1个、发放300元的36个（含泉州市台商投资区）、发放250元的6个、发放200元的29个、发放100元的1个。在老年节期间，省政府为所有百岁老人每人发放1000元的慰问金。

【老年文体】 2016年，福建省出版涉老图书12种32册；电视台开办老年类节目3个，播出时长达3175分钟；全年录播老年类题材电视剧15部。到2016年底，全省创办各类老年大学（学校）13440所，比上年增加911所。其中省级1所，地级市9所，县（市、区）级86所，乡镇（街道）级1058所，村（居）级12263所，部队1所，企事业单位22所。全省累计在校学员174.23万人，占全省老年人口总数的32.75%，建校率和老年人参学率均居全国前列。2016年，各级体彩公益金投入老年体育场所建设资金1.56亿元(其中，省级投入2396万元)，新建或修缮老年人体育活动场所465处，面积28.8万平方米。至年底，全省拥有老年人健身活动中心（室）9539个（间），比上年新增82个（间）；老年体育活动场地19326处，新增1192处。全省有67.3%的县（市、区）建有老年人活动中心，71.4%的乡镇（街道）和51.5%的村（社区）建有老年文体中心（室）及活动场地；88.1%的机关、事业单位建有离退休人员文体活动中心（室）。全年经常参加体育锻炼的老年人口达339万人，占全省经常参加体育锻炼居民的58.5%。全省组织老年体育活动10387场次，参与活动的老年人289.7万人次。

【老年党建】 2016年底，福建省在各级老年组织中建立离退休干部党支部（总支）2441个，有老年人党员50.49万人，占全省党员总数的23.73%。2016年老年人获得优秀共产党员称号的6人，占全省优秀共产党员总数的6.12%。

【老年群团】 2016年底，福建省有老年体育协会组织17438个，比上年新增101个。其中，省、设区市及行业系统18个，县（市、区）级106个，乡镇（街道）和村（居）老年体育协会13804个，机关、企事业单位3510个，有会员288.6万名，健身辅导员3.92万名。全省有乡镇（街道）、村（居）老年协会19218个，会员218.24万人。其中，乡镇（街道）老年协会818个，村（居）老年协会18400个。其中，规范化基层老年协会5236个，规范化建设率达27.25%。

（颜全驰）

地名　界线

【地名管理】 2016年，福建省第二次全国地名普查进展顺利，全省84个县（市、区）全部完成外业采集工作，80个县（市、区）完成内业录入。清理整治不规范地名。贯彻落实全国“加强地名文化保护暨清理整治不规范地名工作视频会议”精神，召开专项工作部署会议，制订福建省实施方案。落实地名文化遗产保护工作。沙县、建阳两地向民政部申报“千年古县”。各地组织收集一批“千年古镇”“千年古村落”地名，并采取措施，挖掘相关地名文化资源，将遗产保护工作落到实处。一些地方还出台挖掘保护地名文化的专项文件。在全国率先出台省级地方标准——《人文地理实体地名通名使用规范》。开展地名地址楼门牌规范化建设调研与论证工作，出台《福建省标准地址编制规范（试行）》。编印《福建省政区图》和《福建省海岛乡镇名录》；民政部启动编纂《中华人民共和国标准地名词典》后，及时成立省级编写组，下发有关通知及其编纂手册，并进行专门培训。11月，上报词典第一部分（政区、居民点、城镇交通）的词条目录，成为全国率先上报词目表的10个省份之一。同时，各地结合实际，编制各具特色的地名规划，地名图、录、典、志等，让普查成果及时转化。

（邱瑞武）

【界线管理】 2016年，福建省组织开展2016年度全省平安边界考评和自评工作。指导各地签订平安边界共建协议，自2013年以来，全省192条县界毗邻各方民政部门全部签订平安边界共建协议，对维护边界地区和谐稳定起到重要作用。开展边界纠纷隐患排查，消除纠纷隐患。近年来，全省边界形势保持平安稳定，连续多年未发生因边界勘定或界线实地位置引发的纠纷。完成界线联检任务。指导各地按年度计划完成14条市间县界、35条市内县界和359条乡界年检任务。

（吴旭东）

殡葬管理

【概况】 2016年，福建省各地平均火化率99.8%。全省有67051名逝者免除基本殡葬费用，免除金额8806.4万元。厦门市、平潭综合实验区和漳州市10个县（市、区）、三明5个县（市）、泉州的晋江市、石狮市和福州的福清市免除本辖区户籍城乡居民的殡葬基本服务费。

【生态安葬推广】 2016年，福建省深化殡葬改革，推行节地生态安葬，各地安排资金支持建设骨灰楼堂落实节地安葬，不少经营性公墓开辟树葬、花葬、草坪葬服务等，节地生态安葬范围不断扩大。清明节期间，福州、厦门、泉州等地举办生态安葬公祭暨骨灰撒海活动。其中，福州市惠及56个家庭84件骨灰，厦门市惠及167件骨灰，比上年增加31件。福州市殡仪馆投资6900万元新建综合性骨灰楼，提高节地安葬能力。泉州市按照“大镇以村为单位、小镇以镇为单位”和群众自筹资金、民政规划审批模式，全市建有1006个公益性骨灰楼堂。

【墓地生态治理】 2016年初，福建省在宁德市召开大墓、“活人墓”、豪华墓专项整治现场会，推广宁德经验。福州市民政局与市林业局、国土局等有关部门协作，促进农村毁林建墓专项整治工作取得阶段性成效，全市整治“三沿五区”范围内违建坟墓5700多台。平潭综合实验区开展专项行动，对11个大岛乡镇的违建坟墓进行整治，对重点区域加强日常巡查，成效明显。

（连　峰）

社会组织管理

【社会组织登记概况】 截至2016年底，福建省经民政部门登记社会组织

27063个（社会团体16818个、民办非企业单位9983个、基金会262个），其中省级社会组织1996个。

【政策保障】 2016年，福建省在全国率先以省两办名义出台《关于改革社会组织管理制度促进社会组织健康有序发展的实施意见》，明确社会组织登记审查、扶持社会组织发展措施、社会组织管理和监督、社会组织自身建设、社会组织党建等相关内容，构建统一登记、各司其职、协调配合、分级负责、依法监管的社会组织管理体制。出台《福建省社会组织评估指引》《福建省社会组织内部管理制度范本》，为社会组织规范有序运行提供依据。

【社会组织发展环境优化】 2016年，福建省注重对社会组织进行资金扶持，全年争取并实施中央财政支持社会组织参与社会服务项目9个资金371万元；实施2016年度省财政支持社会组织参与社会服务项目，做好项目方案制订发布、项目申报等工作，立项45个项目资金570万元并抓好项目实施工作。推行社会组织统一社会信用代码工作，基本完成2.5万个社会组织信用代码转换。营造社会组织工作良好氛围，完善福建社会组织网站功能，建立“福建社会组织”微信官方公众号和微官网并每周发布资讯。

【行业协会商会脱钩】 2016年，福建省成立全省脱钩联合工作组，印发《福建省行业协会商会与行政机关脱钩工作方案》，出台《全省行业协会商会负责人任职实施意见（试行）》。成立脱钩试点工作领导小组，制订试点方案，选取105个省级行业协会商会参加第一批试点，协调相关单位出台脱钩配套文件，举办培训班对试点单位及其业务主管单位进行培训；省脱钩联合工作组召开专题会议，及时研究解决工作中遇到的问题。省级行业协会商会脱钩试点工作总体进展顺利，基本实现机构、职能、资产财务、人员管理、党建、外事等方面的分离。

【社会组织管理】 2016年，福建省试行社会组织网上年检，对发现问题的社会组织开具责令整改通知书。结合指导社会组织召开成立大会、换届大会等时机，引导社会组织完善内部治理机制、依法依规运行。健全社会组织抽查制度，制定《随机抽查方式及方法》和《社会组织随机抽查现场检查登记表》，对92个社会组织进行了随机抽查，并将抽查结果在“福建社会组织”网公布。

（李锋华）

民族事务

【扶贫开发】 2016年，中共福建省委办公厅、省政府办公厅出台《关于做好挂钩帮扶民族乡村的通知》，将挂钩帮扶成效列入各挂钩帮扶单位及民族乡所在县（市、区）的领导政绩和绩效考核，推动挂钩帮扶工作延伸到民族村，并要求各设区市参照省一级挂钩帮扶民族乡工作机制，推行市一级挂钩帮扶到民族村。全省投入民族经费962万元用于民族乡村的安全饮用水、道路硬化、排水灌溉、环境整治等基础设施建设。将年人均可支配收入低于4500元的少数民族贫困村全部纳入全省第四轮整村推进扶贫开发实施范围，给予每村20万元资金支持。全年省级下达专项资金760万元，支持38个民族贫困村实施脱贫项目。投入资金642万元，用于扶持65个村发展特色产业。全省有17个民族村被纳入由省委统战部、省工商联、省扶贫办、省光彩事业促进会组织开展的“百企帮百村”精准扶贫活动范围。

全省39个民族村入选2016年“千村整治、百村示范”美丽乡村建设工程名单。其中，罗源县松山镇八井村、漳浦县湖西畲族乡顶坛村、梅列区徐碧街道洋山村、福安市潭头镇渔溪洋村、福鼎市佳阳畲族乡佳山村、硖门畲族乡瑞云村、霞浦县沙江镇小马村等7个民族村入选全省美丽乡村示范村创建名单。全省有32个民族村被命名为第二批中国少数民族特色村寨，47个民族村被选定开展第三批特色村寨试点建设。全省有少数民族群众6476人列入省级“造福工程”搬迁计划，下达少数民族叠加补助资金647.6万元。省财政厅下达2015年度民贸民品生产贷款贴息资金30万元，预拨2016年民贸民品生产贷款贴息资金39万元，支持3家民族定点企业生产茶叶和白银制品。在宁德师

2016年8月31日，福建省大型原创畲族舞剧《山哈魂》进京会演，图为演出现场
（省民宗厅供稿）

范学院举办“福建八闽电商行——走进少数民族电子商务大讲堂”活动，全省8个设区市的200名少数民族群众参加培训。在泉州安溪、龙岩漳平、三明宁化举办油茶、水仙茶栽培加工和林下经济培训班，少数民族群众和种茶大户150余人参加培训。在宁德霞浦举办少数民族妇女茶叶精准脱贫培训班，少数民族妇女群众50余人参加培训。2016年，全省19个民族乡财政收入5.34亿元，比上年增长1.14%；农民人均纯收入达14268元，增长11.5%，其中少数民族农民人均纯收入13133元，增长11.6%。

【少数民族文体事业】 2016年，福建省举办中华一家亲·2016海峡两岸各民族欢度“三月三”节暨福建省第五届“三月三”畲族文化节活动。组织创作的大型畲族舞剧《山哈魂》参加第五届全国少数民族文艺会演，在梅兰芳大剧院举办专场演出获剧目银奖并组织宁德市畲族歌舞团到少数民族乡村开展巡回演出。宁德福安金斗洋的畲族拳代表福建省参加第五届全国少数民族文艺会演开幕式演出。选送畲族绍鹊苟《畲乡最美金凤凰》参加第六届全国少数民族曲艺展演。举办中华一家亲“二月二”（福鼎双华）会亲节活动，邀请香港、澳门和台湾嘉宾参加，开展畲歌表演及现场教学等17项民俗活动。支持罗源、连江、建瓯、上杭等县（市、区）开展“三月三”民俗活动。举办福建省少数民族文化展示周活动，通过视频播放与图片展示满族八旗、“造王船”、畲族剪纸刺绣、畲族服饰等实物展览，以及畲族苎麻缝纫、编织带、银器制作、高山族抛陀螺等传统技艺现场展示，展现世居的畲族、回族、满族、蒙古族等少数民族文化风貌。持续推进霞浦小说歌传承基地、顺昌畲族民俗馆等少数民族文化精品项目建设。福清市一都镇东山村、晋江市龙湖镇福林村、大田县桃源镇东坂村3个少数民族村入选第五批省级历史文化名村。省板鞋竞速交流赛在福安举办，来自全省7个设区市和平潭综合实验区8支代表队的汉、畲、回、壮、布依、土家等12个民族的120名运动员、教练员参加男子三人板鞋60米等7个项目的比赛，共产生7个一等奖、21个二等奖、28个三等奖。组织霞浦县民族中学和福鼎市民族中学分别参加在重庆和贵州举办的2016年“民体杯”全国陀螺邀请赛和全国独竹漂邀请赛，霞浦县民族中学陀螺队取得陀螺女子团体二等奖、男子单打三等奖。

【少数民族教育】 2016年，国家民委所属高校在福建省招收17名少数民族预科生。福建农林大学等5所高校民族预科班招收少数民族预科生348人，其中文科163人、理科185人。宁德师范学院和福建卫生职业技术学院招收民族班学生34人。首次召开民族文化进校园工作现场经验交流会。组织宁德市民族中学8位优秀教师到蕉城区民族中学、建阳漳墩民族中学、台商投资区百崎民族中学开展巡回讲学活动，340余名学生和158名教师参加。

（黄淑萍）

宗教事务

【概况】 2016年，福建省召开全省宗教工作会议，学习贯彻全国宗教工作会议精神和中央《关于加强和改进新形势下宗教工作的意见》，研究部署当前和今后一个时期全省宗教工作。举行福建省暨福州市宗教活动场所标识挂牌仪式，基本完成全省佛教、道教场所挂牌工作。研究制定佛教类全省性民间组织（社团）内部管理暂行规定。指导省佛协举办“规范佛教放生活动培训班”。指导省伊协举办首届全省清真食品加工企业管理人员培训班。在全省部署开展民间信仰普查工作，将泉州、宁德作为民间信仰纳入管理工作试点地区。扩大省级民间信仰活动场所联系点规模，协调银行业金融机构为联系点开立单位银行结算账户。承办全国民间信仰工作座谈会。继续开展“宗教慈善周”活动，2016年全省宗教界捐款1.08亿元。

【宗教自身建设】 2016年，福建省以“规范”为主题开展和谐寺观教堂创建活动，全省15个集体、5位个人分别被授予第三届全国创建和谐寺观教堂先进荣誉称号。指导省道协举办3期教职人员认定培训班，规范道教教职人员的认定。指导省伊协顺利完成换届工作，启动省佛协和省天主教两会换届前期工

2016年9月11日，“21世纪海丝佛教·福建论坛”在福州举办

（省民宗厅供稿）

作。组织参加天主教全国代表大会，福建省有3人分别当选为新一届中国天主教爱国会副主席、主教团副主席和副秘书长。指导省佛协举办讲经交流会、省道协举办玄门讲经抄经选拔活动、省伊协举办阿訇解经培训班、省天主教两会举办全省神职人员培训班、省基督教两会以“讲好中国故事”为主题举办讲道交流等活动。申请筹办海峡道教学院，获国家宗教局和国台办批准。支持中国社科院、中国人民大学等机构在福建神学院挂牌成立实践基地。福建省禅文化交流促进会成立，该促进会是以弘扬禅文化为目的的宗教类非营利性社团组织。

【宗教、民间信仰文化交流】 2016年，福建省道协组团分别赴香港、澳门参加道教活动，与澳门道教协会签署友好交流互访协议。省佛协举办第八届闽台佛教文化交流周、省道协举办两岸道教界迎新春联谊会暨第五届石竹山梦文化节等闽台宗教文化交流活动。省佛教文化交流中心举办首届“21世纪海丝佛教·福建论坛”，来自近20个国家和地区的高僧大德及上千名信众参加活动，年内各地开展海峡论坛·陈靖姑文化节、保生慈济文化旅游节、“千年清水祖师”两岸信众叙缘交流会等活动。武夷山天心永乐禅寺在中国大红袍国际禅茶文化节中融入“一带一路”元素。泉州市佛协组织32位佛教界人士，赴印度开展“新起点、心同行”海上丝绸之路佛教圣地溯源活动。

（黄淑萍）

库区移民

【移民搬迁安置】 2016年，福建省加强安置补偿政策的合理性。把莆田西音水库等3个水利水电工程项目移民建房困难补助，从原来按规划搬迁人数的4%计算调整为按农村移民房屋补偿费用的10%～20%进行总量控制。将连城福地水库项目移民集中安置点建设征地涉及的影响人口列入移民安置规划，纳入后期扶持范围。对德化彭村等部分在建的水利水电工程项目，尝试采取移民搬迁安置激励的做法，将激励资金统一纳入移民补偿概算。

加强移民生活安置的宜居性。规划上把生活安置与新型城镇化有机结合起来；选址上移民集中安置点均选择在生活条件便利、自然环境良好、满足生态保护要求的城镇规划区；建房上执行《福建省农村村民住宅建设管理办法》关于层数、面积、层高、间距、朝向、布局和装修的规定，满足移民生产生活需求；配套上完善移民集中安置点的水、电、路和医疗、教育、文化等公共设施，推进城乡基本公共服务均等化。

加强生产安置的多元性。在浦城王家洲水库等建设征地移民生产安置上，通过统一调配，让移民获得与安置前基本相当的耕地。在罗源霍口水库、尤溪兴头水库、沙县双溪水库等建设征地移民生产安置上，通过购置住房、店面等资产，以出租方式解决移民长期增收问题。在南平五星桥水库、明溪黄沙坑水库、长汀荣丰水库、周宁抽水蓄能电站、寿宁屏峰水电站等建设征地移民生产安置上，采取一次性支付补偿补助金，由移民自主选择搬迁去向和就业方式。

加强安置实施管理的有效性。在规划编审方面，指导项目法人、设计单位抓紧做好宁德上白石水利枢纽工程、闽江下游南岸防洪六期工程、惠女水库引水工程等10个水利水电项目的移民安置规划编制工作；完成泉州白濑水利枢纽工程、闽江六期防洪工程、周宁抽水蓄能电站等8个项目的移民安置规划审核。在移民安置方面，全省在建的23个大中型水利水电工程，完成安置9519人，占计划数的30.6%。全省在建的47个小型水库工程，完成安置2023人，占计划数的58.1%。全省在建的29个防洪和引调水工程，完成安置9818人，占计划数的39.3%。在安置验收方面，完成浦城王家洲水库工程导（截）流阶段移民安置初验和宁德官昌水库、长泰枋洋水利枢纽工程导（截）流阶段及尤溪兴头水库下闸蓄水阶段移民安置终验，以及建瓯北津水电站工程竣工移民安置初验。

【移民后期扶持】 2016年，福建省库区移民人均可支配收入13792元，比上年增长10.3%。投入移民资金5.6亿元，建设宜居宜业的美丽移民村镇。对移民人数较多的101个移民村，按照“清理村庄环境、梳理规范管线、修缮房屋立面、配套基础设施、绿化美化环境、加强长效管护”的步骤和要求，整村推进环境综合整治工作。对移民人数较少的300多个移民村，按照什么问题突出就解决什么问题的原则，实施移民群众最需最盼的环境整治项目。对移民集中的永春东关、德化水口、连江小沧、尤溪西滨等10个库区乡镇，推进建设库区移民特色小镇。

投入移民资金4.2亿元，购置商业店铺面积7851平方米、农村信用社股份330万股，建设移民工业创业园、商贸创业园、旅游创业园面积4.6万平方米和农贸市场面积2460平方米，实施种植大棚面积3.1万平方米、食用菌标准房面积7074平方米、养殖标准厂房面积400平方米，改建生产区道路495千米，修复水利渠道156千米。

筹措资金2.6亿元，对全省11个县（市、区）1705户6029名居住在地质灾害易发区域、生存条件恶劣不搬迁难以摆脱困境的特殊困难移民进行帮扶，从根本上解决他们居住安全和就业增收问题，全年完成建购房1312户4477人，完成年度目标任务的74.2%。对全省列入扶贫部门建档立卡的5992名贫困移民因户因人定向施策，脱贫攻坚，全年帮助1100多个贫困移民实现脱贫。投入扶助资金6195万元，在62个县（市、区）的229个小型水库移民村实施项目230个，硬化路面30.3万平方米、改造立面7.9万平方米、整治沟渠1.1万米、绿化美化5000多平方米、安装路灯2190盏，受益人口达18.7万人，生产生活条件明显改善。

投入移民资金3085万元，有针对性地帮扶移民群众创业就业。在金融帮扶上，为2113户移民提供创业小额贷款贴息985万元，带动贷款1.2亿元。在就业培训上，针对移民需求，举办电子商务、家政服务、生态养殖等各类实用技术和技能培训班126期，培训移民10682人次。在职业教育上，以福建工程移民职业技术学校为平台，招收近200名移民及移民子女开展招生即招工、入校即入厂、校企联合培养工作，发放移民助学补助资金47万元，增强库区造血功能。

投入移民资金4680万元，在文化设施方面，建设或改造移民村文化室面积1.3万平方米；在卫生设施方面，建设或改造移民村卫生室面积990平方米；在交通设施方面，实施通村道路拼宽改造40.6千米；在生活设施方面，建设移民村停车场面积1.5万平方米，提高库区公共服务供给能力和共享水平。

【移民资金项目监管】 2016年，福建省各级移民管理机构举办移民安置管理、后扶项目管理、移民资金管理等培训班15期，培训移民干部1300多人次。研究制定后期扶持扶助项目立项审批格式文本，明确标志牌的内容、形式等，规范后期扶持扶助项目档案收集的范围、要求等。按照国家规范要求对移民实物调查工作大纲和移民安置规划大纲、移民安置规划的审批审核所需材料进行梳理精简，避免重复提交。

将后期扶持因素分配资金预算由当年下达改为提前一年下达，移民人口在3000人以下的县（市、区）扶持资金预算由每年下达改为五年一次性下达。在项目管理方面，对环境综合整治中的移民房屋立面修缮项目，采取统分结合的方式推进；对分户实施的项目，将补助资金直接发放到移民“一折通”，由移民户自主实施。在补助机制方面，大中型水库移民避险解困工作采取与造福工程、危房改造等政策叠加和直接发放补助的方式。

省、市、县三级移民管理机构集中4个月的时间开展地毯式专项督导，对全省114个拟建在建水利水电工程移民安置工作进行实地会诊，对9个设区市79个县（市、区）200多个移民村的900多个后期扶持扶助项目进行现场检查，解决安置和后扶方面的问题160多个，清理盘活结存移民资金13.1亿元。省、市移民管理机构对22个县（市、区）的后期扶持扶助政策实施管理情况开展稽查，对25个县（市、区）的稽查问题整改情况进行“回头看”，涉及移民资金13.6亿元；对12个县（市、区）大中型水库移民避险解困项目和18个移民村库区环境综合整治项目开展资金审计，委托第三方专业技术机构对8个县（市、区）的8个生产开发项目进行专项审计，涉及移民资金4.5亿元。

【平安库区创建】 2016年，福建省落实库区稳定形势季度分析制度，针对每季度库区信访诉求类别变化、区域分布等特点，落实属地责任、强化源头防控、深入排查化解。针对年、节和“两会”、党代会等重点时段，落实稳定信息“零报告”和24小时值班制度，发挥库区维稳信息员和库区人民调解组织网络的作用，对影响库区稳定的苗头性、倾向性问题早发现、早处置、早解决。推进法律服务工作，全省有51个市、县（区）移民管理机构聘请律师担任法律顾问，并在作出重大政策、签订重要合同、实施重大项目和处理库区矛盾纠纷、信访突出问题方面把好法律关。加强库区人民调解组织建设，实现与行政调解、司法调解实时衔接、有效联动，加强与有关职能部门协调配合，把矛盾纠纷化解在基层，消除在萌芽。按照依法处理库区信访事项“路线图”，做好信访事项受理、调解、处理、复查、复核等各环节的工作。2016年，全省移民管理机构受理的来信来访均按规定程序处理完毕。在全省202个移民村的出入口、主要街巷、停车场、学校等治安重点场所和交通事故多发地段进行布点建设。办理网上来信和监督投诉17件。在政务上公开，将移民参与贯穿项目产生、申报、实施、验收的全过程，贯彻政府信息公开条例，执行项目确定上报前公示、项目批复后通告、项目建成后设立标识牌，以公开促公正，以公正促稳定。

（郭正福）

自然灾害

【低温雨雪冰冻】 2016年，福建省出现6次寒潮过程，分别为1月22—26日、2月13—16日、3月8—12日、11月23—25日、12月13—17日和12月26—28日过程。其中，1月22—26日寒潮过程低温最低，6个县（市）极端最低气温破当地历史纪录；2月13—16日寒潮过程气温降幅最大，三明局部最低气温过程降幅超过19℃。

【强对流天气】 2016年，福建省出现24次强对流天气过程，主要过程有：4月7—9日，龙岩、三明大部、泉州和福州部分县（市）出现8～12级大风，以泰宁朱口35.1米/秒（12级）为最大。4月8日，永安、龙海、永定的部分乡镇出现冰雹。4月24—26日，南平、三明、龙岩出现8～16级大风，以浦城水北54.9米/秒（16级）为最大。4月26日，建宁、泰宁、松溪、浦城部分乡镇出现冰雹，最大直径达4厘米。5月4—7日，南平、三明、龙岩和宁德的部分县（市）及福州、漳州的局部县（市）出现8～13级大风，以泰宁朱口镇39.8米/秒（13级）为最大。南靖、延平区、闽清、屏南、尤溪、长汀、永泰、龙岩等地部分乡镇出现冰雹，烟叶受损严重。

【暴雨】 2016年，福建省出现33场暴雨过程，以9月28—30日过程（台风“鲇鱼”影响）为最强，9月15—17日过程（台风“莫兰蒂”“马勒卡”影响）

次之。5月5—10日过程致三明、南平受灾严重，泰宁县池潭水电厂扩建工程工地突发泥石流灾害，造成重大人员伤亡。6月12—18日过程持续时间为近10年第三长。

【台风】 2016年，福建省有7个台风登陆或影响全省，接近常年（6.9个）。其中，3个登陆台风分别为1号台风“尼伯特”（超强台风级）、14号台风“莫兰蒂”（超强台风级）和17号台风“鲇鱼”（超强台风级），登陆个数偏多（常年1.6个）；4个影响台风分别为4号台风“妮妲”、16号台风“马勒卡”（热带风暴级）、19号台风“艾利”（强热带风暴级）和22号台风“海马”（强台风级）。其中，3个登陆台风均对全省造成严重影响：“尼伯特”台风重创闽清、永泰；“莫兰蒂”台风为中华人民共和国成立以来登陆闽南的最强台风，厦门受到狂风暴雨的严重影响，损失巨大；“鲇鱼”台风造成的暴雨范围、日降水量极值、综合雨强均为9月历史同期最大值。

【高温】 2016年，福建省出现8次高温过程。最强过程出现在7月21—30日，此次过程范围广，50个县（市）出现高温天气，为1961年以来第三大；持续时间长，过程历时10天，并列历史第七长。过程最强出现在28日，共38个县（市）日最高气温超过37.0℃，以福安39.7℃为最高。

（孙雁冰）

生物灾害

【农作物病虫害防治】 2016年，福建省农作物（不包括茶树）病虫草鼠害发生面积510.66万公顷次，防治面积666.27万公顷次，挽回损失160.99万吨。

【动物疫病防控】 2016年，福建省供应强制免疫疫苗3.93亿毫升（头份），免疫动物5.31亿头（羽），实现应免尽免，高致病性禽流感、口蹄疫、高致病性猪蓝耳病、猪瘟等4个病种群体免疫抗体平均合格率都在84.3%以上；开展动物疫病监测52.23万份；下拨消毒剂4批次240吨，全年未发生区域性重大动物疫情。

（李富生）

交通事故

【道路交通事故】 2016年，福建省道路交通事故起数比上年增长2.39%，死亡人数、受伤人数、财产损失数分别下降0.15%、0.56%和10.98%，一次死亡3人以上较大事故起数下降26.92%。

（林东阳）

【海上交通】 2016年，福建沿海发生运输船舶一般等级以上水上交通事故13起，沉船9艘，死亡失踪22人，直接经济损失3330万元。全年组织实施海上搜救行动140次，协调专业救助船64艘次、海事船艇141艘次、军队舰船24艘次、商船及其他社会船舶1024艘次、专业救助飞机32架次，救助遇险人员965人，成功救助遇险人员916人，人命救助成功率94.92%，救助遇险船舶129艘，成功救助遇险船舶107艘，船舶救助成功率82.95%，挽回直接经济损失2.5亿元。

（聂颖清）

【内河水上交通】 2016年，《福建省交通综合行政执法机构与港航管理（地方海事）机构业务协作办法》出台，《福建省内河渡船渡工培训、考核和发证管理办法》制订，发布内河渡船抗风等级核定办法，推行全省内河渡口设置统一规范的警戒水位标尺等新机制。开展创建平安船舶专项行动和内河船舶非法从事海上运输专项整治活动，确保全年内河交通安全生产形势良好，全年未发生责任事故，全年无死亡、无事故损失。

（刘映熹）

编辑：林丹英

《关于深化人才发展体制机制改革的实施意见》

市县概况

福　州　市

【基本概况】　福州简称“榕”，位于福建省东部、闽江下游，与台湾隔海相望，是福建省省会，2016年辖5区2市6县，总面积1.2万平方千米，市区面积1786平方千米，其中建成区面积265.33平方千米。全市常住总人口757万人，其中城镇常住人口518.5万人。属亚热带海洋性季风气候，年均气温16℃～20℃，年均日照数1700～1980小时，年均降水量900～2100毫米，年相对湿度约77%。福州是首批对外开放沿海港口城市，全国著名的侨乡和台胞祖籍地，东南沿海传统的商贸重镇和海峡西岸新兴的工业城市，素有“有福之州”的美誉。是国家历史文化名城，建城至今已有2200多年历史，形成以昙石山文化、船政文化、三坊七巷文化、寿山石文化等为代表的闽都文化。市花茉莉花，市树榕树，市果福橘。

【经济综述】　2016年，福州市实现地区生产总值6197.64亿元，比上年增长（下同）8.5%，其中，第一产业增加值492.25亿元，增长4.1%；第二产业增加值2590.43亿元，增长6.7%；第三产业增加值3114.96亿元，增长10.7%。全市一般公共预算总收入934.06亿元，增长10.1%，其中地方一般公共预算收入598.91亿元，增长11.7%；全年固定资产投资5184.36亿元，增长6.8%；全年社会消费品零售总额3763.14亿元，增长11.6%；全年出口1406.8亿元，增长8.9%；农村居民人均可支配收入16346元，增长7.5%；城镇居民人均可支配收入37833元，增长8.2%。全年居民消费价格总水平比上年上涨2.3%。

产业转型。服务业增加值突破3000亿元，占地区生产总值的比重超50%。规模以上工业增加值1954.3亿元，增长7.7%；工业技改投资800亿元，增长1.3%。加快建设申远聚酰胺、吴航不锈钢技改等重点产业项目136个。化解钢铁行业过剩产能50万吨，房地产库存比上年下降26%，减轻企业负担217亿元。全国首个VR产业基地落户中国东南大数据产业园，全国首家窄带物联网规模化商用局在马尾启用。福州入选全国服务外包示范城市、全国“十三五”服务业综合改革试点区域、全国“十三五”海洋经济创新发展示范城市、国家首批健康医疗大数据中心与产业园建设试点城市、中国领军智慧城市。海峡金融商务区和闽江北岸中央商务区已落户总部经济项目44个。举办第95届全国糖酒会、第34届体博会等85场展会活动。推进国家生态文明试验区建设，完成10项改革任务，工业排污企业推行排污权交易，通过国家生态市考核验收。启动国家自主创新示范区福州片区建设，实施五大任务。

改革开放。加快福州新区开放开发，完成年度投资1780亿元，占年度计划的111.5%，组建新区开发投资集团，设立新区投资发展基金。全面融入海丝核心区建设，制订“海上福州”建设工作方案，启动实施10项任务、195个重点项目。推动福建自贸试验区福州片区先行先试，推出三批共46项创新举措、两批共41个金融创新案例，新增企业1.6万家。取消和暂停110项行政审批事项、74项前置审批条件，取消65个办理环节。在全省率先全面推行企业登记“五证合一、一照一码”，在行政审批中全面推行“窗口无否决权”机制。出台市属国有企业负责人薪酬制度改革意见，推进“海峡环保”上市，福州成为国务院国资委指导监督地方国资工作联系点。全面实施“营改增”，为企业减税40亿元。落地PPP项目9个，总投资174.85亿元。完成全市党政机关公务用车制度改革。全面启动不动产统一登记。建立大招商工作机制，在北京等地举办福州投资环境推介会，引进八仙过海旅游、福能（江阴）化学园等重大项目。举办第十八届海交会。新批1000万美元以上外（台）资项目77个、境外投资项目83个。跨境电子商务公共服务平台运行，中国—东盟海产品交易所设立马来西亚分中心，江阴整车进口8311辆。举办第四届海峡青年节、第九届海峡两岸合唱节、2016海峡两岸民俗文化节等重大交流活动，台湾银行福州分行在榕开业，台商投资区、台湾农民创业园等加快建设。举办首届联合国海陆丝绸之路城市联盟论坛、第二届海上丝绸之路国际旅游节、第三届丝绸之路国际电影节等重大活动，建成海上丝绸之路展示馆。

市政建设。完成全市“多规合一”工作。建成晋安南路等57条市政道路，绕城高速东南段、长平高速等9个重点快速通道项目建设进展顺利。地铁1号线全线试运营，2号线全线动建，6号线启动建设。新辟优化公交线路88条，新增更新新能源公交车594辆，新增公共停车泊位7509个，新投放便民自行车2055辆。三江口、鹤林两个海绵城市试点片区启动建设，建成琅岐环岛路西北段等地下综合管廊主体结构4.5千米。实施旧屋区改造面积692万平方米，拆除“两违”建筑面积692.16万平方米。基本建成保障性安居工程3.3万套，五城区完成回迁安置1.71万户、面积239.16万平方米。城市空气质量优良率98.6%，综合指数位居全国74个重点城市第五位。新型智慧城市标杆市启动建设。

农业经济。全年农林牧渔业完成总产值866.25亿元，增长4.1%。新增全国休闲农业与乡村旅游示范县1个、国家级农业产业化重点龙头企业1家、省级农业产业化重点龙头企业50家。新建改造农村公路213千米，闽清葫芦门水库等69个重大水利项目加快建设。推进江阴、青口省级“小城市”培育试点。建成420个新农村“幸福家园工程”示范村、129个美丽乡村。农村土地承包经营权、宅基地及集体建设用地确权登记颁证工作有序推进，土地流转面积3.96万公顷。10667人实现脱贫，完成“造福工程”搬迁4683人。

【社会事业】 完成63个为民办实事项目。在全省率先成立职业院校联盟，增设19个中职专业，5所普通高中达标晋级，数字青少年宫等22个项目入选省中小学德育建设示范项目。基本完成103个文化站建设和1602个文化服务中心达标提升工程，举办第五届闽都文化论坛暨闽都文化艺术巡回展。实施城乡居民基本医保一体化政策，初步建立分级诊疗制度，组建福州儿科医疗联合体，防控登革热疫情，全面两孩政策平稳实施。举办第24届市运会、中国羽毛球公开赛、环福州·永泰国际公路自行车赛、福州国际马拉松赛等大型体育赛事，实施590个全民健身工程，开展32项1080场全民健身活动。

（林　炽）

鼓楼区

【经济社会概况】 2016年，鼓楼区实现地区生产总值1283.16亿元，比上年增长（下同）9.3%；三次产业结构调整为0∶18.3∶81.7；一般公共预算总收入65.6亿元，增长7.5%，其中地方一般公共预算收入40.3亿元，增长10.7%；社会消费品零售总额1017.9亿元，增长11.1%；规模以上工业增加值71.94亿元，增长8.3%；固定资产投资459.2亿元，增长2.3%；外贸出口330.1亿元，增长4.3%；城镇居民人均可支配收入44364元，增长8.6%。获评为全国综合实力百强区、最具投资潜力中小城市百强区，被授予“中小城市新型城镇质量百强区和中小城市创新创业百强区”称号。

服务业。突出集约集聚，福州软件园、三坊七巷列入省级第一批现代服务业聚集区。改造提升外贸中心大楼等11栋、面积56.15万平方米旧商务楼宇，海西商务大厦与三盛国际中心等4栋、面积35.2万平方米商务楼宇落成，税收超亿元、超千万元楼宇分别增至24栋和115栋，跻身全国楼宇经济十大潜力城区。区域总部中心初步形成，上市企业数居全市首位，市级总部企业数占全市48%。商贸服务业提档升级，东街口商圈改造提升取得阶段性成效，推进南街地下空间、东百B楼建设，新增161家限额以上商贸企业。新兴经济提速增效，入驻正统网电商企业830家，线上交易额突破350亿元，网购人口比例居全省首位；旅游、文创产业发展态势喜人，年接待游客突破1600万人次，文化产业实现主营收入200亿元，总量占全市1/3。推行“五证合一、一照一码”和电子营业执照等商事改革举措，市场主体户数突破7.6万户，市场主体户数及注册资本总额均居全市首位。

招商引资。实际利用外资3.17亿美元，增长13%。有18家上市企业、33家“新三板”挂牌企业，55家企业列入省级上市后备企业，境内上市企业和“新三板”挂牌企业数居福州市首位。年内引进智度科技、东海航运保险等205个项目，总投资达438亿元。

城市建设。全面打响“百日攻坚”行动，105个攻坚项目完成建设投资80亿元，实现交地面积66.67公顷，征迁1882户，完成征收房屋面积60万平方米。当年新启动的旧改项目100%完成

2016年3月，在福州西湖公园随兴起舞的福建老年大学学员们　（林忠玉摄）

民房征迁工作。建成陆庄庭苑、龙峰雅居园等 4 个项目、面积 28 万平方米安置房，1097 户居民回迁。基本建成文林南路等 5 条道路，新增 1002 个路外公共停车泊位，南街地下空间停车场等 7 个项目投入使用。完成 13 个地下配电房改造、54 个易涝点及 5 个地灾点整治，新增 20 条“市容环卫严管示范街”，拆除“两违”建筑面积 7.37 万平方米。城区文明测评指数居全省首位，蝉联省级文明城区。

社会事业。被列入国家知识产权强县工程试点县（区），蝉联全国科技进步先进区。全区科技小巨人领军企业增至 45 家，省级企业技术工程研究中心增至 19 个，省、市级众创空间达 7 个，云端创咖、凤凰谷咖啡入选国家级众创空间。鼓楼区被评为福州市创业创新示范中心。全面推行区属高中免费教育；建成模范小学、铜盘中心小学等 3 所小学面积 2.8 万平方米教学综合楼。完成区数字图书馆一期建设，区文化馆改造提升达到国家一级馆标准。率先推行“互联网＋社区医疗”服务，在鼓东街道建成五城区规模最大的社区卫生服务中心，成功创建省级慢性病综合防控示范区，通过全国计划生育优质服务先进单位省级评估验收。

社会保障。全区新增就业 25528 人，失业人员再就业 2356 人。被征地群众 100％参加养老保险，城镇居民社会养老保险参保率达 99.4％；全年发放各类补助资金 4498.4 万元，将家庭人均月收入 1000 元以下群体纳入低保边缘户，帮助 305 户住房困难家庭申请保障性住房。

生态建设。铜盘路西侧、大洋百货等 7 个重要节点 30 栋楼体立面焕然一新，省府路、达明路等 15 条道路沿街店牌店招美化提升。启动大腹山休闲步道建设和温泉公园二期改造提升，左海—金牛山城市森林步道主轴基本贯通，城区新增绿化面积 23 万平方米。淘汰黄标车（排放物的排放标准达不到国 1 的汽油车或达不到国 3 的柴油车，这类车贴的环保标志是黄色的）2276 辆，城区空气质量优良率达 95％以上，鼓楼区获评为国家级生态区，成为全省唯一获评为国家级生态区的核心城区。

【高新技术产业】 2016 年，鼓楼区高新技术企业数占福州市 1/3。福州软件园创业创新新城加快建设，闽台软件与集成电路合作基地、谷歌体验中心、百度开发者创业中心等项目落户园区，实现技工贸总收入 518 亿元，增长 20％；洪山科技园改造提升继续推进，新增百城新能源、网格商用等 3 家高新技术企业，蓝海天网卫星导航及船联网项目被列入“海上福州”重点项目，实现技工贸总收入 214 亿元，增长 11.3％。

（郑福春　吴锦地　林　萍）

台 江 区

【经济概况】 2016 年，台江区实现地区生产总值 402.83 亿元，比上年增长（下同）8.3％；一般公共预算总收入 24.13 亿元，其中地方一般公共预算收入 14.74 亿元；规模以上工业增加值 28.44 亿元，增长 1.7％；固定资产投资 261.29 亿元；社会消费品零售总额 389.14 亿元，增长 9.5％；商品销售额 1111.61 亿元，增长 11.2％；出口总额 75.94 亿元，增长 10.05％；实际利用外资 1.6 亿美元，增长 12.57％；城镇居民人均可支配收入 41133 元，增长 8.8％ 。

产业发展。产业结构比例为 0∶19.7∶80.3，第三产业增加值贡献率提升至 81.5％，总部经济、软件服务、文化休闲等营利性服务业贡献率由上年的 23.5％上升至 40％。新申报限额以上企业 119 家，居全市首位。“苏万宝”商圈成为全省规模最大的超百万平方米现代商圈。落地运营的金融、类金融企业突破 400 家，成为台资银行、外资银行在榕最集中的区域，全年完成金融业税收 107 亿元，居全省前列。台湾银行福州分行、日本三菱东京日联银行福州分行开业，长江证券、福汇资本等金融机构入驻。40 座超百米高端商务写字楼建成投用，新增商务楼宇面积 50 万平方米，新引进楼宇企业约 700 家。中航赛凡、海邦科技等企业入驻，升龙汇金大厦、宇洋金座大厦入驻企业年度税收首度超过 1 亿元。海峡电子商务产业基地年交易额超 45 亿元，基地二期实现主体结构封顶，新中冠获评为中国互联网百强企业、省级电子商务示范企业。“闽江游”接待游客 19.8 万人次，增长 6.5％。新增公司类经济主体 5146 家，增长 19.8％。腾讯众创空间（海峡两岸·福州）入驻并引进创新型企业 20 多家，深圳摩天之星加速器启动运营，“优空间”获评为国家级众创空间。智恒科技、华莱士等 5 家企业在“新三板”挂牌上市。营改增等改革红利惠及纳税人约 9000 户，减税 1.49 亿元。

重点项目。市“百日攻坚”行动 18 个建设项目全部超额完成，13 个征迁项目实现交地面积 18.2 公顷、征迁面积 45 万平方米、征迁户数 4120 户。64 个区级重点项目完成投资 185.7 亿元；33 个市级重点项目完成投资 204.9 亿元。海峡银行大楼、福晟·钱隆广场等 8 个项目竣工交付使用；升龙环球大厦、科技电子商务中心等 5 个在建项目实现主体结构封顶。对口援建永泰县红星乡灾后重建工作进展顺利，安居工程提前实现项目封顶，道路修复、自来水厂重建等 4 个配套设施建设均提前完工。

城区建设。市一医院、同晖地块一期、群众西路旧屋区地块等 6 个征迁项目完成，全年完成房屋征收面积 52 万平方米、涉迁群众 4291 户。闽江北岸中央商务区二期地块完成 3217 套成片成套房征迁工作并实现提前交地。锦祥佳园、新港苑交房，3701 户居民得到回迁。闽江北港驳岸整治一期水利工程通过验收，三捷河、茶亭河（南段）、光明港一支河、光明港二支河内河综合整治项目完成。采峰别墅等重点文物修缮工程基本竣工。南公园完成改造修复并对外开放，光明港南岸休闲步道（一期工程）初步建成。25 个治堵项目建设全面实施，新增公共停车泊位 1141 个。淘汰黄标车 1625 辆，新建公共便民自行车站点7个，空气质量优良天数占全年的98%，拆除“两违”建筑面积5.27万平方米。

【民生事业】 民生社会事业支出10.34亿元，占一般公共支出的比例达72.12%。年度投资4.53亿元的24个为民办实事项目得到落实。新增城镇就业7098人，安置下岗失业人员2186人。累计发放低保金、医疗补助金、救济金等3000多万元。城镇居民基本医疗保险参保人数达7.7万人，保持社会养老保险全覆盖。瀛滨小学、实验园等20所学校实施改造修缮，台六小扩建、双虹小学教学楼重建、祥坂小学修复提升等项目完成。获“全国计划生育优质服务先进单位”称号。区妇幼保健所、后洲街道社区卫生服务中心改扩建完成，人次均门诊费用下降21%。瀛洲街道、宁化街道社区卫生服务中心分别获评“全国百强社区卫生服务中心”“全国社区卫生协会优秀培训基地”。

（陈子钰）

仓山区

【经济概况】 2016年，仓山区实现地区生产总值478.46亿元，比上年增长（下同）9.3%；一般公共预算总收入46.95亿元，增长9%，地方一般公共预算总收入30.6亿元，增长9%（同口径增长11.5%）；固定资产投资558.34亿元，增长13.1%；社会消费品零售总额427.46亿元，增长12.0%；城镇居民人均可支配收入34736元，增长7.6%。

农业经济。实现农林牧渔业总产值5.34亿元，比上年增长1.7%。扶持花卉、茶叶等特色产业，新增茉莉花等区外种植基地面积366.67公顷。

工业经济。星网锐捷完成并购四创软件，中能电气吸收合并汉斯电气。瑞达精工等6家企业获批省级两化融合重点项目。加快发展互联网经济，培育壮大“互联网+”产业园，雨石林电子科技等23家企业入驻。

现代服务业。海峡智贸城进口商品直销中心、聚春园会展酒店开业，三迪创富广场等19个重点项目加快建设，国安中海基金、中商汇金融服务等16个重大招商项目落地，新增（提升）限额以上商贸业、规模以上服务业企业104家。

项目建设。全年全区完成为民办实事项目7类26个，其中市级项目10个。市级重点项目32个，累计资金166.15亿元；新区市级重点项目15个，累计投入资金116.75亿元；区级重点项目82个，累计投入资金290.2亿元。

城乡建设。马尾大桥南连接线等9个重大基础设施项目动工建设，13个新区重大项目征迁提速，累计完成106.67公顷交地任务。完善公建配套，海峡文化艺术中心封顶，南江滨生态公园（二期）动工建设。利嘉国际商业城保税展示交易中心入驻企业150家，营业面积5万平方米。累计引进4000多家企业，注册资本300多亿元。建成南江滨东大道等项目7个。实施共和路朝阳路周边旧屋区等9个面积100万平方米的旧城镇、旧厂房、旧村庄改造项目，完成10个旧住宅小区整治。推进城区水系治理，牛浦河（一期）、流花溪（一期）完成整治，飞凤山水厂、连坂污水处理厂（二期）项目建成。建成金山文体中心等8个停车场，新增停车位1743个。“智慧仓山”APP上线，“数字城管”系统运行良好。

生态建设。完成燃煤锅炉整治，淘汰黄标车2662辆，全年空气质量优良率达97.2%。全区绿地建设率40.35%、绿化覆盖率43.65%、人均公园面积13.56平方米。完成封闭19年的江心公园建设，2016年春节免费开放。完成4个市级饮用水源地保护区调整后的边界及标示牌验收工作。

【社会事业】 社会事业。推动大众创业、万众创新，建成省级科技企业孵化器和互联网孵化器6个、省市级众创空间13个。全年新增高新技术企业40家，新增省级创新型（试点）企业、知识产权优势企业9家。组建省级企业工程技术研究中心13个、院士（专家）工作站21个，成功转化15项科研成果。新建、改扩建金山八期小学等6所学校，促成11个住宅小区配套幼儿园移交，增办3所普惠性民办幼儿园，新增中小学学位4180个、幼儿园学位1296个。率先在全市推出新生“网上预报名系统”。启动仓山区“网络云课堂”项目建设，已有30位名师对1.3万人次的学生在线互动授课。启动国家公共文化服务体系示范区创建工作，完成8个镇街文化站和93个村（社区）综合文化服务中心提升改造工程。全年投入近500万元建成健身路径、篮球场等体育场所55个。全面实行药品零差率销

2016年，仓山区环南台岛滨江休闲路（生态公园） （仓山区政府办供稿）

售，家庭医生签约率28%，提升改造3所基层卫生院（服务中心），实现13个镇街“中医馆”全覆盖。全区10个社区卫生服务中心和乡镇卫生院建立微信公众平台，13个基层医疗机构实现手机APP预防接种预约服务。全区育龄妇女11.80万人；年出生6860人，人口出生率为14.73‰，政策符合率97.80%，出生性别比106.88。

社会保障。实现新增城镇就业15806人、失业人员再就业1635人。办结劳动保障投诉案件763件、劳动争议仲裁案件382件。累计发放低保金3855万元。城乡居民养老保险续缴率95.33%，农民参合率100%。

（陆范欣怡）

晋安区

【经济概况】 2016年，晋安区实现地区生产总值553.73亿元，比上年增长（下同）10.1%，三次产业比例为0.9∶34.3∶64.8。一般公共预算总收入38.8亿元，增长13.5%，其中地方一般公共预算收入25.1亿元，增长8.4%；全社会固定资产投资560.6亿元，增长15.8%；自营出口（海关口径）19亿美元，增长13.5%；城镇居民人均可支配收入38467元，增长8.0%，农民人均可支配收入16701元，增长6.7%。

农业经济。实现农林牧渔总产值9.41亿元，增长5%。新增市级以上农业龙头企业4家、省级农民创业示范园2个，鑫农高科等一批重点农业企业持续壮大。全域永久基本农田划定基本完成，农村土地承包经营权确权颁证工作全面实施。

工业经济。实现规模以上工业总产值434.9亿元，增长8%；规模以上工业增加值113.97亿元，增长7.7%；工业固定资产投资99.59亿元，增长23.3%。新华智能图书包装车间等现代化厂房基本建成。累计支出9100多万元用于扶持企业发展。

服务业。实现服务业增加值358.93亿元，增长11.5%；实现社会消费品零售总额635.8亿元，增长13.6%；物流业营业收入230亿元，增长7%。发展现代服务业，闽台AD创意产业园获评为省级服务业集聚示范区，凯宾斯基、梅园等高端酒店建成开业。

招商引资。新批合同外资7145万美元，实际利用外资（验资口径）1.1亿美元。第十八届海峡两岸经贸交易会签约项目13个，内资总投资85.05亿元，利用外资9478万美元。第十九届中国国际投资贸易洽谈会签约项目19个，投资总额4.52亿美元，利用外资1.92亿美元。全区商业楼宇增至74栋，税收超1000万元楼宇12栋，其中超1亿元楼宇2栋。

重点项目。全区45个市级重大项目完成投资202亿元，完成年度计划20.5%；65个市级行动计划项目完成投资197亿元，完成年度计划22.4%。全年累计出让土地12宗、面积30.91公顷，成交金额64.4亿元。

城乡建设。攻克火车北站南广场、洋下危房等42个遗留多年的征迁难点。“百日攻坚”期间，完成建设投资185亿元，交地面积222.87公顷（3343亩），征收房屋面积110.5万平方米，累计回迁38个项目，安置房屋1.58万套、面积130万平方米。完成各类绿化提升项目44个，牛岗山公园休闲步道（一期）基本建成，森林公园至宦溪、岭头至桂湖道路沿线景观带建设完工。新建公共停车泊位1850个。完成9个旧住宅小区整治、21个小区配电房防涝改造，实施7个片区背街小巷改造。建成9个“美丽乡村”和10个“幸福家园工程”，新改扩建山区道路15条，建设亮灯工程8个，山区农村客运站基本建成。新建、改造垃圾转运站3座，拆除各类违法建设面积66万平方米。

【社会事业】 安排科技专项经费2900多万元，推动实施电子信息、光电通讯、智能制造等“新兴产业培强”行动计划，3家企业获评省创新型企业，9家企业获评省科技小巨人领军企业，“稻田创业小镇”获批市级创业创新示范中心。新建成4所中小学校，启动5所中小学改扩建和3所幼儿园新园建设工程，实现“一师一机”教学电脑全配置和班班通多媒体全覆盖。通过国家义务教育发展基本均衡区复检。创建国家公共文化服务体系示范区，改造提升乡镇（街道）文化站5个、村（社区）综合文化服务中心108个，省图书馆五四北分馆建成开馆，区未成年人心理健康咨询室被评为省级示范点。新建球场6个，更新健身路径30条，晋安区少体校被命名为全国射箭重点体校。区医院、区妇幼保健院改扩建项目前期工作基本就绪，新福建省儿童医院、新福建省妇产医院布点晋安区。发放各类计生补助4000多万元，常住人口计生政策符合率97.12%，全年出生人口数（常住人口口径）4095人，人口出生率10.49‰，出生人口性别比108.5，人口自然增长率6.31‰。

社会保障。财政用于民生支出21.5亿元，占公共财政支出的73.5%。出台扶持就业创业15条措施，企业稳岗补贴惠及6700多人，新增城镇就业2.2万人。全面落实城乡居民基本医保一体化政策，城乡居民养老保险缴费率达94.8%，4.3万人参加被征地农民养老保障。

（郑　强）

马尾区

【经济概况】 2016年，马尾区完成地区生产总值426.10亿元，比上年增长（下同）8.1%；规模以上工业增加值257.02亿元，增长8.2%；一般公共预算总收入34.38亿元，增长8.1%，其中地方一般公共预算收入21.46亿元，增长16.2%；固定资产投资309.74亿元，增长13.1%；社会消费品零售总额160亿元，增长16.5%；出口总额184.10亿元，增长9.5%；实际利用外资2.93亿美元，增长12.2%；城镇居民人均可支配收入4.14万元，增长8.2%；农村居民人均可支配收入2.12

万元，增长7.2%。

工业经济。实施大通机电新能源汽车漆包线等22项技改项目。扶持万德电气高效同步电机、中日达镀锡生产线技改等项目建设。建成飞毛腿智能工厂。发挥新大陆、上润精密、福光股份、冠林科技等物联网骨干企业的引领作用，用好用活省、市支持物联网产业发展的各项政策，引进物联网龙头企业及关联企业，加快形成物联网产业集聚园区的步伐。

服务业。支持沃动科技、摩格网络等企业在“新三板”挂牌。发展互联网游戏产业园和冷链物流，力促汉吉斯、太古冷链等项目加快建设。打造名城中心、中环自贸广场等人气商圈，带动商贸业繁荣发展。

城乡建设。启动31.6万平方米旧屋区改造，完成房屋征收2252户。启动中国—马尾船政文化城规划建设，马尾造船厂搬迁基本完成。新改扩建道路7.5千米，建成沿山通道（二期）等9条市政道路。新建、改建雨污管网25千米，完成年度主要污染物减排任务，以及亭江岱溪下游渠道整治、白眉下游河道清障等工程。水利投资完成9.2亿元，动建天台水库，建成琅岐西部防洪堤。启动琅岐引水工程，建成琅岐污水处理厂。拆除违法建筑面积24万平方米。新增28辆公交车和259个停车位。新改扩建魁岐大道、儒江大道等40千米市政道路。易安居、儒江和谐家园实现回迁。完成聚英花园、济安苑等5个老旧小区综合整治。儒江苑、龙津苑、闽江佳园安置房提前完工，启动104国道景观改造，建设天马山休闲步道（一期），新增绿地面积16.7万平方米。

【社会事业】 全国首个窄带物联网规模化商用局、清华大学智能系统与技术国家重点实验室落户马尾区。科立视成功研发国内首个拥有自主知识产权的超薄抗菌玻璃，东北理光获得全国首张再制造资质证书，创高安防被认定为省级工业设计中心，伊时代与福建高交所签署战略投资协议。全年新增6家省级创新型企业和12家高新技术企业。传统产业加快升级，23个省、市重点技改项目完成投资19.5亿元，增长52.5%。获批省级智能制造试点示范基地，通过国家义务教育发展基本均衡县（市、区）评估。琅岐中学（三期）、魁岐小学（二期）建成投用，新增学位500个。马尾综合体育馆等文体设施建成投用。建成琅岐闽江口医院。开发区医院通过二甲医院评审。全年出生人口1141人，人口出生率8.02‰，出生人口政策符合率97.63%，出生人口性别比为104.85。

社会保障。新增城镇就业人口7677人，转移农村劳动力1505人。企业退休人员养老金人均每个月增加161元，城乡居民基础养老金标准提高至每人每月130元，城乡新农合、城镇居民基本医疗保险政府补助标准提高至430元，城乡低保人员补助标准提高至570元。

（邓华健）

福 清 市

【经济社会概况】 2016年，福清市实现地区生产总值857.85亿元，比上年增长（下同）8.8%，其中第一产业增加值102.76亿元，增长2.6%，第二产业增加值421.10亿元，增长7.4%，第三产业增加值333.99亿元，增长11.9%；三次产业结构为12.0∶49.1∶38.9；一般公共预算总收入88.67亿元，增长9.1%，其中地方一般公共预算收入56.63亿元，增长7.4%；全社会消费品零售总额374.17亿元，增长13.5%；固定资产投资867.52亿元，增长13.3%；城镇居民人均可支配收入3.81万元，增长8.9%；农村居民人均可支配收入1.92万元，增长7.8%。

工业经济。实现规模以上工业总产值1603.2亿元，增长7.8%。核电3号机组等85个项目投产；三峡集团海上风电装备产业园等36个重大项目动建；京东方8.5代液晶面板生产线进入设备安装阶段。新增中国驰名商标1件和福州市政府质量奖2件、福建省著名商标7件、福州市知名商标10个。福耀集团获评为中国智能制造示范企业，18家企业列入省级重点上市后备企业，新增3家企业在“新三板”挂牌。

农业经济。实现农林牧渔业总产值174.60亿元，增长5.4%。17个国家现代农业示范区项目完成投资1.16亿元，福州市级以上产业龙头企业销售收入达165亿元。新培育省级休闲农业示范点2个、森林人家2家，福州市级示范点1个，签署3个融台对接合作项目。

第三产业。实现服务业增加值

2016年，福清冠捷电子工厂生产线工人在生产　（福清市政府办供稿）

333.99 亿元，增长 11.9%；实施利嘉中心等 14 个总投资 206.3 亿元的重点项目，加快福州自贸片区保税港区建设，推出 3 项全国首创举措，整车进口通关时间缩短至 1～2 个工作日，实现汽车整车进口 8311 辆。全市本外币存贷款余额分别达 1006.73 亿元和 726.16 亿元，全年新增贷款 79.53 亿元。永鸿文化旅游城一期等项目建成投入运营。

重点建设。380 个“行动计划”项目完成投资 761.79 亿元，占年度计划投资的 121.7%，118 个重点项目共完成投资 590 亿元，占年度计划投资的 123.96%。开展“大干 150 天”和“抓征迁、促落实”百日攻坚行动，251 个福清市级攻坚项目完成拆迁 107.71 万平方米，交地面积 410.31 公顷，完成投资 373.92 亿元。

城乡建设。建成清昌大道 A 段、东塘大道等 21 条道路，打通瑞亭街、福唐路等 13 条“断头路”。完成观音埔水厂主体工程建设，新建、改造供水管网 122.6 千米、燃气管道 19.5 千米、雨污管网 16 千米，增加 40 辆纯电动公交车辆。全年拆除违法建筑 934 宗，有 4695 宗个人建房经过镇街或规划局审批挂牌施工。投入 4 亿元打造 96 个新农村建设示范村、创建村。

社会事业。全年新增高新技术企业 5 家、福州市级以上企业技术中心 1 个。建成 26 项总投资 2.4 亿元总建筑面积 10.56 万平方米的校安工程，新增学位 2600 个；新增 4 所公办幼儿园；实施市属公办职业教育资源整合。积极创建国家公共文化服务体系示范区，市图书馆、档案馆新馆正式启用。启动以东关寨为重点和以塔为主题的一批重点文物修缮工程。融籍女排运动员徐云丽、林莉在里约奥运会上获得金牌。福清医院新院（一期）于 12 月 27 日开诊，并与上海长征医院开展技术合作；获国家级妇幼健康优质服务示范县称号。

社会保障。全年民生支出 62.64 亿元，占一般公共预算支出的比重为 79.6%，机关事业单位退休人员养老金人均每月增资 298 元，城乡居民养老保险基础养老金提高至 130 元。免除城乡居民基本殡葬服务费用，市社会福利中心和残疾人福乐家园主体封顶。全市现有标准口径下的 1631 名贫困人口全部脱贫。新开工保障性住房 294 套，基本建成 431 套。加强就业指导和培训，新增城镇就业人数 26678 人，转移农村富余劳动力 4675 人。

【融商大会】 2016 年 9 月 12—13 日，第二届世界融商大会在福清举行，大会邀请海外融商代表、内地融商代表、在融国有企业负责人、在融异地企业家、台商代表等 600 多人参加。

（薛偕玲）

长 乐 市

【经济概况】 2016 年，长乐市实现地区生产总值 630.46 亿元，比上年增长（下同）9.5%，三次产业比例为 8.1∶63.4∶28.5；一般公共预算总收入（不含基金）55.37 亿元，增长 10.4%，其中地方一般预算收入 38.79 亿元，增长 15.3%；农林牧渔业总产值 96.12 亿元，增长 5.1%；规模以上工业增加值 445.0 亿元，增长 7.7%；固定资产投资 497.68 亿元，增长 11.3%；社会消费品零售总额 191.16 亿元，增长 10%；出口总值 44.95 亿美元，增长 17.8%，进口总值 85.44 亿美元，增长 28.6%；城镇居民人均可支配收入 39231 元，增长 7.7%；农村居民人均可支配收入 18835 元，增长 8.5%。

工业经济。规模以上纺织业完成产值 1563.2 亿元，比上年增长 14%；锦纶产量突破 100 万吨，获“纺织行业创新示范集群”称号；景丰科技加弹项目等 37 个重点技改项目完成投资 80 亿元，18 家企业列为省级龙头企业，9 家企业列为省工业和信息化高成长企业，新增福州市级企业技术中心 3 个；恒申合纤获得省级“两化”融合补助，永荣控股等 4 家企业获得福州市级“两化”融合补助，获批“互联网＋纺织业”区域化链条化省级试点。

第三产业。数字福建云计算中心政务云和社会企业云项目主体工程竣工，国家健康医疗大数据中心及产业园等 15 个项目入驻数字福建（长乐）产业园，翔福物流园获国家海关总署等部委批准设立为福州唯一（B）型保税物流中心。

城乡建设。完成全市重点区域

2016 年，长乐南北澳海岸线防护林　（长乐市政府办供稿）

108.01平方千米控制性详细规划编制，控规覆盖率达89%。地铁6号线、长福高速长乐段启动建设，福北路、两港路改扩建工程和营滨路建成通车。新增公交通车里程133千米，其中公交601线的开通实现与福州公交联网。长乐国际机场第二轮扩能工程进行，完成厦航福州基地扩建工程建设。启动松下港区12#、13#泊位建设和防波堤二期工程前期工作。湖南仙富及江田长林等两座110KV变电站投入使用，LNG管道及分输站基本建成，大樟溪引水工程长乐段启动建设。全年拆除“两违”建筑492宗，面积101.5万平方米。

生态建设。完成福州市下达的节能减排任务，吴航不锈钢公司完成改燃工作。基本完成罗联溪整治二期工程及城区下洞江内河整治工程建设，加强畜禽污染整治，拆除畜禽养殖场165个。累计投入1549.2万元淘汰黄标车1264辆。潭头污水处理厂完成主管网铺设15.4千米，乡镇支管网铺设31.9千米。实现造林绿化面积807公顷，完成南山公园一期休闲步道1.8千米、闽江河口国家湿地公园巡护步道及牛山栈道景观建设。

【社会事业】 投入6010万元实施35项中小学校安工程，投入668万元用于乡镇中心幼儿园建设，实验幼儿园通过“省级示范性幼儿园”复评。吴航街道社区卫生服务中心、湖南镇卫生院新院建成并投入使用。

社会保障。6大类31个为民办实事项目完成投资5.56亿元，全年市财政用于民生领域支出达37.91亿元，占一般公共预算支出的75.2%。新增城镇就业7957人，转移农村富余劳动力6231人，发放城乡低保金、特困人员供养金等各类补助金4456.36万元，受益群众7559人次，续建完成保障性住房908套，解决513户低收入群众及外来务工人员住房问题。累计救助金额3100多万元，受益群众8万多人次。实施精准扶贫，帮扶1030人脱贫。

（张鼎淦）

闽侯县

【经济社会概况】 2016年，闽侯县实现地区生产总值484.00亿元，比上年增长（下同）9.3%；第一产业增加值完成38.65亿元，增长5.7%，第二产业增加值完成288.71亿元，增长7.9%，第三产业增加值完成156.63亿元，增长12.8%，三次产业结构调整为7.9：59.7：32.4；一般公共预算总收入突破100亿元，增长11.6%，其中地方一般公共预算收入65.49亿元，增长2.5%；固定资产投资461.58亿元，增长20.4%；社会消费品零售总额230.11亿元，增长13.4%；城镇居民人均可支配收入35531元，增长7.2%；农村居民人均可支配收入15646元，增长7.5%。县域经济与县域基本竞争力跃居全国第59位，连续七年成为全省县域经济实力“十强县”。

工业经济。实现工业总产值978.9亿元，增长11%。全年完成规模以上工业产值907.7亿元，增长11.7%，汽车、机电、工艺、建材、轻纺、食品六大主导产业分别完成产值255.8亿元、197.4亿元、100.4亿元、99.1亿元、94.7亿元、81.9亿元，天宇电气、众安药业等20个项目建成投产，新培育规模以上企业20家。青口投资区、闽侯经济技术开发区分别实现产值383亿元、180亿元。

农村经济。实现农林牧渔业总产值66.16亿元，增长5.2%。安排农林水资金6.23亿元，增长28.99%。新增蔬菜基地33.33公顷，培育“三品”认证企业2家，省、市级休闲农业示范点2个，家庭农场4个。治理水土流失面积133.33公顷，开发复垦补充耕地面积45.27公顷。推进农村集体资产股份权能改革国家级试点，完成全县农村集体经济组织成员界定、清产核资，以及14个试点村折股量化等工作。

第三产业。实现服务业增加值156.63亿元，增长12.8%。上街永嘉天地、南通奥特莱斯商业综合体等项目建成开业，海盛环球物流、海峡工程机械物流园等4个商贸物流项目建成投产。全年接待游客440万人次，增长13%；实现旅游收入8.8亿元，增长14%。

项目建设。337个县级重点项目完成投资360亿元，祥鑫铝业、南通北环路（一期）等项目建成投产（用）。全年实际利用外资1.2亿美元；出口93.6亿元，增长9.8%。全年共引进项目48个，总投资379亿元，其中外企项目17个，投资21.36亿美元；民企项目27个，投资146.98亿元；央企项目4个，投资93.3亿元。

城乡建设。全县城镇化率达54.3%。推进160个城乡基础设施和公共服务项目，甘蔗滨河路（一期）、祥谦新榕路、京台高速白沙连接线等道路建成通车，青岐排涝闸站、县城CNG汽车加气站等项目建成投用。滚动实施159个环境宜居项目，完成投资13.12亿元，139个项目完工。甘蔗片区“数字城管”运行。白沙上寨、小箬福田等65个美丽乡村和“幸福家园工程”示范（创建）村建设成效明显，农村环境面貌改善。实施造林绿化和森林经营面积0.46万公顷，改造提升公园绿地面积169公顷，建成休闲步道24.4千米，塔礁洲湿地公园（一期）、闽江北岸休闲生态公园、甘蔗街心公园改造等项目建成开放。

社会事业。完成旺成食品、斯狄渢新能源等技改项目14个，落实产学研项目20个，新认定高新技术企业8家，培育省市级创客空间6个。投入2.5亿元，实施校舍项目20个，南通中心幼儿园等6个项目建成投用，全县新增学位1200个。大型电视纪录片《家住闽江边》拍摄完成，青橄榄合唱团获第十三届中国国际合唱节金奖，“小葵”科普体验中心、“彩虹桥——农村留守儿童城市融入计划”两个项目分获全国青年志愿服务大赛银奖、省赛金奖。祥谦卫生院门诊病房大楼主体完工，大湖卫生院等建成投用。全年出生人口7376人，人口出生率12.3‰，人口自然增长率6.8‰。

社会保障。全年财政用于民生支出

68.76亿元，占公共财政预算支出81.61%。新增城镇就业9443人，转移农村富余劳动力4525人。新农合和城镇居民医保支出3.3亿元，31.3万人次受益；被征地老龄农民生活补助支出1.15亿元，惠及5.3万人；建成4111套、面积41.4万平方米安置房，安置回迁2031户。提前实现省定标准贫困人口1824人全部脱贫。

生态建设。通过“国家生态县”考核验收。建成青口、南通等垃圾转运站5座，新建（改造）污水管网24.5千米。完成14个节能减排项目。拆除生猪养殖场8家0.4万平方米。推进33个水污染防治项目，溪源江、洋里溪万里生态水系动工建设。

【天泽奥莱时代】 该项目位于闽侯南通乌龙江与大樟溪交汇处，规划用地面积56.13公顷，计划投资50亿元，以“北斗七星”浪漫建筑为布局，融入七种欧式小镇街区风格，打造全体验式商业区。

（林 烁）

连 江 县

【经济社会概况】 2016年，连江县实现地区生产总值387.80亿元，比上年增长（下同）6.5%，三次产业结构为35.8∶38.7∶25.5。一般公共预算总收入43.1亿元，增长13.0%，其中，地方一般公共预算收入28.6亿元，增长11.3%；固定资产投资474.3亿元，比上年下降8.6%；实际利用外资11315万美元，增长14.6%；城镇居民人均可支配收入30942元，增长7.0%；农村居民人均可支配收入14967元，增长8.2%。

农业经济。实现农林牧渔业总产值249.97亿元，增长6.8%。完成土地流转面积0.43万公顷，涉及农户1.6万户。棋盘山胜肽农业科技园等项目动工建设，全县新增市级以上示范性新型农业经营主体21家。苔菉后港二级渔港、筱埕屿仔尾二级渔港建成。连江县获评“中国海带之乡”，被列为国家农村产业融合发展试点示范县、全国水产品质量安全示范县、全省农产品质量安全生产示范县。

工业经济。实现规模以上工业增加值147.02亿元，增长9.2%。安排1000多万元支持工业企业技改、增产增效。实现“6·18”中国海峡项目成果交易会项目成果对接52个、项目技术需求对接10个，提升规模以上工业企业8家。申远新材料一期机械竣工。

服务业。实现社会消费品零售总额130.6亿元，增长16.5%。现代服务业繁荣发展，提升限额以上商贸企业21家。奥特莱斯购物广场、世纪鸿腾酒店正式开业，万星商业广场、时代广场基本建成，普洛斯物流园、海峡国际农产品物流园动工建设。贵安花海拓展公园正式开业，溪山温泉、贵安温泉分别获评国家“五星级温泉”“四星级温泉”。

城乡建设。江滨西段绿化景观等项目建成，金凤大桥竣工通车。新增西滨公园等城区公共停车泊位109个。完成敖江南路、客运东站周边路网等行道树种植工程，新增绿地面积17.8公顷。打造美丽乡村12个，新农村“幸福家园工程”52个，江南乡梅洋村被评为“全国造林绿化先进集体”“福建省最美休闲乡村”。加大城乡交通基础设施建设，通港大道改扩建工程三期、滨海大通道安海至蛎坞段、201省道马鼻至文山段路面改造等竣工通车。新建、改造农村公路16.119千米。闽东苏区敖江流域防洪防潮工程列入省水利“十三五”规划项目库。

社会事业。全年投入3.6亿元推进农村薄弱学校改造、城区学校扩容等19项教育民生工程，消除危旧校舍面积2.4万平方米，新建校舍面积10.1万平方米，新增学位2877个。再次获得“全省教育工作先进县”称号。推进国家公共文化服务体系示范区创建，达标提升乡镇综合文化站22个，建成乡村文体公园40个，村级综合文化服务中心164个。连江十番古乐《雁来红》等乐曲列入国家记忆典藏。投资4500万元优化县、乡医疗卫生单位基础设施和设备配置。建成省立医院贵安门诊部，组建连江县妇幼保健院，新建6项乡镇卫生院配套工程、5个乡镇卫生院“中医馆”。推动计生工作重点由管理向服务转变，全年出生8285人，人口出生率11.96‰，性别比111.14，人口自然增长率6.83‰。

社会保障。全县城镇新增就业3079人，新增农村劳动力转移就业5517人，提供就业岗位19466个。城乡居民养老保险参保率和新农合参合率分别达到97.49%和100%。建成保障房1161套，配租16套，改造城市棚户区900套。抗击“莫兰蒂”“鲇鱼”超强台风，安排灾后重建专项补助2800万元。

【生态建设】 开展敖江流域水环境综合整治，敖江流域饰面石板材加工企业全面退出。加强畜禽养殖污染整治，改造提升规模化畜禽养殖场23家，拆除关闭养猪场204个。实施“绿化连江”提升工程，全县造林绿化面积0.26万公顷。连江县通过国家生态县考核验收并命名。强化“两违”认定和分类处置，拆除违章建筑面积55.9万平方米，查处违法占地面积48.3万平方米。

（王 宇）

闽 清 县

【经济概况】 2016年，闽清县实现地区生产总值148.16亿元，比上年增长（下同）4.4%，三次产业结构为18.7∶53∶28.3；一般公共预算总收入15.3亿元，增长13.7%，其中地方一般公共预算收入8.8亿元，增长6.2%；固定资产投资77.6亿元，增长25.2%，其中工业固定资产投资22.7亿元，增长13.1%；出口总额8.1亿元，增长4.1%；建筑业总产值436亿元，增长23.9%；城镇居民人均可支配收入26781元，增长7.4%；农村居民人均可支配收入12168元，增长6.3%。全年实施78个重点项目，完成投资80.2亿元，其中51个攻坚项目完成投资32.6亿元。

2016 年，闽清梅城夜色　　（闽清县政府办供稿）

农业经济。农林牧渔业实现总产值46.44 亿元，增长 4.2%。新培育 4 家省级、13 家市级农业产业化龙头企业，全县 75 家县级以上农业龙头企业销售收入 12.1 亿元，带动 2.1 万农户增收。完成陶洋、革命等 5 座小型水库除险加固和云龙乡吉溪小流域治理，实施岭里灌区续建配套与节水改造，新增防渗灌溉渠道 22.7 千米，治理水土流失面积 530 公顷。葫芦门水库大坝建成封顶。

工业经济。规模以上工业实现增加值 52.26 亿元，增长 0.2%。青龙管业、农博士等 17 个项目建成投产，民天食品、礼恩电缆等 26 个项目开工建设，小神龙表业、豪业陶瓷等 25 个技改项目顺利实施。白金工业园区新入驻企业 11 家，年创产值 22.1 亿元。东桥表业园工业一期项目动建，安置区、自来水厂等配套设施加快建设。中建（福建）绿色产业园 PC 构件厂建成投产，二期 4 个产业链项目落地。

服务业。第三产业实现增加值 41.99 亿元，增长 11.3%；社会消费品零售总额 45.8 亿元，增长 3.4%。成功创建“中国温泉之乡”，全年接待游客 94.6 万人次，增长 13.4%；旅游总收入 1.1 亿元，增长 13.3%。县电子商务创业园新入驻电商企业 15 家，“村淘”服务站发展到 48 个，全年电商交易额突破 1.6 亿元。

招商引资。引进澳牛原产地肉牛羊全品类产业链基地、瓷天下文化旅游、三峡新能源上莲风电场等 46 个项目，总投资 80.9 亿元。

城乡建设。完成新城主干三道路、渡口 110 千伏变电站、新城防洪整治工程等基础设施建设，基本建成渡口江滨公园、大王仑公园。实施燕垅里片区拆迁改造，启动南山停车场项目安置征迁，动建实验小学人行天桥工程，完成溪滨路、商贸街等路段亮夜工程，城关小学新校区人行天桥投入使用。完成农村公路建设 30 千米，完成 316 国道石潭溪大桥改建，北溪闽江大桥至闽清北站连接线道路实现通车。实施城乡面貌“大变样、大提升”项目 148 个、宜居环境建设项目 141 个、“幸福家园”示范村建设项目 419 个、“美丽乡村”建设项目 20 个，拆除“两违”建筑面积 43 万平方米。

社会事业。投入 2145 万元实施“全面改薄”工程，建成文定中心小学等 5 所学校教学综合楼。实施分级诊疗制度。创建国家公共文化服务体系示范区，改造提升 13 个乡镇综合文化站和 151 个村（居）综合文化服务中心，完成白樟等 7 个乡镇有线电视网络升级和整转。

社会保障。实施十大类 48 个为民办实事项目，完成年度投资 8.4 亿元。完成“造福工程”及地质灾害搬迁 572 户、危房改造 232 户，实现脱贫 2033 人。加快保障性住房建设，建成 887 套，新开工建设 336 套。

生态建设。实施 44 个重点减排项目，完成建陶企业“煤改气”32 家，淘汰黄标车 438 辆，全年空气质量优良率达 99.4%，增长 11.5%。加强水环境综合治理，关闭拆除 529 个畜禽养殖场，建成白金工业园区污水处理厂（一期）和梅溪新城污水处理厂（一期）。全年造林绿化面积 0.12 万公顷，森林覆盖率提高至 66.4%。

【特大洪灾】　2016 年 7 月 9 日，闽清县普降特大暴雨，造成数百年罕见的特大洪涝灾害。坂东、塔庄等 11 个乡镇道路、电力、通信全部中断，农作物受灾面积 0.53 万公顷，全县房屋倒塌 8672 间，因涝受淹停产工业企业 317 家，商贸企业 3114 家。全县 11.69 万人受灾，各项经济损失 52.3 亿元。全县上下紧急动员一切力量投入抢险救灾，解救被困群众 1080 人，安全转移群众 34397 人。灾后，成立灾后指挥部和 16 个工作组，组织实施重建项目 87 个，总投资 40.4 亿元，开工项目 80 个，完成年度投资 21.5 亿元。截至年底，全县复垦水毁耕地面积 0.21 万公顷，重建或修复桥梁 81 座、公路水毁点 1882 处，1859 户农村住房灾后重建基本建成。

（涂传宏）

罗源县

【经济社会概况】　2016 年，罗源县实现地区生产总值 195.54 亿元，比上年增长（下同）6.5%，三次产业结构为 19.8∶60.2∶20.0；一般公共预算总收入 14.3 亿元，其中地方一般公共预算收入 8.87 亿元；固定资产投资 137.82 亿元；出口总值 3.4 亿元，增长 20.3%；城镇居民人均可支配收入 28120 元，增长 7.8%；农村居民人均可支配收入 12790 元，增长 7.0%。全县 65 个重点项目完成投资 78.6 亿元。

农业经济。农林牧渔业实现总产值 69.66 亿元，增长 5.6%。现代都市农业、休闲农业等农业特色产业稳步发展，食用菌销量 8.9 万吨，产值达 7.55 亿元；新改建茶园 133 公顷，茶叶产量 6300 吨，产值达 1.65 亿元。新增农民专业合作社 46 个，“下廪羊”获国家地理标志证明商标。

工业经济。规模以上工业实现产值 340 亿元，增长 9.8%；规模以上工业增加值 77.66 亿元，增长 5.5%；工业固定资产投资 54.8 亿元，增长 7.5%。

闽光钢铁年产60万吨高速棒材生产线、创隆电器、汇昌纺织等项目建成投产；宝钢德盛二期、南铝铝材二期、金闽烟叶二期、喷墨薄型高档墙地砖等项目进展顺利。

服务业。第三产业实现增加值39.18亿元，增长10.3%；建筑业增加值7.36亿元，增长7.3%。县旅游集散服务中心、海洋世界白鲸馆、5D飞行影院和尖峰国际马戏馆等项目建成运营。全年接待游客超过100万人次，旅游业产值达11亿元。建成时代大厦综合体，东方星城商场引进金源超市、东方国际影院等零售、娱乐服务企业。社会消费品零售总额49.2亿元，增长8.9%。

基础设施建设。将军帽、滨海新城110kV输变电工程、起步溪护国段和余家塘段防洪堤二期工程建成运营，海西天然气管网二期罗源段、将军帽15万吨级码头、博澳码头和县粮食中心储备库等项目基本建成。

招商引资。全年签约和对接项目97个，实际利用外资3397万美元，增长0.2%。新增登记内资企业420家，增长15.7%；注册资本19.4亿元，增长11.5%。新增登记私营企业359家，增长31%；注册资本14.3亿元，增长10%。引进福州鉴江海洋生物产业园、新型建材产业园、白对虾工厂智能化养殖、百地茂城市生活广场等实体项目。

城乡建设。滨海新城收官成型，中心城区改造提升加速推进，完成东环路综合改造，启动城区排水系统整治工程，实施东大路、府前街等4条道路地下管网改造，建成“凤梅”林荫游步道一期1.1千米。完成一批农村水电站、污水处理厂等基础配套设施建设，中房镇岭兜村、飞竹镇塔里洋村入选国家传统村落名录。

社会事业。完成发明专利申请33项、授权14项，获批福州市知识产权示范企业1家。建成县特殊教育学校。县医院远程会诊中心启动运行，罗源湾海宁医院动工建设，完成县精神病防治院二期、滨海新城医疗门诊大楼和一批乡镇卫生院“中医馆”建设，霍口乡福湖村列入市级健康村试点。完成6个乡镇和113个行政村（居）综合文化服务场所改造提升。建成八井村畲族非物质文化遗产展示馆。

社会保障。新增城镇就业2568人，城镇登记失业率控制在1.51%，转移农业富余劳动力6323人。完成2000人年度脱贫任务，松山镇吕洞村、白塔乡钟下村等5个村庄列入国家乡村旅游扶贫重点村。动建县老年大学综合楼，完成“造福工程”搬迁850人，建成30所县级农村幸福院和11座慈善安居楼。

【生态建设】 实施敖江流域水环境综合整治项目22个，拆除禁养区畜禽养殖场面积3万平方米，动建白塔万里安全生态水系项目，重点流域水质持续向好；完成造林绿化面积0.16万公顷（2.39万亩），超年度计划36个百分点；清理淘汰“黄标车”218辆。

（陈新强　兰克辉）

永泰县

【经济社会概况】 2016年，永泰县实现地区生产总值143.80亿元，比上年增长（下同）7.7%；一般公共预算总收入11.4亿元，增长11.2%，其中地方一般公共预算收入8.01亿元，增长13.3%；固定资产投资89.1亿元，增长11.4%；社会消费品零售总额52.56亿元，增长9.7%；城镇居民人均可支配收入26135元，增长8.5%；农村居民人均可支配收入11790元，增长6.5%。

农业经济。农林牧渔业实现总产值69.42亿元，增长5.3%。完成灾毁耕地复耕面积0.25万公顷，稳定粮食生产面积1.05万公顷，粮食产量11.3万吨，发展名特优水果面积400公顷，创建李果绿色食品原料基地县。推进“三品一标”认证，获国家地理标志保护产品2个，国家地理标志证明商标3个，农产品地理标志1个。15家企业被确定为市级农业龙头企业，其中省级农业龙头企业1家。创建省级休闲农业示范点2个、市级示范点3个，入选全国休闲农业和乡村旅游示范县。

工业经济。永泰抽水蓄能电站动工建设，轻质加气板材生产等新增长点项目正式投产，新增规模以上工业企业4家，完成规模以上工业增加值13.99亿元，增长8.1%；工业固定资产投资4.9亿元，增长64.7%。县建筑大厦动工建设，完成建筑业总产值359.5亿元，增长21.2%，实现建筑业增加值

2016年，永泰云顶景区花海梯田　　（永泰县政府办供稿）

39.75亿元，增长8.3%。建筑业和房地产业入库税收5.58亿元，增长11.6%。

第三产业。全县金融机构人民币存款余额121.3亿元，增长18.6%，其中住户存款72.1亿元，增长13.3%；人民币各项贷款余额86.9亿元，增长12.1%。出口总值38703万元，增长20.3%。冠景温泉酒店、日出东方酒店、青云山假日酒店等正式营业，新增5家限额以上电商企业。实现商品房销售面积38.9万平方米，增长21.5%。实施国家全域旅游示范区建设，举办首届福州（永泰）民俗文化旅游节、第四届永泰美食节等活动，全年接待游客651.4万人次，创旅游产值22.1亿元，分别增长25.1%、30.8%。

招商引资。内资实际到资64.8亿元，实际利用外资1840万美元。收集投资线索120条，达成投资意向34个，成功签约31个项目，总投资143亿元，推动今日头条福建总部落地注册，促成山东蓬莱八仙过海、东方园林、新农创等知名企业签约落地。

城乡建设。完成“多规合一”编制工作。加快南城新区开发步伐，推进县城三环路、环城北路、仙佛路、小汤山周边道路等项目。启动沙浮棚户区改造，完成西门大桥、如意大桥加固工程，完成下林地下停车库、城市片林和南江滨绿道提升等工程。省级森林县城创建通过验收。葛岭示范性小城镇建设成效初显，嵩口古镇入选全国第一批中国特色小镇。实施重点项目房屋征收41宗，其中国有土地上房屋征收4宗，集体土地上房屋征收37宗。完成房屋征收面积22.7万平方米。开展“两违”综合整治，拆除违法建设597宗、面积35.9万平方米。建设保障性安居工程646套。实施“三边三节点”改造、绿道网建设等宜居环境项目131个，完成投资5.48亿元。推进25个美丽乡村重点村整治，建成市级“幸福家园”示范村6个、县级54个。完成“造福搬迁”130户513人。实施农村路网改造58.7千米，危桥改造3座，完成生态示范路20千米。

社会事业。全年专利申请量574件，增长2.46倍；专利授权量161件，增长57.8%。永泰一中晋升省一级达标高中，实验幼儿园通过省级示范园验收。福州市中小学生实践基地、第三实验幼儿园、赤锡中学教学楼动工建设；福建农林大学东方学院一期主体装修完成。义务教育基本均衡发展县通过国家评估验收，永泰县“六馆一中心”项目（文化馆、博物馆、图书馆、科技馆、规划展示馆、旅游体验馆和演艺中心）主体工程基本建成。在福州市第24届运动会上获得金牌30枚。县中医院和妇幼保健院迁建项目动工建设，县精神病院住院部大楼投入使用。全年出生人口5347人，人口出生率13.65‰，人口自然增长率8.95‰，出生人口政策符合率91.43%，出生人口性别比110.26。全年完成免费孕前优生健康检查1059对，依法查处“两非”（非医学需要的胎儿性别鉴定、非医学需要的选择性别的人工终止妊娠）案件8件。

社会保障。全年民生支出22.28亿元，占公共财政预算支出的79.54%。实现农村富余劳动力转移就业4286人，新增城镇就业2125人，下岗失业人员再就业131人，城镇登记失业率下降至1.94%。社会福利中心项目完成验收，在樟城镇7个社区先行开展社区居家养老专业化服务试点工作。建成乡镇敬老院15个，在建4个。城乡居民养老保险参保率达93%，城镇基本医疗合计参保率达96.9%。农村低保标准从2300元提高到3000元，全年发放城乡低保资金3375万元。实施临时救助政策，救助困难群众3350人，发放救济金241万元；城乡医疗救助2万人次，发放救助金435万元。

生态环境保护。入选国家重点生态功能区。筹备成立永泰县林业交易中心和国有林业投资公司，完成重点生态区位商品林赎买面积251.6公顷。设立全省首个水资源保护巡回审判点，治理水土流失面积0.20万公顷。完成造林绿化面积666.67公顷，森林抚育面积0.27万公顷，建设防火林带面积216.33公顷。注销黄标车147辆，关闭拆除畜禽养殖场52个，新建垃圾转运站8座、污水处理站4座。

【百亿级旅游项目落户永泰】 2016年5月18日，在第十八届海峡两岸经贸交易会上，永泰县与山东蓬莱八仙过海旅游有限公司签约葛岭大型旅游文化综合项目。该项目选址于大樟溪葛岭镇区段沿溪两岸，规划面积216.67公顷，计划总投资120亿元，是永泰县迄今引进投资最大的旅游项目。

【百年一遇特大暴雨洪灾】 2016年7月9日，受1号台风“尼伯特”影响，永泰县全境普降暴雨，从凌晨至上午11时全县21个乡镇降雨量均超100毫米，其中10个乡镇超200毫米，丹云乡、红星乡最大雨量达354毫米。清凉溪流域发生超百年一遇洪水，清凉溪水位最大上涨10米，大樟溪城关水位达32.54米，超警戒水位1.54米。全县各乡镇均不同程度受灾，樟城、城峰、清凉、白云、红星、丹云等6个乡镇为重灾区；受灾人口9.39万人，转移人员4.18万人，人员失踪2人，死亡9人；倒塌房屋1230间，交通、水利等基础设施损毁严重，直接经济损失达15.56亿元。多方筹措资金10.13亿元（中央和省级补助资金2.61亿元、市级补助资金2.09亿元、兄弟县区对口援建1.59亿元、县级配套自筹3.84亿元）开展灾后重建，实施140个灾后重建项目，至年底竣工102个。610户重建安居工程全部建成入住。

【第五届环福州·永泰国际公路自行车赛】 2016年11月19—20日，2016年环福州·永泰国际公路自行车赛（永泰段）在永泰举行。赛事注册级别从前四届的UCI2.2级提高到2.1级，成为继环中国、环太湖国际公路自行车赛后国内第三个UCI2.1级国际大赛。赛事吸引世界各地22支洲际车队132名车手参赛。比赛总里程631千米，为历年最长。赛段包括131.8千米的乡镇骑行赛和127.4千米的城区绕圈赛。最终，来自伊朗捷安特洲际队的拉希姆·伊曼密以14小时50分53秒夺得个人总成绩第一名，同时斩获代表“爬山王”的圆点衫。

（鲍贵榕　蔡志远）

编辑：林丹英

厦　门　市

【基本概况】　厦门是中国东南沿海著名的港口风景旅游城市，由厦门岛、鼓浪屿、内陆九龙江北岸沿海部分地区以及厦门湾沿岸组成，位于九龙江入海口，背靠漳州、泉州平原，与台湾和金门岛隔海相望。2016年有土地面积1699.39平方千米，海域面积约390平方千米。辖思明、湖里、集美、海沧、同安、翔安6个行政区。全市常住人口392万人，户籍人口219.51万人，是著名的侨乡和台胞的主要祖籍地，通行闽南方言。厦门是国内最具综合竞争力的城市之一，是经济特区、计划单列市、副省级城市，被授予地方立法权。2014年底批准福建设立自贸试验区包括厦门片区，形成全方位、多层次的对外开放格局。先后获得联合国人居奖、国家园林城市、国际花园城市、全国十大低碳城市、国家生态市等称号。

【经济社会综述】　2016年，厦门市实现地区生产总值3784.27亿元，比上年增长7.9%；第一产业增加值23.19亿元，下降5.1%；第二产业增加值1544.59亿元，增长5.7%；第三产业增加值2216.49亿元，增长9.8%，三次产业结构为0.6∶40.8∶58.6；按常住人口计算，人均生产总值97282元，增长6.4%；固定资产投资2159.81亿元，增长14.4%；一般公共预算总收入1083.31亿元，增长8.2%，其中地方一般公共预算收入647.92亿元，增长8.6%；城镇居民人均可支配收入46254元，增长8.6%；农村居民人均可支配收入18885元，增长7.6%；居民消费价格指数101.7，城镇登记失业率3.4%，常住人口自然增长率11.9‰。举办中国国际投资贸易洽谈会、G20财政和央行副手会议、第五届南洋文化节、第八届海峡论坛、两岸企业家峰会等活动，成为国家自主创新示范区、海洋经济创新发展示范市，获全国人防先进城市“三连冠”。

制造业。全年工业经济效益综合指数225.03，增加17.9个点，利润总额增长48.2%，利税总额增长24.6%。全市规模以上工业企业1699家，实现工业总产值5254.71亿元，增长4.5%，实现规模以上工业增加值1266.38亿元，增长5.4%。电子、机械两大支柱产业产值3594.1亿元，占规模以上工业总产值68.4%。全市高新技术企业1225家，实现规模以上高新技术产业产值3429.7亿元，增长3.4%，实现工业增加值751.83亿元，占规模以上工业增加值59.4%，增长7.6%。平板显示、金融服务、旅游会展、航运物流、软件信息5条产业链产值均突破1000亿元。拥有视听通讯、钨材料、软件、半导体照明、电力电器、生物与新医药6个国家特色产业基地，建成全国最大LED外延芯片制造基地。承担国家级科技项目380个，新增国家行业标准82项。新增重点实验室、工程技术研究中心等39个。国内专利授权量12109件，其中发明专利授权2028件，增长19.9%，每万人拥有有效发明专利18.75件。加快建设全国首个科技领军人才创新创业基地，整合认定29个双创集聚片区、115个众创空间，引进各类双创团队3700多个3.6万人。

现代服务业。服务业实现增加值2216.49亿元，增长9.8%，对经济增长的贡献率达69.1%。获评最具创新力国际会展城市和国家旅游休闲示范城市。展览总面积215万平方米，年增长13%，外来参会总人数162万人，增长20%，会展经济规模365.45亿元，增长14.9%；全年接待国内外游客6770.16万人次，增长12.2%，旅游总收入968.26亿元，增长16.3%。被确立为国家四大国际航运中心之一。空港开通运营城市航线182条，其中境外航线37条，跻身全球机场百强；旅客吞吐量2273.76万人次，增长4.2%，货邮吞吐量32.84万吨，增长5.7%。厦航获中国质量奖，增开直飞温哥华、墨尔本等洲际航线。厦门港开辟航线163条，通往世界54个国家和地区，有生产性泊位164个（含漳州），其中万吨级以上泊位75个；货物吞吐量2.09亿吨，下降0.5%；集装箱吞吐量961.37万标准箱，增长4.8%，增速在全国沿海干线港排名第二。中外资金融机构本外币存、贷款余额分别为9788.27亿元和8617.24亿元，分别增长10.3%和13.9%。境内上市公司37家、境外上市公司20家、新三板挂牌公司141家。

现代农业。农业产业集群实现销售收入670亿元，增长8.9%。农林牧渔业总产值43.7亿元，实现农业增加值23.45亿元。41家农业龙头企业实现总产值493亿元，增长2.1%。农民合作社2024个，家庭农场316个。休闲农业项目接待游客470万人次，总收入5.35亿元，增长18.9%。建成14个镇级农村土地流转服务平台，耕地流转39%。转移农村富余劳动力1.1万人。农村居民人均可支配收入居全省首位。汀溪镇入选第一批全国特色小镇名单。同安入选国家农村产业融合发展试点示范区。

城市管理。集美新城、环东海域东部新城、翔安南部新城、马銮湾新城建设完成投资820亿元。重点交通设施完成投资500.08亿元，增长59.8%。地铁1、2、3号线累计完成25个车站主体结构，区间掘进48.4千米，6号线马銮湾段开建。厦鼓航道二期工程建成，邮轮母港海上世界项目动工建设。总投资86.6亿元的抽水蓄能电站开工。建成综合管廊33.8千米、海绵城市10.5平方千米。新一代气象雷达投用，宽带中国试点城市建设完成。整治鹭江道等交通拥堵路段取得初步成效。出台网约车管理政策，增开38条公交线路、两条BRT线路，增辟路外公共停车位6071个，获评全国绿色交通城市。拆除“两违”建筑面积917.8万平方米。完成63个老旧小区改造。

外经外贸。全年实现进出口总额5091.55亿元，下降1.5%，其中出口3094.22亿元，下降6.7%，进口1997.33亿元，增长8.0%。实际利用外资项目1278个，增长76%；合同利用外资75.68亿美元，增长81.8%，实际利用外资22.24亿美元，增长6.2%，二者总量分别占全省的48.3%和27.1%。新批境外投资额55.95亿美元，增长1.5倍，其中对海丝沿线国家和地区投资10.66亿美元，增长1.3倍。

对台交流。对台进出口额358.06亿元，其中进口267.19亿元，出口90.86亿元。新批台资企业（含转第三地）740个，增长1.1倍；合同利用台资16.15亿美元，增长84.7%，实际利用台资4.87亿美元，增长30.8%，主要投向光电、投资管理、科技推广服务等领域。台企工业产值占全市工业总产值32.5%。对台跨境人民币贷款4.9亿元，占全国总量70%以上。厦门口岸台湾食品进口批次占大陆一半。中欧（厦门）班列通过海铁联运延伸至台湾。海沧青创、一品威客、宸鸿科技、云创智谷被授予海峡两岸青年创业基地。

社会事业。新改扩建中小学项目58个，开工建设公办幼儿园22所，新增学位2.6万个。分级诊疗“厦门模式”推向全国，家庭医生签约率22.7%。第二医院三期、海沧医院二期等项目投用。医高专升级为厦门医学院。厦门籍运动员在里约奥运会获得2金1银1铜，打破两项世界纪录，在残奥会获得1银。举办国际马拉松、世界铁人三项等赛事。

民生保障。新增就业17万人。对5万人实行灵活就业社保补助，为2.7万家企业发放稳岗补贴。基本养老、基本医疗、工伤、失业、生育五项保险参保人数分别增长3.7%、5.8%、4.6%、5.5%和5.9%。企业退休人员月平均养老金提高到3291元。城乡低保标准提高到每人每月610元。获批国家医养结合试点城市，实现居家养老服务全覆盖，各类养老床位数8520张，每千名老人养老床位数32.8张。开工建设保障性住房8154套，建成4538套。开工建设公租房8129套，完成配租727人。

生态建设。获评国家生态市。全市空气质量优良率98.9%，在全国74个重点城市中排名居前。完成238个自然村农村生活污水分散式治理，97个自然村纳入市政污水系统。实施13个积涝点和排水设施改造。造林绿化面积524公顷，新增园林绿地面积487公顷，其中新增公园绿地面积166公顷。六大高耗能工业能耗比上年下降18%。启动公共建筑节能改造项目面积100万平方米。推进海沧（西部）垃圾焚烧发电厂二期等工程。获评国家蓝色海湾整治行动试点城市，开展海沧湾、环岛路等岸线整治和沙滩修复，与美国旧金山市结为海洋垃圾防治伙伴城市。

【自贸试验区建设】 2016年，厦门自贸片区着力建设“三区一堡”（综合改革区、压力测试区、政府再造区和国际发展桥头堡），取得实效：（1）加快打造国际贸易、航空维修、融资租赁、航运物流、创新创业、文化旅游、高端制造七大功能性产业，全年引进企业1.6万家，注册资本2729亿元，分别增长1.89倍、2.53倍，累计达2.4万家、注册资本3817亿元。（2）推进“放管服”，累计实施95项制度创新，其中33项全国首创；试点食药领域“证照分离”，全市推广；建立环保负面清单，实行自主备案申报，节约审批时间超500个工作日；简化用电申请，流程提速34.5个工作日。（3）建立信用信息、信用监管、联合执法三大综合监管执法平台，企业年报公示率94.2%，查询86万人次，2062家纳税A级企业获60亿元信用贷款。（4）被列为全国口岸“互联网＋自主报关”首个试点，口岸核心业务均实现“一个窗口、一次申报、一次办结”，报关、报检比例达100%。（5）常态化开展关检“三互合作”（信息互换、监管互认、执法互助），试点大宗散货“关检互认”，对国际航行船舶进口岸和船载危险品实施同步申报、同岗审批，效率提高50%以上。（6）构建中欧（厦门）班列国家物流新通道，列入国家《中欧班列建设发展规划（2016—2020年）》，成为中欧安全智能贸易航线试点计划的首条铁路试点，累计运行103列（含中亚班列26列），货值14.22亿元。（7）打造全球一站式航空维修基地，全年航空维修产值121.1亿元，增长24.8%，实现进出口181.3亿元，增长20.7%。（8）打造全国第三大飞机融资租赁聚集区，累计引进飞机31架、新飞机发动机1台，金额33亿美元。全区共引进各类融资租赁企业218家，注册资本341亿元。

【国家自主创新示范区建设】 2016年6月，国务院批复同意福厦泉高新区建设国家自主创新示范区。厦门市委、市政府高度重视，制订《福厦泉国家自主创新示范区厦门片区行动方案》，明确未来10年具体任务。至年底，编制完成片区空间规划，初步确定以火炬高新区为核心区、23个先进制造业和现代服务业园区为拓展区，总面积245.31平方千米。提出100项创新举措，试点实施17项，正推动实施27项，细化方案56项。首批筹备启动19个重大基础性平台和20个企业创新平台。

【防抗“莫兰蒂”超强台风】 2016年，第14号台风“莫兰蒂”于9月15日凌晨3：05在厦门市翔安区登陆。这是2016年全球最强台风，也是1949年以来登陆闽南最大台风。登陆时近中心最大风力15级，阵风达17级以上（66.1米/秒），10级以上平均风持续影响5个小时，带来强风暴雨大潮，电网遭受毁灭性重创，导致62.21万户停电、145万户停水；4033个通信基站受灾，部分地区通信中断；行道树倒伏65万棵，受

2016年9月15日，超强台风“莫兰蒂”在厦门翔安区登陆，图为台风后厦门市民参与灾后恢复重建（厦门市政府办供稿）

灾企业566家，房屋倒损17907间；农作物受灾面积7000公顷；因灾死亡1人、重伤2人。直接经济损失102亿元。灾情发生后，福建省委省政府主要领导亲临受灾一线，市委市政府第一时间部署救灾工作，发出各类指令50多份和全市动员令3份，投入463支、共计1.3万人抢险队伍开展供电、供水、通信、交通的抢险抢修抢通。灾后5日，全市即恢复正常生产生活秩序。

（陈坤城）

思明区

【经济概况】 2016年，思明区实现地区生产总值1174.35亿元，比上年增长8.3%；一般公共预算总收入210.08亿元，增长6.9%，其中，地方一般公共预算收入121.89亿元，增长5.3%，区级收入51.2亿元，增长5.4%；合同利用外资19.65亿美元，实际到资5.11亿美元，引进内资933亿元；固定资产投资274.3亿元；城镇居民人均可支配收入55840元，增长8.5%；城镇登记失业率3.5%。

产业发展。三次产业比例为0.1∶12.5∶87.4。第二产业增加值147.22亿元，下降1.7%；第三产业增加值1025.62亿元，增长9.8%。亿元商务楼宇22栋，总部经济税收25.8亿元，增长6.97%，占财政总收入12.3%。商贸业营业额5428.3亿元，增长8.7%；社会消费品零售总额486.4亿元，增长11.1%，占全市的37.9%。全年接待国内外游客4758.2万人次，增长10.7%；旅游总收入678.32亿元，增长30.4%。规模以上工业产值228.2亿元，增长1.8%；资质以上建筑业总产值558.27亿元，增长9.9%。

项目带动。引进自贸试验区项目2089个、台资项目127个，国电电力、斯潘迪等大型央企、民企项目落地。才子集团大厦等项目开工建设，世茂海峡等项目竣工投用。优化整合成立3个土地房屋征收指挥部，启动岭兜旧村改造前期工作，轨道交通1号线思明段和火车站南广场征收工作全面完成。安溪工业园思明园建设及招商工作进展顺利，引进和培育北京大学创业训练营等7个国家级众创空间。

城区建设。连续四届获评全省文明城区。推动镇邦路、大同路等骑楼整治项目，铺开特区苑等71个老旧小区改造，完成横竹路等4条老城区道路改造。改造提升软件园二期、槟榔路等绿化景观。演武大桥观景平台顺利启用。新增公共停车位1161个，缓解停车难题。空气优良率保持全市领先。

综合改革。兑现企业扶持奖励6.9亿元。落实“多规合一”改革，实现项目审批流程优化。推进“营改增”扩围。推行“五证合一”登记制度，新增商事主体20471家。建成区级网格化服务管理指挥中心，启用新行政服务中心。开发“思明政务一点通”，健全线上线下融合、一站式集成的政务服务体系。深化“放管服”改革，清理规范行政审批中介服务，推进街道职能转变试点。筹建思明城建集团，推行市政环卫国企化改革。

2016年，厦门世茂海峡大厦（思明区政府办供稿）

【社会事业】 发放灵活就业社保等补贴1.25亿元，惠及8万人次。发放各类救助保障金5067万元。率先在全市启动困难人群精准帮扶工作，实现社区居家养老服务站全覆盖。教育投入19亿元，建成曾厝垵幼儿园等6个项目，新增学位3495个。通过“义务教育发展基本均衡县”国家复检。全面推行家庭医生签约服务，重点人群签约覆盖率超30%。推进开元、梧村、厦港等社区卫生服务中心建设。

（钱栋豪）

湖里区

【经济概况】 2016年，湖里区实现地区生产总值819.73亿元，比上年增长7.5%；一般公共预算总收入171.5亿元，增长10.3%，其中区级财政收入39.2亿元；规模以上工业增加值311.0亿元，增长6.3%；批发零售贸易业销售额2569.3亿元，增长7.4%；固定资产投资366.97亿元，增长16.4%；合同利用外资完成29亿美元，增长335%；实际利用外资3.3亿美元；城镇居民人均可支配收入45850元，增长8.4%。

产业转型。以太古飞机为龙头的航空维修业比上年增长23.3%，约占全国航空维修产值的1/4。自贸区湖里片区新引进企业7000多家，成为全国第二大飞机融资租赁聚集区。建发湾悦城等城市商业综合体开业，香港潮福城等一批品牌项目入驻。引进谷歌体验中心等知名企业，飞鱼科技总部落地。台湾中信银行厦门自贸区分行等一批优质金融项目落户。鹭燕医药、合诚工程等两家企业在主板上市，合立道、成信绿等14家企业在新三板挂牌，区级总部企业增至64家。云创智谷被国台办授予海峡两岸青年创业基地，华美文创园被评为福建省现代服务业集聚示范区，湖里创新园、厦门航空工业服务园区获评厦门市首批服务外包示范园区。兑现各项企业和人才扶持奖励资金达2.86亿元；培育建成一批特色众创空间，青瓦、派美特获评为国家级众创空间，光彩创业园获评为省级众创空间，蝌蚪生态空间等28个获评为市级众创空间。中建四局、中国华融、蓝色光标、中国文化传媒以及总规模达100亿元的金圆清科母基金等大项目签约落户。

项目建设。加快131个省市区重点项目建设，总投资100亿元的英蓝国际金融中心、总投资160亿元的西海湾邮轮城等21个项目开工，闽南古镇二期、鼎泰和（万科中心）等26个项目竣工。完成征地面积190.8公顷，拆迁面积80万平方米。推进轨道交通、第二西通道等57个征地拆迁项目，打通环湾路（高林段）。福厦铁路暨公铁大桥项目返迁签约率达98%。两岸集成电路产业园入驻企业89家，沃尔玛山姆会员店、红星美凯龙家居名品直营店、风信子和跑街跨境直购商城开业运营。湖里创新园完成创新社区试点建设，建成创新驿站和创享天地。联手金圆集团成立合资公司负责园区开发建设和招商引资，国贸金融中心、海西金融广场、天地金融港等5个项目封顶并招商，中国人寿、致同会计师事务所等优质项目落户。改造建成联发文创口岸，华美文创园、海峡文创园、海西工业设计中心累计引进企业280家。基础设施日益完善，投入1.6亿元改造提升枋湖东路、悦华路、兴隆路等19条道路。建设云顶路空中自行车道，新建88个公共自行车站点。建成五缘湾、湖边水库、机场北片区和湖里创新园夜景工程。

【社会事业】 投入教育经费11亿元，新扩建蔡塘学校、教师进修学校二附小，建成五缘第二实验幼儿园，开办康乐幼儿园塘边分园。完成22个基层综合文化服务中心达标建设，编制实施全民健身五年计划，全区开展文体活动上千场次。完成全市首家二甲妇幼保健医院创建，建成康乐、马垅、围里、园山等全市首批社区卫生服务站，推行家庭医生签约，落实全面二孩政策，在全市率先出台计生特殊家庭扶助政策，创新实施计生服务员兼任健康管理师。

民生保障。改造提升盐业宿舍小区等5个老旧小区，加快枋湖社区发展中心等“富民工程”建设。社会保险五个基本险种参保人数均突破34万人。发展养老服务，开展全省首批医养结合试点工作，在全市率先试点“智慧健康养老”，启动区社会福利中心建设，筹建区新老年活动中心。开展精准帮扶，提高社会救助比例和标准，发放各类救助金2572万元。

（蔡培育）

集美区

【经济概况】 2016年，集美区实现地区生产总值547.50亿元，比上年增长8.7%；规模以上工业增加值208.96亿元，增长7.1%；固定资产投资377.92亿元，下降1.4%；地方一般公共预算收入30.82亿元；国内招商引资233.21亿元，实际利用外资5184万美元；社会消费品零售总额124.11亿元，比上年增长12.0%；三次产业比例为0.3∶48.0∶51.7；城镇居民人均可支配收入41110元，比上年增长8.7%。

工业经济。获评省级智能制造试点示范基地。企业科技创新能力进一步提升，引进国家“千人计划”人才1人、省“百人计划”4人、市“双百计划”22人。引入台湾中国生产力中心辅导21家企业转型升级，集聚32个众创空间，建成全市首个机器人及数控技术应用研发平台。全市首创精准施策扶持成长型企业，在400家规模以上工业企业中，根据企业规模、品牌层次、参与标准制定、专利数、市级成长型、已上市或者是上市后备等因素，挑选81家企业进行精准扶持。区域性产业扶持政策“洼地”初步成型，出台惠企政策26项。

农业经济。建成10个美丽村庄，集美汽车小镇入选全省首批特色小镇。全区208个村庄农村污水治理全面铺开，推进农业面源整治，倡导推广测土配方施肥的应用，全面完成生猪退养，实施杏林湾环湾截污工程，在全省率先试点对初雨污染进行截流处理，在全市率先建设截污工程智能化监控系统，改扩建、新建一批污水处理设施，区域水质明显改善。水环境治理达到省内领先水平，村庄生活污水处理项目获评中国生态环境最高荣誉——2016年中国人居环境范例奖。

服务业。杏林湾商务营运中心、软件园三期起步区等一批产业载体建成投用，厦门演艺城初步成型。杏林湾商务营运中心、北站营运中心入驻办公企业382家。软件园三期起步区及A01地块研发楼竣工交付，233家企业入驻园区。全年旅游人次首次突破1000万人次，比上年增长58.41%；旅游收入50.4亿元，增长38.8%。住宿餐饮业实现营业额25.26亿元，比上年增长11.6%。灵玲国际马戏城、厦门老院子等文化演艺场馆投入运营，诚毅科技探索中心、厦门老院子获评为国家AAAA级景区，全区AAAA级景区增加到4个。区产业引导基金参股设立子基金14只，总规模40.9亿元。

城乡建设。全年完成征地0.11万公顷，完成拆迁71.47万平方米。同集路、集灌路、杏滨路等8个“两环八射”市级城市快速路改造项目进入收尾阶段，地铁1号线集美段11个站点站房基本建成，6号线启动建设。高标准建设20千米环杏林湾绿道，集美大道地下综合管廊启用并列入国家试点项目。在全省首创基层环境保护目标责任制考核机制，完成节能减排任务。

【社会事业】 2016年，集美区投入37.55亿元用于教育、文化、卫生、社会保障等民生领域，占公共预算支出78%。新办中小学、公办幼儿园4所，新增义务教育学位1400个，学前教育学位1440个。杏南中学以高分成为省一级达标高中，厦门医学院建成招生。举办首届嘉庚论坛等系列活动。集美学村入选首批中国20世纪建筑遗产名录。首部《集美区志》获评厦门市第十届社会科学优秀成果一等奖。编制全省首部县区级文化业态布局规划，打造国际集美节旅游品牌，集美新城荧光夜跑获评中国十佳节庆活动奖。卫生和计生部门实现整合，全面落实两孩政策，在全省率先实现对特殊家庭奖励帮扶的全覆盖。核发各类就业补贴1.2亿元，新增就业8.87万人次，失业人员再就业0.85万人，转移农村富余劳动力0.19万人。基本建成全民社保城区。区人社局获评为全国人社系统优质服务示范窗口。探索推进社区居委会与社区工作站的职能剥离，推行“就近办、马上办”便民服务改革，构筑社区居民“10分钟公共服务圈”。推进社会养老服务业发展，依托区社会组织孵化园等载体，培育能承接政府购买服务的社会组织11个，向社会组织购买社工服务9项。办理安置房个人产权证1472套。

（张燕红）

海 沧 区

【经济社会概况】 2016年，海沧区实现地区生产总值530.04亿元，比上年增长7.0%；第一产业增加值为1.04亿元，下降10.4%；第二产业增加值为313.62亿元，增长5.1%；第三产业增加值为215.37亿元，增长10.5%；三次产业增加值的比重为0.2∶59.2∶40.6；一般公共预算总收入164.09亿元，增长6.3%，其中地方一般公共预算收入34.20亿元，增长18.2%；固定资产投资（不含农户）430.22亿元，增长16.4%；全年社会消费品零售总额153.11亿元，增长6.2%；城镇居民人均可支配收入42146元，增长8.7%；农村居民人均可支配收入23551元，增长7.0%。

产业发展。完成规模以上工业总产值990.32亿元，增长2.1%（现价），规模以上工业增加值269.06亿元，增长2.2%（可比价）。32家年产值5亿元以上企业累计完成产值727.7亿元，其中正新海燕、通达科技等15家产值增长超过1亿元。佳格、贝姆勒等16个项目开工建设，厦钨新能源、宏发电声、雅瑞光学等7个增资扩产项目竣工。引进盈趣科技、大宇智能停车系统、融创天下等一批高端智能制造实体项目。合同利用外资9.17亿美元，增长23.1%；实际利用外资2.71亿美元，增长8.1%。治疗乙肝新药派格宾成为福建省近十年来首个上市的国家一类新药。截至年底共有一品创客、3W空间等众创空间17个，其中，RQ空间被评

2016年10月，厦门海沧特宝生物派格宾获批投产　（海沧区政府办供稿）

定为国家级众创空间，另有 11 个被评定为市级众创空间。全区在孵的企业（团队）426 家，创客 2113 人。全年新引进 28 名市重点项目紧缺人才、市“双百计划”等人才，推出首批 200 套青年人才公寓。

城乡建设。启动马銮湾新城建设和以天竺山为核心的东孚新城规划。海沧大桥沧虹路匝道、翁厝立交等实现通车，轨道 2 号线、海沧隧道主线段等主干道等市政道路开工建设，启动建设停车智能化监控中心，新增公共停车位 1621 个。新开和优化 22 条公交线路，增开厦嵩航线早晚高峰期班次。完成 52 个老旧小区提升改造工程。率先全省颁布《防汛要素分布图》。推进古楼农场、嵩屿社等 6 个美丽乡村建设。过芸溪小流域治理成为全市示范，农村污水治理基本完成。海绵城市试点通过国家三部委年度考核验收，推进马銮湾生态修复等 60 个海绵城市项目。

对台交流。设立全国首个台湾创业馆，支持台商转型、创业。落实引进台湾人才政策，新增 300 余名台湾青年落户海沧创业就业。举办保生慈济文化旅游节、乐活节、赴台共祭“开台王”、民宿设计大赛等两岸特色交流活动。《开台王颜思齐》获评为全国电视纪录片“十优”。全年台湾宗亲来访 56 批 859 人次，海沧宗亲赴台参访 7 批 496 人次。

社会事业。全面完成 24 个省、市、区为民办实事项目。新增农民转产就业 1200 余人次。建成安置房 901 套、面积 14.4 万平方米，在建 8005 套、面积 130 万平方米。城乡低保标准提高至每人每月 610 元。区残联获评“全国残疾人工作先进单位”。通过“全国义务教育基本均衡区”国家复检，完成 11 个学校项目建设，新增学位 5340 个，未成年人思想道德测评全省“五连冠”。新增病床 400 张，获评首批“全国妇幼健康优质服务示范区”。两岸义工联盟、“我是小袋鼠垃圾不落地”分获全国最佳志愿服务组织和项目。累计建成芦塘等 14 个社区书院，开办 118 门特色课程。完成年度造林绿化任务，新增绿地面积 141.1 公顷，海沧自贸公园等 6 个街心公园建成开放。

【“乐业两岸，创享未来”青创先锋汇交流活动】 2016 年 6 月 11 日，第八届海峡论坛“乐业两岸创享未来”青创先锋汇在海沧海峡两岸青年创业基地举办，近 600 名两岸青年参与活动。福建厦门两岸青年创业创新创客基地是大陆唯一一个在自贸试验区设立的青创基地，于 2015 年 6 月 15 日设立，同年 10 月 15 日获国台办授牌。至 2016 年底，基地入驻企业 294 家，其中台资企业 76 家，台湾创业青年及员工 200 人。

【乙肝新药派格宾上市】 2016 年 9 月，厦门特宝生物工程股份有限公司历时 14 年研发的国家生物制品Ⅰ类新药——派格宾获得国家食品药品监督管理总局批准上市。派格宾是中国第一支具有全球自主知识产权的长效干扰素产品，是 2016 年第一个获批的国产治疗性生物制品创新药。

（蔡秋娟）

同安区

【经济概况】 2016 年，同安区实现地区生产总值 328.84 亿元，比上年增长 8.1%；一般公共预算总收入 58.42 亿元，增长 16.8%，其中区级财政收入 16.6 亿元，增长 18.1%；合同利用外资 2.8 亿美元，增长 23.5%，实际利用外资 3.3 亿美元，增长 65%；引进内资 172 亿元；固定资产投资 271.76 亿元，增长 19.8%；社会消费品零售总额 101.50 亿元，增长 23.1%；城镇居民人均可支配收入 38688 元，增长 8.3 %；农村居民人均可支配收入 17439 元，增长 7.2%。

工业经济。规模以上工业企业 464 家（含 18 家火炬企业）累计完成工业产值 658 亿元，增长 11 %；完成规模以上工业增加值 167.20 亿元，增长 7.5%。四大传统产业食品医药、现代照明、水暖厨卫、机械制造的集群产业实现产值 356 亿元，占全区规模以上工业企业产值 54%。新纳入规模以上工业统计的 62 家企业产值增长 1.05 倍；18 家区级以上农业产业化头企业实现产值 186.8 亿元。引进国网新源、中粮、今典集团、嘉捷集团等 13 个世界 500 强（央企）投资项目。太阳城洋伞等 7 家企业挂牌上市，上市企业（公司）增至 11 家。规模以上高新技术企业 95 家，实现增加值 51 亿元。日清食品、双桥淀粉企业建成投产，青岛啤酒企业、力隆氨纶企业增资扩产。

农业经济。全年实现农林牧渔业总产值 18.83 亿元。列入国家级农村产业融合发展试点示范区。建设种植业标准化示范区 6 个，带动 0.17 万公顷以上农田标准化生产；食用菌标准化示范区 1 个，带动标准化生产 300 万袋；畜禽标准化规模养殖场 3 个，带动标准化生产出栏 1 万头（羽）。农产品检测风险监测合格率 98.8%、镇级检测合格率 95.1%、不定期抽检合格率 100%。新成立农民专业合作社 17 个，注册登记家庭农场 147 个，新定市级示范社 6 个。五显镇农村土地承包经营权完成土地确权登记工作。提高溪流生态养护建设与管理，莲花溪、西源溪、西洋溪、乌涂溪水系河道治理工程完成。开工 260 个自然村污水治理项目。投入 3085 万元改造两个旧村和 9 个老区山区建设，建成村级综合服务中心 9 个。褒美、军营等 6 个村创建省级特色旅游村，郭山村入选中国美丽休闲乡村。投入 4679 万元建成 11 条农村公路 19.7 千米。“可信身份认证助力互联网＋普惠金融服务”项目服务农村居民户。

第三产业。第三产业实现增加值 120.90 亿元，增长 8.6%；社会消费品零售额 101.50 亿元，增长 23.1%；批发零售贸易业销售额 320 亿元，增长

2016 年，同安境内高速公路小坪隧道　（同安区方志委供稿）

18%。6 家农业龙头企业、50 多个农业专业合作社上线京东、阿里村淘等电商交易。全年接待境内外游客 1000 万人次，比上年增长 25%，旅游收入 30 亿元，增长 36%；入选全国百佳生态文明城市与景区，获评为中国最美休闲胜地。

重点项目。全年完成固定资产投资 271.76 亿元，完成计划投资 135%。建设中的省、市、区重点项目开工 53 个。完成官浔立交、珠厝互通、林瑶路跨线桥通车，完成厦安高速莲花互通工程通车；建成中洲城配套实验中小学（一期）、埭头变电站、美达复材等项目。建设同集路提升改造、同莲路改造、北动车运营所、西气东输三线工程同安段、BRT 同安枢纽站、同翔大道南段等工程，启动建设厦门抽水蓄能电站工程、签订施工合同。投资 20 亿元的京东厦门电子商务产业园签约同安。位于五显镇的同翔高新技术产业基地完成“三通”（通水、通电、通路），首期片区有弘益进、法睿科技等 6 家企业开工建设。

同安新区建设。同安新城片区完成投资 123 亿元。开工建设现代服务业基地丙洲统建区一期 59 万平方米；动工建设 3466 套后吴公租房工程；动工建设美峰生态公园等绿化和市政配套提升工程、同安新城公交首末站等公建工程；建设美峰片区中船重工 725 所、火炬科技研发楼。建成 17 所小学并投入使用，同安一中滨海校区（一期）、滨城小学建成。建成并启用厦门市体育运动训练中心。5000 套滨海保障性安居工程交付使用。

【社会事业】　全区投入教育事业发展经费 12.09 亿元，其中，斥资 5.3 亿元实施新辉小学、东山中学等 20 个新（扩）建设项目，新增学位 11150 个。开展远程同步互动教学建设，教育信息化交流面拓宽。区少儿图书馆完成改造，提升 4 个镇（街道）和 38 个村（居）综合文化站和文化服务中心标准，朱子书院等 9 家社区书院对外开放，9 个村级综合服务中心和 8 个 24 小时街区自助图书馆开放。“三师两网”家庭医生签约覆盖率 24.1%，完成标准化村卫生所 4 所、改造提升 3 所，111 所村卫生所开通医保刷卡服务；获省级妇幼健康优质服务示范区称号。全区出生人口政策符合率 92.3%。

民生保障。投入社会保障事业支出 86337 万元。城乡低保标准提高到每人每月 610 元。完成棚户改造 2025 套，城北保障房二期工程启动建设。完成农村劳动力转移 3555 人，培训 1274 人，指导失业人员再就业 5142 人，城镇困难对象再就业 1325 人。发放被征地人员和退养渔民养老保障等补助 1.07 亿元。14 个农村幸福院投入使用，启动 4 个居家养老信息化服务体系建设。清理环保违规项目 1024 个，淘汰黄标车 2266 辆，新增 65 辆公交车，淡溪村实现公交线路通达。公众对环境质量满意度居全市首位。

（郭红梅）

翔　安　区

【经济社会概况】　2016 年，翔安区实现地区生产总值 383.82 亿元，比上年增长 7.5%；规模以上工业增加值 236.76 亿元，增长 6.2%；固定资产投资 438.64 亿元，增长 23.1%；一般公共预算总收入 49.36 亿元，增长 13.3%；区级财政收入 15.88 亿元，增长 14.2%；社会消费品零售总额 53.84 亿元，增长 17.4%；限额以上批发零售额 145 亿元，增长 29%；城镇居民人均可支配收入 32988 元，增长 10.3%；农村居民人均可支配收入 16991 元，增长 8.0%。

工业经济。规模以上工业企业增至 231 家，盈利面达到 73.6%。厦门大学国家大学科技园启动建设，芯光润泽、华天恒芯落户翔安高新技术产业基地。天马微第 6 代 LTPS 生产线实现量产，联芯集成电路、开发晶蓝光外延片等项目建成投产。9 家传统重点工业企业完成资产重组，储备产能 35 亿元。国家健康医疗大数据研究院及智能制造基地落地。新增市级重点实验室 16 个，各类专利授权 1037 件，规模以上高新技术产业产值 711.6 亿元。AR/VR 厦门总部、基金小镇等一批新兴产业入驻创新孵化中心。69 个省市重点项目完成投资 410 亿元。

农业经济。划定永久基本农田 2567 公顷，全面启动农村土地经营权确权登记颁证。岩谷咖啡、荣杰园等获评市级休闲农业示范点，新店镇吕塘、内厝镇锄山等入选省级最美休闲乡村。6 个农业科技推广示范项目建成投产，庄家宝

2016年，翔安新城一隅　　　　（翔安区政府办供稿）

蔬菜专业合作社建立全市首家远程电子监控可追溯蔬菜种植生产基地，省级农业龙头企业增至7家。开展新型职业农民专科学历培训，农民专业合作社达到986个。

服务业。中经汇通、中国建筑等47家企业入驻总部会馆，盛屯矿业、铂爵婚纱等开业运营。普洛斯（翔安）物流园通过五星级评定。全年接待游客380万人次，收入9.6亿元。完成商业网点布局规划，限上批发零售企业增至34家，汽车园区年销售额超过20亿元。

招商引资。引进中铁市政、中环宏岸等建筑业龙头企业，提前7个月完成合同利用内资任务。厦门海关翔安办事处成立，翔安产业园邻里中心投入运营。推进区级网上审批系统与省级网上办事大厅对接，清理前置审批及中介服务事项，创新推广“片区＋社区”便民服务新模式。与建行、国开行分别签订“十三五”战略合作协议，获金融机构重大项目融资额度超过500亿元。

城乡建设。新城建设组团拓展。环东海域东部新城起步区启动公建配套。洋唐居住区三期、市级城建档案馆立项建设，科技中学高中部主体封顶，海绵城市试点完成投资3亿元，综合管廊建成9.3千米。完成莲溪段等小流域综合治理，清退生猪养殖圈舍面积43万平方米，启动22个自然村分散式污水治理及18个自然村截污纳管工程。实施65条道路及3个镇小街巷路灯灾后修复，推进10个村（居）自来水管网改造，投入2000万元更新环卫设施。新增园林绿地面积50公顷，完成造林面积135.07公顷。收储火炬（翔安）产业区边角地面积42.27公顷。启动后山岩公园一期建设，建成舫山、祥福两座儿童公园。

基础设施建设。全年完成土地征收面积800公顷，房屋征收面积66万平方米。翔安机场实施吹填造地面积10.58平方千米，片区地下综合管廊作为厦门首个PPP项目正式动工。海翔大道、翔安南路二期全线通车，轨道交通3、4号线启动建设。建成南部新城公交首末站及马巷客运站，优化增加13条公交线路，新增13对公交候车亭、500个户外公共停车泊位。

社会事业。福建省教育科研基地落地挂牌，投入2亿元新建扩建、改造18所中小学、幼儿园，双十中学、厦门市实验小学翔安校区立项获批。新增两所市级示范性幼儿园，在全市率先实现符合条件的随迁子女100%就读公办校。新圩学校被教育部认定为第一批全国教育工作示范校。区教育基金会募集基金突破2亿元，实现对翔安籍困难在校大学生资助全覆盖。省级慢性病综合防控示范区创建高分通过，家庭医生签约服务完成年度任务，分级诊疗试点加快推进。厦门大学附属翔安医院主体封顶，新店中心卫生院启动改造。首个省级院士专家工作站挂牌成立，108所村（居）卫生所全部纳入医保定点。文体促进会注册成立，池王爷习俗项目申报省级非物质文化遗产。

民生保障。启动九溪小区、黎安居住区等保障性住房建设，回购存量安置房转为公共租赁房，完成农村危房改造年度任务。被征地人员基本养老保险新增参保3056人，46周岁以上城乡居民养老保险参保率连续7年保持在99%以上。投入转产就业资金6500万元，开发公益性岗位1041个，完成转产就业7089人。发放各类社会救助、高龄老人津贴等超过5000万元。开展医养结合，建成19个村（居）幸福院。

【“9·15”台风灾害】　2016年9月15日凌晨，中华人民共和国成立以来正面袭击闽南地区的最强台风“莫兰蒂”登陆翔安，中心风力达到15级，阵风达到17级，全区电网设施遭到毁灭性重创，大面积停水、停电，通信中断，大量行道树木倒伏，城区交通基本瘫痪，工农业生产受损严重，直接经济损失接近30亿元。灾后，翔安区第一时间清理235条主次干道各类路障8万多吨，扶正回种倒伏树木超过12万棵，拆除危险铁皮屋1.9万平方米，抢修变电站14座、10千伏电力线路199条，恢复工业企业产能超过90%，城乡居民生活迅速恢复正常。

（吴铿锵）

编辑：林丹英

漳　州　市

【基本概况】　漳州位于福建最南端，介于厦门、汕头两个特区之间，与台湾隔海相望，是一座拥有1300多年历史的文化名城，也是海西一座正在加速崛起的生态型港口工贸城市。2016年，全市陆域面积1.29万平方千米，海域面积1.86万平方千米，下辖8县2区1市，有4个国家级开发区、10个省级开发区、121个乡镇（街道）、1637个行政村（不包括299个居委会），常住人口505万人。漳州港口资源丰富，海岸线715千米，拥有20多个天然港湾，可供开发建设万吨级以上泊位码头150多个。漳州气候温和湿润，年平均气温21℃，年平均降雨量1500毫米左右，森林覆盖率63.73%，是全国有名的水果之乡、花卉之都、水产基地，被授予“中国食品名城”“世界食用菌罐头之都”“中国菇都”等称号。漳州人文底蕴深厚，是中国历史文化名城、全国文明城市、国家卫生城市。漳州城市环境优美，是中国优秀旅游城市、国家园林城市、国家森林城市。漳州名产特色突出，水仙花、片仔癀、八宝印泥被誉为“漳州三宝”，驰名中外。

【经济社会综述】 2016年，漳州市实现地区生产总值3125.35亿元，比上年增长9.3%，其中第一产业增加值415.59亿元，增长4.2%，第二产业增加值1461.11亿元，增长7.8%，第三产业增加值1248.64亿元，增长13.1%；一般公共预算总收入287.68亿元，增长4.7%，其中地方一般公共预算收入187.64亿元，增长4.8%；城镇居民人均可支配收入30726元，增长9.4%；农村居民人均可支配收入15320元，增长10.5%；居民消费价格总水平上涨1.5%。

农村经济。农林牧渔业总产值766.1亿元，增长4.3%。粮食播种面积10.97万公顷，粮食产量67.1万吨。新增设施农业面积0.15万公顷，建设高标准农田面积0.8万公顷，补充耕地面积0.08万公顷。林下经济经营面积11.11万公顷，产值60.45亿元，分别增长16.6%、3.9%。新增“三品一标”87个，云霄入选首批国家农产品质量安全县。获批农业产业化省级重点龙头企业134家，总数位居全省首位。全市累计注册农民合作社4693个、家庭农场4495个。全市农村电商站点达456个，农产品电商年销售额超20亿元，全市40%以上区域实现快递进村。农村建设“双百”行动做法在全省推广，新增省级休闲农业示范点4个、福建省最美休闲乡村1个，长泰县创建全国美丽乡村标准化试点通过国家考核验收。打好脱贫攻坚战，38486人、54个贫困村实现脱贫，造福工程搬迁39674人，完成4132户贫困危房户危房修缮，解决989户贫困无房户住房问题。

工业经济。规模以上工业总产值5018.22亿元，增长8.5%；规模以上工业增加值1310.50亿元，增长8.1%。石化工业、特殊钢铁、装备制造、食品工业等四大主导产业和电子信息、新型材料、清洁能源、生物医药等四大战略性新兴产业实现增加值1072.06亿元，增长7.8%。实施产业龙头促进计划、新兴产业倍增计划和创新示范工程，新增规模工业企业120家、高新技术企业21家、国家级企业技术中心两个、省级企业工程技术研究中心3个、专利授权4200件。完成技改投资645亿元，增长5.2%。设立市级产业股权投资引导基金，发放扶持资金2.85亿元，减免涉企税费30.8亿元，使用“过桥”资金37.2亿元。成立汽车、钢铁产业联盟。列入省级重点上市后备企业51家，新增新三板挂牌企业12家、海交中心挂牌企业10家。

服务业。社会消费品零售总额875.59亿元，增长12.7%。电子商务交易额267.8亿元，增长81%，连续3年入选“全国电子商务百佳城市”，建成两个国家级、4个省级农村电子商务示范县。接待游客2660.55万人次，总收入297.63亿元，分别增长19.2%、24.2%，东山列入首批国家全域旅游示范区创建单位，南靖田螺坑土楼（俗称“四菜一汤”）被外交部列为国家对外交流名片。完成房地产投资462.85亿元，新建商品房完成销售面积745.01万平方米，比上年增长35%。完成邮政业务总量15.66亿元，增长4.7%。物流业加快发展，AAA级以上物流企业18家。

项目建设。全市固定资产投资2827.93亿元，增长12.4%。落实“五个一批”项目1482个、总投资10506亿元。514个市级在建重点项目完成投资1480亿元，98个省级在建重点项目完成投资401.2亿元，121个列入省行动计划在建项目完成投资422.4亿元，均超额完成年度投资任务。新开工亿元以上项目250个，建成或部分建成135个。工业、能源、城建、交通、服务业、生态、农林水、社会事业等八大重点领域完成投资3000.4亿元。古雷整岛搬迁和征地清海工作全面完成，双鱼岛填海工程竣工验收，古雷炼化一体化项目、漳州核电一期、漳州LNG项目、漳江湾特大桥及连接线工程等重大项目前期工作取得突破性进展。

招商引资。全年签约“三维”项目134个，总投资近600亿元。福建古雷石化公司成立，锦江石化芳烃一体化、伟成棕榈油脂VE、华为云计算、甲骨文双创基地等项目签约，世界500强百威英博雪津项目再次增资，传云物联网菜鸟项目、福建宝成旅游等重大项目落户漳州市。全市新批外资项目115个，合同外资16.3亿美元，增长24.2%；实际利用外资11.64亿美元，增长7.2%。全年新批办台资项目78个，实际到资7.3亿美元，分别比上年增长13.04%、32.63%。融入“一带一路”，实际利用东盟资金1306万美元。

改革开放。构建开放型经济新体制综合试点试验工作取得实效。建立并公布“八张清单”，在全省率先实现乡镇权责清单全覆盖；组建高新区“商务110”，推行“模拟审批”“一口受理、一网通办”，推进“会审制”试点，在全国率先开展“多评一表、多图一审”试点改革；深化“五证合一、一照一码”改革，营改增试点全面推开。外贸出口72.68亿美元，增长3.3%。开展“漳州味·世界行”系列展销活动，与东盟贸易额12.7亿美元。漳台贸易额15.81亿美元，增长10.5%。组织65个团组赴台交流，接待来漳参访考察、寻根谒祖、经贸、文化、宗教、人文交流等的台胞9.8万人。

城乡建设。推动“多规合一”试点，《富美漳州战略规划》获批实施，完成生态保护红线和城市开发边界划定。1176个宜居环境建设项目完成投资465.3亿元，更新改造供水管网144千米、城市道路155千米，新增绿道133千米、公园绿地面积195.8公顷、公共停车位3643个、公交车168辆，“达达通”公共自行车项目建成投用。通过全国文明城市年度测评和国家卫生城市复审。拆除“两违”面积780万平方米，拆后土地利用率达94%。闽南文化生态走廊示范段完善提升工程获“2016年中国人居环境范例奖”。3个村入选全国美丽宜居村庄，10个村入选中国传统村落。

生态建设。启动九龙江流域生态水系先行示范工程。九龙江流域（漳州段）Ⅲ类水质达标率93.8%。开展扬尘专项整治，淘汰黄标车10491辆，全市空气质量优良率平均97.8%。新改扩建污水处理厂4座，新建污水配套管网128千米。规范推进排污权交易，191家企业完成排污权核定。完成造林绿化面积1.03万公顷，治理水土流失1.87万公顷。获“中国十佳绿色生态旅游城市”“全国绿化模范城市”称号，新增3个“国家生态县（区）”，4个县（区）通过国家生态县（区）考核验收。

社会事业。全市财政民生支出291.68亿元，增长2.7%。21件为民办实事项目全面完成。新增城镇就业5.14万人，转移农村劳动力7.05万人，城镇登记失业率2.24%。新开工建设中小学发展项目11万平方米，新增中小学、幼儿园学位14821个，提前1年全部通过国家义务教育发展基本均衡县（区）验收。新建续建卫生项目83个，新增病床位1625张、卫技人员1450名，建成基层医疗机构中医馆30家；医疗费用增速和药占比下降，医保管理职责整合到位。实现全市城乡居民大病保险全覆盖，列入第二批国家级医养结合试点。社会福利中心动工建设。漳州数字档案馆成为全省首家“全国示范数字档案馆”。

【第八届农博会·第十八届花博会】 2016年11月18—22日在福建漳州花博园举办，40多万人次到会参观，近1200家企业参展（其中台湾参展商200多家），展出1.2万种涉农产品；3000多名客商、专家学者应邀参会，签订购销订单25亿元；签约投资项目38个，总投资200.2亿元。同时举办第十届中国蘑菇节、第十二届平和蜜柚节、第六届中国（福建）花王比赛、漳州食品产业转型升级交流对接活动、第五届中国创新创业大赛（福建赛区）暨第四届福建创新创业大赛决赛等系列活动，形成“一会多园、多节并举”的格局。

（林青勇）

芗城区

【经济社会概况】 2016年，芗城区实现地区生产总值526亿元，比上年增长10%；农林牧渔业总产值17.04亿元，增长4.4%；规模以上工业产值731.51亿元，增长11.10%，规模以上工业增加值183.32亿元，增长10.7%；固定资产投资188.30亿元，增长5.8%；一般公共预算总收入25.50亿元，增长8.19%，其中，地方一般公共预算收入13.93亿元，增长1.21%；实际利用外资4870万美元，外贸出口8.1亿美元；社会消费品零售总额183.89亿元，增长10.5%；城镇居民人均可支配收入34009元，增长10.0%；农村居民人均可支配收入15356元，增长10.9%

工业经济。完成金宝园区发展规划、金安片区控制性详细规划，金塘路等21条道路和西区污水处理厂二期、金峰自来水厂扩建等一批基础设施项目加快推进。金峰众创园入驻第三方服务机构15家，引进专家、人才310名。七大产业实现规模产值560亿元，增长11%；25个技改项目完成投资26亿元，占工业投资比重达52%；获省知识产权强区称号，专利申请数和授权数位居全市首位，9家企业入选省科技小巨人培育名单，新申报省级企业技术中心1个、高新技术企业3个、企业工程技术中心9个。

项目建设。开展48个项目征迁竞赛，完成房屋征收67.39万平方米，征地253.33公顷。组织实施“五个一批”项目193个，其中谋划一批93个，签约一批20个，开工一批50个，投产一批20个，增资一批10个，形成项目滚动开发的良好态势。中国国际投资贸易洽谈会、花博会等活动共对接洽谈项目41个，签约项目37个，超亿元项目22个，总投资173.54亿元。坚持招商全过程服务，做好项目用地保障，共获批“农转用”5个批次面积78.07公顷，划拨供地10宗面积44.67公顷；工业用地挂牌出让5宗，面积17.2公顷。

第三产业。新增认缴资金300万元以上的三产企业389家，第三产业增加值占GDP比重达55.3%；电商产业园入驻企业达29个，电子商务交易额实现90.24亿元。支持企业开拓市场，组织79家次企业参加“漳州味世界行”等境内外会展。

城市建设。全年实施城建项目197个，完成投资140亿元。纬五路、东方苑路口改造等项目建成通车。推进北庙、下碑、北仓等旧城改造，完成湖内新村等18个无物业小区整治。通过国家卫生城市命名及全国文明城市年度测评，拆除“两违”面积42.2万平方米。通过国家级生态区验收。完成造林绿化36.67公顷。实施工业烟尘和扬尘污染治理，淘汰黄标车1678辆。

农业经济。完成省、市级农民创业示范基地（园）4个、市现代农业园两个及国家园艺标准园1个，新增农业产业化省级重点龙头企业8家。实施农村公路安保工程63.5千米，完成农村公路改造提升工程29.78千米，加快推进九龙江防洪工程漳州段（二期）、水库除险加固等 34 个水利项目。巩固提升农村生活垃圾整治成效，投入 570 万元，建设农村垃圾驿站 80 个。开展农村土地承包经营权确权登记颁证工作，发挥珠里村、洪坑村典型示范作用，完成后塘村等 3 个“美丽乡村”建设。

社会事业。完成东铺头中心小学、南坑中心小学等 5 所学校扩容，加快金峰实验小学等 3 所新建学校筹建，完成 70 所学校校舍、运动场改造和中小学教育技术装备配备，通过义务教育发展基本均衡区国家级验收。推进家庭医生签约服务试点和医联体建设，完成石亭镇中心卫生院和浦林卫生院业务用房建设，社区卫生服务中心中医馆实现全覆盖。

民生改善。投入资金 4533 万元，推进 44 个扶贫项目建设，完成 36 户无房户安居工程和 255 人造福工程，10 个贫困村和 1496 个贫困对象全部脱贫。新增城镇就业人数 6576 人，转移农村劳动力 2035 人，城镇登记失业率控制在 2.5%。全年发放养老金、失业保险金、失地农民保障金和城乡低保金 4.27 亿元。

【徐竹初雕刻作品在中国美术馆展出】2016 年 1 月 13 日，徐竹初木偶雕刻作品捐赠展在中国美术馆举行，展出徐竹初 400 多件漳州木偶雕刻作品。徐竹初是漳州籍木偶雕刻大师，以他为代表的木偶雕刻闻名海内外，被国务院列入首批国家级非物质文化遗产名录，包括木偶表演和木偶雕刻在内的木偶艺术，成为世界非物质文化遗产。

（张振拓）

龙文区

【经济社会概况】 2016 年，龙文区实现地区生产总值 190.8 亿元，比上年增长 12%；一般公共预算总收入 15.69 亿元，增长 12.6%，其中地方一般公共预算收入 10.54 亿元，增长 9.3%；规模以上工业增加值 81.21 亿元，增长 11.6%；规模以上工业总产值 288.21 亿元，增长 12%；固定资产投资 243.07 亿元，增长 17.2%；外贸出口 5.75 亿美元，增长 6%；实际利用外资 7740 万美元，增长 9%；城镇居民人均可支配收入 35067 元，增长 9.4%；农村居民人均可支配收入 16687 元，增长 10.7%。

项目建设。完成项目投资 133.94 亿元，增长 67.6%。全年征地面积 133.33 公顷、拆迁 60 万平方米，销售商品房面积 133 万平方米，增长 51.1%，销售额 104 亿元，增长 66.2%；开工建设安置房 62.5 万平方米，交付使用 39.5 万平方米；闽南水乡示范段、湘桥历史文化名村开发启动。建成九十九湾绿道 20 千米、郭坑绿道 26 千米，绿化空地面积 147.27 公顷，造林面积 82 公顷。建元东路后坂段、立交桥改平交等道路竣工通车，龙文南路等 13 条城市干道建设加快，新增里程 11.8 千米。产业投资 55 亿元，百威英博鸡尾酒生产线、大润发超市、盛辉公路港等支撑项目投产投用。

第三产业。完成限额以上批发业销售额 160 亿元，增长 20%，万达广场客流量 1300 万人次，宝岛埕成为特色文创美食街；引进平安寿险、招商银行等市级金融机构；亚洲最大物流企业普洛斯落户，海峡农产品物流城实现交易额 90 亿元；电商交易额 35.8 亿元，增长 33.6%，快递收派件量 6121 万件，占全市 41.4%。完成技改投入 23 亿元，增长 62%，新增两个院士工作站、3 家省级创新型企业；两家企业在新三板挂牌，51 家企业到海交所展示；恒丽钟表、青蛙王子获评省级观光工厂。成立海峡两岸青创基地，至年底有众创空间 10 个、创业团队 154 个；思特电子、皓尔宝、“智慧 E 通”在全国全省双创大赛取得好名次。

城乡建设。获评国家生态区。投入 1.5 亿元，整治河道 17.7 千米，对全区一半村庄开展截污清淤；创城常态化，全域卫生市场化保洁。淘汰 779 辆黄标车，完成 35 家 4S 店直排整改。拆违 60 万平方米。启动 5 个“农改超”项目，新增公共停车泊位 349 个、新能源公交车 28 辆、公交线路 4 条、公交首末站 1 座，公共自行车系统投入运行。步文撤镇设街获批，新设社区居委会 9 个。通过全国、省级文明城市（区）年度测评和国家卫生城市复审。

社会事业。财政投入民生事业 13.6 亿元，增长 48.5%。漳州一中龙文校区、漳州市龙师附小龙文分校、龙文区

2016 年 5 月 28 日，中国龙文首届国际山地自行车邀请赛在龙文区举办

（龙文区政府办供稿）

第一幼儿园等建成投用；卫生计生资源整合，朝阳卫生服务中心建成投用；举办全国沙画赛、国际山地自行车赛等活动。农村低保提标扩面，全面托底贫困人口，完成“造福工程”154人；投入1300万元，对口扶贫平和县3个乡，启动三年援藏工作。建成智慧型居家养老服务中心，被确定为省社区治理和服务创新实验区。

【漳州一中龙文校区】 龙文校区于2016年8月底交付使用，位于碧湖生态园内，占地面积5.6公顷，总建筑面积69967平方米，总投资56793.37万元，可设置48个班，容纳学生数2400人。工程于2014年7月开工，2016年7月15主体竣工验收。

（林宝卿）

龙海市

【经济社会概况】 2016年，龙海市实现地区生产总值454.3亿元，比上年增长9.3%；规模以上工业总产值674.4亿元，增长9.3%；固定资产投资233.3亿元，增长14.3%；公共财政总收入31.7亿元，下降8.2%，地方公共财政收入20.4亿元，增长1.2%；社会消费品零售总额92.9亿元，增长12.4%；城镇居民人均可支配收入31621元，增长9.7%；农村居民人均可支配收入16101元，增长10.5%。

重点建设。实施重点项目74个，完成投资131.33亿元，其中漳州级以上重点项目38个，完成投资100.05亿元，后港棚户区改造、紫崴路及西浮路C标段污水接户管工程、南溪湾汽车电子科研中心等30个项目建成投用。南溪湾片区“七路三河一污水”项目和南太武片区汽车产业园一期道路、河道、电力迁改、给水排水等市政项目陆续开工建设。

工业经济。实施投资1000万元以上工业项目79个，完成工业投资47.8亿元；金龙客车一期征迁工作基本完成，正新橡胶二期投产达产，中海油LNG完成填海造地工程；建筑业发展提速提效，全市建筑施工企业达53家，总承包企业达到25家，完成建筑业总产值187.4亿元，创税3.5亿元，位居漳州首位。

农业经济。全年农林牧渔业总产值达94.6亿元，增长5.7%；加快培育农业新型经营主体，新增省级重点龙头企业12家、龙海市级龙头企业17家，新建农民专业合作社81个、家庭农场97个。

第三产业。实现三产增加值176.7亿元，增长14.5%，对GDP的增长贡献率达51%，首次超过第二产业。房地产业全年销售面积达59.1万平方米，销售金额达46.4亿元，分别增长75.6%和120.47%；出台《关于加快电子商务和物流快递产业协同发展的若干意见》，成立电子商务协会，电商创业城成效初显，农村淘宝走在全国全省前列，快递收件量超1000万件，增长189%以上；旅游接待总人数197万人次，增长20.7%，总收入22.5亿元，增长23.6%。

城乡面貌。实施宜居环境项目63个，完成投资51.9亿元，34个项目竣工投用。实施生态环境建设项目34个，完成投资13.75亿元；城市集中式饮用水源取水口水质监达标率为100%，市区空气质量一、二级达标率为94.6%；提升田头、埭美、卓港、厚境等美丽乡村典型示范，新建成美丽乡村6个、乡镇污水处理设施5个，西溪生态文化园和月港历史风貌区一期工程基本完成。强化区域互联互通，推进厦漳同城大道、沿海大通道、省道208复线、龙江大道、沿海大通道龙海段等10个重大交通基础设施项目建设，完成投资23.7亿元。

改革开放持续深化。2016年，龙海市坚持向改革要效益、要活力、要红利，破解体制机制上的障碍。推进政府机构和事业单位分类改革，推行“营改增”、不动产登记、“五证合一”“一照一码”等专项改革。创新招商引资机制，成立工业和招商工作领导小组，组建招商局统筹招商工作；制定出台招商引资和工贸发展考核办法及“飞地”政策，完善工业用地地价调节机制，营造招商氛围；制定出台《龙海经济开发区创业园投资扶持奖励办法》，吸纳一批精密仪器仪表制造业和高科技产业入驻创业园。推进国企改革，整合重组“五大集团”，提升国有企业运营效益和融资能力。创新投融资体制，推广运用政府与社会资本合作模式，推进南太武基础设施配套、锦江大道石码段、海澄段和平宁路改造等PPP建设项目，吸引社会资本16.85亿元。加强行政审批事项管理，全市承接、调整行政审批28项、公共服务22项，取消行政审批和公共服务36项。出台《全面推进公务用车制度改革实施方案》，完成公务用车改革，收回各类公务用车599辆，“三公”经费下降23.3%。

民生事业。推进20件为民办实事项目，市财政民生支出占公共预算支出比重达78.4%。推进精准扶贫，全市21个贫困村全部脱贫，829名贫困人口脱贫743名；解决贫困户住房问题，13户贫困无房户搬入新居，625户特困危房户住房完成修缮，实施造福工程搬迁1055人。实施教育项目12个，完成投资3.4亿元，实验小学新校区、第二实验幼儿园、特教学校、妇女儿童与青少年校外活动中心等项目投入使用，义务教育均衡发展通过国家级评估验收。深化医改试点工作，人均自付费用比上年降低16.6%；建设卫生监督监测中心、第二医院住院楼、榜山卫生院门诊综合楼，新建一批标准化村卫生室；实施分级诊疗工作，组建龙海市第一医院、中医院、第二医院医联体并启动运行。

民生保障。新增城镇就业人员6733人，促进下岗失业人员再就业2114人，农村劳动力转移就业9517人，帮助已登记的未就业高校毕业生实现就业866名。强化社会保障，开展城乡低保确认清核工作，各类保障性保险参保人数继续增加，城乡居民社会养老保险基础养老金和被征地农民养老保障待遇标准继续提高；新开工保障性住房2070套，基本建成1680套，配租公租房及廉租房639套，发放廉租租金补贴163.5万元。

【银企融资渠道拓展】 2016年，龙海市在漳州率先建立“政银企金融信息服务平台”，注册企业42850家，上线金融产品317个，实现龙海银行业金融机构产品100%上线，对接资金15亿多元。举办四期政银企融资对接活动，达成贷款意向130多亿元。坚持大中小企业并重，成立月港融资担保公司，探索建立龙海市小微企业贷款保证保险，解决企业贷款难问题。

【特色文化弘扬】 2016年，龙海市投资1.8亿元，在“龙江精神”发源地洋西村打造以“龙江颂”为主题的西溪生态文化园，弘扬“舍小家、顾大家”的龙江精神，成为龙海市开展集体主义、爱国主义、社会主义核心价值观教育和“两学一做”的新基地。投资6700多万元，抢救修复“七个古码头、一条古街道”，修缮整治观音亭、临江古街、月溪两岸等片区，挖掘古月港历史底蕴，弘扬海丝文化。

（邹俊炜　陈　宽　简少雄）

漳浦县

【经济概况】 2016年，漳浦县完成地区生产总值302.87亿元，比上年增长9.3%；固定资产投资255.33亿元，增长21.2%；规模以上工业总产值383.33亿元，增长11.5%；公共财政总收入19.83亿元，其中地方公共财政收入13.50亿元；规模以上工业增加值111.26亿元，增长11.1%；社会消费品零售总额（含古雷）103.09亿元，增长11.4%；外贸出口总值5.31亿元，下降5.3%；实际利用外资（验资口径）1.32亿美元，增长7.3%；城镇居民人均可支配收入30689元，增长9.9%；农村居民人均可支配收入16535元，增长11.3%；被授予国家电子商务进农村综合示范县、全国普法先进县、2011—2015年度全国法治教育先进县、省级平安先行县。

工业经济。实施绥安工业区整合战略，整合绥安、黄仓、旧镇、大南坂、赤湖5个工业园，开发面积增加到26.30平方千米。规划建设万安工业园、前亭工业园、长桥林业循环经济产业园，已累计投入35亿元。赤湖工业园首批12家企业相继投产。引进福船一帆新能源、中电光伏、阳光电源等一批项目，逐步形成食品加工、机械制造、纺织服装等产业集群。

全年净增规模以上工业企业32家，其中新投产企业新增上规模10家，产值4.30亿元。规模以上工业企业229家，其中产值超亿元企业96家、税收超千万元企业10家。全年实现规模以上工业总产值383.33亿元，完成年目标380.45亿元的100.70%，比上年增长11.50%。全年实现规模以上工业增加值111.26亿元，完成年目标110.27亿元的100.80%，比上年增长11.10%，增加值率28.98%，列入成本费用调查单位的61家企业预计实现工业增加值率29.34%。

农业农村。实施点、线、面工程，以国道两翼示范带动全县农业转型增效。花卉苗木、蔬菜、水产、水果、食用菌等五大特色产业持续做大，实现规模化、标准化生产。石榴现代农业观光产业园、绥安大埔精品园赤土立体现代农业核心示范园和福建农民创业园漳浦创业示范基地创建水平提升。食用菌现代产业园被列入全省现代农业产业园“3211”工程（即30个茶业、20个蔬果、10个食用菌和10个畜禽现代产业园），现代农业优势凸显。新增农业龙头企业8家、农民专业合作社45个、家庭农场38个。建成绿色、有机、无公害农产品基地面积1.8万公顷，发展设施农业面积1.87万公顷，培育市级以上农业龙头企业35家、专业合作社21个。全县农林牧渔业总产值完成145.79亿元，比上年增长4%。

脱贫攻坚。至年底，全县脱贫人口3018户8080人，实现167户农村贫困无房户建设并搬迁入住，完成年度脱贫人口任务数的107.73%。造福工程搬迁840户2800人，完成年度任务的107.10%；6户易地搬迁全部竣工入住。产业扶贫成效明显，落实产业帮扶贫困户1423户。下拨2批中央财政扶贫资金共95万元，扶持213户建档立卡贫困户发展生产。县财政拨出170万元，各乡镇本级财政资金600多万元，用于产业扶贫，重点扶持贫困村贫困户发展特色产业。金融扶贫有效推进，新增精准扶贫贷款1557万元。

2016年，漳浦县官浔镇郊野公园　　（漳浦县政府办供稿）

重点项目。全年获批土地项目83个，总面积203.39公顷。推进绥安工业开发区、万安工业园、前亭工业园等工业项目承载平台的整合提升，优化营商环境。全县106个县级以上在建重点项目，总投资613.16亿元，年度计划投资180.08亿元，全年完成投资173.45亿元，完成年度计划的96.3%，与序时进度比降低3.7个百分点。其中省级在建重点项目5个，总投资102.41亿元，年度计划投资18.70亿元，全年累计完成投资19.13亿元，完成年度计划的102.3%，超序时进度2.3个百分点。

招商引资。全年组织外出招商活动27场；发挥专业招商队伍的作用，开展部门和企业对口招商，注重产业招商，围绕支柱跨国公司、上市公司，多管齐下力促招商引资取得新成效。全年实现签约报批招商引资项目113个，其中，外资项目33个，总投资2.9亿美元，总注册资本1.19亿美元；内资项目80个（内资项目为注册资本500万元以上的工业项目），总注册资本16.2亿元。促成赛维网络科技、阳光电源、贝纳制衣等一批优质项目签约落户。

生态环境。2016年，通过国家生态县考核验收。实施生态建设“七个五”行动计划项目36个，其中23个项目开工建设，13个项目竣工，累计完成投资26.16亿元，完成年度计划投资的149%。总投资1584万元，完成漳州市唯一的农村环境综合整治项目“盘陀镇农村环境综合整治”。启动国家生态文明先行示范区和国家园林城市创建工作，建立县三级、乡镇四级网格化环境监管体系。完成县城区大气环境质量监测和地表水环境质量监测，通过省级环境监测计量认证复核验收。全年办结建设项目环评审批114个，办结建设项目竣工环评验收46个，从源头上控制新的污染源产生。依法查处违法企业15家，受理并办结环境问题投诉案件107件。全年淘汰黄标车1243辆，完成年任务的119.98%。关闭禁养区生猪养殖场1248个，拆除猪舍面积28.80万平方米，消减生猪存栏96392头。重点流域相关乡镇垃圾收集率均达90%以上，处理率达100%。实施两条万里安全生态水系项目，完成造林绿化1333公顷、坡耕地水土流失综合治理面积400公顷。

第三产业。建设彩露华观光工厂和七星海、抽象画廊等旅游项目，提升“闽南井冈山”、滨海火山、翡翠湾、天福石雕园等重点景区功能。发展乡村游、民宿游。漳州东南花都有限公司、漳浦天福观光茶园有限公司入选年度福建省旅游龙头企业名单，漳浦火山岛自然生态风景区被评为省级十佳文明旅游景区，漳浦翡翠湾滨海度假区被评为省级文明旅游工作先进单位。全年旅游接待总人数356.49万人次，增长17.20%；旅游总收入34.01亿元，增长23.40%。基本建成县级物流仓储中心、21个乡镇物流分仓；建成201个村级服务站点。加快大南坂品牌汽车4S产业园道路配套建设，建成汽车超市，吸引更多品牌汽车经营商入园。全县有腾睿电商、浦邮电商、白山鞋电商等知名电商企业在内的电商相关企业451家（工商注册口径），并签约引进大型跨境电商龙头企业——赛维网络科技；有微商卖家1000多家。实现电子商务交易额18.28亿元，增长43.04%，其中网络零售额6.04亿元，增长14.21%。

城乡建设。全县计划实施城建项目83个，年计划投资72亿元，实际完成投资86亿元。实施市政基础设施项目39个，总投资55.45亿元，实际完成投资7.70亿元。实施城市综合交通工程项目23个，总投资30.94亿元，完成投资5174万元。实施停车设施建设项目6个，总投资715万元，新增停车位274个。实施公园绿地建设项目6个，总投资2.29亿元，完成投资4525万元。完成绥东溪、南门溪景观改造，新建鹿溪、道周、石斋等9个城市公园和金浦大道路口、龙湖大道南侧等27个街头绿地。

启动绥安镇低碳社区建设示范项目，推进佛昙商贸街、赤土安置示范小区、深土碧水丹山、盘陀鹿水新城等小城镇综合体建设。建成农民文化公园22个、乡镇垃圾中转站36座，创建国家生态镇18个。实施美丽乡村项目25个，完成村庄人居环境整治66个。新建农村污水处理设施96个；新建污水管网9.30千米，硬化村道15.20千米、面积4.06万平方米，新增绿化面积3.40万平方米。新增农村水泥路120千米。

民生事务。全年发放各类社会保障救助资金8894.88万元，发放优抚资金2451.10万元，发放各类优抚对象抚恤补助金和医疗补助金2225万元。新建后港、马坪、花林、杨美4所农村幸福院，并通过政府购买服务的方式，投入100万元，与社会养老服务机构签订服务项目，由专职服务人员上门为3200名服务对象提供各种形式的养老服务。全年新增就业人数6512人，城镇下岗失业人员再就业人数2109人，帮助就业困难对象再就业人数360人，城镇失业率控制在2.23%以内；新增农村劳动力转移就业人数1.02万人。发放失业保险金373.17万元。企业养老保险参保人数累计达到6.40万人，基金征缴36338万元，发放40758万元；城乡居民养老参保人数39.76万人，占应参保人数的96%。向11.12万名60周岁以上老人发放养老金13681.67万元。新建续建保障性安居工程1860套，基本建成1260套，完成农村危房改造400户。漳浦县劳动人事争议纠纷多元调处中心被人社部评为“全国人力资源和社会保障系统2014－2016年度优质服务窗口”。

【社会事业】 实施科技项目带动战略和知识产权强县战略，组织申报省级科技项目4个、市级科技项目7个。5家企业获省级高新技术企业称号，两家企业被认定为年度省科技小巨人领军企业，5家企业获福建省科技创新券补助。组织实施在研科技项目27个。4家企业被列入第七批漳州市知识产权试点单位。1家企业被列入福建省知识产权优势企业。通过“义务教育发展基本均衡县”国家级评估验收和省级“特殊教育标准化学校”评估验收。实施第二批乡镇公办幼儿园建设，新建实验幼儿园绥东分园等4所公办幼儿园，全年组织开展文艺展演活动30多场次，举办各类展览30多场次；带动各地文艺活动170多场次；芗剧《芝麻官系列》获“第二十六届福建艺术节”剧目一等奖。投入1500多万元，对全国重点文物保护单位锦江楼、漳浦文庙等进行维修。

（姚鸣声）

云霄县

【经济社会概况】 2016年，云霄县实现地区生产总值149.07亿元，比上年增长12.2%；农林牧渔业总产值49.06亿元，增长5.4%；规模以上工业总产值235.79亿元，增长12.7%；规模以上工业增加值68.66亿元，增长12.3%；一般公共预算总收入8.12亿元，增长9.7%，其中地方一般公共预算收入5.76亿元，增长4.1%；固定资产投资（不含农户投资）200亿元，增长25.8%；社会消费品零售总额54.83亿元，增长16.6%；城镇居民人均可支配收入27588元，增长9%；农村居民人均可支配收入14097元，增长10.5%；实际利用外资7000万美元，增长11.1%；出口总值1.89亿美元，增长8.8%。2016年，首次获“福建省县域经济发展十佳县”称号。

工业经济。2016年，新增规模以上工业企业12家、亿元企业12家，新增规模产值9亿元。其中，华杰彩亮成为全国第二大LED单双色显示屏生产企业；太尔电子“骨传导智能穿戴”项目获中国创新创业大赛（福建赛区）三等奖、国家级优秀企业奖。工业产品质量抽检合格率100%；成为全省首个电光子领域国家新型工业化产业示范基地。

现代农业。新增农民专业合作社23个、家庭农场169个；新建设施农业990亩，绿洲果蔬等7家企业入选省级重点农业产业化龙头企业。实施品牌化战略，建设闽南设施蔬菜联合技术创新中心，新增火田青枣等3个地理标志产品。建成桜树枇杷观光公园、下河杨桃公园。成为首批省级富硒农业产业开发重点县、福建农民创业园建设县。

第三产业。扶持电子商务发展，成立县青年电商促进会，引办电商企业250家，开业运营100个电商村级服务点，全年电商总交易额超13亿元。房地产市场稳定健康发展，商品房销售面积35.16万平方米，增长40%。开展枇杷采摘季、杨桃采摘季、“千年古镇、活力火田”文化旅游等活动，内洞村、桥头村、下河村被列为全国旅游扶贫重点村，桜树村入选漳州市“十大美丽乡村”。获全省红色旅游县人气评选第一名。全县累计接待游客195万人次，增长19%。

项目建设。全年安排重点项目232个，完成投资196亿元，开工90个，竣工投产54个；实施“五个一批”项目，完成投资33.9亿元；开展“百个项目大比拼”活动，完成投资62.25亿元。漳州核电项目前期加快推进，一期工程“两评”报告通过国家环保部、核安全局审批。

招商引资。举办第七届海峡两岸开漳圣王文化节，签约28个亿元项目，总投资46.3亿元；全年新签约项目85个，计划总投资115.65亿元；注册项目82个，计划总投资112.65亿元，其中外资项目4个，计划总投资1.25亿美元。

城乡建设。实施138个宜居环境建设项目，累计完成投资26.78亿元。城区主干道实现24小时“零占道”。改造雨、污、供水管网96.83千米，新增绿化面积2.2万平方米，新建路外公共停车位240个，建成5个电力工程；基本建成开漳大道，动工兴建云平高速（云霄段）、沿海大通道云霄段（二期）及漳江湾特大桥；累计改造市政道路10.81千米。实施农村公路安保工程140千米，新增农村公交线路3条。推进农村环境综合整治，建成14个美丽乡村、9个富美乡村和12个环境整治村。拆除禁养区生猪养殖场553个，关闭可养区养殖场851个；淘汰黄标车460辆；完成造林绿化面积0.09万公顷；拆除“两违”建筑面积73.23万平方米。通过国家生态县验收。

民生事业。完成21项为民办实事项目。涉及民生支出20.69亿元，增长3.94%。义务教育发展均衡县通过国家验收，挂牌成立云霄一中分校、实验中学，新招聘教师77名，新建校舍面积4万平方米，云霄职业技术学校、云陵中心幼儿园等建成投入使用，被评为“漳州市初中教育质量先进县”。实施分级诊疗制度，药品限价采购，推行乡村卫生服务一体化管理，新增卫技人员48名、全科医生5名。实施全面两孩政策，出生人口政策符合率92.12%。西林村、莱埔村、阳下村成为第五批省级历史文化名村。

社会保障。县福利中心、殡仪服务中心一期工程竣工，首所儿童福利院开工建设。全年发放城乡低保、五保金4020.74万元，发放医疗救助金1073万元。成立县人力资源市场，新增城镇就业3598人，转移培训农村富余劳动力977人。完成5个红绿灯、13个智能交通卡口和28千米中心隔离栏建设；被授予“全国平安渔业示范县”。率先在全市启动运行“云霄110”升级版平台，成立启用县禁毒教育基地、县反诈骗中心。保持制假烟机“零查获”。

【脱贫攻坚】 2016年，云霄县净脱贫人口5300人。开展“千名干部结对帮扶建档立卡贫困户”活动，累计进村入户1万多人次，帮助解决资金1000多万元，解决就业2500多人。实施120个扶贫开发建设项目，完成投资1.36亿元。“3个百户、3个50户”造福工程全部开工建设。提前半年在全市率先建成104个贫困无房户安居工程，完成全县388个特困户房屋的修缮工作。设立全省首个金融青年产业扶贫示范基地，新增金融精准扶贫贷款306笔4378.35万元；支农信贷协会新增担保放贷740笔5265.65万元，受益群众

3469人；全县累计向上争取资金20亿元。

（沈 琛）

诏 安 县

【经济社会概况】 2016年，诏安县实现地区生产总值220.66亿元，比上年增长12.5%；三次产业比例20.1∶42.6∶37.3；规模以上工业总产值324.84亿元，增长13.2%；规模以上工业增加值89.14亿元，增长12.8%；一般公共预算总收入8.19亿元，增长2.0%，其中地方一般公共预算收入5.74亿元，下降2.4%；实际利用外资（验资口径）4850万美元，增长11.0%；出口总值4.48亿美元，增长20.3%；社会消费品零售总额93.96亿元，增长13.4%；城镇居民人均可支配收入25432元，增长7.1%；农村居民人均可支配收入13708元，增长10.6%。

工业经济。全县规模以上工业企业165家，新增规模以上企业14家。海洋生物、水产品加工、婴童用品和青梅制品等“四大主导产业”累计实现工业产值119.57亿元，增长15.6%，增速高出全县平均水平2.4个百分点，其中，水产品加工类、青梅制品类、婴童用品类和海洋生物医药类分别实现工业产值59.4亿元、33.01亿元、17.45亿元和9.71亿元，分别增长10.6%、19.7%、20.9%和27.6%。规模以上工业企业产品产销率98.2%，比上年增加0.7个百分点。亿元企业贡献突出。全县产值超亿元企业117个，实现产值296.37亿元，增长16.7%，对规模以上工业产值增长的贡献率达94.4%。

现代农业。农业结构日趋完善，农业经营组织经营水平提升，基本形成“公司+农户”、农民合作社和专业协会等新型组织模式，初步形成茶叶、水果、蔬菜、水品产等特色种养殖板块。农林牧渔业实现增加值47.06亿元，增长5.9%，拉动地区生产总值增长1.3个百分点。农林牧渔业总产值79.78亿元，增长6.0%。

第三产业。全县规模以上营利性服务业营业收入增长1.29倍。其中，租赁和商务服务、居民服务和文化、体育和娱乐业增速均超过100%。电商交易累计增长（加权）91.7%，增速位居全市第一位。全县商品房销售面积26.88万平方米，增长1.01倍，其中住宅销售面积增长95.2%。

项目建设。全县完成固定资产投资（不含农户）243.89亿元，增长26.5%。其中，项目投资完成232.74亿元，增长30.2%，占固定资产投资比重为95.4%，对固定资产投资增长贡献率为105.7%，拉动固定资产投资增长28个百分点；房地产开发投资完成11.15亿元。工业投资止跌回升，全年完成投资82.77亿元，增长6.7%，占全部固定资产投资的33.9%。基础设施投资100.23亿元，增长68.4%。

招商引资。引进普洛斯、海上五台文化智慧苑等重大项目，签约项目79个，总投资220.46亿元。其中亿元以上项目24个，10亿元以上项目3个。2016年，组织实施213个县级以上重点项目，完成投资150.1亿元，增长5.3%。其中，工业项目64个，城建项目28个、交通项目12个、农林水项目48个。

城乡建设。28个城建重点项目完成投资25.05亿元，90个宜居环境建设项目完成投资22.9亿元，20个美丽乡村累计完成投资2.27亿元。交通基础设施完善，推进国道324改线、九侯大道（一期）、沿海大通道（诏安段）等工程建设。农村基础设施完善，全县217个行政村全部铺设水泥路，基本实现宽带网络全覆盖，90%以上农村实现集中安全供水。四都渔乡休闲小镇被列入全省首批特色小镇创建名单，桥东镇西沈—西浒村和金星乡湖内村获评“省级历史文化名镇名村”。全县森林覆盖率65.3%，城区绿化覆盖率38.86%，通过国家级森林城市创建验收。

民生保障。组织实施18个为民办实事项目，完成投资9.28亿元。城镇登记失业率控制在2.56%以内，新增城镇就业人数3621人，转移农村富余劳动力10402人。实施保障性安居工程，完成528套保障性住房配租入住工作。城乡居民养老保险基础养老金由每月每人90元提高到105元。城乡低保标准逐步增长，农村低保标准由人均补助154元/月提高到196元/月，发放城乡低保金4172.12万元、农村五保金

2016年，诏安县江滨安置房　　（诏安县政府办供稿）

480.26万元。扶贫工作精准有效，实现2843户8710个贫困人口脱贫、15个贫困村摘帽。实施造福工程6400人，全部完成搬迁入住，投入资金3.85亿元；建成5个省市级集中安置区，完成114户贫困无房户安居工程。

社会事业。启动第二实验小学新校区、新南诏镇中心小学、江滨新区中小学等学校前期工作，通过“义务教育发展基本均衡县”国家级验收。校安工程项目竣工11个，总面积1.12万平方米；投入5713.9万元补充教学设备；新招聘教师145名。实施公立医院改革，实行城乡居民基本医疗保险一体化，将城镇居民医保纳入新农合，全县住院报销补偿4.73万人次，报销金额2.25亿元，门诊补偿17.69万人次，报销金额4436万元，招聘卫技人员104名。全县百岁老人有117名。举办全民健身日、“海丝遗韵”诏安青年书画作品展等文体活动。

【诏安获福建省“县域经济发展十佳”称号】 2016年，经福建省政府发展研究中心所属省区域和企业评价中心评价，2016年度福建省县域经济发展“十佳”县（市），诏安县榜上有名。近年来，诏安县践行五大发展理念，注重科学发展和生态保护，环保指标、单位GDP增长消耗新增建设用地量等有所下降，规模以上工业企业R&D投入占主营业务收入比重等有所上升。精准扶贫补短板工作取得成效，经济实力增强，在做好生态保护的同时，经济发展步伐加快，促进县域经济整体发展水平的提升，综合实力显著增强，经济总量不断壮大。

（郑继武）

东山县

【经济概况】 2016年，东山县实现地区生产总值175.90亿元，比上年增长9.7%；一般公共预算总收入17.39亿元，其中地方一般公共预算收入11.70亿元，增长3.4%；固定资产投资（不含农户）176.12亿元，增长9.9%；规模以上工业产值293.63亿元，现价增长15.4%；规模以上工业增加值76.73亿元，增长10.7%；第三产业增加值59.87亿元，增长12.4%；农林牧渔业总产值63.97亿元，增长5.3%；社会消费品零售总额38.64亿元，增长10.9%；城镇居民人均可支配收入30845元，增长9.6%；农村居民人均可支配收入17888元，增长11.5%。

旅游发展。举办首届国际自行车邀请赛和山地马拉松赛，开启“旅游+体育”新模式，苏峰山景区成为旅游新热点。中驰生态农庄等项目有力推进，海湾公园入选福建省首批海岸公园名单。举办第25届关帝文化旅游节暨纪念东山建县一百周年系列活动，获评全国十大美丽海岛第一名。东山—厦门集装箱外贸内支线航次翻番，港区吞吐量达250万吨。旅游接待人次和总收入年均增长20%以上，入选首批国家全域旅游示范区创建名单，成为全省智慧旅游、全域化旅游试点县。

工业经济。产值上亿元企业49家、上10亿元企业7家，分别新增5家和2家。水产品加工规模以上企业完成产值237.8亿元，增长20.1%，水产品出口创汇15.4亿美元，稳居全国县级首位。远扬藻业在海峡股权交易中心成功挂牌。腾新等4家企业进入年度省级工业和信息化高成长企业名单，博嘉机械、海之星等8家企业分别列入省级技术创新、“两化融合”项目，绅蓝科技公司全县首家获省级GMP认证。玻璃建材规模以上企业完成产值超33亿元。

农业经济。投入6100万元开展省级小型农田水利重点县建设，建立农业标准化生产示范基地7个，培育农业部水产养殖示范场2个，陈城、前楼两镇被列入漳州市国家现代农业示范区核心示范园。海魁集团成为全县首家农业产业化国家重点龙头企业。大澳中心渔港被列入全省首批渔港经济区建设计划。全县钢质渔船973艘，总数保持全市首位；17艘远洋捕捞渔船出境作业，远洋捕捞量增长30%。全县水产总产量40.9万吨，增长6.8%。

重点项目。66个县级重点项目完成投资97.2亿元；落实“五个一批”项目92个，开工12个、投产13个；成功申报并实施6个投资工程包共21个子项目。强化项目招引，出台规范招商引资、飞地工业等文件，签约庆宇水上游乐园、锆钛新材料产业园等45个项目，总投资近百亿元，其中10个项目开工、7个项目投产。

城乡建设。创建省级“无违建”示范县，全县拆除两违建筑面积54.5万平方米，腾出土地面积76.3万平方米，恢复利用面积71.8万平方米。虎山公园、西班牙山庄等路口完成改造。投入4.43亿元，推进国省干线横十一宫前—山只段、环岛路下西坑—径口段等道路建设，顶街路改造等项目完工。完成西铜路、疏港路等路灯节能改造工程，新建或改造夜景工程26个，铺设液化天然气管道10千米，供电、广电、通信等设施建设有序推进。投入近5000万元，创建14个富美乡村和5个村容整洁示范点，前何村被评为全市“五星级”富美乡村。总投资6.89亿元的16条园区道路开工。

【社会事业】 在全市率先开展扶贫小额意外伤害保险，发放扶贫小额信贷近600万元。投入2000多万元，实现年内580人造福工程扶贫搬迁对象安置，65户农村贫困无房户入住新居，1227人脱贫，8个“双薄弱村”脱帽。投入9500万元实施棚户区改造。全年新增城镇就业3639人，转移农村富余劳动力就业3301人。完成新老农保衔接2221人，累计发放被征地农民养老保障金275万元。获评全市唯一国家级专家服务基地、首批省级科普示范县。第三实验幼儿园等项目投用。铜陵镇入选省级历史文化名镇及首批特色小镇创建名单。水上运动培训服务中心主体完工。国家卫生县城创建工作通过省专家组技术评估。

（李剑卿）

平和县

【经济社会概况】 2016年，平和县实现地区生产总值195.04亿元，比上年增长8.8%；固定资产投资179.62亿元，增长18.7%；一般公共预算总收入7.7亿元，增长1.39%，其中地方一般公共预算收入5.8亿元，增长1.69%；城镇居民人均可支配收入27556元，增长9.0%；农村居民人均可支配收入14827元，增长9.8%。

工业经济。完成工业总产值230亿元，增长14%；规模以上工业产值202亿元，增长15%。搭建工业发展新平台，新征收建设项目用地面积133.33公顷，建设西蝉生态木业产业园。持续推进大芹陆宜威士忌、华诚陶瓷、领峰食品等一批工业项目，新增规模以上工业企业21家，完成工业投资83亿元，增长25.05%。推进列入省市重点技改项目建设，技改投资47.5亿元，增长79.51%。福泰再生资源等7家企业新增为省、市重点上市后备企业，4家企业在海交所挂牌。

农业经济。完成农林牧渔业总产值109.03亿元，增长4.5%。投资2.37亿元，“两园一区”实施9个项目建设，带动产业升级。做优柚茶产业，实施“三品”工程，高接换种三红蜜柚、黄金蜜柚等新品种1万公顷；推广使用商品有机肥面积1.33万公顷，提升蜜柚品质；建成面积238.67公顷生态茶园。建设绿色食品原料标准化生产基地，41家企业被纳入省级农产品质量安全可追溯体系，新增1家无公害产品认证企业、4家市级示范休闲农业企业。推广新型农机具，新增机具5000台（套）。

第三产业。完成社会消费品零售额52.68亿元，增长8.5%；新增商贸限额以上企业22家。114家传统企业应用电子商务，交易额13亿元，增长86%，进入全国“农村淘宝试点县”20强。大芹山旅游综合开发等11个文化旅游项目有序推进。旅游接待225万人次，收入19.5亿元，分别增长20%、19%。参与海丝核心区建设，推进南胜窑址的保护规划编制，做好南胜窑址申报世界文化遗产工作。

城乡建设。推进78个宜居环境项目建设，县城自行车系统一期等一批市政公共设施项目竣工投入使用。城市建设用地获批面积120公顷；房地产投资15.7亿元，销售面积18.39万平方米，增长39.45%；启动中秋埔片区棚户区改造前期工作。拆除“两违”建筑物面积69.24万平方米。新增5个压缩式垃圾转运站、两个乡镇垃圾填埋场，完善123个村级垃圾收集设施。投资1.52亿元，创建坂仔镇东风村等18个美丽乡村点；绳武楼景区入选全国“景区带村”旅游扶贫项目，高寨村晋级为首批国家级乡村旅游模范村，新增两个国家旅游扶贫试点村、3个省级乡村旅游特色村、8个全国乡村旅游扶贫重点村。

社会事业。建立党员干部挂钩帮扶机制，建档立卡贫困户实现全覆盖，超额完成5000个扶贫人口稳定脱贫的目标。推进产业扶贫，投资6212万元，在45个扶贫重点村实施215个帮扶项目。开展“有其屋”“造福工程”，投资3687万元，在全市率先实现解决261户无房户、1081户危房户居住问题；造福工程易地扶贫搬迁2657户、8180人破土建房，建设9个造福工程集中安置区；扶贫小额信贷4938万元，增强建档立卡贫困户造血功能。

民生保障。投资3.4亿元，实施800多个义务教育均衡发展项目，通过国家义务教育发展基本均衡县评估验收；推进小溪、长乐公办幼儿园项目；成为市“高中教育教学质量先进县”“初中教育教学达标县”。完善县、乡、村三级医疗服务体系。落实“全面二孩”政策，应对人口老龄化。城乡居民27.18万人参加社保，参保率95.44%。配租公租房142户，配售经济适用房23户。实施殡葬改革，县殡仪馆及9个乡镇福寿堂建成投用。

2016年，平和县柚子林 （平和县政府办供稿）

【第十二届平和蜜柚节】 2016年10月17日，第十二届平和蜜柚节在福建省平和县举行。该届蜜柚节包含柚茶营销推介、文娱演出、书法联展、蜜柚采摘游、柚王赛、柚趣系列活动、蜜柚造型展示、美食美味展、重大项目奠基剪彩签约等10项重大活动。来自全国的10家蜜柚营销企业和当地的10家生产企业签订合同，订购蜜柚鲜果30万吨；10对当地蜜柚电商和邮政分销企业签订“电商邮政订货”合同，总金额达6680万元；在蜜柚产业的带动下，现场同时签约10个招商引资项目，总投资达24.6亿元。

（罗春兰）

南靖县

【经济概况】 2016年，南靖县完成地区生产总值242.87亿元，比上年增长10.3%；一般公共预算总收入11.34亿元，其中地方一般公共预算收入8.19亿元；农林牧渔业总产值92.54亿元，增长4.7%；规模以上工业总产值442.8亿元，增长12.1%；规模以上工业增加值114.63亿元，增长11.7%；固定资产投资246.4亿元，增长19.4%；外贸出口2.82亿美元；实际利用外资6850万美元，增长6.8%；社会消费品零售总额42.33亿元，增长11.2%；城镇居民人均可支配收入28202元，增长8.1%；农村居民人均可支配收入14313元，增长10.0%；节能减排完成市下达目标任务。

项目建设。完成可行性研究以上项目85个。完成“五个一批”项目975个，88个县级以上在建重点项目完成投资112.8亿元。推进重点区域、重点项目征迁工作，全年完成征地面积606.91公顷，拆迁面积36.1万平方米。新增城乡建设用地规划指标面积213.33公顷，盘活闲置用地面积148.8公顷，嫁接项目41个。全年招引项目230个，总投资205亿元，其中开工项目58个，投产项目59个，履约率50.9%。全年融资13.3亿元。推进政府存量债务的置换工作，完成存量债务置换6.2亿元。

工业经济。完成规模以上工业总产值442.8亿元，增长12.1%；规模以上工业增加值114.63亿元，增长11.7%；净增规模以上工业企业19家，总数达227家；完成工业技改投资97.1亿元，增长21.9%；完成工业投资132.5亿元，增长3.65%；世钜乐器、墨林橱具等50个工业项目开工建设，南云包装、蒂妮食品等50个工业项目建成投产；整合申报福建南靖经济开发区，基本完成开发区总体规划及山城园控制性详细规划；累计投入2000万元，建成丰田污水提升泵站、铺设污水管网10千米；开工建设丰田工业大道南北延伸段、西洪路等两条园区道路。投入1.02亿元，完成高新园5条园区道路建设及部分道路绿化、亮化提升工程；开工建设南区污水处理厂；累计投入6.4亿元。及时足额拨付上级涉企资金2097万元，为42家企业办理97笔应急周转资金10.3亿元。

现代农业。全年实现农林牧渔业总产值92.54亿元，增长4.7%。新增县级以上农业龙头企业12个、农民专业合作社31个、家庭农场100个，逐步形成多种形式规模经营的发展局面。投入1.02亿元，实施小流域水土流失综合治理、水库除险加固等14个农田水利项目。百汇绿海、正中生物科技等设施农业加快发展，推动全县新建标准化设施大棚3个面积33.33公顷。举办第七届兰花展和首届菖蒲展，完成凤翔兰花市场建设，南靖兰花搭乘“天宫二号”开展太空育种。

第三产业。完成第三产业增加值76.08亿元，增长14.4%。被列入“福建省全域旅游试点县”。路虎小镇、本草春休闲等23个旅游建设项目加快推进。举办第三届南靖土楼国际马拉松赛等活动。全县旅游年接待游客人数399.3万人次，增长18.9%；旅游收入25.8亿元，增长22.8%；土楼门票收入1.07亿元，增长15.5%。电商业加快发展，成为漳州市第四个农村淘宝试点县，建成县级农村淘宝服务中心、县级物流中心以及86个农村淘宝村级物流服务站；成立南靖县电子商务协会，全年新增电商企业30家，完成电子商务交易额9亿元，增长20%。在船场、梅林开展整村（组）搬迁进城集中安置试点，打通商品房和保障房的转换通道。全年销售商品房面积25万平方米，增长10%。兑现扶持发展资金595万元，惠及企业10家。

城乡环境。动工建设县城地区4条主干道“白改黑”工程和5条市政道路；厦蓉高速改扩建、国道横十线草前至牛崎头段和4条县道改造工程加快推进；新增村通自然村农村公路120千米，改造危桥8座。功能配套日臻完善，县城污水处理厂二期、天然气气化站和3座城市公共停车场建成投用，县城公交客运站动工建设。投入1100万元，建成20千米市政配套管网。完成县城夜景提升和东大路、南大路等绿化亮化工程。17座压缩式垃圾中转站全部建成。所有行政村均实现宽带用户光纤入户。靖城镇入选2016全国综合实力千强镇，山城镇入选福建省第一批特色小镇创建名单，3个镇入选漳州最美乡镇，5个村被列入第四批中国传统村落，上洋村被纳入省级历史文化名村。推进14个美丽乡村建设。

生态建设。被列为全省首批水生态文明建设试点县。生态建设力度加大，累计投入9.2亿元，实施53个生态建设“七个五”工程项目和10个生态水系先行示范工程。完成造林面积1866.67公顷，治理水土流失面积1933.33公顷。开展九龙江流域水环境综合整治，拆除和整治2761个生猪养殖反弹养殖场（户），拆除面积118.9万平方米；114个生猪规模化养殖场实现达标排放；立案处罚违法排污企业130件。总量减排力度加大，提前半年完成黄标车年度淘汰任务，淘汰率居漳州市第一。改造、淘汰3家造纸企业的生产线项目。清理违规建设项目106个，完成率100%。

民生事业。累计投入7452万元，推动10个贫困村脱贫摘帽、3452人实现脱贫。落实82户贫困无房户安居工程建设，完成538户农村贫困户危房改造任务，落实5560人的造福工程与易地搬迁扶贫工作，发展特色产业面积44.07公顷，实施旧村复垦面积20.93公顷。3个村被列入全国乡村旅游扶贫重点村。惠民实事办实办好，累计投入10亿元，实施建设为民办实事项目20个。开工建设保障性住房192套，续建458套，竣工410套。城镇登记失业率控制在3%以内。投入4000万元实施移民项目50个，全年发放移民直补资金760.9万元。农村居民最低生活保障人均补助标准由原来的每人每月 154 元提高到每人每月 221 元。发放社保补贴 562.9 万元，企业稳岗补贴 122.1 万元，被征地农民养老保障金 1213.7 万元，残疾补助金 964.8 万元，医疗救助金 1006.3 万元，抚恤金、生活补助金 1197.7 万元。拨付 6812 万元。

【社会事业】 金钥匙机械获全国创新创业大赛优秀奖，5 家企业入选省科技小巨人领军企业培育名单。全年专利申请 265 件，获得专利授权 195 件。两家企业在“新三板”上市。投入 5000 多万元，实施教育“五大工程”，通过完善教育教学设施、加强师资队伍建设、改善就学条件等；高中、初中教育连续五年蝉联漳州市“教育教学质量先进县”。投入 3011 万元，加强和溪、丰田等卫生院医疗基础设施建设；优化整合各镇（园）卫生和计生机构，完成城乡居民医保一体化工作，与漳州卫生职业学院开展“卫生与健康”战略合作。推进东溪窑博物馆建设，东溪窑申遗被列入国家“海上丝绸之路申报世界文化遗产项目预备名单”。承办全省青少年田径冠军赛暨中学生联赛。实施电视信号、节目覆盖工程，发展有线数字电视用户 4559 户。

（廖盛林）

长泰县

【经济社会概况】 2016 年，长泰县实现地区生产总值 209.15 亿元，比上年增长 10.2%；三次产业比例 7.8∶61.1∶31.1；固定资产投资 229.72 亿元，下降 18.0%；一般公共财政总收入 18.35 亿元，下降 9.6%，其中地方公共财政收入 11.79 亿元，下降 10.3%；出口总值 8.7 亿美元，增长 27.1%；社会消费品零售总额 30.6 亿元，增长 17%；城镇居民人均可支配收入 31604 元，增长 10.4%；农村居民人均可支配收入 16136 元，增长 9.5%。是全省唯一连续十年蝉联“县域经济发展十佳县”的县份，成为全省“县域经济实力十强县”。

工业经济。规模以上工业产值 483.12 亿元，比上年增长 12.0%；规模以上工业增加值 125.40 亿元，增长 11.6%。实施龙头促进计划，蓝海黑石等 17 个工业项目新开工，东本节能科技等 18 个工业项目新投产，康多乐等 16 家企业新上规模，宏发电声等 108 家企业产值上亿元，立达信、联盛纸业等两家企业纳税上亿元，欧仕儿童用品、神悦铸造等两家企业在新三板挂牌上市。落实新一轮企业技术改造专项行动计划，实施 12 个省级重点技改项目、7 个省级重点技术创新项目，新增国家企业技术中心 1 个、高新技术企业 5 家、省级工程技术研究中心两个、省级创新型企业 1 家、省科技小巨人领军企业 10 家、省级科技型企业 13 家，立达信获中国轻工业科技进步奖二等奖、福建省政府质量奖，安麟智能科技获“2016 年福建省标准贡献奖”称号。

农业经济。农林牧渔业总产值 29.3 亿元，比上年下降 0.2%。第一产业增加值 16.36 亿元，与上年持平。3 个现代农业示范园区加快建设，新推广设施农业面积 88.8 公顷，推广建立测土配方施肥面积 1.2 万公顷。建立县级农资监管平台，27 家企业纳入省级农产品质量安全可追溯平台。新增省级农业产业化龙头企业 3 家、家庭农场 4 个，新增无公害产地认证 16 个、产品认证 23 个，佛手瓜、石铭芋头及蜜橘、芦柑两大类别 4 个产品入选全国名特优新农产品目录。

第三产业。第三产业增加值 65 亿元，增长 12.7%。天柱山旅游度假区等项目加快开发，绿港园成为省四星级乡村旅游经营单位、全国青少年科普基地，十里蓝山成为全县首个国家 AAAA 级旅游景区，文庙成为弘扬国学和文化旅游的胜地。全年接待游客 188.74 万人次，增长 18%，旅游总收入 18.83 亿元，增长 44.8%。古琴小镇入选福建省首批特色小镇创建名单，联发集团、绿城集团合作开发金融小镇，敬亿投资公司入驻美食小镇。房地产业“去库存”明显，全年销售商品住宅 16.97 万平方米，增长 52%。

项目建设。新批办内资工业企业 28 家，注册资金 6.6 亿元；新注册外资项目 15 个，合同利用外资 2 亿美元，实际利用外资 1.3 亿美元。实施 181 个县级以上重点项目，完成投资 278 亿元，其中 48 个省市级重点项目完成投资 150 亿元。114 个“五个一批”项目总投资 290 亿元。新引进省内外员工 8671 人。政银企对接会落实贷款 41.84 亿元，惠及企业 138 家。兑现政策奖励资金 4190 多万元，惠及企业 120 多家（次）。落实“营改增”税制改革，减税 6305 万元。在全省首创国地税“双厅并行、一岗通办”联合办税模式，提高办税服务效率。

生态文明。划定生态红线面积 491.67 平方千米，占全县国土面积的 54.56%。实施“生态环境建设年”项目 56 个，完成投资 29.79 亿元。关闭规模 1000 头以下的生猪养殖场，启动主要镇区污水管网建设三年计划及农村污水处理设施建设行动，加快湖珠溪安

2016 年，长泰经济开发区 （长泰县政府办供稿）

全生态水系建设，关闭矿山面积56.8公顷，造林绿化面积0.07万公顷，治理水土流失面积0.14万公顷，全县饮用水源水质达标率100%，坂里溪、高层溪、马洋溪等3条溪流水质基本稳定达到地表水Ⅲ类标准，县城区空气质量达到国家环境空气质量二级标准，优良率95%以上。

城乡建设。全国县级文明城市创建工作通过2016年年度考评。实施宜居环境项目93个，完成投资67.68亿元。龙津溪步行桥、文博馆三期等公共基础设施建成投用，县城建成区从4平方千米扩大到4.85平方千米。获11个部委批复为第三批国家新型城镇化综合试点地区，马洋溪生态旅游区成为全省农村产业融合试点示范乡镇。重点打造林溪村等15个美丽乡村示范村，部分建设规范成为地方和国家标准，全国美丽乡村建设标准试点工作以优秀等级通过考核验收。举办芦柑节、玉米节、红酒节等农村特色活动，山重村、珪后村入选中国传统村落，林溪村入选第5批省级历史文化名镇名村。

社会事业。长泰第三实验小学等8个项目加快建设，陈巷文教新区等7个项目竣工，通过"国家义务教育质量监测"，获评"漳州市初中教育教学质量先进县"和"漳州市初中教育教学指导先进单位"。国家基本药物制度实现基层全覆盖，新型农村合作医疗参保率100%，城乡养老保险参保率96.8%，新农合报销比例75%。完成县级妇幼保健所和计生服务站的机构改革、镇级卫生院与计生服务所机构改革及资源整合。获评省级创建慢性非传染性疾病综合防控示范区，通过国家卫生县城省级复审。开展海峡两岸古琴论坛暨龙人古琴文化节、首届民间优秀文物评选等文化先进县创建活动，举办福建省全民健身运动会（长泰赛区）、福建省2016年农民气排球赛等赛事、2016年福建省青少年皮划艇激流回旋锦标赛，获"超级杯"全国气排球联赛男子中年组、男子青年组和女子青年组冠军，获福建省第七届农运会跳绳运动1项第1名、3项第2名。

民生保障。县财政用于民生支出18.13亿元，占公共财政支出的81.7%。全县实施10大类71个为民办实事项目，完成投资22.95亿元。农村低保保障标准由2300元提高到3500元，补助水平由1848元提高到3048元。五保户供养标准由每人每年6042元提高到8394元。县救灾储备仓库工程竣工，因灾倒房无房户137户451人全部搬入新居。县财政按不低于2015年本级地方财政收入5‰比例预算安排扶贫资金，县处级领导每人结对帮扶3户、科级领导每人结对帮扶2户、普通干部每人结对帮扶1户，72个单位挂钩57个行政村，全县建档立卡贫困户825户2697人全部实现脱贫，65户无房户完成搬迁，造福工程753户2700人住房均建成。兑现1000万元对口帮扶云霄县。

【抗台风救灾】 2016年9月15日凌晨，第14号超强台风"莫兰蒂"在厦门登陆后途经长泰，全县境内最大风力43米/秒（14级），龙津溪最高水位18.33米，超过警戒线1.63米，短时强风暴雨导致山洪暴发，造成严重灾情。全县受灾人口16.42万人，房屋倒塌1088间，电网系统受损79%，通信网络受损超过70%，供水系统全面瘫痪，路桥灾毁519处，工矿企业受灾1287家，农作物受灾0.83万公顷，林木受灾0.19万公顷，主要景区景点严重受损，全县直接经济损失14.19亿元。灾后，长泰县委、县政府迅速组织开展灾后重建和恢复生产工作。9月26日，全县供电、供水、通信全面恢复，道路倒伏树木完成清理，路灯全部修复，全县道路基本畅通，水利设施基本修复。2017年1月15日，在农历春节之前，全县因灾倒房无房的137户451人全部搬入新居。

【全国农村综合改革标准化试点总结推进会暨培训班】 2016年12月6—7日，全国农村综合改革标准化试点总结推进会在长泰县召开，来自全国25个省、直辖市、自治区的160多名代表参加。截至2016年11月，福建长泰等36个项目通过目标考核。会上，长泰县等6个第一批试点县作典型经验交流。长泰县突出县域特色、生态特色和人文特色，设立包括综合通用基础标准、农村生态基础设施、农村生活环境治理、农村公共服务、农村文化传承、农村休闲旅游和农村基层组织等7大子体系160项的县级美丽乡村标准体系，打造"闽南风、长泰味、标准范"的美丽乡村建设标准化长泰模式，为全国各地提供了可复制、可借鉴、可推广的经验。

【龙人古琴文化节】 2016年5月15日至7月27日，长泰县马洋溪生态旅游区龙人古琴文化村举办第六届龙人古琴文化节，海峡两岸古琴名家、古琴爱好者参加活动。龙人古琴文化村落户于福建省首批特色小镇之一——古琴小镇，占地面积120公顷，集古琴文化传承、艺术传播、教育及学术研究、文化旅游与置业等于一体，是中国重点文化产业项目、国家文化产业示范基地。文化节期间，开展海峡两岸古琴论坛、国际古琴知识竞赛、古琴文化进校园等活动。

（林春明）

华安县

【经济概况】 2016年，华安县地区生产总值104.66亿元，比上年增长11.7%；固定资产投资80.26亿元，下降20%；规模以上工业总产值172.34亿元，增长14.5%；规模以上工业增加值50.21亿元，增长14%；农林牧渔业总产值43.14亿元，增长6.5%；一般公共预算总收入5.97亿元，下降15.8%，其中地方一般公共预算收入4.02亿元，下降18.6%；社会消费品零售总额22.57亿元，增长17.3%；实际利用外资410万美元，增长24.6%；外贸出口总值1743万美元，增长2.1%；城镇居民人均可支配收入26324元，增长9.3%；农村居民人均可支配收入13650元，增长8.9%；人口自然增长率11‰。

工业经济。全年新增规模以上企业11家，总数达127家；工业税收2.26亿元，占财政总收入的37.86%。新投产项目28个，总投资19.71亿元；新开工项目24个，总投资12.33亿元，新建成工业厂房面积16.5万平方米。开发区投入1.2亿元，加快道路等基础设施和绿化提升工程建设；华森家具、巴洛克纳等15个项目竣工投产，完成投资11.73亿元；龙玛科技、磐珉新材等17个项目开工建设，总投资18.01亿元；新签约全速日用品、漳钢钢管等16个项目，总投资20.64亿元。

农业经济。被评为全国十大茶业转型升级示范县，年产干毛茶1.6万吨，产值16亿元；组织茶企参加上海茶博会等展销平台，举办第三届全省少数民族名优茶比赛、县第九届铁观音茶王赛；引进爱茶叶网等5个茶叶电商平台，年销售茶叶200多吨。新型农业经营主体发展迅速，新增专业合作社、家庭农场82个，畲寨茶叶合作社被评为国家级示范社。林下经济初显成效，林下种植、养殖面积0.93万公顷，产值6.87亿元。花卉苗木种植面积0.26万公顷，产值3.2亿元。农业结构不断优化，引进台湾百香果、柠檬、茂谷柑等高优农业品种。

文化旅游。投入830万元，修缮南阳楼、建设南山宫消防工程；加强东溪窑遗址保护；"华安玉雕"注册国家地理标志证明商标；仙字潭获"全国首批岩画遗存地"称号。全年接待游客88万人次，实现旅游收入5.25亿元，分别增长22%、20%。

基础设施。启动新一轮城市总体规划修编。城区江滨路连接线、垃圾场渗滤液处理站竣工投用。实施22个交通建设项目，完成投资17.16亿元，漳永高速公路、5条"镇镇有干线"竣工通车。完成建美、后和池、后林水库除险加固；推进九龙江北溪华安段二期、高安镇防洪堤建设，新建、加固防洪堤8.5千米。投入1900万元，完成城乡配电网技改项目88个，新建、改造10千伏线路22.5千米。

生态建设。国家级生态县创建工作通过省级验收，华丰、新圩、沙建通过国家级生态乡镇验收。启动"七个五"生态建设行动计划，实施项目26个。完成造林绿化面积0.15万公顷，治理水土流失面积1.06万公顷。开展生猪养殖污染整治，拆除关闭养殖场（户）4836户，面积56.6万平方米。完成环境监测站、空气自动监测站和水质检测中心建设，九龙江北溪流域华安段三类水质、城区饮用水源水质达标率均为100%。强制报废和依法注销黄标车119辆。

【社会事业】 义务教育发展基本均衡县通过国家级验收。沙建中心小学春节后整体搬迁，华丰中学、马坑中心小学等29座综合楼、宿舍楼竣工投用，全县完成小校、中学全部铺设塑胶跑道。落实"四免一补"资金1576万元，1.4万名学生受益。全面实施县级公立医院综合改革，实行药品、耗材零差率；县医院、中医院、妇幼所基本工资由县财政托底；新农合参合率99.5%。实施为民办实事项目21个，完成投资8.8亿元。投入1450万元，加大23个扶贫开发重点村、7个高山族聚居村基础设施建设力度；实施"造福工程危房改造"1202户，全部完成搬迁；完成351套公租房建设，城南新区保障房配租236户。全年新增城镇就业人员2489人、农村劳动力转移就业3912人，新录用工作人员120名；新农保参保率92.8%；提高城乡低保补助标准，发放低保金1522万元。获"全省计划生育群众自治示范县"称号。

（林辉洲）

编辑：林丹英

泉州市

【基本概况】 泉州，古称刺桐城，地处福建东南沿海，北承福州、莆田，南接厦门，东望台湾，是福建三大中心城市之一。2016年末辖4区3市5县和泉州经济技术开发区、泉州台商投资区，陆地面积11015平方千米，海域面积11360平方千米。全市常住人口858万人。属亚热带海洋性季风气候，终年温暖湿润，四季如春，别号"温陵"。泉州历史沿革悠久，周秦时代就已开发，吴永安三年（260年）始置建安郡东安县，唐景云二年（711年）改名泉州。泉州在宋元时期曾经是"东方第一大港"。泉州文化积淀深厚，是国务院首批历史文化名城、闽南文化生态保护区的核心区、首届中韩日东亚文化之都、海上丝绸之路起点城市、全国著名侨乡、台湾汉族同胞主要祖籍地。保留着以南戏、南音、南少林、南建筑为代表的文化遗产和梨园戏、高甲戏、打城戏、提线木偶等全国特色剧种。有世界级、国家级"非遗"名录38个，其中世界级4个，被联合国教科文组织确定为"世界多元文化展示中心"，有"世界宗教博物馆"的称号。拥有各级文物保护单位810处，其中国家级31处，主要有开元寺东西塔、清源山老君岩、洛阳桥、伊斯兰清净寺和圣墓、草庵摩尼教佛像、安平桥、崇武古城等。泉州是全国首批沿海开放城市之一，被列为全国18个改革开放典型地区之一。在国家"一带一路"倡议规划中被列为"21世纪海上丝绸之路先行区""海上合作战略支点"。

【经济社会综述】 2016年，泉州市实现地区生产总值6646.63亿元，比上年增长8.0%，经济总量连续18年保持全省第一。其中，第一产业增加值198.49亿元，增长2.3%；第二产业增加值3886.68亿元，增长7.0%；第三产业增加值2561.46亿元，增长10.1%，三次产业比例为3.0∶58.5∶38.5；地方一般公共预算收入424.08亿元，增长9.2%；一般公共预算总收入完成769.86亿元，下降4.3%；城镇居民人均可支配收入39656元，增长6.4%；

农村居民人均可支配收入 17179 元，增长 8.3%。

农业经济。农林牧渔业完成总产值 357.26 亿元，增长 2.5%。粮食种植面积 13.71 万公顷，下降 2.8%；粮食总产量 69.13 万吨，下降 5.1%。实施重点设施农业项目 96 个，面积 364.27 公顷。全市国家级、省级农业产业化龙头企业 8 家和 107 家；无公害农产品 464 个、绿色食品 124 个、有机食品 12 个；中国名牌农产品两个、福建名牌农产品 127 个；省级标准化果园 4 个；累计有 10 个全国农业标准化示范区项目，14 个福建农业标准化示范区。深沪远洋渔业作业区获准对外开放。

工业经济。完成工业增加值 3465.02 亿元，增长 7.0%，其中规模以上工业增加值 2907.74 亿元，增长 7.7%；规模以上工业实现销售产值 11859.78 亿元，增长 7.7%。产值超亿元企业 2308 家，其中超 10 亿元企业 189 家，比上年增加 28 家。政府出台稳定工业、企业技改、兼并重组、降低成本等 10 多项专项政策，兑现企业扶持资金 40.3 亿元；争取国家和省级补助 110.7 亿元；开展泉州品牌“境外行”“海丝行”39 场。实施“泉州制造 2025”，“数控一代”创新应用经验在全国推广，全面完成“21211”工程（组织两个国家智能制造专项申报、规模以上企业数控化率提高 10%、建设智能制造示范企业 240 个、推广应用国产工业机器人 1000 台、培训智能制造技术人才 10000 名），获批“中国制造 2025”城市试点示范。出台国家自主创新示范区建设“1+X”政策体系，新认定省级高新技术企业 124 家，总数达 311 家；国家级、省级、市级行业技术开发中心分别达 10 个、65 个和 164 个，工程技术研究中心分别达 1 个、80 个和 189 个。实施质量品牌提升计划，新增获工商总局认定全国驰名商标 8 件，累计 152 件；全市中国名牌产品 46 个，省政府质量奖 4 个、市政府质量奖 12 个、国家地理标志保护产品 10 个；新增福建省名牌产品 48 个，累计 266 个。

第三产业。404 个项目完成投资 631 亿元。实施“互联网+”行动计划，新上线“泉州购”“跨境通”和油化品航运电商平台，网商虚拟产业园入驻企业超 7000 家，电商交易总额 2810 亿元，增长 39%。泉州晋江国际机场旅客吞吐量达 379.3 万人次，泉金航线运送旅客 11.5 万人次。全年实现旅游总收入 717.15 亿元，增长 16.1%；接待国内外游客 5858.93 万人次，增长 14.3%，其中，国内游客 5626.78 万人次，增长 14.8%，境外游客 232.15 万人次，增长 4.6%，永春、德化获批创建国家全域旅游示范区。年末全市金融机构本外币各项存款余额 6790.41 亿元，增长 2.7%；各项贷款余额 5865.47 亿元，增长 8.0%。全年新设银行机构 3 个；证券市场通过发行、增发、配售股票共筹集资金 31.8 亿元。

对外经贸。全年进出口总额 1541 亿元，下降 8%；以美元计价为 232.65 亿美元，下降 13.8%。其中，出口 1072.7 亿元，下降 5%；进口 468.3 亿元，下降 14.3%。与海丝沿线国家和地区贸易额超 120 亿美元，与丹麦霍尔拜克市建立友好城市关系。新签外商直接投资合同项目 124 个，增长 21.6%；合同外资金额 13.56 亿美元，增长 36.2%；按验资口径，实际利用外资 16.28 亿美元，增长 3%。共签订对外经济技术合作合同金额 7608 万美元，增长 74.3%；完成营业额 4774 万美元，下降 0.1%。派出劳务人员 5671 人，年末在外劳务人员共有 4097 人。批准境外投资企业 55 家，境外投资总额 22.77 亿美元，增长 2.84 倍。

固定资产投资。全年固定资产投资 3748.01 亿元，增长 10.0%。其中，项目投资 3041.86 亿元，增长 11.6%；房地产开发投资 706.14 亿元，增长 3.6%。固定资产投资按三次产业分，第一产业投资 62.74 亿元，增长 60.5%；第二产业投资 1366.46 亿元，增长 18.0%；第三产业投资 2318.80 亿元，增长 5.0%。全市 350 个市级在建重点项目全年完成投资 1006.6 亿元，753 个“五个一批”项目完成投资 942 亿元，25 个补短板“工程包”完成投资 185 亿元，争取国家专项建设基金 95.9 亿元。晋华集成电路、天电光电、中科植物工厂、安踏一体化产业园等重大项目开工，通达智能制造、晋江高效太阳能电池等 32 个制造业重点项目投产。深化产业链招商、定向招商，累计纳入全省“政民外”项目 682 个，总投资 7205 亿元。

改革开放。抓好国家“金改区”建设，中小微企业信用信息交换共享平台

位于泉州晋江的草庵保存有全国仅有的摩尼石雕遗迹。图为摄于 2016 年的草庵内景摩尼光佛坐像

（林忠玉摄）

帮助授信300多亿元，“无间贷”模式在全国推广；新增新三板挂牌企业30家，海峡股权泉州交易中心挂牌企业超500家，全省首家金融租赁公司开业。实施“民综”改革，发挥财政资金的撬动效应，设立运营产业投资基金及新兴产业、集成电路、高新技术等子基金；推广PPP模式，落地项目17个、总投资258.5亿元；率先启动个体工商户“两证整合”，实行企业“五证合一、一照一码”，新增市场主体12万户；出台深化国有企业改革意见，组建城建、文旅集团，完成公共资源交易平台整合，实施国有林场改革。加快海丝先行区建设，推进古泉州（刺桐）史迹申遗，开展14处遗产点、1处关联点的修缮保护和环境整治，首部实体法《泉州市海上丝绸之路史迹保护条例》获批。综合保税区通过考核验收。

城乡建设。全市501个环湾规划建设项目完成投资514亿元，环湾建成区面积214平方千米。城东至北峰快速通道、综合交通枢纽等项目开工；推进古城保护提升，完成三朝巷、象峰巷微改造，建成开放古城规划设计展示馆、古城会客厅，完成府文庙保护利用提升工程，拆除“两违”568.2万平方米，完成中心市区超标电动自行车综合整治。22个小城市培育试点实施项目675个，完成投资383.3亿元，新增国家和省级特色小镇6个，泉港入选国家产城融合示范区；全面放开落户限制，新办理居住证59万张。全市落实20个市级新农村建设试点示范村和30个市级扶贫开发重点帮扶村，投入市级扶持资金4000万元。11个省级扶贫开发重点村争取各类资金13852.15万元，实施帮扶项目214个。组织实施“造福工程”，落实搬迁安置8696人。实施农村饮水安全巩固提升工程，受益人口5.42万人。

环境保护。全年完成永春空间规划、晋江自然资源资产负债表编制等9项改革成果。全年投入重点流域整治资金10.02亿元，小流域“赛水质”活动整治河道69千米；近海水域环境污染整治投入资金4.86亿元。辖区12个县（市、区）（除南安市）空气质量达到国家二级标准，泉州市区空气质量一二级优良天数356天。泉州市获国家生态市命名，鲤城、丰泽、洛江、石狮、晋江、南安、惠安、安溪、永春、德化等10个县（市、区）获国家生态县（市、区）命名；全市有111个国家级生态乡镇，1659个市级以上生态村。

社会事业。全市新增公办幼儿园学位6200个；创建义务教育管理标准化学校88所，建设青少年社会教育活动中心26个。全市51万名外来务工人员随迁子女与本地学生享受平等教育权利。推进“一校多区”“小片区管理”和农村薄弱学校“委托管理”等改革。制定职业院校专业建设“正负面清单”，入选应用型本科转型试点高校3所、示范性现代职业院校11所，福州大学石油化工学院建成投用。泉州滨海医院建成投用，全市新增医疗机构床位2000张。建成泉州木偶剧院，完善提升乡镇综合文化站27个，铺开文艺精品公益性演出。编制21个闽南文化重点区域保护规划，建立非遗生产性保护基地29个，建成工艺美术大师工作室130个。安溪获评中国藤铁工艺之都。承办第八届亚洲世界语大会。举办环泉州湾国际公路自行车赛。

民生保障。全市新增城镇就业人员13.67万人，城镇登记失业率1.28%；培训农村劳动力4.4万人，转移就业5.83万人。年末参加养老保险人数508.33万人，比上年新增7.74万人；企业离退休人员领取基本养老保险金人数9.59万人，全部实现养老金按时足额发放；参加失业保险人数65.68万人，领取失业保险金人数5642人；参加职工基本医疗保险人数120.11万人，新增1.92万人；参加工伤、生育保险人数分别为109.53万人和108.15万人；参加城镇居民基本医疗保险居民55.53万人；参加新型农村合作医疗人数564.29万人，参合率达99.98%。

【“中国制造2025”城市试点示范创建】 2016年3月，工业和信息化部印发《“中国制造2025”城市试点示范工作方案》，泉州市开展创建活动。实施“泉州制造2025”和智能制造、质量品牌、服务型制造3个专项行动计划，重点组织实施“21211”工程。6月，全国“数控一代”创新应用工程现场会在泉州召开；9月，工信部联合工作组现场考察评估泉州创建“中国制造2025”城市试点示范工作；11月，工信部正式批复泉州市成为“中国制造2025”城市试点示范。

【中心市区公共自行车租赁系统投入运营】 2016年3月10日泉州微笑自行车有限公司注册成立，4月30日开工，6月30日运营。该系统建设范围以主城区为主，兼顾东海、城东、北峰等新城区。截至年底，建设站点280个，投用自行车9000辆，骑行超500万人次。

（黄景顺）

鲤 城 区

【经济概况】 2016年，鲤城区实现地区生产总值410.11亿元，比上年增长7.1%，其中，第一产业增加值0.13亿元，增长9.3%，第二产业增加值235.95亿元，增长5.9%，第三产业增加值174.04亿元，增长8.8%；一般公共预算总收入17.16亿元，下降8.8%，其中地方一般公共预算收入10.90亿元，下降4.8%；固定资产投资145.11亿元，增长11.5%；社会消费品零售额370.36亿元，增长9.9%；城镇居民人均可支配收入38652元，增长3.6%。

农业经济。全年农林牧渔业总产值2800万元，粮豆播种80公顷，蔬菜产量9160吨，肉蛋奶产量140吨，水果产量140吨，水产品产量100吨。建成设施蔬果6.67公顷。有农业产业化重点龙头企业省级4家、市级5家，农业专业合作社省级1家、市级2家，市级休闲农业示范性企业2家，市级农业科技型企业2家，“中国驰名商标”2个。

工业经济。全年规模以上工业增加值194.22亿元，增长7.4%；对接泉州

“中国制造2025”城市试点示范，培育10家市级以上智能制造试点示范企业，其中国家级1家（全市2家）、省级2家。18个技改项目建成投产。鸿星尔克等11家企业被列入省级经信龙头企业和高成长企业，海天科技等17家企业被确定为市级产业龙头。新增省级科技小巨人企业13家、省级创新型企业8家、高新技术企业4家、省级众创空间2家。

第三产业。引进刺桐红金融服务、深圳银雁金融服务外包泉州分公司等9家金融机构。汇鑫小额贷款成为全省首家、全国第二家在H股上市的小贷公司，晶彩光电、田中机械、七星电气3家企业在新三板上市挂牌。银行、证券、保险业等各类金融机构纳税1.1亿元，增长9%。18家限额以上电商企业实现网上零售额23.9亿元，增长45%；幸福网店商城与阿里巴巴达成战略合作，首创全国品控服务商模式。制定旧厂房改造工作实施方案，全年谋划项目23个，策划鲤城区站前大道中段西侧片区基础设施等7个PPP项目。利用闲置楼宇、厂房引办企业1650家，总注册资本66.7亿元，盘活面积39.8万平方米。融入泉州海丝先行区建设，制定实施文化旅游产业转型升级路线图。研发泉州古城语音导游系统，以古城为重点，收录300多个语音导游点，悬挂400块二维码标识牌。策划、推出以“爱旅游·爱生活·爱古城”为主题的“美好西街、创意源和、文旅新门、聚宝城南”四大版块的“五一”古城和海丝泉州2016年文化旅游嘉年华·鲤城区文化旅游系列活动。按序时推进“聚宝城南·泉州闽南文化生态园”一期项目，完成非遗中心展馆布馆设计和招投标前期工作；新门文旅街区获评全国工业旅游创新单位、源和1916创意产业园获评第一批省级现代服务业集聚示范区。全年接待游客690万人次，增长16%，旅游收入增长14.2%。

项目建设。实施“环湾规划建设年”活动，安排提升环境、城市景观、物业管理、文明施工等项目58个（含23个预备项目），年度计划投资43.9亿元，全年完成投资44.8亿元。南环路道路及景观提升改造工程、站前大道（鲤城段）、金塔公园一期（健身公园）绿道及配套工程、延陵安置小区新增120个停车位等10个项目纳入省、市宜居建设项目范围，累计完成投资29150万元，占年度计划104.4%。帮助群众申请减免城市建设配套费，累计拆除石结构房屋68.9万平方米，拆除率105.5%。重启龙头山建设项目，按期完成温陵商贸中心、东浦片区危旧房改造、江南新区商贸物流中心、泉州大桥拓宽等项目安置房年度建设任务，南迎宾大道拓改涉及鲤城区的土地及房屋征迁工作全部完成。开展加强卫生保洁保障能力建设、实施道路硬化亮化绿化工程、完善社区配套设施及优化服务质量等工作，累计投资2662余万元。

生态建设。编制《生态文明建设示范区规划》，提出优化生态空间、发展生态经济、保护生态环境、践行生态生活、完善生态制度、弘扬生态文化等六大举措，提出79个重点工程，打造生态宜居、多元文化保护传承的国家生态文明建设示范区。按照环境监测技术规范，监测辖区内崎后村、登峰桥、展览城桥、浮桥水厂4个市控断面地表水水质，获得有效数据576个。监测结果显示，晋江流域市控断面、集中式饮用水源地、内沟河（破腹沟中段）水质100%达标。投资1428.2万元实施水环境污水管网综合整治工程8项。安排实施18个减排项目，全年淘汰3家高污染企业的落后生产线，完成1个年度清洁能源替代项目。全年淘汰黄标车1476辆，整治建筑施工现场扬尘314处，查处“滴洒漏”63起，查处烧烤摊点1567摊，取缔293起，查处流动大排档1049摊，取缔557起；督促辖区11家加油站开展油气回收治理，其中1家规划搬迁，其余10家油气治理完成比例100%，验收率100%。获环保部“国家生态区”命名。

城市管理。全年立案处罚“两违”案件244件，罚款551006元，执行率100%；发放行政指导意见书4892份，发放宣传单6200余份。拆除“两违”40.22万平方米，完成年度拆违目标任务149.19%。不定期开展内沟河、“牛皮癣”及垃圾车等7项市容环境专项整治行动，涉及社区224个次、主次干道270余条次、海岸带40段次、公园20座次。

【社会事业】 完成19件为民办实事项目，总投资8570万元。实施积极就业政策，新增就业人数1.1万人，城镇登记失业率控制在0.87%以内。“五险统征”持续扩面，被征地人员养老保障金提高到每人每月115元。创新劳动关系三方平等协商制度，成立劳动人事争议仲裁院，挽回劳动者经济损失超千万元。建立住房保障家庭年度复查审核机制，切实加强保障性住房申请资格审核及后续管理工作。共有1732户中低收入家庭住房困难户通过住房保障解决和改善住房条件。出台购房补贴政策，全年接受1581户购房者申请补贴，共需财政补贴金额约2111.54万元。各类教育共同发展，区属公办学校44所，有省级师范高中、教师进修学校各1所；市级以上师范幼儿园5所，区属民办学校70所，其中中学2所；全区在编教师2519人，在校生6.75万人。全区中考贤鎏奖获奖甲等奖7人、乙等奖14人，初中三年巩固率达98.64%。培新小学教学综合楼等4个“薄改扩容”项目建成投用。新入选市首届非遗生产性保护示范基地2个、第五批市级非遗项目9个，新增市级以上文化产业示范基地2个。依托社区卫生服务中心组建责任医生团队，开展签约、预约、转诊和出诊等服务，覆盖80个社区，签约2.5万余个家庭，受益居民8.9万余人。推进全国健康促进区试点项目，确定海博文化广场等16家流动人口健康促进基地，设置“健康交流角”“视角健康服务区”等10个专业服务阵地，开展“健康技能指导”“妈妈健康讲座”等系列活动。通过首批全国健康促进区试点工作验收，获省级“妇幼健康优质服务示范区”称号。

丰 泽 区

【经济概况】 2016年，泉州市丰泽区实现地区生产总值518.18亿元，比上年增长8.3%；三次产业比重调整为0.3∶34.7∶65.0；工业总产值399.7亿元，下降0.7%，其中规模以上工业产值356.8亿元，下降1.5%；一般公共预算总收入31.8亿元，完成调整后预算的106%，其中地方一般公共预算收入21.7亿元，完成调整后预算的109.9%；固定资产投资295.3亿元，增长6.7%；社会消费品零售总额246.8亿元，增长15.9%；居民人均可支配收入46991元，增长6.0%；实际利用外资（验资口径）1.08亿美元，下降28.9%；海关出口商品总值11.9亿美元，下降9.7%；城镇居民人均可支配收入46991元，增长6.0%。

工业经济。19家龙头工业企业实现产值86.9亿元，占规模以上工业企业产值24.3%；泉州软件园引进用友网络科技、力同科技等企业49家，全区软件信息企业达200家，实现营业收入6亿元，占泉州市的50%；北峰“数控一代”产业园新引进企业两家，实施7个市级“数控一代”项目，13个产品获评市级示范产品，4家企业运用数控自动化生产线，带动智能装备制造产业实现产值1亿元；海西电子信息产业育成基地新引进士康通讯等企业5家，实现产值2.5亿元。

第三产业。50个服务业重点项目完成投资104亿元。电商产业实现交易额36.5亿元，泉州网商（虚拟）产业园吸引6592家企业（个体）入驻，“泉州购”平台上线；华大电商产业园引进企业110家，获评省级电子商务示范园区，孵化出千县农汇、悍客科技等电商龙头企业。文创旅游产业快速崛起，福建海西国家广告园区（泉州园）入列全省首批现代服务业集聚示范区，吸引企业410家，广告经营额12.48亿元；子燕动漫确定为2016年省级重点文化企业，新增市级文化产业示范基地两个。丰泽智慧物流园运营并引进首批16家企业，安通控股借壳黑化股份登陆上交所主板，诚德物流获国家AAA级物流企业资质。

自主创新。25个项目入选2016年省级“两化”融合重点项目库，5个重点技改项目完成投资9000万元。实施省、市级科技项目32个，征集中国·海峡项目成果对接项目68个、技术需求15个，新增省级科技小巨人领军企业14家、省级科技型企业16家、市级新型科研机构3个。新增国家级众创空间4个，省级众创空间、示范创业创新中心、互联网孵化器共4个，华创园初步筛选27个项目入驻；新增国家“万人计划”科技创业领军人才1人，省级以上各类高层次人才12人。专利申请总量增长2254件，专利授权1371件，每万人口发明专利拥有量9.40件。通过省级知识产权强区复核。

城乡建设。129个重点建设项目完成投资194.7亿元，其中61个区级重点项目完成投资149.3亿元，8个项目全面建成投用（产），3个安置项目回迁，17个项目新开工建设；城东至北峰快速通道、山线绿道工程精品示范段等42个市级项目累计完成土地征收43.93公顷。推进6个污水管网项目和中心市区夜景提升工程建设，整治道路积水点57处。投入3000万元完成17个“美丽社区”建设，培育市级示范宜居村（社区）1个，升级改造6条群养公路。完成石结构危旧房屋改造53万多平方米。新增停车位572个、便民公共自行车租赁点181个。拆除“两违”建筑面积38万平方米。建成沿海防护林基干林带面积42.33公顷，森林生态景观提升工程林修复面积87.4公顷，完成市级水土流失治理项目两个。清理环保违规项目153个，完成结构减排项目两个、清洁能源替代项目1个，淘汰黄标车完成市下达任务的107.4%，辖区空气质量稳定在Ⅰ、Ⅱ级水平。建成8个社区未成年人文体活动场所和3个青少年社会教育活动中心。

【社会事业】 累计投入4500万元，完成14项为民办实事项目。城市低保金标准提高到每人每月540元，发放社会救助金1300万元，募集慈善资金591万元，支付公益救助金518万元；五项保险参保人数77.46万人次，养老保险待遇社会化发放率达100%，企业退休人员养老金、城镇居民养老保险基础养老金、被征地养老保障金分别提高到每人每月2278元、120元、200元，完善提升63个社区居家养老服务站功能。培训各类劳动者1.86万人次，新增城镇就业人数1.1万人，城镇登记失业率控制在0.82%。完成北峰中学教学综合楼等3个项目建设，新增学位2500个；泉州九中通过省一级达标高中校验收，泉州工商旅游职业中专学校被确定为省级达标中等职业学校。完成正骨医院综合楼装修改造，区疾控妇幼机构综合楼开工建设，华大街道社区卫生服务中心建成并投入使用；新增全国百强社区卫生服务中心两个、省中医类别全科医生规范化培训基地两个、省示范中医科1个，全国基层中医药先进单位通过省专家组实地评估；优化计生管理服务，通过计生“新国优”，组建区妇幼保健院，实施全面两孩政策，人口自然增长率7.91‰，政策符合率97.97%。建成街道文化站两个、社区文化示范点及设施提升点各3个，区文化馆被评为国家二级文化馆。

（卢承志）

洛 江 区

【经济概况】 2016年，泉州市洛江区完成地区生产总值154.59亿元，比上年增长8.1%；实现规模以上工业产值392.01亿元，增长17.5%；第三产业增加值36.39亿元，增长8.5%；一般公共预算总收入14.6亿元，增长8.0%，其中地方一般公共预算收入9.45亿元，增长9.7%；城镇居民人均可支配收入34911元，增长6.3%。

工业经济。智能制造产业年均增长

19.5%以上，形成机械装备、纺织鞋服两个百亿元产业集群。完成533.33公顷洛江智能装备产业园规划，嘉华智能科技、世创机械、翰宏科技等优质企业相继投产，嘉泰数控等一批重点企业逆势增长，带动规模以上工业产值增长15.3%。申报实施省级“两化”融合重点项目12个；实施工业技改项目13个，全区技改项目投资增长1.82倍。新增省级创新型企业3家，入选省级科技小巨人领军企业培育发展库企业8家，新获批省市各类企业技术（工程）研发中心4个。

第三产业。实施“第三产业发展年”重点项目20个，完成投资16.55亿元。汽车销售额增长80%以上。搭建中宏电子商务创业园、泉州国际商务城、马甲电子商务产业园等平台，京东洛江服务中心入驻，网上交易额达3亿元以上。新增建筑业企业4家，总承包资质一级企业数列全市第二位，实现建筑业产值129.3亿元、纳税1.8亿元。配合推进泉州植物园建设，泉州野生动物世界、虹山石龙谷开园，仙公山AAAA级旅游景区通过复核，形成休闲旅游精品线路5条，全区接待游客数、旅游总收入分别增长12.1%、10.1%。

现代农业。推进农村土地承包经营权确权登记颁证工作。投资2100万元新建设施农业智能温控大棚面积6.67公顷。新建村级油茶基地10个，种植油茶面积81公顷。实现林下经济产值1.2亿元，获评省市级农业、林业产业化龙头企业24家。开展洛阳江流域河市和马甲中小河流整治，投入4500万元完成洛阳江支流东溪安全生态水系试点项目建设；基本完成八峰水库、市田水库建设，除险加固重点山围塘8座。实施美丽乡村“千村整治、百村示范”7个；投入1572万元抓好10个区级美丽乡村示范（后备、提升）村建设、22个市级“两村一带”项目。

项目建设。推动一批基础设施、支柱产业等重大项目建设，实施重点项目139个、总投资415亿元，完成投资163亿元，列入省市级重点项目97个。

招商引资。开展央企、国企、外企和民企100强走访活动，对接洽谈投资项目16个。加大高端制造业、现代服务业和旅游产业招商力度，签约项目12个、总投资28.3亿元，实际利用外资4500万美元，3C钻攻中心系列项目等落地，台湾优良食品产业园等项目签约，展开前期工作。新增场外挂牌交易企业1家。加强对接项目跟踪服务，近年来对接的55个民企产业项目全部开工，完成投资74.7亿元。

城乡建设。洛江西环路二期、三期和沈海高速公路复线罗溪互通连接线动工建设，完成阳新街西拓等双阳片区市政道路建设；完成4.2千米城区污水管网建设，启动河市西片区污水提升泵站和罗溪镇小型污水处理站项目。实施“全光网城市”创建工程，新增4G基站320个；完成30个配变台区改造升级；基本完成有线电视双向网络建设及升级改造。30个项目累计完成投资20.8亿元；鼓励引导实行货币补偿和异地安置方式，启动塘西、新南、后埭片区征迁扫尾工作。新开工房地产面积32.46万平方米、竣工面积46.34万平方米。完成危房、石结构房屋改造60.65万平方米的年度任务。

生态建设。落实“河长制”，投入1.24亿元实施7个方面、32个水环境综合整治项目。治理水土流失面积350公顷，完成造林绿化和森林经营326.87公顷。关闭养殖场364个（户）、拆除面积2.09万平方米。

【社会事业】 投入5200万元完成面积2.99万平方米中小学校舍和一批基础设施建设，启动泉州外国语中学洛江学校、闽南师大附属小学、双阳第二中心幼儿园建设，马甲第二中心幼儿园投入使用；落实义务教育“三免一补”与助学政策资金1873万元。投入520万元改善基层医疗卫生基础设施，区医院病房大楼竣工并投入使用。罗溪卫生院获省级“群众满意的乡镇卫生院”称号，马甲中心卫生院通过爱婴医院省级评审。福兴妇产医院等两所民营医院获批执业。推进洛阳桥海丝申遗前期工作。改建虹山乡综合文化活动中心，新建中心村（社区）激情文化广场示范点4个、省级社区多功能运动场和笼式足球场各1个、全民健身路径27条。

民生保障。新增城镇就业7530人，转移农村劳动力2215人，建设农民工综合服务平台6个。城乡居民养老保险缴费率和新农合参合率分别达95.11%、99.9%。农村、城市低保标准分别提高到每人每月390元、540元，累计发放低保金1625万元、各类救助金196万元；新建社区服务站4个、农村居家养老服务中心（站）6个；建设农村低保户安居工程、“二女”户安居工程共55户，配租保障性住房464套。实施精准扶贫，超额完成年度400人脱贫任务。

（吴文守）

泉港区

【经济社会概况】 2016年，泉港区实现地区生产总值407.39亿元，比上年增长8.1%；工业增加值257.02亿元，增长8.9%；完成农林牧渔业总产值22.4亿元；一般公共预算收入30亿元，增长38.6%；城镇居民人均可支配收入30018元，增长6.2%。

经济建设。落实企业帮扶资金1.3亿元，争取上级补助4.23亿元。规模以上工业企业产销率99.7%。落实银企对接授信82.6亿元，提供政府过桥资金4.1亿元。227个重点项目完成投资131亿元，增长32%，55个项目新开工建设，50个项目竣工投产，带动完成固定资产投资221.6亿元，增长13%。新引进项目25个，签约金额383亿元。鼓励引导民间投资，首期推出3个PPP项目包总投资32亿元。清理闲置土地面积77.53公顷，盘活旧厂房面积14.8万平方米，获国家“国土资源节约集约模范县”称号；规划石化科技众创园，湄洲湾创客汇、优加众创成为省级众创空间。企业自主创新能力增强，4家企业获评省级创新型企业，11家企业被认定为福建省科技小巨人，26个项目获得

2016 年，福州大学石化学院泉港校区 （泉港区政府办供稿）

上级科技补助，共 522 万元。钟山化工、福林气体等一批项目竣工投产，实现石化产值 643.54 亿元。投入 6.15 亿元建设区间道路、地下管网等公用工程 6 个，完成南山片区二期土地开发项目可行性研究。福州大学石化学院（泉港校区）交付使用。设立石化产业股权投资基金；食品饮料、新材料等支柱产业完成产值 403 亿元，拉动规模以上工业产值增加 7.2 个百分点。开通"厦门—肖厝—上海"集装箱新航线，完成集装箱吞吐量 2.8 万标准箱，增长 15%。泉港新材料高新园区新增上市企业两家，领亿新材料等项目建成投产；扶持 58 食品网、农产品产销联盟邮乐网等平台建设，阿里巴巴农村淘宝合作项目启动。新建设施农业面积 200 多公顷。

第三产业。华鑫证券顺利入驻，泉州银行福炼支行开业，设立村级小额支付便民点 122 个，实现农村金融服务行政村全覆盖。新增各类市场主体 3538 户，新设企业增长 35.4%。出台国企改革重组方案，组建城乡建设开发公司等 4 家国企，完成公交收归公营。开展农村土地确权登记，50%行政村完成发证。成立海域资源收储中心，推动海域资源市场化配置。成立不动产登记中心。出台扶持乡村旅游发展 13 条措施，重点打造小坝、东张等 10 个旅游特色村，全区旅游总收入 13.5 亿元，增长 10%。

城乡建设。实施城建重点项目 114 个、宜居建设项目 106 个，分别完成投资 34 亿元、7.8 亿元。福厦高铁站点获批，第二水厂建成投用。实施前黄、涂岭市级小城镇项目 70 个，完成投资 20.5 亿元。培育 9 个区级示范村、5 条景观带、两个精品片区；拆除"两违"建筑面积 45.42 万平方米，改造石结构危旧房面积 135 万平方米，审批个人建房 1523 户。投入 1805 万元用于园林、管道、路灯等市政设施管养；新增造林绿化面积 56.6 公顷，治理水土流失面积 270.27 公顷。

社会事业。区文化馆获评国家一级馆。成立区文旅开发公司，实施玉川文创园、海丝古玩艺术品交流中心等 12 个文化产业项目。启动土坑村海丝申遗，樟脚村入选第五批省级历史文化名村。新增市级文保单位 1 处、非遗名录 4 项、非遗代表性传承人 9 位。完成 10 项 38 件为民办实事项目。实施精准扶贫，推进扶贫开发项目 21 个，帮助 168 户困难家庭脱贫解困。将省里奖给泉港区的财政增超收奖励金 500 万元全部用于扶贫。新增就业 6019 人，农村劳动力转移就业 6071 人。实施"全民参保登记计划"，城乡居民基本养老保险参保率、新农合参保率分别达 99.1%、99.9%，居省市前列。深化"救急难"试点，发放救助金 951 万元，救助困难群众 4204 人。新建保障性安居房 1020 套，安置房使用管理规范高效。新建农村居家养老服务站 6 个、社区服务站 15 个，"互联网＋"居家养老助残服务惠及群众 5 万人次；加大教育投入，完成中小学校新（扩）建项目 10 个。庄重文实小获评为"全国体育工作示范校"。推进公立医院改革，组建泉港区医院一闽南医院医联体，落实药品零差率和供应保障制度，建立和完善乡村医生养老补助机制。投入 2947 万元实施基本公共卫生服务项目。获"全省人口和计划生育先进区"称号。

【海丝申遗】 2016 年 3 月，按照国家"海上丝绸之路·中国史迹"申报世界文化遗产统一部署，泉州市泉港区推进土坑村申遗工作。成立申遗工作领导小组、土坑村申遗整治修缮项目指挥部、海丝土坑港市遗址保护管理中心，加强对申遗日常工作的监测和管理。配合国家文研院文本编制团队，摸排海商聚落保护范围，确定遗产区面积 4.32 公顷，缓冲区面积 22.63 公顷。土坑村环境整治修缮项目纳入基础工程提升 PPP 包，区财政全额投入 2.68 亿元，已投入 5500 万元用于环境整治和本体修缮。国家文物主管部门和技术团队多次莅临指导，聘请厦门大学和华侨大学教授组成专家现场指导组，指导开展资料收集整理、环境整治和本体修缮等工作。8 月 29 日，土坑村被国家文物局列为"海上丝绸之路·中国史迹"申遗点。12 月 5 日，土坑村古建筑群被列入第八批省级文物保护单位。

（刘华军）

石狮市

【经济社会概况】 2016 年，泉州石狮市实现地区生产总值 703.68 亿元，比上年增长 8.1%；一般公共预算总收入 60 亿元，增长 1.2%，其中地方一般公共预算收入 40.3 亿元，增长 4.8%；农林牧渔业实现产值 42.3 亿元，增长

石狮富达精密智能生产线　（石狮市政府办供稿）

3.1%；全体居民人均可支配收入43512元，增长7.5%。

经济建设。全年兑现各项惠企补助资金3.7亿元。新增贷款70亿元，帮助150多家企业协调银行信贷130多亿元；完成工业总产值1237.7亿元，增长7%，其中纺织服装业产值563.9亿元，增长5%；智能制造产业实现产值113.4亿元，增长17%；新建四川大学先进高分子材料研究中心、厦门大学智能制造工程中心；新增驰名商标两个、地理标志证明商标1个。第三产业增加值294.4亿元，增长8.6%；社会消费品零售总额435.3亿元，增长10%。轻纺城、建材城等专业市场开业融市，电商发展指数位居全国百强县第三、全省第一。港口集装箱吞吐量157万标准箱，增长2.8%；旅游总收入91亿元，增长7%。完成固定资产投资440.9亿元，增长8%；深化项目策划生成，推进项目建设百日大会战，全年开工106个、竣工70个，其中重点项目、工业技改、城市基础设施分别完成投资133亿元、95亿元和24亿元。实现出口商品总值22亿美元，增长3%；实际利用外资1.96亿美元，增长3%。

城镇建设。钞坑、长福、梧园、洋内亭等片区安置房完成交房、回迁，世茂摩天城建成营业。全市商品房销售面积106万平方米，增长53%。完成濠江北路、石狮大道提升工程，实施学府路、宝岛路、宋塘路、九二东路等改造。试行路内停车收费，建设公共自行车租赁系统，首期投放2100辆。推动城市管理重心下移，建成数字城管平台，加快中心区、高新区、永宁等污水处理厂提标扩建改造，推进东沟、塘园溪截污改造等18个水系环境综合治理项目及12个城市景观风貌提升项目。

社会事业。民生事业投入3.8亿元，实施34个教育重点建设项目，建成厦门外国语学校石狮分校、泉州师范附小石狮校区等一批学校；通过国家义务教育发展基本均衡市复核验收。新农合复合支付方式改革列为全省试点，继续实施药品零差率销售，全年为患者节约1800多万元；通过国家级妇幼健康优质服务示范县（市、区）省级复核及新一轮全国计划生育优质服务先进单位评审。低保标准提高到630元。获全国双拥模范城“五连冠”。

【全面深化改革】　2016年，泉州石狮市制订和落实全面深化改革方案，统筹推进25项改革事项。全面推行权力清单、责任清单和公共服务事项清单制度。整合重点项目工作机构建设；加强财政投资项目评审管理，建立评审助审机构库。完成“营改增”试点和“五证合一”企业登记制度改革；启动市属国企实体化改革，筹建国投、城投、产投三大集团公司。启动印染污水处理厂管理体制和运营机制改革。

年内，推进社会信用体系建设，建成全省首个县级联合惩戒失信平台。打通历史遗留已建回批地、宅基地、企业厂房确权登记渠道，开展国家农民住房财产权抵押贷款试点工作。基础教育综合改革、公立医院改革、新市民积分管理等持续稳步推进，获批省人才强市试点。

（王家超）

晋江市

【经济概况】　2016年，晋江市实现地区生产总值1744.24亿元，比上年增长7.8%，其中，第一产业增加值21.32亿元，增长2.7%，第二产业增加值1060.03亿元，增长4.9%，第三产业增加值662.89亿元，增长13.1%，三次产业比例1.2∶60.8∶38.0；一般公共预算总收入201.02亿元，增长0.4%，其中地方一般公共预算收入120.68亿元，增长3%；城镇居民人均可支配收入42597元，增长6.4%，农村居民人均可支配收入19882元，增长9.4%。县域经济基本竞争力继续保持全国第五位，综合经济实力连续23年位居全省县域首位。

现代农业。农林牧渔业总产值42.63亿元，增长3.4%。新增无公害认证基地两个、无公害认证产品两个、省级农业产业化龙头企业18家、省级农业合作示范社1个、家庭农场3个、省级林业产业化龙头企业两家、泉州市级森林人家示范点两个。新增加土地流转面积233.33公顷。全市有以加工企业带动型、专业市场带动型、流通企业带动型为代表的产业组织269个。其中，泉州市级农业产业化重点龙头企业49家、农业产业化省级重点龙头企业34家、国家级农业产业化重点龙头企业3家。获评两个省级种粮示范家庭农场、4个泉州市级种粮示范家庭农场。发展农业合作社100个，培育晋江市级以上

2016年，晋江五店市传统街区庆祝2016元宵晚会　（晋江市政府办供稿）

148个，合同投资总额430亿元，居泉州市首位。

第三产业。社会消费品零售总额完成588.28亿元，增长9.1%，电商交易额达900亿元，新增淘宝镇1个、淘宝村7个，总数量均居全省县（市）级第一，获“福建省电子商务示范县（市、区）”称号。全年新增注册三产主体1.8万家。其中菜鸟物流、食品园专业市场等8个项目新开工建设，海西建材家居、传化公路港、顺丰物流等40个项目投入运营，新增AAA级以上物流企业7家、物流企业总部15个、文创研发机构31个。全市旅游总收入达136.5亿元，增长14%。安平桥创建国家AAAA级景区通过考评，安海文化旅游基地入选“中国乡村旅游创客示范基地”。跨境电商洪山园落地开园。陆地港、国际工业设计园、五店市传统街区获首批省级“现代服务业集聚示范区”。

示范社20个，基本实现镇（街道）全覆盖。花卉企业39家，种植面积188.8公顷，年销售额达5848万元。全年共兑现本级海洋经济发展补助金2500多万元，争取省级海洋经济发展补助金2717.93万元（含深沪渔港清淤专项资金2000万元），泉州市级海洋经济发展补助资金771.1万元（含渔港补助资金600万元）。投入1000万元建设泉州远洋渔业深沪作业区。深沪渔港经济区启动建设，远洋渔业作业区成为全省唯一远洋渔业专用码头。获批全省休闲海钓示范基地1个。2016年全市水产品总产量达25.8万吨，增长5.8%。新增加固小型水库山塘15座，修复水毁工程23处，加固加高海堤3.03千米，疏通河道8.84千米，节水灌溉面积550.07公顷。

工业经济。实现工业总产值4321.17亿元，增长8.4%。形成制鞋、纺织服装两个千亿产业集群（分别为1125亿元和1105亿元）和建材陶瓷、食品饮料、纸制品、装备制造、新材料5个百亿产业集群。全市规模以上企业（年主营业收入2000万元以上）1466家，完成产值3924.79亿元，占工业总产值的90.8%。安踏集团成为国内体育产业中首个营收达百亿元的集团。新认定省级创新型企业27家、省科技型企业8家，入选工信部制造试点示范项目两个，省级智能型制造重点项目11个，省级科技小巨人培育发展型企业52家，高新企业产值比重提高到15.3%，全社会研发投入占GDP比重达2.62%。运用产业创投引导社会基金42.05亿元，投入27.15亿元培育发展集成电路、智能装备、光伏电子、汽车制造等产业。创新载体日渐丰富，石墨烯产业技术研究院正式试运行。年产100兆瓦HDT高效太阳能电池项目投产。与国家集成电路大基金合作，成立规模500亿元安芯产业投资基金。晋华存储器项目纳入国家“十三五”集成电路重大生产力布局规划和“910工程”。总规划面积39.6公顷，一期投资370亿元，泉州理工学院智能制造工程中心成立，建设科技成果展示交易中心，促成合作项目20个。新增福建省著名商标15件。

社会投资。固定资产投资完成914.90亿元，增长3.2%，586个本级重点项目（计划总投资3514亿元，年度计划投资458.2亿元）完成投资485.1亿元。其中，380个在建项目（计划总投资2411.9亿元，年度计划投资357.9亿元）开工335个，开工率88.2%，完成投资419.5亿元。在集成电路项目等重大项目带动下，工业性投资完成369.20亿元，增长23.7%。第三产业投资完成投资达541.88亿元，在去库存补助政策刺激下，房地产业开发投资完成194.87亿元，增长11.1%。福大晋江科教园等70个项目新开工建设，顺丰速递物流仓储中心、江滨南路道路改造工程等102个项目建成或部分建成投用。各类投资洽谈会对接项目

外经外贸。新增自营出口企业235家，自营出口总额完成75.75亿美元，比上年下降8.4%，进口总额27.17亿元，增长1.8%。陆地港进出口贸易额达41.15亿美元，增长43.08%，总业务量占福建省四个陆地港的90%以上，成为仅次于义乌的全国第二大国际陆港。国际快件监管中心及厦门邮政局晋江分中心合计贸易额8000万美元，国际邮政快包业务量和快件分别增长1.93倍和6.75倍，并在全国首创“跨境电商+邮路”运输出口模式，跨境电商进出口实现交易额3.7亿美元，泉州晋江国际机场开通巴厘岛、襄阳（韩国）和洛川航线，年客运吞吐量379.23万人次，增长4.3%，航空货物吞吐量49683吨，增长15.5%。围头港完成集装箱吞吐量36.43万标准箱，陆地港集装箱吞吐量30.22万标准箱，深沪港完

成散杂货 203.4 万吨。鞋博会、食交会分别达成意向成交 163.8 亿元和 80 亿元，五店市传统街区获批为“海峡两岸交流基地”。

城乡建设。城市开发整合撤并 12 个组团（片区）指挥部。251 个中心城区重点建设项目累计完成投资 262.3 亿元，其中晋创城市广场、百捷中央金街等 58 个项目建成或部分建成。228 个晋西、晋南组团重点建设项目合计完成投资 107.9 亿元，其中安平桥生态文化公园、金龙华侨商贸城等 47 个项目建成或部分建成。安海镇和金井镇省级“小城市”试点启动建设，金井人才梦想小镇和深沪体育小镇成为全省首批特色小镇创建试点；获批省级“农村集体产权制度改革试点”。137 个小城镇和小城市建设项目累计完成投资 81.36 亿元。228 个城市基础设施重点项目合计完成投资 87.7 亿元，其中迎宾路北延伸、伞都大道二期等 13 条道路建成通车，全市公路密度提高到每百平方千米 371 千米。全市公交线路累计达 42 条，总里程达 821 千米，新增 100 部纯电动公交车，建成五里、曾井等五个智能交通充电站，率先成为全省新能源推广模范城市。完成公共自行车交通系统（二期）项目，新增投放 3000 辆自行车。金门供水项目（大陆方面）基本完工。改造升级 6 座老旧垃圾转运站，垃圾无害化处理率达到 98.6%。莲屿、葛洲等 3 个输变电工程顺利投产，新增 110 千伏变电容量 37.8 万千伏安，线路 37.7 千米。全年累计拆除“两违”面积约 36.1 万平方米。数字城管三期智能城管（智慧管城）通过验收，成为全省首个开展数字化城市管理建设的城市。

美丽乡村建设。完成投资 1.85 亿元，新增整理土地面积 7.8 万平方米，硬化道路 61.2 千米，修筑排水沟 54.9 千米，绿化面积 36.64 万平方米。策划生成集体创收项目 20 个，成功培育 20 个最美乡村。金井镇围头村获“中国最美乡村”称号。全市创建全国休闲农业与旅游示范点 1 个，全国休闲农业与乡村旅游五星级示范园区 1 个、四星级 3 个、三星级 6 个，省级休闲示范点 4 个，泉州市级休闲示范点 30 个，晋江市级休闲示范点 11 个，基本形成五条精品线路。发动社会各界、群众参与美丽乡村建设，全市有 63 个村（社区）与 107 家企业结对共建，合作意向资金达 9.5 亿元。

生态建设。四类建设全面执行绿色标准，审查通过项目 35 个，建筑面积达 130.5 万平方米。排污权交易制度全面实施，核定初始排污权 93 家，完成排污权交易 82 笔，合计 582.9 万元，102 家重点排放企业纳入碳排放管控；禁养区、禁建区，所有养殖场和可养区内存栏 500 头以下生猪养殖场全部关闭退出。注销淘汰黄标车 5480 辆。神华热电联产供热管网开工建设。环境整治力度加大，41 个重点流域（含近海水域）水环境综合整治，33 条生态流域治理，晋江南安和晋江石狮跨境流域污染综合治理完成投资 4.14 亿元，完成河道清淤疏浚 9.2 千米，污染源销号 324 个，虺湖综合治理启动实施，污水处理厂及配套管网项目完成投资 8067 万元，新增铺设污水管网 62.7 千米，12 个农村生活污水处理工程开工建设。全年完成植树造林面积 0.11 万公顷；市区绿化覆盖率、绿地率分别提高到 44.01%、39.89%。34 个水土流失综合治理项目完成投资 1870 万元，合计整治水土流失面积 333.33 公顷。

社会保障。全市投入 69.25 亿元用于民生建设，占一般财政支出的 66.2%。30 件为民办实事、108 件民生“做实事”项目基本完成，投资 8.428 亿元，先后举办 62 场大型公益人才招聘会，帮助 2.2 万名求职者成功就业，全市城镇居民失业率控制在 0.31%。开展劳动力职业培训，新增培训各类劳动者 3.3 万名，实施职业鉴定 763 人。投入城乡居民社保体系资金 16.27 亿元。城镇职工基本养老、医疗、失业、工伤、生育参保人数分别达 32.73 万人、22.97 万人、14.02 万人、24.38 万人、15.04 万人；城乡居民社会养老保险参保人数达 64 万人，续保率达 95.75%；被征地人员养老保障参加人数达到 8.86 万人。特困人员供养标准提高到每人每月 860 元；新农合人均筹资标准提高到 560 元；社会散居孤儿养育标准提高到每人每月 860 元，革命“五老”老人定期生活补助标准提高到每人每月 1437 元。兑现“春风计划、四帮四扶”救助金 3000 万元，帮助 302 户重点困难家庭脱贫解困；投入 3543.1 万元，实施医疗、临时、残疾救助 2.3 万人次，获“全国残疾人工作先进单位”称号。福利体系方面，基本建成市社会福利中心一期工程，推行政府购买家政养老服务，建成 41 个镇、村（社区）敬老院以及 256 个农村（社区）居家养老服务站。新增建成保障性住房 1707 套，面积 12.3 万平方米，基本实现保障转换全覆盖。

【社会事业】 教育事业投入达 28.84 亿元，成为国家学前教育改革发展实验区。全市教育项目建成 38 个，建筑面积 21.88 万平方米，投入 4.32 亿元，新增学位 1.08 万个。开办 10 所公办幼儿园，新增学位 2880 个，东石中心幼儿园、桂华中心幼儿园接受“福建省示范性幼儿园”创建评估验收，晋江市艺术实验幼儿园接受“泉州市示范性幼儿园”创建评估验收。引进省特级教师、省学科带头人等各类高端高级人才 36 名。晋江一中、季延中学入选省首批普通高中课程改革基地校。启动义务教育管理标准化学校创建，首批 11 所中小学通过省评估。养正中学学子夺得中国谜语大会金牌。英林中学、晋江二中被确认为“福建省一级达标高中”。医疗卫生事业费投入达 12.1 亿元，人均基本公共卫生服务费从 40 元提高至 45 元。在全省县级市率先设立院士专家工作站，国际疑难病症多学科会诊中心（IMDT）上线运行。推行“互联网＋医疗”服务新模式，完成卫计信息平台一期建设，新增新农合异地结报服务点 7 个。投入文体事业经费 2.82 亿元，晋江籍运动员林超攀在里约奥运会男子体操团体赛中获铜牌，实现泉州奥运奖牌零的突破。新增基层体育设施36个，试行10个农家书屋数字化升级，实施市区图书馆群工程，构建通借通还全流通图书馆群。全年举办重大赛事7项，举办和承办文化节、惠民舞台、戏剧节等各类文体活动3000多场次。安海镇获评为省级历史文化名镇。启动张瑞图、吴鲁等名人故居修缮工程，草庵入选海丝申遗考察点等。

（陈文敏　林荣国）

南安市

【经济概况】　2016年，南安市完成地区生产总值898.14亿元，比上年增长8.6%；一般公共预算总收入66.29亿元，增长5.6%，其中地方一般公共预算收入38.47亿元，增长5.1%；社会消费品零售总额385.47亿元，增长10.6%；城镇居民人均可支配收入39093元，增长6.9%；农村居民人均可支配收入18250元，增长8.7%。综合实力位居全国中小城市综合实力百强第31位、最具投资潜力中小城市百强第19位、中国中小城市新型城镇化质量百强第35位、全国工业百强县第27位、中国中小城市创新创业百强县市第35位。

工业经济。完成规模以上工业产值1831.94亿元，增长13.7%。对接项目138个，总投资337.6亿元。新增国家高新技术企业23家，九牧厨卫获评国家级企业技术中心、工业设计中心，入围“中国质量奖提名奖”，3家企业获评福建企业“创新100”称号，4家企业获评“全国质量诚信标杆典型企业”，中国水暖城蝉联“全国诚信示范市场”称号。新增中国驰名商标1个，参与国家标准制（修）订24项，授权专利7717件，每万人发明专利拥有量5.35件。闽台农产品市场获批全省唯一“海峡两岸青年创业就业示范点”。新增省大学生创业孵化基地2个、众创空间4个。

产业提升。建成国内最大的一体式石材展馆，水暖产业带首期入驻淘宝“中国质造”，新增两个泉州市级数字化车间，17个项目入选泉州市“数控一代”示范项目，11个项目纳入省级“两化融合”重点项目，技改投资额居泉州首位。推进慧通天下锂电池、阳光中科（二期）等项目，对接郑成功文化产业园、光热设备园等项目。首个虚拟电商产业园开园经营，石井扬子山大地艺术景观改造启动实施，完成服务业项目投资81.66亿元。成立海丝泛家居产业联合会，首个线下体验馆英良馆开馆，推出“石材＋”厨卫、家具、灯具、安防等融合产品，获批省级“互联网＋”区域化链条化试点；对接3个泛家居对外投资项目，总投资1.5亿美元，获批设立首个县级海丝商务理事会工作站——南安泛家居产业工作站。天地汇全国结算中心落户南安。新增1家AAAA级旅游景区、1家省级旅游观光工厂，全市接待游客突破600万人次，总收入增长21%。

项目建设。完成7个泉州市级、10个南安市级、29个乡镇级的项目攻坚工作，172个本级在建重点项目和302个重点工业项目分别完成投资216.2亿元和201.9亿元，带动全市固定资产投资完成588.2亿元，增长12%。

对外开放。实际利用外资19223万美元，增长18%。与印度尼西亚、土耳其、阿联酋等国家和地区签订外贸采购协议3.2亿元，实现自营出口13.14亿美元。电商交易额192亿元，增长47.7%；跨境电商销售额1.62亿美元，增长44.6%。举办第十二届水暖泵阀交易会、第十一届海西电子产品新春展示会和第十七届中国（南安）水头国际石材博览会，成交额分别为76亿元、126.58亿元和97.4亿元。

城乡建设。完成南翼新城、康雪洪组团等区域初步规划，以及乡镇污水、交通综合整治、公共服务设施等47个专项规划编制。开工建设泉厦漳城市联盟高速南安段、国道324线官桥前梧至水头段、省道215线丰州至洪濑段改造工程，横九线官桥至市区段、站前东西大道西延伸段建成通车，推进纵三线省新至梅山段、联十一线水头段、江滨南路（二期）、茂盛路等交通项目建设。推进石井港区填海工程，海峡科技生态城A片区完成PPP招投标。实施47个城建项目，推进“五大中心”、市政务服务中心建设和河滨（二期）改造项目。5个乡镇获批泉州市级小城市培育试点。垃圾焚烧发电厂（三期）主体完工，推进城镇污水处理厂及其配套管网PPP工程，城市道路、公园绿地推向市场化管理运作，城乡公交运营、拥军客运班线推行政府购买服务，市区至官桥公交线路开通运营，新增停车位230个、新能源公交车30辆。

农业经济。实施192个“一事一议”项目，兑现强农惠农资金20.4亿元。推进23个“千村整治、百村示范”村庄整治项目，完成“美丽乡村”建设投资2.36亿元，眉山观山村列入中国传统村落保护名录，官桥洪岭村获评省级最美休闲乡村，洪梅镇入选省级“绿色乡镇”。推进农村土地承包经营权确权登记颁证，新流转土地218.67公顷，新增省级农业产业化重点龙头企业14家、农民专业合作社12个、泉州市休闲农业示范点1个。启动南安储备粮中心库建设。投入3.43亿元实施25个水利项目。提级改造农村公路100千米、危病桥8座，完成安保工程70千米。

生态建设。开展生态空间源头管控，编制完成生态文明建设规划。推进污染整治，挂牌督办环境突出问题8个，关停污染企业92家、畜禽养殖场116个。实施12个节能项目，开展初始排污权和可交易排污权核定工作，推进22家企业纳入省碳排放交易市场。启动市区空气自动监测站迁建，淘汰黄标车3155辆。整治生态流域10.5千米。完成植树造林面积520多公顷，治理水土流失面积0.38万公顷。实施230个宜居环境建设项目，推进城西湿地公园、滨江贵峰段休闲慢道项目建设。启动“两溪一湾”安全生态水系、柳湖水系连通综合整治工程，“点线面”环境整治考评蝉联泉州市第一名。

【民生事业】 完成11项39件为民办实事项目，民生公共支出54.18亿元，占财政支出的82.5%。医疗救助基金政府筹集标准每人每年从200元增至400元，社保参保实现城乡全覆盖。启动居家养老信息化服务平台，试点开展政府购买居家养老基础服务，惠及1500位老人。建成保障性住房1526套，改造石结构房屋面积780多万平方米。第五、第六小学开工建设，市第三幼儿园建成投用，财政教育投入12.94亿元，入选全国职业教育和成人教育示范县创建单位，成为“全国青少年校园足球试点县”，确认为全国义务教育发展基本均衡市。推进市医院新院区建设，滨海医院、康宁医院投入运营，完成5所乡镇卫生院改造提升。贵峰王氏、埔头黄氏家训馆建成开馆，丰州镇、官桥漳州寮分别入选省级历史文化名镇名村。

（李清梅）

惠安县

【经济社会概况】 2016年，惠安县实现地区生产总值（不含泉州台商投资区，下同）588.33亿元，比上年增长7.9%，其中第一产业增加值24.66亿元，第二产业增加值377.89亿元，第三产业增加值185.77亿元，三次产业比例为4.2：64.2：31.6；一般公共预算总收入83.98亿元，其中地方一般公共预算收入34.08亿元，增长34.7%；全体居民人均可支配收入27821元，增长7.5%。县域经济综合实力连续23年进入福建“十强”行列。

工业经济。出台推进供给侧结构性改革实施意见及降低企业成本等11项政策措施，兑现各级扶持资金4.63亿元，帮扶企业有效应对经济下行压力，全县实现工业增加值316.57亿元，增长9%。开展项目建设攻坚会战活动，完成全社会固定资产投资274.1亿元，增长9.2%，100万吨乙烯及炼油改扩建项目获中化集团立项，17个石化中下游项目投产3个、投建12个，石化产业产值471.7亿元。达利、惠泉、回头客等龙头企业加快产品研发和技术改造，市场销售保持稳定，食品饮料业产值86.2亿元。雕艺文创园入驻项目37个、投建18个，引导石雕企业向高端化、艺术化、个性化和高附加值方向转型，石雕产业产值193.5亿元。惠东建筑产业化基地及3个现代化试点项目启动建设，建筑企业加快“走出去”步伐，拓展“一带一路”沿线国家和地区市场，建筑业施工产值501.6亿元、回乡缴纳所得税4.3亿元。出台电子商务发展10条措施，成立县级电商协会，设立电商虚拟产业园，引导企业线上线下融合发展，电商交易额超100亿元。通过省级旅游标准化试点县评估验收，建成旅游集散中心，新增两个省级观光工厂，举办“海丝泉州·风情惠安”旅游推介会，全年接待境内外游客722万人次，增长20.5%，实现旅游收入57.6亿元，增长20.5%。

农业经济。兑现支农惠农补贴2177.6万元，完成粮食产量8.2万吨。鼓励农业规模化生产，流转土地面积203.33公顷，新建智能温控大棚面积64.87公顷，台湾农民创业园新引进优良品种7个。新建钢质渔船6艘，改造工厂化养殖池7000平方米。崇武国家中心渔港项目申报验收，完成崇武渔港经济区概念规划。8个“美丽乡村”示范村和33个整治村的107个项目完成投资1.2亿元。全面铺开农村土地承包经营权确权登记颁证工作，累计确权土地面积0.53万公顷。打好脱贫攻坚战，落实挂村包户责任制，兑现各类扶贫资金1412万元，年度脱贫5000人。

城乡建设。编制城乡总体规划，完成城市景观风貌、中心城区停车场等8个专项规划，修编东岭、小岞两个城镇总体规划。城南新区、洞口片区安置房项目竣工，群众顺利回迁。24个城建重点项目完成投资29.92亿元，46个试点小城镇项目完成投资16.4亿元，县道310线辋川至紫山段建成通车，动车站综合交通枢纽主体竣工验收，惠东应急水库及“五库连通”工程开工建设。新建公交停靠站51座、公交首末站3个，新增停车位4043个，打通9处城区“断头路”。完成溪滨公园、中新花园提升工程，新增城区绿地面积2.67公顷。加强城市精细化管理，理顺老旧小区物业管理等13项城市管理职能，开展城市管理综合考评，数字城管平台投入运行。

生态建设。建成黄塘溪10千米安全生态水系，12个近海水域水环境综合治理项目完成投资4357万元。实施泉

2016年12月26日，湄洲湾南岸铁路支线及中化专用线建成通车

（惠安县政府办供稿）

三高速南惠支线惠安段生态提升等7个重点绿化项目，创建“四旁”（路旁、村旁、水旁、房前屋后）绿化示范村51个，新增造林绿化面积595.8公顷，恢复废弃矿山植被面积15.73公顷，治理水土流失面积536公顷。铺设污水管网30千米，县城污水集中收集率86%。出台主要污染物减排财政以奖代补政策，15家企业实现清洁能源替代，16家企业通过市场化交易取得排污指标。开展大气污染专项整治，关停“石粉尘”企业38个，整治油烟污染餐饮单位63个，淘汰黄标车869辆。泉惠石化园区入选全省首批绿色开发区示范区。

社会事业。投入37.2亿元用于社会民生建设，完成42个为民办实事项目。实施更加积极的就业政策，新增城镇就业人数1.1万人、登记失业率1.08%。建设6所镇级第二中心幼儿园，建成9个中小学新改扩建项目。高考再创佳绩，本科上线率达76.2%。完成县体育中心整修工程及县群艺馆改造，新建镇级文化站两个、标准化篮球场12个、健身路径36条。第三届“薯花文艺奖”表彰文化精品35件。推进5项公立医院综合改革任务，建立县镇医疗联合体，形成公立医院与民营医疗机构相互补充、共同发展格局。计生政策符合率91.34%。发放困难群众医疗救助金1317万元。建成城乡居家养老服务中心19个，为3985名70周岁以上老年人购买居家养老服务。改造石结构房屋面积437万平方米、农村危房500户。

【福建湄洲湾南岸铁路支线及中化专用线建成通车】 福建湄洲湾南岸铁路支线位于泉州市东北部湄洲湾南岸，从在建的福厦线厦门端接出，向东南方向延伸至惠安县斗尾港。其中，位于惠安县辖区21.83千米，并联接中化铁路专用线长3.14千米，2016年12月26日建成通车。

（刘晓平）

安溪县

【经济概况】 2016年，安溪县完成地区生产总值466.37亿元，比上年增长8.0%；一般公共预算总收入37.22亿元，增长7.7%，其中地方一般公共预算收入24.31亿元，增长1.4%；工业增加值215.09亿元，增长8%；固定资产投资326.41亿元，增长16%；城镇居民人均可支配收入27247元，增长7.6；农村居民人均可支配收入14004元，增长7.6%。跻身中小城市综合实力全国百强县第67位、最具投资潜力中小城市百强县第29位、创新创业百强县第82位。

产业转型。发展光电、光生物、信息技术等新兴产业。晶安光电成为全国产能最大的蓝宝石衬底生产基地；中科生物植物工厂率先进入光生物领域；信息技术产业园成为华东南最大的数据中心和全省首个建成的大数据产业重点园区；厦门泉州经济合作区湖里园、思明园获省政府批准设立；弘桥智谷电商园获批国家电子商务示范基地。有国家级“星创天地”1个、省级科技型企业17家、省级企业孵化器3个、省级众创空间3个、市“数控一代”示范企业3家。举办首届中国（安溪）家居工艺文化博览会，获评中国家居工艺产业基地、中国藤铁工艺之都。尚卿、城厢获评中国淘宝镇，淘宝村增至11个。全县产值超10亿元工业企业增至4家、超亿元企业增至110家，纳税超千万元企业增至22家。电子商务年销售额突破45亿元。

茶业发展。建成高标准生态茶园面积0.4万公顷，退茶面积0.17万公顷，流转茶园面积0.43万公顷；合作社增至1541个，家庭农场增至398个。引导制茶工艺向传统回归。陈香型铁观音国家标准颁布实施。安溪铁观音地理标志证明商标规范管理使用，中国驰名商标增至7个、福建省著名商标增至69个；安溪铁观音纳入中欧地理标志协定谈判目录，在35个国家和地区完成商标注册。坪山茶业、八马茶业上市。茶机械、茶配套、茶包装、茶文化、茶旅游等产业链条不断延伸，产值超45亿元。举办茶业博览会。建成茶庄园22个，“茶庄园＋”旅游新业态渐入佳境。涉茶总产值增至148亿元，连续8年位列全国重点产茶县首位。在2016年中国品牌价值评价信息发布会上，安溪铁观音以1424.38亿元蝉联品牌价值茶叶类第一位。

城乡建设。金安、莆永、双安高速建成通车，全县城镇化率提升至42.5%。中心城区加快“东拓、西进、南扩、北提”，建成人民广场、“三馆”等一批现代商圈、场馆所。建成区面积扩展到26平方千米、常住人口30万人，新增城市慢道22千米、休闲广场面积12.5万平方米、公园绿地面积231万平方米。建设城区公共自行车系统，首期30个站点1000辆自行车投入使用。龙门、湖头入选全国重点镇、全省首批镇级“小城市”试点。培育1个国家级、4个省级、5个市级美丽乡村示范村。在全省率先实施农村生活污水处理第三方运营管理。治理水土流失44.1万亩，崩岗治理成为全国先进典型。造林绿化2.06万公顷，建设莆永高速茶山林带104千米。森林覆盖率65.77%。获“中国十大最美茶乡”“全国十佳生态文明城市”等称号。

【社会事业】 启动“百企联百村帮千户”精准扶贫行动，发动136家企业、商会进行点对点帮扶，落实帮扶资金1600万元；投入4000万元帮扶35个村实施85个整村推进扶贫开发项目；投入1.54亿元实施6500人造福工程扶贫搬迁项目。启动实施700千米农村公路改造提升工程，已开工建设300千米。投入“全面改薄”资金2970万元，5个中小学项目及两所新建公办园竣工；实施城区基础教育扩容，启动建设九幼、二十小、建安中学，复办一中初中部，增加优质学位8000个。推进县级公立医院改革，实行药品耗材零差率销售，药占比降至33.45%；完成龙门中心卫生院和感德卫生院两个卫生项目建设，新增床位130张，千人床位数提高至3.36张。湖头镇入选中国历史文化名镇、中国特色小镇，尤俊村获评“中国乡村旅游模范村”。安溪铁观音茶文化系统入选“中国重要农业文化遗产”，竹藤编制作技艺列入国家级非物质文化遗产名录。与法国佛罗伦萨克市缔结友好城市。县社会福利中心、离退休老干部活动中心投入使用。获“国家生态县”称号。

（王秋霞）

德化县

【经济社会概况】 2016年，德化县实现地区生产总值194.31亿元，比上年增长6.2%；三次产业结构比例为5.3∶57.9∶36.8；一般公共预算总收入15.63亿元，增长2.1%，其中地方一般公共预算收入10.95亿元，增长2.3%；全体居民人均可支配收入24435元，增长8.2%。

农村经济。农林牧渔业总产值19.69亿元，增长1.3%；财政支农投入5.67亿元，增长8%。新增“三品一标”认证产品10个，德化黑兔、“十八学士”茶花列入农业部农产品地理标志登记产品。建设农业标准化示范基地7个，建立市级以上农产品质量安全可追溯体系单位11个。新增省市级龙头企业21家、市级以上合作社示范社9个、市级家庭农场示范场两个。道畋智慧农业列入省重点项目、省农民创业示范基地。“茶油奶奶”获中国国际农产品交易会金奖、中国林业产业创新奖，优仙发铁皮石斛、恋南山黄花远志茶荣获海峡两岸林业博览会金奖。在全省率先完成国家林地占补平衡试点，实现林业碳汇挂牌交易。县农村电商运营中心被评为国家首批星创天地，获评省级电子商务进农村示范县、全省供销系统电子商务示范县。

工业经济。工业总产值271.9亿元，增长7.2%，其中规模以上工业产值234.18亿元，增长6.0%；陶瓷业产值199.5亿元，增长6.0%；规模以上矿业产值28.98亿元，增长10.4%；规模以上电业产值7.88亿元，增长12.0%。工业纳税5.89亿元，其中陶瓷纳税3.43亿元。新办工业企业615家，新增亿元企业11家、规模以上工业企业9家，获评省、市工业设计中心各1个。完成工业投资13.69亿元，增长16.1%，其中工业技改投资10.4亿元，增长28.5%。兑现涉企资金1.75亿元，争取上级补助13.02亿元，增长11.7%；新增市场主体4715户，增长35.6%。列入省市级龙头企业15家、省级“两化融合”重点项目两个、省级高成长企业两家，规模以下转规模以上企业5家。新增国家知识产权优势企业两家、省创新型与科技型等企业18家。列入省重点上市后备企业两家；恒忆、阳光创艺在“新三板”挂牌上市，实现了零的突破。

第三产业。第三产业增加值71.46亿元，增长10.8%。社会消费品零售总额55.2亿元，增长10.8%。九仙山景区、萌典御草园种植基地列入全省首批养生旅游休闲基地示范创建单位；石牛山景区获评省级生态旅游示范区，龙门湖列入省级水利风景区。列入国家全域旅游示范区创建名单。德化窑梅岭遗址列入海丝申遗点，德化窑遗址列入《国家大遗址保护“十三五”专项规划》。接待游客、旅游总收入分别增长10.0%、10.1%。商品房销售面积40万平方米、销售额23.6亿元，分别增长56.5%、57%。金融机构贷款余额167.98亿元，增长23.1%，存贷比89.3%。

内外经贸。新增进出口经营权企业64家，总数达400家。全社会出口交货值137.6亿元，增长8.5%，其中自营出口2.4亿美元，增长4.0%。举办海峡两岸研究生陶瓷工业设计大赛暨设计工作坊活动，举办各类大型陶瓷展21场次。

项目建设。固定资产投资111.65亿元，增长14.1%。143个重点项目完成投资78.2亿元，增长11.7%。完成供地面积297.4公顷，征地面积434.8公顷，拆迁房屋面积26万平方米。成立城市投资建设公司、陶艺城投资建设公司，实现项目融资23.25亿元。新引进招商项目19个，实际到资4.09亿元，实际利用外资（验资口径）1001万美元。

品牌建设。新增授权专利1057件、马德里国际商标5件。主导制定的全省首个陶瓷电商省地方标准《电子商务交易产品信息描述规范 日用陶瓷》获批发布，获评中国跨境电商创业二十五佳县、中国快递服务五十佳县，成功创建国家级出口陶瓷质量安全示范区。获中国版权金奖保护奖，国家版权局与世界知识产权组织向全球推广陶瓷版权保护“德化经验”。

城乡建设。实施造林绿化和森林抚育面积673.33公顷。完成镇镇有干线26.6千米，提级改造农村公路36千米。完成龙津桥扩建，建成停车场5个，新改建城区道路4.5千米、水电气和污水管网管道77.1千米，新开通公交线路两条。改造农村危房面积2.51万平方米、石结构房屋面积1.56万平方米，拆除违章建筑面积19.31万平方米。三班镇列入省级特色小镇，上涌镇列入省级农村产业融合试点示范镇，两个镇1个村列入省级历史文化名镇名村，新增中国传统村落5个、市级传统村落10个。湖坂村获评市“美丽乡村”，佛岭村、有济村获评全国美丽宜居示范村庄。列入省级水生态文明试点县。

民生事业。财政民生支出21.92亿元，占一般公共预算支出比重达82.2%。新增城镇就业7254人，农村劳动力转移就业4917人。设立扶贫小额信贷风险担保金1200万元，发放扶贫小额贴息贷款475万元，成立县扶贫开发公司，投入扶贫资金3957万元，实施光伏扶贫等一批项目，组织49家企业或商协会与45个贫困村结对，列入全国乡村旅游扶贫重点村9个，造福工程易地搬迁326户1293人、地质灾害搬迁49户203人，1020户2995人实现脱贫。抗击“莫兰蒂”“鲇鱼”台风，转移群众 9403 人次；安排县财政资金 5000 万元，争取上级资金 4660 万元，推进灾后重建，302 户住房重建户春节前全部搬入新居。新农合参合率达 99.99%，城乡居民养老保险续保率达 99.63%，城乡低保基本实现应保尽保，旧村复垦城东安置房 2397 套全部竣工。投入 6620 万元，推进县医院医技楼等医疗设施建设，县中医院整体搬迁投用。投入 3.2 亿元，推进丁墘中学、阳光小学和幼儿园等 14 个教育项目建设。完成县体育场改建，老干部活动中心建成投用。

【中国版权金奖保护奖】 近年来，德化县每年投入创新资金 3 亿元以上，年开发陶瓷新产品两万多件，免费为企业开展版权登记，每年登记量以 20%的速度增长，形成"政府＋协会＋司法"三位一体版权保护体系。2016 年 11 月，中国国家版权局在瑞士日内瓦的世界知识产权组织总部举办中国德化陶瓷版权保护优秀成果展，并发布《版权保护促进中国德化陶瓷产业发展的研究》（英文版），向全球推广德化在陶瓷产业版权保护方面的成功做法。12 月 5 日，由国家版权局和世界知识产权组织主办的"2016 年中国版权金奖颁奖仪式"在广州举行，授予德化县人民政府"2016 年中国版权金奖保护奖"。

（阮崇文 陈志胜）

永 春 县

【经济概况】 2016 年，永春县实现地区生产总值 329.62 亿元，比上年增长 8.3%；工业增加值 161.34 亿元，增长 8.7%；农林牧渔业总产值 42.97 亿元，增长 3.6%；一般公共预算总收入 16.14 亿元，增长 3.1%，其中地方一般公共预算收入 10.75 亿元，增长 0.6%；固定资产投资 129.04 亿元，增长 16.5%；社会消费品零售总额 84.21 亿元，增长 11.9%；全体居民人均可支配收入 21540 元，增长 8%。

产业转型。抓好"三去一降一补"五大任务，关停乡镇煤矿 6 处，化解过剩产能 34 万吨。引导良格厨卫、美岭水泥、万家美等 35 家企业技改扩建，完成投资 18 亿元。及时兑现各级惠企扶持资金 1.15 亿元，帮助企业办理应急转贷资金 77 笔 6.4 亿元。推进奔达、翔升、三信等 3 家企业破产重整。防范金融风险，化解不良贷款 8.31 亿元，全国农村承包土地的经营权抵押贷款试点工作取得突破，新增贷款 4500 万元。补齐三产短板，建成旅游集散中心和老醋、香文创园，列入首批"国家全域旅游示范区"创建单位。承办 2016 海上丝绸之路环泉州湾国际公路自行车赛永春（绿色生态）段赛事。举办首届县域农村电商暨农货上行高峰论坛，"村淘"经济较快发展，京东商城"中国特产·永春馆"开馆运营，获批省级电子商务示范基地。

项目带动。按照"五个一批"的总体思路，开展加快项目建设"百日大会战"活动，扩大有效投资。开展"重大项目前期工作活动年""加快项目建设百日大会战"等活动，实施重点项目建设 229 个，完成投资 230.5 亿元，完成年度计划 102.13%。完成或超额完成年度投资计划项目 202 个，占比 88.21%；全年计划投产投用项目 150 个，已投产投用或部分投产投用项目 160 个，占比 106.67%。推进纵四线介福至五里街公路、香都广场等重点项目建设。永燠制药试投产，梅洋食品包装签约。组建 4 个专业招商小组，开展全员招商，新增产业项目 70 个，其中投资超亿元项目 4 个。新批外资企业（含增资）11 家，投资总额 8242 万美元，合同利用外资 3942 万美元。

改革创新。农村改革试验区、农田水利设施产权制度改革、中小河流治理等工作列入全国试点。全国农村承包土地的经营权抵押贷款试点工作取得重大突破。新增纳入国家重点生态功能区，享受中央财政生态转移支付补助政策。空间规划编制列入全省试点，达埔"香都小镇"列入全省首批特色小镇创建名单。推进农综、营改增、公务用车等制度性改革。海峡蓝天生态庄园在海峡股权交易中心挂牌交易。

生态环境。联合国人居奖创建工作进展顺利，获评"省级节水型县城"称号，大羽村获中国人居环境范例奖。启动中国乡愁公园建设，鹏源路二期、桃源北路三期等城建项目建成投用。实施"美丽乡村·精神家园"行动，建设 10 个县级美丽乡村示范村，抓好"两村一带"建设，加强后续管护。列入全国首批"国家全域旅游示范区"创建单位。投资 6328 万元建设万里安全生态水系 42 千米。完成全县湿地生态保护红线划定，出台河岸生态保护蓝线规划。淘汰黄标车 1252 辆，超额完成市下达的任务，位居全市前列。

2016 年，永春县香都广场　　（永春县政府办供稿）

【民生保障】 48件县级为民办实事项目完成投资14.29亿元。落实精准扶贫攻坚项目306个，实施扶贫搬迁项目87个，完成扶贫搬迁300多人，脱贫1791户5244人，改造农村危房1200户。

（黄培坦）

泉州台商投资区

【经济概况】 2016年，泉州台商投资区实现地区生产总值231.38亿元，比上年增长8.5%；第一产业增加值5.49亿元，下降1.1%，第二产业增加值171.53亿元，增长7.7%，第三产业增加值54.36亿元，增长12.3%；固定资产投资216.16亿元，增长17.8%；社会消费品零售额66.98亿元，增长13.8%；一般公共预算总收入12.45亿元，下降1.6%，其中地方一般公共预算收入7.84亿元，增长1.5%，农村居民人均可支配收入17336元，增长8.6%。

农业经济。农业总产值达8.60亿元。农产品产量稳定，粮食播种面积0.64万公顷，总产量2.83万吨，出栏生猪2.37万头、家禽80.73万羽，水产品总产量3.45万吨。全年兑现农业支持保护补贴面积0.26万公顷，补贴资金408万元。投入资金1.2亿元，完成植树造林面积310.67公顷，森林抚育面积59.91公顷，封山育林面积468.2公顷。实施各类涉水项目12个，完成投资3.13亿元。设立扶贫专项资金150万元，全区脱贫117户260人，所有贫困人口实现脱贫。

工业经济。规模以上工业企业实现总产值557.58亿元，增长11.8%，规模以上工业实现增加值145.67亿元，增长8.2%。产值超亿元企业157家，完成产值518.66亿元，增长16.6%。向上争取各类专项资金2.29亿元，其中国家专项建设基金1.95亿元、中央省市补助资金3381万元。累计为省级龙头企业、农民专业合作社、木雕行业发放贷款6210万元，协助盛康鞋业、东海轻工等10个企业申报助保贷。组建3个企业应急保障周转资金池，滚动使用专项资金53笔2.52亿元，帮助36家企业缓解资金周转问题。新增盛达星火和奇迹海丝巾帼两个市级众创空间；新增高新技术企业3家、省级创新型企业两家、省级科技小巨人领军企业3家、市级工程技术研究中心3个、市级农业科技示范基地与企业4家、市级新型科研机构1个。

招商引资。成立专注于招商引资和服务企业入驻、投建、投产、经营的商务中心。组建乡镇投资促进服务中心，配备专职招商人员，鼓励乡镇主动招商。全年签订亨泰高端新材料医疗器械、泉州高品医学检验所、德国策尼特机械制造、山东蓬莱八仙过海大型旅游、丰树泉州产业物流园、深圳紫晶微集成电路等投资协议项目6个，总投资近60亿元，其中外资项目4个，总投资7.6亿元；台湾微纳电子产业项目签订合作备忘录，总投资500亿元以上。至年底重点在谈项目27个，一般储备项目51个。

项目建设。实施重点项目188个，总投资2030亿元，全年新开工项目51个，建成（部分建成）项目44个。区级重点项目投资150.45亿元，其中在建项目投资143.22亿元。立亚新材、普洛斯物流、百东大道、玉埕安置小区等55个项目新开工建设，立棋机械、辉锐新材料、锦胜包装纸、浮山村东岸路、南北主干道二期等49个项目建成或部分建成。

城乡建设。全区81个城建环保类项目完成投资66.24亿元，启动百崎湖东片区、蓝色经济培育区等城市生活配套区建设。完成亚洲艺术公园建设。建成2.5万吨/日污水处理厂一座，新增污水管道150千米，新建污水提升泵站两座，在建两座；建成并投入使用垃圾中转站5座。拆除“两违”面积46.41万平方米。新增公交车辆36辆，新开通公交线路3条，新增公交首末站两个。

【社会事业】 全年公共财政用于民生支出资金7.08亿元，占财政支出63%。完成2016年42件为民办实事项目。通过“义务教育发展基本均衡区”国家督导认定。湖东学园开工建设，总投资约12亿元；投入5900多万元，完成张坂中学体艺馆、教学楼，锦溪小学教学楼，洛阳第二中心幼儿园等项目。为全

2016年10月14日，2016年环泉州湾自行车赛在泉州举行

（泉州台商投资区供稿）

区78家农家书屋配送图书8000多册。为辖区居民免费提供12类基本公共卫生服务项目，基本公共卫生服务项目经费由2015年人均40元提高到45元。完成28个居家养老服务站的建设。

（张宏萍）

泉州经济技术开发区

【经济社会概况】 2016年，开发区完成地区生产总值136.33亿元，比上年增长8.2%；工业增加值120.56亿元，增长8.5%；一般公共预算总收入12.75亿元，增长1.1%，其中地方一般公共预算收入7.12亿元，增长29.7%；第三产业增加值15.77亿元，增长6.5%；全社会固定资产投资20.35亿元，增长21.04%；社会消费品零售总额51.18亿元，增长9.1%；实际利用外资（验资口径）6342万美元，增长42%；外贸出口53512万美元，增长8%。

加大投资，促经济增长。全区省、市在建重点项目15个，已投资14.5亿元，超时序进度8.28个百分点。引进香港昊天投资公司重整诺奇公司，诺奇公司成为全国首例成功重组的H股企业，并形成了企业应用重组制度化解危机的标准和模板。复制推广诺奇重整成功经验，对产品市场好、技术工艺先进、发展潜力大等有救助价值的企业，“一厂一策”支持多家企业股权调整、产能变换、资产重组，帮助企业重获新生。建立腾笼换鸟企业退出机制，实施储备用地控规调整，通过厂房改造、收储、调整容积率、二次招商等方式，扎实推进存量空置土地和低效利用厂房资源的收储盘活，十多宗土地成功置换对接市二实小（开发区校区）、职工文化馆、舒柏锐等优质投资项目。依托开发区产业基础，制定有吸引力的政策，吸引一批新的出口主体进区落户。加大政府投资。采取PPP合作、工程量质押等新型投资方式，加大政府资金投入，发挥政府性投资项目的引领示范作用。官桥园区进区大道采取了以完成工程量质押的方式，在保证国有资产绝对安全的情况下，安排国企资金暂借给承建方，由承建方支付银行利息，确保工程按进度推进。促进投建投产。德泰路改造提升、官桥园区进区大道等项目完工，15个市级在建重点项目全年完成年度计划投资108.28%。

深化金融改革。按照泉州金融改革先行区建设总体部署，围绕完善功能、护航企业、做优服务的工作主线，从金融人才引进、企业改制、股权交易等方面出台政策。至12月底，新增挂牌企业95家，累计推动502家企业挂牌；新增融资18.16亿元，累计实现融资金额32.76亿元。创新企业融资服务。推进订单融资，善用开发区产业基金，封闭式运作国企资金，尝试投资购买根据企业订单量身定做的理财产品，加大对高新企业的风险投资，增强政府对企业控制力，实现国企资金保值增值、优质企业得到帮扶发展，已利用产业发展基金正式投资1000万元参股锐驰科技公司。加快路演平台建设，推动线下路演和投融资有效对接。继续做大小微债（贷）业务规模，建立“领投＋跟投”机制，强化直接融资与银行间接融资有机结合，为小微企业提供快速、小额、短期、安全的融资服务。完善出台优惠政策，促进企业更大直接融资。推动4家企业启动股份改制，10家企业列入省级重点上市后备企业、14家企业列入市级重点上市后备企业和场外挂牌后备企业，名品电子与艺达电驱动成功登陆新三板，东南光电被列入新三板创新层企业。

民生保障。合作建设市二实小开发区校区。扎实推进“六个专项治理”，严格落实信访“路线图”，切实维护全区安定稳定。采取严实有力措施，推进黄标车淘汰报废工作，提前125天超额完成2016年黄标车淘汰任务。推进“明厨亮灶”示范街、示范店、示范校建设，强化全区食品药品安全，打造食品安全严管街。开通“美丽开发区”微信公众号，成立环境巡查队，24小时受理及处置群众投诉举报道路环境问题。加强与市第一医院、市中医院的医疗协作，优化基层卫生资源配置，实行基本公共网格化服务，提升园区基本医疗服务水平。建设24小自助图书馆，开通文化惠民微信平台。

建设新园区。坚持以点带面、整体推进，以基础建设、招商引资、征地拆迁、筹融资等为着力点，持续推进官桥园区建设，加速培育新增长极。引进重点龙头企业。充分利用重大项目交易会等平台，发挥招商服务中心作用，大力开展上门招商、敲门招商，成功引进三星、美人桥、联东U谷、宝湾物流、保利协鑫、澳都制衣等行业龙头企业，储备意向入驻项目34个，区域经济集聚区加速形成。推进征地拆迁。积极协调省、市相关部门有效解决农转用报批简化、征地手续办理等问题。协调晋江、南安周边村镇组成由村镇主要领导为成员的工作小组，专职负责对接官桥园区征迁工作，并开展征迁工作“现场办公”，及时协调解决征迁问题，顺利完成岭兜村、西庄村等重点部分土地征收工作，推动美人桥等项目“批而未供”土地有效解决。多举措筹集建设资金。与市发改委、农发行沟通协商，成功申请福建省第二批次债券置换资金9820万元，下柜园区建设资金8亿元，确保园区建设项目实施进展顺利。

【产业园区建设】 2016年，全区共有各类市场主体6060家，注册资本总额达230亿元，形成纺织鞋服、电子信息、机械制造、医药食品等4个主导产业，有高新技术企业23家，拥有中国驰名商标12件，省著名商标42件，17家企业作为主要起草单位参与国家行业标准制定。全区年产值超亿元企业44家；税收超千万元企业17家，超亿元企业两家。全区已有8家企业在香港、新加坡、澳大利亚以及深圳、上海等境内外资本市场成功上市，已有3家企业转板到新三板。园区先后荣获全国模范劳动关系和谐工业园区、国家火炬计划电子信息特色产业基地、国家新型工业化产业示范基地（轻纺产业）等称号。

在2016年福建省各类开发区综合实力排名中位居第五名。

（苏金波　徐勤友）

编辑：林丹英

三　明　市

【基本概况】　三明市地处闽中，全市面积2.29万平方千米，辖12个县（市、区），户籍总人口286.85万人，常住人口255万人。三明是著名老区苏区，全市12个县（市、区）都属原中央苏区范围，宁化是中央红军长征出发地之一。三明生态环境优良，森林覆盖率达76.8%，空气质量优良率、饮用水源地水质达标率分别达98.7%、100%，有泰宁世界自然遗产、泰宁世界地质公园和80多个国家级旅游品牌。三明区位优势明显，是国家公路运输枢纽城市，已初步形成"海、陆、空"综合交通体系。三明工业基础扎实，已形成11个门类、37个行业的综合工业体系，集聚全省最大的钢铁、造纸、水泥、重型卡车等生产企业。三明文化底蕴深厚，在万寿岩发现的古人类遗址，把福建人类活动的历史推向18万年前。"闽学四贤"中的朱熹、杨时、罗从彦均出生在三明；三明还是客家祖地，年内举办了第25届世客会。三明是全国群众性精神文明创建活动发源地之一，拥有全国文明城市、全国综治"长安杯"、国家卫生城等多项国家级荣誉。

【经济社会综述】　2016年，三明市实现地区生产总值1860.82亿元，比上年增长7.8%；一般公共预算总收入134.37亿元，增长2.8%；社会消费品零售总额480.63亿元，增长9.6%；城镇居民人均可支配收入29677元，增长8.3%；农村居民人均可支配收入13918元，增长8.7%；居民消费价格总水平上涨1.1%。

工业经济。全市规模以上工业实现产值3620.80亿元，实现增加值745.16亿元，比上年增长7.5%。加快冶金及压延、汽车及机械装备、林产加工、纺织等传统产业转型升级，实现机器换工140台（套）、产值近2000亿元。全市新兴产业产值550亿元，增长20%。三钢、中机院海西分院列入省级智能制造试点示范企业，43个项目列入省级智能制造重点项目，130个项目列入省"两化"融合重点项目库。促进产业集聚延伸，扶持3家龙头企业完成兼并重组。全面淘汰落后产能，关闭退出煤矿14处、压减产能82万吨。

农业经济。全年农林牧渔业总产值455.34亿元，增长4.4%。加快发展高优粮食、绿色林业、精致园艺、生态养殖、现代烟草等五大特色农业，产值突破1000亿元，三元、大田、宁化、明溪四个县（区）成为首批省级富硒农业产业开发重点县。提升农业产业化水平，有78家企业获评第八轮农业产业化省级重点龙头企业，引进昊天集团等农业产业化龙头项目，建宁县列为国家农村产业融合发展试点示范县。发展品牌农业，新增有机产品1个、绿色食品10个、无公害农产品18个，"建宁水稻种子"成为全国首个水稻种子地理标志商标，"大田高山茶"成为全省首个国家级农产品地理标志示范样板，尤溪被列为"国家农产品质量安全县"。

服务业。全市服务业增加值653.03亿元，增长10%。组织实施100个年度投资超100亿元的服务业发展双百工程，三明公路港、泰宁古城休闲旅游区成为全省首批29个省级集聚示范区；获批国家物流标准化试点城市，闽中快递物流园区作为福建首个快递产业园区建设项目投产运营。全年接待游客2293.13万人次，总收入190.84亿元，大田县东坂村、泰宁县际溪村入选农业部2016年中国最美休闲乡村推介名单。全年电子商务交易额413亿元，网络零售额75.02亿元，分别增长65.86%、48.17%，10家年销售超亿元的电商企业加快发展。

改革开放。集体林权制度改革取得新进展，培育家庭林场、"公司＋基地＋林农"、托管经营等新型经营主体257家，累计经营面积59.13万公顷，新增全国林业专业合作社示范社7个，实现林权收储中心县（市、区）全覆盖，全年发放林权抵押贷款10.6亿元。深化医药、医疗、医保"三医联动"，全面实行医用耗材（检验试剂）联合限价采购，落实分级诊疗和双向转诊制度；入选首批国家级医养结合试点。全市设立村级融资担保基金133个，发放农户担保贷款5.4亿元；12个县（市、区）均组建园区资产经营公司，覆盖15个省级以上重点工业园区。深化审批制度和商事制度改革，推进网上审批，完善网上办事大厅，市级网厅进驻39个部门341项行政审批事项、266项公共服务事项和193项其他权力事项。主动融入国家"一带一路"倡议，全市年出口千万美元以上的企业72家，出口56个"一带一路"国家及地区。

项目投资。全年完成固定资产投资2141.72亿元，增长12.0%。华橡自控大型注塑机生产、二氧化碳无水印染技术产业化等项目落地。205国道市区过境线主线建成，三明"陆地港"投入运营，三明沙县机场实现通航。与央企、民企、外企、省企、厦企开展项目对接150个，新开工项目118个，完成投资460亿元。投洽会期间在厦门举办专场项目合作座谈会，全年与厦门企业对接项目27个，总投资145.17亿元。举办第十二届林博会，签约项目101个，总投资146.7亿元。

城乡建设。实施宜居环境建设项目969个，全市各类棚户区改造项目开工5828套。推进动车南站、万达广场、碧桂园等项目建设，梅列、三元两区3个社区改造提升工程、第二供水工程建成投入使用。生态新城建设有序推进，核心区完工项目21个、在建项目35个，完成投资15亿元，职教园一期全面建成，湿地公园接待游客约50万人次。推进美丽乡村建设，142个村被省宜居办列入全省2016年"千村整治、百村示范"美丽乡村建设名单，其中梅列徐碧街道洋山畲族村等12个村入选示范村创建名单。市区空气质量达到国家二级标准，县级以上饮用水源水质达标率100%，企业环境信用评价、排污权交易、环境污染责任保险等3项改革得到中央深改办、环保部肯定，河长制做法在全国推广；启动碳排放权交易工作，37家重点企业纳入全省碳交易市场。

民生保障。新增城镇就业1.98万人，其中1.38万名下岗人员实现再就业，农村劳动力转移就业2.79万人，城镇登记失业率2.37%。全面完成23项为民办实事项目，投入资金66.72亿元。建立扶贫担保基金和易地搬迁扶贫开发融资平台，全年减少贫困人口2.7万；实施保障性安居工程，完成造福工程搬迁2.2万人。全年发放困难残疾人生活补贴617.83万元、重度残疾人护理补贴207.44万元，惠及残疾人1.5万人。

社会事业。"义务教育发展基本均衡县"通过国家复检；实施"两孩政策"，政策符合率高于省定责任目标2.32个百分点。获"国家公共文化服务体系示范区"称号，加快万寿岩国家考古遗址公园建设，永安抗战旧址群成为全省唯一列入2016年国家级抗战纪念设施、遗址保护建设项目，尤溪县台溪乡书京村等6村入选第五批省级历史文化名镇名村；在全省率先完成广播电视节目无线数字化覆盖工程建设。推进养老服务体系建设，搭建"互联网+医养"居家养老呼叫服务信息平台，新建农村幸福院项目38所，新增养老床位150张。

【邓薇、柯丽婷分别在奥运会、残奥会上夺金】 2016年8月9日，三明籍运动员邓薇在第31届奥运会女子举重63公斤级决赛中，以262公斤的总成绩(抓举115公斤、挺举147公斤)夺冠，并打破挺举和总成绩两项世界纪录，这是福建运动员在此届奥运会上获得的首枚金牌，实现了三明奥运金牌史上零的突破。9月8日，三明籍运动员柯丽婷在第15届残奥会女子S7级100米仰泳决赛中，以1分23秒06的成绩夺得金牌，一举打破残奥会纪录，成为此届残奥会上获得首枚金牌的福建运动员，实现三明残奥会金牌史零的突破。

(朱元震)

三 元 区

【经济社会概况】 2016年，三元区完成地区生产总值131.75亿元，比上年增长7.4%；农林牧渔业总产值21.27亿元，增长3.1%；规模以上工业增加值74.57亿元，增长7.2%；地方公共财政收入3.5亿元，下降13.7%；固定资产投资199.27亿元，增长16.5%；出口总值9.8亿元，增长57%；社会消费品零售总额38.13亿元，增长13.9%；城镇居民人均可支配收入3.23万元，增长10.1%；农村居民人均可支配收入1.62万元，增长9.6%。

重点项目。26个列入省行动计划重大项目累计完成投资50.9亿元，11个省重点项目累计完成投资35.2亿元，分别超过年计划的40个百分点和19个百分点；33个市级重点项目全年完成投资60.1亿元。列入全市"大干150天"竞赛的20个重点项目累计完成投资14.02亿元。

产业发展。全区策划13个现代特色农业项目，总投资25.8亿元。围绕传统产业，全年实施技改项目27个，累计完成投资16.5亿元；金明新材料公司锂离子正极材料项目产能达到1万吨；"三农"有机氟二期四氟乙烯、丰润化工水合二氧化硅自动化生产线等项目建成投产，促进产业链的延伸拓展。区电商创业园入驻率达85%，森购商城入驻红星美凯龙。

城乡建设。书香世家、华融广场等项目主体工程竣工，格氏栲至万寿岩特色景观带正进行沿线绿化和重要节点施工。306省道改线及配套工程全线通车，205国道改线主线工程、莆炎高速吉口互通建成通车，534国道槐林至荆东段、205国道台江连接线项目开工建设。台江制药厂危桥改造、三明经济开发区路网吉瑶大桥竣工，绿道网建设项目育才路、省安小区连接线完工。荆东工业园完成污水处理厂迁建项目、垃圾压缩站建设、园区4000米人行道绿化工程、小微园道路工程和园区内部分道路及污水管道修补工程。黄砂新材料循环经济产业园完成园区道路及污水处理厂周边绿化工程，污水处理厂建成并投入试运营。汇华工业园自来水完成净化改造工程并投入使用，垃圾压缩站建成。

社会事业。落实城乡居民高龄补贴制度，辖区80周岁以上老人统一纳入保障范围，农村五保、低保标准显著提高。启动中西医结合医院医技楼改造、三明十二中扩容、三明三中教学楼重建等重大社会事业项目，市中小学生综合实践基地建成投入使用，推行"互联网+医养"居家养老服务，建成4个医养结合示范点，培育富兴乐龄家园"三三三"养老服务模式。实现连续30年无森林火灾。

【生态建设】 开展白水、埔头城、蕉坑、大焙坑、松阳5个村农村环境综合整治项目，建设生活污水处理设施5座，垃圾中转站6座，配套无动力一体化处理设施97套。完成省、市下达闽江流域水环境综合整治重点项目6个，完成投资5185万元。淘汰黄标车578辆。通过2016年度创城工作实地测评，通过全国及全省文明城市和省级文明城区实地测评工作。

(陈占东)

梅 列 区

【经济概况】 2016年，梅列区地区生产总值246.93亿元，比上年增长7.0%，其中，第一产业增加值4.43亿元，增长1.8%，第二产业增加值125.92亿元，增长7.3%，第三产业增加值116.58亿元，增长6.8%，第一、二、三次产业结构比为1.8∶51.0∶47.2；一般公共预算总收入9.65亿元，增长2.3%，其中地方一般公共预算收入7.37亿元，下降3.3%；社会消费品零售总额74.87亿元，增长3.2%；验资口径实际利用外资 1482 万美元，增长 7.9%；出口总值 19.28 亿元，增长 1.7%；城镇居民人均可支配收入 33803 元，增长 8.6%；农村居民人均可支配收入 15393 元，增长 9.4%。

工业经济。完成规模以上工业增加值 67.02 亿元，增长 7.5%。实施“中国制造 2025”和科技创新驱动战略，推进 12 个投资亿元以上转型升级重点工业项目和 28 个投资千万元以上技改重点项目，中煌 3D 塑胶获“十二五”轻工业科技创新先进集体，新创化建、和众生物获得省级创新型企业认定，普诺维机械、三洋造纸机械等 5 家企业入选省科技小巨人领军企业培育发展库。全年专利申请量 305 件、专利授权量 234 件；新引进全国互联网家装电商平台齐家网入驻梅列，三明惠农电子商务双创园成为全省邮政电子商务运营中心，新增入园电商企业 30 家；“云创工坊”入选国家级众创空间备案。新签约高节能泵阀、车载模组、LED 生产基地等投资亿元以上项目。

农业经济。农林牧渔业总产值 6.83 亿元，增长 1.9%。深化省级生态区创建工作，实施节能和循环经济项目 14 项，辖区工业危险废物无害化处置率达 100%；完成渔溪村、砂蕉村、连茂村等美丽乡村建设，其中渔溪村被评为福建省第二批“美丽乡村”示范村；落实河长制，推进流域水环境综合整治，饮用水源地达标率保持 100%；完成造林绿化面积 313.33 公顷，全区森林覆盖率达 82%；连续 26 年无森林火灾；梅列区被国土资源部授予“国土资源节约集约模范县”称号。

城市建设。启动“智慧梅列”建设，建立“微城管”平台，完成环卫 GPS 定位系统和 1020 个道路停车泊位建设；总建筑面积 40 万平方米的三明万达广场开业；推进梅列工业新城、立丰棚改、三明饭店、新老六路、列西小学二期、乳牛场等地块征迁，拆除“两违”面积 30 万平方米。

项目引进。把握“一带一路”和沿海产业转移的战略机遇，深入对接引进福州、泉州和浙江等临海地区实体经济，引导外资向先进制造业、现代服务业、现代农业等领域拓展，鼓励大型企业在梅列设立地区总部、研发中心、采购中心等；累计落实项目成果和技术对接 75 个，投资 6.7 亿元，批办伟钛机械、新易真等外资项目；新增中信银行、厦门国际银行、国泰君安证券等金融机构；台明科技成为全市最大的台资企业；全力支持企业扩大东盟、欧美等市场，全年外贸出口突破 3 亿美元。

【社会事业】 社区医养结合服务站、社区综合服务中心、社区基础设施提升改造、智能城市管理系统、城乡垃圾处理基础设施、农村视频监控系统、农村饮用水管网改造等 7 个重点项目基本完成；列东大桥、城市绿道三期、“点亮楼道灯，温暖回家路”等民心工程竣工。通过省级教育两项督导评估，获“福建省教育工作先进县”称号；徐碧街道东乾社区被中宣部评为全国社区宣传思想文化工作示范点；东安社区邱菊珍家庭入选首届全国文明家庭。拨付资金 3295 万元提高教育经费保障水平。安排资金 2700 万元用于三明十中、第一实验学校、区属幼儿园等教育设施建设和教学设备投入。

社会保障。拨付资金 1785 万元加大对基本公共卫生、城乡医疗救助、社区医养结合卫生服务站及基层医疗机构项目建设投入。拨付资金 3385 万元保障城镇居民医疗补助、城乡居民社会养老保险、低保等，城乡居民基础养老金从每人每月 85 元提高至 100 元，新农合参合率达 100%。全年城镇新增就业人数 1655 人，城镇失业人员再就业 1103 人，就业困难人员就业 442 人，城镇登记失业率为 2.33%。失业保险参保 20509 人，实现征缴入库 683 万元。

（雷文春　王培敏）

永安市

【经济社会概况】 2016 年，永安市完成地区生产总值 337.24 亿元，比上年增长 8.0%；规模以上工业增加值 165.04 亿元，增长 7.6%；一般公共预算总收入 23.69 亿元，其中地方一般公共预算收入 17.44 亿元，与上年度基本持平；固定资产投资 284.47 亿元，增长 10.0%；外贸出口 14 亿元，增长 13%；社会消费品零售总额 85.80 亿元，增长 11.3%；城镇居民人均可支配收入 30804 元，增长 8.0%；农村居民人均可支配收入 15085 元，增长 8.8%；居民消费价格指数 101.5%。连续 22 年保持全省县域经济实力“十强”。

产业发展。永安轴承、海峡科化、安砂建福水泥等投资 19.6 亿元的 7 个项目列入省技改重点项目。重汽海西公司汽车监控平台项目、建新轮胎公司智能密炼生产线等投资 21.72 亿元的 9 个项目列入国家重大建设储备项目。其中，海西重汽节能环保渣土运输车在全省示范运营推广获得省政府“一企一策”支持，完成车架智能生产线改造，机器人切割项目投入使用，新增产值 3.6 亿元，出口总额增长 464%；智胜化工转型生产高纯二氧化碳，宝华林自主研发高端特种水溶纱、超高强高模维纶高性能纤维等产品处于领先水平。占地 30 平方千米的石墨和石墨烯产业园启动规划建设，被列为全省重点产业基地。贡川石墨特色小镇入选省首批特色小镇。翔丰华新能源材料公司有 52 套生产线建成投产，形成 1.5 万吨产能，带动新材料产业实现产值 21.59 亿元，增长 31%；中科动力新能源汽车四大工艺生产线全线投产，自主研发生产的 C1－S 新车型实现量产并上市销售；英国兰卡斯特大学石墨烯芯片、鼎丰特种等静压石墨等石墨（烯）项目签约落地。培育云竹、有竹、永安 E 家人、来去购和永安超购网 5 个自建电商服务平台，打造“红黑田园”“笋帮公栈”“竹天下”等“互联网＋农林产业”品牌，永安市“互联网＋竹产业”区域化链条化项目列入全省首批 9 个试点县之一。构建“3＋1”产业发展融资服务综合平台（“3”指永安市国有担保有限公司、永安市新源通资产管理有限公司、永安

2016 年 10 月 18 日，国际（永安）竹具博览会在永安举办，图为颁奖晚会现场
（永安市政府办供稿）

市嘉和投资有限公司，“1”指石墨和石墨烯产业发展基金）。推动竹家居工程技术研究分中心、省竹制品公共检测服务中心和“6·18”虚拟研究院竹产业分院在永安成立，筹建中纺院福建分院、清华大学先进制造研究院永安基地等技术成果转化平台，并先后制定出台产品采购、人才住房保障等配套文件。被确定为全省首批创新驱动助力工程示范区。

项目成效。78 个省级亿元以上“五个一批”项目完成投资 67 亿元，27 个省级重点项目完成投资 44.8 亿元，45 个三明市重点项目完成投资 60 亿元，175 个市本级重点项目完成投资 97.2 亿元，各级重点项目均完成年度投资任务。豪德森达商贸城、溪源水库、金牛水泥等 32 个项目开工建设，完成投资 51.2 亿元。全年累计洽谈对接项目 92 个，总投资 130 亿元，其中签约开工项目 78 个，总投资 117 亿元。新引进贡川风电场、新嵛柔性电路板等一批好项目、大项目。

城乡建设。推进南三龙铁路建设，兴泉铁路启动规划，高铁南站站前广场开工建设，泉三高速公路贡川互通口完工。完成 2.4 千米城市慢线和 12 公顷景观绿化，实施北部污水处理、燃气管道铺设、海绵城市建设等城建重点工程，完善城市功能。启动国家新型城镇化综合试点。

社会事业。投入 12.76 亿元，推进年初安排的 10 类 45 项民生实事项目。三明市第二高级技工学校一期工程竣工并投入使用。乡镇卫生院延伸举办村卫生所或分院 150 所，137 个村卫生所纳入城乡居民医保定点机构。一批特色文化博物馆启动规划设计，通过国家级公共文化服务示范区创建工作验收。全面完成 977 人的脱贫工作和 1813 人的造福工程建设。建成“三自三助”颐老院 94 个，惠及老人 9000 多人。获“第四届省级文明城市”“全国计划生育优质服务先进县”“国家健康教育试点县”等称号。

生态建设。累计筹集资金 1.16 亿元，赎买重点生态区位商品林 0.21 万公顷，占全省的 56.5%，被列为全省重点生态区位商品林赎买改革试点县。碳排放权交易市场全面启动。发展绿色智能公共交通，更新投放新能源公交车 44 辆、清洁能源出租车 130 辆，推广纯电动“自助公交”160 辆。累计淘汰黄标车 1700 多辆。

【永安石墨小镇——贡川】 永安市贡川镇位于沙溪河畔，北距三明市 35 千米，南距永安 16 千米，国道 205 线贯穿境内。永安石墨小镇是以核石墨、石墨烯为主导的先进碳材料特色产业的特色小镇，2016 年 9 月入围福建省第一批特色小镇创建名单。

贡川创建石墨特色小镇是永安市在经济新常态下推进产业转型升级的战略选择，立足贡川镇现有基础，依托永安市丰富的石墨资源，以中航工业集团、清华大学、厦门大学、福建省碳谷科技有限公司等产学研平台支撑，以福建翔丰华新能源材料有限公司为龙头企业，重点发展石墨、石墨烯为主导的先进碳材料产业，配套建设古镇文化旅游区及产业综合配套服务项目，走以高端石墨产业为基础，以石墨烯研发生产为主导功能，以贡川历史文化为内涵，以高新产业联动现代服务业实现双产业融合之路，打造生产、生活、生态“三生融合”，产、城、人、文四位一体的特色小镇。

（苏程斌）

清流县

【经济概况】 2016 年，清流县实现地区生产总值 89.02 亿元，比上年增长 9.0%；农林牧渔总产值 28.08 亿元，增长 6.0%；规模以上工业增加值 30.55 亿元，增长 7.1%；完成固定资产投资 98.83 亿元，增长 8.52%；实现社会消费品零售总额 21.20 亿元，增长 11.9%；一般公共预算总收入 4.80 亿元，增长 1.2%，其中地方一般公共预算收入 3.32 亿元，下降 3.5%；城镇居民人均可支配收入 25863 元，增长 8.1%；农村居民人均可支配收入 13217 元，增长 7.2%。

农业经济。全年新增花卉种植 66.33 公顷，总规模 860 公顷，开展花卉种植保险试点工作，落实参保花农及企业 205 家，面积 93.13 公顷；新增苗木种植 72.33 公顷，总规模 3540 公顷。渔业总产量 2.52 万吨，增长 6.30%。光伏农业科技大棚、创新型油茶健康产业、高地贡米、生态蛋鸡养殖加工产业

2016年11月6日，第十二届海峡两岸林博会在三明市举办，图为清流展馆
（清流县政府办供稿）

化、灵台山生态农业科技园等农业产业重点项目加快推进。新增农民专业合作社20个，累计368个，其中培育省市级示范社15个，累计21个；新增家庭农场47个，累计190个，其中省、市级示范家庭农场6个；新增专业大户10户，累计256户。新增新型林业经营主体10家，累计198家，面积4.49万公顷，占集体商品林面积50.20%，建成市级新型林业经营主体示范点5个、县级新型林业经营主体示范点14个。推进闽江防洪工程清流段、城北溪（桥下溪）安全生态水系、农村饮水安全提质增效工程、中小型灌区续建配套与节水改造工程、农业综合开发、土地整理、烟田基础设施等项目。

工业经济。新增规模以上工业企业6家，总数109家。全年累计兑现各类扶持奖励资金3480万元。争取战略性新兴产业发展、传统产业升级改造、科技创新、民营经济发展等领域上级扶持项目18个。加快培育氟化工等新兴产业，东莹化工环保型制冷剂五氟乙烷生产项目、高宝矿业无水氢氟酸生产项目建成投产。伊科电子、华晟无纺布、汽枪厂等企业实施机器换工41台（套）。博鑫光电工业硅矿热炉设备节能改造、高宝矿业硫酸余热发电技改、东莹化工余热回收利用、北坑钨矿废水回流、红火水泥熟料系统电机节能改造等节能与循环经济技改项目完成。清流（集美）共建产业园与集美区签约并动工建设，汽枪厂整体搬迁、镇源食品等园区项目建成投产。

第三产业。举办首届“樱花文化旅游节”“中国旅游日”和“清流旅游上海推介会”等系列活动。启动05兵工厂、北斗山景区建设；PPP项目——清流县赖坊生态文化旅游建设项目完成古民居入口广场、农贸市场拆迁工作，已在实施赖坊卫生院、文昌街立面改造以及道路和景观工程；中华桂花文化园项目完成游客购物中心布置、桂花主题相关旅游产品开发展示及游客服务中心基础工程。电子商务产业园（孵化基地）于5月30日开园，入驻电商企业30家。

项目建设。实施县重点建设项目139个，全年完成投资44.97亿元，建成投产或部分投产34个。抓好20个市重点推进项目建设，完成投资5.13亿元。做实项目前期，安排专项工作经费700万元，全年筹划生成项目153个，其中亿元以上项目127个。全县新注册落地项目81个，实际到资5.91亿元。

城乡建设。浦梅、兴泉铁路和省道204线林畲蛟井至黄沙口、县道白石至白塔道路工程开工建设；嵩口上坪至田源、城拔线一期、林畲红色标语遗址公路建成通车；开通清流—宁化城际公交，符合通车条件的建制村客运班车通达率100%；新扩改乡村道路50千米，改造危桥9座。通过国家级生态县考核验收。修复重建雨（污）管道16千米，扩展城区保洁面积5.5万平方米。城市燃气项目动工并完成撬瓶组站建设，部分小区实现联通供气。9月，赖坊撤乡建镇。投入6895万元实施15个省级美丽乡村示范村、整治村建设；投资2.43亿元，建设农田水利项目29个；淘汰黄标车237辆。

【民生事业】 年内新招教师69名，实施中小学校安工程、城区学校扩容工程、“全面改薄”等项目7个，新建城关、温郊、余朋幼儿园，扩建长校幼儿园。县妇幼保健院综合楼、疾控卫生监督综合楼和温郊、里田卫生院竣工或投入使用，改造村卫生所31个。县体育中心一期动工建设，国家公共文化服务体系示范区创建工作通过终期验收。精准识别贫困户1113户3403人，全县1501个贫困人口实现脱贫。县光荣福利院基本建成，新农合、新农保实现全覆盖。

（蔡东海）

宁化县

【经济社会概况】 2016年，宁化县实现地区生产总值118.70亿元，比上年增长8.4%；一般公共预算收入5.81亿元，增长6.15%；固定资产投资（不含农户）175.37亿元，增长14.1%；城镇居民人均可支配收入23975元，增长9%；农村居民人均可支配收入12538元，增长10.3%。

农业经济。实现农林牧渔业总产值47.79亿元，增长4.0%。烟叶收购量连年居全省第一，“两米两茶一稻种”（河龙贡米、薏米、油茶、茶叶、水稻制种）朝产业化、规模化发展；实施品牌发展战略，全县有“三品一标”（有机食品、绿色食品、无公害农产品、国家农产品地理标志）43个。

工业经济。全县规模以上工业增加值31.84亿元，增长8.1%。月兔空调、长宁纺织、福特科光电、奔鹿纺织等一批重点企业竣工投产，行洛坑钨矿改造提升工程扎实推进，白色家电、矿产加工、特色食品、纺织服装和新兴产业“4+1”重点产业加快发展。

第三产业。社会消费品零售总额35.21亿元，增长12.1%。推进文化、旅游、电商、商贸融合发展，开通宁化至清流县际公交，市级以上知名商标19件；齐家网等40余家企业入驻电子商务城，阿里村淘全县布点42个；宁化列入全国红军长征精品旅游线路；客家小吃产业有从业人员9000余人，县外开店3000多家，15个品种被评为“中华名小吃”。

重点建设。新（改）建省道18.15千米、农村公路182千米，改造危桥30座，完成农村公路安保工程920千米，兴泉铁路、浦梅铁路全线动工；110千伏青塘输变电站投入运营，鸡公岽风能发电项目开工建设；“一区多园”（华侨经济开发区、工业园、小微企业孵化园、莲塘食品工业园）加快推进，新增开发用地301.33公顷，建成10万平方米“双创”孵化基地；完成高标准基本农田建设0.67万公顷，新建东坑水库、黄山寮水库等烟基水源工程。先后实施“五大战役”“四百工程”“五个一批”重点项目，建设县级以上重点项目186个，完成投资108.80亿元。争取国家专项建设基金项目10个、获批贷款3.23亿元。

城乡建设。推进县城中心城市建设，新增建成区面积4平方千米，城区面积达到12平方千米。实施客家慈恩文化园、城市东扩新区组团开发，翠华西路、高堑桥等城市主干路、桥竣工投入使用，新增城区路网12.7千米。新建江滨沿河绿化景观、紫竹法制公园、东溪沿河两岸景园、城区两个农贸市场、石壁长征广场等竣工。全年销售商品房22.63万平方米，下降4.8%。城区常住人口超过10万人，城镇化率达43%。开展“客家风情·美丽乡村”行动，结合旧村复垦，培育20个美丽乡村示范点。

生态环境。推进国家级生态县创建，围绕生态文明试验区建设，推进大气、水、土壤污染防治，完成省级生态县创建，4个乡（镇）获国家级生态乡（镇）命名，9个乡（镇）通过国家级生态乡镇考评验收。建设污水处理管网12.3千米，建成防洪工程城区段22.99千米、乡镇49.5千米；开展流域水环境综合治理，全面落实河长制，实施饮用水源保护和工业污染、生活污染、畜禽养殖污染治理等，水环境质量保持良好。

社会保障。开工建成各类保障性住房1004套，5年累计建成5789套，受益1.7万人。实施校安工程、城区学校扩容等项目42个，获“全国书法教育示范区”称号，“义务教育发展基本均衡县”通过国家验收。县医院新建PPP项目列入财政部第三批示范项目。实施农村饮水安全工程，解决13.6万人安全饮水问题。

社会事业。举办红军长征胜利80周年系列庆祝活动，拍摄《绝战》等影视作品，举办第22届石壁客家祖地祭祖大典。全面实施两孩政策，完成13个乡（镇）卫生院改造提升，村级卫生所实现全覆盖。优先发展公交便民服务，村村通客车工程实现重大突破。2016年10件实事有5件基本完成，4件按计划推进（1件暂缓）。

【中国·宁化山地自行车骑游文化节】 2016年10月22—23日，以“骑聚红土地 重走长征路”为主题的中国·宁化山地自行车骑游文化节在宁化举办，来自全国各地的49支车队、800余名骑友参加。从宁化红土地纪念广场出发，至客家祖地石壁红军医院纪念园结束，全程53.78千米。

（刘建军）

建 宁 县

【经济概况】 2016年，建宁县实现地区生产总值87.55亿元，比上年增长8.2%；规模以上工业增加值28.11亿元，增长6.8%；一般公共预算总收入3.93亿元，增长3.1%，其中地方一般公共预算收入3亿元，增长6%；验资口径实际利用外资1018万美元，增长8.9%；社会消费品零售总额21.58亿元，增长15.9%；城镇居民人均可支配收入24283元，增长8.8%；农村居民人均可支配收入12849元，增长9.6%；居民消费价格指数101.6%。

农业经济。建成果蔬核心示范区11个，食用菌标准化示范区5个，畜禽规模养殖标准示范点9个，农机化综合水平达73.33%，被列为第二批省级农产品质量安全县创建试点单位；全年实现粮食总产量10.7万吨，杂交水稻种子2.93万吨，水果10.2万吨，建莲3628吨，烟叶7.32万担，食用菌8533吨，完成农林牧渔业总产值30.39亿元。被列为市重点“双创”示范基地，全年新认定市级以上龙头企业36家；创建国家级示范社1个，市级以上示范社8个、示范家庭农场8个。禾丰种业院士专家工作站、谢华安种业院士专家工作站获“福建省院士专家工作站”称号。列入2013年度国家科技富民强县专项行动计划的“建莲产业关键技术集成与示范推广”项目通过专家验收。全年完成农产品“三品一标”认证3个，“建宁水稻种子”成为全国唯一的水稻种子地理证明商标。被列为国家农村产业融合发展试点示范县。

工业经济。全年新增规模以上企业15家，总数达120家，实现规模以上工业总产值125.39亿元，增长12.2%；规模以上工业经济效益综合指数达339.06%，增长15.2%。实施省重点技改项目11个，省级工业新增长点项目19个，投入技改资金43.41亿元。县经济开发区新增入园企业3家，新开发面

2016 年 7 月，“为荷而来”中国建莲文化旅游嘉年华开幕式暨世瑜会启动仪式瑜伽表演　（建宁县政府办供稿）

积 23.33 公顷。帮助 36 家挂包重点企业协调解决问题 105 个，协调解决资金 4.5 亿元。新增高新技术企业两家，绿田实业、源容生物、文鑫莲业、汇利丰等 4 家企业获批省级小巨人领军企业，福建绿田股份有限公司在新三板挂牌上市；新增省级（企业）工程技术研究中心 1 个；实施知识产权战略，全年申请专利 167 件，专利授权 95 件。

第三产业。闽江源生态旅游区提升改造工程和闽江源头拜水溯源两个 PPP 项目启动建设。全年创建 2016“全国森林旅游示范县”、全域旅游试点县等国家级旅游品牌 9 个，省（市）级旅游品牌 3 个，游客接待量和旅游总收入分别增长 26.7%、24.6%。建成“县域农产品网货改造中心”、苏宁易购“建宁特色馆”、千县农汇“建宁商城”、莲蓉福珍商城等平台，农特产品网销体系初步形成，被列为省“互联网+”建莲产业区域化链条化试点；全县电商企业增至 97 家，全年实现电商交易额 9.94 亿元，增长 7.9%，其中网络零售额 5.98 亿元，增长 131.6%。

项目建设。实施“五个一批”重点项目 232 个，完成投资 51.54 亿元，其中，列入省级“五个一批”项目库项目 70 个，完成投资 29.24 亿元；推进省行动计划项目 24 个，完成投资 28.85 亿元；列入省市重点项目 34 个，完成投资 31.85 亿元。浦梅铁路建宁至冠豸山段、明一国际生态高新科技园、九华山水库等 37 个项目新开工建设，国家水土流失小流域治理、黄舟坊至河南路“白改黑”、均伊公路、城关至报国寺公路等 82 个项目建成或部分建成。莆炎高速、省道纵八线福新至长吉公路等项目前期进展顺利。全年累计争取到位各类项目资金补助和转移支付 16 亿元，争取国家基金项目 10 个，完成固定资产投资（不含农户）112.01 亿元，增长 17.4%。

生态建设。通过国家级生态县验收，全县 9 个乡（镇）均通过国家级生态乡（镇）验收，其中 8 个乡（镇）获国家级生态乡镇命名。完成造林绿化 0.15 万公顷，森林抚育 1 万公顷、封山育林 0.27 万公顷，森林覆盖率达 76.54%、城区绿化率达 40%，人均绿化面积达 14 平方米。全境 29 条河流均纳入河长制管理，推行县、乡（镇）、村三级河长负责制，在全省率先实现所有河道、河段专管员全覆盖。实施节能技术改造和循环经济项目 10 个，万元生产总值能耗下降 4.25%。实施 31 个村农村环境连片治理，建立微动力、无动力污水处理系统 31 套。淘汰黄标车 169 辆，整治违规排放油烟餐馆 26 家，关闭拆除养猪场 11 个，拆除面积 5600 平方米，升级改造小型畜禽养殖场 30 余个，完成省市下达污染减排任务。

城乡建设。实施宜居环境项目 89 个，硬化、升级改造农村公路 23 千米。实施“千村整治、百村示范”工程，投入 1.5 亿元推进 14 个省级、3 个县级美丽乡村建设，完成“动车站—水南—溪口”清新花乡特色景观带绿化种植。实现商品房销售面积 4.78 万平方米，增长 33%，销售额 2.24 亿元，增长 43%。建立“无违建”示范乡（镇）1 个，“两违”综合整治示范点 18 个，完成拆违面积 36 万平方米。

【社会事业】 实施民生工程项目 37 个，全年民生支出 11.5 亿元，占财政总支出的 78.4%。获评为“国家义务教育基本均衡县”，第二实验小学完成改造，荷苑幼儿园（后更名为“实验幼儿园”）、实验小学北教学楼及运动场、伊家中心幼儿园、里心中心幼儿园等一批重点教育民生建设项目投入使用。两个医养结合卫生服务站投入使用。完成健身馆·图书馆、万星影城 3D 影院建设，创建国家公共文化服务体系示范区通过文化部验收。

社会保障。实现城镇新增就业 1224 人、农村劳动力转移就业 1792 人，城镇登记失业率 2.32%，帮助劳动者追讨工资 817 万元。开展旅游、中式烹饪、电商等职业技能培训 640 人，互联网创业从业人员培训 650 人，岗位提升培训 263 人，创业培训 300 人。基本建成棚改房和公租房 182 套，新增保障性住房 77 套，完成危旧房改造 133 户，新建福宁小区、鑫埠小区等 5 个集中安置区，落实造福工程搬迁 2326 人。全年实现脱贫 806 户 2561 人，12 个贫困村“摘帽”。

（吴俊伟）

泰宁县

【经济社会概况】 2016 年，泰宁县实现地区生产总值 90.27 亿元，比上年增长 7.8%；一般公共预算总收入 3.54 亿元，其中地方一般公共预算收入 2.65 亿元，

2016年，风景如画的泰宁寨下大峡谷 （林忠玉摄）

下降11.7%；农林牧渔业总产值26.83亿元，增长5%；规模以上工业增加值22.99亿元，增长6.8%；固定资产投资102.38亿元，增长17.2%；社会消费品零售总额22.05亿元，增长10.5%；城镇居民人均可支配收入27185元，增长7.2%；农村居民人均可支配收入13106元，增长8.4%。

旅游产业。与厦门建发国旅合作开展市场营销，举办环大金湖世界华人山地马拉松赛、淘气节、旗袍秀等赛事活动，全年旅游接待390万人次。打造全域化写生基地，对接省内外高校125所，挂牌写生基地53个，招徕写生实践师生3.4万人次。入选首批国家全域旅游示范区创建单位，泰宁全域化旅游建设项目成为全省旅游重大扶持竞争性项目，长兴旅游自驾车露营地列入全国自驾车房车营地建设项目，泰宁古城旅游休闲区列入首批省级现代服务业集聚示范区，金山旅游全面动工，“一点石魔芋”成为省级旅游观光工厂。新建改建7座旅游公厕，成为全省首个全国旅游标准化试点县。

工业经济。成立政府性融资担保公司和资产经营管理公司，帮助企业落实应急转贷资金1576余万元，拨付企业发展专项“即征即奖”资金195万元。新增规模以上企业5家，规模以上工业总数增至103家。改造林产加工、旅游商品加工等两条传统产业链，培育生物产业、硅和有色金属、新材料新能源等3条新兴产业链，5条产业链产值占全县工业总产值80%以上，49个重点技改项目有30个建成投产或部分投产。

农村经济。稳定粮食播种面积1.27万公顷。培育47家县级以上农业产业化龙头企业，226个农民专业合作社。年产金湖有机鱼1000吨、茶叶种植面积0.15万公顷、金湖乌凤鸡养殖30万只、栽培食用菌2800余万袋、铁皮石斛原生态种植面积400公顷、水稻制种面积0.11万公顷。泰宁铁皮石斛获得国家地理标志保护产品认证，科荟种业成为全省首家在新三板挂牌上市的种业企业，“茶香金湖”项目列入省级农民创业示范基地项目，泰和生态茶在上海股权交易中心挂牌。

城乡建设。峨嵋峰自然保护区升格为国家级自然保护区。总投资14.6亿元的金湖生态环境保护项目总体实施方案获省政府批复，实施闽江上游金溪流域防洪三期工程（泰宁段）、杉溪干流河道治理工程、里家源水库、泰宁县杉溪安全生态水系建设等20个重点水利项目。推进生猪养殖污染防治，完成环保违规建设项目清理和年度黄标车淘汰任务，建成新能源公交充电场站（桩）86个，新能源公交车实现全域化营运。完成城区1.1万平方米的临街背巷道路改扩建，建成朝京门等7个城区重要节点景观，下渠至大龙公路竣工通车。12个村及上清溪旅游公路列入全省“千村整治、百村示范”美丽乡村建设工程。

改革创新。固定资产投资首次突破百亿元大关。对接国家专项建设基金项目11个2.67亿元。“三医联动”推进医药卫生体制改革，开展农村土地确权颁证登记工作，在全省首创小型农田水利工程投保机制。推动大众创业万众创新，成为三明市三个“一县一品”小微企业创业创新核心示范基地之一，状元茗茶列入国家科技部首批“星创天地”。与比利时列日省艾瓦耶市缔结友好城市关系。

民生事业。2339名贫困人口实现脱贫，水际村、崇际村成为全国旅游扶贫试点村。新增城镇就业1248人次，农村劳动力转移就业1895人次。由乡镇卫生院延伸设立村卫生所64个，实现基本医疗服务全覆盖。县中医院病房综合楼、县老年活动中心投入使用，开工建设全民健身活动中心，被省政府授予“福建省教育先进县”称号。创建为国家公共文化服务体系示范区。

【国家重点生态功能区】 近5年来，泰宁县投入4亿多元用于生态建设和环境保护，造林绿化1.33万公顷，治理水土流失1.2万公顷，森林覆盖率提高5个百分点，生态环境质量逐年提升。根据《国务院关于同意新增部分县（市、区、旗）纳入国家重点生态功能区的批复》，2016年泰宁县纳入国家重点生态功能区。

【峨嵋峰国家级自然保护区】 2016年5月，峨嵋峰自然保护区被国务院批准为国家级自然保护区。自然保护区地处武夷山脉西南麓，保护区总面积1.03万公顷，其中核心区面积3500公顷，属野生生物类型自然保护区。保护区森林覆盖率达94.39%，保护区内有东方水韭、海南虎斑鳽等世界性珍稀濒危物种及东海洋中山沼泽湿地群，极具保护价值。

（杨文帝）

明溪县

【经济概况】 2016年，明溪县实现地区生产总值64.53亿元，比上年增长8.9%；固定资产投资91.05亿元，增长19.6%；规模以上工业增加值27.83亿元，增长7.4%；一般公共预算总收入4.25亿元，下降7.5%，其中地方一般公共预算收入2.83亿元，与上年持平；外贸出口8.5亿元，增长10.8%；社会消费品零售总额15.43亿元，增长5.1%；城镇居民人均可支配收入25558元，增长7.7%；农村居民人均可支配收入12861元，增长6.3%；居民消费价格总水平上涨2.5%。

县域经济。累计完成项目投资89.10亿元，增长18.2%。锦浪公司含氟微胶囊发泡剂、博诺安科医药中间体等重大工业项目建成试产；南方制药公司厄洛替尼口服固体制剂获临床批件，并与匈牙利洛特斯龙公司合作开发离心色谱分离纯化技术；恒信纵横电子光学系列新材料等新兴产业项目落地。在厦门、东莞举办专场招商推介会，签约合同项目20个，与巴西坎皮纳斯市签订战略合作协议。工业园区新征用土地71.67公顷，平整28.67公顷。累计争取上级各类补助资金9.7亿元，被列为全省第三批“人才强县”试点县。园区工业污水处理厂、电子商务产业园、气动工具产业服务平台、生态硒锌产品展销馆建成投入运营。累计获得国家专项建设基金支持10个共2.09亿元，全年争取各类补助资金11.38亿元，增长6.06%，获地方政府债券资金支持3.75亿元，缓解财政资金压力。被列入全省财政扶贫资金整合优化试点县，已整合各类财政扶贫资金3977.5万元用于精准扶贫、乡村基础设施等建设。

现代农业。完成硒锌农产品商标注册11个，建立硒锌农产品种植基地0.2万公顷，被列入第一批省级富硒农业产业开发重点县、省级现代渔业项目县。县电子商务产业园建成运营，建成农村电商运营服务网点62个，全县电子商务交易额8.18亿元，增长71.5%，网络零售额4.07亿元，增长37%。省级富硒农产品产业园动工建设，获评“中国硒锌农产品之乡”，南山遗址被列入国家大遗址保护“十三五”专项规划，明溪药谷小镇入选全省首批特色小镇创建名单，通过国家生态县、国家淮山标准化示范区验收。

城乡建设。黄沙坑水库完成工程量的80%。全民健身活动中心、绿色家园广场提升改造等项目实施，新建、改造城市道路和地下管网15.5千米，新增城市绿道5千米。盖洋镇湖上村、沙溪乡梓口坊村、枫溪乡枫溪村等10个村庄被列入全国乡村旅游扶贫重点村，夏坊乡芦畲村入选第四批中国传统村落名录，夏阳乡御帘村入选中国最美村镇，瀚仙镇列入省级农村产业融合试点示范镇。

【社会事业】 全年民生支出10.51亿元，占公共财政支出的比重达78.43%。完成县福利中心（二期）、残疾人康复中心等民生项目建设，新开工棚户区及危旧房改造391户，建成各类保障性住房456套。推进光伏扶贫、“菜单”扶贫，贫困户结对帮扶实现全覆盖，全年脱贫2626人，占建档立卡贫困人数的51.1%。

（李桂花）

将乐县

【经济社会概况】 2016年，将乐县实现地区生产总值108.64亿元，比上年增长6.7%；农林牧渔业总产值30.67亿元，增长4.4%；规模以上工业增加值48.86亿元，增长6.6%；一般公共预算总收入7.86亿元，增长0.4%，其中地方一般公共预算收入6.20亿元，增长1.9%；社会消费品零售总额22.62亿元，增长10.7%；出口总值8.59亿元，增长13.7%；实际利用外资（验资口径）1178万美元，增长12.5%；固定资产投资122.4亿元，增长13%；城镇居民人均可支配收入28349元，增长6.6%；农村居民人均可支配收入13714元，增长8.3%；居民消费价格总指数101.6%。

农业经济。福建金森林业股份有限公司等13家企业被评为省、市农业产业化重点龙头企业，新增专业合作社35个、家庭农场64个，建成1个国家级示范社、8个省级示范社、15个市级示范社和38个县级示范社。完成高标准农田建设0.15万公顷，粮食播种面积1.48万公顷、产量8.24万吨，烟叶种植面积0.19万公顷、收购烟叶5.42万担，发展设施农业200公顷、高品质生态大米0.2万公顷、花卉苗木0.1万公顷，建立1.2亿袋食用菌生产基地。温氏养禽项目带动全县发展设施养鸭大棚53个，出栏鸭90万羽。在三明市率先建立林业生产公共服务平台，组建三明市林权交易中心，累计开展林权抵押贷款1.1亿元。与北京林业大学、南京林业大学等高等院校建立科研合作关系，建成科技研发中心38个，其中省级工程研究中心两个。

工业经济。设立将乐县工业产业发展投资基金，培育高新技术、科技小巨人和创新型企业累计11家，全县专利申请量和授权量位居三明市前列。金乐医药专家团队成功入选2016年省“外专百人计划”，半固态技术研究所冯志军等3位专家入选“省引进高层次人才分类及评价认定”B、C类人才。

第三产业。实现第三产业增加值33.78亿元，比上年增长6.8%。建成电子商务产业园区、众联创业大本营、智慧家园等创业孵化基地，扶持375人自主创业。光明惠农电商、印象黄潭、新秀网等一批本土电商平台快速发展，全县电子商务年销售额达8.72亿元。入选“清新御霾十佳”中国候鸟旅居县榜单，玉华洞景区入选全国十大旅游名洞和获批省级地质公园，将乐国有林场金溪公园荣获首批“全国森林康养基地试点单位”。南口蛟龙古镇、光明龙池谷、万全良地古民居等乡村游景点成为市民外出游玩的新热点。

风景如画的将乐县金溪森林公园　　（将乐县政府办供稿）

项目建设。实施38个省行动计划重大项目、34个市重点建设项目和122个县攻坚项目。祥源纺织新增1号车间、宏和鞋业30座厂房、万峰节能等项目投产。全年签约项目36个（其中亿元以上项目10个），在谈项目50个，民企对接项目6个，省属企业项目对接5个，涵盖新材料、新能源、生物医药等领域，福模网电子交易平台、贝诗特化妆品及空气净化器等优质项目落地。半固态技术研究所与瑞典延雪平大学工程学院合作研发半固态成形工艺，获批2016年国家高端外国专家项目。

城乡建设。完成三华北路、龙井路等改造工程，新增城市绿化面积3.5万平方米。清理整治夜市摊点800多个，整治占道经营1000多处，整治拆除违规违章户外广告200多个。商品房销售面积14.35万平方米。推行公交掌上出行APP。实施南口乡等8个集镇提升改造工程、常口村等11个村庄美丽乡村建设。

生态建设。通过国家生态县验收，在全省率先实现乡镇污水处理设施全覆盖。完成植树造林0.18万公顷，森林抚育1.01万公顷，封山育林0.2万公顷。实施节能和循环项目13个，关闭煤矿两个，淘汰煤炭落后产能10万吨、黄标车253辆、燃煤锅炉两台，环境空气质量优良天数比例达100%，饮用水源水质达标率达100%。

社会事业。成立扶贫小额信贷促进会，设立1200万元扶贫小额信贷担保金，发放扶贫小额信贷82笔310万元，落实造福工程易地扶贫搬迁502人，实现466户1494人脱贫。积善学校、县医院北区（县中医院）、县体育中心等民生项目建成投入使用。大源乡肖坊村入选第四批中国传统村落名录名单，万全碗碟墩窑考古调查和发掘工作全面启动。在全省率先整合卫计证件实现“一卡通”。

【2016中国·将乐国际皮划艇马拉松公开赛暨中国体育彩票全国群众漂流大赛】　2016年12月3日在将乐县金溪河举行，来自美国、加拿大等国家和中国香港、澳门、台湾等地区的150名皮划艇运动员参加。来自天津的孟晓雷、杭州的吴海锋、澳门的梁丽斯分别夺得公开组单人艇12千米、统一组男子单人艇8千米及统一组女子单人艇8千米三个项目的桂冠。12月1—2日每天下午，通过自愿报名方式，安排群众参加皮划艇、浆板体验活动。

【将乐县公立医疗机构综合改革】　2016年，将乐县根据“村建院管、院管村所、所管村医、村医为主、派聘为辅、乡院周巡、县乡月诊”的原则，按照每个村卫生所辐射千人的标准，由乡镇卫生院在行政村延伸设立村卫生所42个，其中分院两个，并开通医保门诊补偿。初步形成“以县医院为龙头，乡镇卫生院为枢纽，村卫生室为基础”的县、乡、村三级医疗卫生服务一体化，取得医疗服务成本下降、群众就医负担降低、医院收入结构改善、医疗服务质量和水平提高的“多赢”效果。

（俞德标）

沙　县

【经济社会概况】　2016年，沙县完成地区生产总值205.90亿元，比上年增长7.2%；农林牧渔业总产值49.36亿元，增长4.5%；规模以上工业增加值93.38亿元，增长7.9%；地方一般公共预算收入9.04亿元，下降5.0%；城镇居民人均可支配收入30522元，增长8.9%；农村居民人均可支配收入15736元，增长8.3%。

工业经济。全年实施县级重点项目221个，完成投资151亿元，145个项目竣工或部分竣工投产。全县64家企业实施智能化改造，18个省级智能制造项目建设进展顺利。培育省、市级众创空间各1个、省级创新型企业1家，金沙园小微企业创业基地入选第二批国家小微企业创业创新示范基地。4月26日，福建金杨科技股份有限公司成为沙县首家在上海股权交易中心挂牌的企业。

农业经济。三明（沙县）国家农业科技园区被认定为国家级农业科技园区和省级农民创业园，克劳沃花卉、田字一号等一批农业产业化龙头项目建成投产。新增市级以上龙头企业47家，认证有机、绿色、无公害农产品企业38家、产品55个。培育新型农业经营主体，新增农民专业合作社42家、家庭农场27家。

第三产业。引进IPv6智能数据交换中心项目，加快“四园区、两平台、一中心”电商产业格局建设，全县新增网店1204家，电子商务交易额达7.25亿元，比上年增长34%。建设闽中快递物流园，落地快递物流企业 30 多家，申通、中通等快递公司入驻金沙园，设立分拨中心。在全国成立 18 家餐饮连锁子公司，发展连锁店 100 家以上，“互联网＋沙县小吃产业”工作被列入全省首批“互联网＋”区域化链条化试点。湿地公园二期、欢乐大世界闽中乐园一期建成投入运营，获“中国候鸟旅居县”称号，全年接待游客数首次突破 200 万人次，旅游总收入突破 22 亿元。

改革创新。建成村级融资担保基金 105 个，累计为农户提供贷款担保 5433 笔 5.2 亿元；试点设立乡镇级的青州镇村级融资担保基金。在全市率先探索开展企业资产按揭贷款，为科飞新材、金杨科技等 7 家企业办理资产按揭贷款 1.32 亿元。推进新型林业经济合作组织建设，年内新增林业公司、家庭林场、专业合作社、合作联社等林业合作经济组织 65 个，新增规模经营面积 1.20 万公顷。推进林地经营权流转，完善林地经营权流转登记制度和林权抵押贷款模式，累计办理林地经营权证 330 宗 0.25 万公顷，完成林权流转面积 0.19 万公顷，发放中幼林、林地经营权证等新型抵押贷款 28 笔 1.45 亿元。创新生态公益林联防联动管护模式、推进重点生态区位商品林赎买等改革试点。推广以村为单位的土地信托流转模式，发展农业适度规模经营，共组建土地股份合作社 26 家，流转土地 0.93 万公顷，流转率达 70.4%。

民生事业。推进精准扶贫，为贫困户发放扶贫贷款 346 万，建立 63 个村集体发展基金，全年共有 1630 人实现脱贫。七峰山公园项目完成初步规划设计。三明职教园一期、北大附属实验学校、三官堂小学、第三幼儿园建成投入使用。推进基层医疗卫生机构第二轮改革，建成城东、城西等 6 个社区医养结合卫生服务站。三明（沙县）机场通航，开通北京、上海、广州等城市航线。获“全国绿化模范县”称号，通过国家级生态县考核验收。

【三明现代农业科技示范园】 2016 年 3 月 8 日，三明现代农业科技示范园被科技部列入第七批国家农业科技园区，示范园位于三明生态新城，有省级农业示范园区 1 个、省级农民创业园 1 个、省市级农业龙头企业 11 家、农民专业合作社 18 个、家庭农场 21 个。园区以水稻、蔬菜、花卉、药用植物种苗产业为主导，坚持科研机构选育，种苗企业繁育，种植企业推广，形成以高优农作物种苗为主导的“育、繁、推”一体化的种苗产业链。

三明现代农业科技示范园常年与中国农科院、福建省农科院、福建农林大学、南京农业大学等建立科技合作关系。近 5 年来，园区共承担国家、省、市科技重大项目 76 个。获得国家级奖 4 项、省部级奖 33 项、市级奖 31 项。同时，园区与三明电子商务产业园协作，引进福建田宇一号网络科技有限公司等企业落户园区，开通 12396 星火科技服务热线，构建智慧农业综合平台等现代化高端农业信息服务平台。初步形成集科研、农业、加工业、旅游业、电子商务一体化的经营模式。

【三明沙县机场通航】 2016 年 3 月 7 日上午 10 时 35 分，上海吉祥航空公司全新空客 A320 飞机满载 158 名旅客降落在沙县机场。三明沙县机场是福建第三个纯民用和第六个民用运输机场，项目总投资约 25 亿元，场区占地面积 333.33 公顷，定位为支线机场。可起降波音 737 系列、空客 A320 系列等 C 类机型。年内开通北京、上海、广州等城市航线。

（茅露娅）

尤 溪 县

【经济社会概况】 2016 年，尤溪县实现地区生产总值 205.78 亿元，比上年增长 7.9%；农林牧渔业总产值 83.04 亿元，增长 3.5%；固定资产投资 220.85 亿元，增长 14.7%；地方一般公共预算收入 7.36 亿元；城镇居民人均可支配收入 28483 元，增长 7.5%；农村居民人均可支配收入 14429 元，增长 9.2%。

农业经济。完成粮豆播种面积 3.65 万公顷，实现粮豆产值 5.54 亿元。完成尤溪红茶、有机蔬菜等 8 个农产品生产标准制定，82 家生产主体纳入追溯平台，被农业部评为“国家农产品质量安全县”。建立农业标准化示范基地 66 个，茶叶、油茶、笋竹、食用菌、金柑五大特色产业实现产值 42.81 亿元，增长 8.2%。加快省级农民创业园建设，引进项目 17 个，完成投资 2.3 亿元。全年新增“三品一标”认证绿色产品 4 个、有机产品 1 个。

工业经济。全县规模以上工业增加值完成 64.24 亿元，增长 8.2%，全年工业用电量 9.36 亿千瓦时，增长 8.1%。实施省市县级重点工业项目 70 个，完成投资 61.7 亿元，汤川风电、和记黄埔超仿棉等一批重大项目实现签约，天闽幕墙、鼎天农业设备制造二期等项目相继建成投产，获“中国混纺纱名城”称号。加快园区平台建设，尤溪经济开发区新增供地面积 53.33 公顷，完成投资 34.27 亿元，园区规模以上企业完成产值 149.84 亿元，增长 14.7%。

第三产业。实施市级三产重点项目 8 个，完成投资 8.19 亿元，第三产业增加值完成 66.67 亿元，增长 12.6%。全省首个农村淘宝·乡村旅游服务中心正式运营，闽中旅游集散中心、尤溪北旅游集散中心对外营业，相继被确定为省全域旅游试点县和国家全域旅游示范区创建单位，全年接待游客 103 万人次，实现旅游收入 6.2 亿元，分别增长 27.6%、27.3%。全县新增电商企业 66 家，实现电商交易额 8.85 亿元、网络零售额 5.31 元，分别增长 43%、45%。出台购房财政贴息补助、打通库存转换通道等 11 项措施，实现商品房销售面积 28.96 万平方米，增长 33.83%。城乡市场日趋活跃，实现社会消费品零售总额 44.59 亿元，比增 11.1%。

项目建设。建成或部分建成项目 33 个，完成投资 85 亿元。68 个团队重点项目进展顺利，完成投资33亿元。实施省级重点项目23个，市级重点项目51个，分别占全市总数的12.57%和10.85%，完成投资28.76亿元和50.19亿元，在全市项目考评中荣获一等奖。在六大领域推出两批投资工程包项目33个，完成投资7.02亿元。建立"每两个月签约一批项目"机制，共签约33个重点旅游开发项目，总投资30.02亿元。对接争取上级资金补助力度加大，有40个项目获得上级补助，到位补助资金1.79亿元；获得国家专项建设基金支持3.26亿元。

城乡建设。水东片区闽中经贸大厦开工建设。西城新区开发全面启动。中心城翠帷花园、毓秀花园、文公书院主体工程完工。洋中镇级小城市和坂面、西城两个重点乡镇实施项目68个，完成投资11.02亿元。5个交通项目完成投资2.9亿元，莆炎高速尤溪中仙段动工建设，完成农村公路硬化72千米；48个水利项目完成投资6.22亿元，汶潭水利枢纽工程动工建设，兴头水库下闸蓄水；3个供电项目完成投资0.43亿元，西滨110千伏输变电、台溪长门35千伏配电工程建成投入使用。

社会事业。全年实现脱贫872户2655人，占任务的112%。新增城镇就业2639人，城镇登记失业率控制在2.3%以内。完成机关事业单位养老保险制度改革工作，实现新老农保制度平稳过渡。新开工建设保障性住房508套，完成各类棚户区改造340套。首次被省政府授予计生工作先进单位。收购民办文公高级中学，实行文公初级中学、尤溪一中初高中剥离办学，初步完成城区学校布局调整。举办第八届海峡论坛·朱子文化与旅游交流活动，召开尤溪土堡文化遗产保护论坛，举办联合梯田山地马拉松大赛等活动，尤溪县籍游泳选手柯丽婷获得里约残奥会金牌。获省级文明县城称号。

生态保护。实施造林绿化0.28万公顷，完成10个村6.67公顷生态景观林建设，珍贵用材树种种植268.27公顷，不炼山造林148.67公顷，改造提升中心城区一重山森林生态景观84公顷，重点生态区位林分修复项目建设133.33公顷，生物防火林带建设569.07公顷。立案调查环境违法行为48起，责令限产停产企业17家，全面完成黄标车淘汰任务和环保违规项目清理工作。

【尤溪县七尺溪万里安全生态水系建设试点项目】 七尺溪流域上游是九阜山省级自然保护区，中游是省级农业示范园，下游为尤溪县城城区。项目工程概算总投资3038.15万元，通过实施河道清淤、护岸建设、亲水步道等内容建设，从而达到安全生态水系"河畅、水清、岸绿、安全、生态"的总目标。截至2016年底，累计完成投资2850万元，河道清淤疏浚11.1千米，新建护岸1.8千米，恢复河滩长度2.4千米。

【洋中镇灾后重建】 2016年，受台风"尼伯特"影响，尤溪县洋中镇遭受短时间特大暴雨袭击，17个村全部受灾，共造成直接经济损失3.65亿元。灾情发生后，尤溪县按照省、市决策部署，成立专门工作团队，推进灾后恢复重建。截至2016年底，基本完成房屋重建以及受损防洪堤、公路、农田、电力等基础设施建设，完成投资3145万元。

（王锦峰）

大田县

【经济社会概况】 2016年，大田县实现地区生产总值174.52亿元，比上年增长8.6%；一般公共预算总收入9.43亿元，其中地方一般公共预算收入6.92元，增长0.7%；农林牧渔业总产值54.79亿元，增长3.4%；规模以上工业增加值90.72亿元，增长7.8%；固定资产投资272.04亿元，增长18.7%；社会消费品零售总额48.39亿元，增长10.7%；居民消费价格总水平上涨1.7%；出口总值10.41亿美元，增长15.7%；验资口径实际利用外资1936万美元，增长13.8%；城镇居民人均可支配收入29700元，增长9.1%；农村居民人均可支配收入14094元，增长9.0%。

产业转型。全县新增省级科技型企业7家、科技小巨人领军企业两家、省名牌产品1个、省著名商标3个，新获国家授权专利189件，"永大陶瓷众创空间"被认定为市级众创空间。抓好矿产品深加工五条产业链延伸，22个工业经济重点项目完成投资19.48亿元，263个技改项目完成投资112.14亿元，中工塑胶、宇隆超纤、新盈彩铝等项目动工建设，红狮水泥列为省级龙头企业，金门油压"人造板热压冷压循环工作机组生产线"列入省级智能制造重点项目，岩兴工业气体"液体空分及水电解制氢项目"列为省级"两化"融合重点项目。

项目建设。出台工业稳增长10条、货物运输业6条等综合措施，兑现产业发展资金4125万元，减免各项税费6508万元，提供应急转贷资金3570万元。全县7个重大项目组144个重点项目完成投资73.82亿元，58个项目开工建设，44个项目建成或部分建成。争取各类资金17.16亿元，其中，省纪委挂钩帮扶第三批项目8个、资金2.3亿元，国家专项建设基金项目10个、资金4.66亿元。加大"三维"招商力度，全年新签约项目64个，总投资72.06亿元，实际利用外资1875万美元，增长10%，外贸出口1.55亿美元，增长10.7%。

农业经济。扶持茶产业创新升级，实施现代农业产业化重点项目16个，建立富硒农产品基地1333.33公顷，新培育家庭农场45个、专业合作社28个，"大田槐猪"获国家农产品地理标志登记，国家"雪山萝卜"栽培标准化示范区通过验收，"江山美人茶"获香港国际茶展乌龙茶组金奖。

第三产业。实施重点项目50个，完成投资38.5亿元，大田创业创新产业园建成运营，新增限额以上商贸企业14家、电商企业78家；新培育四星级乡村旅游经营单位两个，桃源镇、吴山和洋村分别获评省级乡村旅游休闲集镇与特色村，东坂村入选“中国美丽休闲乡村——特色民居村”，全县游客接待量、旅游总收入分别增长13%和16%。

城乡建设。26个城市规划重点建设项目完成投资17.58亿元，碧桂园·天誉动工建设，水岸人家、岩城明珠全面建成，河滨东路改造、城市健身绿道等市政基础设施投入使用。实施美丽乡村整治村16个，济阳村列为省级美丽乡村整治示范村，杞溪、香坪、建国、张坑等4个村入选第四批中国传统村落，东坂、许坑、杞溪等3个村入选第五批省级历史文化名村。完成公路改造49.82千米、安保工程22.5千米，镇汽车站、京口110千伏输变电工程建成使用，梅林、铭溪110千伏输变电工程完成技改扩容。生态环境保护指挥中心建成使用，均溪河安全生态水系、鸭蛋山垃圾填埋场治理动工建设，完成造林绿化0.15万公顷，治理水土流失0.35万公顷，被授予“省级森林城市”称号。

社会事业。全县城镇新增就业1705人，农村劳动力转移就业3207人；建成县居家养老信息服务中心和8个社区养老服务站，老年人休闲娱乐中心投入使用；实施造福工程426户、危房改造307户，新开工保障性住房684套，3910个贫困人口实现脱贫。社会事业协调发展。县实验幼儿园城南分园、均溪中心小学教学楼建成使用，县实验幼儿园开发区分园动工建设，改造农村薄弱校28个，新增幼儿园学位630个、小学学位700个；县图书馆、档案馆建成使用，县妇幼保健院搬迁投入使用，乡镇卫生院延伸设立村卫生所132个。

【第十一届中国高山茶文化节】 2016年10月28日，第十一届中国高山茶文化节在大田县中国高山茶城举行。文化节上举行了“全国十大魅力茶乡”“全国三十座最美茶园”授牌仪式、秋季茶王赛颁奖仪式等活动。

（吴开熹）

编辑：林丹英

莆田市

【基本概况】 莆田，史称“兴化”，位于福建省沿海中部，北连福州，南接泉州，西依戴云山，东南濒临台湾海峡，与台中市仅距72海里。年均气温18℃～21℃，属亚热带海洋性季风气候。2016年，辖仙游县，荔城、城厢、涵江和秀屿四区，以及湄洲岛国家旅游度假区管委会和湄洲湾北岸经济开发区管委会。拥有陆域面积4200平方千米，海域面积1.1万平方千米。居住有汉、回、畲、壮、苗等33个民族，年末户籍人口349.88万，常住人口289万。盛产鲍鱼、鳗鱼、对虾、梭子蟹、丁昌鱼等海产品，龙眼、荔枝、枇杷、文旦柚驰名中外。文化底蕴深厚，拥有风景名胜和文物古迹250多处，留存有以妈祖、莆仙戏、南少林、三清殿为代表的文化遗产，历代涌现出2482名进士、21名状元、17名宰相，98人在二十四史中立传，是福建省“历史文化名城”之一。莆商足迹遍天下，在全国及旅外经商从业的乡亲有220万人。湄洲湾、兴化湾、平海湾“三湾环绕”，全市港口总吞吐能力2789万吨。

【经济社会综述】 2016年，莆田市实现地区生产总值1823.43亿元，比上年增长8.9%，其中，第一产业增加值126.45亿元，增长1.0%，第二产业增加值1022.45亿元，增长7.8%，第三产业增加值674.53亿元，增长12.4%；人均地区生产总值63314元，比上年增长8.2%；三次产业结构比重为6.9∶56.1∶37.0；一般公共预算总收入180.1亿元，下降2.8%，其中地方一般公共预算收入115.7亿元，增长0.1%；固定资产投资1938.1亿元，增长11.8%；外贸出口199.2亿元，增长1.5%；社会消费品零售总额623.1亿元，增长11.5%；城镇居民人均可支配收入31818元，增长8.7%；农村居民人均可支配收入15131元，增长9.0%；居民消费价格总水平上涨1.3%；城镇登记失业率2.13%；人口自然增长率8.0‰。

农业生产。农林牧渔业完成总产值230.5亿元，比上年增长1.3%。粮食种植面积4.61万公顷，产量25.8万吨。油料种植面积1.66万公顷，增加0.02万公顷；蔬菜种植面积3.87万公顷，减少0.07万公顷。水产品产量91.8万吨，比上年增长4.3%，其中，淡水产品产量4.38万吨，增长2.0%；海洋捕捞12.05万吨，下降0.19%；海水养殖87.43万吨，增长4.4%。

2016年11月1日，第十八届湄洲妈祖文化旅游节在湄洲岛开幕 （湄洲岛国家旅游度假区供稿）

工业经济。实现工业增加值843.2亿元，增长7.8%。规模以上工业增加值增长8.2%。工业产品销售率98.86%，比上年增加0.2个百分点。规模以上工业十大产业集群实现增加值805.98亿元，增长8.1%。规模以上工业企业实现利润160.97亿元，增长13.7%。规模以上工业企业每百元主营业务收入中的成本为87.4元，主营业务收入利润率5.95%。全年全社会建筑业实现增加值192.66亿元，增长7.6%。全市具有资质等级的总承包和专业承包建筑业企业完成建筑业总产值530.04亿元，增长9.4%。

现代服务业。社会消费品零售总额623.13亿元，增长11.5%。新增规模以上服务业企业119个；新增限额以上电商企业59个，销售额182.46亿元，增长22.4%。全市电子商务交易总额1048亿元，增长55.0%。限额以上批发和零售企业实现网上零售额81.78亿元，增长35.3%。"正统网"入驻电子商务企业495个。接待入境游客31.14万人次，增长15.4%；接待国内旅游人数2315.67万人次，增长18.8%；国内旅游收入186.01亿元，增长28.6%。旅游总收入203.97亿元，增长28.1%。

城乡建设。城建投资845亿元，增长9%，新建改建城市道路98条、绿道63千米、燃气管道20千米，新增一批停车场、公交线路和公园。新建及扩容污水处理厂3座、污水管网216千米，生活和医疗垃圾日处理能力达1800吨。建成运行数字化城市管理信息系统、国土资源"一张图"管理系统。水利设施投资85亿元，增长38.1%，续建新建47个重大水利项目。交通设施投资250亿元，改进和创新出租车运营管理，完成城乡客运公交化改造和部分陆岛交通码头扩建，自然村道路硬化率达92%。

民生保障。全市脱贫20145人，"造福工程"搬迁1.1万人。城镇新增就业1.82万人，有2248名城镇下岗人员实现再就业。年末城镇登记失业率2.13%。参加城镇基本养老保险人数39.7万人，参加城镇基本医疗保险人数63.09万人，参加新型农村合作医疗保险人数278.82万人，参加失业保险人数27.28万人。年末全市领取失业保险金人数3638人，纳入城市最低生活保障的居民2827人，纳入农村最低生活保障的居民52542人，"五保"供养对象5820人。全市建立各类社区服务机构225个。全年销售社会福利彩票2.81亿元，筹集福利彩票公益金0.83亿元。全年新开工建设城镇保障性安居工程住房1.73万套（户），基本建成城镇保障性安居工程住房1.23万套。

社会事业。18项为民办实事项目基本完成。新建幼儿园14所，增加学位3500个，新建中小学校舍37幢，增加学位8000个。列入海丝申报世界文化遗产联盟城市，举办首届世界妈祖文化论坛。全市有各级各类医疗卫生机构1335个，卫生技术人员14029人。有医疗机构床位13968张。投资2098.6万元建成15个城市社区多功能运动场、15个室内健身房、6个笼式足球场、6个拆装式游泳池和60套室外健身器材。举办第25届世界技巧锦标赛等活动，莆田市运动员在世界三大赛中获得两金；在全国最高级别比赛中获得16金12银8铜。销售体育彩票6.4亿元。

环境保护。植树造林面积0.25万公顷。森林覆盖率59.83%，城市新增绿地面积108公顷，绿地率38.89%；全市城市新增公园绿地面积38公顷，人均公园绿地面积12.7平方米。有国家级生态乡镇（街道）22个，省级生态县（区）4个、生态乡镇（街道）51个、生态村164个。省级自然保护区两个，自然保护区总面积2.09万公顷。风景名胜区4处，风景名胜区总面积1.43万公顷。木兰溪水质功能达标率100%，Ⅰ～Ⅲ类水质达标率83.3%，水质状况良好。萩芦溪水质功能达标率100%，Ⅰ～Ⅲ类水质达标率100%，水质状况优。全市环境空气质量有效监测天数352天，环境空气质量综合指数3.04。市县生活垃圾无害化处理率98.8%，市县污水处理率88%。

（蔡文伟）

仙游县

【经济社会概况】 2016年，仙游县实现地区生产总值339.3亿元，比上年增长8.8%；三产比例为9.5∶50.0∶40.5；固定资产投资328.1亿元，增长17.3%；一般公共预算总收入27.82亿元，其中地方一般公共预算收入18.46亿元，增长0.5%；实际利用外资5000万美元，增长8.6%；规模以上工业产值485亿元，增长7.6%；社会消费品零售总额88.1亿元，增长8.6%；城镇居民人均可支配收入27323元，增长9.3%；农村居民人均可支配收入13711元，增长9.1%。

项目建设。100个县在建重点项目全年完成投资151.5亿元，实现开竣工项目111个，木兰溪防洪工程城区段等项目投入使用，莆永、沈海复线、莆炎高速公路仙游段竣工通车，总投资130亿元的元生智汇智能终端项目动工建设，诚丰创意产业园、三福产业园、健康科技园等一批产业类项目和联二线、郊园路、纵三线、经济开发区自来水厂等一批基础设施项目加快建设。中国网库、韦士肯等项目签约落地。获"世界中式古典家具之都""首批国家全域旅游示范区创建单位"等称号。

工业经济。新增规模以上工业企业13家。325家规模以上工业企业累计完成产值479.3亿元，增长5.0%。工艺美术、鞋服纺织、金属制品和化工新材料四大主导产业累计完成产值424.6亿元，增长4.6%，占规模工业总产值的88.6%。125个产值超亿元工业企业累计完成产值384.1亿元，占全县规模工业产值的80.1%，增长12.9%，产值增加43.8亿元。帮助企业用好应急转贷资金，为全县91家企业办理过桥转贷178笔32.27亿元。仙港大道两侧新开发工业用地面积560多公顷，整合形成仙港工业园，入驻项目12个；枫亭工业园规模产值突破百亿元，工艺产业园入园投产企业19家。

2016年，仙游兰溪夜景　　（莆田市政府办供稿）

农业经济。完成农林牧渔业总产值57.7亿元，增长1.2%。粮食播种面积2.15万公顷，总产量12.56万吨。油料、茶叶、蔬菜、食用菌、肉蛋奶、水产品、牛樟芝、中药材、花卉产量分别增长3.2%、3.4%、4.17%、4.5%、5.7%、4.42%、10%、4.84%、16.59%。加快建设国家现代农业示范区、省级农业科技园区和精致农业产业园、台湾农民创业园、省级农民创业示范园，新增设施农业面积200公顷，新增种植文旦柚面积357.4公顷、花卉面积366.67公顷、油茶面积0.1万公顷。

第三产业。实现第三产业增加值137.59亿元，增长12.9%。新建县电子商务公共服务中心、农村淘宝运营中心和村级淘宝点100个，获评省级农村电子商务示范县。福建海丝商品交易中心获批成立。列入首批“国家全域旅游示范区”创建名录。全县接待游客人数535.31万人次，增长11.38%，实现门票收入1996.00万元，增长12.7%。引进县外金融机构1个（恒泰证券）。

城乡建设。城乡规划实现全覆盖，城市规划控制区2016年年末扩大至120平方千米。新增城市道路60千米。189个城乡宜居环境建设项目完成投资32.19亿元，竣工商品房面积55.95万平方米。全年销售商品房90万平方米，增长75.2%。县行政中心、公检法司业务用房竣工验收，“两校两中心”搬迁投用。城市二环路全面打通。区位交通由相对边缘县向综合交通发达县转变，高速公路由2011年的1条增至4条，互通口由1个增至8个，通车里程由5千米增至108千米。建好29个美丽乡村和23个市级“幸福家园”试点村，打造美丽宜居乡村。推进枫亭省级小城镇、榜头镇级“小城市”、度尾、钟山等中心镇及其他乡镇建设。榜头仙作工艺小镇入选省级首批特色小镇创建名录，龙华镇金溪村列入全国第四批美丽宜居村庄示范名单（全省19个）。依法拆除“两违”面积87.92万平方米。

民生保障。完成16件为民办实事项目。居民人均可支配收入1.88万元，增长9.1%。城镇登记失业率控制在2.88%以内。新农合、城乡居民医疗保险参保率分别达100%、98.56%。养老金标准提高到200元，医疗救助和城乡居民大病保险全面实施，城镇职工基本医疗保险参保人数增至7.4万人，城镇居民医疗保险参保人数增至2.38万人，人均筹资标准提高到540元，安置房新开工面积70.5万平方米、竣工面积17.87万平方米，新增群众文化激情广场6个。县社会福利中心完成主体工程建设。全年发放农村低保金8857万元、五保金2959万元、城市低保金504.6万元。新增公交线路4条，完成村道路面硬化60千米，改造危桥11座。解决6个乡镇3.42万人的饮水不安全问题，完成42座病险水库加固。实现1.2万个视频监控探头全面联网。完成“造福工程”搬迁5000人。县精准扶贫促进会成立，县财政安排1000万专项资金，用于贫困村基础设施建设，同时加大结对帮扶、产业扶贫、教育扶贫、就业扶贫、金融扶贫等工作力度。全县578户1966人国定贫困人口、3328户10845人省定贫困人口实现脱贫，完成年脱贫任务9310人的138%。

社会事业。获评国家知识产权强县工程试点县，“义务教育发展基本均衡县”通过国家级督导评估认定，教育“两项督导”以“双优”等次通过省政府评估，新创省一级达标高中1所、二级达标3所，获“福建省教育工作先进县”称号，新改扩建城区中小学、幼儿园7所，完成校安工程面积1.48万平方米、薄弱校改造面积1.49万平方米。仙游大剧院、鲤中电影院建成投用。《目连救母》荣获最佳传统剧目奖，《魂断鳌头》获省第六届艺术节暨第26届戏剧会演优秀剧目一等奖，仙游古典家具制作技艺列入国家级非物质文化遗产名录。推进县级公立医院改革，实行药品、耗材零差率，开展分级诊疗试点，县妇幼保健院实现整体搬迁，15个乡镇卫生院得到改造提升。完成补充耕地任务面积144.27公顷，地灾点搬迁拆除300户，连续14年实现占补平衡。完成高标准基本农田建设面积708.47公顷。完成植树造林面积1332.2公顷，森林覆盖率70.72%。节能减排目标全面完成。淘汰黄标车792辆。

【元生智汇智能终端项目】　2016年9月，项目一期工程动工建设。该项目位于仙港工业园电子信息产业园（瑞峰片区），规划用地面积64.62公顷，其中一期用地面积38.69公顷。该项目由苏州春兴精工股份有限公司、台湾荧茂集团、智慧松德集团等多个上市公司联合投资建设。项目总投资130亿元，分两期投资，各为65亿元。主要建设高端CNC数控加工中心、智能机器人加工控制中心、3D玻璃数控加工中心、数字化工厂管理中心和研发测试中心。生产产品为智能手机、平板电脑、VR数码、智能穿戴设备等智能电子产品及金属模具、塑胶模具、2.5D/3D玻璃等高端精密结构材料。

（李武强）

荔城区

【经济概况】 2016年，莆田市荔城区完成地区生产总值367.61亿元，比上年增长8.9%；一般公共预算总收入35.46亿元，下降3.7%；固定资产投资296.97亿元，增长5.4%；规模以上工业产值582.85亿元，增长9.9%；社会消费品零售总额166.07亿元，增长9.8%；农林牧渔业总产值34.59亿元，增长1.1%；外贸出口总额63.23亿元，增长12.3%；城镇居民人均可支配收入35816元，增长8.8%；农村居民人均可支配收入16875元，增长8.9%。

农业经济。增加村级集体收入2080万元。增强闽中、本地香等17个市级以上农业龙头企业带动能力，实现销售收入50.6亿元，增长16.2%，辐射带动5.3万农户增收9.6亿元。完成永久基本农田划定工作，建设高标准农田面积166.67公顷，整治农村土地面积14.67公顷。全区实施重点水利项目19个。

工业经济。为56家企业提供融资过桥担保24.6亿元，化解企业信贷风险9亿元。全年新增华峰运动用品、联华鞋材、众发体育用品等17家规模以上企业，双驰实业、恒达机电、港西工贸等11家企业列入省重点上市后备企业。奖励改制上市、节能循环、调峰、增产增效用电等各类补助资金5300多万元。

第三产业。基本完成区电商大楼、旷远附属楼招商工作。创新电商企业集群注册模式，新增创研智造、梦想+优空间等众创空间两个。电子商务蓬勃发展，全区电商企业突破600个，入选淘宝镇两个、淘宝村18个。光大银行、浦发银行、爱建证券、联储证券等金融机构入驻运营。新增规模以上工业企业20家、限额以上商贸企业83家、重点服务业企业27家。工艺城获“福建省现代服务业集聚示范区”称号。

项目工作。383个区重点项目完成投资265亿元，百合鞋业二期、公交北站等100个项目开工建设，正荣·财富中心、华峰工贸二期、湄洲湾国际家具城、玉湖新城张镇安置区等70个项目竣工或投产。引进中建海峡、金一文化创意产业园、欧麦鑫包装等项目97个，计划总投资84亿元，其中零地招商项目35个，盘活闲置商业场所、闲置厂房约10万平方米。公开拍卖文献东路片区安置房1.72万平方米。

城乡建设。全区31个安置区加快建设，南郊濠浦三期、物流路东郊、七境园中村等6个安置区完成主体建设，黄石旧街一期、磐龙山庄一期、护城河三期等安置区群众陆续回迁。省道201线、紫霄路、总部配套路网、滨溪北路、东梅路等动工建设，白塘路（荔城段）全线交付施工，莆兴路二期、物流2#路、九华路三期、梅山西路建成通车。新建、改造农村道路11千米，改造危桥3座。开挖玉湖人工湖，新增湖域面积20公顷。完成21个中心城区污水收集改造及截污工程，新建污水管网16.5千米。改造城涵河道3.1千米，建设万里安全生态水系15千米。生态修复废弃矿山2座。完成造林绿化和森林经营93.33公顷。淘汰黄标车717辆。

【社会事业】 50项为民办实事项目全面完成。复办莆田八中初中部，6所新建、改扩建学校（幼儿园）投入使用，新增学位720个，获省级“安全教育示范区”称号。通过省级慢性非传染性疾病综合防控示范区考核验收。开展精准扶贫，1054名贫困人口实现脱贫。完善城乡居民基本养老保险多缴多得制度，基础养老金标准由每人每月85元提高到100元。城乡居民医疗保险人均筹资水平由470元提高到540元，拆除违建面积26.9万平方米。获“全国科普示范区”“福建省食品安全社会共治示范区”称号。

（翁建伟）

荔城新景

（荔城区政府办供稿）

城 厢 区

【经济概况】 2016年，莆田市城厢区生产总值318.92亿元，比上年增长8.9%，三次产业结构比例为3.7：42.9：53.4；规模以上工业产值完成296.5亿元，增长8.7%，增加值完成90.97亿元，增长8.9%；社会消费品零售总额完成192.7亿元，增长14.9%；农林牧渔业总产值完成22.1亿元，增长0.5%；一般公共预算总收入28.4亿元，增长0.1%；外贸出口总额完成51.1亿元，增长5.1%；全体居民人均可支配收入超3万元，增长8.5%。

工业经济。新增规模以上工业企业20家，总数达169家。制定推进食品产业转型升级及“三转一市”（个转企、企升规、有限转股份，上市）等一系列政策措施，累计兑现各级惠企政策资金3900多万元。防范和化解金融风险，利用政府应急周转资金为54家困难企业转贷111笔18.3亿元。提升提质步伐加快，29个省、市重点技改项目完成投资11.5亿元，33家企业开展“机器换工”，21家企业实施“电商换市”，才子服饰被评为“国家两化融合贯标体系示范企业”，东南艺纸实现新三板挂牌上市，华林鞋艺小镇列入全省第一批特色小镇创建名单。品牌创建卓有成效，新增4个省级名牌、9个省著名商标、12个市知名商标，中科华宇制定国家级标准1项，溢通环保制定行业标准1项。鼓励企业产学研，投入科技三项费用3500万元，联发创客工场、国艺文化创客空间两家企业被评为省级众创空间，杰讯光电、锐马电气等6家企业成功入选省科技小巨人领军企业培育名单。建筑企业稳步发展，全区65家资质内建筑企业预计完成产值155.2亿元，增长11.2%。

第三产业。新增限额以上商贸企业66家，总数达281家，实现第三产业增加值170.3亿元，占GDP比重达53.4%。全力发展现代服务业，出台金融总部、动漫游戏、家政服务等系列专项扶持政策，兑现各级专项扶持资金3500多万元；引进全市首家动漫企业，桑迪电子引进AR、VR等高新技术，众望平台开设创投基金新模式，服务业态日益丰富；安福电商城、莆田国际油画城被评为“省级现代化服务业集聚示范区”。成立跨境电商服务中心，“互联网+医疗健康产业大数据支撑公共平台”列入国家大数据库，限额以上电商企业达到126家，经营国内外品牌500多个，年销售额超100亿元。旅游产业不断发展，入选全省创建全域旅游示范区，九龙谷景区被评为国家水利风景区，11家旅行社跻身全省AAAA、AAAAA旅行社行列。全年接待游客566万人次，实现旅游收入60亿元，分别增长18%、21%。

现代农业。推进城厢花卉世界、海产品加工区、绿丰园艺、金山辣木等一批重点农业项目发展。农业与电商融合，成立惠农电商品牌展销中心，在苏宁易购等平台上开设“中华特色馆——莆田馆”，为农产品销售拓宽网上渠道。

项目建设。全年安排重点项目330个，完成投资198亿元。28个省行动计划项目、17个省重点项目、62个市重点项目分别完成投资56.3亿元、56.5亿元、78.6亿元。列入市级5000万元以上项目136个，全年谋划项目55个，签约项目27个，开工项目40个，投产项目7个，增资项目7个，总投资1639亿元。全年实施4个片区10宗地块改造，征地面积60公顷，拆除房屋面积37万平方米，莆田西、三紫地块A、坂头东地块七等片区实现净地，景祥山、洋西三期等4宗面积36.93公顷经营性土地出让。洋西五期、莆田西安置房等城建项目，木兰溪防洪工程华亭段、团结溪河道治理工程等水利项目实现动工建设，华源纺织城一期、亚明食品等一批工业项目，莆田电商城、天喔保税仓库一期等一批商贸服务业项目，恒大御景半岛、联发君悦首府等一批房地产项目建成或部分建成。

城乡建设。推进木兰大道、联十一线等城市干道建设，开工建设南站路、延寿路南伸等市政基础设施项目。升级改造城区主次干道环卫设施，实施26个园林绿化项目，基本建成北渠绿道二期、延寿绿道、东圳绿道3个河道景观工程，建设广化寺、东圳路等6处公共停车场，完成15千米污水管网建设。依法拆除“两违”建筑1440宗面积36.5万平方米，19个市级“幸福家园”试点村拆除旧房面积5万平方米，新建住宅面积3.5万平方米，土地复垦面积13公顷。完成洋西溪、下磨溪等城区内河综合整治工程，木兰溪城厢段、东圳水库及6个饮用水源地水质达标率均为100%。

社会事业。全年社会事业方面支出12.8亿元，占地方公共财政预算支出的58.2%。全区受理专利328件，居全市第一，每万人口发明专利拥有量1.87件，增长47.2%。入选首批2016—2020年度福建省科普示范区。太平小学、逸夫实小、华二中心园教学综合楼完成主体建设，全面“改薄”项目基本完成，通过“义务教育发展基本均衡区”国家督导评估复检。城乡居民医疗保险筹资标准提高到每人每年不低于540元，其中政府补助标准增加至不低于420元。在7所村卫生所开展乡村卫生服务一体化管理试点，推动医疗资源向基层倾斜。新建激情文化广场、农家书屋、全民健身点、仿古戏台等文体设施61个。获“第25届世界技巧锦标赛承办工作先进集体”称号。

【民生事业】 投入7.8亿元，办好17件年度惠民实事。筹集资金3000多万元，“造福工程”易地搬迁295户1070人。新增城镇就业人员3479人，全区城镇登记失业率1.99%。发放低保金、医疗补助金等774万元。加快养老服务体系建设，建成社区居家养老服务平台，新增床位140张，新增农村幸福院4所。持续推进保障性安居工程，筹集19.5亿元用于安置房建设，滨溪一期、肖厝一期、洋西二期、雷山二期、木兰溪防洪工程霞林段（屿上）等5个安置房项目1030户群众实现回迁，建成肖厝二期、滨溪二期等5个安置房项目，坂头10#楼经济适用房和郭氏宿舍楼公租房407套建成交付。民生水利工程有序推进，完成太青联合堤、东海海堤除险加固和6条农村河道清淤27.4千米、护岸14.8千米。

（周浩然）

涵江区

【经济概况】 2016年，莆田市涵江区实现地区生产总值428.72亿元，比上年增长8.0%；一般公共预算总收入33.07亿元，下降4.5%，其中地方一般公共预算收入20.25亿元，下降0.3%；规模以上工业企业总数达304个，实现增加值253.52亿元，增长8.3%；城镇居民人均可支配收入30273元，增长8.2%；农村居民人均可支配收入14680元，增长8.4%。

产业发展。莆田高新区升格为全省第四个国家级高新技术产业开发区，引进海峡股权交易中心。涵江港区33.99平方千米的用海规划获国家部委批复，陆域形成工程实现动工。总投资240亿元的华佳彩高新技术面板项目和总投资30亿元的福联砷化镓芯片项目开工建设，总投资16亿元的云度新能源汽车项目通过国家发改委资格预审，总投资28亿元的雪津迁扩建项目投产。莆田高新区通过"国家火炬计划莆田液晶显示产业基地"复评，新增高新技术企业7个、省级科技小巨人领军企业11个，万人有效发明拥有量居全市首位。海峡股权交易中心新挂牌企业3家，华名华居在新三板上市。累计兑现惠企资金2400多万元，"营改增"减轻企业税负8000多万元。为34家企业办理应急保障周转金15.55亿元，累计化解企业不良贷款2.22亿元。

第三产业。实现增加值122.35亿元，社会消费品零售总额108.08亿元，增长10.5%。陈桥家具专业产业园实现开园，小商品批发城"涵商购"平台正式上线，电商创业园纳入全市互联网经济集中区。商品房销售超80万平方米，其中货币化安置和政府财政补贴促进"去库存"42万平方米。

城乡建设。推进"三城同创"（即创建国家生态文明城市、国家森林城市、国家卫生城市），全面铺开美丽家园行动，加快新型城镇化和城乡一体化步伐。完成城建类固定资产投资206亿元，开工新港、石庭圆圈等棚改项目10个，改造面积超90万平方米。新建、改建、提升道路24条，新增市政道路8千米，新建公共停车场、停靠站45个，新增公交线路8条。开工建设滨海新城污水处理厂，新建污水处理站两座，配套污水管网35千米。完成城区电力缆线下地42千米，铺设供水管网和燃气管道8千米。开工建设城涵河道防洪景观工程，新建城市绿道5条。新增省级旅游特色村3个，省级美丽乡村示范村两个，18个"幸福家园"试点村累计完成投资1.3亿元。城市管理趋于常态化，拆除"两违"面积30.5万平方米。

项目建设。完成固定资产投资387.63亿元，增长18.4%。236个区重点项目实现开工、竣工192个。续建、新建木兰溪防洪等水利项目，开工建设涵江港1～3号泊位码头，续建联十一线及其连接线等工程，获批林地57公顷，征收土地面积86.67公顷。完成交通水利投资54亿元。推进产业链招商，新对接项目9个，总投资126.5亿元。创新投融资体制，策划实施投资工程包8个，成功发行高新公司债券5亿元，争取国家专项建设基金1.8亿元，获得国开行、农发行贷款资金15.6亿元，累计实现融资超80亿元。

【社会事业】 10件为民办实事项目顺利实施。造福搬迁900人，精准脱贫1856人，占全部脱贫任务的61%。城镇新增就业2635人，农村劳动力转移就业3765人。保障性安居工程棚改项目新开工6138套，回迁安置房1761套。推进社保提标扩面，城乡居民医保、城乡低保、农村五保等补助标准分别提高至420元、540元、730元。涵江医院新院实现开工。新建、改造、提升幼儿园25所，实施全面改薄教育工程24个，新增学位2235个，新增校舍面积6万平方米。开展群众性体育活动，两位跳远健将分别获得世界级田径赛事冠军和国家级田径赛事季军。通过全国文明城市测评和全省第三轮"平安县（区）"考评。

（范　将）

秀屿区

【经济概况】 2016年，莆田市秀屿区实现地区生产总值368.86亿元，比上年增长10.4%；工业增加值154.45亿元，增长8.3%；规模以上工业产值508.2亿元，增长8.7%；一般公共预算总收入29.1亿元，下降19.1%，其中地方一般公共预算收入17.8亿元，下降8.4%；固定资产投资705.9亿元，增长16.5%；外贸出口25.6亿元，下降19.5%；实际利用外资5600万美元，增长7.7%；社会消费品零售总额68.22亿元，增长11.8%；农村居民人均可支配收入15602元，增长9.3%。

农业经济。实现第一产业增加值46.02亿元，增长2.0%。新增楼房养殖面积5000平方米，钢架大棚面积2公顷。通过国家级出口鲍鱼质量安全示范区验收，南日鲍被评为全市十大渔业品牌首位。完成渔业产值48.4亿元，增长8.8%，占全市渔业产值的70%。

工业经济。实现第二产业增加值211.93亿元，增长10.1%。完成工业投资197.7亿元，增长23.5 %。规模以上工业企业净增至240家。50家亿元企业实现产值365亿元，增长11.1%。中锦新材料、华峰新材料等两家新增长点企业新增产值77亿元，拉动规模工业产值增幅17个百分点。新兴产业企业数增至23家，医疗健康产业增长9%。工艺美术产业实现产值77.5亿元，林产品加工产业实现产值69.4亿元。累计为29家企业办理63笔14亿元

2016年，秀屿港区全景图 （秀屿区政府办供稿）

“过桥担保资金”（一种短期资金的融通），防控和化解系统性金融风险。

第三产业。实现第三产业增加值110.91亿元，增长12.9%。163家限额以上商贸企业实现销售额123亿元，增长44.3%。新增36家规模以上服务业企业，总数达43家，实现营业收入3.5亿元。上塘珠宝城列入全省首批9个“互联网+”区域化链条化试点。实施支持电子商务发展、个人购房财政补贴等政策，兑现扶持资金2000多万元，普天药械网、找银网、红木交易中心等15家电商企业交易额突破25亿元。商品房销售面积13.2万平方米，增长10%。

重点项目。新增项目建设146.67公顷。对接省国开行、市农发行等政策性银行实现项目融资16.8亿元、流动资金贷款0.6亿元、台风应急贷款1.7亿元，争取国家专项建设基金3亿元。共跟踪对接招商项目20个，总投资174.6亿元，签订投资协议书项目15个，总投资52.5亿元。全区300个重点项目完成投资315亿元，开工建设CPL、上海电气海上风机生产等项目153个，竣工运营永福家居城、平海湾5万千瓦海上风电等21个项目；签约落地项目15个，总投资52.5亿元。全区155个“五个一批”脱贫项目，总投资3119.7亿元，年度计划投资165.3亿元，完成投资195.4亿元，完成年计划的118.2%。莆头港集装箱码头投入使用。

城乡建设。132个城建项目实现投资93亿元，涵港大道秀屿段、东五街二期实现通车；区委党校、司法楼交付使用；陈厝等3个安置区基本完成回迁，杨林等6个安置区主体工程基本完成；新建市政道路3条6.7千米，铺设供水管道10千米、污水管网25.5千米。83个“幸福家园”建设项目全面开工，完成投资2.25亿元。建成农村公路30千米，新建群众性文化激情广场5个，完善6所镇敬老院配套，完成20所农村幸福院建设。推动上塘银饰小镇入选全省首批28个特色小镇。规划建设平海“互联网+海产品+滨海旅游”休闲乐活小镇、南日风情生态小镇、笏石现代农商交易物流小镇。安排绿化项目39个，完成森林城市建设年造林绿化面积680.13公顷。

【社会事业】 教育提升、海堤除险加固等14个为民办实事项目完成投资28.9亿元。完成中小学校舍安全工程5个，城区扩容工程3个，新建校舍面积10.9万平方米，新建幼儿园3所，与莆田一中合作创办毓英中学。加强校企联合办学力度，与华峰集团签订校企合作协议书。建设数字农家书屋50个、文化激情广场5个、社区多功能运动场6个，推进7个乡镇综合文化站提升工程建设。南日岛被授予“全国海钓竞训基地”称号。深化公立医院管理体制改革，推进分级诊疗制度建设，引进社会资本参与埭头镇中心卫生院和东峤镇卫生院改革。推进南日、平海卫生院改扩建和东庄镇卫生院整体搬迁，完成村卫生所建设提升工程7个。新增就业人数1989人，转移农村剩余劳动力4989人，城镇失业率控制在2.3%以内；落实临时救助、特困人员救助、医疗救助等，累计发放救助金2865万元。120个贫困村、576户贫困户全部落实到区直各部门和相关责任人；建档立卡576户1904人，脱贫965人。组织22家民营企业与20个建档立卡贫困村结对帮扶，促进全社会关注扶贫、参与扶贫，帮助160户受灾户开展灾后住房重建。

（林 伟）

湄洲湾北岸经济开发区

【经济概况】 2016年，莆田市湄洲湾北岸经济开发区实现地区生产总值61.42亿元，比上年增长13.0%；规模以上工业总产值51.35亿元，增长38.2%；三次产业结构比例为15.7∶54.9∶29.4；全社会固定资产投资312.11亿元，增长17.5%；社会消费品零售总额10.09亿元，增长17.1%；一般公共预算总收入7.11亿元，下降6.6%；实际利用外资（验资口径）4000万美元，增长14.3%；农林牧渔业总产值17.19亿元，增长0.9%。

项目建设。123个重点项目完成投资312.11亿元，占年度计划的100.7%。80个“五个一批”脱贫项目完成投资96.5亿元。国投湄洲湾煤炭码头一期工程于2016年7月试运行。东吴作业区1～3#泊位启动后方陆域回填施工，累计完成投资7200万元。总投资64亿元的湄洲湾第二发电厂在现有一期两台393MW发电机组的基础上再建设两台1000MW超临界发电机组。总投资35亿元的赛得利差别化纤维项目加快推进环保提升改造，全年实现产量24.6万吨，产值35.2亿元。总投资100亿元的和润粮油食品精深加工和物流贸易项目于2016年3月开工。

基础设施。疏港铁路方面，罗屿铁路支线完成总长765.75米的罗屿特大桥桩基、墩台身、梁片制作，完成总长2.2千米的配套工程方面筑堤、总长3.16千米的支线路基填筑工程，总长7.59千米的支线铺轨完成4.47千米；

2016 年，莆田山亭镇蒋山村发展“一村一品”特色养殖，图为紫菜养殖现场
（湄洲湾北岸经济开发区供稿）

国投铁路支线完成施工现场建筑及路基清表、换填海沙、水泥搅拌桩等。东吴中大道、罗屿公路桥、东吴西大道一期、滨海大道一期、荔港大道北岸段一期等工程实现竣工，完成交通道路投资 16.19 亿元。总投资 1.3 亿元、全长 749 米的罗屿公路桥项目于 2016 年 6 月建成通车，为莆田市首座跨海大桥。航道方面，湄洲湾航道三期项目征海工作完成，Ⅰ阶段工程和Ⅱ阶段工程分别于 2016 年 1 月和 5 月通过交工验收。

城乡建设。妈祖城配套功能日益健全，完成部分环城路路段、经营性管网、路灯照明等配套设施建设。大地城完成回购，地块控规、产业策划、招商引资工作取得突破，引进福建质子（粒子）治疗中心项目，港里小镇、保利生命城、中能源智慧园区等项目对接取得初步成果。北江新城控规完成编制，罗屿新城安置区实现主体竣工，综合商贸宜居中心雏形初现。

【社会事业】 全区 27 户 114 人脱贫对象实现脱贫。莆田外国语学校并入莆田一中管理，北岸医院实现开工建设。滨海大道一期、东吴中大道、荔港大道北岸段一期等一批道路实现竣工。健全新农合工作机制，新农合财政补助从 320 元提高到 380 元。城乡居民社会养老保险参保率达 98.73%，为 60 周岁以上符合条件人员发放养老金 1790.41 万元。建成Ⅰ类避灾点 38 个、农村幸福院 45 个、社区日间照料中心两个。完成 3 个镇综合文化站配套设施建设，建成 17 个数字农家书屋，实现 38 个村（社区）农民体育健身工程点和激情文化广场全覆盖。

（吴建洪）

编辑：林丹英

南 平 市

【基本概况】 南平市位于福建省北部，俗称闽北，是福建省北上西进的战略通道。下辖 2 区 3 市 5 县，户籍人口 321.26 万人，面积 2.63 万平方千米，是福建面积最大的设区市。是中国南方开发最早的地区之一，有 4000 多年的历史，福建的“建”字就出自南平建瓯，10 个县（市、区）建县都在千年以上，是闽越文化、朱子文化、武夷茶文化的发源地，被誉为“闽邦邹鲁”和“道南理窟”；历史上出过 19 位宰相和 2000 多位进士，特别是著名理学家朱熹在南平“琴书五十载”，后人有“东周出孔丘，南宋有朱熹；中国古文化，泰山与武夷”之说。境内资源丰富，被誉为“福建粮仓”“南方林海”“中国竹乡”，有林地面积 216.71 万公顷，竹林面积 40.63 万公顷；境内有 1 江 3 溪 176 条支流，水域面积 11.01 万公顷，水资源总量 325.25 亿立方米，水能资源理论蕴藏量 387.4 万千瓦，居全省首位；已知矿产 70 多种，已探明储量 46 种，其中钽铌矿、萤石矿蕴藏量居全国前列。是国家级生态示范区，森林覆盖率 77.3%，森林蓄积量 1.65 亿立方米，空气中负氧离子含量最高达每立方厘米 48.8 万个，地表水质功能达标率和城市饮用水源达标率均达 100%。有 11 个国家 AAAA 级以上景区，境内的武夷山是全国仅有的 4 个“双世遗”地之一。

【经济社会综述】 2016 年，南平市实现地区生产总值 1457.74 亿元，比上年增长 6.8%；一般公共预算总收入 119.26 亿元，下降 4%，其中地方一般公共预算收入 82.97 亿元，下降 4%；规模以上工业总产值 1857.9 亿元，增长 7.2%；农林牧渔业总产值 555.03 亿元，增长 4.5%；固定资产投资 1694.4 亿元，下降 4.5%；外贸出口 11.97 亿美元，增长 6.6%；社会消费品零售总额 556.68 亿元，增长 10.5%；城镇居民人均可支配收入 27818 元，增长 6.5%；农村居民人均可支配收入 13331 元，增长 8.7%；居民消费价格总水平上涨 1.3%。

重点项目。列入省市“五个一批”脱贫项目（发展生产脱贫一批、易地扶贫搬迁脱贫一批、生态补偿脱贫一批、发展教育脱贫一批、社会保障兜底一批）2058 个，总投资 7589 亿元；在建行动计划重大项目 176 个，完成投资 307 亿元；省市重点项目 346 个，新开工 98 个，建成或部分建成 94 个，完成投资 511 亿元；24 个工程包完成投资 106 亿元。南三龙、衢宁铁路、南平联络线、顺邵高速加快建设。举办“11·16”茶博会，引进武夷新区万达文旅综合体、中国人寿国寿嘉园、大容量动力锂电池、邵武肉牛良种繁育加工等重大项目，引进投资亿元以上签约项目203个、总投资719亿元。坚持招商引资与项目落地并重，投资2000万元以上招商项目新开工274个。

特色产业。加快培育新兴产业，推动传统产业转型升级，实施电子信息、“两化”融合、信息消费等项目55个，实施技改重点项目75个。海川药业在韩国上市，新增“新三板”挂牌企业5家。推动企业技术、管理和营销创新，加快打造创新平台，建立两个国家级企业技术中心，元力活性炭、三金电子等37家企业入选省“科技小巨人领军企业”。注册地理标志商标4件，认定省著名商标25件。加快以旅游为主的服务业发展，新增国家AAA级以上旅游景区7个，旅游接待总人数3441.72万人，增长17.7%，旅游总收入463.57亿元，增长24.7%。

农业经济。推动传统农业向现代农业转型，加快建设各县（市、区）现代农业科技园、农业示范区、农民创业园和农民创业示范基地。培育“休闲农业”“定制农业”等新型农业业态，新增省级以上农业产业化重点龙头企业56家，邵武农业科技园获批为国家级农业科技园区，建瓯获评国家农村产业融合发展试点示范县。农村水利设施、路网工程和电网改造工程加快实施，5个省级扶贫开发重点县争取帮扶资金12.86亿元，完成3.1万人脱贫任务和1.73万人“造福工程”扶贫搬迁任务。

城乡建设。南平“一市两区”总体规划编制完成。高铁武夷山东站、客运枢纽、大武夷旅游集散中心、航天体验馆、崇阳溪景观带示范段、赤岸南林安置房、中小学幼儿园4所学校、武夷高新技术园区互联网经济产业园等项目基本建成。延平城区规划设计实施老城区“两横四纵”主街道立面改造和一批隧道、桥梁、公共停车场、农超市场、城市道路等补短板项目及九峰山、马头山森林公园项目以及高铁北站片区、延平新城港区、南平工业园区建设项目；启动实施连接新老城区的316国道城市快速通道改造项目。各县（市、区）中心城市策划实施城乡建设补短板项目425个，总投资131亿元。

生态环境。开展武夷山国家公园体制、生态系统价值核算，武夷山、顺昌、建阳重点生态区位商品林赎买，光泽县党政领导干部自然资源资产离任审计等国家生态文明试验区试点工作。环境保护目标责任制全面落实，水、大气和土壤污染防治行动计划有效实施，城乡黑臭水体、生活污水和畜禽养殖污染整治力度加大，主要流域水质功能优良；淘汰黄标车6347辆、燃煤锅炉164蒸吨，空气质量优良；水土流失综合治理2.61万公顷。21个国家节能减排示范项目加快建设。科学划定生态红线，林业自然保护区占国土面积比例达7.04%以上，完成造林绿化面积1.48万公顷，林业碳汇交易在全省率先突破。

社会民生。全民参保登记试点工作基本完成。提前一年全面通过“全国义务教育发展基本均衡县”认定，中小学校扩容改造新增学位6115个，新增公办幼儿园15所。保障性安居工程新开工8118套，基本建成8995套。举办第三届市运会、武夷山国际马拉松等赛事。21项为民办实事项目全面完成。新增城镇就业2万人，农村劳动力转移就业4.7万人。连续4届蝉联“全国双拥模范城”称号。

【武夷山国家公园体制试点】 2016年6月17日，武夷山成为全国首批9个国家体制试点区之一，范围涵盖武夷山国家级自然保护区、武夷山国家级风景名胜区和九曲溪上游保护带等3个区域，总面积为982.59平方千米。试点区保存世界同纬度带最完整、最典型、面积最大的中亚热带原生性森林生态系统，发育有明显的植被垂直带谱。有动物种类5110种，其中列入国际《濒危物种国际贸易公约》的动物有46种。根据方案要求，将组建武夷山国家公园管理局，承担国家公园自然资源管理、生态保护、规划建设管控、特许经营、社会参与和宣传推广等工作。

【“六五”普法全国先进城市】 “六五”普法开展以来，南平市建立“党委统一领导，人大政协监督，政府组织实施，部门齐抓共管”的普法工作格局，下发《全市法制宣传教育第六个五年规划》，率先在全省将普法依法治理工作情况纳入县（市、区）党政领导综治责任书考评标准范围。2016年，南平市被表彰为“2011—2015年度全国法治宣传教育先进城市”。

（林　立　罗旭东）

延　平　区

【经济社会概况】 2016年，延平区实现地区生产总值298.66亿元，比上年增长6.5%，三次产业比重为13.0∶49.0∶38.0；一般公共预算总收入9.93亿元，下降0.8%，其中地方一般公共预算收入6.89亿元，增长2.9%；城镇居民人均可支配收入28984元，增长5.8%。

产业发展。农林牧渔业总产值72.46亿元，增长3.6%。落实粮食高产产能区面积2003.1公顷，新建设施农业80公顷；新增农民专业合作社49个、家庭农场42个、市级以上农业产业化龙头企业29家。全区规模以上工业产值316.46亿元，增长5.4%，新增规模以上工业企业6家，总数达114家；长富生物发酵乳改扩建等28个项目建成投产，华泰竹木等3个项目完成兼并重组。18家限额以上电商企业实现网上交易额12.58亿元，增长53.8%；全年旅游接待人数620.5万人次、总收入70.88亿元，分别增长17%、19%；市辖区商品房销售面积55.78万平方米，增长84.6%。

项目建设。63个省、市、区重点项目完成投资51.59亿元；10个在建省行动计划重大项目完成投资8.84亿元；新增“五个一批”项目243个，总投资789.5亿元，其中谋划105个、签约34个、开工50个、投产41个、增资13个；32个工程包项目完成投资6.5亿

美丽乡村——延平区樟湖镇香山村（延平区政府办供稿）

元。正大欧瑞信农产品加工及微生物菌种有机肥生产、樟湖大桥、西城大桥至西芹五星桥段公路改建工程等28个项目建成或部分建成。

城乡建设。朱熹路提升改造、成功路道路绿化、新水南桥拓宽改造等项目建成投入使用；国道316线改扩建工程、从彦路、新港路等一期工程开工建设。南平二水源建成投入使用，完成三元二路美食街提升改造、九峰山公园景观改造项目，拆除“两违”建筑面积40.15万平方米；5个乡镇污水处理厂基本建成，集镇垃圾全部实现集中转运；14个美丽乡村项目开工建设，两个村入选中国传统村落名录，11个村被评为首批省级传统村落。

环境保护。推进生态文明试验区建设，完成造林绿化面积1230.86公顷、生态长廊面积136.6公顷，种植楠木面积251.86公顷、红豆杉面积859.27公顷，实施水土流失治理面积0.16万公顷。削减生猪存栏49.5万头，拆除畜禽养殖场1656个、面积76.37万平方米，完成养殖场标准化改造842个；和顺碳素有限公司煅烧炉脱硫设施建成投入试运行，淘汰黄标车1658辆；市下达的万元生产总值能耗及二氧化硫、化学需氧量、氨氮、氮氧化物排放量等节能减排任务全面完成。

改革开放。推行行政权力清单制度，保留区级行政许可163项和区级公共服务事项93项。延平区医院委托市第一医院管理，15个乡镇全面开展农村土地确权登记颁证，121个行政村完成权属调查，土地流转面积0.37万公顷；成立区林木收储中心。完成“一照一码”换照5198户，新设立企业1953户。福建海川药业在韩国上市，绿标新型建材公司股权在省高新技术交易市场交易。全区招商引资合同项目135项，总投资277亿元。

民生保障。城镇新增就业2420人，城镇失业人员再就业1220人，农村劳动力转移就业7560人，城镇登记失业率3.15%。完成2396户6886人贫困人口建档立卡工作，落实造福工程583户3471人，7个集中安置区中有两个建成。申请专利430件，授权315件，“6·18”对接项目成果96项，总投资27.9亿元。完成5个教学楼项目和38个“全面改薄”（全面改善贫困地区义务教育薄弱学校基本条件）校舍类项目建设。明翠影院实施提升改造工程，金山、大家厂体育公园建成投入使用。完成4个中心卫生院改造提升、两个卫生院医技综合楼扩建项目建设，实施33个村卫生所改造。人口自然增长率5.14‰。

【海川药业公司在韩国上市】 2016年11月4日，在韩国证券交易所挂牌上市，成为南平市第一家韩国上市企业，当年实现销售额9亿多元。该公司创建于2009年4月，是一家集茶元素系列产品研发、生产、销售于一体的现代化科技企业。2011年与武汉大学合作设立海川药妆研究中心，专门从事茶妆用品的研发，并拥有茶护肤、润肤系列产品近百种和两项国家发明专利，其“茶娃”系列产品为全球首家茶妆婴童护理品牌。

（李月光）

建阳区

【经济概况】 2016年，建阳区实现地区生产总值164.59亿元，比上年增长6.8%；一般公共预算总收入14.6亿元，增长6%，其中地方一般公共预算收入10.9亿元，增长4.0%；规模以上工业总产值253.7亿元，增长0.5%，规模以上工业增加值69.75亿元，下降1.6%；外贸出口1.26亿美元，增长20.7%；社会消费品零售总额53.26亿元，增长12%；城镇居民人均可支配收入28065元，增长5.3%；农村居民人均可支配收入13357元，增长8.1%。

服务武夷新区。全年完成土地征收面积451.67公顷，房屋拆迁面积5.6万平方米，制止违法建设1398起，拆除违法建筑面积43.5万平方米，查处阻工案件38件，保障武夷新区云谷小区等16个重点项目建设。

项目建设。全区行动计划重大项目100个，完成投资44.72亿元，其中26个省、南平市重点项目完成投资40.09亿元，34个列入省行动计划重大项目完成投资27.42亿元。投资1亿元以上行动计划项目68个，总投资397.6亿元。创新招商引资方式方法，实施精准招商，新引进2000万元以上项目25个，总投资30亿元。

产业发展。全区粮食播种面积3.53万公顷，总产量超过20万吨。建阳橘柚、葡萄、茶叶等特色产业规模和效益提升。累计组建农民专业合作化组织

585个、家庭农场173个。工业发展保持平稳，启动绿色工业强区行动计划，全年新增规模以上工业企业20家，亚亨机械、好与佳生物科技在“新三板”上市。建发悦城中心营业，永康五金城即将试营业。全年实现线上交易5.5亿元。全年商品房销量面积73.5万平方米。

城乡建设。全年实施城建重点项目63个，完成投资23.8亿元。东入城口道路二期、城区天然气管网、崇阳溪、麻阳溪万里安全生态水系示范项目等13项工程相继完成。水吉镇获“中国最美乡镇”传承奖，黄坑镇入选省首批产业融合发展试点示范乡镇，创建童游水尾、莒口焦岚等14个美丽乡村，改造农村路网25.4千米。

【社会事业】 各项支农惠民政策全面落实，24项为民办实事项目完成年度目标。造福工程完成扶贫搬迁343户1296人，完成建档立卡贫困户2907户7340人，实现脱贫3718人。新增城镇就业2268人，转移农村劳动力4731人。新建保障性住房910套。城镇居民养老保险超额完成南平下达任务，医疗保险参保率达100%。配合宋慈邮票发行，开展纪念宋慈诞辰830周年系列活动。计生工作创建为“新国优”。

（李国标）

邵 武 市

【经济社会概况】 2016年，邵武市实现地区生产总值205.96亿元，比上年增长5.8%；农林牧渔业增加值31亿元；规模以上工业增加值89.22亿元；固定资产投资339.81亿元；一般公共预算总收入14亿元，其中地方一般公共预算收入10.7亿元；实际利用外资1900万美元；外贸出口2.2亿美元；社会消费品零售总额106.83亿元；城镇居民人均可支配收入29159元，农村居民人均可支配收入15286元；金融机构存款余额157亿元、贷款余额105亿元。

项目建设。统筹推进项目策划生成、开工建设、竣工投产，全年策划储备项目88个，总投资771.2亿元；签约项目37个，总投资79.7亿元；新开工项目44个，总投资71亿元。争取上级各类资金13.35亿元、国家专项建设基金1.28亿元、地方政府债券资金9.81亿元，保障产业发展、基础设施、民生事业等重点领域项目建设资金需要。

工业经济。经济开发区和金塘工业园道路、地下管网、安置房等配套设施加快建设，新签约落户园区企业15家、总投资14.8亿元。实施工业重点投资（技改）项目18个、总投资27亿元，福人竹刨花板、正兴武夷轮胎实心胎等项目建成投产。新增福建省著名商标8个、福建名牌产品两个、南平市知名商标8个。远翔新材料在“新三板”挂牌。金融机构发放中小企业贷款34.7亿元。

第三产业。推进和平古镇改造提升。卫闽镇和桂林横坑村、水北龙斗村分别被评为省级乡村旅游休闲集镇、特色村，大埠岗竹源村、水北大乾村、桂林盖竹村、肖家坊将上村、沿山徐溪村被列为全国乡村旅游扶贫重点村。完善旅游公厕、景区停车场等配套设施，通过全省首批旅游标准化试点城市验收，全年旅游接待人数527.6万人次，增长20%。培育壮大商贸物流产业，引进和改造快递物流企业34家、新增物流车辆90辆，开通邵武至江阴、邵武至厦门铁海联运线路。建立“橙客空间”“匠心空间”等电商平台，培育5个农村电子商务示范点，发展销售网店2万余个，电商销售额达8.7亿元，全年销售商品房面积48万平方米。

农村经济。设立1200万元扶贫小额信贷资金，完成“造福工程”易地扶贫搬迁304户1193人，全年实现脱贫692户1924人。实施贫困村整村推进项目28项，完成投资1472万元。落实粮食播种面积3.87万公顷，产量20.2万吨；种植烤烟面积0.38万公顷，产量14.24万担。引进北京顺鑫万头优质杂交肉牛育肥、加工项目；发展中药材面积0.23万公顷、特色果业面积133.33公顷、林下经济面积280公顷；培育新型农业经营主体，新增农民专业合作社61个、家庭农场29个。云灵山“水乡渔村”休闲渔业产业园被评为国家级休闲农业示范点，南武夷药博园入选科技部首批“星创天地”。基本完成农村土地承包经营权确权登记工作。发挥农村

2016年，邵武市和平古镇民居　　（邵武市方志委供稿）

土地流转服务中心和林业担保收储服务中心的作用，新增流转土地 0.1 万公顷，帮助农户融资 1917 万元。新建高标准农田面积 0.11 万公顷、标准化生态茶园面积 217.2 公顷。除险加固小型水库 10 座，富屯溪四期防洪工程竣工。新增无公害农产品企业两家、绿色食品企业 1 家，“邵武蜜橘”“邵武红米”注册为国家地理标志证明商标。

城乡建设。全年实施城建项目 18 项，总投资 2.4 亿元，完成环紫云湖绿道景观二期、李纲东路新丰路一期、龙都圆盘改造工程。新建宜居小区 12 个。新增和优化公交线路 5 条，新建公交停靠站 36 个，投入运营新型纯电动公交车 30 辆。拆除“两违”面积 26.8 万平方米。

生态环境。全年绿化造林面积 0.20 万公顷，治理水土流失面积 0.14 万公顷，关停拆除生猪养殖场 102 个，淘汰黄标车 544 辆。卫闽至国道 316 连接线、大埠岗至省道 205 连接线竣工通车，硬化通自然村（组）公路 23.3 千米，实施农村公路安保工程 221.6 千米。

民生事业。扶持就业创业，发放小额担保贴息贷款 221.9 万元，开展青年、妇女、农民工、复员军人就业创业培训工作，建成“铁城家政”培训中心，新增城镇就业 2631 人，城镇登记失业率 2.94%。新建成保障性安居工程 983 套。职业中专实训楼、和平小学教学楼、洪墩和卫闽中学学生宿舍楼、城郊幼儿园等 7 个项目竣工。推进公立医院综合改革，实施分级诊疗制度，启动人民医院迁建项目，新建妇幼保健院竣工。出生人口政策符合率 93.69%，自然增长率 6.55‰。完成全市文化产业发展规划编制；市新体育中心项目开工建设，城市“十分钟体育健身圈”基本形成；举办全国武术太极拳公开赛、国际自行车挑战赛、国际古道越野赛等大型赛事。

【和平镇入选第一批中国“特色小镇”】 2016 年，和平镇入选第一批中国“特色小镇”。该镇位于邵武市西南部。古镇历史文化悠久，早在 4000 年前便有人类繁衍生息。全镇面积 192 平方千米，现存有古城堡，面积 9 公顷。内有谯楼、袁崇焕题额的聚奎塔、创建于五代的和平书院，还有县丞署、旧市三宫、旧市义仓、谢氏庄仓和中乾庙、下城庙、光源寺以及廖氏、黄氏、丁氏、赵氏、上官氏祠堂等古建筑、古遗址 200 多座（处）。连接南北城门的是一条长 600 余米的青石板古街，素有“福建第一街”之称。专家评价古镇是“一处全国罕见的城堡式大村镇”。古镇保留着丰富的传统文化、民俗及名产，历史上人才辈出，曾出过两名宰相、6 名尚书、137 名进士，有“中国进士之乡”的美誉。2005 年和平镇被建设部、国家文物局评为“中国历史文化名镇 ”，2014 年获评为国家 AAAA 级旅游景区。

（潘淑云）

武夷山市

【经济社会概况】 2016 年，武夷山市实现地区生产总值 150.33 亿元，比上年增长 6.4%；一般公共预算总收入 11.04 亿元，其中地方一般公共预算收入 8.68 亿元；固定资产投资 259.61 亿元；外贸出口 5403 万美元，验资口径实际利用外资 506 万美元；社会消费品零售总额 46.89 亿元，增长 10.9%；旅游接待总人数 1093.88 万人次，增长 12.1%，旅游总收入 192.63 亿元，增长 21.28%；工业总产值 129.28 亿元，其中规模以上工业产值 122.44 亿元，增长 6.8%；农林牧渔业总产值 45.64 亿元，增长 4.4%；城镇居民人均可支配收入 28958 元，增长 6.8%；农村居民人均可支配收入 14622 元，增长 9.0%。

项目建设。完成项目投资 243.87 亿元，占固定资产投资的 93.93%。实施重点项目 124 个，完成投资 29.29 亿元，在建 54 个，新开工 18 个，竣工投产 10 个。深化“三维项目”对接（对接央企、民企、外企），健全“五个一批”脱贫项目工作机制，储备南平市级以上“五个一批”脱贫项目 202 个，其中列入省级 96 个。保障建设用地 24 宗，完成征地面积 177.45 公顷、拆迁面积 7.5 万平方米，向上争取各类资金 11.5 亿元，获得省进出口银行授信 100 亿元。

产业发展。武夷岩茶品牌强度 931 分、品牌价值 627.13 亿元，分别位列

2016 年 12 月，武夷山被授予“海峡两岸交流基地”。图为武夷山隐屏峰下的武夷精舍（朱文公祠）（林忠玉摄）

全国茶类第一、第二；设立茶产业转型升级专项基金，改造生态茶园 493.33 公顷，茶叶总产量 16174 吨。开展“低碳之旅·畅游武夷”“万里茶道再出发”活动，推出极地海洋公园、珍宝馆等旅游项目，新创香江茗苑 AAAA 级旅游景区，国际骑游大会获评中国体育旅游精品赛事，武夷山庄被列入“首批中国 20 世纪建筑遗产”名录。出台去库存政策，新建商品房销售面积 25.89 万平方米，增长 11.64%。评出绿色金融信用示范企业 3 家，创建省级科技小巨人企业 4 家、省级众创空间 1 个、南平市企业技术中心两个，顺鑫建设在 E 板挂牌上市。创建“清新武夷爱之都、健康宝宝孕育地”品牌，建设全国首座“翼支付城”，再次入选全国电商百佳县。

城市建设。编制火车站片区控制性详规、南源岭村特色旅游区等规划，启动城市规划区内危房改造专项规划。改造城区、度假区道路，绿化文公苑、老物委片区以及街边空地，开工建设崇安大桥、“四中心一广场”、崇安大道。新建污水处理设施 10 套，新增污水处理量 1250 吨/日，完善度假区污水管网建设，污水处理率达 96.5%。

农村经济。粮食播种面积 2.16 万公顷、总产量 13.41 万吨，建成中心储备粮库。建设农业“五新”（新品种、新技术、新农药、新肥料、新机具）技术示范片面积 0.33 万公顷，上梅菜篮子示范基地通过省级验收。培育新型经营主体，培育龙头企业 26 家，其中国家级龙头企业 1 家、省级龙头企业 15 家、南平市级龙头企业 10 家；加强农产品质量安全监管，36 家农产品生产主体加入福建省农产品质量安全可追溯体系。推进 12 个美丽乡村建设，上梅村、茶景村入选第四批中国传统村落名录。落实造福工程易地扶贫搬迁 268 户 904 人，成立市级扶贫开发投融资平台和扶贫小额信贷助推协会，改善两个省级扶贫重点村基础设施，5 个村被列为国家“乡村旅游扶贫工程”重点村。

生态保护。列入国家公园体制试点、国家重点生态功能区试点。完善生态管护体系，拨付生态公益林补偿资金 1600 万元，完成造林绿化面积 0.11 万公顷，收储商品林面积 353.13 公顷，打击森林违法犯罪行为 182 起。实施国家水土保持生态文明综合治理工程，治理小流域水土流失 20 平方千米；建设崇阳溪、籍溪万里安全生态水系，综合治理西溪、澄浒溪、黄柏溪河道 13.4 千米，新建堤防及护岸 11.9 千米，综合整治崇阳溪兴田段、东溪吴屯段沿河 10 个行政村环境。专项整治重点流域畜禽养殖污染，关闭拆除 16 家生猪养殖场。全面落实“禁煤承诺”，开展“清水蓝天”专项检查，办结环境污染投诉 294 起；淘汰黄标车 643 辆，完成任务 113.4%。

社会事业。26 项为民办实事项目有效落实。新增城镇就业 1809 人、转移农村劳动力就业 3510 人。改造棚户区 1130 套，货币化安置 492 套，基本建成公共租赁住房 77 套，杜坝风情小镇完成交付回迁。加大投入扶残助残、帮扶计生特殊家庭，解决乡村医生养老保障，提高农村低保、五保供养标准。出台乡村教师支持计划，建成百花幼儿园，实现中小学“班班通”和教学点数字教育资源全覆盖。深化医药卫生体制改革，组建公立总医院，建成区域医疗卫生信息化平台；完成社会福利中心二期主体建设，新建 3 所农村幸福院、16 个社区居家养老服务中心。开展 120 多场文化惠民活动，举办 22 个省级以上赛事，获“中国围棋之乡”称号。

【吴屯稻花鱼】 吴屯稻花鱼产自世界双遗产地武夷山北部的吴屯乡等高山乡镇，在海拔五六百米稻田里放养的鲤鱼以田里的浮游生物与稻花为食，山高水冷，生长缓慢，肉嫩骨酥，味道鲜美，蛋白质含量高，故有“鱼中人参”之美誉。稻花鱼大多采用水煮鱼做法，鱼肉嫩鲜滑溜，鱼汤鲜美至极，征服了无数美食爱好者。2016 年，武夷山市稻花鱼养殖面积 1300 多公顷，年产值 3000 多万元。

（游小丽　曾　伟）

建瓯市

【经济概况】 2016 年，建瓯市完成地区生产总值 218.11 亿元，比上年增长 7.9%；一般公共预算总收入 10.6 亿元，其中地方一般公共预算收入 8.1 亿元；农林牧渔业总产值 94.05 亿元，增长 6.0%；规模以上工业增加值 51.42 亿元，增长 7.2%；固定资产投资 262.18 亿元，增长 3.5%；社会消费品零售总额 78.56 亿元，增长 9.6%；外贸出口总额 1.65 亿美元，增长 8.7%；实际利用外资 450 万美元，增长 49.5%；城镇居民人均可支配收入 27827 元，增长 6.0%；农村居民人均可支配收入 14600 元，增长 8.8%；人口自然增长率 6.59‰。

产业发展。出资 5000 万元成立竹产业发展基金。全年新增规模以上工业企业 18 家、产值超亿元企业 8 家。双羿竹木等 4 家企业被确定为省科技小巨人领军企业。源光电装一期项目投产。黄华山酿酒获评第五批“福建老字号”企业。被确定为“国家农村产业融合发展试点示范县”。国家林业局竹子研究开发闽北分中心落户建瓯，闽北万足众创空间被确定为省级众创空间。新增省级农民专业合作社 4 个、省级家庭示范农场两个。茶叶、葡萄、锥栗、雷竹等特色农业不断发展。新增省著名商标 3 件。扩大有效需求。第三产业增加值增长 14.3%，新增限上贸易企业 16 家、规模以上服务业企业 8 家。被列为福建省首批笋竹产业“互联网+”区域化链条化试点县。德峰汽车物流园被确定为首批省级服务业集聚区。徐墩根艺小镇获批福建省首批特色小镇，迪口葡萄风情小镇投入运营。建瓯板鸭、福矛窖酒和矮脚乌龙获首批“福建好礼”百佳旅游产品。

重点项目。全年完成重点项目征地面积 196.97 公顷，拆迁面积 13.77 万平方米，解决省道 204 线人造板厂段和较场路北段、叮墩山市政道路等重点项

2016 年，建瓯市城区一隅 （建瓯市政府办供稿）

目征迁难题。全市 23 个省市在建重点项目完成投资 26.3 亿元。衢宁铁路、省道 303 线玉山至屏南段公路、城区管道燃气、职业中专整体搬迁、江滨国际商业广场等 21 个项目开工建设；采育场林业棚户区危旧房改造、龙山保障房、腾鸿竹地板生产等 18 个项目竣工。全年新增“五个一批”脱贫项目 258 个，总投资约 610 亿元。实施四个领域“补短板”项目 35 个，总投资 10.3 亿元。龟山片区棚户区改造、高铁新区供排水工程等国家专项基金项目加快建设，争取国家专项基金 4400 万元。获得农发行、国开行政策性贷款 1.85 亿元。

城乡建设。上峰景城至高铁西站连接线通车，完成兴泰街、青云路等道路改造。汽车东站一期竣工。云际山公园栈道一期投入使用，新增鼓楼、水南塔等 8 处夜景工程。建成 8 座城区垃圾中转站。拆除“两违”建筑面积 40.32 万平方米。基本完成生态红线和永久基本农田划定工作，获评“全国国土资源节约集约模范县”。扩大黄标车限行范围，淘汰黄标车 1040 辆。推进美丽乡村建设，15 个“千村整治”村完成投资 7800 万元，新建乡村污水处理设施 17 个，完成农村路网硬化 111.44 千米。衢宁铁路建瓯东站通站道路加快推进，省道 303 线改造小桥至玉山段通车，省道 204 线改造完成北坪大桥主体工程。闽江防洪工程南平段三期、小松溪安全生态水系等水利工程扎实推进。深入实施小松溪、吉溪等 5 条中小河流治理工程，综合治理水土流失面积 0.18 万公顷。

【民生建设】 年初确定的 10 项为民办实事项目基本完成。组织各类技能培训 3263 人，新增城镇就业 2214 人，农村富余劳动力转移就业 7355 人，城镇登记失业率控制在 3%以内。启动全民参保计划，全市参加基本养老保险 26.71 万人，发放养老金 7.51 亿元。社会福利中心综合服务楼完工，残疾人康复服务中心着手装修。设立扶贫小额贷款平台和易地扶贫搬迁投融资平台，发放小额贷款 588 万元，帮扶贫困户 130 户；完成造福工程搬迁 606 户 2382 人，全年脱贫 5534 人。通过“全国义务教育发展基本均衡县”验收。乡贤中国华信集团董事局主席叶简明捐资 5000 万元用于建瓯一中扩建；叶柳春教师培训中心和 3 所乡镇中心幼儿园竣工，竹海学校初中部教学楼封顶，实验幼儿园重建项目开工。被确定为“国家城乡居民基本医疗保险支付方式改革工作联系点”。公共卫生服务中心一期竣工，完成两所乡镇卫生院和 20 所村级卫生所改建。徐墩镇获评全国“双服务文化建设”先进集体。“挑幡”应邀赴马来西亚表演。闽北首家知青文化博物馆开馆。市图书馆获“省古籍保护先进单位”称号。

（黄　凯）

顺昌县

【经济概况】 2016 年，顺昌县实现生产总值 98.67 亿元，比上年增长 6.8%；农林牧渔业总产值 34.71 亿元，增长 3.7%；全社会工业总产值 119.59 亿元，增长 7.7%；规模以上工业产值 102.95 亿元，增长 7.6%；规模以上工业增加值 25.96 亿元，增长 5.1%；固定资产投资 71.89 亿元，增长 17.8%；社会消费品零售总额 29.75 亿元，增长 7.8%；一般公共预算总收入 5.76 亿元，增长 1.0%，其中地方一般公共预算收入 4.26 亿元，增长 7.9%；外贸自营出口 10219 万美元，增长 15.9%；实际利用外资 1728 万美元，增长 16.3%；城镇居民人均可支配收入 25324 元，增长 8.1%；农村居民人均可支配收入 12734 元，增长 9.6%；金融机构存款余额 95.26 亿元、贷款余额 49.01 亿元，分别增长 14.4%和 9.7%。

项目开发。全年录入“五个一批”脱贫项目 143 个。安排实施工业、城市、交通、脱贫“四大攻坚战”项目 214 个，总投资 245.75 亿元。全县有施工项目 232 个，其中当年新开工项目 193 个。完成固定资产投资 71.89 亿元，增长 17.8%；43 个省市县在建重点项目完成投资 34.2 亿元，占年计划的 138.6%。完成土地征收面积 326.67 公顷，土地林地报批面积 81.4 公顷；争取上级各类项目补助资金 10.75 亿元，地方政府债券资金 5.31 亿元，对接国家专项建设基金 2.97 亿元，到位资金 1.92 亿元。

工业经济。实施增资扩产项目 15 个，完成投资 3.5 亿元；开展补链招商，对接“五个一批”脱贫项目 26 个；工业园区建设完成投资 1.2 亿元。支持企业自主创新，12 家战略性新兴企业完成产值 44.9 亿元，增长 7.9%。投资 2000 万元入股南平融侨担保公司，帮助企业办理融资担保和过桥转贷 56 笔 2.33 亿元。全年新增规模以上工业企业

17 家，退出 4 家，全县规模以上工业企业达 63 家，其中 1 亿元以上企业 21 家。光电机械、食品保健品、竹木加工、化工建材、电力等五大主导产业完成产值 100.7 亿元，增长 10.6%。幸福生物科技公司通过高新技术企业认定。

现代农业。全年粮食播种面积 1.27 万公顷，产量 6.83 万吨。种植烟叶 0.16 万公顷，产量 5.78 万担。食用菌总产量 4.18 万吨，其中工厂化栽培海鲜菇产量 3.95 万吨。肉类产量 11311 吨；禽蛋产量 1225 吨；水产品产量 7497 吨。新增规模以上农产品加工企业 9 家，全县规模以上农产品加工企业达 30 家，实现产值 30.7 亿元。农村流转耕地面积 460 公顷。新增农民专业合作社 34 个、家庭农场 35 个。兆兴渔业获评“福建省现代渔业产业园区”。“顺昌海鲜菇”获批国家地理标志证明商标。林业金融服务中心办理林权抵押贷款 1.85 亿元，全县林下经济经营面积 5.29 万公顷，实现产值 6.54 亿元；竹产业实现产值 19.1 亿元。实施重点农田水利基础设施建设项目 5 个，完成投资 3670 万元；城区防洪堤项目完成投资 7869 万元，闽江防洪工程南平段九期（顺昌）项目洋口防洪堤完成投资 3000 万元；苦竹际灌区水源工程竣工投入使用。

第三产业。宝山、合掌岩创国家 AAAA 级景区，元坑古镇建设，大圣假日酒店等旅游养生项目完成投资 3.36 亿元。全年旅游接待总人数 144.17 万人，实现旅游总收入 14.9 亿元，分别增长 21.63% 和 37.8%。推进五里亭现代物流仓储等三产重点项目。消费市场有所改善，实现全社会消费品零售总额 29.75 亿元，增长 7.8%。批发、零售、住宿、餐饮等四个行业分别增长 10.4%、11.0%、5.1%、9.3%。全年完成商品房销售面积 11.26 万平方米，增长 20.7%。全县第三产业增加值完成 40.87 亿元，增长 8.1%，占 GDP 的比重为 41.4%，对 GDP 的贡献率为 48.9%。

城乡建设。打好城市攻坚战，实施规划提升、基础设施、公共配套、景观美化、安居保障、管理升级“六大工程”。完成城市总规方案编制设计和环卫设施、防洪排涝、城市公共停车场等 5 个专项规划及 11 个乡镇总规编制。新城滨江景观（防洪）工程竣工，基本建成保障性安居工程 1334 套。建成日处理 200 吨垃圾压缩中转站和日处理 2 万吨污水处理厂。城南绿荫停车场新增停车位 114 个。推进郑坊省级小城镇、仁寿市级小城镇、元坑古镇、洋口旅游小城镇建设及其他乡镇集镇改造提升工程。完成 13 个省级“千村整治、百村示范”村庄建设，洋墩乡洋坑村入选中国传统村落名录。拆除“两违”面积 25.43 万平方米。

【社会事业】 落实帮扶项目 31 个，到位资金 3167.2 万元。完成造福工程易地扶贫搬迁 499 户 1923 人，实现脱贫人口 2765 人。21 项为民办实事项目全面完成。全年城镇登记失业率 2.9%，城镇新增就业 1862 人，城镇失业人员再就业 1578 人，新增农村富余劳动力转移就业 4271 人。完成社会保险扩面征缴任务，城乡低收入家庭实现标准提高、应保尽保。完成顺昌第一中学、实验小学等 5 所中小学扩容改造和大历、元坑等 6 个乡镇中心幼儿园项目建设。义务教育基本均衡工作通过国家验收。完成县医院整体搬迁，实现县医院、中医院、妇幼保健所医疗资源整合，与南平市第一医院建立医联体。人口计生责任制目标全面完成。新考录（招聘）行政机关、事业单位人员 232 人。

发展环境。打好交通攻坚战，城南西路拓宽改造、横四线口前至仁寿段改造、富文大桥等项目竣工；延顺高速顺昌连接线余坊段道路提升改造、城南路（白改黑）改造工程完成主路面通车；顺邵高速公路、徐大线仁寿至建阳界改造和国道 316 线城区段改线（二期）等项目有序推进。加强生态环境保护，完成造林绿化面积 0.12 万公顷。开展“清水蓝天”专项行动，清理环保违规项目 76 个，淘汰黄标车 351 辆。治理水土流失面积 0.15 万公顷。县国有林场林业碳汇在省海峡股权交易中心挂牌交易，成交量 15.5 万吨，成交金额 288.3 万元。核定富宝实业、富宝腾达、升升木业等 23 家企业初始排污权。完成年度节能减排任务。城区空气环境质量优良天数 99.7%，集中式饮用水源水质和地表水断面水质合格率达 100%。埔上、大干、元坑、洋口、大历、岚下 6 个乡镇通过国家级生态乡镇验收。完成三批次行政许可和公共服务项目清理，保留县级行政许可事项 204 项、公共服务事项 132 项。深化投资项目审批流程和商事登记制度改革，实现行政审批提速提效，新增各类市场主体 1536 户，认缴注册资金总额 22.54 亿元。

（张经敏）

浦 城 县

【经济概况】 2016 年，浦城县完成地区生产总值 135.03 亿元，比上年增长 9.3%；规模以上工业总产值 164.43 亿元，增长 8.4%；农林牧渔业总产值 67.43 亿元，增长 15.1%；固定资产投资 133.9 亿元，增长 2.9%；一般公共预算总收入 7.15 亿元，下降 14.7%；其中地方一般公共预算收入 5.35 亿元，下降 12.7%；社会消费品零售总额 43.79 亿元，增长 9.9%；实际利用外资 1175 万美元，增长 6.2%；外贸出口总值 9067 万美元，下降 11.61%；城镇居民人均可支配收入 26075 元，增长 7.2%；农村居民人均可支配收入 12134 元，增长 7.5%；居民消费价格总水平 101.3%；人口自然增长率 5.8‰。

产业发展。全县规模以上工业企业数达 110 家，比上年净增 10 家；轻工轻纺、食品加工、生物制药三大产业实现产值 122.39 亿元，增长 11.2%。圣农（浦城）项目累计完成投资 32 亿元，年度实现产值 26 亿元；圣新能源在“新三板”上市。绿康生化发明专利项目荣获南平市首个中国专利优秀奖、省专利一等奖；全县共拥有国家地理保护标志产品两个、地理标志证明商标 3 个，中国驰名商标 1 个，福建著名商标 15 个、名牌产品 12 个，省级企业技术中心两个，高新技术企业 3 家。荣华山产业组团规模工业企业达 32 个，实现产值 85 亿元；浦潭生物专业园与厦门湖里区达成山海协作共建产业园协议。

现代农业。实现粮食产量 25 万吨，收购烟叶 7.05 万担，种植薏米面积 0.19 万公顷，栽培段木灵芝面积 22.67 公顷，冬种油菜面积 0.67 万公顷，新植油茶面积 43.33 公顷，建立香榧基地面积 66.67 公顷，培育丰产竹林面积 0.2 万公顷。创建省部级以上农民专业合作示范社 15 个、示范家庭农场 5 个；仙芝科技获评国家农业产业化重点龙头企业。农村土地承包经营权确权登记颁证工作有序推进，完成 273 个村权属调查；流转农村土地面积 1.28 万公顷。

第三产业。永辉超市建成运营，新建、改造城西与四贤两个市场；兴业银行入驻运营，金融机构年末本外币各项贷款余额 62.5 亿元，增长 8.3%。组建电子商务协会，阿里巴巴农村淘宝服务站点覆盖 100 个村，全县电商网上销售额达 4.5 亿元，增长 28.6%，电商产业初具规模。

项目开发。成立县项目策划中心和招商中心。全年新策划项目 144 个；引进投资 2000 万元以上项目 93 个，当年新开工项目 37 个，总投资 62.06 亿元，7 个项目争取到国家专项建设基金 1.73 亿元。全年 64 个重点项目完成投资 32.94 亿元，其中 24 个省市在建重点项目完成投资 23.4 亿元；22 项“行动计划”在建项目完成投资 23.96 亿元。荣华山组团危险废物处置中心建成试运行，供电生产调度大楼建成启用，旧馆水闸除险加固主体工程基本完工，昌盛、鑫浦、方远 3 个光伏农业项目落地建设，改造农村公路 36 千米、危桥 9 座，完成农村公路安保提升工程 51.35 千米，除险加固 15 座小型水库；完成高标准基本农田建设面积 1113.33 公顷，补充耕地面积 82.67 公顷；旧村复垦增减挂钩面积 31.53 公顷。

城乡建设。文化一条街建成开业，梦笔文化中心启动建设，完成 107.89 公顷用地征迁。五一三路城西段改造部分建成启用，县体育中心基本建成并对外开放，安华、贝林两个广场改造完成，新改扩建 8.1 千米城市道路、背街小巷。城区市场化保洁扩大清扫面积近 19 万平方米，拆除违法建筑面积 26 万平方米。实施新一轮“十百千”工程，8 个试点小城镇和 16 个省级重点示范村建设顺利推进，建设“千村整治”示范村 49 个，全年造林绿化面积 0.15 万公顷，森林覆盖率达 75.04%；完成水土流失综合治理面积 0.39 万公顷；淘汰黄标车 568 辆；禁养区关闭拆除各类生猪养殖场两个，升级改造 178 个。

【社会事业】 坚持教育优先发展，实施“改薄”、校安长效机制、扩容及公办幼儿园等 17 个项目建设，拆除危旧房面积 71751 平方米，梦笔学校、梦笔幼儿园投入使用；进城务工人员随迁子女全部安排到城区公办学校就读；提高乡村教师待遇，招聘 173 名新教师，义务教育发展基本均衡县创建工作通过国家评估认定。县医院实训楼开工建设，中医院整体搬迁、妇幼保健院综合大楼等建设有序推进。抓好朱子文化、大口窑瓷艺等文化遗产、民间艺术的挖掘、保护和传承，获评全省科普示范县。中央苏区纪念馆建成开馆。

民生保障。办好为民办实事 23 项，民生支出占一般公共预算支出达 80.64%。全年落实帮扶项目 45 个、资金 3.45 亿元；15 个集中安置区完成基础设施投入 2715 万元；国、省定建档立卡贫困户易地扶贫搬迁对象 1824 人已建设一层，其中竣工 1500 人。全年转移就业农村劳动力 6599 人、新增城镇就业 1875 人，城镇登记失业率为 2.9%。提升民生保障水平，基本医疗保险制度实现一体化，补偿金额 1.65 亿元；启动全民参保登记计划，城乡居民社会养老保险参保 18.82 万人，参保率 93.95%。县社会福利中心基本建成，为 130 名贫困白内障患者免费实施复明手术；供给城镇保障性住房 92 套，改造农村危房 217 户，财政“一事一议”奖补 1225 万元，发放移民直补 265 万元。获评全省食品安全示范县。

（周汉新）

光泽县

【经济概况】 2016 年，光泽县实现地区生产总值 82.98 亿元，比上年增长 2.5%；农林牧渔业总产值 72.35 亿元，下降 1.8%；规模以上工业总产值 86.73 亿元，增长 1.3%；固定资产投资 49.06 亿元，增长 0.7%；社会消费品零售总额 19.11 亿元，增长 7.8%；出口总值 6015 万美元，增长 4.1%；实际利用外资 3000 万美元，增长 50.0%；一般公共预算总收入 5.63 亿元，增长 7.7%，其中地方一般公共预算收入 4.06 亿元，增长 3.6%；城镇居民人均可支配收入 25178 元，增长 7.6%；农村居民人均可支配收入 11444 元，增长 8.4%；城镇登记失业率控制在 2.97%。获“中国生态食品名城”称号。

肉鸡产业。发展生态食品产业，形成以圣农集团为龙头的食品产业集群。圣农集团成为全国规模最大、产业链最完善的白羽肉鸡生产企业，连续 6 年获“中国食品安全十强企业”称号。在同行业中率先开启农业养殖 4.0 时代（管理智能化，生产加工自动化，产品品质体系化，环保、消防标准化），打造纵横循环经济产业链，形成从肉鸡饲养到鸡的废弃物综合开发利用的无污染、零废弃的循环经济生产模式，创建肉鸡无禽流感生物安全隔离区并通过国家验收。圣农集团总资产超过 130 亿元，全年营业额突破 100 亿元。鸡肉销量增长 14.40%。食品销售额 16.86 亿元，增长 25.73%，出口额达到 3.04 亿元。其中，集团所属上市公司圣农发展实现营业收入 83.41 亿元，增长 20.19%；实现利润 6.79 亿元，增长 2.75 倍。

工业经济。全县规模以上工业实现产值 86.73 亿元，增长 1.3%，提高 2.1

个百分点，产销率为98.7%，提高5.2个百分点。加快发展做大圣农肉鸡加工为主，水饮料加工、淡水鱼养殖加工、中药材种植加工为辅的“1+3”食品产业。圣农熟食品加工五厂全面投产，开工建设熟食品加工六厂，肉禽无高致病性禽流感生物安全隔离区通过国家验收。全年新建规模以上工业企业4家，规模以下转规模以上3家，规模以上食品企业达15家。

农业经济。全县农作物总播种面积21941.7公顷，各类造林面积8791.13公顷，粮食产量80725吨，烟叶产量5605吨，茶叶产量813吨，食用菌产量4226吨，毛竹（含簕竹）生产943万根，肉类总产量335713吨，其中圣农肉鸡出栏24247万只。推进实施农田基础设施、防灾减灾等工程，加快发展设施农业、休闲观光农业，实施丰圣智能温室蔬菜种植、中科渔业产业园、承天农林科技等一批投资超亿元的设施农业项目。新增农民专业合作社384个、家庭农场77个。

第三产业。搭建农村电商服务平台，设立阿里巴巴农村淘宝服务站30个，获批省级农村电子商务示范县；推进旅游服务设施建设，打造一批景观独特的乡村休闲游景点，武夷天池被评为国家森林公园，乌君山与神山景区合评为省级地质公园，鸿建农庄通过国家AAA级旅游景区验收；现代冷链物流业已具雏形，恒冰物流进驻光泽，圣农冷链储运中心一期投入运营，“鲜美味”在122个县（市）开设213间门店。

项目建设。全年完成项目投资43.97亿元，新增省市“五个一批”跟踪管理项目95个，总投资315.8亿元。完善招商引资优惠政策，制定出台《关于支持国内龙头企业投资新建工业项目的意见》，引进落地圣农兽药疫苗生产项目。开展招商引资，完成投资额超2000万元的招商引资签约合同项目74个，总投资171亿元，其中已开工项目43个，总投资105.7亿元。

城乡建设。城南、橘子洲片区初具规模，鸾凤河谷产城融合先行区启动建设，“圣农小镇”入选全省首批特色小镇创建名单，新城镇化率提高3.4个百分点。城区主干道全面“白改黑”，夜景灯光、立面改造分步实施，城市绿地率达40.8%。杉关村通过省级乡村旅游特色村验收，7个村获评市三星级以上美丽乡村。生活垃圾无害化处理率达97%、城镇污水集中处理率达90%。邵光资高速通车，通村公路全部硬化。创建国家级生态县并获命名，入选国家生态保护与建设示范区，通过国家水土保持生态文明工程考核验收并授牌，森林覆盖率提高至78.85%，空气质量优良天数占比98%，主要流域水质优良率达100%，获评“省级文明县城”“省级园林县城”，成为全省限制开发区首个获批省级新型城镇化试点县。

【社会事业】 完成为民办实事项目26个，城镇新增就业1842人，城镇登记失业率2.97%。完成危房改造320户，218套保障性住房基本建成。启动“全民参保登记计划”，长期居住本县的外来人员首次纳入临时救助范畴。城南实验学校、圣农希望学校启动建设，通过2014—2016年“全面改薄”工作省级督导检查，通过义务教育发展基本均衡县国家级验收。推进医药卫生体制改革，药品、耗材零差率销售实现全覆盖，分级诊疗模式初步形成，止马镇亲睦村入选第四批中国传统村落名录，被评为全国群众体育先进县、全省首个“中国民间故事之乡”。

（官茂友　李锦杰）

松溪县

【经济社会概况】 2016年，松溪县完成地区生产总值46.64亿元，比上年增长6.8%；农林牧渔业增加值13.48亿元，增长4.1%；规模以上工业增加值16.79亿元，增长5.0%；三次产业比重为28.9∶37.1∶34；一般公共预算总收入2.81亿元，下降22.9%，其中地方一般公共预算收入2.18亿元，下降25.8%；固定资产投资54.88亿元，增长1%；社会消费品零售总额24.26亿元，增长8.4%；城镇居民人均可支配收入24364元，增长5.8%；农村居民人均可支配收入10267元，增长9.5%。

工业经济。“3+1”（竹木加工、食品加工、机械制造和新型环保纤维）主导产业完成产值61.3亿元，增长26.4%，占规模工业总量的89.6%。竹木加工、食品加工、机械制造等传统产业稳定发展，新增产值8.19亿元。新型环保纤维产业扩大规模，龙头企业闽瑞纤维实施首次公开募股，启动主板上市，引进瑞松、荣轩、创盈等三家企业，延伸上游产业链条。种植烟叶0.12万公顷，实现产值7333万元。电子商务等新型业态蓬勃发展，农村电商服务网络加快布局，企业电商交易额突破6亿元。成立县级电商运营中心，建成“便民快”“农资商城”等电子商务自营平台，“畅想空间”电商双创基地获市级授牌。

项目建设。争取国家专项建设基金2.01亿元；21项在建省、市重点项目完成投资27.6亿元，占年度计划的146%；6项在建行动计划重大项目完成投资9亿元，占年度计划的138.5%；生成“五个一批”项目101项。文秀湖文化旅游、木城至旧县至横一公路、闽瑞涤纶短纤等一批项目竣工，实验小学城东分校、农村水电站增效扩容改造等一批项目加快建设，虎洋水库、闽江防洪工程四期、万里生态水系等一批项目开工建设。

城乡建设。建成城区小绿地、来龙山绿道等项目，东门湿地公园启动建设。基本完成工农路改造、河六线公路提级改造工程，市政路网得到改造提升。建设农村路网33.13千米、农村公路安保工程47.9千米，公路安全生命防护工程隐患整治率达100%。大力实施美丽乡村建设，建成新村住宅小区18个，溪源、刘源、下店、刘屯等9个美丽乡村获市政府授牌，溪东至溪源省级美丽乡村景观带初步建成。

社会事业。20项为民办实事项目基

2016 年，松溪县城全景图 （松溪县政府办供稿）

本完成，共投入资金 3.22 亿元。新增城镇就业 1517 人，城镇登记失业率 3.07%，农村劳动力转移就业 3350 人。保障性安居工程开工 100 套，基本建成 50 套，均超额完成任务。建立城乡居民社会养老保险“长缴多得、多缴多得”激励机制，按期完成城乡居民养老保险续保缴费和新老农保衔接过渡。医药卫生体制综合改革试点全面实施，县医院同省立医院签订了医联体协议，县、乡、村三级医疗卫生服务网络基本形成。获评“全国义务教育基本均衡县”，松溪一中被授予“福建省一级达标高中校”。举办南平市首届非专业自行车分站赛全国邀请赛。推动文化传承发展，举办纪念朱子诞辰 886 年祭祀典礼活动。

【脱贫攻坚】 17 个贫困村实现脱贫。吴山头村、东边村、山源村、岭完村、刘屯村等 5 个贫困村成为全国乡村旅游扶贫重点村。完成造福工程扶贫搬迁 1500 人，减少贫困人口 3266 人。落实扶贫小额信贷风险金及贴息资金 1520 万元，为农户和新型农业经营主体发展生产发放贷款 600 万元。开展“雨露计划”农村劳动力技能培训 600 人次，让有条件的贫困户都能够掌握 1～2 项实用技术，有 1 个以上增收项目，实现就地脱贫。深化山海协作和对口帮扶工作，落实扶贫开发帮扶项目 17 项，到位资金 3.67 亿元。

（朱 琦）

政和县

【经济社会概况】 2016 年，政和县完成地区生产总值 56.77 亿元，比上年增长 9.0%；一般公共预算总收入 4.45 亿元，下降 18.4%，其中地方一般公共预算收入 3.22 亿元，下降 6.9%；规模以上工业产值 76 亿元，增长 9.0%；固定资产投资 70.26 亿元，增长 5.2%；社会消费品零售总额 21.06 亿元，增长 10.5%；城镇居民人均可支配收入 24849 元，增长 7%，农村居民人均可支配收入 10559 元，增长 9.9%。

工业经济。改造提升传统产业，竹制品、茶产业、食品加工、矿业四大产业稳步发展。推进产业转型升级，实施技改项目 30 个，兼并重组 5 家企业，新增规模以上企业 7 家，培育 3 家重点上市后备企业，新创省著名商标 5 件、省名牌产品 4 件。出让工业用地面积 7.63 公顷，盘活闲置土地面积 4.84 公顷，经济开发区新增投资 3.38 亿元。

农业经济。农林牧渔业总产值增长 16.7%，粮食产量保持稳定。培育省级以上农业产业化龙头企业 8 家、市级 6 家，新增 1 个国家级“一村一品”示范村、1 个国家级农民专业合作社示范社，发展农民专业合作组织 67 个。流转土地面积 0.45 万公顷，新建 3 个设施农业基地、193.33 公顷生态茶园、1580 公顷高标准农田，新增丰产高效竹林面积 1333.33 公顷、“三品一标”认证 1 个。成为闽北最大的蜂产品基地。

第三产业。推进佛子山争创国家 AAAA 级景区，石圳白茶小镇被列入福建省首批特色小镇创建名单，念山村旅游扶贫规划获全国旅游规划扶贫示范成果表彰，申报省级湿地公园，七星国际大酒店、茶竹旅一条街、美食文化城等一批旅游项目推进，举办首届“爱在政和”中华紫薇文化旅游节。电商交易额突破 8 亿元，获“全国电商百佳县”称号，入选“村淘 2015 年度健康县域全国 20 强”，获“农村淘宝 2015 年最佳运营县域”“福建村淘第一县”的荣誉。

城乡建设。完成水北中路步行桥、污水处理厂二期等项目，推进衢宁铁路政和段、城区过境线、熊山森林公园等项目建设。再次入选“中国百佳深呼吸小城”。造林绿化面积 915.33 公顷，完成水土流失综合治理面积 2222.2 公顷，淘汰黄标车 170 辆，森林覆盖率 78%，主要污染物排放和节能降耗指标全面完成，郢地村入选全省美丽乡村示范村创建名单，坂头村、锦屏村入选福建省第五批历史文化名村，锦屏村被列为 2016 年全省十大重点提升历史文化名镇名村，杨源、东平、澄源等 3 个乡镇获评为省级绿色乡镇。官湖大桥建成通车，完成美丽交通生态路 90 千米、省道 302 线灾害防治 50 千米，改造农村公路 37 千米、农村危桥 3 座。完成水利建设投资 21563 万元，建成城东 110 千伏变电站，220 千伏变电站开工建设。

民生保障。深化医改综合试点工作，推进县级公立医院改革，县医院完成“一卡通”平台建设，县域内一院建卡、多院通用。实现城镇新增就业 1391 人，城镇失业人员再就业 670 人，新增农村富余劳动力转移就业 3591 人，城镇登记失业率控制在 3.0%以内。完成城乡居民基本医保制度整合，落实 1010 户 4051 人。

【东平镇现代农业光伏项目】 2016 年底，项目一期并网发电。项目位于政和东平镇，是集光伏发电、农业观光、农业作物、农业技术、园林景观及文化发展于一体的创新型农业产业。其中光伏发电项目由政和东辉发电有限公司投资，总投资 16 亿元，总占地面积 246.67 公顷，总装机 120 兆瓦，一期投资 9 亿元、占地面积 146.67 公顷、装机 70 兆瓦，二期计划投资 7 亿元、占地面积 100 公顷、装机 50 兆瓦；现代农业大棚项目由华旭现代农业开发有限公司投资，总投资 2.7 亿元，主要

2016年，政和县东平镇现代农业光伏发电综合体项目粗具规模

（政和县政府办供稿）

建设食用菌大棚、食用菌深加工厂、菌种及培养料生产车间、生物有机肥制造厂等设施。

【电商产业发展】 截至2016年，政和县工商注册电商企业97家，网店1500多个，电商运营团队13个，涌现出竹海炭业、茗匠工艺品、天悦竹木等一批运营较好的电商运营团队。全县电商从业人员3000多人，快递公司总数23家（含代理点），物流企业总数11家（含代理点）；平均日出快递件量近8000单，日进量约6000单。全年全县电商交易额突破8亿元。近年来，政和县鼓励发展电商产业，创办电商产业孵化园和创业园，成为阿里巴巴闽北农村淘宝第一个试点县和全省竹木行业跨境电商第一个试点县。

（赖传贵）

编辑：林丹英

龙岩市

【基本概况】 龙岩位于福建省西部，俗称闽西，地处闽粤赣三省交界。2016年辖新罗区、永定区、漳平市和上杭、武平、长汀、连城4县，134个乡（镇、街道），1927个村（居）委会，户籍人口313.29万人。属中亚热带季风气候，年平均气温20.4℃，平均海拔652米。总面积1.91万平方千米，占全省土地面积的15.7%。龙岩是全国著名革命老区、原中央苏区核心区，是红军长征出发地之一。1929年12月在上杭古田召开的红四军第九次党代会，是中国人民解放军建设史上的里程碑；2014年10月，习近平总书记亲自决策并主持的全军政治工作会议在古田召开，被誉为“新古田会议”。龙岩是客家祖地和著名侨区，是客家民系形成的重要起点和重要聚集地，全市80%以上人口是客家人，约130个姓氏的客家先民在闽西聚族而居。龙岩是国家级客家文化生态保护实验区，长汀被称为“客家首府”，汀江被誉为“客家母亲河”，永定客家土楼被列入世界文化遗产名录。祖籍龙岩的台胞70多万人，在外华侨华人、港澳台同胞120多万人。龙岩已发现矿物种类64种、探明储量33种，稀土、金、银、铜、无烟煤、高岭土等16种矿物探明储量居全省首位。是福建三大林区之一，拥有3个国家级自然保护区和4个国家级森林公园，森林覆盖率达77.91%。拥有两个国家AAAAA级旅游景区和9个国家AAAA级旅游景区。龙岩是国家园林城市、国家森林城市、全国绿化模范城市、全国生态文明建设试点地区；是国家可持续发展实验区、全国首个可持续发展产业示范基地、全国科技进步先进市、国家级公共服务标准化试点单位、国家知识产权试点城市。

【经济社会综述】 2016年，龙岩市实现地区生产总值1895.67亿元，比上年增长8.1%；人均地区生产总值72354元，增长7.3%，其中，第一产业增加值223.39亿元，增长3.6%，第二产业增加值966.67亿元，增长7.4%，第三产业增加值705.61亿元，增长10.5%；三次产业比例由上年的11.5∶52.7∶35.8调整为11.8∶51.0∶37.2；一般公共预算总收入266.1亿元，下降1.4%，其中地方一般公共预算收入131.4亿元，增长5.5%；城镇居民人均可支配收入30408元，增长7.8%；农村居民人均可支配收入14429元，增长8.7%。

固定资产投资。全年完成500万元以上固定资产投资2188亿元，增长15.2%。按三次产业分，第一产业投资157.6亿元，增长73.4%；第二产业投资979.5亿元，增长4.5%；第三产业投资1051亿元，增长20.5%。房地产开发投资180.1亿元，下降6.8%。

项目建设。全年谋划项目307个，占年度任务数的153.5%；签约项目453个，占年度任务数的226.5%；开工建设项目232个，占年度任务数的122.8%；建成或部分投产项目206个，占年度任务数的202%；171个增资项目增加投资263.2亿元，占年度任务数的165.3%。全市300个省市重点项目完成投资807.4亿元，占年度计划的133%，增长22.5%。新开工建设10亿元以上项目44个，新竣工投产10亿元以上项目37个。对接七批国家专项建设基金项目145个，争取资金76.11亿元。

工业经济。全年全市规模以上工业总产值2052.3亿元，增长10.3%；规模以上工业增加值532.46亿元，增长7.4%。机械、有色金属、烟草、能源精化、纺织、建材、光电新材料、生物医药、农产品加工等九大工业重点产业实现总产值1968.3亿元，增长10.6%。全年新上规模以上工业企业49家，累计1134家；净增亿元以上企业53家，累计400家。新增省级（企业）工程技术研究中心1个，累计26个；新认定高新技术企业35家，累计90家；新增省级创新型企业3家，累计35家（国家级1家）。

农业经济。全年全市农林牧渔业完成总产值378亿元，增长3.8%。粮食播种面积18.21万公顷，粮食总产量109.8万吨，下降0.1%；蔬菜产量202.4万吨，增长2.0%；肉蛋奶总产量51.5万吨，增长2.6%；水产品总产量8.1万吨，增长6.8%。林下经济和竹业、茶叶、花卉苗木等加快发展，农产品加工业产值323.6亿元，增长10.9%。闽西"八大鲜、八大珍"实现产值28.4亿元，增长33.5%。

第三产业。全年全市社会消费品零售总额729亿元，增长14.0%。全年销售商品房面积277.2万平方米，增长24.3%，商品住房去库存期为12个月，比上年减少5个月，处于合理区间。全年接待旅游总人数3059.1万人次，增长20.8%；旅游总收入253.4亿元，增长29.1%。互联网用户183.3万户，新增119.1万户。全年电子商务交易总额345亿元，增长86.5%，形成农村电商"龙岩模式"。

对外经贸。全年全市进出口总额248.5亿元，增长8.0%。其中，进口92亿元，增长30%；出口156.5亿元，下降1.8%。新批外商投资企业35家，实际利用外资2.95亿美元，增长10%。开展"政民外"重大项目对接活动，落地项目172个，完成投资91亿元。举办第七届海峡两岸机械产业博览会暨第九届中国龙岩投资项目洽谈会，签约项目79个，总投资244亿元。

城乡建设。全市城镇化率53.8%，比上年提高1.2个百分点。制定实施综合交通一体化规划，浦梅铁路建宁至冠豸山段、厦蓉高速龙岩东联络线、古武线永定至上杭高速公路等项目开工建设，中心城区至高新园区快速通道、双永高速龙岩北互通连接线等项目建成通车。完成国省干线建设改造90千米，农村公路提级改造、生态路建设230千米。西气东输接通龙岩。实施中心城市道路畅通、市政提升、旧城改造等重点工程，西外环、龙岩大道南段一期、龙岩大道高架桥等主干道路实现通车或部分通车；龙岩火车站北站房开工建设。124个美丽乡村和133个省级"千村整治、百村示范"工程全部开工建设。古田镇列入国家首批特色小镇试点，14个村列入第四批中国传统村落名录。中心城市建成区面积扩大3平方千米，达55平方千米。新增公共停车位2804个，新建人行天桥7座。新开通公交线路3条，延伸优化公交线路13条。城市污水集中处理率达89.2%，生活垃圾无害化处理率达99.6%。

脱贫攻坚。全年全市完成贫困户脱贫3.9万户、11.1万贫困人口建档立卡，制定脱贫攻坚系列政策，组织市县乡干部挂钩帮扶，逐户落实脱贫措施。组建扶贫开发投融资平台和扶贫小额信贷担保基金，完成造福工程扶贫搬迁5.2万人，帮扶1.92万贫困户各发展1个以上种养加项目，实施辅助就业1.75万人。加强兜底保障，提高贫困人口低保标准和新农合报销比例、大病保险报销封顶线。年度脱贫5.5万人，其中国定对象3.42万人。

生态环境。加大大气、水、土壤等环境治理力度。制定流域环境保护、重点乡镇水质考核管理等措施，全年投入4.85亿元开展养殖业污染治理，关闭拆除养猪场1.3万个，削减生猪151万头，建设安全生态水系45.8千米，九龙江、闽江及汀江流域达到或优于Ⅲ类水质比例为95.5%，中心城市内河水质达标率100%，17个集中式生活饮用水水源地水质达标率100%。完成水土流失治理面积3.6万公顷、造林绿化面积0.87万公顷，崩岗治理100个、坡耕地综合整治面积0.1万公顷、治理废弃矿山82万平方米。淘汰黄标车1万多辆，建成大气污染治理项目12个，开展化工、有色金属等七大行业碳排放权交易。城市空气质量优良以上天数361天，占98.6%。

社会事业。年内，25件为民办实事项目全面完成。长汀、连城、漳平通过"义务教育发展基本均衡县"国家评估验收，推进农村薄弱学校改造、城区中小学扩容，新建公办幼儿园10所。公立医院全面实行药品、耗材零差率，"互联网＋分级诊疗"正式运营。在全省率先推行医保卡购买健身服务模式。举办全国女子举重锦标赛和首届环土楼国际山地马拉松赛。在国内外各项比赛中，龙岩市运动健儿取得两项三人次世界冠军。广播电视实现村村通，电视人口综合覆盖率为100%。

社会保障。全年全市城镇登记失业率2.54%，新增城镇就业人员2.04万人，农村劳动力转移就业4.67万人。年末参加城镇基本养老保险人数（不含退休）45.24万人，比上年增加0.54万人；参加城乡居民社会养老保险人数132.05万人，增加0.57万人。新型农村合作医疗和城镇居民基本医疗保险政府补助标准从每人每年380元提高到420元。年末全市养老机构床位数1.56万张。保障性安居工程新开工1.7万套，基本建成7711套。党政军民合力抗灾救灾，最大限度降低损失，受灾重建户在2017年春节前全部迁入新居。

【第七届海峡两岸机械产业博览会暨第九届中国龙岩投资项目洽谈会】 2016年11月8—10日在龙岩举行。该次展会参展面积2.8万平方米，集中展示国内外机械装备、专用车、智能制造等领域的最新成果，吸引境内外专用车企业、专用车配套产品生产企业、工程机械企业、大型数控机床企业等416家企业和900多位客商参会参展，现场成交额约850万元，意向成交约9500万元。展会期间，签约项目79个，总投资244亿元，集中开工、竣工项目82个，总投资231亿元。

（章丹丹）

新 罗 区

【经济概况】 2016年，新罗区实现地区生产总值692.26亿元，比上年增长7.9%，其中，第一产业增加值为29.51亿元，增长4%，第二产业增加值为398.60亿元，增长6.8%，第三产业增加值为264.15亿元，增长10.2%，三次产业结构调整为4.2：57.6：38.2；一般公共预算总收入28.97亿元，其中，地方一般公共预算收入20.19亿元，增长1.1%；规模以上工业增加值完成283.82亿元，增长6.9%；固定资产投资759.1亿元，增长15.0%；社会消费品零售总额312.32亿元，增长13.9%；实际利用外资5403万美元，增长8.1%；外贸出口总值70913万美元，增长4.9%；城镇居民人均可支配收入33952元，增长7.1%；农村居民人均可支配收入17501元，增长9.2%。持续入选“中国中小城市综合实力百强区（第61位）”“中国市辖区最具投资潜力中小城市百强（第47位）”“中国新型城镇化质量百强区（第83位）”。

产业转型。确立“2＋3＋5”产业发展重点（即机械装备、现代服务业2个主导产业，生物医药、新材料、互联网3个新兴产业，建材、农副产品加工、能源精化、建筑与房地产、文化旅游5个传统产业）。全年实现规模以上工业总产值844.6亿元，增长8.3%，其中福建龙州工业园区、龙雁经济开发区产值份额达40.9%；机械、生物医药、新材料产业加速发展，全年实现两位数增长。完成技改投入190.95亿元，占工业投资的58.7%。支持格兰尼、闽雄生物在新三板挂牌上市，全年为87家企业滚动解决17.4亿元过桥周转资金。第三产业持续扩量提速，全年电商交易额达61.1亿元，海西龙门物流园商品销售额突破100亿元，全区限上商贸企业增至796家，占全市35%。龙岩大数据产业园、紫金山生态旅游、培斜户外人家乡村游等项目全力推进，荣获“中国传统建筑文化旅游目的地”称号。现代农业持续优化提升，扶持发展百香果种植及深加工产业，与中国标准化研究院农业食品标准化研究所联合制定国家百香果产业标准；全年新增农业产业化示范企业3家、示范性家庭农场17家、农民专业合作社31家，流转耕地0.64万公顷，发展林下经济8.13万公顷。

重点项目。全年项目落地攻坚战役完成投资366.9亿元，其中43个省、市重点项目完成投资136.3亿元。全年签约军民融合项目18个，总投资136.4亿元，泰豪·海德馨应急装备、侨龙智能液压二期等一批军民融合项目落地建设。

精准扶贫。设立扶贫小额信贷资金，率先组建区级扶贫开发服务公司和扶贫开发投资公司，累计发放扶贫小额贷款2411.5万元，培育示范典型村26个、基地（项目）35个、示范户57户；实施988户2758人易地扶贫搬迁；全区2102户4939人实现脱贫，占51.8%。全年治理水土流失面积0.36万公顷，造林绿化1098.4公顷；拆除养猪场2336户，面积63.3万平方米；淘汰黄标车3825辆；省控断面水质优良比例为70.8%，同比提高20.8个百分点，中心城区空气质量优良天数比例达98.6%，PM2.5平均浓度达到国家二级标准。

城乡建设。实施西外环、龙津湖等51个重点城建项目，完成房屋征收面积101.6万平方米，土地征收面积293.4公顷，中心城区建成区面积拓展至55平方千米。积极创建全国文明城市及省级文明城区，加强农贸市场、背街小巷、住宅物业等薄弱环节管理，持续巩固“两违”治理成效，城市文明形象全面提升。实施培育特色小镇、新型城镇化和美丽乡村建设三年行动计划，启动九龙江源慢生活圈规划建设，加快培育小池农村电商、适中方楼民俗等4个特色小镇，推进雁石、白沙两个新型城镇化重点镇和万安竹贯、小池培斜等13个美丽乡村建设。

改革发展。深化国有企业改革，组建雁翔集团、国资公司两大企业集团，国有“三资”运营效率有效提升。积极探索政府投融资体制改革，实施龙津河垃圾清捞等11个政府购买服务项目。深化供给侧结构性改革，深入推进“三去一降一补”，关闭煤矿企业14家，淘汰落后产能70万吨，补短板基础设施投资额同比提高35.5个百分点，规模以上工业企业资产负债率同比下降0.67个百分点。深化医疗卫生体制改革，推进优质医疗资源下沉，实施中心城区4个医联体建设，促成微医集团与龙岩人民医院共建区域性互联网医院。雁石、南城等6个镇（街）成立大联勤指挥中心；被列为省级社区治理和服务创新实验区。

【民生保障】 较好完成22项为民办实事项目，“教育名城”加快创建，龙岩图书馆改造提升、龙津河安全生态水系等年度项目建成；北城小学、东山一小、小洋小学扩容建成招生；设立龙岩传统文化保护与传承基金会，龙岩采茶灯、龙岩山歌、龙岩方言等非遗品牌软实力不断提升；成功举办第七届世界龙岩同乡恳亲联谊大会。全区城镇登记失业率控制在2.75%。

（邓　冰）

永 定 区

【经济社会概况】 2016年，永定区实现地区生产总值214.61亿元，比上年增长7.6%，其中第一产业增加值32.77亿元，增长3.3%，第二产业增加值107.06亿元，增长7.7%，第三产业增加值74.77亿元，增长9.3%，三次产业结构比为15.3：49.9：34.8；一般公共预算总收入12.42亿元，其中地方一般公共预算收入8.17亿元；固定资产投资243.85亿元，增长20.4%；社会消费品零售总额76.25亿元，增长13.1%；城镇居民人均可支配收入32138元，增长7.3%；农村居民人均可支配收入15352元，增长8.6%。

工业经济。全年全区煤矿扩建技改

2016 年，永定凤城新貌　（永定区政府办供稿）

获批 7 家，年产 9 万吨以上煤矿达到 15 家，关闭淘汰煤矿 8 家，全区产能压缩至 195 万吨/年。华润湖坑风电开工建设，岐岭风电签约落地，农村光伏发电装机容量达 4865 千瓦。“永定红”石材循环经济产业园启动建设。新型建材发展壮大，乾元建材建成投产，闽盛建材、恒龙建材等企业加快成长。光电信息产业开始集聚，鑫华通智能终端项目入园装修。土楼酿酒项目竣工投产，金丰客家酒文化创意产业园开工建设。全年工业项目新签约 50 个、新开工 5 个、新竣工 6 个。

农村经济。全年新增设施农业 106.67 公顷，增长 3.8%。引进农信互联生猪网上交易平台，网上蜜柚销售走势强劲，推出永定蜜柚品牌。列入第一批省级富硒农业产业开发重点县。

第三产业。抓好国家全域旅游示范区建设，客家民俗演艺中心投入使用，客家博览园开园，初溪游客服务中心开工建设。天子温泉生态旅游区成功创建国家 AAAA 级旅游景区。全区旅游人数达到 596 万人次，增长 13.4%，实现旅游总收入 47 亿元，增长 15.7%。互联网产业孵化园吸引 41 家企业入驻，被评为省级“众创空间”。　项目建设。全年新签约项目 117 个，总投资 219.6 亿元，其中 1 亿元以上项目 41 个。全年征地面积 108.93 公顷，拆迁面积 6.42 万平方米，114 个重点项目完成投资 121 亿元。36 个项目实现开工，31 个项目竣工。获批国家专项建设基金项目 10 个，争取补助资金 4.52 亿元；策划市级投资工程包项目两批 39 个，总投资 111.8 亿元。永定工业园区水电路等基础设施基本完善，光电信息产业园 16 栋标准厂房全面建成，新签约 9 个入园项目，金叶纸品等 4 个项目实现开工。

城乡建设。全年投入 18.79 亿元，实施 175 个宜居环境建设项目。通过“国家卫生县城”复核验收，通过“省级文明县城”年度测评。下洋、龙潭列入市级新型城镇化建设重点镇，下洋镇列为市级土楼美食特色小镇建设。投资 1.02 亿元建设 20 个省级“千村整治、百村示范”美丽乡村，完成 20 个市级美丽乡村规划编制。下洋镇中川村等 6 个村列入第四批中国传统村落名录。完成交通基础设施投资 9.15 亿元。漳武高速永定至上杭段、永梅出省公路、湖雷经溪口至坎市公路等项目顺利推进，全年修建乡村公路 63 千米。推进安全生态水系、汀江防洪工程、小流域水土流失治理等水利水保项目，淑雅溪水库、抚市水源工程投入使用。

社会事业。全年投入民生事业资金 14.46 亿元，增长 8.06%，38 个为民办实事项目基本完成。完成“十三五”城区学校布局规划调整，完成 25 所学校新改扩建工程，新增学位 2250 个。投入 1741 万元配备 832 套“班班通”设备，投入 8864 万元实施“全面改薄”工程，投入 6000 万元实施 22 所学校运动场塑化改造工程。全年新增卫技人员 248 名、床位 321 张，有效缓解医疗卫生服务业务用房及人才紧缺问题。

社会保障。城乡居民基础养老金提高到每人每月 125 元，机关事业单位和企业退休人员人均月增资 273 元、148 元。失业、工伤、生育保险参保人数基本实现应保尽保。给予守法家庭大病医保报销比例增加 10% 的奖励。

脱贫攻坚。全年完成贫困户建档立卡 3477 户 11672 人，安排 3392 名干部结对帮扶，探索实施光伏、文化、旅游等产业扶贫的新路径，区财投入脱贫资金 2000 余万元，发放扶贫小额信贷资金 3198.1 万元，1244 户 4122 人易地搬迁贫困户搬入新居，年度净脱贫 5700 人，脱贫率达 48.8%。

生态环保。全年实施 14 个生态环保基础设施项目，年度完成投资 5.1 亿元。淘汰黄标车 1009 辆、燃煤锅炉两个，完成造林绿化面积 625.93 公顷（9389 亩），空气质量优良。改善提升流域生态环境，争取汀江（韩江）流域上下游横向生态补偿资金 4960 万元，完成龙湖 0.2 万公顷水葫芦灾害治理，湖面全面恢复通航；标准化改造养猪场 126 个，关闭拆除养猪场 1546 个，面积 27.8 万平方米；开工建设 10 个乡镇污水处理设施。国省控断面水质均符合Ⅲ类水标准，水质优良率达 100%。

【梦幻土楼剧场入选全国优选旅游项目名录】 2016 年 5 月，大型实景演出剧场“福建土楼梦幻剧场”入选国家旅游局“2016 年全国优选旅游项目名录”。该项目计划投资 3.8 亿元，占地面积 1.5 万平方米，可容纳 1500 人，填补龙岩旅游演艺短板。

【永定环土楼首届国际山地马拉松赛举办】 2016 年 11 月 20 日，以“追梦土楼 · 醉美永定”为主题的中国永定环土楼首届国际山地马拉松赛在永定举行。奥运冠军石智勇、张湘祥、何雯娜等出席开幕式。最终，肯尼亚选手包揽男子组全马、男子组半马和女子组半马三项冠军，女子组全马冠军由山东选手获得。

（廖晓华　林添茂）

上杭县

【经济社会概况】 2016年，上杭县实现地区生产总值276.33亿元，比上年增长8.6%；规模以上工业总产值441.6亿元，增长15.9%；三次产业结构调整为12.9∶54.8∶32.3；一般公共预算总收入31.7亿元，增长2.5%，其中地方一般公共预算收入22.9亿元，增长10.3%；固定资产投资257.3亿元，增长17.8%；社会消费品零售总额85.7亿元，增长15.8%；实际利用外资3845万美元，增长9.9%；城镇居民人均可支配收入33019元，增长8%；农村居民人均可支配收入14074元，增长9%。获福建省"县域经济实力十强县""县域经济发展十佳县"称号。

工业经济。初步形成铜产业、稀贵金属、循环经济三条产业链。举办第十一届中国铜加工行业发展论坛，现场签约项目13个。紫金山金铜矿浮选厂、紫金铜业节能减排综合技术改造等项目竣工；鸿航卫浴、太阳铜业船用电缆及数据缆、铜杆系列产品等项目加快推进。全年金铜产业实现产值400.2亿元，增长17.4%。与部队及军工集团所属企业签订合作项目3个，在谈项目8个，海装上海局与上杭县签订军民融合共建协议。建筑产业新设立施工承包企业9家，新晋升二级总承包企业1家，县外迁入总承包企业1家，全县有资质建筑施工企业93家。建筑企业签订合同总额520亿元，增长5%。实现建筑施工总产值393.5亿元，增长12.9%，其中，在地产值117.1亿元，增长9%。成立紫金矿业建设有限公司，正在申报矿山施工总承包特级资质。绿色建筑示范项目和县职专绿色建筑项目加快推进。福建绿科建设公司完成一期注资5000万元，正在筹备并购重组提升资质的工作。

农业经济。全年农林牧渔业总产值59.7亿元，增长3.9%。粮食播种面积3.15万公顷，种植烤烟0.32万公顷，种植蔬菜1.56万公顷。实施现代农业项目41个，总投资8.96亿元，新增设施农业面积220亩，润农食用菌生产加工、富康铁皮石斛生产基地等项目实现竣工。实现林下经济产值18.3亿元，惠及林农5.9万人。新增农业龙头企业38家、家庭农场322个、农民专业合作社42个，认定新型农民303人。规模以上农产品加工业实现产值13.7亿元，增长10%。下都镇（沙田柚）被农业部认定为第六批全国"一村一品"示范镇。

服务业。新增A级物流企业1家，全年净增限额以上企业25家，总数达234家，实现服务业增加值89.5亿元，增长11.4%；首家跨境电商欧壹国际营业，阿里巴巴农村淘宝、京东、供销电商、邮政电商、淘实惠等电商平台相续落户，县内有电子商务法人企业182家，实现电子商务交易额21亿元。推进古田和才溪景区提升工程、"诗意院田"古村落保护与开发、梅花山国家生态旅游示范区建设等项目。全年接待游客520万人次，增长15.6 %；实现旅游收入28.6亿元，增长24.3%。

项目建设。全县110个攻坚项目完成投资70.3亿元，"谋划一批"项目281个，列入市项目谋划库49个。"签约一批"项目55个。"开工一批"中，110个攻坚项目开工82个，54个市攻坚项目开工30个。"建成一批"中，110个攻坚项目中建成49个，54个市攻坚项目竣工29个。"增资一批"完成增资38.4亿元，其中工业技改项目完成增资22.3亿元，专项基金项目完成增资16.2亿元。

脱贫攻坚。全县精准识别扶贫开发重点乡（镇）4个、贫困村50个、建档立卡贫困户7298户19926人。制定出台"4810"精准脱贫措施，县财政补助每个贫困乡（镇）50万元用于发展生产性增收项目，为每个贫困村提供20万元扶贫资金和25万元基础设施建设专项补助资金；对全县4026名挂钩干部进行精准培训，提升挂钩帮扶实效。发放扶贫小额信贷516户2605万元，超额完成市下达本县任务数。全年完成4219户10477人的减贫任务和2884人的造福工程扶贫搬迁任务。

生态环保。45个生态环保攻坚项目完成投资6.4亿元。汀江流域水污染综合整治项目列入国家开发银行第一批重点生态环保基金项目，争取到位项目扶持资金1亿元。持续推进养殖业污染治理工作，全县关闭拆除养殖场3581户、面积75.6万平方米，城区生活污水处理率达88.5%，乡（镇）污水收集处理率达60%。抓好紫金山矿区、蛟洋工业集中区、县工业园区等区域安全环保专项整治，全县淘汰黄标车1076辆，城区及工业园区空气环境质量监测结果均达到或优于国家二级标准，达标率100%。完成水土流失综合治理0.49万公顷、造林绿化0.21万公顷，成为福建省首批国家重点生态功能示范区转移支付县。

城乡建设。全县26个城建项目完成投资16.1亿元，张滩大桥及接线工程建成通车；城市绿化覆盖率达41.6%。启动新型城镇化和美丽乡村建设3年行动计划，成立新型城镇化和美丽乡村建设融资平台；加大特色小镇申报创建工作，古田镇被列为第一批国家特色小镇创建镇，蛟洋、庐丰、才溪、官庄等4个乡（镇）完成概念规划、创建方案编制，已申报省级特色小镇；全县21个乡（镇）通过或达到国家级生态乡（镇）创建要求，312个行政村通过市级以上生态村命名，其中99个村通过省级生态村命名。美丽乡村建设。全县21个村列入美丽乡村建设，共策划基础设施项目120个，总投资4.8亿元；开展"千村整治、百村示范"建设，24个村策划整治项目166个，总投资7400多万元；中都镇罗溪村、田背村、兴坊村入选中国传统村落名录。

社会保障。在全省率先实施健康扶贫保险和大病医保"三保合一"均衡化政策，在全市率先执行提高贫困户住院报销比例政策，为防止因病致贫返贫提供多重保障。全年开展职业技能培训3801人，实现城镇新增就业2025人。

加快社区老年人日间照料中心、农村敬老院建设，在全市率先实行县财投资建设农村幸福院政策，新建农村幸福院28所。县老年人活动中心建成并投入使用。

社会事业。在全市率先实施普通高中教育免费政策；启动小学扩容工程和学前教育“三年行动计划”，重建校舍项目5个，新建校舍面积7834平方米。推进医药卫生体制和县级公立医院改革，县医院、妇幼保健院整体搬迁工程完成投资2.3亿元，蛟洋、湖洋等6个卫生院建设进度加快。成立“上杭客家木偶艺术传习中心”，推进县体育中心、水上运动基地等项目建设。通过国家级生态县考核验收；被列为第三批国家新型城镇化综合试点地区；被评为“全国法治宣传教育先进县”、福建省森林县城；蝉联“全国双拥模范县”。

【上杭国家生态县建设通过环保部考核验收】 2016年10月22—23日，由国家、省、市环保专家、领导组成的考核验收组通过实地考核验收，同意上杭县国家生态县建设通过考核验收。2011年，上杭县出台以奖促治政策，对创建省级、国家级生态乡镇并获命名的，按一类、二类乡镇分别给予80万～150万元补助；对创建市级、省级、国家级生态村并获命名的，根据该村人口规模，分别给予10万～40万元不等的补助。至2016年底，县财政累计下拨生态乡镇、生态村创建经费1.6亿元，累计投资20亿元用于推进56个重点环境整治项目。该县建成城区紫金公园、杭川公园等86个生态休闲公园和458个生态绿化亮化工程，建成吴地村、下才村等116个美丽乡村示范点和345个生态旅游农庄，有1个村入选中国传统村落名录，6个村入选省级传统村落名录，城区绿化覆盖率达42%，实现人与自然的和谐发展。古田镇被评为“国家生态文明教育基地”，入选首批中国特色小镇。

【在全省率先出台大病医保“三保合一”均衡化政策】 2016年12月，上杭县出台大病医保“三保合一”均衡化实施方案，从2017年1月1日起实施。这是福建省首个大病医保“三保合一”均衡化方案。根据方案，上杭县大病医保“三保合一”实施对象为全县范围内城乡居民基本医疗保险参保人员。大病保险支付的起付标准为1.5万元。当参保人员个人年度累计负担的政策范围内住院医疗费用扣除基本医疗保险报销后超过起付线的部分转入大病保险。城乡居民大病保险报销比例提高到90%，报销标准为参保人员个人年度累计负担的政策范围内住院医疗费用扣除基本医保报销后超过起付线的部分。城乡居民大病保险每人每年统筹基金最高支付限额为20万元。

（刘昌发）

武平县

【经济社会概况】 2016年，武平县实现地区生产总值161.66亿元，比上年增长8.5%，其中第一产业增加值35.03亿元，增长3.6%，第二产业增加值66.15亿元，增长8.4%，第三产业增加值60.48亿元，增长11.4%；固定资产投资259.32亿元，增长13.6%；社会消费品零售总额66.53亿元，增长19.1%；一般公共预算总收入10.46亿元，增长2.2%，其中地方一般公共预算收入7.34亿元，增长0.3%；城镇居民人均可支配收入28439元，增长8.6%；农村居民人均可支配收入13676元，增长8.7%。首次跻身福建省县域经济发展十佳县。

项目建设。新签约嘉喜不锈钢餐厨用品生产、贝特数控机床制造研发等54个招商引资项目。37个省、市重点项目完成投资64.5亿元，97个县重点项目完成投资55.7亿元，新开工宇田汽配智能化升级改造、驰达网络通信线缆生产等49个项目，新建成投产合信创展光学新材料加工、康图不锈钢精密铸件等19个项目。实施投资工程包项目两批101个和国家专项建设基金项目15个。县级财政多渠道筹集资金15.1亿元，投入重点项目建设。全县获批项目建设用地面积61.6公顷、林地面积119.93公顷，完成土地征收面积90公顷、房屋征收面积1.3万平方米。

脱贫攻坚。全年投入扶贫资金2.7亿元。贫困户实现干部挂钩帮扶全覆盖，100%落实脱贫措施。设立1200万元扶贫小额信贷担保基金，为贫困户担保生产贷款2464万元。2016年全县有9209名贫困人口脱贫，减贫率51.7%。建设易地扶贫搬迁安置点31个，全年本县完成易地扶贫搬迁1826户5881人。实施以奖代补，鼓励58个贫困村发展光伏发电项目，增加村财收入。主动对接省直部门和厦门市思明区，争取脱贫帮扶资金9800万元。县扶贫办获评“全国扶贫系统先进集体”。

生态环保。完成封山育林面积0.31万公顷，造林绿化面积0.25万公顷，水土流失治理面积0.43万公顷，矿山生态恢复治理面积50公顷。赎买重点生态区位商品林面积266.67公顷。在全省首创县级总河长制。投入1.4亿元进行生猪养殖业污染治理，实施象洞溪水环境综合整治“百日会战”，全县关闭拆除猪舍面积69.9万平方米，削减生猪存栏46.6万头。实施城区内河整治工程，改扩建城区污水配套管网18千米。基本建成象洞、桃溪、湘店等3个乡镇生活污水处理厂。组建生态环保综合执法工作组，整治非法洗（采）砂点等环境违法场所31处。启动中山河国家湿地公园建设。通过综合施策，全县17个乡镇河流交接断面水质总体改善，象洞溪出省断面水质由劣Ⅴ类转变为Ⅲ类。淘汰黄标车和处置危险废物任务全面完成。城区空气质量优良以上天数比例达99.4%。

现代农业。农林牧渔业总产值61.37亿元，增长3.8%。粮食、烟叶、果蔬、茶叶、食用菌、花卉苗木、中药材、渔业发展良好。新增林下经济经营面积0.28万公顷。新增省级农业产业化龙头企业两家、市级示范企业7家、省级示范家庭农场4个和绿色食品两件、地理标志证明商标两个。“武平绿茶”被推荐为中国“十大绿茶公共品牌”。

工业经济。规模以上工业增加值38.59亿元，增长8.5%。出资1亿元设立县战略性新兴产业股权投资基金，已投资钢泓科技，参股省级技改基金。设立2000万元的“四个一批”企业贷款风险补偿基金。新增新鑫盛金属制品、拜耳新材料等13家规模以上工业企业，净增产值亿元以上工业企业9家。投入1.2亿元加强“一园两区”基础设施建设。县工业园区主干道新洲路全线贯通，岩前工业集中区创业大道建成通车。

第三产业。入选全国第二批全域旅游示范区创建单位。环梁野山城乡一体协调发展试验区建设稳步推进，产城、文旅、城乡融合初见成效。加快实施梁野山创AAAAA级旅游景区、中山古镇保护与开发、红色旧址群维修保护、兴贤坊历史文化街区等重大文化旅游项目。全年接待游客171.8万人次，增长27.9%；实现旅游收入16.5亿元，增长26.4%。新增电商企业99个，武平地方特色馆上线运营，实现电商销售额20亿元。兴业证券、泉州银行入驻武平。全县金融机构人民币存款余额首次突破100亿元大关；贷款余额79.23亿元，增长9.2%。

城乡建设。建长武高速公路被列入海西网规划并启动前期工作。环城快速通道启动建设，环城南路正式开工。完成三角埔至中赤公路路面重铺和6座农村危桥改造。新增公路通车里程70千米。实施35千伏象洞变电站二期扩建、35千伏城关至永平线路改造等电力基础设施工程。石径岭水库封堵蓄水，陈田水库通过下闸蓄水验收，云礤水库开工建设。沿河西路、武安路（一期）、南门大桥完成改造。新建公交车停靠站83个，新增公交车6辆，县公交首末站于年底投入使用。新建供水管网5千米、燃气管网10千米。公安新业务技术用房、社会福利中心（一二期）、儿童乐园建成投入使用。新天地购物广场城市综合体建成营运。拆除“两违”面积99.6万平方米。“智慧城市”综合服务管理平台试运行。

重点领域改革。全年新增个体工商户2275户、注册资本4.1亿元，分别增长20.6%和28.8%；新增内资企业487个、注册资本19.7亿元，分别增长19.1%和37.1 %。县社会福利中心实行“公建民营”。新增国家高新技术企业1家、省级科技小巨人领军企业两家、市级科技小巨人领军企业两家、市级企业技术中心7个。首个市级众创空间“智农青创”建成营运。对外开放不断拓展。融入中国（福建）自由贸易试验区等重大改革试验区建设。全年实现外贸出口2.55亿美元，增长13.7%；实际利用外资2507万美元，增长19%，闽粤赣边区域协作和山海协作不断加强。

民生事业。实验小学河东分校建成投入使用，第三实验小学、武安小学、武安幼儿园、文山幼儿园等4所学校开工建设。县医院新病房大楼投入使用。县妇幼保健院完成建设。新增规模以上文化产业法人企业7家。获市级以上体育竞技赛事金牌69枚。城市低保标准提高至每人每月475元，农村低保标准提高至每人每年2650元。新建社区综合服务站1个、农村幸福院5所。新建成保障性安居住房140套。新增城镇就业1396人，农村转移就业5082人。

【武平县象洞溪水环境综合整治活动】2016年4月15日，武平县召开全县生态环保攻坚战役暨象洞溪流域水环境综合整治“百日会战”行动大会，至9月20日止，象洞溪流域水环境综合整治工作任务全面完成，共关闭拆除生猪养殖场（户）1165户、363885.8平方米，象洞溪流域沿线7个村全部成为“无猪村”。龙岩市环保局、广东省蕉岭县环保局、武平县环保局共同对象洞溪、中山河断面水质进行检测，象洞溪水质为Ⅳ类标准（氨氮0.249mg/L、总磷0.219mg/L、COD4.86mg/L），达到两部两省流域补偿协议的考核要求。11月3日，蕉岭县环保局、武平县环保局再次对象洞溪水质进行复核，监测结果达到Ⅲ类标准（氨氮0.386mg/L、总磷0.149mg/L、COD3.15mg/L）。

（吴汝丰）

长汀县

【经济概况】 2016年，长汀县实现地区生产总值184.85亿元，比上年增长8.3%；三次产业结构调整为16.9∶47.1∶36.0；一般公共预算总收入9.4亿元，增长8.7%，其中地方一般公共预算收入6.48亿元，增长3.8%；固定资产投资231.99亿元，增长14.2%；城镇居民人均可支配收入21268元，增长7.7%；农村居民人均可支配收入12766元，增长9.5%。

产业发展。年内新培育规模企业20家。鼓励纺织服装产业企业技改提升和机器换工，荣耀纺织、承东纺织、经纬亿来等企业实现增资扩产，实现产值82.4亿元，增长5.6%。加强与中石油、中电科、中车等军工企业和央企对接工作，金龙稀土实现产值48.2亿元，增长8.6%。设立2000万元产业发展基金，出台扶持政策，加快医疗器械产业园建设，新落户医疗器械企业8家，康博、润康实现投产，实现产值1亿元。全年接待旅客210万人次，增长14.8%；实现旅游总收入20亿元，增长17.3%。新发展电商企业37家，全年实现电子商务交易额34.7亿元，其中上行9.2亿元。新能源产业，重点开发山地风力、光伏发电、垃圾焚烧发电等资源，推进红山、铁长、四都等5个乡镇的风力发电项目。

现代农业。实现农林牧渔业总产值53.6亿元，增长4%，粮食总产达22.5万吨，烟叶收购20.6万担；新增设施农业面积8.73公顷，新增农民专业合作社108个、家庭农场330个和市级以上龙头企业5家。

项目建设。32个省、市重点项目完成投资69.6亿元；53个省行动计划重大投资项目完成投资123.3亿元。抓好

2016 年，长汀曲凹哩漂流　　（长汀县政府办供稿）

“五个一批”项目建设，全年谋划项目 36 个，签约项目 56 个，开工项目 33 个，建成项目 39 个，增资一批项目完成投资 29.6 亿元。中石油催化裂化项目获中石油总部核准，完成投资决策专家评审；经纬亿来纺织一期 1 号厂房 5 万纱锭项目竣工投产；盼盼食品饮料生产线成功嫁接利朗服饰，第一条生产线已投产。全年签订内引外联项目 33 个，实际到资 28.83 亿元。

生态环境。完成水土流失综合治理面积 0.99 万公顷。落实河长制，启动万里安全生产水系建设，集中式饮用水源地水质、汀江河交接断面水质达标率 100%。开展畜禽养殖污染专项整治，加强重点流域污染整治，全年关闭拆除生猪养殖场 714 个、面积 28.88 万平方米。整治大气污染，全年淘汰黄标车 796 辆、燃煤锅炉 8 台，空气质量优良天数比例达 90%以上。长汀县生态县建设领导小组被评为首届中国生态文明奖先进集体，通过国家生态县考核验收。

城乡建设。推进策武工贸新区、火车南站新区建设和河田、新桥两个新型城镇化重点镇建设，启动长汀一中高中部、汀州医院迁建工程。推进“一江两岸”景观修复、“四大街区”改造、卧龙书院、三元阁广场改造等名城建设项目，完成“汀州古城墙”申报世界文化遗产文本编制等前期工作，实施传统古村落保护与建设，历史文化名镇名村、传统村落、古民居得到保护传承。完成龙长高速古城互通工程，黄屋大桥、宝珠路通车，完成镇镇有干线公路 59.6 千米、农村公路 95 千米、危桥改造 17 座，实施农村公路晋级改造 65 千米；实施生活垃圾无害化处理、城乡污水收集处理、城市天然气管道等重大市政项目。

【社会事业】　实施产业扶贫、造福工程搬迁扶贫、教育扶贫等“十一个一批”脱贫工程，全年 9448 人实现脱贫。规划建成 8 个省级造福工程搬迁集中安置区和两个县级集中安置区，完成省市下达的 8500 人的搬迁任务。全年新增城镇就业 2628 人、农村劳动力转移就业 7012 人；城乡居民养老保险参保率 96.87%，农村居民新农合参合率 99.99%；通过“义务教育发展基本均衡县”国家级评估验收；实施文化惠民工程，举办名城保护日、公祭客家母亲河等活动，建成汀州客家剧院、图书馆等项目，新增医疗机构床位 26 张。

（丘　辉）

连城县

【经济概况】　2016 年，连城县实现地区生产总值 162.21 亿元，比上年增长 8.0%；一般公共预算总收入 6.44 亿元，增长 11.3%，其中地方一般公共预算收入 4.31 亿元，增长 11.2%；固定资产投资 220.1 亿元，增长 9.6%；规模以上工业增加值 30.33 亿元，增长 7%；社会消费品零售总额 53.5 亿元，增长 7.3%；城镇居民人均可支配收入 26265 元，增长 8.4%；农村居民人均可支配收入 12810 元，增长 8.0%。

工业经济。年内新增规模企业 11 家，总数达 125 家；新增亿元企业 11 家，总数达 51 家；产值超 5 亿元企业两家，实现零的突破。光电新材料、生物医药分别实现产值 22.1 亿元和 7.3 亿元，增长 11.8% 和 27.4%。开工建设工业生产性项目 45 个，16 个项目实现竣工投产。完成技改投资 53.8 亿元，盘活宝丽金等 11 家企业。

农业经济。农林牧渔业总产值 51.2 亿元，增长 3.7%，实现农产品加工产值 72.9 亿元，增长 13.5%。地瓜干加工产值 32 亿元；铁皮石斛种植面积 280 公顷，产值达 1.1 亿元；连城白鸭出栏 370 万羽，产值 4.4 亿元。富硒产业从无到有，成为全省第一批 10 个省级富硒农业产业开发重点县之一。

第三产业。全县接待游客 743.5 万人次，实现旅游收入 35.5 亿元，分别增长 22.6% 和 23.8%。入选首批国家全域旅游示范区创建单位，通过省级标准化旅游试点县和省级旅游度假区评估验收；连城冠豸山景区、培田古村落旅游区入选省级智慧景区示范项目建设试点，松毛岭战地遗址入选全国红色旅游经典景区。赖源溶洞、九龙湖垂钓基地开园营业，冠豸山游步道、松毛岭战地遗址纪念广场、纪念碑建成投入使用。完成商品房销售面积 23.6 万平方米，销售金额 9.5 亿元，分别增长 98.6%和 85.7%。电商交易额突破 20 亿元，增长 100%。

项目建设。62 个“2014—2018 行动计划”重大项目及 32 个省市重点项目分别完成年度计划 127.4% 和 127.7%。重新启动江林大道（林坊段）、莲北大道、西环路改造，新泉红军路等重大项目建设；首个 PPP 项目福地水库招标开工；省道“横八线”（莒溪镇詹坑村—朋口镇王城村段）开工；争取国家专项建设基金4.95亿元。引进签约项目111个，总投资150.82亿元，其中5亿元以上项目6个；新开工项目78个、总投资71.45亿元，新竣工项目26个、总投资20.36亿元；军民融合累计签约项目10个，计划投资20亿元。实际利用外资3390万美元。

脱贫攻坚。5个贫困乡（镇）、62个贫困村、6622户贫困户实现干部挂钩帮扶全覆盖。年内完成3481户7584名贫困人口脱贫。国定标准易地扶贫搬迁1816户4551人、省定标准易地扶贫搬迁374户1100人开工建设。全县73个易地扶贫搬迁集中安置点建设加快推进。设立扶贫小额信贷风险担保金，累计发放小额贷款1834.62万元。推进光伏扶贫，由县财政对参与的每户贫困户补助1万元，对贫困村自筹资金给予10%补助。全县有793户贫困户、45个贫困村参加，据测算贫困户每年可增收1500元左右，贫困村可实现年村财增收3万～6万元。

生态环保。全县大气环境质量优良以上天数比例100%，完成河道治理67千米，查处涉河违法行为19起，实施生猪养殖场改造提升30个，拆除不达标养殖场249个、面积6.6万平方米。实施地瓜干小作坊综合整治，完成拆除验收65个。开工建设食品加工区集中供热项目。实施矿山生态恢复治理面积14.67公顷，造林绿化面积0.13万公顷，水土流失综合治理面积0.47万公顷。

城乡建设。推进莲花花园等保障性安居工程，新建（改造）各类管网16千米，完成公交首末站建设，开通至冠豸山动车站的客运专线，新增公共停车位125个。启动城市精细化管理，拆除违建面积102.6万平方米。培田草药小镇列入全省首批28个特色小镇创建名单，新泉获评省级历史文化名镇，朋口、新泉被列为市级新型城镇化建设重点镇，林坊、四堡撤乡设镇。启动实施塘前、水北、田头3个美丽乡村“精品村”和曲溪美丽乡村“景观示范带”打造工程。

【社会事业】　通过“义务教育基本均衡县”国家级验收，西城文教片区实验小学、实验幼儿园投入使用。四堡雕版印刷陈列馆被列为中国印刷博物馆福建（连城）分馆，县博物馆对外免费开放。实施8个乡（镇）卫生院改造提升，完成县疾控中心异地新建。实现“全国双拥模范县”三连冠和“省级双拥模范县”七连冠。

（陈道中）

漳平市

【经济社会概况】　2016年，漳平市实现地区生产总值203.76亿元，比上年增长8.1%，其中第一产业增加值27.85亿元，增长3.4%，第二产业增加值87.78亿元，增长6.8%，第三产业增加值88.12亿元，增长11.0%，三次产业结构比例为13.7∶43.1∶43.2；一般公共预算总收入9.51亿元，下降5.7%，其中地方一般公共预算收入6.20亿元，下降2.8%；固定资产投资216.40亿元，增长15.8%；社会消费品零售总额65.57亿元，增长14.1%；城镇居民人均可支配收入29056元，增长8.1%；农村居民人均可支配收入14496元，增长8.3%。

工业经济。规模以上工业总产值156.38亿元，增长8.8%，规模工业增加值31.56亿元，增长7.3%。轻纺、化工、农产品加工业分别增长20.8%、21.9%、18.4%。新上规模以上工业企业15家，新增龙岩市级企业技术中心1个、龙岩市级工业设计中心1个。福建漳平协龙高新化纤有限公司“除臭、抗菌、防水多功能面料生产项目”、伍洋（福建）机械有限公司“年产5000套工业机器300套高端大型龙门六轴加工中心生产项目”、漳平红狮水泥有限公司“日产4500t/d新型干法熟料生产线及配套9MW余热发电技改项目”等竣工投产。

农业经济。农林牧渔业总产值45.69亿元，增长3.6%。粮食作物播种面积1.33万公顷，产量7500万千克。茶园总面积0.73万公顷，全国绿色食品原料（茶叶）标准化生产基地成功续展，漳平水仙茶传统制作技术列入第五批省级非物质文化遗产代表性项目，以漳平台湾农民创业园为核心区的龙岩农业科技园区成为第七批国家级农业科技园区。入选国家农村产业融合发

2016年，漳平境内纵横交错的高速公路　　（漳平市政府办供稿）

展试点示范县。鸿鼎农场入选中粮集团“五十茗庄”；花卉面积0.36万公顷，永福花卉研究所获第十三届中国杜鹃花展室外展台金奖。推进现代农业综合配套改革，完成土地确权186个村（居）二轮延包，新增省级示范农民专业合作社4个、省级示范家庭农场4个。

第三产业。农村电商发展迅速，村民在网上购买农资农具产品突破600万元，创下福建省第一。签约茶盟网合作项目，花博汇现代花卉科技创客空间被列入省级众创空间。新培育限额以上商贸企业38家。全年累计接待游客270万人次，实现旅游总收入14.3亿元，分别增长12.5%、13.5%。象湖红色革命旧址通过AAA级旅游景区评审。宏都酒店通过三星级酒店评审。卢卡竹溪谷休闲农庄、官田翡翠谷项目开工建设，北寮休闲农业与乡村旅游区（一期）竣工。天台山生态文化旅游暨香寮中华文明传承创新园区加速创建。

项目建设。重点项目完成投资55亿元。两批107个补短板投资工程包项目完成投资18.1亿元，17个为民办实事项目完成投资3.8亿元。完成“五个一批”任务，谋划项目32个，签约项目35个，开工项目20个，建成投产10个，增资17.8亿元。工业园区规模以上工业总产值达到98.7亿元。南龙铁路完成投资12亿元，签约抽水蓄能电站项目。

脱贫攻坚。开展“千名干部扶千户”精准扶贫活动（全市3000多户贫困户都有一名挂钩帮扶干部挂钩联席帮扶），遴选百个家庭农场等帮扶载体，组织15个商会和行业协会挂钩结对帮扶15个贫困村。拱桥蕉山莲子专业合作社列入“合作社＋农户”旅游扶贫示范社。筹集地方政府债券2482万元及专项建设基金1241万元。实施易地扶贫搬迁815户2762人，全年实现脱贫4738人。

生态环保。推进九龙江流域水环境综合整治，实施节能减排项目86个，关闭淘汰企业17家。开展生猪养殖污染整治“百日会战”行动，关闭拆除养殖场面积61.4万平方米，削减生猪19.6万头。开展河道非法采沙专项整治，拆除取缔非法采沙场99个。淘汰黄标车624辆。

城乡建设。实施“一江两岸”（一江是指以九龙江为人居板块的轴心，两岸是指沿九龙江两岸构建亲水绿地景观带）生态经济带建设。完成位于桂中路、林隆南路、南学堂路的污水排水管道工程建设，累计完成投资1.02亿元；永福镇被列入省级花香特色小镇。美丽乡村建设争取资金4211万元，实施16个村庄整治美丽乡村建设。完成公路交通行业固定资产投资7.29亿元，其中国省干线投资1.53亿元，普通公路、农村公路、生命防护工程、危桥改造及其他道路投资4.04亿元，农村公路水毁修复完成投资1.72亿元。南龙铁路投资12.5亿元。拱桥镇至纵五线溪仔口公路（一期）工程、莆永高速漳平互通连接线交叉口改造工程建成通车；开工建设厚福大道道路工程（含闽西南商贸城段路面改造）、县道671线桂林至黄祠段公路工程、新桥至溪口段公路等项目；完成省道208线九鹏溪景区至双洋镇路段路面改造工程；危桥改造12座。

社会事业。全年城镇新增就业1605人，失业人员再就业1115人，城镇登记失业率2.22%，控制在4.6%以内。扩大社会保险覆盖范围，失业保险参保总人数30016人，新型农村合作医疗参合率99.99%，人均筹资标准提高至530元/人。农村低保保障线标准提高到家庭年人均收入3026元。漳平三中整体迁建（一期）建成投入使用，通过“义务教育发展基本均衡县”国家评估验收。疾控中心开工建设，建立“互联网＋分级诊疗”高清视频便民门诊。组织承办2016年度龙岩市“体彩杯”少儿锦标赛等系列活动赛事，“原创漫画线上推广计划”项目获全国青年志愿服务银奖，永福“妈祖文化节”入选“闽西十大经典名俗活动”。

【龙岩（漳平）获批建设国家农业科技园区】　2016年1月28日，以省级农业科技园区漳平台创园为核心区的龙岩农业科技园区申报创建“国家农业科技园区”获科技部批准，成为全国第七批国家农业科技园区。福建龙岩国家农业科技园区以漳平台湾农民创业园为核心，在完善漳平省级农业科技园区建设的基础上，围绕“生态立园、产业强园、科技兴园”目标，打造精致茶、花木、蔬菜产业示范区以及农业科研培训中心等项目。

【漳平市行政服务中心被列为国家级标准化试点单位】　2016年6月6日，漳平市行政服务中心被列为国家级社会管理和公共服务综合标准化试点单位。这是2016年福建省唯一一个被列入国家级标准化试点的单位。国家级标准化试点拟建设时间为3年，试点将按照“机关推动，部门联合，窗口为主，有序实施”的模式推进。通过启动行政服务标准化建设工作，中心将服务大厅的服务管理、功能设置、岗位规范等纳入标准化管理，实现“有人就有工作标准，有事就有质量标准，有物就有管理标准”。该中心正在进行业务规程标准的编写工作，完成编写700多项。

【“7·9”特大洪灾】　2016年7月9—10日，一场特大暴雨降临漳平市。全市20个自动雨量站点超50毫米，其中9个自动雨量站点超100毫米，5个自动雨量站点超200毫米，漳平水文站超警戒水位0.5米，麦园水文站超警戒水位1.2米。市委、市政府启动防暴雨防台风Ⅲ级应急响应，成立抢险救灾指挥部，下设11个职能小组，负责抢险救灾协调工作，动员转移各乡镇（街道）地灾点、低洼地区、棚户区等重点区域的人员8525人。据统计，全市16个乡镇共15391人受灾，因灾造成经济损失约10.53亿元。

【漳平市反诈骗中心揭牌成立】　2016年11月3日，漳平市反诈骗中心揭牌并启动运行，该中心依托漳平市公安局110指挥中心，实行"公安、金融、通信"三方合署办公和一体化运作，是龙岩市首个县级实体化打击电信网络新型违法犯罪的重要机构。工商银行、农业银行、中国银行、建设银行、邮储银行、农商银行、兴业银行等七大金融机构和移动、联通、电信三大通信运营商专职工作人员常驻中心。中心下设受理处置组、研判组、打击组、宣传组、金融防控组、电信防控组、勤务保障组7个工作组。

（林绍志）

编辑：林丹英

宁 德 市

【基本概况】 宁德俗称闽东，东望台湾，西邻南平，南连福州，北接浙江省温州市。全市陆地面积1.35万平方千米，海域面积4.46万平方千米。辖9个县（市、区）、1个国家级经济技术开发区，乡（镇、街道）125个。2016年末户籍人口351.64万人，人口出生率14.71‰，人口自然增长率9.48‰。宁德依山傍海，有丰富的林竹资源，盛产晚熟荔枝、晚熟龙眼、无核柿、四季柚、东魁杨梅、脐橙、水蜜桃等水果；有金属、非金属矿72种（高岭土、玄武岩等储量丰富）。淡水储量150亿立方米，可开发水电资源250万千瓦。大陆岸线长1046千米，居全省首位。浅海滩涂面积12.8公顷，盛产大黄鱼、对虾、二都蚶、牡蛎及海带、紫菜等。全市分布有三都澳、福宁湾、沙埕湾等优良港湾。其中天然良港三都澳口小腹大、水深港阔，地质结构稳定，有水域面积714平方千米，10米等深线水域面积173平方千米，深水岸线近90千米。主航道水深30～115米，无碍航暗礁，水道优良，30万吨级船舶可乘潮进出。有世界地质公园1个、国家AAAAA级旅游景区两个、国家AAAA级旅游景区两个。

【经济社会综述】 2016年，宁德市实现地区生产总值1623.11亿元，比上年增长7.5%；第一产业增加值285.97亿元，增长3.9%，第二产业增加值806.70亿元，增长7.3%，第三产业增加值530.44亿元，增长9.5%；一般公共预算总收入155.09亿元，增长5.2%，其中地方一般公共预算收入100.97亿元，下降3.3%；固定资产投资1225.15亿元，下降2.6%；社会消费品零售总额512.35亿元，增长10.1%；城镇居民人均可支配收入28164元，增长8.2%；农村居民人均可支配收入13516元，增长9.1%。

工业经济。实现规模以上工业增加值671.26亿元，增长8.2%，产值亿元以上企业519家，百亿元以上企业5家。冶金新材料、锂电新能源等新兴产业实现增加值277亿元，增长29.7%，对规模以上工业增长贡献率116%。高新技术企业33家，新增省级企业技术中心3个、省级众创空间6个。每万人口发明专利拥有量2.11件。实施127个省、市重点技改项目，淘汰落后钢铁产能115万吨。安波电机获省政府质量奖。

农村经济。农林牧渔业总产值503.44亿元，增长4.0%。粮食产量61.93万吨，地方粮食储备15万吨。茶叶、食用菌、水产品等三大特色农产品产量9.78万吨、182.7万吨、93.51万吨，分别增长5.1%、2.3%、5.5%。新增设施农业面积0.07万公顷、省级农民合作社示范社11个、省级家庭农场示范场19个、市级以上休闲农业示范点14个。推进"两权"确权登记颁证工作，流转土地面积4.57万公顷，古田列入全国"两权"抵押贷款试点县，屏南列入全国农村承包土地的经营权抵押贷款试点县。

第三产业。服务业实现增加值530.44亿元，增长9.5%。全市接待游客2209.21万人次，旅游总收入195.23亿元，分别增长20.2%和29.9%。举办第六届宁德世界地质公园文化旅游节。屏南入选首批国家全域旅游示范区创建名单，周宁、福鼎入选省全域旅游试点县。白水洋·鸳鸯溪景区成为首批国家绿色旅游示范基地。外贸集装箱宁德—厦门内支线开通，完成集装箱吞吐量7万标准箱，增长24.3%；港口吞吐量2700万吨，增长6.2%。电子商务完成交易额419亿元，增长36.9%。金融机构各项贷款余额1493.69亿元，增长

宁德三都澳。图为2016年5月的三都澳晨曦和螺壳岩景点 （林忠玉摄）

6.6%。商品房销售面积200万平方米，增长15%。

项目建设。新增“五个一批”脱贫项目387个，总投资3077亿元。实施市级在建重点项目280个，完成投资678.5亿元，其中年度投资额超10亿元项目10个。列入省行动计划在建重大项目127个，完成投资232.7亿元。对接签约项目155个，总投资1175亿元。宁德核电4#机组、新能源二期、青拓不锈钢冷轧及深加工配套、220千伏北洋输变电等项目建成投产，中铝铜冶炼、新能源三期、杉杉负极材料、周宁抽水蓄能电站等重大项目开工建设。福寿高速、宁连高速实现通车。衢宁铁路站前工程全线开工建设，宁德至南平铁路纳入国家中长期铁路网规划。湾坞作业区6#7#泊位投入使用。推出两批20个补短板投资工程包，总投资69.96亿元。中心城市东区污水处理厂、宁古高速公路入选全国第三批PPP示范项目。

城乡建设。中心城区闽东路中段、天山东路一期实现通车，金漳路、漳湾疏港公路、福宁路三期等一批道路加快建设。投放新能源公交车98辆，新增公共停车场7个、停车泊位539个。深化出租车行业改革，规范网约出租车管理。建成兰溪公园、环东湖慢行道一期等园林绿化项目，新增绿地面积64万平方米。新增供水管网、雨污管网长度分别为9.2千米、22千米。启动建设北区污水处理厂二期工程、第三水厂扩建工程等项目。建成投用一批防洪排涝工程。古田列入全国第三批新型城镇化综合试点名单，蕉城赤溪镇列入全国第四批美丽宜居小镇示范名单，福安廉村、蕉城邑坂村、周宁陈峭村、柘荣上黄柏村、古田凤竹村和林峰村列入全国美丽宜居村庄示范名单。蕉城三都澳大黄鱼小镇、霞浦三沙光影小镇、屏南药膳小镇入选第一批省级特色小镇创建名单。赛岐、太姥山两个“小城市”培育试点三年行动计划获批，全市29个省市小城镇综合改革试点镇实施项目499个。开展农村环境卫生综合治理，改水改厕试点工作成效明显，142个“千村整治、百村示范”美丽乡村加快建设。拆除违建面积453.72万平方米。

改革开放。创建国家军民融合创新示范区《总体方案》正式呈报国务院、中央军委。宁德军民融合深度发展产业园被工信部列为国家新型工业化产业示范基地，华东地区（福建）船舶综合保障动员中心获批设立。宁德港口岸获准扩大开放三沙港区，临时开放漳湾8#9#码头。中铝矿业（宁德）保税仓库投入使用。在全省率先启动分级诊疗试点工作。组建市医疗保障管理局和市医疗保障基金管理中心，全市医保管理体制实现“三保合一”，城乡居民大病保险全面启动。全面两孩政策得到落实，市县两级妇幼保健与计生技术服务机构完成整合。柘荣被确定为第二批全国健康促进县项目试点地区。推进行政审批制度改革，调整规范市级前置审批和中介服务项目280个，市县乡三级实现权责清单全覆盖。市公共资源交易中心挂牌成立。全市市场主体突破20万户大关。在全省率先实现市、县不动产统一登记全覆盖。全面推行居民用水阶梯价格制度，一般工商业用电同网同价政策正式实施。新批外商直接投资和增资项目11个。举办第七届海峡两岸电机电器博览会和第八届海峡论坛·陈靖姑文化节。

环境保护。屏南、寿宁、周宁、柘荣纳入国家重点生态功能区，柘荣获得“国家生态县”称号。全市陆域、海域生态红线初步划定，城市（县城）周边永久基本农田完成划定。在全省率先开展领导干部自然资源资产离任审计试点工作。实施水污染防治项目147个、安全生态水系建设项目10个，重点流域水质功能达标率和县级以上饮用水水源地水质达标率100%。建成投用乡镇污水集中处理设施15个、垃圾中转设施16个。燃煤锅炉、黄标车淘汰任务超额完成，空气质量达标天数比例98.6%。危废监管暨规范化管理“达标升级”试点通过考核，市危废综合处置中心项目启动建设，福鼎龙安热电厂、固废处置中心建成。植树造林面积1.05万公顷，建设沿海基干林带面积1.55万公顷，治理水土流失面积1.42万公顷。

民生事业。全市实施精准帮扶项目7000多个、投入资金20多亿元，完成造福工程搬迁6560户2.58万人，实现脱贫3.8万人。全市民生支出196.79亿元，增长5.8%，占一般公共预算支出的73.7%。城镇新增就业3.14万人，登记失业率2.79%，农村劳动力新转移就业4.12万人。27个为民办实事项目基本完成。基层人社服务平台建设走在全省前列，发放城乡居民养老金4.95亿元，1895名高校毕业生实现自主创业。市社会福利中心投入运营，新建农村幸福院42个。最低生活保障制度惠及10.6万人。新开工保障性安居工程7478套，基本建成7760套，累计配租配售保障性住房2.59万套，完成农村危房改造2000户。实施中小学扩容工程12项、校安工程20项、公办幼儿园16所。屏南、周宁通过“义务教育发展基本均衡县”国家评估认定。宁德师范学院通过教育部本科教学工作合格评估。宁德职业技术学院入选省示范性现代高职院校建设项目单位名单。《山哈魂》获第五届全国少数民族文艺会演银奖。新增中国传统村落32个。“学习大军”民间志愿组织入选“全国百佳”。福鼎贯岭公安检查站被公安部授予集体一等功。

【宁德创建国家新型工业化产业示范基地（军民结合）】 2016年1月14日，工业和信息化部公布第七批“国家新型工业化产业示范基地”名单，宁德市军民融合深度发展产业园获批成为“国家新型工业化产业示范基地（军民结合）”。“国家新型工业化产业示范基地（军民结合）”是依托“国家新型工业化产业示范基地”认定的国家级军民结合产业基地。宁德市军民融合深度发展产业园的获批，填补了福建省国家级军民结合产业基地的空白。

【三祥新材在上海证券交易所主板上市】 2016年8月1日，三祥新材股份有限公司（简称“三祥新材”）首次公开发行的A股股票在上海证券交易所挂牌上市，这是宁德首家在上交所主板发行上市的企业。三祥新材股份有限公司位于寿宁县，成立于1991年，2012年3月由福建三祥工业新材料有限公司整体变更而成，系国家高新技术企业，“三祥”商标被国家工商总局认定为中国驰名商标。公司专注于工业新材料的研发、生产和销售，拥有专利50余项、国内领先的先进技术10项，产品涵盖电熔氧化锆、铸造改性材料、单晶电熔铝三大系列，共100余个品种。

（龚美华　刘小菲）

蕉　城　区

【经济概况】 2016年，蕉城区实现地区生产总值300.19亿元，比上年增长8.1%；三次产业结构调整为12.6∶45.1∶42.3；一般公共预算总收入20.75亿元，增长37.4%，其中地方一般公共预算收入12.09亿元，增长16.6%；固定资产投资296.55亿元，下降12.0%；农林牧渔业总产值72.36亿元，增长4.5%；规模以上工业增加值78.36亿元，增长12.1%；社会消费品零售总额122.86亿元，增长12.4%；外贸出口总额54.3亿元，下降20.9%；实际利用外资8981万美元，增长12.1%；城镇居民人均可支配收入29134元，增长7.6%；农村居民人均可支配收入13565元，增长10.3%；居民消费价格总指数101.3。

现代农业。各类设施农业面积333.33公顷，培育市级山地农业开发示范基地14个，优质特色水果种植面积0.4万公顷。赤溪省级农民创业基地升格为省级农民创业园。官井洋国家级大黄鱼遗传育种中心开工建设。实施现代渔业渔排升级改造面积4万平方米，工厂化循环水养殖面积3200平方米。新优茶树良种茶园面积0.37万公顷，再次获评全国重点产茶县，“天山绿茶”获第四届中国茶叶博览会“有影响力的茶叶区域公用品牌”。南阳公司产值突破10亿元。“九都镇霍童溪万里安全生态水系”作为福建省首批建设试点完工验收。洋中获评国家水利风景区，八都“白鹭洲”、虎贝获评省级水利风景区。

工业经济。宁德新能源企业实现年产值248亿元；2016年消费类电池、动力电池市场占有率分别居世界第一、第二；新能源二期建成并陆续投产；“新一代动力锂离子电池产业化技术开发”和“100兆瓦时级新型锂电池规模储能技术开发及应用”列入国家“十三五”重点研发项目。中铝铜冶炼基地、宁德铜板带箔项目开工建设；铜精矿保税仓库建成运营，填补宁德市保税物流服务的空白。联德冶金新材料第三条生产线投产。工业技改投资完成45.6亿元。成功创建省级科技创新驱动助力工程示范区，获得省级科技计划项目立项9个，新增4家省级知识产权优势企业，俊杰瓷业、富发水产、金贝尔3家企业入选2016福建省科技小巨人领军企业。“俊杰及图”获得中国驰名商标。

第三产业。新增限额以上商贸企业30家。搭建乐有电商产业园和电商综合产业园等平台，入驻电商企业约110家；阿里巴巴农村淘宝区级运营中心和37个村级服务站投入运营；电商企业完成交易额6亿元，增长3倍。中国东盟水产品宁德大黄鱼交易平台8月开盘以来，线上交易额346.5亿元，线下实物交易额2.88亿元。洋中古镇创建AAA级景区，三都岛获评首届“全国十大美丽海岛”。全年接待游客339.06万人次，增长18.6%，实现旅游收入32.64亿元，增长27.7%。

项目建设。全区76个区级在建重点项目完成投资89.8亿元，22个市级重点在建项目完成投资52.6亿元，省行动计划9个在建项目完成投资24.5亿元。全年招商引资签约项目9个，总投资117.65亿元。全年完成征地收海面积1.5万公顷，农转用报批面积1364公顷，林地报批面积1170公顷，用海报批面积4280公顷。漳湾临港工业区冶金产业园完成面积1460公顷项目供地，三屿围垦园区吹沙填海全面完成，三都澳大黄鱼产业园完成填海造地工程。

基础设施。沈海复线宁连段建成通车。省道纵三线霍童段完成主体工程，漳湾疏港公路、虎贝至界首岔公路开工建设。推进火车站综合枢纽、城澳8#9#泊位工程，城澳作业区1#泊位获国

2016年11月28日，沈海高速公路复线宁德漳湾至连江浦口高速公路Ⅱ期工程宁德飞鸾至增坂段建成通车　　（蕉城区政府办供稿）

家发改委批准建设30万吨级矿石专用卸船泊位。天山东路一期实现通车，闽东路中段半幅通车，鹤峰路完成“白改黑”。投入9685万元，完成农田水利设施维修养护、水利水毁修复等工程建设，除险加固3条海堤、7座水库；完成三都寒垅、八都金垂两个渔港工程建设。

城乡建设。方中广场一期动工建设，改造北大路等小街巷道路3条。全长8.8千米的南漈绿道全线贯通，新增公共停车场7个，停车位572个。完成蕉南芦坪、东湖、下宅园等城区低洼地带整治。霍童镇列入全国重点镇、赤溪镇列入全国美丽宜居示范小镇、飞鸾“三都澳大黄鱼小镇”列入省级第一批特色小镇创建名单。完成霍童溪八都段田园风光等3条美丽乡村景观带和七都小溪村等19个美丽乡村建设，霍童邑坂村被住建部确认为美丽宜居村庄示范点。新增国家级传统村落18个。全年完成造林0.16万公顷，森林抚育面积0.16万公顷。

民生保障。全年投入19.6亿元用于民生工程建设。新开工保障性住房1147套，竣工850套。完成水库移民后期扶持项目建设52个。新增城镇就业4697人，农村劳动力转移就业5085人，城镇登记失业率2.62%。成立大学生就业创业协会，帮助申请贷款772万元，蕉城区大学生创业园入驻企业25家。城乡居民社会养老保险综合参保率96.6%，城乡居民医疗保险实现全覆盖。城市、农村低保标准分别从每人每月420元、192元提高到486元、221元。

精准扶贫。全年实现脱贫3300人，返贫率控制在5%。完成造福搬迁工程1167户4582人，七都官昌新村二期、九都九仙花苑、城南王台新村、洋中陈坪新村列入省、市级造福工程集中安置区。以船为家渔民上岸安居工程556户通过验收。区财政投入1200万元担保金，成立精准扶贫“小额信贷促进会”，发放贷款1604万元，惠及495户贫困户。石后小岭村、八都半山村等12个精准扶贫示范村加快培育。

【社会事业】 宁德五中新校区二期、第一实验学校一期、第二实验学校一期建成投入使用，完成虎贝、城南富洋等6所农村公办幼儿园及实验小学、九都小学等5所学校综合楼建设。福建省唯一的“中国关心下一代教育示范基地”在区民族实验小学挂牌成立。分级诊疗新秩序逐步建立，宁德人民医院新外科综合大楼投入使用，累计建设“海云工程”项目点148个。蕉城区被省卫计委推荐为全国计划生育优质服务先进单位。霍童黄鞠水利遗址被纳入中国水利博物馆永久性展陈，填补中国隋代水利空白。举办2016中国·宁德·蕉城·霍童溪第三届山地自行车挑战赛。

（巫洪李 杨 涛）

福安市

【经济概况】 2016年，福安市实现地区生产总值378.76亿元，比上年增长7.0%，其中，第一产业增加值48.96亿元，增长4.2%，第二产业增加值231.42亿元，增长7.2%，第三产业增加值98.37亿元，增长7.9%，三次产业比例为12.9∶61.1∶26.0；规模以上工业总产值1038.11亿元，增长2.2%；规模以上工业增加值197.22亿元，增长6.4%；农林牧渔业总产值81.91亿元，增长4.3%；固定资产投资（不含农户）204.7亿元，下降12.3%；社会消费品零售总额88.45亿元，增长9.1%；一般公共预算总收入29.28亿元，下降15.3%；地方一般公共预算收入18.63亿元，下降20.7%；城镇居民人均可支配收入30084元，增长9.0%；农村居民人均可支配收入14146元，增长9.0%；居民消费价格总指数101.3；城镇登记失业率2.8%；人口自然增长率7.2‰。

工业经济。不锈钢产业产值627.36亿元，增长20.1%；电机电器、船舶修造、食品加工、冶金铸造四大产业规模以上产值分别为141.7亿元、45.62亿元、29.23亿元、115.73亿元。实施制造业项目42个，完成投资83.05亿元。新增长点企业30家，实现产值771.13亿元，增长18.6%，新增产值121.13亿元。设立全省首支县级产业转型升级基金6亿元，举办福安闽东电机电器产业转型升级千人大会。国家火炬福建福安中小电机特色产业基地通过科技部复核，宁德（福安）军民融合深度发展产业园获批“国家新型工业化产业示范基地（军民结合）”，华东地区（福建）船舶修造综合保障动员中心通过验收并授牌。

农村经济。新建赛湾万公顷设施葡萄休闲观光园、白云山生态休闲园、社

2016年4月9日，中华一家亲·2016海峡两岸各民族欢庆“三月三”节在福安市举行，图为舞蹈《丰收之舞》　（省民宗厅供稿）

口优质茶叶示范园等三大产业核心区，建成8个特色产业示范基地面积266公顷、27个山地农业综合开发示范点面积0.27万公顷。“坦洋工夫”茶叶种植标准化示范区和穆阳水蜜桃栽培标准化示范区通过省级示范区验收。国家供销总社在福安成立首家茶叶生产基地，“坦洋工夫”入选2016中国茶叶区域公用品牌价值十强。举办全国新型农民创新创业与乡镇企业发展研讨交流（福安）现场会。

第三产业。新增限额以上商贸企业44家，连续3年入选中国电商百佳县。商品房销售面积38.77万平方米，增长83.57%；住房销售面积37.69万平方米，增长88.54%。全市旅游接待游客242.08万人次，增长19.3%，旅游综合收入25.52亿元，增长28.5%。举办第六届宁德世界地质公园文化旅游节、第四届全国观光葡萄学术研讨会、第六届中国畲乡桃花节，溪塔葡萄沟被授予“中国最美葡萄沟”称号。

项目建设。实施“百日竞赛”“五个一批”重点项目219个，完成投资136.35亿元。省、宁德市在建重点项目34个，完成投资109.4亿元。新开工重点项目20个，完成投资55.66亿元。房地产项目投资45.34亿元，增长57.1%；交通基础设施完成投资14.04亿元。各类招商活动签约内资项目8个，总投资103亿元；外资项目两个，总投资2.33亿美元。

城乡建设。推进溪北洋和富春溪西岸城市新区、赛岐北部新区开发建设，实施省级新型城镇化综合改造、赛岐“小城市”试点培育和穆阳、溪柄宁德市级小城镇综合改造。实施城建项目192个，完成投资49.53亿元。阳头岛慢道系统、溪口公园等一批城市景观工程投入使用。建设和改造农村公路52.2千米，完成农村道路交叉口安全整治288处；新建农村客运站3个、新型农村候车亭80个。27个村庄被列入省级美丽乡村，11个村被列入全国乡村旅游扶贫重点村，虎头村入选“中国生态文化村”，龙井坑村入选第四批国家级传统村落名录。

【社会事业】 实施“中国制造2025”和国家“数控一代”示范工程、区域发展、星火计划等系列省级科技项目26个，获补助资金1100万元；在全省青少年科技创新大赛中获得8枚金牌。131个教育民生项目，完成投资1.98亿元；“368”（“3”是给寄宿制学校的补助，按每位寄宿生每人300元拨给学校；“6”是给每位寄宿生一次性补助600元，由政府统一采购并发放寄宿生生活用品；“8”是在省级营养餐补助的基础上，给每位非低保家庭寄宿生每天增加8元营养餐补助）惠生工程，惠及4948人；福安六中晋级省二级达标高中，市老年大学被评为“省老年大学示范校”。10个卫生基础工程项目，完成投资1151万元；“海云工程”覆盖农村人口70%以上。市文化馆被评为国家一级文化馆；康厝畲族乡金斗洋村6人代表全省畲族参加第五届全国少数民族文艺会演开幕式。

社会保障。市财政民生支出30.05亿元，占财政总支出的71.5%。新增就业7226人、下岗再就业2653人、农村劳动力转移就业6953人。新建保障性住房1476套，建成2919套，配租配售870套。完成1236户贫困户4400人减贫任务；实施“造福工程”733户3199人。兑现计生家庭奖励484.14万元、大学生自主创业补贴170万元，发放计生户小额贷款贴息72万元、高校毕业生创业贷款487万元。城乡居民养老保险综合参保率97.7%，足额发放养老金1.03亿元。为1.1万名60周岁以上被征地农民发放保障金2483万元。敬老院、幸福园实现乡镇、街道全覆盖。

（郑尧光　敖荣增）

福鼎市

【经济社会概况】 2016年，福鼎市实现地区生产总值333.08亿元，比上年增长7.7%；农林牧渔业总产值81.17亿元，增长3.9%；规模以上工业增加值191.10亿元，增长7.0%；一般公共预算总收入25.50亿元，其中地方一般公共预算收入18.39亿元，下降9.5%；固定资产投资（不含农户）272.78亿元，增长2.3%；社会消费品零售总额98.27亿元，增长10.2%；出口总值24.94亿元，增长19%；城镇居民人均可支配收入29957元，增长8.0%；农村居民人均可支配收入13903元，增长9.9%。

农业经济。全市粮食种植面积1.67万公顷，总量7.8万吨。推进农村土地承包经营权确权登记颁证工作，农村土地流转面积累计达0.38万公顷。持续做优福鼎白茶、黄栀子、紫菜、鲈鱼等特色农产品，被命名为第一批“国家农产品安全县（市）”。涉茶总产值35亿元，增长21%，获“2016年度中国茶业发展示范县”称号。全市新增35家农业产业化龙头企业，新增工商注册的农业专业合作社61个、休闲农业主体55个。重点扶持培育38家特色农业示范基地，建立15个农业“五新”试验、示范点，18个“标准化生产基地”。设立“扶贫开发与小康建设典型村”培育专项资金，磻溪镇杜家村获“2016年中国美丽休闲乡村”称号。

工业经济。深化“三转一加强”活动，全年投入5000万元应急转贷、1000万元工业发展、1000万元兼并重组和1000万元合成革产业转型升级等专项资金，落实8000万元技改基金，完善福鼎工业园、龙安生态合成革产业园基础设施，建设“中国通用机产品示范基地”。推进生态合成革、汽摩配等重点产业转型升级，举办“中国小汽油机及户外动力设备2016年会”，实现规模以上工业增加值209.9亿元，增长7%。

第三产业。福鼎市被列为全省全域旅游试点县，全市接待游客576.1万人次，实现旅游收入29.77亿元，分别增长20.3%、23%，旅游经济占第三产业的增加值比重提高到28.65%，跻身“中国城市旅游竞争力百强县”。限上企业达 89 家。完成红星美凯龙家居建材市场建设并投入使用，完成桐山中心农贸市场、潮音岛山水名都、融创书香佳苑等农贸市场建设；完成磻溪茶叶交易市场建设，推动赤溪旅游产品网点建设；成立集电子商务产业园、大学生创业园和文化创意产业园“三园合一”的福鼎市创业创新中心（二期）。福鼎石湖美食街获“福建省美食街”称号，举办前岐桃花节暨美食节、第二届乡村旅游文化节暨赤溪村美食特产展等特色活动。

基础设施。建设城乡交通路网，新建纵一线（关盘至店下段）、纵二线（水北至下厝基段）和嵛山环岛等公路，续建沙埕湾跨海公路通道工程、沈海高速公路复线（贯岭—管阳段）、纵一线（象洋至前岐段），建成纵一线通前岐支线、管沈线 A2 段。建成东南沿海供水（一期）、双岳溪防洪排涝等工程，除险加固病险水库 15 座，解决农村人口饮水安全问题。动工建设东北沿海引供水工程、南溪总干渠改造工程，完成杨岐作业区 16 号泊位建设。建成沙埕中心渔港、内湾避风锚地，继续实施嵛山一级渔港项目。完成 110KV 潮音变二期扩建，新改建电力线路 857.9 千米，开展嵛山 10KV 海底电缆扩容项目各项前期工作。落实保障性住房 1719 套。完成新建城区南湾排涝工程，推进市政排水管网建设，完成太姥大道地下人防商业城和城区停车场建设。推动公共建筑和城市照明合同能源管理，实施 3 万盏 EMC 路灯节能改造 PPP 项目。

城镇建设。全市常住人口城镇化率 57.2%、户籍人口城镇化率 32.7%。推进玉塘大道、中央大道和南大路道路改造等 37 个市政项目，完成八尺门大桥、梅澳大道、南互通连接线等项目建设。推进火车站公交首末站、电动公交车充电桩等公交设施建设。推进太姥山镇“镇级小城市”试点工作，加快店下、点头、前岐和太姥山小城镇综合改革建设，全年安排小城镇改革项目 162 个。

项目投资。谋划 13 个 PPP 项目，其中 5 个项目完成招投标、3 个项目进场施工、两个项目被评为国家级示范项目；实施政府购买服务项目 14 个、投资总额 46.3 亿元，完成招投标 7 个；争取到中央和省级预算内补助资金 1.35 亿元、国家专项建设基金 5.51 亿元；招商签约项目 39 个、投资总额 87.7 亿元。145 个重点项目完成投资 112 亿元。

社会事业。完成十六中和特教校建设，加快职成教中心、桐北小学、百胜小学和海湾新城小学等 24 个教育项目建设。加快市医院百胜院区和中医院等项目建设，新增床位 350 张以上，完成第三次全国农业普查、人口变动抽样调查等普查工作。实施“文化惠民”工程，组织开展各类群众性文体活动，推进传统文化传承与发展，举办“中国微演艺”“送戏下乡”“艺术扶贫”等活动。

民生事业。全年财政总支出近八成用于民生事业发展，31 个为民办实事项目基本完成预期建设目标。落实全民参保计划，城乡居民社会养老保险续保率 90%以上、城乡居民基本医疗保险参保率 95%以上。加快建设养老服务体系，鼓励民间资本进入养老服务设施建设领域，推动医疗卫生和养老服务相结合，完成社会福利中心项目一期工程。全年完成各类就业创业培训 2500 人以上，新增就业 6500 人以上。

精准扶贫。全年完成 20 个扶贫开发重点村脱贫“摘帽”、3810 人减贫和 2501 人易地扶贫搬迁。开展对贫困人口的进退识别、建档立卡工作，全面掌握 4395 户 1.38 万建档立卡贫困人口的贫困程度、致贫原因、致富打算等情况。加快“造福工程”整村搬迁安置，完成搬迁 31 个自然村 500 户 2000 人，继续推进南溪水库库区移民避险解困安置项目，鼓励搬迁户发展生产，帮助实现就业。通过低保医保、社会救助等方式做好政策性兜底，并完善大病补助机制。实施“百企帮百村”精准扶贫行动，落实扶贫捐赠税前扣除、税收减免等扶贫公益事业税收优惠政策，鼓励企业捐建基础设施和公益项目。

生态保护。严守生态红线，逐步健全国土空间用途管制制度。推动产业升级节能降耗，加大对传统优势产业的环保技改力度，提高企业落地的环保门槛，着力发展节能环保产业。加强水污染防治，强化水质监测，建设第二污水厂、店下—龙安综合污水处理厂及 9 个乡镇污水处理厂，推进太姥山镇污水厂和贯岭污水厂管网配套项目建设，建成三联污水厂除臭和垃圾填埋场渗滤液处理设施。实施农村环境综合整治项目，开展村庄垃圾整治工作，保护饮用水源地。结合扶贫开发工作，严格落实生态补偿机制，建立 2016—2020 生态补偿项目库。实行绿色生态建设，新增城区绿地面积 6 万平方米，完成造林 0.09 万公顷、水土流失治理 0.07 万公顷。

【习近平在线寄语赤溪村】 2016 年 2 月 19 日上午，中共中央总书记、国家主席、中央军委主席习近平在人民网演播室同福鼎市磻溪镇赤溪村村民在线交流。习近平通过视频与村民连线，对赤溪畲村群众脱贫致富取得成效给予肯定，祝愿乡亲们的日子越过越好。赤溪村是“中国扶贫第一村”，习近平任宁德地委书记时，高度重视赤溪的扶贫工作。

【八尺门大桥安置地发现宋代古物】 2016 年 4 月 20 日，福鼎市白琳镇藤屿村八尺门大桥项目安置地后山出现山体滑坡，清淤时发现一处古墓及 5 枚古钱币、1 个青瓷钵等陪葬品。古墓为 6 个坑洞紧密相连，置于半山腰中，坑洞内还有 5 具骸骨。经鉴定，5 枚古钱币为北宋徽宗时期的宣和通宝。

【宁德核电一期项目四台机组全部投产】 2016 年 7 月 21 日凌晨，福建宁德核电 4 号机组顺利完成 168 小时试运行考核，具备商业运行条件。福建首座核电站——宁德核电一期项目四台机组全部投产。宁德核电一期项目 1 号机组于 2013 年 4 月 15 日投入商运行，2、3 号机组分别于 2014 年 5 月 4 日、2015 年 6 月 10 日陆续投产。宁德核电站一、二期规划建设6台单机容量百万千瓦级的核电机组。一期4台机组总装机容量435.6万千瓦，相当于福建2015年装机总量4919万千瓦的9%；年发电量可达300亿千瓦时，相当于2015年福建全社会用电量1852亿千瓦时的16%；二期续建两台机组，拟采用中国自主三代核电技术“华龙一号”。

【福建盈浩工艺制品有限公司发生食源性疾病事件】 2016年8月21日，位于福鼎市百胜双岳工业园区的福建盈浩工艺制品有限公司发生一起食源性疾病事件，涉及患者81人，其中不少是到企业打工的暑期学生。事件发生后，福鼎市各级领导、相关部门对事件原因进行调查。经查，基本认定是由于20日盈浩公司晚宴上食用的海产品储存、加工不当所致。调查结论为：“由于食用了被副溶血性弧菌污染的食品所导致的食物中毒。”

（张　潇）

霞　浦　县

【经济概况】 2016年，霞浦县实现地区生产总值201.67亿元，比上年增长7.3%；一般公共预算总收入12.01亿元，增长2.9%，其中地方一般公共预算收入9.25亿元，下降2.8%；固定资产投资（不含农户）129.93亿元，增长10.1%；城镇居民人均可支配收入28249元，增长8.9%；农村居民人均可支配收入13736元，增长9.6%。

农业经济。推进5个省级农民创业示范基地和6个山地农业开发示范基地建设，全县农林牧渔业总产值111.37亿元，增长3.3%。粮食播种面积22.74万亩，粮食产量6.93万吨。推广农业“五新”，粮播面积和粮食产量保持稳定。启动全国第三次农业普查。农村土地确权登记颁证工作有序推进。发展海上养殖业，扶持发展远洋捕捞业，完成现代渔业生产发展项目6个。全年水产品产量43.73万吨，增长10.7%。“霞浦海参”“霞浦沙江牡蛎”获中国地理标志证明商标，新增中国驰名商标1件、省著名商标4件、市知名商标3件、省级农业产业化龙头企业9家、无公害农产品1个。县杨梅岭林场获评省级林业科技示范园区。

工业经济。投入园区基础设施建设1.9亿元。扩大以水产品为主的农副产品精深加工规模；工贸企业应急保障资金从4000万元提至8000万元，为10家企业办理续贷过桥资金累计8455万元；新增规模以上企业26家。规模以上工业增加值27.61亿元，增长6.5%；食品加工业总产值91.33亿元，增长35.9%。

第三产业。建立“霞浦邮政·邮礼天下”电商平台。全县社会消费品零售总额73.38亿元、增长8.5%。第三产业增加值82.38亿元，增长10.3%。设立旅游产业发展基金，大京景区、杨家溪景区改造提升等“18个一”项目持续推进，东冲半岛风景区总体规划获省政府批复同意。水门芦阳、下浒外浒等16个村入选国家乡村旅游扶贫重点村。举办首届文化旅游活动周。全年接待游客275.8万人次，旅游收入20.6亿元，分别增长19.4%和20.1%。

项目建设。27个省市在建重点项目和139个“五大行动计划”在建项目分别完成投资40亿元、55亿元；新增“五个一批”脱贫项目29个，完成投资77.2亿元。推进霞浦核电等重点项目；宁德盐业仓储、福宁环球广场等重点项目竣工；华耀工艺、格通汽柴油发电机等项目竣工投产；浮鹰岛风电场、骏博纺织等项目动工建设。

基础设施。三沙疏港公路、东冲路、水门柏洋通乡公路等全面施工。投入电网工程建设2.7亿元，建成投产35千伏洪江、北壁输变电和陇头至牙城线路等项目，新建、改造10千伏线路385千米、低压线路117千米、配电变压器334台。大墘里水库等重大水利项目和乌泥湾、积石等码头项目有序推进，吕峡、浮鹰、赤沙3个码头建成使用，完成海堤除险加固8条，新建三级以上渔港7个。三沙镇列入全省首批渔港经济区建设。

对外开放。新增外贸出口企业12家，完成出口总额2.2亿美元，实际利用外资1507万美元。成功签约项目40个、总投资203.6亿元，其中动工建设项目23个，开工率57.5%。国务院批复同意扩大开放三沙港区。完成空间规划编制和自然资源资产负债表编制省级试点工作。推进医改和投融资体制改

2016年，霞浦县福宁文化公园　　（霞浦县政府办供稿）

革，财税体制“营改增”试点工作完成。争取国家专项资金 7900 万元、地方政府债券资金 9.03 亿元。三沙成立全市首个军民融合船舶管理站，北壁启动建设东冲军民文化园，海岛获省级军地共建“三挂钩”先进单位。

城乡建设。六一七路东关段、山河路夜景照明提升改造工程和长溪桥、污水处理厂二期等一批市政设施建成使用。改造老城区管网 26 处，修建下水道 10 千米。新增纯电动公交车 25 辆。城市综合管理水平不断提升，城区交通秩序和环境卫生持续向好。新增造林绿化面积 52.71 公顷，拆除“两违”建筑物面积 65 万平方米。牙城、长春、溪南、三沙 4 个省市综改小城镇建设投入 7 亿元，新建续建项目 41 个。农村路网工程投入 6700 多万元，新建、改建乡村公路 43.4 千米，整治农村公路低标段 31 千米、公路隐患点 471 处。美丽乡村建设累计投入 5900 万元，三沙光影小镇列入第一批省级特色小镇；投入 3800 万元，大京、高罗、小皓 3 个沙滩和围江滩涂获评全省首批海岸公园；牙城污水处理厂投入使用，柏洋、崇儒污水处理设施及污水管网加快建设。

环保治理。环保目标责任制“一岗双责”有效落实。推进罗汉溪流域和三河流域河道综合整治、城区黑臭水体整治、牙城七都溪安全生态水系建设等项目，完成水土流失治理面积 250 公顷。黄标车淘汰、生猪养殖污染整治专项行动年度任务完成。生态示范创建活动持续深化，新增国家级生态乡镇 6 个，省级生态乡镇实现全覆盖。

精准扶贫。出台《推进精准扶贫打赢脱贫攻坚战实施意见》《贫困户扶贫小额贴息信用贷款工作实施方案》等，投入 2.5 亿元，实施精准帮扶项目 32 个，完成“造福工程”搬迁 1048 户 4005 人，为 1476 户贫困户落实小额贴息信贷 4400 多万元，实现脱贫 7600 人。

民生保障。全县民生支出 26.8 亿元，增长 27%，占公共财政支出 73.4%。城镇新增就业 3911 人，城镇失业人员再就业 1533 人，农村劳动力转移就业 7005 人，城镇登记失业率 2.6%。健全基本医疗保障制度，职工医保、居民医保、新农合参保（合）率稳定在 97%以上；累计为 7.3 万名城乡居民发放养老金 6600 多万元，最低生活保障制度惠及 14530 人，城乡医疗救助 1 万多人次。新开工保障性安居房 758 套，基本建成 553 套，累计配租配售 408 套；完成农村危房改造 200 户，整治地质灾害点 17 处。坚持尽力而为为民办实事，32 件为民办实事项目完成 27 件。

【社会事业】 全县教育基础设施累计投入 1.6 亿元，县四小全面封顶，实小教学楼、职业中专实训楼等 14 个项目竣工，一幼获评“省示范性幼儿园”，新增 11 所省级青少年校园足球特色校，全年举办运动会 72 场次，参加运动员 2.3 万人。医疗卫生条件逐步改善，县精神病院搬迁，推进县医院新院、县中医院“福乐康复中心”建设，三沙中心卫生院获评“国家群众满意的乡镇卫生院”。《霞浦·千里海疆行》大型电视纪录片获全国“红色追忆”纪录片三等奖、省优秀短纪录片二等奖；海洋文化基因库项目启动前期工作；开展崇儒溪坪盘柴槌、溪南半月里婚俗等畲族文化保护传承工作，屏风山贝丘遗址完成国家项目考古发掘。举办第七届霞浦（三沙）国际山地马拉松赛、第四届福建省青少年机器人竞赛、“2016 中国霞浦休闲矶钓大赛”，四礵列岛被授予“中国海钓基地”称号。牙城吴灵芝获 2016 年亚洲武术锦标赛女子刀术冠军、松城王庆玲获 2016 年全国田径锦标赛女子七项全能冠军。

（罗庶晨）

寿 宁 县

【经济概况】 2016 年，寿宁县实现地区生产总值 74.59 亿元，比上年增长 7.5%；固定资产投资额 65.11 亿元，增长 2.6%；实际利用外资 677 万美元，增长 10.4%；一般公共预算总收入 5.63 亿元，增长 0.4%，其中地方一般公共预算收入 4.23 亿元，下降 1.7%；全社会消费品零售总额 21.30 亿元，增长 7.6%；城镇居民人均可支配收入 21897 元，增长 8.2%；农村居民人均可支配收入 11691 元，增长 8.8%。

农业经济。农林牧渔业总产值 27.64 亿元，增长 3.7%。粮播面积 1.29 万公顷，产量 6.5 万吨。完成旧村复垦面积 34.47 公顷，建成高标准基本农田面积 330.4 公顷，新增耕地面积 84.67 公顷。生态硒锌产业加快发展，列入“全省首批富硒农业产业开发重点县”，获评“中国硒锌绿谷”。茶产业实现产值 9.3 亿元，增长 5%。油茶、食用菌、果蔬等种养业持续发展。新建山地农业综合开发示范基地 18 个，培育休闲农业点 63 个。新发展设施农业面积 70 公顷、农业龙头企业 15 家、农民专业合作社 36 个、家庭农场 21 个。落实精准帮扶资金 4800 万元，发放扶贫贷款 643 户 2344 万元。实施精准帮扶项目 52 个，完成惠及 3354 人的整村推进和造福工程搬迁，实现 5870 人脱贫。

工业经济。规模以上工业总产值 133.16 亿元，增长 5.6%，规模以上工业增加值 17.36 亿元，增长 7.3%。拥有年产值亿元企业 42 家、年纳税千万元以上企业 5 家。推进南阳、际武、三祥等工业平台建设，新引进落户企业 30 家，总投资 32.34 亿元；新增投产企业 7 家，产值 5 亿元。新增省级科技型企业 4 家、规模以上企业 10 家，授权专利 70 件，高新技术产业产值达 26.1 亿元，增长 18.1%。三祥新材股份有限公司成为宁德首家上交所 A 股主板上市企业。新兴产业对规模以上工业增长贡献率达 10%。完成恒力汽车空调二期、九岭红茶业等 11 个重点技改项目，总投资 3.1 亿元。淘汰落后产能 40 万吨。

第三产业。第三产业增加值 22.63 亿元，增长 6.1%。旅游综合收入 8.1 亿元，增长 15.7%。推进下党红色旅游、三峰景区等项目建设。省级矿山公

2016 年，寿宁县城东部新区一角　　（寿宁县政府办供稿）

园开园。平溪屏峰、竹管垅傍洋等 9 个村庄被列为全国乡村旅游扶贫重点村。西浦景区获评国家 AAA 级旅游景区，聚宝洋、西浦水利风景区获评省级水利风景区，福建杨梅州峡谷申报国家森林公园、黄三公信俗申报省级非物质文化遗产通过评审。启动建设青年创业园、“双创”中心、电子商务平台。高维创业岛、寿宁超市等“互联网＋总部经济”加快形成。完成商品房销售 905 套、10.2 万平方米。

基础设施。寿政公路城关至平溪段实现通车。“镇镇有干线”清源支线动工建设。改造升级县乡村道 34 千米。新建农村公路安保工程 114.1 千米。整治隐患路段 7 处。完成危桥改造 3 座。实施水利项目 16 个、投资 1.63 亿元，综合治理水土流失面积 20.97 平方千米，加固病险水库 3 座，修复冬春水利水毁工程 70 处。蟾溪生态水系治理、城区自来水应急水源等重大水利项目加快实施。建成南阳自来水项目。完成惠及 3000 人的农村人口饮水安全工程。电网建设保障有力，竣工项目 130 个，完成投资 1.56 亿元。

城乡建设。依法拆除各类违法建筑 27 万平方米。蟾溪滨水木栈道二期建成投用。县城污水处理厂二期扩建工程竣工投用。实施重点项目 60 个，完成投资 13.36 亿元。斜滩镇和西浦村、下党村被评为“省级历史文化名镇名村”，下党村、碑坑村列入中国传统村落名录。持续开展“农村家园清洁行动”，新建 14 个乡镇污水处理设施。新增配套污水收集管网及雨污分流 24 千米、乡镇垃圾中转站 5 个。完成 6 个试点村改厕工作。新建绿道 30 千米。完成造林绿化面积 444.73 公顷、森林抚育面积 0.12 万公顷。建成生物防火林带面积 258 公顷。清理环保违规建设项目 241 个。全年空气质量优良率 100%、县城集中饮用水源水质达标率 100%。

【社会事业】　投入 5235 万元新建改建学校业务用房 2.25 万平方米，鳌阳中学实验综合楼、洋边幼儿园等项目开工建设，南阳幼儿园建成投用，茗溪小学、大同小学等 5 所学校教学楼竣工验收，寿宁一中二期扩建工程基本完成。实施学校维修改造项目 61 个，“义务教育发展基本均衡县”通过国家督导评估认定。发放奖教助学金 205 万元。完善县医院加入闽东医院医疗集团品牌托管运行机制。县医院第二病房楼、中医院综合病房楼开工建设。卫生发展基金会累计认捐 1910 万元，当年发放奖医助学金 73 万元。文化综合体完成主体工程，县体育馆建成主体框架，文化信息资源共享工程基层服务点基本覆盖。举办“瑞隆杯”全国山地越野自行车晋级赛、全国山地马拉松赛（寿宁站）比赛。

民生保障。落实就业和再就业政策，城镇新增就业 1356 人，城镇失业人员再就业 526 人，农村劳动力转移就业 3015 人，城镇登记失业率控制在 4% 以内。养老保险实现城乡全覆盖，8.84 万名城乡居民参加养老保险，3.45 万人领取养老金，942 名失地农民参加养老保险。新农合人数 22.1 万人，参合率 99.98%，人均筹资水平提高到 540 元。完成城乡低保提标扩面工作，城镇、农村低保金人均每月分别提高至 250 元、173 元，全年发放低保金和“五保”金 2331 万元。县福利中心康乐楼建设进展顺利，新建农村幸福院 4 个。开工建设救灾物资储备库，临时救助和医疗救助 3630 人次，发放救助金 442 万元。新开工保障性安居工程 200 套。完成农村危房改造 1433 户。

（李　宁）

周宁县

【经济概况】　2016 年，周宁县实现地区生产总值 52.86 亿元，比上年增长 7.1%；固定资产投资 50.61 亿元，增长 10.1%；规模以上工业增加值 17.55 亿元，增长 7.1%；一般公共预算总收入 5.63 亿元，增长 15.2%，其中地方一般公共预算收入 3.68 亿元，增长 17.7%；城镇居民人均可支配收入 24411 元，增长 7.2%；农村居民人均可支配收入 12620 元，增长 9.2%。

农业经济。实现农林牧渔业总产值 16.47 亿元，增长 2.8%。推进茶业产业化，建设标准化生态茶园面积 330 公顷，清洁化改造茶叶初制厂 10 家，全年干毛茶产量 9700 吨，产值 3.21 亿元。发展设施农业面积 200 多公顷，新增省级农民专业合作社示范社 1 个、省级家庭农场示范场 3 个、市级山地农业开发示范基地 5 个。新增国家地理标志证明商标 1 件、省著名商标 4 件、市知名商标 8 件、SC 食品认证加工企业两家。周宁生态体验馆开馆，线上馆与苏宁易购合作同步上线。

工业经济。实现工业增加值 21.06

亿元，增长 8.4%；规模以上工业增加值 17.55 亿元，增长 7.1%。新增规模以上工业企业 9 家，工业用电量 6.81 亿千瓦时，增长 29.55%；发放“税贷通”“助保贷”及动产抵押、商标质押等贷款 665 万多元；10 个工业技改项目完成投资 2.22 亿元。周宁抽水蓄能电站于 2016 年 5 月经省发改委核准批复，安征迁工作有序开展，配套交通隧洞工程基本完工，主体工程正式动工建设。

第三产业。被列入全省 12 个全域旅游试点县之一。完成《周宁县全域旅游发展规划》《闽东大峡谷礼门片区旅游总体规划》《芹山湖旅游度假区总体规划》等编制。鲤鱼溪、九龙漈、陈峭三大核心景区配套设施持续提升，蝙蝠洞、滴水岩国家 AAA 级旅游景区启动建设，溪口村、禾溪村、吴山底村等 11 个乡村旅游点（村）建设有序推进。举办首届中国·周宁骑游节，全年接待游客 86.1 万人次，增长 20.3%，旅游综合收入 4.36 亿元，增长 19.4%。新增限额以上批零住餐企业 10 家、规模以上服务业企业 4 家，社会消费品零售总额 15.53 亿元，增长 7.4%；销售商品房面积 10.01 万平方米。

项目建设。投入 45.16 亿元实施省市县重点项目 88 个。全年争取上级各类转移支付资金 9.46 亿元、地方政府债券 3.34 亿元、国家专项建设基金 1.50 亿元。策划和实施 2016 年政府投资项目 73 个，总投资 38.27 亿元，年度完成投资 7.80 亿元；产业类重点提升项目 67 个，总投资 203.38 亿元，年度计划投资 31.06 亿元，年度完成投资 9.0 亿元。

城乡建设。完成周宁县城市总体规划修编和停车场、环卫、排洪防涝、景观风貌、管道燃气等 5 个专项规划编制。投入 21 亿元，实施宜居环境建设项目 51 个，建成黄埔村、洋尾村、洋中村、灵凤山村等 16 个美丽乡村，完成 19 个村庄农村生活垃圾治理提升，铺设污水管道 4 千米。咸村镇洋中村、川中村和纯池镇桃坑村、礼门乡陈峭村入选第四批中国传统村落名录。2016 年 9 月，周宁县被纳入国家重点生态功能区。

基础设施。纵三线二三期和环城北路、体育馆等项目动工建设，衢宁铁路（周宁段）、赛江防洪二三期等项目进展顺利，完成高速公路连接线拓建、纵三线一期、省道 302 线七步镇区段“白改黑”和玛坑、咸村“镇镇有干线”；实施农村道路提级改造和绿化提升“211”工程，全年投资 1.2 亿元，完成农村道路提级改造 46 千米、绿化提升 103.5 千米。220 千伏金钟输变电工程和 110 千伏李墩输变电工程动工建设，纯池、玛坑 35 千伏输变电工程建成投运。新增监控探头 1000 路。

扶贫开发。争取上级财政扶贫专项资金 1.52 亿元，县本级投入财政扶贫专项资金 2566 万元，增长 156.34%。成立扶贫开发促进会，筹资 1200 万元设立扶贫小额信贷风险担保金，发放贷款 2264.15 万元。全年脱贫 2714 人，造福工程搬迁 796 户 3302 人。

民生保障。机关事业单位工作人员工资调整、公务员职务与职级并行、乡镇工作补贴等政策全面落实。城镇新增就业 1766 人，村（社区）主干、计生社保协管员和环卫工人工资待遇以及困难群众临时救助标准提高。配租配售各类保障性住房 124 套，棚户区改造 200 户，危房改造 376 户。年末，参加城镇基本养老保险 1.24 万人，比上年增加 3278 人；参加新型农村合作医疗保险 16.27 万人，参合率达 99.7%；城乡医保基金发放补偿 7760.06 万元 8.82 万人次。

【社会事业】 推进教育、卫生、文体等社会事业发展。成功创建国家“义务教育发展基本均衡县”，周宁一中新校区投入使用并通过省一级达标高中评定。启动建设周宁县职业成人教育学校，周宁籍运动员汤星强获得 2016 年里约奥运会田径男子 4×100 米接力比赛团体第四名。分级诊疗工作全面展开。实施基本公共卫生服务项目，建立居民电子健康档案 9.69 万份；“海云工程”覆盖点达 101 个；提升改造 8 所乡镇卫生院，建成妇幼保健服务中心大楼和中医院门诊、急诊大楼。完成第一次全国可移动文物普查工作，公布第一批 29 项县级非物质文化遗产名录；推进公共文体设施免费开放，“三馆”接待参观学习 3 万多人次，培育 22 个“老年人健身康乐家园”示范点。北路戏被省文化厅授予“全省戏曲表演铜奖”。

（黄力杰）

柘荣县

【经济社会概况】 2016 年，柘荣县实现地区生产总值 50.94 亿元，比上年增长 7%；第一产业增加值 8.96 亿元，增长 3.6%，第二产业增加值 26.81 亿元，增长 7.3%，第三产业增加值 15.17 亿元，增长 8.1%，三次产业结构调整为 17.6∶52.6∶29.8；一般公共预算总收入 3.8 亿元，下降 9%，其中，地方一般公共预算收入 2.6 亿元，下降 10.8%；固定资产投资 45.03 亿元，下降 22.3%；社会消费品零售总额 11.7 亿元，增长 8.5%；城镇居民可支配收入 23028 元，增长 8%；农村居民人均可支配收入 12105 元，增长 8.5%。

工业经济。规模以上工业增加值 16.76 亿元，增长 7.2%。过江龙（二期）、海诚药业小包装中药饮片等一批生产线建成投产，新增规模以上企业 10 家；产值超亿元企业 15 家，年纳税 500 万元以上企业 6 家。广生堂新药替诺福韦获国家食药监局审评，广生堂、力捷迅、贝迪等 3 家企业列入省级产业龙头企业。力捷迅、天人被列入省重点上市后备企业。全年完成药业税收 8244 万元，占规模以上工业税收的 52.9%。实施省级重点技改项目 10 个，20 家刀剪企业退城入园发展，重组成立 3 家刀剪企业，永德利刀剪被列入 2016 年省工业企业品牌培育试点企业。

农村经济。农林牧渔业总产值 15.06 亿元，增长 3.4%。粮食作物播种面积 0.87 万公顷，产量 3.7 万吨。推广“村企合作产业扶贫”典型经验，新建中药材、油茶、果蔬等百公顷以上农业基地 24 个，新批省市级产业化龙

柘荣鸳鸯草场　　（柘荣县政府办供稿）

头企业 8 家，累计创建星级农民专业合作社（家庭农场）55 个。中药材（太子参）追溯体系软硬件部分基本建成，太子参种业创新与产业化工程通过验收，“柘参 3 号”推广种植面积 333.33 公顷以上；茶叶总产量 3867 吨，福建张一元正式投产。建成国家战略木材储备基地，新增造林绿化面积 452 公顷。

第三产业。福建中食（北山）农特电商园启动建设。全年电子商务交易总额达 8.3 亿元，网络零售总额 4.5 亿元。完成边贸农贸市场改造，华宁、人本、民爆联盛通过安全生产标准验收。新增限额以上零售企业 8 家、个体工商户两户。鸳鸯草岭运动休闲项目入选国家旅游局优选项目，国家级中医药健康旅游示范区启动创建，签订总投资近 20 亿元的杨梅山生态健康养生养老产业园项目，全年接待国内旅游人数 118.7 万（人次），增长 19.5%，实现旅游收入 7.9 亿元，增长 28.6%。商品房存量 7.3 万平方米，去化周期（销售周期）14.3 个月。

项目建设。97 个重点项目开工 39 个、竣工 37 个，完成投资 34.8 亿元，其中交通基础设施项目完成投资 2.6 亿元。24 个省、市重点项目完成投资 26.3 亿元。实施“五个一批”脱贫项目 24 个，总投资 53.3 亿元。充实国投公司，组建城投公司，建成行政服务中心及人力资源和社会保障服务中心大楼，公共资源交易平台挂牌成立。与福建建工集团合作实施总投资 18 亿元的 PPP 项目。累计争取债券资金 6.2 亿元。报批建设用地面积 36.67 公顷、林地面积 47.4 公顷，收储工业用地面积 33.33 公顷。

城乡建设。六一五路“白改黑”工程启动实施，柳东桥拓宽改造完成。5 个“镇镇有干线”项目竣工，建成农村公路 18.7 千米，以大城关为中心辐射集镇的“半小时交通圈”基本形成。8 个村被列为省级美丽乡村重点整治村庄，项目总投资 3989 万元。第二污水处理厂动工建设，新建改造雨水、污水管网各 4.5 千米。赛江流域二期防洪工程、龙溪流域安全生态水系工程等重点水利项目有序实施。东源获评“中国老年人宜居名镇”，石山村被评为全国生态旅游村，上黄柏村被评为省级历史文化名村并和山樟、黄柏村同列省级美丽乡村示范村，官安、蒲洋、东源村被列入省级传统古村落。

社会事业。落实各项惠民政策，实施为民办实事项目 28 个。建成机关幼儿园主体工程，第一幼儿园和一中、四中、二小等新建校舍投入使用，三小校区启动建设。三中、一小获评全省首批“义务教育管理标准化学校”。被评为全省安全教育示范县。开展“文化柘荣”提升年活动，在宁德举办“孝德柘荣”文化惠民演出。县体育中心项目动工建设。竞技体育实现突破，首届“魅力农体”运动会金牌总数居全市首位。分级诊疗全面启动，被列为全国健康促进县（区）试点。

民生保障。全年培训农民工 1700 人，新增城镇就业 1000 人，转移农村劳动力 1100 人，城镇登记失业率为 2.8%。扶持高校毕业生自主创业项目 73 个。城乡居民养老保险缴费率 93.5%，医疗保险参合率 99.9%。城市低保、农村低保人均月补差标准分别为 279 元、173 元。农村五保敬老院集中供养每人每月 545 元；分散供养（含村幸福园）每人每月 455 元。开工保障性住房 200 套（户），建成 70 套（户）。医疗救助 5364 人，发放救助资金 331 万元。县社会福利中心一期工程完工。造福工程搬迁 218 户 847 人。完成 2839 人贫困户建档立卡“回头看”工作，年度脱贫 1552 人，建档立卡贫困人口缩减到 1514 人、贫困建制村缩减至 8 个。被评为省级平安县、法治宣传教育先进县。

【国家生态县正式命名】 2016 年 10 月 8 日，柘荣县被国家环保部授予“国家生态市、县、区”称号。多年来，柘荣县委、县政府树立“绿水青山就是金山银山”的理念，坚持“生态立县”，县域生态环境、生态产业、生态基础设施建设显著提升。2013 年 4 月，柘荣县通过省级生态县复核验收命名，2014 年 12 月通过国家生态县技术评估，2015 年 12 月通过环保部组织的国家生态县考核验收，2016 年 9 月被纳入国家重点生态功能区。

【柘荣县机关幼儿园迁建项目】 为解决柘荣县机关幼儿园校舍面积不足、交通阻塞、安全隐患大等问题，县委、县政府2012年7月决定实施新园迁建项目。新园选址在县工商局西侧，征地面积1.33公顷，实际用地面积0.97公顷，规划建筑面积7103平方米，项目概算总投资2600万元，于2015年1月动工建设，2016年12月竣工。该项目被列入省公办幼儿园、为民办实事项目，累计争取国家发改委专项补助270万元、省教育厅专项补助585万元。新落成的机关幼儿园主楼共有15个教学班。

（章清苗）

古田县

【经济社会概况】 2016年，古田县实现地区生产总值161.27亿元，比上年增长7.2%；三次产业结构为25.8∶39.4∶34.8；一般公共预算总收入9.9亿元，下降2.0%，其中地方一般公共预算收入6.9亿元，下降9.6%；农林牧渔业总产值71.65亿元；规模以上工业总产值158亿元；社会消费品零售总额62.24亿元。

工业经济。新建大甲、凤都两大“道口经济”平台，引进福大百特等42家企业，新增52家规模以上企业，古田药业、屏湖红等6个技改项目建成投产，完成重点技改项目投资2.2亿元。古田食品工业集中区一期“一平”全面完成，大甲工业集中区引进总投资12.5亿元的杉杉科技5万吨动力电池负极材料基地项目。

农业经济。省级农民创业园建设全面铺开，新增省级农业龙头企业8家，天天源银耳工厂化一期建成投产。新增省著名商标4个、“三品一标”6个，成功申注“古田黑番鸭”地标，“古田银耳”获评“中国农产品公用品牌网络声誉50强”，在全国率先推行银耳种植保险。

第三产业。新增限额以上商贸流通企业47家，新建农村淘宝县级服务中心和40个村级淘宝服务站，电商年销售额突破2亿元，获评“省级农村电子商务示范县”。房地产销售商品房27万平方米，增长89.3%。

项目建设。148个县在建重点项目完成投资45亿元，其中21个省市重点项目完成投资26亿元。泮洋风电一期等42个项目竣工投产，双创基地等40个项目开工建设，屏古高速古田段路基、桥梁、隧道工程进度过半，推进宁德城澳至古田疏港高速公路、宁德经古田至南平铁路等重大项目前期工作。

城乡建设。“湖城一体”发展格局基本形成，城市功能完善提升，完成古屏路、滨河路、城西路部分路段雨污分流及沥青路面改造，新改建供水管网5.1千米、雨污管网9千米，新增停车位111个，改造城市景观4.4万平方米，通过省级园林城市考核验收。

社会事业。新改扩建校舍3.2万平方米，新增学位1664个，完成19所中小学操场塑化，中小学实现“班班通”全覆盖。分级诊疗启动试点，获新一轮“全国计划生育优质服务先进县”。举办第五届世界古田同乡恳亲大会、第八届海峡论坛·陈靖姑文化节。贫困户精准识别建档立卡全面完成，全年减贫2800人。新增城镇就业3479人，转移农村劳动力5986人。开工保障房800套，基本建成607套，历年配租配售率达84.2%。

【第八届海峡论坛·陈靖姑文化节】 2016年6月13—15日，第八届海峡论坛·陈靖姑文化节在宁德市古田县举行。福建、浙江、广东、云南、山东、台湾、香港、澳门等地信众及嘉宾共600多人参加活动。该届文化节以“临水缘·两岸情”为主题，举办两岸书画名家成果展、首届海峡两岸（古田）青年文化旅游创意设计大赛成果展、“海丝之路与陈靖姑文化传播”研讨会、两岸陈靖姑信众进香谒祖祈福科仪交流等活动。

【第五届世界古田同乡恳亲大会】 2016年11月12—14日，来自32个国家和地区及国内的近500名古田籍乡亲乡贤代表聚会古田。该届大会的主题是“海丝与古田”，旨在进一步拓展海内外同乡联谊、扩大交流合作，借力国家“一带一路”倡议，助推古田实现跨越发展。大会决定第六届世界古田同乡恳亲大会将于2018年在马来西亚诗巫市举行。

（林雪玲）

屏南县

【经济概况】 2016年，屏南县完成地区生产总值69.74亿元，比上年增长8.2%；固定资产投资48.6亿元，增长12.7%；社会消费品零售总额18.62亿元，增长9.7%；一般公共预算总收入5.4亿元，增长14.1%，其中地方一般公共预算收入3.65亿元，增长5.7%；城镇居民人均可支配收入23093元，增长8.6%；农村居民人均可支配收入12144元，增长9.5%；居民消费价格总水平上涨1.4%。

农业经济。现代农业稳步发展，实现农林牧渔业增加值14.59亿元，增长4.1%。粮食播种面积16.9万公顷，种植高山蔬菜面积14.7万公顷，年产食用菌15.4万吨，新增设施农业面积400公顷、省级龙头企业3家、省级农民合作社示范社1个、省级家庭农场两个、市级山地农业开发示范基地5个、“三品一标”4个。水文、气象、农机等服务保障有力，防灾减灾救灾工作扎实有效。农村土地承包经营权确权登记颁证工作全面展开，林权制度改革取得新成效，成立全市首家林权收储公司，发放“两权”（农村承包土地的经营权、农民住房财产权）抵押贷款3300多万元。

工业经济。完成规模以上工业增加值20.77亿元，增长7.5%。榕屏化工、鑫磊晶体、惠泽龙等龙头企业稳步发展，精细化工园、溪角洋及漈头工业园建设有序推进。实施工业技改项目5个，完成投资3亿元。新增省级科技型企业两家、科技小巨人领军企业3家、众创空间1个，发明专利授权40个。

第三产业。全年接待游客333.27万人次，旅游综合收入24.38亿元，分别增长19%、29.5%。列入“国家全域旅游示范区”创建名单和国家绿色旅游示范基地，与市交投集团签订全域旅游合作开发框架协议。获“全国民间药膳示范县”“中国红粬黄酒文化之乡”“中国体育旅游精品景区”称号。举办首届黄酒民俗文化节。扩大文化创意产业影响力，开展文创公益教学培训活动。电商产业快速发展，电商产业园完成线上交易2.5亿元，7个村（居）入选全省首批农村淘宝3.0模式服务站，在全市率先完成建制村淘宝网点服务全覆盖。

项目建设。“五个一批”在库项目77个，总投资510亿元。28个省市重点项目完成投资34.58亿元，占年度计划的130%。海西高速屏古联络线、衢宁铁路屏南段加快建设，国道235线屏南溪坪段动工建设，国宝大道、白水洋·鸳鸯溪风景名胜区综合开发项目三期、岭下35KV变电站、劳动及行政服务中心大楼、移动大楼、联通大楼等重点项目竣工或投入使用。代溪和岭下防洪堤、长桥万公顷灌区工程建成投入使用，第二轮中央财政小型农田水利重点县、坪里水库水源地保护及代溪、金造溪甘棠河段万里安全生态水系项目基本建成。要素保障加强，完成农用地转用审批面积1600公顷、林地审批面积902公顷；争取到国家专项建设基金及项目贷款10亿元，各类上级补助资金10亿多元；金融机构各项贷款余额52.2亿元，增长5.1%。招商引资成效明显，共签约内外资合同项目7个，总投资46.3亿元；完成“6·18”中国·海峡项目成果对接合同项目46个，征集企业技术需求22项。

城市建设。城乡总规和城区控规实现全覆盖，推进新型城镇化试点工作，开展省级文明县城、园林县城、卫生县城创建工作，屏南药膳小镇列入省级第一批特色小镇创建名单，实施宜居环境建设项目61个，完成投资6.83亿元。推进东区旅游生态城建设，实施中心片区、西环路片区、长坋中路片区、外东环路南段片区等重点项目，世纪皇庭半岛、壹品公馆、华泰新天地、锦丰小区二期等房地产项目加快建设，城区道路“白改黑”三期、麓山公园改造提升和城区夜景二、三期等一批市政工程建成投入使用。新建和改造城区供水管网7.4千米，新建城区污水管网4.8千米。拆除“两违”面积21.3万平方米，腾出土地面积16.5万平方米，推进“无违建”示范县创建工作。小城镇、中心集镇及美丽乡村建设取得新进展。农村改厕试点工作全面完成。新建、改造农村公路75千米，完成道口隐患整治157处，建设生命防护工程72千米。

【社会事业】“义务教育发展基本均衡县”通过国家评估认定，屏南一中创省一级达标校工作取得新进展。一中新校区动工建设，国宝小学、国宝幼儿园、翠屏幼儿园等项目有序推进。学前教育、老年教育和特殊教育稳步发展。全年发放奖学奖教金300多万元。获“福建省安全教育示范县”称号。全面两孩政策得到落实。分级诊疗工作全面启动，县乡卫计机构整合做法在全市推广，县医院与市医院“托管”合作取得实质性进展，“海云工程”项目覆盖61个村。县医院门诊医技综合楼完成建设，县精神病院实现整体搬迁，县中西医结合医院、妇幼保健院整体搬迁项目前期工作有序开展，新增医疗机构床位130张。获“福建省科普示范县”称号。降龙、忠洋、岭下村入选第四批中国传统村落名录。承办2016年“白水洋·鸳鸯溪杯”福建省青少年拳击锦标赛，获女子团体第一名。屏南籍运动员张家玮获里约奥运会男子拳击56公斤级第五名和“中国拳王”称号。

民生保障。创建10个党建扶贫小康村，建成13个产业扶贫示范基地，培育12个精准扶贫示范社。率先推出全省第一张金融扶贫卡“福泽卡”，为732户建档立卡贫困户发放扶贫小额贷款4600多万元。造福工程搬迁1855人。中烟集团、河仁基金会、郭氏基金会等社会扶贫工作有效开展。落实帮扶资金1亿元，脱贫4364人。社会保障体系持续完善，出台城乡困难家庭医疗救助、临时救助等政策，发放各类救助资金4000多万元。新建农村幸福院7个。全民参保登记计划试点县工作全面启动，城乡居民养老保险、医疗保险参保续保工作扎实有效，乡、村新农合覆盖率100%。新增城镇就业1115人，失业人员再就业385人，城镇登记失业率2.7%。新增公租房110套。

（黄　煌）

编辑：林丹英

平潭综合实验区

【基本概况】平潭简称“岚”，位于福建省东南沿海，由126个岛屿、702座礁岩组成，故有“千礁百岛”之美称，又因形似“麒麟”，又有“麒麟岛”之美誉。全岛陆域总面积392.92平方千米，其中主岛海坛岛面积324.13平方千米；海域总面积6064平方千米，为全国第五大岛、福建第一大岛。属亚热带海洋性季风气候，冬无严寒，夏无酷暑，日照充足，常年空气质量达到Ⅰ级。年均气温20.5℃，年总降雨量1368.2毫米，年总日照时数1365.2小时。海岸线长408.73千米，海滨沙滩总长约70千米，已探明石英砂储量16亿吨、花岗岩储量7.7亿立方米，森林、药材、海洋生物资源多样，风能、潮汐能等清洁能源储量丰富。2016年底，户籍人口43.78万，流动人口5.16万。东部牛山岛与台湾新竹港相距68海里，是祖国大陆距台湾本岛最近之处。平潭历史上是东南沿海对台贸易和海上通商中转站，是改革开放以来全国最早设立台轮停泊点和开展对台小额贸易的地区之一。2009年7月，设立平潭综合实验区。2011年11月，国务院批复《平潭综合实验区总体发展规划》。2014年7月，平潭全岛正式封关运作，成为海关特殊监管区。2014年12月，国务院批准设立中国（福建）自由贸易试验区平潭片区。2015年4月21日，中国

（福建）自由贸易试验区平潭片区揭牌。2016年8月8日，国务院批复《平潭国际旅游岛建设方案》。同年12月11日，福建省政府出台《福建省人民政府关于贯彻落实平潭国际旅游岛建设方案的实施意见》，对《方案》相关内容明确分工，推进平潭国际旅游岛建设。

【经济社会综述】 2016年，平潭综合实验区完成地区生产总值205.76亿元，比上年增长6.2%；一般公共预算总收入37.57亿元，增长50.2%，其中地方一般公共预算收入26.46亿元，增长35.4%；固定资产投资396.81亿元，增长15.6%；社会消费品零售总额59.30亿元，增长4.2%；实际利用外资1.05亿美元，增长40.0%；城镇居民人均可支配收入33296元，增长8.4%；农村居民人均可支配收入13609元，增长7.6%。

农村经济。出台优惠政策措施吸引平潭籍远洋渔业和海运企业回归。开展畜禽养殖、沙滩污染专项整治，实施沿海防护林体系建设，完成植树造林面积0.39万公顷。实施水土流失治理、防洪防潮、水库海堤修复等工程，防灾减灾能力提升。推进国彩、杨武楼等17个省级美丽乡村试点建设。将4852户8240名城乡困难群众纳入低保管理。全区5.69万人纳入被征地农民养老保障范围，全区1.2万名60周岁以上被征地农民享受每人每月240元养老保障金。

优化产业结构。三次产业结构调整为17.6∶29.0∶53.4。商务营运中心、台湾创业园等平台入驻企业254家，其中总部企业38家，总部经济税收比上年增长16.7%；金融和类金融企业落地995家，金融和类金融业税收占税收总额的26.0%。跨境电商监管中心、新丝路跨境交易中心投入运营，跨境电商企业入驻90家，累计进出口货物22万票、货值7700多万元，带动进出口总值增长30%。实施创新驱动发展战略，大闽科技孵化器入孵企业23家，推进中科院半导体等科技孵化平台建设。落实“三去一降一补”任务，商品房去库存72.8万平方米；实施差别化信贷政策。

项目建设。开展“项目建设年”活动，实施重点建设项目245个，建成或基本建成项目47个，新开工建设项目64个，完成投资370.11亿元，超额完成年度计划。其中，农林水利项目13个，完成投资10.73亿元；交通项目27个，完成投资81.65亿元；城乡建设与生态环保项目116个，完成投资117.34亿元；产业发展项目56个，完成投资140.57亿元；社会事业项目33个，完成投资19.82亿元。实施农村电网改造、异地扶贫搬迁等9个补短板投资工程项目35个，完成投资11.8亿元。建立招商项目库，开展精准招商，累计签约项目85个，总投资1140亿元。

城市建设。金井湾、澳前、岚城、流水四个片区加快建设，行政中心入驻金井湾片区，“智慧岛”管理服务中心一期投入使用，新城区产城融合加快。公铁大桥、岛内主干路网、污水处理厂、垃圾焚烧发电厂等重大基础设施工程加快建设。拆除新增和历史“两违”建筑面积26.7万平方米，实现连续3年“两违”零增长。

社会事业。加快建设平潭一中新校区、福建师大平潭附中等7所标准化学校，通过全国义务教育均衡发展评估验收。提升医疗卫生水平，启动建设区卫生信息平台、公共卫生大楼项目，协和医院即将交付使用，台资爱维口腔专科医院对外营业。全面二孩政策落实；人口自然增长率15.0‰。举办国际海岛论坛、国际风筝冲浪节等重大活动，全民健身运动蓬勃发展。完善社会保障体系，城乡居民参保率达95.2%，新农合参合率达97.8%，城乡困难群众医疗救助比例从60%提高到70%。农村低保标准从每人每月260元提高到300元，城市低保标准从每人每月460元提高到570元。城乡居民养老金标准提高到每人每月150元。启动建设社会福利中心。加快建设安置保障房2912套，建成1754套，配租1215套。改造城乡危紧房366户。

对台合作交流。探索“一区两标、包容共存、融合发展、两岸共赢”模式。率先采认台湾旅游、建筑、规划、医疗、药械等领域执业资格，50多个台湾相关机构和100多名执业人员落地从业。培育两岸海上直航航线，台车入闽、对台海运快件实现常态化，全年运送旅客8.71万人次、货物6.7万吨。实施“为拟经平潭入境的台湾本岛居民办理五年期台胞证”“为省外居民来岚赴台团队旅游办理出入境证件”等两项出入境优惠政策，办证人数达21.3万人。两岸经贸合作态势良好，全年新增注册台资企业227家，投资总额11.41亿元。台湾商品免税市场年销售额7.9亿元，台湾创业园被国台办授予海峡两岸青年创业基地。创建两岸共同家园研

2016年5月，平潭塘屿岛海上养殖 （林忠玉摄）

平潭大力发展旅游业。图为2016年5月，在平潭岛海边进行的拓展训练活动中蓄势待发的孩子们　（林忠玉摄）

究院，举办第五届共同家园论坛、两岸村里长交流会等重要活动，公开招聘一批台湾专才。至年底，在岚创业生活台湾青年600多人，民间交流交往和合作发展更加密切。

【自贸试验】　2016年，福建平潭综合试验区对照省和平潭自贸片区实施方案，180项重点试验任务已实施144项。推出124项创新举措和开放措施，企业设立快车道审批机制等5项入选“十大创新举措”、旅行社及旅游业务对台开放等7项入选“十大开放措施”，台湾商品免税市场入选“十大功能性平台”。优化区县合一行政管理体制，率先试行跨部门、跨领域、全区域的综合执法改革，组建城投、交投、土开、旅游、金控五大集团。深化商事制度改革，片区内新增注册企业5235家(其中外资企业500家)，注册资本2286亿元。创新市场监管机制，率先推行知识产权“三合一”保护、名称自主选用登记等制度。完善“分线管理”监管模式和“三个一”通关机制，推出“先验放、后报关”、两岸直航客带货等40多项便利化举措，节省30.0%以上通关时间。

【国际旅游岛启动建设】　2016年8月8日，国务院批复实施《平潭国际旅游岛建设方案》；12月11日，福建省政府出台实施意见。平潭列入第一批国家全域旅游示范区创建单位。实施仙人井、将军山等重点旅游景区设施整体提升工程，基础设施和配套服务明显改善。首家口岸免税店开业，石牌洋景区、澳前台湾小镇获批国家AAA级旅游景区，海坛湾增列为国家级海洋公园。在杭州、深圳、福州、厦门等地举办“平潭蓝”旅游推介会。全年游客突破290万人次，旅游收入11亿元，分别比上年增长25.2%、66.3%。

（林扬国）

编辑：林丹英

人物

先进人物

【2015 年度福建省五一劳动奖章获得者】

王振东　南昌铁路福州机务段职工
叶天平　南昌铁路厦门供电段职工
毛祚全　南昌铁路永安车辆段职工
刘志强　福建水口发电集团有限公司机械专工
黄绣江　福州教育学院附属第二小学教师
赵美玉　福州市仓山环境卫生管理处驾驶员
陈　芹　福州市绿化管理处办公室副主任
倪政云　福州天福集团有限公司市场部经理
刘栋银　福州顺丰速运有限公司收派员
陈　飞　福州市交通综合行政执法支队一大队二中队中队长
陈子荣　东南（福建）汽车工业有限公司管理部部长
李　芳　中国石化销售有限公司福建福州石油分公司财务科长
蔡小明　茶花现代家居用品股份有限公司模具部经理
曾幼菊　福州开发区钜联鞋业有限公司财务部经理
翁国华　福清市公安局龙田派出所所长
刘雁翎　长乐市人民检察院控告申诉检察科科长
林孔亮　闽侯县人民法院刑事审判庭审判员
缪　欢　连江县公安局交通警察大队科员
程道忠　闽清县城建监察大队监察员
林晓平　罗源县医院护理部副主任儿科护士长
兰　平　中共永泰县葛岭镇纪委副书记
陈望青　福州市鼓楼区城市社会经济调查队队长
赵　鼎　福州市天虹百货有限公司总办主管
沈　波　福州市疾病预防控制中心预防医学检查科副科长
陈　云　德艺文化创意集团股份有限公司总经理助理兼研发中心项目组组长
王　林　福州市城乡规划局机关党委专职副书记
陈明月　福州市公安局鼓楼分局刑侦大队两抢犯罪侦查队队长
郭德章　福州市农业科学研究所副所长
陈　炜　福建省福州第八中学校长
王香华　中共福州市仓山区建新镇党委书记
陈润根　福建兴航房地产有限公司安保员
谢智波　杭州路桥市政设施管养有限公司福州分公司管理员
冯清山　华能（福建）海港有限公司作业区经理助理
吴声枝　福建宝中海洋工程股份有限公司技术主管
何世猛　福耀玻璃工业集团股份有限公司副总裁
叶晨琛　中国邮政集团公司福州市分公司长寿路支行行长
丁智勇　厦门精合电气自动化有限公司班长
罗小秋　厦门谊瑞货架有限公司生管员
陈江平　福建安井食品有限公司技术部经理助理
王开辉　网宿科技股份有限公司厦门分公司产品经理
谢洪珍　厦门紫金矿冶技术有限公司科研人员
杨美花　厦门特宝生物工程股份有限公司科技人员
谢志南　福建省亚热带植物研究所研究员
康良溪　福建省同安第一中学教师
苏春梅　厦门拓福珠饰服装有限公司人事部经理
姚育青　福建省厦门双十中学副校长
杨庆伟　厦门轻工集团有限公司党委书记、董事长
李健平　厦门市第五医院党群工作部主任
肖　华　厦门市思明区梧村街道梧村社区居委会党委书记、工会主席
杨琤娴　路达（厦门）工业有限公司工会主席
周欲晓　中国农业银行股份有限公司厦门市分行江头支行行长
沈元泽　厦门钨业股份有限公司工会主席
赵建庄　中国联合网络通信有限公司厦门市分公司工会副主席
刘　健　青岛啤酒（厦门）有限公司总经理

周云明 厦门EPCOS有限公司现场主管
沈振义 诏安县梅洲流域四都水利工作中心站站长
卢灯荣 焙之道食品（福建）有限公司技术员
魏小婉 漳州市程盛再生资源有限公司破碎车间主任
林智勇 国网福建漳浦县供电有限公司职工
陈 蔚 漳州市芗城中学玉兰分校教师
黄娉婷 漳州市第二实验小学教师
马机勇 龙海市公安局网络安全监察大队科员
汤毓贤 云霄县博物馆研究馆员
陈斌珊 东山县石斋初级中学教师
林坤勇 华安县公安局交通警察大队副大队长
杨丽明 中国农业银行股份有限公司漳州分行副行长、纪委书记、工会主席
程克波 漳州电视台副总编辑
陈丽华 福建省漳州第二职业中专学校教师
林亚头 福建省烟草公司漳州市公司副经理
陈克珍 漳州市工商行政管理局12315指挥中心主任
魏腾云 漳州片仔癀药业股份有限公司车间主任
陈晓红 福建高速公路有限责任公司泉州管理分公司永春（码头）征管所监控班长
何秀凤 晋江市第二实验幼儿园教师
任达树 福建省晋江市信龙机械工业有限公司钳工
颜贞明 福建省桃城建设工程有限公司职工
付心知 泉州市盲聋哑学校教师
贾冬霞 泉州维盾电气有限公司研发部主任
林伟娥 泉州福海粮油工业有限公司保险专员
吴明晶 石狮市人民法院审判委员会专职委员
黄梅跃 石狮市宝盖镇副镇长、总工会主席
张子山 福建火炬电子科技股份有限公司副总工
郭协力 晋江市医院神经外科副主任医师
曾歆雅 泉州市鲤城区商务局办公室主任
陈国璋 福建省南安第一中学校长
陈美娥 飙山狼体育用品有限公司财务总监
郑开峰 南安市公安局刑侦大队洪濑中队中队长
曾少杰 福建共荣建筑装饰有限公司施工员
许为民 惠安县大千雕刻工艺社艺术总监
林素彬 福建省安溪茶业职业技术学校实训处主任
叶盛锋 安溪县农村信用合作联社龙门信用社主任
许志国 泉州市公安局交通警察支队丰泽大队大队长
叶剑君 中国邮政速递物流股份有限公司泉州市分公司德化营业部网控主管
苏雪华 德化县中医院护士长
林美徽 泉州经济技术开发区实验学校副校长、工会主席
庄稼汉 泉州市住房公积金管理中心党总支副书记
黄炯奇 泉州市发展和改革委员会系统党委办公室主任
许景源 泉州市环境卫生管理处主任
蔡如明 福建省泉州市地方税务局科长
李晓玫 福建省泉州市人民检察院民事行政检察处副处长
黄 辉 华侨大学制造工程研究院教授
戴增俭 泉州市一鸣交通电器有限公司研发部主管
王启联 日春股份公司总裁
陈林海 明溪县环境保护局职工
吴晓敏 清流县人民检察院公诉科科长
刘义忠 福建长宁纺织有限公司工艺主管
陈奕乾 建宁县溪口镇人口和计划生育服务中心主任
范子辉 泰宁县三晶光电有限公司机修班长
吴祥生 福建省将乐县第一中学教师
张庆林 福建省水利投资集团（沙县）水务有限公司安装维修队队长
刘秀妹 福建省尤溪第一中学教务处副主任
王雯君 大田县实验幼儿园园长
颜丽珍 福建省三明市第十中学、三明市梅列区青山小学校长、党总支书记
王录华 三明市三元区环境卫生管理处清扫工
杨华娟 三明市中西医结合医院护士
俞 灏 中国邮政集团公司三明市分公司党委书记、总经理
唐筑成 福建省三钢（集团）有限责任公司动力能源公司经理
许元潘 莆田市寿山石雕行业协会雕刻师
谢燕柳 莆田南洋自来水有限公司员工
郭 旭 福建复茂食品有限公司技师
翁钰珍 福建荔丰鞋业开发有限公司车间主任
陈秀榕 莆田市地方税务局局长、党组书记
吴伟锋 莆田市湄洲日报社记者
黄珊珊 莆田市中级人民法院民一庭副庭长
许志伟 中国电信股份有限公司莆田分公司网络运营部经理
陈立新 莆田市农业局扶贫开发科科长
廖丽玲 福建武夷交通运输股份有限公司邵武汽车站站务员
黄 宁 福建南平南孚电池有限公司财务会计部经理
叶治彬 国网福建省电力有限公司南平供电公司运维检修部（检修分公司）副主任
郭玉萍 南平广播电视台播音主持中心主任
林 坚 福建省南平市第一医院副院长、党委副书记
池光萌 福建省南平第一中学副校长
黄 斌 福建省光泽县医院外二科主任
包新域 福建华泰汽配工业股份有限公司董事长
叶 斌 中国电信股份有限公司浦城分公司线路中心主任
任 斌 国网福建松溪县供电有限公司营销部副主任

赵　军　南平市环境卫生管理处副主任
沈　琅　政和县澄源乡上榅洋村党支部第一书记（福建省信访局主任科员下派驻村挂职）
范和北　福建居怡竹木业有限公司安全环保部经理兼工程项目部经理
葛香珠　福建省武夷山市第一中学教师
马昭雄　南平市建阳区农村信用合作联社党委书记、理事长
罗良庆　福建梅花山国家级自然保护区管理局护林员
黄迎春　中国邮政集团公司龙岩市分公司投递员
陈文全　漳平市新桥中心学校华美教学点教师
余　莲　龙岩市第一医院血液风湿科主任
罗　伟　福建金磊律师事务所律师
赖文奎　福建煤电股份有限公司白沙南（苏二）煤矿矿长
谢江水　福建省龙环环境工程有限公司路段队长
许万强　福建永强岩土股份有限公司董事长
徐福森　中国农业银行股份有限公司漳平市支行综合部副经理
廖月璋　龙岩市公共交通有限公司驾驶员
苏银华　龙岩市永定区地方税务局洪山所所长
郑志忠　福建省121地质大队地灾应急分队队长
吴载赋　福建茗匠竹艺科技有限公司设计策划部经理
黄银富　龙岩市公安局东城派出所警务八队队长
李福民　上杭县公安局副局长兼古田所长
蔡金钗　宁德市蕉城区第四中心小学教师
游凤珠　柘荣县第二小学教师
甘乾庚　屏南县国省干线工程建设指挥部高级工程师
黄世凤　中国农业银行股份有限公司周宁县支行营业部柜员
王仁凯　福建省寿宁县国家税务局纳税服务科副主任科员
蔡振云　福建一华电机有限公司办公室主任
陈　明　福安市公安局城北派出所所长
林飞燕　中国邮政集团公司福建省古田县分公司金融客户部主任
应卫峰　福建西岸生物科技有限公司执行董事
吴以龙　福鼎市医院消化内科主任医师
胡绍斌　福建闽东电力股份有限公司霞浦发电分公司督导员
念华明　平潭综合实验区医院院长
柯少奴　福建省残疾人劳动就业服务中心干部
黄禄华　中华人民共和国福州海关技术处科长，挂职霞浦县北壁乡下岐村党支部第一书记
邹　寅　福建省血液中心办公室主任
潘　宁　福建省气象台副总工
陈艺良　中国共产党福建省纪律检查委员会副处级巡视专员
陈　勇　中国石油天然气股份有限公司福建福州销售分公司经理、党委副书记
张增田　福建省价格认定局副局长
吴春玲　福建省财政厅办公室主任科员
王　斌　福建省高级人民法院司法行政装备管理处主任科员
曾维吉　中国水利水电第十六工程局有限公司基础设施分公司工程部古田高头岭项目经理
陈　勇　国网福建省电力有限公司福州供电公司班长
饶悌彬　中国华电集团公司福建分公司火电项目开发管理二级职员
林　钻　福建省地质调查研究院矿产一所项目负责人
何跃辉　福建省能源服务有限公司漳州分公司片区服务部抄表员
林　姗　福清市百合小学校长
谢　熙　福建省妇幼保健院妇科主任、主任医师
李瑞玉　福建省立医院耳鼻喉科主任、主任医师
陈　弘　厦门国贸集团股份有限公司证券事务代表、部门总经理
姚文华　福建省天湖山能源实业有限公司含春矿机电办副主任
罗佳森　南昌铁路局永安车务段信息管理科管理员
李粒生　东山县交通运输局工程师
童福越　中建海峡建设发展有限公司项目技术负责人
付满治　福建先创电子有限公司工会常务副主席、生产部主任
黄云腾　福建省南安五台山国有林场工区主任
张柳华　福建省三明市地方税务局规费科科长
林　琳　福建省漳州市地方税务局规费科科长
陈　曦　福建省审计厅机关党办主任科员
郭　贤　漳州市安全生产监督管理局办公室主任
卢志伟　福建省公安厅交警总队三明高速公路支队二大队副大队长
刘养霖　福建省公安厅交警总队龙岩高速公路支队二大队新泉中队中队长
陈慧群　福州开发区正泰纺织有限公司生产部总教练
杜爱珍　厦门华联电子有限公司工会副主席
王芬芬　豪氏威马（中国）有限公司控制系统部副经理
池珠香　福建泉州顺美集团有限公司业务组长
曾建芸　中国邮政集团公司三明市分公司文化传媒中心专职营销员
蔡万妹　福建省南平市公路局松溪分局杉溪公路站公路养护工
周　清　福建省龙岩卫生学校副校长
陈美燕　宁德市蕉城区环境卫生管理处路段管理员
郑海燕　福建省公安厅经侦总队一支队副支队长
孙国伟　福建省马尾造船股份有限公司电焊工
吉连琼　福建省马尾造船股份有限公司焊工
柯风波　厦门船舶重工股份有限公司工艺员
李茂发　厦门金龙联合汽车工业有限公司涂装工
何寿球　厦门金龙联合汽车工业有限公

司焊装工

陈藤森 厦门金龙联合汽车工业有限公司检验员

林秀群 福建神画时代数码动画有限公司董事长

陈良彬 福州胤臣智能科技有限公司总经理

金洪飞 福建大唐国际宁德发电有限责任公司值长

廖任重 福建华电可门发电有限公司值长

贺天宇 福建大唐国际宁德发电有限责任公司副值长

黄 健 福建永嘉建工有限公司架子工

陈 勇 福建永嘉建工有限公司架子工

曾志辉 泉州市星艺石雕装饰有限公司古建技术总监

邱黎苑 福建省厦门双十中学教师

高晓晴 福州第四中学桔园洲中学教师

许贻亮 晋江市第二实验小学教导主任

王 晶 福州市台江实验幼儿园教师

孙艳锋 中国平安财产保险股份有限公司福建分公司职员

曹 雯 中国农业银行股份有限公司福清市支行柜员

黄乐增 连江县公安局交通警察大队科员

林国正 福州市公安局交通警察支队鼓楼大队科员

张国文 泉州市公安局交通警察支队台商投资区大队驾管中队负责人

林涵英 中国移动通信集团福建有限公司莆田分公司投诉处理员

林 潇 中国电信股份有限公司福州分公司计费处理员

欧阳舒琼 平安银行股份有限公司福州分行运营综合岗

余培清 福建省厦门市公路局技术员

张耿汉 中国农业银行股份有限公司平和县支行柜员

王丹青 福州市勘测院测量员

李卫福 福建省鸿山热电有限责任公司主任助理

吴泉儿 福建省196地质大队项目负责人

沈 璟 国网福建省电力有限公司福州供电公司班员

蔡 菁 福建省龙岩市气象局气象台副台长

张玉林 福建棉花滩水电开发有限公司主任助理

叶龙珍 福建省地质工程勘察院岩土工程所高级工程师

林 莹 福州市卫生局卫生监督所科员

廖 伟 中国移动通信集团福建有限公司职员

叶云贵 元翔（厦门）国际航空港股份有限公司理货员

陈 玫 中国邮政集团公司厦门市分公司理财经理

巫晓琳 清流县森林消防协会队员

林 莉 福建省篮排球运动管理中心运动员

林超攀 福建省体操技巧运动管理中心运动员

黄文红 福建省射击射箭运动管理中心教练员

柯丽婷 福建省残疾人游泳集训队运动员

靳志鹏 福建省残疾人游泳集训队运动员

衷黄浩 福建省残疾人田径集训队运动员

李庭申 福建省残疾人游泳集训队运动员

郜志强 福建省残疾人体育运动管理中心干部

庄海滨 厦门太古飞机工程有限公司工会主席

【第十三届“福建青年五四奖章标兵”获得者】

于 皓 帅珍珠 刘向苏 吴耀环
余潞琼 汪 霞 张 华 饶英华
姚剑军 黄仙永

【第十三届“福建青年五四奖章”获得者】

冯海涛 孙一华 吴晓航 张小聪
陈育飞 邵安灿 林恩辉 姚丽云
何 旗 陈孝录 陈其龙 林 潮
林熙明 洪炳文 黄长城 卞 星
卢雪英 阮文杰 扶 伟 杨居斌
肖长明 郭 旭 潘进超 王逢兴
吴为健 陈俊雄 傅文坊 余文婷
陈 伟 林世波 马兰英 刘志峰
汤向明 李福山 吴 琛 吴龙梅
吴志诚 邱吉文 沈庆斌 陈志勇
傅燕萍 张伟斌 涂 烨 黄智斌
苏桂铁 杨银峰 陈云城 柳颜春
王余沛 尤延铖 吴 双 张章静
林忠明 钟小强 钱卫华 黄 煌
曾绍鹏 曾振疆 蔡光璟 颜松柳
戴炳虹 王舜钦 刘小龙 李 浩
林 曦 丰致辉 王欣欣 王晨照
庄晶萍 吴海宇 陈志军 林晓瑜
郭 淋 郭艳娜 潘森林 王金沛
何 燕 赵 宇 谢贤伟 邓 薇
江锦华 李良川 陈金灿 陈建华
林达铭 孟立文 留荣立 赖友华
廖旻兰

【2015年度“福建省十佳共青团员”获得者】

王 欢 叶赵平 林 敏 林文佳
黄欢燕 黄俊銮 彭振雄 傅春霞
曾惠妃 蔡炜煌

【2015年度“福建省十佳共青团干部”获得者】

王 玮 王银川 吴 楠 邱筱平
张伟力 林 俊 赵燕松 袁利华
郭彬彬 黄 晶

【2015年度全国三八红旗手标兵获得者】

詹红荔

【2015年度全国三八红旗手获得者】

施飞宁 吴丽敏 黄志丽 兰爱珍
邱玉燕 林爱钦 林 鹦 张冬梅
陈鸣宇

【2016年表彰的福建省三八红旗手标兵获得者】

邓 薇 徐云丽 林 莉 杨丽婉
柯丽婷

【2016年表彰的福建省三八红旗手获得者】

黄文红 许茵茵 陈 晶 苏震英
洪雅璇 蔡雅梅 詹燕清 钟八娣
廖玉英 叶丽瑰 黄晓玲 邱丹莉
林 珊 谢 韫

逝世人物

吴修平 中国民主同盟第七届、八届中央委员会副主席，第九届中央委员会名誉副主席吴修平同志，因病于2016年4月9日在北京逝世，享年89岁。

吴修平，1927年7月出生，福建福州人。1946年在上海就读于中国新闻专科学校。1947年12月加入中国民主同盟，任民盟福建省委会组织委员会委员。1947年至1949年先后任福建时报记者、正义日报社记者、福建中央日报社编辑。1949年至1952年任中共福建省委台湾工作委员会干事，期间在华东人民革命大学第一部学习。1952年后历任民盟福州市委会组织部副部长、部长兼秘书处主任，民盟福建省委会组织部干事、秘书长、副主委，福建省政协副秘书长。1986年后历任民盟中央执行局委员、中央常委、秘书长、专职副主席、名誉副主席。

吴修平同志是第六届全国政协委员，第七届全国政协常务委员、副秘书长，第八届全国政协常委、副秘书长、提案委员会副主任，第九届全国政协常务委员、副秘书长、外事委员会副主任。

许集美 福建省政协原副主席、离休干部许集美同志，因病医治无效，于2016年4月22日22时25分在福州逝世，享年92岁。

许集美同志1924年8月1日出生于福建省晋江县。1939年10月加入中国共产党，1940年2月任养正中学学生党支部书记。1942年1月任晋江县安海区特派员。1942年9月任晋（江）、南（安）、惠（安）边区工作委员会书记。1945年5月起先后任挺进工作队队长、厦门工委书记。1946年7月任闽中地委委员兼泉州中心县委书记。1948年1月任闽浙赣人民游击纵队泉州团队指挥员兼政委。中华人民共和国成立后至1966年，历任晋江县委第一书记兼县长、泉州市市长、晋江地委委员、秘书长兼统战部部长、宣传部部长，晋江专署专员，共青团福建省委副书记，三明地委副书记等职。“文化大革命”时受冲击。1971年6月任莆田地委常委、副书记、地区革委会副主任。1983年2月起先后担任福建省人民政府侨务办公室副主任、党组成员，福建省华侨投资公司副董事长。1985年10月起任第五届、第六届福建省政协副主席。1998年12月离职休养（享受省长级医疗待遇）。

张渝民 福建省委原常委、秘书长、政法委书记，福建省人大常委会原副主任，离休干部张渝民同志，因病医治无效，于2016年1月22日零时52分在福州逝世，享年89岁。

张渝民同志1927年9月出生于四川省重庆市。1944年毕业于上海私立沪江大学附中，进入上海基督教青年会，1945年5月加入中国共产党，入党后从事党的地下工作，先后在上海基督教青年学生团体联合会、新音乐社上海分社及教堂圣乐团、上海私立光华大学、上海复旦大学等进步社团开展工作，1947年7月任复旦大学中共地下党总支委员会委员。1948年8月调任中共江苏苏州学生工作委员会书记。1949年2月任中共地下党上海学生联合会党团成员。1949年5月上海解放时任上海学生联合会主席。1950年5月任共青团华东工作委员会学生部副部长、华东学联主席。1951年10月调到福建工作，先后任共青团福建省委学校部部长、少儿部部长，共青团福建省委常委、共青团福建省委副书记。1956年9月至1957年10月在苏联共青团中央团校学习。1964年6月当选为共青团第九届中央委员。1964年9月被选为福建省人民委员会委员。“文化大革命”中受冲击，先后下放到永安清水公社、诏安建设农场劳动。1975年8月任厦门水产学院革委会副主任、党的核心组副组长。1979年7月任厦门水产学院党委代书记、书记、代院长。1982年1月任福建省委副秘书长、省委办公厅厅务会议成员，1982年7月任福建省委常委、秘书长，1986年8月任福建省委常委、政法委书记，兼任福建省广播电视大学校长。1988年1月任福建省人大常委会副主任。曾任福建省第一、二、四届政协委员，当选福建省第六、七届人大代表。1993年11月起先后任省关工委副主任、常务副主任、主任、名誉主任。

1998年至2009年任省计生协会会长，2009年至2014年任名誉会长。1998年12月离职休养。

关于福建省2016年国民经济和社会发展计划执行情况及2017年国民经济和社会发展计划草案的报告

——2017年1月18日在福建省第十二届人民代表大会第五次会议上

福建省发展和改革委员会

各位代表：

受福建省人民政府委托，现将福建省2016年国民经济和社会发展计划执行情况及2017年国民经济和社会发展计划草案提请省十二届人大五次会议审议，并请省政协各位委员和其他列席人员提出意见。

一、2016年国民经济和社会发展计划执行情况

2016年，在错综复杂的国内外形势下，全省各级各部门认真贯彻中央和省委、省政府各项决策部署，积极适应经济发展新常态，落实新发展理念，认真执行省十二届人大四次会议审议通过的国民经济和社会发展计划，扎实抓好稳增长、调结构、强动力、惠民生、防风险各项工作，全省经济社会保持平稳健康发展。初步统计，全省生产总值28519.15亿元，增长8.4%。

一年来国民经济和社会发展成效主要体现在六个方面：

（一）供给侧结构性改革重点任务有效落实，产业转型升级步伐加快

全面推进供给侧结构性改革，“三去一降一补”取得积极成效。出台化解部分行业过剩产能意见等政策措施，推动钢铁去产能445万吨、煤炭去产能297万吨，均超额完成国家下达的目标任务。因城施策去库存，全省商品房库存5417.3万平方米，减少1995.1万平方米，去化周期15个月，比年初减少9个月。推动企业调整融资结构降低杠杆率，49家次企业境内外上市融资再融资632.5亿元，新增194家新三板挂牌企业，规模以上工业企业资产负债率下降0.9个百分点。出台降低企业成本减轻企业负担意见，全省减轻企业负担353亿元。着力扩大公共产品和服务供给，推出两批22个补短板投资工程包，完成投资975.9亿元。

加快新旧动能转换，产业转型升级取得进展。第一、二、三产业分别完成增加值2364.14亿元、13912.73亿元和12242.28亿元，增长3.6%、7.3%和10.7%。

农业生产总体平稳。扎实抓好粮食产能区和农业“五新”工程建设，积极促进特色现代农业发展。农林牧渔业总产值4155.68亿元，增长3.7%。粮食总产量650.9万吨；肉蛋奶和水产品产量均增长4.6%；设施农业面积达180多万亩，其中千亩以上规模基地超过110个，新建省级补贴的温室大棚面积2万亩。省级以上农业重点龙头企业销售收入3074.5亿元，增长5.4%。长泰枋洋水利枢纽工程、德化彭村水库等一批重大水利项目加快推进，平潭及闽江口水资源配置工程、罗源霍口水库等重大项目可研获批并开工建设，全省水利完成投资超过370亿元。

工业生产保持稳定。积极推动科技创新在产业转型升级中发挥支撑引领作用，指导企业用好提质增效各项政策措施。规模以上工业增加值11017.39亿元，增长7.6%，其中民营工业增加值增长9%。电子、机械、石化三大主导产业增加值

增长10%；高技术产业增加值增长11.7%，占工业增加值比重为10.1%，比上年提高0.6个百分点。规模以上工业企业利润总额增长19.5%。355家省级工业龙头企业实现产值10943.14亿元，增长6.5%。设立首期出资规模75.1亿元的安芯产业投资基金，全国首个窄带物联网规模化商用局在我省启用。三安光电LED外延芯片研发和制造产业化、恒捷综合化纤产业基地、福清中景石化聚丙烯一期、景丰聚合纺织、恒申氨纶长丝锦纶、新龙马多用途乘用车、中晶蓝宝石图形化衬底、信达LED封装应用、石狮通达智能硬件、德润电子产业园、许继集团智能变压器制造等一批重大项目建成或部分建成。

服务业较快增长。落实全省推动现代服务业加快发展座谈会精神，形成全省上下加快发展服务业的良好氛围。服务业增加值增速高于二产3.4个百分点，占地区生产总值比重为42.9%，比上年提高1.4个百分点。物流业增加值增长9%，货运量增长8.4%，集装箱吞吐量增长5.6%，货物周转量增长11.4%。金融业增加值增长9.6%，本外币各项存贷款余额分别增长9.9%、12.1%，华通银行已正式获准开业。旅游总收入增长25.3%，休闲旅游、红色旅游、生态旅游快速发展。新业态新领域不断拓展，休闲养老等新服务模式快速发展，金太阳老年综合服务中心等一批养老服务企业和机构逐步壮大。

海洋经济平稳较快发展。海洋生产总值7500亿元，增长9%。福州、厦门入选首批国家海洋经济创新发展示范市，启动建设霞浦三沙、连江黄岐、石狮祥芝、晋江深沪等8个渔港经济区，金达威等一批海洋生物医药和生物制品企业进一步成长壮大，设施渔业、远洋渔业等现代海洋渔业发展加快。

（二）投资结构改善，消费潜力持续释放

积极落实促投资稳增长。一手抓基本盘，一手抓新增长点，促进投资总量扩大结构优化。固定资产投资22927.99亿元，增长9.3%。产业投资结构持续优化，高技术产业投资增长60.6%，第三产业投资增长9.3%。补短板投资持续推进，基础设施投资增长22.3%，其中水利、环境和公共设施管理业投资增长34.4%。

“五个一批”项目和重点项目进展顺利。全省入库“五个一批”项目9501个、项目总投资11.07万亿元，其中签约项目1422个、1.14万亿元，开工项目3561个、4.81万亿元，投产项目1050个、5787亿元，“五个一批”促进总量壮大、结构优化。1029个在建省重点项目完成投资4227亿元，超额完成年度目标。福州地铁1号线、莆田差别化纤维及高端运动系列网生产、永安新能源汽车用锂电池石墨负极材料等155个项目建成或部分建成，铁路完成投资180亿元、高速公路完成投资296亿元、港口完成投资103亿元，新增电力装机267万千瓦。浦梅铁路建宁至冠豸山段、兴泉铁路、福厦客专先行段、永泰抽水蓄能电站等160个项目开工建设。宁德核电5—6号机组、漳州古雷炼化一体化等一批项目前期工作加快推进。

新型城镇化建设成效显著。常住人口城镇化率达到63.6%，比上年提高1个百分点。莆田、晋江、邵武、永安等国家和省级新型城镇化试点加快推进，福清、长泰、上杭、古田列入国家第三批新型城镇化试点，新增大田等4个省级试点。开展特色小镇创建，永泰嵩口镇等5个镇列入第一批中国特色小镇，长乐东湖VR小镇等28个特色小镇列入第一批省级创建名单。制定实施15个小城市培育试点镇三年行动计划。户籍制度改革加快推进，全面实施居住证制度。建立健全财政转移支付同农业转移人口市民化挂钩机制。

市场消费稳定增长。深入落实国家“十大扩消费行动”，出台我省积极发挥新消费引领作用促进转型升级行动方案等政策，社会消费品零售总额11674.54亿元，增长11.1%。网络消费以及信息、健康、体育、养老等新兴消费高速增长。限额以上批发和零售企业通过互联网实现的商品零售额增长46.7%，信息消费增长18%，体育娱乐用品类商品零售额增长11.4%。

（三）创新驱动发展战略有效落实，新经济新动能加快形成

出台实施创新驱动发展战略行动计划、加快高水平科技研发创新平台建设发展、培育科技小巨人领军企业等政策措施。R&D经费投入增长16%，占地区生产总值比重为1.6%，提高0.09个百分点，全省7个高新区进入国家高新区行列，福厦泉国家自主创新示范区获批建设。中科院海西研究院三期、国家专利审查协作福建中心等重大科研机构落地建设，闽台作物有害生物生态防控国家重点实验室、微生物菌剂开发与应用等3家工程研究中心列入省部共建。新认定高新技术企业906家，培育科技小巨人领军企业655家。全省拥有各类科技创新平台超过1000个，省级以上工程（技术）研究中心、重点（工程）实验室、企业技术中心分别达524个、222个、445个。

深入推动大众创业万众创新，福州新区获批创建全国首批双创示范基地，建成9家示范创业创新中心，累计培育省级小微企业创业基地49个，省级众创空间113家，其中国家级26家。科技成果转化成效明显，第十四届“6·18”海峡项目成果交易会对接合同项目5852项，总投资1433亿元，其中新兴产业项目占比为56%。数字福建加快发展，基本完成省级数据中心整合任务。基本建成数字福建云计算中心一期工程、应急通信保障能力福建示范工程，启动建设国家医疗健康大数据中心及产业园、无线政务专网、生态云、省级城乡网格化平台等。

实施新兴产业倍增计划，全省战略性新兴产业实现增加值2746亿元，增长7.5%。泉州晋华集成电路存储器、厦门联芯12英寸集成电路等一批科技产业项目取得突破。宁德时代新能源“新一代锂离子动力电池产业化技术开发”等2个项目列入国家重点研发计划。实施精密高效钛合金加工数控刀具系列化开发等16个产业技术联合创新专项，推动开发关键共性技术。启动建设中国·福建VR产业基地，在9个优势产业集群较发达的县（市、区）开展"互联网+"区域化链条化试点。

（四）改革开放深入推进，发展活力进一步提升

"放管服"改革持续深化。在全国率先开展乡镇（街道）权责清单编制，实现省市县乡四级清单全覆盖。大力削减行政审批事项，共取消省级行政审批和服务事项288项、下放46项。调整规范省级行政审批中介服务事项31项，向福州新区下放省级经济管理权限121项。推动投资项目并联审批，建成全省投资项目在线审批监管平台。省网上办事大厅功能进一步提升，90%以上行政审批和公共服务事项实现网上办理或预审。开展"办事难、办证难"专项治理，取消、优化2000多项涉企涉民证照和有关证明事项，降低办事门槛。

深化商事制度改革，在全省推行"五证合一、一照一码"、电子营业执照制度和"双随机一公开"监管。开展市场准入负面清单制度改革试点。推进国家电子招投标创新试点省建设，完成省、市级工程建设项目招标投标、矿业权交易、政府采购、国有产权交易四类交易平台整合。基本建成联通国家、覆盖省级和设区市纵横联通的信用信息系统，信用"红黑"名单、统一社会信用代码、7天"双公示"等工作不断推进，我省获批成为全国首批青年信用体系建设试点省。开展中央改革办、国家发改委部署我省的空间规划试点，探索以主体功能区规划为基础统筹各类空间性规划的试点改革，建立健全国土空间和用途管制制度，出台了省级空间规划试点工作实施方案。全面推进农村土地承包经营权确权登记颁证工作。深化集体林权制度改革，开展重点生态区位商品林赎买等改革试点。

外经贸稳步发展。全省进出口总额10351.6亿元，其中出口6838.9亿元。加强与世界500强、全球行业性龙头企业对接，承接高端产业转移，实际利用外资81.9亿美元，增长6.7%。建立推进国际产能和装备制造合作委省协同机制，推动中国武夷、紫金矿业、福耀玻璃、青拓集团等一批企业加快境外经贸合作园区建设。对外投资111.6亿美元，其中国际产能合作项目对外投资42.7亿美元，增长88.1%。

自贸试验区加快建设。扎实推进各项改革试验任务，挂牌以来，186项重点试验任务已实施170项，其中2016年推动实施39项。体制机制创新进展明显，推出实施225项创新举措，其中全国首创80项，17项创新成果在全国复制推广，70项在全省复制推广。区内新增内外资企业3.5万家，注册资本6640.6亿元。江阴整车进口口岸等重点平台建设取得明显成效，飞机融资租赁等重点业态加快发展。

海丝核心区建设取得新进展。出台福建省海丝核心区对外投资合作国别指导意见，对"海丝"沿线国家投资项目合计96个，对外投资22.3亿美元，增长61.6%。梳理我省首批海丝核心区建设重大项目300多个，总投资超过6000亿元。中国—东盟海产品交易所、厦门大学马来西亚分校、海上丝绸之路国际艺术节等一批重大合作项目扎实推进，与"海丝"沿线国家和地区的互联互通、经贸合作和人文交流不断深化。

福州新区加快建设。编制实施福州新区发展规划，新区交通设施、市政基础等重点领域加速建设，累计完成投资约1800亿元。三峡集团风电装备产业园等一批重大项目落户新区。建立福州台湾青年创业创新创客基地，加快建设蓝色经济产业园、马尾船政（连江）工业园区等临港产业园区，主动融入"海丝"发展。

闽台交流合作积极推进。召开2016两岸企业家峰会年会，成功举办第八届海峡论坛。闽台贸易额656.5亿元；实际利用台资20.2亿美元，增长53.9%。莆田华佳彩面板等一批重大台资项目进展顺利，台湾银行福州分行和中国信托商业银行厦门分行相继获批开业。新增获批设立3个海峡两岸青年创业基地和1个示范点、4个对台小额贸易开放口岸，闽台基层交流持续扩大。闽台直航持续拓展，"台厦蓉欧""台平欧"海铁联运列车正式开通。平潭综合实验区加快开放开发，平潭国际旅游岛建设方案获批实施，通尼斯风电设备制造、中诺影像等一批重点项目落地建设。

（五）民生保障持续改善，社会事业加快发展

实施精准扶贫、精准脱贫。帮助建档立卡贫困户因地制宜确定产业项目，开展"雨露计划"等技能培训，全省脱贫260425人。易地扶贫搬迁造福工程加快实施，全年完成搬迁任务15.6万人。15.75万扶贫开发对象纳入农村低保。23个扶贫开发工作重点县加快发展。

22项为民办实事项目全面完成全年目标任务。提高城乡居民基本医疗保险财政补助标准和医疗救助筹资标准、农村居民最低生活保障标准、临时救助筹资标准，实现社会保险制度全覆盖。民生相关支出占一般公共预算支出比重为73.4%。实施促进就业创业、返乡创业等政策，城镇新增就业60.7万人，城镇登记失业率3.86%。居民收入保持增长，城镇居民人均可支配收入36014元，增长8.2%；农村居民人均可支配收入14999元，增长8.7%。实施全面二孩政策，人口自然增长率10.1‰。

稳步推进基础教育发展，省级补助建设的100所公办幼儿园项目已全部开工，农村中小学校实现宽带网络接入，全面完成义务教育学校标准化建设，全省达标高中394所。推进省级示范性现代职业院校建设，新增64个现代学徒制试点。新设立福建商学院、厦门医学院2所紧缺急需应用型本科高校。

全面实施以药品、耗材零差率为切入点的公立医院综合改革。加快实施重大疾病防控体系、儿童医疗服务机构、基层医疗卫生服务体系等卫生专项建设规划，组织实施县级医院能力提升工程，全省新增床位5600张。持续发展中医药事业，基层中医药服务量比例提高到22%。建立居民健康档案

3396 万份，电子建档率 89%。

公共文化服务持续完善，实现全省县级数字影院全覆盖，公共数字文化服务体系建设位居全国前列。加强文化遗产保护，新增中国传统村落 104 个、省级历史文化名镇 16 个、名村 62 个。漳州体育训练基地改建工程等一批重大体育基础设施加快建设，我省运动员创造参加奥运会历史最好成绩。

保障性安居工程开工 13.4 万套、开工率 107.7%，基本建成 13.1 万套，超额完成任务。启动实施农村饮水安全巩固提升工程，受益人口 30.5 万人。持续治理“餐桌污染”、建设“食品放心工程”，省级共检查食品药品生产经营企业 1371 家次，收回药品 GSP 认证证书 21 家；全省立案查处食品药品违法案件 3353 起。居民消费价格总水平上涨 1.7%，控制在预期目标以内。

防抗暴雨、洪涝自然灾害以及“莫兰蒂”“鲇鱼”等超强台风有力有效。全省党政军民众志成城、奋力救灾，全力将损失降到最低。出台做好灾后恢复重建工作实施意见及系列配套实施方案，切实做好受灾人员安置工作，帮扶受灾企业尽快恢复生产。

（六）生态文明建设扎实推进，绿色发展成效显著

生态文明试验区建设开局良好、改革试验任务有效落实。中央出台第一个国家生态文明试验区（福建）实施方案，2016 年“15+3”项改革任务全面实施。开展武夷山国家公园试点。制定健全生态保护补偿机制实施意见。实施环境保护督察，推行环境监管网格化管理。出台培育发展环境治理和生态保护市场主体的实施意见，利用市场化机制推进生态环境保护。

生态环境质量继续保持优良。完成植树造林 130.05 万亩，超额完成全年任务，森林覆盖率继续保持全国首位。加强水、大气、土壤污染防治，全省 12 条主要河流Ⅰ～Ⅲ类水质占比 96.5%，提高 3.2 个百分点；119 个集中式生活饮用水源地达标率为 96.6%；9 个设区市空气质量优良天数比例达 98.4%，提高 0.5 个百分点，PM2.5 平均浓度为每立方米 27 微克，优于国家二级标准；厦门、福州在全国 74 个重点城市空气质量排名中分别居第 4 位、第 5 位。厦门、泉州新增为国家生态市，永泰、东山等 27 个县新增为国家生态县。

节能降碳和资源保护成效明显。预计可以完成年度节能减排降碳目标。实施工业锅炉（窑炉）改造、电机系统节能、余热余压利用、能量系统优化等重点工程项目 230 多项。碳排放权交易市场投入运行，海峡股权交易中心获批自愿减排交易机构。持续推进厦门、南平国家低碳城市试点，三明获批为第三批国家低碳城市试点。实施节约集约用地三年行动方案，实施海岸带保护与利用规划。

总的来看，经过努力，2016 年国民经济和社会发展计划执行情况总体是好的，实现了“十三五”良好开局。但我们也清醒地认识到，由于国内外环境严峻复杂和多重因素传导叠加、交织影响，经济下行压力较大，固定资产投资、出口总额等部分指标增速未能实现年度预期目标，当前经济社会发展还面临不少困难和问题。一是实体经济相当困难。受部分工业品销售不畅、资金短缺、债务风险加大等影响，不同产业、企业走势分化，部分企业生产经营仍较困难。规模以上工业增加值增幅比上年回落 1.1 个百分点，规模以上工业企业 553 家停产、停产面 3.2%；4808 家减产、减产面 27.8%。二是投资增速回落较大。受市场需求减少、市场主体投资信心不足以及雨水比往年多等因素影响，固定资产投资增长 9.3%，增速回落 8.1 个百分点，其中民间投资仅增长 5.3%；工业投资和房地产开发投资仅分别增长 7.3%、2.7%。三是出口下降。国际市场持续低迷，美国、拉丁美洲等主要贸易出口国需求下降，我省部分传统行业订单转移至东南亚国家，持续、有效益的订单不足，企业成本上升，出口下降 2.2%。四是创新能力不足，研发经费投入偏低；服务业总体规模不大，服务业占地区生产总值比重与全国平均水平还有差距。五是民生改善任务依然繁重。脱贫攻坚、基本公共服务均等化任务仍然较重，居民收入保持较快增长难度加大。热点城市房价上涨较快，土地和住房供应结构有待进一步调整优化。六是城市防洪排涝、交通拥堵、公共服务设施不足使用效率低等问题也不容忽视。面对这些困难和问题，我们一定要高度重视，主动作为、敢于担当，认真加以解决。

关于福建省 2016 年预算执行情况及 2017 年预算草案的报告

——2017 年 1 月 18 日在福建省第十二届人民代表大会第五次会议上

福建省财政厅

各位代表：

受福建省人民政府委托，现将福建省 2016 年预算执行情况及 2017 年预算草案提请省十二届人大五次会议审议，并请省政协各位委员和其他列席人员提出意见。

一、2016 年预算执行情况

全省各级各部门在省委、省政府的坚强领导下，深入贯彻党的十八大、十八届三中、四中、五中、六中全会和习近平总书记系列重要讲话精神，认真落实省委九届十五次、十六次全会和省第十次党代会决策部署，积极推动供给侧结构性改革，努力克服经济下行压力，全面落实营改增等减税降费政策，预算执行总体平稳，省十二届人大四次会议关于预算决议的要求得到有效落实，为我省"十三五"规划良好开局提供财力保障。

（一）2016 年预算收支情况

1. 一般公共预算

省十二届人大四次会议通过的 2016 年地方一般公共预算收入 2709.85 亿元，全省财力预算为 3624.35 亿元，相应安排全省一般公共预算支出 3624.35 亿元。2016 年 5 月 1 日起全面推开营改增试点，原缴纳营业税的所有行业都缴纳增值税，由中央和地方共享，即原增值税（中央和地方按 75：25 比例入库）和营业税改征的增值税（100%为地方收入）改按 50：50 比例入库。经省十二届人大常委会第二十六次会议批准，全省地方一般公共预算收入调减 59.21 亿元，省级收入调减 29.62 亿元。

2016 年，全省完成一般公共预算总收入 4295.22 亿元，比上年增加 151.19 亿元，增长 3.7%，如考虑新增结构性减税降费影响后，可比增长 6.6%。其中：地方一般公共预算收入 2654.78 亿元，完成预算的 100.2%，比上年增加 110.54 亿元，增长 4.3%，同口径增长 7%。全省一般公共预算支出 4287.41 亿元（含中央专款和上年结转等支出），比上年增加 285.83 亿元，增长 7.1%。

省级一般公共预算收入 270.44 亿元，完成预算的 101.6%，比上年增加 22.05 亿元，同口径增长 8.9%。省级支出 467.18 亿元（含中央专款和上年结转等支出），比上年减少 86.18 亿元，下降 15.6%，如考虑 2015 年省级盘活历年存量列支等不可比因素影响，可比增长 3%。中央税收返还和转移支付补助 1068.41 亿元，比上年增加 49.75 亿元，增长 4.9%。省对市县税收返还和转移支付补助 1068.49 亿元，比上年减少 26.78 亿元，下降 2.4%，主要原因是：部分涉企专项资金改变支持方式，由直接补助市县改为通过省级产业股权投资基金对接市县具体项目，影响对市县转移支付 6.4 亿元；2015 年从盘活历年存量资金中一次性安排对市县转移支付 43.5 亿元。剔除上述因素，可比增长 2.2%。

2. 政府性基金预算

全省政府性基金收入 1626.07 亿元，完成预算的 125.3%，比上年增加 321.51 亿元，增长 24.6%。全省政府性基金支出 1517.65 亿元，比上年增加 106.31 亿元，增长 7.5%。

省级政府性基金收入 39.64 亿元，完成预算的 92.3%，比上年减收 8.67 亿元，下降 17.9%。省级政府性基金支出 22.08 亿元，比上年减少 9.59 亿元，下降 30.3%。

3. 国有资本经营预算

全省国有资本经营收入 86.24 亿元，完成预算的 139.8%。全省国有资本经营支出 48.82 亿元，完成预算的 88.5%。

省级国有资本经营收入 56.89 亿元，完成预算的 162.9%。省级国有资本经营支出 29.46 亿元，完成预算的 84.3%。

4. 社会保险基金预算

全省社会保险基金收入 1191.51 亿元，完成预算的 94.7%。全省社会保险基金支出 1008.24 亿元，完成预算的 94.4%。

省级社会保险基金收入 340.49 亿元，完成预算的 92.7%。省级社会保险基金支出 331.37 亿元，完成预算的 92.1%。

2016 年，财政部核定我省新增债务限额 419 亿元，比上年增长 110.6%，扣除厦门市 73 亿元后（财政部单独核定，计划单列），新增债务限额为 346 亿元，其中：一般债务限额 320 亿元，专项债务限额 26 亿元。因此，增加省级一般公共预算收入 320 亿元，用于省级一般公共预算支出 5.96 亿元，用于省级转贷市县支出 314.04 亿元，增加省级政府性基金收入 26 亿元，全部转贷市县支出。

以上快报数在结算和决算编制中可能还会有所变动，决算编成后再按规定报省人大常委会审批。

（二）2016 年组织预算执行工作情况

按照省十二届人大四次会议决议，以及省人大财政经济委员会的审查意见，财政部门严格执行预算法，积极推动各级各部门依法加强预算管理，着力做好以下五个方面工作：

1. 贯彻预算法律法规抓执行

按照预算法要求，依法执行预算。一是在人大批准预算后的法定期限内，加快批复部门预算，批复时间较上年提前 13 日。二是对下转移支付进度进一步加快，上半年下达 751.6 亿元，比上年同期增加 267.11 亿元。三是预决算公开稳步推进，109 家省级部门公开预决算和"三公"经费预决算，实现应公开单位全覆盖。四是预算绩效评价进一步加强，共审核批复 99 个省级部门、604 个项目绩效目标，涉及财政资金 293.36 亿元，比上年增长 3.7%。对 27 个专项进行重点评价，涉及资金 44.27 亿元，比上年增长 6.7%。

2. 落实财税扶持政策促转型

全面推开营改增试点，建筑业、房地产业、金融业、生活服务业纳入试点范围。落实资源税全面从价计征改革。严格执行小微企业和高新技术企业税收优惠等政策。全面停征工业企业省定涉企行政事业性收费，实施失业、工伤、生育保险费阶段性降费。全省共减税降费 370 亿元。落实工业企业结构调整专项奖补政策，加快化解过剩产能。支持保障性安居工程建设，推进棚户区改造，鼓励合理购房消费，缓解库存压力。通过金融机构涉农贷款增量奖励、银行类金融机构贡献奖励、推动建立科技银行、实施国库现金管理等方式，引导和支持金融部门加大对实体经济的扶持力度。实施企业技术改造和培育科技小巨人领军企业行动计划，支持产业改造提升和龙头企业转型升级。整合省级财政扶持产业发展资金，实施新兴产业倍增计划，促进新兴产业、主导产业、现代服务业等协同发展。发展特色现代农业和设施农业，确保现代农业生产发展项目覆盖各主产县。以高标准农田建设为重点推进农业综合开发，扶持农业产业化经营。

3. 创新财政支持方式扩投资

鼓励和引导社会资本特别是民间资本加大投资力度，大力推广政府和社会资本合作（PPP）模式，全省累计共落地项目56个，总投资886亿元，引入社会资本703亿元。推动政府投资基金加快设立和运营，目前省级已经启动和正在筹备的有PPP引导基金、产业股权投资基金、现代服务业、技改等10只基金，基金总规模超过600亿元，省级财政已经明确的一期出资和已经出资的资金超过100亿元。扩大政府购买服务领域和范围，全省政府购买服务84.4亿元，比上年增长136%。通过实施财政贴息、规费减免、资金补助等措施，加快推进交通、市政、水利、环保等基础设施建设领域投资。完成地方政府置换债券与新增债券发行计划2137.2亿元，存续期内节约融资成本284亿元，将中央新增债务资金重点用于城市公用设施、扶贫、新型城镇化、产业园区基础设施等领域。加强资金筹措，支持县域、新增长区域加大投资和加快发展，加大对原中央苏区、革命老区和海岛地区发展的支持力度。

4. 加大资金筹措力度保民生

全省与民生相关的重点支出3147.64亿元，增长7.7%，占全省一般公共预算支出比重73.4%。下达省委、省政府22个为民办实事项目省级（含中央）资金199.56亿元，完成进度106.4%。全力推进脱贫攻坚，按上年度地方一般公共预算收入的2‰统筹扶贫资金5.08亿元，专项用于实施精准扶贫。大力支持造福工程易地扶贫搬迁、扶贫小额信贷担保贴息、整村推进扶贫开发、救助因病致贫和因灾致贫群体等工作。省级支出156.48亿元，支持教育协调发展。推进农村义务教育薄弱学校改造、城区中小学建设项目，全面实施义务教育学校标准化建设。实施第二轮学前教育发展三年行动计划，新增幼儿学位3万个。推进现代职业教育、高水平院校发展。省级支出108.74亿元，完善社会保障和就业制度。稳步提高社会保障待遇水平，农村低保标准、城乡医疗救助对象基金筹集标准、新农合和城居保政府补助标准、基本公共卫生政府补助标准分别提高15%、100%、10.5%、12.5%。推进重特大疾病医疗救助，全面实施临时救助制度，支持社会养老服务产业发展和残疾人事业发展。完善城乡均等的公共就业创业服务体系，鼓励毕业生求职创业、建设创业大本营等。省级支出146.16亿元，深化医药卫生体制改革。加快推进城镇职工医保、城镇居民医保、新农合“三保合一”，促进城镇居民和新农合的“六统一”。省级支出46.96亿元，加大财政生态投入，落实《国家生态文明试验区（福建）实施方案》，推动资源节约和减排降碳，加快环境监管能力建设，增强生态重点区域保护生态环境和提供基本公共服务的能力。省级支出22.08亿元，发展文化体育事业。扶持文化产业项目建设，加大文化遗产保护力度，支持涉台文物和传统村落文物保护。支持文化场馆免费开放、县级以上文艺院团免费或低票价演出、新闻出版广电文化惠民工程。扶持文化精品创作生产和人才培养。落实省政府体育产业发展十条措施，支持全民健身项目，支持我省运动员备战里约奥运会。

5. 加强财政服务管理提效能

开展走访百家企业服务发展活动，建立全省千家重点税源企业联系监测制度，关注涉企财税优惠政策落实情况和企业发展的政策建议。强化预算执行动态监控，完善支出进度通报和考评制度，加快支出进度。推进非税收入收缴电子化管理改革，开展跨省异地缴纳交通违法罚款试点。推进省直机关公务用车制度改革，建立公务交通补贴制度，规范公务交通费用管理。推进政府采购网上公开信息系统建设，提高政府采购透明度和效率。开展全省行政事业单位国有资产清查，加强行政事业单位和省级文化企业国有资产管理，促进资产保值增值。推进乡镇财政所标准化建设，提高基层财政资金监管和服务水平。继续推进国库集中支付电子化改革、预算绩效管理、财政管理一体化信息系统推广应用等工作。

2016年预算执行工作，在省委、省政府的正确领导下，自觉接受人大的依法监督和政协的民主监督，全省各级各部门团结一心、共同努力，财税部门真抓实干、奋力拼搏，取得了较好成效。同时，预算执行中仍然存在着一些困难和问题，主要是：财政收入增幅明显趋缓，地区间财政收入增幅差异加大；财政收支矛盾更加突出，一些地方的财政困难加剧；部分领域专项资金分配分散，使用效率不高的情况还一定程度存在；一些市县偿债能力有所弱化，潜在政府债务风险等。我们高度重视这些问题，认真听取各位代表、各位委员的意见和建议，将采取有力措施逐步加以解决。

二、2017年预算草案

2017年是实施“十三五”规划的重要一年，也是全面落实省第十次党代会精神的第一年，预算编制和财政工作将认真贯彻“五位一体”总体布局和“四个全面”战略布局，坚持稳中求进的工作总基调，牢固树立和贯彻落实新发展理念，围绕建设机制活、产业优、百姓富、生态美的新福建，有效落实积极的财政政策，坚持做大总量与提升质量并重，盘活存量与做优增量并举，深化财税改革，加强财源建设，创新支持方式，提升管理绩效，着力支持创新驱动和供给侧结构性改革，着力支持扩大有效投资，着力支持脱贫攻坚和改善民生，着力支持生态建设和环境保护，推动我省经济社会发展再上新台阶。

（一）2017年预算编制的主要依据

1. 收入政策方面

——落实减税降费政策，巩固全面营改增试点成果，继续暂免征收小微企业增值税、营业税以及减半征收企业所得税，继续实施失业、工伤、生育保险费阶段性降费，落实取消、减免、暂停征收行政事业性收费和政府性基金等各项政策。

——落实中央和我省促进扩大有效投资的要求，保持一定的债务规模，做好债券发行工作。

——按照国务院要求，将新增建设用地土地有偿使用费转列一般公共预算并统筹使用，提高省国资委监管企业利润上缴比例，加大调入预算稳定调节基金规模。

2. 支出政策方面

——突出支出重点。在保运转的基础上，统筹财力重点保障省第十次党代会确定的创新驱动和供给侧结构性改革、扩大有效投资、脱贫攻坚、改善民生、生态建设和环境保护等重点领域支出。教育、农业、卫生、计生、科技投入增幅高于支出增幅。保障县级基本财力，省级财力下沉，向收支缺口大、财政困难的地区倾斜。

——创新支出方式。积极运用政府和社会资本合作（PPP）模式，扩大政府购买服务规模，用好各类政府投资基金，加大对社会资本的引导力度，激发民间投资活力。

——厉行勤俭节约。认真落实中央八项规定精神和厉行节约反对浪费的要求，坚持过“紧日子”，一般性支出按5%的幅度压减，“三公”经费继续下降。

3. 预算管理方面

——硬化中期财政规划对年度预算的约束。省级部门编制的2017年部门预算项目支出建议数与2016—2018年中期财政规划相应年度项目支出控制数相衔接。

——盘活存量，做优增量。把上年度预算执行结果作为下年度预算安排的依据，压缩预算执行率低、结转规模较大的部门预算安排规模。部门新增项目支出优先通过盘活存量资金和调整支出结构安排。

——建立正向激励机制。进一步推进财政专项资金清理整合，改革专项资金分配方法，以绩效为导向，加大对真抓实干成效明显地方的支持力度。

（二）2017年全省及省级预算

按照中央和省委、省政府的决策部署，根据财政收支政策和预算管理要求，编制一般公共预算，并编制政府性基金预算、国有资本经营预算和社会保险基金预算。预算具体安排如下：

1. 一般公共预算

2017年，全省一般公共预算总收入按4518.57亿元编制，比上年增加223.35亿元，增长5.2%，剔除营改增减负翘尾影响，可比增长6.7%左右。其中：地方一般公共预算收入按2787.52亿元编制，比上年增加132.74亿元，增长5%，剔除收入划分体制调整翘尾影响，同口径增长7.5%。地方一般公共预算收入加预计中央体制净补助931.14亿元、调入预算稳定调节基金210亿元，全省总财力预计为3928.66亿元，比上年增加300.88亿元，增长8.3%。全省一般公共预算支出按3928.66亿元编制，增长8.3%。

省级一般公共预算收入按259.1亿元编制，比上年减少23.27亿元，下降8.2%，主要原因是：省级收入主要是营业税，营改增后，原归属省级的改征增值税收入50%上划中央。省级一般公共预算收入加中央税收返还和转移性收入891.14亿元、市县财政上解收入218.34亿元、调入预算稳定调节基金85亿元和债券还本付息资金4.04亿元，减应上解中央支出以及对市县的税收返还和补助支出870.74亿元，省本级财力预计586.88亿元，比上年增加6.39亿元，增长1.1%。省本级一般公共预算支出按586.88亿元编制。

省级主要支出项目安排情况：农林水支出173亿元，增长11%。社会保障和就业支出105亿元，增长8.2%。医疗卫生与计划生育支出143亿元，增长8.2%。教育支出138亿元，增长5.8%。文化体育与传媒支出16亿元，增长16.3%。科学技术支出17亿元，增长17.9%。节能环保支出59亿元，增长17%。

2. 政府性基金预算

全省政府性基金收入按1634.2亿元编制，比上年增加8.13亿元，增长0.5%。全省政府性基金支出按1634.2亿元编制。

省级政府性基金收入按27.17亿元编制，比上年减少12.47亿元，下降31.5%，主要原因是：按照国务院要求，将15.7亿元新增建设用地土地有偿使用费由政府性基金预算转列一般公共预算。省级政府性基金收入加中央提前下达基金专项转移支付11.43亿元、调入债券付息资金0.11亿元，合计38.71亿元。省级政府性基金支出按38.71亿元编制。

3. 国有资本经营预算

提高省国资委监管企业利润上缴比例，由8%提高到13.5%。全省国有资本经营收入按93.59亿元编制，比上年增加5.55亿元，增长6.3%。国有资本经营支出按93.59亿元编制。

省级国有资本经营收入按74.55亿元编制，其中动用上年结转收入28.28亿元，比上年增加39.61亿元。调出0.87亿元用于债券付息，省级国有资本经营支出按73.68亿元编制，比上年增加38.74亿元。

4. 社会保险基金预算

全省社会保险基金收入按1313.75亿元编制，比上年增加122.24亿元，增长10.3%。全省社会保险基金支出按1170.11亿元编制，比上年增加161.87亿元，增长16.1%。

省级社会保险基金收入按386.77亿元编制，比上年增加

46.28亿元，增长13.6%。省级社会保险基金支出按379.21亿元编制，比上年增加47.84亿元，增长14.4%。

2017年省级全口径预算统筹安排支出1949.22亿元，重点保障四个方面的支出：

——支持创新驱动和供给侧结构性改革。安排101.43亿元，增长18.1%。重点用于：深化人才发展体制机制改革，实施“海纳百川”高端人才聚集计划，提高科技成果人员奖励标准，激发人才创新创造创业活力。优化财政科技计划的设置和管理，提高科技资源利用效益。保障福厦泉国家自主创新示范区建设。着力振兴实体经济，落实新一轮企业技术改造专项行动计划，支持淘汰落后产能和战略性新兴产业科技成果转化。通过政府投资基金、补助、贴息等方式，支持物流、软件与信息服务、地方金融、旅游等现代服务业加快发展。持续推进营商环境建设，鼓励外贸企业加快转型升级、拓展国际市场，支持创新商业模式、实施外贸品牌战略，培育外贸竞争新优势。支持推进农业供给侧结构性改革，探索粮食等重要农产品价格形成机制，做好粮食收储管理，扶持茶业、渔业等优势资源产业发展，深化推进农业“三项补贴”改革，加快特色现代农业发展。

——支持扩大有效投资稳增长。安排243.14亿元，增长17.8%。重点用于：强化财政资金政策的导向作用，用足用好政府债券资金，进一步扩大交通、市政、民生、环保、水利、信息网络、新型城镇化等领域的有效投资。支持基础设施、产业发展、社会事业和民生保障等投资工程包推介实施，积极运用政府和社会资本合作（PPP）模式、政府投资基金以及政府购买服务等创新方式，鼓励和引导社会资本进入公共服务和基础设施领域。以扶持特色产业基础较好的市县为重点，支持县域、新增长区域加快发展。用好用足国家赋予我省的扶持政策，积极争取财税优惠政策，进一步支持平潭综合实验区、中国（福建）自由贸易试验区、21世纪海上丝绸之路核心区、福州新区加快建设。

——支持脱贫攻坚和改善民生。安排974.39亿元，增长9.4%。重点用于：加大对原中央苏区、革命老区和扶贫开发工作重点县基本公共服务的支持力度。支持造福工程易地扶贫搬迁、产业扶贫、因病因残致贫救助等扶贫开发重点工作。继续加大对教育领域的财政投入，支持义务教育、学前教育、现代职业教育和高等教育发展。合理提高社会保障待遇水平，逐步提高退休人员养老金标准，继续提高城乡居民基本医疗保险财政补助和个人缴费标准、基本公共卫生服务项目财政补助标准。农村低保省级财政年人均分档补助标准从2070元提高到2400元。完善城乡居民大病保险制度。推进公立医院和基层医疗卫生机构改革，支持医疗保障管理体制改革。落实困难残疾人生活补贴和重度残疾人护理补贴制度。落实和完善支持养老服务业发展的政策措施，加快推进城乡社区居家养老专业化服务工作。加大对就业困难人员就业的帮扶力度，鼓励高校毕业生到中小企业和城乡基层就业及自主创业，促进农民工、高校毕业生等人员返乡就业创业。支持现代公共文化服务体系建设，提高公共文化服务供给体系质量和效率，促进文化产业基地、园区和特色产业群发展，实施全民健身战略。落实棚户区改造税费优惠和贷款贴息政策，推进棚改货币化安置和政府购买棚改服务，支持棚户区改造和农村危房改造。支持两岸民间交流与青年创业。做好在厦门举办金砖国家领导人会晤的保障工作，省以下法院、检察院经费上收省级统一管理，加大公共安全经费投入，深化“平安福建”建设。

——支持生态建设和环境保护。安排79.07亿元，增长15.3%。重点用于：支持建设国家生态文明试验区。继续推进宜居环境建设，全面改善城乡环境面貌和质量。完善重点流域生态补偿机制，推进汀江—韩江流域跨省横向生态补偿。开展小流域治理，加大全省流域水环境治理和生态保护力度。推进危险废物污染防治，提升危险废物处置能力。支持海洋环境保护，提高海洋监测及预警报水平。加强土壤污染防治，支持开展地灾搬迁治理和农业地质工作。加大基本农田保护、土地整理、土地复垦、耕地开发支持力度，保持耕地占补平衡。建设农田水利，夯实农业生产基础。

三、2017年财政改革和预算执行

（一）深化财税改革

推进财税体制改革，根据中央指导意见，研究省以下财政事权和支出责任划分改革实施方案，提前做好相关领域的测算和衔接。完善均衡性转移支付办法，充分考虑各地向持有居住证人口提供基本公共服务的支出需求，支持农业转移人口市民化，加快实现基本公共服务常住人口全覆盖。健全预算管理，加强年度预算与中期财政规划的衔接，完善跨年度预算平衡机制。严格执行地方预决算公开操作规程，建立健全预决算公开考核机制，抓紧建立预决算公开统一平台，提高预决算透明度。推进财政专项资金清理整合，建立省级财政专项资金清单，实行动态化管理，盘活财政存量资金，增加资金有效供给。改革部门专项资金分配办法，把资金的分配与省委、省政府部署落实、产业发展、税源培植等绩效挂钩。加强营改增全面扩围情况及影响的分析评估，做好推进综合与分类相结合的个人所得税改革的分析测算，继续落实资源税改革，配合做好烟叶税等税收立法工作，密切跟踪环境保护税、房产税、消费税等改革动向，开展地方税体系建设研究。加强社会保险基金研究测算和政策预判。积极协同推进司法体制、医疗保障、养老保险制度等重点领域和关键环节改革。

（二）促进财源建设

有效落实积极财政政策，加快推动产业转型升级，支持实体经济振兴。认真梳理评估已出台的惠企政策，提高政策匹配度，推动重大项目落地建成，规模以上企业健康成长，主导产业做大做强，重点产业提质增效，新兴产业和现代服务业加快发展。支持总部经济发展，建立较完善的总部企业发展环境、政策框架和服务体系，加大力度引进新的总部企业，做大做强现有总部，促进设立职能总部，鼓励引进和就地转化设计、创意、研发等知识产权成果。加强财政监测分析，健全千家重点税源企业联系监测制度，通过抓重点产业、抓大户，了解涉企财税优惠政策落实情况，提升服务企业水平。围绕“机制活、产业优、百姓富、生态美”四个专题开展调查研究，制定有针对性、可操作性强的财政政策措施。建立激励机制，鼓励市县结合本地实际，确定财源建设目标和重点，综合运用财政、金融与产业等政策，优化土地、人才等要素资源配置，加大财源培植力度，增强市县财政可持续发展能力。

（三）强化预算执行

加强收入预算执行分析研判，落实财政、国税、地税部门联合收入协调工作机制，促进依法征收、应收尽收，不收“过头税”。深入推进非税收入收缴电子化管理改革。加快预算支出进度，强化预算执行动态监控，健全支出进度通报考核和约谈机制，加大对预算单位的督促力度。对预算执行进度较慢或预计年内难以执行的资金，及时收回或调整用于亟需支持的领域。加强债券发行与库款管理的协调，存量债务转换要提前做好衔接，确保发债后尽快形成支出，减少置换债券资金滞留。改进资金分配方式，民生类资金更多采取因素分配法切块下达，基础设施建设领域专项资金主要采取项目法分配，产业类资金更多采用基金模式投入，积极推行并完善以奖代补和竞争性分配方式。依托财政一体化信息系统和福建省财政专项资金管理信用记录系统，建立资金申报身份识别制度。

（四）提高管理绩效

全面推进预算绩效管理，建立健全使用绩效为导向的财政资金配置机制，选择重点项目进行绩效评估，定期公开评估结果，并作为部门预算配置的依据。落实财政部管理绩效考核与激励办法，以加强财政收支管理、盘活存量资金、国库库款管理、地方政府债务管理、统筹使用财政资金等为重点，进一步提升财政管理绩效。积极推广运用财政管理信息一体化系统，推进国库集中支付电子化建设，部署推广政府采购网上公开信息系统，不断提升财政管理的科学化、规范化、信息化水平。巩固乡镇财政标准化创建成果，进一步提高财政服务基层、服务三农的能力。

（五）防范债务风险

严格执行预算法和有关要求，统筹考虑财政承受能力、债务限额空间与债务风险程度，合理确定债务规模、结构和来源。依法厘清政府债务边界，地方政府仅在出资范围内承担有限责任，禁止各种变相、违规举债和担保行为。管好用好债券资金，规范债券资金投向，组织做好存量债务置换工作。防范隐性债务风险，探索建立涉及中长期政府支出责任统计监测和定期报告制，加强事前审核和监控，超过财政承受能力的禁止新增涉及中长期政府支出责任事项。政府购买服务原则上限制在既有预算安排的基本公共服务项目。建立政府性债务风险应急处置机制，完善债务风险评估、预警、应急处置和问责机制，防范局地债务风险。

（六）加强监督检查

严格执行人大批准的预算，落实人大审查意见，重视做好建议提案办理工作。认真落实审计整改决定，不断改进财政工作。加强预算监督、财经纪律监督和会计监督，持续开展中央八项规定精神落实情况、重大财税政策执行情况、重点民生领域专项资金使用情况检查。扎紧财经纪律制度笼子，带头遵守财经法纪，严肃查处资金分配及使用中存在的虚报冒领、骗取套取、截留侵占等问题，确保财政资金按照规定的程序和要求管理使用。

各位代表、各位委员，新的一年我们将在省委、省政府的领导下，自觉接受人大的依法监督和政协的民主监督，主动作为，扎实工作，凝心聚力，锐意进取，努力完成全年各项任务，为实现“再上新台阶，建设新福建”作出更大的贡献，以优异的成绩迎接党的十九大胜利召开！

2016年福建省地方性法规（目录）

制定法规：

《平潭综合实验区条例》

《中国（福建）自由贸易试验区条例》

《福建省乡镇人民代表大会主席团工作规定》

《福建省街道人大工作委员会工作规定》

《福建省义务教育条例》

《福建省国防动员条例》

《福建省旅游条例》

《福建省华侨权益保护条例》

《福建省湿地保护条例》

《福建省安全生产条例》

修改法规：

《福建省人民代表大会及其常务委员会立法条例》

《福建省人口与计划生育条例》

《福建省县、乡两级人民代表大会代表直接选举实施细则》

《福建省实施〈中华人民共和国全国人民代表大会和地方

各级人民代表大会代表法〉办法》

《福建省海洋环境保护条例》

《福建省人民防空条例》

批准法规：

《福州市人民代表大会关于修改〈福州市人民代表大会及其常务委员会立法条例〉的决定》

《福州市湿地保护管理办法》

《福州市轨道交通条例》

《厦门市人民代表大会关于修改〈厦门市人民代表大会及其常务委员会立法条例〉的决定》

《厦门市人民代表大会常务委员会关于修改〈厦门市消防管理若干规定〉等三部法规的决定》

《厦门老字号保护发展办法》

《漳州市人民代表大会及其常务委员会立法条例》

《泉州市人民代表大会及其常务委员会立法条例》

《泉州市海上丝绸之路史迹保护条例》

《三明市人民代表大会及其常务委员会立法条例》

《三明市城市市容和环境卫生管理条例》

《莆田市人民代表大会及其常务委员会立法条例》

《南平市人民代表大会及其常务委员会立法条例》

《龙岩市人民代表大会及其常务委员会立法条例》

《龙岩市烟花爆竹燃放管理条例》

《宁德市人民代表大会及其常务委员会立法条例》

《平潭综合实验区条例》

《中国福建自由贸易试验区条例》

《福建省华侨权益保护条例》

《福建省湿地保护条例》

《福建省义务教育条例》

福建年鉴 FUJIAN YEARBOOK 2017

统计资料

国民经济和社会发展结构指标

单位：%

项　目	1978	1990	2000	2010	2015	2016
一、人口						
（一）性别结构						
男	51.7	51.4	51.5	51.4	50.8	50.9
女	48.3	48.6	48.5	48.6	49.2	49.1
（二）城乡结构						
城镇			42.0	57.1	62.6	63.6
乡村			58.0	42.9	37.4	36.4
二、就业产业结构						
第一产业	75.1	58.4	46.8	28.4	22.3	22.0
第二产业	13.4	20.6	24.5	36.6	37.1	36.0
第三产业	11.5	21.1	28.7	35.0	40.6	42.0
三、国民经济核算						
（一）地区生产总值产业结构						
第一产业	36.0	28.2	17.0	9.3	8.2	8.3
第二产业	42.5	33.4	43.3	51.0	50.3	48.5
第三产业	21.5	38.4	39.7	39.7	41.5	43.2
（二）地区生产总值需求结构						
最终消费	79.9	73.0	54.4	43.1	39.8	40.8
资本形成总额	34.0	29.0	42.5	53.7	58.3	57.3
货物和服务净流出	−13.9	−2.0	3.1	3.2	1.9	2.0
四、固定资产投资						
（一）产业结构						
第一产业				1.6	2.4	3.1
第二产业				35.8	35.2	34.1
第三产业				62.6	62.3	62.8
（二）登记注册类型结构						
#国有企业				32.9	27.2	19.0
集体企业				2.8	4.5	4.1
私营企业				24.5	27.2	27.7
外商及港澳台投资企业				13.3	6.4	5.2
五、能源						
能源消费结构						
#煤炭	63.7	67.0	54.4	55.4	50.5	43.6
石油	12.9	12.1	23.3	24.8	24.6	23.7
天然气				4.2	5.0	5.2
水电	23.4	20.9	22.3	15.2	11.6	15.3
核电					7.2	9.9
六、农业						
（一）农林牧渔业产值结构						
农业	77.7	52.1	40.6	42.3	43.5	42.9
林业	6.4	9.5	7.9	8.2	8.5	7.6
牧业	10.5	22.9	20.1	16.5	15.4	16.4
渔业	5.5	15.6	31.4	29.2	29.1	29.7
农林牧渔服务业				3.8	3.5	3.4
（二）农作物播种面积						
粮食作物	81.9	75.8	65.5	54.3	50.4	49.7
非粮作物	19.1	24.2	34.5	45.7	49.6	50.3

（续）

项目	1978	1990	2000	2010	2015	2016
七、工业						
规模以上工业企业资产结构						
大型企业			22.0	23.7	37.3	38.7
中型企业			13.5	40.9	30.5	29.9
小微企业			64.5	35.4	32.3	31.4
规模以上工业增加值						
大型企业			20.6	20.1	31.5	31.8
中型企业			14.4	39.3	30.3	30.3
小微企业			65.0	40.6	38.2	37.9
八、建筑业						
建筑业总产值经济类型结构						
国有企业	56.8	41.1	48.6	14.6	5.8	6.1
集体企业	39.9	34.7	33.0	2.0	1.3	1.1
港澳台商投资企业				1.1	1.1	1.0
外商投资企业				0.1	0.0	0.0
其他				82.2	91.8	91.8
九、交通运输业						
（一）货运量结构						
铁路	25.9	9.4	8.4	5.7	2.5	2.4
公路	54.8	82.2	77.8	68.9	71.9	71.2
水运	19.1	8.4	13.8	25.4	25.6	26.3
民航			0.020	0.024	0.020	0.019
（二）客运量结构						
铁路	9.1	3.1	3.2	4.7	17.1	19.4
公路	79.3	92.8	94.3	91.7	74.8	72.2
水运	11.7	4.0	1.6	1.9	3.7	3.7
民航	0.0	0.1	0.8	1.8	4.4	4.8
十、国内贸易						
社会消费品零售总额结构						
按销售单位所在地分组						
城镇				89.0	89.9	90.0
乡村				11.0	10.1	10.0
按商品形态分						
餐饮收入额					10.6	10.5
商品零售额					89.4	89.5
十一、海关货物进出口						
（一）进口货物总额						
初级产品			12.3	27.5	40.6	42.4
工业制成品			87.7	72.5	59.4	57.6
（二）出口货物总额						
初级产品			10.6	7.4	8.1	9.3
工业制成品			89.4	92.6	91.9	90.7
十二、国际旅游						
来华旅游人数结构						
外国人		14.9	30.8	31.3	36.2	37.3
台湾同胞		51.3	29.6	42.6	40.3	39.2
港澳同胞		33.9	39.5	26.1	23.5	23.4
十三、科技						
（一）研究与试验发展经费来源						
#政府资金			14.6	10.3	8.7	11.0
企业资金			74.5	86.9	88.2	86.0
国外资金			1.7	0.8	0.2	0.3
（二）研究与试验发展经费支出						
基础研究			3.1	2.5	2.5	2.6
应用研究			6.7	5.6	5.2	6.6
试验发展			86.4	92.0	92.2	90.8
十四、居民消费						
（一）城镇居民消费结构						
食品烟酒			44.7	39.3	33.0	33.2
衣着			8.7	8.7	6.3	5.8
居住			9.4	10.9	24.7	26.1
生活用品及服务			8.6	6.6	5.7	5.6
交通通信			8.6	14.9	12.9	12.8
教育文化娱乐服务			10.4	12.1	9.8	9.8
医疗保健			4.7	4.2	5.0	4.7
其他用品及服务			4.9	3.4	2.6	2.0
（二）农村居民消费结构						
食品烟酒			48.7	46.1	37.6	37.3
衣着			4.9	5.6	5.1	4.4
居住			14.6	15.7	24.3	24.8
生活用品及服务			4.6	5.3	5.2	5.3
交通通信			8.6	11.6	10.4	11.3
教育文化娱乐服务			10.6	8.4	8.4	8.3
医疗保健			3.6	4.6	6.9	6.7
其他用品及服务			4.6	2.6	2.1	1.9

国民经济和社会发展总量和速度指标

项　目	总量指标						平均增长速度(%)				2016年比上年增长(%)
	1978	1990	2000	2010	2015	2016	1979—2016	1991—2016	2001—2016	2011—2016	
人口与就业											
年末总人口(万人)	2446	3037	3410	3693	3839	3874	1.22	0.94	0.80	0.80	0.91
#城镇人口		642	1432	2108	2403	2464		5.31	3.45	2.63	2.52
年末从业人员(万人)	924.41	1348.38	1660.19	2241.59	2768.41	2797.03	3.0	2.8	3.3	3.8	1.0
城镇登记失业人员(万人)	20.82	9.00	9.10	14.49	15.41	16.25	−0.7	2.3	3.7	1.9	5.5
城镇单位在岗职工平均工资(元)	567	2162	10584	32647	58719	63138	13.2	13.9	11.8	11.6	7.5
国民经济核算											
地区生产总值(亿元)	66.37	522.28	3764.54	14737.12	25979.82	28519.15	12.4	12.8	11.5	10.3	8.4
第一产业	23.93	147.01	640.57	1363.67	2118.1	2363.22	5.7	5.3	3.7	4.1	3.6
第二产业	28.19	174.47	1628.45	7522.83	13064.82	13844.96	15.0	16.0	13.6	11.6	6.8
第三产业	14.25	200.80	1495.52	5850.62	10796.9	12310.97	12.9	12.1	11.2	9.9	11.3
主要行业											
工业	23.85	150.55	1422.34	6397.71	10820.22	11449.29	15.4	16.2	13.6	11.5	6.8
建筑业	4.34	23.92	206.11	1125.12	2268.86	2421.34	8.8	13.7	13.4	12.3	6.9
人均地区生产总值(元)	273	1763	11194	40025	67966	73951	11.0	11.6	10.6	9.5	7.5
固定资产投资											
固定资产投资(亿元)	9.45	90.51	995.38	8067.33	21300.91	23107.49	22.8	23.8	21.7	19.2	8.5
项目投资		77.04	788.01	6248.48	16831.30	18518.66		23.5	21.8	19.9	10.0
房地产投资		13.47	207.37	1818.86	4469.61	4588.83		25.1	21.4	16.7	2.7
能源生产与消费											
一次能源生产总量(万吨标准煤)	461.00	966.52	1654.17	3260.42	3566.60	4490.80	6.1	6.0	6.2	5.0	22.2
能源消费总量(万吨标准煤)	688	1458.30	2942.60	9189.42	12179.97	12357.75	7.9	8.6	9.4	5.1	1.5
财政											
一般公共预算总收入(亿元)	15.13	57.06	369.67	2056.01	4144.03	4295.36	16.0	18.1	16.6	13.1	3.7
地方一般公共预算收入(亿元)			234.11	1151.49	2544.24	2654.83			16.4	14.9	4.3
一般公共预算支出(亿元)	15.14	68.45	324.18	1695.09	4001.58	4275.40	16.0	17.2	17.5	16.7	6.8
金融											
金融机构人民币各项存款余额(亿元)	25.95	359.45	3114.32	18309.45	35576.06	39275.82	21.3	19.8	17.2	13.6	10.4
#财政存款			39.59	678.08	1169.62	1230.32			24.0	10.4	5.2
储蓄存款		183.26	1767.59	8101.02	13243.35	14366.68		18.3	14.0	10.0	8.5
金融机构人民币各项贷款余额(亿元)	31.43	381.93	2438.82	15231.36	32132.96	36356.06	20.4	19.2	18.4	15.6	13.1
#短期贷款			1728.01	6594.50	12209.64	12620.98			13.2	11.4	3.4
中长期贷款			510.32	8372.64	18530.82	21631.79			26.4	17.1	16.7
保险公司赔款及给付金额(亿元)			17.76	102.90	245.08	317.56			19.7	20.7	29.6
价格指数(上年=100)											
居民消费价格指数	100.20	99.30	102.10	103.20	101.70	101.70	5.0	3.9	2.0	2.6	1.7
工业生产者出厂价格指数			100.50	103.22	97.00	99.10			−0.3	−0.7	−0.9
工业生产者购进价格指数			112.40	107.66	96.10	98.00			2.2	−0.7	−2.0
固定资产投资价格指数			100.2	103.3	98.3	100		3.5	1.5	0.9	0.0
农业											
农林牧渔业总产值(亿元)	36.33	227.12	1037.3	2307.1	3717.9	4155.7	6.2	5.9	3.8	4.2	3.7
主要农产品产量(万吨)											
粮食	744.9	879.64	854.7	661.9	661.1	650.9	−0.4	−1.2	−1.7	−0.3	−1.5
油料	13.8	17.66	25.79	26.64	30.67	31.03	2.2	2.2	1.2	2.6	1.2
甘蔗	288.03	344.28	82.71	61.55	43.57	37.02	−5.3	−8.2	−4.9	−8.1	−15.0
烤烟	1.23	4.26	9.14	12.45	14.35	14.33	6.7	4.8	2.9	2.4	−0.1
茶叶	2.03	5.82	12.60	27.26	40.23	42.68	8.3	8.0	7.9	7.8	6.1

(续)

项目	总量指标						平均增长速度(%)				2016年比上年增长(%)
	1978	1990	2000	2010	2015	2016	1979—2016	1991—2016	2001—2016	2011—2016	
园林水果	10.10	75.78	356.44	564.48	744.79	761.60	12.0	9.3	4.9	5.1	2.3
肉类	24.27	71.83	145.92	180.21	216.55	225.64	6.0	4.5	2.8	3.8	4.2
禽蛋		12.94	40.69	26.28	25.51	27.85		3.0	−2.3	1.0	9.2
奶类	0.93	4.87	9.91	15.74	15.37	15.87	7.8	4.6	3.0	0.1	3.3
水产品	54.44	145.59	527.89	587.42	733.89	767.98	7.2	6.6	2.4	4.6	4.6
食用菌		18.24	46.25	76.27	113.20	118.19		7.5	6.0	7.6	4.4
造林面积(万亩)	292.06	455.86	36.75	44.81	130.67	15.45	−7.4	−12.2	−5.3	−16.3	−88.2
工业											
工业总产值(亿元)	63.14	531.49	3994.86	23805.32	43888.84	47275.84	18.4	19.2	16.1	12.7	8.6
规模以上工业主要产品产量											
原煤(万吨)	423.05	925.37	375.03	2442.73	1531.77	1346.68	3.1	1.5	8.3	−9.4	−12.1
原盐(万吨)	94.67	67.21	28.37	33.39	20.62	12.50	−5.2	−6.3	−5.0	−15.1	−39.4
罐头(万吨)	4.10	14.41	26.78	203.21	284.06	303.18	12.0	12.4	16.4	6.9	6.2
布(亿米)	1.12	2.26	5.59	31.20	73.67	81.60	11.9	14.8	18.2	17.4	8.2
纱(万吨)	1.84	5.48	14.36	184.74	445.35	484.67	15.8	18.8	24.6	17.4	10.4
机制纸及纸板(万吨)	20.08	52.09	85.07	432.06	665.37	727.00	9.9	10.7	14.3	9.1	6.7
农用化肥(万吨)	16.40	43.64	61.38	57.87	52.06	51.83	3.1	0.7	−1.1	−1.8	−14.9
烧碱(万吨)	4.32	8.70	15.64	20.11	32.23	36.65	5.8	5.7	5.5	10.5	10.9
水泥(万吨)	120.45	540.04	1513.64	5921.20	7746.18	8091.20	11.7	11.0	11.0	5.3	5.0
平板玻璃(万重量箱)	43.59	66.06	479.87	2765.35	5009.45	5403.59	13.5	18.5	16.3	11.8	4.7
生铁(万吨)	26.57	62.60	149.37	558.81	980.09	980.44	10.0	11.2	12.5	9.8	0.1
钢材(万吨)	13.82	56.28	283.79	1340.56	2820.73	2859.58	15.1	16.3	15.5	13.5	0.5
彩色电视机(万台)		123.14	204.19	903.10	1428.14	1015.57		8.5	10.5	2.0	−28.9
微型电子计算机(万台)			88.77	738.27	818.78	847.36			15.1	2.3	3.5
汽车(万辆)	0.09	0.07	2.96	19.50	19.39	22.02	15.6	24.8	13.4	2.0	15.2
发电量(亿千瓦小时)	40.69	136.65	403.73	1356.32	1764.90	1812.95	10.5	10.5	9.8	5.0	2.7
规模以上工业企业主要经济指标(亿元)											
资产总计			3368.64	16058.70	29647.54	32081.30			15.1	12.2	8.2
主营业务收入		352.56	2468.69	21479.37	39591.28	42537.24		20.2	19.5	12.1	7.4
利润总额	6.75	16.09	110.80	1754.18	2359.82	2889.26	17.3	22.1	22.6	8.7	22.4
建筑业											
建筑业企业从业人员(万人)	4.54	30.98	41.37	229.57	339.06	360.63	12.2	9.9	14.5	7.8	6.4
建筑业总产值(亿元)	3.31	32.54	271.15	3062.17	8003.09	8986.78	23.1	24.1	24.5	19.7	12.3
房屋施工面积(万平方米)	416.57	969.35	4085.40	28406.86	59277.33	62920.69	14.1	17.4	18.6	14.2	6.1
房屋竣工面积(万平方米)	183.40	499.30	1729.00	9095.78	16631.27	18121.20	12.8	14.8	15.8	12.2	9.0
交通运输邮电											
铁路营业里程(公里)	1009.00	1021.00	1454.00	2110.00	3197.00	3197.00	3.1	4.5	5.0	7.2	0.0
公路通车里程(公里)	29109.00	41011.00	51073.00	91015.00	104585.00	106757.00	3.5	3.7	4.7	2.7	2.1
#高速公路			351.00	2351.00	4813.00	4831.00			17.8	12.8	0.4
内河通航里程(公里)	3629	3888	3701	3245	3245	3245	−0.3	−0.7	−0.8	0.0	0
客运量(万人)	7928	39495	44203	77153	54031	54237	5.2	1.2	1.3	−5.7	0.4
铁路	718	1234	1428	3640	9256	10496	7.3	8.6	13.3	19.3	13.4
公路	6285	36639	41696	70714	40394	39137	4.9	0.3	−0.4	−9.4	−3.1
水运	924	1567	726	1444	1996	2016	2.1	1.0	6.6	5.7	1.0
民航	1.15	55.49	353.25	1356	2385	2587	22.5	15.9	13.3	11.4	8.5
货运量(万吨)	4871	20321	29483	66159	111063	120379	8.8	7.1	9.2	10.5	8.4
铁路	1261	1902	2475	3765	2820	2918	2.2	1.7	1.0	−4.2	3.5
公路	2671	16710	22924	45575	79802	85770	9.6	6.5	8.6	11.1	7.5
水运	939	1708	4078	16803	28419	31668	9.7	11.9	13.7	11.1	11.4
民航	0.02	0.83	5.84	15.81	22	23	20.4	13.6	8.9	6.4	4.5

(续)

项目	总量指标						平均增长速度(%)				2016年比上年增长(%)
	1978	1990	2000	2010	2015	2016	1979—2016	1991—2016	2001—2016	2011—2016	
沿海主要港口货物吞吐量(万吨)	408	1497	6944	32687	50282	50776	13.5	14.5	13.2	7.6	1.0
邮电业务											
函件(万件)	8790	16228	24163	25199	12923	10868	0.6	−1.5	−4.9	−13.1	−15.9
互联网用户(万户)			70.70	2388.00	3963.83	4412.12			29.5	10.8	11.3
移动电话年末用户(万户)			441.00	3022.00	4240.16	4159.04			15.1	5.5	−1.9
固定电话年末用户(万户)	5.88	22.82	562.7	1046	888.54	815.7	13.9	14.7	2.3	−4.1	−8.2
国内贸易											
社会消费品零售总额(亿元)	31	208	1320.80	5310.03	10505.93	11674.54	16.9	16.8	14.6	14.0	11.1
进出口											
海关进出口总额(亿美元)	2	43	212	1087.8	1688.46	1568.19	19.1	14.8	13.3	6.3	−7.1
出口总额	1.9	24.49	129.08	714.93	1126.80	1036.73	18.0	15.5	13.9	6.4	−8.0
进口总额	0.13	18.90	83.15	372.87	561.66	531.47	24.5	13.7	12.3	6.1	−5.4
旅游											
接待入境游客人数(万人次)		70.79	161.33	368.14	591.45	680.79		9.1	9.4	10.8	15.1
外国人		10.54	49.75	115.27	214.28	254.12		13.0	10.7	14.1	18.6
台湾同胞		36.28	47.79	156.92	238.15	267.20		8.0	11.4	9.3	12.2
港澳同胞		23.97	63.80	95.94	139.02	159.47		7.6	5.9	8.8	14.7
国际旅游外汇收入(亿美元)			8.94	29.78	55.61	66.26			13.3	14.3	19.1
教育											
在校学生数(万人)											
普通高等学校	2.05	5.56	13.14	64.78	75.85	75.64	10.0	10.6	11.6	2.6	−0.3
普通中等学校	119.98	120.69	269.46	260.22	221.09	222.91	1.6	2.4	−1.2	−2.5	0.8
普通小学	370.23	337.08	369.10	238.89	288.3	298.7	−0.6	−0.5	−1.3	3.8	3.6
科技											
从事科技活动人员(万人)		2.04	6.82	17.93	25.28	27.28		10.5	9.1	7.2	7.9
研究与试验发展经费内部支出(亿元)			21.19	170.89	392.93	454.29			21.1	17.7	15.6
技术市场成交额(亿元)		0.44	17.26	38.12	53.86	105.71		23.5	12.0	18.5	96.3
专利情况(项)											
申请量		540	4211	21994	83146	130376		23.5	23.9	34.5	56.8
授权量		276	3003	18063	61621	67142		23.5	21.4	24.5	9.0
文化											
图书出版总印数(万份)	6818	16312	20298	7749	8800	9709	0.9	−2.0	−4.5	3.8	10.3
期刊出版总印数(万份)	388	3157	4463	2940	3970	4215	6.5	1.1	−0.4	6.2	6.2
报纸出版总印数(万份)	14784	41455	68897	99982	106072	90608	4.9	3.1	1.7	−1.6	−14.6
电视节目制作时间(小时)			16519	55424	73986	68977			9.3	3.7	−6.8
国有艺术表演团体(个)	101	91	96	93	70	70	−1.0	−1.0	−2.0	−4.6	0.0
公共图书馆(座)	23	74	81	86	90	90	3.7	0.8	0.7	0.8	0.0
博物馆(个)	13	58	81	94	98	98	5.5	2.0	1.2	0.7	0.0
居民生活											
城镇居民人均可支配收入(元)	371	1749	7432	21781.31	33275	36014	13.1	12.8	11.2	9.6	8.2
城镇居民人均消费支出(元)	285	1431	5638.74	14750	23520	25006	12.5	11.6	9.8	9.2	6.3
城镇居民人均住房建筑面积(平方米)		18.1	28	38.52	42.5	42.7		3.4	2.7	1.7	0.5
农村居民人均可支配(纯)收入(元)	137.54	764.41	3230.49	7426.86	13793	14999	13.1	12.0	9.9	10.9	8.7
农村居民人均生活消费支出(元)	113	708	2410	5498	11960.79	12910.84	13.3	11.8	11.1	15.3	7.9
卫生											
卫生机构数(个)	3809	4885	9807	6999	8911	8713	2.2	2.3	−0.7	3.7	−2.2
#医院、卫生院	1111	1198	1323	1325	1450	1470	0.7	0.8	0.7	1.7	1.4
卫生技人员数(人)	54855	86772	97569	140133	213162	220889	3.7	3.7	5.2	7.9	3.6
医生	22097	35696	41461	55402	78173	80131	3.4	3.2	4.2	6.3	2.5
卫生机构床位数(张)	51505	68073	90091	112334	173199	178902	3.3	3.8	4.4	8.1	3.3
#医院、卫生院	45331	60664	82389	103933	160011	165177	3.5	3.9	4.4	8.0	3.2

主要年份地区生产总值

单位:亿元

年份	地区生产总值	第一产业	第二产业	第三产业	工业	建筑业	人均GDP(元)
1952	12.73	8.39	2.42	1.92	2.17	0.25	102
1957	22.03	12.31	5.20	4.52	4.23	0.97	154
1962	22.12	10.26	5.12	6.74	4.00	1.12	137
1965	28.81	13.48	8.31	7.02	6.55	1.76	166
1970	34.70	15.34	10.64	8.72	8.56	2.08	173
1975	46.48	19.43	17.81	9.24	14.29	3.52	203
1978	66.37	23.93	28.19	14.25	23.85	4.34	273
1979	74.11	27.97	31.37	14.77	26.20	5.17	300
1980	87.06	31.95	35.68	19.43	29.55	6.13	348
1981	105.62	39.30	39.75	26.57	33.16	6.59	416
1982	117.81	44.24	42.92	30.65	35.25	7.67	457
1983	127.76	47.27	46.05	34.44	37.76	8.29	487
1984	157.06	55.72	56.39	44.95	44.47	11.92	591
1985	200.48	68.13	72.56	59.79	62.09	10.47	737
1986	222.54	72.24	82.19	68.11	67.06	15.13	809
1987	279.24	89.24	101.28	88.72	82.69	18.59	999
1988	383.21	118.16	141.82	123.23	120.45	21.37	1349
1989	458.40	135.77	163.82	158.81	142.45	21.37	1589
1990	522.28	147.01	174.47	200.80	150.55	23.92	1763
1991	619.87	168.64	217.74	233.49	188.29	29.45	2041
1992	784.68	194.87	291.60	298.21	241.78	49.82	2557
1993	1114.20	254.36	455.79	404.05	381.95	73.84	3556
1994	1644.39	362.90	720.97	560.52	618.06	102.91	5193
1995	2094.90	464.82	882.34	747.74	748.92	133.42	6526
1996	2484.25	537.38	1026.64	920.23	875.50	151.14	7646
1997	2870.90	576.63	1214.81	1079.46	1039.62	175.19	8775
1998	3159.91	610.04	1335.05	1214.82	1132.79	202.26	9603
1999	3414.19	628.86	1434.30	1351.03	1230.22	204.08	10323
2000	3764.54	640.57	1628.45	1495.52	1422.34	206.11	11194
2001	4072.85	651.11	1803.50	1618.24	1586.48	217.02	11691
2002	4467.55	664.78	2036.97	1765.80	1808.95	228.02	12739
2003	4983.67	692.94	2340.82	1949.91	2061.31	279.51	14125
2004	5763.35	786.84	2770.49	2206.02	2438.62	331.87	16235
2005	6554.69	827.36	3175.92	2551.41	2801.88	374.05	18353
2006	7583.85	865.98	3695.04	3022.83	3230.49	464.56	21105
2007	9248.53	1002.11	4476.42	3770.00	3896.76	579.66	25582
2008	10823.01	1158.17	5318.44	4346.40	4593.24	725.20	29755
2009	12236.53	1182.74	6005.30	5048.49	5106.38	898.92	33437
2010	14737.12	1363.67	7522.83	5850.62	6397.71	1125.12	40025
2011	17560.18	1612.24	9069.20	6878.74	7675.09	1394.11	47377
2012	19701.78	1776.71	10187.94	7737.13	8541.94	1646.00	52763
2013	21868.49	1874.23	11329.60	8664.66	9455.32	1895.48	58145
2014	24055.76	2014.80	12515.36	9525.60	10426.71	2112.03	63472
2015	25979.82	2118.10	13064.82	10796.90	10820.22	2268.86	67966
2016	28519.15	2363.22	13844.96	12310.97	11449.29	2421.34	73951

主要年份地区生产总值指数（1952 年＝100）

单位：亿元

年　份	地区生产总　　值	（以 1952 年为 100）					人均 GDP
		第一产业	第二产业	第三产业	工业	建筑业	
1952	100.0	100.0	100.0	100.0	100.0	100.0	100.0
1957	172.0	137.1	226.0	233.3	200.7	452.0	150.0
1962	159.8	86.4	259.5	317.5	193.1	885.4	122.3
1965	215.1	132.1	363.8	348.9	319.7	759.5	153.2
1970	255.9	146.5	480.3	400.0	425.5	969.2	157.4
1975	331.5	171.0	810.3	423.9	723.4	1495.8	179.7
1978	451.2	188.5	1207.1	698.2	1197.8	1095.1	229.5
1979	476.1	197.7	1324.7	690.9	1282.1	1505.1	238.3
1980	563.9	225.3	1564.4	868.4	1455.1	2334.6	279.3
1981	651.1	244.4	1725.4	1183.8	1655.8	2124.0	318.2
1982	711.6	261.1	1866.4	1351.6	1731.0	2865.6	342.1
1983	755.3	273.2	2002.4	1439.1	1858.8	3057.8	357.2
1984	890.7	300.8	2408.9	1788.3	2321.9	2865.6	415.3
1985	1047.5	316.7	2968.2	2207.8	2884.7	3318.8	477.4
1986	1107.3	323.4	3354.0	2194.6	3033.9	5873.0	498.8
1987	1257.9	357.5	3689.9	2674.7	3554.0	4426.5	557.7
1988	1437.6	366.7	4616.0	2933.4	4716.4	2993.7	627.7
1989	1549.3	402.3	4842.1	3246.6	5118.2	1533.5	665.9
1990	1665.8	409.0	5233.3	3615.6	5595.3	975.0	696.9
1991	1902.8	446.1	6384.1	4030.9	6919.7	1084.3	776.4
1992	2288.8	492.8	8205.4	4835.4	8776.3	1524.9	924.1
1993	2806.2	539.0	11153.4	5720.9	12245.5	1719.7	1109.8
1994	3375.7	589.0	14790.3	6461.8	16402.4	2097.4	1320.9
1995	3869.0	644.9	17347.3	7376.8	19090.2	2625.3	1493.2
1996	4384.0	701.5	19836.0	8455.2	21987.4	2824.9	1671.7
1997	4998.3	757.7	23037.7	9679.2	25605.2	3204.0	1893.1
1998	5538.0	808.3	25890.5	10720.4	28798.0	3576.2	2085.4
1999	6086.9	854.3	28860.0	11777.1	32407.2	3644.2	2279.9
2000	6653.7	876.2	32080.0	12954.3	36372.6	3660.4	2451.1
2001	7229.8	906.9	35339.6	14150.5	40308.3	3865.7	2570.9
2002	7964.4	931.4	40210.4	15453.7	46395.4	4029.4	2805.6
2003	8877.3	962.2	46501.5	16958.1	53537.1	4741.1	3108.2
2004	9927.7	1004.9	53417.5	18784.7	61744.0	5276.4	3455.0
2005	11079.3	1031.5	59968.7	21357.2	69361.6	5892.1	3831.0
2006	12719.0	1039.4	69938.6	25010.5	80438.8	7160.7	4371.8
2007	14652.3	1079.5	82670.5	28655.6	95284.9	8335.3	5004.6
2008	16557.1	1133.2	95139.3	32174.5	109593.1	9632.7	5619.0
2009	18595.9	1186.5	108138.7	36143.2	123788.4	11444.8	6272.6
2010	21180.7	1225.7	127711.8	39974.4	146008.6	13655.5	7101.4
2011	23785.9	1279.6	148401.1	43612.1	170392.0	15471.7	7925.2
2012	26497.5	1333.3	169622.5	47580.8	193906.1	18163.8	8757.3
2013	29412.2	1390.6	192012.7	52053.4	218726.1	20924.7	9650.5
2014	32324.0	1451.8	214862.2	56269.7	245191.9	23226.4	10529.0
2015	35233.2	1505.5	230762.0	63190.9	262355.3	25572.3	11371.3
2016	38192.8	1559.7	246453.8	70331.5	280195.5	27336.8	12224.1

主要年份农林牧渔业总产值和指数

年份	农林牧渔业总产值（亿元）					农林牧渔业总产值指数（1952年＝100）				
	总产值	#农业	#林业	#牧业	#渔业	总指数	#农业	#林业	#牧业	#渔业
1952	11.07	8.44	0.65	1.42	0.56	100.0	100.0	100.0	100.0	100.0
1957	17.05	11.32	2.16	2.35	1.22	143.8	126.6	283.6	165.0	189.6
1962	14.81	11.23	0.63	1.75	1.20	93.6	94.5	91.7	69.8	142.2
1965	18.80	13.50	1.23	2.84	1.23	140.4	130.7	188.5	162.6	175.8
1970	21.12	15.49	1.49	2.66	1.48	153.6	147.4	186.8	152.3	213.3
1975	27.06	20.45	1.86	3.24	1.51	181.6	166.0	249.8	209.6	237.0
1978	36.33	28.22	2.31	3.82	1.98	217.3	204.2	280.3	216.8	282.8
1979	43.11	29.29	3.27	7.00	3.55	232.0	214.5	301.1	257.0	304.1
1980	45.49	31.13	3.41	7.38	3.57	244.0	227.8	313.6	260.3	305.7
1981	56.11	37.93	4.62	8.75	4.81	258.2	239.4	366.3	276.5	312.2
1982	63.73	42.74	4.90	10.38	5.71	277.8	257.5	382.4	300.2	343.6
1983	68.08	44.11	5.57	11.48	6.92	292.0	259.8	447.7	339.8	403.8
1984	80.66	50.81	7.07	14.39	8.39	332.6	286.6	593.6	410.9	447.4
1985	99.05	59.34	9.13	19.62	10.96	360.6	302.9	644.5	478.7	515.5
1986	107.07	60.76	10.29	22.02	14.00	368.7	300.3	642.8	529.3	581.8
1987	132.97	72.08	13.57	27.75	19.57	402.1	324.6	703.0	553.0	722.2
1988	182.00	94.08	17.50	39.65	30.77	433.1	341.2	789.5	609.7	826.0
1989	209.92	108.10	18.41	51.95	31.46	461.4	360.9	834.4	646.9	926.3
1990	227.12	118.31	21.54	51.93	35.34	478.9	368.4	911.6	675.4	991.7
1991	253.51	133.34	25.40	54.36	40.40	517.7	398.6	974.0	722.0	1089.9
1992	295.24	150.64	29.21	61.75	53.63	560.7	424.1	1076.1	784.1	1212.8
1993	386.34	190.28	36.39	74.86	84.82	621.8	453.6	1220.0	838.2	1482.3
1994	574.05	260.69	46.95	113.35	153.06	710.1	493.1	1370.9	950.5	1882.9
1995	738.63	340.48	59.24	144.45	194.47	806.7	547.3	1510.7	1062.7	2288.2
1996	850.67	383.18	66.94	165.50	235.05	893.0	599.8	1654.2	1122.2	2613.1
1997	925.56	391.30	75.80	193.66	264.80	1002.8	645.4	1819.6	1268.1	3138.3
1998	973.37	410.96	78.35	200.18	283.78	1064.0	667.3	1874.2	1373.4	3439.6
1999	1010.82	425.19	80.16	201.99	303.48	1132.1	726.7	1932.3	1421.5	3642.5
2000	1037.27	420.98	82.29	208.18	325.82	1167.6	714.3	2046.2	1499.1	3907.6
2001	1061.61	433.25	82.34	215.50	330.52	1213.7	752.0	2021.9	1556.7	4073.3
2002	1125.29	450.75	78.49	213.08	332.92	1256.2	775.3	2064.4	1623.6	4236.2
2003	1170.54	461.72	79.25	234.54	341.40	1284.4	786.8	2095.5	1691.1	4307.6
2004	1315.10	514.53	86.18	284.86	374.26	1326.3	807.9	2217.0	1773.1	4438.7
2005	1373.01	552.74	96.92	266.81	396.78	1368.8	820.7	2383.3	1874.9	4539.3
2006	1449.78	602.00	105.78	266.75	410.75	1389.6	833.0	2500.1	1891.7	4554.2
2007	1692.16	685.34	120.72	340.27	474.32	1448.4	881.8	2663.8	1822.6	4835.7
2008	1965.02	763.02	149.76	425.68	549.35	1524.4	922.1	2880.1	1907.1	5136.8
2009	2001.24	826.22	162.20	366.91	565.58	1600.0	966.9	3074.7	1963.2	5446.2
2010	2307.06	976.58	189.35	380.28	674.18	1656.0	992.5	3297.5	2010.2	5677.5
2011	2730.94	1136.18	237.70	479.20	782.64	1723.8	1039.2	3528.5	2055.7	5870.8
2012	3007.40	1263.71	256.45	481.28	903.36	1798.8	1080.2	3638.2	2163.9	6142.6
2013	3281.96	1376.30	293.83	513.76	986.28	1879.4	1124.2	3837.9	2249.4	6440.3
2014	3522.31	1529.57	323.25	522.89	1025.19	1964.9	1174.2	4049.7	2284.1	6810.4
2015	3717.87	1618.59	314.28	571.27	1082.31	2042.4	1227.5	4214.3	2255.6	7175.9
2016	4155.68	1782.01	315.14	681.68	1235.48	2119.0	1264.9	4384.2	2333.4	7507.9

注：1.2003年起采用国民经济行业分类GB/T 4754—2002，其他年份均采用GB/T 4754—94。2.2002—2007年数据根据2006年农普结果进行了调整。

主要年份固定资产投资

单位：亿元

年　份	固定资产投资	项目投资	房地产开发投资	固定资产投资比上年增长（%）	房地产开发投资比上年增长（%）
1952	0.39			39.4	
1957	1.87			−56.1	
1962	2.15			−28.2	
1965	3.39			10.8	
1970	4.86			101.3	
1975	6.78			2.9	
1978	9.45			44.5	
1979	11.27			19.3	
1980	13.58			20.5	
1981	16.19			19.2	
1982	19.56			20.8	
1983	22.42			14.6	
1984	29.48			31.5	
1985	48.77			65.4	
1986	52.81	49.24	3.57	8.3	
1987	66.69	63.45	3.25	26.3	−9.1
1988	79.46	72.33	7.13	19.1	19.7
1989	80.20	69.20	11.01	0.9	54.3
1990	90.51	77.04	13.47	12.9	22.4
1991	117.28	96.21	21.07	29.6	56.4
1992	193.21	152.18	41.03	64.7	94.8
1993	320.45	259.52	60.93	65.9	48.5
1994	472.49	370.51	101.98	47.4	67.4
1995	594.45	443.08	151.37	25.8	48.4
1996	696.91	545.22	151.69	17.2	0.2
1997	794.33	646.00	148.33	14.0	−2.2
1998	941.25	775.62	165.63	18.5	11.7
1999	952.22	773.61	178.62	1.2	7.8
2000	995.38	788.01	207.37	4.5	16.1
2001	1053.84	828.35	225.49	5.9	8.7
2002	1148.76	899.78	248.99	9.0	10.4
2003	1411.45	1049.38	362.07	22.9	45.4
2004	1798.38	1320.59	477.79	27.4	32.0
2005	2241.70	1701.31	540.39	24.7	13.1
2006	2998.45	2211.09	787.36	33.8	45.7
2007	4186.67	3054.18	1132.49	39.6	43.8
2008	5148.31	4019.21	1129.09	23.0	−0.3
2009	6180.94	5044.59	1136.35	20.1	0.6
2010	8067.33	6248.48	1818.86	30.5	60.1
2011	9885.67	7483.06	2402.61	22.5	32.1
2012	12452.24	9628.12	2824.12	25.9	17.4
2013	15245.24	11542.26	3702.97	22.4	31.1
2014	18141.37	13573.97	4567.40	19.0	23.3
2015	21300.91	16831.30	4469.61	17.4	−2.1
2016	23107.49	18518.66	4588.83	8.5	2.7

注：1950—1980 年固定资产投资为城镇以上集体投资；1981 年后为正式定义口径。

房地产开发企业（单位）主要指标（1986－2016年）

年　份	本年完成投资（亿元）	#住宅	商品房销售额（亿元）	#住宅	商品房销售面积（万平方米）	#住宅
1986	3.57				73.14	
1987	3.25				51.33	
1988	7.13				92.88	
1989	11.01				102.55	
1990	13.47				107.79	
1991	21.07		9.16		111.44	
1992	41.03		16.77		134.99	
1993	60.93		26.61		248.91	
1994	101.98	69.96	39.37	26.03	241.31	188.96
1995	151.37	88.51	66.16	46.14	368.65	309.44
1996	151.69	75.29	48.59	37.61	273.51	234.28
1997	148.33	72.49	83.50	62.04	426.88	346.14
1998	165.63	85.44	105.10	78.71	515.20	441.67
1999	178.62	105.08	123.75	92.54	599.68	511.64
2000	207.37	125.07	168.96	119.39	810.65	675.73
2001	225.49	145.22	199.08	150.75	987.81	843.00
2002	248.99	160.78	225.28	153.95	1047.05	882.92
2003	362.07	237.67	287.16	222.46	1250.10	1083.79
2004	477.79	308.45	354.47	281.26	1384.83	1224.61
2005	540.39	363.72	605.09	481.90	1913.84	1720.56
2006	787.36	511.68	807.46	637.34	2021.69	1743.39
2007	1132.49	778.39	1134.53	938.33	2421.97	2096.39
2008	1129.09	735.93	712.61	562.26	1625.67	1250.00
2009	1136.35	743.27	1477.83	1299.09	2723.23	2420.83
2010	1818.86	975.13	1611.32	1300.13	2575.62	2139.26
2011	2402.61	1591.56	2101.58	1649.34	2706.72	2213.30
2012	2824.12	1751.98	2817.70	2293.90	3258.94	2741.96
2013	3702.97	2402.08	4232.08	3410.57	4676.16	3957.46
2014	4567.40	2917.17	3763.52	2939.58	4119.48	3324.10
2015	4469.61	2864.95	3585.81	2839.76	4037.76	3315.69
2016	4588.83	2999.29	4530.79	3793.41	4915.35	4134.46

房地产开发投资完成情况（1986－2016年）

年份	企业个数（个）	本年完成投资（亿元）	施工面积（万平方米）	竣工面积（万平方米）	商品房销售面积（万平方米）	商品房销售额（亿元）
1986	102	3.57	220.84	133.25	73.14	
1987	118	3.25	216.38	98.74	51.33	
1988	174	7.13	368.04	154.12	92.88	
1989	168	11.01	413.56	183.73	102.55	
1990	190	13.47	427.57	193.92	107.79	
1991	241	21.07	561.56	215.98	111.44	9.16
1992	391	41.03	842.30	258.48	134.99	16.77
1993	856	60.93	1258.69	307.55	248.91	26.61
1994	1279	101.98	1889.94	470.78	241.31	39.37
1995	1256	151.37	2506.77	732.63	368.65	66.16
1996	1407	151.69	2283.80	526.28	273.51	48.59
1997	1465	148.33	2401.24	662.77	426.88	83.50
1998	1783	165.63	2748.79	578.74	515.20	105.10
1999	1909	178.62	3166.96	788.82	599.68	123.75
2000	1922	207.37	3422.88	1009.36	810.65	168.96
2001	1941	225.49	3717.31	1280.79	987.81	199.08
2002	1869	248.99	4114.64	1323.49	1047.05	225.28
2003	1900	362.07	4891.04	1362.95	1250.10	287.16
2004	2433	477.79	5795.69	1523.91	1384.83	354.47
2005	2596	540.39	6107.75	1576.16	1913.84	605.09
2006	2755	787.36	6992.74	1408.32	2021.69	807.46
2007	2693	1132.49	9651.58	1711.33	2421.97	1134.53
2008	3268	1129.09	11459.72	1906.15	1625.67	712.61
2009	3316	1136.35	11668.17	2240.26	2723.23	1477.83
2010	3634	1818.86	14189.73	2242.47	2575.62	1611.32
2011	3576	2402.61	18937.98	2651.71	2706.72	2101.58
2012	3140	2824.12	21121.50	2232.78	3258.94	2817.70
2013	3187	3702.97	26287.28	3369.76	4676.16	4232.08
2014	3280	4567.40	30051.77	3583.57	4119.48	3763.52
2015	3151	4469.61	30891.14	3436.56	4037.76	3585.81
2016	3177	4588.83	31064.14	3665.25	4915.35	4530.79

主要年份城镇居民家庭基本情况

年 份	平均每户家庭人口（人）	平均每户就业人数（人）	平均每户就业面（%）	平均每一就业者负担人数（人）	平均每人全年可支配收入（元）	平均每人消费性支出（元）	平均每人住房建筑面积（平方米）
1952					106	96	
1957					165	131	
1959	4.72	1.40	29.7	3.37	206	190	
1962	5.46	1.72	31.5	3.17	203	186	
1963	5.40	1.50	27.8	3.60	207	189	
1964	5.33	1.53	28.8	3.48	211	194	
1965	5.13	1.65	32.2	3.12	217	201	
1966	5.00	1.40	28.0	3.40	223	186	
1975	4.97	2.05	41.3	2.42	333	297	
1978	3.87	2.40	62.0	1.61	371	285	
1980	4.53	2.32	51.2	1.95	450	392	11.3
1981	4.51	2.40	53.2	1.88	452	405	11.7
1982	4.44	2.48	55.9	1.79	520	466	12.1
1983	4.36	2.41	55.3	1.80	573	504	13.2
1984	4.27	2.37	55.5	1.80	582	494	14.3
1985	4.06	2.25	55.4	1.81	733	675	15.3
1986	4.00	2.23	55.8	1.79	929	790	15.7
1987	3.97	2.25	56.6	1.77	1021	893	16.5
1988	3.77	2.10	55.7	1.79	1236	1077	17.2
1989	3.70	2.09	56.5	1.77	1555	1340	17.6
1990	3.64	2.09	57.4	1.74	1749	1431	18.1
1991	3.43	2.00	58.3	1.72	1953	1659	19.5
1992	3.39	2.03	59.9	1.67	2351	1942	20.9
1993	3.35	2.01	60.0	1.67	2923	2418	21.5
1994	3.29	1.92	58.4	1.71	3935	3351	24.1
1995	3.27	1.93	59.0	1.69	4853	4132	24.3
1996	3.25	1.94	59.7	1.68	5574	4568	24.5
1997	3.28	1.96	59.8	1.67	6144	4936	25.6
1998	3.23	1.90	58.8	1.70	6486	5181	26.8
1999	3.22	1.90	59.0	1.69	6860	5267	27.2
2000	3.23	1.80	55.7	1.79	7432	5639	28.0
2001	3.20	1.80	55.3	1.78	8313	6015	28.2
2002	3.13	1.73	55.3	1.81	9189	6632	28.4
2003	3.08	1.72	55.8	1.79	10000	7356	29.8
2004	3.05	1.58	51.8	1.93	11175	8161	31.1
2005	3.04	1.60	52.6	1.90	12321	8794	31.4
2006	3.04	1.64	53.9	1.86	13753	9808	32.1
2007	3.01	1.60	53.2	1.90	15505	11055	33.5
2008	3.14	1.69	53.8	1.86	17961	12501	37.5
2009	3.12	1.72	55.1	1.81	19577	13451	37.5
2010	3.08	1.71	55.5	1.80	21781	14750	38.5
2011	3.12	1.68	53.8	1.86	24907	16661	37.9
2012	3.10	1.68	54.2	1.85	28055	18593	38.2
2013	2.97	1.58	53.2	1.88	28174	20565	38.7
2014	2.99	1.61	53.8	1.86	30722	22204	40.7
2015	3.08	1.59	51.7	1.93	33275	23520	42.5
2016	3.13	1.62	51.8	1.93	36014	25006	42.7

注：2012年及以前为老口径数据。

主要年份农村居民家庭基本情况

年份	调查户数（户）	平均每户常住人口（人）	平均每户整半劳动力（人）	平均每个劳动力负担人口（人）	农村居民人均住房使用面积（平方米）	农村居民人均住房建筑面积（平方米）	农村居民人均可支配(纯)收入（元）	农村居民人均生活消费支出（元）
1952				2.20			69.97	67.52
1957				2.39			112.13	101.60
1962				2.38			154.57	131.36
1965				2.87			128.74	114.15
1970				2.71			120.70	107.87
1978		6.50	2.22	2.92			137.54	112.73
1979		6.38	2.16	2.88			142.20	132.57
1980		6.25	2.06	3.03			171.74	157.67
1981		6.23	2.10	2.97	8.30		231.65	199.25
1982		6.27	2.27	2.76	7.67		268.16	231.14
1983		6.29	2.60	2.42	10.44		301.84	261.86
1984	1820	6.19	2.66	2.32	11.73		344.94	287.87
1985	1820	5.74	2.95	1.94	14.47		396.45	350.57
1986	1820	5.69	2.99	1.90	15.10		418.51	394.10
1987	1820	5.51	3.08	1.82	15.86		484.88	442.83
1988	1820	5.56	3.09	1.80	16.18		613.41	570.73
1989	1820	5.54	3.09	1.79	16.65		697.34	652.58
1990	1820	5.50	3.03	1.81	18.47		764.41	707.97
1991	1820	5.37	3.03	1.77	19.14		850.05	746.99
1992	1820	5.31	3.05	1.74	19.64		984.11	820.74
1993	1820	5.24	3.10	1.69	22.38		1210.51	1069.79
1994	1820	5.17	3.13	1.65	24.62		1577.74	1439.53
1995	1820	4.91	3.02	1.62	22.88		2048.59	1793.68
1996	1820	4.87	2.98	1.63	23.37		2492.49	2033.54
1997	1820	4.77	2.96	1.61	23.74		2785.67	2119.56
1998	1820	4.70	3.00	1.57	24.87		2946.37	2192.35
1999	1820	4.62	2.95	1.56	26.40		3091.39	2252.09
2000	1820	4.24	2.70	1.57	32.14		3230.49	2409.69
2001	1820	4.17	2.68	1.56	33.82		3380.72	2503.07
2002	1820	4.07	2.57	1.58	35.68		3538.74	2583.16
2003	1820	4.08	2.83	1.44	35.96		3733.93	2717.92
2004	1820	4.02	2.71	1.48	38.18		4089.38	3015.22
2005	1820	4.05	2.77	1.47	40.15		4450.36	3292.63
2006	1820	4.03	2.77	1.45	42.35		4834.75	3591.40
2007	1820	4.00	2.77	1.44	44.50		5467.08	4053.47
2008	1820	3.98	2.78	1.43	46.13		6196.07	4661.94
2009	1820	3.98	2.78	1.43	46.76		6680.18	5015.72
2010	1820	3.94	2.77	1.43	47.54		7426.86	5498.33
2011	1820	3.84	2.73	1.40	49.82		8778.55	6540.85
2012	1820	3.84	2.71	1.41	50.80		9967.17	7401.92
2013	1859	3.29	2.22	1.48		63.71	11404.85	9986.15
2014	1848	3.25	2.21	1.47		60.83	12650.19	11055.93
2015	1883	3.20	2.20	1.45		63.48	13792.70	11960.79
2016	1917	3.21	2.24	1.43		66.47	14999.19	12910.84

注：2012年及以前为老口径数据。

居民消费价格指数（2016年）

单位：以上年为100

项　目	全　省	城　市	农　村
居民消费价格指数	**101.7**	**101.8**	**101.5**
一、按商品和非商品分			
消费品价格指数	101.8	101.7	101.8
服务项目价格指数	101.6	101.8	100.7
二、按类别分			
食品烟酒	103.9	104.0	103.6
衣着	100.3	100.1	101.1
居住	100.7	100.9	99.9
生活用品及服务	99.8	99.7	100.2
交通和通信	99.4	99.4	99.5
教育文化和娱乐	101.2	101.1	101.4
医疗保健	102.9	103.6	101.1
其他用品和服务	102.5	102.6	102.2

地方一般公共预算收入

单位：万元

项　目	2000	2005	2010	2015	2016
收入合计	**2341061**	**4326003**	**11514923**	**25442357**	**26548324**
1. 增值税	353461	731267	1411033	2717512	5456801
2. 营业税	582053	1246076	3197000	6082414	2982682
3. 企业所得税	321959	542646	1569118	3417230	3500153
4. 个人所得税	247517	274137	563374	948636	1234985
5. 资源税	7007	21436	64550	114540	92544
6. 城市维护建设税	97646	185544	431149	1086017	1120416
7. 房产税	95496	169576	317362	632318	637394
8. 印花税	18309	55267	171193	295035	313218
9. 城镇土地使用税	15746	29400	263343	375933	361271
10. 土地增值税	4326	40785	628057	1964286	2158728
11. 车船税	6055	12662	59863	164689	175927
12. 烟叶税			32896	68162	65560
13. 耕地占用税	13474	32003	181050	281268	164345
14. 契税	55799	209093	770908	1239020	1363181
15. 国有资本经营收入			219530	545135	537896
16. 国有资源（资产）有偿使用收入			414662	1793039	2098405
17. 行政性收费收入	74946	290876	481761	1032537	971389
18. 罚没收入	101764	213993	292226	464079	558375
19. 专项收入	64036	120693	352274	1930886	2146263
20. 其他收入	127716	48254	93574	289621	608791

一般公共预算支出

单位：万元

项　目	2010	2012	2013	2014	2015	2016
支出合计	**16950906**	**26075020**	**30688006**	**33066986**	**40015778**	**42754043**
1. 一般公共服务	2119124	2931509	3270569	2934031	3080207	3382106
2. 外交					10646	3000
3. 国防	32680	55117	76108	65557	68544	63361
4. 公共安全	1206017	1623883	1894405	1916303	2252409	2573245
5. 教育	3277681	5623008	5749113	6345984	7575096	7891067
6. 科学技术	323057	484695	606228	673956	766007	802823
7. 文化体育与传媒	271014	460722	578796	641780	848159	812542
8. 社会保障和就业	1482366	2052848	2406553	2587105	3417705	3489923
9. 医疗卫生	1175835	1859917	2242313	2921356	3511905	3775786
10. 环境保护	397865	485982	586029	617958	955694	1303491
11. 城乡社区事务	1076788	1788641	2597774	2697434	3786992	5722395
12. 农林水事务	1603355	2441622	3122226	3203234	4418607	4105751
13. 交通运输	1252071	2720829	2793122	3109307	3461952	2876640
14. 工业商业金融等事务	1044916	1649455	2316137	2459730	4080809	4768708
15. 其他支出	1688137	1896792	2448633	2893251	1781046	1183205

进出口总额（1981－2016年）

单位：万美元

年份	进出口总额（万美元）	出口	进口	进出口总额（万元人民币）	出口	进口
1981	60827	40127	20700	108272	71426	36846
1982	55067	37023	18044	106279	71454	34825
1983	56366	36995	19371	110477	72510	37967
1984	66472	39167	27305	185457	109276	76181
1985	90084	55718	34366	263946	163254	100692
1986	134771	68647	66124	501348	255367	245981
1987	184500	90400	94100	686340	336288	350052
1988	284300	141600	142700	1057596	526752	530844
1989	342200	182800	159400	1611762	860988	750774
1990	433908	244906	189002	2265000	1278409	986591
1991	574776	314746	260030	3115286	1709071	1406215
1992	805873	438666	367207	4633770	2522330	2111440
1993	1004181	515874	488307	5814208	2986911	2827297
1994	1218953	643020	575933	10397669	5484961	4912708
1995	1444569	790806	653763	12105488	6626954	5478534
1996	1551972	838239	713733	12881368	6957384	5923984
1997	1795280	1025560	769720	14861328	8489586	6371742
1998	1716065	996387	719678	14205586	8248092	5957494
1999	1761956	1035193	726763	14585472	8569328	6016144
2000	2122332	1290828	831504	17568664	10685474	6883190
2001	2262601	1392232	870369	18729811	11524896	7204915
2002	2839882	1737086	1102796	23508543	14379598	9128945
2003	3532551	2113173	1419378	29242457	17492846	11749611
2004	4752704	2939476	1813228	39338131	24330043	15008088
2005	5441130	3484195	1956935	44572105	28541480	16030625
2006	6265921	4126174	2139747	49375457	32514251	16861206
2007	7445081	4994039	2451042	56612396	37974673	18637723
2008	8482094	5699184	2782910	58908991	39581403	19327588
2009	7964937	5331902	2633034	54408483	36422225	17986258
2010	10878027	7149313	3728715	73638807	48397273	25241534
2011	14352244	9283779	5068465	92698273	59962074	32736199
2012	15593796	9783259	5810536	98435836	61756825	36679010
2013	16932174	10647442	6284731	104864338	65941740	38922598
2014	17740784	11345229	6395555	108973325	69689226	39284099
2015	16884593	11268011	5616582	104783887	69917645	34866242
2016	15681939	10367250	5314689	103449561	68336561	35113001

实际利用外商直接投资金额（1979－2016年）

年 份	合 计	合资企业	合作企业	独资企业
1979	83	15	68	
1980	363	288	75	
1981	150	40	110	
1982	121	5	16	100
1983	1438	1026	158	254
1984	4828	3526	1179	123
1985	11782	8566	2950	266
1986	6149	4121	1913	115
1987	5139	3097	1479	563
1988	13017	9273	2369	1375
1989	32880	13814	6384	12682
1990	29002	12617	2780	13605
1991	64449	22682	14775	26992
1992	141633	48528	26132	66973
1993	286745	98484	33498	154763
1994	371200	145518	34469	191213
1995	403881	124872	54073	224936
1996	407876	129778	50497	227601
1997	419666	112293	60175	247198
1998	421211	90295	50778	280138
1999	402403	99542	42121	260180
2000	380386	74548	13263	291365
2001	391804	74092	7248	309068
历史可比口径				
2002	424995	84669	11587	316240
2003	499329			
2004	531802			
2005	622984			
2006	718489			
2007	813093			
2008	1002556			
2009	1006481			
2010	1031552			
2011	1104447			
2012	1218541			
全口径				
2004	222120	41952	4324	163490
2005	260775	31021	670	222422
2006	322047	49684	2327	268789
2007	406058	68686	4670	332015
2008	567171	137758	2284	416441
2009	573747	104761	1372	458815
2010	580279	97974	2126	475199
2011	620111	94469	774	479782
2012	633774	130747	1325	399721
2013	667896	93411	3349	554906
2014	711499	136702	1200	558117
2015	768339	176361	2010	504258
2016	819465	191096	307	515657

主要年份各类运输总量

年 份	客运量（万人）	旅客周转量（亿人千米）	货运量（万吨）	货物周转量（亿吨千米）
1952	251	1.72	156	1.44
1957	1966	8.81	1553	10.07
1962	2634	16.97	1845	21.65
1965	3226	16.22	2948	39.47
1970	3324	17.59	2862	40.92
1975	5887	28.36	3747	53.73
1978	7928	35.73	4871	74.03
1979	9996	43.71	5149	80.63
1980	16676	62.37	7979	100.34
1981	20013	73.45	8302	103.34
1982	22570	82.01	9077	120.39
1983	24620	91.50	10175	131.78
1984	29155	109.50	11479	151.61
1985	33984	130.33	13317	161.97
1986	34426	137.09	16931	195.48
1987	35693	159.38	18231	225.02
1988	37216	175.91	20131	242.02
1989	39622	173.66	19859	270.06
1990	39495	175.40	20321	272.71
1991	34038	186.70	12124	267.26
1992	36283	205.17	19836	347.28
1993	40465	232.27	25824	434.02
1994	36416	240.56	28447	577.73
1995	40080	247.65	28922	608.61
1996	42956	267.20	30593	590.58
1997	43658	253.15	30496	605.78
1998	42047	279.76	30010	661.61
1999	41413	301.58	28637	746.71
2000	44203	333.97	29483	687.65
2001	47393	372.72	30547	779.92
2002	49134	392.00	31837	827.44
2003	48097	386.19	33422	1223.82
2004	53950	441.40	37279	1401.26
2005	55615	477.82	40400	1576.12
2006	59369	524.99	44304	1904.36
2007	64244	587.90	50500	2083.72
2008	72742	561.77	57254	2401.41
2009	76121	597.75	58231	2477.46
2010	77153	648.76	66159	2983.52
2011	81082	723.83	75272	3404.11
2012	83725	771.93	84417	3877.73
2013	56965	785.01	96718	3943.77
2014	60765	902.36	111779	4783.48
2015	54031	915.21	111063	5450.96
2016	54237	987.52	120379	6074.83

注：2013 年客运量数据因交通运输业统计范围变化有调整。

金融机构人民币各项存款和贷款余额（1990－2016年）

单位：亿元

年份	各项存款	#城乡居民储蓄存款	财政存款	各项贷款	#短期贷款	中长期贷款
1990	359.45	183.26		381.93		
1991	477.45	245.60		453.10		
1992	667.01	327.00		589.74		
1993	824.37	394.06		774.65	554.06	153.33
1994	1101.81	558.97		954.73	698.86	180.89
1995	1451.68	795.43		1176.63	860.09	221.09
1996	1901.71	1106.33		1467.79	1060.12	294.42
1997	2192.74	1324.37	15.40	1750.38	1279.40	329.60
1998	2557.30	1565.18	28.11	1942.78	1423.39	368.87
1999	2924.61	1739.01	41.24	2255.50	1612.59	476.85
2000	3114.32	1767.59	39.59	2438.82	1728.01	510.32
2001	3614.26	2030.94	45.94	2864.76	1656.70	902.35
2002	4253.07	2430.46	55.21	3110.05	1809.88	1065.11
2003	5178.29	2924.65	51.74	3837.51	2039.25	1422.42
2004	5984.32	3322.26	92.63	4367.05	2213.05	1799.83
2005	7248.40	3903.05	128.33	5068.68	2366.93	2350.80
2006	8836.26	4478.26	219.38	6447.72	2956.98	3203.04
2007	10040.15	4711.23	328.32	8065.67	3555.92	4318.81
2008	11804.40	5861.17	457.26	9585.92	3895.16	5146.37
2009	14702.34	7078.81	549.46	12360.32	5215.58	6625.53
2010	18309.45	8101.02	678.08	15231.36	6594.50	8372.64
2011	21055.49	9068.62	834.38	18165.19	7836.03	9906.51
2012	24283.68	10507.39	741.75	21209.82	9451.96	11133.74
2013	28043.82	11847.25	905.62	24487.53	10752.70	13137.82
2014	30747.61	12578.95	1450.40	28417.70	11785.72	15861.63
2015	35576.06	13243.35	1169.62	32132.96	12209.64	18530.82
2016	39275.82	14366.68	1230.32	36356.06	12620.98	21631.79

注：2004年起含外资银行。

主要年份年末常住人口及人口变动

年份	常住总人口（万人）	按性别分类		按城乡分		人口出生率（‰）	人口死亡率（‰）	人口自然增长率（‰）	人口密度（人/平方千米）
		男	女	城镇	农村				
1952	1270					37.92	13.32	24.60	102
1957	1461					37.56	9.80	27.76	118
1962	1602					41.14	11.65	29.49	129
1965	1759					41.19	7.92	33.27	142
1970	2020					34.23	6.98	27.25	163
1975	2297					29.19	6.58	22.61	185
1978	2446					25.35	6.31	19.04	197
1979	2487					22.91	6.28	16.63	201
1980	2519					18.68	6.27	12.41	203
1981	2563					23.40	6.25	17.15	207
1982	2620					27.91	6.35	21.56	211
1983	2668					24.53	6.31	18.22	215
1984	2720					25.68	6.25	19.43	219
1985	2769					23.88	6.18	17.70	223
1986	2820					24.02	5.85	18.17	227
1987	2875					24.91	5.79	19.21	232
1988	2929					24.34	5.81	18.53	236
1989	2984					24.67	6.10	18.57	241
1990	3037					24.44	6.71	17.73	245
1991	3079					20.03	6.26	13.77	248
1992	3116					18.18	6.02	12.16	251
1993	3150					16.72	5.62	11.10	254
1994	3183					16.24	5.95	10.29	257
1995	3227					15.20	5.90	9.30	261
1996	3261					13.22	5.94	7.28	263
1997	3282					12.41	6.09	6.32	265
1998	3299					11.53	6.20	5.33	266
1999	3316					11.06	5.85	5.21	267
2000	3410	1757	1653	1432	1978	11.60	5.85	5.75	275
2001	3445	1775	1670	1473	1972	11.56	5.52	6.04	278
2002	3476	1790	1686	1587	1889	11.35	5.57	5.78	280
2003	3502	1805	1697	1624	1878	11.43	5.58	5.85	282
2004	3529	1818	1711	1681	1848	11.58	5.62	5.96	285
2005	3557	1793	1764	1758	1799	11.60	5.62	5.98	287
2006	3585	1810	1775	1807	1778	12.00	5.75	6.25	289
2007	3612	1824	1788	1856	1756	12.00	5.90	6.10	291
2008	3639	1830	1809	1929	1710	12.20	5.90	6.30	293
2009	3666	1848	1818	2019	1647	12.20	6.00	6.20	296
2010	3693	1900	1793	2109	1584	11.27	5.16	6.11	298
2011	3720	1912	1808	2161	1559	11.41	5.20	6.21	300
2012	3748	1927	1821	2234	1514	12.74	5.73	7.01	302
2013	3774	1938	1836	2293	1481	12.20	6.01	6.19	304
2014	3806	1936	1870	2352	1454	13.70	6.20	7.50	307
2015	3839	1949	1890	2403	1436	13.90	6.10	7.80	310
2016	3874	1970	1904	2464	1410	14.50	6.20	8.30	313

地区生产总值（2016 年）

单位：亿元

地区	地区生产总值	第一产业	第二产业	第三产业	工业	建筑业	人均 GDP（元）
全省	**28519.15**	**2363.22**	**13844.96**	**12310.97**	**11449.29**	**2421.34**	**73951**
福州市	**6197.64**	**492.25**	**2590.43**	**3114.96**	**1978.83**	**621.46**	**82251**
福州市辖区							
鼓楼区	1283.16		235.39	1047.77	66.62	172.94	177232
台江区	402.83		79.55	323.28	24.41	56.18	84985
仓山区	478.46	2.62	253.37	222.47	232.70	21.90	59179
马尾区	426.10	6.12	264.55	155.43	243.04	22.22	168419
晋安区	553.73	5.12	189.69	358.93	121.31	68.83	65221
福清市	857.85	102.76	421.10	333.99	334.65	86.45	66526
长乐市	630.46	51.37	399.11	179.97	371.59	27.62	87808
闽侯县	484.00	38.65	288.71	156.63	255.96	33.98	68799
连江县	387.80	138.98	149.75	99.07	132.23	18.15	66690
罗源县	195.54	38.81	117.56	39.18	110.46	7.36	93560
闽清县	148.16	27.68	78.49	41.99	64.84	13.72	62252
永泰县	143.80	44.26	53.33	46.20	13.59	39.75	57063
平潭县	205.76	35.82	59.81	110.13	7.45	52.37	47301
厦门市	**3784.27**	**23.19**	**1544.59**	**2216.49**	**1307.47**	**254.81**	**97282**
厦门市辖区							
思明区	1174.35	1.51	147.22	1025.62	78.76	68.46	118025
海沧区	530.04	1.04	313.62	215.37	274.67	38.96	157375
湖里区	819.73		343.66	476.07	319.17	42.19	80405
集美区	547.50	1.81	262.74	282.95	217.11	45.64	84231
同安区	328.84	9.96	197.98	120.90	175.59	22.39	59822
翔安区	383.82	8.86	279.37	95.59	242.19	37.18	113221
莆田市	**1823.43**	**126.45**	**1022.45**	**674.53**	**843.21**	**192.66**	**63314**
莆田市辖区							
城厢区	318.92	11.73	136.85	170.34	99.09	39.34	74081
涵江区	428.72	17.67	288.70	122.35	265.67	27.26	88396
荔城区	367.61	18.66	215.61	133.34	178.85	39.61	70830
秀屿区	368.86	46.02	211.93	110.91	154.45	59.93	62519
仙游县	339.32	32.37	169.36	137.59	145.15	26.52	39663
三明市	**1860.82**	**275.59**	**932.20**	**653.03**	**751.82**	**180.38**	**73261**
三明市辖区							
梅列区	246.92	4.43	125.92	116.58	113.23	12.68	137026
三元区	131.75	13.33	68.82	49.61	56.11	12.71	65711
永安市	337.24	30.37	193.01	113.86	171.57	21.44	95916
明溪县	64.53	15.49	27.96	21.08	20.95	7.01	63203
清流县	89.02	17.26	42.31	29.44	29.12	13.20	65312
宁化县	118.70	27.68	51.25	39.76	34.68	16.58	42018
大田县	174.52	32.56	87.52	54.44	76.34	11.18	55491
尤溪县	205.78	51.48	86.63	67.67	66.21	20.42	57714
沙县	205.90	29.06	109.94	66.90	93.33	16.61	89386
将乐县	108.64	17.87	56.99	33.78	40.51	16.48	72138
泰宁县	90.27	16.94	38.78	34.56	28.15	10.63	80204
建宁县	87.55	19.12	43.08	25.35	21.63	21.46	71616
泉州市	**6646.63**	**198.49**	**3886.68**	**2561.46**	**3465.02**	**425.88**	**77784**
泉州市辖区							
鲤城区	410.11	0.13	235.95	174.04	216.93	19.33	94387
丰泽区	518.18	1.47	180.03	336.68	120.85	59.19	91229

（续）

地　区	地区生产总　值	第一产业	第二产业	第三产业	工业	建筑业	人均GDP（元）
洛江区	154.59	4.33	113.88	36.39	102.10	11.77	73439
泉港区	407.39	11.60	294.91	100.88	257.02	37.89	124584
石狮市	703.68	23.57	370.54	309.57	333.42	37.43	102652
晋江市	1744.24	21.32	1060.03	662.89	997.83	66.42	83657
南安市	898.14	28.17	541.28	328.69	499.31	42.16	60583
惠安县	819.23	30.29	548.97	239.97	472.73	76.31	82005
安溪县	466.37	41.62	245.40	179.36	215.09	30.39	46244
永春县	329.62	25.72	181.00	122.90	161.34	19.66	71813
德化县	194.31	10.28	112.56	71.46	87.23	25.34	68060
漳州市	**3125.35**	**415.59**	**1461.11**	**1248.64**	**1220.17**	**241.00**	**62196**
漳州市辖区							
芗城区	526.00	9.18	227.08	289.74	184.46	42.67	89228
龙文区	190.80	5.63	96.28	88.89	73.53	22.75	100952
龙海市	723.24	64.42	393.84	264.98	324.92	68.92	77249
云霄县	179.72	30.13	83.29	66.31	72.23	11.06	42841
漳浦县	342.79	74.43	120.09	148.27	89.09	31.00	41634
诏安县	220.66	44.46	93.94	82.26	79.90	14.04	36141
长泰县	209.15	16.36	127.79	65.00	122.20	5.59	94617
东山县	175.90	33.66	82.37	59.87	72.38	9.98	79973
南靖县	242.87	50.78	116.02	76.08	105.18	10.84	70705
平和县	195.04	57.57	60.20	77.27	45.87	14.33	38333
华安县	119.18	28.99	60.22	29.97	50.41	9.81	72871
南平市	**1457.74**	**322.30**	**614.24**	**521.19**	**455.66**	**158.58**	**55009**
南平市辖区							
延平区	298.66	38.72	146.36	113.58	87.99	58.37	63075
建阳区	164.59	35.29	79.30	50.00	65.68	13.62	53094
邵武市	205.96	31.79	98.39	75.78	83.86	14.53	75168
武夷山市	150.33	27.27	58.68	64.38	34.20	24.48	64519
建瓯市	218.11	56.85	83.39	77.87	62.17	21.22	48254
顺昌县	98.67	21.48	36.32	40.87	29.60	6.72	52206
浦城县	135.03	40.60	48.73	45.70	38.58	10.15	45388
光泽县	82.98	38.58	25.27	19.13	22.48	2.79	61695
松溪县	46.64	13.48	17.32	15.84	13.09	4.23	38867
政和县	56.77	18.25	20.48	18.04	18.01	2.47	34096
龙岩市	**1895.67**	**223.39**	**966.67**	**705.61**	**765.95**	**200.72**	**72354**
龙岩市辖区							
新罗区	692.26	29.51	398.60	264.15	326.28	72.31	96214
永定区	214.61	32.77	107.06	74.77	87.35	19.71	59285
漳平市	203.76	27.85	87.78	88.12	67.23	20.54	84373
长汀县	184.85	31.25	87.08	66.52	64.03	23.05	46097
上杭县	276.33	35.54	151.52	89.27	116.41	35.10	74083
武平县	161.66	35.03	66.15	60.48	46.83	19.33	58467
连城县	162.21	31.44	68.48	62.29	57.81	10.67	65805
宁德市	**1623.11**	**285.97**	**806.70**	**530.44**	**663.17**	**145.04**	**56358**
宁德市辖区							
蕉城区	300.19	38.06	135.25	126.88	84.51	50.94	67489
福安市	378.76	48.96	231.42	98.37	210.89	21.00	66072
福鼎市	333.08	47.07	198.76	87.25	181.52	17.67	61825
霞浦县	201.67	59.62	59.67	82.38	39.56	20.20	43323
古田县	161.27	41.54	63.62	56.10	54.50	9.24	48877
屏南县	69.74	15.38	29.12	25.24	23.84	5.33	50173
寿宁县	74.59	16.80	35.16	22.63	24.16	11.05	41670
周宁县	52.86	9.58	26.88	16.41	21.06	5.86	44142
柘荣县	50.94	8.96	26.81	15.17	23.12	3.74	56600

地区生产总值指数（2016 年）

单位：以上年为 100

地 区	地区生产总值	第一产业	第二产业	第三产业	工业	建筑业	人均 GDP（元）
全 省	**108.4**	**103.6**	**106.8**	**111.3**	**106.8**	**106.9**	**107.5**
福州市	**108.5**	**104.1**	**106.7**	**110.7**	**106.7**	**107.3**	**107.4**
福州市辖区							
鼓楼区	109.3		102.9	111.0	93.3	107.1	108.4
台江区	108.3		102.8	109.8	93.7	106.9	106.8
仓山区	109.3	101.5	106.1	113.4	105.9	108.2	108.1
马尾区	108.1	104.0	106.9	110.4	106.7	108.1	106.6
晋安区	110.1	105.0	107.7	111.5	107.9	107.2	108.9
福清市	108.5	102.6	107.4	111.9	107.4	107.1	107.8
长乐市	109.5	105.0	107.6	115.5	107.5	108.3	108.6
闽侯县	109.3	105.7	107.9	112.8	107.9	107.5	108.5
连江县	106.5	105.6	108.6	104.4	108.8	107.1	106.0
罗源县	106.5	105.5	105.5	110.3	105.4	107.3	106.2
闽清县	104.4	104.1	101.2	111.3	99.6	109.2	104.0
永泰县	107.7	105.3	108.1	109.4	107.4	108.3	107.2
平潭县	106.2	91.9	102.7	113.6	84.0	106.2	103.7
厦门市	**107.9**	**94.9**	**105.7**	**109.8**	**105.5**	**106.7**	**106.4**
厦门市辖区							
思明区	108.3	84.1	98.3	109.8	104.1	93.0	107.4
海沧区	107.0	89.6	105.1	110.5	102.0	135.5	104.4
湖里区	107.5		105.7	109.1	106.4	102.1	106.6
集美区	108.7	82.6	106.7	111.2	107.2	104.7	106.8
同安区	108.1	97.2	108.4	108.6	107.6	114.7	106.1
翔安区	107.5	103.1	107.4	108.2	106.2	116.4	104.8
莆田市	**108.9**	**100.9**	**107.8**	**112.4**	**107.8**	**107.6**	**108.2**
莆田市辖区							
城厢区	108.9	100.1	106.5	111.4	108.2	102.7	108.1
涵江区	108.0	101.1	107.6	110.2	108.0	103.2	107.5
荔城区	108.9	100.6	106.8	113.5	108.0	102.1	108.0
秀屿区	110.4	102.0	110.1	114.5	108.3	114.9	109.6
仙游县	108.8	99.8	107.5	112.9	106.5	113.1	108.0
三明市	**107.8**	**104.2**	**107.3**	**110.0**	**107.6**	**106.4**	**106.9**
三明市辖区							
梅列区	107.0	101.8	107.4	106.8	107.5	106.1	106.3
三元区	107.4	103.1	107.3	108.7	107.4	106.8	106.8
永安市	108.0	105.1	107.5	109.7	107.5	107.7	107.2
明溪县	108.9	105.9	107.6	113.1	107.3	108.5	108.3
清流县	109.0	105.8	107.7	113.1	107.5	108.1	108.4
宁化县	108.4	104.1	108.0	111.9	107.8	108.5	106.6
大田县	108.6	103.4	107.5	113.5	108.1	103.5	107.7
尤溪县	107.9	103.3	107.0	112.6	108.2	103.6	107.1
沙县	107.2	104.3	107.8	107.4	104.9	107.3	106.5
将乐县	106.7	104.3	107.3	106.8	106.7	108.7	105.9
泰宁县	107.8	104.8	106.0	111.4	106.4	104.8	106.7
建宁县	108.2	104.8	105.5	116.1	106.8	104.2	107.5
泉州市	**108.0**	**102.3**	**107.0**	**110.1**	**107.0**	**106.9**	**107.1**
泉州市辖区							
鲤城区	107.1	109.3	105.9	108.8	105.8	106.8	105.9
丰泽区	108.3	104.6	102.3	112.0	100.3	106.9	106.8
洛江区	108.1	102.2	108.2	108.5	108.3	107.1	107.1
泉港区	108.1	101.3	108.6	107.4	108.9	106.8	107.2

（续）

地　区	地区生产总值	第一产业	第二产业	第三产业	工业	建筑业	人均GDP（元）
石狮市	108.1	102.5	106.3	110.9	106.3	106.7	107.1
晋江市	107.8	102.7	104.9	113.1	105.1	106.9	107.1
南安市	108.6	104.1	109.4	107.6	109.6	106.6	107.7
惠安县	108.0	99.9	108.4	108.3	108.6	106.9	107.0
安溪县	108.0	103.2	107.9	109.1	108.0	107.1	107.2
永春县	108.3	103.8	108.4	109.1	108.7	106.5	107.7
德化县	106.2	101.6	103.9	110.8	102.9	107.2	105.2
漳州市	**109.3**	**104.1**	**107.8**	**113.1**	**108.0**	**107.3**	**108.4**
漳州市辖区							
芗城区	110.0	104.3	110.1	110.2	110.2	109.9	109.4
龙文区	112.0	101.4	108.3	117.2	110.5	101.8	110.4
龙海市	109.7	102.6	107.4	115.3	108.2	103.8	108.8
云霄县	111.8	105.1	110.9	116.5	111.4	107.6	111.2
漳浦县	101.9	103.8	92.3	110.6	86.9	112.0	100.9
诏安县	112.5	105.8	111.4	117.8	111.6	110.8	111.4
长泰县	110.2	99.4	110.6	112.7	110.9	106.0	108.7
东山县	109.7	105.1	109.9	112.4	110.2	107.7	108.9
南靖县	110.3	104.5	110.3	114.4	110.8	106.0	109.4
平和县	108.8	104.3	112.2	109.4	112.1	112.4	107.3
华安县	110.5	105.6	111.1	114.3	111.4	109.8	109.8
南平市	**106.8**	**104.3**	**106.7**	**108.3**	**107.0**	**105.9**	**105.9**
南平市辖区							
延平区	106.5	103.3	106.5	107.5	107.8	104.6	105.9
建阳区	106.8	102.7	105.9	111.4	105.4	108.0	103.3
邵武市	105.8	97.8	107.0	107.9	106.9	107.4	105.7
武夷山市	106.4	104.2	106.1	107.5	107.4	104.3	105.7
建瓯市	107.9	105.8	107.5	109.8	107.2	108.5	107.8
顺昌县	106.8	103.5	107.2	108.1	107.0	107.9	105.9
浦城县	109.3	114.1	106.8	108.4	107.5	104.3	109.3
光泽县	102.5	98.1	106.4	106.2	106.6	105.4	101.7
松溪县	106.8	104.1	107.4	108.5	107.2	108.3	105.5
政和县	109.0	115.0	107.1	106.2	107.1	107.7	108.4
龙岩市	**108.1**	**103.6**	**107.4**	**110.5**	**107.5**	**106.8**	**107.3**
龙岩市辖区							
新罗区	107.9	104.0	106.8	110.2	106.9	106.2	106.5
永定区	107.6	103.3	107.7	109.3	107.5	108.1	107.0
漳平市	108.1	103.4	106.8	111.0	107.2	105.1	107.4
长汀县	108.3	103.8	108.2	110.5	108.3	108.0	107.7
上杭县	108.6	103.7	108.2	111.3	108.6	106.8	108.0
武平县	108.5	103.6	108.4	111.4	108.6	108.1	107.9
连城县	108.0	103.6	107.2	111.2	107.2	107.4	107.3
宁德市	**107.5**	**103.9**	**107.3**	**109.5**	**107.6**	**105.9**	**106.7**
宁德市辖区							
蕉城区	108.1	104.6	106.6	110.6	110.0	101.8	107.4
福安市	107.0	104.2	107.2	107.9	107.2	107.6	106.5
福鼎市	107.7	104.0	107.8	109.2	107.4	112.2	107.2
霞浦县	107.3	103.2	107.0	110.3	107.1	106.9	106.9
古田县	107.2	104.2	106.0	111.0	106.4	103.3	106.5
屏南县	108.2	104.5	109.2	109.4	108.2	113.7	106.9
寿宁县	107.5	103.6	110.3	106.1	108.4	114.6	106.4
周宁县	107.1	102.8	106.7	110.3	108.4	101.1	103.2
柘荣县	107.0	103.6	107.3	108.1	108.3	101.6	106.1

年末户籍统计人口数（2016 年）

单位：万人

地区	年末户籍统计总人口	按城乡分		按性别分	
		非农业	农业	男	女
全省	**3769.98**	**1716.44**	**2053.54**	**1942.86**	**1827.12**
福州市	**687.06**	**386.63**	**300.44**	**351.64**	**335.42**
福州市辖区	203.06	194.69	8.37	100.54	102.53
鼓楼区	57.84	57.84		28.71	29.14
台江区	32.63	32.63		16.20	16.43
仓山区	55.59	55.59		27.36	28.23
马尾区	17.45	12.48	4.97	8.72	8.73
晋安区	39.55	36.15	3.40	19.55	20.00
福清市	135.87	57.43	78.44	70.11	65.76
长乐市	72.55	35.49	37.07	38.15	34.40
闽侯县	67.34	29.24	38.10	34.55	32.79
连江县	67.09	28.78	38.31	34.79	32.31
罗源县	26.65	9.56	17.09	13.93	12.73
闽清县	32.36	10.46	21.90	17.04	15.33
永泰县	38.35	9.87	28.48	20.37	17.98
平潭县	43.78	11.10	32.68	22.18	21.61
厦门市	**219.51**	**175.71**	**43.80**	**108.68**	**110.82**
厦门市辖区	219.51	175.71	43.80	108.68	110.82
思明区	74.98	74.98		36.60	38.38
海沧区	17.89	15.35	2.54	8.79	9.10
湖里区	29.86	29.86		14.99	14.87
集美区	26.25	22.50	3.74	13.00	13.25
同安区	36.68	20.05	16.63	18.36	18.32
翔安区	33.86	12.97	20.89	16.95	16.90
莆田市	**349.88**	**142.64**	**207.24**	**178.81**	**171.07**
莆田市辖区	234.55	99.77	134.78	119.32	115.23
城厢区	41.30	19.72	21.58	20.84	20.47
涵江区	44.60	28.72	15.89	22.15	22.45
荔城区	55.94	30.25	25.70	28.14	27.80
秀屿区	92.70	21.09	71.61	48.19	44.51
仙游县	115.33	42.87	72.46	59.49	55.84
三明市	**286.85**	**102.58**	**184.26**	**150.06**	**136.79**
三明市辖区	28.36	22.72	5.64	14.31	14.05
梅列区	14.37	13.03	1.34	7.20	7.17
三元区	13.99	9.69	4.30	7.11	6.88
永安市	33.26	18.43	14.83	17.12	16.14
明溪县	11.87	3.76	8.11	6.15	5.72
清流县	15.70	4.71	10.99	8.19	7.51
宁化县	37.91	9.17	28.74	19.88	18.03
大田县	40.24	11.25	28.99	21.86	18.38
尤溪县	44.47	10.55	33.92	23.84	20.63
沙县	26.92	9.47	17.46	13.86	13.06
将乐县	18.63	5.36	13.27	9.67	8.96
泰宁县	13.78	3.57	10.21	7.13	6.66
建宁县	15.70	3.60	12.10	8.04	7.65
泉州市	**732.30**	**358.17**	**374.14**	**379.42**	**352.89**
泉州市辖区	109.50	74.34	35.16	55.19	54.31
鲤城区	25.33	25.33		12.48	12.85
丰泽区	24.47	24.47		11.94	12.53
洛江区	19.04	5.17	13.87	9.93	9.10
泉港区	40.67	19.38	21.29	20.84	19.83

（续）

地区	年末户籍统计总人口	按城乡分		按性别分	
		非农业	农业	男	女
石狮市	33.20	24.42	8.78	16.91	16.29
晋江市	113.23	60.91	52.32	57.99	55.24
南安市	161.32	85.82	75.50	84.68	76.64
惠安县	101.65	46.36	55.28	51.07	50.58
安溪县	120.05	28.48	91.56	64.23	55.81
永春县	59.72	27.57	32.14	31.50	28.21
德化县	33.64	10.25	23.38	17.84	15.80
漳州市	**508.19**	**185.74**	**322.45**	**260.96**	**247.24**
漳州市辖区	60.46	45.45	15.01	29.96	30.50
芗城区	45.82	35.86	9.96	22.64	23.18
龙文区	14.64	9.59	5.05	7.32	7.33
龙海市	87.43	29.67	57.75	43.97	43.45
云霄县	45.74	10.16	35.58	24.10	21.64
漳浦县	91.32	32.12	59.20	46.96	44.36
诏安县	66.02	10.51	55.50	34.49	31.53
长泰县	20.84	6.09	14.75	10.58	10.27
东山县	21.67	12.05	9.63	10.91	10.76
南靖县	36.17	10.98	25.19	18.47	17.69
平和县	61.69	22.18	39.51	32.80	28.89
华安县	16.85	6.52	10.33	8.72	8.13
南平市	**321.26**	**110.50**	**210.75**	**165.85**	**155.41**
南平市辖区	86.13	36.26	49.87	44.25	41.88
延平区	50.45	24.73	25.72	25.95	24.50
建阳区	35.68	11.53	24.15	18.30	17.38
邵武市	30.87	13.16	17.71	15.80	15.06
武夷山市	24.29	10.01	14.28	12.36	11.93
建瓯市	55.54	16.89	38.66	28.64	26.90
顺昌县	23.85	8.71	15.14	12.27	11.58
浦城县	43.52	9.49	34.03	22.44	21.08
光泽县	16.53	4.58	11.95	8.63	7.91
松溪县	16.86	4.88	11.97	8.77	8.09
政和县	23.65	6.51	17.14	12.69	10.96
龙岩市	**313.29**	**130.28**	**183.00**	**162.54**	**150.75**
龙岩市辖区	103.09	52.91	50.18	52.77	50.32
新罗区	52.26	37.09	15.18	26.27	25.99
永定区	50.82	15.82	35.00	26.50	24.33
漳平市	29.72	11.48	18.25	15.64	14.09
长汀县	53.79	20.38	33.41	28.43	25.36
上杭县	52.62	18.28	34.34	27.01	25.61
武平县	39.56	15.26	24.30	20.49	19.07
连城县	34.50	11.98	22.52	18.20	16.30
宁德市	**351.64**	**124.19**	**227.45**	**184.91**	**166.73**
宁德市辖区	48.81	21.55	27.26	24.98	23.83
蕉城区	48.81	21.55	27.26	24.98	23.83
福安市	66.93	25.78	41.14	35.33	31.60
福鼎市	59.94	19.67	40.27	31.18	28.76
霞浦县	54.82	18.41	36.41	28.98	25.84
古田县	43.17	13.66	29.51	22.77	20.40
屏南县	19.25	5.60	13.65	10.30	8.95
寿宁县	26.52	8.19	18.34	14.19	12.34
周宁县	21.24	7.29	13.95	11.43	9.80
柘荣县	10.97	4.05	6.92	5.76	5.21

年末常住人口数（2016 年）

单位：万人

地　区	常住人口数	城镇人口	乡村人口	城镇化水平（%）
全　省	**3874.00**	**2463.93**	**1410.07**	**63.6**
福州市	**757.00**	**518.80**	**238.20**	**68.5**
福州市辖区	313.00	305.51	7.49	97.6
鼓楼区	72.80	72.80		100.0
台江区	47.80	47.80		100.0
仓山区	81.40	81.40		100.0
马尾区	25.50	18.61	6.89	73.0
晋安区	85.50	84.90	0.60	99.3
福清市	129.30	63.74	65.56	49.3
长乐市	72.10	36.05	36.05	50.0
闽侯县	70.50	38.28	32.22	54.3
连江县	58.20	26.13	32.07	44.9
罗源县	20.90	9.25	11.65	44.3
闽清县	23.80	9.33	14.47	39.2
永泰县	25.20	10.10	15.10	40.1
平潭县	44.00	20.41	23.59	46.4
厦门市	**392.00**	**348.90**	**43.10**	**89.0**
厦门市辖区	392.00	348.90	43.10	89.0
思明区	99.90	99.90		100.0
海沧区	34.16	31.09	3.07	91.0
湖里区	102.40	102.40		100.0
集美区	65.60	57.07	8.53	87.0
同安区	55.54	38.60	16.94	69.5
翔安区	34.40	19.84	14.56	57.7
莆田市	**289.00**	**167.91**	**121.09**	**58.1**
莆田市辖区	203.10	131.07	72.03	64.5
城厢区	43.20	30.24	12.96	70.0
涵江区	48.60	38.15	10.45	78.5
荔城区	52.10	37.30	14.80	71.6
秀屿区	59.20	25.38	33.82	42.9
仙游县	85.90	36.84	49.06	42.9
三明市	**255.00**	**146.62**	**108.38**	**57.5**
三明市辖区	38.24	34.91	3.33	91.3
梅列区	18.14	17.76	0.38	97.9
三元区	20.10	17.15	2.95	85.3
永安市	35.32	23.84	11.48	67.5
明溪县	10.22	5.21	5.01	51.0
清流县	13.66	6.34	7.32	46.4
宁化县	28.40	12.13	16.27	42.7
大田县	31.60	15.39	16.21	48.7
尤溪县	35.81	15.44	20.37	43.1
沙县	23.07	14.54	8.53	63.0
将乐县	15.12	8.04	7.08	53.2
泰宁县	11.31	5.52	5.79	48.8
建宁县	12.25	5.26	6.99	42.9
泉州市	**858.00**	**553.41**	**304.59**	**64.5**
泉州市辖区	154.90	129.16	25.74	83.4
鲤城区	43.70	43.70		100.0
丰泽区	57.10	57.10		100.0
洛江区	21.20	11.98	9.22	56.5
泉港区	32.90	16.38	16.52	49.8

(续)

地区	常住人口数	城镇人口	乡村人口	城镇化水平(%)
石狮市	68.80	53.94	14.86	78.4
晋江市	209.20	135.77	73.43	64.9
南安市	148.90	84.58	64.32	56.8
惠安县	100.30	56.54	43.76	56.4
安溪县	101.20	45.24	55.96	44.7
永春县	46.00	26.91	19.09	58.5
德化县	28.70	21.27	7.43	74.1
漳州市	**505.00**	**283.81**	**221.19**	**56.2**
漳州市辖区	78.20	70.51	7.69	90.2
芗城区	59.10	53.66	5.44	90.8
龙文区	19.10	16.85	2.25	88.2
龙海市	93.95	52.71	41.24	56.1
云霄县	42.00	20.24	21.76	48.2
漳浦县	82.77	41.63	41.14	50.3
诏安县	61.41	26.16	35.25	42.6
长泰县	22.31	11.94	10.37	53.5
东山县	22.09	12.53	9.56	56.7
南靖县	34.50	17.11	17.39	49.6
平和县	51.36	22.65	28.71	44.1
华安县	16.41	8.33	8.08	50.8
南平市	**266.00**	**145.77**	**120.23**	**54.8**
南平市辖区	78.70	49.42	29.28	62.8
延平区	47.50	31.92	15.58	67.2
建阳区	31.20	17.50	13.70	56.1
邵武市	27.50	18.65	8.85	67.8
武夷山市	23.40	13.15	10.25	56.2
建瓯市	45.30	22.42	22.88	49.5
顺昌县	19.00	9.35	9.65	49.2
浦城县	29.80	13.77	16.03	46.2
光泽县	13.50	6.17	7.33	45.7
松溪县	12.10	5.44	6.66	45.0
政和县	16.70	7.40	9.30	44.3
龙岩市	**263.00**	**141.49**	**121.51**	**53.8**
龙岩市辖区	108.80	67.99	40.81	62.5
新罗区	72.50	51.55	20.95	71.1
永定区	36.30	16.44	19.86	45.3
漳平市	24.20	13.12	11.08	54.2
长汀县	40.20	19.45	20.75	48.4
上杭县	37.40	17.13	20.27	45.8
武平县	27.70	13.13	14.57	47.4
连城县	24.70	10.67	14.03	43.2
宁德市	**289.00**	**157.22**	**131.78**	**54.4**
宁德市辖区	44.60	28.41	16.19	63.7
蕉城区	44.60	28.41	16.19	63.7
福安市	57.45	35.96	21.49	62.6
福鼎市	54.00	31.37	22.63	58.1
霞浦县	46.65	21.46	25.19	46.0
古田县	33.10	14.27	18.83	43.1
屏南县	14.00	5.98	8.02	42.7
寿宁县	18.00	8.37	9.63	46.5
周宁县	12.15	5.94	6.21	48.9
柘荣县	9.05	5.46	3.59	60.3

城镇单位在岗职工平均工资（2016年）

单位：元

地　区	在岗职工平均工资	国　有	城镇集体	其　他	在岗职工平均工资比上年增长（%）
全　省	**63138**	**80833**	**59466**	**57629**	**7.5**
福州市	**67630**	**84476**	**48249**	**62447**	**8.2**
福州市辖区	69011	89169	46482	62870	9.2
鼓楼区	70366	90370	48214	63197	6.7
台江区	69381	93938	51326	61295	9.5
仓山区	67843	80728	48288	64466	11.8
马尾区	67149	81704	47137	65546	9.6
晋安区	66653	91691	39774	57812	11.8
福清市	67180	77072	48489	64934	12.4
长乐市	64845	72403	45601	62771	1.5
闽侯县	68348	84448	43995	62066	7.2
连江县	61103	77518	64869	53510	7.2
罗源县	59810	73144	59320	54169	7.6
闽清县	64412	70564	49217	63511	—0.3
永泰县	62688	65979	56335	61793	1.1
平潭县	67269	87418		47682	6.3
厦门市	**69218**	**109606**	**66928**	**63267**	**7.6**
厦门市辖区	69218	109606	66928	63267	7.6
思明区	76599	118278	68206	67099	7.5
海沧区	69158	92337	50878	67509	6.3
湖里区	66757	94217	67136	64748	8.2
集美区	62384	100055	66900	56009	8.9
同安区	60530	99472	74556	54057	8.4
翔安区	59739	115065	33771	55129	5.5
莆田市	**56511**	**79465**	**60776**	**51572**	**7.9**
莆田市辖区	57477	82977	59576	52612	7.1
城厢区	63854	94070	64980	50339	8.4
涵江区	50500	79264	56438	47200	6.4
荔城区	56655	75590	68206	55040	4.4
秀屿区	61541	66991	51774	60209	10.9
仙游县	51694	68387	63091	45636	11.3
三明市	**62712**	**69602**	**52392**	**55885**	**8.5**
三明市辖区	69353	79171	50583	64417	8.7
梅列区	68673	80824	49745	65224	9.6
三元区	61791	61704	61467	61813	7.9
永安市	63699	77420	56276	50356	10.6
明溪县	57974	61474	44943	51113	7.8
清流县	51291	63702	59036	43684	3.2
宁化县	64781	70757	48963	44317	3.1
大田县	53670	61367	48484	37019	8.2
尤溪县	62501	65944	64580	52113	9.2
沙县	60129	70225	50886	50939	12.0
将乐县	58221	58916	71123	53518	5.8
泰宁县	60398	60819	61968	58764	8.0
建宁县	57921	61527	56210	49440	6.4
泉州市	**57141**	**81537**	**69162**	**52326**	**5.7**
泉州市辖区	60141	80072	73900	52080	3.6
鲤城区	50031	61070	71199	43608	6.5
丰泽区	61482	76339	86333	58498	3.5
洛江区	48654	81136	71066	44569	7.4
泉港区	61954	71769	47262	57261	6.4

（续）

地区	在岗职工平均工资	国有	城镇集体	其他	在岗职工平均工资比上年增长（%）
石狮市	59354	74226	40637	58601	－0.6
晋江市	53025	94000	74253	49289	9.3
南安市	58860	77327	71431	53270	5.9
惠安县	55189	72842	54190	53481	－1.0
安溪县	58906	85036	86502	52617	10.1
永春县	55600	80929	74235	48901	12.9
德化县	53049	71670	49697	43882	20.3
漳州市	**61085**	**76813**	**78023**	**54344**	**8.6**
漳州市辖区	63487	92291	46755	51379	9.1
芗城区	64851	93604	46318	50344	9.1
龙文区	58885	83195	60821	54109	9.3
龙海市	64634	75592	114389	61420	6.0
云霄县	57028	66172	78739	51198	6.9
漳浦县	57248	65953	75492	52431	6.0
诏安县	52268	59483	62073	47768	13.1
长泰县	57746	81098	95031	52747	6.6
东山县	64937	78482	101314	46345	9.5
南靖县	59548	73662	56245	52402	16.7
平和县	58165	63348	87650	51507	15.6
华安县	64907	71650	64917	62316	11.2
南平市	**59537**	**68844**	**52055**	**49936**	**8.1**
南平市辖区	63743	76202	55895	53533	8.7
延平区	64892	79024	54827	54808	8.6
建阳区	59430	68452	57892	46750	9.4
邵武市	55014	70291	57098	46400	7.4
武夷山市	57273	61275	47788	48037	7.2
建瓯市	60583	64260	46565	54375	5.5
顺昌县	55907	65240	43249	42154	12.7
浦城县	57940	69995	61799	44164	7.2
光泽县	57486	61046	46120	41178	9.5
松溪县	57775	63835	55200	40689	10.6
政和县	50244	56524	41330	41608	10.4
龙岩市	**59329**	**69003**	**60987**	**51958**	**7.0**
龙岩市辖区	65925	72505	65892	58988	7.1
新罗区	68818	75572	70218	62130	6.5
永定区	57004	64003	60747	47176	8.0
漳平市	52310	64418	75388	43461	4.5
长汀县	50697	66672	59097	44453	6.6
上杭县	62472	71673	25856	58350	6.4
武平县	51078	65167	44248	39789	7.7
连城县	54070	57668	54014	46723	13.6
宁德市	**61309**	**63617**	**57371**	**59712**	**8.3**
宁德市辖区	67072	69547	80443	65611	10.1
蕉城区	67072	69547	80443	65611	10.1
福安市	64936	67161	38009	64473	12.2
福鼎市	57858	67408	64899	54075	2.6
霞浦县	55920	57403	53624	51267	6.0
古田县	52452	59998	52737	43918	7.7
屏南县	54537	56093	80802	45319	8.4
寿宁县	53899	57518	50706	46977	4.1
周宁县	52745	54424	44909	49206	5.2
柘荣县	56746	52575	55400	63393	5.9

城乡居民人均可支配收入（2016 年）

单位：元

地　区	城镇居民人均可支配收入		农村居民人均可支配收入	
	数值	增长（%）	数值	增长（%）
全　省	**36014**	**8.2**	**14999**	**8.7**
福州市	**37833**	**8.2**	**16346**	**7.5**
福州市辖区				
鼓楼区	44364	8.6		
台江区	41133	8.8		
仓山区	34736	7.6		
马尾区	41415	8.2	21241	7.2
晋安区	38467	8.0	16701	6.7
福清市	38077	8.9	19230	7.8
长乐市	39231	7.7	18835	8.5
闽侯县	35531	7.2	15646	7.5
连江县	30942	7.0	14967	8.2
罗源县	28120	7.8	12790	7.0
闽清县	26781	7.4	12168	6.3
永泰县	26135	8.5	11790	6.5
平潭县	33296	8.4	13609	7.6
厦门市	**46254**	**8.6**	**18885**	**7.6**
厦门市辖区				
思明区	55840	8.5		
海沧区	42146	8.7	23551	7.0
湖里区	45850	8.4		
集美区	41110	8.7	22999	7.8
同安区	38688	8.3	17439	7.2
翔安区	32988	10.3	16991	8.0
莆田市	**31818**	**8.7**	**15131**	**9.0**
莆田市辖区				
城厢区	36426	8.5	17002	8.6
涵江区	30273	8.2	14680	8.4
荔城区	35816	8.8	16875	8.9
秀屿区	26475	7.9	15602	9.3
仙游县	27313	9.3	13711	9.1
三明市	**29677**	**8.3**	**13918**	**8.7**
三明市辖区				
梅列区	33803	8.6	15393	9.4
三元区	32301	10.1	16170	9.6
永安市	30804	8.0	15085	8.8
明溪县	25558	7.7	12861	6.3
清流县	25863	8.1	13217	7.2
宁化县	23975	9.0	12538	10.3
大田县	29700	9.1	14094	9.0
尤溪县	28483	7.5	14429	9.2
沙　县	30522	8.9	15736	8.3
将乐县	28349	6.6	13714	8.3
泰宁县	27185	7.2	13106	8.4
建宁县	24283	8.8	12849	9.6
泉州市	**39656**	**6.4**	**17179**	**8.3**
泉州市辖区				
鲤城区	38652	3.6		
丰泽区	46991	6.0		
洛江区	34911	6.3	14597	8.1
泉港区	30018	6.2	16866	8.2

（续）

地区	城镇居民人均可支配收入		农村居民人均可支配收入	
	数值	增长（%）	数值	增长（%）
石狮市	50730	7.5	21097	7.5
晋江市	42597	6.4	19882	9.4
南安市	39093	6.9	18250	8.7
惠安县	37526	6.1	17336	8.6
安溪县	27247	7.6	14004	7.6
永春县	27885	6.5	13517	7.7
德化县	28887	7.0	13015	8.8
漳州市	**30726**	**9.4**	**15320**	**10.5**
漳州市辖区				
芗城区	34009	10.0	15356	10.9
龙文区	35067	9.4	16687	10.7
龙海市	31621	9.7	16101	10.5
云霄县	27588	9.0	14047	10.1
漳浦县	30689	9.9	16535	11.3
诏安县	25432	7.1	13708	10.6
长泰县	31604	10.4	16136	9.5
东山县	30845	9.6	17888	11.5
南靖县	28202	8.1	14313	10.0
平和县	27556	9.0	14827	9.8
华安县	28746	9.2	14974	9.7
南平市	**27818**	**6.5**	**13331**	**8.7**
南平市辖区				
延平区	28984	5.8	14822	8.1
建阳区	28065	5.3	13357	8.1
邵武市	29159	6.2	15286	7.9
武夷山市	28958	6.8	14622	9.0
建瓯市	27827	6.0	14600	8.8
顺昌县	25324	8.1	12734	9.6
浦城县	26075	7.2	12134	7.5
光泽县	25178	7.6	11444	8.4
松溪县	24364	5.8	10267	9.5
政和县	24849	7.0	10559	9.9
龙岩市	**30408**	**7.8**	**14429**	**8.7**
龙岩市辖区				
新罗区	33952	7.1	17501	9.2
永定区	32138	7.3	15352	8.6
漳平市	29056	8.1	14496	8.3
长汀县	21268	7.7	12766	9.5
上杭县	33019	8.0	14074	9.0
武平县	28439	8.6	13676	8.7
连城县	26265	8.4	12810	8.0
宁德市	**28164**	**8.2**	**13516**	**9.1**
宁德市辖区				
蕉城区	29134	7.6	13565	10.3
福安市	30084	9.0	14146	9.0
福鼎市	29957	8.0	13903	9.9
霞浦县	28249	8.9	13736	9.6
古田县	26405	8.3	14209	8.4
屏南县	23093	8.6	12144	9.5
寿宁县	21897	8.2	11691	8.8
周宁县	24411	7.2	12620	9.2
柘荣县	23028	8.0	12105	8.5

固定资产投资（2016 年）

单位：亿元

地区	固定资产投资					
	投资额	增长（%）	项目投资		房地产开发	
			投资额	增长（%）	投资额	增长（%）
全　省	**23107.49**	**8.5**	**18518.66**	**10.0**	**4588.83**	**2.7**
福州市	**5184.36**	**6.8**	**3504.92**	**0.9**	**1679.44**	**21.6**
福州市辖区	2181.98	3.1	1235.03	−10.9	946.95	29.8
鼓楼区	459.18	2.3	379.06	0.9	80.12	9.0
台江区	261.29	−32.9	156.50	−43.7	104.79	−5.9
仓山区	558.34	13.1	162.66	−0.6	395.68	19.9
马尾区	309.74	13.1	155.68	−16.1	154.06	74.7
晋安区	560.62	15.8	348.32	−2.7	212.30	68.1
福清市	867.52	13.3	747.12	13.4	120.40	12.8
长乐市	497.68	11.3	389.27	13.4	108.41	4.3
闽侯县	461.58	20.4	211.60	−1.9	249.98	49.0
连江县	474.25	−8.6	391.58	−9.1	82.67	−6.1
罗源县	137.82	0.4	130.65	43.9	7.17	−84.6
闽清县	77.61	25.2	60.34	40.8	17.28	−9.8
永泰县	89.10	11.4	43.31	27.1	45.79	−0.2
平潭县	396.81	15.6	296.03	9.8	100.78	36.9
厦门市	**2159.81**	**14.4**	**1394.01**	**25.2**	**765.80**	**−1.1**
厦门市辖区						
思明区	274.30	16.1	141.81	27.1	132.49	6.3
海沧区	430.22	16.4	283.36	20.4	146.86	9.5
湖里区	366.97	16.4	280.92	35.6	86.05	−20.4
集美区	377.92	−1.4	178.01	4.2	199.91	−5.9
同安区	271.76	19.8	156.33	9.0	115.43	38.2
翔安区	438.64	23.1	353.58	44.3	85.06	−23.6
莆田市	**1938.08**	**11.8**	**1584.77**	**20.3**	**353.31**	**−15.1**
莆田市辖区	1609.96	10.7	1308.81	18.3	301.14	−13.3
城厢区	211.11	−7.1	95.34	5.0	115.77	−15.2
涵江区	387.63	18.4	325.70	24.1	61.92	−4.9
荔城区	296.97	5.4	190.26	22.0	106.70	−15.2
秀屿区	705.90	16.5	689.15	17.6	16.75	−16.3
仙游县	328.12	17.3	275.96	30.6	52.16	−23.9
三明市	**2141.72**	**12.0**	**2037.36**	**14.3**	**104.37**	**−19.9**
三明市辖区	59.66	−36.1	59.66	−36.1		
梅列区	174.31	17.5	141.73	24.6	32.58	−6.0
三元区	199.27	16.5	194.65	15.0	4.62	144.1
永安市	284.47	10.0	271.09	14.4	13.38	−38.2
明溪县	91.05	19.6	89.10	18.2	1.95	164.7
清流县	98.83	8.5	98.14	9.5	0.68	−53.0
宁化县	175.37	14.1	163.59	18.3	11.78	−23.4
大田县	272.04	18.7	267.64	19.9	4.41	−27.8
尤溪县	220.85	14.7	217.25	21.1	3.60	−72.7
沙县	229.09	10.8	214.38	11.3	14.71	4.2
将乐县	122.40	13.0	112.22	19.3	10.18	−28.6
泰宁县	102.38	17.2	98.43	17.6	3.95	7.6
建宁县	112.01	17.4	109.48	18.6	2.52	−18.9
泉州市	**3748.01**	**10.0**	**3041.86**	**11.6**	**706.14**	**3.6**
泉州市辖区	768.43	11.6	517.04	21.8	251.39	−4.8
鲤城区	145.11	11.5	113.72	18.0	31.39	−7.3
丰泽区	295.33	6.7	115.11	41.3	180.21	−7.8

（续）

地区	固定资产投资					
	投资额	增长（%）	项目投资		房地产开发	
			投资额	增长（%）	投资额	增长（%）
洛江区	100.35	17.4	80.00	21.9	20.35	2.8
泉港区	227.64	16.1	208.21	14.9	19.43	30.0
石狮市	449.15	10.0	385.55	11.7	63.60	0.8
晋江市	914.90	3.2	720.03	1.2	194.87	11.1
南安市	558.17	12.0	516.10	12.1	42.07	11.1
惠安县	490.27	12.8	429.37	11.0	60.90	27.9
安溪县	326.41	16.0	258.18	17.7	68.23	10.0
永春县	129.04	16.5	118.62	17.9	10.42	2.1
德化县	111.65	14.1	96.98	26.9	14.67	−31.6
漳州市	**2827.93**	**12.4**	**2365.08**	**17.5**	**462.85**	**−7.9**
漳州市辖区	37.43	−2.1	37.43	−2.1		
芗城区	188.30	5.8	122.56	−13.0	65.75	77.4
龙文区	243.07	17.2	133.94	67.6	109.12	−14.4
龙海市	571.50	14.0	427.94	14.4	143.57	12.9
云霄县	245.44	25.1	233.48	36.4	11.96	−52.1
漳浦县	365.94	12.9	302.21	28.5	63.73	−28.2
诏安县	243.89	26.5	232.74	30.2	11.15	−20.6
长泰县	229.72	−18.0	213.34	−15.6	16.38	−40.3
东山县	176.12	9.9	166.79	16.1	9.33	−43.5
南靖县	246.40	19.4	232.87	23.6	13.53	−24.5
平和县	179.62	18.7	165.39	23.3	14.22	−17.3
华安县	100.49	25.2	96.40	26.2	4.09	5.4
南平市	**1694.40**	**−4.5**	**1536.60**	**−5.3**	**157.79**	**3.3**
南平市辖区	452.82	−12.1	368.84	−17.9	83.97	28.3
延平区	152.36	−22.2	120.66	−31.0	31.70	51.7
建阳区	275.87	−2.9	224.42	−7.2	51.46	21.4
邵武市	339.81	−1.4	325.12	1.1	14.70	−36.7
武夷山市	259.61	−13.8	243.87	−15.3	15.74	20.9
建瓯市	262.18	3.5	247.21	9.0	14.97	−43.6
顺昌县	71.89	17.8	67.84	18.9	4.05	1.6
浦城县	133.90	2.9	130.77	6.3	3.12	−56.1
光泽县	49.06	0.7	43.97	0.8	5.09	0.4
松溪县	54.88	1.0	44.32	−14.0	10.56	276.5
政和县	70.26	5.2	64.67	5.7	5.59	−0.8
龙岩市	**2188.04**	**15.2**	**2007.94**	**17.6**	**180.10**	**−6.8**
龙岩市辖区	1002.95	16.3	864.44	22.2	138.52	−10.5
新罗区	759.10	15.0	628.40	22.6	130.70	−11.3
永定区	243.85	20.4	236.04	21.0	7.81	4.6
漳平市	216.40	15.8	208.40	15.3	8.00	30.8
长汀县	231.99	14.2	225.01	14.5	6.98	4.7
上杭县	257.31	17.8	253.69	19.6	3.62	−42.6
武平县	259.32	13.6	250.60	14.2	8.71	−3.1
连城县	220.08	9.6	205.80	8.1	14.28	36.7
宁德市	**1225.15**	**−2.6**	**1046.11**	**2.5**	**179.04**	**−24.8**
宁德市辖区	40.00	77.7	40.00	77.7		
蕉城区	296.55	−12.0	241.27	5.6	55.28	−49.1
福安市	204.70	−12.3	159.36	−22.1	45.34	57.1
福鼎市	272.78	2.3	252.63	18.4	20.15	−62.2
霞浦县	129.93	10.1	114.34	24.8	15.58	−40.8
古田县	71.85	2.3	46.05	−22.3	25.79	135.2
屏南县	48.60	12.7	44.19	4.1	4.40	561.0
寿宁县	65.11	2.6	63.15	5.6	1.96	−46.9
周宁县	50.61	10.1	42.24	−5.1	8.37	478.6
柘荣县	45.03	−22.3	42.87	−20.3	2.16	−48.3

注：本表数据由各设区市上报。

地方一般公共预算收入（2016 年）

单位：万元

地　区	地方一般公共预算收入	#增值税	#营业税	#企业所得税	#个人所得税
全　省	**26548324**	**5456801**	**2982682**	**3500153**	**1234985**
福州市	**5989113**	**1105992**	**565742**	**905241**	**353531**
福州市辖区	2250736	371594	227316	315162	232212
鼓楼区	402507	81996	16577	114088	
台江区	147439	34563	14243	34315	
仓山区	306232	55781	28990	60152	
马尾区	214610	43093	11723	44642	3249
晋安区	250525	47569	18415	53540	
福清市	566306	111383	44961	60909	58469
长乐市	387919	76115	32806	36062	10771
闽侯县	654903	127619	68882	69684	14521
连江县	286431	42940	36769	50273	7442
罗源县	88763	23361	11605	12623	3759
闽清县	88080	29571	7514	12014	7115
永泰县	80100	11918	12666	11116	1804
平潭县	264562	48489	33275	30661	14189
厦门市	**6479366**	**1426419**	**643286**	**1012322**	**408857**
厦门市辖区	4599414	1016187	454023	685094	272755
思明区	512000	110974	54214	94742	77730
海沧区	342008	75610	24699	43932	7931
湖里区	392347	94431	42540	98731	27859
集美区	308165	54976	32010	45731	12736
同安区	166384	45514	18221	21347	5678
翔安区	159048	28727	17579	22745	4168
莆田市	**1157255**	**218324**	**137314**	**143961**	**45904**
莆田市辖区	170533	18051	11871	12604	6831
城厢区	197029	33842	31983	22945	5841
涵江区	202536	43023	26628	29168	4316
荔城区	224519	49771	31671	32217	5670
秀屿区	178058	38434	17933	33043	4274
仙游县	184580	35203	17228	13984	18972
三明市	**946978**	**194937**	**74828**	**51836**	**29438**
三明市辖区	188969	60620	14306	8465	6072
梅列区	73663	8767	7239	4912	3083
三元区	38764	7247	2327	2485	1043
永安市	174391	34762	8798	8939	4068
明溪县	28287	5565	1018	1953	2722
清流县	33189	6656	1830	2119	1968
宁化县	58051	6886	9619	3785	1608
大田县	69150	14323	4041	2301	1574
尤溪县	73639	17611	5979	3744	2593
沙　县	90384	15436	11020	6476	2205
将乐县	62006	9279	4477	2461	1028
泰宁县	26500	4309	1958	1521	691
建宁县	29985	3476	2216	2675	783
泉州市	**4240759**	**1111515**	**294457**	**523180**	**211737**
泉州市辖区	724494	146078	44988	62666	25887
鲤城区	108996	28706	10288	14739	5922
丰泽区	216975	37375	31117	23913	12564
洛江区	94500	22711	8358	11008	2824
泉港区	299991	154193	7703	28789	4634

（续）

地 区	地方一般公共预算收入	#增值税	#营业税	#企业所得税	#个人所得税
石狮市	403359	78346	28346	47754	15001
晋江市	1206806	328786	81969	168315	74292
南安市	384721	108518	22878	46951	44344
惠安县	340789	112690	17901	65022	11012
安溪县	243142	50118	23508	33244	6568
永春县	107501	22805	8371	12149	4597
德化县	109485	21189	9030	8630	4092
漳州市	**1876410**	**393342**	**197524**	**210783**	**58024**
漳州市辖区	704737	147121	80775	96077	20063
芗城区	139302	31696	11264	16609	7681
龙文区	105394	20266	17408	13488	2529
龙海市	199023	44052	19103	28172	5729
云霄县	57556	10273	5973	4740	2129
漳浦县	194856	30679	26492	17432	5262
诏安县	57364	11146	5725	4719	1616
长泰县	117901	29113	11525	11224	6883
东山县	116989	31625	6324	7652	1559
南靖县	81850	15578	7025	5292	2284
平和县	57961	9757	3993	3396	1364
华安县	43477	12036	1917	1982	925
南平市	**829718**	**149520**	**74152**	**61277**	**34634**
南平市辖区	185753	45803	20640	23509	10447
延平区	68932	12262	6808	6702	3982
建阳区	109293	16767	8181	4962	5508
邵武市	107426	18336	8340	6388	2639
武夷山市	86831	11501	6515	3337	2928
建瓯市	80596	13969	5267	4007	2169
顺昌县	42649	8961	3078	1782	1062
浦城县	53532	9354	5322	2688	1706
光泽县	40631	4353	5797	4514	2111
松溪县	21842	3350	1334	1036	387
政和县	32233	4864	2870	2352	1695
龙岩市	**1314144**	**285432**	**102395**	**101824**	**55644**
龙岩市辖区	557813	154927	41737	32739	13620
新罗区	201915	38800	21340	17316	8411
永定区	81749	21446	9269	5522	4062
漳平市	62044	13999	5392	5382	4644
长汀县	64802	11486	6354	6681	2905
上杭县	229305	23280	8165	23238	16289
武平县	73389	12760	6263	6269	3760
连城县	43127	8734	3875	4677	1953
宁德市	**1009731**	**235064**	**82630**	**105065**	**37207**
宁德市辖区	215608	52231	22084	27915	9446
蕉城区	120890	33533	11865	24756	5865
福安市	186314	54060	8555	20442	6436
福鼎市	183960	36889	13120	10134	6451
霞浦县	92471	12858	10963	4658	2613
古田县	69093	14125	7264	5293	2668
屏南县	36475	8307	2380	3335	1253
寿宁县	42287	6424	2255	2687	966
周宁县	36844	9839	2394	3985	659
柘荣县	25789	6798	1750	1860	850

一般公共预算支出（2016年）

单位：万元

地区	地方一般公共预算支出	#一般公共服务支出	#教育支出	#科学技术支出	#农林水事务支出
全省	**42754043**	**3382106**	**7891067**	**802823**	**4105751**
福州市	**8299274**	**575353**	**1530806**	**112461**	**621048**
福州市辖区	2334065	131378	304172	38732	148692
鼓楼区	346042	33434	92374	6806	3544
台江区	147893	19924	36651	2950	2232
仓山区	325687	30115	81328	5403	27251
马尾区	347846	43392	66000	10625	24354
晋安区	305409	23395	60997	4124	15215
福清市	791051	64185	200263	11979	61205
长乐市	508420	32431	112870	12063	44132
闽侯县	905678	52557	217648	12082	61663
连江县	546823	39075	140364	4877	72916
罗源县	254358	22004	34097	1490	42267
闽清县	286980	19147	50640	622	44758
永泰县	280117	19424	52500	321	44580
平潭县	918905	44892	80902	387	28239
厦门市	**7586381**	**569059**	**1090629**	**212673**	**211347**
厦门市辖区	4618963	326597	287831	127822	100687
思明区	654540	47292	197075	20950	785
海沧区	526830	42217	121700	15014	13053
湖里区	415663	51382	115838	4282	2586
集美区	544084	40102	153133	22003	33745
同安区	478504	33684	113962	18493	33214
翔安区	347797	27785	101090	4109	27277
莆田市	**2069116**	**163785**	**545006**	**24704**	**181249**
莆田市辖区	443474	46816	74587	6568	22127
城厢区	241753	20083	64890	4392	19319
涵江区	282575	28946	70971	4791	19585
荔城区	283191	15877	100481	3572	21311
秀屿区	344296	24952	98403	2153	41547
仙游县	473827	27111	135674	3228	57360
三明市	**2538020**	**245141**	**514457**	**44261**	**425372**
三明市辖区	416560	32555	57706	5723	24391
梅列区	96741	11005	20128	766	19937
三元区	78660	7378	20074	1192	11752
永安市	276620	48439	62788	13315	37386
明溪县	136276	13657	30303	2239	30679
清流县	151591	9929	27798	2339	47342
宁化县	246683	17892	46652	3023	49265
大田县	206750	18250	56311	4436	31576
尤溪县	238454	20157	65803	3023	42542
沙县	218292	22102	45962	1563	35121
将乐县	182675	18913	33614	3991	33711
泰宁县	142051	11961	22576	436	27312
建宁县	146667	12903	24742	2215	34358
泉州市	**5976651**	**416927**	**1286821**	**132399**	**578454**
泉州市辖区	1101120	84204	188332	31660	41645
鲤城区	122955	11393	37338	3040	2365
丰泽区	187039	17524	48909	3847	8770
洛江区	133165	15327	28851	3366	13355
泉港区	302151	22727	78094	9270	24282

（续）

地 区	地方一般公共预算支出	#一般公共服务支出	#教育支出	#科学技术支出	#农林水事务支出
石狮市	488535	42611	76870	10727	46558
晋江市	1374144	68887	258711	34373	155889
南安市	661270	42737	155763	12554	68806
惠安县	498766	33406	128923	7601	47937
安溪县	540525	39592	157765	9910	73822
永春县	315262	21049	71959	2712	46158
德化县	251719	17470	55306	3339	48867
漳州市	**3691462**	**266057**	**661874**	**45000**	**487446**
漳州市辖区	735034	65622	109447	14007	30497
芗城区	182008	19093	34353	2737	7100
龙文区	168406	15526	32823	3520	7105
龙海市	400562	35327	82006	1222	65540
云霄县	252406	11809	58597	879	38132
漳浦县	507436	19796	93140	7023	64120
诏安县	275299	17491	47172	3057	63327
长泰县	222106	17671	44753	2858	36995
东山县	268947	15704	35230	1913	65490
南靖县	230636	19507	39043	2471	31810
平和县	299336	15842	61013	3993	52357
华安县	149286	12669	24297	1320	24973
南平市	**2498214**	**176668**	**463089**	**18099**	**440082**
南平市辖区	381614	30835	55065	4216	10721
延平区	223322	16181	51578	2475	49465
建阳区	260359	17665	48765	2093	43215
邵武市	237194	20114	52454	551	37140
武夷山市	227430	16580	32198	1975	53801
建瓯市	283361	13747	57899	1339	46003
顺昌县	187432	12047	38463	430	32678
浦城县	252236	16863	46149	1039	69232
光泽县	149573	11013	25882	1136	30161
松溪县	143444	11688	25046	1863	23501
政和县	152249	9935	29590	982	44165
龙岩市	**2742714**	**238765**	**550790**	**55758**	**401614**
龙岩市辖区	643640	69632	86723	7934	20283
新罗区	320524	31396	72817	6274	53855
永定区	251537	20878	58590	1750	41683
漳平市	210216	19623	45885	3650	40185
长汀县	330611	20603	71532	2801	71840
上杭县	435973	35546	95497	8482	66417
武平县	302287	23989	59552	18506	54501
连城县	247926	17098	60194	6361	52850
宁德市	**2669204**	**217798**	**505394**	**18212**	**401282**
宁德市辖区	339414	40640	47405	10086	17197
蕉城区	276213	26853	67925	509	46924
福安市	406995	31608	83396	2240	56672
福鼎市	386471	26217	76683	1179	53212
霞浦县	311210	21178	63012	255	65825
古田县	259815	21225	48187	332	47277
屏南县	188835	12286	32917	1175	31706
寿宁县	204378	11573	36694	471	37078
周宁县	160161	14191	29151	1575	29873
柘荣县	135712	12027	20024	390	15518

主要农产品产量（2016年）

单位：吨

地　区	粮食	油料	蔬菜	食用菌	茶叶	园林水果	肉类	水产品
全　省	**6508722**	**310317**	**18334274**	**1181821**	**426834**	**7616014**	**2256429**	**7679811**
福州市	**528672**	**56701**	**3729699**	**185729**	**30873**	**545119**	**247321**	**2384783**
福州市辖区	8016	5	273476	402	1718	23815	8163	137609
鼓楼区								103087
台江区								
仓山区			72250			1374	679	9608
马尾区	3183	5	84982			15929	2992	23285
晋安区	4833		116244	402	1718	6512	4492	1629
福清市	108250	36964	734378	1827	243	79740	109443	450710
长乐市	75853	1754	515901	5939	83	28699	23157	172051
闽侯县	64029	1651	967590	16052	778	82673	35816	31034
连江县	50335	1578	133843	7574	8663	29230	15311	1010437
罗源县	33437	208	92752	110654	8151	11631	11332	162590
闽清县	57673	1059	443924	24851	2184	140178	14151	9484
永泰县	108828	5205	502225	18430	9053	147170	14482	12055
平潭县	22251	8277	65610			1983	15466	398813
厦门市	**35272**	**7113**	**522918**	**27343**	**1238**	**15975**	**49674**	**44402**
厦门市辖区	35272	7113	522918	27343	1238	15975	49674	44402
思明区								22906
海沧区	421	131	16258			2425	712	1564
湖里区								
集美区	2160	487	15221	723		4033	4136	2265
同安区	19116	2477	208505	1855	1238	6049	25328	4670
翔安区	13575	4018	282934	24765		3468	19498	12997
莆田市	**258358**	**50653**	**1246594**	**78398**	**6209**	**222891**	**114330**	**918144**
莆田市辖区	141857	35730	920701	32027	1804	100408	89385	898316
城厢区	36827	3427	63489	5138	61	35346	36649	52758
涵江区	16454	5439	221505	12511	1726	52366	13106	61205
荔城区	30677	4353	468415	14378	17	12330	13990	85057
秀屿区	57899	22511	167292			366	25640	699296
仙游县	116501	14923	325893	46371	4405	122483	24945	19828
三明市	**1173808**	**31399**	**2756014**	**114380**	**42799**	**1217862**	**180358**	**111132**
三明市辖区	31833	556	194921	1904	473	194468	24019	3078
梅列区	8452	261	37664	412	16	36249	4305	1183
三元区	23381	295	157257	1492	457	158219	19714	1895
永安市	84812	2157	409527	5648	2003	123233	20160	12805
明溪县	100590	3712	80104	6177	2356	45745	7767	7701
清流县	92721	4898	113370	2407	1657	58385	9155	25200
宁化县	209611	8266	178447	5817	3113	60523	15702	10500
大田县	122995	2225	573497	15643	9692	126430	19082	7678
尤溪县	178671	2096	635108	38267	14980	221291	38223	9830
沙　县	93666	2627	233605	6821	6195	191461	26163	8828
将乐县	82423	2309	100115	14205	512	54936	6800	5374
泰宁县	70903	1804	72877	11222	700	19014	7465	13038
建宁县	105583	749	164443	6269	1118	122376	5822	7100
泉州市	**691318**	**53925**	**1583924**	**75617**	**77913**	**472997**	**156348**	**1165451**
泉州市辖区	50150	7740	165298	82	549	19968	16714	128556
鲤城区	403	9	9162	38		144	100	101
丰泽区	460	90	5247		2	554	61	18050
洛江区	20164	1491	85267		115	7498	8829	1788
泉港区	29123	6150	65622	44	432	11772	7724	108617

（续）

地　区	粮食	油料	蔬菜	食用菌	茶叶	园林水果	肉类	水产品
石狮市	5807	865	31556	64		780	822	451731
晋江市	39577	7409	328485	5440		6943	9030	255524
南安市	179516	13191	292044	12469	1171	97285	56186	36813
惠安县	108489	22425	118066	600	9	11927	20300	287981
安溪县	105246	1879	266566	1034	59987	29741	21317	1736
永春县	132296	291	213085	54498	15125	225754	15137	1330
德化县	70237	125	168824	1430	1072	80599	16842	1780
漳州市	**671529**	**44769**	**3084409**	**359870**	**76409**	**3445758**	**205532**	**1914102**
漳州市辖区	6540	565	106482	29688	268	97198	16080	21782
芗城区	5982	513	67284	25712	260	96062	10413	13030
龙文区	558	52	39198	3976	8	1136	5667	8752
龙海市	78533	2493	371030	152264	14	82205	27016	448797
云霄县	102251	5855	136288	7169	2248	308993	11049	225115
漳浦县	193199	17544	613508	30766	529	341396	25717	425777
诏安县	106905	6903	321365	7366	10625	224781	12376	328322
长泰县	43299	3066	211907	14585	3967	89698	14327	25103
东山县	6628	2615	73106			8734	5171	409744
南靖县	43957	946	392742	72882	17394	515362	61324	17370
平和县	73933	4038	749756	24784	17453	1684550	18977	8362
华安县	16284	744	108225	20366	23911	92841	13495	3730
南平市	**1432408**	**32516**	**2025936**	**116537**	**70733**	**845221**	**730395**	**125611**
南平市辖区	298846	3031	509308	29048	6412	203195	111145	23681
延平区	84644	1449	260974	12033	1412	99097	96855	10853
建阳区	214202	1582	248334	17015	5000	104098	14290	12828
邵武市	205088	6502	140997	10599	10509	43771	20911	22404
武夷山市	134069	2738	150032	11011	16174	29059	10932	10989
建瓯市	236412	5287	608935	8256	13154	376577	20032	18064
顺昌县	68273	1134	99585	41811	161	118951	11811	7497
浦城县	251675	9858	245618	4266	1892	16454	165158	16268
光泽县	80725	1326	50277	4226	813	3063	336013	15900
松溪县	67326	1780	109776	6465	7700	36830	6716	7850
政和县	89994	860	111408	855	13918	17321	47677	2958
龙岩市	**1098022**	**26319**	**2024074**	**41248**	**22882**	**431734**	**487684**	**81100**
龙岩市辖区	206877	5031	498120	4188	3258	183458	194561	13808
新罗区	67720	2863	217865	2401	1549	38690	117008	7583
永定区	139157	2168	280255	1787	1709	144768	77553	6225
漳平市	77636	761	259874	21231	11438	53088	27606	10338
长汀县	225218	9424	264044	4826	1976	51284	56930	14665
上杭县	197614	2162	342059	2802	1502	59547	94447	11706
武平县	222357	3518	371905	5694	4032	42179	71095	13074
连城县	168320	5423	288072	2507	676	42178	43045	17509
宁德市	**619335**	**6922**	**1360706**	**182699**	**97778**	**418457**	**101962**	**935086**
宁德市辖区	41975	933	139085	710	8986	30549	29227	196226
蕉城区	41975	933	139085	710	8986	30549	29227	196226
福安市	95441	1692	307715	7910	25843	217498	16014	93932
福鼎市	73739	560	184526	19764	22658	28634	7708	203519
霞浦县	69286	2221	176024	7805	7157	30904	8403	412135
古田县	139357	256	109082	106937	1570	77122	15917	20256
屏南县	62669		156141	18906	1945	15477	9636	2975
寿宁县	61159	53	125745	12805	16234	11986	4976	2510
周宁县	38585	219	114260	1898	9518	5483	5912	2263
柘荣县	37124	988	48128	5964	3867	804	4169	1270

注：本表粮食产量中的稻谷产量为原报面积推算的抽样调查数，非稻谷部分产量为全面统计数，肉类产量中猪、禽产量全省为抽样调查数，省以下为全面统计数。

普通教育专任教师及在校学生数（2016 年）

单位：人

地区	专任教师数			在校生数		
	普通高中	普通初中	小学	普通高中	普通初中	小学
全省	**50424**	**98789**	**165910**	**634747**	**1154758**	**2986658**
福州市	**8627**	**17370**	**29319**	**108930**	**218928**	**565459**
福州市辖区	3220	5447	10081	44239	81670	216557
鼓楼区	1360	1699	2865	18344	25390	54001
台江区	474	661	1249	6611	10517	25041
仓山区	710	1567	3135	10364	23647	71745
马尾区	280	593	803	3763	6237	15607
晋安区	396	927	2029	5157	15879	50163
福清市	1736	3605	5899	21234	44999	117529
长乐市	709	1492	2568	8024	19147	52625
闽侯县	617	1497	2610	7986	20860	51919
连江县	713	1651	2439	8224	16283	45048
罗源县	290	651	1152	2865	5753	15368
闽清县	346	993	1467	3901	9339	19334
永泰县	385	891	1375	4764	8221	18932
平潭县	611	1143	1728	7693	12656	28147
厦门市	**3598**	**7187**	**15405**	**46512**	**99180**	**296143**
厦门市辖区	3598	7187	15405	46512	99180	296143
思明区	1581	2258	3868	20298	32925	72213
海沧区	200	581	1546	2706	8229	30238
湖里区	187	1023	2882	2610	16419	57449
集美区	649	1168	2850	7770	16622	57281
同安区	640	1375	2994	8596	17270	52450
翔安区	341	782	1265	4532	7715	26512
莆田市	**4921**	**8518**	**15060**	**63832**	**104242**	**248685**
莆田市辖区	3460	5728	10484	44470	69937	177422
城厢区	900	1317	2239	10828	17433	36459
涵江区	586	1187	1990	8064	11465	31735
荔城区	1168	1434	2569	15720	22901	55114
秀屿区	806	1790	3686	9858	18138	54114
仙游县	1461	2790	4576	19362	34305	71263
三明市	**3754**	**7521**	**11968**	**47564**	**75792**	**184882**
三明市辖区	636	939	1370	9875	11480	24824
梅列区	250	515	727	3996	6447	13389
三元区	386	424	643	5879	5033	11435
永安市	525	995	1535	6016	10279	24616
明溪县	150	270	492	1651	2328	5612
清流县	170	357	681	1965	3842	9466
宁化县	471	770	1346	5941	8279	20610
大田县	365	990	1518	4027	8668	27167
尤溪县	559	1225	1615	7092	10044	21578
沙县	339	822	1332	4338	9418	22745
将乐县	247	475	741	2912	4751	11627
泰宁县	140	302	649	1807	3446	7881
建宁县	152	376	689	1940	3257	8756
泉州市	**10467**	**20481**	**33737**	**134907**	**252642**	**717891**
泉州市辖区	2649	3891	6251	33442	50120	124010
鲤城区	1288	1445	1876	17085	22408	44799
丰泽区	528	887	1637	7466	12932	36083
洛江区	280	489	885	3766	6021	15656
泉港区	553	1070	1853	5125	8759	27472

（续）

地区	专任教师数			在校生数		
	普通高中	普通初中	小学	普通高中	普通初中	小学
石狮市	678	1243	2333	10003	20241	60437
晋江市	1814	3872	6925	26377	60636	178393
南安市	1886	3908	5415	21258	39373	117224
惠安县	1141	2735	3760	15433	27303	72776
安溪县	1225	2619	5628	14624	31286	108179
永春县	674	1449	2144	8271	14484	34578
德化县	400	764	1281	5499	9199	22294
漳州市	**6777**	**13362**	**20671**	**88230**	**152820**	**354763**
漳州市辖区	1439	2246	3098	19621	32420	65078
芗城区	1179	1734	2267	16450	24898	47732
龙文区	260	512	831	3171	7522	17346
龙海市	1379	2204	3486	16181	22235	62523
云霄县	604	1297	2189	7699	15723	31369
漳浦县	982	2328	3100	14255	24188	60160
诏安县	596	1427	2333	9078	16956	41330
长泰县	253	555	897	2541	4869	15588
东山县	336	466	799	3277	5315	13512
南靖县	403	873	1384	5017	7976	19003
平和县	631	1570	2650	8933	19452	36636
华安县	154	396	735	1628	3686	9564
南平市	**3634**	**7902**	**13318**	**49967**	**87165**	**204151**
南平市辖区	984	2193	3726	13423	25259	56654
延平区	603	1325	2213	7966	14865	32867
建阳区	381	868	1513	5457	10394	23787
邵武市	372	824	1260	4834	7752	18396
武夷山市	211	656	1121	3649	7014	18506
建瓯市	526	1262	2181	7519	14279	37349
顺昌县	453	720	969	6128	5387	11563
浦城县	395	1012	1647	5729	13287	25458
光泽县	227	394	844	2872	5211	10738
松溪县	189	386	628	2468	3760	10403
政和县	277	455	942	3345	5216	15084
龙岩市	**4373**	**8129**	**12370**	**46680**	**77538**	**186013**
龙岩市辖区	1527	2870	4792	17060	30832	78226
新罗区	804	1554	2774	10784	19908	52180
永定区	723	1316	2018	6276	10924	26046
漳平市	298	818	1250	4077	6976	16986
长汀县	729	1257	1979	9273	13813	31357
上杭县	773	1219	1666	6820	10735	24670
武平县	518	991	1418	5175	8280	18486
连城县	528	974	1265	4275	6902	16288
宁德市	**4273**	**8319**	**14062**	**48125**	**86451**	**228671**
宁德市辖区	712	1257	2324	7357	13859	40638
蕉城区	712	1257	2324	7357	13859	40638
福安市	954	1594	2834	10648	20168	52490
福鼎市	660	1447	2238	8579	14504	38303
霞浦县	517	1203	2044	7227	11732	35496
古田县	503	1054	1475	4400	8716	20229
屏南县	227	452	818	2203	3841	9897
寿宁县	303	661	1050	3462	6542	13848
周宁县	253	441	786	2475	4426	10341
柘荣县	144	210	493	1774	2663	7429

城镇单位从业人员平均劳动报酬（2016 年）

单位：元

项目	单位从业人员	在岗职工	其他从业人员
合计	**61973**	**63138**	**46691**
按企事业机关分			
企业	58503	59167	50091
事业	77271	80308	30476
机关	77183	80540	27077
按国民经济行业分			
农、林、牧、渔业	35577	51121	13315
采矿业	44222	44354	41762
制造业	54439	54281	65082
电力、热力、燃气及水生产和供应业	88471	89651	46053
建筑业	53557	53248	55359
批发和零售业	57937	59421	28710
交通运输、仓储和邮政业	71181	72547	35773
住宿和餐饮业	39434	39494	37164
信息传输、软件和信息技术服务业	93774	95112	42785
金融业	108377	136220	39478
房地产业	65110	66361	40799
租赁和商务服务业	56934	57441	41769
科学研究和技术服务业	79317	81470	40122
水利、环境和公共设施管理业	51083	53722	26459
居民服务、修理和其他服务业	48040	48784	35084
教育	75773	78602	29046
卫生和社会工作	87997	90693	44313
文化、体育和娱乐业	67018	70176	27782
公共管理、社会保障和社会组织	76926	80118	26320
按三次产业分			
第一产业	35577	51121	13315
第二产业	54796	54678	56405
第三产业	73828	76717	34762

各城市建设情况（2016年）

地　区	城市面积（平方千米）	#建成区面积	本年征用土地面积（公顷）	城市人口密度（人/平方千米）	年末实有道路长度（千米）	年末实有道路面积（万平方米）	城市桥梁数量（座）
合　计	**4440.87**	**1469.16**	**9014**	**2758**	**8656**	**17657.07**	**1841**
福州市	1043.00	265.33	521	2390	1467	3228.00	434
福清市	224.50	50.00	600	1538	199	438.80	30
长乐市	176.37	23.10	246	1309	125	178.92	98
厦门市	351.32	334.64	2845	9268	1828	3835.21	469
莆田市	244.00	89.88	280	2689	691	1273.35	117
三明市	220.00	38.70	145	1010	281	326.43	45
永安市	300.00	24.62	56	573	183	345.81	28
泉州市	539.00	214.00		2494	890	1959.00	150
石狮市	48.00	37.50	65	7296	177	573.52	56
晋江市	60.00	38.00	200	5583	323	897.14	34
南安市	130.00	34.81	280	2192	248	443.72	38
漳州市	95.24	67.25	193	5408	410	1291.78	56
龙海市	27.00	22.85	480	7678	152	281.44	29
南平市	199.51	41.24	513	1770	341	430.62	38
邵武市	95.00	19.50	75	1207	118	170.20	36
武夷山市	135.10	10.00	125	689	124	187.80	15
建瓯市	35.00	15.00	50	3943	123	148.07	7
龙岩市	200.00	61.65	409	2096	462	717.43	73
漳平市	45.00	15.00	132	3087	74	128.90	7
宁德市	107.50	32.10	1676	2391	202	453.70	20
福安市	41.33	14.79		3854	129	136.61	17
福鼎市	124.00	19.20	123	1331	108	210.62	44

主要年份社会保险情况

项　目	2010	2015	2016
养老保险			
城镇企业职工养老保险			
期末参加基本养老保险职工人数（万人）	466.88	676.76	709.62
期末领取基本养老保险离退休人数（万人）	93.33	124.10	129.23
基本养老保险基金收入（亿元）	149.55	372.47	442.63
基本养老保险基金支出（亿元）	135.85	336.18	370.80
基本养老保险基金累计结余（亿元）	104.63	501.74	573.57
机关事业单位养老保险			
期末参加基本养老保险职工人数（万人）	54.93	59.82	85.84
期末领取基本养老保险离退休人数（万人）	20.13	22.99	43.15
基本养老保险基金收入（亿元）	55.32	81.49	202.94
基本养老保险基金支出（亿元）	52.65	97.78	214.10
基本养老保险基金累计结余（亿元）	36.60	75.39	127.56
城乡居民社会养老保险			
期末参加基本养老保险人数（万人）		1480.41	1489.10
基本养老保险基金收入（亿元）		73.78	78.98
基本养老保险基金支出（亿元）		53.58	57.86
基本养老保险基金累计结余（亿元）		102.81	123.93
医疗保险			
期末参加基本医疗保险人数（万人）	1226.25	1301.24	1297.90
城镇职工	554.67	759.38	792.12
城镇居民	671.58	541.86	505.78
基本医疗保险基金收入（亿元）	113.72	267.09	331.72
城镇职工	106.22	244.59	259.97
城镇居民	7.50	22.50	71.75
基本医疗保险基金支出（亿元）	96.01	205.90	274.68
城镇职工	88.96	184.90	207.77
城镇居民	7.05	21.01	66.91
基本医疗保险基金累计结余（亿元）	174.86	426.79	497.27
城镇职工	169.99	411.94	464.13
城镇居民	4.87	14.86	33.84
基本医疗保险基金收缴率（%）	99.29	99.51	99.40
失业保险			
期末参加失业保险人数（万人）	374.18	546.27	575.52
期末领取失业保险金人数（万人）	3.17	5.02	5.17
失业保险基金收入（亿元）	11.63	34.54	29.23
失业保险基金支出（亿元）	5.60	11.06	16.82
失业保险基金累计结余（亿元）	52.25	151.50	163.90
工伤、生育保险			
期末参加工伤保险的城镇企业职工人数（万人）	417.74	691.03	733.77
工伤保险基金收入（亿元）	5.90	19.39	17.78
工伤保险基金支出（亿元）	2.86	13.01	13.54
工伤保险基金累计结余（亿元）	22.37	54.05	58.13
期末参加生育保险的职工人数（万人）	374.41	598.32	625.50
生育保险基金收入（亿元）	4.32	16.53	12.46
生育保险基金支出（亿元）	2.95	13.83	14.99
生育保险基金累计结余（亿元）	8.18	25.42	20.94

索引

说明

一、本索引为内容分析索引。

二、本索引按汉语拼音字母（同音字母按声调）顺序排列。

三、每一词条后的数字表示该词条所在页码；页数后字母 a、b、c 分别表示所在页码的左、中、右栏。

四、前空 2 格的词条为上一主题的“附见”条。

五、本卷中“特载”“八闽关注”“大事记”“地方文献、法规选登”“统计资料”，不列入本索引检索范围。

2016 年福建省出口企业（有出口实绩）规模结构表 252
2016 年福建省大宗特色商品出口表 255
2016“福建农信杯”福州国际马拉松赛（图） 183
2016 福建省利用外资情况表 260
2016 海峡职工论坛（图） 136
2016 两岸企业家峰会年会 133c
2016 年，海峡两岸女大学生在众创起点营签名留念（图） 88
2016 年 2 月，福建省法官检察官遴选（惩戒）委员会成立大会（图） 98
2016 年 4 月，两岸职工庆五一联欢晚会（图） 134
2016 年 9 月，省军区组织部队帮助地方防抗“莫兰蒂”台风（图） 113
2016 年 9 月，新兵入伍欢送大会（图） 114
2016 年福建省地方税务局各项收入完成情况表 168
2016 年福建省地方税务局各项收入分单位完成情况表 169
2016 年福建国税各项收入完成情况表 166
2016 年福建国税税收收入分地区完成情况表 166
2016 年福建省（区、市）分地区火灾综合情况表 106
2016 年福建省成人高等教育基本情况表 281
2016 年福建省出口 1 亿美元以上的国家与地区（表） 256
2016 年福建省出口 1 亿美元以上的企业（表） 253
2016 年福建省初中教育基本情况表 276
2016 年福建省大宗特色商品出口表 255
2016 年福建省大宗特色产品进口表 260
2016 年福建省公路里程情况表 229
2016 年福建省及分地市财政收支情况表 164
2016 年福建省家庭服务业职业技能电视大赛（图） 87
2016 年福建省进口 1 亿美元以上的国家与地区表 259
2016 年福建省进口 1 亿美元以上的企业表 258
2016 年福建省普通本科教育基本情况表 278
2016 年福建省普通高等职业教育基本情况表 280
2016 年福建省普通高中教育基本情况（表） 276
2016 年福建省塑料行业主要企业表 220
2016 年福建省县级以上行政区划表 29
2016 年福建省小学教育基本情况表 276
2016 年福建省行政区划统计表 30
2016 年福建省学前教育基本情况表 276
2016 年福建省沿海港口货物吞吐量情况表 234
2016 年福建省沿海港口集装箱吞吐量情况表 235
2016 年福建省研究生教育基本情况（表） 279
2016 年全省营运船舶运输量、运力表 235

2016年福建省与国外友好城市关系（表） 127
2016年福建省中等职业教育基本情况表 281
2016年闽港澳青年重走长征路活动（图） 132
2016年闽台地区地震震中分布图 293
2016年全省社科界学术年会 298b
2016年厦门市各类债券发行情况（表） 177
2016武夷山国际马拉松赛（图） 317
A级旅游景区管理 271b
A级旅游景区建设 271a
G20峰会寄递安全 236c
LED产业 238
VR应用 240a

A

爱国卫生工作 316b
安全生产标准化建设 162a
安全生产大检查 162a
安全生产法治建设 162c
安全生产监督管理 161c
安全生产领域改革 161c
安全生产宣传教育 162c
安全生产应急管理 162c
安全生产责任 161c
安溪铁观音 388b
安溪县 388b
安置 331c
安置帮教 110b
澳门工会联合总会“福建体验之旅”考察团访闽 132b

B

《摆脱贫困》 56c
保健品日常监管 152c
保密工作 65a
保险 186a
保婴记 300a
本科高校转型 278a
边防检查 160a
殡葬管理 337c
波音787－9客机（图） 231
博物馆 306c
不动产统一登记 146c
不锈钢产业 215b

C

财税体制改革 142b 165a
财政 163a
财政扶持政策 163a
财政管理 165a
财政审计 148a
财政收支 163a
财政　税务 163
财政支持方式 163c
财政资金保民生 164a
餐饮业 250a
餐饮业职业技能竞赛 250c
残疾人 326c
仓山区 346a
测绘 196c
测绘成果 197a
测绘监管 196c
查办和预防职务犯罪 107c
产教融合 280b
产销协作 246b
长乐市 349b
长泰经济开发区（图） 374
长泰龙人古琴文化节 375c
长泰县 374a
长汀金龙稀土有限公司生产车间（图） 215
长汀盼盼食品有限公司生产车间（图） 221
长汀县 429c
常住人口 28b
超强台风“莫兰蒂” 356c 362c
潮情 23b
成品油流通管理 248c
承包工程和劳务合作 261b
城市出租车 229b
城市公交运营 229b
城市管理 194b
城市管理执法体制改革 194b
城市轨道交通 230a
城市建设 193c
城市警备 113b
城市园林绿化 194b
城乡规划 192c
城乡规划编制 192c
城厢区 409a
城镇化水平 28b
城镇居民生活 330a
出版 308b
出口地区分布 257a
出口贸易 252b
出口贸易方式 253a
出口商品 253a
出口主体 252b
出入境管理 104a
传统村落和历史建筑保护 194c
船舶工业 213c
船检服务 232b
创新城镇化体制改革 143b
创新创业教育 278c
慈善事业 333a
村民自治 330b
村务监督工作 330c
村镇建设 194c

D

大病保险 186b
大企业税收服务与管理 168b
大气环境质量 24c
大数据 240a
大数据审计应用 148c
大田县 404b
大田县法院开展涉民生专项执行（图） 99
大通关 155c
大型科学仪器设备共享 291c
贷款市场 176b
戴云山 22a
《当代闽台关系发展史研究》 63c
党风廉政建设 66a
党史研究 63b
党校行政学院工作 62c
档案 311a

档案法制建设 311c
档案馆 312a
档案管理 311a
档案信息资源 311c
档案宣传 312a
道路交通管理 103a
道路交通事故 342b
德化黑兔 389a
德化县 389a
德化窑遗址 389b
地方立法机制完善和创新 97c
地方税务 167b
地方志编纂 312c
地理 22a
地理国情普查 197a
地理信息产业 197b
地名管理 337a
地热 24c
地铁 1 号线 230a
地铁 2 号线 230b
地铁 4 号线 230b
地铁 5 号线 230b
地铁 6 号线 230b
地铁规划 230a
地铁资源开发 230c
地图管理 197a
地下水 23c
地形地貌 22a
地震 293b
地震科普宣传与教育 294a
地质环境管理 147b
地质勘查管理 147b
第 14 届海峡青年论坛“益启跑”活动（图） 86
第三期福建省海外青年精英研修班 129a
第十次全省人民防空会议 118c
第十届军营集体婚礼 115a
第四届福建创新创业大赛 292b
第五届环福州·永泰国际公路自行车赛 354c
第五届世界闽商大会 127c
第五期港澳侨界杰出青年研习班 132c
典当 189c
电力工业 225a
电力供应 225b
电力生产 225b
电商服务 247b
电网建设 225c
电子商务 249b
电子商务与物流快递 236a
电子信息制造技术创新 239a
电子信息制造业 238a
《东南学术》 92c
东山县 371a
冬季野营拉练 117b
毒品治理 97b
对台航运 233a
对台交流合作 267a
对台经济合作 269b
对台经贸合作 266a
对台跨境人民币贷款 174b
对外合作办学 279a
对外及港澳台经济贸易 252
对外交流合作 125b
对外援助 261c
对外直接投资 261b
“多规合一”试点 193a

E

峨嵋峰国家级自然保护区 204a
儿童 325a

F

法律服务 110c
法律监督 107c
法院 108b
法院概况 108b
法院信息化建设 110a
法治 96
法治政府建设 99a
反走私 103c 161b
方志书库 313a
防震减灾科技创新 293c
房地产业和住房保障 196a
纺织工业 217a
纺织行业创新 217b
非物质文化遗产保护 310c
分级诊疗制度 144b
丰泽区 380a
扶贫开发 201a
服务发展大局 108b
福安市 436b
福鼎市 437b
福建出入境检验检疫 157c
《福建华侨史》 131a
福建教育人才培养模式改革 280b
福建精品电商年货博览会 250a
福建民进 79a
福建申石蓝食品有限公司 221b
《福建省“十三五”文化改革发展专项规划》 300a
福建省船舶工业集团有限公司 213c
《福建省国防动员条例》 114a
《福建省华侨权益保护条例》 131a
福建省军区 112a
福建省军区概况 112a
福建省农村信用社联合社 183c
福建省农业科学院 287b
福建省汽车集团 213b
《福建省级法律援助转移支付资金管理办法》 111c
福建省首家非经营性通用航空单位 231c
福建省武警总队三届十四次全体（扩大）会议召开 116c
《福建省义务教育条例》 69c
福建十大名菜 250b
福建事变 26b
福建树王（图） 204
《福建通志》 313b
《福建辛亥革命图略》 75a
福建自贸试验区对台合作 133a
福建自由贸易试验区 264
福建自由贸易试验区福州片区保税商品交易平台（图） 265
福乐家园 92b
福平铁路 226b
福清东关古寨（图） 272
福清融商大会 349b
福清市 348b
福清市洪宽新农村（图） 200
福耀集团（图） 216
福州大学石化学院泉港校区（图） 382c
福州海关 156a
福州航空 232a

福州旅航集团 232b
福州马尾—台湾高雄海运新邮路 237a
福州市 343a
福州市轨道交通 6 号线 192a
福州市基本概况 343a
辐射安全监管 198b
辐射环境 25b
“妇联上网工程” 88b
妇女 325a
妇幼健康服务 317a
赴疆轮战出征仪式 117b

G

《改革开放实录》 63c
港澳青年与学生来闽交流活动 132b
港澳事务 131c
港澳事务概况 131c
港口 233b
高等教育 277c
高崎机场 160c
高水平大学建设 277c
高校科技创新 278c
高校科技创新能力提升 286a
高新技术产业开发区 284a
高新技术企业认定 284a
高新技术与工业科技 283c
高中教育 275c
个体私营经济管理 149c
耕地保护 146b
工程技术研究中心 291b
工程质量安全管理 195b
工会服务维权 85b
工会改革创新 85a
工伤保险 328b
工商行政管理 149b
工业 210
工业生产 210a
工业投资 211a
工艺美术业 219b
公安 102b
公安法制 103c
公共投资审计 148b
公共卫生 316a
公共文化 300a
公共文化服务 301a
公路 228a
公路建设 228a
公路客货运输 228c
公路甩挂运输 228c
公路养护 228b
公路运力结构 228b
公民道德建设 32a
公务员考核 323c
公务员考试录用 323b
公务员培训 323c
供给侧结构性改革 141b
“供给侧统计”改革 148c
供销合作商业 247a
宫口港 24b
共青团福建省委 86a
古近代时期 25c
古人类活动 25c
古树名木保护 205a
古田县 444a
鼓岭科学会议 286a
鼓楼区 344b
《关于组织离退休干部开展活动有关事项的通知》 62c
观光工厂 273b
官话方言岛 29a
光大银行福州分行 183a
光泽县 420c
广播 影视 307a
广告管理 150b
广告会展业 251c
广告监督管理 251c
规范性文件备案审查 98c
规划编制和政策制定 137a
国际经济技术合作 261b
国际科技合作基地 291a
国际旅游推介 273b
国际贸易“单一窗口”建设 155c
国际税收管理 167b
国家开发银行福建省分行 178a
国家社科基金项目 295a
《国家生态文明试验区（福建）建设法治保障工作方案》 73a
国家税务 165c
国家司法考试 111a
国家专利审查协作福建分中心 289b
国内旅游 270a
国内旅游推介 272b
国内侨务 131a
国企发展 145c
国企改革 145b
国土资源管理 146a
国有土地供应 146c
国有资产管理 144c
国资监管 145a

H

海沧区 359b
海岛交通建设 234a
海防 161a
海关监管 156a
“海纳百川”高端人才聚集计划 56b
《海上丝绸之路》特种邮票 237b
海事监管 159c
海丝核心区建设 156b
海铁联运列车开通 136a
海外科技专家顾问团 130a
海西呼叫中心（图） 243
海峡技术转移中心 289c
海峡两岸科技合作联合基金 285c
海峡论坛 134c
海洋航行者号（图） 232
海洋矿产 24c
海洋资源 24b
海域面积 22a
涵江区 410a
航空护林 205a
合同管理 150c
核心港区建设 233c
红色旅游 273c
红十字会 333a
宏观经济管理 137a
洪捷序 125a
湖里区 358a
互联网＋ 241c
互联网＋流通 249c
互联网经济 239c
华安县 375c
华侨 28a
华侨 台胞 28a

华侨华人分布 28a
华侨农场改革 131b
化妆品监管 153b
环保科技 285b
环境保护 197b
环境督察 197c
环境监测 197c
环境项目责任制 197c
环境应急 199a
环境影响评价 197c
环境执法 198c
环境质量 24c
黄琪玉 124a
惠安县 387a
婚姻登记 335a

J

机构编制 60c
机关党建工作 65c
机关团体 50
机械工业 212b
机械工业产品创新 212c
机械工业技改投资 212c
机械工业技术创新 212c
机制改革 31b
基层组织建设 330b
基础测绘 196c
基础教育 275b
基础研究与软科学 285c
基督教 29c
集成电路产业 238b
集美区 358c
集体林权制度改革 204a
计划生育服务管理 317b
计算机和网络通信产业 238b
纪律检查体制改革 76c
技术改造投资 211b
技术合同交易 290b
技术转移和成果转化 290a
寄递市场监管 236b
《加强政党协商的实施意见》 57c
家具行业 219c
家庭 335b
家庭规模 28c
家庭农场 201c
家政服务业 251a
家政服务业职业技能电视大赛 251b
家政服务站 251b
价格服务 152a
价格改革 151a
价格管理 150c 151b
价格监管 151c
驾驶员培训 229a
假日旅游 270c
监狱管理 110a
检察 106a
检察服务新福建建设 107a
检察概况 106a
检验检疫 157c
建材产业布局 215c
建材工业 215c
建材品牌市场 216b
建材行业技术进步 216a
建宁县 398c
建瓯市 417c
建设 环保 190
建阳区 414c
建制沿革 25c
建筑业 195a
健康医疗科技 284c
舰船出入境（港）手续 160c
舰船业务分布 213c
将乐县 401b
降低气电价格 151b
降水 22c
交通“一卡通” 229a
交通银行福建省分行 180c
交通 邮政 226
交溪 25a
蕉城区 435a
教育 274
教育成果评估 279c
教育督导 277b
教育信息化 277b
教育综合改革 143b
节能 减排 199b
节能降耗 199b
戒毒管理 110b
界线管理 337b
金门供水工程 51b
金门供水工程建设 135c
金融 170
金融创新 264b
金融业务创新 268a
金融改革 175b
金融体制改革 142c
金融运行 170a
金税三期系统 167b
进出口水生动物监管 158c
进口地区分布 257b
进口贸易 257a
进口贸易方式 257b
进口商品结构 257c
进口食用燕窝管理 159b
进口主体 257a
晋安区 347a
晋江市 383c
禁毒 102c
经济犯罪侦查 102c
经济管理与监督 137
经济开发区转型 262a
经济社会发展 30a
经济社会发展概况 30a
经济体制改革 140b
经济责任审计 148b
经济作物 202a
精神文明创建 32b
精神文明建设 32a
竞技体育 318a
九龙江 23a
《九龙江流域综合治理与生态补偿制度设计》 88c
九三学社福建省委员会 82b
酒类流通管理 248c
救助管理 329c
就业 322a
卷烟技术创新 224c
卷烟品牌建设 224c
卷烟生产 225a
决策咨询信息化建设 296c
《绝命后卫师》 52a
军车依托社会力量维修 115c
军民融合发展 140b
军事 112
竣工重大项目 192b

K

开发区建设 261c
勘察设计质量治理 196a
考古挖掘 310a
科辅工作 298a
科技成果奖励 289b
科技成果应用和管理 290a
科技成果与技术市场 289b
科技创新平台建设 291a
科技创新与合作 282b
科技对外交流与合作 125c
科技扶贫 287b
科技服务业 284b
科技合作计划项目 290b
科技活动周 292b
科技计划管理 283a
科技计划项目与经费 283b
科技交流与合作 290b
科技金融服务 292a
科技企业孵化体系建设 291c
科技特派员 287a
科技体制改革 142a
科技体制改革与法规建设 286a
科技体制机制改革 286b
科技小巨人 292b
科技政策法规 286a
科普统计工作 292c
科学技术 282
科学技术普及 292b
可持续发展实验区建设 285b
可门港铁路支线 227b
客家方言 29a
课程教学 277a
口岸对外开放 155b
口岸卫生检疫监管 161a
口岸综合管理 155b
库区移民 340a
跨境电商 249c 265a 268a
矿产资源 24a 147a
矿产资源开发管理 147a
扩大开放 31a
扩大有效投资 137a

L

劳动关系 322b
劳动监察 323b
劳动争议仲裁 323a
老干部工作 62a
老年群团 337a
老年人 326b
老区建设 334b
李红 125b
锂电池产业 238c
鲤城区 378c
历史文化名城保护 193b
利用外资 260a
荔城区 408a
连城县 430b
连江奥特莱斯购物广场 351b
连江十番古乐《雁来红》 351b
连江县 351a
梁建勇 124b
粮食储备 246c
粮食供应 200a
粮食市场 246b
粮食收购 246b
粮食质量监测 246c
粮食作物 201c
两岸关系研究 298a
两岸交流拓展 91a
两岸食品产业交流与合作 222a
“两违”综合治理 194b
“两学一做”学习教育 50b
林产业 204a
林工经贸活动 222b
林木品种审（认）定 204c
林业 202c
林业改革 203a
林业审批制度改革 204a
林业生态保护 203c
林业碳汇实现首个交易 205a
领导干部自然资源资产离任审计 148a
领导机构党派团体及领导人 33c
流动人口 28c
龙海市 366a
龙江精神 367a
龙文区 365a
龙岩市 423a
旅游安全与应急管理 272a
旅游服务承诺 272a
旅游公共服务设施建设 271b
旅游规划 271a
旅游监督管理 271c
旅游景区建设 271a
旅游市场开发 272a
旅游行业管理 271c
旅游行业规模 270a
旅游形象宣传 272a
旅游业 270
绿色金融国际研讨会（图） 182
绿色开发区建设 262b
罗源敖江水环境综合整治 353b
罗源县 352c
洛江区 380c

M

马尾区 347c
矛盾纠纷化解多元化 96a
梅列区 394c
湄洲湾北岸经济开发区 411c
湄洲湾港（图） 234
湄洲湾港口铁路支路 227a
煤矿安全监管监察 162b
煤炭工业 216c
煤炭过剩产能化解 216c
煤炭行业安全生产 216c
美食街 250c
棉花滩水库 25b
民革福建省委 77b
民间投资 211b
民建福建省委 79a
民进福建省委 79c
民盟福建省委 78b
民商事案件 108b
民生发展 30c
民生林业 203b
民生资金（项目）审计 148b
民用航空 231a
民主党派　工商联 77b
民族 29b

民族 宗教 29b
民族事务 338b
闽澳合作会议第一次会议 132a
闽菜文化 250c
闽方言 29a
闽港澳合作 263b
闽港澳经贸合作 263a
闽港澳贸易 263b
闽港合作会议第二次会议 131c
闽侯县 350b
闽江 23a
闽江航运 233a
闽江游 345c
《闽派诗论》 93c
闽清城区受淹 23a
闽清县 351c
闽台地震科技交流与合作 294c
闽台海上货运直航 136a
闽台交流 31b 134c
闽台交流合作 133
闽台交流往来 202b
闽台教育交流合作 135b
闽台金融合作 176a
闽台金融民生合作 262c
闽台经贸 133a
闽台经贸合作 262b
《闽台历代方志集成》 313b
闽台两岸合编高中语文教材在台湾出版使用 136b
闽台旅游交流合作 135a
闽台农业产业合作 202b
闽台农业合作 133c 202a
闽台农业经贸展会 202b
闽台青少年交流 135b
闽台体育交流 135b
闽台通关合作机制 269a
闽台现代服务业合作 134a
闽台项目合作 262c
闽台直接往来 135c
闽台职工交流 135c
闽台制造业对接 133c
闽越王 26a
闽中郡 26a
明溪县 401a
木兰溪 25a

N

内贸流通改革 245a
南安市 386a
南靖土楼（图） 273
南靖县 373a
南龙铁路 226c
南平市 412b
宁德核电一期项目 192c
宁德市 433a
宁化县 397c
农村电商 249c
农村改革创新 201a
农村公路保险 229c
农村集体“三资”管理 201b
农村经济管理 201b
农村居民生活 330a
农村客运 229c
农村民生 200c
农村生态环境 200c
农村水利水电 208c
农村淘宝（图） 249
农村土地承包管理 201b
农村危房改造 195b
农工民主党福建省委 80b
农机服务组织 207b
农机购置补贴 207c
农机具拥有量 207b
农垦 201a
农业 200
农业标准化 202a
农业机械化 207b
农业科技 286c
农业科技园区 287a
农资购销 247a

P

排污权交易 198c
排污收费 198c
棚户区改造 196a
批捕起诉 107b
批发零售业 245b
平安福建 59c
“平安厦门”座谈会 114c
“平安校园”创建 97b
平和蜜柚节 372c
平和县 372a
平潭岛 22b
平潭综合实验区 445c
平潭综合实验区对台合作 133b
平潭综合实验区法治建设 102a
《平潭综合实验区条例》 69b
屏南县 444c
莆田市 405b
莆田市东圳水库（图） 177
浦城县 419c

Q

七匹狼车间（图） 217
气候 22b
气温 22c
气象 292c
气象科研与人才 293a
气象现代化建设 292c
汽车工业 213a
侨务 129a
侨务概况 129a
青年人 325c
青少年体育 318c
清流县 396c
区域协调发展 138b
区域性融资租赁集聚区 267c
全面停止有偿服务 115b
全球一站式航空维修基地 267c
全省电商大会 250a
全省人防工程管理及质量监督业务培训 119c
全省人防工程质量检查 119a
全省指挥通信业务网上同步集训 118c
全省专武干部集训 113c
泉港区 381c
泉州金融服务实体经济改革 175c
泉州经济技术开发区 392a
泉州木偶剧院 378b

泉州市 376b
泉州台商投资区 391a
群众体育 317c
群众团体 84c

R

人大立法 97c
人防系统安全生产检查 119b
人口 28b
人口年龄结构 28b
人口自然增长 28b
人力资源管理 323b
人民调解 110c
人民防空 118c
人民防空概况 118c
人民公社 27a
人文历史 25c
日用陶瓷 220a
日照 22c
入境旅游 270b
软件骨干企业 239b
软件和信息技术服务业 239b
软科学研究 286a

S

赛卡黄热病 158b
三江口 344a
三明机场 231a
三明市 393a
三明市泰宁县“5·8”泥石流灾害抢险救援 117a
“三明医改” 51a
三山镇风电走廊（图） 225
三元区 394b
扫黄打非 309c
森林工业 222b
森林资源 24b
沙埕港 24b
沙县 402c
《山哈弄海》 57a
商标管理 150b
商贸流通 248c
商贸流通服务业 245
商务洽谈会 261b
商业车险 186a
上杭县 427a
上市公司 184a
上市融资 184a
少数民族教育 339b
畲语 29b
畲族文化节 57a
设立街道办事处情况 29c
设区市地方立法 98b
设区市武委会主任述职报告会 113b
社保基金监管 328c
社会保障 327c
社会发展科技 284c
社会管理综合治理 96a
社会救助 328c
社会科学 295
社会科学规划 295a
社会科学研究与成果 297a
社会矛盾纠纷化解 101a
社会人群 325a
社会融资 176b
社会生活 322
社会事业发展 139c
社会志愿服务 33a
社会治安防控立体化 96b
《社会主义核心价值观读本》 63a
社会组织登记 337c
社会组织管理 337c
社区服务管理网格化 96c
社区建设 331a
社区矫正 110b
涉诉涉信访法治化 109a
涉台法律问题研究 98c
深化投资体制改革 140c
深化现代职业教育改革 143c
审计 147c
生态安葬 337c
生态省战略 52b
生态文明建设 31c 139c
生物灾害 342b
生物资源 24a
生猪养殖污染治理 205b
声环境 25b
省残疾人联合会 91c
省长办公会议 73b
省第十次党代会 53c
省妇女联合会 87a
省工商联 83c
省归国华侨联合会 89b
省级社科普及示范创建点 93b
省纪委九届八次全会 77a
省纪委九届七次全会 77a
省纪委十届一次全会 77a
省金门同胞联谊会 91a
省军区党委九届十三次全体（扩大）会议 112c
省科学技术协会 88c
省留学生同学会·留学人员联谊会 95b
省贸促会 94b
省情概况 22
省人大常委会概况 66c
省人大常委会会议 69a
省人民代表大会 66c
省人民政府 70a
省社会科学界联合会 92b
省社科联重要学术研讨活动 298a
省社科研究基地建设 295c
省社科院学术交流 299b
省十二届人大四次会议 69a
省台湾同胞联谊会 90c
省委九届十六次全会 52c
省委九届十七次全会 53b
省委十届一次全会 54c
省文学艺术界联合会 93b
省政府常务会议 70b
省政府发展研究中心学术活动 298c
省政府概况 70a
省政府全体会议 70b
省政协常务委员会会议 75b
省政协十一届四次会议 75a
省政协重要活动 75c
省中华职业教育社 94c
省总工会 84c
失业保险 328b
师团职领导干部理论轮训 116c
“十三五”科技专项规划编制 283c
石化产品产量 211c

石化产业链 212a
石化工业 211c
石化行业分布 212a
石狮市 382c
实施差别化排污收费政策 151c
食品安全共治 154b
食品安全监管 152a
食品安全科技 284c
食品工业 220b
食品企业技术辅导 222a
食品产业转型 221c
食品行业科技成果评审 221c
食品药品不良反应检测 153c
食品药品法制建设 154a
食品药品监督管理 152a
食品药品监管技术支撑体系建设 153b
食品药品应急管理 154b
食盐专营 218c
市场规范管理 150a
市场应急调控保障 245c
市场主体监督管理 150a
市场主体注册登记 149b
市政公用设施运行管理 194a
市政基础设施建设 193c
事业单位分类改革 61c
收养登记 335a
首届港澳青年精英故乡行活动 132c
寿宁县 440b
“数控一代”示范工程 284a
“数字福建”建设 242c
数字福建 239c
双拥 331b
《双重幻想》摄影展（图） 94
水产基地园区建设 223a
水产加工园区建设 222c
水产贸易合作 223b
水产品加工业 222c
水产品冷链物流 223a
水产品牌培育 223b
水产品质量安全 206c
水环境管理 197c
水环境质量 25a
水利 208a
水利扶贫开发 209a
水利改革 209c
水利管理 209a
水利基建 208c
水利项目规划 208b
水利资金投入 208b
水路运输 232c
水土保持 207c
水土流失治理 115b
水土治理模式 207c
水文 23a
水质 23c
水资源 23c
水资源管理 209b
税收特点 165c
税收征管 167a 168b
税收政策 166a
税务 165c
税务稽查 167b 168c
税种管理 166c 168a
顺昌县 418c
《丝海梦寻》 300a
司法改革 109c
司法基层基础建设 111a
司法体制机制改革 108a
司法行政 110a
司法行政改革 111b
司法行政概况 110a
思明区 357a
“四会”优秀政治教员评比竞赛 117a
松溪县 421b
素质教育 274a
塑料制品加工业 220a

T

台车入闽 136a
台风“莫兰蒂” 23b
台风“尼伯特” 354c
台江区 345b
台盟福建省委 83a
台商合法权益维护 134b
台湾创业园 56b
台湾输大陆食品监管 159a
台湾同胞 28b
泰宁池潭水力发电站山体滑坡救援 118b
泰宁绿圣境元茶山（图） 201
泰宁县 399c
陶瓷技术创新 220b
陶瓷品牌 220b
特色旅游 273b
特色文化研究 297c
特色现代农业 200b
特殊教育 277a
特种设备安全监察 154c
体育 317
体育彩票 319c
体育产业 319b
天主教 29c
铁路 226a
铁路护路 97b
汀江 23a
汀江国家湿地公园（图） 270
通信网络与信息安全 241a
通信行业管理 241b
通信业 240c
同安区 360b
统计 148c
统计调查和统计产品 149a
统计能力建设 149a
统战工作 57b
投资体制改革 139a
图书馆 306a
土地管理 146a
土地规划 146b
土地资源 23c
土地总面积 23c
土壤环境管理 198a
推广畜禽良种繁育体系 205b

W

外汇管理 171b
外经外贸工作 139b
外商直接投资经营情况 261a
外商直接投资来源 261a
外商直接投资行业分布 261a
外事 侨务 港澳事务 120

外事 120a
外事概况 120a
外资银行 183b
完善社会保障体系 144c
完善社会保障体制改革 144b
王蒙徽 124a
网络精神文明建设 33b
“网上侨胞之家” 90c
卫生对外交流与合作 126a
卫生行业联合资金 285c
卫生应急 316a
未成年人思想道德建设 32c
文化 300
文化产业 304b
文化对外交流与合作 126a
文化馆 306b
文化市场监管 301b
文物普查 310a
文学艺术 302a
文艺创作 302a
无线电管理 243c
无线电监测 244a
无线电监督检查 244b
无线电行业监管 244a
吴方言 29a
“五个一批”项目 268a
“五证合一” 141a
福建省森林总队 117b
福建省森林总队概况 117b
武警福建总队 115c
武警福建总队概况 115c
武平县 428b
武夷山脉 22a
武夷山市 416b
物联网产业 265b
物流基础设施建设 247c
物流软环境建设 248b
物流业 247c
物业服务 196b

X

稀土产业 215a
霞浦县 439a
厦门边检 160b
厦门出入境检验检疫 158a
厦门对台综合改革试验 133b
厦门海关 156c
厦门航空 231c
厦门检验检疫局举行突发高致病性禽流感应急演练（图） 158
厦门前场铁路货场 227c
厦门世茂海峡大厦（图） 357
厦门市 355a
厦门市第16个全民国防教育日活动 114b
厦门市首届市区两级国防教育讲师团集训 114b
厦门站新站房 227c
仙游县 406c
先进制造业基地 265c
现代物流产业 265b
现代物流业 248b
乡村旅游 273b
乡改镇情况 29c
芗城区 364b
翔安区 361c
消防工作 104c
消费减负 151b
消费品工业 218a
消费者权益保护 150c
小城镇综合改革建设试点 195a
小额贷款 189b
小额贷款　租赁　典当 189b
小微金融服务 172c
小微企业金融服务创新 143a
校园安全教育 275a
新开工建设铁路 226a
新罗区 425a
新能源项目获国家科技重大项目支持 284b
新闻 308b
新型城镇化建设 138c
新型农业经营主体 201b
新型显示产业 238a
新型智库建设 296b
新药研发 285a
信访工作 64b
信访工作法治化 101b
信息公共服务能力建设 240c
信息化建设应用 240b
信息业 238
兴业国际信托有限公司 185b
兴业银行 181b
兴业证券股份有限公司 184b
星火计划项目 287a
刑事案件 108b
刑事犯罪侦查 102b
行政区划 29c
行政权力制约和监督 100c
行政体制改革 140c
休闲渔业 206a
秀屿区 410c
徐竹初雕刻作品 365a
畜牧标准化建设 205b
畜牧业 205a
宣传工作 56c
学前教育 275c
学术活动 298a
学术刊物 299c
学位与研究生教育 278a
巡视监督 76b
循环经济 199c

Y

烟草工业 224c
烟草流通 249a
烟草商业 248c
烟草专卖管理 249a
延平区 413c
盐业 218c
杨梅洲峡谷国家森林公园 204b
杨岳 123c
养老保险 328a
养老保障 335c
养老服务业 332a
养殖基地建设 205c
药品安全监管 152c
药械审评审批制度改革 154b
冶金工业 214b
冶金行业规范 215b
冶金行业技术进步 214c

冶金优势产品 214c
野生动物 24a
"一带一路" 51b
"一带一路"倡议 266a
"一带一路"建设科技创新合作 290b
医保体制改革 144a
医疗救助 329a
医疗器械监管 153a
医药工业 223c
医药龙头企业 224a
医药卫生体制改革 144a 315b
医药重点产品 224a
医政管理 316b
依法决策 100c
依法行政绩效考评 99a
依法治水 209b
宜居环境建设 193c
移民资金 341a
乙肝新药派格宾上市 360b
义务教育 275c
艺术创作 300a
艺术交流 303b
银行 173b
应急救护 333b
应急救援 333a
营改增试点改革 167a
拥政爱民 114c
永安车辆段整体搬迁 228a
永安市 395b
永春县 390a
永定区 425c
永泰县 353b
永泰县"六馆一中心"项目 354b
优抚 331c
尤权 50a
尤权在新加坡经贸推介会上作主旨演讲（图） 120
尤溪县 403b
邮政发展环境建设 236a
邮政普遍服务保障 236b
邮政业 235a
邮政业法规规划体系建设 235b
友好城市 126c
友好往来 121c
于伟国（图） 121
于伟国会晤港澳特首 131c
渔博会（图） 206
渔业 205b
渔业安全生产 206b
渔业产业结构调整 205b
渔业防灾减灾 206c
渔业科技推广 206b
渔业执法 207a
渔业资源保护 206a
语言 28c
预防青少年违法犯罪 97b
远洋渔业 205c
云霄县 369a

Z

灾害防范与救助 112c
造纸业 218b
责任主体不良行为惩戒 195c
渣土车安全整治 194c
债券融资 176c
张昌平 124c
漳平市 431b
漳浦县 367a
漳浦县官浔镇郊野公园（图） 367
漳州第八届农博会 364b
漳州第十八届花博会 364b
漳州港尾铁路 227a
漳州古雷爆炸事故 105a
漳州南一水库 25b
漳州三宝 363a
漳州市 362c
漳州市首届退役士兵转服预备役誓师大会 115a
漳州一中龙文校区 366a
招商银行福州分行 182c
招商引资 262a
诏安县 370a
哲学社会科学研究成果 295b
柘荣县 442c
震害防御与应急救援 293c
征兵工作 113c
整车进口口岸 265a
证券投资业务 185a
证券　信托 184a
政策措施落实跟踪审计 147c
政策研究 58b
政策咨询研究 296a
政策咨询与发展研究 296a
政法工作 59c
政府性债务管理 165b
政府职能转变 99a 140b
政和县 422a
政协福建省委员会 74a
政协福建省委员会概况 74a
知识产权管理 288b
知识产权管理服务 289a
职业技能竞赛 324b
职业技能培训 251a
职业教育与成人教育 280a
职业培训 324c
志愿者 327a
制度创新 264a 266c 268c
制鞋业 219a
制造业投资 211b
治安防范管理 103a
质量技术监督管理 154c
质量技术监督监管服务改革 155a
质量技术监督行政执法 155a
致公党福建省委 81c
中共福建省纪委 75c
中共福建省纪委概况 75c
中共福建省委员会 50a
中共福建省委员会概况 50a
中国（福建）自由贸易试验区福州片区 264a
中国（福建）自由贸易试验区平潭片区 268b
中国（福建）自由贸易试验区厦门片区 266c
中国版权金奖保护奖 390a
中国电信福建省分公司 241c
中国工商银行福建省分行 178b
中国建设银行福建省分行 179c
中国联通福建省分公司 243a
中国农业发展银行福建省分行 177a
中国农业银行福建省分行 179a
中国平安财产保险股份有限公司福建分公司 187b

中国平安人寿保险股份有限公司福建分公司　188a
中国人民财产保险股份有限公司福建省分公司　186c
中国人民银行福州中心支行　173b
中国人民银行厦门市中心支行　176a
中国人寿保险股份有限公司福建省分公司　186a
中国太平洋财产保险股份有限公司福建分公司　188b
中国太平洋人寿保险股份有限公司福建分公司　189a
中国移动福建分公司　242b
中国银行福建省分行　179b
中国邮政储蓄银行福建省分行　180a
中国邮政集团公司福建分公司　236c
中华人民共和国时期　26c
中介机构管理　195c
中欧（厦门）班列　267b
中信银行福州分行　182a
中药材种植　224b
中医药工作　316c
终身教育　280c
种植业　201c
众创空间建设　291c
重大文艺活动　302b
重点建设　191a
重点建设城建环保行业　191c
重点建设服务行业　191c
重点建设交通行业　191a
重点建设开工项目选介　192a
重点建设能源行业　191b
重点建设农林水利行业　191c
重点建设社会事业行业　192a
重点领域改革　138c
重点领域立法　97c 100a
重点平台建设　264c
重点实验室　291b
重点项目和园区建设　239a
重点项目开发　213b
重特大生产安全事故防控　162b
周宁县　441c
主要农产品供应　200a
主要污染物减排　198c
住房公积金监管　196b
专利宣传保护　289a
专利转化运用　288c
专题调研　297c
专业技术人才　325a
专业与课程建设　278a
追溯体系监管　246a
追溯体系建设　246a
资产重组　213b
资源　23c
自贸区产业布局　262c
自贸区法庭工作　108c
自贸区金融创新　142c
自贸试验区便利化改革　156a
自贸试验区法治保障　102a
自然地理　22a
自然科学基金项目　285c
自然生态保护　198b
自然灾害　341c
宗教　29c
宗教事务　339b
综合年鉴编纂　313a
综治领导责任制　96a
组织工作　55b
祖地文化交流　134c

福建省国税局

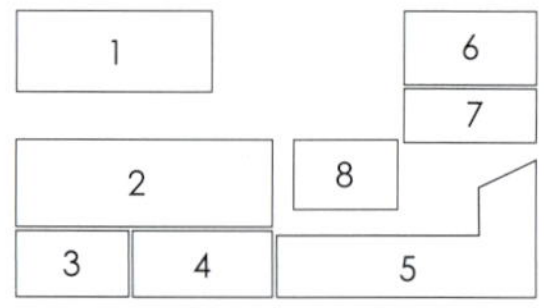

1. 2016 年 9 月 8 日，福建省国税局局长林京华（居中）在平潭参加第五届闽粤六地自贸区（平潭）税收创新论坛

2. 2016 年 7 月 8 日，福建省国税局、地税局举办金税三期系统上线启动仪式，省国税局局长林京华（左一）、省地税局局长陈青文（右一）共同按下金税三期工程启动按钮

3. 2016 年 5 月 1 日，福建国税全面推开营改增后“零点行动”。图

为省国税局局长林京华（左二）、副局长邱大南（右二）在首张发票开票现场

4. 2016 年 11 月 18 日，福建省国税系统金税三期优化版推广工程表彰暨先进事迹报告会在榕举行。省国税局局长林京华（主席台右三）、副局长邱大南（主席台右二）、副局长陈慕斌（主席台左二）、副局长林国镜（主席台右一）、总审计师陈艳（主席台左一）为受表彰的集体和个人颁奖

5. 2016 年 4 月 19 日，福建省国税局副局长陈慕斌（前排右三）带队，福建国税营改增青年宣讲团走进邮储银行宣传营改增政策

6. 2016 年 4 月 12 日，福建省国税局副局长林茂椿（前排右三）、省地税局副局长汪茂昌率领国地税有关人员前往新大陆集团，调研“走出去”企业的境外经营和税收状况

7. 2016 年 11 月 23 日，福建省公安厅派驻税务联络机制办公室在福州正式挂牌成立，标志着福建省警税联手打击防范涉税犯罪活动常态化、规范化、制度化。图为福建省国税局副局长林国镜（右二）参加揭牌仪式

8. 2016 年 4 月 29 日，福建省国税局总经济师、福州市国税局局长郑元芳（右一）到鼓楼局督查营改增工作。

福建省地方税务局

2016 年，福建省地税系统继续扎实推进让“地方满意、纳税人满意、人民满意”的“三个满意”地税局建设，圆满完成各项重点任务，顺利实现“十三五”时期地税事业发展的良好开局，获福建省、国家税务总局领导肯定性批示 16 条，2016 年度绩效考评位列福建省和税务总局绩效考核优秀等次。

抓好组织收入“重头戏”。坚持把组织收入工作放在头等重要的位置，实现组织收入总量与质量的“双提升”，为服务福建经济社会发展夯实强有力的财力基础。2016 年，共组织各项收入 2460.83 亿元，其中税收收入 1603.4 亿元，扣除“营改增”影响，可比口径增长 16.5%，税收收入总量居全国地税第 10 位，可比口径税收增幅居全国地税第 9 位。各项非税收入 857.43 亿元，增长 9.6%，其中：社会保险费 741.45 亿元，增长 12.5%。

铸好地税队伍“生力军”。加强系统各级领导班子建设，深化干部人事制度改革，完善干部培养机制，选派 43 名干部到基层驻村蹲点扶贫，与国税部门互派挂职 68 人次。加强党风廉政建设，全面推进从严治党，深入开展“两学一做”学习教育活动，发挥先进典型引领作用。开展岗位练兵比武活动，组织全系统税政法规岗位标兵选拔，组队参加税务总局练兵比武竞赛，获团体优秀奖。推进人才“十百千工程”，2016 年纳入税务总局素质提升“115”工程项目 132 人，7 人新入选税务总局人才库，累计 65 人；省、市两级人才库新增 150 人，累计 1530 人。

打好改革创新“攻坚战”。2016 年 5 月 1 日起，全面推开营改增试点工作，共移交试点税源户 43.78 万户。7 月 1 日起，全面实施资源税从价计征改革，在税务总局改革推进视频会做经验交流发言。巩固“三证合一、一照一码”改革成果，协调推进“五证合一、一照一码”改革。有序实施深化国地税征管体制改革，联合省国税局制定我省实施方案，配套推出 67 项具体措施，细化地税系统工作安排。深度推进国地税合作工作，联合省国税局推出 10 条合作创新举措，初步实现 36 项基本目标和 6 项鼓励创新目标，有 4 个县（区）局被评为全国百佳国地税合作县级示范区。顺利实现金税三期工程正式上线，大力推进“互联网 + 税务”，省委书记尤权肯定省地税局积极打造“3A 移动税务服务平台”是福建省信息化建设的一个很好实践。

谱好政策服务“落实篇”。强化税收优惠政策的宣传辅导、贯彻执行和效应分析，确保落地生效，2016 年，共减免税收 256.6 亿元。推行挂钩联系企业制度，全年重点挂钩联系

1 2 3 4 5 6 7

1. 2016 年 2 月 19 日，省长于伟国检查指导福建省地税局办税服务厅建设

2. 2016 年 5 月 20 日，常务副省长张志南到福建省地税局调研

3. 2016 年 4 月 30 日，省地税局局长陈青文察看办税窗口全面推开“营改增”开票准备工作

4. 2016 年 5 月 24 日，省地税局总会计师刘尚逊带队到安溪县蓬莱镇鸿福村开展精准扶贫并看望驻村干部

5. 2016 年 6 月 22 日，省地税系统开展业务压力测试，全力以赴确保金税三期工程正式上线运行

6. 2016 年 7 月 6 日，省地税局召开纪念建党 95 周年暨表彰大会

7. 2016 年 4 月，省地税局举办“聚焦营改增试点 助力供给侧改革”福州市大学生税法知识竞赛

企业 1000 多户，跟踪服务重点建设项目近百个，及时帮助企业“渡难关”和解决实际问题。开展“便民办税春风行动”，改造升级 83 个县级以上标准化办税服务厅，窗口即办事项超过 90%。推出简并纳税人申报缴税次数、办税免填单等 126 项便民措施；确定 6 大类 57 个涉税通办事项，其中 3 大类 12 个事项实行省内通办。加强外网和网上办税系统建设，升级 12366 纳税服务热线，满足纳税人多元化的办税服务需求。

舞好督考合一“指挥棒”。建立健全督查督办工作机制，强化机关督办和系统督查，推行电子化督办与实地督查相结合，将各项年度重点工作任务纳入绩效管理重要目标和重点督办事项，强化绩效引导与督促落实。同时，有机融合福建省政府和税务总局两套绩效考核要求，优化、完善考评指标设置及绩效管理制度建设，建立健全覆盖全流程的绩效管理体系，坚持每季开展绩效讲评和定期通报制度。加大考评结果运用力度，推行“督考合一”，充分发挥督查督办的推动作用和绩效考评的导向作用，推动各项工作落实和提质增效。督查督办和绩效管理工作得到福建省政府和税务总局的充分肯定。

福建省旅游发展委员会

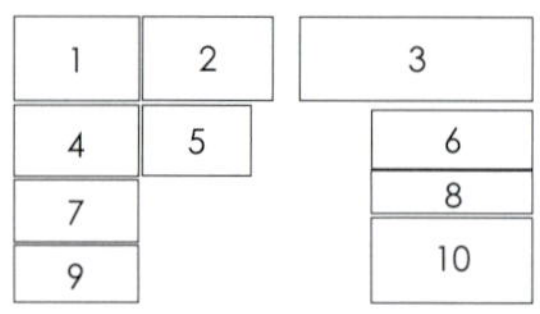

1. 第十二届海峡旅游博览会领导巡馆

2. 2016 年 11 月 13 日，第二届“海上丝绸之路”（福州）国际旅游节开幕

3. 2016 年 8 月 31 日，“清新福建 游你精彩”（北京）旅游推介会

4. 第十二届海峡旅游博览会领导巡馆

5. 第十二届海峡旅游博览会领导巡馆

6. 2016 年 8 月 10 日，“放心游福建”旅游服务承诺新闻发布会

7. 2016 年 9 月 3 日，全国晚报总编清新福建行

8. 2016 年 8 月 10 日，“放心游福建”旅游服务承诺新闻发布会

9. 2016 年全省旅游工作视频会议在福州召开

10. 2016 年 10 月 22 日，福建省全域旅游工作推进会在泰宁召开

福建省高级人民法院

2016年，全省法院深入学习贯彻习近平总书记系列重要讲话精神和治国理政新理念新思想新战略，紧紧围绕“五位一体”总体布局和“四个全面”战略布局，认真践行新发展理念，以“四行动”“两清积”“一工程”为抓手，大力加强司法为民、公正司法，为再上新台阶、建设新福建提供有力司法保障。全省法院受理案件914198件，办结748032件，同比上升17.39%和17.44%；其中，省法院受理12075件，办结9115件，上升18.86%和18.01%。

服务保障大局积极有为。依法惩治犯罪，审结刑事案件55353件。审结民商事案件404815件、标的总额2044.87亿元。审结行政案件、非诉行政案件和国家赔偿案件共22142件。以最高人民法院专门作出《关于支持福建省加快建设国家生态文明试验区重大部署的意见》为契机，进一步打造生态环境司法保护“福建样本”升级版。

司法体制改革蹄疾步稳。深化司法责任制改革，遴选入额法官3831人。加强以审判为中心的诉讼制度改革，深化量刑规范化改革，推进刑事案件认罪认罚从宽制度改革试点。拓展“跨域”立案服务，推进诉讼服务司法协作，改革完善行政案件异地管辖模式。推进繁简分流和多元化解，全省法院以诉讼调解、行政协调、执行和解等方式结案172206件。改革完善人民陪审员制度，全省7086名人民陪审员参审案件117873件。制定和落实福建法院信息化建设五年发展规划，构建法院信息化3.0版，加快建设“智慧法院”。

公正为民司法持续加强。全力推进“基本解决执行难”攻坚战，全省法院执行案件229939件，标的总额162.67亿元；清理历年执行积案455099件，发放执行款62.36亿元。集中清理涉诉信访积案，试点推进律师参与化解和代理涉法涉诉信访案件。加强审判监督指导，审结申诉、申请再审案件8502件，依法宣告26名被告人无罪。办结减刑、假释案件27281件。全省法院各类案件法定审限内结案率为98.26%，一审后当事人服判息诉的占88.71%，二审后达到98.59%。完善审判流程、庭审活动、裁判文书、执行信息“四大公开平台”，庭审直播3372场，公开裁判文书446202份。

过硬队伍建设深入推进。推进“两学一做”学习教育，树牢“四个意识”，坚定理想信念。结合市、县换届工作，推进法院领导班子和人才队伍建设。强化监督执纪问责，全省法院查处干警违纪违法案件42件42人。省法院认真接受省委巡视组巡视监督，抓好整改落实。加强“1263”党建机制建设，以“时代先锋”詹红荔、“时代楷模”黄志丽为标杆，广泛开展典型领跑行动。全省法院有175个集体、427名个人受到省级以上表彰。

1. 2016年12月4日，全省三级法院同时举行法官宪法宣誓仪式。图为省法院党组书记、院长、二级大法官马新岚带领省法院、福州铁路运输法院首批入额法官及干警代表进行宪法宣誓

2. 2016年4月7日，省政府和省法院以“防控风险、服务发展”暨“加快企业破产重整及化解企业信贷风险”为主题，召开第三次府院联席会议，省长于伟国和省法院院长马新岚出席会议并讲话，省委常委、常务副省长张志南出席会议

6. 2016 年 7 月 29 日，平潭综合实验区人民法院挂牌成立

7. 2016 年 1 月 30 日，全省法院院长会议

8. 2016 年 3 月 25 日，全省法院党的建设工作会议召开

9. 2016 年 4 月 8 日，全省法院典型领跑行动座谈会召开。省法院党组书记、院长马新岚出席会议并讲话，省妇联党组书记、主席吴洪芹应邀出席会议并讲话

10. 2016 年 8 月 22 日，全省法院司法体制改革推进会召开

3. 2016 年 10 月 10 日至 14 日，最高人民法院组织邀请吉林等 7 个代表团的 24 位全国人大代表视察福建法院工作。图为全国人大代表参观省法院诉讼服务中心

4. 2016 年 12 月 9 日，最高人民法院政治部和福建省委组织部、省委宣传部、省委政法委、省法院在漳州召开黄志丽审判工作方法研讨会

5. 2016 年 7 月 29 日，第八届海峡两岸司法实务研讨会在福建平潭举办

福建省文化厅

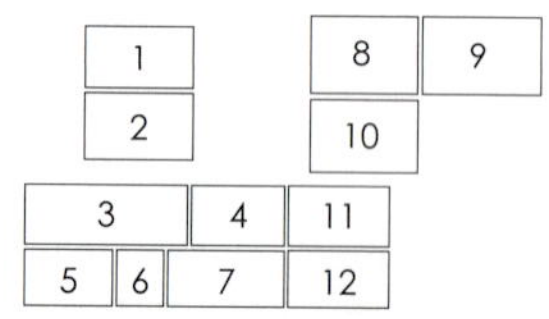

1. 2016年1月8日至19日，由省政府主办，省委宣传部和省文化厅承办的“派江吻海、山水相依——八闽古村落古民居摄影作品展”在中国美术馆展出

2. 2016 年 6 月 13 日，“新中国美术家系列——福建省国画作品展”在中国国家画院开幕

3. 2016 年 3 月 28 日至 4 月 5 日，大型舞剧《丝海梦寻》先后在马来西亚、印度尼西亚和新加坡三国巡演

4. 2016 年 12 月 11 日晚，由省委宣传部、省文化厅主办的“永恒的丰碑——福建省纪念长征胜利 80 周年文艺晚会”在福建大剧院举行

5. 2016 年 7 月 20 日至 31 日，“福建百折传统折子戏展演”在福州举办；9 月 12 日至 24 日，由文化部艺术司、福建省委宣传部、福建省文化厅共同主办的“福建地方戏经典折子晋京展演”在北京举办

6. 2016 年 9 月 23 日至 10 月 31 日，“福建文化展示月”系列活动在西班牙举办。图为中国驻西班牙大使馆文化参赞在开幕式上致辞

7. 2016 年 9 月 23 日至 11 月 25 日，“铁血长征——福建儿女长征史迹展”在龙岩举办

8. 2016 年 7 月 22 日至 31 日，由中华文化联谊会、福建省政府主办的“情系青春——两岸青年八闽行”活动在福建举行

9. 2016 年 11 月 4 日至 7 日，“第九届海峡两岸（厦门）文化产业博览交易会”在厦门举行

10. 2016 年 10 月 12 日，海上丝绸之路申遗项目保护工程启动仪式在泉州举行

11. 2016 年 4 月 21 日至 24 日，三明市通过第二批创建国家公共文化服务体系示范区实地验收

12. 2016 年 6 月 30 日晚，由省委宣传部、省文化厅、省文联主办的“信仰的力量——福建省庆祝中国共产党成立 95 周年大型交响合唱音乐会”在福建大剧院举行

中共福建省委党史研究室

2015年5月26日，“项南与福建改革开放暨《项南画传》出版座谈会”召开

			1
2	3	4	
5	6	7	
8	9	10	11

1. 2016 年 10 月 21 日，尤权、于伟国等省领导在省革命历史纪念馆参观“长征从这里出发”主题展览

2. 2015 年 7 月 16 日，全省党史研究室主任会议在福州召开，省委副书记于伟国出席会议并讲话

3. 2016 年 12 月 1 日上午，省委副书记倪岳峰，在省委常委、秘书长梁建勇等陪同下，到省委党史研究室调研党史工作

4. 2016 年 12 月 13 日，省委常委、宣传部长高翔出席福建红色文化网上展示馆上线暨福建红色文化 VR-AR 实体体验馆启动仪式

5. 2016 年 7 月 28 日下午，中央党史研究室曲青山主任在福建省委党史研究室逄立左主任，汪一朝、黄玲副主任的陪同下，来到福建省革命历史纪念馆调研指导党史工作

6. 2014 年 12 月 22 日，中央党史研究室李忠杰副主任到福建省委党史研究室考察指导党史工作

7. 2014 年 1 月 24 日下午，省委党史研究室“党史讲坛”举行开讲式

8. 2013 年 11 月 28 日，省委党史研究室在上杭古田举行“福建省党史教育基地授牌仪式暨革命遗址保护利用研讨会”

9. 2013 年 12 月 31 日下午，“海西红色在线——中共福建历史网”网站群开通上线

10. 2016 年 7 月 3 日晚，纪念中国共产党成立 95 周年暨中国工农红军长征胜利 80 周年“永远跟党走，辉煌中国梦”文艺晚会在福州大戏院隆重举行

11. 2014 年 9 月 30 日，省委党史研究室在福州市八一七烈士公园举行烈士纪念日活动

武警福建省森林总队

1	2
3	4
5	6

1. 福建森林总队官兵到古田会议会址开展防火巡护
2. 福建森林总队官兵开展“防火千里行”流动宣传
3. 福建森林总队官兵参加连江县浦口镇管领村灭火作战
4. 福建森林总队福州大队官兵抗击台风“莫兰蒂”救援被困人员
5. 2016 年 7 月 11 日，福建森林总队龙岩支队官兵参加漳平市溪南镇官坑村抢险救灾
6. 福建森林总队以实际行动落实精准扶贫工作

福建华通银行股份有限公司

OneBank 华通银行

2017年1月16日，福建华通银行开业

2017年8月16日，福建华通银行业务一部乔迁仪式

福建华通银行股份有限公司（简称“华通银行”）是由永辉超市股份有限公司、阳光控股有限公司等八家闽籍民营企业共同发起设立的福建省首家民营银行，注册地为中国（福建）自由贸易试验区平潭片区，已于2017年1月16日获得福建银监局批准开业。

华通银行确定了“科技金融，助微惠民”的战略定位，“以金融为本，互联网为用”的经营模式，围绕“互联网小额信贷，交易型银行，资产管理与投行，普惠金融”构建核心业务框架，致力于打造一家线上线下的新型互联网银行，是继深圳前海微众银行、浙江网商银行之后的全国第三家采用基于互联网模式的分布式架构技术的银行。

开业以来，华通银行在党和政府、自贸区领导的关怀下，秉承“科技金融、助微惠民”的立行初衷，借助海西的地缘优势和政策优势，依托股东的资源优势，以高素质的技术力量和灵活的产品组合为小微企业、“三农”、社区居民和广大消费者提供特色化、高效率的金融服务。现已推出华通银行APP、华通e企APP等互联网金融产品。

2017年6月18日，恰逢第十五届海峡两岸项目成果交易会在福州举办，华通银行倾心投入其中。以创新的平台、高效的服务、有担当的企业文化，为服务“一带一路”建设、助力海西经济发展、深化金融改革贡献华通人锐意进取、朝气蓬勃的力量。

兴业银行

兴业银行
INDUSTRIAL BANK CO.,LTD.
真诚服务
相伴成长
—兴业银行A股上市十周年—
股票代码:601166

兴业国际信托有限公司

兴业国际信托有限公司
CHINA INDUSTRIAL INTERNATIONAL TRUST LIMITED

兴业国际信托有限公司成立于2009年9月，注册地为福建省福州市，现有注册资本为人民币50亿元，是经国务院同意以及中国银行业监督管理委员会批准设立的我国第三家银行系信托公司，也是我国第一批引进境外战略投资者的信托公司。

兴业国际信托有限公司以建设“综合性、多元化、有特色的全国一流信托公司”为战略目标，坚持依法经营、稳健经营，不断夯实业务基础和客户基础，着力提升业务发展和创新能力，致力于成为国内优秀的综合信托金融服务提供商。截至2016年末，兴业国际信托有限公司管理的资产规模达11070.37亿元，是我国最大型的信托公司之一。

按照建设全国一流信托公司的战略定位，目前兴业国际信托有限

2016年8月3日兴业信托杨华辉董事长荣获福建省企业与企业家联合会授予的第十六届“福建省优秀企业家”荣誉称号

2016年12月8日兴业信托荣获金融界领航中国评选的“2016年度信托行业杰出品牌奖”

2016年12月15日兴业信托荣获第一财经评选的中国社会责任榜“优秀实践奖”

興信立業
精誠守托

公司已在全国除西藏以外的各省、自治区、直辖市、计划单列市设立了35个业务和客户服务网络，实现了全国化经营与服务，是全国服务网络最齐全的信托公司。同时，兴业国际信托有限公司全资拥有兴业国信资产管理有限公司，控股兴业期货有限公司、兴业资产管理股份有限公司、福建交易市场登记结算中心股份有限公司，并参股兴业经济研究咨询股份有限公司、紫金矿业集团财务有限公司、华福证券有限责任公司、中国信托登记有限责任公司、上海票据交易所股份有限公司。在全国优秀信托公司评选活动中，兴业国际信托有限公司先后荣获“中国优秀信托公司”“卓越信托公司”“信托行业杰出品牌奖”“最佳行业影响力信托公司”“优秀资产管理机构”“信托行业风险管理奖”“社会责任优秀实践奖”等多项荣誉。

2017年2月25日兴业银行行长陶以平、兴业信托董事长杨华辉出席2017首届科技金融国际峰会

2017年5月23日兴业银行行长陶以平向兴业信托董事长杨华辉颁发“2016年度行务信息工作先进单位”

2017年6月18日兴业信托联合兴业银行参加第十五届中国·海峡项目成果交易会金融服务展

中国核工业集团公司

中核集团是经国务院批准组建、中央直接管理的国有重要骨干企业，前身是“二机部”，创立于 1958 年，主要承担核军工科研生产、核电研发建设及运营、核燃料开发与生产经营、核科学技术的研究与创新、核安全环保（核设施退役治理、乏燃料后处理）、核技术应用等任务，始终肩负着富国强军的双重使命，具有完整体系、军民结合、自主创新三个方面的突出特点。

近年来，中核集团在军工任务、产业格局、经济实力、科技创新、改革调整、管理水平等方面取得了长足进步，各项发展呈现出良好态势。

中国核工业集团公司福建联络部充分发挥中核集团在闽的窗口、桥梁和纽带作用。截至 2016 年底，中核集团在闽总投资近 700 亿元，总产值约 120 亿元，上缴税费总额超过 10 亿元，为新福建经济能源建设注入活力作出了突出贡献，树立地方合作典范。

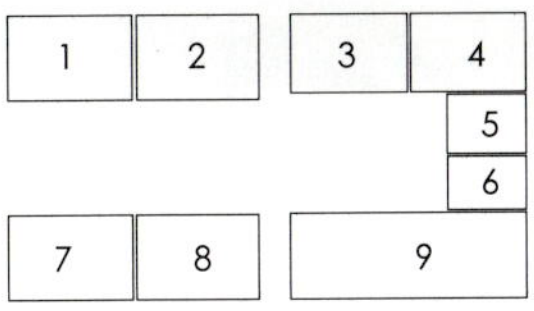

1. 2014 年 8 月 20 日，福清核电 1 号机组首次并网

2. 2014—2017 年，福清核电 1—4 号机组相继建成投产

3. 2016 年 8 月 23 日，国家能源局副局长郑栅洁视察漳州核电项目

4. 2016 年 8 月 23 日，国家能源局副局长郑栅洁视察云霄抽水蓄能项目

5. 2017 年 5 月 25 日，福清核电 5 号机组反应堆厂房穹顶吊装

6. 2016 年 1 月，云霄曾江风电建成投产

7. 2016 年 12 月 13 日，福建云霄抽水蓄能电站预可行性研究报告顺利通过审查

8. 2017 年 4 月 24—25 日，“核电对现代社会的影响与安全保障”公众沟通讲座在三明市和福州市分别举行

9. 2017 年 6 月 11 日，漳州核电厂址全景

中国科学院福建物质结构研究所

洪茂椿院士获福建省科技重大贡献奖

福建省科技重大贡献奖是授予为福建省经济建设与社会发展做出特殊贡献的科技工作者的最高嘉奖。福建省科学技术重大贡献奖每两年评审一次，每次授奖人数不超过2名。2016年中科院福建物构所洪茂椿院士成为该项殊荣的唯一获奖者。

洪茂椿院士长期从事新材料与器件、纳米材料、无机-有机杂化材料的制备与应用研究，作为首席科学家提出并组织实施国家重大科学问题导向、国家863、国家973、国家自然科学基金委重大专项、中科院先导专项B等重大研究项目。在国际上率先提出功能导向自组装法设计合成纳米团簇分子、金属-有机纳米笼、纳米管和纳米线，开辟了一条研制纳米团簇与金属-有机纳米器件的新途径，建立和发展了多种纳米有序阵列体系制备方法。在晶体工程研究中，通过各种功能结构基元的协同作用进行结构设计和定向合成，成功制备出系列一维、二维金属-有机聚合物功能晶体材料，研究成果获得2002年国家自然科学奖二等奖（排名第一）和2011年国家科技进步奖二等奖（排名第二）。2004年当选为国际华人无机化学会议秘书长，2007年开始担任美国《晶体生长与设计》等国际重要杂志副主编以及欧洲多个杂志的编委。

洪茂椿院士还致力于开展产业关键技术研发、技术集成创新、工程化示范和科技成果转移转化工作。担任福建物构所所长期间，推进科技创新和成果转移转化，促进科技与经济的深度结合，建立了知识创新、技术创新和工程产业化三者互动的体制机制，建成了开放式的“海西创新群体—区域研发中心—战略新兴企业”科技创新体系。创建了“基础研究→变革技术→成果转移转化”科技创新价值链。组织实施了高质量晶体元器件和模块与全固态激光技术、新一代煤制乙二醇技术、半导体照明关键材料研发及技术集成、水性聚氨酯胶黏剂的工业化制备技术等一批重要科技成果并实现转移转化，创造了显著的经济效益与社会效益。2016年，中国科学院授予洪茂椿为中国科技事业作出杰出贡献荣誉证书。

“平面三角构型紫外非线性光学晶体的结构设计与生长”获2016年福建省自然科学一等奖

中科院福建物构所叶宁研究员主持完成的成果“平面三角构型紫外非线性光学晶体的结构设计与生长”获2016年福建省自然科学一等奖。

紫外非线性光学晶体是实现全固态紫外激光输出的关键材料，目前短波紫外变频主要是依靠具有B03平面三角形基团的硼酸盐晶体，而实际应用对晶体综合性能提出更高要求，拓展新的材料体系显得尤为迫切。成果“平面三角构型紫外非线性光学晶体的结构设计与生长”从晶体微观结构与性能关系、材料设计、晶体生长、性能与器件研究等方面入手，开展新晶体探索和晶体生长基础科学问题研究，实现了以平面三角构型基团为基础的紫外非线性光学晶体结构设计，开拓了碳酸盐非线性光学新材料体系，拓展了硼铍酸盐深紫外非线性光学晶体体系，实现了紫外低吸收YAB晶体生长与四倍频器件研制。相关研究成果在J. Am. Chem. Soc.、Chem. Mater.、J. Mater. Chem. C等国际重要期刊上发表。迄今累计发表相关论文30篇，他引近900次。成果受到国内外同行的广泛关注，被J. Am. Chem. Soc.、Nat. Commun.、Adv. Mater. 等知名期刊引用和正面评价。

1. 洪茂椿院士
2. 洪院士团队
3. 叶宁研究员
4.叶宁成果
5. 叶宁课题组

国家海洋局海岛研究中心

简介与主要职能

国家海洋局海岛研究中心是2012年8月获中央编办批准设立的隶属国家海洋局的事业单位，为国家公益类综合型海岛科研机构，位于福建省平潭综合实验区。主要职能涵盖海岛开发与保护、海岛经济可持续发展、海岛环境监测与评价、海岛资源综合调查和利用技术研发、海岛防灾减灾与生态修复和对外交流合作等九项。

人员架构

现有员工46人，其中享受政府特殊津贴专家2人；研究员3人，副高级职称以上人员8人，博、硕士27人。专业涉及海岛空间规划、政策法规、海洋经济；海洋地质、遥感测绘、海洋数值模拟；海岸海滩工程、生态保护等领域。2015年成立“院士专家工作站”。

业务工作

中心坚持“聚焦海岛、立足地方、面向全国、放眼全球”的业务发展定位，全面服务国家海洋和海岛事业发展。

服务国家海岛事业：建设全国海岛监视监测系统和海岛大数据中心；构建生态岛礁管理平台；研究海岛经济调查和运行与监测机制；打造海岛科学博物馆、海岛生态修复实验馆、海岛海岸保护实验馆以及典型海岛沙丘地貌保护科学展示区。

1. 全国政协副主席王钦敏、福建省委书记尤权视察研究中心
2. 国家海洋局局长王宏在平潭国际海岛论坛上致辞
3. 国家海洋局海岛研究中心科研楼
4. 海岛研究中心整体规划图
5. 中国－东南亚海岸侵蚀研讨会代表合影

服务地方经济发展：积极参与地方海洋发展规划制订，着力开展海岛海岸带生态整治与修复，努力为平潭国际旅游岛建设搭建平台。

搭建国际合作平台：开展中-东盟海岛海岸保护合作；举办平潭国际海岛论坛，筹备中国-小岛屿国家海洋部长圆桌会议；筹建中国-东南亚海洋（海岛）生态培训中心。

福建省建筑设计研究院有限公司

福建省建筑设计研究院有限公司（FJADI）成立于1953年，是福建省建筑业龙头企业、福建省高新技术企业、“福建省建筑勘察与设计工程技术研究中心”授牌企业。现有职工900余人，其中，全国工程勘察设计大师1人、福建省工程勘察设计大师11人、享受国务院津贴专家8人，中、高级专业技术人员占55%以上。公司拥有甲级（一级）资质13项、乙级（二级）资质11项、丙级（三级）及其他资质12项。业务领域涵盖公共与民用建筑设计、工程总承包、工程咨询、城乡规划、市政设计、工程勘察与设计、工程检测、景观园林设计、室内外装修与设计、房屋改造加固、工程监理、施工图审查等。

在60余年的发展历程中，为福建省建筑事业作出重要贡献。设计创作了福建省第一栋高层民用建筑闽江宾馆及福州火车站、福建会堂、中国闽台缘博物馆等一批地标性建筑典范；建筑杰作武夷山庄等近10个项目获得国家优秀工程勘察设计金奖、银奖；另有项目获得部、省级等勘察设计奖400余项，国家专利26项，科技进步奖60余项；连续多年获评福建省纳税三百强、利润三百大企业、全国勘察设计行业创优型企业、全国先进工程勘察设计企业等。

近年来，公司以打牢管理与企业发展基础和强化创新驱动为抓手，积极推进业态转型和改革发展。经过探索实践，公司年营业收入、利润屡创新高，增速喜人。企业发展呈现“两新”态势。

“创立新体系”：作为全省首批国有控股混合所有制员工持股试点企业，2017年完成了全民事业单位改为国有独资企业，并逐步推进混合所有制改革。拓展业务新模块，以设计为龙头的工程总承包走在福建省前列，入选福建省首批78家房屋建筑和市政基础设施工程的工程总承包试点企业。近两年单独或联合承接工程总承包项目合同金额达20亿元，扩大了公司在工程总承包领域的影响力。2017年作为福建省唯一一家入选国家住建部全过程工程咨询试点企业，积极探索全过程工程咨询。健全全专业产业链，带动咨询、规划、市政、景观、装修等专业全面发展，子版块营业收入占公司经营总额约20%。

“打造新优势”：培育了工程物探、BIM技术、建筑产业现代化技术、绿色建筑技术等一批具有自主知识产权的系列化专有品牌技术，拥有专利26项，获评福建省高新技术企业、省级工程技术研究中心授牌企业。紧紧围绕国家新的建设需求和建设热点，积极开拓新的领域和业务，在地下综合管廊、海绵城市、既有建筑改造与升级、医养建筑、超高层建筑、场馆建筑等进行了重点布局和专项设计研究。

“造就优秀员工、创建卓越工程、实现客户价值”是FJADI的企业使命。2017年，领导班子认真分析行业外部应对压力及内部体制改革的重大转折，提出了“一转二调三优四化，建设新省院”的行动总纲领，在完成渐进性管理创新积累基础上，进一步深化公司发展方式转变，逐步发展为设计和综合咨询、工程管理并重的综合技术服务平台型公司，再造公司生产管理体系、实现企业治理能力的根本性变革。

1
2
3
4

5

1. 武夷山风景区南入口游客中心
2. 邵武市体育中心
3. 莆田市射击馆
4. 安溪沼涛实验小学片区改造项目
5. 福州三江口海洋生物博物馆

福建省计量科学研究院

福建省计量科学研究院（以下简称福建计量院）是一所专门从事计量科学研究和技术服务的省属公益类科研事业单位，也是依法设立的省级法定计量技术机构。至 2016 年底，设有长度、热工、力学与声学、电学、化学、建设与交通、流量与容量、医学工程与电离辐射、智能测量等 9 个计量研究所和网络信息等 5 个专业研究中心及党政办等 7 个智能部门。2016 年闽侯科研基地、江阴国家蒸汽中心两个基地全面投入了使用，形成院本部、闽侯基地、江阴国家蒸汽中心、出租车计价器检定站（湾边）、闽南工作部、马尾工作站等多个工作场所的格局。福建计量院是国家质检总局首批三个“质检科技成果推广转化基地”之一，建有全国首个国家级城市能源计量中心、全国唯一的国家蒸汽流量计产品质量监督检验中心、全国首个国家光伏产业计量测试中心、福建省能源计量重点实验室、福建省计量器具型式评价技术公共服务平台。全院在职职工 342 人，其中科技人员 284 人，具有正高级职称 25 人、副高级职称 46 人，博士学位 9 人、硕士学位 74 人；拥有享受国务院特殊津贴 2 人，省“百千万人才工程”入选者 1 人，担任国家计量技术专业委员会委员 23 人。

近年来，福建省计量院积极应对新一轮产业变革需求，坚持“服务”与“科研”两翼双飞，为院科研创新和成果转化指引了方向，使得全院科技创新步伐加快、科技能力大幅提升，检定、校准、重点科研立项、成果转化等均进入全国省级院先进行列，实现了从传统计量向现代“大计量”发展。特别是在智能检测、超大力值量值溯源等计量科技创新与成果应用，以及国际交流合作等方面成效显著，为在相关领域争取国际话语权、服务企业提质增效、促进福建经济社会发展提供了有力的技术支撑。

2016 年我院科技项目“60MN 叠加式力标准装置”“污染源在线监测计量标准化关键技术研究与应用”分获得省科技进步一等奖和三等奖。“60MN 叠加式力标准装置”是目前世界上量程最大的力标准装置，不仅能够满足国内大力值量值传递和工程检测的需要，而且将巩固我国力值计量测试技术的国际地位，对提升我国工业、国防及科学研究领域的战略竞争力具有特别重要的意义。

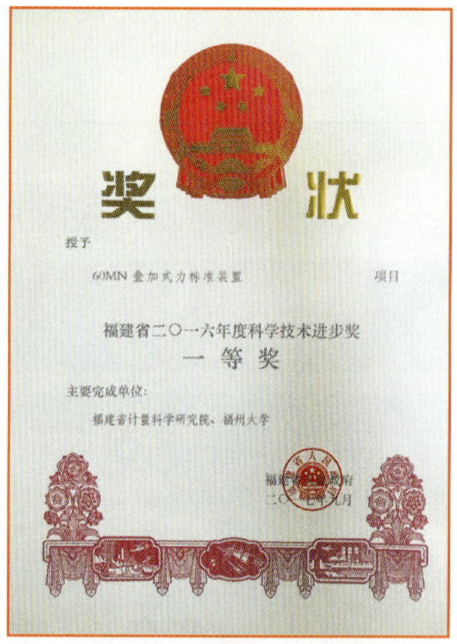

1. 60MN单位奖

2. 污染源监测技术单位奖

3. 科研基地

分子疫苗学和分子诊断学国家重点实验室(厦门大学)

分子疫苗学和分子诊断学国家重点实验室（厦门大学）于 2013 年 12 月由科技部、福建省人民政府、厦门市人民政府联合批准建设，依托厦门大学公共卫生学院组建。现阶段，实验室的主要研究方向包括免疫靶点及其作用机制、疫苗的结构基础与分子设计、生物标志物及其体外检测方法、分子影像探针设计与成像，实现了全球第一个戊肝疫苗及一大批重大疾病诊断试剂的成功转化。

实验室现有固定人员 53 人，其中，中组部"千人计划"学者 3 名（含"青年千人计划" 1 名）、"万人计划" 科技创新领军人才 2 名，国家杰出青年科学基金获得者 2 名，国家优秀青年科学基金获得者 1 名，国家级 "百千万人才" 工程入选者 1 名，科技部中青年科技创新领军人才 1 名，教育部跨（新）世纪优秀人才培养计划 4 名，福建省 "闽江学者" 特聘教授 2 名，福建省特支人才"双百计划"3 名，福建省"百千万人才"1 名，福建省引才 "百人计划" 3 名，福建省杰出青年科学基金获得者 4 名，福建省 "高校领军人才" 1 名。实验室有 1 个科技部重点领域创新团队和 1 个教育部创新团队。

2016 年，实验室承担国家级和省级重大科技项目 49 项；在 Chem Soc Rev、Nat Commun、Adv Mater、ACS Nano 等国际重要学术刊物发表论文 119 篇（其中 IF>10 的 18 篇），获得授权发明专利 29 项（其中国际专利 18 项），申请专利 33 项（其中国际专利 10 项）。实验室主任夏宁邵教授连续三年入选中国高被引学者榜单；李庆阁教授团队关于 "结核分枝杆菌耐药性检测国产体外诊断试剂获批" 的成果入选 2016 年度中国医学科技十大新闻；陈小元教授担任创刊主编的 Theranostics 杂志影响因子达到 8.854；刘刚教授参与完成的项目 "基于磁共振成像的多模态分子影像与功能影像的研究与应用" 荣获 2016 年度国家科技进步二等奖。

1. 分子疫苗学和分子诊断学国家重点实验室
2. 分子疫苗学和分子诊断学国家重点实验室
3. 分子疫苗学和分子诊断学国家重点实验室
4. 分子疫苗学和分子诊断学国家重点实验室大楼

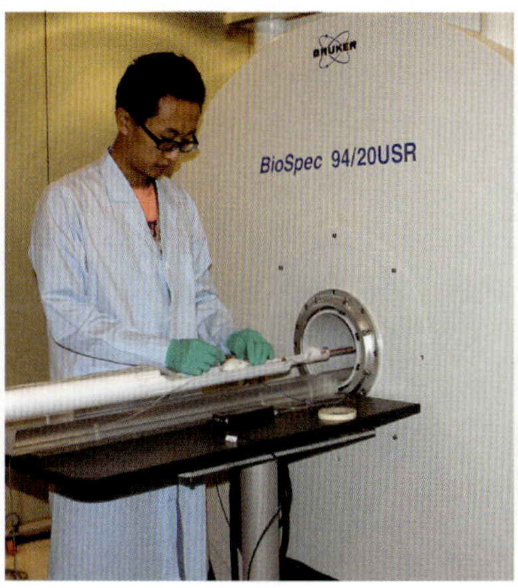

泉州台商投资区

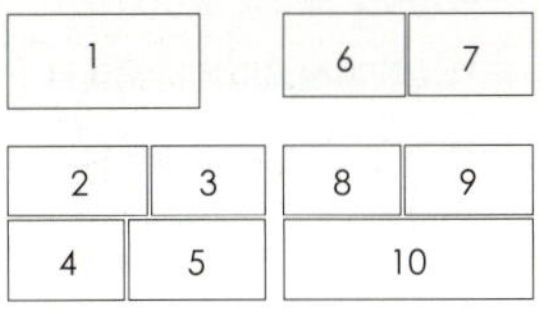

1. 2016年12月19日，泉州颐和医院开工仪式

2. 央视主持人李佳明到洛阳桥采风

3. 2016年9月27日，泉州台商投资区慈善总会廷水秀琴伉俪教育基金签约仪式

4. 湖东实验学园效果图

5. 颐和医院效果图

6. 2016年10月15日，环泉州湾国际公路自行车赛

7. 洛阳桥

8. 台商区元宵节

9. 台商区亚艺节

10. 远眺台商区

仙游县

1. 中国古典工艺博览城
2. 仙游县西苑乡凤山村美丽乡村建设
3. 仙游县滨海新城产城融合示范带建设
4. 仙游县城全景
5. 仙游县社硎乡风电项目
6. 海安橡胶生产车间
7. 仙游县海峡艺雕旅游城项目
8. 新万鑫冷轧高磁感取向硅钢项目
9. 仙游县元生智汇智能终端项目
10. 仙游木兰溪防洪生态景观工程

云霄县

1. 2016年6月12日，第八届海峡论坛，第七届海峡两岸开漳圣王文化节开幕仪式
2. 县委书记王金狮、县长张明东到漳江核苑项目工地调研
3. 建发半山御园
4. 2016年6月，由园柱新能源有限公司与郑绵平院士共建的锂电院士专家工作站揭牌
5. 云霄县城
6. 华杰光电LED显示屏智能生产线
7. 建设中的漳江湾特大桥
8. 建设中的复兴东路
9. 威惠庙片区拆迁现场
10. 渡头新区

永安市

1. 2016 年 10 月 18 日，3 个竹产业科技创新平台在永安市文创园举行揭牌仪式

2. 建新轮胎（福建）有限公司的生产车间内工人们正在熟练地操作机器，保证每条轮胎都能保质保量

3. “党建富民强村”政策下崛起的永安市曹远镇霞鹤村

4. 正在建设中的永安高铁南站站前广场效果图

5. 2016 国际（永安）竹具博览会颁奖晚会

6. 永安市积极推行绿色出行——电动微公交

7. 永安市积极建设城市慢线打造生态景观

8. 永安市新兴产业特色镇——贡川石墨小镇

永安竹·竹天下

微
公交
纯电动
智慧城市

建瓯市

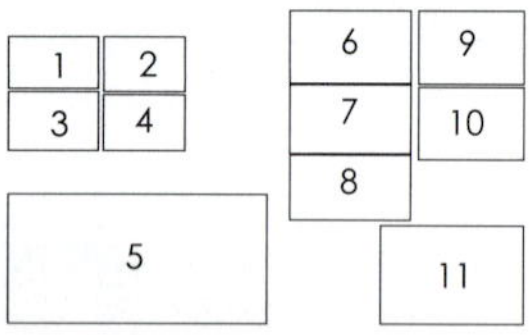

1. 建瓯市北环线东安口至房道口段公路工程是“五个一批”推进项目，总投资2.04亿元，全长11.51千米，按二级公路标准建设，设计速度为60千米每小时，现已建成通车。该项目打通了建瓯高速城区口至高铁西站的快速通道，拉开城市框架，有效地缓解了老城区交通拥堵问题。图为北坪大桥

2. 建瓯市现有利树集团、华宇集团、芝星炭业等8家列入省上市后备企业。图为新三板挂牌企业利树集团利用数控技术生产高强瓦楞纸

3. 建瓯市水美城市建设项目总投资32亿元。图为水美城市项目建设图片之一

4. 建瓯市建成闽北最大的电商产业园。电商园以电子商务为主导产业，是集商务、商贸、物流、居住、旅游集散等上下游产业发展为一体的大型互联网+经济产业园，项目总投资8.2亿元、占地面积249.8亩、建筑面积32万平方米，目前已有47家电商企业入驻

5. 建瓯市凯捷集团建成2000余亩生态茶园，成为省级观光茶场，实现“茶叶+旅游”的高效发展

6. 为补齐卫生与健康等领域短板工作，加快社会事业发展，增进民生福祉，建瓯市投资3.1亿元建设完成建瓯市公共卫生服务综合体。该项目总建筑面积8.42万平方米，规划新增医疗床位500张、康复养生床位300张

7. 为加快补齐养老事业发展短板，

促进养老事业发展，建瓯市投资7000余万元建设建瓯市社会福利中心。其中，综合服务楼占地面积2020平方米，建筑面积15005平方米，设置床位800张，可容纳1000多人，集孤老供养、孤儿养育、残疾人康复等功能于一体

8．建瓯市在36个贫困村建成光伏电站，每个村集体年增加收入超过5万元，有效解决了村级集体经济薄弱现状。图为小桥镇小桥村建成光伏发电站，带动20户贫困户致富

9．党建带群建，群建壮党建。建瓯乡村故事会成为一道亮丽风景线，充分发挥农村基层党组织领导核心地位及党支部的战斗堡垒作用

10. 国家级非物质文化遗产——建瓯挑幡。近年来，建瓯不断加大民间技艺的传承、挖掘、提高等工作力度，扶持建立了建瓯挑幡艺术团。全市现有3支主要挑幡表演队伍，会挑幡技艺的有200多人，骨干近百人

11.建瓯市“一二三产融合发展”，充分利用丰富的竹资源发展竹林旅游观光，提升竹业附加值。图为游客在房道镇千竹园游览

上杭县

1	3	4
	5 6	7
	8 9	10
2		

1. 丰收的田野
2. 上杭县城全景
3. 上杭蛟洋循环经济园区
4. 上杭客家缘
5. 上杭县大力推进新农村建设。图为上杭古田镇吴地村
6. 杭城江滨广场夜景风光
7. 紫金山工业生态游
8. 虎园
9. 上杭才溪红色景区风光
10. 福建紫金铜业生产的阴极铜

福安市

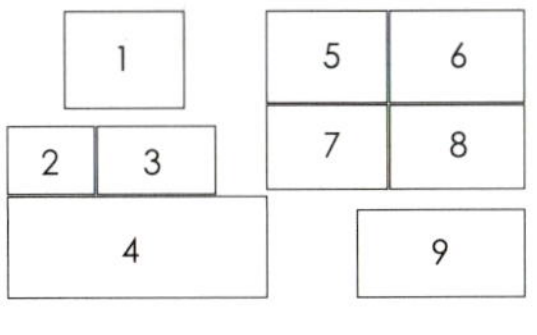

1. 穆阳乡虎头村桃花园

2. 福建青拓集团不锈钢冷轧生产车间

3. 福建青拓集团综合办公生活区全景

4. 福安市城市全景

5. 甘棠北门茶场

6. 福安市马洋梯田

7. 苏洋葡萄园

8. 松罗葡萄园

9. 福安白云山顶日出

中城投集团第八工程局有限公司

中城投集团第八工程局有限公司（前身中环建筑工程有限公司）成立于2007年1月，注册资金10.0286亿元，是中国城投建设集团旗下具有独立法人资格的建筑工程局。集团定位于“城市投资、工程设计、市政施工、建筑工程、机电设备安装、园林绿化工程、环保工程、海绵城市工程、节能改造工程”为一体大型的城市建设综合服务商。目前，公司拥有建筑工程施工总承包壹级、市政公用工程施工总承包壹级、建筑行业设计甲级资质、建筑施工监理甲级、地基基础工程专业承包壹级、建筑装修装饰工程专业承包壹级、建筑机电安装工程专业承包壹级、环保工程专业承包壹级、电子与智能化工程专业承包壹级、消防设施工程专业承包壹级、防水防腐保温工程专业承包壹级、古建筑工程专业承包壹级、城市及道路照明工程专业承包壹级、钢结构工程专业承包贰级、城市园林绿化专业承包贰级资质。年施工能力达100亿元以上。

自成立以来，八局始终秉持“谦虚务实、求质于精”的企业理念，坚持立足福建、面向全国的经营发展道路，现已设立海南分公司、安徽分公司、广西分公司、广东分公司、重庆分公司、生态事业部、环保事业部、海外事业部等数十家分支机构。工程项目遍布国内，产值年年递增。同时，凭借自身综合实力不断提升，先后获得了全国优秀施工企业、省市“守合同、重信用企业”、金融系统信用等级A级单位、厦门市建设系统精神文明单位，获批发明专利3项、实用新型专利13项、参编省市地方标准数十篇、获多项省级工法，多个工程项目屡获评“市优质工程”及“省优质工程”。同时，已通过ISO9001质量管理体系、ISO14001环境管理体系、GB/T28001职业健康安全管理体系认证。

八局在国务院有关部委领导和地方各级政府关心支持下，依托中国城投建设集团强大的品牌竞争力，围绕着国家“供给侧结构性改革”“一带一路”倡议，公司的发展正步入快车道。目前，八局拥有各类人才900余名，各种机械设备与检测设备齐全。进入新时期，面对新的发展机遇，八局将一如既往以“做一项工程，树一座丰碑，交一方朋友”的经营理念，秉承“诚信创新永恒，精品人品同在”的企业价值观，坚持深化改革创新，积极推进管理结构优化和战略布局调整，奋力向最具国内竞争力的一流工程局迈进！

1. 林秀才董事长
2. 福安市富春大道二期一标段工程
3. 项目效果图
4. 启润物流仓
5. 全国优秀施工企业
6. 文明单位
7. 海峡收藏品项目优良工程
8. 鸟瞰图

全国优秀施工企业
（二〇一六）

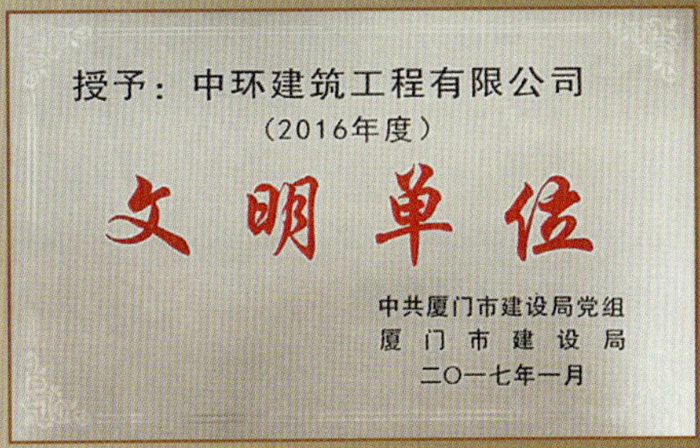
授予：中环建筑工程有限公司
（2016年度）
文明单位
中共厦门市建设局党组
厦门市建设局
二〇一七年一月

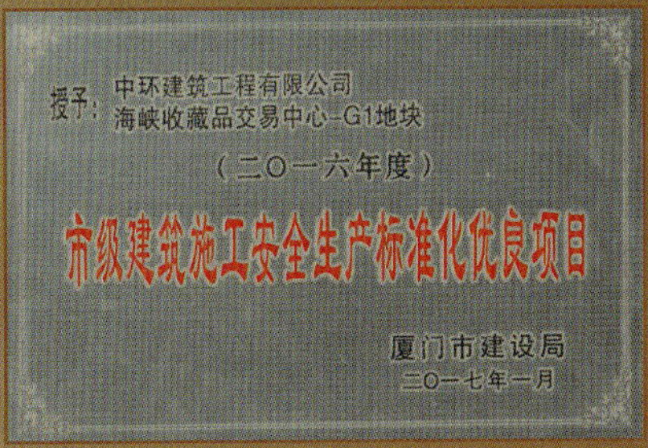
授予：中环建筑工程有限公司
海峡收藏品交易中心-G1地块
（二〇一六年度）
市级建筑施工安全生产标准化优良项目
厦门市建设局
二〇一七年一月

漳州片仔癀药业股份有限公司

漳州片仔癀药业股份有限公司是国家高新技术企业、中华老字号企业，于2003年6月在上交所成功上市，现股本6.03亿股，市值约400亿元。具有近500年历史的独家核心产品片仔癀，是“福建三宝”之一，历经半个多世纪的传承创新发展，被列入国家一级中药保护品种，处方及工艺受国家绝密级保护，传统制作技艺列入国家非遗名录，成为国宝名药、传世经典、知名品牌。

作为我省重要的中药生产制造企业，公司紧扣时代脉搏，坚持传承创新发展，在各级党委政府的正确领导下，不忘初心，砥砺前行，用工匠精神做中国品质，以创新意志铸长盛产业，推动片仔癀健康产业不断发展。战略层面，构建以传统中药生产为核心，以保健药品、保健食品、功能饮料和特色功效化妆品、日化产品为两翼，以药品流通为补充的“一核两翼”大健康产业发展战略。同时，跨出中药进军生物医药领域，延伸核心产业链，打造“(生物+中药)制造+现代健康生活方式+现代物流方式”的发展模式，努力把片仔癀打造成拥有厚重文化价值、国内一流的大健康养生龙头企业；战术层面，擦品牌，建渠道，拓市场，构建具有片仔癀特色的“片仔癀体验馆+传统医药流通”商业模式。同时，坚持用现代科学证据诠释片仔癀特色功效，树立中药典范，促进全产业链发展；资本层面，按照“上市公司+PE”资本运营模式，围绕健康领域，开展资产兼并、整合，推动产业发展。公司从“单一品种”的经营模式转型为“一核多业态”格局的产业模式，实现企业转型升级的战略目标。

2014年以来，公司营收、净利润等主要经济指标年均复合增长率分别为37.51%和20.49%。2017年前三季度，公司完成营收27.45亿元，比增68.83%；实现利润总额7.72亿元，比增37.44%；实现净利润6.48亿元，比增35.05%；实现税收3.65亿元，比增39.12%。公司营收、利润总额增长率分别为我国医药制造业平均增长率的5.7倍和2.0倍。企业跨入中国制药工业100强企业行列，被评为全国最受投资者尊重的上市公司，进入中国主板上市公司价值百强榜。

核心产品片仔癀实现从产品到品牌到文化的华丽转身，片仔癀品牌连续四年荣登胡润品牌榜，连续三年被评为“健康中国”肝胆用药第一品牌，荣获中国品牌最高荣誉奖“华谱奖”；以248.23亿元的品牌价值高居“2016年中华老字号品牌价值排行榜”第3位，以350.48亿元的品牌价值进入“2017世界创新品牌500强排行榜”，公司被树为国家和省品牌培育试点示范企业。

未来，公司将以十九大精神为统领，紧扣新时代社会主要矛盾，强化供给侧结构性改革，全面推进“一核两翼”战略向纵深发展，将“片仔癀”打造成大健康领域的领导品牌，实现“百亿企业”的奋斗目标，助推福建省医药产业发展，为建设“清新福建，花样漳州”贡献力量。

国宝名药　福建三宝
片仔癀®
OTC
片仔癀
PIEN TZE HUANG
漳州片仔癀药业股份有限公司

海峡文化艺术中心

该项目位于福州新区三江口核心区范围内，具体地点在仓山区城门镇梁厝村、下洋村沿江，选址用地面积约237亩，实用地面积215亩，总建筑面积约15万平方米（其中地下室建筑面积约5万平方米），总投资31.76亿元（其中，土地费用约1.2亿元）。该项目包括5个场馆，即1个1600座歌剧院、1个1000座音乐厅、1个700座多功能戏剧厅、1个影视中心（含6个电影厅）、1个艺术博物馆及中央文化大厅及其他配套服务区。该项目已于2015年4月正式动工，工期3年，计划于2018年4月竣工，建成后可用于举办丝绸之路国际电影节等大型活动。

在项目的投资运营模式上，进行了创新与探索。该项目引进中建海峡公司作为社会资本方和施工总承包单位，是福建省首个落地的PPP项目，被列为福建省PPP模式示范项目，并作为全省PPP试点现场会的观摩项目。在建筑方案设计上，通过国际竞赛的方式，选定了芬兰国家院士、建筑大师佩卡·萨米宁先生的设计方案。项目造型优美别致，以福州市市花——茉莉花为设计元素，彰显着福州的地域文化；同时，工程立面装饰中采用了大量的陶棍、陶板、陶片等陶瓷元素，寓含着福建作为海上丝绸之路起点，使中国（China）成为陶瓷（china）之国闻名于世，彰显着福州的历史文化。

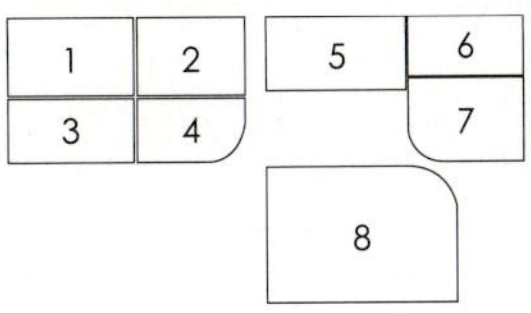

1. 2015年6月10日，原副省长郑晓松带队视察海峡文化艺术中心并听取PPP介绍

2. 2016年8月18日，财政部领导到现场视察PPP模式情况

3. 2016年9月6日，省政协领导调研组来工地了解PPP模式情况

4. 海峡文化艺术中心效果图

5. 海峡文化艺术中心音乐厅C馆效果图

6. 海峡文化艺术中心歌剧院B馆效果图

7. 海峡文化艺术中心梁厝河畔

8. 海峡文化艺术中心全景

集美集影视文创园

集美集影视文创园位于厦门市集美区银江路 132-134 号，建筑面积约 3.1 万平方米。园区现由厦门市影视产业服务中心有限公司运营，用于规划打造以“影视场景”与“影视文创”为两大核心内容的互动体验园区，划分为影视企业入驻区、影视拍摄置景区、影视公共配套服务区、影视文创衍生研发区和两岸青年新媒体孵化区等五个区域，并以“集美集影视文创园”为总部运营平台，全面开发影视剧投资、创作、拍摄、制作、发行、服务等全产业链构建。

影视招商板块

一站式服务体系，形成影视产业集聚

依托政府支持，实现市区两级影视产业优惠政策的落地，设立一站式服务窗口，为企业提供工商注册、税务代理、法律咨询、奖励与补贴申请服务，以及剧本审查、拍摄与发行许可、版权保护等专业协作及服务，奠定影视总部经济未来可持续发展的坚实基础。目前，园区招商入驻影视企业共计 200 家。

影视服务板块

突出影视配套服务，带动相关产业发展

致力于构建和完善影视综合服务平台，促进剧组服务规模化、标准化与规范化。为剧组提供外联、群演、摄影棚、场景协调、设备车辆、餐饮住宿等全方位服务。

影视文创板块

产业升级集聚，培养影视人才

以影视总部经济为带动，“影视商务”与“影视文创”为依托，联动两岸高校资源搭建电影展映、拍摄取景、影视制作、演员选拔、影视技术交流、剧本创作、互建基地、项目开发的平台，为厦门本土企业培养输送更多高素质、高技能的应用型人才。

1. 厦门市影视产业服务中心

2. 集美集影视文创园摄像机雕塑

3. 厦门市影视产业总部园区

4. 福建省最大幅的“老厦门——思明南路”壁画

5. 影视文创园道具库

福建省立医院

难忘八秩恩，求索新征程

——写在福建省立医院建院 80 周年之际

八秩年华，荣耀绽放。2017，岁在丁酉，福建省立医院迎来 80 周年华诞。

历风雨而弥坚　经沧桑而愈定

80 年前，福建省立医院诞生于福州吉祥山，由闽籍爱国华侨胡文虎先生捐资兴建。抗日战争爆发后，医院辗转内迁，在永安、沙县、南平等地艰难运转。抗战胜利后，医院得以回迁现址。随着中华人民共和国的成立和改革开放的推进，诞生于福地、榕荫环绕的省立医院，秉持“精于医术、诚于医德”之院训，强化社会责任，彰显公益本质，承医学前辈之基业，历经风雨征程，筚路蓝缕，享誉八闽。

陟遐自迩　积微成大

经过几代省立人的接续奋斗，省立医院已然成为集临床诊疗、医学教育与医学研究的大型综合性医院。现有国家级、省级临床重点专科 10 个，国家级培训基地（中心）9 个，省级医学中心 3 个、质控中心 12 个，年服务门诊病人 200 万人次、住院病人 8 万人次、急诊病人 20 余万人次。全院高级职称 500 余人，享受政府特殊津贴专家 49 人；先后承担 20 多个专业的临床教学任务，目前拥有博士培养点 6 个、硕士培养点 27 个、住院医师规范化培训专业基地 30 个，是全国首批住院医师规范化培训示范基地。医院现有省级研究所 5 个、省级重点实验室两个，挂靠 16 个省级医学专科分会，承办国家级《创伤与急诊电子杂志》；近 2 年，中标各类课题 700 余项，获得科研成果奖近百项。

心怀感恩　追逐梦想

回首 80 年的发展历程，我们感恩党和政府、社会各界的鼎力支持和倾情关心，感恩百姓、患者的充分信任和真心包容，感恩几代省立人的不懈追求和接力传承。

未来，医院仍将继续致力于医疗技术创新、服务品质提升，在健康中国、健康福建、高水平医院建设的征程中，造福八闽，止于至善。

1
2
3

1. 福建省立医院建院 80 周年主题
2. 福建省立医院五四路大门
3. 福建省立医院航拍院景图

福建医科大学附属协和医院

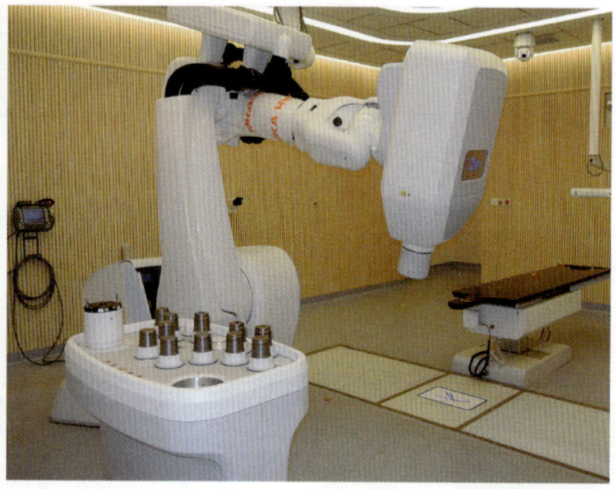

福建医科大学附属协和医院是一所集医疗、教学、科研、预防和保健为一体的大型三甲综合性医院。建于1860年，为八闽现代医学发祥地，培养输送了大量各类医学专业人才，相继走出福建省医学界各学科开创者，被誉为福建医学人才的摇篮。现拥有福州市中心院本部和平潭分院，经福建医科大学党委研究，将附属第三医院依托该院融合管理。

2016年，医院谋篇布局，科学制定并启动院“十三五”规划。积极融入我省公立医院改革试点工作，被国家卫生计生委确定为全国首批“三+3”DRG收付费改革试点医院。在国家卫生计生委、福建省委省政府关心支持下，与上海瑞金医院签订合作共建协议，以1个实验研究平台和微创医学、血液病学、心血管病学、烧伤医学4个医学中心建设为抓手，开启高水平医院建设工作。筹备并成立“福建省院士专家工作站”，已有3个院士专家团队落户该院。引进我省首台“达芬奇手术机器人”和“赛博刀”，开启我省“机器人微创手术”和“精准放疗”新时代。受邀作为福建省唯一代表加入“中国－中东欧国家医院合作联盟”。

医院跻身“全国医院综合实力百强榜”“中国医院科技影响力百强榜”及“中国医院竞争力•顶级医院百强榜”。在高影响因子国际刊物中发表论文数居全省前列，位列全球自然指数中国医疗机构百强榜61位，是我省唯一进入该指数百强的省属医院。获中华医学奖一项，省科技奖一等奖两项、三等奖一项。4位专家入选医疗行业各学科全国前十专家。医院被丁香园、麦肯锡评选为“2016年度中国医疗机构最佳雇主”全国五强。

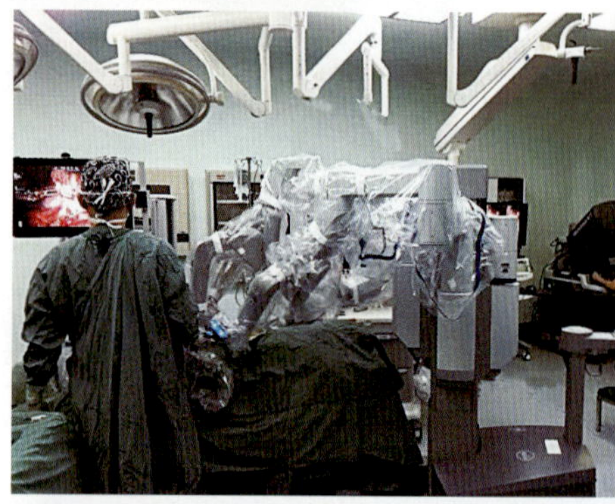

1. 省委书记尤权、省长于伟国、副省长李红”调研医院

2. 福建医科大学附属协和医院引进的全省首台“赛博刀”

3. 福建医科大学附属协和医院引进的我省首台“达芬奇手术机器人”

4. 福建医科大学附属协和医院院士专家工作站成立暨于金明院士专家工作站揭牌。

5. 上海瑞金医院与福建协和医院召开合作共建座谈会

福建医科大学附属第一医院

拥有80年历史积淀的福建医科大学附属第一医院，是福建省目前规模最大的集医疗、教学、科研于一体的技术人才高度密集的大型综合性三甲医院之一。

2016年是“十三五”开局之年，是深化公立医院改革的关键之年。附一医院新一届领导班子谋篇布局、团结奋进，带领全院职工快速融入综合医改的大潮。在国家卫生计生委主任李斌，福建省委书记尤权、省长于伟国等领导的见证下，附一医院与华山医院签署合作共建协议，高水平医院建设正式扬帆起航。让群众满意，让医护人员受鼓舞，是医院改革发展的出发点和落脚点。附一医院积极开展“改善医疗服务，提高群众满意度”专项活动；推进落实分级诊疗；与社会资本合作的护养中心成为福建省医养结合的养老院标杆。

可以说，2016年是附一医院改革与发展过程中具有不平凡意义的一年：医院顺利通过2016年度省属公立医院院长绩效考核，走在省内同级同类医院首位；在全省卫生系统满意度调查中，附一医院满意度位居各省属公立医院前列；荣获2016年度“福建省先进基层党组织”称号，成为全省三级医院中唯一获此殊荣的单位；院党委书记兼院长杨立勇教授被国家卫生计生委医政医管局、健康报社授予“2016改善医疗服务优秀管理者”荣誉称号，为福建省公立医院唯一获得者；在中国医学科学院最新发布的2016年中国医院科技影响力排行榜中，附一医院的综合科技影响力跃居全省第一位；在全国最佳医院排行榜（复旦版）中，该院的入围专科亦居全省首位，获得社会效益和经济效益的双丰收，实现了医院跨越式发展。

1. 2016年9月26日，院长兼书记杨立勇向省委书记尤权、省长于伟国、副省长李红介绍福建医大附一医院奥体中心医疗建设项目的总体规划

2. 国务院医改办副主任、国家卫计委副主任马晓伟与福建医大附一医院院长、党委书记杨立勇教授就综合医改问题亲切交谈

3. 杨立勇院长、康德智副院长代表医院与周良辅院士签约，建立福建医大附一医院周良辅院士专家工作站

4. 2016年9月6日，在国家卫生计生委李斌主任、福建省委尤权书记、于伟国省长等领导的见证下，福建医大附一医院院长杨立勇与复旦大学附属华山医院院长丁强分别代表双方医院签署合作共建协议

5. 福建医大附一医院院长杨立勇教授代表附一医院分别与11家医院进行了医联体建设签约

东湖VR小镇

中国 福州 5000亩未来数字小镇

东湖 VR 小镇，位于福州滨海新城核心区，总面积 3 平方千米，占地面积 1150 亩，总建设面积 150 万平方米，总投资 120 亿元，囊括产业研发、酒店会展、人才公寓、商业度假四大板块，预计 2020 年全面建成。建成后将计划引进不少于 500 家一流高新企业，形成全国领先的科技产业生态集聚平台。

一、小镇缘起

2000 年，时任福建省省长的习近平提出“数字福建”战略，开启了福建省信息化建设的序幕。2011 年，信息领域资深企业家陈国平创立东湖国际控股有限公司，投身“数字福建”浪潮当中。2013 年 6 月 18 日，由陈国平投资的东湖 VR 小镇前身，数字福建（长乐）产业园一期项目正式开工动建，一座中国•福州•5000 亩未来数字小镇——东湖 VR 小镇在东海之滨、东湖之畔拔地而起。

二、小镇特色

2016 年 6 月 18 日，东湖 VR 小镇正式开镇；同年 9 月，获批成为福建省 28 个特色小镇首镇。东湖 VR 小镇围绕“产城人”融合发展模式及创新高效的设计原则，聚焦全球高新产业前沿，形成以 3i（智能硬件 + 创意体验 + 知识交易）5A（产业功能区、创新学院区、技术研发区、展示交流区、商业体验区）为核心理念的新型特色小镇模式，创造性地构建“一个小镇、两条大街、三个中心、四大平台、五大产业、六大巨头”的产业生态结构，打造集投资、创业、居住、工作、休闲、体验、旅游、居住于一体的科技、人文、生态的特色小镇。

三、小镇优势

（一）五区叠加、五园助力的产业高地

东湖 VR 小镇享受 21 世纪海上丝绸之路核心区、国家级新区（福州新区）、中国（福建）自由贸易试验区、国家生态文明先行试验区、福厦泉国家自主创新示范区“五区叠加”的政策支持，集聚了数字福建（长乐）产业园、中国东南大数据产业园、中国福建 VR 产业基地、国家健康医疗大数据试点中心及产业园、数字经济产业园五大园区的产业助力，以产业报国为己任，全力推动福州新区和福州滨海新城建设发展，助推福州打造福建乃至全国数字经济示范区。

（二）国家级数字项目助力发展

东湖 VR 小镇作为数字福建（长乐）产业园一期项目，汇聚了福州数字中国会展中心、数字福建云计算中心、海峡光缆 1 号、国家级互联网骨干直联点、国家健康医疗大数据展示中心等国家重点数字化项目，着力发展大数据、人工智能、移动互联网、虚拟现实、医疗大健康五大产业，全力推动“数字中国”战略发展。

（三）全球科技巨头争相布局

截至 2017 年 11 月 30 日，东湖 VR 小镇已吸引微软、腾讯、中国航天十二院、清华大学大数据研究院、中电数据、360、浪潮、国信优易、贝瑞和康等 119 家知名企业与机构落户，注册总资本 71.9377 亿元。

（四）世界一流学研机构鼎力支持

东湖 VR 小镇目前已与清华大学经济管理学院、清华大学五道口金融学院、清华大学 GIX 全球创新学院、清华大学金融科技研究院、清华大学中国经济社会数据研究中心、MIT 美国麻省理工学院、中国信息化百人会等顶级学研机构签署战略协议，就科技创新、成果转化、智力引进、项目加速等方面开展深度合作。同时，积极引入微软 IT 学院、腾讯企鹅新媒体福建学院和优客工场幂次方商学院，为入园企业培养各类创新人才。其中，仅微软 IT 学院即可在未来三年内，输送出 12000 名科技人才。

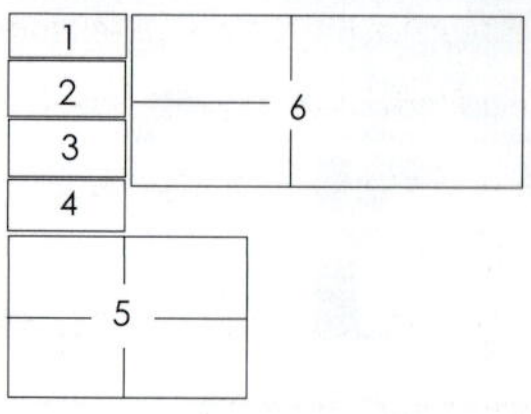

（五）百亿基金全程护航

目前，东湖 VR 小镇已发起成立了规模 100 亿元的清控道口科技产业基金、规模 20 亿元的董奉健康医疗投资基金和首期规模 5 亿元的天使直投基金。超百亿资本，为小镇高科技企业发展提供全程资金护航。

四、小镇建设

截至 2017 年底，东湖 VR 小镇一期项目 7.7 万平方米研发楼已建成并提供入驻企业办公使用，23 万平方米人才公寓已经建成交付，12 万平方米人才公寓已经建成，1.6 万平方米园区配套酒店东湖 VR 亚朵酒店已经开业迎客。

未来一年，包含中国 VR 中心、创客中心、创新中心及企业组团社区在内的 28 万平米研发楼二期，26 万平方米的配套人才公寓，15.5 万平方米的配套会展及酒店项目将全面开工动建，工程总建设面积 72 万平方米，总投资 40 亿元。

五、小镇党建

截至目前，东湖 VR 小镇现有党员数量 23 人，并先后成立了福建新东湖科技园开发有限公司和福建新东湖投资有限公司两个党支部。未来一年内，两个党支部将继续发展、吸纳党员，成立东湖 VR 小镇党总支。

六、小镇大事纪

2013 年 6 月 18 日，东湖 VR 小镇项目前身数字福建（长乐）产业园一期正式启动建设；

2016 年 6 月 18 日，为响应国家建设特色小镇的号召，东湖 VR 小镇正式开镇；

2016 年 9 月 17 日，东湖 VR 小镇成为福建省第一批 28 个特色小镇的首镇；

2016 年 9 月 29 日，东湖 VR 小镇正式成为“中国虚拟现实产业联盟 IVRA”会员单位；

2017 年 4 月 15 日，东湖 VR 小镇内全省最大、东南区域节点数据中心数字福建云计算中心投入运营；

2017 年 6 月 18 日，东湖 VR 小镇成为“中国信息化百人会”理事单位；

2017 年 8 月 18 日，东湖 VR 小镇内国家级互联网骨干直联点正式投入运营；

2017 年 8 月 18 日，“创响中国”福州站在东湖 VR 小镇启幕，小镇正式成为“福州新区国家双创示范基地”示范点；

2017 年 12 月 29 日，落址东湖 VR 小镇内的福州数字中国会展中心正式启动建设。

1. 东湖VR小镇与清华大学GIX（全球创新学院）签署战略合作协议

2. 东湖VR小镇与清华大学五道口金融学院签署战略合作协议

3. 东湖VR小镇与清华大学中国经济社会数据研究中心签署战略合作协议

4. 东湖VR小镇与清华金融科技研究院签署战略合作协议

5. 东湖VR小镇实景图

6. 东湖VR小镇效果图

智慧丰泽（一期）PPP项目

智慧海丝路·创享新丰泽

——南威软件助力丰泽打造新型智慧城区

Smart Fengze 智慧丰泽

智慧丰泽（一期）项目，是丰泽区委、区政府立足泉州市中心城市核心区的区情实际，以打造新型智慧城市为出发点，贯彻落实党中央、国务院《国家新型城镇化规划（2014-2020年）》、省政府《关于数字福建智慧城市建设的指导意见》、市政府《泉州市推进智慧城市建设三年行动方案》的具体举措。主要建设目标是：力争通过智慧丰泽（一期）项目建设，将丰泽区打造成为省、市领先的品质城区，进而成为全省、全国智慧城市的标杆城区。项目总投资约4.5亿元，是丰泽区首个PPP项目。

智慧丰泽（一期）在总体顶层设计的基础上，选择丰泽区需求较为迫切、条件较为成熟的领域启动建设，形成以“智慧政务”为核心，辐射智慧民生和智慧产业的综合性智慧城市平台。重点围绕“141”打造智慧丰泽（一期）建设内容，即：建设一个面向智慧丰泽应用基础运行环境的云计算中心；推进平安丰泽、智慧社区、智慧政务和智慧教育四大核心领域应用；打造一个智慧园区管理服务平台。

该项目突出三大亮点：

一是引进社会资本，成为丰泽区首个PPP项目。南威软件作为智慧城市产业链资源整合运营商社会资本，在推动智慧城市建设方面拥有平台优、产品优、技术优、运营优、资本优五大优势，可全方位保障项目的落地、建设和运营。

二是搭建云计算中心，将建成泉州市乃至福建省首个县级大数据中心。利用云计算、大数据等先进技术，将全区各级部门分散的、孤立的信息平台和数据有机融合，建成统一的云计算中心，推进丰泽区精细化、智能化管理。

三是致力善政、惠民、兴业三大目标，努力构建“为民服务全程全时、城市治理高效有序、数据开放共融共享、经济发展绿色开源、网络空间安全清朗”的新型智慧城区。

应急指挥中心设计效果图

智慧丰泽（一期）建设涵盖政府管理、社会民生和产业发展几大方面。一期将重点围绕核心领域选择重点试点单位进行智慧化建设，突出民生服务。综合解决社区养老管理、社区医疗服务、社区救助；重点打造全方位的一体化监控体系，加大社会治安管理；试点做好智慧政务和教育资源应用，实现跨部门间资源信息共享和优质教育资源共享等。

智慧丰泽（一期）PPP项目2017年5月11日在南威软件集团总部海丝国际中心正式启动

集装箱式数据中心

大智　“智慧丰泽”吉祥物　小慧

智慧城市综合运营商

南威软件在推动智慧城市建设方面拥有 平台优、产品优、技术优、运营优、资本优 五大优势，可全方位保障项目的落地、建设和运营。

平台优

拥有成熟、开放的智慧城市核心运行平台，具备强大的软硬件系统集成能力，与众多合作伙伴打造一体化智慧城市运行平台。

产品优

拥有以智慧政务为核心，以大数据为灵魂的系列解决方案，提供服务、民生、产业成熟产品。

技术优

掌握大数据、云计算、物联网等关键技术，夯实城市信息化基础。

运营优

拥有成熟互联网运营团队与可运营城市服务，提升城市价值。

资本优

上海主板上市软件企业，拥有产业基金与丰富融资渠道，助力PPP落地。

泉州市明泉建设投资有限公司

泉州市城东至北峰快速通道及两侧片区棚户区（石结构房）改造项目

根据泉州市市长办公会议纪要（〔2015〕19 号）精神。泉州市人民政府采用 PPP 模式建设泉州市城东至北峰快速通道及两侧片区棚户区（石结构房）改造项目，本项目由龙元建设集团股份有限公司于 2016 年 6 月 12 日中标，2016 年 8 月 8 日完成项目公司注册，项目建设期 5 年，道路工程建设期为 30 个月。

公司构成：由泉州市政府出资人代表泉州市住宅开发有限公司出资 30%，社会资本方龙元建设集团股份有限公司出资 70% 注册成立泉州市明泉建设投资有限公司作为项目公司，注册资本金 5 亿元整。

项目建设意义：泉州市城东至北峰快速通道是中心城区“田”字型快速路网的重要环节，对打开东西向的北部通道，加强泉州市东海、城东、北峰等片区的联系有重要意义，并且能极大缓解内环路、少林路交通拥堵问题，同时对道路两侧片区进行改造，完善配套设施，打造宜居环境，提升城市品质。本项目列入 2016、2017 年度省、市重点项目。

项目简介：快速通道东起城东山海路桃花山公园，设置高架连续上跨安吉路、福厦高速，在 324 国道设置互通；设隧道贯穿古塔山，在刺桐北路设置互通；从泉州市监狱东北侧经过，设隧道贯穿五台尾山，至城北路设置互通后，设高架上跨泉山路，顺接北峰普贤路延伸段。通道全长 7.17 千米，按快速路标准设计，设计时速 60 千米，主线双向 6 车道；城东和北峰片区沿线设置地面辅道，城东段地面辅道双向 6 车道，北峰段地面辅道双向 4 车道。快速通道用地面积约 1170 亩，征迁面积约 38 万平方米。

两侧片区棚户区（石结构房）改造包括城东地块和北峰地块，用地面积约 1070 亩，征迁面积约 36 万平方米，建设内容包括安置房、学校、公共停车场等，整理可出让土地约 576 亩。

1. 2016年6月29日，泉州市市长康涛视察现场

2. 2017年9月20日，泉州市住房和城乡建设局局长钟文成视察工地

3. 桥梁景观

4. 桥梁景观

5. 总平面效果图

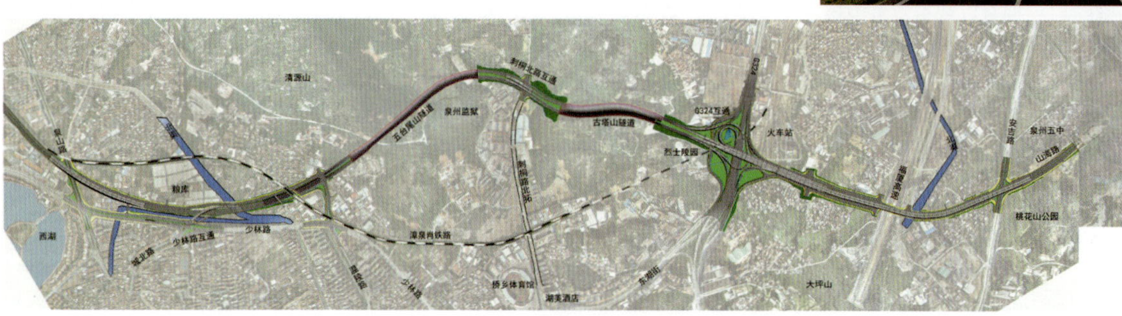

晋江市明晋会展有限责任公司

晋江市国际会展中心项目

1

2 3

1. 会展项目鸟瞰图

2. 晋江市市委书记刘文儒到会展项目现场考察

3. 晋江市市长张文贤到会展现场考察

根据晋江市人民政府第 61 次常务会议纪要，晋江市人民政府采用 PPP 模式建设晋江市国际会展中心项目。2015 年 9 月 25 日，龙元建设集团股份有限公司与环球国际服务有限公司组成的联合体中标本项目社会资本投资人，2016 年 6 月完成 PPP 项目公司注册，预计 2019 年建成投入使用。

福建省晋江城市建设投资开发集团有限责任公司、龙元建设集团股份有限公司、环球国际服务有限公司共同出资注册晋江市明晋会展有限责任公司，注册资金 3.238 亿元整。

本项目为新建公共建筑，定位为国际会展中心，拟建成一个设施先进、配套齐全、国内一流的展览中心、会议中心、会展接待中心，能够为晋江鞋博会、国际车展、食品展等提供展览场地及配套服务。晋江市国际会展中心的建设是晋江向城西拓展的重要举措，本项目计划于 2019 年投入使用，届时将成为带动片区经济的新引擎，未来将成为晋江面向全国、面向世界的一个窗口。

泉州市滨江建设管理有限公司

晋江下游生态整治工程（一期）PPP 项目

项目概况。晋江下游生态整治工程（一期）是实施河道整治、建设宜居环境、提升城市品位、提供休闲空间的重大民生工程，列入省宜居环境整治、省万里安全生态水系及市级重点项目。项目北起黄龙大桥、南接东海滨海公园，全长 16.5 千米、总面积 3400 亩，项目建成后将作为连接古城和新城的滨水绿廊——泉州·北滨江公园，提供市民使用。

PPP 做法。项目采用 PPP 模式，由市政府牵头、两区参与，市住建局为 PPP 实施机构，经公开招标的中标人成立泉州市滨江建设管理有限公司贷款、建设、管理、运营，还款期 15 年，是全国农发行首个成功对接案例、省级示范项目。

建设成果。因地制宜设“四区十园”：自然野趣区（北峰园、白水营园）、文化休闲区（笋江园、石笋园、笋浯园）、全龄乐活区（田安园、浦西园）、湿地生态区（沉洲园、汀洲园、滨海园）。目前已陆续建成 6 个园和田安天桥、万科天桥等通达公园的配套设施，并将于 2018 年全面建成。一幅 16.5 千米的“望得见山，看得见水，记得住乡愁”长篇巨卷已逐步呈现在中心城区江岸，融入市民的日常生活。作为赏草长鹭飞、戏花间蝶影、看潮起潮落、品海丝故事的休闲健身好去处，社会效益不断凸显，必将成为古城泉州的闪亮名片。

1. 汀洲园——绿野仙踪
2. 白水营园——草海觅踪
3. 汀洲园鸟瞰图
4. 白水营园——观澜渔台
5. 四区十园——沉洲园

福建兴业东江环保科技有限公司

泉州市工业废物综合处置中心 PPP 项目

泉州市工业废物综合处置中心 PPP 项目由东江环保股份有限公司与兴业皮革科技股份有限公司组成的联合体投标人于 2016 年 5 月 11 日中标，2016 年 8 月完成项目公司注册，预计 2018 年建成投入使用。

项目总投资 4.97 亿元，一期计划投资 3.76 亿元，二期投资 1.2 亿元。采取分期建设，一期工程建设对外处置规模约 55700 吨 / 年，收集资质规模 4000 吨 / 年；二期工程建设对外处置规模 32500 吨 / 年。

泉州市工业废物综合处置中心定位为泉州市区域内的工业危险废物无害化、减量化、资源化综合处置中心。建成后，危险废物处理处置能力不低于 50000 吨 / 年，将大大降低工业废物跨市、跨省转移道路运输风险和全市范围内危废产废企业的处置成本，完善泉州市工业服务配套及危废处置服务网络，激发当地企业活力。

1	
2	3
4	

1. 泉州市委书记郑新聪到场考察
2. 公司董事长陪市、县环保局领导视察
3. 泉州市环保局现场调研
4. 项目鸟瞰图

福建纳川管材科技股份有限公司

龙岩市四个县（区）乡镇污水处理厂网一体化 PPP 项目

本项目为国内少有的跨县区综合性 PPP 项目，通过厂网一体化来整合多县区下辖乡镇污水处理设施和配套管网，实现统一运营管理，包括龙岩市新罗区、永定区、连城县、武平县四县区。由福建纳川管材科技股份有限公司组成的联合体投标人于 2015 年 12 月 16 日中标，预计 2018 年建成投入使用。本项目是全省城镇污水处理及再生利用设施建设“十二五”规划重点项目，同时也是福建省政府和社会资本合作（PPP）示范项目。

项目主要参与方

实施机构为四个县区住房和城乡规划建设局；政府出资人代表为龙岩城发水环境发展有限公司；社会资本为福建纳川管材科技股份有限公司；联合体成员为福建纳川基础设施建设有限公司、福建省广泽建设工程有限公司。

本项目共涉及 28 个乡镇污水处理厂及配套管网工程。总处理规模 7.1 万吨／日，厂外配套管网长度约 200 千米，项目投资总额约 6.7 亿元。在项目公司中，政府出资方出资一元，持股比例 20%，中标社会资本出资剩余全部自有资本金，持股比例 80%，政府出资方在项目公司中不享受利润分配。

1. 财政部专家薛涛带领考察团莅临现场考察

2. 省河长制工作领导机构领导莅临现场考察

3. 污水厂鸟瞰图

4. 污水厂鸟瞰图

中化泉州石化有限公司

中化泉州石化有限公司（以下简称“泉州石化”）为中国中化集团公司全资子公司，成立于2006年9月，位于泉州市惠安县泉惠石化工业园区，生产和物流区总占地面积约4300亩。泉州石化承担1200万吨/年炼油项目（以下简称“炼油项目”）建设与经营，是中化集团战略转型、能源板块向下游产业链延伸的重要工程，是国家“十二五”规划建设项目，是福建省重点建设项目。

炼油项目原油加工能力1200万吨/年，有常减压、催化裂化、渣油加氢等19套工艺装置，以及相配套的公用工程、码头储运等设施；在安全环保、产品质量、能耗水平、工艺路线、装置规模、工艺组合、柴汽比市场适应性等七个方面达到“国内领先、国际一流”水平。

自2014年投产以来，先后荣获“十二五全国石油和化学工业环境保护先进单位”荣誉称号、“原油加工行业能效领跑者标杆企业”荣誉称号、“汽油加氢 QC小组全国石油和化工行业优秀QC小组一等奖”“柴油加氢QC小组2017年度全国石油化工行业优秀质量管理小组一等奖”、中国施工企业管理协会颁发的“国家优质工程奖”及“2017年全国质量奖卓越项目奖”。

未来，泉州石化将进一步建成具有3000万吨/年炼油、200万吨/年乙烯、250万吨/年芳烃规模，集炼油、化工、仓储为一体的大型产业，最具价值世界级能源产业基地，进一步实现中化集团产业腾飞，有效带动福建及周边省市石化中下游产业发展，为实现国家“一带一路”做出更大贡献。

1. 现场装置全景
2. 催化裂化装置
3. 黄干岛码头
4. 厂区远景
5. 厂区生态

泉州市红福机电设备有限公司

HONG MEN® 红门®

泉州市红福机电设备有限公司系红门智能科技股份有限公司福建分公司，红门智能科技股份有限公司是政府认定的国家级高新技术企业，主打产品为电动伸缩门、IC 卡智能停车场管理系统、智能悬浮门、道闸、岗亭、旗杆、围栏、交通护栏等 21 大系列 100 余种具有自主知识产权的高科技产品、拥有 100 多项国家专利和国外专利。红门公司在全国有 200 多家经销商和 300 多个业务驻点销售和售后服务网络覆盖全国 100% 的直辖市、省会城市和地级市并辐射到美国、沙特、印尼、马来西亚、新加坡、韩国、越南、台湾等十多个国家和地区。

1. 智能高端悬浮门
2. 高端铝合金护栏
3. 人民大会堂 电动伸缩门
4. 智能停车场收费系统

中国人保财险泉州市分公司

中国人保财险泉州市分公司公司下设20家县区分支机构，拥有各类用工人员2000余人，服务网点遍布全市各县区乡、镇、村。近年来，该公司紧紧围绕地方经济发展大局，充分发挥保险保障、经济补偿和资金融通的功能，业务发展规模呈逐年递增趋势，各项管理指标均名列福建省前茅。

服务三农，积极承担社会责任。

人保财险泉州市分公司针对广大农村地区开展三农综合保险，针对普惠金融三农综合保险提供的风险金额119.12亿元，覆盖农户群体169.47万人次，每个农户风险保障70294元，基本保障农户普惠金融保险。

优先保障民生，充分发挥保险保障作用

2016年第14号台风“莫兰蒂”及第17号台风“鲇鱼”叠加重创我市，造成严重的经济损失。“莫兰蒂”台风，共接报案6755起，报损金额3.06亿元；“鲇鱼”台风，共接报案586起，报损金额1124.16万元。

精准扶贫，推动险资“支农贷”面向农户提供融资支持

2017年1月5日，人保财险率先为南安峰辉综合农场提供10万元的融资贷款，实现福建省首笔支农融资贷款发放，标志着人保“支农贷”项目在南安市正式推广，该模式从为农户“输血”改为农户“造血”功能，实现了精准扶贫机制的重大突破。

提供社会管理职能，为群众撑起“保护伞”

该公司独家承保或首席承保了多个投资总额超过10亿元的财产险建设项目，累计合同投资金额超过2000亿元。随着泉州市营商环境的不断提升，为来泉州投资兴业的企业和安家落户的居民提供人保服务。以社会治安综合保险为当地居民及外来务工人员提供安全保障，惠安、鲤城、洛江、南安、晋江、石狮、台商、泉港均已实现100%覆盖。积极推广环境污染责任险、食品安全责任险、高危行业安全生产责任险、医疗纠纷责任险等涉及社会管理及民生服务的政府服务项目。

运用事前风险防范机制，创新“保险+服务”模式

推动“PICC电梯安全卫士”在我市的落地运用，以“维保服务+保障”的模式，建立风险防范和保障一揽子解决机制。

主动融入，勇于担当，积极参与社会医疗保障体系建设

从2007年开始，该公司主动参与社会医疗保障体系建设，先后承办永春县、安溪县新农合基金委托管理业务，顺利中标全市城镇职工补充医疗保险和城镇居民大病保险业务，托管新农合基金近8亿元，服务人群约260万人，年保额超过2500亿元。

1. 人保财险福建省公司与泉州市签署战略合作协议，双方将在完善金融创新体系、提高社会管理水平等领域加深合作，推进泉州市金融服务实体经济综合改革试验区建设

2. 人保财险泉州市分公司与泉州市扶贫办签订泉州市保险扶贫合作框架协议，双方将在支农融资带动产业脱贫、农业保险保障农业设施、医疗救助定向精准扶贫等方面开展深入合作

3. 人保财险泉州市分公司荣获2017年“福建金融五一劳动奖状”

4. 人保财险泉州市分公司参加2017年泉州市金融服务月暨第九届泉州市金融产品博览会

5. 人保财险泉州市分公司召开全市系统2017年助推脱贫攻坚暨农村保险工作会议，布置加快助推脱贫攻坚工作

武夷行 WUYIXING

福建兴华动力能源科技有限公司

福建兴华动力能源科技有限公司成立于 2015 年 8 月，主要从事新能源电动汽车充换电及功率电力电子变换设备、系统研究、工艺设计、生产制造、销售服务为一体的高新企业，产品有交直流充电桩和智能终端等。

公司新能源充电桩项目被列入福建省“十三五”规划重点项目。计划总投入 4 亿元，建设标准厂房 3 万平方米。目前，两条充电桩生产线已建成投产。

公司通过了 ISO9001 质量管理体系认证、ISO14001 环境管理体系认证、OHSAS18001 职业健康安全管理体系认证以及 ISO/TS16949 汽车供应链质量管理体系认证。在专业的技术团队研发下，已申报专利 12 项，申报 4 项科技创新专有技术，并于 2017 年 3 月份获得“科技型企业”证书。

兴华人秉承“诚信、协作、创新、共赢”的原则，努力将企业打造成为新能源领域的科技创新主力军。

1. 公司厂房一角
2. 新能源充电桩
3. 公司全景图

厦门厦工机械股份有限公司

厦门厦工机械股份有限公司（简称“厦工”）创建于1951年，1993年12月由厦门工程机械厂改制为上市公司（股票代码600815），注册资本95896.9989万元，总资产约117亿元。

厦工拥有厦门、三明、焦作、泰安等研发生产基地，具备年产40000台装载机、15000台挖掘机、10000台叉车、5000台道路机械的生产能力，是国家重点生产装载机、挖掘机、叉车、道路机械、小型机械、环保机械、混凝土机械、桩工机械、起重机械、隧道掘进机械等产品的骨干大型一类企业，是当今中国最大的工程机械制造基地之一。

60多年来，厦工敢为人先，变革创新，先后赢得了多项重量级荣誉：“厦工及图”商标先后荣获“福建省著名商标”“中国驰名商标”称号；厦工产品多次获得“厦门优质品牌”“福建省名牌产品”“中国名牌产品”称号；厦工多次获得“中国工程机械制造商50强”“全球工程机械制造商50强”“全国机械行业文明单位”“装备中国功勋企业”等荣誉以及“全国高技能人才培养示范基地”“机械工业高技能人才培养示范基地”“2011年福建省质量奖”“2015年度中国企业五星品牌”等殊荣。

1. 厦工
2. 厦工主力产品装载机
3. 厦工参与深圳滑坡事故抢险
4. 厦工进军城市地下空间开发
5. 厦工智能工程机械产品精彩亮相

福建龙溪轴承（集团）股份有限公司

福建龙溪轴承（集团）股份有限公司（下称龙轴集团）与厦门大学、福州大学共同推进的“高端自润滑关节轴承研发及产业化”项目荣获2016年度福建省科学技术一等奖，这是福建省政府对龙轴集团践行“工匠精神”、认真贯彻落实全国科技创新大会精神、充分发挥科技创新模范带头作用的肯定与鼓励。

龙轴集团是生产经营关节轴承、圆锥滚子轴承、滚动功能部件及高端机械零部件的现代化国有控股上市集团公司，是中国机械工业核心竞争力100强企业，国家火炬计划重点高新技术企业，国家创新型试点企业及全国轴承行业唯一一家制造业单项冠军示范企业、全国工业品牌培育示范企业。

集团30年专注制造“关节轴承”，依托行业尖端的国家级企业技术中心、全国唯一的关节轴承研究所和国家级关节轴承检测实验中心，大力开展基础研究与应用研究，掌握关节轴承更新换代的关键技术和核心技术并不断推出拥有自主知识产权、高技术含量和高附加值的新产品，持续创新工艺技术，已形成6大类、60个系列、6000多种关节轴承产品库，年销售1300万套，实现关节轴承品种数及产销量全球第一，成为中国关节轴承民族第一品牌，与瑞典SKF、德国INA并列国际三大关节轴承供应商。集团把开发新产品的重心放在天宫、天眼、大飞机等国家重点建设需要和替代进口高精尖产品上，并广泛应用于航空航天、工业机器人、新能源等9大领域，实现国内主机配套占有率85%。2016年10月，公司作为福建省企业代表参加全国“军民融合发展高科技成果展”，党和国家领导人莅临展台参观，龙轴集团的高科技产品深受赞誉。

龙轴集团借鉴国内外卓越的管理理念，沿用以过程管理为基础的质量管理体系模式，以GB/T15498《企业标准体系管理标准和工作标准体系》为基础平台，以ISO9001《质量管理体系要求》、IATF16949《汽车生产件及相关服务件组织的质量管理体系要求》和GB/T19580《卓越绩效评价准则》为主线，综合ISO14001《环境管理体系－要求及使用指南》标准、OHSAS18001《职业健康安全管理体系－规范》及内部控制体系、廉洁风险防控等特定管理体系标准的要求，涵盖标准体系中的管理标准、技术标准和工作标准，形成集质量、环境、安全、内控等体系的一体化管理标准体系，并先后获得全国文明单位、国家认定企业技术中心、中国创新力企业百强、全国就业先进企业、全国模范劳动关系和谐企业、全国机械行业文明单位、全国机械工业质量奖、中国机械工业科学技术奖、中国优秀诚信企业、全国机械工业先进集体、第三届福建省政府质量奖、福建省工业企业质量标杆、福建省首批海西产业人才高地、福建省最佳信用企业、福建省经济社会突出贡献企业、福建企业集团100强、福建省思想政治工作优秀企业、福建省慈善贡献奖、福建省企业文化建设示范单位、福建省安全文化建设示范企业等多项荣誉。

1. 检测实验中心
2. 立体仓库
3. 福建省2016年度科学技术进步奖一等奖奖状
4. 福建省科学技术奖证书
5. 公司全景

青拓集团有限公司

青山钢铁1992年起源于温州，拥有25年专业生产不锈钢的历史，是一家走出浙江、迈向全国、走向世界的跨国企业集团群，形成了从采矿、冶炼、加工到销售的完整产业链条。2016年生产不锈钢粗钢580万吨，占全国不锈钢粗钢23.20%，实现销售收入1028亿元。2017年荣列中国企业500强第149位、中国制造企业500强第56位。

青拓集团有限公司是青山钢铁三大集团之一，在宁德市福安湾坞半岛建设的青拓系列项目，总投资达150亿元，现有员工近12000人。以鼎信实业为基础，青拓镍业、青拓实业股份为龙头，鼎信科技热轧和甬金、宏旺、上克不锈钢冷轧以及海利不锈钢制品为产业链条延伸，青拓物流、青拓设备制造为配套产业，全力打造闽东不锈钢千亿产业集群，建设中国乃至世界最大的不锈钢生产基地。公司引进国际先进、国家产业政策鼓励的回转窑－矿热炉（RKEF）工艺技术，并创造性地采用RKEF与AOD炉双联法冶炼不锈钢的全新技术，属世界首创，实现了不锈钢连续化一体化生产的历史性突破。现已形成年产镍铁130万吨、不锈钢粗钢380万吨、不锈钢热轧钢卷380万吨、不锈钢冷轧板带30万吨、不锈钢棒材50万吨、不锈钢无缝管材20万吨、不锈钢高速线材30万吨的生产规模，一个5万吨级、两个1万吨级码头全部建成投入运营。2017年青拓集团预计总产值超800亿元，上交税收20亿元。

近年来，借助“中国制造2025”“一路一带”深入实施的大好机遇，加快产品优化升级，把重心放在如何做强做精不锈钢乃至整个特殊钢上下游产业链，积极开发并推广现代400系列铁素体不锈钢，发展生产经济型双相不锈钢，并规划建设新能源电池三元正极材料项目。经过8～10年的不懈努力，青拓集团实现总产值超2000亿元，使青拓集团成为国际上不锈钢生产规模最大、产品种类最全、最具影响力和竞争力的不锈钢、特殊钢供应商，使福建福安成为中国乃至世界最大的不锈钢生产及深加工基地，不断推进我国不锈钢行业绿色转型升级，再上新台阶。

1
2
3
4

1. 福建省委常委、组织部长王宁莅临调研，听取企业情况介绍

2. 福建省工商联主席王光远一行调研组了解青山发展历程

3. 不锈钢钢卷

4. 青拓集团营运中心全景

宁德新能源科技有限公司

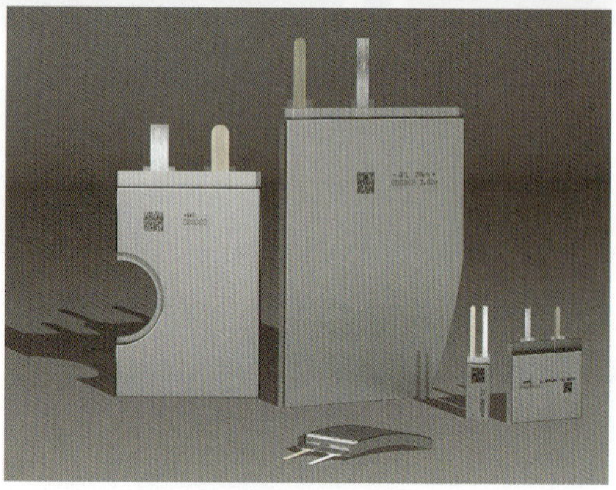

宁德新能源科技有限公司成立于2008年，专注于可充电锂离子电池的电芯、封装和系统整合的研发、生产和营销，产品被广泛应用于MP4、智能穿戴设备、智能手机、平板电脑、笔记本电脑、电动工具等各种终端设备。公司总部是1999年在香港成立的新能源科技有限公司（Amperex Technology Limited，简称ATL），是当今全球最大锂电池公司之一。下辖4家子公司，分别位于东莞市和宁德市。宁德新能源科技是其第三家全资子公司，现有职工2万余人，至2017年已实现产值190亿元人民币。

宁德新能源科技有限公司为国家级高新技术企业，2015年获得国家人力资源和社会保障部、全国博士后管委会批准设立博士后科研工作站，全面开展新能源材料科学等领域的研发与攻关，现拥有博士硕士数百名。目前，公司已成功申请国家专利800余项，授权500余项，并与中科院、夏威夷大学、美国Argonne实验室、台湾工研院、清华、北大等国内外研究机构开展广泛合作与密切的技术研讨交流。凭借着强大的综合实力，公司承担了多项国家、省级重大科研项目。先后获得“2014年度中国锂离子电池前20强企业排名位列第1位”“国家火炬计划重点高新技术企业”“国家级知识产权优势企业”“省级创新型企业”“高工锂电技术创新奖”“福建省科学技术进步奖”“福建省专利奖特等奖”等近三十项荣誉称号。

1. 宁德新能源科技有限公司
2. 电芯产品图
3. 新能源研发中心
4. 湖东园鸟瞰图

龙岩永杭高速公路有限责任公司

1. 永杭高速A3标钢筋加工场

2. 永杭高速A2上金隧道出口标准化建设

3. 永杭高速A6标拌合站

海西高速公路网古武线永定至上杭段是海峡西岸经济区高速公路网的重要组成部分，本项目采用 PPP 模式建设，是财政部第二批 PPP 示范项目，项目招标文件经龙岩市政府、省高指审查同意，严格按照 PPP 招标程序实行公开、公平、公正选择社会投资人，经评审，本项目社会资本和施工总承包方为龙岩交通发展集团有限公司和中建路桥集团有限公司组成的联合体。

一、建设前期准备

2015 年 10 月，省发展和改革委员会批复本项目工程可行性研究报告；2015 年 12 月完成了本 PPP 项目社会投资和施工总承包招投标工作；2016 年 3 月，龙岩市公路建设管理处、龙岩交通发展集团有限公司、中建路桥集团有限公司成立永杭公司；2016 年 4 月，省交通运输厅、省发展和改革委员会批复本项目初步设计；2016 年 9 月，国家林业局批复本项目使用林地；2016 年 12 月，省交通运输厅批复本项目施工图设计；2017 年 3 月，国土资源部批复本项目工程建设用地；2017 年 3 月 21 日下达了开工令，项目建设期 3 年，特许经营期 25 年。

二、建设规模

本项目路线起于永定区西溪乡礼田村，顺接已通车的永定湖雷至城关高速公路，经永定区金砂、上杭县稔田、庐丰、临城，终于上杭县湖洋镇观音井，连接已建成通车的永武高速公路，路线全长 56.281 千米（其中永定境内 7.918 千米，上杭境内 48.363 千米），概算总投资 56.28 亿元。全线设永定、金砂、稔田、庐丰、上杭南、上杭西、观音井枢纽 7 处互通立交，5 处收费站（金砂、稔田、庐丰、上杭南、上杭西），2 对服务区（官田、摩陀寨）。

三、主要技术标准

本项目主线采用双向四车道高速公路标准建设，设计速度 80 千米 / 小时，路基宽度 24.5 米。设计荷载采用公）设计洪水频率：特大桥 1/300，其他 1/100。其余标准按照交通运输部《公路工程技术标准》（JTG B01—2014）的规定执行。

四、项目建设管理理念和措施

严格执行国家有关交通基本建设程序、法规、规范、规程、标准和《福建省高速公路施工标准化管理指南》以及省、市相关管理部门制定的各项规章制度、规定、管理性文件，实行扁平化管理，建立科学规范的项目公司组织管理体系，遵循“按合同办事、用制度管人、照规范实施、凭数据说话”的原则，强化合同管理，以科学严谨的态度，求真务实、廉洁奉献。

五、建设目标

总体目标：质量优、进度快、成本低。以工程质量为中心，建设一条技术先进、经济合理、优质安全、生态环保的山区高速公路。

福建省洋口国有林场

福建省洋口国有林场创建于1956年，直属省林业厅管理，副处级建制，下设9个职能科室和5个工区，现有职工95人，其中专业技术人员29人（教授级高工1人、高级职称15人、中级职称7人），经营区6.5万亩，涉及2个县（区）5个乡镇20个行政村。

近年来，林场各项工作取得丰硕成果，先后获得“全国十佳林场”“国家储备林示范林场”“全国林木良种基地十大标兵单位”“全国生态建设贡献奖——林木种苗先进单位”等省部级荣誉称号，是全国第一批“国家重点林木良种基地”，全国目前唯一的“国家杉木种质资源库”。

森林资源较为丰富。林场始终坚持永续经营方针，森林资源实现良性发展。现有经营区总面积6.5万亩，活立木总蓄积量78万立方米，其中人工乔木林亩平均蓄积量15.5立方米。年产销优质木材1万多立方米，木材年收入1200万元左右，种苗等收入300万元左右。

杉木良种全国领先。林场从20世纪60年代起，与南京林业大学等高校长期合作开展林业科研工作，承担杉木等树种的优良种质资源收集保存、遗传改良、良种选育、引种驯化、繁殖推广等工作。杉木良种选育与繁育技术水平始终位于全国前列，保存有完整的杉木一代至四代育种群体材料，收集保存全国各地杉木优良种质材料4000多份，成为我国种质资源数量最多、规模最大、档次最高、内容最丰富的杉木种质资源库。林木良种基地面积5000多亩、试验示范林5000多亩，累计为社会供应杉木良种4.8万多千克，提供杉木优良建园穗条100多万根，产生遗传增益价值达52亿元以上，为我国杉木良种化进程做出了巨大贡献。

种苗产业规模发展。种苗科技创新是林场的一大特色和亮点。历经50多年杉木遗传改良与科技攻关，已选育出51个生长、材性和抗性兼优的杉木无性系，经测定，平均材积增益在20%～45%，2008年开始实施以杉木组培为核心的种苗繁育产业化项目，2016年产苗量突破1000万株。已有“洋020”“洋061”等5个杉木优良无性系通过福建省林木品种审定委员会的审认定。2008年注册的“洋林”牌杉木良种商标于2014年被确认为“福建省著名商标”。2006年至今在福建及周边省区推广“洋020”“洋061”等杉木优良无性系苗8000多万株，造林40多万亩。

1. 花园式林场

2. 万亩速生丰产林

3. 省林业厅厅长陈则生陪同江西省林业厅领导来场调研

4. “产学研”三结合结硕果

5. 实施以杉木组培为核心的种苗繁育产业化项目

福州新中楷电子科技有限公司

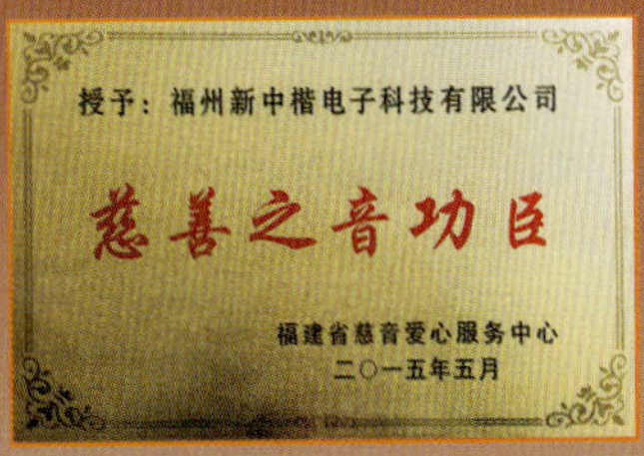

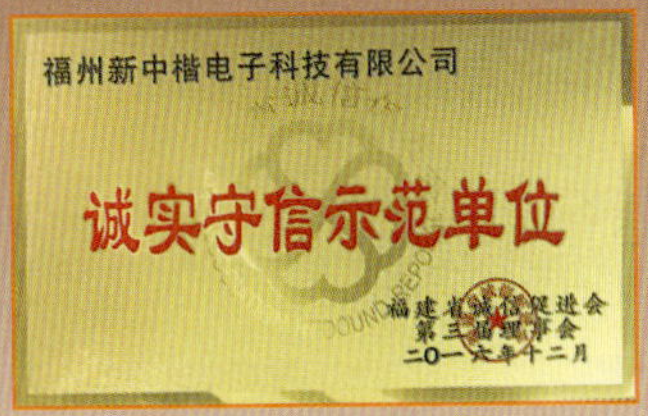

本公司是一家专业批发投影系统设备、多媒体教学仪器产品配件、专业提供系统解决方案的服务公司，系统集成工程主要包括：电脑办公设备、综合布线智能弱电系统、网络安全产品、安防监控系统、智慧校园信息化、校园高清录播系统、微课教室系统、智能广播、背景音乐系统、音视频多功能会议系统、大屏幕融合拼接系统、职业教育实训解决方案等系统的设计、施工及服务。本公司始终坚持“专业服务•诚信为本”的原则，多年来凭借产品齐全多元化，并以卓越的品质、完善的服务，产品销售网络已遍布福建省各地市，赢得新老客户一致的信赖和赞誉。

本公司始终以市场为导向，以客户需求为宗旨，以产品质量为己任，秉承“选一流的产品、创一流的信誉、造一流的服务”企业精神，坚持不懈地与各界朋友真诚合作，共创鸿图大业。

企业宗旨：为社会创造价值，为行业树立典范，为员工创造机会。

企业精神：和谐、诚信、敬业、创新。

经营理念：质量是生存、发展科技技术。

核心价值观：以人为本、厚德载物。

用人原则：忠诚、能力、团结、发展。

福建森德妇幼用品有限公司

蔡清票 坦桑尼亚中华总商会常务副会长、坦桑尼亚福建同乡会会长，福建省侨联海外委员、石狮市政协委员、世界石狮同乡联谊会副会长，福建森德妇幼用品有限公司董事长，坦桑尼亚恒安妇幼用品有限公司董事长、坦桑尼亚华海实业投资有限公司董事长

公司位于美丽的石狮市高新技术工业园区，总投资8400万元，项目占地约30亩，共有8组生产线，用于生产卫生巾及儿童纸尿裤，年产婴儿纸尿12000万片，是泉州市重点工程项目、石狮市重点工程项目，是海外闽商——坦桑尼亚福建商会会长蔡清票先生不忘初心，始终对家乡怀有深厚的情感，回乡投资，是福建省闽商回归工程重大项目。

1. 蔡清票
2. 蔡清票出席2017年华侨华人与"一带一路"主题报告会晚宴
3. 蔡清票先生出席福建省政协会议合影留念
4. 蔡清票先生与国务院侨办主任裘援平主任合影
5. 蔡清票先生与时任福建省侨办主任杨辉合影
6. 蔡清票先生与时任福建省副省长郑晓松合影
7. 福建省政协主席张昌平授予蔡清票先生列席第十一届福建省政协会议荣誉证书

福建联盛纸业

福建联盛纸业是一家以再生资源废纸为主要原料的环保型造纸与热电联产为一体的民营企业；福建省龙头企业；是集产品研发、废纸回收、废纸制浆、造纸、销售、物流为一体的超大型现代化造纸企业。

该公司位于漳州台商投资区，集团旗下有福建省联盛纸业有限责任公司、联盛纸业（龙海）有限公司、漳州市联盛纸业有限公司、漳州市联益废纸购销有限公司、长泰县联益废纸购销有限公司、福建省联盛物流有限公司等多家子公司。企业拥有职工3000多人，总占地面积2100亩，年产包装纸300万吨，年产值近百亿元，连年获得“漳州市纳税大户”等荣誉称号。

多年来，联盛纸业一贯践行企业发展和社会责任并重的经营理念，坚定不移走低碳、节能、环保的循环经济发展道路，以可循环使用的废纸为生产原料，采用国内外最先进的生产工艺和设备，一流的环保设施，生产绿色环保产品。主导产品包括涂布白板纸、涂布牛卡纸、高强瓦楞纸、高档牛卡纸、纱管原纸、灰版纸、T纸等7个品种多个级别的工业用纸，产品被誉为“福建省名牌产品”。

公司已全面实现自动化、信息化管理，先后通过ISO9001质量管理、ISO14001环境管理、OHSAS18001职业健康管理、FSC-COC森林认证以及成熟的人力资源管理等体系认证，为公司可持续性发展夯实了稳固的基础。

1 2 3

4

1. 联盛纸年产70万吨涂布白板纸生产线
2. 联盛纸业产品
3. 联盛纸业厂区一角
4. 联盛纸业海关国检厂内“直通式”通关

福建柒牌时装科技股份有限公司

福建柒牌时装科技股份有限公司始创于 1979 年，经过三十余载的发展，现已成为一家以服饰研究、设计和制造为主，集销售为一体的综合性集团公司。柒牌以男装西服为龙头，衬衫、商务休闲、女装、皮鞋、皮具、职业服装、服饰等系列产品全面发展。多年来，公司获得了政府及相关部门的多项褒奖。2017 年，柒牌“西服数字化车间”被工信部认定为国家智能制造示范项目。

柒牌西服数字化车间主要由立体仓储设备、自动悬挂系统并配备多种自动化系统组成；同时，配备了 WMS 智能仓储管理系统、产品全生命周期管理系统（PLM）、生产过程采集与分析系统、（ERP）SAP 系统应用软件系统、RFID 电子工票系统、三维计算机辅助设计（CAD）等一系列系统软件，进而实现生产制造和管理数字化、可视化，生产执行层、过程控制层、企业管理层一体化、信息化。

柒牌颠覆传统模式，将数字化深入生产的每个环节。不仅开袋、上袖、服装定型、整烫由自动化设备完成；衣服从车间到仓库，也依托于立体仓储设备、自动悬挂等自动化系统来完成。自动化流程程度极高，项目的实施大大提升柒牌总部对各分公司和 3500 多家门店的商品自动化配送调控能力。立体仓库完全靠托盘作业。若按 2 万平方米横梁货架仓库的配置，光叉车作业人员就由原先的 40 人减至 20 人左右，总体库内操作员工可减少一半。在高自动化生产过程中，提高工作效率 40% 以上。企业运营成本降低，产品不良品率降低至 1%，为企业创造极高的经济效益。

项目中的自动配套系统，实现了西服配套由人工向系统自动完成的转换升级，从而在增加有限成本的基础上，有效提升了总检车间配套效率与配套精准度，尤其是配套精准度达到了 99.99%，缩短了产品在车间的停留时间，降低了运输过程中的损坏与碰撞，很好地保证了产品质量；另一方面，减少了人工成本，原本需要 10 个操作员的工作现在只要 3 人维护即可，且因配套精准度的提高使得配套返工量几乎为零，完全达到了降本增效的目标。

1. 工厂大门
2. 物流立体仓储
3. 物流立体仓储
4. 自动吊挂线
5. 公司大楼

福建广汇龙环保科技有限公司

福建广汇龙环保科技有限公司成立于2010年，现注册资本1000万元，年产值上亿元。公司主要从事环境污染防治工程、环保技术研发、节能环保设备研发与生产、环保行业投资等。公司拥有一支由88人组成的专业环保技术团队。

公司业务发展逐步形成以福建省泉州地区为核心区域，辐射内蒙古、山东、上海、江苏、四川、浙江、广东等省多个城市及工业园区。公司业务涉及石狮大堡电镀集控区、中国神华集团、山东淄博工业园区、浙江伟星集团、福建浔兴拉链科技股份有限公司等多家企业。每年拟定投入1000万元资金用于技术研发，目前已经与中国科学院生态环境研究中心、福建省环境保护设计院等科研单位正逐步形成战略合作伙伴关系。正在开展工业有机废气、重金属有机络合废水、飞灰、餐厨垃圾治理及资源化利用等多项技术的研发。现已拟定每年申报3～5项省部级科研及技术攻关项目，申报1～2项发明专利，并将研发技术实现科技成果转化。每年拟定引进1～2名博士研究生、教授、3～5名硕士研究生等高层次科研人才，并通过柔性引进方式聘请国内外知名环保专家来公司交流指导。

公司目前正在进行股份改制，对公司的核心人才实行股份制；现已申报福建省环境检测资质、危险废弃物处理资质、福建省环境污染治理甲级资质等；并正在申报或打造省级新型科研机构、博士后工作站等高水平研发平台。企业现已获得国家高新技术企业、科技型企业、创新型企业、省科技小巨人企业等荣誉资质，并通过了ISO9001：2008和GB/T24001-2004/ISO14001：2004认证，已获得授权发明专利7项，实用新型专利证书29项，软件著作权100件。

1 2 3 4 5

1. 领导视察

2. 福建省科学技术厅领导到公司视察指导工作

3. 石狮市领导到公司视察指导工作

4. 石狮市环保局领导到项目基地考察

5. 中国工程院院士到公司视察指导工作

中防万宝城

全国首个大型融合式人防综合体在福州市建成

福州宝龙万象广场平战结合人防工程（中防万宝城）是经福州市人民政府决定开发建设，经国家人民防空办公室批复立项，并被福建省及福州市政府列为重点工程项目。

该项目占地面积 8.2 万平方米，总建筑面积 19.5 万平方米，用于商业面积约 12 万平方米。项目地下共建有三层，62 个出入口、74 部电梯、7 条 24 小时过街通道，共设置 1400 个停车位，与地面上的 5 大商业体由下而上有效贯通，进一步完善万宝商圈的有效融合。打造集主题购物、餐饮、文化娱乐、休闲配套、儿童体验于一体的智能城市生活综合体。规划为“三城、三街、两区、一市集”九大主题特色商业街区，布局“六大复合型主力店”，引进近百个国内外知名品牌，是目前国内体量最大、融合度最高的人防综合体。

在福州市委、市政府的高度重视和大力支持下，项目于 2014 年 9 月 2 日破土动工，历经三年建设，于 2017 年 11 月 11 日开业。其作为融合式大型人防综合体的开发建设，兼具人防、交通、商业、景观四大功能，充分体现其社会效益、经济效益和战备效益，为福州市的经济社会发展做出积极的贡献。

四大功能开创福州新地标

人防功能

中防万宝城项目，位于城市交通及商业核心圈，是国家人防办批复确定为平战结合大型融合式人防综合体，设计标准为防常规战争 6 级、防核战争 6 级，平时用于商业，战时用于人员隐蔽、物资储备和战时商业服务。项目采用隔绝式防护设计，并设连通口与相邻人防支干道连通，在地下与万象生活城、宝龙城市广场无缝对接、互通互联，便于集散人员。

交通功能

中防万宝城项目，在地下三层建设了 1 条 1.1 千米的双向四车道的城市下穿道及 7 条地下过街通道，与西二环路高架桥形成立体交通体系；与地铁 2

号线宁化站统一设计、同时施工，无缝对接，形成共同体；项目建有大型地下停车场，设置 1400 个机动车停车位，并对周边交通现状进行梳理和整合，改善了万宝商圈交通状况，大大缓解了行车难、停车难、过街难的问题。

商业功能

中防万宝城项目开发对万宝商圈将起到核心引领、脉络延展、无缝对接、互通互联、规模效应。因地制宜，梳理商业价值网络，万象城、宝龙广场、红星美凯龙、中央第五街及苏宁广场五大商业板块围绕核心地下空间展开，由于引入了国际上地下空间开发的先进理念，集中展现了高效复合的功能布局，突出了核心功能的高度聚合，形成了周边百万平方米的商业融合，成为万宝商圈的核心纽带，为福州打造出一艘“商业航母”。

景观功能

中防万宝城项目重塑城市广场，打造现代景观。将用于停放车辆的地面南北广场及大庆河改造成集文化、景观、休闲、旅游等元素为一体的现代科技时尚景观广场，提升福州城市形象，同时，该项目采用英国设计师方案，建造地面福云景观广场，为福州万宝商圈打造一组城市新地标。

宝龙万象广场平战结合人防工程（中防万宝城）的建成投入使用，全方位助力大福州实现新一代商圈的跨越与升级，造福广大市民。

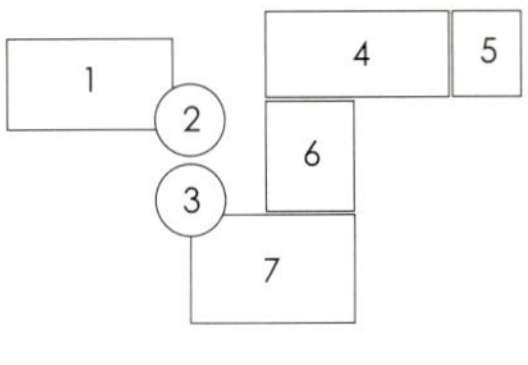

1. 福州圆形下沉广场
2. 董事长马臣为舞狮点睛
3. 总经理于锡敏致辞
4. 嘉宾合力推动启动杆
5. 商城内景
6. 商城内景
7. 福州圆形下沉广场效果图

济邦咨询公司

济邦咨询
JUMBO CONSULTING

济邦咨询公司是国内最早专注于基础设施和公用事业的财务顾问、法务顾问、监管咨询、管理咨询及海外业务咨询的专业服务机构之一。自成立以来，济邦就致力于为这些行业的大中型并购交易、融资安排、管理改善和核心政策设计提供高品质咨询服务。

历时十余载，济邦已成为国内知名的基础设施与公用事业的专业咨询公司，是中国对外承包工程商会“PPP 专业服务联盟”的创始成员和牵头机构，是香港特区政府一般管理顾问公司、世界银行和亚洲开发银行的注册咨询公司，亦是北京天则公用事业研究中心的特约研究单位、美国格理集团行业专家团在基础设施行业方面的合作公司。济邦专家是国家发改委 PPP 立法专家组成员，也是财政部 PPP 顶层设计和建规立制的深度参与者。

2005-2016 年连续 12 年被评为“中国优秀咨询服务企业”“项目融资咨询服务年度标杆企业”“PPP 咨询服务最具专业度年度企业”“PPP 咨询服务年度标杆企业”“最具社会责任感 PPP 咨询机构”。

目前，业务范围覆盖水务、交通运输、能源、园区 / 新城开发、社会事业、文体教卫、环境保护、农业、保障性安居工程、国企改革等领域。

作为入选财政部第二批示范项目的南宁市竹排上游植物园段（那考河）流域治理 PPP 项目和大理市洱海环湖截污工程 PPP 项目，都曾接受习近平主席、李克强总理莅临现场视察并获得好评。

另外，福建省厦门市翔安新机场片区地下综合管廊 PPP 项目，不但入选财政部第三批示范项目以及国家发展与改革委员会 PPP 项目典型案例，更在全国首批地下综合管廊试点年度绩效考评中位列第一。

1.《园区开发 PPP 模式蓝皮书》

2.《公私合作伙伴关系：基础设施供给和项目融资的全球革命》

3.《PPP 革命：公共服务中的政府和社会资本合作》

4.《基础设施 PPP 与操作实务》

5.《基础设施 BT 项目运作与实务》

6.《基础设施与公用事业民营化的中国实践》

7.《基础设施项目投融资理论与实务》

北京金准咨询有限责任公司

北京金准咨询有限责任公司创立于2003年。公司秉承“诚信是金，科学唯准”的行为准则，坚持投融资咨询、技术咨询和管理咨询紧密结合，为客户提供高水平服务。目前，已在全国设立10余个分公司，具有快速响应服务网络。

公司主营业务是基础设施和公共服务PPP咨询，涉及市政工程、水利工程、交通工程、能源电力、环境基础设施、科教文卫和城市建设等领域。公司从事PPP咨询业务至今已10年有余，是国内PPP咨询服务主力机构之一。依托系列行业标杆性项目的咨询实施业绩，金准咨询在大型基础设施PPP专业咨询服务方面树立了良好口碑。公司另一重点业务是能源电力投融资咨询、工程技术咨询和国际项目咨询，已为众多央企和大型能源电力项目提供咨询服务。

公司员工总数约200人，70%以上咨询人员具有硕士或以上学历，高管和骨干团队多人毕业于清华大学等国内知名学府，拥有多名国家发改委和财政部PPP专家。此外，公司建立了1000人以上规模的专家库，专业覆盖齐全，行业经验高端，邀请到位高效。公司与业内众多机构保持顺畅联系，有能力聚合各方经验和资源为项目服务。

福建索佳艺陶瓷有限公司

福建省科技厅副厅长周世举调研索佳艺

福建索佳艺陶瓷有限公司倡导简约、质朴、自然的生活方式，将古老陶瓷艺术和现代高端特色家居相融合，把美妙绝伦的陶瓷艺术带入百姓人家，让人们在家居生活中感受中国千年文化艺术之美。

公司是福建省科技型企业，具有自主设计、研发、生产产品的能力，形成硬装以瓷砖、洁具为主，软装以瓷灯、瓷板画为主的产品线，拥有多项专利，产品荣获“福州市产品质量奖”，在海西家居品牌展中连续获得“最具创新产品奖”“最受消费者喜爱品牌奖”等荣誉。

公司总部在福州市仓山区，兼具办公、经贸活动、产品展示及体验功能。生产基地在闽清、景德镇等地。为了拓展陶瓷新文化战略路线，索佳艺将中国传统文化艺术理念与陶瓷工艺相结合，实现“生活艺术化、艺术生活化”，每一件作品都融入了艺术大师及工艺大师的心血，为了让更多的人参与陶瓷项目的研究，索佳艺整合多元化的产品路线，创新推出“私人订制”项目，让更多的行业设计师、民间艺术家和个人参与陶瓷产品设计及陶瓷工艺制作，同时在福州奋安产业园创办海峡首家陶瓷体验馆暨索佳艺陶瓷体验馆。

索佳艺始终秉承“以用户为荣，和谐共赢”的经营理念，结合陶瓷文创的“一带一路”和“两创一就”，开创性地推出“陶瓷+文创+生活方式”的全新经营模式，重抓质量，赢得欧美市场的良好口碑，同时全力进军国内市场，力争在国内打出知名度。

近年来，公司多元化稳健发展，涉足陶艺教育、互联网商务平台、文化旅游、文化会展、众创空间等多项产业并完美地融合了制造特色、人文理念、艺术研究、技术创新、合作共赢等多位一体的发展元素。索佳艺致力于在世界陶瓷行业中建立一个优秀的品牌，在中国打造一家永续经营并且受人尊重的成功企业！

公司受福州市妇联表彰

福建省妇女联合会发展部部长郭素娟调研索佳艺

福建省汽车工业集团云度新能源汽车股份有限公司

福建省汽车工业集团云度新能源汽车股份有限公司，是由福建省汽车工业集团有限公司、莆田市国有资产投资有限公司、自然人、福建省海源自动化机械股份有限公司共同出资成立的混合所有制新能源汽车生产企业平台，总投资约 20 亿元。

公司成立后得到国家和省市政府的高度重视，先后被列为国务院支持福建省进一步加快经济社会发展的重大建设项目、福建省“十三五”重点前期项目、福建省 2016 年度重点项目、福建省 2016 年度重大技术改造项目、福建省 2017 年度重点项目等。

云度新能源汽车专注于正向纯电动 SUV 产品的开发，将以电动化技术建设为核心，大力发展整车集成技术、轻量化技术、智能互联技术，构建以“云电（核心电池、电机、电控平台）、云盘（电动化底盘平台）、云享（智能互联平台）”三大平台为核心的电动汽车技术构架体系，以汽车工程师的工匠精神 + 互联网思维的创新理念，打造智能互联电动车实业及互联网产业生态圈。

2017 年 1 月 25 日，云度新能源通过国家发改委核准，成为第十家获得新建纯电动乘用车资质的企业。2017 年 6 月 15 日，国家工信部公示了《道路机动车辆生产企业及产品公告》（第 297 批），云度新能源成为第二家获得新能源乘用车生产资质的企业。2017 年 10 月 10 日，云度新能源“双子座战略”首发车型 π1 正式上市。

作为云度“双子座战略”的首发车型，型动派纯电动 SUV π1 集“高颜值，舒适便利”“高科技，智能互联”“高续航，性能优越”“高保障，行车安全”等特点于一身，以强大产品力，彰显了云度新能源汽车的市场潜力。

双子座中被定义为未来派纯电动 SUV 产品的 π3，承担了赋予品牌支撑与销量担当的重任。作为主打产品，π3 由云度欧洲设计中心主导外观内饰造型的设计，运动感十足的前脸设计配合优雅的尾部线条，配以悬浮顶双色车身设计，使得外观造型极其富有未来感。

展望未来，云度新能源将在三年内完成三款产品上市，确立在国内的领先地位，在核心技术上巩固和提升目前已经拥有的整车集成、电池、电机、电控、智能互联等技术和能力外，鼓励创新与合作，吸收、消化和应用新的技术，持续保持和提升核心竞争能力，将打造福建省新能源汽车产业集群。

1. π1 上市KV
2. π3
3. π3
4. π1内饰
5. 厂区

东南(福建)汽车工业有限公司

—— 原创真实力　美丽新东南 ——

1995年金秋，胸怀振兴海峡两岸民族汽车工业的梦想，福建省汽车工业集团与台湾裕隆企业集团结缘创立了海峡两岸最大的汽车合资企业——东南汽车，2006年日本三菱汽车正式参股，由此开启国际合作的新局面。成立23年以来，东南汽车胸怀“鹏起东南 飞翔世界”的梦想，坚持“品致一生 缘启东南”品牌信念，积极响应国家产业政策号召，吸收国际先进理念，同时不断提升研发实力，快速由研发1.0时代迈入整体国际资源、完全正向自主研发的3.0新阶段。

得益于对“原创设计，匠心品质”这一可持续发展品牌精神的坚守，东南汽车的品质形象深入人心。2014年获得国家工信部颁发的 “工业企业技师标杆”，2016年斩获“全国汽车行业质量领先品牌”奖，东南DX3荣获德国红点发起的“2016中国好设计”优胜奖，2017年东南DX7成为“金砖国家领导人厦门会晤指定用车”等等，这些荣誉让东南汽车的品牌影响力与日俱增。

从“美丽东南”到助力“一带一路”文化经贸之旅，从首届全国青运会到金砖国家峰会，东南汽车正用自己的努力与坚守，为顾客创建精彩的汽车移动生活，为海西汽车工业发展做出更大贡献，也向全世界展现一个更具实力、更加自信的美丽“新东南”。

福耀玻璃工业集团股份有限公司
FUYAO GLASS INDUSTRY GROUP CO., LTD.

福耀集团（全称福耀玻璃工业集团股份有限公司），1987 年成立于中国福州，是专注于汽车安全玻璃的大型跨国工业集团，于 1993 年在上海证券交易所主板上市（A 股代码：600660），于 2015 年在香港交易所上市（H 股代码：3606），形成兼跨海内外两大资本平台的“A+H”模式。

自创立以来，福耀集团矢志为中国人做一片属于自己的高质量玻璃，当好汽车工业的配角，秉承“勤劳、朴实、学习、创新”的核心价值观，坚持走独立自主、应用研发、开放包容的战略路线。经过三十余年的发展，福耀集团已在中国 16 个省市以及美国、俄罗斯、德国、日本、韩国等国家和地区建立现代化生产基地和商务机构，并在中、美、德设立 4 个设计中心，全球雇员约 2.4 万人。

如今，福耀集团已成为全球规模最大的汽车玻璃专业供应商，产品得到全球顶级汽车制造企业及主要汽车厂商的认证和选用，包括宾利、奔驰、宝马、奥迪、通用、丰田、大众、福特、克莱斯勒等，为其提供全球 OEM 配套服务和汽车玻璃全套解决方案，并被各大汽车制造企业评为“全球优秀供应商”。

福耀集团是“工业 4.0”的积极探索者和实践者。公司以智识引领发展，以创新为驱动，通过智能制造，为客户提供一片有“灵魂”的玻璃，其信息技术与生产自动化方面位居全球同行业前列。近年来，福耀集团先后荣获“中国质量奖提名奖”“智能制造示范企业”“国家创新示范企业”“国家级企业技术中心”等各类创新荣誉、资质。

福耀集团多年蝉联《财富》中国 500 强、中国民营企业 500 强，多次获得“中国最佳企业公民”“CCTV 最佳雇主”等社会殊荣。董事长曹德旺从 1987 年至今个人捐款累计逾 100 亿元，被誉为“真正的首善”；于 2009 年荣膺企业界的“奥斯卡”——安永企业家全球奖；于 2016 年荣获全球玻璃行业最高奖项——金凤凰奖，评委会称“曹德旺带领福耀集团改变了世界汽车玻璃行业的格局”。

2017 年，福耀集团投资的本溪浮法玻璃项目、苏州汽车玻璃项目、德国汽车玻璃生产项目正式开工建设，全球生产网络更加完善；与达索系统达成战略合作，福耀集团将借助达索系统的 3D 体验平台，在公司新产品开发、知识工程应用、产品仿真体系建设、智能制造、制造运营管理等方面，加速智能制造战略的落地，推动集团创新战略成果再上新高度。福耀集团入选工信部第二批制造业单项冠军企业，连续八年获评《财富》“最受赞赏的中国企业”，蝉联“CCTV 十佳上市公司”。

1

2

3

4

1. 镀膜玻璃生产线
2. 汽车玻璃光学检测
3. 福耀全景天窗生产线
4. 福耀集团总部大楼

金井镇

聚焦特色　深挖优势

2016年金井镇继获评省政府首批28个特色小镇创建单位之后又被住建部列为第二批全国特色小镇。为加快特色小镇创建，不断丰富建设内涵，镇党委、政府重点从以下5个方面推进工作落实。

一是培育5大特色产业。（1）服装纺织，培育国家、省级名牌产品、驰名商标18枚，纺织服装产业链，行业年产值超过150亿元；（2）新能源，建成天然气和风力发电厂，兴起光伏发电产业；（3）旅游等三产，乡村滨海年游客突破120万人次。电子商务等商贸年销售额近90亿元。（4）科教产业，采用PPP模式建设福州大学晋江科教园区，力争3～5年集聚人才2万人以上。（5）大力发展鲍鱼、对虾、海蛎等水产养殖，年产值超10亿元。

二是建设宜居生态环境。着力通过5方面的措施，提升金井和谐宜居的美丽环境。（1）通过利用滩涂用地，建设福大晋江科教园区，大力推进产城融合。（2）通过老镇区及镇中村改造，改善人居环境，实现集约节约用地。（3）通过加快道路建设，近三年新建和硬化道路约24千米。（4）通过加快污水管网建设，推进13个污水管道工程和投建18个农村污水处理设施。（5）通过开展美丽乡村创建，围头村获评全国最美乡村，溜江等4个村被评为晋江市首批最美乡村，占全市1/5。

三是彰显特色传统文化。开展传统文化进校园，南音《凤打梨》入选今年央视少儿戏曲春晚。打造闽南文化生态保护区，中国历史文化名村福全村、中国传统村落塘东村、中国最美乡村围头村。定期举办海峡两岸围头七夕返亲节，演绎为“冤家变亲家”的典范。

四是打造便捷设施服务。加快推进基础设施建设，实现自来水和污水管网村村通、全覆盖。自来水厂日供水量达4.4万吨，镇区日污水处理1.1万吨，垃圾日处理量达180吨，每年新增造林600亩左右。实现村村通公交，高速公路贯穿全境。加快公共服务设施建设，构筑了齐全的国民教育体系，从幼儿园到高中以及职校、校外实践基地，均有省级或国家级的示范校，公共配套齐全。

1

2

1. 玉如意——塘东沙堤鸟瞰图

2. 福州大学晋江科教园项目

五是构建高效体制机制。推进政府购买服务，将工程建设、项目报批、垃圾清理转运等推向市场；设立小城投公司，近3年融资3.2亿元。设立市级行政服务分中心，所有村社区全部设立政务便民大厅；推进全镇域网格化管理模式，将执法、环卫、治安、民生事务等纳入网格化智慧平台；建立镇级慈善协会、教育基金会、义工服务队等，筹措爱心善款超过5000万元。创新PPP项目建设模式，融资11.42亿元建设福州大学晋江科教园一期项目；创新政企合作模式，委托第三方策划运营金井智慧渔村产业；创新产学研对接模式，福州大学晋江研究院已促成7个项目并注册成立4家公司。

三明港务发展有限公司

1. 门楼

2. 综合图

3. 港务自营店

三明陆地港是福建省重点打造的四个陆地港之一，由厦门港务发展股份有限公司与三明生态新城集团共同出资组建，是厦门港务控股集团贯彻落实福建省委省政府、厦门市委市政府关于加快东南国际航运中心建设的战略部署的具体举措，也是港务集团腹地战略的重要组成部分。三明陆地港项目总规划建设用地面积63.9663万平方米（约折合959.5亩），根据项目运营模式按6：4比例分为两大功能分区，分别为仓储区面积375405平方米（约563.1亩）和商贸区面积264258平方米（约396.4亩），目标打造“立足三明，服务海西，辐射周边，通达全球”的区域性物流中心和服务地方外向型经济和产业经济的公共平台。

仓储区已培育形成了“六仓一中心一堆场”八种业态，即：（1）海关监管仓，（2）公共保税仓，（3）供应链监管仓，（4）城际货运中转仓，（5）电商分拨中心，（6）公共仓储，（7）进口商品直销中心，（8）具备报关查验、装拆箱、空箱堆存、冷藏箱等业务操作能力的集装箱堆场，为三明的外向型经济提供了良好的硬件基础设施。

2016年度，三明陆地港电商快递物流园正式投入使用，已引进韵达、圆通等大型快递物流企业入驻，形成闽中快递物流集散中心。三明陆地港厦门港务进口商品自营店充分发挥港务集团的整体优势，依托集团港口主业，采用自主进口、自主报关、直运直销的运营模式，将厦门自贸实验区的政策红利辐射到三明，让市民朋友在家门口就能买到和厦门自贸区一样质真价廉的进口商品。2017年度，三明陆地港计划进行冷链物流仓库建设，为三明、南平地区的水产品、畜禽产品、果蔬产品、冷鲜产品（食品）等商品提供冷藏、交易、信息咨询、货运代理、物业管理等相关服务。

商贸区一期占地面积114898平方米，计划投资7.8亿元，建设具有“商贸物流、批发零售、贸易展销、商务办公”等功能的陆地港综合商务区，包括：专业市场建筑面积约5万平方米、商业街建筑面积约1.2万平方米、商务金融区建筑面积约6万平方米、SOHO办公区建筑面积约5万平方米，为陆地港提供更完善的配套设施。